학교

서울
강예림(한국삼육고), 김동규(대원고), 김동기(한서고), 김수진(상명고), 김수호(남감고), 김자령(동명여고), 박지민(양재고), 배용수(영락고), 이동근(동대부고), 이세주(광성고), 이유미(대원고), 이희찬(삼성고), 임광선(광문고), 임은정(대일관광고), 최연주(신광여고)

인천/경기
고재현(광주중앙고), 고종열(경기창조고), 국응상(인천영종고), 김관우(한민고), 김명희(영덕고), 김소래(도당고), 김숙경(인천원당고), 김영길(유신고), 김영대(수성고), 김윤정(서도고), 김지선(중원고), 박선영(도당고), 박엄지(분당경영고), 박영민(광탄고), 박준영(정왕고), 오은혜(행신고), 윤정현(안성고), 윤형철(솔터고), 우지현(소래고), 이동미(보정고), 이민정(화성반월고), 이선영(의정부중), 이섭(대신고), 이원재(분당영덕여고), 장동준(인천포스코고), 장종호(대부고), 정미혜(동두천외고), 정민영(율천고), 조선주(행신고), 조혜령(양주백석고), 한상진(백령고)

대구/경북
곽미소(이서중고), 김영식(대구과학고), 박진형(금오고), 이광현(상주공업고), 정수진(상모고), 정지성(문창고), 지상훈(정화여고), 최상원(근화여고), 허정동(달서중)

부산/경남
강경태(사상고), 안다희(브니엘여고), 임성범(해동고), 전예지(부산장안고)

전북
고영빈(해리고), 류가진(전주해성고), 배희라(고창여고), 윤성민(전북사대부고)

광주/전남
김지연(여남고), 박영우(광주서석고), 박지연(장흥관산고), 박해영(전남기술과학고), 최윤정(수완고)

강원
강민주(여량고), 김종호(원주고), 전광표(대성고), 최민경(홍천여고)

대전/세종/충청
고영훈(두루고), 김두식(서대전고), 김보연(청석고), 김태호(중일고), 김현지(대전여고), 김홍호(서대전고), 박수용(대전만년고), 반세현(오성고), 양진희(한솔고), 윤장원(청석고), 최경일(동방고), 한정민(충남삼성고)

학원

서울
강영훈, 강현정, 권태경, 김우진, 김주욱, 김주현, 김진선, 김진홍, 노병곤, 박수영, 박은영, 박정민, 박정범, 변효지, 성은주, 오성민, 오승현, 이동규, 이세람, 이정복, 이철웅, 이효정, 정선애, 정현성, 진순희, 최선호, 한기연, 한상덕, 허연

인천/경기
강찬, 곽기범, 김문기, 김민정, 김부경, 김선철, 김수영, 김신혜, 김윤정, 김정욱, 김정일, 김흙, 문선희, 문성국, 박종욱, 백수미, 서대영, 오성기, 이성훈, 이수진, 장영욱, 조성오, 최성철, 홍승억, 황의선, 황재준

대구/경북
김형주, 이승구, 이진주, 제갈민

부산/울산/경남
김병수, 김혜정, 남한나, 노경임, 박수진, 백승재, 성미화, 성부경, 손영재, 이유림, 전정배, 정영수, 차승훈, 최정인, 한지담, 홍성훈, 황양규

광주/전라
차효순, 하선희

강원
최수남

대전/세종/충청
김영미, 문효상, 박대권, 박진영, 손인배, 오승영, 조승연, 조훈, 천은경

제주
김선미, 김은정

해법문학
수필·극

구성과 특징

- **2015 교육과정 10종 문학, 11종 국어 및 기타 교과서 수록 문학 작품 완전 분석**

  10종 문학 교과서, 11종 국어 교과서 및 독서, 화법과 작문, 언어와 매체 교과서에 수록된 문학 작품들을 망라하여 수록하였습니다.

- **교과서 수록 작품의 핵심을 모아 공부할 수 있는 자율 학습의 기본서**

  교과서에서 중요하게 다루는 학습 활동 내용을 중심으로 각 작품의 상세한 분석과 함께 핵심 내용을 한눈에 볼 수 있도록 구조화하여 쉽고 재미있게 학습할 수 있도록 하였습니다.

- **출제 가능성이 높은 문제로 내신과 수능에 철저한 대비**

  각 작품의 핵심 내용을 문제화하고, 교과서의 학습 활동을 응용한 문제와 수능 및 평가원, 교육청 기출문제, 비중이 높아지고 있는 서술형 문제 등을 제시하여 내신과 수능에 효율적으로 대비하도록 하였습니다.

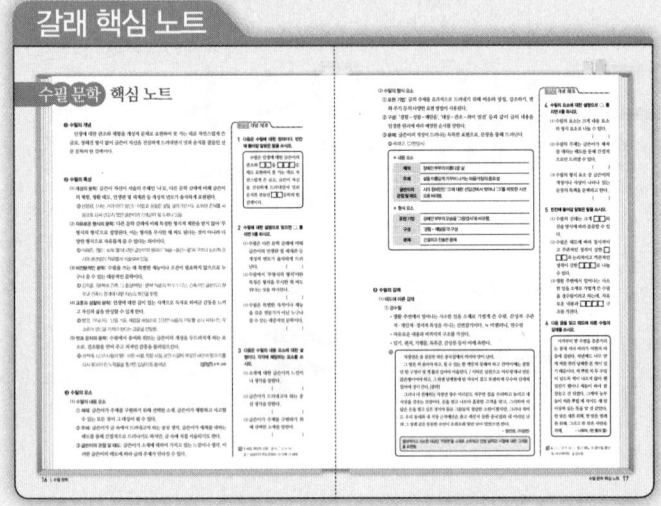

갈래 핵심 노트

▶ 갈래별 기본 개념을 풍부한 예시와 함께 제시하며 문학의 기본기를 다지고 간단 개념 체크를 통해 학습한 내용을 확인할 수 있도록 구성하였습니다.

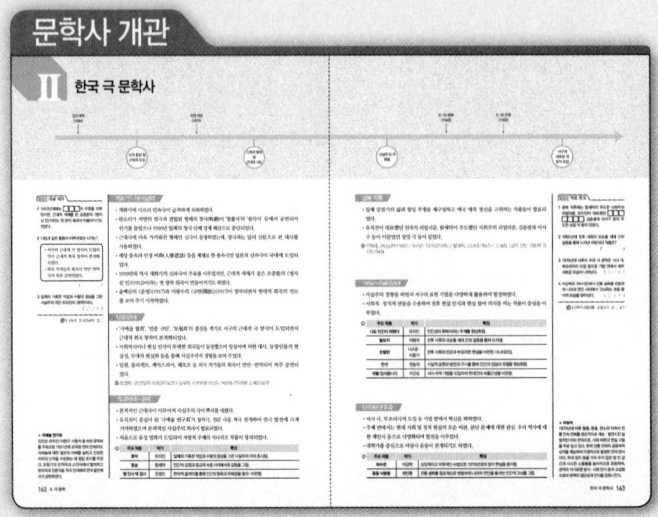

문학사 개관

▶ 연표를 통해 시각적으로 시대를 개관하면서 시대별 특징과 주요 작가 및 작품들을 풍부한 예시와 함께 정리하여 각 시대를 이해하는 배경지식을 얻을 수 있도록 하였습니다. 또한 간단 개념 체크를 통해 학습한 내용을 확인할 수 있도록 하였습니다.

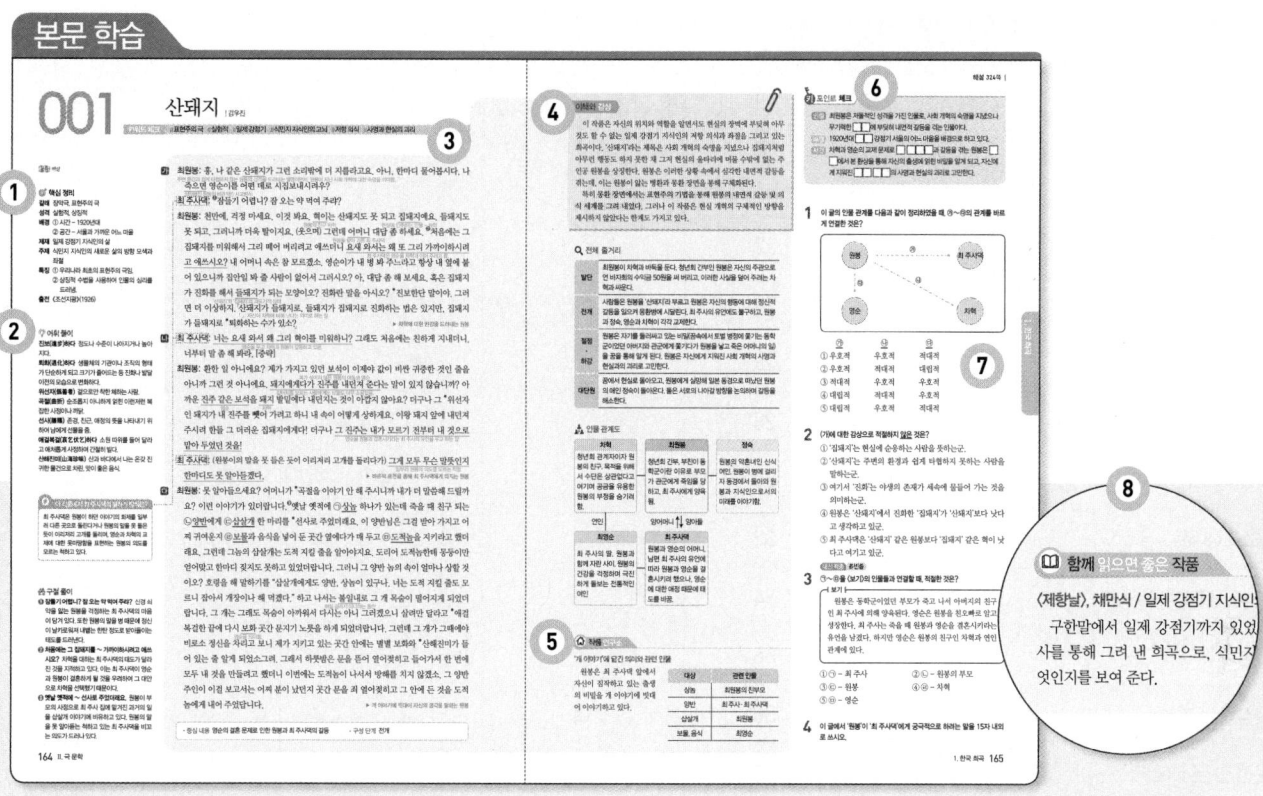

❶ **핵심 정리** 작품의 성격, 주제, 특징 등 작품과 관련된 핵심적인 내용을 한눈에 살펴볼 수 있도록 정리하였습니다.

❷ **어휘·구절 풀이** 작품의 내용을 이해하기 쉽도록 어려운 어휘나 주요 구절을 상세하게 풀이하여 제시하였습니다.

❸ **본문 분석** 교과서 수록 작품 중 문학사적으로 중요하고 출제 가능성이 높은 작품을 선정하였습니다. 또한 행간주 등의 주석을 활용하여 작품에 대한 이해의 폭을 넓힐 수 있도록 하였습니다.

❹ **이해와 감상** 작품에 대한 체계적인 분석과 해설을 통해 작품의 내용을 바르게 이해하고 감상할 수 있도록 하였습니다.

❺ **작품 연구소** 시험에 자주 출제되고 중요한 작품의 핵심 내용을 이해하기 쉬운 도식과 알기 쉬운 해설로 제시하였습니다.

❻ **키포인트 체크** 작품의 주요 구성 요소를 파악하고, 빈칸에 알맞은 답을 넣어 봄으로써 작품을 한눈에 정리할 수 있도록 하였습니다.

❼ **확인 문제** 학습 활동에서 다루는 내용을 문제화하고 수능 및 평가원, 교육청 기출문제를 제시하였습니다.

❽ **함께 읽으면 좋은 작품** 본문에 수록된 작품과 함께 읽으면 좋은 작품을 소개하여 감상의 폭을 넓힐 수 있도록 하였습니다.

더 읽을 작품

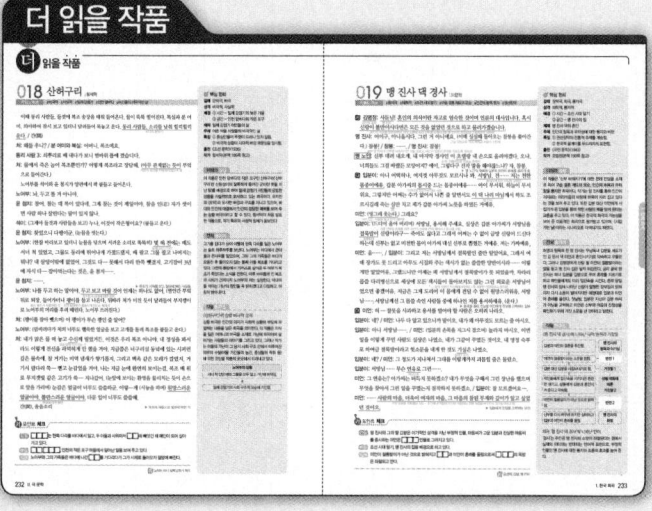

▶ 본문에서 다루지 않은 작품들을 핵심 정리, 이해와 감상, 작품 연구소 등의 충실한 자료와 키포인트 체크를 통해 학습할 수 있도록 구성하였습니다.

차례

교과서 수록 표:

	문학										고등국어	독서	화법과작문	언어와매체
	천재(김)	천재(정)	금성	동아	미래엔	비상	신사고	지학사	창비	해냄				
082												비상		
083												미래엔		
084													지학사	
085			●								천재(이) 외 1			
086													지학사	
087													지학사	
088			●											
089			●											
001						●								
002	●													
003	●													
004								●						
005														
006											동아			
007														
008				●			●							
009											신사고 외 1			
010				●	●			●						
011														
012		●		●		●					미래엔 외 1			

차례

작품 찾아보기

작가 찾아보기

이제야 참 조선인이 되었다   산촌 여정   권태   여백을 위한 잡담   바다   파초   게   무궁화

측상락   은전 한 닢   뒤지가 진적   산정무한   특급품   수필   참새   설해목   비닐우산

당신이 나무를 더 사랑하는 까닭   새 출발점에 선 당신에게   젊은 아버지의 추억

내 유년의 울타리는 탱자나무였다   반 통의 물   존재의 테이블   순후와 질박함에 대하여

미안합니다   하필이면   관용은 자기와 다른 것, 자기에게 없는 것에 대한 애정입니다   피혁삼우

소년 시절의 맛   성난 풀잎   꽃 출석부 1   앎과 힘의 뿌리, 문화유산   네가 누리는 축복을 세어 보라

너라는 꽃이 피는 계절   한 그루 나무처럼   나와 남   우리는 어디로부터 왔는가   풀 비린내에 대하여   오해

내리막길의 어려움   우주와 사랑을 품은 요리, 볶음밥   책 속에 길이 있다   과학자의 서재   신생   총, 꽃, 시

I

수필 문학

수필 문학 핵심 노트

❶ 수필의 개념

인생에 대한 관조와 체험을 개성적 문체로 표현하여 붓 가는 대로 자연스럽게 쓴 글로, 정해진 형식 없이 글쓴이 자신을 진실하게 드러내면서 멋과 운치를 곁들인 산문 문학의 한 갈래이다.

❷ 수필의 특성

(1) **개성의 문학**: 글쓴이 자신이 서술의 주체인 '나'로, 다른 문학 갈래에 비해 글쓴이의 체험, 생활 태도, 인생관 및 세계관 등 개성적 면모가 솔직하게 표현된다.

> 예 권정생, 〈사는 거야 어디 살건〉: 어렵고 궁핍한 삶을 살아가면서도 소외된 존재를 사랑으로 감싸 안고자 했던 글쓴이의 인생관이 잘 드러나 있음.

(2) **자유로운 형식의 문학**: 다른 문학 갈래에 비해 특정한 형식적 제한을 받지 않아 '무형식의 형식'으로 설명된다. 이는 형식을 무시한 채 써도 된다는 것이 아니라 다양한 형식으로 자유롭게 쓸 수 있다는 의미이다.

> 예 이태준, 〈물〉: 소재 '물'에 대한 글쓴이의 생각이 '처음-중간-끝'의 구조나 논리적 순서와 상관없이 자유롭게 서술되어 있음.

(3) **비전문적인 문학**: 수필을 쓰는 데 특별한 재능이나 조건이 필요하지 않으므로 누구나 쓸 수 있는 대중적인 문학이다.

> 예 김억중, 〈문학과 건축, 그 동상이몽〉: 문학 작품의 작가가 아닌, 건축가인 글쓴이가 문학과 건축의 관계에 대한 자신의 의견을 밝힘.

(4) **교훈과 성찰의 문학**: 인생에 대한 깊이 있는 사색으로 독자로 하여금 감동을 느끼고 자신의 삶을 반성할 수 있게 한다.

> 예 법정, 〈무소유〉: 난을 키운 체험을 바탕으로 진정한 마음의 자유를 얻기 위해서는 무소유의 정신을 가져야 한다는 교훈을 전달함.

(5) **멋과 운치의 문학**: 수필에서 유머와 위트는 글쓴이의 개성을 두드러지게 하는 요소로, 건조함을 덜어 주고 지적인 감흥을 불러일으킨다.

> 예 성석제, 〈소년 시절의 맛〉: 어린 시절, 학창 시절, 군인 시절에 먹었던 라면의 맛과 이를 다시 찾고자 한 노력들을 흥겨운 입담으로 풀어냄. ⊕ Link 본책 78쪽

❸ 수필의 요소

(1) **수필의 내용 요소**

① **제재**: 글쓴이가 주제를 구현하기 위해 선택한 소재. 글쓴이가 체험하고 사고할 수 있는 모든 것이 그 대상이 될 수 있다.

② **주제**: 글쓴이가 글 속에서 드러내고자 하는 중심 생각. 글쓴이가 제재를 대하는 태도를 통해 간접적으로 드러나기도 하지만, 글 속에 직접 서술되기도 한다.

③ **글쓴이의 관점 및 태도**: 글쓴이가 소재에 대하여 가지고 있는 느낌이나 생각. 이러한 글쓴이의 태도에 따라 글의 주제가 달라질 수 있다.

간단 개념 체크

1 다음은 수필에 대한 정의이다. 빈칸에 들어갈 알맞은 말을 쓰시오.

> 수필은 인생에 대한 글쓴이의 관조와 □□을 □□□ 문체로 표현하여 붓 가는 대로 자연스럽게 쓴 글로, 글쓴이 자신을 진실하게 드러내면서 멋과 운치를 곁들인 □□ 문학의 한 갈래이다.

2 수필에 대한 설명으로 맞으면 ○, 틀리면 X를 하시오.

(1) 수필은 다른 문학 갈래에 비해 글쓴이의 인생관 및 세계관 등 개성적 면모가 솔직하게 드러난다. (　　　)

(2) 수필에서 '무형식의 형식'이란 특징은 형식을 무시한 채 써도 된다는 것을 의미한다. (　　　)

(3) 수필은 특별한 자격이나 재능을 갖춘 전문가가 아닌 누구나 쓸 수 있는 대중적인 문학이다. (　　　)

3 다음은 수필의 내용 요소에 대한 설명이다. 각각에 해당하는 요소를 쓰시오.

(1) 소재에 대한 글쓴이의 느낌이나 생각을 말한다. (　　　)

(2) 글쓴이가 드러내고자 하는 중심 생각을 말한다. (　　　)

(3) 글쓴이가 주제를 구현하기 위해 선택한 소재를 말한다. (　　　)

🗝 **1** 체험, 개성적, 산문 **2** (1) ○ (2) X (3) ○ **3** (1) 글쓴이의 관점 및 태도 (2) 주제 (3) 제재

(2) 수필의 형식 요소

① 표현 기법: 글의 주제를 효과적으로 드러내기 위해 비유와 상징, 강조하기, 변화 주기 등의 다양한 표현 방법이 사용된다.

② 구성: '경험 – 성찰 – 깨달음', '대상 – 관조 – 의미 발견' 등과 같이 글의 내용을 일정한 원리에 따라 배열한 순서를 말한다.

③ 문체: 글쓴이의 개성이 드러나는 독특한 표현으로, 문장을 통해 드러난다.

⑩ 곽재구, 〈그림엽서〉

※ 내용 요소

제재	장애인 부부의 아름다운 삶
주제	삶을 아름답게 가꾸어 나가는 마음가짐의 중요성
글쓴이의 관점 및 태도	시각 장애인인 '그'에 대한 선입견에서 벗어나 '그'를 따뜻한 시선으로 바라봄.

※ 형식 요소

표현 기법	장애인 부부의 모습을 '그림엽서'에 비유함.
구성	'경험 – 깨달음'의 구성
문체	간결하고 진솔한 문체

❹ 수필의 갈래

(1) 태도에 따른 갈래

① 경수필

- 생활 주변에서 일어나는 사소한 일을 소재로 가볍게 쓴 수필. 감성적·주관적·개인적·정서적 특성을 지니는 신변잡기이다. ≒ 미셀러니, 연수필
- 자유로운 내용과 비격식적 구조를 가진다.
- 일기, 편지, 기행문, 독후감, 감상문 등이 이에 속한다.

⑩
> 자장면은 좀 침침한 작은 중국집에서 먹어야 맛이 난다.
>
> 그 방은 퍽 좁아야 하고, 될 수 있는 한 깨끗지 못해야 하고 칸막이에는 콩알만 한 구멍이 몇 개 뚫려 있어야 어울린다. / 식탁은 널판으로 아무렇게나 만든 앉은뱅이여야 하고, 그 위엔 담뱃불에 탄 자국이 검고 또렷하게 무수히 산재해 있어야 정이 간다. [중략]
>
> 그러나 내 친애하는 자장면 장수 여러분도 자꾸만 집을 수리하고 늘리고 새 시설을 갖추는 모양이다. 돈을 벌고 나보다 훌륭한 고객을 맞고, 그리하여 더 많은 돈을 벌고 싶은 것이야 물론 그분들의 정당한 소원이겠지만, 그러나 적어도 우리 동네와 내 직장 근처에만은 좁고 깨끗지 못한 중국집과 내 어리던 날의 그 장궤 같은 뚱뚱한 주인이 오래오래 몇만 남아 있었으면 한다.
>
> – 정진권, 〈자장면〉

> 일상적이고 사소한 대상인 '자장면'을 소재로 소박하고 인정 넘치던 시절에 대한 그리움을 표현함.

간단 개념 체크

4 수필의 요소에 대한 설명으로 ○, 틀리면 X를 하시오.

(1) 수필의 요소는 크게 내용 요소와 형식 요소로 나눌 수 있다.

( )

(2) 수필의 주제는 글쓴이가 제재를 대하는 태도를 통해 간접적으로만 드러낼 수 있다.

( )

(3) 수필의 형식 요소 중 글쓴이의 개성이나 사상이 나타나 있는 문장의 특색을 문체라고 한다.

( )

5 빈칸에 들어갈 알맞은 말을 쓰시오.

(1) 수필의 갈래는 크게 □□와 진술 방식에 따라 분류할 수 있다.

(2) 수필은 태도에 따라 정서적이고 주관적인 성격이 강한 □□□과 논리적이고 객관적인 성격이 강한 □□□로 나눌 수 있다.

(3) 생활 주변에서 일어나는 사소한 일을 소재로 가볍게 쓴 수필을 경수필이라고 하는데, 자유로운 내용과 □□□□ 구조를 가진다.

6 다음 글을 읽고 태도에 따른 수필의 갈래를 쓰시오.

> 아까부터 밭 주변을 종종거리는 참새 서너 마리가 어쩐지 마음에 걸린다. 작년에도 너무 얕게 씨를 뿌려 낭패를 본 적이 있기 때문이다. 씨 뿌린 지 두 주일이 넘도록 싹이 나오지 않아 웬일인가 했더니 새들이 와서 잘 잡숫고 간 뒤였다. 그제야 농부들이 씨를 뿌릴 때 적어도 세 알 이상씩 심는 뜻을 알 것 같았다. 한 알은 새를 위해, 한 알은 벌레를 위해, 그리고 한 알은 사람을 위해.
> – 나희덕, 〈반 통의 물〉

답 **4** (1) ○ (2) X (3) ○ **5** (1) 태도 (2) 경수필, 중수필 (3) 비격식적 **6** 경수필

수필 문학 핵심 노트

② 중수필

- 주로 무거운 내용을 담고 있는 논리적이고 객관적인 수필 ≒ 경수필(硬隨筆), 에세이
- 비개성적인 것으로, 비평적 수필·과학적 수필, 전기문 등이 이에 속한다.

> **예**
>
> 독서는 모름지기 자신을 열고, 자신을 확장하고 그리고 자신을 뛰어넘는 비약이어야 합니다. 그렇기 때문에 독서는 삼독입니다. 먼저 텍스트를 읽고 다음으로 그 텍스트를 집필한 필자를 읽어야 합니다. 그 텍스트가 제기하고 있는 문제뿐만 아니라 필자가 어떤 시대, 어떤 사회에 발 딛고 있는지를 읽어야 합니다. 그리고 최종적으로 그것을 읽고 있는 독자 자신을 읽어야 합니다. 그렇게 함으로써 자신의 처지와 우리 시대의 문맥을 깨달아야 합니다. [중략]
>
> 독서, 그것은 궁극적으로 자기가 갇혀 있는 문맥, 우리 시대가 갇혀 있는 문맥을 깨트리고, 드넓은 세계로 나아가는 자유의 여정이기도 합니다. 우리에게 필요한 것은 이 여정에서 길어 올려야 하는 우리들 자신에 대한 애정입니다.
>
> – 신영복, 〈책은 먼 곳에서 찾아온 벗입니다〉
>
> > 바람직한 독서 태도 및 독서의 중요성과 가치를 전달함.

[경수필과 중수필의 차이점]

경수필	중수필
문장의 흐름이 가벼운 느낌을 준다.	문장의 흐름이 무거운 느낌을 준다.
자기 고백적이며 '나'가 겉으로 드러난다.	논리적이며 '나'가 겉으로 드러나지 않는다.
개인적·주관적인 관점이 나타난다.	객관적·사회적인 관점이 나타난다.
개인적인 감정과 정서에 바탕을 둔다.	보편적인 논리와 이성에 바탕을 둔다.
정서적·신변잡기적이다.	지적·사색적이다.

(2) 진술 방식에 따른 갈래

① **서정적 수필**: 감정과 정서에 중심을 두고 일상생활이나 자연에서 느낀 것을 표현하는 수필로, 예술성이 강조되며 표현에 있어서 대체로 기교에 비중을 두는 경우가 많다.

> **예** 유경환, 〈고향 이루는 생각들〉: 어린 시절 고향에서의 기억들을 한 폭의 병풍처럼 그려 내어 고향에 대한 그리움을 표현함.

② **서사적 수필**: 글쓴이나 다른 사람의 이야기를 전하는 형식으로 쓰는 수필로, 내용의 사실성과 서술의 정확성이 중시된다. 이야기가 소설처럼 행동과 사건으로 표현되거나, 기행문처럼 시간의 흐름에 따라 인물의 공간적 이동을 나타내는 것으로, 대상에 주관성을 개입하지 않고 객관적으로 서술한다.

> **예** 이희승, 〈딸깍발이〉: 선비 정신을 지킨 '딸깍발이'의 정신과 강직한 삶의 태도를 구체적으로 묘사함.

---

7 중수필에 대한 설명으로 맞으면 ○, 틀리면 X를 하시오.

(1) 중수필은 주로 무거운 내용을 담고 있는 논리적이고 객관적인 수필을 말한다. ( )

(2) 중수필은 비개성적인 것으로 비평적 수필, 과학적 수필 등이 이에 속한다. ( )

(3) 중수필은 개인적이고 정서적인 특성을 지니는 신변잡기에 해당한다. ( )

8 다음 중 경수필과 중수필의 차이점을 옳게 설명한 것을 모두 고르시오.

> ㉠ 경수필이 가벼운 느낌을 주는 반면 중수필은 무거운 느낌을 준다.
>
> ㉡ 경수필은 논리적이며 '나'가 겉으로 드러나지 않는 반면 중수필은 자기 고백적이며 '나'가 겉으로 드러난다.
>
> ㉢ 경수필은 개인적이고 주관적인 관점이 나타나는 반면, 중수필은 객관적이고 사회적인 관점이 나타난다.
>
> ㉣ 경수필이 개인적인 감정과 정서에 바탕을 두는 반면, 중수필은 보편적인 논리와 이성에 바탕을 둔다.

9 빈칸에 들어갈 알맞은 말을 쓰시오.

(1) 서정적 수필은 예술성이 강조되며 표현에 있어서 대체로 □□에 비중을 두는 경우가 많다.

(2) 교훈적 수필은 글쓴이의 오랜 체험이나 깊은 □□에서 얻은 예지를 바탕으로 한 교훈적인 내용을 담은 수필을 말한다.

답 7 (1) ○ (2) ○ (3) X **8** ㉠, ㉢, ㉣ **9** 기교, 사색

③ 교훈적 수필: 글쓴이의 오랜 체험이나 깊은 사색에서 얻은 예지를 바탕으로 한 교훈적인 내용을 담은 수필로, 글쓴이의 신념과 함께 설득적 요소가 강하게 나타난다.

> 예 나희덕, 〈내 유년의 울타리는 탱자나무였다〉: 유년 시절의 체험을 바탕으로 고통을 슬기롭게 받아들여 삶의 자양분으로 삼아야 한다는 교훈을 전달함.
>
> Link 본책 62쪽

④ 희곡적 수필: 글쓴이나 다른 사람이 경험한 내용이나 극적인 요소를 지닌 사건을 서술하되, 사건의 내용 자체에 극적 요소가 있어서 내용이 다분히 희곡적으로 전개되는 수필로, 극적인 효과를 얻기 위해 현재 시제가 자주 쓰인다.

> 예 피천득, 〈은전 한 닢〉: 대화체와 현재 시제를 활용하여 글쓴이가 경험한 늙은 거지와의 일화를 제시함.
>
> Link 본책 40쪽

❺ 수필의 수용과 감상

글쓴이의 태도와 인생관 파악	수필에는 인생과 자연에 대한 글쓴이의 체험과 가치관이 독특한 개성에 의해 녹아들어 있음. → 글쓴이의 체험과 그에 대한 태도를 파악하고, 이를 바탕으로 글쓴이의 가치관이나 인생관 및 개성적인 면모를 발견할 수 있어야 함.
감상 결과의 내면화	글쓴이가 자신의 체험에 부여하고 있는 의미를 통해 독자 자신을 성찰하고 깨달음을 얻을 수 있어야 함. 더 나아가 자신을 둘러싼 사회와 자연의 모습을 새로운 시각으로 바라볼 수 있어야 함.

> 예
>
> 나무는 덕을 지녔다. 나무는 주어진 분수에 만족할 줄 안다. 나무로 태어난 것을 탓하지 아니하고, 왜 여기 놓이고 저기 놓이지 않았는가를 말하지 아니한다. 등성이에 서면 햇살이 따사로울까, 골짜기에 내려서면 물이 좋을까 하여, 새로운 자리를 엿보는 일도 없다. 물과 흙과 태양의 아들로 물과 흙과 태양이 주는 대로 받고, 후박(厚薄)과 불만족을 말하지 아니한다. 이웃 친구의 처지에 눈떠 보는 일도 없다. [중략] 나무는 훌륭한 견인주의자(堅忍主義者)요, 고독의 철인(哲人)이요, 안분지족(安分知足)의 현인(賢人)이다. 불교의 소위 윤회설이 참말이라면 나는 죽어서 나무가 되고 싶다.
>
> – 이양하, 〈나무〉 Link 본책 123쪽

글쓴이의 태도와 인생관 파악 – 나무처럼 분수에 만족하며 살고 싶음.	독자의 수용 →	감상 결과의 내면화 – 갖지 못한 것들에 대해 불평만을 늘어놓았던 그동안의 생활을 돌아보게 되었어.

---

10 다음 설명에 해당하는 수필의 갈래를 쓰시오.

(1) 글쓴이의 신념과 함께 설득적 요소가 강하게 나타난다.
(　　　　　)

(2) 사건의 내용에 극적 요소가 있어 내용 전개가 다분히 희곡적이다. (　　　　　)

(3) 감정과 정서에 중심을 두고 일상생활이나 자연에서 느낀 정서를 표현한다.
(　　　　　)

11 다음 글을 읽고 진술 방식에 따른 수필의 갈래를 쓰시오.

> 흐드러지게 핀 아카시아 꽃들이 어둠 속에서 희끄무레 잦아들며 달짝지근한 향기를 뿜어내었다. 산에는 짙은 색으로 어둠이 엉기고 있었다. 어슬렁대던 들고양이가 인기척에 놀라 후다닥 숲속으로 달아났다. 낮과 밤이 서로에게 소리 없이 스미고 뒤섞이며 한 세상을 여는 이 시간은 신비감이랄지 비현실감이랄지 하는 색채를 입는다.
>
> – 오정희, 〈밤의 순례〉

12 수필을 감상하는 방법에 대한 설명으로 맞으면 ○, 틀리면 X를 하시오.

(1) 수필에 반영된 글쓴이의 개성을 발견한다. (　　　　)
(2) 주제, 구성, 표현 등의 측면에서 잘못된 부분을 바로잡는다.
(　　　　)
(3) 수필에서 글쓴이가 자신의 체험에 부여하고 있는 의미를 바탕으로 독자 자신을 성찰하고 깨달음을 얻도록 한다.
(　　　　)

답 **10** (1) 교훈적 수필 (2) 희곡적 수필 (3) 서정적 수필 **11** 서정적 수필 **12** (1) ○ (2) X (3) ○

I 한국 수필 문학사

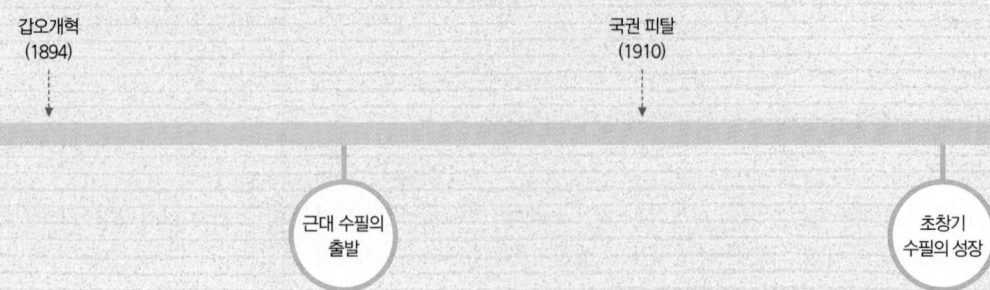

◆ 〈서유견문(西遊見聞)〉
조선 후기 개화 사상가이자 정치가인 유길준이 1895년 일본 도쿄[東京] 교순사에서 단행본으로 펴낸 서양 기행문. 서문과 목차 외 총 20편 71개 항목에 달하는 본문으로 구성되어 있다. 당시 서양의 역사·지리·산업·정치·풍속 등이 잘 나타나 있으며 국한문 혼용체로 씌어 근대 언문일치 운동의 선구적 역할을 했다.

◆ 《청춘》
1914년 10월에 최남선이 창간한 우리나라 최초의 월간 종합지. 청년을 상대로 한 계몽지로서 《소년》지가 폐간된 후 그 후신으로 발간한 것으로, 신문학 운동이 일어나던 무렵에 문학 작품의 발표 및 문예 작품 현상 모집에 의한 창작 의욕의 진작, 해외 문학 번역 소개 등 문학 발전에 큰 구실을 하였다. 1918년 8월까지 통권 15호를 냈다.

개화기

- 이 시기의 수필은 백성들을 개화하고 계몽하고자 하는 성격을 강하게 띠었다.
- 서구 문물을 소개한 유길준의 〈서유견문(西遊見聞)〉은 기행문의 성격을 띠고 있어 근대 수필의 효시로 일컫는다. 이 외에도 최남선의 〈반순성기(半巡城記)〉가 발표되었다.
- 많은 개화 선각자가 신문에 논설을 발표함으로써 민중 계몽을 주도해 나갔는데, 당시의 신문에 실린 사설이나 논설은 에세이의 한국적 원형으로 볼 수 있다.

1910년대

- 《청춘》, 《학지광》, 《창조》 등에 계몽적·기행적 수필이 주로 발표되었으며, 단상(斷想) 수준의 수필도 발표되어 근대 수필의 초기 모습을 보였다. 특히 최남선이 발행한 《청춘》에서는 현대 수필은 물론이고 박지원·임제·허난설헌 등의 고전 수필을 소개하는 데도 힘썼다.

  예 전영택, 〈독어록(獨語錄)〉(1917) / 이광수, 〈남유잡감(南遊雜感)〉(1918)

1920년대

- 현대 수필의 초창기로, 수필의 형태가 아직 정립되지는 않았지만 수필이 차차 수필 문학으로서의 독자성을 확보하며 성장해 나갔다.
- 국민 문학파에 의해 수필이 주도되면서 우리 국토에 대한 애정을 담은 기행 수필이 주로 창작되었다.
- 문학성이 있는 수필과 논설체 수필이 다수 발표되어 기행 수필과 수상 수필로 병립되어 발전하였다.
- 일제의 검열을 피해 시나 소설 양식 대신에 수필 양식을 활용하는 경우도 많았다.
- 전문적인 수필가가 등장하지 않은 상태에서 시인, 소설가, 평론가, 기자 등이 수필을 발표하였다.
- 다양한 잡지와 신문을 통해 수필이 발표되었는데, 특히 《조선문단》, 《동광》 등의 동인지는 수필란을 별도로 설정하여 수필의 발전에 기여하였다.

  예 이광수, 〈금강산유기〉(1922) / 나도향, 〈그믐달〉(1925) / 최남선, 〈백두산 근참기〉(1926)

간단 개념 체크

1 개화기의 수필은 백성들을 ☐☐하고, ☐☐하고자 하는 성격을 강하게 띠었다.

2 유길준이 쓴 서양 기행문으로 우리나라 근대 수필의 효시로 일컬어지는 작품은?

3 1920년대에 동인지인 《창조》와 《백조》는 수필란을 별도로 설정하는 등 수필의 발전에 기여하였다. (○ / X)

답 1 개화, 계몽 2 서유견문 3 X

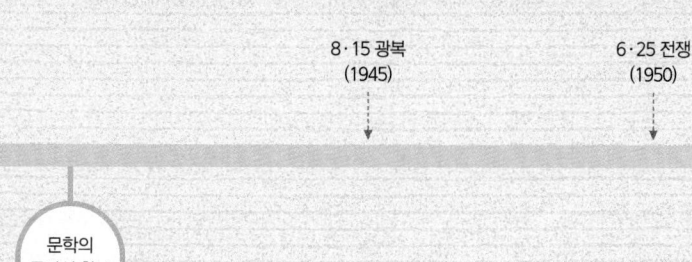

8·15 광복
(1945)

6·25 전쟁
(1950)

문학의
독자성 확보

산업 사회
속의 새로운
변모

1930년대∼1940년대

- 수필의 이론 및 갈래 정립, 개인적 수필과 사회적 수필이라는 본격적인 수필 유형의 형성, 그리고 발표 무대의 확장 등과 더불어 근대 수필의 성숙을 이루게 되었다.
- 외국 문학을 연구하는 학자들에 의해 외국의 수필과 이론이 도입되었다. 외국 작품과 이론을 바탕으로 수필의 이론이 정립되고 문학적 수필이 발표되면서 수필 문학이 본격적으로 발전하기 시작하였다.
- 경수필과 중수필의 유형이 확립되었으며, 다양한 제재를 다룬 많은 문학적 수필이 발표되는 등 수필 문학이 비약적으로 성장하였다.
- 전문적인 수필가가 등장했으며, 수필이 독자적 갈래로 정립되었다.
- 수필 전문지가 발행되었으며, 이 외에도 많은 신문·잡지에 수필 고정란이 생기게 되었다.
- 일본의 억압 정책으로 1940년대에는 다른 갈래와 마찬가지로 암흑기를 맞이하게 된다.

📖 민태원, 〈청춘 예찬〉(1930) / 이상, 〈권태〉(1937) / 이양하, 〈신록 예찬〉(1937) / 김진섭, 〈매화찬〉(1939)

◆ 1930년대의 수필 이론

김기림,〈수필을 위하여〉	수필의 문학성과 그 영역 추구
김광섭,〈수필 문학 소고〉	수필의 형식과 표현에 대한 이론 모색
김진섭,〈수필의 문학적 영역〉	문학 양식으로서의 수필론 정립

1950년대

- 수필 문학은 6·25 전쟁 이후 격동기를 겪으며 양적 측면과 깊이의 측면에서 새롭게 변모되었다.
- 예술성을 강조한 수필과 사회적 의미를 주제로 한 수필 등 다양한 형태의 작품이 발표되었는데, 사회의 불안이나 가치관의 상실을 다룬 교훈적 수필, 정서적 감응과 예술적 기교를 바탕으로 한 서정적 수필 등이 그것이다.

📖 이희승, 〈딸깍발이〉(1956) / 피천득, 〈은전 한 닢〉(1959)

1960년대 이후

- 산업화 과정을 거치면서 이러한 변화에 상응하는 다양한 제재의 수용과 수필가의 확대는 수필 문학의 발전을 불러왔다.
- 수많은 잡지 및 전문지에 수필이 발표되었으며, 전집(全集)이나 선집(選集) 형태의 수필집이 발간되었다.
- 1970년대에 들어와서는 《수필 문학》, 《현대 수필》, 《수필 문예》와 같은 수필 동인지가 발간되었다. 또한 수필이 베스트셀러가 되는 현상도 나타났다.

📖 정비석, 〈산정무한〉(1963) / 이양하, 〈나무〉(1964) / 피천득, 〈수필〉(1969) / 법정, 〈무소유〉(1976) / 박연구, 〈하나의 풍경〉(1979)

이제야 참 조선인이 되었다 | 이봉창

독서 비상(한)

🎯 핵심 정리

갈래 수기
성격 사실적, 고백적, 감정적
제재 이봉창의 삶
주제 조선인 이봉창이 겪은 차별과 거사의 배경
특징 ① 자신의 처지와 심정을 솔직하게 고백함.
② 일제 강점기 당시의 시대상과 조선인의 현실 인식이 드러남.
출전 옥중 수기(1932)

💡 어휘 풀이

이태왕(李太王) 1910년 국권 피탈 때 일제가 상왕(上王)인 고종을 이르던 말.
유치장 피의자나 경범죄를 지은 사람 등을 한때 가두어 두는 곳.
검속(檢束) 예전에, 공공의 안전을 해롭게 하거나 죄를 지을 염려가 있는 사람을 경찰에서 잠시 가두던 일.
거사(擧事) 큰일을 일으킴.

📖 구절 풀이

❶ **생각해 보니 나는 불행한 인간이다. ~ 나는 가치 없는 사람이다.** 이봉창의 정체성과 역사 인식이 잘 드러나는 부분이다. 이봉창은 조선과 일본 어느 곳의 역사도 제대로 알지 못하는 자신을 부끄러워한다. 그리고 자신을 '신일본인'이라 칭하고, '고종'과 '경술국치'를 각각 일본이 이르던 말인 '이태왕 전하', '한일 합방' 등의 단어로 쓰고 있다. 이를 통해 이봉창이 자신과 현실을 어떻게 인식하고 있는지를 알 수 있다.

❷ **왜 나는 일본 사람인 ~ 여러 번 후회했다** 이봉창은 조선인이라는 이유로 검속을 당한 후 일본 사람인 양 살아가려고 한다. 그런데 일본인한테 무시를 당하는 조선 여자를 돕지 못하는 상황을 겪으면서 일본 사람인 양 살아가는 일도 고통스럽다는 사실을 느끼게 된다. 그러면서 일본인으로 살아가는 일은 거짓이고, 잘못된 삶임을 자각하고 있다.

Q 이봉창이 거사를 결심하게 된 배경은?

이봉창은 일본인으로 살았던 일을 후회하며 조선인 이봉창으로 생활할 각오로 상하이 임시 정부를 찾아가서 취직을 부탁한다. 또한 교토 검속 때의 원한을 잊지 못하고 독립사상을 갖게 되면서 일본을 응징할 마음으로 거사를 하게 되었음이 드러나 있다.

👤 작가 소개

이봉창(1900~1932)
독립운동가. 1932년 1월 8일 도쿄 사쿠라다몬에서 일왕 히로히토에게 수류탄을 던졌으나 실패하였다. 그 자리에서 검거된 후, 1932년 10월 10일 순국하였다. 1962년 건국 훈장 대통령장이 추서되었다.

가 1928년 일왕 즉위식이 교토에서 있었다. ⓐ나는 그때 하숙집 부근 세탁소에서 일하는 조선인 아마즈미, 나와 같은 공장에서 일하는 일본인 이와다와 함께 일왕 즉위식을 보기 위해 교토에 가기로 했다. / ❶생각해 보니 나는 불행한 인간이다. 왜냐하면 조선 사람으로 태어나 우리 *이태왕 전하의 용안을 뵌 일이 없고, 한일 합방 후 신일본인이 되었다고 해도 일본 왕의 얼굴을 본 일도 없다. 또 조선 역사를 배운 일이 없고, 일본 역사도 배운 것이 없다. 그것은 부끄러운 일이며 그러니 나는 가치 없는 사람이다.

> 역사적, 사실적 기록의 성격의 글임을 짐작할 수 있음.
> 임금의 얼굴을 높여 부르는 말
> 글쓴이는 자신을 일본인이라 여기고 있음.
> 역사의식이 없는 데 대한 자조적 인식을 보여 줌.

일왕 즉위식이 열린 날은 아침 7시부터 참석자들을 식장에 들어가게 해 주었다. ⓑ신체 검사를 받았는데 세 사람 가운데 나는 마지막에 서 있었다. 나는 무기를 감추고 있던 것도 아니어서 안심하고 있었다. 그런데 경찰이 내 주머니에 한문과 한글이 섞인 서울에서 온 편지가 있는 것을 보더니 자기들 본부까지 잠깐 가자고 했다. 나는 별로 이상한 편지가 아니기 때문에 곧 끝날 줄 알고 따라갔다. 그랬는데 1시간 반쯤 지나 이번에는 아무 설명도 없이 경찰서 *유치장에 집어넣는 것이었다.

> 검사를 통과하는 데 문제가 없을 것이라 생각함.
> 글쓴이가 유치장에 들어가게 되는 계기 → 조선인이므로
> 조선인이기 때문에 당하는 차별
> ▶ 일왕 즉위식을 보기 위해 교토에 갔다가 유치장에 갇히게 됨.

나 그러다가 또 생각을 바꾸어 완전히 일본 사람으로 속이고 살아 보려고 했다. 그래서 1929년 오사카시 쓰루하시에 있는 비누 도매상에서 일본인이라고 속이고 점원 생활을 했다. 쓰루하시 부근은 오사카시에서 조선인이 가장 많이 살고 있는 곳이었다. 그러나 나는 일본인 행세를 하느라 조선인들과는 교제를 완전히 끊고 지냈다. 심지어 사랑하는 조카딸의 집조차 출입을 하지 않고 지냈다. / 조선 사람들은 물건을 사러 와서 서투른 일본 말로 물건의 값을 묻고 때로는 흥정을 하려 했다. 그럴 때면 일본인 주인은 귀찮아하면서 욕을 하고 더러 물건을 팔지 않는 때도 있었다. 한번은 일본 말을 한마디도 모르는 조선 여자가 물건을 사러 와서 가게 앞에서 서성거리고 있는 것을 보고, 일본인 주인은 물건을 훔치러 온 것으로 오해해서 큰소리를 질렀다. ⓒ그럴 때 내가 나서서 한마디 거들어 주면 일본인 주인과 조선 여자 모두에게 도움이 되어 원만하게 해결될 수 있다는 것을 알고 있었다. 하지만 나는 입을 다물고 보고만 있었다. 참으로 서글펐다.

> 조선인이라는 이유로 당하지 않기 위해서
> 일본인 행세를 하기 위해서
> 일본인에 의해 조선 사람이 난처한 처지에 놓임.
> 일본인 행세를 하고 있어서 조선 사람을 도울 수가 없었음.

❷왜 나는 일본 사람인 양 속이고 있는 것일까? 일본인으로 속이고 살면 조금이나마 고통에서 벗어날 수 있다고 생각했는데, '역시 이것은 고통이다. ⓓ조선 사람이 조선 사람으로 살지 않는 것은 거짓이다. 일본인으로 속이고 산다는 것은 잘못이다.' 하고 여러 번 후회했다.

> 일본인 행세를 하는 일에 대한 자괴감
> 「」: 거짓된 삶을 살아가는 일에 대한 후회
> ▶ 차별을 당하지 않기 위해 일본인 행세를 하며 살지만 거짓된 삶에 자괴감을 느낌.

다 ⓔ1930년 11월 오사카는 불경기 때문에 취직난이 심했다. 그때 친구인 박 군한테서 상하이의 영국 전자 회사가 조선 사람을 매우 우대해서 채용한다는 말을 들었다. 2년간 일본인으로 속이고 살아 보았지만 그것은 역시 고통이었다. 그렇기 때문에 이제부터는 내 본명인 이봉창으로, ⓘ조선인으로 생활할 각오를 하고 곧 상하이로 갔다.

> 조선을 위해 진실된 삶을 살겠다는 각오

상하이에서는 임시 정부를 찾아가 나의 사정을 설명하고 취직도 부탁했다. / 그러다가 단장인 백정선을 만나게 되어 나의 이력을 이야기하고 일본의 실정을 알렸다. 이야기를 나누며 백정선도 점차 나를 믿게 되었는데, 나는 교토 *검속 때의 원한을 잊지 못하고 점차 독립 정신에 빠져들었다. 그래서 백정선이 준비해 준 수류탄 2개를 가지고 도쿄에 와서 이번 *거사를 하게 된 것이다.

> 김구의 가명
> 거사를 결심하고 감행하게 된 이유
> 일왕을 암살하려 했던 거사의 핵심 내용
> ▶ 조선인으로 살아갈 각오를 한 후 거사를 하게 된 배경

1932년 2월 13일 도요다마 형무소 내 피고인 이봉창

> 이봉창이 현재 구속된 상태임을 나타냄.

· 중심 내용 조선인으로 생활할 각오를 한 후 임시 정부에서 준비한 수류탄으로 거사를 일으킨 이봉창

이해와 감상

이 글은 일제 강점기 때 이봉창이 일왕을 암살하기 위해 폭탄을 던진 거사가 실패한 후, 구속된 상태에서 거사를 일으키기까지의 과정을 상세하게 기록하여 일본 예심 판사에게 제출한 수기이다. 일본에 나라를 빼앗긴 서글픈 처지에 놓이면서 수많은 민족적 차별을 당했던 일과 일본인 행세를 하게 된 일, 독립 정신을 갖고 수류탄 거사를 일으키게 된 일 등을 솔직하고 구체적으로 기록하고 있다.

이 글에는 일본인으로부터 민족적 차별을 당하고 일본인으로 거짓 행세를 했던 일을 고통이라고 여기며 서글퍼하는 글쓴이의 심정이 잘 나타나 있다. 특히 조선인으로서 진실한 생활을 하려는 의지에서 거사를 일으키게 된 것을 담담하면서도 생생하게 드러내고 있다.

🏠 작품 연구소

이 글에 나타난 이봉창의 주요 행적 및 심리

시기 및 장소	주요 행적 및 심리
1925년 오사카	• 조선인이라는 이유로 일자리를 구하지 못함. • 자신이 조선인임을 생각하지 않고 사람 행세를 하려 한 것이 잘못이라며 자조적인 태도를 보임.
1927년 이치오카	• 부두 노동일을 무리하게 하다 병으로 누워 있게 됨. • 부두 노동을 오래 할수록 임금이 오히려 내려감. → 조선인임이 밝혀지자 임금이 달라진 것임.
1928년 교토	• 일왕 즉위식을 보러 교토에 감. • 별다른 문제가 없는데도 조선인이라는 이유로 유치장에 갇힘. • 자신이 신일본인이 되었다고 생각하였지만, 조선인이라는 이유로 차별을 받는 현실에 괴로워함.
1929년 오사카	• 일본인 행세를 하며 비누 도매상에서 일함. • 조선 사람을 무시하는 일본인 주인의 행태를 보고도 입을 다물 수밖에 없어 서글퍼함. • 일본인으로 속이고 산 것을 후회함.
1930년 이후 상하이	• 조선인으로서 생활할 각오를 하고 상하이로 건너감. • 임시 정부의 백정선을 만나 독립 정신에 빠져들어 거사를 하게 됨.

조선인으로서의 삶과 일본인 행세를 하며 사는 삶

	조선인으로서의 삶	일본인 행세를 하며 사는 삶
삶의 모습	일왕 즉위식에 갔다가 경찰에게 잡혀 유치장에 갇힘.	점원 생활을 하며 조선인들과 교제를 완전히 끊고 살아감.
문제 상황	별다른 이유 없이 조선인이기 때문에 (한문과 한글이 섞인 편지가 주머니에 있었음) 잡혀 감.	일본 말을 몰라 난처한 지경에 처한 조선 여자를 도와주지 못함.
자각 내용	죄도 없이 차별을 당한다는 생각에 분노함. 조선인이므로 조선 독립운동에 몸을 바쳐야겠다고 생각함.	조선인으로서 살지 않은 것은 거짓이며 일본인으로 속이고 산다는 것은 잘못임을 자각함.

📖 함께 읽으면 좋은 작품

〈안네의 일기〉, 안네 프랑크 / 당시 시대 상황이 드러나는 작품

독일 나치 점령하에서 약 2년간 은신 생활을 했던 유대인 소녀 안네 프랑크가 쓴 일기이다. 제2차 세계 대전 당시의 시대 상황과 그 당시 사람들의 심리가 잘 드러난다는 점에서 이 글과 비교하여 읽어 볼 만하다.

📱 Link 본책 152쪽

🗝 포인트 체크

제재 이봉창 의사가 □□□□에 뛰어들게 되기까지의 삶을 이야기하고 있다.

관점 글쓴이는 일본인 행세를 하며 살기도 했지만 그것을 후회하고 □□□□으로서의 삶을 살기로 결심한다.

표현 이봉창 의사가 거사를 일으키게 되기까지의 과정을 □□ 순서대로 생생하게 기록하고 있다.

1 이 글의 글쓴이에 대한 설명으로 적절하지 않는 것은?
① 일행들과 함께 일왕 즉위식을 보러 교토에 간다.
② 독립운동을 하기 위해 1930년 중국 상하이로 건너간다.
③ 일왕 즉위식 때 주머니에 있던 편지 때문에 경찰에 끌려간다.
④ 조선인이 많은 오사카에서 일본인이라고 속이고 점원 생활을 한다.
⑤ 상하이 임시 정부의 백정선을 만나 자신의 이력과 일본의 실정을 알린다.

2 ⓐ~ⓔ 중, 〈보기〉의 밑줄 친 부분과 가장 관련 있는 것은?

> ▌보기▐
> 이 글에서 이봉창은 조선 패망과 한일 합방의 현실에서 자신의 삶을 성찰하고 고통을 느끼게 된다. 이를 통해 불행한 역사의 국민으로서의 자각을 하게 된다.

① ⓐ ② ⓑ ③ ⓒ ④ ⓓ ⑤ ⓔ

3 ㉠의 결과로 가장 적절한 것은?
① 친구인 박 군을 임시 정부로 데려옴.
② 불경기로 취직난이 심했지만 이겨 냄.
③ 교토 검속 때의 일에 대해 너그러이 용서함.
④ 임시 정부의 단장 백정선이 누구인지 밝혀 냄.
⑤ 독립 정신을 갖고 수류탄을 투척하는 거사를 일으킴.

내신 적중

4 (가)와 (나)에 드러난 글쓴이의 삶을 비교한 내용으로 알맞은 것은?

	(가)	(나)
①	경제적으로 어려워 궁핍한 생활을 함.	조선인이어서 취직을 못 하는 굴욕을 당함.
②	아무런 이유 없이 민족적 차별을 당함.	잘못되고 거짓된 삶을 자각하고 서글퍼함.
③	취직하는 데 제한을 받으며 생계가 어려워짐.	조선인에게 멸시를 받으며 괴롭게 살아감.
④	독립운동에 뛰어드나 실패하여 유치장에 갇힘.	경제적으로 성공하나 현실에 안주하는 삶을 살아감.
⑤	능력을 인정받지 못하고 구차한 삶을 살아가게 됨.	과거에 지녔던 이상과 꿈을 포기하고 좌절함.

5 글쓴이가 이 글을 쓴 궁극적인 의도가 무엇일지 30자 내외로 쓰시오.

문학 금성, 미래엔

🎯 핵심 정리

갈래 경수필
성격 감상적, 감각적, 체험적
제재 산촌에서의 생활
주제 산촌의 정경과 그에 대한 도시인의 정서
특징 ① 서간체 수필의 형식으로 구성함.
　② 이국적인 단어와 근대적이고 도회적인 이미지로 산촌의 생활을 묘사함.
출전 《매일신보》(1935)

💡 어휘 풀이

하도롱 포장지로 사용하는 질긴 지질의 다갈색 종이.
그믐칠야 음력 그믐께의 매우 어두운 밤.
석간 석간신문. 매일 저녁때에 발행되는 신문.
혼곤(昏困)하다 정신이 흐릿하고 고달프다.
유(類)다르다 여느 것과는 아주 다르다.
여차장(女車掌) 기차나 버스 따위에서 차 안의 일을 맡아보던 여자 승무원.
기초하다 글의 초안을 잡다.
서도 황해도와 평안도를 통틀어 이르는 말.
그라비어(gravure) 사진 제판법에 의한 오목판 인쇄. 잉크 층의 얇고 두꺼움에 따라 사진, 그림 따위의 밝고 어두움의 정도를 나타냄.

🔖 구절 풀이

❶ 동물원에서밖에 ~ 자꾸만 느낍니다. 글쓴이는 야생 동물이 살고 있는 산골의 모습을 낯설게 느끼고 있다. 인공적인 장소를 더 친근하게 여기는 점에서 도시적 감수성이 내면화된 모습을 엿볼 수 있다.
❷ 죽어 버릴까 ~ 와 있습니다그려! 글쓴이는 꿈 속에서 서울에 두고 온 가족을 만나자 가족에 대한 걱정 때문에 우울해지고, 결국 죽음까지 생각하게 된다.
❸ 화초가 피어 만발하는 ~ 꿈을 꾸고 싶습니다 밝은 이미지를 통해 글쓴이가 삶에 대한 꿈을 버리지 않았음을 짐작할 수 있다.

❓ '식구들'에 대한 글쓴이의 심리는?

'포로들의 사진'에서 가난하고 힘없는 가족의 모습을 연상할 수 있는데, 글쓴이의 꿈에 식구들이 이러한 모습으로 나타났다는 점이나 꿈을 꾼 후 잠이 깨어 버렸다고 한 점에서, 글쓴이가 떨어져 있는 식구들에 대해 걱정하고 있음을 알 수 있다.

👤 작가 소개

이상(1910~1937)
시인, 소설가. 본명은 김해경. 자의식의 세계를 탐구하고 형식을 파괴하는 새로운 기법을 통해 불안한 심리를 표현하는 작품을 썼다. 주요 작품으로 시 〈오감도〉, 소설 〈날개〉, 수필 〈권태〉 등이 있다.

향기로운 엠제이비(MJB)의 미각을 잊어버린 지도 20여 일이나 됩니다. 이곳에는 신문도
　　　미국산 커피의 상표 – 이국적 느낌을 주는 소재
잘 아니 오고 체전부(遞傳夫)는 이따금 *하도롱 빛 소식을 가져옵니다. 거기는 누에고치
　　　'우편집배원'의 전 용어　　　　　　　　　　　　　갈색 봉투에 담긴 편지
와 옥수수의 사연이 적혀 있습니다. ㉑마을 사람들은 멀리 떨어져 사는 일가(一家) 때문에
　　　　　　　　　　　　　　농부들의 생활
수심(愁心)이 생겼나 봅니다. 나도 도회에 남기고 온 일이 걱정이 됩니다.
　　　　　　　　　　　　　　　　　　　▶ 도시에 남기고 온 일에 대한 걱정

　건너편 ㉠팔봉산(八峰山)에는 노루와 멧돼지가 있답니다. 그리고 기우제 지내던 개골창
　　　　　　　　　　성천 북쪽에 있는 산　　　　　　　　　　　　　　　작은 도랑
까지 내려와서 가재를 잡아먹는 '곰'을 본 사람도 있습니다. **❶동물원에서밖에 볼 수 없는
짐승, 산에 있는 짐승들을 사로잡아다가 동물원에 갖다 가둔 것이 아니라, 동물원에 있는
짐승들을 이런 산에다 내어놓아 준 것만 같은 착각을 자꾸만 느낍니다.** 밤이 되면 달도 없
는 *그믐칠야(漆夜)에 팔봉산도 사람이 침소로 들어가듯이 어둠 속으로 아주 없어져 버립
니다.　　　　　　　　　　　　　　　　　　　　　　　▶ 도시인의 눈에는 낯설게 느껴지는 산촌의 모습

　그러나 공기는 수정처럼 맑아서 별빛만으로라도 넉넉히 좋아하는 누가복음도 읽을 수
　　　　　　　　　　　　　　　　　　　　　　　별빛이 매우 밝음.
있을 것 같습니다. 그리고 또 참 별이 도회에서보다 갑절이나 더 많이 나옵니다. 하도 조용
한 것이 처음으로 별들의 운행하는 기적이 들리는 것도 같습니다.　▶ 고요하고 별빛이 밝은 산촌의 밤
　　　　　　　　　　　　　　　　　　　　　　　　　　　매우 고요함.
　객줏집 방에는 석유 등잔을 켜 놓습니다. 그 도회지의 *석간(夕刊)과 같은 그윽한 내음
새가 소년 시대의 꿈을 부릅니다. 정 형! 그런 석유 등잔 밑에서 밤이 이슥하도록 '호까'—
　　　　　　　　　　　　　　　　편지글임을 알 수 있음.
연초갑지 — 붙이던 생각이 납니다. 베짱이가 한 마리 등잔에 올라앉아서 그 연둣빛 색채
담배를 싸는 종이
로 *혼곤한 내 꿈에 마치 영어 '티(T)' 자를 쓰고 건너긋듯이 *유다른 기억에다는 군데군데
언더라인을 하여 놓습니다. 슬퍼하는 것처럼 고개를 숙이고 도회의 *여차장이 차표 찍는
　　　　　　　　　　　　　　　　　　　　　　　　　　'베짱이 소리'의 비유적 표현 ①
소리 같은 그 성악(聲樂)을 가만히 듣습니다. 그러면 그것이 또 이발소 가위 소리와도 같아
집니다. 나는 눈까지 감고 가만히 또 자세히 들어 봅니다.　'베짱이 소리'의 비유적 표현 ②

　그리고 비망록을 꺼내어 머룻빛 잉크로 산촌의 시정을 *기초(起草)합니다.
　잊지 않으려고 중요한 골자를 적어 둔 책자　　　　　　　　　시적인 정취
　┌ 그저께 신문을 찢어 버린 / 때 묻은 흰나비
[A]
　└ 봉선화는 아름다운 애인의 귀처럼 생기고 / 귀에 보이는 지난날의 기사 [중략]
　　　　　　　　　　　　　　　　　　　　　　　　　　　　　▶ 객줏집 방에서의 상념
　파라마운트 회사 상표처럼 생긴 도회 소녀가 나오는 꿈을 조금 꿉니다. 그러다가 어느
미국 영화 제작사의 상표 – 이국적 느낌을 주는 소재
사이에 도회에 남겨 두고 온 가난한 식구들을 꿈에 봅니다. 그들은 포로(捕虜)들의 사진처
　　　　　　　　　　　　　　　　　　　　꿈속에서 본 가난하고 지쳐 보이는 가족들의 모습을 비유적으로 표현함.
럼 나란히 늘어섭니다. 그리고 내게 걱정을 시킵니다. 그러면 그만 잠이 깨어 버립니다.

　❷죽어 버릴까 그런 생각을 하여 봅니다. 벽 못에 걸린 대 해어진 내 저고리를 쳐다봅니
다. *서도(西道) 천 리를 나를 따라 여기 와 있습니다그려!

　등잔 심지를 돋우고 불을 켠 다음 비망록에 철필로 군청빛 '모'를 심어 갑니다. 불행한 인
　　　　　　　　　　　　　　　　펜촉에 펜대를 끼워서 글씨를 쓰는 기구
구(人口)가 그 위에 하나하나 탄생합니다. 조밀한 인구가.　　　▶ 꿈에서 만난 가족에 대한 걱정

　내일은 진종일 화초만 보고 놀리라, 탈지면에다 알코올을 묻혀서 온갖 근심을 문지르리
　　　　　　　　　　　　　　　　　　　근심, 걱정을 어떻게든 떨쳐 버리고 싶은 마음이 드러남.
라, 이런 생각을 먹습니다. 너무도 꿈자리가 뒤숭숭하여서 그러는 것입니다. **❸화초가 피어
만발하는 꿈, *그라비어 원색판 꿈,** 그림책을 보듯이 즐겁게 꿈을 꾸고 싶습니다. 그러면
　　　　　가족에 대한 걱정 때문에
간단한 설명을 위하여 상쾌한 시를 지어서 7포인트 활자로 배치하는 것도 좋습니다.

　도회에 화려한 고향이 있습니다. 활엽수만으로 된 산이 고향의 시각을 가려 버린 이 산하
　　　　　성천은 글쓴이가 잠시 머무르는 곳일 뿐, 글쓴이의 고향은 화려한 도회지 서울임.
에 팔봉산 허리를 넘는 철골 전신주가 소식의 제목만을 부호로 전하는 것 같습니다. [후략]
　　　　　　　　　　　　　　　　　　　　　　　　　　　　　▶ 도시에 대한 향수

　・중심 내용 도회적 일상과 감수성에 젖은 글쓴이가 산촌에 머물며 느끼는 감정

이해와 감상

이 글은 글쓴이가 1935년 여름 평안남도 성천에 머물며 체험한 산촌의 풍물과 정취를 편지글의 형식을 활용하여 감각적으로 표현한 수필이다. 글쓴이는 산촌에서의 체험과 정서를 시각적·청각적·후각적 이미지 등으로 표현하고 있다. 특히 자연적이고 전통적인 사물을 도회적 감각을 바탕으로 하여 근대적이고 이국적인 이미지로 형상화한 점에서 글쓴이의 개성과 참신함을 느낄 수 있다. 이러한 서술 방식은 1930년대 우리 문단에 유행한 모더니즘적 취향을 반영하고 있으며 이상 시의 모더니즘적 경향과도 연관된다.

작품 연구소

〈산촌 여정〉에 나타난 글쓴이의 일상

이 글은 산촌 마을에서 글쓴이가 겪는 일상을 시간적 흐름에 따라 전개하고 있다.

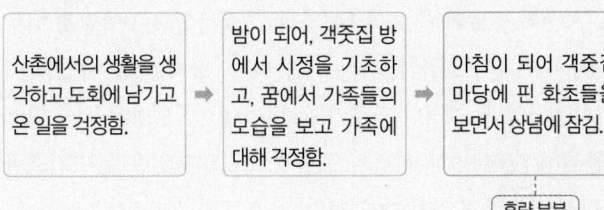

산촌에서의 생활을 생각하고 도회에 남기고 온 일을 걱정함. → 밤이 되어, 객줏집 방에서 시정을 기초하고, 꿈에서 가족들의 모습을 보고 가족에 대해 걱정함. → 아침이 되어 객줏집 마당에 핀 화초들을 보면서 상념에 잠김.

[후략 부분]

글쓴이의 도회적 감각

도회지 사람인 글쓴이는 산촌에서 생활하면서 산촌의 풍경을 도시적인 시선과 감각으로 바라보고 표현하고 있다. 이러한 근대적이고 이국적 이미지, 지적인 경향, 감각적 표현 등은 모더니즘 문학의 대표적인 특징으로 꼽을 수 있다.

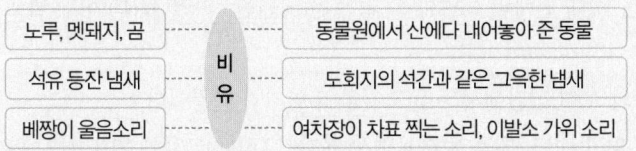

	비유	
노루, 멧돼지, 곰		동물원에서 산에다 내어놓아 준 동물
석유 등잔 냄새		도회지의 석간과 같은 그윽한 냄새
베짱이 울음소리		여차장이 차표 찍는 소리, 이발소 가위 소리

〈산촌 여정〉의 형식과 그에 따른 효과

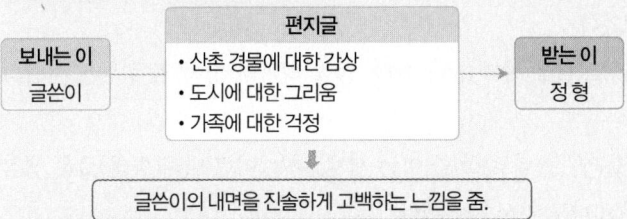

보내는 이	편지글	받는 이
글쓴이	• 산촌 경물에 대한 감상 • 도시에 대한 그리움 • 가족에 대한 걱정	정형

↓

글쓴이의 내면을 진솔하게 고백하는 느낌을 줌.

자료실

1930년대 모더니즘(modernism) 문학

1930년대 초 프로 문학의 퇴조와 일본 군국주의의 대두를 배경으로 등장한 모더니즘 문학은 기존의 주정적(主情的)인 낭만주의 문학을 배격하고 주지적(主知的) 의식을 바탕으로 한 근대적이고 도회적인 감각을 통해 작품을 창작하려는 경향의 문학이다. 이상은 소설과 초현실주의적 시를 통해 모더니즘적 경향을 강하게 드러내었다.

함께 읽으면 좋은 작품

〈추일 서정〉, 김광균 / 모더니즘 경향을 보여 주는 작품

도회적이고 이국적인 시어와 감각적 이미지를 활용하여 가을의 쓸쓸한 풍경과 고독감을 표현한 시이다. 1930년대 모더니즘 계열의 회화적 이미지를 중심으로, 도시적 삶의 고독과 비애감을 드러내고 있다.

 포인트 체크

[제재] 글쓴이가 □□를 떠나 머물렀던 평안남도 성천에서의 정경과 정서를 담고 있다.

[관점] □□의 정경이 글쓴이의 도회적 감수성을 바탕으로 재구성되어 묘사되고 있다.

[표현] 글쓴이는 산촌의 풍경을 다양한 □□와 감각적 이미지를 통해 표현하고 있다.

1 이 글의 표현상 특징으로 적절하지 <u>않은</u> 것은?

① 감정의 노출 없이 담담한 어조로 진술하고 있다.

② 편지글의 형식으로 내면 심리를 진솔하게 전달하고 있다.

③ 비유적 표현을 활용하여 대상을 구체적으로 묘사하고 있다.

④ 이국적인 단어를 활용하여 신선하고 참신한 느낌을 주고 있다.

⑤ 감각적 이미지를 활용하여 대상을 생동감 있게 드러내고 있다.

2 이 글의 ㉠과 〈보기〉의 ㉡에 대한 설명으로 가장 적절한 것은?

┤ 보기 ├

　어서— 차라리— 어둬 버리기나 했으면 좋겠는데, 벽촌(僻村)의 여름날은 지리해서 죽겠을 만치 길다.

　동(東)에 ㉡팔봉산(八峯山). 곡선은 왜 저리도 굴곡이 없이 단조로운고?

　서를 보아도 벌판, 남을 보아도 벌판, 북을 보아도 벌판, 아— 이 벌판은 어쩌자고 이렇게 한이 없이 늘어 놓았을꼬? 어쩌자고 저렇게까지 똑같이 초록색 하나로 되어 먹었노?

　　　　　　　　　　　　　　　　　　　　－ 이상, 〈권태〉

① ㉠은 공동체적 공간이고, ㉡은 외부와 단절된 공간이다.

② ㉠은 풍류를 즐기는 공간이고, ㉡은 심신을 수양하는 공간이다.

③ ㉠은 자족을 누리는 공간이고, ㉡은 현실 도피를 위한 공간이다.

④ ㉠은 내적 갈등을 해소하는 공간이고, ㉡은 내적 갈등을 유발하는 공간이다.

⑤ ㉠은 호기심을 자극하는 공간이고, ㉡은 단조로운 일상을 상기하는 공간이다.

3 이 글을 바탕으로 [A]를 감상한 내용으로 적절하지 <u>않은</u> 것은?

① '신문'은 도시적 삶을 상징하는군.

② '때 묻은 흰나비'는 도시의 때가 묻은 글쓴이를 의미하는 것으로 볼 수 있군.

③ '봉선화'는 글쓴이의 산촌 체험이 반영된 소재겠군.

④ '귀에 보이는'은 글쓴이가 벌레 소리를 듣고 있음을 의미하는군.

⑤ '지난날'은 도시에서의 글쓴이의 삶을 의미하겠군.

[내신 적중]

4 글쓴이가 ㉮와 같이 추측하는 이유를 글쓴이의 처지와 관련하여 30자 내외로 쓰시오.

권태 | 이상

문학 신사고

🎯 핵심 정리
갈래 경수필
성격 지적, 초현실주의적
제재 여름날 벽촌에서의 생활
주제 단조로운 일상생활의 연속에서 느끼는 권태
특징 ① 자연이나 대상을 통해 글쓴이의 내면세계를 보여 줌.
② 주관적이고 개성적인 관점에서 대상을 바라봄.
출전 《조선일보》(1937)

💡 어휘 풀이
역(域) 경계 안의 지역.
표착하다 (비유적으로) 정처 없이 떠돌아다니다가 일정한 곳에 정착하다.
일망무제 한눈에 바라볼 수 없을 정도로 아득하게 멀고 넓어서 끝이 없음.
피안 현실적으로 존재하지 아니하는 관념적으로 생각해 낸 현실 밖의 세계.
흉맹하다 흉악하고 사납다.
형리(刑吏) 예전에 지방관아에서 형률에 관한 사무를 맡아 보던 사람.

📑 구절 풀이
❶ 지구 표면적의 ~ 않을 수 없었다. 끝없이 펼쳐진 초록색 벌판에 대한 글쓴이의 생각이 드러난 구절이다. 글쓴이는 자연이 온통 초록색으로 덮여 있는 모습에 권태를 느끼고 자연 풍경을 이처럼 만든 조물주의 몰취미와 신경의 조잡성을 비판하고 있다. 글쓴이의 심리를 투영하여 주관적이고 개성적으로 대상을 인식한 부분이다.
❷ 별은 그들과 관계없다. 별은 삶을 의미 있게 만드는 요소를 상징하나 '그들'은 이것을 가지고 삶을 의미 있게 만들지 못하고 있다는 뜻으로, 글쓴이가 자신의 권태로움을 주변 사람들에게까지 투영하고 있는 것이다.
❸ 그렇건만 내일이라는 것이 있다. '내일'은 지금과 같이 계속 권태롭게 살아갈 수밖에 없는 시간을 뜻한다. 글쓴이는 그런 의미에서 내일 지금보다도 더 견디기 어려운 권태가 있을 것이라는 부정적인 예상을 나타내고 있다.

> **Q** 삶에 대한 글쓴이의 근본적인 태도는?
>
> 글쓴이는 삶에서 어떤 중대한 의미도 찾지 못하고 있기 때문에 자신의 삶을 권태롭게 느끼고 있다. 즉, 자신의 삶을 의미 없고 무가치하다고 여기고 있는 것이다.

👤 작가 소개
이상(본책 24쪽 참고)

가 나는 개울가로 간다. 가물로 하여 너무 빈약한 물이 소리 없이 흐른다. 뼈처럼 앙상한 물줄기가 왜 소리를 치지 않나?

너무 덥다. 나뭇잎들이 다 축 늘어져서 허덕허덕하도록 덥다. 이렇게 더우니 시냇물인들 서늘한 소리를 내어 보는 재간도 없으리라.

나는 그 물가에 앉는다. 앉아서 자, 무슨 제목으로 나는 사색(思索)해야 할 것인가 생각해 본다. 그러나 물론 아무런 제목도 떠오르지는 않는다.

그렇다면 아무것도 생각 말기로 하자. 그저 한량없이 넓은 ㉠초록색 벌판, 지평선, 아무리 변화하여 보았댔자 결국 치열한 곡예의 *역을 벗어나지 않는 구름, 이런 것을 건너다본다.

❶지구 표면적의 백분의 구십구가 이 공포의 ㉡초록색이리라. 그렇다면 지구야말로 너무나 단조무미한 채색이다. 도회에는 초록이 드물다. 나는 처음 여기 *표착(漂着)하였을 때 이 신선한 ㉢초록빛에 놀랐고 사랑하였다. 그러나 닷새가 못 되어서 이 *일망무제(一望無際)의 ㉣초록색은 조물주의 몰취미(沒趣味)와 신경의 조잡성으로 말미암은 무미건조한 지구의 여백인 것을 발견하고 다시금 놀라지 않을 수 없었다.

어쩔 작정으로 저렇게 퍼러냐. 하루 온종일 저 ㉤푸른빛은 아무 짓도 하지 않는다. 오직 그 푸른 것에 백치와 같이 만족하면서 푸른 채로 있다. ▶ 끝없는 초록 벌판에서 권태를 느낌.

나 마당에서 밥을 먹으면 머리 위에서 무수한 별들이 야단이다. 저것은 또 어쩌라는 것인가. 내게는 별이 천문학의 대상이 될 수 없다. 그렇다고 시상(詩想)의 대상도 아니다. 그것은 다만 향기도 촉감도 없는, 절대 권태의 도달할 수 없는 ⓐ영원한 *피안(彼岸)이다. 별조차가 이렇게 싱겁다.

저녁을 마치고 밖으로 나와 보면 집집에서는 ⓑ모깃불의 연기가 한창이다.

그들은 마당에서 멍석을 펴고 잔다. 별을 쳐다보면서 잔다. 그러나 그들은 별을 보지 않는다. 그 증거로는 그들은 멍석에 눕자마자 눈을 감는다. 그러고는 눈을 감자마자 쿨쿨 잠이 든다. **❷**별은 그들과 관계없다.

나는 소화를 촉진시키느라고 길을 왔다 갔다 한다. 돌칠 적마다 멍석 위에 누운 사람의 수가 늘어 간다.

이것이 시체와 무엇이 다를까? ⓒ먹고 잘 줄 아는 시체, 나는 이런 실례(失禮)로운 생각을 정지해야만 되겠다. 그리고 나도 가서 자야겠다.

방에 돌아와 나는 나를 살펴본다. 모든 것에서 절연된 지금의 내 생활, 자살의 단서조차를 찾을 길이 없는 지금의 내 생활은 과연 ⓓ권태의 극(極), 권태 그것이다.

❸그렇건만 내일이라는 것이 있다. 다시는 날이 새이지 않는 것 같기도 한 밤 저쪽에 또 내일이라는 놈이 한 개 버티고 서 있다. 마치 ⓔ흉맹(凶猛)한 *형리처럼, 나는 그 형리를 피할 수 없다. 오늘이 되어 버린 내일 속에서 또 나는 질식할 만치 심심해야 되고 기막힐 만치 답답해해야 된다. ▶ 권태로운 삶을 피할 수 없다는 것에 절망을 느낌.

> • **중심 내용** 지루하고 무의미한 일상 속에서 느끼는 삶의 권태로움

이해와 감상

이 글은 한여름 시골의 벽촌에 머물면서 겪은 농촌의 자연과 생활 풍경을 진솔하게 서술한 수필이다. 도회지에 사는 글쓴이가 한여름의 시골 생활을 통해 몸소 느낀 것은 자연 풍경이 주는 아름다움과 농촌 생활의 편안함이 아니라, 단조로운 풍경과 일상에서 오는 지루함과 권태뿐이다. 글쓴이는 도회지와 대비되는 농촌 생활을 사실적으로 그리면서도 날카로운 눈으로 바라봄으로써 시골과 도회 생활의 장단점, 그리고 그 안에 스며 있는 삶의 여러 본질적 의미를 돌아보게 한다. 또한 글쓴이는 자신의 권태를 표현할 때는 심리주의적 탐색 방식을, 농민과 자연의 권태를 표현할 때는 상식적·피상적 관점을 벗어난 독창적이고 참신한 관점을 적용하고 있다. 이러한 노력은 수필이 취미나 교양에 머물지 않고 하나의 진지한 문학 양식으로 발전하는 데 크게 기여하였다.

작품 연구소

〈권태〉의 전체 구성

제1장	변함없는 자연, 의미 없는 장기 두기	단조로운 일상과 늘 같은 자연을 보며 지루하고 의미 없이 장기를 두지만 권태를 인식조차 못하는 상대방에게 이질감을 느낌.
제2장	한없는 초록색 자연, 흥분이 없는 농민	한없이 넓은 초록색 벌판에서 단순한 노동을 일삼는 농민들을 보면서 그래도 권태를 지각할 수 있는 자신이 그들보다 낫다고 안도함.
제3장	짖지 않는 개	마을에 아무런 변화가 없고 늘 보던 사람들만 보아 짖을 필요가 없는 개들의 모습에 권태를 느낌.
제4장	개의 생식 활동, 세수하는 행위	아무도 관심을 갖지 않는 개들의 교미에 권태를 느끼고 자신이 세수하는 것을 따라 하는 주인집 아이들의 행위 또한 권태의 표현이라고 생각함.
제5장	소의 되새김질	식욕의 즐거움을 모르고 되새김질을 하는 소를 지상 최대의 권태라고 생각함.
제6장	돌과 풀을 가지고 노는 아이들	흔한 재료를 가지고 노는 아이들의 권태와 그것을 이기기 위해 '똥 누기 놀이'를 하는 모습을 지켜봄.
제7장	멍석 위에서 잠자는 사람들	멍석 위에서 자고 있는 사람들을 보며 '먹고 잘 줄 아는 시체'라고 생각하고 자신의 생활을 '권태의 극'이라고 여김.

글쓴이의 일상과 그에 따른 정서

• 굴곡이 없는 산과 어디에나 있는 초록색의 벌판 • 똑같은 모습의 농가 풍경	환경의 단조로움

↓

삶의 목표와 적극적 가치 의식이 없는 생활

↓

권태의 근본적인 원인으로, 글쓴이의 방황과 고민의 이유가 됨.

함께 읽으면 좋은 작품

〈날개〉, 이상 / 삶에 대한 강박적 관념을 드러내고 있는 작품

현대인의 도착되고 분열된 내면을 보여 주면서 동시에 그것을 집요하게 탐구하고 있는 심리주의 계열의 단편 소설이다. 자신의 삶에 대한 강박적 관념을 드러내고 있다는 점에서 이 글과 비교하여 읽어 볼 만하다.

📖 Link 〈현대 소설〉 88쪽

키 포인트 체크

제재 여름날 벽촌의 권태로운 □□과 일상에 대한 사실적인 관찰을 다루고 있다.

관점 글쓴이는 단조로운 농촌의 풍경과 일상을 바라보며 □□를 느끼고 있다.

표현 배경과 사건을 통해 글쓴이의 □□를 효과적으로 드러내고 있다.

1 이 글에 대한 설명으로 적절하지 않은 것은?

① 글쓴이의 심리를 타인에게 투영하여 서술하고 있다.
② 현재 상황에 대한 느낌을 냉소적으로 서술하고 있다.
③ 중심 사건의 인과적 과정을 분석적으로 서술하고 있다.
④ 글쓴이의 심리를 통해 대상에 대한 인식을 드러내고 있다.
⑤ 현재 시제를 사용하여 글쓴이의 내면을 생생하게 드러내고 있다.

2 ㉠~㉤ 중, 글쓴이의 심리적 태도가 다른 하나는?

① ㉠　　② ㉡　　③ ㉢　　④ ㉣　　⑤ ㉤

3 〈보기〉는 이 글의 끝 부분이다. 〈보기〉를 고려할 때, 글쓴이가 지향하는 삶으로 적절한 것은?

┤ 보기 ├

불나비가 달려들어 불을 끈다. 불나비는 죽었든지 화상을 입었으리라. 그러나 불나비라는 놈은 사는 방법을 아는 놈이다. 불을 보면 뛰어들 줄도 알고, 평상에 불을 초조히 찾아다닐 줄도 아는 정열의 생물이니 말이다.
그러나 여기 어디 불을 찾으려는 정열이 있으면 뛰어들 불이 있느냐. 없다. 나에게는 아무것도 없고 아무것도 없는 내 눈에는 아무것도 보이지 않는다.

① 시골에서 여유 있게 사는 삶
② 사회의 부조리에 저항하는 삶
③ 노동을 하며 정직하게 살아가는 삶
④ 인간을 위해 자연을 유리하게 활용하는 삶
⑤ 어떤 목표를 달성하기 위해 정열을 불태우는 삶

4 ⓐ~ⓔ에 담긴 글쓴이의 정서로 적절하지 않은 것은?

① ⓐ: 삶에 자극을 주지 못하여 느끼는 거리감
② ⓑ: 건강하고 편안한 농촌의 삶에 대한 선망
③ ⓒ: 자기 삶을 성찰하지 않는 것에 대한 멸시
④ ⓓ: 더 악화될 수 없는 지경의 삶에 대한 절망
⑤ ⓔ: 현재의 삶에 저항하지 못하여 느끼는 무력감

5 〈보기〉를 참고하여 이 글에 나타난 '권태'의 원인을 30자 내외로 쓰시오.

┤ 보기 ├

식민지 현실에서 대개 고등 실업자가 되어 버린 지식인들은 방구들을 짊어지고 하릴없이 신문이나 뒤적이는 것이 일이었으니 자연 퇴영적이고 나태한 사고로 하루하루를 보낼 뿐이었다. 그럴 수밖에 없었던 것이 식민지 지식인들은 룸펜으로서의 생활에 자족하지 않으면 안 될, 무기력한 상황에 놓여 있었기 때문이다.

– 김진송, 《서울에 딴스홀을 허하라》

004 여백을 위한 잡담 | 박태원

🎯 핵심 정리

갈래 경수필
성격 개성적, 경험적
제재 남다른 머리 모양
주제 자신의 머리 모양에 대한 주변 사람들의 반응과 그에 대한 석명
특징 ① 제재와 관련한 자신의 경험을 가감 없이 드러냄.
② 일상에서 경험한 사건을 바탕으로 삶의 태도에 대해 이야기함.
출전 《박문》(1939)

> **Q** 글쓴이가 이 글을 쓰게 된 계기는?
>
> 글쓴이의 작품에 대한 호감과는 별개로, 그의 머리 모양에 대해서는 일방적 비난만을 퍼붓는 사람들에게 그러한 머리 모양을 하게 된 까닭을 설명하고자 이 글을 쓰게 되었다.

💡 어휘 풀이

여급 여자 사환. 사환은 관청이나 회사, 가게 따위에서 잔심부름을 시키기 위하여 고용한 사람을 일컫는 말.
자가선전 자기선전. 자기가 한 일이나 자기의 장점을 드러내고 스스로 자랑함. 또는 그런 일.
곡해(曲解) 남의 말이나 행동을 본뜻과는 달리 좋지 아니하게 이해함. 또는 그런 이해.
석명(釋明) 사실을 설명하여 내용을 밝힘.
홍문연의 번쾌(樊噲) 홍문의 회합에서 항우의 참모에 의해 유방이 살해당할 처지에 놓이자 번쾌가 노하여 항우를 노려보는데, 그 노려보는 모습이 머리카락이 위로 뻗어 올라가고 눈자위가 다 찢어질 것 같았다고 함.
묘방(妙方) 묘책. 매우 교묘한 꾀.

🔖 구절 풀이

❶ 참말 까닭을 찾자면 ~ 게으르다는 것에 있다. 현재의 머리 모양을 유지할 수밖에 없는 까닭을 두 가지 측면에서 제시하고 있다. 게으른 천성을 하나의 이유로 제시하긴 하지만, 그보다는 자신의 노력으로는 제어할 수 없는 머리카락의 성질을 가장 큰 원인으로 여기고 있다.
❷ 그래, 마침내 생각해 낸 것이 ~ 한일자로 자르는 방법이었다. 지금의 머리 모양이 문제 해결을 위한 유일한 수단이었음을 밝히고 있다.

👤 작가 소개

박태원(1909~1986)
소설가. '구인회(九人會)'의 일원으로 활동하였으며 실험성이 강한 작품을 발표하여 모더니즘 소설 분야를 개척하였다. 주요 작품으로 〈소설가 구보 씨의 일일〉, 〈천변 풍경〉, 〈성탄제〉 등이 있다.

혹 나의 사진이라도 보신 일이 있으신 분은 아시려니와 나는 나의 머리를 ⊙다른 이들과는 좀 다른 방식으로 다스리고 있다. / 뒤로 넘긴다거나 가운데로 모로나 가르마를 타서 옆으로 가른다거나 그러지 않고, 이마 위에다 가지런히 추려 가지고 한일자로 자른 머리, 조선에는 소위 이름 있는 이로 이러한 머리를 가진 분이 없으므로, 그래 사람들은 예를 일본에서 구하여 후지타 화백에게 비한 이도 있고, 농조를 좋아하는 이는 만담가 오츠지 시로에 견주기도 했으며, 《주부지우(主婦之友)》라는 가정 잡지의 애독자인 모 *여급은 성별을 전연 무시하고 여류 작가 요시다 노부코와 흡사하다고도 했으나 그 누구나 모두가 나의 머리에 호감을 가져 주지 못하는 것은 사실이다.
> ▶ 남들과는 많이 다른 글쓴이의 머리 모양

호감을? 호감은 말도 말고 지극한 악의조차 가지고서 나의 머리를 비난하고, 한 걸음 나아가서는 나의 사람됨에까지 논란을 캔 이조차 있었다. / 단순히 괴팍스러운 풍속이라 말하는 이에게 나는 사실 그것이 악취미임을 수긍했다. 그러나 어떤 이는 내가 남다른 머리 모양을 하고 다니는 것을 무슨 일종의 *자가선전을 위한 행동같이 오해하고, 신문 잡지와 같은 기관을 이용하여 대부분이 익명을 가지고 나를 욕했다. [중략]
> ▶ 자신의 머리 모양에 대한 사람들의 부정적 반응

이제 내가 내 머리에 관하여 몇 마디 잡담을 하더라도 아무도 그것을 나의 '자가선전'인 듯이 *곡해를 하지 않을 것이다.『그래, 이 기회에 나의 작품은 사랑하면서도 나의 머리를 함께 사랑할 도리가 없어 나의 악취미를 슬프게 생각하고 있는 이들에게, 나는 나의 머리에 대해 한마디 *석명을 시험해 보고자 한다.』
> ▶ 자신의 머리 모양에 대해 석명하고자 함.

머리에 대한 나의 악취미는 물론 단순한 악취미에서 출발된 것이 결코 아니다. ❶참말 까닭을 찾자면 나의 머리털이 인력으로는 어찌할 도리가 없게 억세다는 것과 내 천성이 스스로는 구제할 도리가 없게 게으르다는 것에 있다.

내가 중학을 나와 이제는 누구 꺼리지 않고 머리를 기를 수 있었을 때 마음속으로 은근히 원하기는, 빗질도 않고 기름도 안 바른 제멋대로 슬쩍 뒤로 넘긴 머리 모양이었다.

그러나 정작 기르고 보니, 나의 머리는 그렇게 고분고분하게 나의 생각대로 슬쩍 뒤로 넘어가거나 그래 주지를 않았다. *홍문연의 번쾌 장군인 양 내 머리털은 그저 제멋대로 위로 뻗쳤다. [중략]

중략 부분의 내용 머리를 다스리기 위해 취침 전에 머리에 기름을 바르고 빗질을 한 뒤 그 위에 수건을 씌워 머리를 졸라매고 잠들기도 했지만, 매번 그렇게 수고할 수는 없는 노릇이라고 고백한다.

며칠 가지 아니하여 나는 그만 머리에 기름질할 것과 빗질할 것을 단념하여 버렸다. 가장 무난한 해결법은 도로 빡빡 깎아 버리는 것이겠으나 까까머리라는 것은 참말 나의 취미에는 맞지 않는다. 그래, 길게 기른 머리를 그대로 두어 두자니 눈을 가리고 코를 덮고, 그렇다고 쓰다듬어 올리자니 제각기 하늘을 가리키고…… ❷그래, 마침내 생각해 낸 것이 이것들을 이마 위에다 가지런히 추려 가지고 한일자로 자르는 방법이었다. [중략]
> ▶ 지금의 머리 모양을 하게 된 이유

그의 성미나 한가지로 나의 머리가 그처럼 고집 센 것은 슬픈 일이다. 그러나 또한 어찌할 도리가 없다. 나이 삼십이 넘었으니 그만 머리를 고치라고 말하는 이도 있으나,『그것이 나의 악취미에서 나온 일이 아니니 이제 달리 *묘방이라도 생기기 전에는 ⓒ얼마 동안 이대로 지내는 수밖에 별수가 없는 것이다.』
> ▶ 자신의 머리 모양에 대한 현재의 입장(체념)

> • **중심 내용** 자신의 머리 모양을 좋지 않게 바라보는 사람들에게 그러한 머리 모양을 할 수밖에 없는 사연을 밝힘.

이해와 감상

이 글은 자신의 남다른 머리 모양에 대한 주변 사람들의 반응과 그에 대한 자신의 생각을 이야기하고 있는 수필이다. 글쓴이는 머리 모양 때문에 자신의 사람됨과 문학 활동까지도 오해하고 욕하는 사람들에게 불쾌하고 괘씸한 감정을 느낀다. 그래서 그런 사람들에게 지금의 머리 모양을 하게 된 까닭을 설명하기 위해 이 글을 쓰게 된다. 자신이 남다른 머리 모양을 하게 된 까닭과 머리를 다스리기 위해 그동안 기울인 수고를 구체적으로 설명한 뒤, 일부러 그런 것이 아니라 머리가 워낙 억세 도리가 없으니 당분간 이대로 지낼 수밖에 없음을 이야기하고 있다.

🏠 작품 연구소

글쓴이의 남다른 머리 모양에 대한 주변 사람들의 시선

- 일본의 후지타 화백이나 만담가 오츠지 시로에 견주거나 여류 작가 요시다 노부코와 흡사하다고 평가함.
- 악의를 가지고 비난하며 사람됨과 문학 활동까지 오해하고 욕함.

→ 글쓴이의 독특한 머리 모양에 호감을 갖지 않음.

글쓴이가 남다른 머리 모양을 갖게 된 까닭

- 머리카락이 사람의 힘으로는 어찌할 도리 없이 억세서 고분고분하게 뒤로 넘어가지 않음.
- 천성이 게을러서 머리를 다스리는 수고를 감당하기 어려웠고, 그렇다고 까까머리는 정말 하고 싶지 않음.

↓

이마 위에다 가지런히 추려 가지고 한일자로 자른 머리를 하게 됨.

이 글을 쓴 의도와 이 글을 통해 전달하고자 하는 바

이 글을 쓴 의도	이 글을 통해 전달하고자 하는 바
자신의 작품은 좋아하지만 머리 모양에는 배타적인 태도를 보이는 사람들에게 지금의 머리 모양을 하게 된 까닭을 설명하기 위해서	• 자신의 머리 모양은 일부러 그렇게 한 것도 아니고, 머리가 억세게 타고나서 어쩔 도리가 없음. • 별다른 방법이 생기기 전까지 얼마 동안은 이대로 지낼 수밖에 없으므로 이대로 인정해 주었으면 함.

자료실

사람들이 잘 모르는 '수필가' 박태원

박태원은 그의 수필에서, 소설 구성상 오히려 스스로 억제하고 억압하는 편이었던 작가의 내면을 날것 그대로 드러내고 있다. 이렇게 그의 생각이 온전히 제시되어 있는 그의 수필 작품을 통해 우리는 박태원 문학의 기원과 경과를 어느 정도 가늠해 볼 수 있다.

박태원이 남긴 수필은, 일상의 삶을 유쾌하고 여유로운 문장으로 녹여 낸 수필도 여럿이지만, 당대를 함께 한 작가 김동인, 김유정, 이상에 대한 비판 및 동조를 통해 자신의 문학관을 드러낸 글, 이광수를 비롯한 여러 작가의 작품을 꼼꼼히 읽고 남긴 문예 비평 글들도 그에 못지않게 전해진다.

– 류보선, 《구보가 아즉 박태원일 때》

📖 함께 읽으면 좋은 작품

〈선부 자화상〉, 김용준 / 자신의 외모에 대한 글쓴이의 생각을 드러낸 작품

이 글은 자신의 얼굴에 대한 묘사와 함께 자신의 외모에 대한 긍정적 인식을 유머러스하게 표현한 수필이다. 글쓴이는 시종일관 자신의 얼굴에 대한 긍정적 인식을 드러내다가 글의 후반부에는 '자화상을 보니 추남이라 정이 떨어진다.'라고 고백하고 있어 독자에게 웃음을 주기도 한다.

🔗 Link 본책 118쪽

🔑 포인트 체크

- **제재** 자신의 ☐☐☐☐☐이 남다를 수밖에 없는 까닭에 대해 이야기하고 있다.
- **관점** 글쓴이는 지금의 머리 모양을 당분간 그대로 ☐☐하려고 한다.
- **표현** 글쓴이는 자신의 경험과 생각을 ☐☐한 문체로 드러내 공감을 이끌어 내고 있다.

1 이 글에 대한 설명으로 가장 적절한 것은?
① 과거를 회상하며 현재 자신의 삶의 태도를 되돌아보고 있다.
② 편지글의 형식을 빌려 바람직한 인간관계에 대한 소망을 드러내고 있다.
③ 자신을 향한 주변의 불편한 시선을 의식하고 이에 대한 입장을 밝히고 있다.
④ 특정 인물과 관련된 일화를 통해 인정이 사라져 가는 세태를 비판하고 있다.
⑤ 실제 경험한 일을 바탕으로 소외되고 고통받는 존재들에 대한 애정을 보여 주고 있다.

2 〈보기〉를 참고하여 이 글을 감상한 내용으로 적절하지 <u>않은</u> 것은?

| 보기 |
수필은 자신의 삶을 되돌아보고 일상의 경험을 통해 새로운 의미를 찾는 글로서, 타인과 사회와의 관계 속에서 자신의 모습을 발견하고 이를 바탕으로 삶에 대한 깨달음을 드러낸다. 곧 수필은 자신의 경험을 소재로 삼아 글쓴이의 생활 태도나 인생관을 독창적이고 개성 있는 표현으로 서술하는 글이라 할 수 있다.

① 글쓴이는 '머리를 다른 이들과는 좀 다른 방식으로 다스리'는 일상의 경험을 글의 소재로 삼고 있군.
② 글쓴이는 사람들이 자신의 '머리를 비난하고', '사람됨에까지 논란을 캔' 일을 새로운 의미를 찾기 위한 경험으로 삼고 있군.
③ 글쓴이는 '그만 머리를 고치라'는 주변의 권유에도 불구하고 '얼마 동안 이대로 지내'겠다는 태도를 보여 주고 있군.
④ 글쓴이는 자신의 머리 다스리는 방식이 '악취미임을 수긍'하면서 타인과 조화를 이루는 삶의 중요성을 깨닫고 있군.
⑤ 글쓴이는 자신의 '악취미를 슬프게 생각하고 있는 이들'을 통해 머리터럭이 억세고 천성이 게으른 자신의 모습을 확인하고 있군.

3 ㉠의 구체적인 내용을 본문의 구절을 활용하여 쓰시오.

4 문맥을 고려할 때 ㉡의 이유로 가장 적절한 것은?
① 나이가 삼십이 넘고부터 소신대로 살고 싶어서
② 억센 머리터럭은 어떤 방법으로도 고칠 수가 없어서
③ 홍문연의 번쾌 장군인 양 위로 뻗친 머리 모양이 좋아서
④ 자신의 머리 모양을 비난하는 사람들에게 굴복하기 싫어서
⑤ 후지타 화백이나 만담가 오츠지 시로에 견주어지는 것이 좋아서

문학 지학사

🎯 핵심 정리

갈래 경수필
성격 체험적, 비유적, 묘사적
제재 바다
주제 바다의 웅장함과 역동성이 주는 감동
특징 ① 가정을 통한 상상, 단어가 주는 어감 등 다양한 측면에서 대상에 대한 주관적 감정을 드러냄.
② 활유법, 은유법 등 비유적 표현을 활용하여 대상을 묘사함.
출전 《무서록》(1941)

💡 어휘 풀이

화전(火田) 주로 산간 지대에서 풀과 나무를 불살라 버리고 그 자리를 파 일구어 농사를 짓는 밭.
어족(魚族) 어류.
육대주(六大洲) 지구 위의 여섯 대륙. 아시아, 아프리카, 유럽, 오세아니아, 남아메리카, 북아메리카를 이름.
무인절도 무인고도. 육지와 멀리 떨어져 있는, 사람이 살지 않는 외딴섬.
기선(汽船) 증기 기관의 동력으로 움직이는 배를 통틀어 이르는 말.
기적(汽笛) 기차나 배 따위에서 증기를 내뿜는 힘으로 경적 소리를 내는 장치. 또는 그 소리.
희랍 '그리스'의 음역어(한자를 가지고 외국어의 음을 나타낸 말).

😊 구절 풀이

❶ **'바다'라는 어감에서 ~ 생각도 된다.** 자신을 바다를 본 적이 없는 사람이라고 가정하고 '바다'라는 단어에서 느껴지는 웅장함과 무한함을 표현한 구절이다.

❷ **'우미(うみ)'라거나 '씨-(Sea)'라면 ~ 울리는 소리다.** '바다'를 지칭하는 일본어 '우미', 영어 '씨-'와 우리말 '바다'의 어감을 비교한 구절이다. '바다'에서 모음 'ㅏ'는 감탄사 '아아'와 유사하기에 바다의 웅장함에 대한 감탄과 대응하고, 양성 모음이자 울림소리이기에 끝없이 뻗어 나가면서 넓게 울리는 느낌을 준다고 볼 수 있다.

❸ **사람이 어족이었다면 ~ 무인절도들이었을 것이다.** 사람이 육지에서 사는 포유류가 아니라 어류였다면 '지구'라는 명칭 대신 '수구'라는 명칭이 사용되었을 것이며, 육지는 한낱 무인도에 불과하고 오히려 바다가 삶의 터전이었을 것이라고 상상하는 부분이다. 글쓴이의 상상력과 발상의 전환이 돋보인다.

👤 작가 소개

이태준(1904~?)
소설가. 1925년 〈오몽녀〉로 집필을 시작하였다. 지식인의 고뇌를 그린 작품이 많으며 문장이 세련되고 단편 소설의 완성도가 높다. 주요 작품으로 소설 〈복덕방〉, 〈돌다리〉, 〈해방 전후〉 등이 있다.

㉠바다! / 바다를 못 본 사람도 있다.

작년 여름에 갑산(甲山) °화전 지대에 갔을 때, 거기의 한 노인더러 바다를 보았느냐 물
<small>함경남도 갑산군에 있는 면. 교통이 불편하고 바다에서 멀리 떨어져 있음.</small>
으니 못 보고 늙었노라 하였다. 자기만 아니라 그 동리 사람들은 거의 다 못 보았고 못 본
<small>바다에서 멀리 떨어진 산간 지대에 살고 있으므로</small>
채 죽으리라 하였다. 그리고 옆에 있던 한 소년이 바다가 뭐냐고 물었다. 바다는 물이 많이
고여서, 아주 한없이 많이 고여서 하늘과 물이 맞닿은 데라고 하였더니 그 소년은 눈이 뚱
<small>바다의 수평선</small>
그래지며, / "바다? / 바다!"/ 하고 그윽이 눈을 감았다. 그 소년의 감은 눈은 세상에서 넓고
크기로 제일가는 것을 상상해 보는 듯하였다.   ▶ 바다를 보지 못한 화전 지대 사람들과 관련된 일화

내가 만일 아직껏 바다를 보지 못하고 '바다'라는 말만 듣는다면 '바다'라는 것이 어떠한
<small>가정 ① – 글쓴이는 바다를 본 적이 있음을 알 수 있음.</small>
것으로 상상될까? 빛은 어떻고 넓기는 어떻고 보기는 어떻고, 무슨 소리가 날 것으로 상상
이 될꼬? 모르긴 하지만 흥미 있는 상상일 것이다. 그리고 ❶'바다'라는 어감에서 무한히 큰
<small>미지의 대상에 대한 상상이므로</small>
것을 느낄 것은 퍽 자연스러운 감정이라 생각도 된다.

한번 어느 자리에서 °시인 지용은 말하기를 바다도 조선말 '바다'가 제일이라 하였다. '우
<small>°: 정지용의 말을 인용함.</small> <small>바다를 가리키는 일본어</small>
미'니 '씨-'니보다는 '바다'가 훨씬 큰 것, 넓은 것을 가리키는 맛이 나는데, 그 까닭은 '바'
<small>바다를 가리키는 영어</small>
나 '다'가 모두 경탄음인 '아'이기 때문, 즉 '아아'이기 때문이라 하였다. 동감이다. ❷'우미(う
<small>몹시 놀라며 감탄하는 소리</small>
み)'라거나 '씨-(Sea)'라면 바다 전체보다 바다에 뜬 섬 하나나 배 하나를 가리키는 말쯤밖
<small>바다라는 대상을 아우를 수 있는 명칭으로는 부족하다고 생각함.</small>
에 안 들리나 '바다'라면 바다 전체뿐 아니라 바다를 덮은 하늘까지라도 총칭하는 말같이
<small>전부를 한데 모아 두루 일컬음.</small>
크고 둥글고 넓게 울리는 소리다.

바다여. / 너를 가장 훌륭한 소리로 부를 줄 아는 우리에게 마땅히 예(禮)가 있으라.
<small>바다를 의인화함.</small>   <small>조선말 '바다'라는 음</small>   ▶ 조선말 '바다'라는 단어가 주는 느낌
지구의(地球儀)를 놓고 보면 육지보다는 수면이 훨씬 더 많다. 지구(地球)가 아니라 수
<small>지구본</small>   <small>육지보다 수면이 많으므로</small>
구(水球)라야 더 적절한 명칭일 것 같다. 사람들이 육지에 산다고 저희 생각만 해서 지구라
했나 보다. ❸사람이 °어족이었다면 물론 수구였을 것이요, °육대주라는 것도 한낱 새나 울
<small>가정 ②</small>
고 꽃이나 피었다 지는 °무인절도(無人絶島)들이었을 것이다. 여기다 포대(砲臺)를 쌓자
<small>포를 설치하여 쏠 수 있도록 견고하게 만든 시설물</small>
자 누구였으랴. 오직 〈별주부전〉의 세계였을 것을.   ▶ 바다와 관련된 가정과 상상

벌써 8월! 파도 소리 그립다. 파도 소리뿐인가 하면 그렇지도 않다. 이국 처녀들처럼
<small>계절적 배경: 여름</small>
저희끼리만 지껄이되 일종의 연정이 가는 갈매기 소리들, 이동하는 파이프 오르간, °기
<small>원관념: 기적</small>
선의 °기적들, 그리고 / "언제 여기 오셨세요? 얼마 동안 계십니까? 산보하실까요?"

오래간만에 만나는 사람들, 전차에서나 오피스에서 만날 때보다 모두 활발한 소리들.
<small>도심의 공간</small>
저녁이면 슬픈 데도 바다다. 파도 소리에 재워지는 밤엔 흔히 꿈이 많았다. 꿈이 다시
<small>파도 소리를 들으며 잠드는 밤</small>
파도 소리에 깨워지는 아침, 멀리 피곤한 기선은 고동만 틀고.
<small>신호를 위하여 비교적 길게 내는 기적 따위의 소리</small>

[A] 우리의 육안이 가장 먼 데를 감각하는 데도 바다. 구름은 뭉게뭉게 이상향의 성곽처
<small>바다의 광활함</small>   <small>원관념: 구름</small>
럼 피어오르고 물결은 번질번질 살진 말처럼 달리는데
<small>원관념: 물결</small>
'허! 어떻게 가만히 서만 있는가?'/ 뛰어들어 비어(飛魚)가 되자. 셔츠라도 벗어 깃발
을 날리자. 쨍쨍한 모새밭 새 발자국 하나 나지 않은, 새로 탄생한 사막의 미(美)! 뛰고 또
<small>아주 잘고 고운 모래밭</small>
뛰고…… / "오—." / "어—." / "아—"
<small>감탄사를 통해 바다에서 느껴지는 감동을 표현함.</small>
소리쳐도, 암만 기운껏 소리쳐도 파도 소리에 묻혀 그 거친 목소리 부끄러울 리 없도다.

바다는 영원히 °희랍(希臘)으로 즐겁다.   ▶ 바다의 역동성이 주는 감동

• **중심 내용** 바다의 웅장함과 역동성이 주는 감동

이해와 감상

이 글은 자연물인 바다에 대한 글쓴이의 다양한 상상과 느낌을 진솔한 문장으로 표현한 수필이다. 소설가의 독특한 시각과 상상력을 바탕으로 바다에 대한 생각을 간결하면서도 감각적으로 표현함으로써 글쓴이의 개성이 잘 드러나 있다. 특히 '바다'라는 명칭의 어감, 바다를 둘러싼 다양한 소리들, 그리고 주변의 구름과 파도(물결)에 대한 묘사 등을 통해 바다가 지닌 광활함과 역동성을, 글의 마지막 부분에서는 이러한 바다와 하나가 되고픈 소망과 함께 감탄사를 활용하여 바다에서 느껴지는 감동의 정서를 드러내고 있다.

작품 연구소

〈바다〉에 나타난 글쓴이의 개성적 인식

가정을 통한 상상	• 바다를 한 번도 보지 못했다면 '바다'라는 말을 들었을 때 바다가 어떠한 모습과 느낌으로 다가올지 상상해 봄. • 사람이 어족이었다면 '지구(地球)'가 아니라 '수구(水球)'였을 것이며, 육지는 무인절도였을 것이라고 상상해 봄.
단어가 주는 느낌 분석	우리말 '바다'는 경탄음을 사용하여 바다 전체뿐 아니라 바다를 덮은 하늘까지도 총칭하는 말같이 크고 둥글고 넓게 울리는 소리라고 생각함.

〈바다〉에 사용된 다양한 비유적 표현

표현	의미	수사법
이국 처녀들처럼 저희끼리만 지껄이되 일종의 연정이 가는 갈매기 소리들	'갈매기 소리'를 '이국 처녀들이 지껄이는 소리'에 비유함.	직유법, 의인법
이동하는 파이프 오르간, 기선의 기적들	'기적'을 '파이프 오르간'에 비유함.	은유법
구름은 뭉게뭉게 이상향의 성곽처럼 피어오르고	바다 위의 '구름'을 '이상향의 성곽'에 비유함.	직유법
물결은 번질번질 살진 말처럼 달리는데	바다의 '물결'을 '살진 말'에 비유함.	활유법, 직유법

자료실

이태준의 수필

이태준은 수필이라는 갈래가 다른 문학 갈래에 비해 삶의 체험, 인생의 연륜, 취미, 지식과 이상 등 '글쓴이의 모든 것'이 직접 재료가 된다고 언급했으며 수필의 문체 역시 감각적이면서도 간결한 특성을 지니도록 노력하였다. 즉, 사물에 대한 깊은 관찰력과 사색이 개성적이고 예술적 문체로 형상화되었을 때 수준 높은 수필이 탄생할 수 있다고 믿었던 것이다.

함께 읽으면 좋은 작품

〈물〉, 이태준 / 자연물에 대한 생각을 자유롭게 서술한 작품

물에 관한 생각을 논리적·인과적 순서 없이 자유롭게 서술하고 있는 수필로, 물을 인격화하여 물의 속성과 혜택을 예찬하고 이를 본받아야 함을 전하고 있다.

〈그믐달〉, 나도향 / 참신하고 독특한 시각으로 자연물에 대한 느낌을 드러낸 작품

일상생활에서 쉽게 접할 수 있는 달을 참신하고 독특한 시각에서 분석하고, 여러 비유 대상을 끌어들여 그믐달의 애절함과 한스러움을 표현하고 있는 수필이다.

키 포인트 체크

- **제재** ☐☐에 대한 글쓴이의 다양한 상상과 느낌을 표현하고 있다.
- **관점** 글쓴이는 바다에 대한 ☐☐, '바다'라는 단어가 주는 어감 등을 바탕으로 바다에 대한 개성적 인식을 드러내고 있다.
- **표현** 직유법, 은유법, 의인법, ☐☐☐ 등 다양한 비유적 표현을 활용하여 바다를 묘사하고 있다.

1 이 글에 대한 설명으로 가장 적절한 것은?
① 일화를 통해 인간의 무지를 풍자하고 있다.
② 자연 현상으로부터 삶에 대한 교훈을 유추하고 있다.
③ 섬세한 관찰을 통해 대상을 객관적으로 묘사하고 있다.
④ 인식의 전환을 통해 대상에 긍정적 의미를 부여하고 있다.
⑤ 개성적 인식을 바탕으로 자연물에 대한 사색을 드러내고 있다.

2 이 글을 감상한 내용으로 적절하지 <u>않은</u> 것은?
① '화전 지대'에서의 대화는 글쓴이가 직접 체험한 일을 글의 재료로 활용한 것임을 알려 주고 있어.
② '바다'라는 단어의 어감과 관련된 내용은 글쓴이의 언어적 지식이 바탕이 되었다고 볼 수 있어.
③ '지구가 아니라 수구'라고 상상한 내용은 글쓴이의 독창적 사고가 잘 드러난 부분이라고 생각해.
④ '갈매기 소리', '쨍쨍한 모새밭' 등 계절의 변화에 따른 묘사는 대상에 대한 글쓴이의 깊은 통찰력을 보여 주고 있어.
⑤ '바다!', '오—.' 등과 같은 영탄적 표현은 바다에 대한 글쓴이의 감동을 효과적으로 드러내고 있어.

3 이 글의 ⓐ과 〈보기〉의 ⓐ에 대한 설명으로 가장 적절한 것은?

> **┤ 보기 ├**
> 아무도 그에게 수심을 일러 준 일이 없기에
> 흰나비는 도무지 ⓐ바다가 무섭지 않다.
>
> 청 무우밭인가 해서 내려갔다가는
> 어린 날개가 물결에 절어서 / 공주처럼 지쳐서 돌아온다.
> – 김기림, 〈바다와 나비〉에서

① ⓐ은 그리움의 대상이고, ⓐ는 극복의 대상이다.
② ⓐ은 시각적 심상을, ⓐ는 청각적 심상을 드러낸다.
③ ⓐ은 '소년'에게, ⓐ는 '나비'에게 미지의 대상이다.
④ ⓐ은 '사람들'에게 도움을, ⓐ는 '나비'에게 상처를 준다.
⑤ ⓐ은 정적 이미지를, ⓐ는 동적 이미지를 내포하고 있다.

4 다음은 [A]를 영상으로 표현하기 위한 제작 계획서의 일부이다. 이 글의 내용을 고려하여 빈칸에 들어갈 알맞은 내용을 차례대로 쓰시오.

장소	모래사장이 있는 바닷가
배경	여름날, 멀리 수평선 근처에서 _____
배우의 행동	물결을 따르듯 _____
음향 효과	갈매기 소리, 기적 소리, 파도 소리

006

파초 | 이태준

🎯 핵심 정리

갈래 경수필
성격 체험적, 서정적, 논쟁적
제재 파초
주제 파초에 대한 애정과 가치관
특징 ① 두 개의 이야기가 공통된 소재로 연결됨.
② 파초를 통해 글쓴이의 정서와 가치관을 표현함.
출전 《무서록》(1941)

💡 어휘 풀이

저윽 '적이'의 방언. 어지간한 정도로.
그예 마지막에 가서는 기어이.
장(長)차다 곧고도 길다.
주렴 구슬 따위를 꿰어 만든 발.
객(客)쩍다 행동이나 말, 생각이 쓸데없고 싱겁다.
움 땅을 파고 거적 등을 얹어 추위를 피해 채소나 화초 등을 넣어 두는 곳.

🔖 구절 풀이

❶ **'요게 언제 ~ 그늘이 지나!'** 작은 파초가 글쓴이의 머리 위에서 그늘을 만들어 줄 만큼 큰 파초가 되려면 매우 오랜 시간이 걸릴 것이라며 탄식하고 있다. 글쓴이가 이웃집에서 큰 파초를 사 오는 동기가 된다.

❷ **새끼를 다섯이나 뜯어내었다.** 뿌리 옆에 생긴 덩이줄기를 갈라 번식시켰다는 뜻이다. 파초가 글쓴이의 정성 어린 보살핌으로 아주 잘 자랐음을 알 수 있다.

❸ **비 오는 날 ~ 여기 있을 것이다.** 다른 화초들과 달리 비가 올 때 더욱 싱싱해지는 파초의 모습이 보는 사람의 마음을 시원하게 해 준다는 뜻이다. 글쓴이가 파초의 멋을 알고 즐기고 있음이 드러나는 부분이다.

❹ **생각하면 고마운 ~ 쓰라는 말이다.** 곧 죽을 파초를 속여 팔라는 앞집 사람의 제안을 선의로 하는 말로 생각하여 그의 정직하지 못한 면을 직설적으로 비판하지 않고 있다.

❓ 파초를 통해 알 수 있는 글쓴이의 성품은?

글쓴이는 파초를 통해 자신의 취향과 멋을 드러내 왔다. 그리고 파초가 죽어 쓸모가 없어질지도 모르는 상황에서도 버리지 않고 있다. 이는 자신이 아끼는 사물에 대한 바람직한 태도를 통해 금전적·물질적 가치만을 중시하는 현대적 가치관에 대한 비판을 드러내고 있는 것이다.

👤 작가 소개

이태준(본책 30쪽 참고)

가   작년 봄에 이웃에서 파초 한 그루를 사 왔다. 얻어온 것도 두어 뿌리 있었지만 모두 어미 뿌리에서 새로 찢어 낸 것들로 앉아서나 들여다볼 만한 키들이요, ❶'요게 언제 자라서 키 큰 내가 들어선 만치 그늘이 지나!' 생각할 때는 °저윽 한심하였다. 그래 지나다닐 때마다 눈을 빼앗기던 이웃집 큰 파초를 °그예 사 오고야 만 것이다.

    워낙 크기도 했지만 파초는 소 선지가 제일 좋은 거름이란 말을 듣고 선지는 물론이고 생선 씻은 물, 깻묵물 같은 것을 틈틈이 주었더니 작년 당년으로 성북동에선 제일 큰 파초가 되었고 올봄에는 ❷새끼를 다섯이나 뜯어내었다. 그런 것이 올 여름에도 그냥 그 기운으로 °장차게 자라 지금은 아마 제일 높은 가지는 열두 자도 훨씬 더 넘을 만치 지붕과 함께 솟아서 퍼런 공중에 드리웠다.

    지나는 사람마다 / "이렇게 큰 파초는 처음 봤군!"
하고 우러러보는 것이다. 나는 그 밑에 의자를 놓고 가끔 남국의 정조(情調)를 명상한다.

    파초는 언제 보아도 좋은 화초다. 폭염 아래서도 그의 푸르고 싱그러운 그늘은, 눈을 씻어 줌에 물보다 더 서늘한 것이며 ❸비 오는 날 다른 화초들은 입을 다문 듯 우울할 때 파초만은 은은히 빗방울을 퉁기어 °주렴(珠簾) 안에 누웠으되 듣는 이의 마음 위에까지 비를 뿌리고도 남는다. ㉠가슴에 비가 뿌리되 옷은 젖지 않는 그 서늘함, 파초를 가꾸는 이 비를 기다림이 여기 있을 것이다.
▶ 파초의 멋을 즐김.

나   오늘 앞집 사람이 일찍 찾아와 보자 하였다. 나가니 / "거 저 파초 파십시오." / 한다.

    "팔다니요?" / "저거 이전 팔아 버리셔야 합니다. 저렇게 꽃이 나온 건 다 큰 표구요, 내년엔 영락없이 죽습니다. 그건 제가 많이 당해 본 걸입쇼." / 한다.

    "죽을 때 죽더라도 보는 날까진 봐야지 않소?"

    "그까짓 인제 뭐 달 더 보자구 그냥 두세요? 지금 팔면 파초가 세가 나 저렇게 큰 건 오 원도 더 받습니다. 누가 마침 큰 걸 하나 구한다니, 그까짓 슬쩍 팔아 버리시죠."
❹생각하면 고마운 일이다. 이왕 죽을 것을 가지고 돈이라도 한 오 원 만들어 쓰라는 말이다.
▶ 파초를 팔라는 제안을 받음.

다   그러나 나는 마음이 얼른 쏠리지 않는다.

    "그까짓 거 팔아 뭐 하우."

    "아, 오 원쯤 받으셔서 미닫이에 비 뿌리지 않게 챙이나 해 다시죠."

    그는 내가 서재를 짓고 챙을 해 달지 않는다고 자기 일처럼 성화하던 사람이다.

    「나는 ㉡챙을 하면 파초에 비 맞는 소리가 안 들린다고 몇 번 설명하였으나 그는 종시 °객쩍은 소리로밖에 안 듣는 모양이었다.」 / 그는 오늘 오후에도 다시 한번 와서,

    "거 지금 좋은 작자가 있는뎁쇼……." / 하고 입맛을 다시었다.

    정말 파초가 꽃이 피면 열대 지방과 달라 한 번 말랐다가는 다시 소생하지 못하는지도 모른다. 그러나 내 마당에서, 아니 내 방 미닫이 앞에서 나와 두 여름을 났고 이제 그 발육이 절정에 올라 꽃이 핀 것이다. 얼마나 영광스러운 일인가! 그가 한 번 꽃을 피웠으니 죽은들 어떠리! 하물며 한 마당 수북하게 새순이 솟아오름에랴! [중략]

    "어서 가슈. 그리구 올가을엔 °움이나 작년보다 더 기푹하게 파 주슈."

    "참 딱하십니다." / 그는 입맛을 다시며 돌아갔다.
▶ 파초를 팔라는 제안을 거절함.

• 중심 내용 정성스럽게 키운 파초의 절정을 감상하며, 파초를 팔아 이득을 얻으라는 제안을 거절함.

이해와 감상

이 글은 성격이 다른 두 부분으로 되어 있다. 전반부는 파초에 대한 글쓴이의 애정과 파초의 아름다움에 대한 내용이 서술되어 있다. 파초에 대한 글쓴이의 애정은 이웃집의 큰 파초를 사들이는 것과 이를 극진히 가꾸는 모습으로 나타나고 있다. 그리고 파초의 아름다움은 시원한 그늘과 빗소리를 통해 형상화되어 있다. 후반부는 파초를 두고 벌이는 글쓴이와 앞집 사람의 의견 대립이 대화적 구성을 통해 사실적으로 서술되어 있다. 이는 가치관의 대립이기도 하다. 여기서 글쓴이는 사물을 금전적·물질적 가치가 아닌 정신적·감정적 가치로 판단하는 것이 더 바람직한 태도임을 간접적으로 주장하고 있다. 이렇게 성격이 다른 두 부분이 파초라는 공통적 소재를 통해 무리 없이 연결되고 있다는 점이 이 글의 묘미이다.

작품 연구소

파초를 통해 드러나는 글쓴이의 인품

성실한 애정		멋		가치관
• 소 선지 • 생선 씻은 물 • 깻묵물	+	• 싱그러운 그늘 • 은은한 빗방울 소리	+	• 사람에 대한 정직함 • 물욕에 대한 무심함 • 사물에 대한 도리

이 글에 나타난 무형식의 형식

수필은 주제의 통일성, 구성의 단일성 등과 같은 형식적 제약을 덜 받으며 비교적 자유롭게 써 나가는 경우가 많다. 이 수필에도 그러한 점이 나타나고 있다. 이 수필에서 전반부는 파초에 대한 글쓴이의 애정과 파초가 가진 멋을 서술하고 있다. 또한 서술 태도도 독백적이고 묘사적이다. 이와 달리 후반부는 앞집 사람과의 대화를 통해 파초에 대한 서로 다른 태도, 즉 상이한 가치관을 대립적으로 드러내고 있다. 서술 태도 역시 전반부와는 달리 논쟁적이고 대화적이다.

자료실

파초(芭蕉)

외떡잎식물의 파초과(芭蕉科)에 속하는 다년생초, 키는 5m까지 자라기도 하지만 흔히 2~3m 자란다. 잎은 길이가 2m, 너비가 50㎝로 가장자리는 약간 말리며, 잎맥은 다른 외떡잎식물과 달리 중앙맥에서 2차맥이 나란히 나온다. 바나나의 꽃처럼 생긴 연노란색의 꽃은 여름과 가을에 걸쳐 수상(穗狀) 꽃차례를 이루며 2줄로 나란히 핀다. 잎을 보기 위해 널리 심고 있으며, 중국이 원산지이다. 한국에는 고려 시대에 쓰인 《동국이상국집》에 파초를 뜻하는 '초(蕉)'가 실려 있는 점으로 미루어 보아 1200년경에 들어온 것으로 추정된다. 꽃이 피고 나면 식물체가 죽고, 그 대신 옆에 조그만 식물체가 새로 생기는 것으로 알려져 있다.

함께 읽으면 좋은 작품

〈파초〉, 김동명 / '파초'를 소재로 한 작품

파초의 모습을 화자의 처지와 동일시하여, 조국의 향수와 부정적 현실에 대한 극복 의지를 형상화하고 있는 시이다. 파초를 일제 강점기라는 역사적 상황과 관련시키고 있다.

〈꽃 출석부 1〉, 박완서 / 꽃에 대한 글쓴이의 애정이 잘 드러난 작품

자신의 집 마당에 핀 꽃들을 관찰하며 느낀 즐거움을 표현한 수필이다. 글쓴이가 다른 사람은 별다른 감흥을 보이지 않는 소박한 꽃 복수초의 생명력에 신기해하고 감탄하고 있다는 점에서 이 글의 글쓴이의 태도와 비교하여 읽어 볼 만하다. 📖 Link 본책 82쪽

키 포인트 체크

제재 ☐☐와 관련한 글쓴이의 경험과 감상을 서술하고 있다.

관점 정성을 다해 파초를 가꾸고 그것을 함부로 팔지 않는 모습을 통해 물질적 가치를 중시하는 모습에 대해 ☐☐적 태도를 드러내고 있다.

표현 전반부는 독백적 어조로 글이 전개되는 데 반해, 후반부는 이웃과의 ☐☐를 통해 내용을 전개하고 있다.

1 이 글에 대한 설명으로 적절하지 <u>않은</u> 것은?
① 대화를 직접적으로 인용하여 사실감을 높이고 있다.
② 해학적인 표현을 통해 편안한 분위기를 만들고 있다.
③ 대상을 심미적으로 그려 독자의 공감을 유도하고 있다.
④ 구체적인 행위를 통해 대상에 대한 애정을 보여 주고 있다.
⑤ 대립하는 다른 의견을 함께 제시하여 자신만의 가치관을 드러내고 있다.

2 ㉠의 의미로 가장 적절한 것은?
① 파초의 넓은 잎이 비를 가려 옷이 젖지 않게 한다.
② 파초를 보면 마치 비를 맞는 것 같은 느낌이 든다.
③ 파초의 시원함과 가슴 속의 시원함이 서로 닮았다.
④ 파초 잎에 떨어지는 빗소리가 시원한 느낌을 준다.
⑤ 파초는 비를 맞고 자라면서 큰 그늘을 만들어 준다.

3 글쓴이가 파초를 팔지 않으려는 이유와 거리가 먼 것은?
① 많은 즐거움을 준 대상에 대한 신의
② 주변의 부러움을 계속 사고 싶은 바람
③ 가까이 두고 보살피던 사물에 대한 애정
④ 삶의 정취를 가꾸어 가는 것에 대한 즐거움
⑤ 금전적 가치만을 중시하는 세태에 대한 반감

4 글쓴이가 파초를 사 온 동기를 고려하여 글쓴이의 태도를 비판할 때, 가장 적절한 것은?
① 돈을 들여 사 온 파초를 그대로 죽게 하여 손해를 입고 있다.
② 파초에만 신경을 쓰고 다른 화초에는 관심을 두지 않고 있다.
③ 이웃의 도움으로 파초를 사고도 이웃의 조언을 무시하고 있다.
④ 파초를 키우는 과정보다 그 절정을 즐기는 것에 집착하고 있다.
⑤ 모두가 관심을 두고 있는 파초를 혼자만 독점하여 즐기고 있다.

5 ㉡의 이유를 추측하여 40자 내외로 쓰시오.

게 | 김용준

핵심 정리

갈래 경수필
성격 풍자적, 현학적
제재 게
주제 게의 생태를 통한 인간의 삶 풍자
특징 ① 한시를 통해 독특한 관점을 드러냄.
② 게의 속성을 통해 인간의 속성을 풍자함.
③ 자신의 예술관에 대해 서술함.
출전 《근원 수필》(1948)

어휘 풀이

개결하다 분개하며 홀로 깨끗하다.
형용(形容) 사물의 생긴 모양.
청고하다 맑고 고결하다.
물욕(物慾) 재물을 탐내는 마음.
영달(榮達) 지위가 높고 귀하게 됨.
한묵(翰墨) 글을 짓거나 쓰는 것을 이르는 말.
앙버티다 끝까지 대항하며 버티다.
대문(大文) 대목. 이야기나 글 따위의 특정한 부분.
단장 몹시 슬퍼서 창자가 끊어지는 듯함.
미물 인간에 비하여 보잘것없는 작은 것이라는 뜻으로, '동물'을 이르는 말.
가증하다 괘씸하고 얄밉다.

구절 풀이

❶ **붓에 먹을 찍어 ~ 일생을 바치기도 하는 것이다.** 글쓴이의 예술관을 알 수 있는 대목이다. 예술은 단지 사물의 모습을 나타내는 것이 아니라 자연물을 빌려 작가의 정신을 나타내는 것이며 예술가는 이를 위해 일생을 바치기도 한다는 의미이다.

❷ **이 비애의 주인공은 ~ 너무나 많지 않은가.** 글쓴이가 어리석은 미물인 게와 자신을 동일시하고 나아가 우리 민족으로 확대하여 자아와 사회의 삶에 대한 성찰을 보여 주고 있다.

❸ **처음에는 제법 영리한 ~ 하고 마는 것이다.** 처음에는 미끼에 쉽게 덤비지 않던 게들이 결국 한꺼번에 잡히게 되는 모습을 통해 서로 욕심을 부리다 한꺼번에 망하고 마는 인간의 세태를 풍자하고 있다.

> **Q** 글쓴이가 '게'를 좋은 화제로 생각하는 이유는?
>
> '게'에 다양한 의미가 함축되어 있기 때문이다. 글쓴이는 다양한 상황에 처한 사람들에게 모두 의미 있는 존재가 될 수 있다는 점에서 '게'를 좋은 화제로 생각하고 있다.

작가 소개

김용준(1904~1967)
화가, 수필가. 활발한 미술 비평으로 한국 미술사에 공헌하였으며 수필 문학에도 영향을 미쳤다. 주요 작품으로 〈추사 글씨〉, 〈매화〉 등이 있다.

정소남(鄭所南)이란 사람이 난초를 그리는데 반드시 그 뿌리를 흙에 묻지 아니하니 타족(他族)에게 짓밟힌 땅에 *개결(慨潔)한 몸을 더럽히지 않으려 함이란다.
〔송말 원초의 시인이자 화가(1241~1318)〕 〔송나라를 망하게 한 현재의 원나라에 그 뿌리를 두지 않으려 함.〕

❶붓에 먹을 찍어 종이에다 환을 친다는 것이 무엇이 그리 대단한 노릇이리오마는 ㉠사물의 *형용을 방불하게 하는 것만으로 장기(長技)로 치는 데 그치지 않고, 자연을 빌려 작가의 *청고(淸高)한 심경을 호소하는 한 방편으로 삼는다는 데서 비로소 환이 예술로 등장할 수 있고 예술을 위하여 일생을 바치기도 하는 것이다.
〔'그림을 그리다'를 낮추어 표현한 말〕

그런데 나란 사람이 일생을 거의 삼분의 이나 살아온 처지에 아직까지 나 자신이 환쟁이지 예술가인지도 구별하지 못한다는 것은 딱하고도 슬픈 내 개인 사정이거니와, 되든 안 되든 그래도 예술가답게나 살아 보다가 죽자고 내 딴엔 굳은 결심을 한 지도 이미 오래다.
〔'화가'를 낮잡아 이름. 자신의 직업을 낮추어 표현한 말〕
되도록 *물욕과 *영달에서 떠나자, *한묵으로 유일한 벗을 삼아 일생을 담박하게 살다 가자 하는 것이 내 소원이라면 소원이라 할까. [중략]
〔욕심이 없고 마음이 깨끗하게〕
〔자연을 빌려 청고한 심경을 호소하는 예술가가 되기로 결심함.〕
▶ 글쓴이의 예술관과 예술가로서의 소원

중략 부분의 내용 친구로부터 그림을 부탁받거나 자진해서 그려 보낼 때 '나'는 흔히 '게'를 화제로 삼는다.

게란 놈은 첫째, 그리기가 수월하다. 긴 양호(羊毫)에 수묵을 듬뿍 묻히고 호단(毫端)에 초묵을 약간 찍어 두어 붓 좌우로 휘두르면 *앙버티고 엎드린 꼴에 여덟 개의 긴 발과 앙증스런 두 개의 집게발이 즉각에 하얀 화면에 나타난다. 내가 그려 놓고 보아도 붓장난이란 묘미가 있는 것이로구나 하고 스스로 기뻐할 때가 많다. / 그리고는 화제를 쓴다.
〔양털로 촉을 만든 붓〕 〔붓끝〕 〔진한 먹〕 〔그림의 이름 또는 제목〕

滿庭寒雨滿汀秋	뜰에 가득 차가운 비 내려 물가에 온통 가을인데
만 정 한 우 만 정 추	
得地縱橫任自由	제 땅 얻어 종횡으로 마음껏 다니누나.
득 지 종 횡 임 자 유	
公子無腸眞可羨	창자 없는 게가 참으로 부럽도다.
공 자 무 장 진 가 선	
平生不識斷腸愁	한평생 창자 끊는 시름을 모른다네.
평 생 불 식 단 장 수	

역대로 게를 두고 지은 시가 이뿐이랴만 내가 쓰는 화제는 십중팔구 윤우당(尹于堂)의 작이라는 이 시구를 인용하는 것이 항례다.
〔조선 후기의 한문학자 윤희구(1867~1926)〕

[A] 왕세정(王世貞)의 "마음껏 횡행하기를 얼마나 하겠는가. 결국에는 사람 입에 떨어질 신세인 것을." 하는 *대문도 묘하기는 하나 무장공자(無腸公子)로서 *단장(斷腸)의 비애를 모른다는 대문이 더 내 심금을 울리기 때문이다. / ❷이 비애의 주인공은 실로 나 자신이 아닌가. 단장의 비애를 모르는 놈, 약고 영리하게 처세할 줄 모르는 눈치 없는 *미물(微物)! 아니 나 자신만이 아니라 우리 민족 중에는 이러한 인사가 너무나 많지 않은가.
〔작품〕 〔윤희구의 〈무장공자〉〕 〔상례. 보통 있는 일〕 〔중국 명나라의 문학자(1526~1590)〕 〔아무 거리낌 없이 제멋대로 행동하기를〕 〔창자가 없는 동물이라는 뜻으로, '게'를 이르는 말〕 〔윤희구의 시구가 더 공감이 됨.〕
▶ 게를 소재로 한 한시와 게에 대한 글쓴이의 생각

[B] 맑은 동해 변 바위틈에서 미끼를 실에 매달고 이 해공(蟹公)을 낚아 본 사람은 대개 짐작하리라. ❸처음에는 제법 영리한 듯한 놈도 내다본 체 않다가 콩알만큼씩 한 새끼 놈들이 먼저 덤비고 그 곁두리를 보아 가면서 차츰차츰 큰 놈들이 한꺼번에 몰려나와 미끼를 뺏느라고 수십 마리가 한 덩어리가 되어 동족상쟁을 하는 바람에 그때 실을 번쩍 추켜올리면 모조리 잡혀서 어부의 이(利)가 되게 하고 마는 것이다.
〔게〕 〔같은 겨레끼리 서로 다툼.〕 〔쌍방이 다투는 틈을 타서 제삼자가 애쓰지 않고 가로챈 이득. 어부지리(漁夫之利)〕
▶ 게의 어리석은 속성
어리석고 눈치 없고 꼴에 서로 싸우기 잘하는 놈! / 귀엽게 보면 재미나고, 어리석게 보면 무척 동정이 가고, 밉살스레 보면 *가증(可憎)하기 짝이 없는 놈!
〔'게'에 대한 글쓴이의 복잡한 심정〕

게는 확실히 좋은 화제다. 내가 즐겨 보내고 싶은 친구에게도 좋은 화제가 되거니와 또 뻔뻔스럽고 염치없는 친구에게도 그려 보낼 수 있는 확실히 좋은 화제다.
▶ 다양한 속성을 지녀 좋은 화제가 되는 게

> · **중심 내용** '게'를 통한 자아와 사회에 대한 성찰

이해와 감상

이 글은 흔히 볼 수 있는 소재인 게에 대한 독특한 관점이 드러나 있는 수필이다. 이 글에서 글쓴이는 게를 그리는 이유를 제시하고 있는데, 게는 창자가 없어 아픔을 모르며 어리석고 싸우기 잘하는 속성을 지녔기 때문임을 밝히고 있다. 글쓴이는 이러한 게의 속성을 글쓴이 자신은 물론 우리 민족으로 확대하여 삶에 대한 성찰을 드러내고 있다. '게'의 생태에서 어리석은 인간의 모습을 발견한 재치가 돋보이는 작품이다.

작품 연구소

소재 '게'의 속성에 대한 글쓴이의 인식

이 글에서 글쓴이는 '게'를 '무장공자'와 '해공'으로 비유하여 게의 속성을 제시하고 이를 바탕으로 하여 인간의 삶에 대해 성찰적 인식을 드러내고 있다.

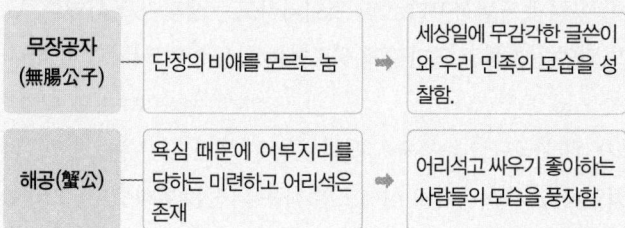

무장공자 (無腸公子)	단장의 비애를 모르는 놈	➡	세상일에 무감각한 글쓴이와 우리 민족의 모습을 성찰함.
해공(蟹公)	욕심 때문에 어부지리를 당하는 미련하고 어리석은 존재	➡	어리석고 싸우기 좋아하는 사람들의 모습을 풍자함.

자료실

근원 김용준의 미술 세계와 수필

근원은 이성적이라기보다는 감상적이며 차분하다기보다는 우발적이고 호방하다기보다는 분방한 성격의 소유자였다. 서양화를 숭상하고 동양화에 모멸감까지 가졌던 근원에게 장승업의 〈기명절지도(器皿折枝圖)〉는 유화에서 문인화로 돌아서는 중요한 이정표가 된다. 그의 이런 변화는 수필에 결정적 영향을 주는 것이기에 간과할 수 없다. 그가 수필을 활발하게 쓰던 시기가 바로 문인화로 전환되던 때이다. 만약 근원이 시종 서양화풍의 유화를 가까이하였다면 한국화의 필법이 물씬한 근원 수필은 가능하지 못했을 것이다. 근원은 진실한 감성과 개성의 표현을 추구한 원수원과 정판교의 선비 정신에 문인화적 지조를 투사시켰으며, 사물의 미학적 분석이 가능하였기에 시와 서화의 경계를 최대한 좁히면서 일장일렴(一張一斂)을 수필에 접맥시켰다.

– 박장원, 《현대 한국 수필론》

〈무장공자(無腸公子)〉

조선 후기 한문학자 윤희구(尹喜求)가 쓴 칠언절구의 한시이다. 무장공자(無腸公子)라는 말은 '창자가 없는 귀공자'라는 의미이다. 시인은 가을을 배경으로 여기저기 자유롭게 돌아다니는 게들을 바라보고, 게들이 창자가 없어 창자가 끊어지는 아픔을 모른다고 생각하고 있다. 그리고 게들의 모습을 자신이 현재 겪고 있는 시름, 아픔과 대비하여 슬픔 없는 게들을 부러워하고 있다.

함께 읽으면 좋은 작품

〈선부 자화상〉, 김용준 / 문인 겸 미술가인 글쓴이의 개성이 나타난 작품

자신의 외모에 대한 생각과 선하게 살기를 바라는 마음이 드러난 수필이다. 외모에 나타나는 내면의 우울이 자신의 삶에 끼친 영향과 선부(善夫)라는 호를 얻은 것에 관한 글쓴이의 성찰이 드러나 있어 문인 겸 미술가였던 글쓴이를 좀 더 이해할 수 있다는 점에서 이 글과 함께 읽어 볼 만하다.

➡ **Link** 본책 118쪽

〈발(跋)〉, 김용준 / 수필에 대한 글쓴이의 생각을 밝힌 작품

김용준의 수필관이 집약적으로 설명되어 있는 수필이다. 수필의 주요한 요소들이 망라되어 있어 김용준의 수필을 이해하는 데 많은 도움이 된다.

포인트 체크

제재 친구들에게 자주 그려 보내는 작품의 화제인 □에 대해 독특한 관점에서 자신의 생각을 표현하고 있다.

관점 글쓴이는 게의 속성을 통해 인간의 속성을 □□하고 있다.

표현 □□를 제시하여 게와 우리 민족의 모습에 대한 글쓴이의 생각을 드러내고 있다.

1 이 글의 글쓴이에 대한 설명으로 적절하지 않은 것은?
① 정소남의 일화를 통해 자신의 예술관을 설명하고 있다.
② 게의 독특한 모습을 자신과 동일시하며 삶을 성찰하고 있다.
③ 한시를 인용하여 대상에 대한 자신의 심정을 강조하고 있다.
④ 게를 그리기 쉽다고 하며 자신의 그림 실력을 자부하고 있다.
⑤ 그림을 나눠 주며 깨달음을 공유하려는 태도를 보이고 있다.

중요 기출

2 ㉠과 〈보기〉에 나타나 있는 예술관을 가장 잘 비교한 것은?

보기

글씨와 그림은 모두 수예(手藝, 손의 예술)에 속하는 것이니, 그 솜씨가 없으면 비록 총명한 사람이 죽을 때까지 그것을 배울지라도 능할 수 없다. 그런 까닭에 "수(手)에 있는 것이지, 흉중(胸中)에 있는 것이 아니다."라고 하는 것이다.

① ㉠과 〈보기〉에서는 모두 예술을 삶과 동일시한다.
② ㉠과 〈보기〉에서는 모두 예술의 보편성을 추구한다.
③ ㉠에서는 예술을 감성적인 것으로, 〈보기〉에서는 이성적인 것으로 본다.
④ ㉠에서는 예술적 자질이 길러지는 것으로, 〈보기〉에서는 천부적인 것으로 전제한다.
⑤ ㉠에서는 어떠한 마음을 담느냐에, 〈보기〉에서는 어떻게 표현해 내느냐에 중점을 둔다.

3 [A]로 보아 글쓴이가 비판적으로 평가하는 인물 유형으로 가장 적절한 것은?
① 방향성을 상실한 채 목적의식 없이 살아가는 인물
② 부정적인 상황에 순응하여 무감각하게 살아가는 인물
③ 허례허식을 버리지 못하고 위선적으로 살아가는 인물
④ 다수의 의견에 아랑곳하지 않고 자신의 의견만을 고집하는 인물
⑤ 일확천금을 꿈꾸며 수단과 방법을 가리지 않고 부를 축적하는 인물

4 글쓴이가 [B]를 통해 풍자하고 있는 모습이 무엇인지 쓰시오.

008 무궁화 | 이양하

핵심 정리

갈래 경수필
성격 사색적, 체험적, 논리적
제재 무궁화
주제 국화(國花)로서의 자격이 충분한 무궁화
특징 대상에 대한 관찰을 바탕으로 논리적인 의견을 진술함.
출전 《학풍》(1948)

어휘 풀이

소상(昭詳)하다 분명하고 자세하다.
번열하다 '벌열(閥閱)하다'의 변한 말. 나라에 공이 많고 벼슬 경력이 많다.

Q 글쓴이가 '상허'와 어떤 친구의 말을 인용한 의도는?

글의 도입 부분에 제시된 무궁화에 대한 부정적인 생각은 상허의 말과 친구의 말이 인용됨으로써 한층 더 강화된다. 전체적으로 보았을 때 도입 부분의 내용은 글쓴이가 궁극적으로 주장하는 바와 반대되는데, 이는 오히려 글쓴이의 생각을 더욱 효과적으로 드러내는 기능을 한다.

구절 풀이

❶ **기억에 어렴풋하나 ~ 아직도 소상하다.** 무궁화에 대한 글쓴이의 첫인상이 매우 부정적이었음을 밝히고 있다.

❷ **보라에 가까운 빨강 ~ 나무 잎새였다.** 무궁화의 초라한 모습을 '창기의 입술'과 '나무 잎새'에 비유하여 구체적으로 묘사한 부분으로, 글쓴이의 실망감이 잘 드러나 있다.

❸ **"게 무강나무 ~ 그게 아닌가."** 고향에서 흔히 볼 수 있는 무강나무가 무궁화임을 알게 된 글쓴이의 친구가 무궁화에 대한 실망감을 나타낸 표현이다.

❹ **그러나 자신은 없지 아니하다.** 무궁화는 겸손하지만 끈기 있게 꽃을 피우는 자신감을 가지고 있다는 의미이다.

▲ 무궁화

작가 소개

이양하(1904~1963)
수필가, 영문학자. 자연과 일상에 대한 학자적인 인품과 따뜻한 시선이 잘 드러나는 수필을 주로 썼다. 주요 작품으로 〈나무〉, 〈신록 예찬〉, 〈나무의 위의〉 등이 있다.

우리 고향은 각박한 곳이 되어 전체 화초가 적지만 무궁화가 없다. 어려서부터 말은 들었지만 실지로 무궁화를 본 것은 십여 년 전, 처음 서울에 살기 시작한 때다. 서울 어디에서 첫 무궁화를 보았는가. — 역시 연전 교정이 아니었던가 한다. ❶기억에 어렴풋하나 그때 느낀 환멸은 아직도 *소상하다. ❷보라에 가까운 빨강, 게다가 대낮의 햇살을 이기지 못하여 시들어 오므라지고 보니, 빛은 한결 생채를 잃어, 문득 창기(娼妓)의 입술을 연상하게 하였다. 그러면 잎새에 아름다움이 있나 하고 들여다봐야 거세고 검푸른 것이 꽃 잎새라느니보다 나무 잎새였다. '사론의 장미'라 한다 해서 여기 어떤 신비로운 동경을 가졌던 것은 아니나 우리의 소위 국화라는 것이 이렇게 평범하고 초라한 것이리라고는 생각지 못하였다. 무궁화가 어째서 우리의 국화가 되었을까 하고 안타깝게 생각하는 것은 아마 이때의 나 하나뿐이 아니겠다. [중략]
▶ 무궁화를 국화(國花)로 선택한 것에 대한 회의

그래 상허(尙虛)는 무궁화가 우리 국화로서 가당치 못하다는 여러 가지 이유를 들고, 우리들에게 좀 친근하고 보편적인 진달래를 국화로 하였으면 하는 의견을 말하였다. 그러나 국화로서의 무궁화에 대한 혐오의 감을 더 절실하게 단적으로 표현한 것은 어떤 내 친구의 다음 이야기겠다. 이 친구는 전라도 태생이 되어 어렸을 때부터 무궁화를 많이 보아 왔다. 그러나 그것이 우리의 국화인 무궁화란 것은 알지 못하였다. 그 역시 나와 마찬가지로 서울에 와서 이 사실을 처음 알게 되었는데, 그 순간에 그의 감명은 이러한 것이었다.

㉠❸"게 무강나무 아닌가. 우리 시골 가면 집 울타리 하는 바로 그게 아닌가."
▶ 무궁화에 대한 부정적 인식의 예

그러나 연희(延禧)에 있는 십 년 동안 여름마다 많은 무궁화를 보아 오고, 또한 사오 년 동안은 두서너 그루의 흰 무궁화가 자라는 집에 살게 되어 아침저녁으로 이 꽃의 이모저모를 보아 온 이래, 무궁화에 대한 나의 생각은 많이 달라졌다.

오늘에 있어서도 우리 국화로는 꼭 무궁화라야 하겠다고 생각하는 것은 아니지마는 국화 대접을 하여 부끄러운 꽃이라고는 생각이 되지 아니한다. 그리고 생각하면 우리의 선인들이 무궁화를 소중하게 여긴 뜻과 연유는 충분히 알 수 있을 것 같고, 또 꽃 자체로도 여러 가지 미덕을 가져 결코 버릴 수 없는 아름다운 꽃의 하나라고 생각된다. [중략]
▶ 무궁화에 대한 인식 전환

꽃은 수줍고 은근하고 겸손하다. ❹그러나 자신은 없지 아니하다. 왜 그러냐 하면 피기 [A] 시작하면 꽃 한 송이 한 송이는 대개 그날 밤사이에 시들어 뒤말라 버리고 말지만, 다음 날 새 송이가 잇대어 피고 하는 것이 팔월이 가고, 구월이 가고, 시월에 들어서도 어떤 때는 아침저녁 산들바람에 흰 무명 바지저고리가 차가울 때까지 끊임없이 핀다. 그동안 피고 지는 꽃송이를 센다면 대체 몇 천 송이 몇 만 송이 될 것일까.

그중 많은 꽃을 피우는 때는 팔월 중순경인데, 이때면 나의 키만 한 나무에 수백 송이를 셀 수가 있다. 형제가 *번열하고 자손이 자자손손(子子孫孫) 백 대 천 대 이어 가는 것을 무엇보다 큰 복으로 생각하던 우리의 선인들은 첫째 이러한 의미에 있어서 아마 무궁화를 사랑하였을 것이다. 그리고 꽃으로서도 이만큼 무성하고 이만큼 오래고 보면 그것만으로도 한 덕이라고 할 수 있지 아니할까. [후략]
▶ 무궁화의 미덕

후략 부분의 내용 무궁화가 국화로서 자격이 충분함을 이야기하고, 무궁화와 대한민국 정부 수립의 관련성을 언급하며 나라의 무궁한 발전을 염원하고 있다.

• 중심 내용 무궁화에 대한 생각의 변화와 무궁화의 미덕

이해와 감상

이 글은 1948년 8월 15일 대한민국 정부 수립을 기념하여 국화인 무궁화에 대한 글쓴이의 생각과 느낌을 표현한 수필이다. 무궁화에 대한 부정적인 시각에서 출발하고 있지만 내용이 전개됨에 따라 무궁화의 독특한 미덕과 아름다움을 밝히며 무궁화를 국화로 삼은 것이 마땅한 일임을 밝히고 있다.

글쓴이는 무궁화가 색깔과 모습이 수수하며, 끈질긴 생명력을 지니고 있고, 향기 또한 군자에게 어울리게 은은하며, 겸허한 미덕을 갖추고 있다고 예찬한다. 이 글은 긴 수난의 역사 속에서도 은근과 끈기의 미덕으로 참고 견디어 조국 광복의 감격을 맞이하게 된 우리의 민족성이 무궁화가 보여 주는 은근과 끈기의 미덕과 일치하고 있다고 하면서, 나라의 영원한 발전을 염원하는 의도를 은근히 드러내고 있다.

작품 연구소

'무궁화'에 대한 글쓴이의 인식 변화

글쓴이는 처음 무궁화를 보고 그 모습에 실망했지만 점차 무궁화가 보여 주는 은근과 끈기의 미덕이 우리 민족성과 일치하고 있음을 깨닫고, 결국 무궁화를 예찬하고 있다.

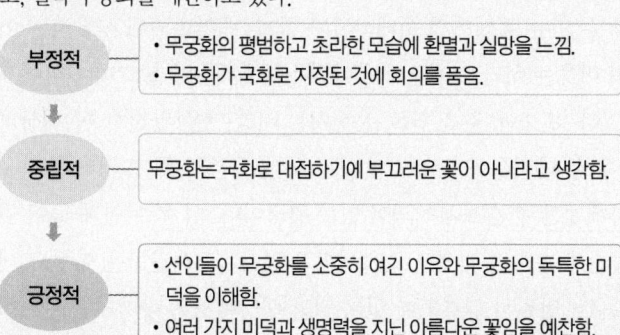

부정적
- 무궁화의 평범하고 초라한 모습에 환멸과 실망을 느낌.
- 무궁화가 국화로 지정된 것에 회의를 품음.

↓

중립적
- 무궁화는 국화로 대접하기에 부끄러운 꽃이 아니라고 생각함.

↓

긍정적
- 선인들이 무궁화를 소중히 여긴 이유와 무궁화의 독특한 미덕을 이해함.
- 여러 가지 미덕과 생명력을 지닌 아름다운 꽃임을 예찬함.

자료실

국화(國花)의 논쟁

민족주의와 국화와의 관계는 우리의 경우 더욱 두드러진다. 무궁화가 강조된 시기도 일제 침략이라는 민족적 위기와 일치할 뿐 아니라 상징적 의미 또한 배일(排日) 감정과 더불어 깊어졌던 것이다. 한말(韓末) 이전에는 무궁화를 민족적 상징이라 할 '국화'로 보지는 않았고, 민족적 위기가 닥치고서야 비로소 선구적 지식인과 반일 세력들에 의해 무궁화가 '한민족의 얼'을 상징하는 꽃으로 부각됐다. 이 무렵 일인들도 무궁화를 한국의 국화로 여겨 배척의 대상으로 삼기 시작했다.

《횡성 신문》을 창간한 한서(翰西) 남궁억 선생은 강원도 홍천군 서면 모곡리에 있는 노고산 기슭에 은둔하며 무궁화 묘목을 길렀다. 그는 일제의 눈을 피해 이곳에서 뽕나무 밭 속에 무궁화를 번식시켜 전국에 퍼뜨렸다. 국사를 배울 수 없고 국기도 볼 수 없으며 애국가도 부를 수 없었던 만큼 무궁화만이라도 널리 퍼뜨리려 해마다 자라고 꽃을 피게 해 우리 국민으로 하여금 민족 얼을 잃지 않게 하고 조국 독립을 염원케 했다는 것이다. 1933년 11월 4일, 홍천 모곡(후갑) 학교에 검거 선풍이 일어나 교장이었던 남궁억은 물론 교사들도 모두 구금됐고 무궁화 묘포도 없어졌을 뿐 아니라 묘목들도 모조리 불살라 버렸다.

무궁화가 오늘날 '국화'로 여겨지게 된 이면에는 이처럼 수많은 사연과 역사적 배경이 깔려 있는 것이다.　　　　　　　　 – 《동아일보》, 1982년 8월 6일 자

함께 읽으면 좋은 작품

〈무궁화〉, 유달영 / 무궁화를 소재로 한 작품

무궁화에 대한 지식과 경험을 바탕으로, 무궁화에 대한 감상을 일정한 형식 없이 서술한 수필이다. 국화 시비론(是非論)에 대한 반론의 근거를 여러 가지로 제시하고 있다.

키 포인트 체크

제재 무궁화에 대한 글쓴이의 인식과 국화(國花)로서 □□□의 덕목을 밝히고 있다.

관점 무궁화에 대한 글쓴이의 인식은 '부정적 → 중립적 → □□적'으로 변한다.

표현 도입부에 글쓴이의 전체 주장과 반대되는 무궁화에 대한 다른 사람의 부정적인 평가를 □□함으로써 오히려 글쓴이의 생각을 효과적으로 드러내고 있다.

1 이 글에 대한 설명으로 가장 알맞은 것은?
① 무궁화의 장점과 단점을 분석하고 있다.
② 상상 속의 무궁화를 환상적으로 묘사하고 있다.
③ 무궁화가 풍기는 이국적 정서를 설명하고 있다.
④ 무궁화에 대한 의견을 논리적으로 제시하고 있다.
⑤ 무궁화에 대한 감상을 다양한 심상을 동원하여 서술하고 있다.

2 '무궁화'에 대한 글쓴이의 인식 변화를 다음과 같이 정리할 때, ⓐ～ⓒ에 들어갈 적절한 말은?

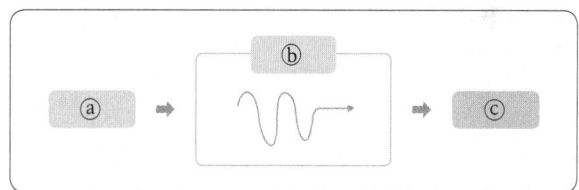

① 인정, 혐오, 이해　　② 환멸, 이해, 인정
③ 회의, 환멸, 혐오　　④ 불신, 염원, 예찬
⑤ 혐오, 이해, 회의

3 글쓴이의 친구가 ⊙과 같이 이야기한 이유로 적절한 것은?
① 많은 사람이 국화인 무궁화에 대해 혐오감을 느끼기 때문이다.
② 무궁화가 국화라는 사실을 몰랐던 자신에게 실망했기 때문이다.
③ 무궁화를 국화로 지정한 선인들의 선택에 의구심을 느꼈기 때문이다.
④ 고향에서 쉽게 볼 수 있는 평범한 꽃이 국화임을 알고 실망했기 때문이다.
⑤ 무궁화에 대한 자신과 글쓴이의 인식에 차이가 있음을 알게 되었기 때문이다.

4 [A]에 나타난 무궁화에 대한 글쓴이의 평가와 그 이유를 쓰시오.

글쓴이의 평가 ┤

이유 ┤

문학 금성

핵심 정리

갈래 경수필
성격 독창적, 사색적
제재 화장실에서 용변 보는 행위
주제 현대인들이 세상과 절연되어 유유 한적하게 자유를 만끽할 수 있는 공간으로서의 화장실
특징 ① 화장실에서 용변 보는 행위를 독창적 시선으로 포착하여 새로운 의미를 부여함.
② 특유의 관찰력으로 평범한 일상에서 현대 문명의 특성을 읽어 내는 한편 재치 있는 표현을 통해 웃음을 유발함.
출전 《현대문학》(1959)

어휘 풀이

속취(俗臭) 세속의 더러운 냄새
복지 신선들이 사는 곳. 행복을 누리며 잘 살 수 있는 땅.
훼예 훼방과 칭찬을 아울러 이르는 말
분망(奔忙)하다 매우 바쁘다.
희황 중국 고대 전설상의 제왕인 '복희씨'의 다른 이름.
오유하다 재미있고 즐겁게 놀다.
기산 영수 요임금 때 소부 허유가 임금의 자리를 물려받으라는 왕명을 피해 은거했다는 산과 강.

Q 이 글에서 용변과 관련한 직접적 표현을 삼간 이유는?

화장실에서 용변을 보는 행위를 직접적, 사실적으로 묘사하는 것은 관습적으로 금기시되어 왔다. 글쓴이는 이러한 금기에서 벗어나는 한편, 자신의 생각을 효율적으로 전달하기 위해 화장실과 용변 보는 행위를 '이 곳', '이 작업', '이 시간' 등으로 에둘러 표현한다.

구절 풀이

❶ **제집 대문간을 나설 ~ 괴상스러운 일이 일어난 것만 같다.** 끊임없는 불안과 초조 속에서 살아 나가는 현대인의 모습을 묘사한 구절이다.
❷ **내가 이 작업을 하고 있는 한 ~ 문책하는 사람은 없다.** 용변 보는 일을 에둘러 표현한 구절이다. 용변 보는 일을 '작업'이라고 표현하며 상당히 중요한 행위임을 강조하는 동시에, 그 행위는 아무도 문책할 수 없는, 주체적이고 필수적인 행위임을 드러낸다.
❸ **이 지상에서 자유 해탈의 ~ 남아 있는 곳이 이곳뿐이다.** 화장실만이 바쁜 현대인들이 근원적인 자유로움을 경험할 수 있는 유일한 공간임을 강조한다.

작가 소개

윤오영(1907~1976)
수필가, 교육자. 간결하고 절제된 문체와 서정적인 문장의 수필을 많이 썼으며, 수필 문학의 이론을 정립하기 위해 노력하였다. 주요 작품으로 〈달밤〉, 〈소녀〉, 〈방망이 깎던 노인〉 등이 있다.

잠시나마 안정이 그립다. 『하도 숨 가쁜 세상이니 ⓐ흰 구름 뭉게뭉게 일어나는 깊은 산, 고요한 절에서 목탁을 울리며 사는 승려의 생활도 이 세상에서는 벌써 신화가 되고 말았다.』 강낭콩같이 푸르고 맑은 호숫가에 일간죽(一竿竹)을 드리우고 고기와 벗을 삼아 짙어 가는 저녁노을에 물들어 보는 것도 태곳적 꿈인 양 싶다. 구태여 생생한 현실을 등지고 도피의 생활을 추구하랴마는 진실로 너무나 몸 둘 곳이 없이 숨 가쁘기 때문이다.

ⓙ제집 대문간을 나설 때도 무슨 불안이 문밖에 기다리고 서 있는 것만 같고 제집 문간에 다 와서도 안에서 무슨 괴상스러운 일이 일어난 것만 같다. 이 초조한 심경은 대체 어디서 오는 것일까? 제집 방구석이라고 그리 안락한 자유성(自由城)은 아니다. 소란과 추악과 야비의 속취(俗臭)는 구석구석 스미어 들고 무미와 건조와 침울과 공포는 염통에 쉬파리 떼처럼 들어붙는다.

'이유 없는 반항'이란 십 대 소년의 생태를 그린 영화의 제목이라거니와 '이유 없는 초조'는 노경에 가까워 가도 면할 수 없는 현대인의 생태라고나 할까. 백팔번뇌에 시달리는 어리석은 중생들이라고 초연히 비웃는 석가모니는 대체 이 세상에 누구냐? ⓑ그러나 나에게는 한 복지(福地)가 남아 있다. 변소에 문을 닫고 용변하는 시간 만은 완전히 이 세상과 절연된 특권을 향유한다. 겨우 두 다리를 오그리고 앉을 수 있는 좁은 우주. 그러나 ⓒ자유가 확보되어 있는 우주요, 나에게만 주권이 부여되어 있는 왕국이다. 이 우주 안에 들어 있는 동안만은 완전히 치외 법권에 속하는 지역으로 할애받고 있다. 그 시간만은 아무도 내 절대권을 침해하려 들지 않는다. 영원히 연결되어 있는 시간 선상에서도 나에게만 완전히 포기해 준 은총의 시간이다. 큰기침을 하건 가래침을 뱉건 바지춤을 끄르고 하반부의 둔육(臀肉)을 노출하건, 수륙 병진(水陸竝進)으로 배출을 하건, 악취를 마음대로 분산시키건, 아무 시비도 체면도 없다. 법률이야 물론이지만 도덕도 예의도, 인습도 전통도 아무것도 —. 모든 사회적인 간섭, 인간적인 관련에서 오는 시비 훼예도 없다.

나는 군이 내 결백을 수식할 필요도 내 단정한 품격을 조작할 필요도, 시간에 분망할 필요도 없다. 우선 조여 매었던 혁대를 끄르고 켜켜로 입었던 바지며 내의, 속내의에서부터 하반부의 둔육을 해방시키고 두 발을 고여, 전신을 편안히 내려 앉으면 ⓓ위로 충만했던 모든 들뜬 기운이 가라앉으며 평온한 희황(羲皇) 시대로 돌아온다. 향기롭지 못한 냄새도 어느덧 잊어버리고 만다. 마치 이 세상에 오래 살아 이 세상 냄새를 모르고 배기듯이. 아무도 이 문을 열 사람은 없다. 아무 일도 내 스스로가 나가기 전에는 부를 리도 없다. 찾을 리도 없다. 나에 대한 모든 것은 나의 이 작업으로 말미암아 권위 있게 정지당하고 만다. 지구조차 이 속에서는 돌지 않는다. ⓛ외계에서 수소탄이 터지든 태양이 물구나무를 서든 나는 결코 개의하지 아니해도 좋다. ❷내가 이 작업을 하고 있는 한, 이런 무관심과 태만에 대해서도 아무도 문책하는 사람은 없다. 잠시 가쁜 숨을 그치고 유유 한적한 세계에서 기상천외의 꿈속을 헤매며 오유(遨遊)하는 것도 나의 자유일 것이다. ❸이 지상에서 자유 해탈의 시간은 이 시간뿐이고 ⓔ소부(巢父) 허유(許由)가 놀던 기산(箕山) 영수(潁水)는 남아 있는 곳이 이곳뿐이다.

• **중심 내용** 바쁜 현대인들이 근원적인 자유로움을 경험할 수 있는 유일한 공간으로서의 화장실

이해와 감상

이 글은 화장실에서 용변을 보는 지극히 일상적인 행위를 독창적인 시선으로 바라봄으로써 화장실에 대한 새로운 인식과 의미를 부여하고 있는 수필이다. 글쓴이는 지나치게 바쁘고 모든 것이 숨 가쁘게 돌아가는 세상에서 이유 없는 초조함에 시달린다. 이런 상황에서 글쓴이는 화장실을 소란한 현대 문명에서 벗어나 자신의 자유와 주체성을 확보할 수 있는 공간으로 인식하고 그곳에서 자유와 해탈을 만끽한다. 즉, 글쓴이에게 화장실은 누구에게도 방해받지 않고 근원적인 자유로움을 경험할 수 있는 유일한 공간임을 이야기하고 있다. 또한 일반적으로 금기시되고 불편할 수 있는 용변 행위를 에둘러 재치 있게 표현함으로써 독자들에게 소재에 대한 사유를 거부감 없이 할 수 있도록 이끌고 있다.

작품 연구소

현대인이 처한 상황

• 고요하고 여유로운 삶에서 멀어짐. • 숨 가쁘게 바쁘게 살아감. • 자신의 집에서조차 편히 쉴 수 없음.	➡ '이유 없는 초조'에 시달림.

'화장실'에 대한 새로운 인식

화장실에 대한 보편적 인식	좁은 공간, 세상과 절연된 공간

↓ ← 글쓴이의 독창적인 시선

화장실에 대한 새로운 인식	• 인간의 근원적인 모습으로 돌아갈 수 있는 공간 • 인간의 주체성을 회복할 수 있는 공간 • 자유 해탈의 공간

〈측상락〉의 표현상 특징

구절	표현상 특징
수륙 병진으로 배출을 하건	화장실에서 용변 보는 모습을 우스꽝스럽게 나타냄. 관습적으로 직접 서술이 금기시되는 용변 보는 행위를 에둘러 표현함.
외계에서 수소탄이 터지든 태양이 물구나무를 서든	불가능한 상황을 가정하여 어떤 상황에도 개의치 않고 홀로 자유와 고독을 만끽할 수 있음을 표현함.
내가 이 작업을 하고 있는 한	용변 보는 일을 '작업'이라고 우회적으로 표현하고, 그것이 상당히 중요한 일임을 강조함.

• 일반적으로 금기시되는 소재를 다루기 위해 다양한 표현을 활용하고 있음.
• 독자에게 불쾌감을 줄 수 있는 행위를 과장과 비유를 통해 재치 있게 표현함으로써 말하고자 하는 바를 자연스럽게 전달함.

함께 읽으면 좋은 작품

〈맑은 기쁨〉, 법정 / 특정한 장소에서 얻은 깨달음을 이야기하는 작품

이 글의 글쓴이가 화장실에서 얻은 깨달음에 대해 이야기한다면, 〈맑은 기쁨〉은 '산골 암자'에서 얻게 된 깨달음을 이야기한다. 글쓴이는 산방에서의 소박한 삶, 산속 동물들을 비롯한 자연물과 함께하는 삶을 통해 느끼는 행복과 기쁨을 담담하게 서술하고 있다. 두 글이 활용한 소재나 접근 방식은 상이하지만 결론적으로는 현대인들에게 자신의 삶을 성찰할 수 있는 기회를 마련해 준다는 점에서 공통점을 발견할 수 있다.

키 포인트 체크

제재 ☐☐☐에서 용변 보는 행위에 새로운 의미를 부여하고 있다.

관점 글쓴이는 현대인이 불안과 ☐☐ 속에서 살고 있다고 인식하고 있다.

표현 글쓴이는 ☐☐과 ☐☐를 통해, 금기시되는 표현을 피하는 한편 독창적이고 개성적인 시선을 드러내고 있다.

1 이 글에 대한 설명으로 가장 적절한 것은?

① 우의적인 방식으로 삶에 대한 교훈을 전달하고 있다.

② 관조적인 태도로 자연과 조화를 이루는 삶을 모색하고 있다.

③ 독창적인 시선으로 일상적 소재에 새로운 의미를 부여하고 있다.

④ 예스러운 문체를 사용하여 전통 방식의 소중함을 부각하고 있다.

⑤ 묻고 답하는 방식을 통해 초월적 세계에 대한 지향을 표출하고 있다.

내신 적중 多빈출

2 용변하는 시간에 대한 이해로 적절하지 않은 것은?

① 태만했던 자신을 반성하는 시간이다.

② 자신만의 절대권이 보장되는 시간이다.

③ 모든 사회적인 간섭에서 벗어나는 시간이다.

④ 누구에게도 체면을 지킬 필요가 없는 시간이다.

⑤ 가쁜 숨을 그치고 유유자적하며 보내는 시간이다.

3 ⓐ~ⓔ에 대한 설명으로 적절하지 않은 것은?

① ⓐ: 고요하고 여유로운 삶을 함축한다.

② ⓑ: 종교의 힘으로 이유 없는 초조에 시달리는 상황을 벗어날 수 있음을 보여 준다.

③ ⓒ: 화장실이 어느 것에도 구속받지 않고 자유를 만끽하는 공간임을 보여 준다.

④ ⓓ: 용변을 볼 때는 세상일로 들떴던 마음이 가라앉고 평온해짐을 나타낸다.

⑤ ⓔ: 고사(故事)를 활용하여 세상과 절연된 화장실의 공간적 특성을 드러낸다.

4 ㉠에 담긴 글쓴이의 심리를 나타내기에 가장 적절한 한자 성어는?

① 염량세태(炎涼世態)　　② 동분서주(東奔西走)

③ 암중모색(暗中摸索)　　④ 누란지위(累卵之危)

⑤ 좌불안석(坐不安席)

5 문맥을 고려하여 ㉡의 기능을 다음 〈조건〉에 맞게 쓰시오.

| 조건 |
| '~을 강조하기 위해 ~을 가정하고 있다.'의 형태로 쓸 것. |

문학 비상

🎯 핵심 정리

갈래 경수필
성격 서사적, 콩트적, 체험적, 회상적
제재 은전 한 닢
주제 ① 소망을 이루려는 노력과 그 성취의 기쁨
② 인간의 맹목적인 소유욕과 집착에 대한 연민
특징 ① 대화 형식을 사용하며 콩트식 구성을 취함.
② 간결한 문체와 속도감 있는 전개로 사건이 구성됨.
③ 글쓴이의 논평이나 설명 없이 글을 마무리하여 깊은 여운을 줌.
출전 《금아 시문선》(1959)

💡 어휘 풀이

전장 중국에서, 환전(換錢)을 업으로 하던 상업 금융 기관.
은전(銀錢) 은돈. 은으로 만든 돈.
황망(慌忙)히 마음이 몹시 급하여 당황하고 허둥지둥하는 면이 있게.
각전 예전에, 일 전이나 십 전 따위의 잔돈을 이르던 말.
다양 중국에서 예전에 유통되던 은화를 가리키는 말.

🔖 구절 풀이

❶ **그는 마치 선고를 ~ 입을 쳐다본다.** 아주 소중한 것(은전)의 진위 여부를 확인하는 상황에서 불안감과 초조감에 휩싸여 있는 거지의 심리 상태를 비유적으로 표현하고 있다.
❷ **"이것은 훔친 것이 ~ 여섯 달이 더 걸렸습니다."** 거지가 은전을 갖게 된 경위를 밝히고 있는 부분으로, 그 돈을 갖기 위해 얼마나 애를 썼는지가 드러나 있다. 은전 한 닢을 갖기 위한 거지의 맹목적 노력이 드러나 있다.

> **Q** 이 글의 결말 처리 방법이 주는 효과는?
> 이 글은 은전 한 닢을 가져 보는 것이 거지의 소박하고도 맹목적인 소망이었음을 밝히는 말로 끝을 맺는다. 이처럼 글쓴이가 어떠한 논평도 하지 않은 채 인물의 대사만을 제시하는 방식은 글의 주제를 함축적으로 드러내는 한편 독자의 상상력을 자극함으로써 깊은 여운을 남기는 효과를 준다.

👤 작가 소개

피천득(1910~2007) 수필가, 시인, 영문학자. 간결하고 섬세한 문체를 바탕으로 일상생활에서 느낀 감정을 순수하고 서정적으로 그려 낸 작품을 많이 창작하였다. 주요 저서로 《인연》, 《금아 시문선》, 《산호와 진주》, 《금아 문선》 등이 있다.

예전 상해에서 본 일이다. 늙은 거지 하나가 *전장(錢莊)에 가서 떨리는 손으로 1원짜리 *은전 한 닢을 내놓으면서,
앞으로 전개될 화제의 제시 / 자신에게 가장 소중한 것의 진위를 가리는 두려움.

"황송하지만 이 돈이 못 쓰는 것이나 아닌지 좀 보아 주십시오."

하고 ❶그는 ㉠마치 선고를 기다리는 죄인과 같이 전장 사람의 입을 쳐다본다. 전장 주인은
은전의 진위 여부 확인 → 긴장감, 초조감
거지를 물끄러미 내려다보다가, 돈을 두들겨 보고

"하 ― 오(좋소)." / 하고 내어 준다. 그는 "하 ― 오."라는 말에 기쁜 얼굴로 돈을 받아서
진짜 은전임 맞소.
가슴 깊이 집어넣고 절을 몇 번이나 하며 간다. 그는 뒤를 자꾸 돌아보며 얼마를 가더니 또
자신에게 확신을 준 것에 대한 고마움과 기쁨의 표현 / 은전을 빼앗기지 않으려는 본능적 행동
다른 전장을 찾아 들어갔다. 품속에 손을 넣고 한참 꾸물거리다가 그 은전을 내어놓으며,

"이것이 정말 은으로 만든 돈이오니까?"

하고 묻는다. 전장 주인도 호기심 있는 눈으로 바라다보더니,
첫 번째 전장의 주인과는 다른 행동 → 호기심 증폭

"이 돈을 어디서 훔쳤어?"
거지에게는 과분한 돈이기 때문에 보이는 의심

거지는 떨리는 목소리로, / "아닙니다. 아니에요."
도둑으로 몰릴까 봐 두려워하는 마음

"그러면 길바닥에서 주웠다는 말이냐?"

"누가 그렇게 큰돈을 빠뜨립니까? 떨어지면 소리는 안 나나요? 어서 도로 주십시오."
당당함의 회복

거지는 손을 내밀었다. 전장 사람은 웃으면서 "하 ― 오." 하고 던져 주었다.

그는 얼른 집어서 가슴에 품고 *황망히 달아난다. ㉡뒤를 흘끔흘끔 돌아보며 얼마를 허
▶여러 전장을 돌며 은전의 진위 여부를 확인하는 거지
덕이며 달아나더니 별안간 우뚝 선다. 서서 그 은전이 빠지지나 않았나 만져 보는 것이다.
행동을 통한 심리 제시 – 소중한 은전을 남에게 빼앗길지도 모른다는 불안감이 내포된 행동
㉢거친 손가락이 누더기 위로 그 돈을 쥘 때 그는 다시 웃는다. 그리고 또 얼마를 걸어가다
가 어떤 골목 으슥한 곳으로 찾아 들어가더니 벽돌담 밑에 쪼그리고 앉아서 ㉣돈을 손바닥
에 놓고 들여다보고 있었다. 그는 어떻게 열중해 있었는지 내가 가까이 선 줄도 모르는 모
양이었다.

"누가 그렇게 많이 도와줍디까?"

하고 나는 물었다. 그러자 그는 내 말소리에 움칠하면서 손을 가슴에 숨겼다. 그리고는 떨
리는 다리로 일어서서 달아나려고 했다.
돈을 쥔 손을

"염려 마십시오. 빼앗아 가지 않소."
돈을 빼앗길지 모른다는 불안감 때문에

하고 나는 그를 안심시키려 하였다. 한참 머뭇거리다가 그는 나를 쳐다보고 이야기를 하였다.
글쓴이의 말을 믿어도 되는지 의심함. ▶거지와 글쓴이의 대면
❷"이것은 훔친 것이 아닙니다. 길에서 얻은 것도 아닙니다. 누가 저 같은 놈에게 1원짜
리를 줍니까? *각전(角錢) 한 닢을 받아 본 적이 없습니다. 동전 한 닢 주시는 분도 백에
♪: 당시의 각박한 인심을 엿볼 수 있음.
한 분 쉽지 않습니다. 나는 한 푼 한 푼 얻은 돈에서 몇 닢씩을 모았습니다. 이렇게 모은
돈 마흔여덟 닢을 각전 닢과 바꾸었습니다. 이러기를 여섯 번을 하여 겨우 이 귀한 *다양
[大洋] 한 푼을 갖게 되었습니다. 이 돈을 얻느라고 여섯 달이 더 걸렸습니다."

㉤그의 뺨에는 눈물이 흘렀다. 나는
돈을 얻기까지의 고생에 대한 감회

"왜 그렇게까지 애를 써서 그 돈을 만들었단 말이오? 그 돈으로 무얼 하려오?"
간난신고(艱難辛苦) – 어려움을 겪으며 고생함.
하고 물었다.

그는 머뭇거리다가 대답했다.

"이 돈 한 개가 갖고 싶었습니다."
▶거지가 은전 한 닢을 갖게 된 내력과 이유

> • 중심 내용 은전 한 닢을 갖게 된 거지의 사연

이해와 감상

이 글은 글쓴이가 중국 상해에서 겪은 일을 간결한 문체를 통해 담아낸 수필로, 인물, 사건, 배경 등의 소설적 요소를 갖추어 한 편의 콩트 같은 느낌을 주고 있다. 첫 문장에서 앞으로 제시할 내용이 자신의 실제 체험임을 밝혀서 사실성과 흥미를 높인 후, 처음부터 끝까지 아무런 논평도 없이 객관적인 시각으로 늙은 거지의 행적을 담담하게 그리고 있다. 자신이 소유한 은전 한 닢이 진짜인지를 거듭 확인하는 거지의 행동에서 호기심을 느낀 글쓴이는 거지와 직접 대면하여 그가 은전 한 닢을 소유한 경위를 듣게 되는데, 대화체의 직접 화법을 주로 사용하여 늙은 거지의 행적을 간결하면서도 속도감 있게 전달하고 있다. 오랜 노력 끝에 은전 한 닢을 얻고 기뻐하는 거지의 모습을 통해 삶의 간절한 소망을 이루기 위한 노력과 성취의 기쁨을 전하는 한편, 맹목적인 소유욕에 대해 생각해 보게 한다. 또한 논평이나 설명을 생략하고 거지의 말로 글을 끝맺음으로써 독자의 상상력을 자극하고 있다.

작품 연구소

'은전 한 닢'의 의미

'은전 한 닢'을 얻기 위한 과정	'은전 한 닢'을 가지려는 이유
동전 48닢을 각전 한 닢으로 바꾸기를 6번 되풀이하여 6개월 만에 은전 한 닢을 얻음.	"이 돈 한 개가 갖고 싶었습니다."

↓

'은전 한 닢'의 의미
삶의 간절한 소망

〈은전 한 닢〉의 주제

이 글은 글쓴이의 설명이나 소감 없이 '이 돈 한 개가 갖고 싶었습니다.'라는 거지의 대답만을 제시하며 마무리하여 다양한 해석을 낳게 한다. 이 글에서는 이러한 결말 처리를 통해 주제를 함축적으로 보여 주고 있다.

"이 돈 한 개가 갖고 싶었습니다."

갖은 노력 끝에 '은전 한 닢'을 얻고 감격의 눈물을 흘리는 거지의 모습	맹목적으로 '은전 한 닢'을 소유하기 위해 애쓰는 거지의 모습
↓	↓
주제 ① 소망을 이루려는 노력과 그 성취의 기쁨	**주제 ②** 인간의 소유욕과 집착에 대한 연민

함께 읽으면 좋은 작품

〈무소유〉, 법정 / 소유에 대한 글쓴이의 인식이 드러난 작품

난초를 키우는 일상적인 체험을 바탕으로 한 교훈적인 수필로, 소유와 집착에서 고통과 번뇌가 비롯되므로 이를 버릴 때 마음의 평정과 자유를 얻을 수 있음을 제시하고 있다.

〈차마설〉, 이곡 / 인간의 그릇된 소유욕을 경계하는 작품

말을 빌려 탄 글쓴이의 경험을 바탕으로 쓴 고전 수필이다. 모든 것이 남에게 빌린 것이므로 자기 소유가 아님을 알고 집착에서 벗어나야 한다는, 소유에 대한 인식을 제시하고 있다. **Link** 〈고전 산문〉 78쪽

포인트 체크

제재 글쓴이가 상해에서 만난, □□ 한 닢을 얻고 기뻐하는 늙은 거지의 모습을 그리고 있다.

관점 글쓴이는 거지의 행동에 대해 주관적인 평가는 배제하고 □□□□인 시각으로 담담하게 서술하고 있다.

표현 거지의 말로 글을 마무리함으로써 □□을 남기고 독자의 상상력을 자극하고 있다.

1 이 글의 서술상 특징으로 적절하지 <u>않은</u> 것은?

① 글쓴이가 인물의 심리를 요약적으로 제시하고 있다.
② 글쓴이의 실제 체험을 회고하는 형식을 취하고 있다.
③ 논평을 생략한 결말 처리 방식으로 여운을 주고 있다.
④ 인물, 사건, 배경과 같은 서사적인 요소가 나타나고 있다.
⑤ 대화체의 직접 화법을 주로 사용하여 속도감 있게 서술하고 있다.

2 이 글의 '늙은 거지'에 대한 평가로 가장 적절한 것은?

① 말 타면 경마 잡히고 싶다고 은전을 얻고도 욕심이 끝이 없군.
② 남의 장단에 춤춘다고 남이 은전을 모은다고 하니 따라 한 것이군.
③ 티끌 모아 태산이라고 작은 돈을 하나씩 모으고 모아서 큰 돈을 만들어 냈군.
④ 쟁기질 못하는 농부가 소 탓한다고 자신의 능력은 생각지 않고 남 탓만 하고 있군.
⑤ 닭 잡아먹고 오리발 내놓는다고 잘못된 방법으로 돈을 모으고도 속여 넘기려 하고 있군.

3 ㉠~㉤에 나타난 '늙은 거지'의 심리로 적절하지 <u>않은</u> 것은?

① ㉠: 은전이 진짜가 아닐까 봐 긴장하고 있다.
② ㉡: 소중한 은전을 빼앗기지 않을까 불안해하고 있다.
③ ㉢: 은전을 가지게 된 기쁨을 드러내고 있다.
④ ㉣: 은전을 더 갖고 싶은 마음을 드러내고 있다.
⑤ ㉤: 고생 끝에 은전을 얻게 된 감격을 표현하고 있다.

4 이 글에서 '늙은 거지'에게 '은전 한 닢'이 지닌 의미를 쓰시오.

5 다음은 이 글의 주제를 해석한 글이다. ⓐ와 ⓑ에 들어갈 알맞은 내용을 쓰시오.

> 이 글은 늙은 거지의 마지막 말에 대한 글쓴이의 반응이 생략되어 주제에 대한 다양한 해석이 가능하다. 노력 끝에 '은전 한 닢'을 얻게 되었음을 말하며 눈물 흘리는 거지의 모습을 고려할 때, 이 글의 주제는 ___ⓐ___ 이다. 반면 맹목적으로 '은전 한 닢'을 소유하기 위해 애쓴 거지의 모습을 고려할 때 이 글의 주제는 ___ⓑ___ 이다.

ⓐ: _____

ⓑ: _____

˙뒤지가 ˙진적(珍籍) | 이희승

문학 천재(정)

🎯 핵심 정리

갈래 경수필
성격 사실적, 해학적, 회고적
제재 일제 강점기의 감옥 생활
주제 일제 강점기 감옥 현실의 폭로, 글을 읽고 싶은 욕구의 강함.
특징 ① 겪은 일을 사실적으로 그리고 있음.
② 일제 강점기 감옥의 현실을 잘 보여 주고 있음.
③ 글쓴이의 해학적 태도가 돋보임.
출전 《사상계》(1960)

💡 어휘 풀이

뒤지 똥을 누고 밑을 씻어 내는 종이.
진적 진귀한 책.
차입(差入) 교도소나 구치소에 갇힌 사람에게 음식, 의복, 돈 따위를 들여보냄. 또는 그 물건.
경무휘보 왜정(倭政) 당시 경찰계의 유일한 기관 잡지.
걸터서 '걸터듬어서'의 뜻인 듯함. '걸터듬다'는 '무엇을 찾으려고 이것저것 되는 대로 마구 더듬다.'의 뜻.
소치(所致) 어떤 까닭으로 생긴 일.

> **Q** 감옥 안에 《경무휘보》 입수가 가능했던 이유는?
>
> 글쓴이는 이 '잡지의 재고품이 상당히 풍부해서' 일 것이라고 생각한다. 이 글에는 따로 제시되어 있지 않지만 《경무휘보》는 경찰 관계자를 주 독자층으로 삼은 잡지이므로 불온한 내용이 들어 있지 않다고 판단하여 뒤지로 제공했으리라 추측할 수 있다.

🎨 구절 풀이

❶ **그리하여 우리는 어떻게 하든지 ~ 노력을 다 기울이었다.** 일본은 형무소에 구속되어 있는 사람이 바깥세상 소식을 아는 것을 꺼려 신문을 뒤지로 제공하지는 않았다. 대신에 '경무휘보'라는 묵은 잡지를 뒤지로 제공하는데, 이것이라도 읽으면 지루함이 덜하니 이를 얻는 데 갖은 노력을 다했다는 것이다.

❷ **그 진정한 경지는 ~ 이해하기 어려울 것이다.** 글쓴이는 읽을거리를 찾아 읽고 싶은 욕구가 얼마나 크며, 그것을 누르기가 얼마나 어려운지는 직접 경험해 보지 않으면 이해하기 어려움을 이야기하고 있다.

👤 작가 소개

이희승(1896~1989)

국어학자, 수필가, 시인, 독립운동가. 조선어 학회의 '한글 맞춤법 통일안'의 원리를 자세히 설명한 《한글 맞춤법 강의》를 저술하는 등 우리말 연구에 힘썼다. 주요 저서로 《한글 맞춤법 강의》, 수필집 《벙어리 냉가슴》, 《먹추의 말 참견》 등이 있다.

두 평쯤이나 될까 말까 한 좁은 감방 안에서 7, 8명의 식구가, 때로는 십여 명이 넘는 인구(人口)가 똥통과 동거 생활을 하면서 뒤를 볼 때에는 그래도 뒤지가 필요하였다.

> 글쓴이는 '조선어 학회 사건'으로 감옥 생활을 하게 됨.   대변을 볼 때   핵심 화제

그러므로 경찰서에서는 이 불가피한 청구에 응하기 위하여 뒤지를 공급하고 있었다. 원래 뒤지감의 종이를 따로 만들어 한 움큼씩 묶어서 파는 것이 있었지만, 이 당시에는 전쟁 중의 일본이 경제적 파탄에 직면하고 있었으므로 뒤지조차 구하기 어려웠다.

> 글쓴이가 감방 안에 갇혀 있었던 1942년 10월부터 1945년 8월 17일까지의 기간
> 당시 시대 상황. 태평양 전쟁으로 일본의 경제적 상황이 어려웠음.   ▶ 글쓴이의 처지와 당시 시대 상황

그리하여 일반으로 신문지나, 읽어 넘긴 잡지 같은 것을 썰어서 뒤지로 쓰고 있는 형편이었다. 감방 안에서 이러한 뒤지의 공급을 받으면, 이것은 도서관에서 책을 대하듯이 귀중한 읽을거리였다.

> 뒤지로 사용되는 종류 ①   뒤지로 사용되는 종류 ②
> 뒤지는 답답한 감옥에서 읽을거리가 되어 줌. – 제목의 의미를 짐작할 수 있음.

그런데 경찰서나 형무소에서는 구속되어 있는 사람이 바깥세상의 소식을 아는 것을 지극히 꺼리고 있어서, 신문지 조각 같은 것은 좀체로 들여 주지를 않았다. 만일 우리 동지들의 가족 중에서 음식물의 ˙차입을 할 적에, 신문지로 싸개지를 삼은 것이 있으면, 대개는 난로에 넣어서 태워 버리는 것이 보통이었다. 그래도 혹시 신문지가 남아 있고, 그것을 뒤지로 쓰겠다고 청구하면 읽을거리가 없어지도록 잘게 썰어서 넣어 준다.

> 감옥 안 사람들이 바깥세상의 소식을 알지 못하도록 함.

그리하여 대개는 한 장이나 두 장밖에는 더 주지 않는다. / 그러면 뒤를 보기 전에 이 신문지 쪽을 한 줄 한 자도 빼놓지 않고 읽는다. 뒤지를 받고서 왜 뒤를 안 보느냐고 따지는 일도 있기 때문에, 똥통 위에 올라앉아서, 그것을 읽어 버리는 일도 있었다.

> 뒤지에 있는 글을 읽으려는 의지

이러한 재료는 같은 감방에 있는 동지들도 읽어 보기를 열심으로 바라고 있기 때문에 차마 혼자만 보고 없앨 수는 없었다. 그리하여 무슨 꾀를 부리고 무슨 방법을 쓰든지 간에 신문 조각을 돌려 가며 윤독(輪讀)하기로 하는 것이었다. 이것을 읽되 어엿이 펼쳐 놓고 보는 것이 아니라, 손바닥 안에 감추어질 만큼 접어서 간수의 눈을 피해 가며 몰래 읽어 내려가는 것이었다. [중략]

> 여러 사람이 글이나 책을 차례로 돌려가며 읽음.   ▶ 뒤지를 얻어 열심히 읽는 글쓴이와 동료들

그런데 이러한 글발이 있는 종잇조각이라도 얻어 읽는 경우에는, 한결 지리한 시간이 쉽사리 지나는 것만 같았다. 더욱이 문초를 전부 마치고, 그저 구속만 되어 있는 동안은 진정 세월이 더딘 것이 지리하여 견딜 수가 없었다.

> 지루한   죄나 잘못을 따져 묻거나 심문함.

❶그리하여 우리는 어떻게 하든지 이 《˙경무휘보》의 잡지 쪽을 많이 입수(入手)하도록 갖은 노력을 다 기울이었다. / ⑦우선 뒤를 자주 보기로 하였다. 설사가 나니까 한 장만으로 부족하니, 석 장 넉 장씩 달라고 하였다. 가다가는 뒤지를 얻기 위하여 헛뒤를 보는 일도 있었다. 이렇게 하여 다 각각 얻은 뒤지를 서로 돌려 가며 보는 것이었다.

> 읽을거리가 절실하게 필요한 이유   뒤지를 얻기 위한 노력 ①
> 뒤지를 얻기 위한 노력 ②   뒤지를 얻기 위한 노력 ③
> ▶ 글쓴이와 동료들의 뒤지를 얻기 위한 노력

그러나 이렇게 들여 주는 뒤지만으로는 진정 갈급질이 나서 못 견딜 지경이었다. 그리하여 다량으로 뒤지를 입수하기에 청소꾼을 이용하는 일이 많았다. 젊은 사람이 청소하러 나가서 마치 담배를 훔쳐 들이듯이, 뒤지를 ˙걸터서 감방으로 들여 주곤 하였다. ⓐ이와 같이 도둑글을 읽다가 들켜서 뒤지를 빼앗기는 일도 있었고, 뺨을 맞는 일도 한두 번이 아니었다. 그러나 이와 같이 봉변을 당하고도, 그래도 또 잡지 쪽 읽기를 단념하지 못하였다. 이로써 미루어 보면, 「사람이 하고 싶어 하는 의욕은 벌을 받거나 모욕을 당하는 것만으로 깨끗이 청산하여 버리지 못하는 것이 역시 인간인가 싶었다. ⓑ이런 것도 인력(人力)으로 좌우할 수 없는 본능의 ˙소치인 듯하였다. ❷그 진정한 경지는 실지로 당하여 보지 않고서는 이해하기 어려울 것이다.

> 부족하여 몹시 바라는 짓   뒤지를 얻기 위한 노력 ④
> 뒤지를 얻으려다 당하는 봉변
> 「」: 어려운 상황과 방해에도 뜻을 굽히지 않고 의욕적으로 행동하는 것이 인간의 본능임을 깨달음.
> 글을 읽고 싶은 본능을 떨쳐 버리기 어려운 인간의 모습   ▶ 인간의 본능과 관련된 글쓴이의 깨달음

> • 중심 내용 뒤지에 있는 글을 읽기를 단념하지 못하여 봉변을 당하면서까지 뒤지를 얻어 읽으려 함.

이해와 감상

이 글은 1942년 글쓴이가 '조선어 학회 사건'으로 3년 가까이 감옥살이를 하던 때에 직접 겪었던 일을 다루고 있다. 일제 강점기 감옥 생활이 어떠했는지를 잘 보여 주는 한편, 감옥에 갇혀 있는 상황에서도 선비다운 풍모를 잃지 않으려는 글쓴이의 모습이 잘 나타나 있다.

글쓴이는 감옥 생활을 하면서 뒤지에 쓰인 글을 읽으며 무료함과 지루함을 견딘다. 감옥에서 유일한 읽을거리인 뒤지를 얻기 위해 노력하는 모습이나 봉변을 당하면서도 읽기를 단념하지 못하는 글쓴이의 모습이 해학적으로 나타나 있다. 또한 어려운 상황에서도 글을 읽고자 하는 글쓴이의 모습을 통해 인간의 의욕은 인력으로 좌우할 수 없는 것임을 깨닫는 과정을 잘 보여 주고 있다.

🏠 작품 연구소

제목 '뒤지가 진적'에 담긴 의미

'뒤지'의 역할	• 글쓴이와 동료들에게 읽을거리를 제공해 줌. • 지루한 수감 생활을 견디게 해 줌. • 글쓴이와 동료들이 글을 읽고 싶어 하는 욕망을 충족해 줌. → '똥을 누고 밑을 씻어 내는 종이'인 뒤지가 감옥 안에서는 귀중하게 여겨짐.

⬇

제목의 의미	읽을거리에 목마른 사람에게는 뒤지라 할지라도 글이 적혀 있으면 진귀한 책과 같이 가치 있다는 의미가 담겨 있음.

〈뒤지가 진적〉에 나타난 글쓴이의 개성

'뒤 자주 보기' '헛뒤 보기' 등	➡	• 매우 고통스럽고 비참한 체험인데도 이를 회상하여 그리는 글쓴이의 태도는 해학적임. • 읽는 이로 하여금 웃음을 짓게 만듦.

〈뒤지가 진적〉에 나타난 글쓴이의 경험과 깨달음

경험		깨달음
감옥살이를 하는 가운데에서도 글을 읽고자 노력함.	➡	사람이 하고자 하는 것에 대한 의욕은 쉽게 꺾을 수 없는데 이는 그 의욕이 본능의 소치이기 때문임.

자료실

조선어 학회 사건

1942년 10월 일제에 의해 조선어 학회 회원 및 관련 인물이 검거되어 재판에 회부된 사건을 말한다. 일제의 탄압하에서 조선어 학회는 《우리말 큰사전》의 편찬을 서둘러 1942년 4월에 그 일부를 대동 출판사에 넘겨 인쇄하던 중, 함흥 영생 고등 여학교 학생 박영옥이 기차 안에서 친구들과 한국말로 대화하다가 조선인 경찰관인 야스다에게 발각되어 취조를 받게 된 사건이 벌어졌다. 이 사건에서 글쓴이는 2년 6개월의 징역형을 받게 된다.

📖 함께 읽으면 좋은 작품

〈옥중에서 보낸 편지 – 어머님께〉, 심훈 / 일제 강점기 옥중 생활을 그린 작품

일제 강점기 때 3·1 운동 참여로 옥살이를 하는 동안 글쓴이가 어머니께 보낸 편지글로, 아들을 걱정하실 어머니를 위해 잔잔한 어조로 위로와 효심의 마음을 나타낸 글이다. 당시 감옥 안의 열악한 상황에도 의연했던 글쓴이의 모습이 잘 드러나 있다. 🔗 Link 본책 112쪽

🔑 포인트 체크

제재 글쓴이가 조선어 학회 사건으로 □□□□□를 하던 때의 체험이 담겨 있다.

관점 매우 고통스럽고 비참한 체험이지만 □□적인 태도로 자신의 경험을 회고하고 있다.

표현 글쓴이는 자신이 경험한 일을 □□적으로 그리고 있어 일제 강점기 감옥의 현실을 잘 보여 주고 있다.

1 이 글의 글쓴이에 대한 이해로 적절하지 <u>않은</u> 것은?

① 좁은 감방 안에서 많은 사람들과 지내야 했다.
② 뒤지를 작게 접어서 간수 몰래 글을 읽기도 했다.
③ 신문이나 잡지를 뒤지로 받게 되면 소중히 여겼다.
④ 경찰서에서 제공해 주는 뒤지만으로는 읽을거리가 턱없이 부족했다.
⑤ 《경무휘보》는 일본 경찰계의 기관지이기 때문에 뒤지로 들어오더라도 읽지 않았다.

2 ㉠과 같이 행동한 이유로 가장 적절한 것은?

① 일본인 간수의 눈을 피하기 위해
② 뒤지를 좀 더 많이 얻어 글을 읽기 위해
③ 질 좋은 뒤지를 얻어 담배와 바꾸기 위해
④ 일본인 간수의 횡포로부터 벗어나기 위해
⑤ 자신이 병약한 처지라는 것을 알리기 위해

3 ⓐ와 ⓑ를 이해한 내용으로 가장 알맞은 것은?

	ⓐ	ⓑ
①	뒤지를 얻어 읽으려다 봉변을 당함.	뒤지에 있는 글을 읽는 일을 결코 단념하지 못함.
②	뒤지를 얻는 일로 인해 동료들과 갈등을 벌임.	뒤지에 있는 글의 교훈을 실천하고 싶은 마음이 생김.
③	뒤지를 얻으려다가 실패하자 자책하게 됨.	뒤지에 있는 글보다 더 좋은 글을 쓰려는 욕구가 생김.
④	뒤지를 받았으나 불만이 생겨서 반항을 하게 됨.	뒤지를 보다가 겪은 모욕을 되갚아 주려는 마음이 생김.
⑤	뒤지에서 읽은 글이 마음에 들지 않아서 괴로워함.	뒤지에 있는 글을 쓴 사람의 인식을 바꾸고 싶은 마음이 생김.

내신 적중 多빈출

4 이 글의 제목에 '진적'이라는 말을 쓴 이유를 〈조건〉에 맞게 쓰시오.

┤조건├
• '진적'의 사전적 의미를 고려할 것.
• 뒤지의 역할을 참고하여 쓸 것.

산정무한(山情無限) | 정비석

🎯 핵심 정리

갈래 경수필, 기행 수필
성격 낭만적, 회고적, 서정적, 서경적, 묘사적
제재 금강산의 아름다운 풍경
주제 금강 기행의 견문과 감상
특징 ① 주로 현재 시제로 문장을 진술함.
② 다양한 표현 기법과 화려한 문체를 구사함.
출전 《비석과 금강산의 대화》(1963)

💡 어휘 풀이

완상하다 즐겨 구경하다.
목잔 나무로 사다리처럼 놓은 길.
답파하다 험한 길이나 먼 길을 끝까지 걸어서 돌파하다.
일망무제 한눈에 바라볼 수 없을 정도로 아득하게 멀고 넓어서 끝이 없음.
할거하다 땅을 나누어 차지하고 굳게 지키다.
칠보단장 여러 패물로 단장한 꾸밈새.
운해(雲海) 산꼭대기나 비행기에서 내려다보았을 때 바다처럼 널리 깔린 구름.
일망지하 한눈에 다 바라볼 수 있는 아래.
오연(傲然)히 태도가 거만하거나 그렇게 보일 정도로 담담하게.
구중심처 밖으로 잘 드러나지 않는 깊숙한 곳.

Q (나)에 나타난 표현상 특징은?

따스한 인정으로 가득 찬 온실 같은 찻집 안의 정경과 사나운 비와 우박이 내리는 유리창 너머의 모습을 대조적으로 표현하고 있다. 또한 '용호가 ~ 대로하신 것일까', '날씨는 ~ 온순해진다' 등에서 각각 우박이 사납게 퍼붓는 모습과 잠잠해진 날씨를 비유적으로 표현하고 있다.

🖋 구절 풀이

❶ **아! 천하는 ~ 웅장하고 숭엄하던가!** 글쓴이가 망군대에 올라가서 느낀 호연지기와 감동을 영탄법을 통해 표현하고 있다.

❷ **유상무상의 허다한 ~ 저기에서도 불끈** 갖가지 모양의 봉우리들이 솟아 있는 모습을 싸움터의 영웅들에 비유하고 있다.

❸ **우러러보는 단풍이 ~ 치마폭 같다고나 할까.** 단풍의 아름다움을 대구법과 비유법(직유)을 사용하여 참신하면서도 탄력성이 돋보이게 표현한 문장이다.

❹ **내·외·해 삼금강을 ~ 바랄 것이 무엇이랴.** 삼금강을 한눈에 바라보지 못한 아쉬움을 털고 비로봉 최고점까지 올랐다는 사실에 자부심을 느끼고 있다.

👤 작가 소개

정비석(1911~1991)
소설가. 수필에서는 화려한 문체로 대상을 사실적으로 묘사한 작품을 많이 썼다. 주요 작품으로 〈소설 손자병법〉, 〈소설 초한지〉 등이 있다.

전략 부분의 내용 '장안봉 → 명경대 → 황천 계곡'으로 이어지는 여정과 견문이 드러나 있다.

[가] 그림 같은 연화담(蓮花潭) 수렴폭(垂簾瀑)을 *완상(玩賞)하며, 몇 십 굽이의 석계(石階)와 *목잔(木棧)과 철삭(鐵索)을 *답파(踏破)하고 나니, 문득 눈앞에 막아서는 무려 삼백 단의 가파른 사닥다리 — 한 층계 한 층계 한사코 기어오르는 마지막 발걸음에서 시야는 *일망무제(一望無際)로 탁 트인다. 여기가 해발 오천 척의 망군대(望軍臺) — ❶아! 천하는 이렇게도 광활하고 웅장하고 숭엄하던가!
- 금강산의 연못과 폭포
- 돌계단
- 쇠밧줄
- 매우 높은 곳에 올라감.
- 약 1,515m, 1척은 약 30.3cm
- : 글쓴이의 여정
- ▶ 망군대에 오르는 과정과 망군대에 오른 소감

『이름도 정다운 백마봉(白馬峰)은 바로 지호지간(指呼之間)에 서 있고, 내일 오르기로 예정된 비로봉(毘盧峰)은 단걸음에 건너뛸 정도로 가깝다.』그 밖에도, ❷유상무상(有象無象)의 허다한 봉들이 전시(戰時)에 *할거(割據)하는 군웅들처럼 여기에서도 불끈 저기에서도 불끈, 시선을 낮춰 아래로 굽어보니, 발밑은 천인단애(千仞斷崖), 무한제(無限際)로 뚝 떨어진 황천 계곡에 단풍이 선혈처럼 붉다. ㉠❸우러러보는 단풍이 새색시 머리의 *칠보단장(七寶丹粧) 같다면, 굽어보는 단풍은 치렁치렁 늘어진, 규수의 붉은 치마폭 같다고나 할까.
- 『 』: 망군대에서 바라본 봉우리들의 모습 - 과장법
- 손짓하여 부를 만큼 가까운 거리
- 금강산의 최고봉
- 우주에 존재하는 모든 물체(금강산의 모든 봉우리)
- 전쟁이 벌어진 때
- 천 길이나 되는 높은 낭떠러지
- 직유법
- ▶ 망군대에서의 조망

[나] 산마루가 가까울수록 비는 폭주(暴注)로 내리붓는다. 만 이천 봉이 단박에 창해(滄海)로 변해 버리는 것일까? 우리는 갈데없이 물에 빠진 쥐 모양을 해 가지고 비로봉 절정에 있는 찻집으로 찾아드니, 유리창 너머로 내다보고 섰던 동자가 문을 열어 우리를 영접하였고, 벌겋게 타오른 장독 같은 난로를 에워싸고 둘러앉았던 선착객들이 자리를 사양해 준다. 인정이 다사롭기 온실 같은데, 밖에서는 몰아치는 빗발이 어느덧 우박으로 변해서, 창을 때리고 문을 뒤흔들고 금시로 천지가 뒤집히는 듯하다. 용호(龍虎)가 싸우는 것일까? 산신령이 대로하신 것일까? 경천동지(驚天動地)도 유만부동이지, 이렇게 만상(萬象)을 뒤집는 법이 어디 있으랴고, 간장을 죄는 몇 분이 지나자, ㉡날씨는 삽시간에 잠든 양같이 온순해진다. 변환(變幻)도 이만하면 극치에 달한 듯싶다.
- 별안간 많이 쏟아져 내림.
- 넓고 큰 바다
- 해학적 표현 - 물에 함빡 젖은 모습
- 글쓴이 일행을 맞아 주는 선착객들의 모습에서 따뜻한 인정을 느낌.
- 날씨가 매우 좋지 않음.
- 하늘과 땅을 놀라게 할 만한 일을 벌이더라도 정도와 분수가 있다(날씨의 변화가 더 이상 심할 수는 없음.)
- ▶ 비로봉 절정에 있는 찻집에서 느낀 인정과 변화무쌍한 날씨

[다] 비로봉 최고점이라는 암상(巖上)에 올라 사방을 조망했으나, 보이는 것은 그저 뭉게뭉게 피어오르는 *운해뿐, — 운해는 태평양보다도 깊으리라 싶었다. ❹내·외·해(內外海) 삼금강(三金剛)을 *일망지하(一望之下)에 굽어 살필 수 있다는 한 지점에서 허무한 운해밖에 볼 수 없는 것이 가석(可惜)하나, 돌이켜 생각건대 해발 육천 척에 다시 신장 오 척을 가하고 *오연히 저립(佇立)해서, 만학천봉을 발밑에 꿇어 엎드리게 하였으면 그만이지, 더 바랄 것이 무엇이랴. 마음은 천군만마(千軍萬馬)에 군림하는 개선장군보다도 교만해진다.
- 먼 곳을 바라보았으나
- 전망을 보지 못하게 하는 운해의 심리적 깊이
- 몹시 아까우나
- 글쓴이의 키
- 우두커니 머물러 서서
- 비로봉 정상에 오른 만족감 - 호연지기(浩然之氣)
- ▶ 비로봉 최고점에서의 조망

[라] 비로봉 동쪽은 아낙네의 살결보다도 흰 자작나무의 수해(樹海)였다. 설 자리를 삼가, *구중심처(九重深處)가 아니면 살지 않는 ㉢자작나무는 무슨 수중(樹中) 공주이던가! 길이 저물어, 지친 다리를 끌며 찾아든 곳이 애화(哀話) 맺혀 있는 용마석(龍馬石) — 마의 태자의 무덤이 황혼에 고독했다. 능(陵)이라기에는 너무 초라한 무덤. 철책(鐵柵)도 상석(床石)도 없고, 풍우(風雨)에 시달려 비문조차 읽을 수 없는 화강암 비석이 오히려 처량하다.
- 자작나무가 매우 많음.
- 금강산 비로봉 위에 있는 바위 이름. 마의 태자의 말이 변한 것이라고 전해짐.
- 임금이나 황후의 무덤

무덤가 비에 젖은 두어 평 잔디밭 테두리에는 잡초가 우거지고, 『석양이 저무는 서녘 하늘에 화석(化石)된 태자의 애기(愛騎) 용마의 고영(孤影)이 슬프다. 무심히 떠도는 구름도 여기서는 잠시 머무르는 듯, 소복(素服)한 백화(白樺)는 한결같이 슬프게 서 있고, 눈물 머금은 초저녁달이 중천(中天)에 서럽다.』
- 『 』: 자연물에 감정을 이입하여 마의 태자 무덤에서 느끼는 슬픈 심정을 표현함.
- 애마, 자기가 사랑하는 말 외롭고 쓸쓸해 보이는 모습(그림자)
- 소복을 입은
- 자작나무
- ▶ 마의 태자에 대한 회고와 인생무상

· 중심 내용 금강산 여행의 여정과 다양한 감상

이해와 감상

이 글은 글쓴이가 금강산을 여행하며 보고 들은 내용과 느낀 점 등을 화려한 문체와 다양한 수사법으로 표현한 기행 수필이다. 이 글에서는 장안봉에서 명경대, 황천 계곡, 망군대, 마하연 여사, 비로봉, 마의 태자의 무덤으로 이어지는 여정과 이에 따른 감상이 구체적으로 나타나 있다. 특히 자연의 경치를 글로 나타낸 서경과 글쓴이의 감정이나 정서를 그려 낸 서정이 적절하게 조화를 이루고 있어 기행 수필의 차원을 한 단계 높였다는 평가를 받고 있다.

🏠 작품 연구소

〈산정무한〉에 나타난 기행문적 요소

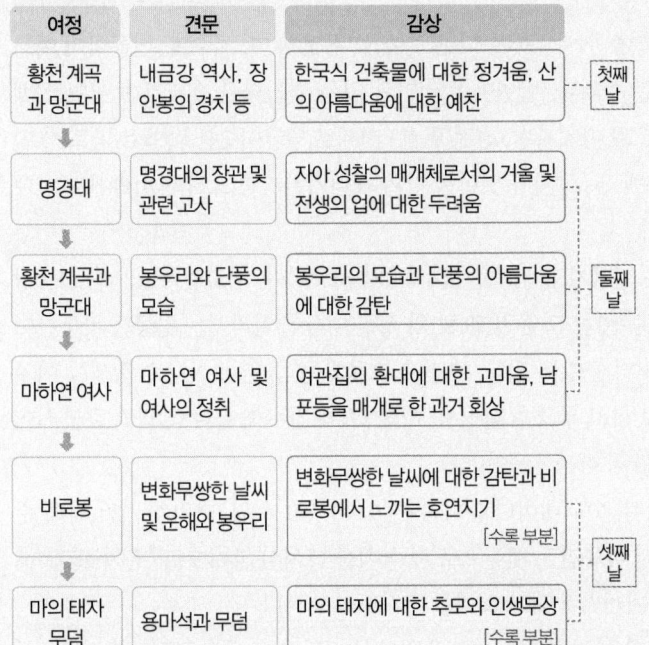

여정	견문	감상	
황천 계곡과 망군대	내금강 역사, 장안봉의 경치 등	한국식 건축물에 대한 정겨움, 산의 아름다움에 대한 예찬	첫째 날
명경대	명경대의 장관 및 관련 고사	자아 성찰의 매개체로서의 거울 및 전생의 업에 대한 두려움	둘째 날
황천 계곡과 망군대	봉우리와 단풍의 모습	봉우리의 모습과 단풍의 아름다움에 대한 감탄	둘째 날
마하연 여사	마하연 여사 및 여사의 정취	여관집의 환대에 대한 고마움, 남포등을 매개로 한 과거 회상	셋째 날
비로봉	변화무쌍한 날씨 및 운해와 봉우리	변화무쌍한 날씨에 대한 감탄과 비로봉에서 느끼는 호연지기 [수록 부분]	셋째 날
마의 태자 무덤	용마석과 무덤	마의 태자에 대한 추모와 인생무상 [수록 부분]	셋째 날

〈산정무한〉에 나타난 문체

- 그림 같은 연화담 수렴폭을 ~ 시야는 일망무제로 탁 트인다.
- 내·외·해 삼금강을 ~ 더 바랄 것이 무엇이랴.

→ 많은 어구를 이용하여 문장을 길게 표현해 글의 호흡이 느림.(만연체)

- 우러러보는 단풍이 ~ 규수의 붉은 치마폭 같다고나 할까.
- 설 자리를 삼가, ~ 무슨 수중 공주이던가!

→ 문장이 화려하며, 비유와 수식을 많이 사용함.(화려체)

자료실

마의 태자(麻衣太子)

신라 56대 경순왕의 태자이자 신라의 마지막 왕자. 935년(경순왕 9년) 10월 신라는 후백제 견훤과 고려 태조 왕건에 대항할 길이 없어 군신 회의를 열고 고려에 항복할 것을 논의하였다. 태자는 천년 사직을 하루아침에 버릴 수 없다고 반대하였으나, 결국 신라는 고려에 복종하겠다는 국서(國書)를 전달하게 된다. 태자는 통곡하며 금강산에 들어가 베옷을 입고 풀뿌리와 나무껍질을 먹으면서 여생을 보냈다고 한다.

📖 함께 읽으면 좋은 작품

〈불국사 기행〉, 현진건 / 기행문적 요소가 나타난 작품

글쓴이가 경주 지방을 여행하고 쓴 기행 수필로, 여정보다는 불국사에 대한 감상을 중심으로 서술하고 있으며 시와 설화를 삽입하여 문학성을 높이고 있다. 🔗Link 본책 114쪽

🔑 포인트 체크

제재 ☐☐☐ 기행 과정에서의 여정과 견문, 감상을 그리고 있다.
관점 금강산을 기행하는 과정에서 글쓴이가 느끼는 다양한 ☐☐을 제시하고 있다.
표현 금강산의 아름다움을 비유법과 ☐☐☐, 영탄법 등을 통해 표현하고 있다.

1 이 글의 표현상 특징으로 적절하지 <u>않은</u> 것은?
① 과장적 표현을 통해 대상을 묘사하고 있다.
② 시간과 공간의 이동에 따라 내용을 전개하고 있다.
③ 고사(古事)를 인용하여 글쓴이의 의견을 뒷받침하고 있다.
④ 의문형 종결 어미를 통해 글쓴이의 생각을 강조하고 있다.
⑤ 호흡이 긴 문장을 활용하여 내용을 구체적으로 전달하고 있다.

2 이 글을 읽고 알 수 있는 내용으로 적절하지 <u>않은</u> 것은?
① 비로봉은 날씨의 변화가 매우 극심하다.
② 망군대에 오르는 길은 매우 길고 가파르다.
③ 마의 태자의 무덤은 관리가 제대로 되지 않고 있다.
④ 비로봉 부근에는 자작나무들이 군락을 이루고 있다.
⑤ 비로봉에 오르면 언제라도 삼금강을 한눈에 볼 수 있다.

3 (다)에 나타난 글쓴이의 감정 변화로 적절한 것은?
① 기대감 → 아쉬움 → 자부심
② 두려움 → 호기심 → 즐거움
③ 이질감 → 기대감 → 놀라움
④ 자부심 → 두려움 → 아쉬움
⑤ 호기심 → 놀라움 → 경이감

4 ㉠ ~ ㉢에 사용된 표현 방식의 공통점으로 가장 적절한 것은?
① 비슷한 어구를 짝지어 표현의 효과를 높이고 있다.
② 감탄 조사 따위를 이용하여 감정을 강하게 나타내고 있다.
③ 사람이 아닌 것을 사람이 행동하는 것처럼 표현하고 있다.
④ 표현하고자 하는 대상을 다른 대상에 빗대어 표현하고 있다.
⑤ 쉽게 판단할 수 있는 사실을 의문의 형식으로 표현하여 상대편이 스스로 판단하게 하고 있다.

5 다음은 이 글의 글쓴이와의 가상 인터뷰이다. 기자의 질문에 대한 글쓴이의 대답을 완성하시오.

> 기자: 마의 태자의 무덤을 보고 어떤 감정을 느끼셨나요?
> 글쓴이: 저물 무렵 마의 태자의 초라한 무덤을 보니 애상감과 서러움이 느껴지더군요.
> 기자: 그렇다면 마의 태자의 무덤을 이야기하시면서 '구름', '백화', '초저녁달'을 언급하신 이유는 무엇인가요?
> 글쓴이: _____ 함으로써 제가 느낀 감정을 효과적으로 전달하고자 한 것입니다.

013 특급품 |김소운

[문학] 금성

🎯 핵심 정리
갈래 경수필
성격 유추적, 교훈적
제재 비자반
주제 삶의 과실을 극복할 줄 아는 유연한 태도의 필요성
특징 ① 사실과 의견을 적절히 섞어서 서술함.
② 사물의 성질에서 인생의 교훈을 이끌어 냄.
출전 《건망허망》(1966)

> **Q** 흉터가 있는 '비자반'이 오히려 '특급품'으로 여겨지는 이유는?
>
> 비자를 바둑판의 재료로 사용하는 이유는 그 유연성에 있다. 반면(盤面)의 가느다란 흉터는 균열을 스스로 유착·결합시킨 비자반의 유연성을 증명해 주는 것이기 때문이다.

💡 어휘 풀이
비자 비자반. 윗면을 비자나무 판자로 대어 만든 바둑판.
진중하다 아주 소중히 여기다.
진진하다 재미 따위가 매우 있다.
불측 미루어 헤아릴 수 없음.
목침 나무 토막으로 만든 베개.
유착하다 사물들이 서로 깊은 관계를 가지고 결합하여 있다.
과실(過失) 부주의나 태만 따위에서 비롯된 잘못이나 허물.

📖 구절 풀이
❶ **이를테면 졸업 증서이다.** 졸업 증서가 어떤 자격을 증명해 주듯이, 균열이 생겼다 다시 결합된 흔적은 비자의 유연성을 증명해 주는 증서나 다름없다는 것이다.
❷ **재미가 깨를 볶는 이야기다.** 아주 재미있는 이야기라는 의미이다. 글쓴이는 비자반과 관련된 이야기가 쉽게 생각하지 못했던 인생의 교훈을 제시해 준다는 점에서 이를 매우 흥미롭고 인상적으로 여기고 있다.
❸ **어떤 생활, 어떤 환경 ~ 있을 수 있다.** 톨스토이의 〈부활〉에 나오는 카추샤와 호손의 〈주홍 글씨〉에 나오는 주인공 헤스터 모두 삶의 과실 때문에 고통받은 인물들이다. 글쓴이는 이들을 통해 인간은 누구나 삶에서 과실을 저지를 가능성이 있음을 말하고 있다.

👤 작가 소개

김소운(1907∼1981) 시인, 수필가. 생활 주변의 사물을 관찰하며 삶의 의미를 깊이 생각하는 경향의 수필을 썼다. 주요 작품으로 〈가난한 날의 행복〉, 〈물 한 그릇의 행복〉, 〈특급품〉 등이 있다.

---

*비자는 연하고 탄력이 있어 두세 판국을 두고 나면 반면(盤面)이 얽어서 곰보같이 된다. 얼마 동안을 그냥 내버려 두면 반면은 다시 본디대로 평평해진다. 이것이 비자반의 특징이다. / 비자를 반재(盤材)로 *진중(珍重)하는 소이(所以)는, 오로지 이 유연성(柔軟性)을 취함이다. 반면에 돌이 닿을 때의 연한 감촉 ―, 비자반이면 여느 바둑판보다 어깨가 마치지 않는다는 것이다. 아무리 흑단(黑檀)이나 자단(紫檀)이 귀목(貴木)이라고 해도 이런 것으로 바둑판을 만들지는 않는다.

▶ 유연성 때문에 최고의 바둑판 재료로 인정받는 비자반

비자반 일등품 위에 또 한층 뛰어 특급품이란 것이 있다. 반재며, 치수며, 연륜이며 어느 점이 일급과 다르다는 것은 아니나, 반면에 머리카락 같은 가느다란 흉터가 보이면 이게 특급품이다. 알기 쉽게 값으로 따지자면, 전전(戰前) 시세로 일급이 2천 원(돌은 따로 하고) 전후인데, 특급은 2천 4, 5백 원, 상처가 있어서 값이 내리기는커녕 오히려 비싸진다는 데 *진진(津津)한 묘미가 있다.

▶ 특급품 비자반이 되기 위한 조건

반면이 갈라진다는 것은 기약치 않은 *불측(不測)의 사고이다. 사고란 어느 때 어느 경우에도 별로 환영할 것이 못 된다. 그 균열(龜裂)의 성질 여하에 따라서는 일급품 바둑판이 *목침(木枕)감으로 전락해 버릴 수도 있다. 그러나 그렇게 큰 균열이 아니고 회생할 여지가 있을 정도라면 헝겊으로 싸고 뚜껑을 덮어서 조심스럽게 간수해 둔다.(갈라진 균열 사이로 먼지나 티가 들어가지 않도록 하는 단속이다.)

1년, 이태, 때로는 3년까지 그냥 내버려 둔다. 계절이 바뀌고 추위, 더위가 여러 차례 순환한다. 그동안에 상처 났던 바둑판은 제힘으로 제 상처를 고쳐서 본디대로 *유착(癒着)해 버리고, 균열 진 자리에 ㉠머리카락 같은 희미한 흔적만이 남는다.

비자의 생명은 유연성이란 특질에 있다. 한 번 균열이 생겼다가 제힘으로 도로 유착·결합했다는 것은 그 유연성이란 특질을 실지로 증명해 보인, ❶이를테면 졸업 증서이다. 하마터면 목침감이 될 뻔했던 불구 병신이, 그 치명적인 시련을 이겨 내면 되레 한 급(級)이 올라 특급품이 되어 버린다. ❷재미가 깨를 볶는 이야기다.

더 부연할 필요도 없거니와, 나는 이것을 인생의 *과실과 결부해 생각해 본다. [중략]

중략 부분의 내용 인간의 일생은 과실의 연속임을 밝히고, 인생의 과실에 대한 다양한 사례를 제시하고 있다.

애정 윤리의 일탈(逸脫), 애정의 불규칙 동사, 애정이 저지른 과실로 해서 뉘우침과 쓰라림의 십자가를 일생토록 짊어지고 가려는 이가 내 아는 범위로도 한둘이 아니다. ❸어떤 생활, 어떤 환경 속에도 카추샤가 있고, 호손의 〈주홍 글씨〉의 주인공은 있을 수 있다. 다만 다른 것은, 그들 개개의 인품과 교양, 기질에 따라서 그 십자가에 경중(輕重)의 차가 있다는 것뿐이다. [중략]

▶ 과실의 가능성이 있는 인생

과실은 예찬할 것이 아니요, 장려할 노릇도 못 된다. 그러나 그와 동시에 과실이 인생의 '올 마이너스'일 까닭도 없다. / 과실로 해서 더 커 가고 깊어 가는 인격이 있다.

과실로 해서 더 정화되는, 굳세어지는 사랑이 있다. / 생활이 있다.

누구나 할 수 있는 일은 아니다. 어느 과실에도 적용된다는 것은 아니다. 제 과실, 제 상처를 제힘으로 다스릴 수 있는 '비자반'의 탄력 ― 그 탄력만이 과실을 효용한다.

인생이 바둑판만도 못하다고 해서야 될 말인가.

▶ 과실의 긍정적 역할과 과실을 대하는 바람직한 태도

> • **중심 내용** 균열을 극복하고 특급품이 되는 비자반처럼, 과실을 잘 이겨 냄으로써 성숙해지는 인생

이해와 감상

이 글은 우리 주변에서 흔히 볼 수 있는 바둑판을 소재로 하여, 삶에서 어쩔 수 없이 범하게 되는 잘못이나 허물을 대하는 바람직한 태도를 이끌어 내고 있는 수필이다. 흠이 있으면 가치가 떨어진다는 통념과 달리 비자반은 흉터가 있는 것이 오히려 특급품으로 인정받는다. 이는 흉터가 균열을 스스로 아물게 한 흔적, 즉 유연성을 증명해 주는 증서나 다름없기 때문이다. 글쓴이는 이를 통해 우리 인생에서도 과실이 있을 수 있지만, 과실에 낙담하지 않고 유연하게 이겨 낼 때 좀 더 성숙한 삶을 살아갈 수 있다는 교훈을 이끌어 내고 있다.

작품 연구소

〈특급품〉에 나타난 유추

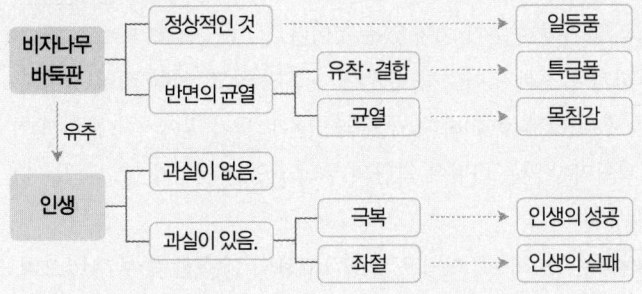

'특급품 비자반'과 유사한 경우의 예

비자반과 같이 결함을 스스로 극복하여 더욱 훌륭한 결과를 만든 경우를 우리 주변에서 다양하게 찾아볼 수 있다.

대상	결함	극복 요인	결과물
비자반	균열	유연성	특급품 비자반
조개	이물질	치유력	진주
베토벤	청각 장애	예술혼	위대한 음악가

자료실

톨스토이의 〈부활〉에 나오는 카추샤

젊은 귀족 네플류도프는 하녀 카추샤를 유혹하여 임신시킨다. 카추샤는 그 때문에 해고되어 매춘부가 되고, 끝내는 범죄를 저지르게 된다. 배심원으로서 법정에 나간 네플류도프는, 카추샤를 보고 놀라움과 함께 양심의 가책을 받게 된다. 그러나 카추샤는 자신의 처지를 원망하지 않고 희생하는 자세로 살아간다. 네플류도프는 유형수(流刑囚)가 된 그녀의 뒤를 쫓아 시베리아로 떠난다.

호손의 〈주홍 글씨〉에 나오는 헤스터

헤스터는 홀로 살아가던 중 마을의 목사와 사랑에 빠져 딸을 낳는다. 오랫동안 소식이 없던 남편이 돌아와 헤스터의 부정을 고발하자, 마을 주민들은 그녀의 가슴에 간통을 의미하는 'A' 자를 붙여 주고 박해한다. 그러나 그녀는 아무도 원망하지 않고 성실함과 자비심으로 마을 사람들의 존경을 받는 인물이 된다.

함께 읽으면 좋은 작품

〈내 유년의 울타리는 탱자나무였다〉, 나희덕 / 대상을 통해 바람직한 삶의 태도를 이끌어 낸 작품

탱자나무 가시와 관련된 유년 시절의 경험에서 삶의 고통을 대하는 태도를 이끌어 내고 있는 수필이다. 특급품 비자반을 통해 삶의 과실을 대하는 태도를 이끌어 낸 이 글과 비교하여 읽어 볼 수 있다.

Link 본책 62쪽

 포인트 체크

제재 우리 주변에서 흔히 볼 수 있는 □□판에서 인생의 교훈을 이끌어 내고 있다.

관점 글쓴이는 과실에 낙담할 것이 아니라 그것을 □□하게 이겨 내야 함을 말하고 있다.

표현 바둑판이 균열을 스스로의 힘으로 메우고 특급품이 된 것에서 과실을 극복하여 더욱 성숙한 삶을 사는 것을 □□하여 서술하고 있다.

1 이 글에 대한 설명으로 적절하지 않은 것은?
① 사실과 그에 대한 감상을 섞어서 서술하고 있다.
② 현실의 세태에 대해 비판적 어조를 취하고 있다.
③ 일상적 사물에 대한 관찰을 바탕으로 하고 있다.
④ 평범한 소재를 통해 깨달은 인생의 진리를 말하고 있다.
⑤ 한자어를 사용하여 그윽하고 예스러운 느낌을 주고 있다.

2 이 글이 주는 교훈을 속담으로 표현할 때 가장 적절한 것은?
① 모난 돌이 정 맞는다.
② 믿는 도끼에 발등 찍힌다.
③ 비 온 뒤에 땅이 굳어진다.
④ 못난 색시 달밤에 삿갓 쓰고 나선다.
⑤ 될성부른 나무는 떡잎부터 알아본다.

중요 기출 고난도

3 '특급품'을 인생에 결부시킨 글쓴이의 관점과 가장 가까운 것은?
① 형은 아내와 동생의 관계를 오해한다. 그 때문에 아내가 목숨을 끊고 동생마저 집을 나간다. 그는 자신의 오해가 엄청난 불행을 초래하였음을 깨닫고 후회와 슬픔 속에서 살아간다. – 김동인, 〈배따라기〉
② 징용에 끌려가 한 팔을 잃은 만도는 아들인 진수마저 전쟁으로 다리를 잃자 절망감에 빠진다. 그러나 그는 아들을 업고 집으로 돌아오면서 삶에 대한 새로운 희망과 의지를 다진다. – 하근찬, 〈수난이대〉
③ 늙은 어부 산티아고는 바다에서 거대한 청새치 한 마리를 잡는다. 고기와 대결하며 그는 인간의 존재에 대해 생각한다. 돌아오다가 상어의 습격으로 잡은 고기를 잃지만, 그는 좌절하지 않는다. – 헤밍웨이, 〈노인과 바다〉
④ 나약한 소시민인 철호는 어머니가 실성하고 동생 영호가 범죄를 저지르다 붙잡힌 뒤 아내까지 유산의 후유증으로 죽자 절망감에 빠진다. 그는 삶의 방향을 상실한 채 택시 안에서 심한 빈혈증으로 쓰러진다. – 이범선, 〈오발탄〉
⑤ 가난과 굶주림 때문에 빵 한 조각을 훔치다가 감옥에 갇힌 장 발장은 19년 만에 출옥을 한다. 자신의 잘못에 회한을 느낀 그는 시장이 되어 선정을 베풀고, 고아인 코제트를 돌보며, 그의 행복을 위해 노력한다. – 위고, 〈레 미제라블〉

4 ㉠에서 알 수 있는 '특급품 비자반'의 속성은 무엇인지 20자 내외로 쓰시오.

014 수필 | 피천득

문학 신사고
국어 지학사
연매 지학사

🎯 핵심 정리
갈래 경수필
성격 비평적, 주관적, 비유적
제재 수필
주제 수필의 본질과 특성
특징 ① 대상에 대한 비유가 독창적이고 기발함.
② 이미지를 통해 대상을 정서적으로 전달함.
③ 섬세하면서도 단정적인 문체를 사용함.
출전 《산호와 진주》(1969)

💡 어휘 풀이
청자연적 청자로 만든 연적(벼룻물을 담는 그릇).
포도 포장한 길.
온아 우미 따뜻하고 우아하며, 빼어나고 아름다움.
방향 꽃다운 향기.
정연히 가지런하고 질서가 있게.
파격 일정한 격식을 깨뜨림.
번잡 번거롭게 뒤섞여 어수선함.

구절 풀이
❶ **수필은 청자연적이다.** 수필은 청자 연적처럼 고결하면서도 우아한 멋을 지니고 있다는 말이다.
❷ **수필은 난이요 ~ 날렵한 여인이다.** 수필은 담담하고 그윽하며 한가로운 여유를 지니고 있는 한편, 산뜻한 감성과 기지, 아름다움이 있다는 말이다.
❸ **수필은 그 여인이 ~ 고요한 길이다.** 수필은 삶의 여유를 가지고 관조하고 사색하며 써야 한다는 말이다.
❹ **수필은 가로수 늘어진 ~ 주택가에 있다.** 수필은 깨끗하고 우아한 멋을 보여 주지만, 일상생활의 체험을 바탕으로 한다는 말이다.
❺ **수필이 비단이라면 ~ 무늬가 있는 것이다.** 약간의 무늬는 '유머와 위트'를 비유한 말이다. 수필은 담백한 가운데 유머와 위트를 드러냄으로써 그 미적 감각을 획득한다는 말이다.
❻ **'누에의 입에서 ~ 고치를 만들듯이'** 수필은 글쓴이의 개성과 그때의 심정에 의해 자연스럽게 우러나오는 것임을 비유한 표현이다.

Q 이 글을 설명문이 아니라 수필로 보는 이유는?
이 글은 수필에 대해 설명하고 있지만, 단순히 개념을 정의하는 차원을 넘어 다양한 비유를 통해 수필의 성격, 재료, 형식 등을 표현하고 있다. 한마디로 형식적 제약 없이 자유로운 문체로 수필의 특성을 잘 드러낸 '수필로 쓴 수필론'이라 할 수 있다.

👤 작가 소개
피천득(본책 40쪽 참고)

---

❶수필은 ㉠*청자연적(靑瓷硯滴)이다.* ❷수필은 난(蘭)이요, 학(鶴)이요, 청초(淸楚)하고 몸맵시 날렵한 ㉡여인이다. ❸수필은 그 여인이 걸어가는, 숲속으로 난 평탄하고 고요한 길이다. ❹수필은 가로수 늘어진 ㉢*포도(鋪道)*가 될 수도 있다. 그러나 그 길은 깨끗하고, 사람이 적게 다니는 주택가에 있다. ▶ 수필의 본질

수필은 ㉣청춘의 글은 아니요, 서른여섯 살 중년 고개를 넘어선 사람의 글이며, 정열이나 심오한 지성을 내포한 문학이 아니요, 그저 수필가가 쓴 단순한 글이다.

수필은 흥미를 주지마는, 읽는 사람을 흥분시키지는 아니한다. 수필은 ㉤마음의 산책(散策)이다. 그 속에는 인생의 향기와 여운이 숨어 있는 것이다. ▶ 인생의 향기와 여운을 담는 수필

수필의 색깔은 황홀 찬란하거나 진하지 아니하며, 검거나 희지 않고, 퇴락(頹落)하여 추(醜)하지 않고, 언제나 *온아 우미(溫雅優美)하다. 수필의 빛은 비둘기 빛이거나 진주 빛이다. ❺수필이 비단이라면 번쩍거리지 않는 바탕에 약간의 무늬가 있는 것이다. 그 무늬는 읽는 사람 얼굴에 미소를 띠게 한다.

수필은 한가하면서도 나태하지 아니하고, 속박을 벗어나고서도 산만(散漫)하지 않으며, 찬란하지 않고 우아(優雅)하며 날카롭지 않으나 산뜻한 문학이다. ▶ 수필의 성격

수필의 재료는 생활 경험, 자연 관찰, 또는 사회 현상에 대한 새로운 발견, 무엇이나 다 좋을 것이다. 그 제재가 무엇이든지 간에 쓰는 이의 독특한 개성과 그때의 무드에 따라 ❻누에의 입에서 나오는 액(液)이 고치를 만들듯이' 수필은 써지는 것이다. 수필은 플롯이나 클라이맥스를 꼭 필요로 하지 않는다. 가고 싶은 대로 가는 것이 수필의 행로(行路)이다. 그러나 차를 마시는 거와 같은 이 문학은 그 차가 *방향(芳香)을 가지지 아니할 때에는 수돗물같이 무미(無味)한 것이 되어 버리는 것이다. ▶ 수필의 재료와 표현

수필은 독백(獨白)이다. 소설가나 극작가는 때로 여러 가지 성격을 가져 보아야 된다. 셰익스피어는 햄릿도 되고 폴로니아스 노릇도 한다. 그러나 수필가 램은 언제나 찰스 램이면 되는 것이다. 수필은 그 쓰는 사람을 가장 솔직히 나타내는 문학 형식이다. 그러므로 수필은 독자에게 친밀감을 주며, 친구에게서 받은 편지와도 같은 것이다. ▶ 수필의 고백적 성격

덕수궁 박물관에 청자연적이 하나 있었다. 내가 본 그 연적은 연꽃 모양으로 된 것으로, 똑같이 생긴 꽃잎들이 *정연히 달려 있었는데, 다만 그중에 꽃잎 하나만이 약간 옆으로 꼬부라졌다. 이 균형 속에 있는, 눈에 거슬리지 않는 *파격(破格)이 수필인가 한다. 한 조각 연꽃잎을 옆으로 꼬부라지게 하기에는 마음의 여유를 필요로 한다. ▶ 수필은 여유와 사색의 문학임

이 마음의 여유가 없어 수필을 못 쓰는 것은 슬픈 일이다. 때로는 억지로 마음의 여유를 가지려다가, 그런 여유를 가지는 것이 죄스러운 것 같기도 하여, 나의 마지막 십분의 일까지도 숫제 초조와 *번잡(煩雜)에 다 주어 버리는 것이다. ▶ 마음의 여유가 담긴 수필

• 중심 내용 다양한 재료를 사용하여 글쓴이의 개성과 인생의 여운을 담는 수필 문학

이해와 감상

이 글은 수필의 특성을 함축적 비유를 통해 나타낸 '수필로 쓴 수필론'으로, 병렬적인 구성 방식에 따라 수필의 표현, 제재와 형식, 수필을 쓰는 마음가짐 등 수필 문학에 대한 이론을 문학적으로 표현하고 있다. 글쓴이는 수필을 쓰지 못하는 것이 마음의 여유가 없는 자신의 생활 때문이라고 반성하는 고백적 목소리로 글을 끝맺고 있다. 딱딱한 설명으로 흐르기 쉬운 주제의 글을 이렇듯 온아 우미하게 쓸 수 있는 것이 바로 피천득 수필의 특징이다. 피천득은 자신이 말한 수필론을 가장 훌륭하게 구현한 작가라고 할 수 있다.

작품 연구소

〈수필〉에 나타난 비유적 표현

이 글은 수필의 본질과 특성을 직접적으로 설명하지 않고 비유적으로 표현하고 있다.

'수필'이 비유된 대상	의미
청자연적	수필은 고결하고 우아한 멋을 지님.
난, 학, 여인	수필은 그윽하며 아름다움이 있음.
숲속으로 난 평탄하고 고요한 길	수필은 여유와 관조, 사색의 글임.
(깨끗하고 사람이 적게 다니는 주택가에 있는) 가로수 늘어진 포도	수필은 일상생활의 체험을 바탕으로 함.
서른여섯 살 중년 고개를 넘어선 사람의 글	수필은 삶의 연륜이 느껴지는 글임.
마음의 산책	수필은 인생의 향기와 여운을 담고 있어 마음에 안정을 줌.
비둘기 빛, 진주 빛	수필은 우아하면서도 은은한 느낌을 줌.
(번쩍거리지 않는 바탕에 약간의 무늬가 있는) 비단	수필은 담백한 가운데 유머와 위트를 드러냄.
(누에의 입에서 나오는 액이 만드는) 고치	수필은 글쓴이의 개성과 심정에 의해 자연스럽게 쓰여짐.
독백	수필은 고백적 성격의 글임.
친구에게서 받은 편지	수필은 독자에게 친밀감을 주는 글임.
(청자연적의) 꼬부라진 꽃잎 하나	수필은 균형 속에 있는, 눈에 거슬리지 않는 파격임.

자료실

피천득의 〈수필〉에 대한 평가

〈수필〉은 작자 피천득 자신의 수필론이다. 논(論)이라면 학술 논문이나 논술문을 생각할지 모르나 수필가가 쓴 것은 문장론, 작품론, 문화론, 시사론이 다 수필인 것이다. 지금까지 하나의 수필관을 가지고 구체적으로 수필을 논한 글이 없다는 점에서도 귀중한 글이다. 이 글은 작가로서 자기의 문학 세계를 말해 준 것이요, 스스로 수필 문학을 탐색하는 과정의 기록인 것이다.

– 윤오영, 〈수필 문학 입문〉

함께 읽으면 좋은 작품

〈곶감과 수필〉, 윤오영 / 수필의 특성을 곶감에 비유한 작품

감이 곶감이 되는 과정을 들어 수필의 특성을 밝힌 글이다. 글쓴이는 소설은 '밤'에, 시는 '복숭아'에, 수필은 '곶감'에 비유한다. 여러 번 손질을 해야 만들어지는 곶감처럼 수필에는 신비로운 문학적 정서가 담겨야 한다는 관점을 드러내고 있다.

키 포인트 체크

[제재] **[관점]** 수필의 성격, 재료, 형식 등 □□ 문학에 대한 글쓴이의 생각을 자유롭게 서술하고 있다.

[표현] 다양한 □□적 표현을 통해 수필의 본질과 특성을 제시하고 있다.

1 이 글에 대한 설명으로 가장 적절한 것은?
① 대상을 객관적으로 분석하고 있다.
② 대상의 실질적인 가치를 제시하고 있다.
③ 대상과 관련된 역사적인 사실을 밝히고 있다.
④ 대상의 구성 단계가 고정되어 있음을 주장하고 있다.
⑤ 대상의 특성을 다양한 비유적 표현을 통해 나타내고 있다.

내신 적중 多빈출
2 이 글에 나타난 수필의 특성을 정리한 내용으로 적절하지 <u>않은</u> 것은?

• 성격
 – 여유와 관조, 사색이 담겨 있음. ·················· ①
 – 고결하고 우아한 멋을 지니고 있음. ················ ②
 – 유머와 위트로 읽는 이에게 즐거움을 줌. ·········· ③
• 재료
 – 생활 경험, 자연 관찰, 사회 현상에 대한 새로운 발견 등 다양함. ······························· ④
• 형식
 – 글쓴이의 심오한 고뇌 끝에 완결성을 갖추게 됨. ··· ⑤

3 이 글을 설명문이 아닌 수필로 구분하는 이유로 적절하지 <u>않은</u> 것은?
① 형식적 제약 없이 써 내려간 글이기 때문이다.
② 글쓴이의 개성적인 안목이 나타나기 때문이다.
③ 정서적이고 비유적인 표현을 사용했기 때문이다.
④ 수필의 개념을 정의하고 설명하고 있기 때문이다.
⑤ 글쓴이의 인생관이 담긴 고백적인 목소리가 느껴지기 때문이다.

4 ㉠～㉤ 중, 문맥상 의미가 나머지와 <u>다른</u> 하나는?
① ㉠ ② ㉡ ③ ㉢ ④ ㉣ ⑤ ㉤

5 이 글과 〈보기〉에 공통적으로 나타난 수필의 성격을 〈조건〉에 맞게 서술하시오.

┤보기├

수필은 완성의 문학이 아니라 그 길에 도달하기 위해 최선을 다하는 문학이다. 수필은 자신의 삶을 통한 의미와 가치를 최상으로 높이는 도구다. 수필을 쓰려면 무엇보다 겸허하고 진실해야 한다. 자신의 삶을 꽃피우는 문학이므로 스스로 교만과 허위의 옷을 벗어야 한다.

– 정목일, 〈수필은 삶의 문학〉

┤조건├

• 이 글에 나타난 구절을 활용하여 한 문장으로 쓸 것.
• 30자 내외로 쓸 것.

015 참새 | 윤오영

[문학] 비상

🎯 핵심 정리
갈래 경수필
성격 회고적, 성찰적
제재 참새
주제 우리 민족의 후덕함과 어린 시절을 떠올리게 하는 참새에 대한 상념
특징 ① 전통적인 것들에 대한 애착을 드러냄.
② 과거를 회상하며 현대 사회를 비판적으로 바라봄.
출전 《고독의 반추》(1974)

💡 어휘 풀이
조촐하다 외모나 모습 따위가 말쑥하고 맵시가 있다.
잔풍(潺風)하다 고요하고 잔잔한 바람이 부는 듯하다.
사바(娑婆) 괴로움이 많은 인간 세계.
풍상(風霜) 많이 겪은 세상의 어려움과 고생을 비유적으로 이르는 말.
황연대각(晃然大覺) 환하게 모두 깨달음.

📝 구절 풀이
❶ 접동새의 구슬픈 노래 '접동새'는 우리 문학 작품에서 한(恨)의 표상으로 쓰이는 경우가 많다. 이 글에서도 구슬픈 노래를 부르는 이미지로 제시되고 있다.
❷ 제비는 찾아와서 《논어》를 읽어 주고 《논어》 위정편의 '아는 것을 안다고 하고 모르는 것을 모른다고 하는, 이것이 바로 아는 것이다(知之爲知之不知爲不知是知也).'라는 대목을 빨리 발음하면 제비 우는 소리와 비슷하다고 해서 전해지는 이야기이다.
❸ 달 속의 돌멩이까지 ~ 무한히 위대하지만 미국이 아폴로 계획을 추진하여 인간의 달 착륙과 월석 채취에 성공한 것을 염두에 둔 표현으로, 과학 기술의 발전을 뜻한다.
❹ 옛 연화봉이 그리워 다시 연화봉으로 돌아갔다. 〈구운몽〉의 성진이 꿈에서 깨어나 현실의 연화봉으로 돌아간 것과 글쓴이가 어린 시절을 그리워하는 것을 관련짓고 있다.
❺ 잠결에 몽롱하던 두 눈은 이제 씻은 듯 깨끗하다. 처음에는 참새 소리에 잠을 깼지만, 나중에는 참새로 인한 사색으로 눈이 밝아짐을 표현한 것이다.

❓ 이 글에 나타난 '참새 소리'의 기능은?
이 글에서 '참새 소리'는 글의 전개에 따라 그 기능을 달리하고 있다. 처음에는 글쓴이의 잠을 깨우고 여러 가지 상념을 불러일으키며 과거를 회상하게 한다. 하지만 끝 부분에서는 그 회상이 오늘날에 대한 성찰로 나아가게 하는 계기로 작용하고 있다.

👤 작가 소개
윤오영(본책 38쪽 참고)

전략 부분의 내용 이른 새벽 글쓴이는 참새 소리에 잠에서 깨어 참새에 대한 상념에 잠기게 된다.

참새는 공작같이 화려하지도, 학같이 고귀하지도 않다. 꾀꼬리의 아름다운 노래도, ❶접동새의 구슬픈 노래도 모른다. 시인의 입에 오르내리지도, 완상가에게 팔리지도 않는 새다. [자신이 좋아하는 대상을 아끼고 즐기는 사람] 그러나 그 조그만 몸매는 귀엽고도 매끈하고, 색깔은 검소하면서도 *조촐하다. [중략] ▶ 작고 귀엽고 조촐한 참새의 이미지

중략 부분의 내용 참새가 진달래꽃같이 우리와 친근한 존재임을 언급하고, 참새에게 너그럽고 부드러운 우리 민족의 태도와 새를 보던 소녀에 얽힌 추억에 대해 이야기하고 있다.

패가한 집을 가리켜 "참새 한 마리 안 와 앉는 집"이라고 한다. 또 참새 많이 모이는 마을 [재산을 다 써 버려 집안을 망침.] 을 복 마을이라고도 한다. 후덕스러운 말이요, 이유 있는 말이기도 하다. 참새는 양지바르 [보기에 덕이 후한 데가 있는] 고 *잔풍한 곳을 택한다. 여러 집이 오밀조밀 모인 대촌(大村)을 택하고 낟알이 풍족하고 [솜씨나 재간이 매우 정교하고 세밀한 모양] 방앗간이라도 있는 부유한 마을을 택하니 복지일 법도 하다. 풍족한 마을에서는 새한테도 각박하지가 않다. 언제인가 나는 어느 새 장수와 만난 적이 있었다. 조롱(鳥籠) 안에는 십 [인정이 없고 삭막하기가] [새장] 자매, 잉꼬, 문조, 카나리아 기타 이름 모를 새들도 많았다. 나는 "참새만 없네." 하다가, 즉시 뉘우쳤다. 실은 참새가 잡히지 아니해서 다행인 것을……. 나는 어려서 조롱을 본 일이 없다. 시골서 새를 조롱에 넣어 기르는 사람은 한 사람도 없었다. ❷제비는 찾아와서 《논어》를 읽어 주고, 까치는 찾아와서 반가운 소식을 전해 주고, 꾀꼬리는 문 앞 버들가지로 오르내리며 "머리 곱게 빗고 담배밭에 김매러 가라."라고 일깨워 주고, 또한 참새는 한집의 한 식구인데 조롱이 무엇이 필요하랴. 뒷문을 열면 진달래 개나리가 창으로 들어오고, 발을 [참새에 대한 애착] 걷으면 복사꽃 살구꽃 가지각색 꽃이 철 따라 날고, 뜰 앞에 괴석에는 푸른 이끼가 이슬을 [복숭아꽃] [고상하게 생긴 돌] 머금고 있다. 여기에 만일 꽃꽂이를 한다고 꽃가지를 꺾어 방 안에서 시들리고, 돌을 방구 [시들게 하고] 석에 옮겨 놓고 먼지를 앉혀 이끼를 말리고 또 새를 잡아 가두어 놓고 그 비명을 향락하는 [쾌락을 누림.] 자가 있다면, 그는 분명 악취미요, 그것은 살풍경이었을 것이다. [보잘것없이 메마르고 스산한 풍경] ▶ 참새가 지닌 복스러움과 조롱 속 새에 대한 거부감

그런데 이제는 이 참새도 씨가 져서 천연기념물로 보호 대책이 시급하다는 이야기다. 세상에 참새들조차 명맥을 보존할 수가 없게 되었는가. 그동안 이렇게 세상이 변했는가. 생 [맥(脈)이나 목숨이 유지되는 근본] 각하면 메마르고 삭막하고 윤기 없는 세상이다.

❸달 속의 돌멩이까지 캐내도록 악착같이 발전해 가는 인간의 지혜가 위대하다면 무한히 위대하지만, 한편 인간의 행복을 위하여 한 마리의 참새나마 다시금 아쉽고 그립지 아니한가. ▶ 참새가 사라져 가는 세상에 대한 비판과 참새에 대한 그리움

연화봉(蓮花峯)에서 하계로 쫓겨난 양소유(楊少遊)가 *사바 *풍상을 다 겪고 또 부귀공 [서포 김만중이 지은 〈구운몽〉의 주인공 성진의 꿈속의 이름] 명을 한껏 누리다가, 석장(錫杖) 짚은 노승의 "성진아." 한 마디에 *황연대각, ❹옛 연화봉 [승려가 짚고 다니는 지팡이] [〈구운몽〉의 주인공] 이 그리워 다시 연화봉으로 돌아갔다.

쩍 쩍 쩍. 잠결에 스쳐 간 ⊙참새 소리는 나에게 무엇을 깨우쳐 주려는 것인가. 날더러 어디로 돌아가라는 것인가. 사십 년간 꿈에도 생각해 본 적이 없는 네 소리. 무슨 인연으로 사십 년 전 옛 추억─. 가 버린 소년 시절, 고향 풍경을 이 오밤중에 불러일으켜 놓고 어디로 자취를 감춘 것이냐. ❺잠결에 몽롱하던 두 눈은 이제 씻은 듯 깨끗하다.

나는 문득 일어나 불을 피워 차를 달이며 고요히 책상머리에 앉는다. ▶ 어린 시절에 대한 그리움과 그에 따른 사색

• **중심 내용** 참새로 대표되는 전통적 가치와 멀어진 현대 사회에 대한 성찰

이해와 감상

이 글은 한국 전통의 정서를 회고적인 필치로 잘 그려 내고 있는 수필이다. 우리의 전통적인 농촌 마을에서 흔한 새였으나 지금은 많이 없어져서 보호 대책이 시급해진 참새에 대한 상념이 글쓴이의 체험을 바탕으로 하여 나타나고 있다. 작고 보잘것없는 미물을 따뜻한 애정을 가지고 바라보는 가운데 우리 민족의 후덕한 정서와 풍요로운 마음을 자연스럽게 드러내고 있다. 사라져 가는 옛것에 대한 그리움의 정서, 삭막해져 버린 현대 사회에 대한 비판 등을 담담하게 드러낸 데에 이 수필의 묘미가 있다.

작품 연구소

〈참새〉의 전체 구조

이른 새벽의 참새 소리	→	참새에 대한 상념	→	참새에 대한 그리움
		• 참새의 작고 조촐한 이미지 • 우리 민족과 친근한 참새 • 참새에게 너그러웠던 우리 민족 • 새를 보던 소녀에 대한 추억 • 참새의 복스러움과 조롱 속의 새에 대한 거부감		• 참새가 사라져 가는 세상에 대한 비판 • 어린 시절을 떠올리게 하는 참새 소리 • 자리에서 일어나 책상머리에 앉음.

상념의 계기

글쓴이가 묘사한 '참새'의 외양과 기질

외양	기질
• 화려하지도 고귀하지도 않음. • 조그만 몸매는 귀엽고 매끈함. • 색깔은 검소하면서도 조촐함.	• 모이면 조잘댐. • 기교 없이 솔직하고 가벼운 음성임. • 쫓으면 날아갔다가 금방 다시 옴. [중략 부분]

우리가 친근하게 느낄 수 있는 외양과 기질을 지님.

자료실

윤오영의 수필관

'붓 가는 대로 쓰는 글'이라는 수필의 정의는 수필을 누구나가 아무렇게나 써도 되는 글이라는 오해를 낳는데, 이러한 인식을 깨기 위해 윤오영은 여러 비유를 통해서 자신의 수필관을 제시하였다.

첫째, 수필을 깍두기와 같다고 하였다. 흔한 재료인 무를 깍둑 썰어 양념에 무쳐 새로운 맛을 낸 음식이 깍두기인데, 이처럼 평범한 소재를 취하되 재래에 있던 여러 방법들을 이용하여 새로운 맛을 만들어 내는 것이 수필이라고 말한다.

둘째, 글 쓰는 법이 양잠(養蠶)과 같다고 하였다. 누에는 '뽕잎 먹기, 최면기, 탈피기'의 순서를 다섯 번이나 반복해야 비로소 고치 안에 들어앉게 되는데, 글 쓰는 이도 '왕성한 독서, 글쓰기, 사색과 회의'의 과정을 반복하며 위기를 극복해 내야만 고치 안의 누에처럼 성가(成家)한 작가가 될 수 있다고 말한다.

셋째, 수필을 곶감에 비유하였다. 곶감은 먼저 감의 껍질을 벗기고, 여러 번 손질하여 시득시득하게 말려 하얀 시설(柿雪)이 내려앉고 난 후에 모양을 매만져 완성하게 되는데, 이처럼 수필도 문장에서 먼저 문장기(紋章氣)를 벗겨 내어 오랜 세월 동안 다듬고 성숙하게 하여 수필만의 독특한 정서가 묻어난 후 개성을 입혀서 완성하는 것이라고 말한다.

함께 읽으면 좋은 작품

〈사리화(沙里花)〉, 이제현 / 참새를 소재로 한 다른 시각의 작품

관(官)의 수탈을 참새가 곡식을 쪼아 먹는 데에 비유하여 원망하는 내용의 한시이다. '참새'라는 소재에 대해 이 글과 다른 시각을 보여 주고 있다.　　　　　　　　　　　Link 〈고전 시가〉 102쪽

키 포인트 체크

제재 ▢▢를 통해 떠올린 글쓴이의 상념에 대해 이야기하고 있다.

관점 참새가 사라져 가는 현실에 안타까워하면서 현대 사회에 대해 ▢▢적인 시선을 드러내고 있다.

표현 소박한 문체를 사용하여 담담하게 과거를 ▢▢하고 있다.

1 이 글의 표현상 특징으로 적절하지 않은 것은?

① 간결한 문체로 주제를 전달하고 있다.

② 과거 회상을 통해 내용을 전개하고 있다.

③ 대상을 중심으로 연상한 내용을 서술하고 있다.

④ 유사한 대상 간의 공통점을 분석하여 이를 일반화하고 있다.

⑤ 의문형 종결 어미를 통해 현실에 대한 비판적 인식을 드러내고 있다

2 이 글의 글쓴이에 대한 이해로 적절하지 않은 것은?

① 다른 생명체와의 조화를 추구하고 있군.

② 고전을 인용할 만큼 고전에 대한 교양을 지니고 있군.

③ 평범한 대상을 좋아하는 소박한 성품을 드러내고 있군.

④ 인간의 지혜를 바탕으로 한 과학의 진보를 바라고 있군.

⑤ 작은 계기로 생각에 잠기는 사색적인 면을 지니고 있군.

내신 적중

3 다음 중 '참새'에 대한 글쓴이의 정서와 가장 유사한 것은?

① 나는 나의 참회의 글을 한 줄에 줄이자. / 만 이십사 년 일 개월을 / 무슨 기쁨을 바라 살아왔던가.　　－윤동주, 〈참회록〉

② 나는 당신의 살아 있는 연필 / 어둠 속에도 빛나는 말로 / 당신이 원하시는 글을 쓰겠습니다.
　　　　　　　　　　　　　　　　　－ 이해인, 〈살아 있는 날은〉

③ 흐르는 구름 / 머언 원뢰(遠雷) / 꿈꾸어도 노래하지 않고 / 두 쪽으로 깨뜨려져도 / 소리하지 않는 바위가 되리라.
　　　　　　　　　　　　　　　　　－ 유치환, 〈바위〉

④ 비료값도 안 나오는 농사 따위야 / 아예 여편네에게나 맡겨 두고 / 쇠전을 거쳐 도수장 앞에 와 돌 때 / 우리는 점점 신명이 난다.　　　　　　　　　　　　－ 신경림, 〈농무〉

⑤ 잠 이루지 못하는 밤 고향집 마늘밭에 눈은 쌓이리. / 잠 이루지 못하는 밤 고향집 추녀 밑 달빛은 쌓이리. / 발목을 벗고 물을 건너는 먼 마을. / 고향집 마당귀 바람은 잠을 자리.
　　　　　　　　　　　　　　　　　－ 박용래, 〈겨울밤〉

4 ㉠에 따른 글쓴이의 상념으로 적절하지 않은 것은?

① 참새의 겉모습과 생태

② 참새와 가깝게 지낸 기억

③ 현대 사회의 부정적인 모습

④ 참새의 가치를 몰랐던 아쉬움

⑤ 새 장수를 만나 조롱을 본 기억

5 이 글의 글쓴이가 현대 사회에 대해 보이는 태도를 이 글의 구절을 이용하여 40자 내외로 쓰시오.

016 설해목(雪害木) |법정

문학 해냄

🎯 핵심 정리
갈래 경수필
성격 교훈적, 사색적
제재 설해(雪害)를 입은 나무
주제 부드러운 것의 강함
특징 ① 유사한 성격의 여러 사례를 제시함.
② 대립적인 소재를 통해 주제를 효과적으로 드러냄.
출전 《무소유》(1976)

Q 이 글에서 학생이 눈물을 흘린 일화와 나무가 부드러운 눈에 꺾인 일화를 제시한 이유는?

부드러움, 너그러움, 사랑 등이 강함, 억셈, 딱딱함, 강제적인 힘 등을 이겨 세상을 변화시킬 수 있다는 진리를 전달하기 위해서이다. 이를 통해 돈이나 권력 같은 힘만이 최고라고 믿는 현실에 일침을 가하고 있다.

💡 어휘 풀이
더벅머리 ① 더부룩하게 난 머리털. ② 터부룩한 머리털을 가진 사람.
노사 ① 나이 많은 승려를 높여 이르는 말. ② 나이 많은 스승.
아름드리나무 둘레가 한아름이 넘는 큰 나무.
정정(亭亭)하다 나무 따위가 높이 솟아 우뚝하다.
귀의(歸依) 불교에서 부처와 불법(佛法)과 승가(僧伽)로 돌아가 의지하여 구원을 청함을 이르는 말.
정 돌에 구멍을 뚫거나 쪼아서 다듬는, 쇠로 만든 연장.

⚜️ 구절 풀이
❶ **그는 사뭇 불안한 표정이었다.** 학생은 낯선 환경에 대한 어색함과 노승의 훈계가 있을 거라는 생각 때문에 불안해하고 있었다.
❷ **이때 더벅머리의 ~ 눈물이 흘러내렸다.** 학생은 진저리나는 훈계 대신에 다사로운 손길로 시중을 들어 주는 노승에게 감동해서 눈물을 흘린 것이다.
❸ **우리들은 잠을 ~ 의미 때문일까.** 억세고 꿋꿋한 나무들이 부드러운 눈에 꺾여 넘어지는 것이 놀랍고 그 속에서 삶의 예지를 발견하였기 때문에 잠을 이룰 수 없는 것이다.
❹ **바닷가의 조약돌 ~ 물결이다.** 부드러운 것이 강한 것을 이기는 자연의 현상을 마지막 부분에 추가하여 글을 인상적으로 마무리하고 있다.

👤 작가 소개

법정(1931~2010)
승려, 수필가. 1945년에 출가하였으며, 불교의 가르침을 바탕으로 하여 일상적인 소재를 쉽고 간결하게 표현한 수필을 많이 썼다. 주요 작품으로 〈무소유〉, 〈나그네 길에서〉, 〈맑은 기쁨〉 등이 있다.

해가 저문 어느 날, 오막살이 토굴에 사는 노승 앞에 *더벅머리 학생이 하나 찾아왔다.
<u>일화의 시간적·공간적 배경이 드러남.</u>
아버지가 써 준 편지를 꺼내면서 ❶그는 사뭇 불안한 표정이었다.

사연인즉, 이 망나니를 학교에서고 집에서고 더 이상 손댈 수 없으니, 스님이 알아서 사람을 만들어 달라는 것이었다. 물론 노승과 그의 아버지는 친분이 있는 사이였다.
<u>언동이 몹시 막된 사람을 비난조로 이르는 말</u>

편지를 보고 난 노승은 아무런 말도 없이 몸소 후원에 나가 늦은 저녁을 지어 왔다. 저녁을 먹인 뒤 발을 씻으라고 대야에 가득 더운물을 떠다 주었다. ❷이때 더벅머리의 눈에서는 주르륵 눈물이 흘러내렸다.

그는 아까부터 훈계가 있으리라 은근히 기다려지기까지 했지만, 스님은 한마디 말도 없이 시중만을 들어 주는 데에 크게 감동한 것이었다. 훈계라면 진저리가 났을 것이다. 그에게는 백 천 마디 좋은 말보다는 다사로운 손길이 그리웠던 것이다.
<u>몸소 후원에 나가 늦은 저녁을 지어 먹이고, 발을 씻으라고 대야에 물을 떠다 준 것</u> ▶ 노승의 다사로운 손길에 감동한 더벅머리 학생

이제는 가고 안 계신 한 *노사(老師)로부터 들은 이야기다. 내게는 생생하게 살아 있는 노사의 모습이다.

산에서 살아 보면 누구나 다 아는 일이지만, 겨울철이면 나무들이 많이 꺾인다. ㉠모진 비바람에도 끄떡 않던 *아름드리나무들이, 꿋꿋하게 고집스럽기만 하던 그 소나무들이 눈이 내려 덮이면 꺾이게 된다. 가지 끝에 사뿐사뿐 내려 쌓이는 그 가볍고 하얀 눈에 꺾이고 마는 것이다.
<u>놀랍고도 신비한 대자연의 이치</u>

깊은 밤, 이 골짝 저 골짝에서 나무들이 꺾이는 메아리가 울려올 때, ❸우리들은 잠을 이룰 수 없다. *정정한 나무들이 부드러운 것 앞에서 넘어지는 그 의미 때문일까. 산은 한겨울이 지나면 앓고 난 얼굴처럼 수척하다.
<u>설해를 입어 꺾인 나무들이 많은 산의 모습을 비유함. (직유법)</u> ▶ 부드러운 눈에 꺾이고 마는 나무들

사밧티의 온 시민들을 공포에 떨게 하던 살인귀 앙굴리말라를 *귀의시킨 것은 부처님의 불가사의한 신통력이 아니었다. 위엄도 권위도 아니었다. 그것은 오로지 자비였다. 아무리 흉악무도한 살인귀라 할지라도 차별 없는 훈훈한 사랑 앞에서는 돌아오지 않을 수 없었던 것이다.
<u>남을 깊이 사랑하고 가엾게 여김. 또는 그렇게 여겨서 베푸는 혜택</u>
<u>사랑은 살인귀마저 변화시킴.</u> ▶ 자비와 사랑에 돌아온 살인귀

❹바닷가의 조약돌을 그토록 둥글고 예쁘게 만든 것은 무쇠로 된 ⓐ*정이 아니라, 부드럽게 쓰다듬는 ⓑ물결이다.
▶ 부드러운 물결이 만든 둥근 조약돌

• 중심 내용 사람과 자연을 변화시키는 부드러움의 강한 힘

이해와 감상

이 글은 더벅머리 학생의 이야기와 자연 속에서의 현상을 제시하여, 약해 보이기만 하는 부드러운 것이 오히려 더 강한 힘을 발휘하기도 한다는 것을 보여 주는 수필이다. 글쓴이의 체험에서 우러나온 삶에 대한 깊은 통찰을 바탕으로 하고 있으며 부드러운 것과 강한 것의 대립 구도를 통해 부드러운 것이 억센 것보다 강하다는 진리를 전하고 있다. 돈이나 권력 등 힘이 있는 것이 최고라고 믿는 오늘날의 현실에 대해 경종을 울리는 글이다.

작품 연구소

〈설해목〉의 주제 전달 방식

부드러움	강함과 억셈
시중 들어 주기	훈계
눈	비바람
자비	신통력, 위엄, 권위
물결	무쇠로 된 정

↔

부드러움과 사랑이 억세고 강한 것을 꺾음.

인간의 삶과 자연 현상의 유사성

인간의 삶	자연 현상
• 노승이 망나니 학생을 훈계가 아니라 다사로운 손길로 감동시킴. • 부처님이 살인귀 앙굴리말라를 위엄이나 권위, 신통력이 아니라 자비로 귀의시킴.	• 비바람이 아닌 눈이 정정한 나무를 꺾어 넘김. • 무쇠로 된 정이 아니라 부드러운 물결이 바닷가의 조약돌을 둥글고 예쁘게 만듦.

= (등호)

자료실

법정 수필의 문학성

법정 수필의 문학성은 '우회성'적인 기법에서 그 가치를 발한다. 법정은 '주제 의식의 간접화'라는 수필 창작의 비밀에 정통하기 때문에 결코 누구도 넘볼 수 없는 문학성의 고지에 올라 있다는 것이다. 모진 비바람에도 꺾이지 않던 나무들이 사뿐사뿐 내리는 눈에 꺾이고 마는 자연 현상에 대한 문학적 형상화 과정은 '산은 한겨울이 지나면 앓고 난 얼굴처럼 수척하다'는 표현에서 초절정을 이룬다. 문학이 주는 맛이 절묘한 우회성에서 나온다면, 인식을 형상화하는 법정의 수법은 탁월하다고 할 수밖에 없다. 그가 그려 내는 풍경은 절경에 가까운 것이다. 부드러운 것이 강한 것을 이긴다는 정신을 어느 누가 이토록 아름답게 문학적으로 승화시킬 수 있을까 싶을 정도로 이 수필은 최고의 손맛을 자랑한다. 서 있는 나무와 내리는 눈의 내밀한 통정을 부끄럽지 않을 정도의 미적 정서로 그려 내는 데 성공하고 있다는 것은 그의 수필가적인 역량을 보여 준 단적인 예라 하겠다.

– 권대근, 〈법정 수필의 문학성〉

함께 읽으면 좋은 작품

〈당신이 나무를 더 사랑하는 까닭〉, 신영복 / 자연물을 통해 바람직한 삶의 태도를 드러낸 작품

신발 한 켤레의 토지에서 몇 백 년의 풍상을 겪어 온 소나무의 모습을 보고, 이윤 추구를 위해 무차별적으로 소비하는 현대인의 모습을 비판하고 바람직한 삶의 태도를 촉구하고 있는 수필이다. **Link** 본책 56쪽

키 포인트 체크

제재 부드러운 ☐에 소나무가 꺾이는 광경에서 얻은 깨달음을 이야기하고 있다.

관점 글쓴이는 세상을 변화시키는 것은 억세고 강한 것이 아니라 ☐☐ ☐☐의 힘임을 말하고 있다.

표현 '비바람, 위엄, 정'과 '눈, 자비, 물결' 등 ☐☐적인 소재를 통해 주제를 효과적으로 드러내고 있다.

1 이 글의 서술상 특징을 〈보기〉에서 골라 바르게 묶은 것은?

| 보기 |
ㄱ. 직접적인 체험을 바탕으로 세태를 비판하고 있다.
ㄴ. 다양한 사례를 제시하여 주제를 형상화하고 있다.
ㄷ. 대상의 속성을 다양한 관점에서 분석하여 묘사하고 있다.
ㄹ. 비유적인 표현을 활용해 대상의 모습을 제시하고 있다.

① ㄱ, ㄴ   ② ㄱ, ㄷ   ③ ㄴ, ㄷ
④ ㄴ, ㄹ   ⑤ ㄴ, ㄷ, ㄹ

2 ㉠과 유사한 의미의 한자 성어는?

① 허장성세(虛張聲勢)   ② 용감무쌍(勇敢無雙)
③ 외유내강(外柔內剛)   ④ 절차탁마(切磋琢磨)
⑤ 백절불굴(百折不屈)

내신 적중

3 이 글에서 ⓐ와 ⓑ의 내포적 의미와 유사한 것끼리 바르게 짝지어진 것은?

	ⓐ	ⓑ
①	훈계	자비
②	비바람	소나무
③	살인귀	신통력
④	한겨울	앓고 난 얼굴
⑤	노승	더벅머리 학생

4 이 글에서 이끌어 낼 수 있는 삶의 지혜로 가장 적절한 것은?

① 사랑의 힘은 위대하다.
② 작은 것이 모여 큰 것을 이룬다.
③ 부드러운 것이 강한 것을 이긴다.
④ 사람은 자비와 용서로 거듭 태어난다.
⑤ 인간은 자연의 법칙에 순응하며 살아야 한다.

5 이 글의 내용을 바탕으로 '설해목'의 의미를 쓰시오.

017

비닐우산 |정진권

[국어] 천재(이)

🎯 핵심 정리

갈래 경수필
성격 개성적, 성찰적, 회상적
제재 비닐우산
주제 볼품없는 비닐우산이 지니고 있는 아름다운 효용성
특징 ① 사물의 가치를 새롭게 발견하는 개성적인 인식을 바탕으로 함.
② 간결하고 담백한 문체로 서술함.
출전 《비닐우산》(1976)

> **Q** 일반적으로 볼품없다고 여겨지는 비닐우산에 대한 글쓴이의 인식은?
>
> 값이 싸기 때문에 쉽게 비를 피할 수 있고 어디에다 놓고 와도 섭섭하지 않으며, 투명하기 때문에 우산 위로 떨어지는 물방울을 예술처럼 감상할 수 있고, 바람에 자주 뒤집히는 약한 물건이지만 즐거움을 선사해 주는 것으로 인식하는 개성적인 시각이 드러나고 있다.

💡 어휘 풀이

살 우산살. 천, 종이, 비닐 따위로 된 우산의 덮개 부분을 얽어 받치는 뼈대.
일금(一金) (일정한 돈의 액수를 나타내는 수사 앞에 쓰여) 전체의 돈.
베 우산 비닐이 아니라 천인 베를 사용하여 만든 우산.

😊 구절 풀이

❶ **그것은 백 원으로선 살 수 없는 체험일 것이다.** 볼품없는 비닐우산을 꺼내 썼던 어느 날, 한 소녀가 우산 속으로 뛰어들었던 경험을 소중한 추억으로 생각하는 글쓴이의 태도가 드러난다.

❷ **버리기에는 너무나도 아름다운 ~ 보고 싶은 우산이다.** 비닐우산에 대한 글쓴이의 개성적 인식이 드러나 있다. 싼값에 비를 피할 수 있다는 장점 외에도 빗방울이 만들어 내는 예술을 즐길 수 있고, 우산이 홀딱 뒤집히는 신선한 경험을 할 수 있으며, 특별한 추억까지 선사해 주는 비닐우산의 가치를 이야기하고 있다.

❸ **그리고 값싼 인생을 살며 ~ 걷는 우산이기도 하다.** 볼품없고 한 군데도 탄탄한 데가 없지만 아름다운 효용성을 지닌 비닐우산을 보며, 부실한 몸으로 자식들의 머리 위로 내리는 찬비를 막아 주려고 애쓰며 살고 있는 글쓴이 자신의 모습을 떠올리고 있다.

👤 작가 소개

정진권(鄭震權, 1935~) 수필가. 간결하고 소박한 문체로 한국인 고유의 정서와 삶의 모습을 진솔하게 표현한 수필을 발표하였다. 주요 저서로 《푸르른 나무들에 저 붉은 해를》, 《한국인의 향수》 등이 있다.

언제 어디서 샀는지도 알 수 없지만, 우리 집에도 헌 비닐우산이 서너 개나 된다. 아마도 길을 가다가 갑자기 비를 만나서 내가 사 들고 온 것들일 게다. 하지만 그 가운데 하나나 제대로 쓸 수 있을까? 그래도 버리긴 아깝다. / 비닐우산은 참 볼품없는 우산이다. 눈만 흘겨도 금방 부러져 나갈 듯한 살며, 당장이라도 팔랑거리면서 ˚살을 떠날 듯한 비닐 덮개하며, 한 군데도 탄탄한 데가 없다. 그러나 그런대로 우리의 사랑을 받을 만한 덕(德)을 갖추고 있기 때문에, 아주 몰라라 할 수만은 없는 우산이기도 하다.
▶ 우리의 사랑을 받을 만한 덕을 갖추고 있는 비닐우산

우리가 길을 가다가 갑자기 비를 만날 때, 가난한 주머니로 손쉽게 사 쓸 수 있는 우산은 이것밖에 없다. 물건에 비해서 값이 싼지 비싼지 그것은 알 수 없지만, 어떻든 ˚일금 백 원으로 비를 안 맞을 수 있다면, 이는 틀림없이 비닐우산의 덕이 아니겠는가?

값이 이렇기 때문에 어디다 놓고 와도 섭섭하지 않은 것이 또한 이 비닐우산이다. [중략] 고가(高價)의 ˚베 우산을 받고 나온 날은 어디다 그 우산을 놓고 올까 봐 신경을 쓰게 된다. 하지만 하루 종일 썩인 머리로 대포 한잔하는 자리에서까지 우산 간수 때문에 걱정을 할 수는 없지 않은가? 버리고 와도 께름할 게 없는 비닐우산은 그래서 좋은 것이다.
▶ 비닐우산의 덕 ① – 싼값에 비를 피할 수 있고 어디에다 놓고 와도 섭섭하지 않음.

비닐우산을 받고 위를 쳐다보면, 우산 위에 떨어져 흐르는 물방울이 보인다. 그리고 빗방울이 떨어지면서 내는 그 환한 음향도 들을 만한 것이다. 투명한 비닐 덮개 위로 흐르는 물방울의 그 맑고 명랑함, 묘한 리듬을 만들어 내는 빗소리의 그 상쾌함, 단돈 백 원으로 사기에는 너무 미안한 예술이다.
▶ 비닐우산의 덕 ② – 빗방울과 빗소리를 예술로 만들어 줌.

바람이 좀 세게 불면 비닐우산은 홀딱 뒤집히기도 한다. 그것을 바로잡는 한동안, 비록 옷은 다소의 비를 맞는다 하더라도 우리는 즐거운 짜증을 체험할 수 있고, 또 행인들에게 가벼우나마 한때의 밝은 미소를 선사할 수 있어서 좋다. 그날이 그날인 듯, 개미 쳇바퀴 돌 듯 하는 우리의 재미없는 생활 속에, 그것은 마치 반 박자짜리 쉼표처럼 싱그러운 변화를 불러일으키는 것이다.
▶ 비닐우산의 덕 ③ – 재미없는 생활에 변화를 줌.

㉠좀 오래된 이야기 하나가 생각난다. 퇴근을 하려고 일어서다 보니, 부슬부슬 창밖에 비가 내린다. 나는 캐비닛 뒤에 두었던 헌 비닐우산을 펴 들고 사무실을 나왔다. 살이 한 개 부러져 있었다. 비가 갑자기 세차졌다. 머리는 어떻게 가렸지만, 옷은 다 젖다시피 했다. 그 때였다. 누군가가 뛰어들었다. 책가방을 든 어린 소녀였다. 젖은 이마에 머리카락이 흩어져 있었다. 나 하나의 머리도 가리기 어려운 곳을 예고도 없이 뛰어든 그 귀여운 침범자는 다만 미소로써 양해를 구할 뿐 말이 없었다. 우리는 버스 정류장까지 함께 걸었다. 옷은 젖지만, 그래도 우산을 받고 있다는 안도감이 있었다. 마침내 소녀의 버스가 왔다. 미소와 목례를 함께 보내고 그는 떠났다. 이상한 공허감이 비닐우산 속에 남았다. ❶그것은 백 원으로선 살 수 없는 체험일 것이다. [중략]
▶ 비닐우산 속으로 뛰어들었던 한 소녀에 대한 추억

비닐우산은 참 볼품없는 우산이다. 한 군데도 탄탄한 데가 없다. 그러나 ❷버리기에는 너무나도 ㉡아름다운 효용성이 있음으로 하여 두고두고 보고 싶은 우산이다. ❸그리고 값싼 인생을 살며, 조금만 바람이 불어도 넘어질 듯한 부실한 사람, 그런 몸으로나마 아이들의 머리 위에 내리는 찬비를 가려 주려고 버둥대는 삶, ㉢비닐우산은 어쩌면 나와 비슷한 데도 적지 않은 것 같아서, 때때로 혼자 받고 비 오는 길을 쓸쓸히 걷는 우산이기도 하다.
▶ 자신의 삶을 비닐우산에 비유함.

• **중심 내용** 볼품없는 비닐우산에서 발견한 아름다운 효용성

이해와 감상

이 글은 글쓴이의 개성적인 인식과 경험을 바탕으로 볼품없는 비닐우산에서 발견한 미덕에 대해 이야기하고 수필이다. 글쓴이는 비닐우산이 값이 싸서 비를 피하기에 용이하고 부담 없으며 빗방울과 빗소리가 만들어 내는 예술을 즐길 수 있다고 말하고 있다. 또 비닐우산은 바람에 쉽게 뒤집히기도 해서 재미없는 일상에 뜻밖의 즐거움을 주기도 한다고 말하고 있다. 그리고 비닐우산과 관련하여 겪은 즐겁고 아름다운 경험을 소개하고, 이러한 비닐우산이 부실하지만 아이들을 위해 애쓰는 글쓴이 자신의 삶과 비슷하다며 글을 마무리하고 있다.

작품 연구소

'비닐우산'에 대한 글쓴이의 개성적 인식

비닐우산의 특징	글쓴이의 개성적 인식
값이 쌈.	싼값에 비를 피할 수 있고, 어디에다 놓고 와도 부담스럽지 않음.
투명한 비닐로 되어 있음.	우산 위로 떨어져 흐르는 맑고 명랑한 물방울과 묘한 리듬의 빗방울 소리를 감상할 수 있음.
바람이 세게 불면 뒤집힘.	재미없는 일상에 즐거움과 싱그러운 변화를 불러일으킴.

〈비닐우산〉의 구성상 특징

비닐우산의 장점과 효용

- 비닐우산 속으로 불쑥 뛰어들어 온 어린 소녀와의 만남
- 버스 정류장에서 비닐 우산을 들고 누군가를 기다리는 젊은 여인의 모습 [중략 부분]

비닐우산의 장점 및 효용과 관련한 글쓴이의 생각을 전하면서, 그러한 생각과 연결될 수 있는 낭만적 경험을 삽화(揷話)로 제시하고 있다. 글쓴이가 오래전 비닐우산을 쓰고 겨우 비를 피하면서 걷고 있을 때 불쑥 우산 속으로 뛰어들어 왔던 어린 소녀와의 만남과 버스 정류장에서 누군가를 기다리고 있는 사람들의 모습을 관찰했던 경험이 이러한 삽화로 제시되어 있다.

〈비닐우산〉에 사용된 표현

역설적 표현	비닐우산이 세찬 바람에 뒤집혔을 때, 비를 맞아 짜증스러울 수 있지만 우산의 뒤집힌 모습이 우스꽝스러워 재미있기도 하다는 점에서 '즐거운 짜증'이라고 표현함.
비유적 표현	볼품없고 탄탄한 데도 없지만 아름다운 효용성을 지닌 비닐우산과, 부실하지만 아이들을 보호하고 키우고자 애쓰는 자신의 삶의 모습이 비슷하다고 표현함.

함께 읽으면 좋은 작품

〈버려진 것들의 생명력〉, 최성각 / 현대인의 소비 습관을 비판한 작품

잘린 버드나무 몸통에서 싹이 돋고 줄기가 뻗는 것을 보면서, 버려진 것에도 생명력이 있으며, 버려진 것을 되살려 써야 한다는 생각을 드러낸 수필이다. 멀쩡한 물건을 쉽게 버리고 쉽게 사는 현대인의 소비 생활과 자원 낭비에 대하여 비판하고 있다. 보잘것없는 것들의 가치에 주목하고 있다는 점에서 이 글과 비교하여 읽어 볼 수 있다. 🔗 Link 본책 138쪽

키 포인트 체크

- **제재** ☐☐☐☐ 에 대한 글쓴이의 경험과 생각이 담겨 있다.
- **관점** 글쓴이는 비닐우산이 싸고 부담 없으며 일상에 뜻밖의 즐거움을 준다는 점에서 ☐☐☐ 이 있으며 자신과 비슷하다고 생각한다.
- **표현** 우산이 바람에 뒤집혀 비에 젖은 상황을 ☐☐ 적 표현을 활용하여 긍정적으로 표현하고 있다.

1 이 글에 대한 설명으로 적절하지 <u>않은</u> 것은?
① 대상의 장점이 서술되어 있다.
② 대상에 대한 태도가 자주 바뀌고 있다.
③ 대상에 대한 개성적인 시각이 드러나 있다.
④ 대상과 글쓴이 자신을 유사하다고 보고 있다.
⑤ 대상과 관련된 글쓴이의 경험이 제시되어 있다.

2 ㉠을 삽입한 효과로 가장 알맞은 것은?
① 글쓴이의 상상을 통해 비닐우산의 새로운 가치를 드러내고 있다.
② 과거 회상을 통해 비닐우산의 볼품없는 모습을 환기시키고 있다.
③ 공허감을 느낀 경험을 제시하여 비닐우산의 단점을 드러내고 있다.
④ 직접 겪은 낭만적 체험을 제시하여 비닐우산의 가치를 부각하고 있다.
⑤ 일화를 제시하여 비닐우산에 대한 사람들의 인식의 차이를 나타내고 있다.

내신 적중 다빈출

3 ㉡에 해당되는 내용이 <u>아닌</u> 것은?
① 싼값으로 비를 피할 수 있게 해 준다.
② 소녀가 떠난 뒤의 허전함을 채워 준다.
③ 돈 주고도 살 수 없는 소중한 추억을 만들어 준다.
④ 쳇바퀴처럼 똑같은 일상에 재미있는 변화를 느끼게 한다.
⑤ 빗방울과 빗소리가 만드는 아름다운 예술을 즐길 수 있게 한다.

4 이 글을 읽은 독자의 반응으로 적절하지 <u>않은</u> 것은?
① 사물을 통해 삶의 문제점을 알고 현실을 직시하는 것이 중요함을 깨달았어.
② 사물을 어떤 시각으로 보느냐에 따라 그 가치가 달라질 수 있다는 것을 깨달았어.
③ 보잘것없고 하찮은 물건이라도 긍정적인 면을 가지고 있다는 것을 알게 되었어.
④ 대상을 통해 자신의 모습을 비춰 보는 것도 의미 있는 성찰이라는 것을 깨달았어.
⑤ 자세한 관찰과 다양한 시각을 통해 대상의 장점을 발견할 수 있다는 것을 깨달았어.

5 글쓴이가 ㉢과 같이 생각하는 이유가 무엇인지 쓰시오.

당신이 나무를 더 사랑하는 까닭 | 신영복

[국어] 신사고

🎯 핵심 정리

갈래 경수필

성격 사색적, 비판적, 교훈적

제재 소광리의 소나무 숲

주제 이윤 추구를 위해 무차별적 소비를 하는 현대인들의 행태 비판, 현대 문명의 비정함과 폭력성 비판

특징 ① 경어체와 서간체 형식으로 서술함.
② 소나무의 모습을 통해 현대인의 삶에 대한 성찰과 비판적 인식을 보여 줌.
③ 인간과 소나무를 대조하여 교훈을 제시함.
④ 자연에서 얻은 깨달음을 인간 문제로 확장함.

출전 《나무야 나무야》(1996)

Q 소광리의 솔숲을 '회초리를 들고 기다리는 엄한 스승'에 빗댄 이유는?

좁은 땅에 뿌리박고 살면서도 우람한 자태를 드러내 보이는 소나무의 모습이 무엇 하나 변변하게 이루지 못한 자신을 반성하게 만들었기 때문이다.

💡 어휘 풀이

풍상 ① 바람과 서리를 아울러 이르는 말. ② 많이 겪은 세상의 어려움과 고생을 비유적으로 이르는 말.

산판일 나무를 찍어 내는 일판에서 나무를 베는 따위의 일.

그루터기 풀이나 나무 따위의 아랫동아리. 또는 그것들을 베고 남은 아랫동아리.

불문율(不文律) 문서의 형식을 갖추지 않은 법.

침습 갑자기 침범하여 공격함.

😊 구절 풀이

❶ **생산의 주체가 아니라 ~ 바로 사람입니다.** 인간이 이기적으로 소비하는 것을 넘어 인간 자신이 소비의 대상이 되는 현대 문명의 폭력성을 비판하고 있다.

❷ **나는 마치 꾸중 ~ 산을 나왔습니다.** 소광리 솔숲에서, 인간이 만든 '경제학의 폭력성', '무한 경쟁의 비정한 논리'를 깨닫고 깊이 반성했음을 드러내고 있다.

❸ **우리들이 자루가 되어 주지 ~ 해칠 수 없는 법이다.** 자루 없는 쇠도끼가 폭력을 가할 수 없는 것처럼, 우리들 스스로가 문명의 폭력을 휘두르는 자루가 되지 않는다면 문명의 폭력이 우리들을 해칠 수 없다는 것을 의미한다.

👤 작가 소개

신영복(1941~2016) 작가, 대학교수. 20년간의 오랜 수감 생활을 바탕으로 인생에 대한 사색과 성찰을 담은 글을 남겼다. 주요 저서로 《감옥으로부터의 사색》, 《나무야 나무야》, 《더불어 숲》 등이 있다.

『오늘은 당신이 가르쳐 준 태백산맥 속의 소광리 소나무 숲에서 이 엽서를 띄웁니다.』 아침 햇살에 빛나는 소나무 숲에 들어서니 당신이 사람보다 나무를 더 사랑하는 까닭을 알 것 같습니다. 200년, 300년, 더러는 500년의 °풍상(風霜)을 겪은 소나무들이 골짜기에 가득합니다. 그 긴 세월을 온전히 바위 위에서 버티어 온 것에 이르러서는 차라리 경이였습니다. 바쁘게 뛰어다니는 우리들과는 달리 오직 '신발 한 켤레의 토지'에 서서 이처럼 우람할 수 있다는 것이 충격이고 경이였습니다. 생각하면 소나무보다 훨씬 더 많은 것을 소비하면서도 무엇 하나 변변히 이루어 내지 못하고 있는 나에게 소광리의 솔숲은 마치 회초리를 들고 기다리는 엄한 스승 같았습니다. [중략] ▶ 인간과 대조되는 소나무의 경이로운 모습

우리가 살고 있는 이 지구 위의 유일한 생산자는 식물이라던 당신의 말이 생각납니다. 동물은 완벽한 소비자입니다. 그중에서도 최대의 소비자가 바로 사람입니다. 사람들의 생산이란 고작 식물들이 만들어 놓은 것이나 땅속에 묻힌 것을 파내어 소비하는 것에 지나지 않습니다. 쌀로 밥을 짓는 일을 두고 밥의 생산이라고 할 수 없는 것이나 마찬가지입니다. ❶생산의 주체가 아니라 소비의 주체이며 급기야는 소비의 객체로 전락되고 있는 것이 바로 사람입니다. 자연을 오로지 생산의 요소로 규정하는 경제학의 폭력성이 이 소광리에서만큼 분명하게 부각되는 곳이 달리 없을 듯합니다. ▶ 인간의 무차별적인 소비 행태 비판

°산판일을 하는 사람들은 큰 나무를 베어 낸 °그루터기에 올라서지 않는 것이 °불문율로 되어 있다고 합니다. 잘린 부분에서 올라오는 나무의 노기(怒氣)가 사람을 해치기 때문입니다. 어찌 노하는 것이 소나무뿐이겠습니까. 온 산천의 아우성이 들리는 듯합니다. [중략]

나는 문득 당신이 진정 사랑하는 것이 소나무가 아니라 ㉠소나무 같은 '사람'이라는 생각이 들었습니다. 메마른 땅을 지키고 있는 수많은 사람들이라는 생각이 들었습니다. 문득 지금쯤 서울 거리의 자동차 속에 앉아 있을 당신을 생각했습니다. 그리고 외딴섬에 갇혀 목말라하는 남산의 소나무들을 생각했습니다. 남산의 소나무가 이제는 더 이상 살아남기를 포기하고 자손이나 기르겠다는 체념으로 무수한 솔방울을 달고 있다는 당신의 이야기는 우리를 슬프게 합니다. 더구나 그 솔방울들이 싹을 키울 땅마저 황폐해 버렸다는 사실이 우리를 더욱 암담하게 합니다. 그러나 그보다 더 무서운 것이 아카시아와 활엽수의 °침습(侵襲)이라니 놀라지 않을 수 없습니다. 척박한 땅을 겨우겨우 가꾸어 놓으면 이내 다른 경쟁 수들이 쳐들어와 소나무를 몰아내고 만다는 것입니다. 무한 경쟁의 비정한 논리가 뻗어 오지 않는 곳이 없습니다. ▶ 무한 경쟁의 논리가 지배하는 현대 사회

❷나는 마치 꾸중 듣고 집 나오는 아이처럼 산을 나왔습니다. 솔방울 한 개를 주워 들고 내려오면서 생각하였습니다. 거인에게 잡아먹힌 소년이 ㉡솔방울을 손에 쥐고 있었기 때문에 다시 소생했다는 신화를 생각하였습니다. 당신이 나무를 사랑한다면 솔방울도 사랑해야 합니다. 무수한 솔방울들의 끈질긴 저력을 신뢰해야 합니다.

언젠가 붓글씨로 써 드렸던 글귀를 엽서 끝에 적습니다.

"처음으로 ⓐ쇠가 만들어졌을 때 세상의 모든 ⓑ나무들이 두려움에 떨었다. 그러나 어느 생각 깊은 나무가 말했다. 두려워할 것 없다. ㉢❸우리들이 자루가 되어 주지 않는 한 쇠는 결코 우리를 해칠 수 없는 법이다." ▶ 현대 문명의 폭력성에 대응하는 바람직한 태도

• 중심 내용 이윤 추구를 위해 무차별적 소비를 하는 현대인의 행태 비판과 소나무처럼 살아가는 삶의 자세의 필요성

이해와 감상

이 글은 태백산맥 소광리 소나무 숲에서의 사색을 바탕으로, 현대 문명의 비정함과 폭력성을 비판하고 오늘날을 살아가는 바람직한 태도를 전하고 있는 수필이다. 글쓴이는 몇백 년의 풍상을 겪은 소나무 군락을 보며 '신발 한 켤레의 토지'만을 소비하는 소나무와 달리 너무 많은 것을 무차별적으로 소비하는 인간의 모습을 반성하고 있다. 그리고 인간이 자연에 가한 폭력에서 현대 문명이 인간에게 가한 폭력으로 생각을 확장하여, 자연뿐만 아니라 인간마저 소비의 객체로 전락시키는 현대 문명의 비정함과 폭력성을 비판하고 있다. 마지막으로 글쓴이는 싹을 틔울 수 있는 저력을 지닌 솔방울을 사랑하기를 당부하고, 소나무와 같이 뜻과 힘을 모은다면 무수한 폭력을 이겨 낼 수 있음을 비유적으로 제시하고 있다.

작품 연구소

이 글에 제시된 소나무에 대한 글쓴이의 생각

소광리 소나무 숲의 소나무	작은 땅에 뿌리내리고 사는 소나무를 보고, 너무 많은 것을 소비하며 사는 인간의 삶을 반성함.
남산의 소나무	문명에 고립되어 목말라하는 모습에 안타까움을 느끼고 솔방울을 사랑해야 한다고 생각함.

'소나무'와 '소나무 같은 사람'의 의미

소나무	→	소나무 같은 사람
몇백 년의 시간 동안 묵묵히 풍상을 겪어 내는 존재	소나무의 덕성 적용	문명의 폭력성을 묵묵히 견디어 내는 존재

글쓴이의 깨달음

관찰 및 떠올림	깨달음
'신발 한 켤레의 토지'만을 차지한 채 우람하게 서 있는 소나무를 봄.	좁은 땅에서도 우람한 자태를 드러내는 소나무에 감탄하며 많은 것을 소비하기만 하고 무엇 하나 이루어 내지 못한 자신을 반성함.
산판일을 하는 사람들의 불문율에 관해 생각함.	인간의 욕심 때문에 베어진 나무의 노기를 떠올리며 인간이 자연에 가한 폭력과 폭력적인 소비 행태를 반성함.
거인에게 잡아먹힌 소년에 관한 신화를 생각함.	힘들고 어려운 상황에서도 희망을 잃지 않아야 한다고 생각함.

소재의 상징적 의미

소재	상징적 의미
솔방울	황폐해지고 척박해진 환경에서도 소생할 수 있는 저력과 희망
쇠	문명의 폭력
자루	도구

함께 읽으면 좋은 작품

〈한 그루 나무처럼〉, 윤대녕 / 삶의 자세를 성찰하는 작품

약수터의 참나무에 박혀 있는 대못을 빼 준 것을 계기로 참나무와 인연을 맺은 사연을 소개하고, 이를 통해 삶의 태도를 반성하며 변치 않는 내면을 지닌 사람이 되고 싶다는 바람을 드러낸 수필이다. 일상적 소재인 나무를 통해 자신의 삶을 되돌아보며 앞으로의 삶의 태도에 대한 깨달음을 나타낸 점에서 이 글과 비교하여 읽어 볼 수 있다.

Link 본책 90쪽

키 포인트 체크

제재	☐☐☐ 숲에서의 체험을 바탕으로 현대인의 삶에 대해 성찰하고 있다.
관점	글쓴이는 이기적으로 무차별적인 ☐☐를 하는 인간의 행태와, 무한 ☐☐의 비정한 논리가 지배하는 현실을 비판하고 있다.
표현	이기적이고 소비적인 인간과 ☐☐적인 존재로 '소나무'를 설정하여 깨달음을 제시하고 있다.

1 이 글에 대한 설명으로 적절하지 <u>않은</u> 것은?
① 경어체를 사용한 편지글 형식으로 서술하고 있다.
② 자연에서 얻은 깨달음을 인간 문제로 확대하고 있다.
③ 자연과 인간의 대조를 통해 교훈과 깨달음을 주고 있다.
④ 비유와 상징을 사용하여 주제를 효과적으로 드러내고 있다.
⑤ 문명의 폭력성을 극복하기 위해 자연과의 합일을 주장하고 있다.

내신 적중

2 이 글의 내용을 고려할 때, ㉠과 같은 사람으로 적절한 것은?
① 자연과의 조화와 합일을 추구하는 사람
② 적극적인 소비의 주체로서 살아가려는 사람
③ 무한 경쟁에서 살아남아 최고의 자리에 오른 사람
④ 인간의 목적에 맞게 자연을 다스리고 활용하는 사람
⑤ 현대 문명 속에서 문명의 폭력을 묵묵히 견디는 사람

3 ㉡과 상징적 의미가 가장 유사한 것은?

> **보기**
>
> 푸른 산이 흰 구름을 지니고 살 듯
> ①내 머리 위에는 항상 푸른 하늘이 있다
>
> 하늘을 향하고 ②산림처럼 두 팔을 드러낼 수 있는 것이 얼마나 숭고한 일이냐.
>
> 두 다리는 비록 연약하지만 ③젊은 산맥으로 삼고 부절히 움직인다는 둥근 지구를 밟았거니……
>
> 푸른 산처럼 든든하게 지구를 디디고 사는 것은 얼마 기쁜 일이냐
>
> 뼈에 저리도록 '생활'은 슬퍼도 좋다
> ④저문 들길에 서서 ⑤푸른 별을 바라보자……
>
> 푸른 별을 바라보는 것은 하늘 아래 사는 거룩한 나의 일과이거니……
>
> – 신석정, 〈들길에 서서〉

4 ㉢의 문맥적 의미를 〈조건〉에 맞게 쓰시오.

> **조건**
>
> ⓐ와 ⓑ의 상징적 의미를 고려하여 쓸 것.

019

새 출발점에 선 당신에게 | 신영복

문학 비상
국어 창비

🎯 핵심 정리
갈래 경수필
성격 교훈적, 비유적
제재 대학 예비 합격자들에게 해 줄 말
주제 삶의 본질을 추구하며 실천하는 삶을 살기를 당부함.
특징 ① 자신의 체험을 제시하여 설득력을 얻음.
② 모두에게 적용될 수 있는 '당신'이라는 독자를 설정함.
출전 《나무야 나무야》(1996)

> **Q** 글쓴이가 두 일화를 통해 전하고자 하는 바는?
>
> 글쓴이는 노인 목수가 집을 그리는 모습을 보고 충격을 받았던 과거의 경험과, 차치리라는 사람과 관련된 옛이야기를 서두에서 언급하고 있다. 이를 통해 글쓴이는 본질을 보지 못하고 본질이 아닌 것에 집착하는 사람의 어리석음을 비판하고 있다.

💡 어휘 풀이
주춧돌 기둥 밑에 기초로 받쳐 놓은 돌. 집을 지을 때 가장 먼저 놓아야 함.
도리 서까래를 받치기 위하여 기둥 위에 건너지르는 나무.
본 버선이나 옷 따위를 만들 때에 쓰기 위하여 본보기로 만든 실물 크기의 물건.

🔖 구절 풀이
❶ 나의 서가가 ~ 낭패감이었습니다. '서가'는 글쓴이가 쌓아 온 지식, 학문의 세계를 의미한다. 노인 목수가 그린 집 그림을 보고 본질을 추구하지 않던 자신을 반성하게 된 것이다.
❷ 나는 당신을 위로하기 ~ 것이기 때문입니다. 이 글을 쓴 의도를 밝히고 있다. '당신'이 위로의 대상이 아니라는 말은 앞으로 펼쳐진 당신의 미래를 비추어 보았을 때 현재의 모습이 실패가 아님을 분명히 하고 있는 것이다.
❸ 중간은 풍요한 ~ 낭만은 없습니다. '중간'은 최고의 자리에 올라가지 못한 위치이다. 그러나 글쓴이는 '중간'이 다양한 경험을 할 수 있는 중요한 자리라고 말하고 있다. 글쓴이의 가치관이 드러나는 부분이다.
❹ 드높은 삶을 '예비'하는 ~ 믿고 있습니다. 대학의 예비 합격자들을 구체적인 독자로 설정하고 있다. 그리고 그들의 신분을 재해석하여, 삶이라는 큰 가치의 지평에서 '합격자'가 될 것을 '예비'라는 메시지를 전달하고 있다.

👤 작가 소개
신영복(본책 56쪽 참고)

[가] 나와 같이 징역살이를 한 노인 목수 한 분이 있었습니다. 언젠가 그 노인이 내게 무얼 설명하면서 땅바닥에 집을 그렸습니다. 그 그림에서 내가 받은 충격은 잊을 수 없습니다. 집을 그리는 순서가 판이하였기 때문입니다. 지붕부터 그리는 우리들의 순서와는 거꾸로였습니다. 먼저 *주춧돌을 그린 다음 기둥·*도리·들보·서까래·지붕의 순서로 그렸습니다. 그가 집을 그리는 순서는 집을 짓는 순서였습니다. 일하는 사람의 그림이었습니다. 세상에 지붕부터 지을 수 있는 집은 없습니다. 그럼에도 불구하고 지붕부터 그려 온 나의 무심함이 부끄러웠습니다. ❶나의 서가(書架)가 한꺼번에 무너지는 낭패감이었습니다.

[나] 차치리(且置履)라는 사람이 어느 날 장에 신발을 사러 가기 위하여 발의 크기를 *본으로 떴습니다. 이를테면 종이 위에 발을 올려놓고 발의 윤곽을 그렸습니다. 한자(漢字)로 그것을 탁(度)이라 합니다. 그러나 막상 그가 장에 갈 때는 깜박 잊고 탁을 집에 두고 갔습니다. 신발 가게 앞에 와서야 탁을 집에다 두고 온 것을 깨닫고는 탁을 가지러 집으로 되돌아갔습니다. 제법 먼 길을 되돌아가서 탁을 가지고 다시 장에 도착하였을 때는 이미 장이 파하고 난 뒤였습니다. / 그 사연을 듣고는 사람들이 말했습니다.
"탁을 가지러 집에까지 갈 필요가 어디 있소. 당신의 발로 신어 보면 될 일이 아니오."
차치리가 대답했습니다. / ㉠"아무려면 발이 탁만큼 정확하겠습니까?"
주춧돌부터 집을 그리던 그 노인이 발로 신어 보고 신발을 사는 사람이라면 나는 탁을 가지러 집으로 가는 사람이었습니다.
탁(度)과 족(足), 교실과 공장, 종이와 망치, 의상(衣裳)과 사람, 화폐와 물건, 임금과 노동력, 이론과 실천…… 이러한 것들이 뒤바뀌어 있는 우리의 사고(思考)를 다시 한번 반성케 하는 교훈이라고 생각합니다.

[다] ❷나는 당신을 위로하기 위하여 이 이야기를 전하는 것이 아닙니다. '위로'는 진정한 애정이 아닙니다. 위로는 그 위로를 받는 사람으로 하여금 스스로가 위로의 대상이라는 사실을 확인케 함으로써 다시 한번 좌절하게 하는 것이기 때문입니다. / 나는 당신이 대학의 강의실에서 이 편지를 읽든 아니면 어느 공장의 작업대 옆에서 읽든 상관하지 않습니다. 어느 곳에 있건 탁이 아닌 발을 상대하고 있다면 상관없다고 생각합니다. [중략]
그래서 나는 당신의 수능 시험 성적 100점은 그야말로 만점인 100점이라고 생각합니다. 그것은 올해 당신과 함께 고등학교를 졸업한 67만 5천 명의 평균 점수입니다. 당신은 친구들의 한복판에 서 있다는 것을 잊지 말아야 합니다. ❸중간은 풍요한 자리입니다. 수많은 곳, 수많은 사람을 만나는 자리입니다. 그보다 더 큰 자유와 낭만은 없습니다.

[라] 언젠가 우리는 늦은 밤 어두운 골목길을 더듬다가 넓고 밝은 길로 나오면서 기뻐하였습니다. 아무리 작은 실개천도 이윽고 강을 만나고 드디어 바다를 만나는 진리를 감사하였습니다. 주춧돌에서부터 집을 그리는 사람들의 견고한 믿음입니다. 당신이 비록 지금은 어둡고 좁은 골목길을 걷고 있다고 하더라도 나는 당신을 걱정하지 않습니다. 당신의 발로 당신의 삶을 지탱하고 있는 한 언젠가는 넓은 길, 넓은 바다를 만나리라고 믿고 있습니다. ❹드높은 삶을 '예비'하는 진정한 '합격자'가 되리라고 믿고 있습니다. 그리고 그 길의 어디쯤에서 당신과 만날 수 있기를 기대합니다.

> • 중심 내용 새 출발을 앞둔 사람들에게 본질적인 것을 추구하는 자세를 지닐 것을 당부함.

이해와 감상

이 글은 인생의 새로운 출발을 앞둔 사람들이 갖추어야 할 삶의 자세에 대하여 편지 형식으로 쓴 수필이다. 이 글에서 '당신'은 본질을 보지 못하고 겉모습과 형식에 집착하는 모든 사람이라고 할 수 있다. 글쓴이는 세상에 나아갔을 때 진정한 중요한 것은 성적, 실력 등이 아니라 우리 사회를 지탱하고 있는 많은 사람과의 연대이며 앞으로의 인생을 주체적으로 살아가야 한다고 설득하고 있다. 글쓴이는 목수를 만났던 경험과 차치리의 고사를 제시하여 본질이 아닌 것을 추구하는 사람의 어리석음을 비판하고, 어디에 있든 본질을 실천하는 삶을 살아가는 사람이 드높은 삶을 예비하는 진정한 합격자임을 강조하고 있다.

작품 연구소

〈새 출발점에 선 당신에게〉의 특징

형식상 특징	독자를 받는 사람으로 설정하고 쓴 편지글 형식
내용상 특징	글쓴이의 체험, 차치리 고사의 인용, 비유적 표현을 통해 삶의 본질을 추구하고 실천하는 삶을 살기를 당부함.

〈새 출발점에 선 당신에게〉에 나타난 일화에 담긴 의미

	본질인 것	본질이 아닌 것
노인 목수의 그림	• 집을 짓는 순서대로 집을 그림. • 구체적 실천에서 나온 그림	• 집의 지붕부터 그림. • 실천 없는 추상적 관념에서 나온 그림
차치리의 일화	족(足)	탁(度)

↓

중요한 것(본질)과 부수적인 것(본질이 아닌 것)이 뒤바뀌어 있는 우리의 사고를 비판하고, 삶의 본질을 추구할 것을 당부함.

자료실

《나무야 나무야》에서 '당신'의 의미

《나무야 나무야》가 독자들의 가슴에 강하게 와닿는 이유는 글 전체를 부드러운 교감의 장으로 만들어 주는 경어체의 서간문과 그 수신인인 '당신'의 역할 때문이다. 물론 독자에 대한 친밀감과 공감의 장을 확대하는 저자의 노력으로 해석할 수도 있겠지만, '당신'은 막연한 일반 독자나 단순한 문화적 장치로만 제한되기엔 그 역할이 매우 구체적이고 또 저자와 특별한 사적 공감대가 형성된 존재이다. '당신'은 저자를 방문지로 안내하고 중요한 관점을 제시해 주는 정신적 여행 가이드이자, 훌륭한 충고자이며 절친한 친구로, 때로는 저자의 내면의 목소리나 제2의 자아와 같은 다양한 역할을 담당한다.

저자는, 자신의 글을 구체적인 수신 대상이 있는 서간문체로 씀으로써 엽서의 발신인과 수신인, 작가와 독자 간의 탄탄한 관계를 설정한다. 저자는 이 '당신'을 매개로 자연스럽게 독자와 만나고, 자신의 느낌과 깨달음을 '당신'에게 투영시킴으로써 자신을 내세우지 않으면서 겸손하고 자연스럽게 생각을 펼쳐 보인다.

– 조병은 외, 《신영복 함께 읽기》

함께 읽으면 좋은 작품

〈꽃들에게 희망을〉, 트리나 폴러스 / 삶의 자세를 탐구하고 있는 작품

살벌한 현실 속에서 참된 자아를 발견하는 나비의 이야기를 담고 있는 소설이다. 자아를 발견하는 과정의 고통을 이겨 내게 하는 힘이 희망과 사랑임을 전달하고 있다. 진정한 삶의 자세를 탐구하고 있다는 점에서 이 글과 비교하여 읽어 볼 수 있다.

키 포인트 체크

- **제재** 인생의 새 ☐☐을 앞둔 사람들이 갖추어야 할 자세에 대해 이야기하고 있다.
- **관점** 글쓴이는 ☐☐을 추구하며 실천하는 삶을 살 것을 당부하고 있다.
- **표현** 글쓴이의 ☐☐과 고사를 제시하여 본질과 본질이 아닌 것의 구분에 대한 깨달음을 전하고 있다.

1 이 글에 대한 설명으로 가장 적절한 것은?
① 글쓴이의 경험을 제시하여 견해를 뒷받침하고 있다.
② 특정한 독자에 관한 전문적인 내용을 서술하고 있다.
③ 고사(古事)를 인용하여 옛것의 소중함을 전하고 있다.
④ 대비되는 두 가지 개념을 절충하여 결론을 제시하고 있다.
⑤ 글쓴이가 기대하는 독자의 모습을 글쓴이의 삶과 관련짓고 있다.

내신 적중 多빈출

2 이 글에서 그 의미 관계가 **이질적인** 것은?
① 화폐 ― 물건
② 이론 ― 실천
③ 탁(度) ― 족(足)
④ 대학의 강의실 ― 어느 공장의 작업대
⑤ 글쓴이의 집 그리는 순서 ― 목수의 집 그리는 순서

3 이 글을 읽은 독자의 반응으로 적절하지 **않은** 것은?
① 글쓴이는 삶의 본질을 추구하는 자세가 드높은 삶에 이르는 길이라고 보고 있어.
② 글쓴이는 본질보다 본질이 아닌 것에 집착하는 사람들의 어리석음을 비판하고 있어.
③ 글쓴이는 목수의 그림을 보고 관념적 지식으로 사고하는 자신에 대해 반성하고 있어.
④ 글쓴이는 힘들게 살아가는 젊은이들에게 위로의 말이 큰 힘이 된다는 점을 전하고 있어.
⑤ 글쓴이는 '중간'이라는 위치가 다양한 인간관계를 형성할 수 있다는 점에서 긍정적이라고 보고 있어.

4 ㉠과 같은 사고를 비판할 때 사용할 수 있는 한자 성어로 가장 적절한 것은?
① 망양지탄(亡羊之歎)
② 연목구어(緣木求魚)
③ 온고지신(溫故知新)
④ 주객전도(主客顚倒)
⑤ 흥진비래(興盡悲來)

5 글쓴이가 (가)에서 깨달은 바가 무엇인지 30자 내외로 쓰시오.

020 젊은 아버지의 추억 | 성석제

문학 지학사

핵심 정리

갈래 경수필

성격 고백적, 회고적, 성찰적

제재 어린 시절, 아버지와의 대화

주제 아들의 치기 어린 자만심을 스스로 깨닫게 한 아버지의 지혜

특징 ① 글쓴이의 개성과 삶의 경험이 진솔하게 드러나고 있음.
② 과거의 일을 회상하여 서술함.

출전 《쏘가리》(1998)

어휘 풀이

기인(起因)하다 어떠한 것에 원인을 두다.

자존망대 앞뒤 아무런 생각도 없이 함부로 잘난 체함.

주마가편 달리는 말에 채찍질한다는 뜻으로, 열심히 하는 사람을 더욱 잘하도록 격려함을 이르는 말.

감복(感服) 마음속으로 감동하여 탄복함.

구절 풀이

❶ **나는 평소에 비해 숙제를 ~ 식구들에게 경어를 사용했다.** 글쓴이가 자신을 천재라고 생각하며 '자존망대형 조발성 천재 증후군'을 앓고 있는 상황과 관련 있는 것으로, 경어를 사용함으로써 좀 더 성숙하고 어른스러운 모습을 식구들에게 보여 주려는 의도에서 나온 행동이라 할 수 있다.

❷ **그 물음에는 천재인 나도 대답할 말을 쉽게 찾을 수 없었다.** 아버지는 글쓴이에게 자신이 없을 때 두려움에 떨도록 함으로써 세상살이가 그리 호락호락하지 않음을 깨닫게 해 준다. 아무리 천재인 양 해도 세상을 사는 일이 그리 만만치 않음을 깨달은 글쓴이는 아버지의 물음에 아무런 대꾸를 할 수 없었던 것이다.

Q 아버지가 자만심에 빠진 글쓴이를 대한 방식은?

아버지는 바람이 세게 부는 어두운 밤길에 글쓴이를 혼자 두게 한 다음에 그 기분을 묻고 있다. 즉, 글쓴이를 질책하거나 직접 훈계하지 않고 글쓴이가 스스로 자신의 잘못을 깨우치도록 유도하고 있다.

작가 소개

성석제, (1960~) 소설가. 해학과 풍자 또는 익살과 과장을 통해 인간의 다양한 국면을 그린 작품을 주로 썼다. 주요 작품으로 〈내 인생의 마지막 4.5초〉, 〈황만근은 이렇게 말했다〉 등이 있다.

열세 살이 되기 직전의 겨울, 나는 전형적인 사춘기적 증상과 맞부닥쳤다. 굳이 이름을 붙인다면 '주제 파악 불량에서 °기인하는 °자존망대형(自尊妄大型) 조발성(早發性) 천재 증후군'이라 하겠는데, 그 증상은 먼저 학교에 가기 싫어하는 것으로 나타난다. 나는 일단 그 증상에 관해 아버지와 대화를 나눠 보기로 했다. 내가 아버지의 아들인 이상, 아버지도 나와 같은 나이에 나와 같은 문제로 고민했을 게 아닌가. 천재는 유전이니까.

㉠❶나는 평소에 비해 숙제를 충실히 했고 어둡기 전에 집으로 들어왔으며 모든 식구들에게 경어를 사용했다. 그래서 "쟤가 요즈음 웬일이야."라는 찬사가 우리 집 지붕을 뚫고 하늘에 이르렀다가 다시 땅으로 떨어져 아버지의 귀에 들어가기를 기다렸다(이 원리는 라디오에서 배운 것임). [중략]

인적이 드문 신작로에 들어선 나는 조심스럽게 "아부지!" 하고 불렀다.

"왜?" / "드릴 말씀이 있습니다. 사나이 대 사나이로서."

아버지는 그날 마신 술로 기분이 좋았다. / "싸나아이? 어디 한번 해 보니라."

"저 학교에 안 가면 안 되겠습니까? 배울 것도 없는 것 같고 애들도 너무 유치해서 사귈 마음이 나지 않습니다. 차라리 자연과 라디오를 스승 삼고 주경야독으로 제 수준에 맞는 진학 준비를 하는 것이 좋겠다고 생각합니다. 어떻게 생각하시는지요?"

아버지는 한동안 말이 없이 씨익씨익, 하고 페달만 밟으셨다.

나는 얼씨구, 내 말이 먹혀드는구나 싶어 °주마가편(走馬加鞭) 격으로 말을 쏟아 냈다.

"실은 제 정신 수준은 보통 사람의 서른 살에 도달했다고 판단한 지 어언 두 달이 넘었습니다. 어쩌면 대학도 갈 필요가 없는지도 모르겠습니다. 비싼 학비를 안 대 주셔도 되니이 얼마나 좋은 일이겠습니까?"

아버지는 자전거를 세우고는 거의 표준말에 가까운 억양과 어휘로 말했다.

"고맙다, 내 걱정까지 해 주다니. 그렇지만 조금 더 생각을 해 보아라. 시간을 줄 테니."

그러고는 달빛 비치는 서산을 넘어 불어오는 바람 속에 자전거를 세워 두고는 신작로 아래 냇가로 내려갔다. 나는 아버지가 오줌을 누러 가시나 보다, 생각하고는 자전거 위에 앉은 채로 기다리고 있었다. / ㉡그런데 아버지는 한참이나 지났는데도 오시지 않았다.

세차게 불어오는 바람에 자전거는 금방이라도 쓰러질 것 같았다. 그렇지만 자칫 잘못 내리다가는 자전거와 함께 신작로 아래로 굴러떨어질 것 같아 이러지도 저러지도 못한 채 떨면서 기다리고 있을 수밖에 없었다. 아버지가 앉았던 안장을 움켜쥐고 내가 하느님을 서너번은 족히 불렀을 때 비로소 아버지가 올라왔다.

"달밤에 신작로 위에서 자전거 타고 혼자 있으니까 세상이 다 니 아래로 보이더냐?"

아버지는 자전거를 끌면서 말씀하셨다.

❷그 물음에는 천재인 나도 대답할 말을 쉽게 찾을 수 없었다.

그때 ⓐ아버지의 나이가 사십 대 초입이었다.

ⓑ나는 내 아이가 내게 그렇게 말해 온다면 어떻게 할까 생각해 본다. 준비되지 않은 채 몸과 마음만 들뜬 아이를 마음으로 °감복시킬 생각을 하지 못하고 어떻게든 세상의 틀에 우겨 넣으려는 한, 내 중년은 아버지의 중년에 비할 수 없이 유치하다.

• **중심 내용** 자만심에 빠져 있던 글쓴이를 스스로 깨우치게 한 아버지의 지혜와 성숙함.

이해와 감상

이 글은 어린 시절 자만심에 빠져 있던 글쓴이를 아버지가 지혜롭게 일깨워 줬던 일화를 소개하면서 삶에 대한 깨달음을 전하는 수필이다. 사춘기적 증상에 빠져 자신을 천재라고 생각했던 글쓴이는 학교에 가지 않고 혼자 공부하고 싶다고 아버지에게 말한다. 아버지는 그런 아들의 의견을 묵살하거나 직접 훈계하지 않고, 아들이 스스로 깨달을 수 있도록 지혜롭게 이끌어 주고 있다. 그리고 이러한 아버지의 달리 자식을 마음으로 감복시킬 수 있는 태도를 아직 지니지 못한 자신에 대한 반성과 성찰로 글을 마무리하고 있다.

이 글은 자기중심적인 세계관에 사로잡혀 있는 사춘기 시절의 경험을 제재로 삼아 독자들의 공감을 불러일으키면서 웃음을 유발한다. 특히 한자를 활용하여 새로운 어구를 만들고, 부연 설명을 통해 재미를 유발하는 등 글쓴이의 익살스럽고 재기 발랄한 개성이 잘 드러나 있다.

작품 연구소

글쓴이의 경험과 깨달음

글쓴이는 사춘기적 증상에 빠져 아버지에게 앞으로 학교에 가지 않겠다고 함.

↓

아버지는 좀 더 생각해 보라고 말하며 자전거 위에 글쓴이를 남겨 두고 혼자 냇가로 내려감.

↓

글쓴이는 세차게 불어오는 바람에 자전거와 함께 신작로 아래로 굴러떨어질까 두려움에 떨며 아버지를 기다림.

↓

아버지가 올라와 달밤에 자전거 타고 혼자 있으니 세상이 다 아래로 보이냐고 물음.

↓

자만심에 빠져 있던 자신의 잘못을 스스로 깨달음.

아버지가 아들에게 가르침을 준 방식

가르침을 준 방식	의도
• 자만심에 빠진 아들이 학교를 그만두고 싶다고 말하자, 조금 더 생각해 보라며 시간을 줌. • 아들을 어두운 밤에 신작로 위에 혼자 있게 한 뒤 그 기분을 물어봄.	직접 훈계하지 않고 아들이 스스로 깨달을 수 있도록 하기 위해

글쓴이가 중년의 아버지를 기억하게 된 까닭

자식을 세상의 틀에 우겨 넣으려 한 중년의 글쓴이	⟷	자식을 마음으로 감복시킨 중년의 아버지

↓

아버지와 같은 연배가 됐지만 아버지만큼 자식을 지혜롭게 대하지 못하는 자신의 부족함에 대한 반성과 성찰

함께 읽으면 좋은 작품

〈눈 감아라 눈 감아라〉, 김용택 / 어머니의 말씀에서 얻은 깨달음이 담긴 작품

어머님의 말씀을 통해 눈에 보이지 않는 모든 생명이 다 소중하다는 인식을 드러내고 있는 글이다. 글쓴이는 어머니의 말씀을 통해 우리 주변에 지금 당장 보이지는 않지만 수많은 생명이 존재함을 인식하게 된다. 아버지의 지혜로 깨달음을 얻은 이 글과 비교하여 읽어 볼 수 있다.

Link 본책 146쪽

키 포인트 체크

제재 사춘기 시절, 자만심에 빠진 글쓴이를 깨우쳐 준 □□□와의 일화를 전하고 있다.

관점 글쓴이는 자식을 마음으로 감복시킨 아버지를 떠올리며 아버지에 비해 부족한 자신을 □□하고 있다.

표현 □□를 활용하여 새롭게 어구를 만들고, 괄호를 이용하여 부연 설명을 하면서 재미를 유발하고 있다.

1 이 글의 내용과 일치하지 <u>않는</u> 것은?

① 글쓴이는 사춘기를 겪으면서 자만심에 빠졌다.

② 글쓴이는 더 이상 배울 것이 없어 학교에 갈 필요가 없다고 생각한다.

③ 아버지는 글쓴이를 홀로 두고 냇가로 내려간 후 한참 동안 오시지 않았다.

④ 아버지는 학교에 가지 않겠다는 글쓴이의 말을 듣고 시간을 갖고 생각하라고 말한다.

⑤ 글쓴이는 아버지가 천재인 자신을 이해하지 못할 것으로 생각했지만 아버지께 조언을 구한다.

2 이 글에 대한 설명으로 적절하지 <u>않은</u> 것은?

① 과거 회상을 통해 현재의 삶을 성찰하고 있다.

② 익살스러운 글쓴이의 개성적 문체가 잘 드러나 있다.

③ 비슷한 내용의 일화를 병렬하여 주제를 강조하고 있다.

④ 글쓴이의 체험을 통해 깨달은 삶의 교훈을 전하고 있다.

⑤ 아버지와의 대화를 통해 잘못을 깨닫는 글쓴이의 모습이 나타나 있다.

<u>내신 적중</u>

3 ㉠의 이유로 가장 적절한 것은?

① 빨리 대학교에 가서 공부하고 싶어서

② 식구들로부터 무시당하지 않기 위해서

③ 순수하고 진실한 성격을 보여 주기 위해서

④ 천재답고 성숙한 태도를 보여 주기 위해서

⑤ 학교에서 배운 바를 실천하고 있음을 나타내기 위해서

4 ㉡에 담긴 아버지의 생각으로 가장 적절한 것은?

① '아버지란 존재의 무서움을 보여 줘야지.'

② '세상살이가 어렵다는 것을 알게 해 줘야지.'

③ '아버지의 사랑이 어떤 것인지 알게 해 줘야지.'

④ '어른을 공경하는 일의 중요함을 알게 해 줘야지.'

⑤ '어려울 때 친구의 도움이 필요하다는 사실을 알게 해 줘야지.'

5 ⓐ, ⓑ가 부모로서 자식을 대하는 태도가 어떻게 다른지 각각 쓰시오.

[국어] 지학사
[독서] 미래엔

✍ 핵심 정리
갈래 경수필
성격 서정적, 체험적, 교훈적
제재 탱자나무
주제 삶이 주는 고통을 슬기롭게 받아들여 삶의
자양분으로 삼아야 함.
특징 ① 구체적인 사물을 통한 비유를 사용하여
　　　주제를 전달함.
　　　② 일상적 경험을 바탕으로 교훈을 이끌어
　　　냄.
출전 《반 통의 물》(1999)

💡 어휘 풀이
로트레크(Lautrec) 프랑스의 화가(1864~1901).
파리의 몽마르트르에 살면서 독자적 화풍으로 댄
서, 가수, 창부 따위의 풍속을 그렸다. 작품에 〈물랭
루주〉가 있다.
웃자라다 쓸데없이 보통 이상으로 많이 자라 연약
하게 되다.
겸허(謙虛) 스스로 자신을 낮추고 비우는 태도가
있음.
전언(傳言) 말을 전함. 또는 그 말.

🔖 구절 풀이
**❶ 가시 자체가 무엇인가 ~ 중요하지 않을까 싶
다.** 가시의 긍정적인 면을 깨닫게 되면서 삶에
도움이 되는 방향으로 가시, 즉 삶의 고통을 받
아들이고 이겨 내려는 태도가 필요함을 이야기
하고 있다.
❷ 너무 아름답거나 ~ 자주 보게 된다. 글쓴이는
지나치게 많거나 넘쳐서 가시가 없는 것이 오
히려 불행이 될 수 있음을 말하고 있다.
**❸ 내게 열매와 꽃과 가시를 처음으로 가르쳐 준
나무.** 탱자나무의 가시는 꽃과 열매를 지키기
위한 것이라는 아버지의 말씀을 통해 열매를
얻기 위해서는 가시가 필요함을 깨달은 것을
가리킨다.

> **Q** '탱자나무'를 통해 글쓴이가 깨달은 것
> 은?
>
> 어린 시절 탱자나무 가시의 의미를 알게 된 일과
> 성장기를 거치며 자신에게도 가시가 자라난 경
> 험을 통해 가시가 우리의 삶에 긍정적인 역할을
> 할 수 있음을 깨달았다. 글쓴이는 어차피 뺄 수
> 없는 가시라면 그것을 지혜롭게 받아들이고 다
> 스려 삶을 발전시키는 원동력으로 삼아야 함을
> 말하고 있다.

👤 작가 소개

나희덕(1966~)
시인. 대상에 대한 따뜻한 시선
과 섬세하고 조용한 어조를 바
탕으로 자연과 생명에 관심을
기울이는 작품을 많이 썼다. 주
요 작품으로 시집 《뿌리에게》,
《어두워진다는 것》, 수필집 《반 통의 물》, 《저 불
빛들을 기억해》 등이 있다.

전략 부분의 내용 집집마다 탱자나무 울타리가 많았던 어린 시절, 탱자 가시에 찔려 벌겋게 부어오른 상처를 보
며 글쓴이는 가시에는 독이 있을 거라고 단정한다. 가시는 아름다운 꽃과 열매를 지키기 위한 것이라는 아버지의
말씀을 들은 뒤, 글쓴이는 제 가시에 찔려 상처를 입은 탱자 꽃잎에 알 수 없는 슬픔을 느낀다.

　한번 심어지고 나면 쉽게 뽑아낼 수 없는 탱자나무 같은 것이 마음에 자리 잡고 있다는
것을, 뽑아내려고 몸부림칠수록 가시는 더 아프게 자신을 찔러 댄다는 것을 알게 되었다.
그 후로 내내 크고 작은 가시들이 나를 키웠다. 　　　　　　　　▶ 글쓴이의 마음속에 자리 잡은 가시

　아무리 행복해 보이는 사람에게도 그를 괴롭히는 가시는 있기 마련이다. 어떤 사람에게
는 용모나 ㉠육체적인 장애가 가시가 되기도 하고, 어떤 사람에게는 ㉡가난한 환경이 가
시가 되기도 한다. 나약하고 내성적인 성격이 가시가 되기도 하고, ㉢원하는 재능이 없다
는 것이 가시가 되기도 한다. 그리고 그 가시 때문에 오래도록 괴로워하고 삶을 혐오하게
되기도 한다. 　　　　　　　　　　　　▶ 삶을 고통스럽게 하는 가시

　로트레크라는 화가는 부유한 귀족의 아들이었지만 사고로 인해 두 다리를 차례로 다쳤
다. 그로 인해 다른 사람보다 다리가 자유롭지 못했고 다리 한쪽이 좀 짧았다고 한다. 다리
때문에 비관한 그는 방탕한 생활 끝에 결국 불우한 생을 마감했다. 그러나 그런 절망 속에
서 그렸던 그림들은 아직까지 남아서 전해진다.
　"내 다리 한쪽이 짧지 않았더라면 나는 그림을 그리지 않았을 것이다."라고 그는 말한 적
이 있다. 그에게 있어서 가시는 바로 ㉣남들보다 약간 짧은 다리 한쪽이었던 것이다.
　　　　　　　　　　　　　▶ 로트레크에게 가시가 갖는 의미
　로트레크의 그림만이 아니라, 우리가 오래 고통받아 온 것이 오히려 존재를 들어 올리는
힘이 되곤 하는 것을 겪곤 한다. 그러니 ❶가시 자체가 무엇인가 하는 것은 그리 중요한 문
제가 아닐지도 모른다. 어차피 뺄 수 없는 삶의 가시라면 그것을 어떻게 받아들이고 다스
려 나가느냐가 더 중요하지 않을까 싶다. 그것마저 없었다면 우리는 인생이라는 잔을 얼마
나 쉽게 마셔 버렸을 것인가. 인생의 소중함과 고통의 깊이를 채 알기도 전에 얼마나 웃자
라 버렸을 것인가.

　실제로 ❷너무 아름답거나 너무 부유하거나 너무 강하거나 너무 재능이 많은 것이 오히
려 삶을 망가뜨리는 경우를 자주 보게 된다. 그런 점에서 사람에게 주어진 고통, 그 날카로
운 가시야말로 그를 참으로 겸허하게 만들어 줄 선물일 수도 있다. 그리고 뽑혀지기를 간
절히 바라는 가시야말로 우리가 더 깊이 끌어안고 살아야 할 존재인지도 모른다.
　　　　　　　　　　　　　▶ 가시의 긍정적 역할
　가시 박힌 상처가 벌겋게 부어올라 마음이 쉽게 가라앉지 않는 날, 나는 고향의 탱자나
무 울타리를 떠올리곤 한다. 둥근 탱자를 손에 쥐고 다니던 그때, 탱자 가시로 장난을 치곤
하던 그때, 내 삶에 이런 가시들이 돋아나리라고는 짐작조차 할 수 없었던 그때…… 그 평
화롭던 유년의 울타리가 탱자나무로 되어 있었다는 사실이 내게는 어떤 전언처럼 받아들
여진다.

　❸내게 열매와 꽃과 가시를 처음으로 가르쳐 준 나무. 내가 살아가면서 잃어버려야 할 것
과 ㉤지켜 가야 할 것을 동시에 보여 준 나무. 그러면서 나와 함께 좁은 나이테를 늘려 가
고 있을 탱자나무. 눈앞에 그 짙푸른 탱자나무를 떠올리고 있으면 부어오른 마음도 조금은
가라앉게 되는 것이다. [후략]
　　　　　　　　　　　　　▶ 탱자나무를 통해 얻은 깨달음

・**중심 내용** 가시의 긍정적 의미와 이를 통해 얻은 깨달음

이해와 감상

이 글은 탱자나무에 얽힌 유년 시절의 체험을 바탕으로 삶에서 고통이 주는 의미를 성찰하고 있는 수필이다. 글쓴이는 인생에서 경험하는 고통을 탱자나무의 가시에 빗대어, 탱자나무의 가시가 꽃을 지켜 열매를 맺게 하는 것처럼 삶이 주는 고통을 잘 받아들여 자신의 발전에 도움이 되게 하는 태도가 필요함을 이야기하고 있다. 인간이 성장하면서 갖게 되는 가시, 즉 삶의 고통이 인생의 소중함을 깨닫게 하고 우리를 겸허하게 만들어 주는 긍정적인 역할을 한다는 깨달음을 전하고 있다.

🏠 작품 연구소

〈내 유년의 울타리는 탱자나무였다〉의 전체 구성

글쓴이는 앞부분에서는 어린 시절과 성장기를 거치면서 자신이 경험한 내용을 회고하고 있으며 뒷부분에서는 자신의 경험을 통해 깨달은 내용을 제시하고 있다.

| 경험 | 유년기 | • 탱자 가시를 가지고 놀이를 함.
• 아버지에게 탱자 가시에 대한 가르침을 받음.
• 자신의 가시에 상처 입은 탱자 꽃잎을 봄. | 전략
부분 |
| | 유년기
이후 | • 학창 시절, 대학 시절, 결혼 생활을 겪으며 무거운 생활의 짐을 짐.
• 자신 안에서 날카로운 가시들이 자라남. | |

↓

| 깨달음 | • 가시와 같은 고통이 발전의 원동력이 되기도 함.
• 가시를 통해 인생의 소중함과 겸허함을 배울 수 있음. |

글쓴이가 추구하는 삶의 태도

| 로트레크의 이야기 | 다리가 불편함. → 그림을 그림. → 화가의 명성을 얻음. |

↓

| '가시'에 대한
새로운 생각 | 가시는 존재를 들어 올리는 힘이자 우리를 겸허하게 만들어 주는 선물임.(가시의 긍정적인 역할) |

↓

| 글쓴이의 태도 | 가시를 받아들이고 잘 다스려 삶을 발전시켜 나가고자 함. |

탱자나무 가시와 꽃, 열매의 관계

탱자나무는 '가시'를 통해 아름다운 '꽃'을 지킴으로써 '향기로운 열매'를 맺는다. 탱자나무는 날카로운 가시 때문에 스스로를 상처 입히기도 하지만, 결국 그러한 과정을 통해 '열매'를 얻을 수 있다.

▲ 탱자나무 꽃

▲ 탱자

📖 함께 읽으면 좋은 작품

〈낙화〉, 이형기 / 삶의 고통을 긍정적으로 바라보는 시각이 드러난 작품

꽃이 피고 지는 것을 인간의 사랑과 이별에 빗대어 나타낸 시이다. 꽃이 지고 열매를 맺는 것처럼 이별을 통해 영혼이 성숙할 수 있음을 이야기하며 이별을 아름답게 받아들이고자 하는 태도를 나타내고 있다.

Link 〈현대 시〉 184쪽

🔑 포인트 체크

제재 탱자나무의 □□와 관련된 유년 시절의 기억을 떠올리며 인생의 고통을 대하는 태도에 대해 이야기하고 있다.

관점 글쓴이는 삶이 주는 □□을 피하지 말고 슬기롭게 받아들여야 한다는 깨달음을 전하고 있다.

표현 고통을 구체적 사물인 가시에 □□하여 삶에서 고통이 주는 의미를 성찰하고 있다.

---

1 로트레크의 이야기와 관련하여 글쓴이가 '가시'에 대해 깨달은 내용으로 적절한 것은?

① 가시는 극복하기 힘든 고통을 안겨 준다.

② 가시는 사람들에게 삶을 혐오하게 만든다.

③ 가시에 굴복하여 실패한 삶을 산 사람이 많다.

④ 가시를 없애기 위해서는 굳은 의지와 노력이 필요하다.

⑤ 가시는 존재를 들어 올리는 힘으로, 발전의 원동력이 될 수 있다.

2 이 글을 바탕으로 하여 〈보기〉의 '그'를 이해한 내용으로 적절하지 않은 것은?

│ 보기 │

그는 대학원 학생인데, 성격상 다른 사람 앞에서 발표를 잘 못해 고민하고 있었다. 숙제라도 있는 날이면 걱정으로 잠을 이룰 수 없다고 했다. 자료 준비에서 정리, 연습까지 아무리 철저히 해도 자신이 없다는 것이다. 막상 자기 차례가 오면 어찌나 떨리는지 아는 것을 반도 발표하지 못하고, 그런 이유로 발표가 끝난 뒤에는 몹시 비참한 기분이 든다고 했다. 그리고 그런 자신이 미워진다는 것이다.

"선생님, 제 성격을 좀 바꿀 순 없을까요? 전 이것만 해결되면 아무 고민이 없습니다."

– 이시형, 〈축복받은 성격〉

① '그'의 가시는 발표를 잘 못하는 내성적인 성격이로군.

② '그'는 자신이 가지고 있는 가시 때문에 괴로워하고 있어.

③ '그'는 자신의 가시를 끌어안고 살아가야 한다는 것을 깨닫지 못하고 있어.

④ '그'가 자신의 성격을 바꾸려고 하는 것은 가시를 뽑아내려고 하는 것으로 볼 수 있겠군.

⑤ 이 글의 글쓴이라면 '그'에게 자신의 가시를 의식하지 말고 당당하게 살아가라고 조언할 거야.

3 ㉠~㉤ 중, 이 글에서 의미하는 바가 다른 하나는?

① ㉠　　② ㉡　　③ ㉢　　④ ㉣　　⑤ ㉤

내신 적중

4 삶의 고통에 대한 글쓴이의 태도에 대해 쓰시오.

│ 조건 │

1. 가시의 긍정적 역할을 포함하여 쓸 것.

2. 40자 내외로 쓸 것.

[국어] 미래엔, 비상(박안)

🎯 핵심 정리

갈래 경수필

성격 체험적, 사색적, 성찰적

제재 밭을 가꾸는 일

주제 밭을 가꾸며 자연의 소중함과 생명에 대한 사랑을 깨달음.

특징 ① 농사를 짓는 자신의 체험에서 깨달음을 이끌어 냄.

② 밭을 일구면서 느낀 점을 솔직하게 드러냄.

③ 길이가 짧은 일화를 병렬적으로 제시함.

출전 《반 통의 물》(1999)

Q 식물과 인간에게 '적절한 거리'가 중요한 이유는?

식물들을 빽빽한 간격으로 심어서 키우면 식물 사이에 적절한 거리를 확보하지 못하게 된다. 이렇게 되면 어느 것 하나 제대로 영양 섭취를 하지 못하게 되어 전체가 제대로 자랄 수 없게 된다. 글쓴이는 이러한 경험을 통해 사람 사이에서도 서로 지켜야 할 거리를 지키지 못하면 폭력과 환멸이 생겨난다는 점을 떠올리고 있다. 촘촘하게 돋아난 당근 싹을 솎아 낸 경험을 통해 깨달은 바를 나타내고 있는 것이다.

💡 어휘 풀이

대중 대강 어림잡아 헤아림.

종종거리다 발걸음을 가까이 자주 떼며 계속 빨리 걷다.

솎다 촘촘히 있는 것을 군데군데 골라 뽑아 성기게 하다.

중재(仲裁)하다 분쟁에 끼어들어 쌍방을 화해시키다.

푸성귀 사람이 가꾼 채소나 저절로 난 나물 따위를 통틀어 이르는 말.

📝 구절 풀이

❶ **그제야 농부들이 씨를 ~ 한 알은 사람을 위해.** 씨를 뿌릴 때 넉넉히 뿌리라고 했던 농부의 말에는, 농사를 지을 때에는 자연과 나눌 줄 아는 넉넉한 마음이 필요하다는 가르침이 담겨 있다는 것을 글쓴이가 깨닫게 된 부분이다.

❷ **푸성귀들을 키우는 것은 ~ 그냥 나온 게 아닌가 보다.** 농작물은 저절로 자라는 것이 아니라, 물을 주기 위해 들판을 수차례 오가는 농부의 정성과 노력으로 자란다는 의미이다.

❸ **그 젖은 길은 이내 말라 ~ 별로 보지 못했다.** 할아버지가 불편한 몸으로 텃밭의 채소에 물을 주기 위해 안간힘을 쓴 증거이기 때문에 아름답고 빛난 길이라고 표현한 것이다. 온 힘을 다해 생명을 키우는 할아버지에 대한 긍정적 인식이 드러나는 구절이다.

👤 작가 소개

나희덕(본책 62쪽 참고)

가 "좀 넉넉히 넣어요. 넉넉히." / 당근씨를 막 뿌리려는 남편에게 나는 몇 번이나 말했다. 다른 씨앗들은 한 번 키워 보았기 때문에 감을 잡을 수 있겠는데, 부추씨와 당근씨는 올해 처음 뿌리는 것이라 *대중이 서지 않았던 것이다.

게다가 아까부터 밭 주변을 *종종거리는 참새 서너 마리가 어쩐지 마음에 걸린다. 작년에도 너무 얕게 씨를 뿌려 낭패를 본 적이 있기 때문이다. 씨 뿌린 지 두 주일이 넘도록 싹이 나오지 않아 웬일인가 했더니 새들이 와서 잘 잡숫고 간 뒤였다. ❶그제야 농부들이 씨를 뿌릴 때 적어도 세 알 이상씩 심는 뜻을 알 것 같았다. 한 알은 새를 위해, 한 알은 벌레를 위해, 그리고 한 알은 사람을 위해. / 워낙 넉넉히 뿌린 탓인지, 새들이 당근씨를 별로 좋아하지 않는 탓인지, 당근 싹은 좀 늦긴 했지만 촘촘하게 돋아났다. 처음엔 그 어렵게 틔워 낸 이쁜 싹들을 *솎아 내느니 차라리 잘고 못생긴 당근을 먹는 게 낫다고 그냥 두었다. 그러나 워낙 자라는 속도가 빨라 자리를 잡지 못하고 밀려 나오는 뿌리가 하나둘이 아니었다. 이러다가는 당근 전체가 제대로 자랄 수 없을 것 같았다.

그것을 보면서 식물에게는 ⑤적절한 거리라는 것이 매우 중요하다는 생각이 들었다. 사람과 사람 사이에서도 지켜야 할 최소한의 거리가 깨졌을 때 폭력과 환멸이 생겨나는 것처럼, 『좁은 땅에 서로 머리를 디밀며 얽혀 있는 그 붉은 뿌리들에서도 어떤 아우성이 들려오는 것 같았다.』 내가 그들을 돕는 길은 갈 때마다 조금씩 솎아 주어서 그 아우성을 *중재하는 일이었다. 농사를 배운다는 것은 바로 그들의 적절한 '거리'를 익히는 과정이 아닐까. [중략]

▶ 식물과 인간의 삶 모두에 '적절한 거리'가 중요함을 깨달음.

나 밭 바로 옆에는 우물이나 수도가 없다. 조금 걸어가야 그 마을 사람들에게 농수를 공급하는 수로가 있는데, 호스나 관으로 연결하기에는 거리가 제법 된다. 또 그러기에는 작은 밭에 너무 수선스러운 일인 것 같아 그냥 물을 한 통 한 통 길어다 주었다. ❷푸성귀들을 키우는 것은 물이 아니라 농부의 발소리라는 말이 그냥 나온 게 아닌가 보다. 우리 밭을 흡족하게 적시려면 수로까지 적어도 열 번은 왕복을 해야 하니 그것도 만만치 않은 노릇이었다.

물통을 들고 걸을 때마다 생각나는 사람이 있다. 우리 집에서 가까운 텃밭을 일구시는 어떤 할아버지인데, 물을 주러 가시는 모습을 몇 번 본 적이 있다. 그 할아버지는 몸 반쪽이 마비되어 걷는 게 그리 자유롭지 못하다. 성한 한쪽 팔로 물통을 들고 걸어가시는 모습은 거의 몸부림에 가까우면서도 이상한 평화 같은 것을 느끼게 한다. 절뚝절뚝 몸이 심하게 흔들릴 때마다 물은 찰랑거리면서 그의 낡은 바지를 적시고 길 위에 쏟아져, 결국 반 통도 채 남지 않게 된다. 그렇게 몇 번씩 오가는 걸 나는 때로는 끌 듯이 지나가는 발소리로 듣기도 하고, 때로는 마른 길 위에 휘청휘청 내고 간 젖은 길을 보고 알기도 한다.

▶ 몸이 불편한 할아버지가 밭에 물을 주려고 애쓰는 모습에서 이상한 평화를 느낌.

❸그 젖은 길은 이내 말라 버리곤 했지만, ⑥나는 그 길보다 더 아름답고 빛나는 길을 별로 보지 못했다. 그리고 어느 날부터인가 나 역시 그 밭의 채소들처럼 할아버지의 발소리를 기다리게 되었다. 반 통의 물을 잃어버린 그 발소리를. / 물통을 나르다가 문득 이런 생각이 들곤 한다. 내가 열 번 오가야 할 것을 그 할아버지는 스무 번 오가야 할 것이지만, 내가 이 채소들을 키우는 일도 그 할아버지와 크게 다르지 않은 어떤 안간힘 때문은 아닐까. 몸에 피가 돌지 않는 것처럼 문득문득 마음 한쪽이 굳어져 가는 걸 느끼면서, 절뚝거리면서, 그러면서도 남은 반 통의 물을 살아 있는 것들에게 쏟아붓고 싶은 마음, 그런 게 아니었을까.

▶ 반 통의 물에서 생명을 키우려는 노력과 정성, 사랑을 느낌.

• 중심 내용 밭을 일구며 경험한 일들을 통해 생명을 대하는 올바른 자세를 깨달음.

이해와 감상

이 글은 밭에서 식물을 기르는 일상의 순간순간에 느낀 정서와 깨달은 생각을 솔직하게 드러낸 수필이다. 세 가지 짤막한 이야기로 구성된 이 글에는 씨를 뿌리고 김을 매고 물을 주는 각 과정에서 느낀, 자연과 사람에 대한 글쓴이의 생각이 담겨 있다. 지나치게 촘촘하여 제대로 자라지 못하는 당근 싹을 보며 적절한 거리의 중요성을 깨닫고, 김을 매며 공존의 의미를 생각하고, 불편한 몸으로 물을 길어 나르던 할아버지를 통해 생명의 소중함에 대해 이야기하고 있다. 살아 있는 생명을 소중히 여기고 자연을 아끼며 자연과 어우러져 살아가고자 하는 글쓴이의 따뜻한 마음이 잘 드러나 있다.

작품 연구소

〈반 통의 물〉에 나타난 글쓴이의 경험과 깨달음

경험	깨달음
씨를 뿌릴 때 세 알 이상씩 심음.	자연과도 나눌 줄 아는 넉넉한 마음이 필요함을 깨달음.
당근이 잘 자랄 수 있도록 싹들을 적절히 솎아 냄.	올바른 성장을 가능하게 하는 '적절한 거리'의 중요성을 깨달음.
풀을 뽑지 않아 밭에 잡초가 무성해짐.[중략 부분]	사람이 잡초와 채소를 구분하여 죽이고 살리는 것에 문제의식을 느낌. 공존이 땅의 본래적 질서임을 깨달음.
몸이 불편한 할아버지가 직접 물을 길어 와 밭을 일구는 모습을 봄.	몸이 불편해도 농사일에 정성을 쏟는 할아버지의 모습을 통해 생명을 소중히 여기는 마음이 가장 중요함을 깨달음.

〈반 통의 물〉에 나타난 전개 방식: 유추

당근	사람
당근 사이에 적절한 거리가 없으면 당근 전체가 제대로 자랄 수 없음.	사람 사이에 지켜야 할 최소한의 거리가 깨지면 폭력과 환멸이 생겨남.

적절한 거리를 만들어 주는 것이 중요함.

자료실

〈반 통의 물〉과 나희덕의 작품 경향

나희덕은 생명을 존중하고 자연에 대한 애정을 드러내는 자연 친화적인 시를 많이 썼다. 또한 대상을 따뜻한 시각으로 바라보며 차분하고 잔잔하게 인간의 내면을 드러내는 경향이 있다. 이러한 글쓴이의 태도는 이 글에서도 그대로 드러나 농사를 지으면서 당근 싹 하나, 농사를 방해하는 잡초 하나에도 애정을 기울이며 이들과 공존하려는 모습으로 나타난다. 이렇게 섬세한 정서를 바탕으로 밭을 가꾸며 느끼는 자신의 마음과 생각을 세밀하게 전달하여 독자에게 잔잔한 울림을 주고 있다.

함께 읽으면 좋은 작품

〈한 삼태기의 흙〉, 성현 / 농사와 학문의 유사성을 바탕으로 전개한 작품

가뭄에 대처하는 농부들의 대조적인 모습에서 학문을 하는 선비의 올바른 자세에 대한 깨달음을 이끌어 낸 고전 수필이다. 농사와 관련된 경험을 통해 깨달음을 얻는다는 점에서 이 글과 비교하여 읽어 볼 수 있다.

키 포인트 체크

- **제재** ▢을 가꾸는 과정에서 느끼고 깨달은 바에 대해 이야기하고 있다.
- **관점** 글쓴이는 할아버지가 불편한 몸으로 나르는 반 통의 물에는 ▢▢을 사랑하는 마음이 담겨 있다고 생각하여, 나머지 반 통의 물이 흐른 길을 가장 ▢▢▢▢ 길로 인식한다.
- **표현** 농사와 관련된 짧은 이야기들을 ▢▢적으로 나열하여 전개하고 있다.

1 이 글에 대한 설명으로 가장 적절한 것은?
① 일상의 체험을 통해 얻은 깨달음을 전달하고 있다.
② 공간에 따라 달라지는 사물의 의미를 밝히고 있다.
③ 특정 사건을 계기로 지난날의 추억을 떠올리고 있다.
④ 여러 사례들의 공통점을 분석하여 이를 일반화하고 있다.
⑤ 자연 현상과 인간 사회를 대비하여 의미를 강조하고 있다.

2 이 글을 통해 알 수 있는 사실로 가장 적절한 것은?
① 글쓴이는 작년에 남편이 씨앗을 얇게 뿌렸다고 생각한다.
② 남편은 당근씨를 넉넉히 뿌리라는 글쓴이의 충고에 불쾌해한다.
③ 글쓴이는 작년에 씨를 뿌리며 자연과 공생하는 삶의 교훈을 깨달았다.
④ 할아버지는 글쓴이에게 절뚝거리며 걷는 모습을 보여 주기 싫어한다.
⑤ 글쓴이는 불편한 몸으로 물을 길어 나르는 할아버지를 돕고 싶어 한다.

3 ㉠에 대한 설명으로 적절하지 않은 것은?
① 식물과 인간 모두에 적용되는 원리이다.
② 글쓴이가 농사를 지으며 깨닫게 된 교훈이다.
③ 친한 사이에도 서로 최소한의 예의를 지켜야 한다는 생각과 통한다.
④ 식물의 성장 속도를 조절하기 위해 일정 정도 거리를 유지해야 한다는 의미이다.
⑤ 서로 간 적절한 거리를 두지 않으면 원만한 인간관계를 유지할 수 없다는 의미이다.

내신 적중

4 이 글을 다음과 같이 정리한다고 할 때 @에 들어갈 내용으로 가장 적절한 것은?

글쓴이의 경험	글쓴이의 깨달음
몸이 불편한 할아버지가 힘겹게 채소에 물을 주는 것을 봄.	@

① 생명을 소중히 여기는 마음을 가져야 한다.
② 나이가 들어도 성실함을 잃지 않아야 한다.
③ 어려운 이웃을 보면 적극적으로 도와야 한다.
④ 신체적인 조건으로 사람을 판단해서는 안 된다.
⑤ 성공하기 위해서는 실패를 두려워하지 말아야 한다.

5 글쓴이가 ㉡과 같이 생각하게 된 이유를 쓰시오.

023 존재의 테이블 | 나희덕

나에게는 '존재의 테이블'이라고 남몰래 부름 직한 앉은뱅이 탁자가 하나 있다. [중략] 나는 그 테이블을 인도 여행 중 어느 *토산품점에서 샀다. 직접 손으로 깎아서 만든 공예품들을 파는 집이었는데, 그 테이블을 보는 순간 나는 ㉠*바슐라르의 존재의 테이블을 떠올렸다. 그는 추운 겨울날 불기 없는 방에서 겨울 코트를 포개 입고 책을 읽곤 했는데, 그 즐거운 독서와 *몽상이 이루어지던 테이블을 '작업용 테이블'이라고 하지 않고 '존재의 테이블'이라고 불렀다. ❶그 테이블에 앉는 순간만큼은 자기 존재와 세계에 대해 *충일한 행복을 느낄 수 있었기 때문에 붙여진 이름일 것이다.
▷ 바슐라르에게 '존재의 테이블'이 갖는 의미 ①
▶ '존재의 테이블'이라고 부르는 자신의 탁자를 소개함.

사실 그의 생애 자체는 객관적인 기준에서는 그리 풍요롭거나 행복하지 못했다고 할 수 있다. 시골 우체국 임시 직원에서 출발하여 결혼한 지 6년 만에 아내를 잃고 혼자서 어린 딸을 키우면서 살림을 꾸려 나가야 하는 입장이었다. 그러면서도 그는 꾸준히 독학을 해 나가서 마침내 교수 자격시험에 합격하고 세계적인 철학자가 되었다. 세상이 그를 받아 주거나 기억해 주지 않던 시절에 가난과 외로움을 견디게 해 준 것은 다름 아닌 그 '존재의 테이블'이었다. / 대학자가 된 이후에도 그가 끊임없이 꿈꿀 수 있었던 것 역시 그 테이블 위에서였다. 그는 책에서 얼마나 행복감을 느꼈던지, 매일 아침 책상 위에 쌓인 책 앞에서 ⓐ일용할 배고픔을 달라고 기도를 올릴 정도였다고 한다. [중략]
▷ 바슐라르에게 '존재의 테이블'이 갖는 의미 ②, ③
▶ '바슐라르에게 '존재의 테이블'이 갖는 의미

중략 부분의 내용 글쓴이는 바슐라르가 고통과 외로움을 이겨 낸 방식에 공감하여 여행 중에 테이블을 샀다.

그 테이블을 사지 않고도, 이미 집에 있는 테이블로도 충분히 만들 수 있는 존재의 자리를 나는 왜 그 테이블이 아니면 안 될 것처럼 생각했던 것일까. 그것은 아마도 오랫동안 자기 존재의 자리를 잃어버린 채 생활에 휘둘려 살아가고 있다는 위기감 때문이었을 것이다. 그리고 아무리 큰 집을 가졌다 해도 그 속에 정작 존재의 자리를 갖지 못한 사람들보다는 덜 *우매해지려는 욕심에서였을 것이다.
▷ 존재의 자리로 '그 테이블'을 선택한 이유 ①, ②
▶ 존재의 자리를 찾고자 하는 마음에 '그 테이블'을 삼.

이런 ⓑ쓸쓸한 자부심이 그 테이블에는 깃들어 있다. 그런데 문제는 '존재의 테이블'을 인도에서 한국 땅까지 끌고 와서 집 안에 들여놓은 후에도 그 앞에 앉을 시간을 그리 많이 갖지 못했다는 것이다. 아주 오래도록 거기에 앉지 못할 때도 있었다. 그럴 때는 바로 곁에 있는 ⓒ그 테이블이 아주 멀리, 그것이 만들어진 인도보다도 멀리 있는 것처럼 느껴진다. 새겨진 꽃무늬 사이사이로 먼지가 끼어 가는 걸 보면서 내 마음이 그 모습 같거니 생각할 때도 많았다. 그토록 애착을 느꼈으면서도 어느 순간 ⓓ잡동사니 속에 함부로 굴러다니며 삐걱거리게 된 그 테이블을 볼 때마다 나는 새삼 쓸쓸해지고는 한다. [중략]
▷ 자신의 마음에도 먼지가 끼어 가고 있다고 생각함. – 비유적 표현
▶ '그 테이블'을 자주 활용하지 못하는 것에 쓸쓸함을 느낌.

그러다가도 그 삐걱거리는 ㉡테이블을 잘 만져서 바로잡고 아주 공들여서 먼지를 닦는 날이 있다. ❷그러면 나는 내가 닦고 있는 것이 테이블이 아니라 실은 하나의 거울이라는 것을 알게 된다. 내가 지금 어디에 어떻게 앉아 있는가를 가장 잘 비추어 주는 거울. 그리고 힘든 일이 닥칠수록 그 테이블만큼 더 작아지고 고요해지는 것이 필요하다고 넌지시 일러 주는 거울. / 그렇게 잘 닦고 나면 다시 그 앞에 앉을 엄두도 나는 것이다. 볕이 잘 드는 창문 쪽으로 그 테이블을 가져다 놓고 두 손을 씻고…… 이렇게 누추한 생활에서 간신히 스스로를 건져 올려 그 앞에 데려다 놓는다. 그 드문 순간들에야 ⓔ*비로소 나는 고통스러우면서도 행복하다는 것이 무엇인지를 어렴풋하게나마 느끼게 된다.
▷ '존재의 테이블'에 대한 의미 부여 / 비유적 표현 / 경건한 마음가짐과 태도로 자신의 존재 의미에 대해 성찰함. / 존재의 자리를 마련하는 순간
▶ '존재의 테이블'에 앉아 존재의 가치를 느끼며 행복해함.

・**중심 내용** '존재의 테이블'에 앉아서 일상을 성찰하며 존재의 가치를 느끼려 노력함.

⊙ 핵심 정리
갈래 경수필
성격 성찰적, 반성적, 회고적
제재 존재의 테이블
주제 존재의 가치를 되찾으려는 노력
특징 ① 사물과 관련된 경험을 떠올리면서 자신의 삶을 성찰함.
② 다른 사람의 삶을 바탕으로 삶의 교훈을 이끌어 냄.
출전 《반 통의 물》(1999)

> **Q** 바슐라르에게 '존재의 테이블'은 어떤 의미인가?
>
> 바슐라르에게 '존재의 테이블'은 자기 존재와 세계에 대해 충일한 행복을 느낄 수 있게 하는 존재, 가난과 외로움을 견디게 한 존재, 끊임없이 꿈꿀 수 있게 하는 존재라고 할 수 있다.

☀ 어휘 풀이
토산품점 그 지방에서 특유하게 나는 물품을 파는 상점.
바슐라르(Bachelard, Gaston) 프랑스의 과학철학자(1884~1962).
몽상(夢想) 실현성이 없는 헛된 생각을 함. 또는 그 생각.
충일(充溢)하다 가득 차서 넘치다.
우매(愚昧)하다 어리석고 사리에 어둡다.

❀ 구절 풀이
❶ **그 테이블에 앉는 순간만큼은 ~ 붙여진 이름일 것이다.** 바슐라르가 '존재의 테이블'이라고 이름을 붙인 까닭은 그 테이블을 통해 자기 존재와 세계에 대해 넘치는 행복을 느꼈기 때문일 것이라고 추측하고 있다.

❷ **그러면 나는 내가 닦고 ~ 넌지시 일러 주는 거울.** 자신의 테이블을 거울에 비유하여, 글쓴이의 삶에서 존재의 테이블이 갖는 의미를 나타내고 있다. 글쓴이에게 이 테이블은 자신이 현재 어디에 어떻게 있는지를 비추어 주고, 바쁘게 돌아가던 삶을 고요하게 가라앉혀 줌으로써 존재의 자리를 찾을 수 있게 도와주는 존재라는 것이다.

❸ **비로소 나는 고통스러우면서도 ~ 어렴풋하게나마 느끼게 된다.** 자신의 삶을 돌아보는 시간을 갖는 것이므로 고통스러울 수도 있지만, 그렇게 자신을 돌아보며 존재의 자리를 마련할 수 있다는 것에 자신의 존재의 의미를 느끼고 행복해진다는 의미이다.

☺ 작가 소개
나희덕(본책 62쪽 참고)

이해와 감상

이 글은 글쓴이가 자신이 '존재의 테이블'이라고 부르는 한 테이블과 관련한 경험을 떠올리며 자신의 삶을 성찰하고 있는 수필이다. 글쓴이는 인도 여행 중 어느 토산품점에서 바슐라르의 '존재의 테이블'을 떠올리게 하는 테이블을 발견하고, 그 테이블을 사서 자신의 '존재의 테이블'로 삼는다. 비록 한국에 돌아와 그 앞에 앉을 시간을 많이 갖지는 못했지만, 가끔은 시간을 내어 테이블을 닦고 그 앞에 앉아 진지하고 경건한 자세로 자신의 삶을 돌아보는 시간을 갖는다. 글쓴이는 이러한 자신의 경험을 솔직하게 표현하고 있으며 자신의 생각과 성찰의 내용을 담담하면서도 섬세하게 드러내고 있다.

🏠 작품 연구소

글쓴이가 '존재의 테이블'을 갖게 된 과정

> 인도의 한 토산품점에서 테이블을 보는 순간 바슐라르의 존재의 테이블을 떠올림.

↓

> 바슐라르가 '존재의 테이블'을 통해 한 인간으로서 고통과 외로움을 이겨 낸 방식에 깊이 공감하여 자신도 존재의 테이블을 갖겠다고 생각함. [중략 부분]

↓

> 자기 존재의 자리를 잃어버린 채 생활에 휘둘러 살아가고 있다는 위기감, 존재의 자리를 갖지 못한 사람들보다 덜 우매해지려는 욕심에 토산품점에서 발견한 테이블을 자신의 존재의 테이블로 삼음.

글쓴이의 삶에서 '존재의 테이블'이 갖는 의미

- 힘든 일이 닥칠수록 더 작아지고 고요해지는 것이 필요하다고 넌지시 알려 줌.
- 자신이 지금 어디에 어떻게 앉아 있는가를 가장 잘 비추어 줌.

↓

테이블이 아니라 하나의 거울이라고 생각함.

'존재의 테이블'과 관련한 글쓴이의 심리 변화

• 오랫동안 존재의 테이블 앞에 앉을 시간을 갖지 못해 심적으로 멀게 느껴지기도 함. • 테이블 사이에 먼지가 끼어 가는 것을 보며 자신의 마음에도 먼지가 끼어 가고 있다고 생각함.	➡	• 테이블을 닦으며 자신의 삶을 비추고, 힘들게 살던 삶을 고요하게 가라앉힘. • 잘 닦인 테이블 앞에 앉아 자신의 삶을 경건하고 진지하게 돌아보려 함.
존재의 테이블을 자주 활용하지 못한 것에 씁쓸함을 느낌.		자신의 존재의 의미를 찾으며 일상의 순간들이 고통스러우면서도 행복하다고 느낌.

📖 함께 읽으면 좋은 작품

〈그림엽서〉, 곽재구 / 다른 사람의 삶에서 깨달음을 얻은 작품

시각 장애인인 '그'와의 몇 차례 만남을 통해 삶을 아름답고 따뜻하게 가꾸어 나가려는 마음가짐의 중요성을 전하고 있는 수필이다. 다른 사람의 삶에서 삶의 깨달음을 얻은 이 글과 비교하여 읽어 볼 수 있다.

🗝 포인트 체크

제재 여행 중에 구입한 ☐☐☐과 관련한 경험을 떠올리며 자신의 삶을 성찰하고 있다.

관점 글쓴이는 존재의 테이블에 앉아 자신의 삶을 돌아볼 때 고통스러우면서도 ☐☐☐을 느낀다.

표현 존재의 테이블을 ☐☐에 비유하여 그것이 글쓴이에게 지니는 의미를 드러내고 있다.

---

1 이 글에 대한 설명으로 가장 적절한 것은?
① 현재의 삶의 문제점을 과거 회상을 통해 나타내고 있다.
② 철학자의 말을 재해석하여 새로운 의미를 부여하고 있다.
③ 사물과 관련된 글쓴이의 경험을 진솔하게 드러내고 있다.
④ 글쓴이의 가치관을 대변하는 사물에 대해 이야기하고 있다.
⑤ 비유적 표현을 사용하여 극복하기 힘든 삶의 고통을 나타내고 있다.

2 ㉠의 역할로 적절하지 않은 것은?
① 가난을 극복할 수 있게 해 주었다.
② 독서와 몽상을 즐길 수 있게 해 주었다.
③ 자신의 외적 환경을 잊을 수 있게 해 주었다.
④ 자신을 무시하는 세상을 용서할 수 있게 해 주었다.
⑤ 자기 존재와 세계에 대해 넘치는 행복을 느끼게 해 주었다.

3 ㉡과 〈보기〉의 '라디오'의 공통점으로 적절하지 않은 것은?

> ┤ 보기 ├
>
> 혼자 살다 보면 사람 목소리가 그리울 때가 있다. 대개 그 시간 때가 한밤중이라 어디로 전화를 걸 수도 없고, 이웃에 놀러 갈 수도 없다. 그럴 때면 나는 라디오를 튼다. 음악이 나오는 방송이 아닌 여러 사람들이 대화를 나누는 방송을 찾는다. 그러다가 생방송이고 청취자의 전화도 받는 방송을 만나면 얼른 채널을 멈춘다. 라디오에서 흘러나오는 소리로 존재하는 사람들 틈에 끼어들어 웃기도 하고 혼잣말로 말참견도 하다 보면 외로움이 덜어지기도 한다.
> – 함민복, 〈추억 속의 라디오〉에서

① 글쓴이의 마음이 가는 물건
② 글쓴이에게 행복을 주는 존재
③ 우리 주변에서 흔히 접하는 사물
④ 글쓴이의 외로움을 달래 주는 대상
⑤ 글쓴이에게 각별히 의미 있는 존재

4 ⓐ~ⓔ에 대한 설명으로 가장 적절한 것은?
① ⓐ: 학문적 성취에 따른 부와 명예에 대한 갈망을 의미한다.
② ⓑ: 존재의 자리를 갖지 못한 사람들보다 덜 우매해지려는 욕심을 의미한다.
③ ⓒ: 존재의 테이블을 버리고 싶은 마음을 나타낸 것이다.
④ ⓓ: 존재의 테이블에 대한 집착을 버렸음을 알 수 있다.
⑤ ⓔ: 고통을 참으면 행복에 이를 수 있다는 것을 의미한다.

5 글쓴이의 '존재의 테이블'의 역할 두 가지를 쓰시오.

024 순후와 질박함에 대하여 |공선옥

문학 미래엔

🎯 핵심 정리

갈래 경수필
성격 체험적, 성찰적, 비판적
제재 시골 마을에서의 경험
주제 순후하고 질박한 시골 사람들에게서 받은
　　　위로와 깨달음
특징 ① 대화를 직접 인용하여 생동감을 줌.
　　　② 현대 사회의 문제점과 이에 대한 비판적
　　　　시각을 드러냄.
출전 《자운영 꽃밭에서 나는 울었네》(2000)

💡 어휘 풀이

거개(擧皆) 거의 대부분.
자박자박 가볍게 발소리를 내면서 자꾸 가만가만
걷는 소리. 또는 그 모양.
사립문 사립짝(나뭇가지를 엮어서 만든 문짝)을
달아서 만든 문.
점철되다 관련이 있는 상황이나 사실 따위가 서로
이어지다.
순후(淳厚/醇厚)하다 온순하고 인정이 두텁다.
질박(質樸/質朴)하다 꾸민 데가 없이 수수하다.
유토피아(Utopia) 이상향.

📖 구절 풀이

**❶ 마을에 사는 사람들은 ~ 집에 오셨느냐, 묻는
다.** 시골 사람들은 낯선 사람에게도 친절하게
대하는 따뜻한 인정이 있음을 제시하고 있다.
❷ "할머니 집 구경해도 ~ 냉수 사발을 건네준다.
처음 보는 사람에게도 스스럼없이 집 구경을
시켜 주고 물을 건네주는 시골 할머니의 순박
한 모습을 느낄 수 있다.
❸ 아이를 업고 ~ 깨달음을 얻는다. 인정이 메말
라 가는 현대 사회 속에서 아이들을 위해 글쓴
이 스스로 '순후'와 '질박함'을 잃지 않고 따뜻한
정신적 고향 같은 존재가 되겠다는 다짐을 하
고 있다.

> **Q** 글쓴이가 두려움을 느끼는 이유는?
>
> 글쓴이는 이 세상이 온통 아는 것이 너무 많고
> 돈과 권력에 욕심 부리고 다른 이를 경계하는 사
> 람들로 가득 차 순박하고 따뜻한 인정을 잃게 될
> 까 두려움을 느끼고 있다.

👤 작가 소개

공선옥(1964~)
소설가. 여성의 운명적인 삶과
모성애를 뛰어난 구성력으로
생생히 그려 냈다는 평가를 받
고 있다. 주요 작품으로 〈목숨〉,
〈장마〉, 〈오지리에 두고 온 서
른 살〉 등이 있다.

전략 부분의 내용 이따금씩 반복되는 일상생활이 거추장스럽게 느껴져 무작정 집을 나선 글쓴이는 보성 강변길
에 있는 한 시골 마을에 도착한다.

❶마을에 사는 사람들은 *거개가 나이 든 사람들이다. 그들은 낯선 사람이 말을 붙이면
하나도 낯설어하지 않으며 대답한다. 참으로 순박한 음성으로, 거기에 덤으로 ㉠미소까지
얹어서 예에, 한다. 그리고 나서 뉘 집에 오셨느냐, 묻는다. 나는 또 스스럼없이 대답한다.
　　_{따뜻한 인정이 남아 있음.}
　　_{붙임성이 좋은 글쓴이의 성격}
"마을 구경 왔어요." / 그러면 그들은 또 어김없이 말한다. / "이런 촌에 뭐 볼 게 있다고."
나는 그러면 또, / "촌이니까 볼 게 많지요." / 한다.
고추를 말리는 할머니 옆에 아이를 돌려 안고 나는 가만히 앉는다.
"할머니 집은 어디세요?" / "저기여." / ❷"할머니 집 구경해도 돼요?"
　　_{집이 어수선하다는 의미}
『㉡구경이야 해도 되지만, 심란해서 원.』 / 나는 할머니를 *자박자박 따라간다. ㉢*사립
　　_{ㄴ; 낯선 사람에게도 집 구경을 허락할 만큼 순수함.}
문 옆에 감나무가 있고 마당 한 귀퉁이에 샘이 있고 안 가꾼 듯 가꾸어진 화단에는 붉은 맨
드라미와 분홍 족두리꽃과 노란 분꽃이 화사하다.
"할머니는 누구랑 사세요?" / 마루에 걸터앉아 내가 누구랑 사느냐고 묻는 사이에 할머
니는 어느 틈에 ㉣냉수 사발을 건네준다. 나는 맛난 물을 단숨에 들이켠다. 그리고 나서 빼
　　_{손님의 마음을 헤아리며 배려하는 마음을 느낄 수 있음.}
놓지 않고 인사를 차린다. / "이럴 줄 알았으면 막걸리라도 받아 오는 건데."
　　_{할머니의 따뜻한 대접에 인사치레의 말을 함.}
"막걸리는 무슨, 집에 ㉤술 있는데 한잔 마실라요?" / "아이고, 아닙니다." / 나는 기쁘게
사양한다. 우린 오래전부터 알았던 사람들처럼, 어머니와 딸 사이인 것처럼 다정해진다.
　　　　　　　　　　　　　　　　　　　　　　　　　　　　▶ 시골 마을에서 인정 많은 할머니를 만남.
이렇듯 낯선 사람을 보고도 하나도 낯설어하지 않는 시골 사람들이 나는 좋다. 처음 보
　　_{글쓴이　　　　　　　　할머니}
는 사람인데도 하나도 낯설지 않은 시골 사람들, 정확히 말해 시골 할머니들에게서 나는
늘 위안을 얻는다. 돈이 많은 사람, 권력을 가진 사람, 육체가 너무 건강한 사람, 아는 것이
　　　　　　　　　　　　　　　　　　　_{현대 사회에서 추구하는 가치에 대한 부정적 인식이 드러남.}
너무 많은 사람들 앞에서는 무형의 저항감을 느낀다. 가진 것 없고 그 생애 자체가 희생으
로만 *점철된 시골 할머니들의 *순후한 인정이, 그것이 비록 냉수 한 사발의 인정이라 할
지라도 나는 사람을 반기고 사람을 사람으로 보고 사람을 섬기는 그 선한 눈빛이 좋아 어
　　　　　　　　　　　　　_{글쓴이가 추구하는 삶의 모습}
찌할 줄 모르겠다. 이제 이 한 시대가 또 정처 없이 흘러가 버리면 그들은 가고 그들의 인
　　　　　　　　　　　　　　　　　　　　_{따뜻한 인정이 사라질 것에 대한 안타까움}
정도 끊기고 그 순후와 *질박함 또한 영영 사라져 버릴 것이다. 나는 그것이 두렵다. 끊어
져 버리는 것이 두렵고 사라져 버리는 것이 두렵다. 이제 세상은 온통 아는 것 많은 사람들
　　　　　　　　　　　　　　　　　　　　　　　　　　_{「 」; 물질 중심적이고, 사람을 경계하는 세태에 대한 비판적 시각}
만의 세상이 될 것이고 돈 많은 사람들만의 세상이 될 것이고 사람을 경계하는 사람들만의
세상이 될 것이고, 그럴 것이고……, 나는 절망한다. 그러면, 내 지친 영혼은 어디 가서 위
　　　　　　　　　　　　　　　　　　　　　_{순후와 질박함이 사라질까 두려움.}
안을 얻나, 잃어버린 고향을, 어머니를 어디 가서 찾나? 순후한 인정이 메말라 가는 현대 사회에 대한 안타까움
내가 왜 이렇게 지치나, 무엇 때문에 이렇게 힘들어하는가, 늘 모르고 지내 오다가 그 할
머니들을 보고 나서 나는 내가 결국은 고향을 잃어버려서, 어떤 정신적 *유토피아를 잃어
　　　　　　　　　　　　　　　　　　　　　　_{현대인이 느끼는 소외감의 원인 – 위로와 인정을 주는 고향의 상실}
버려서 그렇다는 걸 알게 된다. ❸아이를 업고 마을을 돌아 나오며 내 아이들에게 내가 바로
그런 어머니, 고향 같은 어머니가 되어야겠다는 깨달음을 얻는다.
나는 다시 집으로 돌아온다. 정성 들여서 청소를 하고 밥을 짓고 빨래를 하고 바느질을
하고 푸성귀를 가꾼다. 『그러면서 나는 어떻게 늙어 갈 것인가를 생각한다. 늙는 생각을 하
　　　　　　　　　　　　　_{「 」; 시골 할머니에게서 느낀 따뜻한 정을 베풀어 줄 수 있는 사람이 되기를 희망함.}
게 되면 나는 오래된 마을을 생각할 때 그런 것처럼 아주아주 포근해진다.』
　　　　　　　　　　　　　　　▶ 순후하고 질박한 시골 할머니들처럼 인정을 베푸는 사람이 되고자 다짐함.

> • **중심 내용** 시골 할머니의 순후하고 질박한 모습을 통해 얻은 깨달음

이해와 감상

이 글은 무의미한 일상에서 벗어나려고 찾아간 시골 마을에서 한 할머니를 만나 '순후'하고 '질박'한 인정을 느끼고 얻은 깨달음을 전하는 수필이다. 글쓴이는 할머니에게서 따뜻하고 포근한 인정과 위안을 느끼고, 이러한 인정이 점차 사라져 가는 현대 사회의 모습에 안타까움을 드러내고 있다. 따뜻하고 후덕한 인정이 사라져 가는 현대 사회에서 스스로 위안을 줄 수 있는 존재가 되고자 다짐하는 글쓴이의 따스한 시선이 돋보이는 작품이다.

작품 연구소

글쓴이의 이동 경로와 깨달음

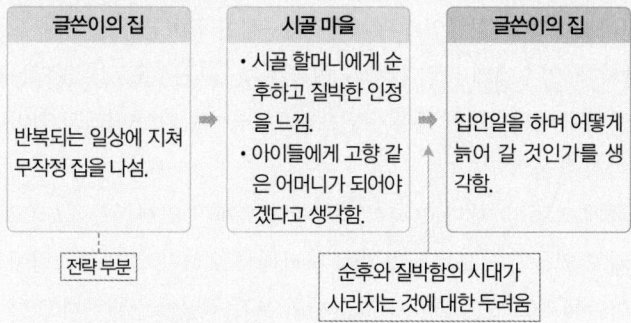

글쓴이가 추구하는 바람직한 공동체의 모습

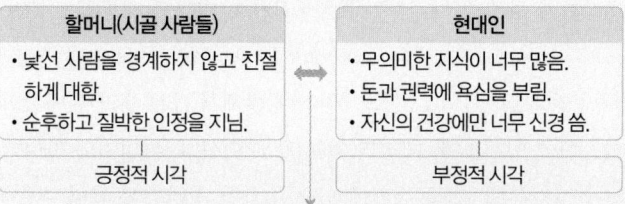

자료실

《자운영 꽃밭에서 나는 울었네》

공선옥의 첫 산문집인 《자운영 꽃밭에서 나는 울었네》는 총 3부로 나누어져 40여 편의 글이 실려 있다. 제1부는 작가의 고향인 전남 곡성의 보성강가에서의 삶을, 제2부는 공선옥 작품 세계의 근간이 되는 모성에 관한 이야기를, 제3부는 작가의 유년기 추억과 가슴 아픈 기억 그리고 모자 가정을 이루게 된 현재까지의 삶을 그리고 있다.

함께 읽으면 좋은 작품

《자장면》, 정진권 / 인정 넘치던 시절에 대한 향수가 잘 드러난 작품

어린 시절 자장면 집의 모습에서 느꼈던 인정과 따뜻함을 그리워하며, 현대 사회에서 이러한 인정이 점차 사라져 가는 것에 대한 안타까운 마음을 드러내고 있는 수필이다.

《속는 자와 속이는 자》, 장영희 / 우리 사회에 필요한 가치관이 잘 드러난 작품

타인에게 속았던 경험과 신의를 느꼈던 경험을 통해 우리 사회에 필요한 정직과 신용의 가치에 대해 돌아보도록 한 수필이다. 한 사람의 신의와 책임감이 세상을 살 만하게 만든다는 글쓴이의 생각이 잘 나타나 있다.

Link 본책 142쪽

키 포인트 체크

제재 한 ▢▢ 마을에서의 경험을 통해 따뜻한 인정이 사라져 가는 현실에 대한 안타까움을 이야기하고 있다.

관점 글쓴이는 순후한 인정이 사라져 가는 현대 사회에 ▢▢▢ 시각을 드러내면서, 다른 사람에게 따뜻한 인정을 베푸는 사람이 되겠다고 다짐하고 있다.

표현 ▢▢를 직접 인용하여 생동감을 주고 있다.

1 이 글에 대한 설명으로 가장 적절한 것은?
① 과거를 회상하며 현재의 문제점을 부각하고 있다.
② 특정 소재를 중심으로 삶의 의미를 되새기고 있다.
③ 현재형으로 서술하여 내용의 현장감을 살리고 있다.
④ 여정 중심의 기행 수필로 사실적 묘사가 주를 이룬다.
⑤ 유명 인물의 삶을 재조명하여 교훈을 이끌어 내고 있다.

2 글쓴이가 이동한 경로를 다음과 같이 나타낸다고 할 때, ⓐ와 ⓑ에 대한 설명으로 가장 적절한 것은?

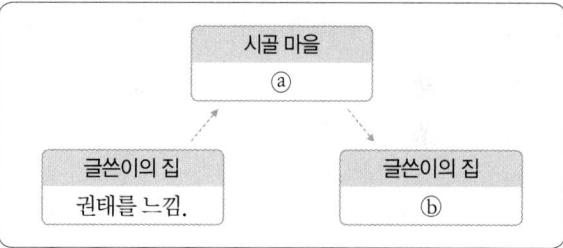

① ⓐ에서 느낀 저항감이 ⓑ에서 순화되고 있다.
② ⓐ에서 얻은 삶의 의욕이 ⓑ에서 다시 꺾이고 있다.
③ ⓐ에서 얻은 깨달음을 ⓑ에서 실천하고자 하고 있다.
④ ⓐ에서 만난 새로운 인연을 ⓑ에서까지 이어 가고 있다.
⑤ ⓐ에서 경험한 낯선 세상을 바탕으로, ⓑ에서 이상향을 그리고 있다.

3 이 글로 미루어 글쓴이가 부정적으로 인식한 사회의 모습으로 볼 수 없는 것은?
① 부유한 사람이 우대받는 사회
② 학식으로 사람을 평가하는 사회
③ 육체적 건강만을 추구하는 사회
④ 권력을 가진 사람이 존경받는 사회
⑤ 낯선 손님도 스스럼없이 받아 주는 사회

4 ㉠~㉤ 중, 시골 할머니들의 순후한 인정과 거리가 먼 하나는?
① ㉠   ② ㉡   ③ ㉢   ④ ㉣   ⑤ ㉤

5 이 글을 바탕으로 〈보기〉의 구체적 내용을 〈조건〉에 맞게 쓰시오.

┤ 보기 ├
나는 어떻게 늙어 갈 것인가를 생각한다.

┤ 조건 ├
• '순후'와 '질박함'을 포함하여 쓸 것.
• 30자 내외로 쓸 것.

[국어] 비상(박영)
[독서] 비상

🎯 핵심 정리

갈래 경수필
성격 자아 성찰적, 반성적
제재 '미안합니다'라는 말
주제 '미안합니다'라는 말의 위력과 가치
특징 ① 대조되는 두 가지 일화를 제시하여 내용을 전달함.
② 아버지의 일화를 통해 자신을 되돌아봄으로써 주제 의식을 이끌어 냄.
출전 《내 생애 단 한 번》(2000)

🔅 어휘 풀이

삐삐 '무선 호출기'를 일상적으로 이르는 말.
의구심(疑懼心) 믿지 못하고 두려워하는 마음.
호명(呼名)하다 이름을 부르다.
위력(偉力) 위대한 힘.

> **Q** 글쓴이가 깨달은 '미안합니다'라는 말의 위력은?
>
> 글쓴이는 강의 시간에 있었던 일화와 아버지와 경비원과의 일화를 통해 '미안합니다'라는 말이 인간관계를 형성·유지하거나 어떤 문제를 해결하는 데 긍정적 영향을 미친다는 점을 깨닫는다. 즉, '미안합니다'라는 말은 평화로운 관계를 만들고 문제를 원만히 해결하는 긍정적 기능이 있음을 알 수 있다.

🔗 구절 풀이

❶ 영수에게 '미안해'라고 ~ 어리석게까지 여겨졌다. 사건의 진상을 알게 되어 영수에게 미안해하면서도 막상 미안하다는 말을 하기 어려워, 온갖 구실을 만들어 자신의 행동을 합리화함으로써 편안해지려는 글쓴이의 모습이 나타나 있다.

❷ 경비원은 잠시 나와 목발을 번갈아 가며 쳐다보았다. 주차 문제로 글쓴이의 아버지에게 화를 내던 경비원이 몸이 불편한 글쓴이를 보고 나서야 글쓴이의 아버지가 현관 앞에 차를 댄 상황을 이해하게 되는 장면이다.

❸ 잘못한 것 ~ 선생 체면? 체면을 생각하지 않고 자신이 잘못한 일을 머리 숙여 사과하는 아버지의 모습을 통해 영수에게 사과하지 않으려 했던 자신의 행동을 반성하는 글쓴이의 모습이 나타나 있다.

👤 작가 소개

장영희(1952~2009)
영문학자, 수필가, 번역가. 소아마비 장애와 세 차례의 암 투병 속에서도 희망을 잃지 않고, 따뜻한 글로 희망을 전하였다. 주요 저서로 《내 생애 단 한 번》, 《살아온 기적 살아갈 기적》 등이 있다.

전략 부분의 내용 글쓴이는 강의 시간에 말더듬이 증세로 당황한 영수를 위해 서훈이 대신 책을 읽었음을 알지 못하고 영수와 서훈을 나무란다.

[가] 미안하다고 해야겠다. 나는 속으로 생각했다. 하지만 어떻게? 영수에게 수업 후에 오라고 할까? 그러면 영수가 더 부끄러워하지 않을까? 아니면 *삐삐 번호를 알아내어 내게 전화하라고 할까? 하지만 말더듬이 증상은 전화로 말할 때 더 심각해지니까 그것도 별로 좋은 생각이 아닌 듯하다. / 그렇다면 어떻게 사과를 할까. 이런저런 궁리를 하다가 가만히 생각해 보니, 정말로 내가 사과해야 하는 상황인가에 대해 *의구심이 일어났다. 요컨대 그게 정말 내 잘못이었는가 말이다. 영수에게 그런 문제가 있다는 것을 나는 모르지 않는가? 『학기 시작할 때 미리 자기에게 이러이러한 문제가 있으니 *호명하지 말아 달라고 한마디라도 해 줬으면 어련히 알아서 했을까 말이다.』
〈밑줄: 사건의 진상을 안 후 영수에게 미안함을 느낌 / 미안하다는 말을 하지 않고 싶은 마음이 내재되어 있음. / 미안하다는 말을 회피하기 위한 구실 ① / 말더듬이 증상 / 『』: 다른 사람에게 잘못을 돌림.〉

게다가 선생 체면에 학생에게 그런 말 했다고 해서 사과할 필요까지 있겠는가. 그리고 지금쯤은 영수도 다 잊어버리고 있을지도 모르는데 괜히 사과해서 오히려 긁어 부스럼이 될 수도 있다. / ❶영수에게 '미안해'라고 말할 필요가 없을 만한 온갖 구실들을 발견하고 나니 그제야 마음이 편해졌고, 오히려 사과하려고 생각했던 내가 어리석게까지 여겨졌다. 그리고 이 바쁜 와중에 그런 생각까지 하고 있다니, 쓸데없는 시간 낭비라고 결론짓고 그냥 잊어버렸다.
〈밑줄: 미안하다는 말을 회피하기 위한 구실 ② / 미안하다는 말을 회피하기 위한 구실 ③〉
▶ 미안하다는 말을 하기가 어려워 자신의 행동을 합리화함.

[나] 하지만 오늘 나는 '미안합니다'라는 말, 아니 그 말의 *위력에 대해서 다시 생각해 봐야만 했다. / 저녁때 아버지가 오피스텔에 있는 나를 데리러 차를 갖고 오셨다. 아버지와 만나기로 한 약속 시간보다 조금 늦게 나갔는데, 건물 뒤편에 있는 주차장 경비원이 아버지에게 현관 가까이에 차를 댔다고 소리를 지르고 있었다. 아버지는 계속 허리를 굽히면서 사과하고 계셨다.
〈밑줄: 몸이 불편한 딸을 위해 현관 가까이에 차를 댄 상황〉
▶ 현관에 차를 댄 일로 아버지가 경비원에게 힐책을 받음.

"미안합니다. 잠깐만 있을 겁니다. 제가 기다리고 있는 사람이 곧 나올 겁니다." [중략]

❷경비원은 잠시 나와 목발을 번갈아 가며 쳐다보았다. 그러고는 아버지에게 깊이 머리를 숙이더니, "아이구, 정말 죄송합니다. 왜 이분을 기다리고 있다고 말씀해 주시지 그랬어요. 만약 그랬다면 아무 말도 하지 않았을 텐데요. 이분이라면 몸이 불편하시니까 여기 대셔야지요. 이분을 자주 봬요." / 말을 하는 와중에도 그는 중간중간 "미안합니다, 죄송합니다."라는 말을 여러 번 되풀이했다. / 아버지는 또 아버지대로 "괜찮습니다. 제가 잘못한 건데요. 죄송합니다."라고 사과했고, 두 사람은 서로에게 인사하고 헤어졌다. 차가 떠날 때 경비원은 손까지 흔들며 우리들을 배웅해 주었다. / 얼마나 아름다운 결말인가! 서로 얼굴 붉히고 마음 상하고 헤어졌을 수도 있는 일이었지만, 두 사람은 모두 기꺼이 "미안합니다." 하고 사과를 했기 때문에 ㉠결과는 해피 엔딩이었다.
〈밑줄: 글쓴이의 상태를 알려 줌. / 자신의 행동에 대해 금방 사과할 줄 아는 경비원 / 장애를 가진 글쓴이 / 어려운 사람을 배려하는 성격임을 알 수 있음.〉
▶ 아버지와 경비원이 미안하다는 말로 문제 상황을 해결함.

[다] 문득 영수 얼굴이 떠올랐다. ❸잘못한 것 사과하는데 선생 체면은 무슨 선생 체면? 수업 중에 내가 한 말 때문에 영수가 아직도 상심해 있을지도 모른다. 내일은 수업 끝나고 정식으로 사과해야지. / "애, 영수야, 지난번엔 미안했어. 수업 중에 읽는 것 시키지 말라고 말해 주지 그랬니. 모르고 그런 거니 용서해 줄 거지?"

이번 일을 계기로 나도 '미안합니다'를 좀 더 자주 말할 수 있을 것 같다.
▶ 영수에게 사과하지 못한 자신의 행동을 반성함.

• **중심 내용** 강의 시간의 경험과 아버지와 경비원과의 일화를 통해 깨달은 '미안합니다'라는 말의 위력

이해와 감상

이 글은 자신의 오해 때문에 상처를 받은 학생에게 미안하다는 말을 하지 못했던 글쓴이의 일화와 현관 앞에 차를 세운 문제로 경비원에게 '미안합니다'라고 말하며 원만한 화해를 이끌어 낸 아버지의 일화를 제시하여, '미안합니다'라는 말이 지닌 위력에 대한 깨달음을 전하고 있다. 글쓴이는 '미안하다'는 말에는 자신의 잘못을 인정하고 상대방을 배려하는 마음이 담겨 있기 때문에 '미안하다'는 말을 통해 문제를 평화롭게 해결할 수 있다는 점을 깨닫고 있다. 즉, '미안합니다'는 패배를 인정하는 것이 아닌 인격의 성숙을 드러내 주는 말임을 전하고 있다.

작품 연구소

〈미안합니다〉의 전체 구성

글쓴이는 자신이 경쟁 심리, 자존심 또는 자격지심 때문에 '미안해'라는 말을 하는 것을 어려워한다는 것을 이야기한 다음, 자신이 직접 경험한 두 가지 일화를 통해 자신의 태도에 대한 반성과 깨달음을 전달하고 있다.

도입	'미안하다'라는 말을 하는 것을 어려워하는 글쓴이	전략 부분
일화 1	학생에게 미안하다고 말을 해야 할 상황에서 갖가지 구실을 내세워 그 말을 하지 않으려는 글쓴이의 일화	
일화 2	'미안합니다'라는 말로 문제를 해결한 아버지와 경비원의 일화	
깨달음	자신의 잘못을 인정하고 상대방의 처지를 이해하는 마음의 필요성	

글쓴이와 아버지가 처한 상황과 이에 대한 태도

미안하다는 말을 해야 하는 상황	
글쓴이	**아버지**
서훈이 말을 더듬는 영수를 대신해 책을 읽은 것을 오해해 화를 냄.	딸을 위해 현관 가까이에 주차를 하여 경비원이 화를 냄.
'미안하다'는 말을 피할 구실을 떠올리고 잊어버림.	'미안합니다'라는 말을 계속 반복함.

자료실

장영희의 '수필론'

"아직까지 우리나라 문단이나 독자들 사이에서 수필에 대한 인식이 별로 높지 않아요. 미국이나 다른 서양 문화권에서는 수필을 당연히 떳떳한 정체성을 가진 하나의 문학 갈래로 평가해 주는데 우리나라는 그렇지 않잖아요. 수필은 아무나 쓰는 신변잡기라는 전제가 깔려 있어요. 하지만 좋은 수필은 소설이나 시만큼 독자들에게 좋은 호응을 받을 수 있다고 생각해요. 또 수필은 그냥 사실만 적는 것이라고 하지만 절대로 그렇지 않아요. 글이라는 것은 하나의 정교한 예술품이라고 해야 하기 때문에 내가 아무리 신변잡기를 써도 그게 하나의 글로서 인정받기 위해선 굉장히 오래 갈고 닦아야 해요. 내가 오늘 쥐포 아저씨를 만나서 좋은 얘기를 들었다 끝. 이렇게 하면 그건 그냥 'fact(사실)'지 거기에 나의 해석이 들어가야 해요."

– 조윤경, 《새로운 문화 새로운 상상력》

함께 읽으면 좋은 작품

〈유머 철학 – 웃음과 인생〉, 이희승 / 웃음의 긍정적 가치를 밝힌 작품

인간의 삶에 있어 웃음이 주는 의미를 밝힌 수필이다. 글쓴이는 웃음 때문에 삭막한 세상이 감미롭고 인정이 넘치게 된다며 웃음에 대해 긍정적으로 이야기하고 있다.

키 포인트 체크

제재 '□□□□'라는 말이 가진 위력에 대해 이야기하고 있다.

관점 '미안합니다'라는 말에는 잘못을 □□하고 상대방을 □□하는 마음이 담겨 있어 그 가치와 위력이 크다.

표현 □□되는 두 가지 일화를 제시하여 주제를 효과적으로 전하고 있다.

1 이 글에 대한 설명으로 가장 적절한 것은?
① 대비되는 일화를 통해 깨달음을 전하고 있다.
② 관조적인 태도로 대상에 대한 감상을 밝히고 있다.
③ 유추의 방식을 사용하여 주제 의식을 드러내고 있다.
④ 허구적 상상력을 통해 글쓴이의 생각을 강조하고 있다.
⑤ 비유적 표현을 통해 대상이 지닌 속성을 제시하고 있다.

2 이 글을 읽은 독자의 반응으로 적절하지 않은 것은?
① 경비원은 아버지가 기다리는 사람이 누구인지 알지 못했군.
② 글쓴이는 결국 영수에게 미안하다는 말을 해야겠다고 결심하게 되었군.
③ 글쓴이는 평소 '미안합니다'라는 말의 위력에 대해 깊이 생각해 보지 않았군.
④ '미안합니다'라는 말은 사람들 사이의 갈등을 해소하는 데 긍정적 역할을 하는군.
⑤ 글쓴이는 차가 떠날 때까지 아버지를 나무라는 경비원에게 불쾌한 감정을 느꼈군.

내신 적중

3 (가)에 나타난 글쓴이의 생각으로 적절한 것끼리 바르게 묶인 것은?

> ⓐ 선생 체면에 학생한테 사과하는 일은 곤란해.
> ⓑ 수업을 하다가 생긴 일이니까, 영수도 이해해 줄 거야.
> ⓒ 영수의 상황을 모르고 그런 것인데, 미안하다고 할 필요가 있을까?
> ⓓ 내가 사과한다고 영수의 상황이 나아지는 것도 아닌데 그럴 필요 없잖아?
> ⓔ 영수는 그때 상황을 이미 잊었을지도 모르는데 괜히 긁어 부스럼 낼 필요는 없어.

① ⓐ, ⓑ, ⓒ
② ⓐ, ⓒ, ⓔ
③ ⓑ, ⓒ, ⓓ
④ ⓑ, ⓓ, ⓔ
⑤ ⓒ, ⓓ, ⓔ

4 '미안합니다'라는 단어를 활용하여 ㉠의 의미를 서술하시오.

5 다음은 글쓴이가 쓴 일기의 일부이다. 이 글의 내용을 고려하여 빈칸에 들어갈 알맞은 내용을 서술하시오.

> 2○○○년 ○○월 ○○일
> 나는 오늘 아버지와 오피스텔 경비원의 모습을 보고 쉽게 사과하지 못하는 내 자신을 깊이 반성하게 되었다. 두 분 사이에 약간의 오해가 있었으나, 두 분은 ＿＿＿＿＿＿＿＿＿는 공통점이 있었다. 특히 서로 인사를 나누고 헤어진 후에도 손까지 흔들며 배웅해 주는 경비원의 모습에서 '미안하다'는 말의 위력을 새삼 느낄 수 있었다.

국어 동아

🎯 핵심 정리

갈래 경수필
성격 체험적, 사색적
제재 '하필이면'이라는 말
주제 '하필이면'이라는 말을 통한 삶의 긍정적 성찰
특징 ① 글쓴이의 진솔한 경험과 깨달음이 나타남.
② '하필이면'을 긍정적으로 사용한 어린 조카의 말에 깨달음을 얻음.
③ 인식의 전환을 통해 자신의 삶을 긍정적으로 성찰하게 됨.
출전 《내 생애 단 한 번》(2000)

> **Q** 글쓴이가 〈머피의 법칙〉이라는 노래를 인용한 이유는?
> 〈머피의 법칙〉 노래 가사에 나타난 상황이 '하필이면'이라는 말과 호응이 잘 되기 때문이다. 또한 독자에게 익숙한 노래 가사여서 독자의 흥미를 불러일으킬 수도 있기 때문이다.

💡 어휘 풀이

망연자실(茫然自失) 멍하니 정신을 잃음.
안하무인(眼下無人) 눈 아래에 사람이 없다는 뜻으로, 방자하고 교만하여 다른 사람을 업신여김을 이르는 말.
양순(良順)하다 어질고 순하다.
소견(所見) 어떤 일이나 사물을 살펴보고 가지게 되는 생각이나 의견.
청명(淸明)하다 날씨가 맑고 밝다.

🔖 구절 풀이

❶ 이 노래에 나오는 '하필이면'이란 ~ 의문을 전제로 한다. 다른 사람은 별다른 노력을 기울이지 않고도 모든 일이 잘되어 가는 것 같은데 왜 자신의 인생만은 아무리 노력해도 일이 꼬이고 한심한 상황들만 일어나느냐는 의미이다.

❷ 물론 이보다 더 중요하고 근본적인 '하필이면'도 있다. 앞에 나열한 상황들은 삶 속에서 우연히 일어난 것이기 때문에 어쩌면 피할 수도 있는 상황이지만, 이후에 제시하는 상황들은 글쓴이에게 태생적·운명적으로 주어진 상황이어서 근본적으로 피할 수 없다는 의미이다.

❸ 아름이처럼 '하필이면'을 ~ 놀라운 것으로 변하는 것이었다. 글쓴이는 조카 아름이가 '하필이면'을 긍정적 의미로 사용하는 것을 듣고, 자신도 '하필이면'을 좋은 상황에 갖다 붙여 본다. 그 결과, 생활과 삶, 운명 등의 측면에서 여러 긍정적인 상황을 발견하고, 자신의 행운을 인식하게 되면서 삶을 긍정적으로 성찰하고 있다.

👤 작가 소개

장영희(본책 70쪽 참고)

가 몇 년 전인가 십 대들이 즐겨 부르던 유행가 중에 〈머피의 법칙〉이라는 노래가 있었다. 확실히 기억은 안 나지만 가사가 대충 이랬다. / '화장실이 있으면 휴지가 없고, 휴지가 있으면 화장실이 없고, 미팅에 가도 하필이면 제일 맘에 안 드는 애랑 파트너가 되고, 한 달에 한 번 목욕탕에 가도 하필이면 그날이 정기 휴일이고' 등 '무슨 일이든 어차피 잘못되게 마련이다.'라는 '머피의 법칙'을 코믹하게 묘사하고 있다. / ❶이 노래에 나오는 '하필이면'이란 말은 분명히 '왜 나만?'이라는 의문을 전제로 한다. ▶ 〈머피의 법칙〉 노래 가사를 떠올림.

나 아닌 게 아니라 하루하루 살아가면서 나도 '머피의 법칙'을 생각할 때가 많다. [중략] '하필이면' 큰맘 먹고 세차한 날은 갑자기 맑은 하늘에서 비가 오고, 무엇을 사기 위해 줄을 서면 바로 내 앞에서 매진되고. _{하필이면 글쓴이에게만 일어난 한심한 상황 ①}

더욱이 얼마 전에는 길거리를 걸어가다가 내 어깨에 새똥이 떨어지는 일도 있었다. 나는 _{상황②} 망연자실, 한동안 서서 나의 '하필이면'의 운명에 경악했다. ⓐ1천만 서울 인구 중에 새똥 _{상황③} 맞아 본 사람은 아마 손가락으로 꼽을 정도일 텐데 '하필이면' 그게 나라니! _{부정적이고 한심한 상황} ▶ 글쓴이에게 일어난 '머피의 법칙'

❷물론 이보다 더 중요하고 근본적인 '하필이면'도 있다. 남들은 멀쩡히 잘도 걸어 다니는데 왜 하필이면 나만 목발에 의지해야 하고, 어떤 사람은 펜만 잡으면 멋진 글이 술술 잘 _{상황④ – 글쓴이에게 신체장애가 있음을 알 수 있음.} 나오는데 왜 하필이면 나만 이 짤막한 글 하나 쓰면서도 머리를 벽에 박아야 하는가. / 그 _{상황⑤} 렇다고 다른 재주가 있느냐 하면 노래, 그림, 손재주 그 어느 것 하나 내세울 게 없다. 하느님은 누구에게나 나름의 재능을 골고루 나눠 주신다지만, 아무리 생각해도 '하필이면' 나만 _{'하필이면'이라는 말에 대한 글쓴이의 부정적 인식} 깜빡하신 듯하다. [중략] 그래서 '하필이면'이라는 말은 내게 한심하고 슬픈 말이다. _{상황⑥} ▶ 글쓴이에게만 일어난 운명적인 한심한 상황들

중략 부분의 내용 글쓴이는 어느 날 초등학교 2학년인 조카 아름이에게 인형을 사다 준다. 아름이는 인형을 받고 기뻐서 고마움의 표시로 '왜 하필이면 내게 주는데?'라고 묻는다. _{한국말이 서툴러서 '하필이면'을 긍정적 의미로 사용함.}

다 외국에서 살다 와 우리말이 아직 서툰 아름이가 '하필이면'이라는 말을 부적합하게 쓴 예였지만, ㉠❸아름이처럼 '하필이면'을 좋은 상황에 갖다 붙이자, 나의 '하필이면' 운명도 갑자기 찬란한 빛을 발하기 시작한다는 걸 깨달았다. 내가 누리는 많은 행복이 참으로 가당 찮고 놀라운 것으로 변하는 것이었다. _{경험을 통한 글쓴이의 깨달음이 드러남.} ▶ 조카의 '하필이면'을 통해 자신의 운명이 바뀌는 것을 깨달음.

도대체 내가 전생에 무슨 좋은 일을 했기에, 하고많은 사람 중에 '하필이면' 내가 훌륭한 부모님 밑에 태어나 좋은 형제들과 인연 맺고 이 아름다운 세상을 살고 있는가. 아무리 노력 _{하필이면 글쓴이에게 일어난 긍정적 상황 ①} 해도 헐벗고 굶주리는 사람이 그토록 많은데 왜 '하필이면' 내가 무슨 권리로 먹을 것 입을 것 걱정 없이 편하게 살고 있는가. / 또 ⓑ나보다 머리 좋고 공부 열심히 하는 사람이 얼마 _{긍정적 상황 ②} 나 많은데 왜 '하필이면' 내가 똑똑한 학생들을 가르치고 있는가. / 게다가 실수투성이 안 _{긍정적 상황 ③} 하무인인 데다가 남을 위해 하는 일이라고 하나도 없는 나, 장영희를 '하필이면' 왜 많은 사 람이 도와주고 사랑해 주는가(우리 어머니 말씀으로는 양순하고 웃기 좋아하는 나의 성격 _{긍정적 상황 ④} 때문이라는데, 그렇다면 잘빠진 육체보다 아름다운 영혼을 타고난 것이 얼마나 다행인가).

'하필이면'의 이중적 의미를 생각하니 내가 지고 가는 인생의 짐이 남의 짐보다 무겁다고 _{'하필이면'의 긍정적 의미와 부정적 의미} 아우성쳤던 좁은 소견이 새삼 부끄럽다.

창문을 여니, 우리 학생들이랑 호수 공원에 놀러 가기로 한 오늘, '하필이면' 날씨가 유난 히 청명하고 따뜻하다. ▶ '하필이면'을 긍정적으로 인식하고 성찰함.

> • **중심 내용** 조카가 '하필이면'이라는 말을 긍정적인 상황에 사용한 것을 듣고 세상일을 긍정적으로 보게 됨.

이해와 감상

이 글은 보통 부정적 상황에서 사용하는 '하필이면'이라는 말을 한 어린 아이가 긍정적인 상황에서 사용한 경우를 통해 자신의 삶을 긍정적으로 보게 된 일상의 경험과 깨달음을 적은 수필이다. 글쓴이는 평소 '하필이면' 자신의 일상생활에서 한심한 상황들이 일어나고, 또 '하필이면' 자신만 태생적·운명적으로 한심한 상황에 놓여 있다고 생각한다. 이런 글쓴이에게 '하필이면'은 한심하고 슬픈 말이었다. 그런데 어린 조카가 '하필이면'이라는 말을 긍정적 상황에 사용하는 것을 듣고 글쓴이는 '하필이면'을 좋은 상황에 써 보게 되고 이를 통해 자신이 많은 행복을 누리고 있음을 깨닫게 된다. 이처럼 이 글은 인식의 전환이 일어나기 전과 후의 삶에 대한 태도를 대조하여 보여 줌으로써 주제 의식을 선명하게 부각하고 있다.

🏠 작품 연구소

〈하필이면〉의 구조

'하필이면'		'하필이면'
• 세차한 날에 비가 오고, 줄을 서면 바로 앞에서 매진됨. • 어깨에 새똥이 떨어짐. • 목발에 의지함. • 글 쓰는 재주가 없음. • 하느님이 나누어 주시는 재능을 갖지 못함. • 큰돈을 못 받는 영혼을 갖고 태어남.	깨달음의 계기 조카 아름이가 '하필이면'을 긍정적으로 사용함.	• 훌륭한 부모님 밑에 태어나 좋은 형제들과 인연 맺고 아름다운 세상을 살고 있음. • 먹을 것 입을 것 걱정 없이 편하게 살고 있음. • 똑똑한 학생들을 가르치고 있음. • 많은 사람들이 도와주고 사랑해 줌.
↓		↓
한심하고 슬픈 말		삶을 긍정적으로 보는 말

삶에 대한 글쓴이의 인식과 태도

"아름이처럼 '하필이면'을 좋은 상황에 갖다 붙이자, 나의 '하필이면' 운명도 갑자기 찬란한 빛을 발하기 시작한다는 걸 깨달았다."

↓

• 삶과 생활, 운명에서 긍정적 의미를 발견하고 행운을 인식함.
• 자신의 삶을 긍정적으로 성찰함.

자료실

머피의 법칙(Murphy's law)

일이 좀처럼 풀리지 않고 갈수록 꼬이기만 하는 경우에 쓰는 용어. 예컨대 매일 버스를 타고 출근하다가 그날따라 택시가 타고 싶어 택시를 탔더니 교통사고가 발생한다든가, 열심히 시험공부를 했지만 운이 나쁘게도 자신이 놓치고 보지 않은 곳에서 시험 문제가 출제된다든가 하는 것이 모두 머피의 법칙에 속한다. 이와는 반대로 우연히도 자신에게 유리한 일만 계속해서 일어나는 것을 가리켜 샐리의 법칙(Sally's law)이라고 한다.

– 《두산백과》

📖 함께 읽으면 좋은 작품

〈괜찮아〉, 장영희 / 세상에 대한 긍정적 시각을 드러낸 작품

신체장애를 지닌 글쓴이가 어린 시절의 일화를 통해 세상에 대한 긍정적 시각을 갖게 되었음을 밝히고 있는 수필이다. 세상사에 대해 긍정적 시각을 가진 점이 이 글과 유사하다.

🔗 **Link** 본책 141쪽

🔑 포인트 체크

제재 '☐☐☐☐'이라는 말과 관련한 글쓴이의 경험과 깨달음을 다루고 있다.

관점 글쓴이는 조카 아름이의 말을 들은 뒤 자신의 삶을 ☐☐적으로 인식하게 된다.

표현 인식의 전환이 일어나기 전과 후의 삶의 태도를 ☐☐적으로 보여 주어 주제 의식을 효과적으로 드러내고 있다.

1 이 글에 대한 설명으로 적절하지 않은 것은?

① 글쓴이의 진술한 경험과 깨달음이 나타나 있다.
② 동일한 대상에 대해 이중적 의미를 부여하고 있다.
③ 상황에 맞는 다양한 예를 들어 독자의 이해를 돕고 있다.
④ 대조되는 상황을 제시하여 주제를 선명하게 부각하고 있다.
⑤ 상반된 관점을 절충하여 대상에 대한 새로운 인식을 드러내고 있다.

2 이 글의 글쓴이를 (A), 〈보기〉의 화자를 (B)라고 할 때, (A)와 (B)가 나눈 대화로 적절하지 않은 것은?

┤ 보기 ├

사랑도 사람의 일이라, 만날 때에 미리 떠날 것을 염려하고 경계하지 아니한 것은 아니지만, 이별은 뜻밖의 일이 되고, 놀란 가슴은 새로운 슬픔에 터집니다.

그러나 이별을 쓸데없는 눈물의 원천을 만들고 마는 것은 스스로 사랑을 깨치는 것인 줄 아는 까닭에, 걷잡을 수 없는 슬픔의 힘을 옮겨서 새 희망의 정수박이에 들어부었습니다.

우리는 만날 때에 떠날 것을 염려하는 것과 같이, 떠날 때에 다시 만날 것을 믿습니다.

아아, 님은 갔지마는 나는 님을 보내지 아니하였습니다.

– 한용운, 〈님의 침묵〉에서

① (A): 당신도 저처럼 안 좋은 상황이 일어났군요.
② (B): 예. 그러나 생각을 바꾸니 희망이 보이더군요.
③ (A): 맞아요. 저도 조카의 말을 듣고 생각이 바뀌었어요.
④ (B): 그렇죠. 생각을 바꾸니 재회에 대한 확신마저 생겼습니다.
⑤ (A): 슬픔을 겪은 후에야 우리가 느끼는 행복이 배가 되는 것 같습니다.

내신 적중 多빈출

3 ⓐ와 ⓑ에 대한 설명으로 적절한 것은?

① ⓑ는 ⓐ보다 더 중요하고 근본적인 '하필이면'에 해당된다.
② ⓐ는 삶 속에서 우연히 일어나는 '하필이면'에 해당되는 상황이다.
③ ⓑ는 태생적·운명적으로 피할 수 없는 '하필이면'에 해당되는 상황이다.
④ ⓐ에서는 '하필이면'을 긍정적으로 인식하여 제시된 상황에 감사하고 있다.
⑤ ⓑ에서는 '하필이면'을 부정적이고 한심한 의미를 가진 말로 인식하고 있다.

4 ㉠에 나타난 글쓴이의 삶에 대한 태도를 쓰시오.

문학 해냄

🎯 핵심 정리
갈래 경수필, 기행 수필
성격 사색적, 성찰적
제재 이스탄불
주제 자기와 다른 것에 대한 관용과 사랑의 중요성
특징 ① 기행문적 요소가 드러남.
② 비유, 예시 등의 방법으로 주제를 드러냄.
③ 경어체를 사용하여 자신의 생각을 부드럽게 전달함.
출전 《더불어 숲》(2003)

💡 어휘 풀이
콘스탄티노플 이스탄불의 옛 이름. 비잔틴 제국의 수도였음.

비잔틴 비잔틴 제국의 수도를 이름. 330년 콘스탄티누스 황제에 의해 이름이 콘스탄티노플로 바뀌었으나, 그 이후에도 콘스탄티노플을 비잔틴이라 부르기도 하였음.

흑해 유럽과 아시아의 경계에 있는 바다

몽매(蒙昧)하다 어리석고 사리에 어둡다.

중화 세계 문명의 중심이라는 뜻으로, 중국 사람들이 자기 나라를 이르는 말.

오스만 튀르크 1299년 오스만 1세가 셀주크 제국을 무너뜨리고 소아시아에 세운 이슬람 제국.

정화(精華) 정수가 될 만한 뛰어난 부분.

🐚 구절 풀이
❶ **이곳에 와서 ~ 깨닫게 됩니다.** 이스탄불에 대한 글쓴이의 거리감과 무지가 중국과 서구 유럽에 종속된 기존의 사고방식에서 비롯된 것임을 자각하고 있다.

❷ **그보다 못한 ~ 놀라지 않을 수 없습니다.** 소피아 성당이 서구 유럽이 아닌 이스탄불에 있어서 그 예술성을 제대로 평가받지 못하는 현실을 예로 들고 있다. 이를 통해 서유럽 중심의 사고방식을 다시한번 비판하고 있다.

❸ **메메트 2세는 ~ 약탈을 엄금했습니다.** 메메트 2세가 베푼 관용의 정신이 나타나는 부분이다. 흔히 우리가 알고 있는 '한 손엔 코란, 한 손엔 칼'로 연상되는 호전적인 이슬람에 대한 선입견이 깨지는 장면이다.

Q 우리의 의식 속에 쌓아 놓은 장벽에 해당하는 사례는?

다문화 가정에 대한 편견, 장애인에 대한 차별과 편견, 성 소수자에 대한 차별과 편견, 인종이 다른 사람들에 대한 차별과 편견 등을 들 수 있다.

👤 작가 소개
신영복(본책 56쪽 참고)

이스탄불은 먼 곳에 있었습니다. 거리로는 로마나 파리보다 가까웠는데도 나의 의식 속에는 훨씬 더 먼 곳에 있었습니다. 이스탄불과 *콘스탄티노플, 그리고 *비잔틴이 서로 구별되지 않은 채 *흑해처럼 *몽매하기만 하였습니다.

터키 서부의 도시. 비잔틴 제국과 오스만 튀르크의 수도였음.
같은 도시가 시대에 따라 이름만 달라진 것이지만, 글쓴이는 이를 명확히 구분하지 못하고 두루뭉술하게 인식하고 있음.

이 아득한 거리감과 무지가 어디에서 왔는지 내게도 의문입니다. ❶이곳에 와서 비로소 깨닫게 된 것이지만, 그것은 나의 머릿속에 완강히 버티고 있는 이중의 장벽 때문이었습니다. 중국의 벽과 유럽의 벽이었습니다. 그것은 한마디로 우리 역사의 곳곳에 세워져 있는 벽이며 우리의 의식 속에 각인된 문화 종속성이라는 사실을 깨닫게 됩니다.

어떤 문화가 자주성이 없이 다른 문화에 딸려 붙으려는 성질

이스탄불로 오는 이번 여정도 이 두 개의 장벽을 넘어온 셈입니다. 중국 대륙을 횡단하고 런던·파리·아테네를 거쳐서 이스탄불에 도착했기 때문입니다. 돌궐과 흉노는 *중화(中華)라는 벽을 넘지 않고는 결코 온당한 실상을 만날 수 없으며, 마찬가지로 유럽이라는 높은 벽을 넘지 않고는 이슬람과 비잔틴의 역사를 대면할 수 없습니다. 만리장성보다 완고하고 알프스보다 더 높은 장벽이 우리의 생각을 가로막고 있음을 깨닫게 됩니다.

터키의 조상. 중국의 변방 민족이었음.
판단이나 행동 따위가 사리에 어긋나지 아니하고 알맞은
중국과 유럽 중심의 세계관이 우리의 생각에 미치는 거대한 영향력을 표현함. 비유법, 과장법
▶ 중국과 유럽 중심 세계관을 뛰어넘지 못하는 우리의 모습

오늘은 그 두 개의 장벽을 넘어 이곳 이스탄불의 소피아 성당과 블루 모스크 사이에 앉아 이 엽서를 띄웁니다. 소피아 성당은 로마로부터 세계의 중심을 이곳으로 옮겨 온 비잔틴 문명의 절정입니다. 직경 32m의 돔을 지상 56m의 높이에 그것을 받치는 단 한 개의 기둥도 없이 올려놓은 불가사의한 건축입니다. ❷그보다 못한 유럽의 유적들이 예찬되고 있는 것에 생각이 미치면 또 한 번 우리들의 부당한 편견에 놀라지 않을 수 없습니다. [중략]

① 물리적인 국경 ② 종속적 사고로 인한 의식의 벽
이슬람교에서, 예배하는 건물을 이르는 말
반구형으로 된 지붕
▶ 비잔틴 문명의 절정인 소피아 성당

❸메메트 2세는 콘스탄티노플을 함락하고 난 다음 바로 이 소피아 성당으로 말을 몰아 성당 파괴를 금지했습니다. 다 같은 하나님을 섬기는 성소를 파괴하지 말라는 엄명을 내린 다음, 이제부터는 이곳이 사원이 아니라 모스크라고 선언하고 일체의 약탈을 엄금했습니다. 이것은 어쩌면 *오스만 튀르크가 그들보다 앞선 유럽 문명의 *정화를 그대로 계승하겠다는 의지라고 할 수도 있겠지만, 내게는 이슬람의 그러한 관용이 매우 감동적이었습니다.

다른 문명과 종교에 대한 관용의 정신이 이스탄불의 건물과 유적이 보존되는 데 큰 역할을 했기 때문임

이슬람의 이러한 전통이야말로 오늘날의 이스탄불을 공존과 대화의 도시로 남겨 놓았습니다. 동과 서, 고와 금이 함께 숨 쉬고 있습니다. 이스탄불은 보스포루스 해협을 사이에 두고 유럽 대륙과 아시아 대륙에 걸쳐 있는 실크 로드의 종착지입니다. 터키는 스스로 아시리아·그리스·페르시아·로마·비잔틴·오스만 튀르크 등 역대 문명을 계승하고 있는 나라로 자부합니다. 카파도키아·에페수스·트로이 등지에는 지금도 그리스·로마의 유적들이 남아 있습니다. 그래서 터키를 모자이크의 나라라고도 합니다. [중략]

이전 문명을 말살하지 않고 새로운 문명과 공존해 왔으므로
여러 문화가 어우러져 있음
▶ 여러 문화가 공존하는 이스탄불을 있게 한 관용 정신

당신이 이스탄불로 나를 부른 까닭을 이제 알 수 있을 것 같습니다. 당신이 보여 준 것은 이스탄불이 안고 있는 관용과 공존의 역사였습니다. 그뿐만 아니라 당신은 세계화라는 강자의 논리를 역조명할 수 있는 귀중한 시각을 안겨 주었습니다.

20세기의 패권주의적 세계 질서

그러나 이스탄불에 있는 동안 내가 바라보고 있었던 것은 나의 의식 속에 자리 잡고 있는 거대한 두 개의 장벽이었습니다. 장벽은 단지 장벽의 건너편을 보지 못하게 할 뿐만 아니라 우리들 스스로를 한없이 왜소하게 만드는 굴레였습니다. 우리는 우리의 의식 속에 얼마나 많은 장벽을 쌓아 놓고 있는가를 먼저 반성해야 할 것입니다. 그리고 그것을 열어 가는 멀고 먼 여정에 나서야 할 것입니다.

틀에 박히고 종속적인 생각이야말로 우리의 시야와 도량을 위축시키는 근본 원인임을 비유적으로 표현함.
자기중심적인 가치관, 고정 관념, 편견 등
▶ 이스탄불에서 얻은 깨달음과 반성

• **중심 내용** 이스탄불의 유적에서 동서고금의 다양한 문화를 공존하게 하는 관용의 정신을 느낌.

이해와 감상

이 글은 글쓴이가 세계의 역사 현장을 여행하며 쓴 글을 모은 《더불어 숲》에 실린 것이다. 신문에 연재된 엽서 글의 형식에 경어체의 문장을 사용함으로써 딱딱할 수 있는 내용을 부드럽게 전달하고 있다. 이 글에는 세계사의 현장에서 역사의 무게를 느낀 글쓴이의 겸손함, 그곳에서 먼저 과거를 돌아보고 앞으로 지향할 바를 언급하는 형식을 띠는 글의 구성 방식이 잘 드러나고 있다.

글쓴이는 중국이나 서유럽에 비해 상대적으로 낯선 이스탄불에 대한 상념으로 이야기를 시작한다. 그리고 타 종교의 건축물을 훼손하지 않고 보존한 이슬람의 관용에서 받은 인상을 말한다. 이는 글쓴이의 선입견이 깨진 데서 비롯된 것이다. 글쓴이는 이러한 관용의 정신이야말로 터키가 대제국을 건설하고 유지할 수 있었던 원동력이었음을 설파하고 있다. 그리고 이에 반하여 진행되고 있는 현재의 세계화를 비판하면서, 관용적 사유를 막는 것들에 대한 자기반성을 촉구하며 글을 마무리하고 있다.

🏠 작품 연구소

이 글의 구조

이스탄불에 대한 상념	• 지리적으로 로마나 파리보다 가까운 이스탄불이 멀게만 느껴짐. • 이스탄불이 멀게 느껴지는 이유는 중국과 서구 유럽에 종속된 사고방식 때문임.

↓

소피아 성당을 중심으로 한 견문과 감상	• 소피아 성당은 서유럽의 유적에 비해 그 가치를 인정받지 못하고 있음. • 원형이 보존된 소피아 성당 내부의 벽화를 보며 이슬람의 관용 정신을 새롭게 인식함.

↓

이스탄불에서 얻은 깨달음과 반성	• 성당과 모스크가 상징하는 문화의 공존은 세계화를 역조명할 수 있는 시각을 제공함. • 우리에게 관용적 사유를 방해하는 요소는 없는지 반성해야 함.

자료실

신영복 사상의 모태 – '감옥'

신영복은 육군 사관 학교의 경제학 강사로 근무하던 1968년 통일혁명당 사건으로 구속되어 무기 징역을 선고받는다. 그 후 20년 동안 수감 생활을 하다가 1988년에 특별 가석방으로 출소한다. 그는 후에 저서에서 수감 생활이 철저한 밑바닥 생활이었음을 고백한다. 열악한 환경 속에서 동료들과 함께 한 수감 생활과 비전향 장기수들과의 만남은 그의 사상과 인생관을 송두리째 뒤바꿔 놓게 된다. 감옥이라는 원초적 공간에서 관념적 지식인의 모습을 지우게 된 그는 자연스레 인간, 즉 감방 동료들과의 '관계 맺기'에 집중하게 된다. 그 과정에서 그는 '이론과 실천'의 변증법적인 관계로 세상과 인간을 이해하려고 노력하게 된다. 그리하여 감옥에서의 오랜 독서와 사색의 결과로 남을 이해하고 더불어 살고자 하는 '연대 의식'이야말로 삶을 풍성하게 한다는 깨달음을 얻는다.

📖 함께 읽으면 좋은 작품

《나는 빠리의 택시 운전사》, 홍세화 / 우리 사회에 진지한 성찰을 요구하는 글
프랑스에 망명한 글쓴이가 경험하고 사색한 내용을 담은 수필집이다. 해외에서 느낀 점을 소재로 삼은 점, 이 글의 '관용'과 유사한 의미인 '똘레랑스'를 담고 있는 점 등을 비교하면서 읽을 수 있다.

🔑 포인트 체크

제재 이 글은 글쓴이가 이스탄불에서 깨달은 ☐☐의 정신에 대해 이야기하고 있다.

관점 글쓴이는 우리 의식 속에 쌓아 놓은 ☐☐, 즉 자기중심적인 가치관이나 고정 관념을 넘어 앞으로 나아가야 한다고 말하고 있다.

표현 여정에서 느낀 생각을 다양한 ☐☐를 통해 드러내고 있다.

1 이 글에 대한 설명으로 적절하지 <u>않은</u> 것은?
① 여정보다 견문과 감상의 비중이 크게 나타난다.
② 글쓴이의 생각을 경어체로 부드럽게 전달하고 있다.
③ 사회의 통합보다는 분화에 초점을 맞춰 주장하고 있다.
④ 글쓴이의 철학적이고도 사색적인 태도가 드러나고 있다.
⑤ 엽서의 형식을 빌려 독자들에게 이야기하듯이 다가가고 있다.

2 다음 중 '이스탄불'과 관련이 <u>없는</u> 것은?
① 파괴와 약탈
② 콘스탄티노플
③ 실크 로드의 종착지
④ 공존과 대화의 도시
⑤ 고(古)와 금(今)이 동시에 숨 쉬는 곳

3 이 글에 나타난 글쓴이의 생각으로 적절하지 <u>않은</u> 것은?
① 오늘날 터키는 역대 문명의 여러 유적을 놓고 대립하고 있다.
② 메메트 2세는 소피아 성당의 가치를 인정하고 파괴를 금지하였다.
③ 다양한 문화를 외면하는 생각에 빠져 있지는 않은지 반성해야 한다.
④ 오늘날 이스탄불의 모습은 강자의 논리를 역조명할 수 있는 시각을 제공한다.
⑤ 소피아 성당은 유럽의 변방에 있다는 이유로 가치를 제대로 평가받지 못하고 있다.

4 이 글을 기행문의 구성 요소에 따라 정리한 내용으로 적절하지 <u>않은</u> 것은?

구성 요소	해당 내용
여정	중국-런던-파리-아테네를 지나 이스탄불에 도착함. ……………………………………①
견문	이스탄불의 외곽을 둘러싸고 있는 두 개의 높은 장벽을 봄. ……………………………② 소피아 성당과 블루 모스크가 마주 보고 있는 모습을 봄. …………………………………③
감상	중국과 서유럽에 대한 종속적 사고를 깨닫고 반성함. ……………………………………④ 관용적 사유를 방해하는 장벽을 열어 가야 한다는 깨달음을 얻음. …………………………⑤

5 이 글과 오른쪽의 지도를 참고하여 이스탄불이 현재의 문화적 특성을 지니게 된 원인을 50자 내외로 쓰시오.

키워드 체크 #비유적 #우화적 #소설의 표현 기법 차용 #사물의 의인화 #현대인의 모습 반영

국어 금성
독서 비상

핵심 정리

갈래 경수필
성격 풍자적, 비유적, 우화적
제재 허리띠, 구두, 지갑
주제 자신의 주인을 위해 일하는 허리띠와 구두, 지갑의 일상
특징 ① 소품(피혁 제품)을 의인화하여 서술함.
② 3인칭 관찰자가 각각의 소품에 대해 서술함.
출전 《솔잎차를 마시며》(2004)

Q 이 글의 글쓴이가 택한 서술 방식의 특징은?

수필에서는 글쓴이 자신이 곧 수필의 서술자 '나'인 경우가 대부분이다. 그러나 이 글의 서술자는 글쓴이인 '나'가 아니라, 작품 밖에 존재하는 3인칭 관찰자이다. 글쓴이는 이와 같이 소설적 기법을 차용함으로써 자신이 전달하고자 한 바를 좀 더 효과적으로 표현하고 있다.

어휘 풀이

신참(新參) 단체나 부류에 새로 참가하거나 들어옴. 또는 그런 사람. '새내기'로 순화.
총애(寵愛) 남달리 귀여워하고 사랑함.

구절 풀이

❶ 입이라고 해야 아래턱뿐이지만 ~ 꼬리를 잘도 물고 있다. 허리띠를 입, 아래턱, 혀, 꼬리가 있는 존재로 의인화하고, 이를 바탕으로 사람의 허리에 허리띠가 채워진 모습을 입으로 제꼬리를 물고 있다고 묘사하고 있다.

❷ 주인이 크고 잘생긴 ~ 밀려날 것을 생각하면 앞날이 서글퍼진다. 허리띠는 주인의 점점 늘어나는 허리둘레를 감당하지 못하는 때가 오면 신참에게 밀려나 주인에게 버림받을 수도 있다고 걱정한다. 이는 나이가 들수록 설 자리가 좁아지는 사회 현실을 빗대어 표현한 것으로 볼 수 있다.

❸ 주인의 얼굴이 찍힌 주민등록증이며 ~ 더 중요한 것은 돈이라는 종이이다. 주인이 아끼는 여러 물품 중 가장 아끼는 것이 돈이라는 언급을 통해, 물질적 가치를 최우선시하는 현대인의 특징을 넌지시 드러내고 있다.

작가 소개

오병훈(1947 ~)
수필가. 식물학자. 전국의 명산과 도서 벽지를 누비며 자생 식물을 연구하면서 수필가로도 활동하고 있다. 주요 저서로 《솔잎차를 마시며》, 《초록빛 찾기》 등이 있다.

가 허리띠

일을 할 때면 제 꼬리를 물고 있어야 한다. ❶입이라고 해야 아래턱뿐이지만, 가느다란 혀 하나와 턱을 의지하여 제 꼬리를 잘도 물고 있다. 종일 주인의 허리를 껴안고 숨죽인 채 지내야 한다. 어쩌다 주인이 배에 힘이라도 주게 되면 턱이 빠질까 걱정이다. 실제 ㉠녀석의 친구 중에는 가끔씩 금속제 목이 떨어진 녀석도 있었다. 다행히도 솜씨 좋은 수선공을 찾아가 다시 끼워 놓을 수 있었지만. / 매일 ⓐ이런 상태로 지내야 하니 긴장의 연속이다. [중략]
▶ 혀와 턱으로 꼬리를 물고 일하는 허리띠

친구 중에는 별난 녀석도 있다. 그의 주인이 모임의 뒤풀이 같은 곳에서 취하기라도 하면 허리를 꼭 껴안고 있어야 할 녀석의 머리를 잡고 꼬리까지 빼낸다. 그러고는 모가지를 잡은 채 배를 훑어 내리면서 익살스럽게 외친다. "이것이 무엇이냐. 배암이야 배암. 애들은 가. 어른들은 보짝보짝 다가와!" ⓑ취중 사람들의 배꼽이 빠질까 걱정이다. 배암이 무엇이기에 저리도 재미있을까. / 요즈음은 녀석에게도 고민이 하나 있다. 주인의 허리가 점점 굵어지는 것을 느낀다. 지난해에 이미 사용하는 구멍이 한 칸 더 뒤로 밀려났다. 주인의 허리가 굵어질수록 녀석은 입으로 꼬리를 잡기가 힘겹다. 요즘 들어 부쩍 힘이 부치는 느낌이다.
▶ 주인의 허리가 굵어질수록 일이 점점 힘에 부치는 허리띠

이제 꼬리의 구멍이 두 개밖에 남지 않았다. 마지막 구멍까지 턱이 닿을 수 있으면 녀석도 버틸 수 있겠지만 그 이상은 곤란하다. ❷주인이 크고 잘생긴 *신참 녀석을 하나 데려올까 염려된다. 시장에 가면 얼룩무늬 악어가죽이나 부드러운 가죽까지 갖가지 색깔과 모양을 한 예쁜 것들이 얼마든지 있다. ㉢나이를 먹는 것도 서러운데 그들에게 밀려날 것을 생각하면 앞날이 서글퍼진다.
▶ 나이를 먹어 가며 자신의 입지가 좁아지는 것에 대한 걱정과 서글픔

나 지갑

가장 깊은 곳에 얌전히 숨어 있다. 언제나 주인의 심장 소리를 자장가처럼 들으며 잠이 든다. 딱히 무슨 거룩한 일이라고 할 수는 없지만 나름대로 할 일이 있다. ❸주인의 얼굴이 찍힌 주민 등록증이며, 신용 카드, 사진 한 장, 그리고 이름을 적은 몇 장의 종잇조각 등 소중한 것들을 보듬고 다닌다. 다른 사람들에게는 하찮은 것이겠지만 주인이 끔찍이도 아끼는 것들이다. / 더 중요한 것은 돈이라는 종이이다. 주인은 그 종이를 먹을 것으로 바꾼다. 꼭 있어야 할 것들을 품고 있으니 ㉡녀석 또한 소중하게 여길 수밖에 없다. 녀석은 주인의 *총애를 받으며 의기양양하게 지낸다.
▶ 주인의 지갑에 들어 있는 물건들

그때를 생각하면 지금도 아찔하다. ⓓ주인과 영원히 이별하는 줄 알았다. [중략] 주인은 만원 전철에서 시달리고 있었다. 어느 때보다 힘이 드는지 이마에는 땀까지 맺혀 있었다. 정거장에서 출입문이 열리나 했는데 누군가 주인의 어깨를 툭 쳐서 주인이 넘어질 뻔했다. 문이 닫히는 순간 누군가, "도둑이야! 소매치기다!"라고 외쳤다. 주인의 손이 문득 가슴으로 갔다. 이쪽저쪽 주머니 부분을 눌러 보았으나 아무것도 없었다. 속주머니가 예리한 칼에 찢겨 있는 것이 아닌가. 주인은 마음속으로 빌었겠지, 사진만이라도 돌려주었으면 하고.
▶ 소매치기 때문에 주인과 잠시 이별했던 경험

며칠 후였다. 녀석을 찾았다는 연락에 주인이 파출소로 달려갔다. 눈물겨운 상봉이었다. 그때까지도 녀석은 빛바랜 사진 한 장을 꼭 껴안고 있었다. 돌아가신 어머니를 잊지 못해 늘 사진을 품고 다니는 주인을 생각하면 얼마나 다행인지 모른다. ㉣겨울이면 맨손으로 어머니 무덤의 눈을 쓸어내리는 주인이다.
▶ 주인의 품으로 돌아온 지갑

• 중심 내용 주인을 위해 일하는 사물들의 외양 및 주인과 함께 경험한 사건, 그에 따른 소회 제시

이해와 감상

이 글은 가죽으로 만든 소품 세 가지를 의인화하여 관찰자의 입장에서 각각의 모습과 상황에 대해 쓴 수필이다. 우리 주변에서 흔히 볼 수 있는 소품들을 소재로 일상생활의 감수성을 표현함으로써 제재의 다양성을 보여 주는 한편, 소품을 의인화하여 내용을 전개함으로써 현대 수필이 가진 기법의 다양성 측면도 잘 드러내고 있다.

글쓴이는 제목 '피혁삼우'를 통해 허리띠와 구두, 그리고 지갑 등 세 소품을 사람, 그중에서도 벗에 빗대고 있다. 글쓴이는 세 소품의 겉모양과 그들이 처한 상황을 구체적으로 제시하며, 현재를 살아가는 현대인들의 일면을 비유적으로 드러내고 있다.

작품 연구소

〈피혁삼우〉에 등장하는 세 소품의 겉모양과 각 소품이 처한 상황

	겉모양	처한 상황
허리띠	• 가느다란 혀 하나와 턱에 의지하여 제 꼬리를 물고 있음 • 꼬리의 구멍이 두 개밖에 남아 있지 않음.	• 주인이 신참 녀석을 데려올까 염려하고 있음. • 나이를 먹는 것도 서러운 와중에 주인이 데려올 신참에게 밀려날 것을 상상하며 서글퍼하고 있음.
구두 [생략 부분]	• 얼굴과 색깔이 같지만, 좌우가 대칭인 쌍둥이임. • 날씨에 따라, 주인의 행선지에 따라 천차만별의 모습을 보임.	• 하루 종일 백 근이 넘는 주인을 떠받치며 어디든 헤집고 다님. • 식당에서 우연히 만난 구두 아가씨를 잊지 못함.
지갑	(외양이 묘사되어 있지 않음.)	• 주인의 심장 소리를 자장가처럼 들으며 잠들 수 있는 가장 깊은 곳에 얌전히 숨어 있음. • 주인이 아끼는 것들을 보듬고 다녀 주인의 총애를 받음. • 주인과 영원히 이별할 뻔했다가 사진 한 장을 꼭 껴안고 재회함.

소품을 의인화함으로써 얻을 수 있는 효과

'글쓴이 = 나'로 설정하는 다른 수필과 달리 '허리띠', '지갑'을 의인화한 뒤 3인칭 관찰자가 이들의 모습을 이야기하게 함으로써 글쓴이 자신의 삶과 경험을 생동감 있게 표현함.

허리띠	지갑
나이가 들수록 입지가 좁아지는 것에 대한 심경을 우회적으로 드러냄.	어머니에 대한 애틋한 그리움을 부각하여 드러냄.

함께 읽으면 좋은 작품

〈규중칠우쟁론기〉 / 일상적인 사물을 의인화하여 세태를 풍자한 작품

조선 후기의 부녀자가 쓴 것으로 추정되는 한글 수필이다. 3인칭 관찰자 시점에서 규방 부인의 바느질 용품 일곱 가지를 의인화하여, 그들의 대화를 보여 주는 점이 독특하다. 인간의 이기적인 세태에 대한 풍자와 직분에 따라 성실하게 살아야 한다는 교훈이 담겨 있다. 또한 칠우가 당당히 자신의 주장을 펼치는 모습에서 봉건 사회 속에서 변화해 가는 여성상도 발견할 수 있다. ▦ Link 〈고전 산문〉 232쪽

키 포인트 체크

제재 주변에서 흔히 볼 수 있는 ▢▢ 소품인 ▢▢▢, 구두, 지갑을 제재로 하여 이야기를 전개하고 있다.

표현 허리띠와 구두, 지갑을 ▢▢▢하여 ▢인칭 관찰자가 그 소품들의 일상과 고민, 경험 등을 전달하고 있다.

1 이 글에 대한 설명으로 가장 적절한 것은?

① 우화적 수법으로 바람직한 사회의 모습을 제시하고 있다.
② 글쓴이의 경험을 일화로 제시하여 공감을 이끌어 내고 있다.
③ 생활 주변의 소품을 의인화하여 주제 의식을 전달하고 있다.
④ 유추의 방식을 사용하여 대상에 대한 새로운 인식을 드러내고 있다.
⑤ 대상의 부정적 측면을 부각하여 현실에 대한 비판적 견해를 표출하고 있다.

2 ㉠과 ㉡에 대한 이해로 적절하지 않은 것은?

① ㉠은 언젠가 젊은 신참에게 밀려날까 봐 걱정한다.
② ㉡은 주인이 자신보다 더 아끼는 '사진'을 부러워한다.
③ ㉡은 주인의 사랑을 받으며 의기양양하게 지낸다.
④ ㉡에 비해 ㉠은 자신의 일을 하는 것을 힘겨워한다.
⑤ ㉠과 ㉡ 모두 주인을 위해 자신들의 일을 한다.

내신 적중

3 ⓐ~ⓔ에 대한 설명으로 적절하지 않은 것은?

① ⓐ: 혀와 아래턱으로 꼬리를 물고 있어야 하는 상황을 가리킨다.
② ⓑ: 관용구를 통해 사람들이 우스워하는 모습을 효과적으로 나타낸다.
③ ⓒ: 나이가 들어갈수록 점점 입지가 좁아지는 현실을 우회적으로 표현한다.
④ ⓓ: 주인이 자신을 버릴지도 모른다는 두려움이 드러난다.
⑤ ⓔ: 어머니에 대한 주인의 애틋한 마음을 드러낸다.

4 빛바랜 사진과 〈보기〉의 '은수저'의 공통적인 기능을 쓰시오.

> ┤ 보기 ├
> 산이 저문다.
> 노을이 잠긴다.
> 저녁 밥상에 애기가 없다.
> 애기 앉던 방석에 한 쌍의 <u>은수저</u>
> 은수저 끝에 눈물이 고인다.
>   [중략]
> 먼 들길을 애기가 간다.
> 맨발 벗은 애기가 울면서 간다.
> 불러도 대답이 없다.
> 그림자마저 아른거린다.
>   – 김광균, 〈은수저〉에서

소년 시절의 맛 | 성석제

[국어] 해냄

🎯 핵심 정리
갈래 경수필
성격 회상적, 체험적
제재 라면
주제 과거에 먹던 라면 맛에 대한 추억과 그리움
특징 ① 체험한 사실을 서사적으로 전개함.
② 특정 사물을 매개체로 하여 어린 시절에 대한 추억을 회상함.
출전 《소풍》(2005)

💡 어휘 풀이
사환(使喚) 관청이나 회사, 가게 따위에서 잔심부름을 시키기 위하여 고용한 사람.
대필(代筆) 남을 대신하여 글씨나 글을 씀. 또는 그 글씨나 글.
쇼트닝(shortening) 과자나 빵을 만드는 데에 많이 쓰는 반고체 상태의 기름.
자문(諮問) 어떤 일을 좀 더 효율적이고 바르게 처리하려고 그 방면의 전문가나, 전문가들로 이루어진 기구에 의견을 물음.

💬 구절 풀이
❶ 꼬불꼬불한 국수 모양이 ~ 불러일으켰다. 글쓴이는 처음 라면을 보았을 때 국수의 모양, 담긴 그릇, 냄새가 마치 다른 문화를 경험한 것 같은 낯선 느낌을 받았다.
❷ 그 맛은 ~ 위반의 맛이었다. 처음으로 먹은 라면은 그전까지 먹었던 음식의 맛과 달리 인위적이고 독특하면서도 강한 맛이어서 글쓴이에게 강렬한 인상을 주었다.
❸ 수천 명이 이용하는 ~ 도리가 없었다. 글쓴이는 군대에서 훈련병이었을 때 아무나 경험하기 힘든 상황에서 먹은 라면의 맛을 특별하게 기억하고 있다.

Q 글쓴이가 라면 맛 찾기를 통해 얻은 결론은?
글쓴이가 다양한 방법을 동원해도 과거의 라면 맛을 더 이상 느낄 수 없게 된 이유는, 글쓴이가 정서적으로 메마른 어른이 되었기 때문이다. 결국 글쓴이는 순수하게 라면 맛에 중독되었던 과거의 시간 자체를 되찾고 싶어 했던 것이다.

👤 작가 소개
성석제(본책 60쪽 참고)

가 　내가 라면을 처음 먹어 본 것은 초등학교 5학년 무렵이다. 하굣길에 읍내 아버지 사무실에 갔다가 *사환으로 있던 동네 형을 만났다. 아버지는 안 계셨고 형은 그때 마침 라면을 끓여 도시락과 함께 먹으려는 찰나였다. ❶꼬불꼬불한 국수 모양이 신기했고 납작한 양은 냄비, 거기서 풍겨 나오는 냄새는 읍내에서 십 리 길 가까운 시골에 사는 내게는 ⓐ도시적이다 못해 이국적인 느낌마저 불러일으켰다. [중략] ❷그 맛은 기존의 질서에서 살짝 일탈한 위반의 맛이었다. 동시에 인스턴트했고 중독의 예감을 안겨 주는 맛이었다.
처음 맡아 본 라면 냄새에 대한 느낌
처음 먹어 본 라면 맛의 강렬함
▶ 처음 라면을 접하고 먹어 본 기억

나 　그로부터 대략 이 년 뒤, 서울 도심에 있는 고등학교로 진학했다. 그 학교는 내가 들어가던 해가 개교 90주년이라고 했다. ⓑ학교가 오래되었다는 게 중요한 게 아니고 학교 앞에 있는 분식집들의 전통이 만만치 않다는 것이 중요하다. 수업이 끝난 뒤 우리는 각자 밥을 꾹 눌러 채운 도시락을 하나씩 들고 분식집에 모였다. 그러면 주인은 미리 껍질을 벗겨 놓은 라면을, 역시 미리 수프를 풀어 끓여 놓은 냄비 속에 빠뜨렸다. 그러고는 시큼하고 커다란 단무지 세 쪽 아니면 네 쪽을 접시에 담아 냄비와 함께 가져다주었다. 식탁에 있는 고춧가루를 살짝 풀어 라면과 함께 밥을 말아 먹으면 도서관에서의 한밤까지도 든든했다. 그때 ㉠그 라면이 얼마나 맛있었으면 도서관에 남아 공부를 하려고 라면을 먹는지, 라면을 먹으려고 도서관에 남아 있는지 잘 모를 지경이었다.
▶ 고등학생 때 먹었던 라면 맛에 대한 기억

다 　훈련병이던 나는 어느 날 훈련소 식당 주방장의 연애편지를 *대필해 주고 나서 라면을 얻어먹게 되었다. 주방장은 빈 *쇼트닝 깡통을 가져오더니 바닥이 가려질 정도만 물을 붓고 취사용으로 쓰는 대포 같은 초대형 가스버너에 깡통을 올려놓았다. 십 초도 되지 않아 물이 요란하게 끓기 시작했다. 주방장은 라면 봉지의 앞면, 이음 선이 없는 부분을 밀어 라면이 깡통 안으로 떨어지게 만들고 수프를 뿌렸다. 그러곤 곧 버너의 불을 껐고 내게 기다란 조리용 젓가락을 건네주며 먹으라고 말했다. 그 맛 역시 잊을 수 없었다. ❸수천 명이 이용하는 취사도구(버너, 주방장, 젓가락)를 ⓒ계급도 없는 훈련병 혼자 독점한 기분이 주는 맛이 특별하지 않을 도리가 없었다.
군대에서 특별한 맛의 라면을 먹을 수 있었던 계기
군 시절에 먹었던 라면 맛의 회상
▶ 군대에서 먹었던 라면 맛에 대한 기억

라 　그런데 언제부터인가 라면의 맛을 잃어버렸다. 라면의 종류는 과거와 비교할 수 없이 많아졌고 재료 역시 좋아졌지만 내가 찾는 그 맛은 어디에도 없었다. 한동안 나는 『초겨울 빈 들에 구하기도 힘든 찌그러진 양은 냄비를 들고 나가 짚으로 라면을 끓여 먹어 보기도 했다. 또 어렵사리 분유 깡통을 구해 젓가락을 넣다가 합선 사고를 내기도 했고 납작한 양은 냄비를 찾아 시장을 헤맨 적도 있다.』 여러 사람의 *자문을 얻어 이것저것 실험도 해 보았다. 『라면을 끓이는 냄비는 성냥불만 닿아도 파르르 반응하도록 얇을수록 좋다. 수프는 미리 찬물에 풀고 그 물을 최대한 오래 끓인 뒤 면을 넣는데 뚜껑은 덮지 말고 면을 섞거나 뒤집지 않는다. 날씨는 추울수록 좋고 끓는 부분과 차가운 대기에 접촉하는 면이 공존해야 한다. 면을 넣은 뒤 최소한의 시간만 익히고 곧 먹어야 한다.』 등등. [중략] 그렇지만 ⓓ그때와 같은 맛은 결코 돌아오지 않았다.
과거의 라면 맛을 느끼지 못하게 됨.
『 』: 과거의 라면 맛을 다시 느끼기 위한 노력
『 』: 라면 맛을 내기 위한 조건들
▶ 과거의 라면 맛을 다시 맛보기 위한 노력

마 　얼마 전에 나는 나름의 결론을 내렸다. 나는 라면을 먹고 싶어 하는 것이 아니라 그때 그 시절을 먹고 싶어 하는 거라고, 무지개를 찾는 소년처럼 헛되이, 저 멀리에서 황홀하게 ⓔ빛나는 그 시절을 되찾으려는 것이라고.
다시 돌아가는 것은 불가능하므로
순수했던 과거
▶ 라면 맛에 담긴 추억의 의미에 대한 깨달음

> • **중심 내용** 소년 시절에 먹었던 라면 맛에 대한 추억과 그 시절에 대한 그리움

이해와 감상

이 글은 글쓴이가 소년 시절부터 학창 시절과 군대를 거치며 경험한 라면에 얽힌 추억들을 회상하면서 쓴 수필이다. 글쓴이는 먼저 처음 라면을 먹었던 때의 강렬한 기억을 바탕으로 계속 라면 맛에 빠져들었던 일화들을 서술한 후, 과거의 라면 맛을 다시 느껴 보기 위한 여러 가지 노력들을 나열하고 있다. 그러나 그때의 맛은 찾지 못하고, 결국 자신이 찾고 싶어 한 것은 과거의 라면 맛이 아니라 과거의 추억이라는 것을 깨닫는다. 글쓴이는 순수했던 과거의 기억을 현재에도 고스란히 느끼고 싶어 한 자신을 알게 되었을 때, 자신이 더 이상 과거의 맛을 느낄 수 없는 어른이 되었다는 사실까지 함께 인식하게 된 것이다.

작품 연구소

글쓴이가 먹은 라면의 맛

생애 최초로 먹은 라면	기존의 질서에서 살짝 일탈한 위반의 맛, 인스턴트하고 중독의 예감을 안겨 주는 맛
중학교 때 먹은 라면	시골에서 먹던 것보다 짜고 더욱 인스턴트하고 냄새가 강한 맛 [중략 부분]
고등학교 때 먹은 라면	도서관에 남아 공부를 하려고 라면을 먹는지, 라면을 먹으려고 도서관에 남아 있는지 모를 지경의 맛
군대에서 먹은 라면	수천 명이 이용하는 취사도구를 계급도 없는 훈련병이 독점한 기분을 주는 잊을 수 없는 특별한 맛

글쓴이가 소년 시절의 라면 맛을 잃어버린 이유

과거	현재
순수한 꿈과 희망을 지녔던 시절, 잊을 수 없는 라면의 맛을 느낌.	꿈과 희망을 지닌 소년이 아닌 어른이 되었기 때문에 그 시절의 맛을 잃어버림.

소년 시절의 라면 맛에 대한 그리움

자료실

성석제의 산문집 《소풍》

《소풍》은 성석제의 흥거운 입담과 날렵한 필치가 돋보이는 산문집이다. 주로 음식에 관해 연재한 글이 담겨 있다.

"이 책에 든 글들은 대체로 음식에 관한 것이지만 음식만 이야기하려고 한 것은 아니다. 음식을 통해서 새삼 깨닫게 되는 사람과 세상에 관해 썼다. 소풍 가서 나무 그늘에 둘러앉아 도시락을 먹고[食] 샘물을 마시는[飮] 것처럼, 자연스럽게 느낌[感]이 움직이는 것[動]을 공유하고 싶었다. 음식을 먹는 것이 소풍이라면 음식 이야기 역시 소풍이며, 무릇 이야기란 또한 우리 삶의 소풍과 같은 것이다."

성석제의 말에 따르면 음식이란 '추억의 예술이자 오감이 총동원되는 총체 예술'이다. 음식을 만든 사람, 먹는 장소, 먹는 동안 일어난 일, 함께 먹는 일행 등에 대한 느낌이 합쳐져 하나의 기억을 이룬다. 그리고 그 기억은 곧 음식을 먹은 사람의 개인사이자 그가 속한 사회의 풍속사의 일부이다.

함께 읽으면 좋은 작품

〈자장면〉, 정진권 / 과거를 추억하고 현재를 돌아보는 작품

어린 시절 고향의 중국집에서 먹었던 자장면을 소재로 과거의 인정을 드러내고, 이와 대조되는 현대의 생활을 돌아보게 하는 수필이다. 인정 넘치던 과거에 대한 그리움을 느끼는 글쓴이의 모습에 주목하여 이 글과 함께 읽어 볼 만하다.

키 포인트 체크

제재 ☐☐에 얽힌 다양한 추억을 이야기하며 순수했던 시절에 대한 그리움을 표현하고 있다.

관점 글쓴이는 옛날의 라면 맛을 되찾기 위해 노력하면서 자신이 그리워한 것은 순수했던 ☐☐☐☐ 자체였음을 깨닫게 된다.

표현 자신이 체험한 사실을 서사적으로 서술하면서 ☐☐의 흐름에 따라 내용을 전개하고 있다.

1 이 글에 대한 설명으로 적절하지 않은 것은?
① 시간의 흐름에 따라 내용을 전개하고 있다.
② 중심 소재와 관련된 여러 일화를 제시하고 있다.
③ 글쓴이가 체험한 사실을 서사적으로 서술하고 있다.
④ 상반되는 상황을 통해 오늘날의 현실을 비판하고 있다.
⑤ 과거 회상을 통해 대상에 대한 그리움을 드러내고 있다.

2 (가)~(라)의 라면이 공통적으로 의미하는 것으로 가장 적절한 것은?
① 여유　　② 추억　　③ 경제력
④ 소박한 인심　　⑤ 생소한 음식

3 ⓐ~ⓔ에 대한 설명으로 적절하지 않은 것은?
① ⓐ: 처음 경험해 본 것에 대한 생소함을 서술하고 있다.
② ⓑ: 특정 사실을 자신의 관심과 연관 지어 해석하고 있다.
③ ⓒ: 목적했던 상황이 이루어진 것에 대한 만족감을 표현하고 있다.
④ ⓓ: 많은 노력에도 목적을 이루지 못하여 아쉬워하고 있다.
⑤ ⓔ: 자신의 생각과 행동에 담긴 본래의 목적을 깨닫고 있다.

4 ㉠의 상황에 어울리는 한자 성어로 가장 적절한 것은?
① 물아일체(物我一體)　　② 산전수전(山戰水戰)
③ 언어도단(言語道斷)　　④ 역지사지(易地思之)
⑤ 주객전도(主客顚倒)

5 이 글과 〈보기〉에 나타난 '맛'에 대한 공통된 생각을 20자 내외로 쓰시오.

┤보기├
자장면은 좀 침침한 작은 중국집에서 먹어야 맛이 난다. 그 방은 퍽 좁아야 하고, 될 수 있는 한 깨끗지 못해야 하고 칸막이에는 콩알만 한 구멍들이 몇 개 뚫려 있어야 어울린다.
식탁은 널판으로 아무렇게나 만든 앉은뱅이어야 하고, 그 위엔 담뱃불에 탄 자국이 검고 또렷하게 무수히 산재해 있어야 정이 간다.
– 정진권, 〈자장면〉에서

내신 적중

6 글쓴이가 라면의 맛을 잃어버린 이유를 30자 내외로 쓰시오.

030

성난 풀잎 | 이문구

문학 미래엔

🎯 핵심 정리

갈래 경수필
성격 사색적, 성찰적
제재 풀독이 오른 경험
주제 인간 중심적 사고에 대한 성찰과 반성
특징 ① 글쓴이의 경험을 통해 인식의 변화를 드러냄.
　　　② 다른 사람의 말을 인용하여 내용을 효과적으로 전달함.
출전 《인간 사회에 대한 꿈》(2006)

💡 어휘 풀이

떼치다 어떤 생각이나 정(情) 따위를 딱 끊어 버리다.
모르쇠 아는 것이나 모르는 것이나 다 모른다고 잡아떼는 것.
집터서리 집의 바깥 언저리.
울안 울타리를 둘러친 안.
풀독 풀의 독기.
옴 옴진드기가 기생하여 일으키는 전염 피부병.
달포 한 달이 조금 넘는 기간.

🔖 구절 풀이

❶ 서양의 한 자연주의 작가 ~ 말한 적이 있다. 자연은 인간의 운명에 대해 관심을 두지 않는다는 것은 자연은 인간의 의지나 노력과는 무관하며, 인간의 질서에 인위적인 조작이나 개입을 하지 않는다는 것을 의미한다. 이를 통해 인간과 자연은 서로 동등하고 평등한 존재임을 나타낸다고 할 수 있다.

❷ 자연스럽다는 것은 ~ 무관한 것이 아니었던가. 자연스럽다는 의미는 인간의 의지나 뜻이 개입되지 않고 자체의 질서를 원래 그대로 유지하고 있는 것을 의미한다.

Q 글쓴이가 풀독이 올랐는데도 장마가 끝나도록 병원을 찾지 않은 이유는?

글쓴이는 잡초를 억지로 뽑으려 했던 일 때문에 풀독이 올랐음을 깨달으면서 인간 중심적 생각을 반성한다. 그래서 풀독이 오른 것을 병원에 가서 약이나 주사와 같은 인위적인 방법으로 치료하는 것이 아니라 자연의 순리대로 치유하는 것이 옳다고 생각하여 병원을 찾지 않는다.

👤 작가 소개

이문구(1941~2003)
소설가. 산업화 과정에서 시대의 변화에 적응하지 못하고 소외되어 가는 농촌 민중들의 삶을 그린 작품을 많이 썼다. 주요 작품으로 〈우리 동네〉, 〈으악새 우는 사연〉, 〈유자소전〉 등이 있다.

예로부터 하늘과 땅은 어질지가 않다(天地不仁)는 말이 있다. 온갖 생물을 낳고 기르면서도 그 생물들 가운데 어느 것을 편들거나 어느 것을 °떼치거나 하지 않고 자연에 그대로 맡긴다는 뜻이다. ❶서양의 한 자연주의 작가 역시 자연은 인간의 운명에 대해 관심을 두지 않는다고 말한 적이 있다. 『이를테면 큰 잉어가 어린 붕어를 먹고, 큰 붕어가 어린 피라미를 먹고, 큰 피라미가 어린 송사리를 먹고, 큰 송사리가 어린 생이를 먹고 살더라도 말리지 않으며, 넓고 넓은 바닷가의 오막살이집에서 늙은 아비가 고기잡이를 하며 철모르는 딸과 함께 살다가 배가 뒤집혀 돌아오지 않는다고 하더라도 °모르쇠를 댄다는 것이다.』
▶ 인간의 운명에 관심을 두지 않는 자연의 본성

그러고 보면 '자연스럽다'는 말처럼 매몰스럽고 정나미가 떨어지는 말도 드물 것 같다. 그러나 그것은 어디까지나 인간의 이기주의적인 생각에 지나지 않는다. 자연은 인간의 힘을 더하지 않은 채 우주 사이에 저절로 된 그대로 그냥 있는 것이 제 본성이기 때문이다.
▶ 인간의 이기주의적 생각에 대한 비판

아무 데나 나는 풀도 이름이 없는 풀은 없다고 한다. 그러나 농부는 저마다 논밭에 심고 가꾸는 것이 아닌 것은 죄다 잡풀이라고 한다. 『자기에게 필요할 때는 나물도 되고 화초도 되고 약초도 되고 목초도 되고 거름도 되고 하는 풀도 필요가 없을 때는 잡풀이 되는 것이다.』 잡풀로 그치는 것만도 아니다. 논밭에 나서 서로가 살려고 작물과 경쟁을 할 때는 여지없이 농부의 원수가 되어 낫에 베이거나 호미에 뽑히거나 농약에 마르거나 하여 덧없이 죽어 가게 마련이다. 논밭의 작물은 주인의 발걸음 소리에 자란다는 말을 들을 때 잡풀의 서러움은 그 무엇에 견주어 말한대도 성에 찰 리가 없을 터이다.
▶ 농부의 원수가 되어 뽑아 베어지는 잡풀의 서러움

나는 장마 전에 시골집에 가서 고추밭과 °집터서리에 뒤덮은 잡풀을 이틀에 걸쳐서 뽑고 베고 하였다. 장마가 지면 고추밭이 풀밭이 되고 °울안의 빗물도 빠지지 않아서 나간 집이나 다름이 없어질 터이기 때문이었다. 풀을 뽑고 베는 동안에 팔과 다리에 °'풀독'이 올랐다. 뽑히고 베일 때 성이 난 풀잎에 팔과 다리가 긁히더니 이윽고 벌겋게 부르트면서 옻이나 °옴이 오른 것처럼 가렵고 따갑고 쓰라려서 안절부절못하게 된 거였다.

약국에서는 접촉성 피부염이라면서 먹는 약과 바르는 약을 지어 주었지만, 열흘이 지나고 보름이 지나도 가라앉지 않았다. 누구는 병원의 주사 한 방이면 직방으로 나을 텐데 미련을 떤다고 흉을 보기도 했다. 그러나 장마가 끝나도록 병원을 찾지 않았다.
▶ 풀독이 올랐으나 병원을 찾지 않음

㉠한갓 잡풀일망정 뽑히고 베일 때 왜 느낌이 없을 수 있겠는가. 느낌이 있다면 왜 가만히 있을 수 있겠는가. ❷자연스럽다는 것은 본디 인간의 뜻과 무관한 것이 아니었던가. 풀독은 근 °달포나 되어서야 자연스럽게 가라앉았다.
▶ 인간의 뜻과 무관한 것으로서의 자연스럽다는 말의 의미

• 중심 내용 풀독이 올라 고생했던 경험을 바탕으로 자연에 대한 인식과 성찰을 나타냄.

이해와 감상

이 글은 잡풀을 베다가 풀독이 올랐던 경험을 통해 인간 중심적 사고에 대한 성찰과 반성을 담고 있는 수필이다. 글쓴이는 고추밭과 집터서리에 뒤덮인 풀을 쓸모없는 잡풀이라 여겨 뽑고 베어 낸다. 그러나 그 과정에서 풀독이 오르고 글쓴이는 그 풀독이 잡풀의 저항, 분노라고 생각하게 된다. 즉, 잡풀도 인간과 동등하게 자신을 해하려는 대상에 반발할 수 있음을 깨닫고 이를 통해 인간 중심적인 가치관에 대해 반성하는 모습을 보이고 있다.

작품 연구소

'자연스럽다'의 의미

사전적 의미	• 억지로 꾸미지 아니하여 이상함이 없다. • 순리에 맞고 당연하다. • 힘들이거나 애쓰지 아니하고 저절로 된 듯하다.
이 글에서의 의미	• 인간의 의지나 노력과 무관하며, 인간의 인위적인 조작이 개입되지 않았다. • 모든 존재는 근원적으로 평등하다.

〈성난 풀잎〉에 나타난 글쓴이의 인식 변화

풀독이 오르기 전		풀독이 오른 후
• 고추밭과 집터서리에 뒤덮인 잡풀은 필요가 없으므로 뽑고 베어 내야 한다고 생각함. • 인간에게 이로운지 해로운지만을 중심으로 상황이나 사태를 판단함.	풀독이 오름.	• 잡풀도 인간과 동등하게 자신을 인위적으로 해하려는 대상에 반발할 수 있다는 것을 깨달음. • 인간 중심이 아닌 대상의 입장을 헤아려 상황이나 사태를 판단함.
이기주의적 사고, 인간 중심적 사상		이타주의적 사고, 생명 존중 사상

제목 '성난 풀잎'이 의미하는 바

- 한갓 잡풀일망정 뽑히고 베일 때 왜 느낌이 없을 수 있겠는가.
- 느낌이 있다면 왜 가만히 있을 수 있겠는가.

↓

글쓴이는 풀이 뽑히고 베이면서 고통과 분노를 느껴 풀독이 오른 것이라고 생각함.

↓

인간 중심적인 사고로 자연의 순리를 거스르는 삶의 태도를 경고하고 질책하는 존재를 의미함.

함께 읽으면 좋은 작품

〈풀 비린내에 대하여〉, 나희덕 / 문명의 이기와 생태 문제에 대한 성찰이 담긴 작품

글쓴이가 자동차를 운전하면서 겪은 일을 바탕으로 현대 문명의 이기를 사용하는 행위가 다른 생명에게 미치는 영향을 생각해 보도록 이끄는 수필이다. 생태 문제에 대한 성찰을 담고 있다는 면에서 이 글과 비교하여 읽어 볼 만하다. 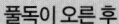 Link 본책 96쪽

키 포인트 체크

- **제재** 풀을 베다가 □□이 오른 경험에서 얻은 깨달음을 이야기하고 있다.
- **관점** 글쓴이는 □□ 중심적 사고에서 벗어나 대상의 입장에서 생각하는 이타주의적 사고를 보이고 있다.
- **표현** 노자와 서양의 한 자연주의 작가의 말을 □□하여 내용을 효과적으로 전달하고 있다.

1 이 글에 대한 설명으로 적절하지 않은 것은?

① 설의적 표현을 사용하여 자신의 생각을 강조하고 있다.
② 구체적인 경험을 통한 글쓴이의 인식 변화가 나타나고 있다.
③ 열거법과 연쇄법을 사용하여 구체적인 사례를 제시하고 있다.
④ 다른 사람의 말을 인용하여 내용을 효과적으로 전달하고 있다.
⑤ 역설적 표현을 사용하여 대상에 대한 비판적 태도를 드러내고 있다.

2 ㉠에 담긴 의미로 가장 적절한 것은?

① 자신의 행동에 대해 스스로 책임을 지는 것은 당연하다.
② 어려운 일을 혼자만의 힘으로 극복하기 어려운 것은 당연하다.
③ 자신에게 위해가 발생하면 이에 반발하는 마음이 생기는 것은 당연하다.
④ 다른 사람을 위해 희생하는 마음이 없다면 존중을 받지 못하는 것은 당연하다.
⑤ 처음에 가졌던 생각을 쉽게 바꾸었을 때에 신뢰감을 주지 못하는 것은 당연하다.

3 이 글의 글쓴이가 〈보기〉의 '포수'에게 할 충고로 가장 적절한 것은?

┤ 보기 ├

2
새는 울어 / 뜻을 만들지 않고
지어서 교태로 / 사랑을 가식(假飾)하지 않는다.

3
포수는 한 덩이 납으로 / 그 순수(純粹)를 겨냥하지만,
매양 쏘는 것은 / 피에 젖은 한 마리 상(傷)한 새에 지나지 않는다.
– 박남수, 〈새〉에서

① 인간의 이기심 때문에 자연을 파괴해서는 안 된다.
② 인간은 자연의 순수한 모습을 본받아 살아가야 한다.
③ 인간의 인위적인 조작을 통해 자연을 개선해야 한다.
④ 인간은 한낱 미물에 불과하므로 자연을 섬기고 살아야 한다.
⑤ 인간에게 이로운지 해로운지를 기준으로 상황을 판단해야 한다.

4 이 글의 제목이 의미하는 바를 30자 내외로 쓰시오.

031 꽃 출석부 1 | 박완서

독서 천재

🎯 핵심 정리

갈래 경수필
성격 체험적, 개성적
제재 복수초, 마당의 꽃
주제 어려움을 이겨 내고 때를 지켜 피어나는 꽃들을 기억하고 기다림.
특징 ① 마당에서 꽃을 기르는 글쓴이의 경험을 소재로 함.
② 글쓴이의 세심한 관찰력과 섬세한 감정이 드러남.
③ 머릿속에 꽃 출석부가 생겼다는 표현을 통해 꽃이 피기를 기다리는 설렘과 기쁨을 드러냄.
출전 《호미》(2007)

💡 어휘 풀이

속절없다 단념할 수밖에 달리 어찌할 도리가 없다.
언저리 둘레의 가 부분.
지열 ① 지구 안에 본디부터 있는 열. ② 햇볕을 받아 땅 표면에서 나는 열.
기화요초(琪花瑤草) 옥같이 고운 풀에 핀 구슬같이 아름다운 꽃.

😊 구절 풀이

❶ **그러나 빛깔은 진한 황금색이어서 ~ 생뚱스러워 보였다.** 겨울이 가고 봄이 왔지만 아직 아무 초목도 눈을 틔우지 않은 황량한 마당에 유독 노란 황금색 꽃을 피운 복수초의 모습이 주변과 어울리지 않음을 표현한 것이다.

❷ **놀랍게도 제일 먼저 녹은 ~ 해를 보고 있었다.** 복수초가 눈을 이겨 내고 생생하게 피어난 모습에 감탄하고 있다. 소나무조차 쌓인 눈의 무게를 이기지 못하고 꺾인 듯 축 처진 모습과 비교했을 때, 작은 꽃송이인 복수초가 두텁게 쌓인 눈을 녹여 내는 모습은 생명의 신비로움과 경이로움을 느끼게 해 준다.

❸ **이름을 모르면 백 번이라는 ~ 궁금하지 않았을지도 모른다.** 글쓴이는 자신의 마당에서 자라는 백 가지가 넘는 꽃들의 이름을 모두 기억하고, 출석부에 앞 번호 학생과 뒤 번호 학생을 구별하여 기억하듯 그 꽃들이 언제 피고 언제 지는지를 기억하고 있다. 글쓴이의 섬세한 관찰력과 함께 꽃에 대한 지극한 애정을 엿볼 수 있다.

👤 작가 소개

박완서(1931~2011)
소설가. 일상적 삶을 중년 여성 특유의 섬세하고 현실적 감각으로 그려 냈으며 특히 한국 전쟁의 비극적 체험을 심화된 내면 의식을 통해 밀도 있게 형상화하였다. 주요 작품으로 소설 〈엄마의 말뚝〉, 〈그 많던 싱아는 누가 다 먹었을까〉, 수필집 《못 가 본 길이 더 아름답다》 등이 있다.

전략 부분의 내용 글쓴이는 작년 가을 이웃에게서 복수초를 나누어 받아 양지바른 곳에 복수초를 심는다. 하지만 볼품없는 겉모습 때문에 눈 속에서 피어나는 복수초라는 것이 믿기지 않고 심은 자리조차 이내 잊어버린다.

　아마 3월이 되자마자였을 것이다. 샛노란 꽃 두 송이가 땅에 닿게 피어 있었다. 하도 키가 작아서 하마터면 밟을 뻔했다. ❶그러나 빛깔은 진한 황금색이어서 아직 아무것도 싹트지 않은 황량한 마당에 몹시 생뚱스러워 보였다. 〔복수초〕 그리고 곧 큰 눈이 왔다. 아무리 눈 속에서도 피는 꽃이라고 알려져 있어도 그 작은 키로 견디기에는 너무 많은 눈이었다. 나는 눈으로는 눈의 무게를 이기지 못해 꺾인 듯이 축 처진 소나무 가지를 바라보면서 마음으로는 그 샛노란 꽃의 *속절없음을 생각하고 있었다. 〔작은 모습 때문에 눈 속에서 살아나기 힘들 것이라고 생각함.〕 대문 밖의 눈은 치워 주었지만 마당의 눈은 그대로 방치해 두었기 때문에 녹아 없어지는 데 며칠 걸렸다. 〔눈이 너무 많이 왔기 때문에 복수초가 그 눈을 이기지 못하고 눈 속에서 죽었을 것이라 체념하고 있음.〕 ❷놀랍게도 제일 먼저 녹은 데가 복수초 *언저리였다. 〔눈 속에서 살아남은 복수초에 대한 감탄〕 고 작은 풀꽃의 머리칼 같은 뿌리가 땅속 어드메서 따뜻한 *지열을 길어 올렸기에 복수초는 그 두터운 눈을 녹이고 더욱 샛노랗게 더욱 싱싱하게 해를 보고 있었다. 온종일 그렇게 피어 있다가 해 질 무렵에는 타원형으로 오므라든다. 그러다가 아주 시들어 버릴 줄 알았는데 다음 날 해만 뜨면 다시 활짝 핀다. [중략] 어떤 친구는 마당에 피는 꽃이 백 가지도 넘는다고 해서 부러워했는데 이런 것까지 쳐서 백 가지냐고 기막힌 듯이 물었다. 〔실망감〕 듣고 보니 내가 그런 자랑을 한 적이 있는 것 같았다. 그러나 거짓말을 한 건 아니다. 그 친구는 아마 *기화요초가 어우러진 광경을 상상했었나 보다. 내가 백 가지 넘는다고 한 것은 복수초 다음으로 피어날 민들레나 제비꽃, 할미꽃까지 다 합친 수효다. 올해는 복수초가 1번이 되었지만 작년까지만 해도 산수유가 1번이었다. 〔작년까지는 산수유가 가장 먼저 꽃을 피웠고, 올해는 복수초가 가장 먼저 꽃을 피움.〕 곧 4월이 되면 목련, 매화, 살구, 자두, 앵두, 조팝나무 등이 다투어 꽃을 피우겠지만 그래도 조금씩 날짜를 달리해 순서대로 피면서 그 그늘에 제비꽃이나 민들레, 은방울꽃을 거느린다. 꽃이 제일 먼저 핀 것은 복수초이지만 잎이 제일 먼저 흙을 뚫고 모습을 드러낸 것은 상사초이고 그다음이 수선화이다. 수선화는 벚꽃이 필 무렵에나 필 것 같고 상사초는 잎이 시들어 지상에서 사라지고 나서도 한참이나 더 있다가 꽃대를 밀어 올릴 것이다. 이렇게 그것을 기다리고 마중하다 보니 「내 머릿속에 ㉠출석부가 생기게 되고, 출석부란 원래 이름과 함께 번호를 매기게 되어 있는지라 백 번이 넘는다는 걸 알게 되었다.」 「」: 꽃이 피는 순서에 따라 꽃 출석부를 만듦. ❸이름을 모르면 백 번이라는 숫자도 나오지 않았을 것이다. 〔마당의 꽃이 백 가지가 넘음.〕 그것들이 순서를 지키지 않고 멋대로 피고 지면 이름이 궁금하지 않았을지도 모른다.

▶ 눈 속에서 살아나 꽃을 활짝 피운 복수초와 꽃들이 피는 순서를 바탕으로 만든 꽃 출석부

　내가 출석을 부르지 않아도 그것들은 올 것이다. 그래도 나는 그것들이 올해도 하나도 〔마당에 피어날 많은 꽃들〕 결석하지 않고 전원 출석하기를 바라기 때문에 ㉡그것들이 뿌리로, 씨로 잠든 땅을 함부 〔꽃들을 의인화함.〕 로 밟지 못한다. 〔꽃들을 아끼고 사랑하는 마음이 드러남.〕 그것들이 왕성하게 자랄 여름에는 그것들이 목마를까 봐 마음 놓고 어디 여행도 못 할 것이다. 그것들은 출석할 때마다 내 가슴을 기쁨으로 뛰놀게 했다. 〔꽃들이 필 때마다〕 백 식구는 대식구이다. 나에게 그것들을 부양할 마당이 있다는 걸 생각만 해도 뿌듯한 행복감을 느낀다. 내가 이렇게 ㉢사치를 해도 되는 것일까. 괜히 송구스러울 때도 있다.

▶ 꽃들이 전원 출석하기를 기다리며 행복감을 느낌.

　그것들은 내가 기다리지 않아도 올 것이다. 그래도 나는 기다린다. 기다리는 기쁨 때문 〔글쓴이가 꽃을 기다리는 이유〕 에 기다린다.

▶ 꽃들이 피기를 기쁜 마음으로 기다림.

• **중심 내용** 복수초를 비롯하여 마당에 핀 꽃들의 출석부를 만들고, 그것들을 관찰하며 느끼는 기쁨과 즐거움.

이해와 감상

이 글은 글쓴이가 마당에 핀 소박한 꽃들을 관찰하며 느낀 기쁨과 즐거움을 표현한 수필이다. 글쓴이는 오랜 시간 마당의 꽃들을 관찰하면서 다른 이들 눈에는 대수롭지 않아 보이는 꽃들도 일일이 기억해 백 가지 종류가 넘는 꽃들의 이름, 꽃들이 피는 순서도 빠짐없이 외우고 있다. 이른 봄, 눈 속에서도 생생하게 꽃을 피워 내는 복수초를 관찰하며 감탄하고 자랑스러워하는 모습, 꽃 출석부를 만들어 꽃 하나하나를 확인하고 소중히 여기는 모습에서 글쓴이가 지닌 자연에 대한 세심한 관심과 무한한 애정을 느낄 수 있다.

🏠 작품 연구소

'복수초(福壽草)'에 대한 글쓴이의 생각 변화

작년 가을	올해 3월	큰 눈이 온 뒤
볼품없는 겉모습 때문에 눈 속에서 피어나는 복수초라는 것이 믿기지 않음. [전략 부분]	황량한 마당과 어울리지 않게 샛노란 꽃을 피운 모습이 생뚱스럽다고 생각함.	• 신기해하고 감탄함. • 자랑스럽게 여김.

마당에 핀 꽃들에 대한 글쓴이의 태도

• 백 가지가 넘는 꽃들의 이름과 꽃이 피는 시기를 알고 있음. • 피는 순서에 따라 꽃을 정리해 보니 백 번이 넘어 꽃 출석부를 만듦. • 꽃 출석부의 꽃들이 전원 출석하기를 바람.	• 꽃을 좋아하고 꽃과 함께하는 생활에 기쁨을 느낌. • 마당에 핀 소박한 꽃들을 모두 소중하게 여기며 관심을 기울임.

〈꽃 출석부 1〉에 나타난 글쓴이의 개성

• 꽃들이 잘 피어나기를 바라며 땅을 함부로 밟지 않고 여행도 잘 다니지 않음.
  → 자연을 사랑하고 자연과 함께하는 삶에 가치를 둠.
• 꽃의 이름, 피는 시기, 특성을 잘 알고 있음.
  → 섬세한 관찰력을 지니고 있음.

자료실

복수초(福壽草)

미나리아재빗과의 여러해살이풀. 높이는 25~30cm 정도이며, 잎은 어긋나고 세 번 또는 네 번 우상 복엽이다. 4~5월에 누런색 꽃이 원줄기와 가지 끝에 한 개씩 피고 열매는 수과(瘦果)이다. 산지의 나무 그늘에서 나는데 한국, 일본, 중국 등지에 분포한다.

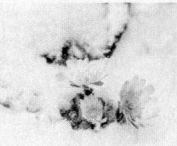

📖 함께 읽으면 좋은 작품

〈이름 없는 꽃〉, 신경준 / 꽃과 관련한 깨달음을 전하는 작품

이 작품은 동산에 피어 있는 이름 없는 꽃들을 보며 아름다움은 그 이름에 의해 나타나는 것이 아니라는 것을 깨달은 고전 수필이다. '꽃의 이름'에 대한 생각이 이 글과 어떤 점에서 차이가 나는지 비교하여 감상할 수 있다. 🔗 Link 〈고전 산문〉 252쪽

〈매화사〉, 안민영 / 매화의 아름다움을 예찬하는 작품

이 작품은 총 8수로 된 연시조로, 매화의 아름다움과 지조, 절개 등을 예찬한 내용을 담고 있다. 특히 눈 속에서도 꽃을 피우는 매화의 속성과 매화를 의인화하여 대상에 대한 애정을 드러낸 점은 이 글과 유사하다고 볼 수 있다. 🔗 Link 〈고전 시가〉 232쪽

🗝 포인트 체크

제재 마당에서 ☐☐을 기르는 글쓴이의 경험에 관해 이야기하고 있다.

관점 백 가지가 넘는 꽃들의 ☐☐을 알고 있으며, 꽃이 피는 순서에 따라 꽃 ☐☐☐를 만들 정도로 꽃들에 대한 애정을 가지고 있다.

표현 머릿속에 꽃 출석부가 생겼다는 표현을 통해 꽃이 피기를 기다리는 ☐☐과 기쁨을 드러내고 있다.

1 이 글에 대한 설명으로 가장 적절한 것은?
① 여러 대상의 공통점과 차이점을 부각하고 있다.
② 일상적 사물을 예술적 차원으로 승화시키고 있다.
③ 대상에 대한 글쓴이의 섬세한 관찰력을 드러내고 있다.
④ 개인의 경험을 일반화하여 사회적 현상으로 확대하고 있다.
⑤ 객관적인 태도로 대상을 관찰하여 담담한 어조로 말하고 있다.

내신 적중 多빈출

2 '복수초'에 대한 글쓴이의 생각 변화 과정을 다음과 같이 나타내었을 때, ⓐ~ⓒ에 들어갈 말을 바르게 연결한 것은?

작년 가을	올해 3월	큰 눈이 온 뒤
ⓐ	ⓑ	ⓒ

	ⓐ	ⓑ	ⓒ
①	믿음직하다	낯설다	반갑다
②	원망스럽다	낯익다	신기하다
③	의심스럽다	엉뚱하다	생경하다
④	미덥지 못하다	생뚱스럽다	감탄하다
⑤	의심스럽다	확신하다	맹신하다

3 ㉠에 대한 설명으로 적절하지 않은 것은?
① 꽃이 피는 시기에 따라 출석 번호를 매기고 있다.
② 출석부에 있는 꽃들의 출석 번호는 매년 동일하다.
③ 글쓴이는 출석부에 있는 대상들의 이름을 모두 알고 있다.
④ 주변에서 비교적 흔하게 볼 수 있는 꽃들이 많이 포함되어 있다.
⑤ 꽃들이 피기를 기다리는 마음에 글쓴이의 머릿속에 저절로 생긴 것이다.

4 ㉡에 나타난 태도를 한자 성어로 나타내었을 때, 가장 적절한 것은?
① 애지중지(愛之重之)
② 결초보은(結草報恩)
③ 학수고대(鶴首苦待)
④ 자포자기(自暴自棄)
⑤ 자승자박(自繩自縛)

5 ㉢의 문맥적 의미를 20자 내외로 쓰시오.

032 앎과 힘의 뿌리, 문화유산 | 윤구병

◎ 핵심 정리
갈래 경수필
성격 체험적, 사색적, 교훈적
제재 조상들의 삶의 흔적인 문화유산
주제 우리 문화유산 전승의 가치와 중요성
특징 ① 농촌 생활에서 겪었던 경험과 그에 따른 생각 등을 잔잔한 어조로 서술함.
② 우리 문화유산에 대한 가치를 그와 상반되는 대상과 대조하여 서술함.
출전 《가난하지만 행복하게》(2008)

☀ 어휘 풀이
창포물 창포의 잎과 뿌리를 우려낸 물. 단오에 머리를 감거나 몸을 씻는 데 쓴다.
치부(置簿)되다 마음속으로 그러하다고 생각되거나 여겨지다.

> **Q** '도시의 정원'과 '농가의 뜰'의 차이점은?
> 도시의 정원이 늘 푸른 나무들로 잘 꾸며진 정원이라면, 농가의 뜰은 실생활에서 유용한 쓰임이 있는 나무와 꽃들로 이루어져 있다. 글쓴이는 농가의 정원을 조선식 뜰, 우리의 살아 있는 문화유산의 하나로 보고 있다.

✿ 구절 풀이
❶ **지나간 삶의 흔적이 ~ 축적된다는 말이다.** 다양한 모습으로 살아온 조상들의 흔적이 곧 문화유산이며, 문화유산은 무엇을 할 능력이 있는 힘이라는 뜻이다.
❷ **눈여겨보면 볼수록 ~ 놀라게 된다.** 초라한 겉모습과 달리, 이 뜰을 가꾼 사람은 감나무, 살구나무, 모란과 작약 등 실생활에서 쓰임이 유용한 나무와 꽃들을 심었기 때문이다.
❸ **아, 그렇구나. 생산 문화와 ~ 이렇듯 두드러지는구나.** 생산 문화는 농가의 뜰(조선식 정원), 소비문화는 도시의 정원이 갖는 의미나 속성과 관련된다. 글쓴이는 실생활에서 유용한 쓰임이 있는 것들로 이루어진 농가의 뜰을 더 높이 평가하고 있다. 즉, 생산 문화를 더욱 가치 있게 보고 있음을 알 수 있다.
❹ **"양파 껍질도 ~ 소리보다 더 반갑다.** 천연물감을 만드는 재료와 물들이는 방법을 알려 주는 마을 어른들이나 이웃들의 말을 직접 인용하면서, 그들의 입에서 전해 들을 수 있는 전통의 지혜가 무척 반갑고 소중한 것임을 나타내고 있다.

♟ 작가 소개

윤구병(1943 ~)
철학자. 일명 '농부 철학자'라고 불리며, '변산 공동체'에서 농사를 짓고 자급자족하는 공동체 삶의 소중함을 가르치고 있다. 주요 저서로 《가난하지만 행복하게》, 《실험 학교 이야기》, 《윤구병 일기》 등이 있다.

나는 문화유산을 우리보다 앞서 살다 간 분들이 남긴 삶의 흔적이라고 하고 싶다. 삶의 흔적은 동시에 앎의 흔적이기도 하다. 집을 지을 줄 아는 이는 집을, 그림을 그릴 줄 아는 이는 그림을, 그릇을 빚을 줄 아는 이는 그릇을 유산으로 남겼다. 무엇을 '할 줄 안다'는 말은 무엇을 '할 능력이 있다'는 말이다. 따라서 ❶지나간 삶의 흔적이 쌓인다는 말은 곧 여러 형식과 내용을 지닌 앎이 축적된다는 말이요, 달리 말하면 힘이 축적된다는 말이다. [중략]
문화유산에 대한 글쓴이의 생각
▶ 조상들의 삶의 흔적인 문화유산
중략 부분의 내용 글쓴이는 의식주와 관련된 문화유산, 어렵게 살던 이들이 남긴 생활 문화 흔적에 관심이 있다.

내가 사는 농가의 뜰에는 여러 가지 나무가 서 있다. 잘 꾸며 놓은 도시의 정원에 견주면 초라하기 짝이 없는 뜰이다. 소나무, 회양목, 향나무들로 대표되는 늘 푸른 나무는 한 그루도 없다. 그러나 ❷눈여겨보면 볼수록 이 뜰을 가꾼 분의 슬기로움에 놀라게 된다.
상록수

잘 손질된 앙증맞은 상록수로 꾸며 놓은 정원은 조선식 정원이 아니다. 내 눈앞에 있는 이 시골집 뜰이 조선식 정원이다. 우리 집 뜰에는 감나무가 큰 것, 작은 것 합해서 일곱 그루, 살구나무와 앵두나무, 석류나무, 보리수나무가 한 그루씩 있다. 또 화단에는 모란과 작약, 국화, 붓꽃 들이 심겨 있다. 이상한 생각이 들었다. 다른 과일나무들은 한 그루뿐인데 왜 감나무만 유난히 많을까. 두 해가 지나고 나서야 그 이유가 조그마한 일깨움으로 가슴
감은 오래 두고 먹을 수 있으며, 훌륭한 요깃거리이기 때문에 감나무를 많이 심음.
을 쳤다. 직접 먹어 보면서 느낀 바이지만 다른 과일들은 모두 한 철 음식이다. 그리고 많이 먹어 보았자 배를 불려 주지 못한다. 그러나 감은 곶감으로 깎아 오래 간직해 두고 먹을 수 있을뿐더러 공복에 훌륭한 요깃거리가 된다. 꽃만 해도 그렇다. 모란이나 작약의 뿌리는 좋은 한약재이고, ˚창포물로는 머리를 감고, 국화꽃은 다시 향기로운 술을 빚을 수 있다.
실생활에 유용하게 쓰임.
❸아, 그렇구나. 생산 문화와 소비문화의 차이가 뜰을 꾸미는 데서까지 이렇듯 두드러지는구나.
농가의 뜰   도시의 정원
▶ 문화유산 ① – 도시의 정원과 다른 농가의 뜰

우리 집 뜰에 서 있는 과일나무들도 나에게 살아 있는 문화유산이지만 천연물감을 만드는 여러 재료와 물들이는 법을 일러 주는 ㉠마을 어른들이나 이웃들도 훌륭한 문화유산이라고 할 수 있다. [중략] 같은 밤나무 껍질이나 쑥에서도 한 가지 색만 나오는 게 아니라 하기에 따라 그야말로 색깔의 파노라마가 펼쳐진다.
물들이는 방법, 재료의 배합에 따라 같은 재료에서도 여러 색깔의 옷감을 만들 수 있음.
❹"양파 껍질도 쓰레기로 버리지 않고 모아 두면 좋은 천연물감 재료가 되는데……."

무심히 던지는 이런 한마디가 우리의 귀에는 가뭄에 듣는 단비 소리보다 더 반갑다. 살아가는 데 필요한 앎과 힘의 원천인 문화유산은 이렇듯이 살아 숨 쉬는 생명체의 모습으로
농가의 뜰, 마을 어른들이나 이웃들
전승되어 오기도 하고, 살림에 도움이 되는 세간의 모습으로 드러나기도 한다. [중략]
▶ 문화유산 ② – 마을 어른들과 이웃들

지난 200년 동안 자본이 숨은 주체가 되어 빚어낸 '만드는 문화'의 거센 물결에 휩쓸려
서구화, 근대화
수천 년 동안 자연이 숨은 주체가 되어 키워 온 '기르는 문화'의 유산들이 낡은 생활 양식의
우리 전통문화
찌꺼기로 ˚치부되고 여기저기 함부로 버려지는 것을 볼 때마다 가슴앓이를 하는데, 이 가슴앓이가 다만 지난날에 대한 향수에서 비롯된 것이라고는 믿지 않는다. 「수천 년, 수백 년
「 」: 전통 문화유산이 단절되는 것에 대한 경계
의 세월에 걸쳐 대대로 전승되어 우리네 살림의 기둥이자 버팀벽 노릇을 해 왔던 그 많은 유산을 상속받지 못하면 나날의 삶을 사람답게 꾸려 갈 앎도 힘도 잃어버리지 않을까, 그렇게 되면 우리가 당장 살길이 막힐 뿐만 아니라 우리 후손들이 살길조차 없애 버리는 꼴이 되지 않을까 하는 걱정이 눈앞을 가린다.」
▶ 문화유산의 단절에 대한 염려

• **중심 내용** 앎과 힘의 뿌리인 문화유산의 가치를 알고 전통 문화유산이 단절되지 않도록 경계해야 함.

이해와 감상

이 글은 글쓴이가 농촌에서 생활하며 겪었던 경험을 이야기하면서, 우리 문화유산 전승의 가치와 중요성을 전달하고 있는 수필이다. 글쓴이는 농촌에서 생활하며 알게 된 농가의 뜰에 담긴 슬기로움에 감탄하고, 천연 물감 염료를 만들어 옷감을 물들이는 과정에서 마을 사람들에게 듣게 되는 전통의 지혜를 값지게 여긴다. 그리고 이러한 경험과 그에 따른 생각을 바탕으로 하여 자신이 생각하는 문화유산의 의미와 중요성을 제시하는 동시에 이러한 문화유산이 단절되지 않도록 경계해야 함을 전달하고 있다.

🏠 작품 연구소

글쓴이가 생각하는 문화유산

- 우리보다 앞서 살다 간 분들이 남긴 삶의 흔적
- 여러 형식과 내용을 지닌 앎의 축적, 힘의 축적

농가의 뜰과 도시의 정원

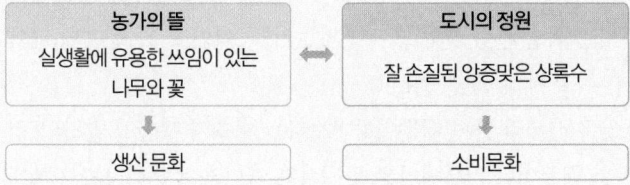

농가의 뜰		도시의 정원
실생활에 유용한 쓰임이 있는 나무와 꽃	⟷	잘 손질된 앙증맞은 상록수
생산 문화		소비문화

글쓴이가 대상으로 삼은 문화유산과 그에 대한 글쓴이의 생각

농가의 뜰	겉으로는 초라해 보이지만 실제로는 유용한 나무와 꽃들로 이루어져 있어 생활에 필요한 것을 생산할 수 있는 문화유산임.
마을 어른들과 이웃들	앎과 힘의 원천으로, 살아 숨 쉬는 생명체의 모습으로 전승되어 오는 문화유산임.
항아리 [중략 부분]	잘생기면 잘생긴 대로, 못생기면 못생긴 대로 아름다움이 있고 살림에 보탬이 되는 문화유산임.

기르는 문화와 만드는 문화

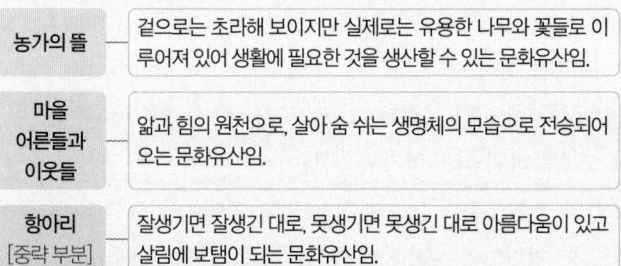

기르는 문화		만드는 문화
• 자연이 주체임. • 오랫동안 대대로 전승되어 살림의 기둥이자 버팀벽 노릇을 해 옴.	⟷	• 자본이 주체임. • '기르는 문화'의 유산을 낡은 것으로 치부하고 함부로 버림.

오랜 세월 동안 전승되어 온 문화유산을 이어받아
'기르는 문화'를 지켜 나가야 함.

📖 함께 읽으면 좋은 작품

《산수유나무의 농사》, 문태준 / 자연물을 바라보는 참신한 발상이 돋보이는 작품

이 작품은 농사는 인간만이 짓는다는 인간 중심적 사고와 화려한 꽃이나 풍성한 열매 등 가시적인 것에만 집중하는 관념을 깨고, '산수유나무의 그늘'을 '산수유나무가 한 해 동안 지은 농사'로 참신하게 표현한 작품이다.

Link 《현대 시》 320쪽

🔑 포인트 체크

제재 조상들의 삶의 흔적인 □□□□에 대한 글쓴이의 경험과 생각을 이야기하고 있다.

관점 글쓴이는 전통 문화유산의 가치와 중요성을 말하면서, 이러한 문화유산이 □□되지 않도록 경계해야 함을 이야기하고 있다.

표현 우리 문화유산에 대한 가치를 그와 상반되는 대상과 □□하여 서술하고 있다.

1 이 글에 나타난 글쓴이의 생각과 일치하지 <u>않는</u> 것은?
① 글쓴이는 문화유산을 앎과 힘의 뿌리라고 생각한다.
② 글쓴이는 우리의 문화유산이 단절될까 봐 염려한다.
③ 글쓴이는 '기르는 문화'는 가치 있고 소중한 것이라고 생각한다.
④ 글쓴이는 감나무가 다른 나무보다 우리 토양에 더 적합하다고 생각한다.
⑤ 글쓴이는 농가의 뜰이나 마을 어른들을 살아 있는 문화유산이라고 생각한다.

◀ 내신 적중 ▶

2 〈보기〉는 이 글의 중략된 부분 중 일부이다. 〈보기〉를 통해 짐작할 수 있는 글쓴이의 삶의 모습과 거리가 <u>먼</u> 것은?

┤ 보기 ├

우리 조상들이 남긴 문화유산 가운데 지금 가장 내 관심을 끄는 것은 살림에 연관된 것이고, 더 구체화하여 말하면 의식주에 연관된 것이다. 잘살던 사람들의 고급문화에 연관된 것도 더러 눈길을 끌지만, 어렵게 살던 이들이 남긴 생활 문화의 흔적이 내 삶에 더 큰 힘을 준다. 대학교수직을 버리고 농사를 짓겠다고 결심했지만 나는 농사일에 젖먹이나 다름없다. 의식주에 필요한 것을 기를 줄도 모르는 처지다. 아는 게 없으니 힘도 없다. 따라서 농촌 문화의 유산을 이어받는 일은 나에게 심미안을 높이고 삶의 질을 추구하는 일이 아니라 살아남을 길을 찾는 절박한 생존의 문제다.

① 소박하고 실용적인 삶을 추구한다.
② 전통 문화유산의 소중함을 잘 알고 있다.
③ 옛사람들이 남긴 생활 문화를 지키고자 한다.
④ 전통 문화유산을 통해 예술적인 심미안을 기르고자 한다.
⑤ 사회적 성공이나 명예보다 자신이 더 소중하게 생각하는 가치를 추구한다.

3 다음 중 성격이 <u>다른</u> 하나는?
① 우리나라 고유의 형식으로 지은 집, 한옥
② 우리나라 첨단 과학 기술의 결정체, 스마트폰
③ 우리나라의 식생활 문화를 지켜 온 뿌리, 김치
④ 우리 선조들의 과학적 지혜가 담겨 있는 난방 장치, 온돌
⑤ 아름다우면서도 실용성을 겸비한 우리의 전통 복장, 한복

4 글쓴이가 ㉠과 같이 말한 이유를 쓰시오.

033 네가 누리는 축복을 세어 보라 | 장영희

[국어] 금성

🎯 핵심 정리
갈래 경수필
성격 비판적, 낙관적
제재 잡지 인터뷰 기사
주제 장애인에 대한 차별적 시선을 비판하고 자신의 삶을 축복으로 여기는 태도를 드러냄.
특징 ① 장애인에 대한 사회적 편견을 비판함.
② 자신의 삶을 낙관적으로 바라보는 태도가 나타남.
③ 자신이 누리는 많은 축복을 열거함.
출천 《살아온 기적 살아갈 기적》(2009)

> **Q** '천형'이라는 단어에 나타난 사회적인 인식을 정리하면?
>
> '천형'은 '하늘이 내리는 큰 벌'이란 뜻으로, '천형 같은 삶'이란 말에는 장애인으로 사는 삶 자체를 형벌처럼 생각하는 사회적 인식이 담겨 있다. 즉, 대부분의 비장애인은 장애인이 힘들고 비참한 삶을 살아간다는 편견을 가지고 있다고 볼 수 있다.

💡 어휘 풀이
우송(郵送)되다 우편으로 보내지다.
천형 천벌. 하늘이 내리는 큰 벌.
직경(直徑) 지름. 원이나 구 따위에서, 중심을 지나는 직선으로 그 둘레 위의 두 점을 이은 선분.
안하무인(眼下無人) 눈 아래에 사람이 없다는 뜻으로, 방자하고 교만하여 다른 사람을 업신여김을 이르는 말.
지력(智力) 사물을 헤아리는 능력.

🔖 구절 풀이
❶ '무언가를 못해서가 아니라 ~ 장애인이 되는 것이다. 신체적 불편 때문이 아니라 장애에 대한 사람들의 인식 때문에 신체적 장애가 있는 사람들이 우리 사회에서 장애인이 된다고 말하고 있다.
❷ 영어 속담에 ~ 내 삶에도 축복은 있다. 이 글의 제목이 드러나는 부분으로 글쓴이의 삶의 태도를 잘 보여 준다. 이 속담은 자신이 '가지지 못한 것'이 아닌 '누리는' 것에 초점을 맞추어 보게 함으로써 삶에 대한 낙관적이고 긍정적인 관점을 제시한다.
❸ 나는 적어도 기본적 지력과 ~ 그것도 이 시대에 천운이다. 다른 사람에 대한 공감과 배려를 축복이라고 생각하는 글쓴이의 선한 품성이 엿보이는 부분이다. 또한 기본적인 소양을 '천운'이라 여기며 감사하는 모습을 통해 글쓴이가 소박하고 긍정적인 삶의 태도를 지니고 있음을 알 수 있다.

👤 작가 소개
장영희(본책 70쪽 참고)

얼마 전 어느 잡지와 인터뷰를 했다. 최근 몇 년간 나에 대한 기사는 거의 암 환자 장영희, 투병하는 장영희에 국한되어 있어서 그냥 인간 장영희, 문학 선생 장영희에게 초점을 〔사회에서 관심을 갖는 글쓴이의 모습〕 〔글쓴이가 중요하게 생각하는 자신의 모습〕 맞춰 줄 것을 조건으로 인터뷰에 응했다. 나는 열심히 문학의 중요성, 신세대 대학생들의 경향 등등을 성의껏 말했다. 그런데 오늘 *우송되어 온 잡지를 보니 기사 제목이 ㉠'신체 장애로 *천형(天刑) 같은 삶을 극복하고 일어선 이 시대 희망의 상징 장영희 교수'였다.

'*천형 같은 삶?' 그 기자의 의도와는 상관없이 난 심히 불쾌했다. 어떻게 감히 남의 삶을 ▶ 글쓴이의 장애에 초점이 맞추어진 인터뷰 제목 〔글쓴이의 삶이 천벌을 받은 삶이라고 평하함.〕 '천형'이라고 부르는가. 맞다. 나는 1급 신체 장애인이고, 암 투병을 한다. 그렇지만 이제껏 한 번도 내 삶이 천형이라고 생각해 본 적은 없다. 사람들은 신체장애를 갖고 살아간다는 〔글쓴이의 삶의 태도: 장애에 굴하지 않고 낙관적인 삶의 태도를 지님.〕 건 너무나 끔찍하고 비참하리라고 생각하지만, 그렇지 않다. ㉡'이 없으면 잇몸으로 산다.' 〔비장애인들의 편견〕 〔장애가 있다고 해서 끔찍하거나 비참한 삶은 아님.〕 는 말이 있듯이 내 나름의 삶의 방식에 익숙해져 그런대로 큰 불편을 느끼지 않고 살아간다. 솔직히 난 늘 내 옆을 지키는 목발을 유심히 보거나 남들이 '장애인 교수' 운운할 때에야 '아 참, 내가 장애인이었지.' 하고 새삼 깨닫는다.

『장애인이 '장애'인이 되는 것은 신체적 불편 때문이라기보다는 사회가 생산적 발전의 '장 「 」: 사회적 편견 때문에 장애인이 '장애'인으로 규정됨. 애'로 여겨 '장애인'으로 만들기 때문이다. ❶무언가를 못해서가 아니라 못하리라고 기대하기 때문에 그 기대에 부응해서 장애인이 되는 것이다. 하지만 그것은 단지 신체적 능력만을 능력으로 평가하는 비장애인들의 오만일지도 모른다. [중략] ▶ 편견이 장애인을 '장애'인으로 만듦.

❷영어 속담에 '네가 누리는 축복을 세어 보라.'라는 말이 있다. 누구의 삶에든 셀 수 없이 〔속담을 인용하여 누구나 많은 축복을 누림을 강조함.〕 많은 축복이 있다는 사실을 전제하는 말이다. '천형'이라고 불리는 내 삶에도 축복은 있다. 〔자신의 삶에 대한 낙관적인 태도〕

첫째, 나는 인간이다. 개나 소, 말, 바퀴벌레, 엉겅퀴, 지렁이가 아니라 나는 인간이다. 지 〔글쓴이의 삶이 축복인 이유 ①〕 난주에 여섯 살짜리 어린 조카와 놀이공원에 갔는데 돈을 받고 아이들을 말에 태워 주는 곳이 있었다. 예닐곱 마리의 말이 어린아이 하나씩을 등에 태우고 줄지어 원을 그리며 돌고 있었다. 말들은 각기 '평야', '질주', '번개', '무지개', '바람' 등 무한한 자유를 의미하는 이름표를 달고 *직경 5미터나 될까 말까 한 좁은 공간을 하루 종일 터벅터벅 돌고 있었다. 아, 〔자유를 의미하는 이름을 지녔으나 자유롭지 못한 말들의 역설적인 상황〕 그 초점 없고 슬픈 눈. 난 그때 내가 인간으로 태어난 축복에 새삼 감격하고 감사했다.

둘째, 내 주위에는 늘 좋은 사람만 있다. 좋은 부모님과 많은 형제 사이에서 태어난 축복 〔글쓴이의 삶이 축복인 이유 ②〕 은 말할 것도 없고, 내 주변은 늘 마음 따뜻한 사람들, 현명한 사람들, 재미있는 사람들로 가득하다. 이 세상에 태어나서 그들을 만난 것을 난 천운이라고 생각한다.

셋째, 내게는 내가 사랑하는 일이 있다. 가치관의 차이겠지만, 난 대통령, 장관, 재벌 총 〔글쓴이의 삶이 축복인 이유 ③〕 수보다 선생이 훨씬 보람 있고 멋진 직업이라고 생각한다. 그것도 한국에서 손꼽히는 좋은 〔글쓴이의 직업〕 대학에서 똑똑한 우리 학생들을 가르칠 수 있는 게 천운이 아니고 무엇이겠는가.

넷째, 남이 가르치면 알아들을 줄 아는 머리와 남이 아파하면 같이 아파할 줄 아는 마음을 갖고 있다. 몸은 멀쩡하다손 쳐도 아무리 말해도 못 알아듣는 *안하무인에, 남을 아프게 〔양심〕 해 놓고 오히려 쾌감을 느끼는 이상한 사람들도 많은데, ❸나는 적어도 기본적 *지력과 양심을 타고났으니, 그것도 이 시대에 천운이다. 〔글쓴이의 삶이 축복인 이유 ④〕 ▶ 글쓴이가 누리는 많은 축복들

그래서 나는 아름다운 사람들과 함께 내가 좋아하는 일을 하며, 이 멋진 세상에서 하루하루 살아가는 축복을 함께 누리며 살아간다. ▶ 축복을 누리며 살아가는 글쓴이

> • 중심 내용 장애인에 대한 사회적 편견을 비판하면서, 하루하루의 삶을 축복으로 여기는 긍정적인 태도로 살아감.

이해와 감상

　이 글은 신체적 능력만을 중심으로 평가하는 사회적 편견과 장애인에 대한 왜곡된 시선을 비판하면서 자신의 삶이 축복임을 낙관적인 태도로 그리고 있는 수필이다. 글쓴이는 인간 장영희, 문학 선생 장영희에 초점을 맞춰 한 인터뷰 기사 제목에 자신의 삶을 '천형 같은 삶'이라고 표현한 것을 보며 장애인에 대한 사회적 편견의 문제점을 지적한다. 그러면서 '네가 누리는 축복을 세어 보라.'라는 영어 속담을 인용하며 자신의 삶에도 많은 축복이 있음을 말하고 있다. 자신의 삶을 축복으로 여기는 글쓴이의 낙관적인 삶의 태도가 잘 드러나 있는 글이다.

🏠 작품 연구소

이 글에 나타난 장애인에 대한 사회적 편견

- 글쓴이의 삶을 '천형 같은 삶'이라고 칭함.
- 신체장애를 갖고 살아가는 것을 끔찍하고 비참할 것이라 생각함.
- 무언가를 못해서가 아니라 못하리라고 기대함.

↓

장애인이 '장애'인이 되는 것은 신체적 불편함 때문이 아니라 사회가 장애인들을 편견의 틀에 가두고 바라보기 때문임.

사회적 편견에 대한 글쓴이의 태도

• 자신의 삶을 천형이라고 생각하지 않음. • 자신의 삶에도 축복이 있다고 여김.	⇒	• 장애에 대한 사회적 편견을 비판함. • 자신의 삶을 긍정적이고 낙관적으로 바라봄.

글쓴이가 세어 본 삶의 축복

- 인간으로 태어나 자유를 누리고 있음.
- 주위에 늘 좋은 사람만 있음.
- 자신이 사랑하는 일(학생들을 가르침)을 하고 있음.
- 기본적인 지력과 양심을 타고났음.

↓

글쓴이의 특징	• 무심코 지나칠 수 있는 일들에서 삶의 의미를 찾고 감사하는 마음을 느낌. • 타인에 대한 공감과 배려를 소중한 능력이라고 생각하는 선량한 성품임. • 기본적인 소양을 갖춘 것에도 감사하는 모습에서 소박하고 긍정적인 삶의 태도가 엿보임.

📖 함께 읽으면 좋은 작품

〈상한 영혼을 위하여〉, 고정희 / 고통을 수용하는 성숙한 삶의 자세가 드러난 작품

　어려운 상황에도 굴하지 않고 강한 의지로 견디어 나가는 삶의 태도를 형상화한 시로, 고통을 수용하고 미래에 대한 낙관적 인식을 보임으로써 진정한 내면적 성숙의 길을 제시하고 있는 작품이다. 이 글과는 고통에 맞서 삶에 대해 낙관적인 인식을 보여 주는 점에서 유사하다. 그러나 〈상한 영혼을 위하여〉가 상징적인 시어를 사용하고 시상을 점층적으로 전개하며 강한 의지를 강조하여 표현했다면, 이 글은 글쓴이의 생각을 직접 서술하고 있다는 점에서 차이가 있다.　　　🔗 Link 〈현대 시〉 261쪽

🗝 포인트 체크

- **제재** 잡지 인터뷰 기사 □□을 언급하며 장애인에 대한 사회적 □□을 비판하고 있다.
- **관점** 글쓴이는 '천형'이라 불리는 자신의 삶에도 축복이 있다며, □□적이고 긍정적인 삶의 태도를 보이고 있다.
- **표현** 영어 속담을 □□하면서 자신의 삶에 대한 태도를 자연스럽게 제시하고 있다.

1 이 글에 대한 설명으로 적절하지 않은 것은?
① 글쓴이가 인간으로 누리는 축복들을 열거하고 있다.
② 글쓴이가 체험한 여러 사건들을 병렬적으로 나열하고 있다.
③ 글쓴이가 겪은 구체적인 체험을 바탕으로 하여 글을 전개하고 있다.
④ 속담을 인용하여 글쓴이가 삶에서 누리는 축복을 강조하고 있다.
⑤ 역설적인 상황을 통해 놀이공원의 말들이 처한 상황을 효과적으로 제시하고 있다.

2 글쓴이의 태도에 대한 설명으로 적절한 것은?
① 성실하고 검소하다.
② 순박하여 세상 이치를 잘 모르고 있다.
③ 자신의 부족한 모습에 대해 반성하고 있다.
④ 자신의 삶을 긍정적으로 바라보며 감사하고 있다.
⑤ 자신이 처한 부정적인 상황들 때문에 고뇌하고 있다.

내신 적중 多빈출
3 ㉠에 대한 설명으로 적절하지 않은 것은?
① 글쓴이와 합의하지 않은 내용이다.
② 장애에 대한 사회적 편견이 담긴 제목이다.
③ 인간 장영희, 문학 선생 장영희에 초점을 맞춘 제목이다.
④ 독자들에게 신체장애는 천벌과 같이 부정적인 일이라는 편견을 줄 수 있는 제목이다.
⑤ 기자가 글쓴이의 여러 면모 중에서 장애를 극복한 점에 가장 큰 중점을 두었음을 짐작할 수 있는 제목이다.

4 문맥을 통해 알 수 있는 ㉡의 의미로 가장 적절한 것은?
① 자신이 지닌 장애와 병을 극복하기 위해 부단한 노력을 한다.
② 자신의 불편한 점을 무시하고 자신이 갖고 있는 능력에만 집중을 한다.
③ 신체적 능력만을 중요시하는 비장애인들의 편견을 고치기 위해 노력한다.
④ 장애와 병이 있어도 자신이 가진 능력을 바탕으로 큰 불편을 느끼지 않고 살아간다.
⑤ 자신의 삶을 천형이라 부르는 사람이 있어도 자신을 사랑하는 사람들을 통해 위로를 받으며 살아간다.

내신 적중
5 글쓴이가 자신의 삶에도 축복이 있다고 생각하는 이유를 모두 쓰시오.

034 너라는 꽃이 피는 계절 | 김난도

🎯 핵심 정리

갈래 경수필

성격 체험적, 사색적, 교훈적, 비유적

제재 꽃과 인생

주제 일찍 성공하지 못한 것에 좌절하지 말고 자신의 전성기를 대비하라.

특징 ① 인간의 삶을 꽃의 생태와 연관 지어 사람마다 주목받는 시기가 다름을 알기 쉽게 설명함.

② 교수로서 제자(청년)에게 인생에 대해 조언하는 형식으로 서술함.

출전 《아프니까 청춘이다》(2010)

Q '어떤 꽃이 가장 훌륭하다고 생각하는가?'라는 질문이 적절하지 않은 이유는?

'훌륭하다'라는 말은 '나무랄 데가 없다.', '칭찬할 만하다.'라는 뜻을 가진 말로, 평가의 의미를 담고 있다. 그런데 꽃은 '좋아함'의 대상이지, '평가'의 대상이 아니기 때문에 '가장 훌륭한가?'라는 질문은 적절하지 않다.

💡 어휘 풀이

안달 속을 태우며 조급하게 구는 일.

기개(氣槪) 씩씩한 기상과 굳은 절개.

소년등과(少年登科) 예전에, 젊은 나이에 과거에 급제하던 일.

Q 글쓴이가 꽃 이야기를 하는 이유는?

꽃이 피는 시기가 제각각이고 그 매력이 달라 우열을 가릴 수 없다. 이러한 꽃의 특성을 인간의 삶과 연결 지음으로써 주제를 효과적으로 전달하고 독자의 공감을 이끌어 내고 있다.

📑 구절 풀이

❶ **그대, 좌절했는가? ~ 계절을 준비하라.** 글쓴이의 중심 생각이 드러난 부분이다. 다른 사람과 자신을 비교하며 자신의 성공이 늦어지는 것을 비관하지 말고, 묵묵히 자신의 길을 걷다 보면 화려한 기개를 뽐내게 되는 자신만의 때가 올 것이라는 내용을 전달하고 있다.

❷ **너무 일찍 출세하면 ~ 근원이 되는 것이다.** 옛사람들이 소년등과를 인간의 세 가지 불행 중 첫 번째로 꼽은 것을 글쓴이의 시각에서 해석하고 있는 부분이다. 일찍 성공한 사람은 자만하기 쉬워 오히려 나태해지거나 적이 많아질 수 있으므로 이른 출세를 경계하는 말이 생긴 것이라고 설명하고 있다.

👤 작가 소개

김난도(1963~)

사회학자. 대학생을 가르친 경험을 바탕으로 청년들에게 위로와 깨달음을 주는 글을 많이 썼다. 주요 저서로 《아프니까 청춘이다》, 《천 번을 흔들려야 어른이 된다》, 《트렌드 코리아》 등이 있다.

전략 부분의 내용 서로 다른 꽃이 다양한 시기에 제각각 피어남을 이야기하고 있다.

갑자기 꽃 얘기를 이렇게 장황하게 늘어놓는 것은, 그대에게 이 질문을 하고 싶어서다. 『"자, 위에 등장한 꽃 중에서 그대는 어떤 꽃이 가장 훌륭하다고 생각하는가?"』

그렇다. '가장 좋아하는가'가 아니라, '가장 훌륭하다고 생각하는가'다.

『"참 어리석은 질문이네. 계절에 따라 피는 꽃은 저 나름의 아름다움이 있는데, 무엇이 가장 훌륭하냐고? 이건 말이 안 되는 질문이야!"』 / 이렇게 생각했다면, 질문의 의도를 제대로 파악한 것이다. ㉠가장 훌륭한 꽃은 없다. 저마다 훌륭하다. 그 나름의 이유가 있어 제가 피어날 철에 만개하는 것이다. / 문제는, 꽃에 대해서는 그렇게 유연하게 사고할 수 있으면서 자기 인생에 대해서는 그렇게 생각하지 못한다는 것이다. 청춘들은 대부분 가장 일찍 꽃을 피우는 '매화'가 되려고만 한다.   ▶ 질문을 통해 모든 꽃은 저마다 훌륭함을 이야기함.

인생에 관한 한, 우리는 지독한 근시다. 바로 코앞밖에 보지 못한다. 그래서 늦가을 아름다운 고운 빛을 선사하는 ⓐ국화는 되려 하지 않고, 다른 꽃들은 움도 틔우지 못한 초봄에 향기를 뽐내는 ⓑ매화가 되려고만 한다. 하지만 '일찍' 꽃을 피웠다는 이유만으로 매화가 세상 꽃 중에서 가장 아름다운가? 가장 훌륭한가? / 그렇지 않다. 매화 꽃잎이 다 지고 난 5월에 만개하는 장미는 어느 꽃보다 화려한 자태를 자랑한다. 하지만 장미가 마음이 급해 3월에 피고자 한다면 어떻게 될까? 춘삼월 찬 이슬에 살아남기 어려울 것이다.

㉡꽃은 저마다 피는 계절이 다르다. 개나리는 개나리대로, 동백은 동백대로, 자기가 피어야 하는 계절이 따로 있다. 꽃들도 저렇게 만개의 시기를 잘 알고 있는데, 왜 그대들은 하나같이 ㉢초봄에 피어나지 못해 °안달인가?

❶그대, 좌절했는가? 친구들은 승승장구하고 있는데, 그대만 잉여의 나날을 보내고 있는가? 잊지 말라. 그대라는 꽃이 피는 계절은 따로 있다. 아직 그때가 되지 않았을 뿐이다. 그대, 언젠가는 꽃을 피울 것이다. 다소 늦더라도, 그대의 계절이 오면 여느 꽃 못지않은 화려한 °기개를 뽐내게 될 것이다. 그러므로 고개를 들라. 그대의 계절을 준비하라. [중략]   ▶ 꽃이 저마다 피는 계절이 다르듯이 사람도 꽃을 피우는 시기가 다름.

중략 부분의 내용 옛사람들은 °소년등과를 인간의 세 가지 불행 중 첫 번째로 꼽았다는 것을 말하고 있다.

㉣이상하지 않은가? 일찍 출세하는 것이 인간의 세 가지 불행 중 하나라니 말이다. 좋게 죽지 못할 것이라는 단언은 섬뜩하기까지 하다. 왜 그럴까? 왜 일찍 출세하면 불행해지는 것일까? / ❷너무 일찍 출세하면 나태해지고 오만해지기 쉽다. 나태하므로 더 이상의 발전이 없고, 오만하므로 적이 많아진다. 그러니 더 이상 성공하기 어렵고, 종국에는 이른 출세가 불행의 근원이 되는 것이다. 아마도 선인(先人)들은 수많은 사례를 경험한 끝에 이런 격언을 만들게 됐을 것이다.   ▶ 일찍 출세하는 것의 부작용

선생으로서 내가 제자들에게 바라는 것은 '일찍' 출세하는 것이 아니라, '크게' 성공하는 것이다. 어차피 인생은 크고 작은 굴곡으로 이루어져 있다. 인생을 마감하면서 "내 가장 큰 성취는 이것이었다."라고 말하는 것이 중요하지, "그래도 내가 20대 후반에는 남보다 훨씬 잘나갔다."라고 스스로 위로하는 것은 큰 의미가 없다.

그런데도 많은 청춘들이 소년등과를 부러워하고, 잠정적인 실패에 좌절하며, 잠깐의 뒤처짐에 열등감을 느낀다. 그러지 말라. ㉤그대의 전성기는 아직 멀리 있다.   ▶ 일찍 성공하지 못한 것에 좌절하지 말고 자신만의 전성기를 대비해야 함.

• **중심 내용** 꽃이 저마다 피는 계절이 다르듯이 사람도 능력을 인정받고 주목받는 시기가 다름.

이해와 감상

이 글은 미래에 대한 불안과 성공에 대한 조바심으로 힘들어하는 젊은이들에게 용기와 위안을 주고자, 글쓴이 인생의 선배이자 선생님으로서 조언하고 격려하는 내용을 담고 있다. 인간의 삶을 꽃의 생태와 연관 지어 인간도 각자 자신만의 꽃을 피우는 전성기가 있음을 설명하고, 옛사람들의 말을 인용하여 일찍 성공하는 것에 대한 경계의 내용을 담고 있다. 이를 통해 젊은이들에게 이른 성공과 출세에 집착하지 않고 차분히 자신만의 때를 준비할 것을 당부하며, 삶과 성공에 대한 인식을 바꿀 것을 유도하고 있다. 자문자답을 활용한 전개, 단호한 명령적 어조의 사용 등으로 자신의 생각을 이 글의 독자인 '그대'들에게 효과적으로 전달하고 있다.

작품 연구소

〈너라는 꽃이 피는 계절〉을 쓴 목적

이 글에서 다루는 문제 상황	젊은이들이 자신의 꿈을 이루기 위해 참을성을 가지고 노력하며 여유를 갖기보다는 일찍 성공하지 못하는 상황에 절망하고 좌절하는 분위기가 강함.
이 글의 예상 독자	글쓴이의 제자들, 제자들과 비슷한 또래의 젊은이들
글쓴이가 이 글을 쓴 목적	성공에 대한 조바심으로 힘들어할 젊은이들에게 용기와 희망을 주고 격려하기 위해

꽃에서 유추한 인간의 삶

꽃	인간의 삶
• 꽃은 저마다 피는 계절이 다름. • 피는 시기와 무관하게 모두 저마다의 가치가 있다고 생각함.	➡ • 누구나 언젠가는 성공할 때가 있음. • 인생에 대해 우열을 가릴 수 없음.

옛사람들의 생각에 대한 글쓴이의 해석

옛사람들은 인간의 세 가지 불행 중 첫 번째로 '소년등과'를 꼽음.
⬇
이른 출세는 나태와 오만을 불러와 더 이상의 발전을 어렵게 하고 적을 만들기 쉬움.
⬇
일찍 성공하지 못한 것 때문에 좌절하지 말고 자신의 전성기를 준비해야 함.

자료실

인간의 세 가지 불행

송나라의 학자 정이(程頤)는 인생의 세 가지 큰 불행으로 다음과 같은 것들을 들었다. 첫째는 '소년등과(少年登科)'로 어린 시절에 과거에 급제하여 출세하는 것, 둘째는 '석부형제지세(席父兄弟之勢)'로 권세 좋은 부모 형제를 만나는 것, 셋째는 '유고재능문장(有高才能文章)'으로 뛰어난 재주와 문장력을 가지는 것이다. 여기에는 인생의 고난을 경험하지 못한 사람들이 교만함 때문에 어려움을 겪을 수 있다는 뜻이 담겨 있다.

함께 읽으면 좋은 작품

〈흔들리며 피는 꽃〉, 도종환 / 꽃을 통해 인생을 노래한 작품

꽃의 생장을 인생과 연관 지어 실패를 겪게 되더라도 좌절하지 않아도 됨을 노래하는 시이다. 꽃을 통해서 인생을 이야기하며 독자에게 위로를 준다는 점에서 이 글과 함께 읽어 볼 만하다.

 포인트 체크

[제재] 이 글은 □마다 피는 시기가 다름을 언급하며 사람도 꽃처럼 전성기가 제각각임을 이야기하고 있다.

[관점] 글쓴이는 독자들에게 이른 □□과 출세에 집착하지 말고 차분히 자신만의 때를 기다리라고 □□하고 있다.

[표현] 유추의 전개 방식, □□□□을 통해 글을 전개하고 있다.

1 이 글의 표현상 특징에 해당하지 않는 것은?

① 유추를 통해 자신의 생각을 전개하고 있다.
② 경어체를 사용하여 독자에게 친근감을 주고 있다.
③ 자문자답의 형식을 사용하여 글을 전개하고 있다.
④ 명령형 어미를 사용하여 자신의 주장을 전달하고 있다.
⑤ 비유적 표현을 사용하여 자신의 생각을 강조하고 있다.

2 이 글을 이용하여 조언해 주기에 적절하지 않은 사람은?

① 참을성이 없는 사람
② 남과 비교를 잘하는 사람
③ 크게 성공하려는 사람
④ 실패하여 낙심을 잘하는 사람
⑤ 성급하게 목표를 이루려는 사람

3 ⓐ와 ⓑ가 각각 빗대고 있는 대상이 무엇인지 쓰시오.

ⓐ	ⓑ

내신 적중

4 ㉠~㉤을 통해 글쓴이가 전달하고자 한 내용으로 적절하지 않은 것은?

① ㉠: 꽃의 아름다움은 우열을 가려 평가할 수 없다.
② ㉡: 꽃처럼 사람도 저마다의 전성기가 있다.
③ ㉢: 남들보다 일찍 성공하지 못하였다고 해서 조급해하지 마라.
④ ㉣: 시대가 다르므로 선인들의 생각을 항상 따를 필요는 없다.
⑤ ㉤: 다소 늦더라도 차분히 준비하면 자신만의 때가 올 것이다.

5 이 글과 〈보기〉에서 공통적으로 강조하고 있는 교훈을 30자 내외로 쓰시오.

┤ 보기 ├

그러나 모든 꽃이 장미일 필요는 없다. 모든 꽃이 장미처럼 되려고 애를 쓰거나 장미처럼 생기지 않았다고 실망해서도 안 된다. 나는 내 빛깔과 내 모습에 어울리는 아름다움을 가꾸는 일이 더 중요하다. 어차피 나는 장미로 태어나지 않고 코스모스로 태어난 것이다. 그러면 가녀린 내 꽃대에 어울리는 소박한 아름다움을 장점으로 만드는 일이 중요하다. 욕심 부리지 않는 순한 내 빛깔을 개성으로 삼는 일이 먼저이어야 한다. 남들에게서는 발견할 수 없는 내 모습, 내 연한 심성을 기다리며 찾는 사람이 반드시 있기 때문이다.

한 그루 나무처럼 | 윤대녕

국어 비상(박영)

🎯 핵심 정리
갈래 경수필
성격 체험적, 성찰적
제재 약수터의 참나무
주제 변하지 않는 삶에 대한 바람
특징 ① 일상적인 소재와 체험을 통해 삶의 자세를 성찰함.
② 자연물과의 교감을 통한 이야기를 전달함.
출처 《이 모든 극적인 순간들》(2010)

💡 어휘 풀이
재간(才幹) 어떠한 수단이나 방도.
장도리 한쪽은 뭉뚝하여 못을 박는 데 쓰고, 다른 한쪽은 넓적하고 둘로 갈라져 있어 못을 빼는 데 쓰는 연장.
심산(心散)스럽다 마음이 어수선하다.
염원(念願) 마음에 간절히 생각하고 기원함. 또는 그런 것.
무연히 아득하게 너른 상태로.

Q 글쓴이가 모든 사물에 영혼이 깃들어 있다는 말을 믿게 된 계기는?

나무를 올려다보며 어머님의 건강을 빌었더니 실제로 어머니가 건강을 되찾게 되어서이다. 평범하기 짝이 없는 참나무가 글쓴이의 염원을 하늘에 전달해 주는 우주 나무가 된 셈이다.

💬 구절 풀이
❶ 괜히 마음이 심산스러울 때 ~ 나무를 보러 올라가곤 했다. 참나무에 박힌 대못을 빼내 준 이후 참나무와 인연을 맺게 되었고, 글쓴이가 누군가에게 위로받고 싶은 기분이 들 때마다 참나무를 찾아가게 되었음을 알 수 있다.
❷ 이를테면 나는 평범하기 ~ 삼게 된 셈이었다. 우리 옛 신화에서 사람과 하늘을 연결해 주는 존재였던 '우주 나무'처럼 참나무가 글쓴이에게 특별한 의미를 갖는 존재가 되었다는 것을 밝히고 있다.
❸ 그동안 나는 사소한 ~ 실천한 적이 있었던가. 헐벗은 채 눈을 맞으며 찬바람 속에서 말없이 서 있는 참나무를 보며 사소한 일에도 마음이 흔들리고 원망의 시간을 보냈던 자기 자신을 반성하고 있다.

👤 작가 소개

윤대녕(1962~) 소설가. 획일적인 인간관을 거부하고 존재의 시원에 대한 탐구를 소재로 하여 작품 세계를 펼쳤으며, 새로운 인간의 가치를 독특한 구성과 미학적인 문체를 통해 표현하였다. 작품집으로 《은어 낚시 통신》, 《누가 걸어간다》, 《달의 지평선》 등이 있다.

전략 부분의 내용 2년 반 동안 주말마다 산행을 한 일과 계곡 물가나 약수터에 앉아 보내는 혼자만의 시간의 소중함에 대해 말하고 있다.

　그런데 어느 날 약수터 옆에 서 있는 참나무 한 그루가 내 눈에 들어왔다. 인연이란 참으로 묘하디묘한 것이어서 하필이면 나무에 박혀 있는 녹슨 대못이 먼저 눈에 보였다. 오래 전에 누군가 바가지를 걸어 놓기 위해 박아 놓은 것 같았다. 손으로는 빼낼 *재간이 없어 그대로 내려왔는데 두고두고 그 대못이 가슴에 남았다.　▶ 글쓴이의 눈에 들어온 참나무 한 그루

　그다음 주말에 나는 배낭에 *장도리를 챙겨 넣고 약수터로 올라갔다. 녹슨 못을 빼내고 나니 마음이 그렇게 후련할 수가 없었다. 그 나무와의 인연은 그렇게 시작됐다. 바야흐로 사월이 되면서 참나무는 연둣빛의 아름다운 잎을 가지마다 무성하게 토해 내고 있었다. 그 후로 나는 그 참나무를 보기 위해, 아니 보고 싶어 산에 오르는 기분이 들었다. ❶괜히 마음이 *심산스러울 때, 남에게 무심코 아픈 말을 내뱉고 후회할 때, 또한 이유 없는 공허함에 사로잡힐 때면 나는 그 나무를 보러 올라가곤 했다. 나무는 언제나 그 자리에 서 있었고 내게 시원한 그늘을 내주며 때로는 미소를 짓거나 무어라 말을 건네 오는 것 같았다. 네가 그 못을 빼 주지 않았더라면 나는 계속 옆구리가 아팠을 거야. 혹은 내게 위로의 말을 전해 주기도 했다. 힘든 때일수록 한결같은 마음을 갖도록 노력해 봐. 나는 그 나무 아래 앉아 커피를 마시며 책을 읽거나 사과나 김밥을 먹기도 했다. 여름 한철을 나는 주말마다 새로 사귄 친구를 만나러 가듯 설레는 마음을 안고 산으로 올라갔다.　▶ 대못을 빼내 준 뒤 참나무와 인연을 맺게 됨.

　우리의 옛 신화를 보면 '우주 나무'라는 게 있다. 지상과 천상을 이어 주는 나무로 아직도 시골에 가면 커다란 느티나무에 천들이 감겨 있는 것을 흔히 볼 수 있다. 우리네 민간 신앙으로 우주 나무는 사람의 *염원을 하늘에 전달해 주는 역할을 한다. ❷이를테면 나는 평범하기 짝이 없는 참나무를 나의 우주 나무로 삼게 된 셈이었다.

　가을이 시작될 무렵 지방에 살고 계신 어머니가 몸이 편찮으시다는 연락을 받았다. 곧장 내려가 볼 수 없었던 나는 마음을 달래려 저녁 무렵 산으로 올라갔다. 그리고 나무를 올려다보며 어머님의 건강을 빌었다. 모든 사물에 영혼이 깃들어 있다는 말을 이제 나는 믿는다. 내가 지방에 다녀오고 나서 얼마 후에 어머님은 가까스로 건강을 되찾았다.

　『지난 주말에도 산에 다녀왔다. 눈이 내린 날이었다. 불과 일주일 만에 약수터의 참나무는 제 스스로 모든 잎을 떨군 채 찬바람 속에 *무연히 서 있었다. 그리고 침묵의 시간으로 돌아간 듯 더 이상 말이 없었다. 나는 내가 못을 빼냈던 자리를 찾아보았다. 상처는 아직도 완전히 아물지 않은 상태였다.』/ 그 헐벗은 나무를 보며 나는 생각했다. ❸그동안 나는 사소한 일에도 얼마나 자주 마음이 흔들렸던가. 또 어쩌다 상처를 받게 되면 얼마나 많은 원망의 시간을 보냈던가. 그리고 나는 길을 잃은 사람이 다시 찾아올 수 있도록 변함없이 그 자리에 서 있었던 적이 있었던가. 그렇게 말없이 기다림을 실천한 적이 있었던가.

　이제부터는 ㉠한 그루 나무처럼 살고 싶다. 『자기 자리에 굳건히 뿌리를 내리고 세월이 가져다주는 변화를 조용히 받아들이며 가끔은 누군가 찾아와 기대고 쉴 수 있는 사람이 되었으면 싶다. 겉모습은 어쩔 수 없이 변하더라도 속마음은 변하지 않는 사람이 되고 싶다.』 한 그루 나무처럼 말이다.　▶ 한 그루 나무처럼 살고 싶다는 바람을 갖게 됨.

> ・ **중심 내용** 참나무를 보며 쉽게 흔들리지 않고 남을 포용할 수 있는 삶을 사는 것을 소망함.

이해와 감상

이 글은 산행에서 만난 약수터 참나무와의 인연을 통해 삶에 대한 반성과 성찰을 보여 주는 수필이다. 글쓴이는 약수터 옆 참나무에 박힌 대못을 빼 준 인연을 계기로 참나무와 교감을 나누게 된다. 나뭇잎을 모두 떨구었지만 변함없이 그 자리에서 기다려 주는 참나무의 모습을 보면서, 사소한 일에도 마음이 흔들리고 원망의 시간을 보냈던 그간의 삶을 반성하고 겉모습은 변하더라도 속마음은 변치 않는 사람이 되겠다는 다짐을 드러내고 있다. 일상적 소재인 나무를 통해 자신의 삶의 태도를 되돌아보며 앞으로의 삶의 태도에 대한 깨달음을 담담하게 밝히고 있다.

작품 연구소

〈한 그루 나무처럼〉에 나타난 글쓴이의 경험과 성찰

글쓴이의 경험	• 약수터에서 대못이 박힌 참나무를 발견함. • 장도리로 녹슨 대못을 빼낸 뒤 참나무와 인연을 맺게 됨. • 어머니가 편찮으실 때 참나무를 보며 어머니의 건강을 빈 후 어머니가 건강을 되찾음. • 눈이 내린 날 잎을 떨군 채 찬바람 속에 무연히 서 있는 참나무를 봄.
글쓴이의 성찰	• 사소한 일에도 자주 마음이 흔들렸던 자신을 반성함. • 상처를 받게 되면 많은 원망의 시간을 보냈던 자신을 돌아봄. • 말없이 기다림을 실천한 적이 없었던 자신을 반성함.

글쓴이가 추구하는 삶의 태도

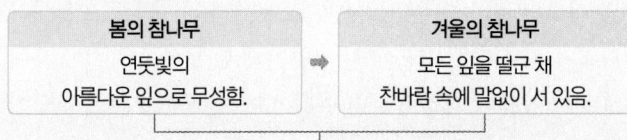

봄의 참나무	겨울의 참나무
연둣빛의 아름다운 잎으로 무성함.	모든 잎을 떨군 채 찬바람 속에 말없이 서 있음.

참나무는 무성한 잎을 가진 봄이든 모든 잎을 떨군 겨울이든 관계없이 늘 그 자리에 굳건히 뿌리를 내리고 있음.

글쓴이가 추구하는 삶의 태도	• 한 그루 나무처럼 자연의 순리에 따르고 다른 사람을 포용할 수 있는 사람이 되고 싶음. • 겉모습은 어쩔 수 없이 변하더라도 속마음은 한 그루 나무처럼 변하지 않는 사람이 되고 싶음.

함께 읽으면 좋은 작품

〈나무〉, 이양하 / 나무를 통해 바람직한 삶의 자세를 이끌어 낸 작품

나무에 대한 애정 어린 성찰을 바탕으로 인간이 본받아야 할 나무의 속성을 서술하고 나무의 덕을 따르고 싶은 글쓴이의 바람을 드러낸 작품이다. 🔗 Link 본책 123쪽

〈남신의주 유동 박시봉방〉, 백석 / 나무를 통해 자신의 삶을 성찰한 작품

고향을 떠나 객지에 홀로 머물고 있는 시적 화자가 자신의 지나온 삶을 차분히 응시하고 반성하면서 새로운 삶의 의지를 다지는 모습을 보여 주고 있는 작품이다. 외로움과 추위를 견디고 서 있는 '갈매나무'의 모습을 통해 자신의 삶을 성찰하고 있다는 점에서 이 글과 유사하다. 🔗 Link 〈현대 시〉 148쪽

키 포인트 체크

제재 약수터의 ☐☐☐와 관련한 글쓴이의 경험과 깨달음을 담고 있다.

관점 글쓴이는 참나무를 통해 사소한 일에도 ☐☐이 흔들리고, 많은 원망의 시간을 보내며, 변함없이 자리를 지키지 못했던 자신의 모습을 ☐☐한다.

1 이 글의 글쓴이에 대한 이해로 적절하지 **않은** 것은?

① 자연물과의 교감을 통해 삶의 위안을 얻고 있다.
② 일상적 경험에서 발견한 삶의 교훈을 전하고 있다.
③ 눈을 맞고 서 있는 참나무를 보며 연민을 느끼고 있다.
④ 계절에 따른 나무의 변화에서 주제를 이끌어 내고 있다.
⑤ 대못을 빼 준 일을 계기로 나무에게 의미를 부여하고 있다.

2 ㉠의 이유로 적절하지 **않은** 것은?

① 묵묵하게 자신에게 주어진 일을 해 나가려고
② 작은 일에 흔들리지 않고 의연하게 대처하려고
③ 다른 사람을 위하여 자신을 희생하며 살아가려고
④ 한결같은 마음으로 자신의 본분을 잃지 않으려고
⑤ 자신에게 상처를 준 사람조차 너그럽게 용서하려고

중요 기출

3 이 글의 내용을 〈보기〉와 같이 구조화했을 때, 이에 대한 설명으로 적절하지 **않은** 것은?

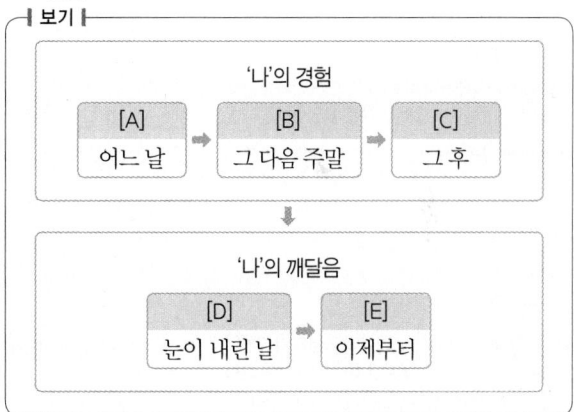

┤ 보기 ├

'나'의 경험

[A]	[B]	[C]
어느 날	그 다음 주말	그 후

'나'의 깨달음

[D]	[E]
눈이 내린 날	이제부터

① [A]에서 글쓴이는 나무에 못이 박혀 있는 모습을 발견하고 연민을 느끼고 있다.
② [B]에서 글쓴이는 장도리를 사용해 나무에 박힌 못을 빼내고 홀가분해하고 있다.
③ [C]에서 글쓴이는 언제나 제 자리를 지키는 나무의 그늘 밑에서 나무에게 친밀감을 느끼고 있다.
④ [D]에서 글쓴이는 모든 잎을 떨군 채 찬바람 속에 무연히 서 있는 나무를 보면서 자신을 성찰하고 있다.
⑤ [E]에서 글쓴이는 나무를 본받아 겉과 속이 일치하는 사람이 되겠다고 다짐하고 있다.

4 글쓴이가 참나무를 '우주 나무'라고 생각하는 이유를 쓰시오.

┤ 조건 ├

글쓴이의 구체적인 경험을 바탕으로 쓸 것.

문학 신사고

🎯 핵심 정리

갈래 경수필
성격 사색적, 교훈적
제재 나와 남
주제 너그러운 마음으로 남을 대하는 자세의 필요성
특징 ① 신화와 유행가 가사를 인용하여 독자의 흥미를 유발함.
② 누구나 경험해 보았을 만한 상황을 제시하여 독자의 공감을 유도함.
출전 《내 생애 단 한 번》(2000)

> **Q** 프로메테우스 신화를 언급하며 글을 시작함으로써 얻을 수 있는 효과는?
>
> 독자로 하여금 관심과 흥미를 갖게 하면서 사람들이 지닌 문제점을 지적하고 있다. 즉, 자신의 결점은 생각하지 못하고 타인의 결점을 따지는 인간의 성향을 우의적으로 드러냄으로써 독자의 흥미를 유발하고 있다.

☀ 어휘 풀이

프로메테우스(Prometheus) 그리스 신화에 나오는 티탄족의 영웅. 흙으로 인간을 빚었으며 인간에게 불을 훔쳐다 줌.
응어리 가슴속에 쌓여 있는 한이나 불만 따위의 감정.

📖 구절 풀이

❶ **따지고 보면 아무리 ~ 해석이 가능하기 때문이다.** 인간은 어떤 관점으로 바라보느냐에 따라 좋게 보이기도 하고 나쁘게 보이기도 한다. 그 자체로 절대적으로 좋은 것도 없고 나쁜 것도 없다는 의미인데, 인간은 자신의 잣대로 타인을 평가하기 때문에 상대가 좋게 보이지 않을 때가 있고, 그로 인해 세상이 시끄러워진다는 데 이 글의 문제의식이 있다.

❷ **서로 다른 안경을 ~ 항상 시끄러운 것도 당연하다.** 글쓴이는 사람들이 저마다의 관점을 갖고 있는데, 자기만의 관점으로 세상을 판단하고 다른 사람을 비난하기 때문에 갈등이 일어난다고 생각하고 있다.

❸ **사람 사는 게 ~ 점 하나 차이일 뿐이다.** 사람들이 살아가는 것이 크게 달라 보여도 결국은 별 차이가 없다는 것을 글자판의 글자 놀이에서 '나', '남', '너'는 받침 하나, 점 하나의 차이에 불과하다는 사실을 통해 강조하고 있다.

👤 작가 소개

장영희(본책 70쪽 참고)

아주 옛날, *프로메테우스가 인간을 빚으면서, 각자의 목에 두 개의 보따리를 매달아 놓았다고 한다. 보따리 하나는 다른 사람의 결점으로 가득 채워 앞쪽에, 또 다른 보따리는 자신들의 결점으로 가득 채워 등 뒤에 달아 놓았다고 한다. 그래서 사람들은 앞에 매달린 다른 사람의 결점들은 잘도 보고 시시콜콜 이리 뒤지고 저리 꼬투리 잡지만, 뒤에 매달린 보따리 속의 자기 결점은 전혀 볼 수 없게 되었다고 한다. / ❶따지고 보면 아무리 평판 좋고 훌륭한 사람일지라도 마음만 먹으며 비난거리는 얼마든지 찾아낼 수 있다. 인간 성향이라는 게 모두 양면적이라서 마음먹기에 따라 얼마든지 서로 상반되는 해석이 가능하기 때문이다. 아주 겸손하고 나서기 꺼려하는 사람은 카리스마가 부족하고 자신감이 없다고 비난하고, 반대로 박력 있고 당당한 사람은 겸손하지 못하고 되바라졌다고 욕한다. [중략]

　두뇌 과학자들에 의하면 우리의 속 모습은 겉모습보다 더 차이가 난다고 한다. 얼핏 보기에는 똑같이 큰골 작은골로 이루어져 있고 생김새도 비슷하게 보이지만, 두뇌마다 제각각 조금씩 찌그러진 정도나 굴곡, 주름 잡힌 정도가 달라서, 절대로 두 개의 두뇌가 완벽하게 같을 수 없다는 것이다. 즉, 사람마다 살아가면서 제각각 다른 경험을 하고, 그 경험에 따라 갖는 느낌, 기억, 생각이 두뇌에 작은 선이나 주름을 하나씩 만들기 때문에, 억만 년이 지나도 똑같은 두뇌가 있을 수 없다는 말이다.

　비슷하면서도 다르고, 다르면서도 또 비슷한 우리들. 앞뒤로 보따리 하나씩 메고 돌아다니면서 열심히 앞 보따리를 뒤적거려 보지만, 결국은 앞 보따리나 뒤 보따리나 속에 들어 있는 건 매한가지이다. 이렇게 보면 장점이 저렇게 보면 단점이고, 저렇게 보면 단점이 이렇게 보면 장점이다. 결국 장단점이 따로 없지만, 어차피 세상을 판단하는 기준은 자기 자신이다. 그런데 제각각 나에게 맞는 도수의 안경을 끼고 다른 사람을 보니, 이리저리 찌러지고 희미하고 탐탁지 않게 보이는 것은 당연하다. 그러니 ❷서로 다른 안경을 끼고 서로 손가락질하며 못생겼다고 흉보며 사는 세상이 항상 시끄러운 것도 당연하다.

　가끔 누군가 내게 행한 일이 너무나 말도 안 되고 화가 나서 견딜 수 없을 때가 있다. 며칠 동안 가슴앓이하고 잠 못 자고 하다가도 문득 '만약 내가 그 사람 입장이었다면 나라도 그럴 수 있었을지 모르겠다.'라는 생각이 들 때가 있다. 그러면 꼭 이해하는 마음이 아니더라도 '오죽하면 그랬을까.' 하는 동정심이 생기는 것이다. 물론 그러지 않았더라면 좋았겠지만, 그리고 그 대상이 나였다는 것이 너무나 억울하고 마음 아프지만, 그래도 마음의 *응어리가 조금씩 풀어지면서 '까짓것, 그냥 용서해 버리자.'라는 마음이 생길 때가 있다. '남'의 마음을 '나'의 마음으로 헤아릴 때 생기는 ㉠기적이다.

　한 유행가 가사에서 '남'에서 점을 하나 빼면 '님'이 된다고 했다. 아닌 게 아니라 인간관계는 여섯 살짜리 조카가 갖고 노는 자석 글자판의 글자 놀이와 같은 건지도 모른다. '남'에서 받침을 하나 빼면 '나'가 된다. 점 하나 옮기면 '너'가 된다. '남'의 받침과 획을 잘못 갖다 붙이면 '놈'이 된다. ❸사람 사는 게 엎치나 뒤치나 마찬가지이고, '나', '너', '남', '놈'도 따지고 보면 다 그저 받침 하나, 점 하나 차이일 뿐이다. 그런데도 왜 우리는 악착같이 '나'와 '남' 사이에 깊은 골을 파 놓고 그렇게 힘겹게 살아가는지 모르겠다.

• **중심 내용** 인간관계에서 '나'를 대하듯 '남'을 대하면 마음의 평안을 얻고 세상의 갈등이 해소될 수 있음.

이해와 감상

이 글은 나를 대하듯 남을 대하면 마음의 평안을 얻게 된다는 내용을 담은 교훈적 성격의 수필이다. 글쓴이는 누구나 공감할 수 있는 상황을 이야기하며 입장을 바꿔 남을 이해하는 태도를 지닐 것을 말하고 있다. 사람들은 서로 다른 경험을 하며 살기 때문에 서로 다른 자신만의 기준으로 세상을 판단하게 된다. 때로는 기준, 관점의 차이에 의해 상대방과 불편한 관계에 놓이기도 하는데, 점 하나의 차이일 뿐인 '나'와 '남'의 관계를 생각하며 너그러운 마음으로 남을 바라보는 자세가 필요함을 말하고 있다.

작품 연구소

〈나와 남〉에서 글쓴이가 전달하려는 의미

우리는 자신의 단점은 보지 못하지만 남의 단점은 잘 보여서, 살아가면서 남들과 크고 작은 갈등을 겪게 된다. 따지고 보면 '나'와 '남'은 점 하나의 차이에 불과할 정도로 매우 긴밀한 관계를 맺고 있다. 글쓴이는 조금만 달리 생각하면 이해할 수 있는 상대방의 언행에 대해 우리가 너무 민감하게 반응하여 스스로 피곤하게 산다고 생각하며 안타까워하고 있다. 그러면서 조금만 여유를 가지고 나를 대하듯 남을 대하면 단점으로 보였던 상대방의 모습을 이해할 수 있게 되므로 이러한 마음가짐을 가져야 한다는 것을 강조하고 있다.

〈나와 남〉에 나타난 표현 전략과 효과

표현 전략		효과
• 그리스 신화의 내용을 활용함. • 유행가의 가사를 인용함.	⇒	• 독자의 흥미와 관심을 유발함. • 내용을 더욱 효과적으로 전달함.
• 두뇌 과학자들의 연구 결과를 제시함.	⇒	• 내용의 신뢰성을 높임.
• 누구나 경험해 보았을 만한 상황을 제시함.	⇒	• 독자의 공감을 유발함.

자료실

장영희의 수필론

장영희의 수필은 독자가 작품 속에 깊이 들어오도록 하면서도 자기의 개성을 잘 살린다. 장영희의 창작은 자신의 생각을 독자에게 전하려는 것이 아니라 독자와 대화를 나누는 것으로 되어 독자 자신이 작가와 동일화한 감동을 받는다. 작가는 독자가 고해 사제 같아서 자기 내면에 숨겨 놓은 갈등과 모난 자아를 독자에게 내보여 마음의 평화와 자신감을 얻는다고 한다. 장영희는 독자와 나눔의 차원을 설정하여 작품을 독자에게 내놓아서 자기가 평화를 얻으므로 독자에게 그만큼 돌려주려 한다. 그 방법은 독자가 글을 읽고 독자 자기를 반성할 수 있는 방법을 찾는데, 그것이 가르치려 드는 것이 아니라 독자와 공감대를 찾아 따뜻한 대화와 위로가 되어 주는 것이다.
– 신재기,《수필과 비평》 제102호

함께 읽으면 좋은 작품

〈운수 안 좋은 날〉, 박완서 / 상대방의 입장에서 배려하고 존중하는 태도가 필요함을 생각하게 하는 작품

우연히 전철에서 겪은 짧은 사건을 통해 다른 사람의 입장이 되어 생각하고 행동하는 자세가 필요함을 역설하고 있는 수필이다. 글쓴이가 자신이 겪은 경험을 바탕으로 다른 사람을 배려하지 않는 각박한 세태를 비판하고 인간관계에서 다른 사람의 입장이 되어 생각해 보는 자세의 중요성을 강조하고 있다는 점에서 이 글과 유사하다.

포인트 체크

제재 이 글은 '　'의 기준에서 '　'을 함부로 판단하는 태도에 대한 문제의식을 담고 있다.

관점 '나'와 '남'은 점 하나의 차이에 불과할 정도로 매우 긴밀한 　　를 맺고 있으므로 너그러운 마음으로 남을 바라보는 자세가 필요하다.

표현 그리스 　　 이야기, 유행가 가사, 두뇌 과학자의 견해 등을 인용함으로써 자신이 말하고자 하는 바를 효과적으로 전달하고 있다.

1 이 글에 대한 설명으로 가장 적절한 것은?
① 대립되는 관점을 절충해 새로운 대안을 제시하고 있다.
② 전문가의 견해를 인용해 잘못된 통념을 비판하고 있다.
③ 과거 회상을 바탕으로 자신의 삶의 태도를 성찰하고 있다.
④ 신화를 인용해 현실에 대한 부정적 인식을 강조하고 있다.
⑤ 타인을 대하는 바람직한 태도에 대한 자신의 생각을 이야기하고 있다.

2 이 글을 읽은 학생의 반응으로 적절하지 않은 것은?
① 사람마다 생각이 다를 수 있다는 것을 인정하면 세상의 갈등이 사라질 것 같아.
② 인간관계에서 역지사지의 태도를 가질 때 진정한 마음의 평안을 얻을 수 있겠군.
③ 자신의 결점은 보지 못하고 다른 사람의 결점을 잘 보는 것은 타고난 본능과 같은 거로군.
④ 사람마다 겉모습이 다른 것처럼 생각도 다르므로 자신만의 개성을 잃지 않고 살아가야 해.
⑤ 관점에 따라 다양한 해석이 가능하다는 걸 인정하면 다른 사람들에게 너그러워질 수 있겠어.

3 이 글에서 ㉠이 의미하는 바를 50자 내외로 쓰시오.

내신 적중 多빈출

4 이 글의 글쓴이(A)와 〈보기〉의 글쓴이(B)를 비교한 내용으로 가장 적절한 것은?

┤보기├

제비꽃이 제비꽃이면 되듯이 나 또한 이대로 나 자신이면 됩니다. 아무리 남의 장점이 돋보여도 남의 장점을 통해 나의 단점을 찾으려고 노력하면 어리석습니다. 오히려 그 단점이 장점일 수 있습니다. [중략] 장점이라고 생각한 그 장점이 경우에 따라서는 단점일 수 있습니다. 남의 장점을 나의 장점으로 가져오기에는 나의 어떤 형편이나 환경이 그에 적합하지 않을 수 있습니다.

① A가 남과 비교하는 것의 어리석음을 꾸짖고 있는 반면, B는 '나'와 '남'이 크게 다르지 않음을 일깨우고 있다.
② A는 '나'와 '남'을 지나치게 구분하는 것을 경계하는 반면, B는 자신의 고유한 가치를 발견할 것을 강조하고 있다.
③ A는 인간의 숙명적 한계를 인정하려는 태도를, B는 인간의 무한한 가능성을 인정하려는 태도를 보여 주고 있다.
④ A는 자신의 관점으로만 다른 사람을 판단하는 태도를, B는 자신의 주관 없이 유행을 좇는 태도를 비판하고 있다.
⑤ A는 상대방의 단점을 너그럽게 포용할 줄 아는 자세를, B는 상대방을 배려할 줄 아는 성숙한 자세를 중시하고 있다.

037 우리는 어디로부터 왔는가 | 최인호

[국어] 동아

🎯 핵심 정리

갈래 경수필
성격 경험적, 사색적
제재 정원에서 개구리를 발견한 일
주제 자연의 섭리와 생명의 근원에 대한 사색
특징 ① 정원에서 개구리를 발견한 경험이 생명의 근원에 대한 사색으로 이어지는 과정을 보여 줌.
② 주제와 관련된 시를 인용하여 주제를 부각함.
③ 질문의 형태로 글을 마무리하며 독자들에게 사색의 기회를 부여함.
출전 《최인호의 인연》(2010)

💡 어휘 풀이

잇큐 1394~1481. 일본 최고의 선시(禪詩) 작가. 1500여 편의 시를 남겼다.
뜨락 뜰. 집 안의 앞뒤나 좌우로 가까이 딸려 있는 빈터.

🐾 구절 풀이

❶ **그는 도대체 어디서 왔을까. ~ 어떻게 태어났음일까.** 도시 한복판 정원에서 개구리를 발견한 경험을 통해 생명이 어디에서부터 시작되는 것인지에 대해 궁금증을 가지게 된 부분이다. 글쓴이가 자연의 섭리와 생명의 근원에 대해 사색하는 계기가 된다.

❷ **아아, 우리는 누구인가. ~ 어디로 가고 있음인가.** 글쓴이는 자연의 신비로운 섭리와 생명의 근원에 대한 사색을 통해 식물도 동물도 사람도 모두 흙 한 줌에서 왔음을 깨닫는다. 그리고 이러한 깨달음으로부터 도출된 질문으로 끝을 맺어 여운을 주면서, 독자로 하여금 질문에 대한 답을 스스로 생각해 보도록 이끌고 있다.

Q 글쓴이가 정원의 나무들을 그저 내버려 두면 된다고 이야기한 이유는?

정원에 있는 나무들은 사람이 인위적인 힘을 가하지 않고 그저 내버려 두어도 흙과 태양과, 빗물, 그 밖의 모든 자연의 요소들의 시기적절한 힘으로 인해 자라나고 열매 맺기 때문이다. 즉, 자연의 섭리에 의해 자라나기 때문이다.

👤 작가 소개

최인호(1945~2013)

소설가, 시나리오 작가. 초기에는 산업화의 과정에서 소외된 사람들을 다루는 소설을 주로 썼으며, 후기에는 종교나 역사를 다루는 장편소설을 주로 발표하였다. 주요 작품으로 소설 〈별들의 고향〉, 〈타인의 방〉, 수필집 《길 없는 길》 등이 있다.

오래전 봄날, 정원에 앉아 있다가 장미 나무 그늘 아래에서 무엇인가 팔짝팔짝 뛰어 깜짝 놀라 살펴보니 아주 작은 청개구리 한 마리였다. 이 도시의 정원에 청개구리 새끼라니, 깜짝 놀라서 눈을 비비고 개구리를 다시 보니 벌써 어디론가 사라지고 없어 내가 잘못 보았던가 까마득히 잊어버리고 있었다.
글쓴이의 경험 - 정원에서 아주 작은 청개구리를 발견함.
▶ 오래전 봄날, 정원에서 작은 청개구리를 발견함.

그런데 그해 초여름 잔디를 깎다가 뭔가 팔짝팔짝 뛰면서 영산홍 나뭇가지 사이로 숨어 버리는 물건이 있어 재빨리 뛰어 달려가 바라보니 어린아이 주먹만 한 개구리 한 마리였다. 개구리는 그늘진 나무숲 사이에 숨어 가만히 앉아 있었으므로 나는 비로소 찬찬히 살펴볼 수 있었다.
글쓴이의 경험 - 정원에서 어린아이 주먹만 한 개구리를 발견함.

지난봄 잘못 보았다고 생각했던 그 청개구리가 자라서 어른 개구리가 되었는가 살펴보았더니 청개구리는 아니고 그냥 평범한 흑갈색 개구리였다. 도대체 이 개구리 한 마리가 어디서 찾아왔는가. 나는 신기해서 한참을 쳐다보았다. 우리 정원 잔디밭에 개구리 한 마리가 살고 있다는 소문은 여기저기 퍼져서 아내가 어느 날 내게 이렇게 말했다.
도시에서는 흔한 일이 아니기 때문에

「"우리 집 정원에 개구리가 있어요, 여보."
『 』: 가족들 모두 개구리가 출현한 것에 신기해하며 기뻐함.
아들 녀석도 어느 날 잔디밭에 나갔다가 맨발로 뛰어와서 소리쳐 말했다.

"개구리다, 개구리! 우리 집에 개구리 한 마리가 살고 있다!"

맨발로 뛰어오는 아들 녀석의 기쁜 표정은 마치 우리 집 정원에서 유전이 발견되었다는 기쁨보다 훨씬 더 강렬한 것이었다.」

아들의 표현대로 우리 집 마당에 ⓐ개구리 한 마리가 숨어 살고 있었다. ❶그는 도대체 어디서 왔을까. 이 도시 한복판 정원 속에서 어떻게 잉태되고 어떻게 태어났음일까. [중략]
▶ 정원에 개구리가 살고 있음을 알게 됨.

중략 부분의 내용 글쓴이는 정원에 개구리뿐만이 아니라 나방, 참새 떼를 비롯하여 살아 숨 쉬는 것이 많이 있음을 알게 된다. 글쓴이는 ❷잇큐의 시를 인용하며 나무의 생명력에 감탄한다.

잇큐의 시처럼 감나무의 가지를 부러뜨려 봐도 감은 보이지 않고 대추나무의 가지를 부러뜨려 봐도 대추는 보이지 않는다. 그런데도 이제 가을이 오면 감나무에는 감이 주저리주저리 열리고, 대추나무에는 대추가 주저리주저리 열릴 것이다.

「그들을 위해 내가 따로 할 일은 없다. 그저 내버려 두면 그뿐인 것이다.」 태양은 제가 알아서 알맞게 온도를 재어 열매를 숙성시킬 것이며 때맞춰 내리는 빗물은 저희끼리 알아서 그들의 갈증을 채워 주고 메마른 나무의 뿌리를 적셔 줄 것이다.
인위적인 힘이 필요 없는 자연의 섭리

모과나무에서는 ⓑ노오란 모과들이 알알이 열매 맺어 향기를 피울 것이고 나무 그늘 속에 숨어 살던 개구리가 만약 우리 집 식구의 희망 사항처럼 죽지 않고 그때까지 살아 있다면 아마도 우리 집 땅속을 파고 들어가 그 속에서 기나긴 겨울잠을 잘 것이다.
▶ 때가 되면 소생하고 열매를 맺는 생명의 경이로움

「이 모든 것이 ⓒ흙 한 줌에서부터 나오는 것이니 아아, 흙이란 얼마나 신비한 것인가. 잇큐의 시처럼, 그대 나아가 ❷뜨락의 흙 한 줌을 떠서 가만히 들여다보라. 그 흙 한 줌 속에서 나무가 자라고, 꽃이 피어나고, 풀이 우거지고, 개구리가 태어난다.
『 』: 모든 생명이 흙에서 시작된 것임을 깨달음.

그 흙 한 줌 속에서 ⓓ감이 열리고, ⓔ대추가 매달린다. 우리의 육체도 그 흙 한 줌에서 비롯되어 태어난 것이니, ❷⊙아아, 우리는 누구인가. 그리고 어디로부터 와서 어디로 가고 있음인가.
▶ 흙에서 온 모든 생명의 경이로움과 생명에 대한 사색

• **중심 내용** 집 앞마당에서 벌어지는 자연물의 움직임과 변화를 바라보며 생명 탄생의 근원을 성찰함.

이해와 감상

　이 글은 어느 봄날 자신의 집 정원에서 개구리를 발견한 경험을 통해 자연의 신비로운 섭리와 생명의 근원에 대하여 사색하고 있는 수필이다. 글쓴이는 도시 한복판에서 개구리가 어떻게 태어났는지 궁금해하며 사색을 시작한다. 글쓴이는 정원에서 살아 숨 쉬는 것이 많이 있다는 사실을 알게 되고, 겨울에 이사할 때 옮겨 심어 죽을 것 같았던 모과나무가 열매를 맺는 것을 보면서 황량한 도시에서도 어김없이 만날 수 있는 생명의 신비와 자연의 섭리에 대하여 경탄하고 있다. 마지막 부분에서는 '흙 한 줌'에서 모든 생명이 비롯된다고 이야기하면서 '아아, 우리는 누구인가. 그리고 어디로부터 와서 어디로 가고 있음인가.'라고 말함으로써 독자에게 끝나지 않는 사색의 기회를 제공하고 있다.

🏠 작품 연구소

이 글에 나타난 글쓴이의 경험과 그에 대한 글쓴이의 생각과 깨달음

글쓴이의 경험	글쓴이의 생각과 깨달음
• 정원에 사는 개구리를 발견함. • 정원에 나방, 참새 등이 날아오는 것을 보게 됨. • 열매가 제대로 맺힐까 걱정했던 모과나무가 봄이 되자 꽃을 피우고 열매를 맺는 것을 보게 됨. • 생명의 근원이 어디서 온 것인지 사색함.	• 개구리가 어디서 왔을지 궁금해함. • 정원에 살아 숨 쉬는 것이 많다는 것을 알게 됨. • 각자의 때에 맞추어 소생하는 생명의 경이로움에서 자연의 섭리를 떠올림. • 식물도 동물도 사람도 모두 흙 한 줌에서 왔음을 깨달음.

이 글에 인용된 잇큐의 시

잇큐의 시 전문	벚나무 가지를 부러뜨려 봐도 그 속엔 벚꽃이 없네. 그러나 보라. 봄이 되면 얼마나 많은 벚꽃이 피는가.

↓

이 시에서 표현하고자 하는 바	어디에서 오는지 알 수 없지만 봄이 되면 언제나 무수히 피어나는 벚꽃을 통해 생명의 신비로움과 자연의 섭리를 표현함.

↓

이 글에서 이 시를 인용함으로써 얻을 수 있는 효과	• 글의 앞뒤 내용을 자연스럽게 연결함. • 작품의 주제를 효과적으로 이끌어 냄.

📖 함께 읽으면 좋은 작품

〈흙의 노래를 들어라〉, 김훈 / 봄 흙의 생명력과 봄나물에 대한 사색이 나타난 작품

　작가가 자전거로 전국을 여행하고서 쓴 《자전거 여행》에 실려 있는 글로, 남해안의 경작지를 둘러보고 봄 흙 속에서 새싹이 땅 위로 올라오는 생명 현상과 흙의 근본, 그리고 그 흙을 터전으로 삼고 사는 사람들의 삶의 모습, 흙에서 자라난 냉이와 달래와 쑥이 친화력 있는 된장과 만나 어우러지는 맛 등을 간결하면서도 깊이 있는 문장으로 표현하고 있는 수필이다. 자연의 생명력에 대한 예찬을 드러내고 있다는 점에서 이 글과 유사하다.

🔑 포인트 체크

제재　정원에서 ▢▢▢를 발견한 경험을 바탕으로 생명 탄생의 근원을 성찰하고 있다.

관점　글쓴이는 때에 맞춰 소생하는 생명의 경이로움에 ▢▢하는 태도를 보이고 있다.

표현　중간에 ▢를 삽입하여 글의 앞뒤 내용을 자연스럽게 연결하면서, 글의 주제를 효과적으로 부각하고 있다.

1 이 글에 대한 설명으로 가장 적절한 것은?
① 다른 사람의 견해를 제시하여 설득력을 높이고 있다.
② 자연물과의 대화를 통해 자신의 삶을 성찰하고 있다.
③ 객관적인 연구 결과를 제시하여 자신의 생각을 뒷받침하고 있다.
④ 단정적인 어조를 사용하여 자신의 주장을 강하게 제시하고 있다.
⑤ 대상과 관련한 경험을 제시하고, 그에 대한 느낌과 성찰을 이야기하고 있다.

2 ⓐ～ⓔ 중에 성격이 다른 하나는?
① ⓐ　　② ⓑ　　③ ⓒ　　④ ⓓ　　⑤ ⓔ

3 〈보기〉는 이 글의 생략된 부분 중 일부이다. 〈보기〉를 통해 알 수 있는 글쓴이의 개성으로 가장 적절한 것은?

┤ 보기 ├

　때가 되어 봄이 되자 모과나무에는 연분홍 수줍은 꽃들이 일제히 피어나더니 잎새도 눈부시게 피어나고, 그 꽃잎마다 알 수 없는 곳에서 날아온 벌들과 나비들이 꽃가루를 모아 열매를 맺게 하더니 저리도 많은 모과가 열리게 하였다. 이 얼마나 놀라운 일인가. 이 황량한 도시의 어느 곳에서 벌들은 날아오고, 이 도시의 어느 곳에서 나비가 살아 날아다니고 있는가.

① 도시 문명을 예찬하는 인물임.
② 관찰력이 있고 사색적인 인물임.
③ 생활력이 있고 낙관적인 인물임.
④ 작은 것들에 관심을 가지는 인물임.
⑤ 도시의 황량함을 비판적으로 바라보는 인물임.

4 ㉠과 같은 방식으로 이 글을 마무리함으로써 얻을 수 있는 효과가 무엇인지 쓰시오.

┤ 조건 ├

　독자의 관점에서 쓸 것.

038

풀 비린내에 대하여 | 나희덕

[문학] 천재(정)
[독서] 신사고

🎯 핵심 정리

갈래 경수필
성격 일상적, 성찰적, 생태적
제재 자동차 운전
주제 자동차 사용에 대한 바람직한 태도, 문명의 이기와 생태 문제에 대한 성찰
특징 ① 글쓴이의 운전 경험을 바탕으로 생태 문제에 대한 성찰을 이끌어 냄.
② 통념에 대한 비판적 사고를 드러내어 독자에게 성찰의 기회를 제공함.
출전 《저 불빛들을 기억해》(2012)

💡 어휘 풀이

범퍼(bumper) 충돌 사고 발생 시 충격을 완화하기 위하여 자동차의 앞과 뒤에 설치한 장치.
잔해(殘骸) ① 썩거나 타다가 남은 뼈. ② 부서지거나 못쓰게 되어 남아 있는 물체.
살상(殺傷) 사람을 죽이거나 상처를 입힘.
자각(自覺) 현실을 판단하여 자기의 입장이나 능력 따위를 스스로 깨달음.
원죄(原罪) (기독교에서) 모든 인간이 날 때부터 가지고 있다는 죄.

> **Q** '풀 비린내'의 의미는?
>
> 이 글에서 '풀 비린내'는 죽은 풀벌레 잔해의 냄새를 말한다. 글쓴이는 자동차에 엉겨 붙어 죽은 풀벌레를 보고 자신이 편리함과 안락함을 누리는 동안 다른 생명은 죽어 갈 수도 있음을 깨닫게 된다. 글쓴이는 '풀 비린내' 때문에 생명을 죽인 것에 죄책감을 느끼게 된다.

🔖 구절 풀이

❶ **스웨덴의 생태주의자인 ~ 말한 바 있다.** 자동차가 누구의 방해도 받지 않고 운전자를 어디로든 데려다 줄 수 있는 밀폐된 공간임을 뜻하는 말이다.
❷ **그것은 흙먼지가 아니라 ~ 부딪쳐 죽은 잔해였다.** 글쓴이가 자동차에 대한 생각을 정리하도록 이끈 사건이다. 자신에게 편리함과 안락함을 주는 자동차가 다른 생명체를 죽일 수 있다는 사실을 자각하게 된 계기이다.
❸ **인간에게 안락한 공간이 ~ 자각이 그제서야 찾아왔다.** 생명의 중요성에 대해 강조하고 있는 부분으로, 다른 생명에 대한 인간의 무심함에 경고를 보내고 있다.
❹ **차를 소유하고부터는 ~ 생각이 들곤 한다.** 글쓴이는 자동차를 몰고 다니는 것 자체가 엄청난 살생 행위라고 보고 있으므로 자동차를 소유하고 있는 자신은 생태 문제에 대해 말할 자격이 없으며 생태 문제에 대한 자신의 의견 역시 설득력이 약할 수밖에 없다고 생각하고 있다.

👤 작가 소개
나희덕(본책 62쪽 참고)

전략 부분의 내용 글쓴이는 자동차를 해체하여 새로운 용도로 거듭나게 한 〈감성적 기계〉라는 미술 작품을 보고 자동차에 대한 자신의 평소 생각을 되돌아본다.

❶스웨덴의 생태주의자인 에민 텡스룀은 자동차라는 물건이 "자기 자신의 영토 안에 머물고자 하는 의지와 이 영토 밖으로 움직일 필요성"을 동시에 충족해 준다고 말한 바 있다. 현대인들이 자동차라는 '아늑한 자궁'으로부터 잠시도 떨어지고 싶어 하지 않는 것도 바로 이 모순된 욕망을 자동차라는 공간이 해결해 주기 때문일 것이다. 앞에서 말한 〈감성적 기계〉처럼 자동차를 해체하지 않아도 자동차는 이미 충분히 '감성적 기계' 노릇을 하고 있는 셈이다.
 ▶ 자동차에 대한 글쓴이와 현대인의 인식

하지만 얼마 안 가서 자동차에 대한 낯설고 당혹스러운 경험을 하게 되었다. 갑자기 서울에 갈 일이 생겼는데 주말이라 차표를 구할 수 없었다. 몇 번을 망설이다가 나는 초보 주제에 식구들을 태우고 서울로 가는 고속 도로로 접어들었다. 긴장을 해서인지 무사히 서울에 도착해서 일을 보고 다음 날 밤에 광주로 내려올 수는 있었다. 그런데 밤에 고속 도로를 달리는데 차창에 무언가 타닥타닥 부딪치는 소리가 났다. 처음엔 그저 속도 때문에 모래 알갱이 같은 게 튀는 소리려니 했다.

다음 날 아침 출근을 하려는데 유리창은 물론이고 앞 범퍼에 푸르죽죽한 것들이 잔뜩 엉겨 있었다. ❷그것은 흙먼지가 아니라 수많은 풀벌레들이 달리는 차체에 부딪쳐 죽은 잔해였다. 마치 거대한 모터 주위에 두껍게 쌓여 있는 먼지 뭉치처럼 말이다. 그것을 닦아 내려다 나는 지난밤 엄청난 범죄라도 저지른 사람처럼 손발이 후들후들 떨려 도망치듯 세차장으로 갔다. 그러나 세차 기계의 물살에도 엉겨 붙은 풀벌레들의 흔적은 완전히 지워지지 않았다. 운전대를 잡을 때마다 풀 비린내는 몸서리치는 기억으로 남았고, 나는 손을 씻고 또 씻었다. / 시속 100킬로미터 정도의 속력에 그렇게 많은 풀벌레가 짓이겨졌다는 것도 믿기 어려웠지만, 이런 살상의 경험을 모든 운전자들이 초경처럼 겪었으리라는 사실이야말로 나에게는 예상치 못한 충격이었다. ❸인간에게 안락한 공간이 다른 생명을 해칠 수 있다는 자각이 그제서야 찾아왔다.
 ▶ 자동차로 인한 글쓴이의 충격적인 경험

옛날 티베트의 승려들은 입을 열어 말을 할 때마다 공기 중의 미생물을 죽이게 될까 봐 얼굴에 일곱 겹의 천을 두르고 다녔다고 한다. 그걸 생각하면 자동차를 몰고 다닌다는 것 자체가 엄청난 살생 행위라고도 말할 수 있을 것이다. 그렇다고 하루아침에 차를 없앨 수도 없는 형편이어서 나는 자동차에 대한 태도를 정리할 필요를 느꼈다. 『차를 유지하되 사용을 최소화하고 의존도를 낮추는 선에서 타협할 수밖에 없었다. 그리고 그 '감성적 기계'의 편안함에 길들여지려는 순간마다 그것이 풀 비린내뿐 아니라 피비린내를 불러올 수도 있다는 자각을 잊지 않으려고 한다.』
 ▶ 경험을 통한 글쓴이의 성찰과 깨달음

운전을 시작하기 전까지 나는 걷기 예찬자였고, 인공적인 공간보다는 자연 속에 머물기를 누구보다 좋아했다. 그러나 ❹차를 소유하고부터는 생태적인 어떤 발언도 할 자격이 없다는 생각이 들곤 한다. 차를 소유하되 그에 종속되지 않는다는 것, 이런 아슬아슬한 줄타기가 앞으로 얼마나 지속될 수 있을지 모르겠다. 다만 그날 아침의 풀 비린내가 원죄 의식처럼 내 손에 남아 있을 따름이다.
 ▶ 생태 문제와 관련한 글쓴이의 반성

• **중심 내용** 자동차 운전을 통해 깨달은 생명 존중의 중요성

이해와 감상

이 글은 자동차의 편리함에 익숙해져 있는 현대인들에게 생태 문제에 대한 물음을 던지며 반성과 성찰을 이끌어 내는 교훈적인 수필이다. 자동차가 주는 편안함과 안락함에 익숙해져 가던 글쓴이는 어느 날 밤중에 고속 도로를 달린 후 큰 충격을 받는다. 자동차 앞 범퍼에 엉겨 붙은 무수한 풀벌레들의 잔해를 보고 의도하지 않게 자신이 무수한 생명을 죽였다는 죄책감을 갖게 된 것이다. 이러한 죄책감은 인간에게 안락함을 제공하는 문명의 이기가 다른 생명을 해칠 수도 있다는 깨달음으로 이어진다. 여전히 글쓴이의 손에 남아 있는 '풀 비린내'는 글쓴이의 의식에 뿌리 깊게 자리를 잡은 죄책감과 생태적 사유에 대한 자각에서 비롯된 것이다.

🏠 작품 연구소

'자동차'에 대한 글쓴이의 태도

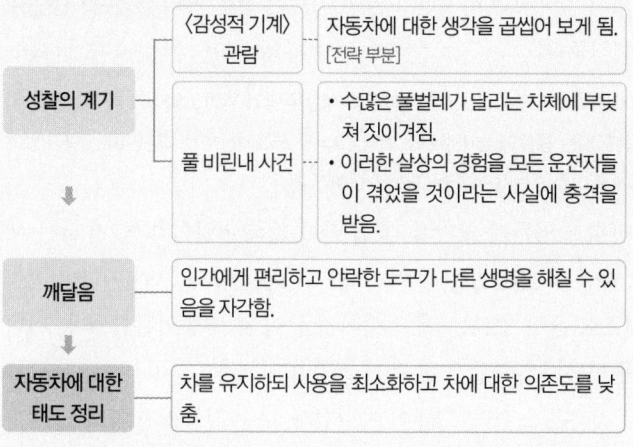

성찰의 계기	〈감성적 기계〉 관람	자동차에 대한 생각을 곱씹어 보게 됨. [전략 부분]
	풀 비린내 사건	• 수많은 풀벌레가 달리는 차체에 부딪쳐 짓이겨짐. • 이러한 살상의 경험을 모든 운전자들이 겪었을 것이라는 사실에 충격을 받음.

⬇

깨달음	인간에게 편리하고 안락한 도구가 다른 생명을 해칠 수 있음을 자각함.

⬇

자동차에 대한 태도 정리	차를 유지하되 사용을 최소화하고 차에 대한 의존도를 낮춤.

글쓴이의 생태적 사유

'생태적 사유'란 생물들이 서로 공존하는 데 있어 영향을 미치는 것을 인지하고 모든 생물이 조화롭게 살아가는 데 관심을 기울이는 사유를 말한다. 글쓴이는 운전 경험을 통해 생명은 소중하며, 자신의 이익을 위해 다른 생명을 해칠 권리는 어떤 존재에게도 없다는 생태적 사유를 이끌어 내고 있다.

자료실

〈감성적 기계〉

〈감성적 기계〉는 태국의 설치 미술가인 수라시 쿠솔윙의 작품으로, 1965년형 폴크스바겐의 엔진과 핸들, 바퀴, 섀시 등 부속 용품을 완전히 제거하고 차체를 뒤집어 그물 침대로 기능하도록 설치한 후 각종 휴식 장치를 마련한 공간이다. 관객은 이곳에서 영화를 보거나 인터넷을 즐기며 휴식을 취할 수 있으며, 음료 등을 마실 수 있다. 작가는 이 작품을 통해 물건과 사람들의 시간을 획기적으로 전복하는 예술적 상상력을 관객들이 체감하기를 바란 것이다.

– 광주 비엔날레 편, 《프로젝트 1 멈춤: 실현》

📖 함께 읽으면 좋은 작품

〈산성 눈 내리네〉, 이문재 / 환경 문제에 대한 생각이 잘 드러난 작품

지구 환경이 심각하게 오염되었고 더 이상 낭만적인 자연이 존재하지 않게 된 것을 비판한 시이다. 공장과 자동차의 매연 때문에 산성 눈이 내리게 된 상황을 노래하면서 환경 오염의 심각성을 드러내고 있다.

🔗 Link 〈현대 시〉 359쪽

🗝 포인트 체크

제재	글쓴이가 □□□를 운전하며 겪은 일을 바탕으로 현대 문명의 이기와 생태 문제에 대한 성찰을 담고 있다.
관점	글쓴이는 자동차가 다른 생명을 해칠 수 있음을 깨닫고 차에 대한 □□□를 낮추기로 결심한다.
표현	다른 사람의 말을 □□하여 자동차에 대한 현대인의 의식을 드러내고 있다.

1 이 글에 대한 설명으로 가장 적절한 것은?

① 일상의 경험을 바탕으로 자신의 삶을 성찰하고 있다.
② 부정적 사회상을 자연 현상에 빗대어 드러내고 있다.
③ 대상에 대한 분석을 바탕으로 주제를 형상화하고 있다.
④ 자연물과의 대화를 통해 자신의 문제점을 발견하고 있다.
⑤ 타인의 견해를 인용하여 자신의 인생관을 뒷받침하고 있다.

2 이 글에 대한 감상으로 적절하지 않은 것은?

① '손을 씻고 또 씻'는 행위로 보아, 글쓴이는 자신의 행동에 죄책감을 느꼈음을 알 수 있어.
② '풀 비린내'를 잊지 못하는 것으로 보아, 글쓴이는 문명의 이기가 주는 편안함을 거부하고자 함을 알 수 있어.
③ 풀벌레가 죽은 일을 '살상의 경험'으로 표현한 것으로 보아, 글쓴이에게 그 사건이 매우 충격적이었음을 알 수 있어.
④ 자동차에 대한 생각을 '아슬아슬한 줄타기'로 표현한 것으로 보아, 글쓴이는 자동차를 필요악으로 여기는 것 같아.
⑤ '풀 비린내'를 '원죄 의식'에 비유한 것으로 보아, 글쓴이는 생명을 중시하는 삶의 태도를 지향하고 있음을 알 수 있어.

3 〈보기〉를 참고하여 글쓴이의 생각을 이해한 내용으로 가장 적절한 것은?

┤ 보기 ├

'생태적 사유'란 모든 유기체는 서로 연결되어 있으며 인간을 비롯한 모든 생명체는 조화로운 관계를 통해 존재한다는 인식을 바탕으로 한다. 이것은 자연을 신성함이 깃든 생명체로 인식하는 한편 자연을 인간의 욕망 실현을 위한 자원으로 생각한 근대 문명에 대한 반성적 시각을 드러낸다.

① 자연의 신성함을 통해 인간의 욕망을 희석시켜야 한다.
② 인간의 욕망에 대한 반성은 자연의 신성함을 숭배하는 태도로 발전되어야 한다.
③ 인간은 자신의 이익을 위해 자연의 어떠한 생명체도 해칠 권리를 갖고 있지 않다.
④ 자연을 이용하여 만들어진 근대 문명은 역설적으로 자연에 의해 무너질 수 있다.
⑤ 인간은 자연의 신성성을 해치지 않는 범위 안에서 자연을 적극적으로 이용해야 한다.

4 이 글에 나타난 '자동차'에 대한 글쓴이의 태도 변화를 고려하여 빈칸에 들어갈 알맞은 내용을 쓰시오.

'풀 비린내' 사건 전		'풀 비린내' 사건 후
자동차가 주는 편안함에 점점 익숙해져 감.	➡	자동차를 유지하되 _____ _____ 결심함.

039 오해 | 박완서

키워드 체크 #성찰적 #쓰레기봉투와 고양이 #고양이 길들이기? #인간 중심의 사고 #고양이의 자유와 자존심

[국어] 천재(박)

🎯 핵심 정리
갈래 경수필
성격 경험적, 성찰적
제재 먹이를 챙겨 주던 고양이에게 놀랐던 경험
주제 고양이에 대한 오해와 성찰
특징 ① 고양이에게 먹이를 준 자신의 생활 경험을 고백하고 있음.
② 경험에서 깨달은 점(성찰)과 느낀 점(정서)이 잘 나타나 있음.
출전 《노란집》(2013)

💡 어휘 풀이
익명(匿名) 이름을 숨김. 또는 숨긴 이름이나 그 대신 쓰는 이름.
영락없이 조금도 틀리지 아니하고 꼭 들어맞게.
툇마루 툇간에 놓은 마루.
전율(戰慄) 몸이 떨릴 정도로 감격스러움을 비유적으로 이르는 말.
만면(滿面) 온 얼굴.
환대(歡待) 반갑게 맞아 정성껏 후하게 대접함.
담보(擔保) 맡아서 보증함.

Q 글쓴이가 뒷문 밖 툇마루에 와 있는 어미 고양이와 새끼들을 보고 감동한 이유는?

글쓴이는 그동안 고양이에게 먹이를 따로 챙겨 주었기 때문에, 어미 고양이가 글쓴이에게 감사와 친애의 표시를 하기 위해서 찾아왔다고 생각하여 감동하였다.

📖 구절 풀이
❶ **아파트에 살 때도 그러했지만 ～ 담아서 꼭꼭 잘 여미게 된다.** 단독 주택에서는 집 앞에 쓰레기봉투를 내놓기 때문에 어느 집에서 나온 쓰레기봉투인지 알아볼 수 있다. 집 앞에 내놓는 쓰레기라도 깔끔하게 보이고 싶어 잘 여미는 행동에서 글쓴이의 부지런하고 정갈한 성품이 드러난다.
❷ **녀석은 챙겨 주는 것보다 ～ 강력한 경고가 아니었을까.** 글쓴이가 그동안 자신이 고양이에 관해 했던 여러 생각이 오해였을 수 있음을 성찰하고 있는 부분이다. 이제까지 글쓴이가 인간의 관점에서 바라봤던 것과 달리 고양이의 관점에서 생각해 보고 있다.

👤 작가 소개
박완서(본책 82쪽 참고)

가 ❶아파트에 살 때도 그러했지만 땅 집에 살고부터는 더더욱 쓰레기에 신경이 쓰인다. 아파트에서는 분류해서 내다 버리는 순간 쓰레기봉투는 ＊익명의 것이 되어 버린다. 그러나 땅 집에서는 수거차가 오는 날 집 앞에 내다 놔야 하기 때문에 누구네 쓰레기라고 딱지를 써 붙인 거나 다름이 없다. 쓰레기이지만 깔끔하게 보이고 싶어 넘치지도 모자라지도 않게 담아서 꼭꼭 잘 여미게 된다. / 쓰레기라도 깔끔하게 보이고 싶다는 내 허영심을 비웃듯이 수거차가 오기 전에 우리 쓰레기봉투가 무참하게 파헤쳐지는 일이 빈번하다는 것을 알게 되었다. 생선이나 닭고기를 먹고 난 후는 ＊영락없이 그런 일을 당했다. 고양이들의 소행이었다. 개는 안 기르는 집이 거의 없다시피 하지만 고양이 기르는 집은 거의 없는 것 같은데도 동네에는 고양이들이 많다. [중략]

▶ 집 대문 앞에 내놓은 쓰레기봉투를 고양이가 파헤침.

중략 부분의 내용 고양이 때문에 속상해하던 글쓴이는 쓰레기봉투의 훼손을 막기 위해 고양이가 좋아할 만한 먹이를 따로 접시에 담아 고양이가 잘 다니는 통로에 놓아두기로 한다. 그러자 쓰레기봉투가 훼손당하는 일이 없어지고, 글쓴이와 가족들은 고양이에게 먹이를 주는 일에 더욱 재미를 붙이게 된다.

나 뒷문 밖에는 꽤 넓은 ＊툇마루가 있는데 거기 우리 집 단골 얼룩 고양이가 꼭 저 닮은 새끼를 다섯 마리나 거느리고 나란히 앉아 있는 게 아닌가. 어미는 산후라 그런지 털이 꺼칠했지만 새끼들은 털이 반지르르 윤이 흐르는 게 정말이지 눈이 부시게 아름다웠다. 어떤 인간의 가족에게서도 그렇게 아름다운 모습은 본 적이 없었다.
나는 거의 ＊전율에 가까운 기쁨을 느꼈다. 그뿐이 아니었다. 나는 감동까지 하고 있었다.
나는 나에게 잘 얻어먹은 어미 고양이가 그동안 해산을 해서 반질반질 잘 기른 새끼들을 나에게 자랑도 할 겸, 감사와 친애의 표시도 할 겸해서 그렇게 가족 나들이를 나왔으려니 하고 있었다. 그 쌀쌀맞고 영악하기만 한 고양이로서는 기특하기 짝이 없는 마음이 아닌가.
나는 마치 손주 새끼들 반기듯이 ＊만면에 웃음을 띠고 두 손까지 활짝 벌려 그들 고양이 가족을 ＊환대한다는 표시를 하며 부엌문 쪽으로 갔다. 그러나 그다음에 나는 기절을 할 뻔하게 놀라고 말았다. 어미가 눈으로 불을 뿜으며 으르릉 이를 드러내고 나에게 공격 태세를 취하는 게 아닌가. 신속하고도 눈부신 적의(敵意)였다. 다행히 순간적이었다. 내가 혹시 대낮에 환상을 본 게 아닌가 싶게 고양이 가족은 소리도 없이 신속하게 모습을 감추었다. 그래도 나는 무서워서 부엌문을 닫아 버렸다.

▶ 친해졌다고 생각한 고양이가 적의를 보이자 소스라치게 놀람.

두근거리는 가슴을 진정하고 나니까 고양이에 대한 내 오해가 하도 어처구니없어서 슬며시 웃음이 났다. 그까짓 먹고 남은 생선 뼈 따위 좀 챙겨 주고 나서 내가 녀석을 길들인 줄 알다니. ❷녀석은 챙겨 주는 것보다 스스로 쓰레기봉투를 뚫고 찾아내는 게 훨씬 스릴도 있고 보람도 있었을 것이다. 어쩌면 녀석이 나를 공격하려 했던 것조차 오해일 수도 있었다. 나에 대한 녀석의 적의는 곧 저렇게 생긴 인간이라는 족속에게 길들여지면 절대로 안 돼, 라는 제 새끼들에 대한 강력한 경고가 아니었을까.
우리는 흔히 고양이는 은혜를 모르는 동물이라고 생각하며 길들이기를 꺼려 한다. 그게 인간들끼리 통하는 생각이라면 고양이들끼리 통하는 생각은 인간이라는 머리 검은 동물에게 길들여진다는 건 자유와 자존심을 ＊담보로 해야 하는, 즉 죽느니만도 못한 짓이라는 것일지도 모르겠다.

▶ 자신의 일방적인 오해에 대해 성찰하고 고양이의 입장에서 생각해 봄.

· **중심 내용** 고양이에 대한 오해와 그를 통해 깨달은 인간 중심적 사고에 대한 반성

이해와 감상

이 글은 글쓴이가 고양이와 있었던 경험에서 얻은 깨달음을 담은 수필이다. 글쓴이는 집 앞에 내놓은 쓰레기봉투를 고양이가 파헤치는 일이 없게 하려고 고양이에게 음식을 주기 시작한다. 어느 날 집 뒷문 밖에 고양이와 새끼들이 앉아 있는 것을 보고, 글쓴이는 고양이가 감사와 친애의 표시로 새끼들을 데리고 나들이를 왔을 것이라 생각하고 반가운 마음에 고양이에게 다가간다. 하지만 고양이가 적대감을 보이자 글쓴이는 놀란 가슴을 쓸어내리면서 자신이 고양이에게 가졌던 생각이 인간 중심적 사고에서 온 착각일 수 있다는 깨달음을 얻는다.

작품 연구소

글쓴이의 경험과 그에 따른 정서 변화

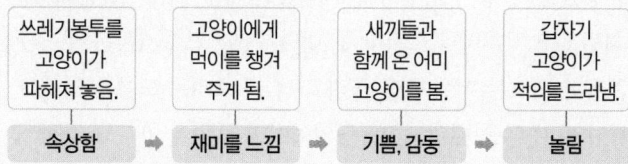

쓰레기봉투를 고양이가 파헤쳐 놓음.	고양이에게 먹이를 챙겨 주게 됨.	새끼들과 함께 온 어미 고양이를 봄.	갑자기 고양이가 적의를 드러냄.
속상함	재미를 느낌	기쁨, 감동	놀람

〈오해〉의 구성상 특징

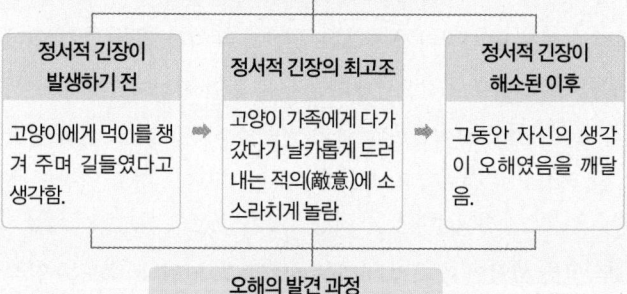

정서적 긴장의 조성과 해소 과정

정서적 긴장이 발생하기 전	정서적 긴장의 최고조	정서적 긴장이 해소된 이후
고양이에게 먹이를 챙겨 주며 길들였다고 생각함.	고양이 가족에게 다가갔다가 날카롭게 드러내는 적의(敵意)에 소스라치게 놀람.	그동안 자신의 생각이 오해였음을 깨달음.

오해의 발견 과정

글쓴이가 고양이에 대해 오해한 내용과 깨달음

고양이에 관한 오해	고양이에 관한 깨달음
고양이는 글쓴이가 먹이를 챙겨 주어서 좋아했을 것이다.	고양이는 직접 음식을 찾아 먹는 것을 더 좋아했을 것이다.
고양이는 새끼들을 자랑하고 감사와 친애의 표시를 하러 나들이를 왔을 것이다.	고양이가 글쓴이에 대한 어떤 감정이나 의도를 가지고 나들이를 나온 것이 아닐 수 있다.
고양이는 글쓴이를 공격하려고 했을 것이다.	고양이는 글쓴이가 아닌 새끼들을 향해서 경고의 메시지를 보냈을 것이다.
고양이는 은혜를 모르는 동물이다.	고양이는 인간에게 길들여지는 것을 거부할지도 모른다.

함께 읽으면 좋은 작품

〈속는 자와 속이는 자〉, 장영희 / 경험에서 얻은 깨달음을 전하고 있는 작품

속는 자와 속이는 자와 관련한 글쓴이의 상반된 경험을 제시하고 이러한 경험을 통해 얻은 글쓴이의 감정과 깨달음을 전하고 있는 글이다. 특히 경험에 따른 글쓴이의 감정 변화가 잘 드러나 있어 고양이와 관련한 경험에서 느끼는 감정 변화를 잘 표현한 이 글과 비교하여 읽어 볼 만하다.

Link 본책 142쪽

포인트 체크

제재 먹이를 챙겨 주던 □□□ 때문에 놀랐던 경험에서 얻은 깨달음을 이야기하고 있다.

관점 글쓴이는 자신이 고양이에 대해 생각했던 것이 □□였음을 깨닫고 인간 중심적으로 생각했던 자신의 태도를 □□하고 있다.

1 이 글의 특징으로 적절하지 <u>않은</u> 것은?

① 사건이 시간의 흐름에 따라 전개되고 있다.
② 글쓴이의 경험에 따른 정서가 드러나 있다.
③ 극적인 반전 없이 평이하게 사건이 진행되고 있다.
④ 경험을 통하여 얻은 사유의 결과를 서술하고 있다.
⑤ 생활 속 경험이 생생한 표현을 통해 잘 드러나고 있다.

내신 적중 多빈출

2 이 글에 드러난 글쓴이의 정서로 적절하지 <u>않은</u> 것은?

① 어미 고양이의 공격 태세에 기절할 뻔하게 놀란다.
② 고양이 가족을 보고 전율에 가까운 기쁨을 느낀다.
③ 고양이가 감사와 친애의 표시로 찾아온 줄 알고 감동한다.
④ 고양이 때문에 쓰레기봉투가 무참하게 파헤쳐지는 일이 생기자 속상해한다.
⑤ 그동안 먹이를 주었던 고양이가 적의를 보이자 배신감을 느끼며 허탈해한다.

3 글쓴이가 고양이에 대하여 했던 오해가 <u>아닌</u> 것은?

① 고양이는 은혜를 모르는 동물이다.
② 고양이는 직접 먹이를 찾아내는 것을 좋아했을 것이다.
③ 고양이는 먹이를 챙겨 주던 글쓴이에게 길들여졌을 것이다.
④ 고양이는 글쓴이에게 감사의 표시로 새끼들을 데리고 찾아왔을 것이다.
⑤ 고양이는 자기와 새끼들에게 다가오려는 글쓴이를 공격하려 했을 것이다.

4 〈보기〉를 참고하여 이 글을 감상한 내용으로 가장 적절한 것은?

┤ 보기 ├

사물은 그 자체가 이상한 것이 아니고 나의 생각을 거쳐서야 이상해지는 것이기에 이상함은 결국 나에게 있는 것이지 사물이 이상한 것은 아니다. – 《산해경》

① 대상에 대한 주관적이고 임의적인 판단이 모든 갈등의 원인이 된다는 것을 알게 되었어.
② 인간이 동물이나 다른 대상을 제대로 이해하는 것은 불가능한 일이라는 것을 알게 되었어.
③ 인간 중심적인 사고가 다른 대상에 대한 오해와 착각을 불러일으킬 수 있다는 것을 깨달았어.
④ 사물에 대한 생각이나 판단은 모두 이전 세대의 생각이나 판단에 영향을 받는다는 것을 깨달았어.
⑤ 판단 기준이 명확하고 객관적이어야만 대상의 본질을 제대로 파악할 수 있다는 점을 알게 되었어.

5 고양이가 모습을 감춘 후, 글쓴이는 고양이를 어떤 동물로 생각하게 되었는지를 쓰시오.

040 내리막길의 어려움 | 박완서

문학 천재(김)

🎯 핵심 정리

갈래 경수필
성격 사색적, 성찰적, 관조적
제재 숙부의 회갑 여행
주제 인생의 내리막길에서 품위 있게 내려오기의 어려움
특징 ① 등산과 하산이라는 숙부의 경험을 통해 교훈을 이끌어 냄.
② 하산의 경험에서 인생의 내리막길을 유추하여 주제를 형상화함.
출전 《노란집》(2013)

💡 어휘 풀이

회갑(回甲) 육십갑자의 '갑(甲)'으로 되돌아온다는 뜻으로, 예순한 살을 이르는 말.
중풍(中風) 뇌혈관의 장애로 갑자기 정신을 잃고 넘어져서 구안괘사, 반신불수, 언어 장애 따위의 후유증을 남기는 병.

> **Q** '그런 일'의 구체적인 의미는?
>
> 숙부가 오르막길은 쉽게 올랐으나 내리막길에서 다리가 풀려 움직이지 못하고 사람들의 도움을 받아 내려온 과거의 일을 의미한다.

✍ 구절 풀이

❶ 숙모는 그때 얘기를 할 때마다 ~ 소리를 잊지 않았다. 숙모는 내리막길에서 여러 사람이 숙부를 도와준 일을 말할 때마다 '사람 사는 세상'이라고 표현하며 숙부를 도와준 사람들에게 고마워한다. 이 말에는 사람은 누군가 어려울 때 서로 돕고 사는 것이 도리이며, 또한 그러한 도움을 받은 것을 감사히 여겨야 한다는 생각이 담겨 있다고 볼 수 있다.

❷ 제힘으로 당당하게 걸어 ~ 남겨 놓아야 한다. 등산의 경험에서 인생의 교훈을 떠올리고 있다. 명예나 인기 등에서 정점에 다다른 후면 누구나 내리막길을 걷게 된다. 그때 제힘으로 당당하게 내려오기 위해서는 성공하는 과정에서 온 힘을 쓰지 말고 힘을 남겨 놓아야 한다는 생각이 나타나 있다.

❸ 등산에 있어서만 아니라 ~ 품위 있기가 더 어렵다는 걸 숙부의 경험과 자신의 경험을 종합하여 내리막길에서 겪었던 경험을 인생으로 확장하여 권력이나 명예, 인기에 있어서도 오르는 과정보다 내려오는 과정에서 품위를 지키기가 더 어렵다는 것을 드러내고 있다.

👤 작가 소개
박완서(본책 82쪽 참고)

숙부의 *회갑 때였으니까 아마 60년대 초였을 것이다. 숙부하고 숙모하고 회갑 여행을 간 데가 속리산이었다. 그때만 해도 법주사까지 가는 길이 버스로도 어찌나 꼬불꼬불 험하던지 두 분은 자주 간이 콩알만 해졌노라고 했다. 첫날은 법주사 구경을 하고 다음 날은 숙부가 앞장서서 문장대까지 올랐다. 나는 문장대라는 데를 올라 본 적이 없지만, 회갑이라고 자식들이 모양내 준 신사복에 새 구두 신은 숙부와 긴 치마에 고무신 신은 숙모가 정상까지 올랐으니 그다지 높은 산은 아니었다 싶다.

그런데 내리막길에 문제가 생겼다. 앞장서서 건강을 과시하던 숙부가 내리막길에서는 갑자기 다리에 뼈가 없는 것처럼 흐느적대더니 도저히 못 내려가겠다고 주저앉은 것이다. 하필 거기서 *중풍이 온 줄로만 안 숙모는 어쩔 줄을 몰라 그냥 큰 소리로 도움을 청했다. 그때만 해도 요새처럼 등산객이 많지 않을 때였고, 또 평일이어서 주위에 아무도 없을 줄 알았는데 계속해서 죽자구나 울부짖자 하나둘 사람들이 모여들기 시작했다.

❶숙모는 그때 얘기를 할 때마다 ㉠"야야, 그 산꼭대기도 사람 사는 세상이더구나."라는 소리를 잊지 않았다. 사람들 중에도 젊은 학생들이 서로 힘을 합해 번갈아 가며 숙부를 업고 어느 만큼 내려오니까 매점이 나오고 매점까지 상품을 운반하는 차가 있어 그걸 얻어 타고 여관까지 돌아올 수가 있었다. 아마 요새 같으면 119를 부를 만한 사건이었지만 그 시절에는 여관까지 돌아오는 게 고작이었고 자식들한테 급히 연락을 하려고 해도 전화를 놓고 사는 자식이 없어서 다음 날 직장으로 전화할 작정으로, 그날은 고단도 하고 긴장도 풀려 잘 주무셨다고 한다.

숙모가 깨 보니 숙부는 아무 일도 없었던 것처럼 바깥을 산책하고 있었다. 숙모는 안심도 되었지만 화도 나서 도대체 무슨 생각으로 그런 엄살을 부렸느냐고 숙부를 다그쳤다. 숙부는 절대로 엄살이나 꾀병이 아니라 그때는 정말 두 다리의 뼈가 지느러미가 된 것처럼 흐느적대 한 발자국도 뗄 수가 없었다고 우기더란다. ▶ 전반부: 숙부가 내리막길에서 고생을 함.

어떻게 그런 일이 있을 수 있었는지 나도 회갑을 넘기면서 비로소 이해하게 되었다. 나이 들수록 오르막길보다 내리막길이 더 어렵고 발목이나 무릎에도 부담이 더 간다. 가끔 나보다 젊은 사람들하고 산에 갈 적이 있는데 그들한테 지지 않으려고 오르막길에 기운을 다 써 버리면 내려올 때 다리가 휘청거려 누군가의 도움을 받아야 한다. ❷제힘으로 당당하게 걸어 내려오려면 올라갈 때 힘을 다 써 버리지 말고 남겨 놓아야 한다. ❸등산에 있어서만 아니라 권력이나 명예, 인기에 있어서도 오르막보다는 내리막에 품위 있기가 더 어렵다는 걸 ㉡전직 권력자들의 언행을 보면서 곰곰이 느끼게 되는 요즘이다.
▶ 후반부: 인생의 내리막길에서 품위를 지키기가 어려움을 깨달음.

> • **중심 내용** 인생의 내리막길에서 품위 있게 내려오는 것이 어렵다는 것을 깨달음.

이해와 감상

이 글은 주변 사람과 글쓴이의 경험을 통해 오르막길보다 내리막길이 더 어렵다는 깨달음을 전하고 있다. 사람들은 흔히 오르막길보다 내리막길을 걸을 때 더 쉽다고 생각한다. 그러나 숙부의 경험이나 글쓴이의 경험에서 보듯이 산에서 내려올 때 오르막을 걸을 때보다 더 어려움을 느끼기도 한다. 글쓴이는 친숙하고 섬세한 표현을 통해 하산 길에서 얻은 경험을 인생으로 확대하여 품위 있게 내려오기가 어렵다는 메시지를 전하고 있다. 또한 인생의 내리막길을 잘 내려오기 위해서는 올라갈 때 힘을 다 써 버리지 말고 남겨 놓아야 함을 이야기하고 있다.

작품 연구소

'내리막길'에 대한 글쓴이의 생각 변화

글쓴이의 회갑 이전	오르막길이 내리막길보다 어렵다.

↓

'나도 회갑을 넘기면서 비로소 이해하게 되었다.'

↓

글쓴이의 회갑 이후	나이가 들면서 오르막길보다 내리막길을 걷기가 더 어렵다. 인생사의 오르막길과 내리막길도 이와 비슷하다.

〈내리막길의 어려움〉에 나타난 교술 갈래의 이원적 특성

전반부(사실의 서술)	후반부(교훈의 제시)
글쓴이가 직접 또는 간접적으로 경험한 사실 제시	→	글쓴이가 사실을 토대로 깨달은 점(주제, 독자에게 전하고 싶은 메시지) 제시
숙부가 문장대에서 내려오는 길에 큰 어려움을 겪음.	→	• 인생의 내리막길에서 품위를 지키기가 어려움. • 인생의 내리막길을 잘 내려오기 위해서 올라갈 때 힘을 다 써 버리지 말고 남겨 놓아야 함.

〈내리막길의 어려움〉의 전개 방식

나이가 들수록 산을 탈 때 오르막길보다 내리막길이 더 어렵고 몸에 부담이 간다.

↓

산과 인생은 오르막길과 내리막길이 있다는 공통점이 있다.

↓

그러므로 인생에서도 오르막보다는 내리막에 품위 있기가 더 어렵다.

↓

유추의 방법을 활용하여 주제를 전달함.

함께 읽으면 좋은 작품

〈이옥설〉, 이규보 / 경험에서 얻은 깨달음을 다른 상황에 확대하여 적용한 작품
집을 수리하는 과정에서 얻은 깨달음을, 사람과 나라의 정치에 확대하여 적용한 고전 수필이다. 글쓴이는 퇴락한 행랑채를 수리하면서 어떠한 잘못이든지 더 커지기 전에 고쳐야 한다는 것을 깨달았는데, 이러한 이치는 사람이 살아가는 과정이나 나라를 다스리는 과정에 모두 똑같이 적용된다는 것을 이야기하고 있다. **Link** 〈고전 산문〉 74쪽

키 포인트 체크

제재 숙부의 회갑 여행에서 있었던 일과 글쓴이의 경험을 통해 오르막길보다 □□□□이 더 어렵다는 것을 이야기하고 있다.

관점 하산 길에서 얻은 경험을 □□으로 확대하여 □□ 있게 내려오기가 어렵다는 메시지를 전달하고 있다.

표현 이 글의 제목은 내리막길이 쉽다는 통념을 뒤집어 놓은 □□적 표현이다.

1 이 글에 대한 설명으로 적절한 것은?

① 일상의 경험을 소재로 교훈을 이끌어 내고 있다.
② 시간의 흐름에 따라 변화하는 세태를 비판하고 있다.
③ 설의적 표현을 통해 글쓴이의 생각을 부각하고 있다.
④ 묻고 답하는 방식으로 글쓴이의 의도를 제시하고 있다.
⑤ 타인의 말을 인용하여 글쓴이의 생각을 강조하고 있다.

2 ㉠에 담긴 숙모의 감정으로 가장 적절한 것은?

① 산에서 도움을 받아 고마워함.
② 산에 살고 있는 사람을 보고 신기해함.
③ 도움 요청을 외면한 사람들에게 서운해함.
④ 건강 관리를 제대로 못한 남편에게 화가 남.
⑤ 젊은 학생들이 남편을 업고 내려온 것에 대해 미안해함.

내신 적중 多빈출

3 〈보기〉를 활용하여 이 글을 감상한 것으로 적절하지 않은 것은?

┤ 보기 ├

교술 갈래는 전통적으로 ⓐ사실의 서술과 ⓑ교훈의 제시로 이루어지는 특성이 있다. 대개 전자는 ⓒ전반부에, 후자는 ⓓ후반부에 배치되어 이원적 구성을 취할 때가 많다.

① 숙부 내외의 등산 이야기는 ⓐ에 해당한다.
② ⓑ는 인생의 내리막길에서 품위 있게 내려오기의 어려움을 가리킨다.
③ ⓒ에서 오르막길보다 내리막길이 더 어렵다는 글쓴이의 깨달음이 나타나 있다.
④ ⓓ에서는 내리막길을 대비하는 삶의 자세를 제시하고 있다.
⑤ ⓓ에서 글쓴이는 ⓐ와 유사한 경험을 하면서 숙부의 일에 공감하게 된다.

4 ㉡과 관련한 글쓴이의 생각이 어떠한지 〈조건〉에 맞게 쓰시오.

┤ 조건 ├

'~ 안 된다. ~ 한다.'와 같은 형식의 문장으로 쓸 것.

041

우주와 사랑을 품은 요리, 볶음밥 | 노명우

국어 천재(이)

핵심 정리

갈래 경수필
성격 비유적, 설득적, 논리적
제재 볶음밥
주제 자립 요리의 의미와 자립 요리로서 볶음밥의 매력
특징 ① 볶음밥의 특징을 나열하고 그 장점을 드러냄.
② 십 대 독자를 고려하여 쉽고 재미있는 비유를 통해 흥미를 유발함.
③ 유추의 방식으로 어른이 되는 과정을 볶음밥을 만드는 과정에 빗대어 제시함.
출전 《소년이여, 요리하라!》(2015)

> **Q** 자립을 위해 필요한 요리의 조건에는 어떠한 것들이 있는가?
>
> 자립을 위해 필요한 요리는 구하기 쉬운 재료여야 하고 요리에 특별한 기술이 필요하지 않아야 한다. 또한 음식물 쓰레기가 적게 남는 요리여야 하고, 설거짓거리가 단순해야 하며 재미있고 창조적이어야 한다.

어휘 풀이

거창(巨創)하다 일의 규모나 형태가 매우 크고 넓다.

궁극(窮極) 어떤 과정의 마지막이나 끝.

구절 풀이

❶ **나 또한 스스로 ~ 비로소 어른이 되었다.** 글쓴이의 경험이 드러난 부분으로, 글쓴이는 자신의 경험을 바탕으로 누군가에 의존하지 않고 자신의 먹을거리를 해결하는 것이 진정한 자립이라는 성찰을 이끌어 내고 있다.

❷ **아이에서 어른이 되어 가는 ~ 딱 적당한 나이다.** 십 대는 자립 요리를 시작하기에 가장 적당한 때라는 것은, 이 시기가 어른이 되는 것에 대해 생각해 보고 다양한 시도와 노력을 통해 어른이 되는 과정을 배우기 시작해야 하는 시기임을 나타낸다.

❸ **그 실패를 통해 여러분만의 ~ 지구는 가득 차 있다.** 볶음밥을 만드는 과정에서 실패를 할 수도 있지만 결국은 자신만의 볶음밥을 만들게 된다는 것을 통해 어른이 되는 과정을 유추하여 설명하고 있다. 수많은 실패를 겪지만 거기서 배울 점을 찾아 결국은 진정한 어른이 되고 하나하나의 빛나는 사회 구성원이 되어 살아가게 된다는 인식이 담겨 있다.

작가 소개

노명우(1966~)
사회학자. 사회적 존재로서의 인간과 우리 사회의 여러 문제, 미디어 및 문화 이론 등을 연구해 왔다. 주요 저서로 《세상 물정의 사회학》, 《혼자 산다는 것에 대하여》, 《호모 루덴스, 놀이하는 인간을 꿈꾸다》 등이 있다.

짐승은 날것으로 먹는다. 하지만 인간은 자신의 뜻을 담아 재료를 변형한다. 날것을 굽고 찌고 튀기기도 하고, 날것에 소금과 후추를 넣어 맛을 낸다. ㉠요리는 이렇게 탄생한다. 요리란 결국 자신이 동물이 아니라 인간임을 표현하는 창의적 활동인 셈이다. 그래서 사람은 누구나 자기만의 요리를 할 줄 알아야 한다.
▶ 인간만의 창조적인 활동인 요리

갓 태어난 인간이 할 수 있는 일은 별로 없다. 갓난아이는 먹고 싸고 울고 웃기만 한다. 어린아이는 자기 스스로 먹을 것을 챙기지 못한다. 어린아이를 돌봐 주는 성인이 어린아이를 위해 요리를 한다. 따라서 어른이 된다는 것은 자신이 스스로 해야 할 일이 늘어난다는 뜻이다. / ❶나 또한 스스로 요리해 먹을 수 있게 되면서 비로소 어른이 되었다. 자신이 먹을 것을 스스로 요리할 뿐만 아니라 다른 사람을 위해 요리할 수 있다면 그건 더 어른스럽다. 요리를 배우는 일은, 그래서 어른이 되는 과정을 배우는 것이기도 하다. ❷아이에서 어른이 되어 가는 십 대야말로 자립 요리를 시작하기에 딱 적당한 나이다. 이 시기에 요리를 위한 첫걸음을 시작하면, 여러분은 법적으로 성인이 되었을 때 자신의 먹을거리는 스스로 해결할 줄 아는 의젓한 인물이 되어 있을 것이다. 그게 진정한 의미의 자립이다.
▶ 스스로 먹을거리를 해결할 수 있는 것이 진정한 자립임.

자립을 위해 필요한 요리는 고급 레스토랑에서나 먹을 수 있는 *거창한 요리가 아니다. 자립을 위해 필요한 요리가 되기 위해서는 몇 가지 조건이 필요하다. 첫째, 구하기 쉬운 재료여야 한다. 둘째, 요리하는 데 특별한 기술이 필요하지 않아야 한다. 셋째, 음식물 쓰레기가 적게 남는 요리여야 한다. 넷째, 설거짓거리가 단순해야 한다. 하지만 이 모든 조건에 더해 마지막으로 자립을 위해 필요한 요리의 가장 중요한 조건은 재미있고 창조적이어야 한다는 것이다. / 자립 요리를 위한 이 모든 조건을 거의 완벽하게 충족하는 음식이 있으니, 바로 볶음밥이다. 볶음밥은 밥을 이용한 음식이다. 그리고 밥은 어디에나 있다. 지구 어느 곳에 있든 가장 손쉽게 구할 수 있는 음식 재료는 밀가루와 밥이다. 따라서 가장 손쉽게 구할 수 있는 음식 재료인 쌀로 만든 밥에서 자립 요리를 출발하는 것도 괜찮다. [중략]
▶ 자립 요리의 조건을 충족하는 볶음밥

재료의 조합은 무궁무진하기에 볶음밥은 요리하는 사람의 창의력을 자극한다. 전혀 어울리지 않을 것 같았던 조합을 통해 새로운 볶음밥을 발견하기도 한다. 밥과 불고기가 만나면 평범한 불고기볶음밥이지만, 불고기볶음밥에 셀러리를 썰어 넣으면 갑자기 평범한 불고기볶음밥이 마법에서 풀려난 왕자님처럼 고급스러운 맛으로 변신하기도 한다. 요리는 이래서 즐겁다. 발견하는 재미를 우리에게 선물하니까. 요리를 잘하는 사람은 그 누구보다도 상상력이 풍부한 사람이다. 그래서 창조적인 사람 중에는 요리를 잘하는 사람이 많다.
▶ 무궁무진한 재료의 조합으로 창의력을 자극하는 볶음밥

물론 처음에는 실패할 수도 있다. 제법 어울리는 재료라 생각했는데, 막상 요리해 보니 어울리지 않을 수도 있다. 그럴 땐 실패에서 배우면 된다. 여러분은 실패를 통해 어떤 재료와 어떤 재료가 서로 어울릴지 하나하나 배우게 될 것이다. ❸그 실패를 통해 여러분만의 *궁극의 볶음밥 요리법을 완성하면, 여러분은 성인의 세계로 하산해도 된다. 자립할 충분한 조건을 갖추었으니. 그리고 그 볶음밥에 여러분의 이름을 붙이면 된다. 우주에 존재하는 수많은 별처럼, 수많은 실패를 바탕으로 완성된 빛나는 볶음밥으로 우리가 사는 지구는 가득 차 있다.
▶ 실패를 통해 완성되는 볶음밥과 어른이 되는 과정

> • **중심 내용** 자립 요리로서의 볶음밥과 어른이 되는 과정

이해와 감상

이 글은 요리를 통해 어른이 되어 가는 과정을 성찰한 글이다. 글쓴이는 진정한 자립은 스스로 요리하여 먹을 때 이루어지며, 유추의 방식으로 요리를 배우는 일과 어른이 되어 가는 과정을 설명하며 독자들에게 '어른이 되는 것'이라는 화두를 던지고 있다. 또 자립 요리로서 볶음밥을 추천하며 볶음밥에 담긴 자신 나름의 철학을 풀어내고, 성인으로 성장하는 과정을 실패를 딛고 볶음밥을 완성하는 과정에 빗대어 설명하고 있다.

작품 연구소

글쓴이가 생각하는 진정한 의미의 자립

갓난아이	자기 스스로 먹을 것을 챙기지 못함.	
십 대	자신의 먹을거리를 스스로 해결함.	진정한 자립은 자신이 먹을 것을 스스로 요리하여 먹는 것을 의미함.
어른	자신이 먹을 것은 물론 다른 사람을 위해 요리를 함.	

이 글의 전개 방식: 유추

볶음밥을 만드는 과정		어른이 되는 과정
실패를 통해 자신만의 요리법을 완성해 감.	⇒	실패를 통해 더욱 성숙한 어른이 됨.

→ 유추는 같은 종류의 것 또는 비슷한 것에 기초하여 다른 사물을 미루어 추측하는 방법이다. 이 글에서는 실패를 통해 완성해 간다는 공통점을 바탕으로 하여 볶음밥을 만드는 과정에서 어른이 되어 가는 과정을 유추하고 있다.

이 글에 쓰인 다양한 표현 방법

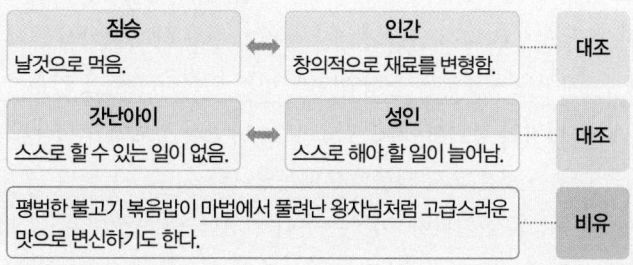

짐승		인간	
날것으로 먹음.	⟷	창의적으로 재료를 변형함.	대조

갓난아이		성인	
스스로 할 수 있는 일이 없음.	⟷	스스로 해야 할 일이 늘어남.	대조

평범한 불고기 볶음밥이 마법에서 풀려난 왕자님처럼 고급스러운 맛으로 변신하기도 한다.	비유

함께 읽으면 좋은 작품

〈특급품〉, 김소운 / 삶의 과실을 유연하게 이겨 내는 자세를 말하는 작품

비자나무로 만든 바둑판에 갈라졌다 붙은 상처가 있을 때 가장 값진 특급품이 될 수 있는 것과 같이, 삶에서도 과실을 저지를 수 있지만 그것을 극복하며 유연하게 이겨 낼 때 더 나은 삶을 살아갈 수 있다는 점을 이야기하고 있는 수필이다. 살아가면서 겪는 실패나 실수를 통하여 더 나은 삶을 살아갈 수 있다는 것을 이야기하고 있다는 점에서 이 글과 함께 읽어 볼 만하다. 📎 Link 본책 46쪽

키 포인트 체크

제재 ☐☐ 요리로서의 볶음밥을 만드는 과정을 이야기하며 실패를 통해 ☐☐이 되는 과정을 유추하고 있다.

관점 ☐☐☐에 대하여 긍정적인 태도를 보이고 있으며, 단순한 요리를 넘어서는 의미를 부여하고 있다.

표현 독자의 이해를 돕고 흥미를 끌기 위해 유추, ☐☐, 비유 등 다양한 표현 방법을 활용하고 있다.

1 이 글에 대한 설명으로 가장 적절한 것은?

① 일상적인 소재와 관련된 경험과 생각을 전달하고 있다.
② 주관적인 생각을 배제하고 객관적인 정보를 제시하고 있다.
③ 대상의 장단점을 고르게 제시하며 독자의 판단을 유도하고 있다.
④ 가정을 통해 호기심을 유발하면서 중요 개념을 정리해 나가고 있다.
⑤ 대상에 대한 통념을 반박하면서 그와 상반된 의미를 부여하고 있다.

2 ㉠에 대한 글쓴이의 생각으로 적절하지 <u>않은</u> 것은?

① 창의적인 활동이다.
② 자립을 위하여 꼭 필요한 것이다.
③ 어른이 되는 과정을 배우는 일이다.
④ 십 대는 누구나 능숙하게 할 줄 알아야 하는 일이다.
⑤ 자신이 동물이 아닌 인간임을 드러내는 창의적 활동이다.

3 이 글에서 사용한 표현 방법에 대한 설명으로 적절하지 <u>않은</u> 것은?

① 갓난아기와 성인을 대조하며 자신의 생각을 전개하고 있다.
② 비유적 표현으로 볶음밥의 창조적인 변신을 표현하고 있다.
③ 구체적인 요리 재료의 예를 들어 자신의 생각을 설명하고 있다.
④ 반어적 표현으로 실패를 성공으로 이끄는 방법을 소개하고 있다.
⑤ 자립 요리의 조건을 열거하며 자립 요리로서 볶음밥의 매력을 드러내고 있다.

내신 적중

4 다음 〈보기〉의 가상 인터뷰에서 빈칸에 들어갈 말로 적절한 것은?

┤ 보기 ├

기자: 볶음밥의 어떤 점을 칭찬하고 싶으신가요?
글쓴이: 볶음밥은 웬만해선 실패하지 않는 요리입니다. 조리법이 간단하거든요. 또 조리 도구도 프라이팬과 조리용 주걱만 있으면 됩니다. 밥만 준비되어 있다면 5분에서 10분 안에 멋진 볶음밥을 만들 수 있죠.
기자: 아, 볶음밥은 (   )는 점을 이야기하시는군요.

① 재료를 구하기 쉽다.
② 설거짓거리가 단순하다.
③ 재미있고 창조적이다.
④ 특별한 기술이 필요하지 않다.
⑤ 음식물 쓰레기가 적게 남는다.

5 이 글을 통해 알 수 있는 볶음밥을 만드는 과정과 어른이 되는 과정의 공통점은 무엇인지 쓰시오.

042

책 속에 길이 있다 | 이권우

[국어] 비상(박안)

◎ 핵심 정리
갈래 경수필
성격 회고적, 교훈적
제재 책 읽기
주제 독서의 가치와 필요성
특징 ① 자신의 경험을 바탕으로 생각을 풀어 나감.
② 다양한 근거를 제시하며 독서의 가치와 중요성을 주장함.
출천 《책 읽기부터 시작하는 글쓰기 수업》(2015)

Q 정보가 그 자체로 가치를 지니지 못하는 이유는?

정보 혁명 이전에는 정보를 장악한 사람이 권력을 쥐었지만, 인터넷이 상용화된 지금은 정보의 양이 많아졌으며 누군가 그것을 독점할 수도 없기 때문이다.

☀ 어휘 풀이
정보 혁명 컴퓨터의 발달로 야기되는 혁명적인 사회 변혁.
유관(有關)하다 관계나 관련이 있다.
지평(地平) 사물의 전망이나 가능성 따위를 비유적으로 이르는 말.
광휘(光輝) 눈부시게 훌륭함을 비유적으로 이르는 말.

☺ 구절 풀이
❶ 인터넷이면 다 해결된다는 사람들이 있습니다. 과거에 책을 통해 얻었던 정보를 오늘날에는 인터넷을 통해 얻을 수 있으므로 더 이상 책 읽기가 유용하지 않다고 말하는 사람들이 있다는 의미이다.
❷ 우리의 눈에는 비늘이 덮여 ~ 그 비늘을 벗겨 줍니다. 우리가 편견 때문에 세상을 왜곡되게 바라보는 것을 '눈에는 비늘이 덮여' 있다고 비유적으로 표현하고 있다. 글쓴이는 좋은 책을 읽으면 우리 시야에 새로운 지평을 열어 줘서 우리 눈을 가리고 있는 편견을 없애 주므로, 새로운 시각으로 세상을 볼 수 있을 것이라고 말하고 있다.

♟ 작가 소개

이권우(1963~)
도서 평론가. 책을 소개하는 내용과 읽기와 쓰기에 관한 책을 주로 썼다. 주요 저서로 수필집 《어느 게으름뱅이의 책읽기》, 《책과 더불어 배우며 살아가다》, 《여행자의 서재》 등이 있다.

전략 부분의 내용 '책' 하면 먼저 떠오르는 어린 시절의 경험을 통해 책 읽기의 중요성을 이야기하고 있다.

지금은 어렵게 어린 시절을 보내는 사람들이 과거보다는 적어 보입니다. 그런 측면에서, 제가 책 읽기에서 느꼈던 감정을 요즘 젊은이들이 경험할 일은 드물 것 같습니다. 그렇지만 변하지 않는 것이 하나 있습니다. 어떤 시대나 예민한 청소년기에는 늘 모자람을 느낀다는 사실입니다. 아무리 세상이 청소년들을 향해 새로운 것을 쏟아 내어도 비어 있고 부족한 것이 있게 마련입니다. 그래서 외로운 것이지요. 그러나 그 모자람을 채워 간다면 스스로가 충만해집니다. 자신감도 생기고 미래에 대한 전망도 얻게 됩니다. 그렇게 되려면 어떻게 해야 할까요? 저는 책 읽기가 해답이라고 생각합니다. 청소년들은 책을 읽으며 그 안에 담긴 다양한 사람들의 삶과 가치관을 간접적으로 경험할 수 있습니다. 그러한 경험을 통해 자신의 삶에서 모자라고 부족한 부분을 채워 나갈 수 있는 것입니다.

▶ 책 읽기의 가치 ①: 청소년기의 모자람을 채워 줌.

❶인터넷이면 다 해결된다는 사람들이 있습니다. 그야말로 정보의 바다에 들어가면 원하는 모든 것을 낚아 올릴 수 있다고 말하지요. 저는 이런 주장에 동의하지 않습니다. 정보는 이제 그 자체로는 가치를 지니지 못합니다. 정보 혁명 이전에는 정보를 장악한 사람이 권력을 쥐었지만, 지금은 정보가 엄청나게 쏟아져 나오는 데다가 특정인이 그것을 독점할 수도 없기 때문입니다.

그렇다면 흩어져 있고, 넘쳐 나고, 흘러 다니는 정보를 가치 있게 만드는 것은 무엇일까요? 그것은 바로 수많은 정보 가운데 의미 있는 것을 골라내는 눈입니다. 그리고 무관해 보이는 정보를 엮어서 유관한 그 무엇으로 다시 만들어 내는 능력입니다. 더 나아가서 그러한 정보를 바탕으로 가치 있는 지식을 창조하는 능력입니다. 이런 안목과 능력을 갖추기 위해서는 평소 꾸준히 책을 읽어 나가야 합니다. 가장 작고 낮은 단위의 정보에서 시작해, 가장 크고 높은 단위의 지식을 다루는 것은 오직 책뿐이기 때문입니다.

▶ 책 읽기의 가치 ②: 정보를 가치 있게 만드는 눈과 능력을 키워 줌.

문학 작품은 언어로 이루어진 상상의 집입니다. 이곳은 우리가 경험하지 못했거나 앞으로도 경험하지 못할 이야기로 가득 차 있습니다. 이 간접 경험의 세계를 통해 우리는 자신과 다른 사람을 더욱 깊이 이해하게 됩니다. 그리고 이러한 이해는 고통받는 이들의 아픔을 헤아릴 줄 아는 마음을 갖게 합니다. 문학 작품을 읽는 이유는 결국 다른 이들의 고통을 어루만질 줄 아는 성숙한 시민으로 성장하기 위함이지요. 수없이 많은 문학 작품이 담긴 그릇, 그것이 곧 책입니다. [중략]

▶ 책 읽기의 가치 ③: 문학 작품 읽기를 통해 성숙한 시민으로 성장할 수 있음.

❷우리의 눈에는 비늘이 덮여 있습니다. 경험이라는, 편견이라는, 이미 알고 있다는 생각의 비늘 말이지요. 좋은 책은 바로 그 비늘을 벗겨 줍니다. 그야말로 우리 시야에 새로운 지평을 활짝 열어 주지요. 그 놀라움을 무엇에 비할 수가 있을까요. 정말 심 봉사가 눈을 번쩍 뜨는 것과 같을 겁니다. 과정은 비록 고통스러울지라도 결과는 무척이나 값지니, 그토록 책 읽기의 중요함을 강조할 수밖에 없는 것입니다.

'㉠책 속에 길이 있다.'라는 말을 늘 기억하시길 바랍니다. 그 길은 평생 가야 할 길입니다. 비록 어려울지라도 절대 후회하지 않을 길이며, 가치 있는 길입니다. 그 길을 걷고 있을 때, 우리의 삶은 광휘로 둘러싸이게 됩니다. 그러니 책과 벗하는 것이야말로 우리가 누릴 수 있는 가장 큰 복이라고 말씀드릴 수밖에 없어요.

▶ 책 속에 길이 있으므로 책과 벗하며 살아야 함.

· 중심 내용 책과 벗하며 사는 것이 큰 복이므로 책을 읽어야 한다.

이해와 감상

이 글은 글쓴이가 자신의 어린 시절 체험을 바탕으로 책 읽기의 가치와 필요성을 말하고 있는 수필이다. 글쓴이는 독서가 청소년기에 느끼는 결핍을 채울 수 있고, 수많은 정보에서 의미 있는 정보를 골라내어 가치 있는 지식을 창조할 수 있는 능력을 기를 수 있으며, 문학 작품을 읽음으로써 타인을 이해할 줄 아는 성숙한 시민으로 성장할 수 있다고 말하고 있다. 물론 독서가 어렵고 따분할 수도 있지만, 우리의 정신적 능력을 키워주고, 새로운 시각으로 세상을 바라볼 수 있게 해 주므로 평생 책을 벗하는 삶을 살아가자고 이야기하며 글을 마무리하고 있다.

작품 연구소

글쓴이가 어린 시절의 경험을 통해 깨달은 내용

경험	효과	깨달음
유년 시절 '자유 교양 문고'를 읽고 독후감을 쓰면서 행복을 느낌.	→ 책 읽기로 결핍을 충족함.	→ 책 읽기는 중요하고 가치 있는 일임.

글쓴이가 말하는 책 읽기의 가치

- 인터넷에 있는 수많은 정보 가운데 의미 있는 것을 골라내는 눈을 가질 수 있음.
- 무관해 보이는 정보를 엮어서 가치 있는 지식을 창조하는 능력을 갖출 수 있음.

+

- 문학 작품을 읽고 간접 경험을 함으로써 자신과 다른 사람을 더욱 깊이 이해할 수 있음.
- 고통받는 사람들의 아픔을 헤아리고 그 고통을 어루만질 줄 아는 성숙한 시민으로 성장할 수 있음.

〈책 속에 길이 있다〉에 사용된 비유적인 표현

보조 관념	원관념
언어로 이루어진 상상의 집	문학 작품
우리 눈에 덮인 비늘	편견 때문에 세상을 있는 그대로 바라보지 못하고 왜곡되게 바라보게 하는 것
심 봉사가 눈을 번쩍 뜨는 것	좋은 책을 읽고 편견을 없애 새로운 지평을 열게 된 놀라움
길	바람직한 삶의 방향

함께 읽으면 좋은 작품

《격몽요결》, 이이 / 학문을 시작하는 이들을 가르치기 위해 쓴 글

《격몽요결》은 '우매한 자를 깨우치다'라는 뜻으로, 조선 시대에 율곡 이이가 청년 자제들의 독서·궁리와 학문 생활 및 일상생활의 윤리 등에 대해 자세히 분류하고 가르치고자 지은 책이다. 이이는 이 책에서 초학자가 배워야 할 10가지 덕목을 제시하였는데, 특히 4장은 독서 장으로 책 읽기의 바른 방법을 설명하고 있다. 이 글과 《격몽요결》을 통해 예나 지금이나 책 읽기가 중요함을 깨달을 수 있다.

키 포인트 체크

제재 어린 시절 자신의 경험을 바탕으로 □□□는 평생 해야 할 가치 있는 일임을 이야기하고 있다.

관점 책 속에는 □이 있으므로 평생 책과 □하는 삶을 살아야 함을 이야기하고 있다.

표현 다양한 □□적 표현을 활용하여 내용을 인상적으로 전달하고 있다.

1 이 글의 서술상 특징으로 가장 적절한 것은?
① 두 대상의 공통점과 차이점을 제시하고 있다.
② 자신의 경험에 바탕을 두고 글을 시작하고 있다.
③ 의문을 제기하여 독자가 집중하도록 유도하고 있다.
④ 시간의 흐름에 따른 대상의 변화 과정을 나열하고 있다.
⑤ 문제점을 제시한 후, 이에 대한 해결 방안을 제시하고 있다.

2 정보를 가치 있게 만드는 것으로 글쓴이가 제시한 내용을 〈보기〉에서 있는 대로 고르시오.

| 보기 |
ㄱ. 의미 있는 정보를 골라내는 눈
ㄴ. 정보의 바다에 자주 접속하는 노력
ㄷ. 가능한 한 많은 정보를 수집하는 능력
ㄹ. 기존 정보를 바탕으로 가치 있는 지식을 창조하는 능력
ㅁ. 무관해 보이는 정보를 엮어 관련 있는 정보로 만드는 능력

내신 적중 多빈출

3 이 글에 나타난 책 읽기의 가치로 적절하지 않은 것은?
① 힘든 시기에 위안을 얻을 수 있다.
② 경제적인 결핍을 충족해 줄 수 있다.
③ 정보를 가치 있게 만드는 능력을 키울 수 있다.
④ 세상을 왜곡되게 바라보게 하는 편견에서 벗어날 수 있다.
⑤ 다른 사람의 고통을 어루만지는 성숙한 시민으로 자랄 수 있다.

4 이 글을 읽고 해결할 수 있는 질문으로 적절하지 않은 것은?
① 우리가 문학 작품을 읽어야 하는 까닭은?
② 사람들이 인터넷에 대해 가지고 있는 편견은?
③ 글쓴이가 책 읽기의 중요성을 강조하는 까닭은?
④ 일상생활에서 책과 벗할 수 있는 구체적인 방법은?
⑤ 오늘날 정보가 그 자체로 가치를 갖지 못하는 까닭은?

5 ㉠의 의미를 〈조건〉에 맞게 20자 내외로 쓰시오.

| 조건 |
'길'의 원관념을 고려하여 쓸 것.

043

과학자의 서재 | 최재천

국어 천재(이)
독서 비상

🎯 핵심 정리
갈래 경수필
성격 체험적, 고백적, 회고적
제재 《이기적 유전자》를 읽은 경험
주제 삶의 가치관과 방향을 재정립하는 데 영향을 미친 독서 경험
특징 ① 자신의 가치관과 인생관, 세계관 변화에 영향을 끼친 독서 경험에 초점을 맞춰 서술함.
② 독서 경험에 따른 그때그때의 감정 변화를 솔직하게 서술함.
출전 《과학자의 서재》(2015)

> **Q** 글쓴이가 《이기적 유전자》를 읽고 좌절감을 느낀 이유를 추측하면?
>
> 이미 유전자가 모든 것을 다 정해 놓았고, 인간은 단지 유전자가 미리 계획한 대로 움직이는 상황에서 인간이 애쓰며 노력하는 것은 모두 허사라는 생각이 들었을 것이다. 이러한 생각 끝에, 지금처럼 연구에 노력을 기울일 필요가 없다는 회의감이 밀려왔고, 이 감정이 좌절감으로 이어진 것 같다.

💡 어휘 풀이
일장춘몽 '한바탕의 봄꿈'이라는 뜻으로, 헛된 영화나 덧없는 일을 비유적으로 이르는 말.
아류(亞流) 문학예술, 학문에서 독창성이 없이 모방하는 일이나 그렇게 한 것. 또는 그런 사람.
해탈(解脫) ①「불교」번뇌의 얽매임에서 풀리고 미혹의 괴로움에서 벗어남. ② 얽매임에서 벗어남.

💬 구절 풀이
❶ 그러나 《이기적 유전자》를 읽고 ~ 말로 표현하기가 쉽지 않다. 글쓴이가 《이기적 유전자》를 읽고 난 후에 새로운 지적 세계에 눈을 뜨게 되었고, 그로 인해 이전에 고민하던 사안에 대해 명확한 해답을 얻어 지적 청량감을 느끼게 되었음을 알 수 있다.
❷ 그런데 내게 주어진 것보다 ~ 아등바등 살 필요는 없다. 나의 일들은 모두 내 유전자가 나에게 허락한 범주 내의 일이므로, 욕심을 부리기보다는 주어진 일에 최선을 다하며 마음 편히 살 필요가 있다는 깨달음이 드러나 있다.

👤 작가 소개

최재천(1954 ~)
생물학자. 주로 동물의 행동 생태를 연구했으며 '개미 박사'로도 유명하다. 강연이나 방송 등 다양한 활동을 통해 일반인에게 과학을 널리 알려 왔다. 주요 저서로 《개미 제국의 발견》, 《생명이 있는 것은 다 아름답다》, 《통찰》 등이 있다.

[가] 세상을 살면서 책 한 권 때문에 인생관, 가치관, 세계관이 하루아침에 바뀌는 경험을 하는 이들이 과연 몇이나 될까? 대부분은 아마 단 한 번도 그런 짜릿한 경험을 못 하고 생을 마칠 것이다. 그런데 나는 《이기적 유전자》를 읽으면서 그런 엄청난 경험을 했다. [중략]

그전에는 여러 가지 삶의 의문에 이렇게도 생각하고 저렇게도 생각하면서, 그때마다 다른 답을 내곤 했다. ❶그러나 《이기적 유전자》를 읽고 난 그 새벽부터는 모든 것이 가지런해졌다. 한길로 나란히 늘어선 것처럼. 그저 유전자의 관점에서 세상을 다시 분석하면 모든 것이 명쾌하게 설명되었다. 그때 느낀 기쁨과 즐거움은 말로 표현하기가 쉽지 않다.

[나] 그런데 그 황홀감은 시간이 지나면서 좌절감으로 변하기 시작했다. / 처음 읽었을 때는 답을 얻은 기분에 세상이 달라 보였는데, 그 단계가 지나니 시간이 지날수록 만사가 시시하게 여겨졌다. / '그래, 무엇 때문에 난 그렇게 애를 썼나? 저 사람은 무엇 때문에 저렇게 기를 쓰나? 모든 것이 유전자 때문인데, 유전자가 계획한 대로 움직이는 것뿐인데……'

이런 생각이 드니까 모든 것에서 맥이 풀렸다. 열심히 사는 것, 노력하는 것이 말짱 헛일이고 인생사 ⊙일장춘몽(一場春夢)이라는 말이 떠올랐다. / '그럼, 지금 내가 사라져도 별것 아니겠네? 어차피 세상은 유전자 덕에 탈 없이 유지될 테니……'

책을 읽고 몇 달이 지난 시기였다. 그렇게 아무것도 할 수 없는 상태로 잠시 살았다. 하지만 다행히 방황이 길지는 않았고 재해석을 통해 세상의 의미를 정리했다. [중략] 긍정적이고 낙천적인 성격 덕분에 금방 추스를 수 있었으며 새로운 가치관으로 세상을 보려고 노력했다. 그러면서 내가 할 일, 해야 할 일을 찾아가기로 마음먹었다.

가장 먼저 한 일은 학문적으로 더 깊이 이해하기 위해 그 책과 같은 주제를 다루는 책들을 닥치는 대로 읽는 것이다. 《이기적 유전자》가 나온 뒤에 그 아류의 책들이 나오기 시작했는데 무조건 다 읽었다. 그뿐 아니라 그 주제를 다루는 토론회가 있으면 모두 참여했다. 몇 년 동안 내가 토론한 주제는 오로지 《이기적 유전자》에서 다룬 주제와 비슷한 것뿐이었다. 그러다 보니 어느 순간부터 굉장히 편안해졌다.

[다] 해탈이라는 표현을 함부로 쓰면 안 되겠지만, 정말이지 나는 웬만한 일은 초월한 느낌으로 한다. 분명히 포기는 아닌데 손을 다 놓고도 마음이 편안한 상태로 넘어가게 된 것이다. / '그래. 나는 아무것도 아니야. 지금 없어져도 세상에 아무런 변화를 일으킬 수 없는 그런 존재야. 그렇지만 그렇다고 해서 굳이 없어질 필요는 없다. 내가 존재하는 이유는 따로 있다. 이 세상에 태어났으니 나의 모든 상황에 온 힘을 다하고 즐기며 사는 것이다. 나에게 주어진 삶의 길을 아름답게 가면 된다.'

자칫하면 운명론자처럼 보일 위험이 있지만 운명론자와는 다르다. 내가 가야 할 길을 담담히, 최선을 다해 아름답게 가면 세상도 나도 의미 있는 존재가 된다고 생각한다. ❷그런데 내게 주어진 것보다 더 많은 무엇을 해 보겠다고 욕심을 부리며 아등바등 살 필요는 없다. 내가 할 수 있고 해야 할 일들은 어떻게 보면 내 유전자가 나한테 허락한 범주 내에서의 일들이다. 그러므로 할 수 있다는 자신감을 갖고 최선을 다하면 내가 하고자 한 일을 모두 이룰 수 있다고 믿는다.

▶ 《이기적 유전자》을 해석하며 얻게 된 깨달음을 통해 여유로운 삶의 자세를 지니게 됨.

> • **중심 내용** 《이기적 유전자》를 읽고 난 후에 삶의 가치관과 방향을 재정립하게 됨.

이해와 감상

이 글은 글쓴이가 독서를 통해 성장한 경험을 진솔하게 쓴 수필이다. 글쓴이는 자신의 흥미와 관심사에 따라 책을 선택해 읽으면서 진로를 찾고 학문적 길과 삶의 방향을 정립해 나간다. 특히 이 글에는 글쓴이의 삶과 학문에 큰 영향을 미친 《이기적 유전자》라는 책을 읽고 느낀 생각들이 자세하게 서술되고 있다. 이를 통해 진로나 삶의 방향을 정하는 데 독서가 독자에게 어떤 영향을 미치는지 생각해 볼 수 있다.

작품 연구소

글쓴이가 진로를 정하는 데 영향을 준 독서 경험

읽은 책이나 글	글쓴이가 받은 영향
〈모닥불과 개미〉	개미의 행동에 호기심을 갖게 되었고 이는 미국 유학 중 사회 생물학에 입문하는 계기가 됨.
《사회 생물학》	사회 생물학이라는 새로운 학문의 매력에 빠지게 되었고, 《이기적 유전자》를 읽도록 이끌어 줌.
《이기적 유전자》	세상에 대한 근원적 궁금증을 해결해 주었고, 삶의 가치관과 방향을 정하게 함.

《이기적 유전자》를 읽은 뒤 글쓴이의 심리 변화

책을 읽은 직후	생각의 조정 시기	생각의 재정립 시기
여러 가지 삶의 의문이 유전자의 관점에서 명쾌하게 해결됨.	인간의 의지를 부정하는 '이기적 유전자'로 세상을 보니 삶의 의지가 상실됨.	욕심내지 않고 할 수 있는 일에 최선을 다하면 행복과 만족을 얻을 수 있음을 깨달음.
↓	↓	↓
황홀감	좌절감	편안함

자료실

《이기적 유전자》

영국의 진화 생물학자 리처드 도킨스가 쓴 책으로 일반 대중들을 대상으로 진화 생물학을 소개하는 내용을 담고 있다. 저자는 이 책에서 인간을 포함한 모든 생명체는 DNA 또는 유전자에 의해 창조된 생존 기계라고 주장한다. 동시에 모든 생명체를, 자기의 유전자를 후세에 남기기 위해 이기적인 행동을 수행하는 존재로 규정한다. 이러한 주장은 생물학계를 비롯해 과학계 전반을 떠들썩하게 만들었다. 저자는 자신의 주장을 뒷받침하기 위해서 성의 진화, 이타주의의 본질, 협동의 진화, 적응의 범위, 무리의 발생, 가족계획, 혈연 선택 등의 주요 쟁점과 게임 이론, 진화적으로 안정한 전략의 실험, 죄수의 딜레마, 박쥐 실험, 꿀벌 실험 등 방대한 현대 연구 이론과 실험을 보여 준다.
이 책이 던지는 여러 메시지를 통해 우리는 사회 생물학의 논쟁이 되었던, 유전적 요인과 환경 문화적 요인 가운데 인간의 본질을 좀 더 잘 설명할 수 있는 것이 무엇인지 생각해 볼 수 있다.

함께 읽으면 좋은 작품

〈지적 생활의 즐거움〉, 이병주 / 자신의 독서 경험을 성찰한 글

소설가인 글쓴이가 자신의 독서 편력에 관해 쓴 수필이다. 글쓴이는 소년 시절 한 책에서 읽은 문장에서 영향을 받아 다양한 분야의 철학 서적을 섭렵한다. 이후에는 경제학, 사회학, 정치학 등 다양한 사회 과학 서적도 탐독하게 된다. 글쓴이가 자신의 독서 생활과 독서 인생에 대해 성찰하는 내용이 나와 있어 독서가 독자에게 어떤 영향을 미치는지 이 글과 비교하여 읽어 볼 수 있다.

키 포인트 체크

제재 자신의 학문과 삶에 큰 영향을 끼친 《□□□ □□□》를 읽은 경험에 관해 이야기하고 있다.

관점 글쓴이는 유전자의 힘을 체감하고 난 후 □□은 버리되 모든 일에 □□을 다하는 자세를 지니게 된다.

표현 글쓴이는 독서 경험에 따라 그때그때 겪었던 감정의 변화를 □□하게 서술하고 있다.

1 이 글에 대한 설명으로 가장 적절한 것은?

① 특정 서적을 소개하며 양서를 판단하는 기준을 제시하고 있다.
② 특정 서적과 연관 지어 독서가 삶에 미친 영향을 서술하고 있다.
③ 과거의 체험을 통해 무비판적인 독서의 위험성을 일깨워 주고 있다.
④ 자신이 이룬 학문적 성취를 바탕으로 독서의 필요성을 역설하고 있다.
⑤ 다른 사람과의 비교를 통해 자신의 독서 수준에 대한 자부심을 드러내고 있다.

2 다음 중 ㉠과 바꾸어 쓸 수 있는 한자 성어는?

① 격세지감(隔世之感)　　② 남가일몽(南柯一夢)
③ 백년하청(百年河淸)　　④ 새옹지마(塞翁之馬)
⑤ 수구초심(首丘初心)

3 이 글의 내용을 고려할 때, 글쓴이가 〈보기〉의 학생에게 해 줄 수 있는 조언으로 가장 적절한 것은?

　보기

"《이기적 유전자》를 읽고 너무나 혼란스러워서 어떻게 하면 좋을지 모르겠습니다. 좌절감이 너무나 큽니다."

① 책에서 설명해 주는 다양한 삶의 의문들을 해결해 가세요.
② 포기하면 모든 것이 편해집니다. 흘러가는 순리에 몸을 맡기세요.
③ 인간의 자유의지는 유전자보다 강합니다. 유전자를 극복해 보세요.
④ 조바심을 내지 말고 할 수 있다는 자신감을 갖고 더 깊게 생각해 보세요.
⑤ 자신에게 주어진 것보다 더 많은 것을 하겠다는 욕심을 가지고 공부해 보세요.

내신 적중 多빈출

4 다음은 이기적 유전자를 읽은 뒤 글쓴이의 심리 변화 과정이다. ⓐ에 들어갈 적절한 말과, 글쓴이가 ⓐ와 같이 느낀 이유가 무엇인지 쓰시오.

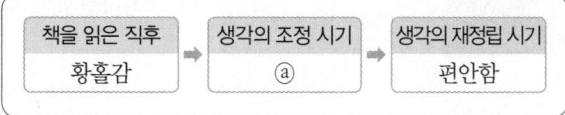

책을 읽은 직후	생각의 조정 시기	생각의 재정립 시기
황홀감	ⓐ	편안함

044 신생 | 현기영

독서 동아

🎯 핵심 정리

갈래 경수필
성격 회상적, 감상적
제재 봄
주제 봄을 맞이하여 떠올린 신생의 이미지
특징 ① 봄 병아리와 관련된 어린 시절의 체험을 통해 신생의 이미지를 제시함.
② 소설 내용을 인용하여 말하고자 하는 바를 강조함.
출천 《소설가는 늙지 않는다》(2016)

Q 어미 닭과 글쓴이의 어머니의 공통점은?

어미 닭은 솔개가 뜨거나 매운바람이 불면 병아리를 자신의 날개 안에 거두어 안고, 어머니는 비가 오거나 흙바람이 불면 치마폭을 펼쳐 글쓴이를 감싸 주셨다. 둘 다 위기 상황이 오면 자신의 품으로 자식들을 감싸 안으며 지키는, 모성애가 지극한 모습을 보여 주고 있다.

☀️ 어휘 풀이

꺼벙하다 모양이나 차림새가 거칠고 터부룩하여 엉성하다.
무르녹다 일이나 상태가 한창 이루어지려는 단계에 달하다.
매운바람 살을 엘 듯이 몹시 찬 바람.
빙렬 얼음의 표면에 이리저리 갈라진 금 모양의 무늬.
포란 부화하기 위하여 암탉이 알을 품어 따뜻하게 하는 일.
안주(安住)하다 현재의 상황이나 처지에 만족하다.
시르죽다 기운을 차리지 못하다.

✍️ 구절 풀이

❶ 봄이 무대 전면에 등장하려고, 지금 한참 리허설을 하고 있는 것이다. 아직은 겨울 기운이 남아 있지만 겨울 바람 속에서 봄의 기운을 느끼며 곧 봄이 오리라는 기대를 표현하고 있다. 봄을 의인화하여 마치 본 공연에 앞서 연습을 하듯이 봄이 등장하기 직전의 준비를 하고 있음을 표현하였다.

❷ 태어나려는 자는 ~ 파괴하지 않으면 안 된다 새로운 모습으로 성장하기 위해서는 그 전에 자신이 속해 있던 세계에서 나와 새로운 세계로 나아가야 함을 의미한다. 이를 위해서는 안주해 왔던 세계를 깨는 두려움을 극복해야 한다.

👤 작가 소개

현기영(1941~)
소설가. 소설 〈순이 삼촌〉을 비롯해 제주 4·3 사건과 관련하여 제주도가 겪었던 비극과 항쟁의 역사를 재조명하는 작품을 많이 발표하였다. 주요 작품으로 〈변방에 우짖는 새〉, 〈지상에 숟가락 하나〉, 〈누란〉 등이 있다.

가 봄이 저만치 오고 있다. 꽃샘추위가 차갑게 옷소매 속을 파고들지만, 그 추위를 뚫고 봄이 꾸준히 진군해 오고 있다. ❶봄이 무대 전면에 등장하려고, 지금 한창 리허설을 하고 있는 것이다. / 봄, 하면 나에게 먼저 생각나는 것이 노란 봄 병아리다. 물론 봄철엔 장닭도 눈에 띄게 아름다워진다. 봄볕에 벼슬과 깃털의 붉은색이 더욱 짙어지는데, 발로 흙을 헤집어 벌레를 잡아 놓고 암탉과 병아리들을 부르는 그 자랑스러운 모습이라니! 가장 노릇은 이렇게 하렸다, 라고 인간에게 가르치는 것 같다. 아직 꽁지가 덜 자란 풋닭도 ●꺼벙해 보이지만, 하는 짓이 예쁘다. [중략] 그러나 아무리 그렇더라도 신생의 봄과 가장 어울리기는 노랑 병아리일 것이다.
▶ 봄이 오면 노란 봄 병아리가 떠오름.

나 새봄과 더불어 탄생하는 봄 병아리는 아름답고 튼튼하다. 병아리들을 거느리고, 앞에서 실한 궁뎅이를 내두르며 아그작 아그작 걷는 어미 닭의 당찬 모습도, 봄빛이 ●무르녹은 푸른 하늘에 병아리를 노리는 솔개가 소용돌이 물에 뜬 낙엽처럼 큰 원을 그리며 천천히 감도는 모습도 눈에 선하다. ㉠어미 닭은 매나 솔개가 하늘에 뜨거나 ●매운바람이 몰아치거나 하면 얼른 날개를 펴 제 새끼들을 거두어 안았는데, 그 따뜻하고 넉넉한 모성애는 궁핍한 시절에 자식 넷을 먹여 살려야 했던 내 어머니의 모습이기도 했다. 어리기가 병아리만 했을 때 나는 어머니의 치마꼬리를 잡고 나들이에 따라나서곤 했는데, 도중에 갑자기 비가 오거나 흙바람이 불거나 하면 어미 닭이 그러하듯이 어머니는 넉넉한 치마폭을 펼쳐 나를 감싸 주곤 했던 것이다.
▶ 봄 병아리에 대한 기억과 어린 시절의 회상

다 언 대지를 녹이는 봄기운이 초목의 싹을 틔우고, 얼었던 강이 풀리기 시작하면, 돌 맞은 유리창처럼, 두꺼운 얼음판 위에 방사선 모양의 길고 날카로운 빗금의 균열들이 여기저기 생기고, 강가에는 ●빙렬(氷裂) 현상이 일어난다. 얼음장들이 자글자글 낮은 소리를 내며 그물처럼 수많은 균열을 만들어 내는데, 그 자글거리는 소리가 어미 닭의 오랜 ●포란(抱卵)의 인고가 끝나고 십여 개의 달걀들이 부화할 때, 알 속의 병아리가 세상 밖으로 나오려고 여린 부리로 껍데기를 깨면서 어미를 부르는 낮은 울음소리와 흡사하다. 알 속에서 그 소리를 들으면 어미 닭은 즉시 병아리를 위해서 밖에서 껍질을 쪼아 준다. 이렇게 병아리와 어미 닭이 안에서 밖에서 동시에 쪼아 껍데기를 깨뜨리는 일을 줄탁동시라고 했다.

헤르만 헤세는 그의 아름다운 소설 〈데미안〉에서 이렇게 말했다. "새는 알을 깨고 나온다. 알은 세계다. ❷태어나려는 자는 하나의 세계를 파괴하지 않으면 안 된다." 자신이 ●안주해 왔던 한 세계를 깨는 두려움을 극복한 자만이 더 넓은 세계를 획득할 수 있다는 뜻이다. 딱딱한 알껍데기를 연약한 부리로 깨뜨리는 그 힘이 놀랍다. 병아리뿐만 아니라 모든 태어나는 것들의 생명력이 ㉡그렇다. 여린 새싹이 어떻게 저 딱딱하게 굳은 땅을 뚫고 솟아오르는지 정말 불가사의하다. 무력해 보이는 것 속에 상상하기 어려운 강인한 생명력이 있는 것이다. 그리고 병아리뿐만 아니라, 무릇 신생의 첫 빛깔이 가녀린 노란색인 것도 흥미롭다. 봄의 햇살도 그렇고, 초목의 새싹·햇순·속잎도 처음에는 노란색에 가까운 연두색이다.
▶ 한 세계를 깨야 더 넓은 세계를 만날 수 있음.

라 이렇게 언 땅 위에 겨우내 ●시르죽어 있던 햇빛이 노란색으로 되살아나기 시작하면 나는 으레 골목 안에서 어린이들이 뛰노는 시끌짝한 소리와 함께 노란 털복숭이 봄 병아리가 생각나곤 하는데, 그것은 바로 그 아름다운 신생의 이미지 때문이다.
▶ 봄 병아리에서 신생의 이미지를 느낌.

> • 중심 내용 봄을 맞이하여 봄 병아리를 통해 신생의 이미지를 느낌.

이해와 감상

이 글은 글쓴이가 봄을 맞이하여 떠올린 신생의 이미지를 바탕으로 하여 쓴 글이다. 글쓴이는 신생의 봄과 가장 어울리는 것으로 노란 병아리를 떠올린다. 새봄에 태어나는 봄 병아리는 아름답고 튼튼하다. 병아리는 태어나기 위해 여린 부리로 알껍데기를 깨고 나와야 한다. 약해 보이지만 강인한 생명력을 지니고 있는 것이다. 이는 새싹도 마찬가지이다. 딱딱하게 굳은 땅을 뚫고 나오는 새싹의 모습에 글쓴이는 경외감을 느낀다. 그리고 병아리와 새싹이 노란색이라는 점을 들어 신생의 이미지에 어울리는 색깔은 노란색이라고 생각하고 있다. 즉, 글쓴이가 생각하는 신생의 이미지는 생명력, 노란색으로 대표된다고 볼 수 있다.

작품 연구소

글쓴이가 떠올린 신생의 이미지

노란 봄 병아리	• 신생의 봄과 가장 잘 어울림. • 아름답고 튼튼함.

어미 닭과 글쓴이의 어머니의 공통점

어미 닭	글쓴이의 어머니
매나 솔개가 하늘에 뜨거나 매운바람이 몰아치면 얼른 날개를 펴 제 새끼들을 거두어 안는다.	갑자기 비가 오거나 흙바람이 불면 넉넉한 치마폭을 펼쳐 글쓴이를 감싸 주곤 하셨다.

→ 공통점: 자식을 보호하는 따뜻하고 넉넉한 모성애가 있다.

글쓴이가 병아리와 새싹을 통해 말하고자 하는 바

알 속의 병아리	여린 새싹
딱딱한 알껍데기를 연약한 부리로 깨뜨림.	딱딱하게 굳은 땅을 뚫고 솟아오름.

• 새롭게 태어나기 위해 용기를 내어 기존에 안주해 왔던 세계에서 벗어남.
• 겉으로는 무력해 보이지만, 강인한 생명력을 지니고 있음.

신생의 시각적 이미지

신생의 이미지를 나타내는 대상		공통점
• 노란 병아리 • 봄의 햇살	• 여린 새싹 • 초목의 새싹·햇순·속잎	• 가녀린 노란색 • 노란색에 가까운 연두색

함께 읽으면 좋은 작품

〈봄은 고양이로다〉, 이장희 / 봄이 주는 느낌을 표현한 작품

고양이에 대한 섬세하면서도 치밀한 관찰과 분석에서 오는 연상 작용을 통해, 봄이 주는 느낌을 감각적으로 표현한 시이다. 〈봄은 고양이로다〉는 고양이의 신체 부위에서 봄의 이미지를 떠올리고 있고, 이 글은 병아리를 통해 신생의 이미지를 떠올리고 있지만, 두 작품 모두 봄을 맞이하는 느낌을 묘사적, 감각적으로 형상화하고 있다는 공통점이 있다.

Link 〈현대 시〉 56쪽

키 포인트 체크

- [제재] 노란 ☐☐☐를 중심으로 봄을 맞이하며 떠올린 신생의 이미지를 이야기하고 있다.
- [관점] 글쓴이가 생각하는 신생의 이미지는 ☐☐☐과 노란색으로 대표된다.
- [표현] 잘 알려진 소설의 내용을 ☐☐하고, 다양한 ☐☐적 표현을 활용하여 말하고자 하는 바를 효과적으로 전달하고 있다.

1 이 글에 대한 설명으로 적절하지 <u>않은</u> 것은?
① 대상의 행동을 구체적으로 묘사하고 있다.
② 글쓴이의 정서를 직접적으로 표현하고 있다.
③ 봄을 의인화하여 계절의 변화를 생생하게 표현하고 있다.
④ 향토적 소재를 통해 과거 삶의 애환을 절절하게 그리고 있다.
⑤ 책의 내용을 인용하여 글쓴이가 말하고자 하는 바를 강조하고 있다.

내신 적중 **多빈출**

2 이 글에 나타난 '신생의 이미지'에 대한 설명으로 적절하지 <u>않은</u> 것은?
① 가녀린 노란색의 이미지이다.
② 글쓴이가 부모로서 자식들에게 보인 태도를 성찰하게 한다.
③ 골목 안에서 뛰노는 어린이들의 소리를 통해 떠올릴 수 있다.
④ 여려 보이지만 강인한 생명력이 있어 글쓴이의 경외심을 불러일으킨다.
⑤ 봄 병아리, 봄의 햇살, 초목의 새싹·햇순·속잎 등을 통해 떠올릴 수 있다.

3 ㉠과 다음 시의 '아버지'의 공통점을 한 문장으로 쓰시오.

> 어머님,
> 제 예닐곱 살 적 겨울은
> 목조 적산 가옥 이층 다다미방의
> 벌거숭이 유리창 깨질 듯 울어 대던 외풍 탓으로
> 한없이 추웠지요, 밤마다 나는 벌벌 떨면서
> 아버지 가랭이 사이로 시린 발을 밀어 넣고
> 그 가슴팍에 벌레처럼 파고들어 얼굴을 묻은 채
> 겨우 잠이 들곤 했었지요.
>
> – 이수익, 〈결빙의 아버지〉에서

4 ㉡의 의미로 가장 적절한 것은?
① 가녀린 노란색이다.
② 봄이 되면 피어난다.
③ 신생의 이미지를 나타낸다.
④ 여리게 보이지만 실은 매우 강인하다.
⑤ 어머니의 도움을 받아 새로운 세상에 태어난다.

총, 꽃, 시 | 정재찬

문학 지학사

🎯 핵심 정리

갈래 경수필

성격 상징적, 사색적

제재 총을 이기는 꽃

주제 작은 것이 큰 것을 고치고, 부드러운 것이 강한 것을 이긴다.

특징 ① 주제를 전달하기 위해 다양한 분야의 여러 사례를 제시함.
② 상징적인 소재들을 활용하여 주제를 전달함.

출전 《그대를 듣는다》(2017)

Q 이 시에서 말하고자 하는 바는?

이 시는 전쟁의 폭력성과 미래에 대한 희망을 동시에 이야기하고 있다. '방공호'를 통해 전쟁 상황임을 암시하고, 할머니의 말을 통해 이런 전쟁 상황에 대한 절망과 한탄을 드러낸다. 그러나 '꽃씨를 받으신다', '꽃씨를 털으시리라' 등을 통해 전쟁의 비극에서도 희망을 버리지 않는 모습을 제시하고 있다.

💡 어휘 풀이

방공호 적의 항공기 공습이나 대포, 미사일 따위의 공격을 피하기 위하여 땅속에 파 놓은 굴이나 구덩이.

주류(主流) 조직, 단체 내부의 중심적 부류.

자기도취(自己陶醉) 스스로에게 황홀하게 빠지는 일.

변방(邊方) 나라의 경계가 되는 변두리 지역.

😊 구절 풀이

❶ **정말 이 야만의 시대에 꽃이 과연 총을 이길 수 있는가.** 앞에서 생략된 부분에서 영상 속 아버지는 아들에게 '꽃이 총을 이길 수 있다'고 말한다. 이 문장은 이런 아빠의 말에 문제를 제기하는 방식으로 서술되고 있지만, 이는 곧 꽃이 총을 이길 수 있음을 강조하여 표현한 것으로 볼 수 있다.

❷ **현실의 장면 하나, ~ 당당하기 때문이다.** 꽃이 총을 이기는 것이 환상이나 낭만이 아닌 실재 세계에서 가능한 일임을 보여 주는 사례이다.

❸ **총은 꽃을 이기지 못한다.** 총은 횡포와 폭력, 전쟁의 상징성을 띤 세계를 나타낸다. 겉으로는 강한 것처럼 보여도 전 인류의 보편적 가치인 사랑과 평화까지 억누르지 못한다. 의심도 두려움도 없는 순수하고 당당한 평화에 대한 의지를 억압적인 도구가 이겨 낼 수 없는 것이라는 생각을 나타낸다.

👤 작가 소개

정재찬 (1962 ~)
문학 교육학자. 영화와 광고, 공감할 만한 이야기를 엮어 쉽게 시를 설명해 주는 글을 주로 썼다. 주요 저서로 《시를 잊은 그대에게》, 《그대를 듣는다》 등이 있다.

전략 부분의 내용 테러가 난 프랑스의 극장을 찾아온 아빠 앙겔과 다섯 살짜리 아들 브랑동이 '꽃'과 '촛불'의 의미에 대해 대화하는 영상 내용을 제시하며 꽃이 총을 이길 수 있을지 의문을 제기한다.

❶정말 이 야만의 시대에 꽃이 과연 총을 이길 수 있는가. 그 답을 시에게 묻는다.
　　　　총이 난무하는 폭력과 횡포의 시대

할머니 꽃씨를 받으신다. / *방공호(防空壕) 위에 / 어쩌다 된 /
　　　생명, 희망의 상징　　　　　　전쟁 중임을 드러냄.

채송화 꽃씨를 받으신다. //
부정적 현실에서의 새로운 희망과 생명

호(壕) 안에는 / 아예 들어오시덜 않고

말이 수째 적어지신 / 할머니는 그저 누여우시다. //
　　　전쟁 상황에 대한 분노

[A] — 진작 죽었더라면 / 이런 꼴 / 저런 꼴 / 다 보지 않았으련만…… //
　　　　　　할머니의 말을 직접적으로 제시함. → 폭력적 현실에 대한 절망과 한탄이 드러남.

글쎄 할머니, / 그걸 어쩌란 말씀이서요.

수째 말이 적어지신 / 할머니의 노여움을 / 풀 수는 없었다. //
　　　　　　　　　　　　여전히 지속되는 전쟁 상황에 대한 분노

할머니 꽃씨를 받으신다. / 인제 지구(地球)가 깨어져 없어진대도

할머니는 역시 살아 계시는 동안은 / 그 작은 꽃씨를 털으시리라.
　　　　어둡고 답답한 현실에서 새로운 희망을 잃지 않으려는 노력

– 박남수, 〈할머니 꽃씨를 받으시다〉

[중략]

이렇든 저렇든 할머니는 분에 겨워 말수조차 줄어드셨고, 이제 당신 목숨은 상관조차 않으신다. 방공호에 아예 들어오시지도 않으니 말이다. 그런데 그런 분이 하찮은 채송화, 그것도 '어쩌다' 핀 채송화, 자잘하기 이를 데 없어 거두기 힘들고 짜증만 잔뜩 나는 그 채송화 꽃씨를 손수 받으시는 것이다. 채송화라? 혹시 동요 〈꽃밭에서〉를 기억하는가. [중략]
　　　　　　　　　　　　　　　　　　　　　　　　　　앞에서 소개한 시와 같은 시기, 같은 소재를 다룸.

중략 부분의 내용 동요 〈채송화〉가 권길상 선생이 1953년 피란 시절에 작곡한 곡임을 밝힌 뒤, 동요 속 아빠가 난리 속에서 꽃밭을 만든 이유가 무엇일지 생각해 보고 있다.

혹여나 아빠와 할머니가 키웠던 채송화가 '나' 아니었을까, 채송화 꽃씨는 내 자식이 아닐까.
　　　　　　　　　　　　　　　　　소중한 대상　　　　　　　　　　　새로운 희망을 이어 갈 후손들
그 덕에 지금 우리가 꽃밭에서 시와 노래를 즐기며 살고 있는 게 아니겠는가.
　　　　　　　　　　　　　　　　　　　　　　　▶ 시와 동요를 통해 전쟁에서 미래에 관한 희망을 다룬 사례를 살펴봄.

그래, 전쟁 통에도 꽃은 피었고, 사람들은 꽃을 키웠다. 채송화 꽃밭은 환상이나 낭만이 아닌 실재 세계였던 것이다. 하지만 현실이든 상상이든 그게 무슨 대수랴. 중요한 것은 군화 자국 옆에 꽃들을 피우고, 총자루에 꽃을 매며, 총구에 꽃을 꽂는 일 아니겠는가.
　　　　　　　　　　　　　　　　　총(강함)을 이기는 꽃(부드러움)

❷현실의 장면 하나, 거장 마크 리부(Marc Riboud)의 사진 〈꽃을 든 여인〉을 찾아보라.
　　　　　　　　　　　　　　　　프랑스의 유명한 사진작가
1967년 10월 21일, 미국의 수도 워싱턴, 펜타곤 앞에서 베트남전 반대 시위가 열렸다. 착
　　　　　　　　　　　　　　　　　　　미국의 국방부
검까지 되어 있는 군인들의 총 앞으로 꽃문양 옷차림의, 중간 이름까지 장미꽃(rose)인 잔 로즈 캐즈미어라는 17세 여고생이 꽃 한 송이를 들고 다가선다. 꽃을 든 군인보다 꽃을 든 여인이 더 강하다. 당당하기 때문이다. [중략]
　　　　　사랑과 평화를 추구하는 데서 당당하고 강인한 자세가 나옴.　　　　▶ 사진을 통해 총보다 강한 꽃의 사례를 보여 줌.

❸총은 꽃을 이기지 못한다. 총이 이기면 사람이 죽는다. 더 큰 총은 더 많은 사람을 죽인다. 그래서 거친 남성, 어른의 폭력, *주류의 횡포에 맞서는 것은 늘 여성, 아이, 장애다. 아
　　　　　　　　강한 존재　　　　주류의 횡포　　　　　　　　　　부드러운 존재
픈 자만이 아픔을 안다. 작은 것이 큰 것을 고치고, 부드러운 것이 강한 것을 이긴다. 그러므로 꽃이 총을 이긴다. 그리고 그런 꽃을 시는 닮고자 한다. 시는 지배 언어의 *자기도취
　　　　　　　　　　　　　　　　　　　　　　　　　　　　　　　주제 의식이 드러남.　　　거짓과 폭력, 횡포
를 일깨우는 *변방의 언어이기 때문이다.
소외된 세계를 사랑과 진실의 마음으로 표현하는 언어　　　　　　▶ 크고 강한 것을 이기는 작고 부드러운 꽃을 담는 시

· 중심 내용 다양한 분야의 여러 사례를 활용하여 '총'을 이기는 '꽃'과 '시'의 가치에 대해 이야기함.

이해와 감상

이 글은 '총', '꽃', '시'라는 상징적인 소재를 통해 작은 것이 큰 것을 고치고, 부드러운 것이 강한 것을 이긴다는 주제를 전달하고 있다. 글쓴이는 여러 분야의 다양한 매체를 활용하여 어떠한 폭력과 거대한 힘도 사랑과 평화, 희망을 바라는 마음을 이길 수 없다는 점을 말하고 있다.

또한 '강한 것, 큰 것, 폭력적인 것'을 의미하는 '총'이 '약한 것, 작은 것, 부드러운 것'을 의미하는 '꽃'을 결코 이길 수 없으며, '시'는 그러한 '꽃'을 닮고자 한다는 점에서 '꽃'과 '시'는 '총'과 대립된다고 말하고 있다. 다양한 분야의 매체 자료를 활용하여 지배 언어의 자기도취를 이겨 내는 변방의 언어로서의 시의 힘을 친근한 어조로 전달하고 있다.

🏠 작품 연구소

〈총, 꽃, 시〉에서 활용한 다양한 소재

영상	• 아빠 앙겔과 아들 브랑동이 대화하는 모습을 찍은 영상 • 아빠는 아들에게 '꽃이 우리를 지켜 주고 촛불이 떠나간 이들을 잊지 않게 해 준다'고 말함.
시	• 박남수, 〈할머니 꽃씨를 받으시다〉 • 전쟁의 비극 속에서도 꽃씨를 받으며 희망을 버리지 않는 할머니의 모습이 나타남.
동요	• 어효선 작사·권길상 작곡, 〈꽃밭에서〉 • 1953년 피란 시절 난리 통에도 '나'를 위해 채송화를 심으며 꽃밭을 만드는 아버지가 나옴.
사진	• 마크 리부, 〈꽃을 든 여인〉 • 총검을 겨누는 군인에게 꽃을 건네는 17세 소녀의 모습이 나타남.
그림	• 지현곤, 〈병사와 꽃 3〉 • 전쟁의 폐허 속에서 총을 멘 군인에게 꽃 한 송이를 주는 어린아이의 모습이 제시됨.

'총', '꽃', '시'의 관계

'총'		'꽃'
• 폭력적이고 지배적인 힘 • 전쟁, 거친 남성, 군인의 폭력, 주류의 횡포, 지배 언어	↔	• 부드러움 속에 담긴 희망의 힘 • 평화, 여성, 아이, 장애, 변방의 언어

↑

'시'
• '꽃'을 닮고자 함. • '꽃'이 상징하는 바를 언어로 형상화한 것

〈총, 꽃, 시〉에서 글쓴이가 전달하고자 하는 바

• 작은 것이 큰 것을 고칠 수 있음.
• 부드러운 것이 강한 것을 이길 수 있음.
• 변방의 언어가 지배 언어를 반성시킬 수 있음.

📖 함께 읽으면 좋은 작품

〈설해목〉, 법정 / 부드러움의 강한 힘을 이야기하는 작품

약해 보이고 부드러운 것이 오히려 더 강한 힘을 발휘하기도 한다는 것을 보여 주는 작품이다. 대립적인 소재를 나열하여 부드러운 것이 억센 것보다 강하다는 깨달음을 전하고 있다는 점에서 이 글과 비교하여 읽어 볼 만하다. 🔗 **Link** 본책 52쪽

🔑 포인트 체크

> **제재** 총보다 강한 ☐☐의 사례를 제시하고 있다.
> **관점** 약한 것, 작은 것, 부드러운 것인 '꽃'이 강한 것, 큰 것, ☐☐적인 것인 '총'을 이길 수 있다고 생각한다.
> **표현** 글쓴이는 영상, ☐, ☐☐, 사진, 그림 등 다양한 매체의 자료들을 활용하여 주제를 전달하고 있다.

1 이 글에 대한 설명으로 가장 적절한 것은?
① 화제의 개념을 풀이하여 독자들의 이해를 돕고 있다.
② 시간적 흐름에 따른 화제의 변모 양상을 서술하고 있다.
③ 대상에 대한 감각적 묘사를 중심으로 내용을 전개하고 있다.
④ 여러 가지 글감을 일정한 기준에 따라 분류하여 설명하고 있다.
⑤ 다양한 분야의 사례들을 제시하여 글쓴이의 생각을 전달하고 있다.

2 [A]를 이 글과 연관지어 이해한 내용으로 적절하지 않은 것은?
① '방공호'는 전쟁으로 인한 폭력과 횡포를 겪고 있음을 나타내는군.
② '채송화 꽃씨'는 전쟁 통에도 꽃을 피울 수 있다는 희망을 나타내는군.
③ '그걸 어쩌란 말씀'을 통해 전쟁을 환상이나 낭만으로 여기고 있음을 알 수 있군.
④ '할머니의 노여움'은 '더 큰 총이 더 많은 사람을 죽'이는 데 대한 분노를 나타내는군.
⑤ '지구(地球)가 깨어져 없어'진다는 것은 '거친 남성, 어른의 폭력, 주류의 횡포'가 극에 달하는 상황을 나타내는군.

3 다음은 지현곤 작가의 〈병사와 꽃 3〉이다. 이 글의 내용을 고려할 때, 이 그림에 대한 설명으로 적절하지 않은 것은?

① 총을 든 군인은 전쟁 상황을 상징한다.
② 총보다 꽃이 강하다는 주제 의식을 드러내고 있다.
③ 장애를 극복하려는 작가의 삶의 태도가 담겨 있다.
④ 아이가 들고 있는 꽃 한 송이는 순수함을 상징한다.
⑤ 작고 부드러운 것이 크고 강한 것을 이기는 사례에 해당한다.

> **내신 적중**

4 이 글의 주제 의식을 고려하여 '총', '꽃', '시'의 관계에 대한 글쓴이의 생각을 50자 내외로 쓰시오.

더 읽을 작품

046 옥중에서 보낸 편지 – 어머님께 | 심훈 〔문학〕 천재(정) 〔독서〕 신사고

키워드 체크 #옥중 편지 #의지적 #어머니를 위로 #조국 광복에의 의지 #당당한 긍지와 자부심

교도소나 구치소에 갇힌 사람에게 음식, 의복, 돈 따위를 들여보냄.
어머니! / 오늘 아침에 차입해 주신 고의적삼을 받고서야 제가 이곳에 와 있는 것을
편지글의 대상. 돈호법   여름에 입는 홑바지와 저고리. 아들에 대한 걱정과 사랑을 나타내는 소재   감옥
집에서도 아신 줄 알았습니다. 잠시도 어머니의 곁을 떠나지 않던 막내둥이의 생사를
막내아들인 글쓴이를 가리킴.
한 달 동안이나 아득히 아실 길 없으셨으니 그동안에 오죽이나 애를 태우셨겠습니까?
어떻게 하면 좋을지 몰라 막막하게   자신 때문에 애를 태웠을 어머니를 걱정함.
저는 이곳까지 굴러 오는 동안에 꿈에도 생각지 못하던 고생을 겪었건만 그래도 몸
성히 배포 유하게 큰집에 와서 지냅니다. 고랑을 차고 용수는 썼을망정 난생처음으로
좌수들의 은어로, 교도소를 이르는 말   수갑   좌수의 얼굴을 보지 못하게 머리에 씌우는 둥근 통 같은 기구
자동차에다가 보호 순사가 앉히고 거들먹거리며 남산 밑에서 무학재 밑까지 내려
독립운동을 한 데에 대한 긍지와 자부심을 표현함.
긁는 맛이란 바로 개선문으로 들어가는 듯하였습니다.
▶ 독립운동(3·1 운동)을 하다 감옥에 갇힌 자신을 걱정하는 어머니를 안심시킴.
어머니! / 「날이 몹시도 더워서 풀 한 포기 없는 감옥 마당에 뙤약볕이 내리쪼이고, 주
계절적 배경   삭막한 감옥 풍경
황빛의 벽돌담은 화로 속처럼 달고 방 속에는 똥통이 끓습니다. 밤이면 가뜩이나 다리
도 뻗어 보지 못하는데, 빈대, 벼룩이 다투어 가며 진물을 살살 뜯습니다. 그래서 한 달
                                    「 」: 열악한 감옥 환경
동안이나 쪼그리고 앉은 채 날밤을 새웠습니다. 그렇건만 대단히 이상한 일이 있지 않
겠습니까? 생지옥 속에 있으면서 괴로워하는 사람이 하나도 없습니다. 누구의 눈초리
조국을 위해 독립운동을 했다는 강한 자부심으로 고통과 괴로움을 이겨 나감.
에도 뉘우침과 슬픈 빛이 보이지 않고 도리어 그 눈들은 샛별과 같이 빛나고 있습니다.
                            비유를 통해 사람들의 조국 독립에 대한 열망과 의지를 생생히 표현함.
더구나 노인네의 얼굴은 앞날을 점치는 선지자처럼, 고행하는 도승처럼 그 표정조
차 엄숙합니다. 날마다 이른 아침 전등불이 꺼지는 것을 신호 삼아 몇천 명이 같은 시
조국 독립을 염원하는 간절하고 진지한 자세
간에 마음을 모아서 정성껏 같은 발원으로 기도를 올릴 때면 극성맞은 간수도 칼자루
소리를 내지 못하며 감히 들여다보지도 못하고 발꿈치를 돌립니다.
신이나 부처에게 소원을 빎. 조국 독립을 위한 엄숙한 기도에 간수도 물러남.
▶ 감옥 안에 있지만 누구도 후회하지 않고 조국 독립을 위해 기도함.
어머니! / 어머니께서는 조금도 저를 위해 근심하지 마십시오. 지금 조선에서는 우
아들을 걱정하는 어머니를 안심시킴.
리 어머님 같으신 어머니가 몇천이요 또 몇만 분이나 계시지 않습니까? 그리고 어머
조선의 많은 청년들이 조국 독립을 위해 애쓰고 있음.
님께서도 이 땅의 이슬을 받고 자라나신 공로 많고 소중한 따님 중 한 분이시고, 저는
어머님보다 더 크신 어머님을 위해 한 몸을 바치려는 영광스런 이 땅의 사나이외다.
조국. 민족   조국의 독립을 위해 헌신하겠다는 태도
콩밥을 먹는다고 끼니때마다 눈물겨워하지도 마십시오. 어머님이 마당에서 절구에
메주를 찧으실 때면 그 곁에서 한 주먹씩 주워 먹고 배탈이 나던, 그렇게도 삶은 콩을
과거의 추억을 상기시켜 어머니를 위로하고 안심시킴.
좋아하던 제가 아닙니까? 한 알만 마루 위에 떨어지면 흘끔흘끔 쳐다보고 다른 사람
이 먹을세라 주워 먹는 것이 한 버릇이 되었습니다. [중략]
▶ 원래 콩을 좋아했으니 콩밥을 먹는 것을 걱정 말라며 어머니를 위로함.
어머니! / 며칠 동안 몰래 적은 이 글월을 들키지 않고 내어보낼 궁리를 하는 동안에
'편지'를 달리 이르는 말
비는 어느덧 멈추고 날은 오늘도 저물어 갑니다.
구름 걷힌 하늘을 우러러 어머니의 건강을 비올 때, 비 뒤의 신록은 담 밖에 더욱 아
름답사온 듯 먼 천(川)의 개구리 소리만 철창에 들리나이다.
▶ 어머니의 건강을 기원함.

키 포인트 체크

〔제재〕 이 글은 글쓴이가 〔 〕에 갇힌 자신을 걱정할 어머니를 안심시키기 위해 쓴 편지이다.

〔관점〕 〔   〕을 한 것을 후회하지 않으며, 조국을 위해 〔 〕하겠다는 포부를 드러내고 있다.

〔표현〕 〔   〕, 설의법, 직유법, 은유법 등을 활용하여 어머니를 위로하고, 조국 독립에 대한 의지를 드러
내고 있다.

답 감옥, 독립운동, 희생(헌신), 돈호법

047 헐려 짓는 광화문 | 설의식

키워드 체크 #신문 사설 #민족적 #철거되는 광화문 #광화문의 역사적 의미 #울분과 저항

헐린다, 헐린다 하던 광화문은 마침내 헐리기 시작한다. 총독부 청사(廳舍) 까닭으
로 헐리고 총독부 정책으로 다시 지어지리라 한다.
조선 총독부 건물을 지으려고 광화문을 헐게 됨.
▶ 일제에 의해 강제로 헐리는 광화문

원래 광화문은 물건이다. 울 줄도 알고, 웃을 줄도 알며, 노할 줄도 알고, 기뻐할 줄
도 아는 사람이 아니다. 밟히면 꾸물거리고 죽이면 소리치는 생물이 아니라, 돌과 나
무로 만들어진 건물이다.

의식 없는 물건이요, 말 못하는 물건이라, 헐고 부수고 끌고 옮기고 하되, 반항도 회
피도 기뻐도 설워도 아니한다. 『다만 조선의 하늘과 조선의 땅을 같이한 조선의 백성들
「 」: 광화문은 단순한 건물이 아니라 조선 백성의 역사와 울분, 한이 서린 건물임.
이 그를 위하여 아까워하고 못 잊어 할 뿐이다. 오백 년 동안 풍우(風雨)를 같이 겪은
조선의 자손들이 그를 위하여 울어도 보고 설워도 할 뿐이다.』

『석공의 망치가 네 가슴을 두드릴 때도 너는 앎이 없으리라마는, 뚜닥뚜닥 하는 소리를
「 」: 광화문을 의인화함.
듣는 사람이 가슴 아파하며, 역군(役軍)의 연장이 네 허리를 들출 때에 너는 괴로움이
공사장에서 일을 하는 사람
없으리라마는, 우지끈하는 소리를 듣는 사람이 허리를 저려 할 것을 네가 과연 아느
광화문 철거를 바라보는 조선 백성의 슬픔
냐, 모르느냐.』

팔도강산의 석재와 목재와 인재의 정수(精粹)를 뽑아 지은 [광화문아!] 돌덩이 하나
불순물이 섞이지 아니하여 깨끗하고 순수한 것 □: 돈호법
옮기기에 억만 방울의 피가 흐르고 기왓장 한 개 덮기에 억만 줄기의 눈물이 흘렀던
우리의 [광화문아!] 청태(靑苔) 끼인 돌 틈에 이 흔적이 남아 있고 풍우 맞은 기둥에 그
푸른 이끼
자취가 어렸다 하면, 너는 옛 모양 그대로 있어야 네 생명이 있으며, 너는 그 신세 그대
광화문에 담긴 역사적 의미와 자취를 생각할 때 광화문은 헐려서는 안 되는 우리 민족의 유산임.
로 무너져야 네 일생을 마친 것이다. [중략] ▶ 우리 역사에서 광화문이 지니는 의미와 가치

너의 천명과 너의 천직은 이미 없어진 지가 오래였거니와, 너의 생명과 너의 일생은
타고난 운명
지금 헐리는 순간에, 옮기는 찰나에 마지막으로 없어지려고 하는구나! 오오, 가엾어
한탄의 고조
라! 너의 마지막 운명을 우리는 알되 너는 모르니, 모르는 너는 모르고 지내려니와 아
광화문이 일제에 의해 헐림.
는 우리는 어떻게 지내라느냐.
광화문이 헐리는 것을 지켜보고 있을 수밖에 없는 것에 대한 비탄

총독부에서 헐기는 헐되 총독부에서 다시 지어 놓는다 한다. 그러나 다시 짓는 그 사
람은 상투 짠 옛날의 그 사람이 아니며, 다시 짓는 그 솜씨는 피 묻은 옛날의 그 솜씨가
광화문을 다시 짓는다 해도 광화문이 지닌 역사적 자취와 의미는 훼손되어 복구될 수 없음.
아니다. 하물며 이시이인(伊時伊人)의 감정과 기분과 이상(理想)이야 말하여 무엇하
그때 그 사람
라? 설의적 표현으로 한탄의 정서를 강조함.
▶ 광화문이 헐리는 것에 대한 한탄

다시 옮기는 그곳은 북악을 등진 옛날의 그곳이 아니며, 다시 옮기는 그 방향은 구궁
서울의 경복궁 북쪽에 있는 산 구중궁궐. 겹겹이 문으로 막은 깊은 궁궐이라는 뜻으로, 임금이 있는 대궐 안을 이르는 말
(九宮)을 정면으로 한 옛날의 그 방향이 아니다. 서로 보지도 못한 지가 벌써 수년이나
된 경복궁 옛 대궐에는 장림(長霖)에 남은 궂은비가 오락가락한다. 광화문 지붕에서
오래 계속되는 장마
뚝딱하는 망치 소리는 장안(長安)을 거쳐 북악에 부딪친다. 남산에도 부딪친다. 그리
「 」: 반복을 통해 광화문이 본래 모습을 잃는 것에 대한 울분을 강조함.
고 애달파하는 백의인(白衣人)의 가슴에도 부딪친다……』
흰옷 입은 사람이라는 뜻으로, '한민족'을 이르는 말 ▶ 광화문이 본래의 모습과 의미를 잃어버리는 것에 대한 울분

키 포인트 체크

제재 일제가 조선 총독부 건물을 짓기 위해 □□□을 철거한 사건에 대해 쓰고 있다.

관점 글쓴이는 일제에 의해 광화문이 철거되는 것에 대해 분노와 □□을 토해 내고 있다.

표현 의인법, 돈호법, 영탄법, □□□ 등 다양한 표현 방법을 사용하여 광화문 철거에 대한 아픔과 울
분을 드러내었다.

답 광화문, 울분, 설의법

핵심 정리

갈래 중수필, 신문 사설
성격 민족적, 저항적, 사회 참여적
제재 광화문의 철거
주제 광화문의 철거에 대한 분노와 저항
특징 ① 대상(광화문)을 의인화하여 말을 건네듯이
서술함.
② 민족적 울분을 정서적 애상이 아닌 힘 있는
분노로 표현함.
③ 돈호법, 영탄법, 설의법을 사용하여 글쓴이
의 울분과 한탄을 강조하여 나타냄.
출전 《동아일보》(1926)
작가 설의식(1900~1954) 언론인, 평론가. 동아일
보에 입사하여 사회부 기자, 주일 특파원, 편집
국장 등을 지냈다. 주요 저서로 《해방 이후》,
《해방 이전》, 《통일 조국》 등이 있다.

이해와 감상

이 글은 일제에 의해 강제로 헐리게 된 광화문에 대한
안타까운 심정을 표현한 신문 사설이다. 광화문은 조
선 시대 정궁인 경복궁의 정문이자 왕실과 국가의 권
위를 상징하는 문인데, 일제가 조선 총독부 청사를 짓
기 위해 강제로 헐어 옮겨 버렸다. 글쓴이는 팔도강산
의 석재와 목재와 인재의 정수를 뽑아 만들고, 많은
충신과 간신, 역사적 사건의 마디마디가 새겨져 있는
광화문의 헐림은, 단순한 건물의 헐림이 아니라, 우리
민족혼이 헐림이요, 훼손으로 파악하고 있다. 글쓴이
는 이렇듯 우리의 민족혼이 담긴 건물이 일제에 의해
말살되는 데 대한 울분을 강한 어조로 표현하고 있는
데 이는 이후에 이어질 저항을 상상할 수 있게 한다.

작품 연구소

〈헐려 짓는 광화문〉의 구성

처음	'광화문 철거'라는 화제 제시
중간	광화문에 서려 있는 민족의 한과 광화문의 역사적 의미
끝	광화문이 본래의 모습과 의미를 잃는 것에 대한 울분과 한탄

〈헐려 짓는 광화문〉에 쓰인 표현 방법

의인법	석공의 망치가 네 가슴을 두드릴 때도 ~ 네가 과연 아느냐, 모르느냐.
돈호법	• 팔도강산의 ~ 뽑아 지은 광화문아! • 돌덩이 하나 ~ 우리의 광화문아!
영탄법	오오, 가엾어라!
설의법	하물며 이시이인의 ~ 말하여 무엇하랴?

048 불국사 기행 | 현진건

키워드 체크 #기행 수필 #예찬적 #서사적 #불국사와 석굴암의 아름다움 #설화 삽입

제35대 경덕왕(景德王) 시절, 당시 재상 김대성은 왕의 명을 받들어 토함산 아래에 불국사를 이룩할새, 나라의 힘을 기울이고 천하의 명공을 모아들였는데, 그 명공 가운데는 멀리 당나라로부터 불러 내 온 젊은 석수 한 명이 있었다. 이 절의 중심으로 말하면 두 개의 석탑으로, 이 두 탑의 역사(役事)가 가장 거창하고 까다로웠던 것은 물론이다. 젊은 당나라 석수는 그 두 탑 중의 하나인 석가탑을 맡아 짓기로 되었다. [중략]

> 경북 경주시 불국동과 양북면 사이에 있는 산
> 기술이 뛰어난 장인(匠人)
> 석가탑과 다보탑
> 토목이나 건축 따위의 공사

▶ 석가탑을 짓기 위해 당나라에서 온 젊은 석수

수만 리 타국에 남편을 보내고 외로이 공규(空閨)를 지키던 그의 아내 아사녀(阿斯女)는 동으로 흐르는 구름에 안타까운 회포를 붙이다 못하여 필경 남편을 찾아 신라로 건너오게 되었다. 머나먼 길에 피곤한 다리를 끌고 불국사 문 앞까지 찾아왔으나, 큰 공역(工役)을 마치기도 전이요, 더러운 여인의 몸으로 신성한 절 문 안에 들어서지 못한다 하여 차디찬 거절을 당하고 말았다. / 절 문을 지키던 사람도 거절을 하기는 하였으되, 그 정상(情狀)에 동정하였음이리라. 아사녀에게 이르기를, / "여기서 얼마 아니 가면 큰못이 있는데, 그 맑은 물속에는 시방 짓는 절의 그림자가 뚜렷이 비칠지니, 그대 남편이 맡아 짓는 석가탑의 그림자도 응당 거기 비치리라. 그림자를 보아 역사가 끝나거든 다시 찾아오라." / 하였다.

> 오랫동안 남편 없이 아내 혼자서 사는 방
> 마음속에 품은 생각이나 정
> 토목이나 건축 따위의 일
> 불사를 건축할 때 외부인과 여인을 가까이하지 않았던 금기(禁忌)를 말함.
> 딱하거나 가엾은 상태
> 지금

▶ 남편을 찾아 신라로 왔으나 남편을 만나지 못한 아사녀

아사녀는 그 말대로 그 못가에 가서 전심전력으로 비치는 절 모양을 들여다보며 하루바삐, 아니 한시바삐 석가탑의 그림자가 나타나기를 기다리었다. 달빛에 흐르는 구름 조각에도 그는 몇 번이나 석가탑의 그림자로 속았으랴. 하루 이틀, 한 달 두 달, 일 년 이태, 지리하고도 조마조마한 찰나 찰나를 지내는 동안 절 모양이 뚜렷이 비치고, 다보탑이 비치고, 가고 오는 사람의 그림자도 비치건마는, 오직 자기 남편이 맡은 석가탑의 그림자는 찾으려야 찾을 길이 없었다. 사랑하는 아내가 멀리멀리 찾아왔다는 소식을 뒤늦게야 들은 당나라 석수는, 밤을 낮에 이어 마침내 역사를 마치고 창황히 못가로 뛰어왔건마는, 아내의 양자(樣姿)는 보이지 않았다. 그도 그럴 일, 아무리 못 속을 들여다보아도 석가탑의 그림자는 끝끝내 나타나지 않는 데 실망한 그의 아내는 남편의 이름을 부르며 그만 못 가운데에 몸을 던진 까닭이다. [중략]

> 설의법. 남편이 빨리 일을 마치기를 바라는 마음을 강조함.
> 지루하고도
> 밤에도 낮처럼 일을 하여
> 미처 어찌할 사이 없이 매우 급작스럽게
> 겉으로 나타난 모양이나 모습
> 석가탑을 무영탑(無影塔)이라고 부르는 이유를 알 수 있게 함.

▶ 남편을 기다리다 못에 몸을 던진 아사녀

오늘도 못가를 돌 때, 문득 못 옆 물가에 사람의 그림자가 아련히 나타났다. / "아, 저기 있구나!" / 하며 그는 이 그림자를 향해 뛰어들었다. 그러나 벌린 그의 팔 안에 안긴 것은 아내가 아니요, 사람이 아니요, 사람만 한 바위덩이다. 그는 바위를 잡은 찰나에 문득 제 눈앞에 나타난 아내의 모양을 길이길이 잊지 않으려고 그 바위를 새기기 시작하였다. 제 환상에 떠오른 사랑하는 아내의 모양은 다시금 거룩한 부처님의 모양으로 변하였다. 그는 제 예술로 죽은 아내를 살리고 아울러 부처님에게까지 천도하려 한 것이다. 이 조각이 완성되면서 자기 역시 못 가운데에 몸을 던져 아내의 뒤를 따랐다.

> 죽은 사람의 넋이 정토나 천상에 나도록 기원하는 일
> 아내를 잃은 슬픔을 종교적으로 승화함.

▶ 바위에 부처를 새기고 아내의 뒤를 따른 석수

포인트 체크

- **제재** 경주를 순례하고 쓴 수필로, ☐☐☐☐와 석굴암에 대한 ☐☐과 감상이 나타나 있다.
- **관점** 글쓴이는 불국사와 석굴암의 예술적인 아름다움에 대해 ☐☐☐ 태도를 취하고 있다.
- **표현** 석가탑을 지은 당나라 석수와 그의 처 아사녀에 대한 ☐☐를 삽입하여 석가탑의 예술성을 부각하고 있다.

답 불국사, 견문, 예찬적, 설화

🎯 핵심 정리

갈래 경수필, 기행 수필
성격 예찬적, 서사적, 감상적, 서정적
제재 불국사
주제 불국사와 석굴암의 예술적 아름다움 예찬
특징 ① 여정, 견문, 감상 등 기행문의 요소가 나타남.
② 여정에 따른 추보식 구성을 취함.
③ 시와 설화를 삽입하여 문학성을 높임.
출전 〈고도 순례 경주〉(1929)
작가 현진건(1900~1943) 소설가. 염상섭과 함께 사실주의 문학의 대표 작가로 단편 소설을 개척하는 데 힘썼다. 주요 작품으로 소설 〈운수 좋은 날〉, 〈빈처〉 등이 있다.

이해와 감상

이 글은 1929년 여름 글쓴이가 경주 지방을 여행하고 그해 《동아일보》에 연재한 〈고도 순례 경주〉 중 일부로, 글쓴이의 문학성이 돋보이는 기행 수필이다. 전체 구조는 경주 시내에서 불국사 가는 길, 불국사의 다보탑과 석가탑, 석굴암 가는 길의 치술령, 석굴암의 순서로 구성되어 있는데, 여정보다는 글쓴이의 견문과 감상을 중점적으로 소개하고 있다. 중간에 설화와 시조를 삽입하는 등 수필의 자유로운 형식을 극대화하고 있다. 또한 글쓴이의 소설적 상상력이 두드러지게 나타나며, 묘사의 치밀성이나 개성이 드러나는 문체 등 언어의 유창성이 돋보인다.

작품 연구소

시와 설화의 삽입과 그 효과

이 글에서는 석가탑 조성에 참여한 석수와 그의 아내 아사녀에 대한 설화를 삽입하여 석수의 예술적 열정을 부각하는 동시에 석수가 영지의 원불(願佛)을 조각하게 되는 필연성을 부여하고 있다. 이 외에도 글쓴이는 치술령에서 박제상의 의연한 죽음과 망부석이 된 그의 아내 이야기를 소재로 한 연시조를 창작하여 삽입하기도 하였다. 이는 이 글의 문학성을 높이는 데 기여하고 있다.

삽입 설화 분석

배경	• 시간 – 통일 신라 제35대 경덕왕 때 • 공간 – 토함산 아래 불국사
구성	내용상 이별과 만남, 소멸과 재생의 이원적 구조를 취함.
주제	사랑의 예술적·종교적 승화
특징	• 비극적 전설이면서 예술적으로 미화된 이야기임. • 예술과 사랑이라는 낭만적 제재를 다룸. • 외국인을 내세운 이색적 모티프를 취함.

▲ 불국사의 석가탑

049 조춘점묘(早春點描) – 공지(空地)에서 | 이상

키워드 체크 #비판적 #1930년대 서울의 모습 #진정한 공지가 없음 #각박해진 도시 문명

전략 부분의 내용 얼음이 아직 풀리기 전 어느 날 덕수궁 마당에서 글쓴이는 넓은 마당을 비워 둔 것을 의아해한다. 그러나 곧 연못에서 스케이팅을 하는 사람들을 보고는 덕수궁의 마당이 일시적인 공지였음을 생각하고, 연못의 주인인 금붕어들이 사람들 때문에 골치를 앓고 있을 것이라고 생각한다.

그날 황혼 천하에 공지 없음을 한탄(恨歎)하며 뉘 집 이층에서 저물어 가는 도회를 내려다보고 있었다.

그때 실로 덕수궁 연못 같은 날만 따뜻해지면 제 출몰에 해소(解消)될 엉성한 공지와는 비교가 안 되는 참 훌륭한 공지를 하나 발견하였다.

×× 보험 회사 신축 용지라고 대서특서한 높다란 판장(板墻)으로 둘러막은 목산(目算) 범 천 평 이상의 명실상부의 공지가 아닌가.

잡초가 우거졌다가 우거진 채 말라서 일면(一面)이 세피아 빛으로 덮인 실로 황량한 공지인 것이다. 입추(立錐)의 여지가 가히 없는 이 대도시 한복판에 이런 인외경(人外境)의 감(感)을 풍기는 적지 않은 공지가 있다는 것은 기적 아닐 수 없다.

인마(人馬)의 발자취가 끊인 지 — 아니 그건 또 처음부터 없었는지도 모르지만 — 오랜 이 공지에는 강아지가 서너 마리 모여 석양의 그림자를 끌고 희롱한다. 정말 공지 — 참말이지 이 세상에는 인제는 공지라고는 없다. 아스팔트를 깐 뻔질한 길도 공지가 아니다. 질펀한 논밭, 임야, 석산, 다 아무개의 소유답(所有畓)이요, 아무개 소유의 산갓이요, 아무개 소유의 광산인 것이다. 생각하면 들에 나는 풀 한 포기가 공지에 뿌리를 내리지 못한다. 이치대로 하자면 우리는 소유자의 허락이 없이 일보(一步)의 반보(半步)를 어찌 옮겨 놓으리오. 오늘 우리가 제법 교외로 산보도 할 수 있는 것은 아직도 세상인심이 좋아서 모두들 묵허(默許)를 해 주니까 향유할 수 있는 사치다. 하나도 공지가 없는 이 세상에 어디로 갈까 하던 차에 이런 공지다운 공지를 발견하고 저기 가서 두 다리 쭉 뻗고 누워서 담배나 한 대 피웠으면 하고 나서 또 생각해 보니까 이것도 역시 ×× 보험 회사가 이윤을 기다리고 있는 건조물(建造物)인 것을 깨달았다. 다만 이 건조물은 콘크리트로 여러 층을 쌓아 올린 것과 달리 잡초가 우거진 형태를 하고 있을 뿐인 것이다.

봄이 왔다. 가난한 방 안에 왜꼬아리 분(盆) 하나가 철을 찾아서 요리조리 싹이 튼다. 그 닷곱 한 되도 안 되는 흙 위에다가 늘 잉크병을 올려놓고 하다가 싹트는 것을 보고 잉크병을 치우고 겨우내 그대로 두었던 낙엽을 거두고 맑은 물을 한 주발 주었다. 그리고 천하에 공지라곤 요 분 안에 놓인 땅 한 군데밖에는 없다고 좋아하였다. 그러나 두 다리를 뻗고 누워서 담배를 피우기에는 이 동글납작한 공지는 너무 좁다.

키 포인트 체크

- **제재** 모든 것에 □□□가 있어 진정한 공지가 사라진 도시 공간에 대해 이야기하고 있다.
- **관점** 글쓴이는 여유와 휴식을 누릴 수 있는 □□가 없는 도회지에 아쉬움과 □□□□을 느끼고 있다.
- **표현** 보험 회사 신축 용지에서 공지를 찾았던 경험을 통해 소유욕이 가득 찬 도시 공간에 대한 □□□ 인식을 드러내고 있다.

답 소유자, 공지, 안타까움, 비판적

핵심 정리
갈래 경수필
성격 독백적, 체험적, 비판적
제재 도회지의 공지
주제 개인적 휴식 공간을 주지 않는 도시 문명에 대한 비판
특징 소유욕과 이윤 추구로 각박해진 도시 문명에 대한 비판을 드러냄.
출전 《매일신보》(1936)
작가 이상(본책 24쪽 참고)

이해와 감상

이 글은 텅 빈 덕수궁과 스케이트장이 된 궁 안 연못, 건물이 빽빽이 들어선 1930년대 서울의 모습에 대한 글쓴이의 비판적인 상념을 서술한 수필이다. 글쓴이는 문명화된 도회지의 공간이 모두 누군가의 소유물이 되어 이윤 추구의 대상이 되어 버린 상황, 더 이상 진정한 공지가 남아 있지 않은 현실을 안타까워하고 있다. 이러한 인식에는 자본주의화에 따라 개인의 인간다운 삶이 더욱더 어려워진 일제 강점기 조선의 실상에 대한 예리한 통찰이 담겨 있다. 그런 점에서 이 글은 글쓴이의 감성과 지성이 통합되어 나타난 문명 비판적 수필로 볼 수 있다.

작품 연구소

글쓴이가 발견한 '공지'와 이에 대한 글쓴이의 생각

×× 보험 회사 신축 용지	×× 보험 회사가 이윤을 기다리고 있는 건조물임.
글쓴이의 방에 있는 왜꼬아리 분	두 다리를 뻗고 누워 담배를 피우기에는 너무 좁음.

→ 진정한 공지가 남아 있지 않은 도시 문명에 대한 안타까움과 비판

글쓴이의 바람과 도회지 상황 간의 부조화

글쓴이의 바람	도회지의 상황
빈 공간에서 자유와 여유를 즐기고 싶음.	이윤을 위해 모든 공간이 누군가의 소유물이 됨.

자료실

조춘점묘
〈조춘점묘〉는 이상이 1936년 3월 3일부터 26일까지 《매일신보》에 연재한 수필이다. '조춘(早春)'은 이른 봄을, '점묘(點描)'는 인물이나 사물의 전체를 묘사하지 아니하고 그 작은 부분을 각각 떼어서 따로따로 묘사하는 일을 의미한다. 〈보험 없는 화재〉, 〈단지한 처녀〉, 〈차생윤회〉, 〈공지에서〉, 〈도회의 인심〉, 〈골동벽〉, 〈동심행렬〉로 이루어져 있다.

050 신록 예찬 | 이양하

키워드 체크 #예찬적 #사색적 #신록의 아름다움 #인생의 의미 성찰

전략 부분의 내용 자연이 베풀어 주는 혜택을 예찬하며 그중에서도 가장 아름답게 나타나는 것이 5월임을 말한다.

　나는 오늘도 나의 문법이 끝나자 큰 무거운 짐이나 벗어 놓은 듯이 옷을 훨훨 털며 *(문법 강의)* 본관 서쪽 숲 사이에 있는 나의 자리를 찾아 올라간다. 나의 자리래야 솔밭 사이에 있는 겨우 걸터앉을 만한 조그마한 소나무 그루터기에 지나지 못하지마는 오고 가는 여 *(글쓴이가 자연과 함께하며 여유를 누리는 시간을 갖는 곳)* 러 동료가 나의 자리라고 명명하여 주고 또 나 자신이 소나무 그루터기에 앉아 솔잎 사이로 흐느끼는 하늘을 우러러볼 때 하루 동안에도 가장 기쁜 시간을 가질 수 있으므로 시간의 여유 있을 때마다 나는 한 큰 특권이나 차지하는 듯이 이 자리를 찾아 올라 *(신록의 경치를 누리는 글쓴이의 기쁨을 단적으로 드러냄.)* 와 하염없이 앉아 있기를 좋아한다. 물론 나에게 멀리 군속을 떠나 고고한 가운데 처 *(세상 사람들을 멀리하여)* 하기를 원하는 선골(仙骨)이 있다거나 또는 나의 성미가 남달리 괴곽하여 사람을 싫어 *(신선다운 면모)* 한다거나 하는 것은 아니다. 나는 역시 사람 사이에 처하기를 즐거워하고 사람을 그리 워하는 갑남을녀(甲男乙女)의 하나요, 또 사람이란 모든 결점에도 불구하고 역시 가 *(갑이란 남자와 을이란 여자라는 뜻으로, 평범한 사람들을 이르는 말)* 장 아름다운 존재의 하나라고 생각한다. 그리고 또 사람으로서도 아름다운 사람이 되려면 반드시 사람 사이에 살고 사람 사이에서 울고 웃고 부대껴야 한다고 생각한다. 그러나 이런 때 — 푸른 하늘과 찬란한 태양이 있고 황홀한 신록이 모든 산 모든 언덕 *(자연의 아름다움을 만끽할 수 있는 5월)* 을 덮는 이때 기쁨의 속삭임이 하늘과 땅, 나무와 나무, 풀잎과 풀잎 사이에 은밀히 수 수(授受)되고, 그들의 기쁨의 노래가 금시에라도 우렁차게 터져 나와 산과 들을 흔들 *(물품을 주고받음.)* 듯한 이러한 때를 당하면, 「나는 곁에 비록 친한 동무가 있고 그의 아름다운 이야기가 *(「 」: 자연의 아름다움에 몰입하고 동화되고 싶은 글쓴이의 마음을 강조함.)* 있다 할지라도 이러한 자연에 곁눈을 팔지 아니할 수 없으며, 그의 기쁨의 노래에 귀 를 기울이지 아니할 수 없게 된다.」 그리고 또 어떻게 생각하면 우리 사람이란 — 세속 *(자연의 아름다움)* 에 얽매여 머리 위에 푸른 하늘이 있는 것을 알지 못하고, 주머니의 돈을 세고 지위를 생각하고 명예를 생각하는 데 여념이 없거나, 또는 오욕 칠정(五欲七情)에 사로잡혀 *(이해타산에 밝고 물욕에 이끌리는 생활)* 서로 미워하고 시기하고 질투하고 싸우는 데 마음의 영일(寧日)을 갖지 못하는 우리 사람이란 어떻게 비소(卑小)하고 어떻게 저속한 것인지 결국은 이 대자연의 거룩하고 *(일이 없이 평화스러운 날)* 아름답고, 영광스러운 조화를 깨뜨리는 한 오점 또는 한 잡음밖에 되어 보이지 아니하 *(보잘것없이 작고)* *(자연의 거룩함, 아름다움과 대비되는 인간의 비속함을 표현함.)* 여 될 수 있으면 이러한 때를 타 잠깐 동안이나마 사람을 떠나 사람의 일을 잊고, 풀과 나무와 하늘과 바람과 한가지로 숨 쉬고 느끼고 노래하고 싶은 마음을 억제할 수가 없다. *(세속의 일을 잊고 자연과 동화되고 싶어 하는 글쓴이의 태도가 드러남.)*
▶ 잠시나마 세속을 떠나 자연에 동화되고 싶음.

후략 부분의 내용 글쓴이는 신록에는 우리의 마음에 참다운 기쁨과 위안을 주는 힘이 있다며, 신록의 아름다움을 예찬한다.

포인트 체크

제재 5월의 ☐☐ 속에서 자연의 아름다움을 만끽하는 즐거움을 이야기하고 있다.

관점 글쓴이는 대자연의 거룩함과 아름다움을 ☐☐하며 인간 사회의 현실을 소소하고 비속한 것으로 여기고 있다.

표현 자연과 대비되는 인간의 비속함을 ☐☐ 또는 ☐☐으로 표현하면서, 잠깐이나마 자연과 동화되고 싶은 소망을 나타내고 있다.

답 신록, 예찬, 오점, 잡음

핵심 정리

갈래 경수필
성격 낭만적, 예찬적, 사색적
제재 5월의 신록
주제 신록의 혜택과 아름다움, 아름다운 자연에 몰입하고 동화되고 싶은 소망
특징 ① 자연과 인간을 대비함.
② 서술과 묘사를 적절히 배합함.
③ 비유법과 대조법을 구사하며 표현의 미를 살림.
출전 《조선일보》(1937)
작가 이양하(본책 36쪽 참고)

이해와 감상

이 글은 5월의 신록을 보며 자연과 인간에 대해 사색하고, 자연에 동화되고 싶은 마음을 표현한 수필이다. 글쓴이는 오월의 하늘을 배경으로 신록의 숲에서 올려다본 푸른 잎사귀들을 보며, 자연의 아름다움에 매료된 자신의 심경을 드러내고 있다. 글쓴이는 신록을 통해 번잡한 세상에서 잠시라도 떠나 순수하고 맑은 아름다움을 누리고 싶으며, 모든 초록이 다 좋으나 유독 자신이 좋아하는 것은 청신하고 발랄한 담록이라는 주장으로 글을 끝맺고 있다. 자연 현상에서 느낀 정서적인 체험에 충분한 사색이 곁들여지면서, 인생에 대한 깊고 확고한 태도와 자연에 대한 심미안적 통찰력이 드러나고 있는 글이다.

작품 연구소

인간 사회와 자연의 대비

이 글에서 글쓴이는 자연이 주는 혜택과 아름다움을 예찬하고 인간의 가치를 자연보다 비속한 것으로 보고 있다. 또한 오월의 신록에서 경이로움을 발견하고 현실에서 잠시 벗어나 자연과의 일체감을 맛본다. 이것은 인간 사회에 대한 부정을 의미하는 것은 아니지만, 이 글에서 글쓴이는 자연의 아름다움이 인간의 아름다움에 앞선다고 생각하고 있다. 글쓴이가 자연과 인간 사회를 대조하며 자연을 예찬하는 것은, 곧 지위와 명예에 집착하는 인간의 세속적 면모를 성찰하게 하는 의미를 지닌다고 볼 수 있다.

표면적 의도 신록의 혜택과 아름다움 예찬
이면적 의도 인간의 세속적인 삶의 태도 반성 촉구

051 귀거래 – 다도해기 6 | 정지용

키워드 체크 #사실적 #예찬적 #한라산 백록담 #해소녀 #해소녀와의 대화 #인어 같은 해소녀

가 해발 1950미터요 이수(里數)로는 60리가 넘는 산 꼭두에 천고(千古)의 신비를 감추고 있는 백록담(白鹿潭) 푸르고 맑은 물을 곱비도 없이 유유자적하는 목우(牧牛)들과 함께 마시며 한나절 놀았습니다. 그러나 내가 본래 바닷이야기를 쓰기로 한 것이오니 섭섭하오나 산의 호소식(好消息)은 할애하겠습니다. 혹은 산행(山行) 120리에 과도히 축항 부두로 한낮에 돌아다닐 적에도 여태껏 풍란(風蘭)의 향기가 코에 알른거리는 것이오, 고산식물(高山植物) 암고란(巖高蘭) 열매(시레미)의 달고 신맛에 다시 입안이 고이는 것입니다. 깨끗한 돌 위에 배낭을 베개 삼아 해풍을 쏘이며 한숨 못 잘 배도 없겠는데 눈을 감으면 그 살찌고 순하고 사람 따르는 고원의 마소들이 나의 뇌수(腦髓)를 꿈과 같이 밟고 지나며 꾀꼬리며 회파람새며 이름도 모를 진기한 새들의 아름다운 소리가 나의 귀를 소란하게 하는 것이 아닙니까.

> ▶ 신비로운 풍경을 만나면서 한라산을 등반함.

나 우리는 축항을 달리 돌아 한편에서 해녀라기보담은 해소녀 일단을 찾아냈으니 호—이 휘파람 소리(물속에서 나오면 호흡에서 절로 휘파람 소리가 난다.)에 두름박을 동실동실 띄우고 푸른 물속을 갈매기보다도 더 재빨리 들고 나는 것입니다. 제주에 온 보람을 다 찾지 않았겠습니까. 물속에 드는 시간이 대개 이삼십 초 가량이요 많아야 일 분 동안인데 나올 적마다 청각 미역 소라 등속을 훔켜들고 나오는 것입니다. 그러면서 떠들며 이야기하며 하는 것이니 우리는 그들이 뭍으로 기어 올라오기를 기다리고 있었던 것입니다. 열육칠 세쯤 되어 보이는 해녀들이 인어와 같은 모양을 하고 올라오는 것입니다. [중략] 실로 미려하게 발달된 품이 스포츠나 체조로 얻은 육체에 비길 배가 아니었습니다. 그리고도 천진한 부끄럼을 속이지 못하여 뺨을 붉히는 것입니다. 우리는 그중에 한 소녀를 보고 그것(잠수경)을 무엇이라고 하느냐고 물으니까 "거눈이우다." 안경을 '눈'이라고 하니 해녀는 눈을 넷을 갖고 소라와 전복과 조개가 기어 다니며 미역과 청각이 푸르고 산호가 붉은 이상스런 삼림 속으로도 몇 차례씩 나가려는 것입니다. 하도 귀엽기에 소녀의 육안을 손가락으로 가리키며 저 눈은 무슨 눈이라고 하노 하니깐, / "그눈이 그눈이고 그눈이 그눈입주기 무시거우깡?"

소녀는 혹시 성낸 것이나 아니었을까? 그러나 내가 웃어 버리니깐 소녀도 바로 웃었습니다. 물론 물에서 금시 잡아 내온 인어처럼 젖어 서서 있는 것이었습니다. 소라와 같이 생기었으나 그보다 적은 것인데 꾸정이라고 이릅니다. 하나에 얼마냐고 물으니, "일 전(一錢)마씸." / 이것을 어떻게 먹는 것이냐고 물으니, / "이거 이제 곧 깡먹으면 맛좋수다." / 까 주기만 할 양이면 반드시 먹으라고 벼르고 있노라니 소녀는 돌멩이로 꾸정이를 깨어 알맹이를 손톱으로 잘 바라서 두 손으로 공손히 바치며, / "얘 — 이거 먹읍서." / 맛이 좋고 아니 좋고 간에 우리는 얼굴을 찡그리어 소녀들의 고운 대접을 무색하게 할 수가 없었습니다.

> ▶ 해소녀에게서 순수함과 인어와 같은 신비함 등의 아름다움을 느낌.

키 포인트 체크

제재 한라산을 오르면서 느낀 정서와 제주의 ☐☐☐들에게서 받은 인상과 느낌을 나타내고 있다.

관점 글쓴이는 제주의 해소녀에 대해 ☐☐적 태도를 지니고 있다.

표현 제주도 ☐☐이 쓰인 대화를 직접 인용하여 제시함으로써 생생한 현장감을 전달하고 있다.

답 해소녀, 예찬, 방언

이해와 감상

이 글은 글쓴이가 제주도의 한라산과 바닷가를 여행하면서 겪은 경험과 느낌을 드러낸 기행 수필이다. 여행 경로에 따라 여행의 감흥을 잘 드러내었으며, 제주도 방언을 사용하는 현지인들과 나눈 대화를 인용하여 여행지의 생생한 현장감을 전달하고 있다. 또한 경어체를 사용하여 정중하고 친근한 태도를 드러낸 것도 특징이다.

내용 면에서 제주의 '해소녀'에 대한 깊은 인상을 자세하게 나타내었는데, 특히 '해소녀'를 인어처럼 여겨 이국녀에 대한 신비함을 드러내었다. 또한 '해소녀'를 보고 싱그러움, 풋풋함, 순수함, 공손함 등을 느껴 '해소녀'에 대한 내적, 외적 아름다움을 모두 드러내고 있다. 이는 글쓴이가 '해소녀'에 대해 예찬적 태도를 나타낸 것이라고 할 수 있다.

작품 연구소

감각적 이미지를 활용한 묘사

후각적	풍란의 향기가 코에 알른거리는 것
미각적	암고란 열매(시레미)의 달고 신맛
청각적	꾀꼬리며 회파람새며 이름도 모를 진기한 새들의 아름다운 소리

↓

다양한 감각적 이미지를 활용하여 산에 오른 즐거움을 생동감 있게 묘사함.

글쓴이가 해소녀들에게서 받은 인상

외적 인상	• 갈매기보다 빠른 수영 솜씨 • 능숙한 물질로 각종 해산물을 쉽게 채취함. • 인어와 같은 신비로운 모습 • 물질로 만들어진 건강하고 아름다운 몸매
내적 인상	• 천진하고 순수함. • 부끄러움을 지님. • 화를 내지 않고 미소를 지음. • 친절함과 공손함.

052 선부 자화상 | 김용준

문학 지학사

키워드 체크 #신변잡기적 #외모에 대한 긍정적 인식 #선량한 삶을 추구 #타인의 평가를 겸손하게 수용

원고를 써 달라는 족족 시치미를 딱 떼고 거절하는 판에 여성지에서 하필 왈, 자화상
을 그려 달란다. / 그 목적이 나변(那邊)에 있는지를 족히 짐작하는지라 이번에 또 거
_{어느 곳 또는 어디}
절을 하는 날이면 제 얼굴이 "추남이 되어 저러는 게로구나." 할 테니 옜다 보아라 "추
남이라고 자랑 못할 날까 보냐." 하고 튀어 나설 나인 줄을 알아차린 눈치 빠른 편집자
씨의 약은 꾀에 안 넘어가려다가 기어이 내가 또 넘어가는구나.
▶ 자화상을 그려 달라는 한 여성지의 부탁에 응하게 됨.

기왕 내친 걸음이니 내 얼굴 자랑이나 좀 해 보자꾸나. 나는 원래 순후(純厚)하고 면
장(面長)하고 안심(顏深)하고 비고(卑高)한 분이니, 나쁘게 말하자면 톨스토이 같고,
좋게 말하자면 해중(海中)에서 솟아오른, 문인(文人)·묵객(墨客)이 애무(愛撫)하는
괴석(怪石)과 같다. 『 』: 자신의 외모에 대한 긍정적 인식을 유머러스하게 드러냄.

한때 유학생 시대에는 동경 일판에 내 코는 몰리에르 코 같다고 자못 평판이 자자하
였던 코라 지금도 끔찍이 내가 사랑하는 코다. 남들은 어떻게 볼는지 모르지만 나는
거울을 놓고 내 얼굴의 이모저모를 아무리 뜯어보아도 그저 좋기만 하다.

더구나 요즈음은 여름에 빨갛게 깎았던 머리가 수더분하게 길어 오르고 코밑 턱 밑
의 수염이 제법 고전풍으로 어울려서, 다른 분은 실례의 말씀으로 이 수염을 보시고
_{성질이 까다롭지 아니하여 순하고 무던함}
욕 꽤나 할는지 모르나 내 눈에는 이 수염처럼 내 적막(寂寞)한 심사를 위로해 주는 것
은 없다. ▶ 자신의 외모에 대한 긍정적 인식을 드러냄.
_{자신의 외모에 대한 만족감}

내 얼굴에서 군이 결점을 잡아내자면 양미간이 좁고 찌부러져서 보는 이는 속이 빽
_{글쓴이의 외모의 결점}
빽하다 하겠으나 기실은 내 속이 빽빽한 것이 아니요 미간의 좁은 내 심저(心底)에 깊
이 숨은 우울이 나타난 것이다. / 그러나 나는 이 우울이 나로 하여금 그림을 그리게 하
_{마음의 밑바닥}
고 글을 읽게 하며 부단히 내 불량심을 바로잡아 주는 것이 아닌가 한다.
_{외모의 결점도 긍정적으로 인식하는 태도가 드러남.}
▶ 얼굴에 나타난 우울 역시 자신의 마음을 바로잡아 주는 긍정적 작용을 함.

나는 어느 좌석에서 희한하게도 통쾌한 호(號) 하나를 얻었으니 왈 선부(善夫)라.
_{글쓴이의 호}

평생에 소원이 어찌하였으면 선량하게 살아 볼까 하는 것이었는데, 그러면서 늘 나
_{글쓴이가 추구하는 삶의 태도}
는 양심에 거리끼는 일을 가끔 저지르고 그러고는 곧 참회하곤 하였다. 하다못해 이름
하나만이라도 선(善) 자를 넣어 볼까 하던 차에 별안간 선부란 이름이 튀어나왔다.

그러나 막상 선부 하고 부르고 보니 내가 과연 선 자를 놓을 만한 잽이가 되는가 싶
어서 마음이 움츠러진다. 선부가 부당하면 불선부(不善夫)도 좋다. 어느 친구나 나를
_{'선부'라는 호에 대한 부담감, 반성}
불선부라 부른 것은 결코 섭섭히 생각지 않는다.
_{자신의 삶에 대한 평가를 겸손하게 받아들임.}
▶ 자신이 '선부(善夫)'라는 호를 가질 만한 사람인지를 성찰함.

이제까지 내 자랑을 하기는 했으나 자화상을 보니 나도 그 추남임에는 정이 떨어진
_{자신의 외모에 대해 자랑했지만, 막상 그려 놓은 자화상을 보니 추남임. → 독자의 웃음 유발}
다. / 아내가 늘 "저런 인 줄 알았으면 시집을 아니 올걸" 하는 고충을 내가 모르는 바
아니다. / 그리고 편집자 씨가 내 얼굴을 장사하려는 현명(賢明)도 잘 알기 때문에 이
제 일필휘지(一筆揮之) 내 얼굴이 지상(紙上)에 재현된 것이다.
_{글씨를 단숨에 죽 내리 씀.}
▶ 여성지에 실을 자화상을 보고 스스로를 추남이라고 이야기함.

키 포인트 체크

제재 글쓴이는 □□□을 그려 달라는 잡지사의 부탁을 받고 자신의 □□과 선부라는 호에 대한 여
러 상념을 떠올리고 있다.

관점 글쓴이는 □□하게 살고자 하지만, 잘되지 않아 반성하고 있다.

표현 글쓴이는 내내 외모에 대한 자랑을 하다가 끝에 가서 자신을 추남이라고 칭하여 □□을 유발한다.

답 자화상, 얼굴, 선량, 웃음

🎯 **핵심 정리**

갈래 경수필

성격 주관적, 성찰적, 신변잡기적

제재 나의 외모와 '선부'라는 호에 대한 상념

주제 자화상과 '선부'라는 호를 통해 돌아본 자신의
삶에 대한 상념

특징 ① 자신의 외모에 대한 긍정적인 인식을 유머러
스하게 드러냄.
② '선부'라는 호와 관련한 생각을 드러내며, 자
신이 추구하는 삶의 자세를 밝힘.

출전 《여성》(1939)

작가 김용준(본책 34쪽 참고)

이해와 **감상**

이 글은 자화상을 그리면서 떠오른 글쓴이 자신에 대
한 여러 상념을 서술한 수필이다. 글쓴이는 자신의 얼
굴의 이모저모를 관찰하며 만족감을 드러내고 있으며
이를 유머러스하게 표현하고 있다. 그러나 자신이 '선
부'라는 호를 얻게 된 이야기를 하면서부터 글쓴이의
태도가 변하고 있다. 글쓴이는, 선량하게 살아가고자
하지만 이를 잘 실천하지 못해 참회를 반복하는 자신
의 모습을 돌아보며, 사람들이 자신을 선부라고 부르
지 않는다고 해도 받아들이겠다고 말하고 있다. 즉,
글쓴이는 자신의 삶을 비춰 주는 자신의 얼굴에 대해
스스로는 만족하지만, 타인이 보았을 때는 그렇지 않
을 수도 있다는 것을 겸손하게 인정하고 있는 것이다.
그러면서 마지막에는 '자화상을 보니 나도 그 추남임
에는 정이 떨어진다.'라고 고백하고 자신에 대한 아내
의 고충과 불만을 제시하여 독자의 웃음을 자아내며
글을 마무리하고 있다.

작품 **연구소**

글쓴이의 성찰 과정

외모	호
• 자신의 얼굴을 자랑함. • 외모의 결점마저도 장점으로 승화시킴.	자신이 선부(善夫)라는 호로 불릴 만한 사람인지에 대해 생각함.

↓

자기애를 바탕으로 꾸밈없이 정직하게, 그리고
선량하게 살고자 하는 의지를 드러냄.

053 계절의 오행 | 이육사

키워드 체크 #의지적 #저항적 #눈물을 흘리지 않는 사람 #금강심 대 유언 #부끄럽지 않은 시

눈물을 흘리지 않는 사람이 되리라고 배워 온 것이 세 살 때부터 버릇이었나이다. 그
_{어머니의 가르침}
렇다고 이 버릇을 팔십까지 지킨다고는 아예 말하지도 않습니다. 그야 지금 내 눈앞에
_{평생 동안, 죽을 때까지}
얼마나 기쁘고 훌륭하고 착한 것이 있을지도 모르면서 그대로 자꾸만 살아가는 판이
_{모양이니}
니 어쩌면 눈이 아슬아슬하고 몸서리나고 악한 일인들 없다고 하겠습니까? 차라리 그
_{몹시 싫거나 무서워서 몸이 떨리고}   _{설의법. '있다'는 의미}
것은 그 악한 맛에 또는 빛에 매력을 느끼고 도취되어 갈는지도 모르는 것입니다. 그
_{어떠한 것에 마음이 쏠려 취하다시피 되어}
래서도 눈물을 흘리지 않는 사람이 된다면 그 또한 어머님의 가르침을 저버리지 않은
_{그렇게 해서라도}
방편이라고 하오리까? 만은 내 일찍이 눈물을 흘리지 않는 사람이 되려고 마음먹어
_{설의법. '방편이 된다.'는 의미}   _{자기 나름대로의 생각이나 기준}
본 열다섯 애기 시절은 '수신제가치국평천하(修身齊家治國平天下)'의 도(道)를 다 배
_{자기 몸을 다스린 뒤, 가정을 다스린 뒤, 나라를 다스린 뒤, 천하를 다스린다.}
웠다고 스스로 들떠서 남의 입으로부터 '교동(驕童)'이란 기롱(譏弄)까지도 면치 못하
_{교만한 아이}   _{실없는 말로 놀림}
였건마는 어쩐지 이 시절이 되면 마음 한편이 허전하고 무엇이 모자라는 것만 같아 발
길은 저절로 내 동리 강가로만 가는 것이었습니다. [중략]
_{낙동강}
_{마을. 여기서는 이육사의 고향인 '안동'을 가리킴.}   ▶ 어릴 때부터 '눈물을 흘리지 않는 사람'이 되고자 함.
　지구가 생겨서 몇 억만 년 사이 모진 풍상에 겨우 풍화 작용으로 모래가 되고 그 위
_{바람과 서리}
에 푸른 매태와 이끼가 덮인 이 척토(瘠土)에 '생명의 기원'의 원형 같은 그곳의 노주
_{이끼}   _{메마른 땅}   _{이육사가 언젠가 한 번 찾아갔던 화전민 부락}
민(老注民)들과 한데 살면서 태양과 친히 회화를 하는 것으로 심심풀이를 하고 살아
_{늙은 주민들}   _{대화를 나누는}
가며 온갖 고독이나 비애를 맛볼지라도, '시 한 편'만 부끄럽지 않게 쓰면 될 것을 그래
_{부끄럽지 않은 시를 쓰고자 하는 이육사의 바람}
이것이 무엇이겠소. 날에 날마다 거리를 나가는 내 눈동자는 사람들의 얼굴을 향하여
고양이 눈깔처럼 하루에 몇 번씩 변해지는 것이오. 아무리 거슬리는 꼴을 보아도 얼굴
_{사람에 따라 다른 반응을 보임.}
에 드러내지 않는다는 것이 군자의 도량이라고 해서 사랑하는 것은 아니오. 그 군자란
_{사물을 너그럽게 용납하여 처리할 수 있는 넓은 마음과 깊은 생각}
말 속에 얼마나 한 무책임과 무관심이 반죽이 되어 있는 것을 알고는 있는 것이오.
_{무책임과 무관심이 섞여 있는 '군자'라는 말에 대한 비판적 태도}   ▶ 오직 '부끄럽지 않은 시' 한 편을 쓰고자 함.
　그러나 시인의 감정이란 얼마나 빠르고 복잡하다는 것을 세상치들이 모르는 것뿐이
_{이 세상 사람들}
오. 내가 들개에게 길을 비켜 줄 수 있는 겸양을 보는 사람이 없다고 해도 정면으로 달
려드는 표범을 겁내서는 한 발자국이라도 물러서지 않으려는 내 길을 사랑할 뿐이오.
_{억압적인 일제 강점기 혹은 일제의 탄압}   _{일제의 탄압에 저항하고자 하는 단호한 의지}   _{저항시를 쓰는 것}
그렇소이다. 내 길을 사랑하는 마음, 그것은 나 자신에 희생을 요구하는 노력이오. 이래
_{저항시를 쓰는 것은 자기희생이 따르는 어려운 일.}
서 나는 내 기백을 키우고 길러서 금강심(金剛心)에서 나오는 내 시를 쓸지언정 유언
_{어떤 유혹에도 움직이지 않는 견고한 마음. 유언을 대신하는 삶의 최종적 언어}   _{'금강심'과 대조되는 말}
은 쓰지 않겠소. 그래서 쓰지 못하면 죽어 광석이 되어 내가 묻힌 척토를 향기롭게 못
_{'금강심에서 나오는 시'를 쓰지 못하면}
한다한들 누가 말하리오. 무릇 유언이라는 것을 쓴다는 것은 팔십을 살고도 가을을 경
험하지 못한 속배(俗輩)들이 하는 일이오. 그래서 나는 이 가을에도 아예 유언을 쓰려
_{인생의 원숙함에 이르지 못한 속된 사람들}
고는 하지 않소. 다만 나에게는 행동의 연속만이 있을 따름이오, 행동은 말이 아니고,
_{정신적으로 이겨 내고 견뎌 내려는 강인한 의지}
나에게는 시를 생각한다는 것도 행동이 되는 까닭이오.
_{시에 굳건한 정신(불의에 대한 저항)을 담음.}   ▶ 유언 대신 금강심에서 나오는 시를 쓰고자 함.

키 포인트 체크

제재 일제 강점기라는 불의한 시대를 살아가는 글쓴이의 삶의 태도와 □□□□에 대해 이야기하고 있
다.

관점 글쓴이는 암울하고 가혹한 시대 현실 속에서도 □□□□□ 않은 시를 쓰고자 한다.

표현 □□과 □□□을 대조하여 죽음에도 굴하지 않는 강인한 저항 정신과 의지를 나타내고 있다.

[답] 시 정신, 부끄럽지, 유언, 금강심

핵심 정리

갈래 중수필

성격 의지적, 저항적, 비판적, 회상적

제재 금강심(金剛心)의 시 정신

주제 불의한 시대와 타협하지 않으려는 의지와 금강심의 시 정신

특징 ① 경어체를 사용하여 글쓴이의 의지와 저항 정신을 드러냄.
② 대조적 표현을 사용하여 주제를 선명하게 부각함.
③ 설의법을 사용하여 자신의 생각을 효과적으로 드러냄.

출전 《조선일보》(1940)

작가 이육사(1904~1944) 시인, 독립운동가. 본명은 이원록(李源祿)이다. 중국을 오가며 항일 독립운동을 하다가 베이징 감옥에서 순국하였다. 어떤 어려움에도 굽히지 않는 강인한 정신을 노래한 시를 많이 남겼다. 주요 작품으로 〈청포도〉, 〈절정〉, 〈광야〉, 〈꽃〉 등이 있으며, 유고 시집 《육사 시집》이 있다.

이해와 감상

이 글은 글쓴이가 어린 시절을 회상하며 자신의 시작(詩作) 태도와 시 정신에 대해 쓴 수필이다. 글쓴이는 '눈물을 흘리지 않는 사람'으로 표상된 대장부의 기백을 회상하는 것을 시작으로, 인생과 사회, 그리고 역사에 대한 폭넓은 교양을 드러내고 그에 대한 전망을 피력하고 있다. 특히 '정면으로 달려드는 표범'을 향하여 한 발자국도 물러서지 않겠다는 의지를 드러내고 있는데, 이는 일제 강점기라는 불의한 시대 속에 놓인 자아를 스스로 치열하게 성찰한 결과로 볼 수 있다. 또 글쓴이는 '유언'을 쓰지 않고 '금강심'에서 나오는 시를 쓰겠다고 하여 어떠한 유혹과 고난에도 굴하지 않는 굳센 의지와 저항 정신을 나타내고 있다.

작품 연구소

글쓴이가 추구한 것들
① 눈물을 흘리지 않는 사람이 되는 것
② 부끄럽지 않은 시를 쓰는 것
③ 금강심에서 나오는 시를 쓰는 것

'유언'과 '금강심'의 대조적 의미

유언
• 죽음에 이르러 남기는 말
• 인생의 원숙함에 이르지 못한 속된 사람들이 하는 행위

↕

금강심
• 어떠한 유혹에도 움직이지 않는 견고한 마음
• 유언을 대신하는 삶의 최종적 언어
• 글쓴이의 시 정신과 시작(詩作) 태도
• 글쓴이가 지향하는 삶의 태도

중요 구절의 상징적 의미

정면으로 달려드는 표범	억압적인 일제 강점기 혹은 일제의 탄압
행동의 연속	굳건한 저항 정신과 강인한 의지

054 나의 소원 | 김구

언매 비상

키워드 체크 #설득적 #의지적 #나의 절실한 소원 #자주독립 #내가 원하는 우리나라

가 「"네 소원이 무엇이냐" 하고 하나님이 물으시면, 나는 서슴지 않고
절대적 존재를 내세워서 소원의 절실함을 강조함.
"내 소원은 대한 독립이오." 하고, 대답할 것이다.

"그다음 소원은 무엇이냐?" 하면, 나는 또 / "우리나라의 독립이오." 할 것이요, 또

"그다음 소원이 무엇이냐?" 하는 셋째 번 물음에도, 나는 더욱 소리를 높여서

"나의 소원은 우리나라 대한의 완전한 자주독립이오." 하고 대답할 것이다.」
「 」: 비슷한 내용을 반복함으로써 소원의 절실함을 강조함.   ▶ 우리나라의 완전한 자주독립을 염원함.
동포 여러분!
청중의 관심을 유도함.
나 김구의 소원은 이것 하나밖에 없다. 내 과거의 70 평생을 이 소원을 위해 살아왔
고, 현재에도 이 소원 때문에 살고 있고, 미래에도 나는 이 소원을 달하려고 살 것이다.
이루려고
독립이 없는 백성으로 70 평생에 설움과 부끄러움과 애탐을 받은 나에게는 세상에 가
몹시 답답하거나 안타까워 속이 끓는 듯함.
장 좋은 것이 완전하게 자주 독립한 나라의 백성으로 살아보다가 죽는 일이다. 나는 일
찍이 우리 독립 정부의 문지기가 되기를 원했거니와, 그것은 우리나라가 독립국만 되
독립한 나라의 미천한 자의 비유적 표현
면 나는 그 나라에 가장 미천한 자가 되어도 좋다는 뜻이다. 왜 그런고 하면, 독립한 제
나라의 빈천이 남의 밑에 사는 부귀보다 기쁘고, 영광스럽고, 희망이 많기 때문이다.
▶ 독립한 나라의 백성으로 살고 싶음.
나 나는 우리나라가 세계에서 가장 아름다운 나라가 되기를 원한다. 가장 부강한 나
수준 높은 문화를 가진 나라
라가 되기를 원하는 것은 아니다. 내가 남의 침략에 가슴이 아팠으니, 내 나라가 남을
침략하는 것을 원치 아니한다. 우리의 부력(富力)은 우리의 생활을 풍족히 할 만하고,
많은 재산으로 인하여 생기는 힘
우리의 강력(強力)은 남의 침략을 막을 만하면 족하다. 오직 한없이 가지고 싶은 것은
높은 문화의 힘이다. 문화의 힘은 우리 자신을 행복하게 하고, 나아가서 남에게 행복
글쓴이가 가장 강조하는 것   문화의 힘이 중요한 이유
을 주기 때문이다. 지금 인류에게 부족한 것은 무력도 아니오, 경제력도 아니다. 자연
과학의 힘은 아무리 많아도 좋으나, 인류 전체로 보면 현재의 자연과학만 가지고도 편
상대적으로 인의, 자비, 사랑이 부족함을 강조함. → 궁극적으로 '문화'를 강조함.
안히 살아가기에 넉넉하다.
▶ 높은 문화의 힘을 가지기를 원함.
인류가 현재에 불행한 근본 이유는 인의(仁義)가 부족하고, 자비가 부족하고, 사랑
어짊과 의로움
이 부족한 때문이다. 이 마음만 발달이 되면 현재의 물질력으로 20억이 다 편안히 살
인의, 자비, 사랑
아갈 수 있을 것이다. 인류의 이 정신을 배양하는 것은 오직 문화이다. 나는 우리나라
문화의 힘을 통해 인의, 자비, 사랑 등의 정신을 키울 수 있음.
가 남의 것을 모방하는 나라가 되지 말고, 이러한 높고 새로운 문화의 근원이 되고, 목
글쓴이가 바라는 우리나라의 모습
표가 되고, 모범이 되기를 원한다. 그래서 진정한 세계의 평화가 우리나라에서, 우리
글쓴이가 바라는 우리나라의 역할 → 세계 평화 실현에 앞장서기를 바람.
나라로 말미암아서 세계에 실현되기를 원한다.

홍익인간(弘益人間)이라는 우리 국조(國祖) 단군의 이상이 이것이라고 믿는다. 또
홍익인간의 이념으로 세계 평화 실현을 달성할 수 있을 것임을 강조함.
우리 민족의 재주와 정신과 과거의 단련이 이 사명을 달하기에 넉넉하고, 국토의 위치
과거에 여러 나라의 침략을 잘 극복한 것   세계 평화 실현의 임무
와 기타의 지리적 조건이 그러하며, 또 1차 2차 세계대전을 치른 인류의 요구가 그러
하며, 이러한 시대에 새로 나라를 고쳐 세우는 우리의 서 있는 시기가 그러하다고 믿는
다. 우리 민족이 주연 배우로 세계의 무대에 등장할 날이 눈앞에 보이지 아니하는가.
우리 민족이 세계에서 중요한 위치와 역할을 맡게 될 것임(설의적 표현).   ▶ 글쓴이가 바라는 우리나라의 역할과 문화 국가 건설의 여건

키 포인트 체크

제재 우리나라의 [ ][ ][ ][ ]에 대한 소원과 글쓴이가 바라는 우리나라의 모습이 제시되어 있다.

관점 글쓴이는 우리나라가 높은 문화의 근원이 되어 [ ][ ][ ]에 도움이 되기를 바라고 있다.

표현 단호한 어조, 문답법, [ ][ ]법, 점층법, 설의법 등을 통해 자신의 주장을 강조하고 있다.

답 자주독립, 세계 평화, 반복

◎ 핵심 정리

갈래 중수필, 연설문
성격 주관적, 설득적, 비판적, 의지적
제재 우리나라의 독립, 민족과 국가
주제 ① 조국의 자주독립
② 우리나라의 최고 문화 건설의 사명
특징 ① 단정적이고 단호한 어조로 내용을 전달함.
② 점층법, 반복법, 설의법 등 다양한 표현 방식
을 사용하여 자신의 주장을 효과적으로 드러
냄.
출전 《백범일지》(1947)
작가 김구(1876~1949) 독립운동가, 정치가. 호는
백범(白凡). 3·1 운동 후 중국 상하이에 망명하
여 대한민국 임시 정부를 이끌었다. 광복 후에
는 남한만의 단독 정부 수립에 반대하여 남북
협상에 임하는 등 통일의 길을 모색하다가
1949년 암살당하여 뜻을 이루지 못하였다.
1962년, 건국훈장 대한민국장에 추서되었다.
저서로 《백범일지》가 있다.

이해와 감상

이 글은 1947년 김구가 《백범일지》를 간행할 때 특
별히 그 말미에 부가한 부록으로, '민족 국가', '정치 이
념', '내가 원하는 우리나라'라는 세 편의 글로 이루어
져 있다. 이 글에는 민족주의자와 자유주의자로서의
김구의 정치적 이념과 사상이 잘 드러나 있다. 여기에
서는 '민족 국가', '내가 원하는 우리나라'의 일부 내용
을 발췌하여 구성하였다.

작품 연구소

〈나의 소원〉의 핵심 내용

구분	핵심 내용
민족 국가	나의 소원은 우리 민족의 독립이다.
정치 이념	내가 원하는 정치 이념은 '자유'이다.
내가 원하는 우리나라	높은 문화를 지닌 우리나라 건설은 교육의 힘으로 가능하다.

(가)에 나타난 표현 방식

질문	답변
네 소원	대한 독립
그다음 소원	우리나라의 독립
또 그다음 소원	우리나라 대한의 완전한 자주독립

↓

• 문답법: 글쓴이의 소원을 묻고 답하는 방식으로 제시
하여 문장의 단조로움을 탈피하고 독자의 관심을 유
도함.
• 반복법: '독립이오'라는 어구를 반복함으로써 소원의
절실함을 강조함.
• 점층법: 소원의 강도를 높여 제시함으로써 독자의 감
흥을 고조시킴.

(나)에서 글쓴이가 원하는 우리나라

성격	높은 문화의 힘으로 세계 평화를 실현하는 나라
이유	문화는 인류에게 필요한 인의, 자비, 사랑의 정신을 배양하기 때문에

055 구두 | 계용묵

[화작] 천재

키워드 체크 #신변잡기적 #구두 소리 #글쓴이와 여자 사이의 오해 #글쓴이의 당혹감, 서글픔

가 구두 수선(修繕)을 주었더니, 뒤축에다가 어지간히도 큰 징을 한 개씩 박아 놓았다. 보기가 흉해서 빼어 버리라고 하였더니, 그런 징이래야 한동안 신게 되고, 무엇이 어쩌구 하며 수다를 피는 소리가 듣기 싫어 그대로 신기는 신었으나, 점잖이 못하게 저벅저벅, 그 징이 땅바닥에 부딪치는 금속성 소리가 심히 귓맛에 역(逆)했다. 더욱이, 시멘트 포도(鋪道)의 딴딴한 바닥에 부딪쳐 낼 때의 그 음향(音響)이란 정말 질색이었다. 또그닥또그닥, 이건 흡사 사람이 아닌 말발굽 소리다.
▶ 구두 소리가 귀에 거슬림.(프롤로그)

나 어느 날 초으스름이었다. 좀 바쁜 일이 있어 창경원(昌慶苑) 곁담을 끼고 걸어 내려오노라니까, 앞에서 걸어가던 이십 내외의 어떤 한 젊은 여자가 이 이상히 또그닥거리는 구두 소리에 안심이 되지 않는 모양으로, 슬쩍 고개를 돌려 또그닥 소리의 주인공을 물색하고 나더니, 별안간 걸음이 빨라진다. [중략]

그러나 이 여자더러, 내 구두 소리는 그건 자연(自然)이요, 인위(人爲)가 아니니 안심하라고 일러 드릴 수도 없는 일이고 해서, 나는 그 순간 좀 더 걸음을 빨리하여 이 여자를 뒤로 떨어뜨림으로 공포(恐怖)에의 안심을 주려고 한층 더 걸음에 박차를 가했더니, 그럴 게 아니었다. 도리어 이것이 이 여자로 하여금 위협이 되는 것이었다.

「내 구두 소리가 또그닥또그닥, 좀 더 재어지자 이에 호응하여 또각또각, 굽 높은 뒤축이 어쩔 바를 모르고 걸음과 싸우며 유난히도 몸을 일어 내는 그 분주함이란, 있는 마력(馬力)은 다 내보는 동작에 틀림없다. 그리하여 한참 석양 놀이 내려 퍼지기 시작하는 인적 드문 포도 위에서 또그닥또그닥, 또각또각 하는 이 두 음향의 속 모르는 싸움은 자못 그 절정에 달하고 있었다.

나는 이 여자의 뒤를 거의 다 따랐던 것이다. 2, 3보(步)만 더 내어 디디면 앞으로 나서게 될 그럴 계제(階梯)였다. 그러나 이 여자 역시 힘을 다하는 걸음이었다. 그 2, 3보라는 것도 그리 용이히 따라지지 않았다. 한참 내 발뿌리에도 풍진(風塵)이 일었는데, 거기서 이 여자는 뚫어진 옆 골목으로 살짝 빠져 들어선다. 다행한 일이었다. 한숨이 나간다. 이 여자도 한숨이 나갔을 것이다. 기웃해 보니, 기다랗고 내뚫린 골목으로 이 여자는 휑하니 내닫는다. 이 골목 안이 저의 집인지, 혹은 나를 피하느라고 빠져 들어갔는지, 그것은 알 바 없으나, 나로선 이 여자가 나를 불량배로 영원히 알고 있을 것임이 서글픈 일이다.
▶ 구두 소리로 인한 글쓴이와 여자 사이의 오해(사건의 소개)

다 여자는 왜 그리 남자를 믿지 못하는 것일까. 여자를 대하자면 남자는 구두 소리에까지도 세심한 주의를 가져야 점잖다는 대우를 받게 되는 것이라면, 이건 이성(異性)에 대한 모욕이 아닐까 생각을 하며, 나는 그 다음으로 그 구두 징을 뽑아 버렸거니와 살아가노라면 별(別)한 데다가 다 신경을 써 가며 살아야 되는 것이 사람임을 알았다.
▶ 세상살이의 어려움에 대한 서글픔(에필로그)

키 포인트 체크

제재 ▢▢의 징 소리 때문에 생긴 오해로 인해 빚어진 사건을 제시하고 있다.

관점 글쓴이는 세심한 것까지 신경 써야 하는 세태에 대한 서글픔과 인간관계가 왜곡된 현대 사회에 대한 ▢▢ 의식을 드러내고 있다.

표현 희곡적 구성, ▢▢▢를 활용하여 인물의 심리와 상황을 생생히 전달하고 있다.

[답] 구두, 비판, 의성어

핵심 정리

갈래 경수필
성격 서사적, 신변잡기적
제재 구두 소리
주제 ① 인간관계가 왜곡된 현대 사회에 대한 비판
② 일상에서 세심한 곳까지 신경을 써야 하는 세태에 대한 서글픔
특징 ① 체험한 사실을 서사적으로 전개함.
② 의성어를 적절히 구사하여 긴장감을 드러냄.
출전 《상아탑》(1955)
작가 계용묵(1904~1961) 소설가. 단편 소설 창작에 주력하였으며, 뛰어난 산문으로 수필 작가로서도 일가를 이루었다. 주요 작품으로 〈백치 아다다〉, 〈별을 헨다〉 등이 있다.

이해와 감상

이 글은 일상생활에서 글쓴이가 체험한 내용과 그를 통한 깨달음을 실감 나고 재미있게 그린 수필이다. 구두 수선공이 구두 뒤축에 박아 준 징에서 나는 소리 때문에 벌어진 사건을 희극적 구성으로 긴장감 있게 제시한 점이 특징이다. 무심코 박은 구두 징의 소리가 한 여자에게 불안을 느끼게 만들어 버린 어처구니없는 사건에 대한 글쓴이의 당혹감이 잘 드러나 있으며 이를 통해 세심한 것까지 신경을 써야 하는 세태에 대한 서글픔, 그리고 인간관계가 왜곡된 현대 사회에 대한 비판 의식을 드러내고 있다.

작품 연구소

〈구두〉에 나타난 글쓴이의 체험과 깨달음

이 글은 일상생활에서의 사소한 체험을 바탕으로 한 글쓴이의 깨달음을 주제로 제시하고 있다.

체험	구두에 징을 박았더니 구두 소리가 심하게 났다. 그러자 앞서 가던 여자가 겁을 먹고 걸음을 빠르게 하더니 곧 골목길에 숨었다.

↓

깨달음	살면서 사소한 일 하나까지 조심하며 살아야겠다.

↓

주제	인간관계가 왜곡된 현대 사회에 대한 비판

〈구두〉의 구성상 특징

이 글은 '기-서-결'의 3단 구성으로 이루어졌다. 희곡적 사건을 중간에 두고 앞뒤의 프롤로그와 에필로그를 통해 사건의 배경과 작가의 깨달음을 진술하고 있는 것이다. 특히 사건을 제시한 중간 부분에서는 극적인 반전 등 상승과 하강이라는 희곡적 구성 원리를 사용하여 오해로 인해 빚어진 사건의 긴박한 순간을 잘 포착하여 나타내고 있다.

의성어 활용의 효과

'또그닥또그닥', '또각또각'

↓

- 시간의 흐름에 따른 인물의 심리와 고조된 긴장감을 잘 나타냄.
- 상황을 생동감 있게 전달함.

056 나의 슬픈 반생기 | 한하운

[문학] 미래엔

[키워드 체크] #자서전 #나병 환자의 삶 #인간 폐업령 #시 〈파랑새〉 #문학에 대한 열정 #삶의 희망과 기쁨

가 태평양 전쟁의 전세는 일본 본토에 가까이 다가왔다. 나는 내 몸에 이상이 오는 것
을 느꼈다. 결절이 콩알같이 스멀스멀 몸의 이곳저곳에 울뚝울뚝 나타나는 것이었다.
제2차 세계대전 중 1941년 일본이 하와이 진주만을 공격하면서 시작된 미일 전쟁. 1945년 8월 일본의 항복으로 끝남.
살갗 밑에 비정상적인 조직이 생겨서 불룩하게 두드러진 멍울
검은 눈썹은 자고 나면 자꾸만 없어진다. 코가 막혀서 숨을 제대로 쉬지 못하고, 말은
코 먹은 소리다. / 거울을 보니 사람의 얼굴이 아니라 바로 문둥이 그 화상이었다. 기절
'나환자'를 낮잡아 이르는 말   '얼굴'을 속되게 이르는 말
할 노릇이다. 결절은 팔, 다리, 얼굴 할 것 없이 나날이 기하급수로 단말마의 발악처럼
「 」: 글쓴이가 느끼는 몸의 이상   숨이 끊어질 때의 마지막 고통
퍼지는 것이었다. 이곳저곳에서 쑥덕쑥덕한다.
           나환자에 대한 사람들의 수군거림

하루는 상사가 부른다. "몹쓸 병이 아닌가?"라고 묻는다. 빨리 치료를 하라는 것이
                        나병
었다. 이제는 그만이다. "세상아, 잘 있거라!" 하면서 나는 창황히 집으로 돌아왔다.
                                      어떻게 할 겨를도 없이 매우 다급히
고향 땅 함흥에 돌아왔으나, 이 꼴로 집에 들어갈 수가 없다. 더욱이 동리 사람의 눈
이 무서워서 도저히 밝은 낮에는 들어갈 수가 없었다.

진종일 밤이 오기를 기다렸다. 사람이 안 다니는 들에서 종일 굶으며 기다려야 했
다. 이제는 정말로 문둥이가 된 설움이 가슴을 찢는다. 문둥이 생활로 입학(入學)하는
                                              비유적 표현
분함과 서러움에 하루 종일 잔디에서 울었다. 내가 나를 생각해 보아도 내 값이 정말
로 한 푼어치도 되지 않는 것 같다. / 이제는 인간 폐업령이 내려졌다. 나는 원한의 피
사람으로서의 가치가 없다고 느낌.   사람 구실을 하며, 사람답게 살 수 없는 상황
를 토하며 통곡하였다. 몇백 번 고쳐 죽어도 자욱자욱 피맺힌 서러움과 뉘우침이 가득
                          나병이 걸린 뒤의 절망적 현실 인식
찬 문둥이라는 것을 비로소 알게 되었다. / 밤이 어두워진다. 모든 것을 검게 가리어 주
는 밤이 온다. 나는 여기서 인간의 자유와 이상과 동경을 상징하는 노래로 〈파랑새〉라
           나환자의 모습을 가리어 주는 시간
는 시를 읊으며 인간의 행복을 빌었다.
▶ 나병 때문에 인간답게 살 수 없는 서러움과 한

나 이런 엄청난 비극 속에서도 나에게 살아야겠다는 용기를 주는 것이 있었으니, 그
     나병 때문에 고통받는 삶
것은 바로 문학이었다. 나는 문학을 통해 이 땅을 아름답게 만들고, 인간의 꿈을 이 땅
                              글쓴이의 소망
위에 행복하게 구현하고 싶었다. 이런 나의 소망은 내 마음속에 한 줄기 불길로 타오
                          절망적 현실 속에서 문학에 대한 열정이 타오름.
르기 시작했다.

내 마음속에 활활 타오르는 문학에 대한 열정은 한 줄기 피어나는 꽃과도 같았다. 이
                                            비유적 표현
꽃을 보고 나는 내가 살아 있는 기쁨을 느끼기 시작했다. 이것은 살아야 할 생명이 삶
                     문학에 대한 열정을 통해 삶의 희망을 발견함.
에 대해 새로운 발견을 했을 때 느낄 수 있는 환희의 불이었다. 구름이 떠가며 흩어지
는 것, 한 마리의 새가 우짖는 것, 몇만 년을 유구히 흘러가는 것, 그리고 두 남녀가 빚
                                    까마득히 오래
어내는 희로애락(喜怒哀樂)이 모두 꽃같이 애절한 기쁨이었다.

내 마음속에 타오르는 문학에 대한 열애는 오히려 영원의 나라에서 사랑으로, 또한
아름다움으로 승화(昇華)하는 것 같은 느낌으로 나를 황홀하게 하였다.

비가 그친다. 몇 달이나 계속해서 내리던 장마가 그치고 하늘이 맑게 갠다. 얼마나
기쁜 일이냐! 나는 무슨 중병을 다 치르고 난 듯 경쾌한 기분이다.
        문학으로 인해 삶의 고통을 이겨 내게 됨.   ▶ 문학을 통해 삶의 희망을 찾음.

[키]포인트 체크

[제재] ☐☐☐로서 겪은 고통과 비애, 그리고 이를 극복하려 노력한 글쓴이의 삶이 나타나 있다.

[관점] 글쓴이는 절망적인 상황에서도 ☐☐을 통해 삶의 희망을 발견하게 된다.

[표현] ☐☐☐☐ 표현을 사용하여 글쓴이의 삶을 구원해 준 문학에 대한 ☐☐과 기쁨을 생생하게 표현
하고 있다.

[답] 나환자, 문학, 비유적, 열정

핵심 정리

갈래 경수필, 자서전
성격 애상적, 자전적, 고백적, 의지적
제재 나환자의 삶과 문학에 대한 열정
주제 나환자의 삶의 비애를 문학에 대한 열정으로 이겨 냄.
특징 ① 글쓴이의 체험을 시간 순서에 따라 서술함.
② 나병 때문에 고통스러웠던 과거를 회상하며, 문학을 통해 삶의 희망을 찾는 모습을 솔직하게 서술함.
출전 《나의 슬픈 반생기》(1959)
작가 한하운(1919~1975) 시인. 함경남도 도청 축산과에 근무하다가 나병이 악화되어 사직한 후, 시 〈전라도 길〉을 발표하면서 본격적인 창작 활동을 시작하였다. 나병 때문에 투병하고 유랑하며 겪은 고통과 삶의 소망을 표현한 작품들을 많이 썼다. 주요 저서로 《한하운 시초》, 《보리피리》 등이 있다.

이해와 감상

이 글은 나병으로 인한 삶의 고통과 슬픔, 그리고 그러한 삶의 고통을 이겨 낼 수 있는 원동력이 되어 준 문학에 대한 열정을 의지적으로 표현하고 있는 자서전이다. 절망적인 상황에서도 살아야겠다는 용기를 준 문학에 대한 열정을 고백하며 문학을 통해 '이 땅을 아름답게 만들고 인간의 꿈을 이 땅 위에 행복하게 구현'하고자 하는 소망을 가지게 되었고, 그로 인해 소소한 일상의 풍경에서도 삶의 느낌을 느끼게 되었다고 진솔하게 이야기하고 있다.

작품 연구소

글쓴이의 상황과 심리

'문둥이 그 화상' '문둥이가 된 설움' '문둥이 생활로 입학'	➡	인간 폐업령

글쓴이는 나병에 걸린 자신을 자조적으로 표현하고 있는데, 이는 나병으로 인한 절망감과 비참함을 표현하는 것이라 볼 수 있다. '인간 폐업령'이 내려졌다는 표현은 더 이상 사람답게, 사람 구실을 하며 살 수 없는 자신의 운명에 대한 절망적인 인식과 정서를 절실히 드러낸 것으로 볼 수 있다.

본문에 언급된 시 〈파랑새〉

나는 / 나는 / 죽어서 / 파랑새 되어 //
푸른 하늘 / 푸른 들 / 날아다니며 //
푸른 노래 / 푸른 울음 / 울어 예으리 //
나는 / 나는 / 죽어서 / 파랑새 되리.
– 한하운, 〈파랑새〉

→ 이 시는 시인이 살아서는 이룰 수 없는 자유롭고 즐거운 삶에 대한 절실한 바람을 평이하고 쉬운 시어의 반복과 푸른색의 색채어의 강조를 통하여 표현하고 있다. 이 시에서 '파랑새'는 세상을 자유롭게 날아다니는 존재로 화자의 소망이 투영된 대상이다.

057 나무 | 이양하

<독서> 신사고 <언매> 비상

키워드 체크 #예찬적 #사색적 #나무가 지닌 덕 #나무에게서 배우다 #의인법

가 나무는 덕을 지녔다. 나무는 주어진 분수에 만족할 줄 안다. 나무는 태어난 것을
안분지족(安分知足)
탓하지 아니하고, 왜 여기에 놓이고 저기 놓이지 않았는가를 말하지 아니한다. 등성이
산의 등줄기
에 서면 햇살이 따사로울까, 골짜기에 내려서면 물이 좋을까 하여, 새로운 자리를 엿
보는 일도 없다. 물과 흙과 태양의 아들로 물과 흙과 태양이 주는 대로 받고, 후박(厚
많고 넉넉함과 적고 모자람.
薄)과 불만족을 말하지 아니한다. 이웃 친구의 처지에 눈떠 보는 일도 없다. 소나무는
남의 처지를 부러워한 적이 없다
진달래를 내려다보되 깔보는 일이 없고, 진달래는 소나무를 우러러보되 부러워하는
일이 없다. 소나무는 소나무대로 스스로 족하고, 진달래는 진달래대로 스스로 족하다.
▶ 자신의 처지에 만족하는 나무

나 나무는 고독하다. 나무는 모든 고독을 안다. 안개에 잠긴 아침의 고독을 알고, 구름
글쓴이가 나무를 오랫동안 관찰하였음을 알 수 있음.
에 덮인 저녁의 고독을 안다. 부슬비 내리는 가을 저녁의 고독도 알고, 함박눈 펄펄 날
리는 겨울 아침의 고독도 안다. 나무는 파리 옴짝 않는 한여름 대낮의 고독도 알고, 별
얼고 돌 우는 동짓달 한밤의 고독도 안다. 그러나 나무는 어디까지든지 고독에 견디고
고독을 이기고 또 고독을 즐긴다. ▶ 고독을 견디고 즐기는 나무

다 나무에 아주 친구가 없는 것은 아니다. 달이 있고, 바람이 있고, 새가 있다. 달은 때
를 어기지 아니하고 찾고, 고독한 여름밤을 같이 지내고 가는 의리 있고 다정한 친구
다. 웃을 뿐 말이 없으나, 이심전심 의사가 잘 소통되고 아주 비위(脾胃)에 맞는 친구
마음과 마음으로 서로 뜻이 통함.
다. 바람은 달과 달라 아주 변덕 많고 수다스럽고 믿지 못할 친구다. 그야말로 바람잡
이 친구다. 자기 마음 내키는 때 찾아올 뿐 아니라, 어떤 때는 쏘삭쏘삭 알랑대고, 어떤
가만히 있는 사람을 자꾸 꾀거나 추겨서 마음이 움직이게 하는 모양
때는 난데없이 휘갈기고, 또 어떤 때는 공연히 뒤틀려 우악스럽게 남의 팔다리에 생채
기를 내놓고 달아난다. 새 역시 바람같이 믿지 못할 친구다. 역시 자기 마음 내키는 때
할퀴어지거나 긁히어서 생긴 작은 상처
찾아오고, 자기 마음 내키는 때 달아난다. 그러나 가다 믿고 와 둥지를 틀고, 지쳤을 때
찾아와 쉬며 푸념하는 것이 귀엽다. [중략]

나무는 이 모든 것을 잘 가릴 줄 안다. 그러나 좋은 친구라 하여 달만을 반기고, 믿지
나무는 여러 친구의 좋은 모습과 좋지 않은 모습을 잘 분간하면서도 친구들을 차별하지 않음.
못할 친구라 하여 새와 바람을 물리치는 일도 없다. 그리고 달을 유달리 후대(厚待)하
아주 잘 대접함. 또는 그런 대접
고 새와 바람을 박대(薄待)하는 일도 없다. ▶ 여러 친구를 공평하게 대하는 나무
정성을 들이지 않고 아무렇게나 하는 대접

라 나무에 하나 더 원하는 것이 있다면, 그것은 천명(天命)을 다한 뒤에 하늘 뜻대로
타고난 수명
다시 흙과 물로 돌아가는 것이다. 그러나 사람은 가다 장난삼아 칼로 제 이름을 새겨
보고, 흔히는 자기 쓸 곳 닿는 대로 가지를 쳐 가고, 송두리째 베어 가곤 한다. 나무는
그래도 원망하지 않는다. 새긴 이름은 도리어 그들의 원대로 키워지고, 베어 간 재목
이 혹 자기를 해칠 도낏자루가 되고 톱 손잡이가 된다 하더라도 이렇다 하는 법이 없
다. 나무는 훌륭한 견인주의자(堅忍主義者)요, 고독의 철인(哲人)이요, 안분지족(安
굳게 참고 견디어 내는 사람   어질고 사리에 밝은 사람
分知足)의 현인(賢人)이다. 불교의 소위 윤회설이 참말이라면 나는 죽어서 나무가 되
세상에서 말하는 바
고 싶다. ▶ 운명에 순응하는 나무의 덕성과 죽어서 나무가 되고 싶은 소망

키 포인트 체크

제재 인간이 본받아야 할 ☐☐의 속성에 대해 이야기하고 있다.

관점 글쓴이는 나무가 지닌 덕성을 ☐☐하면서 죽어서 나무가 되고 싶다는 소망을 드러내고 있다.

표현 ☐☐☐, 열거법을 사용하여 나무의 속성에서 인간이 본받아야 할 교훈들을 이끌어 내고 있다.

답 나무, 예찬, 의인법

핵심 정리

갈래 경수필
성격 사색적, 교훈적, 서정적, 예찬적
제재 나무
주제 나무에서 배우는 삶의 자세
특징 ① 나무와 생태의 모습을 인간의 삶의 자세와
연결함.
② 나무를 의인화하여 바람직한 삶의 자세를 이
끌어 냄.
출전 《나무》(1964)
작가 이양하(본책 36쪽 참고)

이해와 감상

이 글은 나무에 대한 애정 어린 성찰을 담담하고 관조
적인 어조로 형상화하고 있는 수필이다. 글쓴이는 나
무의 속성을 인간이 본받아야 할 덕성에 비유하고 있
다. 그리고 주어진 분수에 만족하는 것, 고독을 알고
견딜 줄 아는 것, 모든 친구에게 너그러운 것 등 나무
가 지닌 덕성을 예찬하면서 스스로 '죽어서 나무가 되
고 싶다'고 이야기하고 있다. 이는 글쓴이의 인생관을
함축적으로 보여 주는 구절로, 글쓴이는 자신이 바라
는 삶의 모습을 나무를 통해 드러내고 있는 것이다.

작품 연구소

나무의 속성을 통한 삶의 성찰

나무의 속성	인간의 삶에 주는 교훈
주어진 분수에 만족할 줄 앎.	물질적인 것에 욕심을 부리지 않고 자신의 처지에 만족해야 함.
고독을 알고, 이기고 견디고 즐김.	고독한 순간을 맞닥뜨리더라도 이를 견디어 내야 함.
친구의 성품을 알지만 이에 따라 친구를 후대하거나 박대하지 않음.	다른 사람의 성품과 장단점을 인식하되, 너그러운 태도로 다른 사람을 대해야 함.
천명을 다한 뒤에 하늘 뜻대로 다시 흙과 물로 돌아감.	운명과 자연의 순리에 따라 살아가야 함.
사람이 자신에게 해를 가하더라도 이를 원망하지 않음.	다른 사람을 원망하지 않아야 함.

〈나무〉에 나타난 주요 표현 방법

의인법	나무의 속성을 인간에 빗대어 표현함.
열거법	나무의 속성을 늘어놓으며 상세하게 표현함.

↓

글쓴이가 본받고 싶은 나무의 성품을 좀 더
구체적이고 생생하게 드러냄.

058 플루트 연주자 |피천득

[국어] 지학사

키워드 체크 #비유적 #오케스트라의 하모니 #플루트 연주자의 역할 #조화로운 삶

배턴을 든 오케스트라의 지휘자는 찬란한 존재다. 그러나 토스카니니 같은 지휘자
이탈리아의 지휘자(1867~1957)
밑에서 플루트를 분다는 것은 또 얼마나 영광스러운 일인가. 다 지휘자가 될 수는 없
옆으로 쥐고 불며 구멍에 입김을 불어넣어 소리를 내는 관악기   모두가 찬란한 존재, 주목받는 존재가 될 수는 없다는 은유적 표현
는 것이다. 다 콘서트마스터가 될 수도 없는 것이다. 오케스트라와 같이 하모니를 목
관현악에서 제1바이올린의 수석 주자   조화
적으로 하는 조직체에 있어서는 멤버가 된다는 것만도 참으로 행복된 일이다. 그리고
구성원
각자의 맡은 바 기능이 전체 효과에 종합적으로 기여된다는 것은 의의 깊은 일이다.
서로 없어서는 안 된다는 신뢰감이 거기에 있고, 칭찬이거나 혹평이거나, '내'가 아니
요 '우리'가 받는다는 것은 마음 든든한 일이다. ▶ 멤버 간의 신뢰감을 바탕으로 하모니를 이루는 오케스트라

자기의 악기가 연주하는 부분이 얼마 아니 된다 하더라도, 그리고 독주하는 부분이
없다 하더라도 그리 서운할 것은 없다. 남의 파트가 연주되는 동안 기다리고 있는 것
도 무음(無音)의 연주를 하고 있는 것이다. ▶ 작은 역할도 모두 중요한 오케스트라
역설법 – 전체의 조화에 기여하므로

베이스볼 팀의 외야수(外野手)와 같이 무대 뒤에 서 있는 콘트라베이스를 나는 좋
바이올린류의 현악기 가운데 가장 크면서, 가장 낮은 음역의 악기
아한다. 베토벤 교향곡 제5번 〈스케르초(Scherzo)〉의 악장 속에 있는 트리오 섹션에
삼중주 부분
는 둔한 콘트라베이스를 쩔쩔매게 하는 빠른 대목이 있다. 나는 이런 유머를 즐길 수
있는 베이스 연주자를 부러워한다.

〈전원 교향악〉 제3악장에는 농부의 춤과 아마추어 오케스트라가 나오는 장면이 묘
사되어 있다. 서투른 바순이 제때 나오지 못하고 뒤늦게야 따라 나오는 대목이 몇 번
오보에보다 두 옥타브 낮은 목관 악기. 관현악에서 중저음부를 담당하는 중요한 악기임.
있다. 이 우스운 음절을 연주할 때의 바순 연주자의 기쁨을 나는 안다. 팀파니스트가
팀파니(구리로 만든 반구형의 몸체 위에 쇠가죽을 댄 북을 연주하는 사람
되는 것도 좋다. 하이든 교향곡 94번의 서두가 연주되는 동안은 카운터 뒤에 있는 약
방 주인같이 서 있다가, 청중이 경악(驚愕)하도록 갑자기 북을 두들기는 순간이 오면
그 얼마나 신이 나겠는가? ▶ 연주자 각자의 역할에서 얻는 기쁨

자기를 향하여 힘차게 손을 흔드는 지휘자를 쳐다볼 때, 그는 자못 무상(無上)의 환
그 위에 더할 수 없음.
희를 느낄 것이다. 어렸을 때 나는, 공책에 줄 치는 작은 자로 교향악단을 지휘한 일이
있었다. 그러나 그 후 지휘자가 되겠다고 생각을 해 본 적은 없다. 토스카니니가 아니
라도 어떤 존경받는 지휘자 밑에서 무명(無名)의 플루트 연주자가 되고 싶은 때는 가
끔 있었다. ▶ 전체와 조화를 이루는 작은 구성원이 되고 싶은 바람

핵심 정리

갈래 경수필
성격 신변잡기적, 교훈적, 비유적
제재 플루트 연주자
주제 조화로운 삶의 추구
특징 ① 사회의 조직을 오케스트라에 비유함.
　　　② 함축적이고 간결한 문체를 사용함.
출전 《산호와 진주》(1969)
작가 피천득(본책 40쪽 참고)

이해와 감상

이 글은 전체와 부분의 조화로운 삶을 소중하게 생각하는 글쓴이의 인생관이 잘 표현된 수필이다. 오케스트라에서 그다지 눈에 띄지 않는 플루트 연주자가 전체의 조화를 위해 자신의 역할에 충실함에 빗대어, 조화로운 사회를 위해 각자의 직분에 충실할 것을 독자에게 권유하고 있다. 치열한 경쟁 속에서 일등만이 의미가 있다고 생각하고, 최고만을 추구하는 현실을 생각할 때, 보이지 않는 곳에서 묵묵히 자신의 역할에 최선을 다하고 조화를 이루어 나간다는 것이 의미 있는 일임을 일깨우고 있다.

작품 연구소

'무명 연주자'의 의미

우리는 서로가 주역을 맡으려 하고 어떻게든 남을 제치고 살아가려는 욕망으로 가득 차 있다. 하지만 훌륭한 삶이란 결코 남의 위에 서서 남보다 뛰어남을 과시하고 남을 이끌어 나가는 데에만 있는 것이 아니다. 자신이 선택한 삶의 위치에서 자신의 역할을 충실히 수행하는 데에도 있다. 글쓴이는 비록 비중은 작지만 오케스트라에서 없어서는 안 될 무명 연주자와 같이 각자의 귀중한 몫이 있다는 것을 강조함으로써 독자로 하여금 자신의 위치에서 최선을 다해 생활하며 전체 사회와 조화를 이루는 삶에 대한 가치를 생각해 보게 하고 있다.

〈플루트 연주자〉에 나타난 비유적 표현

비유적 표현	의미
오케스트라	많은 사람으로 구성되어 다양한, 그러면서도 조화를 이루어야 하는 우리 사회
지휘자	이 사회를 바람직한 방향으로 이끌어 가야 할 지도자
콘서트마스터	이 사회에서 두드러진 역할을 수행하는 사람
콘트라베이스·바순·팀파니·플루트 연주자	두드러진 역할을 맡지는 않았지만 묵묵히 제 역할을 수행하는 사람 → 글쓴이가 되고 싶은 사람으로, 주제와 관련됨.

▲ 오케스트라

059 엽차와 인생과 수필 | 윤오영

문학 금성

키워드 체크 #사색적 #비유적 #엽차와 같은 삶 #수필은 인생이 걸어온 자취

누구나 생활은 하고 있지만 생활 속에서 생활을 알고, 생활을 말할 수 있는 사람은
그리 많지가 않다. 누구나 책을 보고 글을 읽지만 글 속에서 글을 알고 글을 말할 수 있
는 사람 또한 드물다. 민노자(閔老子)의 차를 마시고 대뜸 그 향미와 기품이 다른 것
을 알아낸 것은 오직 장대(張岱)뿐이다. 그는 「낭차(閬茶)가 아니고 개차(岕茶)인 것을
알았고, 봄에 따 말린 것과 가을에 따 말린 것을 감별했고 끓인 물이 혜천(惠泉)의 물
인 것까지 알아내어」주인을 놀라게 했다. 장대는 과연 맛을 아는 다객(茶客)이다. 다도
락(茶道樂)이 그리 대단한 것은 아니지만, 마시는 바에는 이쯤 되어야 비로소 다향(茶
香)의 진미와 아취를 말할 수 있지 아니한가. [중략] ▶ 민노자의 차의 향미와 기품을 유일하게 알아낸 장대

'절실'이란 두 자를 알면 생활이요, '진솔'이란 두 자를 알면 글이다. 눈물이 그 속에
있고, 진리가 또한 그 속에 있다. 거짓 없는 눈물과 웃음, 이것이 참다운 인생이다. 인
생의 에누리 없는 고백, 이것이 곧 글이다. 정열의 부르짖음도 아니요, 비통의 하소연
도 아니요, 정(精)을 모아 기(奇)를 다툼도 아니요. 요(要)에 따라 재(才)를 자랑함도 아
니다. 인생의 걸어온 자취 그것이 수필이다.

"봄을 아껴 날마다 까부룩히 취했더니, 깨고 보매 옷자락엔 술 자욱이 남았고나 惜
春連日醉昏昏, 醒後衣裳見酒痕." 삼춘행락(三春行樂)도 간데없고, 옷자락에 떨어
진 두어 방울의 주흔(酒痕)! 이것이 인생의 반점이요, 행로의 기록이다. 이 기록이,
이 반점이 곧 수필이다. 이것이 인생의 음미다. ▶ 수필은 인생의 걸어온 자취임.

「등잔불 없는 화롯가에서 젊은 친구와 마른 인절미를 구어 먹으며 담화의 꽃을 피우
다 손가락을 데던 일을 회상하는 문호 박연암은 지나간 우정에 새삼 흐뭇했다. 달밤에
잠을 잃고 뒷산으로 올라갔던 시인 소동파는 때마침 마루 끝에서 반겨 주는 상인(上人)
을 보고 이 세상에 한가한 손이 둘이 있다고 기뻐했다. 아무것도 아닌 일이지마는 이것
이 다 인간 생활의 그윽한 모습들이 아니냐. ▶ 수필은 평범하지만 그윽한 생활의 모습을 담아냄.

첫 번째 방향(芳香), 두 번째 감향(甘香), 세 번째 고향(苦香), 네 번째 담향(淡香),
다섯 번째 여향(餘香)이 있어야 차의 일품(逸品)이라 한다. 그런 차를 심고 가꾸고 거
두고 말리고 끓이는 데는, 각각 남모르는 고심과 비상한 정력이 필요하다. 민옹(閔翁)
의 차가 곧 그것이다. 이 맛을 아는 사람이 곧 장대다. 엽차는 육미봉탕(六味鳳湯)이나
고량진미는 아니다. 누구나 평범하게 마시는 차다. 그러나 각각 향(香)과 품(品)이 있
다. 평범한 생활 속에서 향기를 거두고 품을 쌓기란 쉬운 일이 아니다. 수필이란 거기
서 우러난 차향이다. 평범한 생활 속에서 진실을 깨치고, 그것을 아끼고, 또 음미하고
기뻐하고, 눈물과 사랑을 지닌 사람들이 서로 즐길 수 있는 글이다. 그러나 민옹과 장
대는 드물다. ▶ 수필을 제대로 쓰거나 읽을 수 있는 사람은 드물.

키 포인트 체크

제재 인생과 [ ]을 차에 빗대어 서술하고 있다.

관점 글쓴이는 [ ]를 만들고 마시는 경지가 다 다르듯이, [ ]을 쓰고 읽는 경지도 사람마다 다르다고 보고
있다.

표현 중국 고사 인용과 [ ][ ][ ]의 잦은 사용으로 고전적인 분위기를 자아내고 있다.

답 수필, 차, 글, 한자어

핵심 정리

갈래 중수필
성격 사색적, 비유적
제재 엽차, 인생, 수필
주제 생활 속에서 깨친 인생의 진실이 담긴 수필의
품격과 가치
특징 ① 인생의 진리가 담긴 수필을 그윽한 향과 품
을 지닌 일품 차에 비유하여 내용을 전개함.
② 수필에 대한 글쓴이의 견해를 차와 동양 문
학에 대한 글쓴이의 풍부한 지식을 통해 뒷
받침함.
출전 《고독의 반추》(1974)
작가 윤오영(본책 38쪽 참고)

이해와 감상

이 글은 인생과 수필을 차에 빗대어 서술한 수필이다.
이 글에서 글쓴이는 수필이란, 평범하지만 그윽한 생
활을 담아낸 글로, 인생의 진실을 깨우치고 음미하며
즐길 수 있는 품격 있는 글임을 강조하고 있다. 글쓴
이는 같은 차를 마시더라도 사람들이 다다르는 경지
는 각자 다르다는 통찰을 바탕으로 사람들의 생활과
인생의 경지도 각자 다르며, 평범한 생활 속에서 향기
를 거두고 품을 쌓는 일이 중요하다고 말한다. 그리고
수필이란 참다운 인생의 자취로서 사람들은 수필을
통해 평범한 생활 속에서 진실을 깨치고, 아끼고, 음
미하며 서로 즐길 수 있지만 그러한 경지에 이른 사람
들은 드물다고 말하고 있다.

작품 연구소

엽차의 특징과 의미

- 특별히 고급스럽거나 특이한 것이 아님.
- 각각의 향과 품이 있음.

↓

평범한 생활을 의미하지만, 평범한 생활 속에서 진실을
깨치고, 아끼며, 음미하고 기뻐하고, 눈물과 사랑을 지니
며 사는 것이 중요함.

수필의 속성

- 인생의 걸어온 자취
- 평범한 생활 속에서 거둔 향기와 쌓은 품
- 평범한 생활 속에서 진실을 깨치고, 그것을 아끼고,
음미하고 기뻐하고, 눈물과 사랑을 지닌 사람들이
서로 즐길 수 있는 글

'민옹과 장대는 드물다'는 말의 의미

민옹	• 향미와 기품이 다른 차를 만듦. → 평범한 생활 속에서 향기를 거두고 품을 쌓을 수 있는 사람, 경지에 이른 수필을 쓰는 작가
장대	• 민옹의 차를 마시고 차의 종류와 차를 만든 시기, 차에 사용한 물 등을 알아냄. → 다른 사람의 생활과 글을 즐길 수 있는 사람, 수필의 의미를 음미할 수 있는 독자

↓

'오늘날 삶의 경지에 이르거나, 수필을 제대로 쓰고 읽을
수 있는 사람이 드물다.'를 의미함.

060 다듬이 | 정진권

나는 어려서 다듬이질하는 것을 많이 보았다. 풀 먹인 흰 빨래가 꼽꼽해지면, 다듬잇돌에 맞게 네모로 접어 놓고 방망이질을 했다. 빨래가 너무 마르면 입으로 물을 뿜어서 다시 꼽꼽하게 한 뒤에 다듬이질을 했다. 나는 이따금 바가지로 찬물 심부름도 했다. 다듬이질은 혼자서도 하고 둘이 마주 앉아 하기도 했다. 혼자 하는 소리는 좀 둔탁한 느낌이었지만, 맞다듬이질을 할 때의 그 소리는 경쾌하고도 청랑한 것이었다. 『휘영청 달이 밝은 가을밤에 혼자 뒷간에 앉아 있자면 마을은 온통 그 경쾌하고 청랑한 다듬이 소리투성이였다. 소년은 그 다듬이 소리에 취했다가 달 한 번 쳐다보고, 그리고 갑자기 생각난 듯이 아랫배에다 힘을 주었다. 그러다가 뒷간을 나와 보면, 환히 불 밝은 아랫방 문에 맞다듬이질하는 그림자가 보였다. 그때 사립문 뒤에 세워 놓은 수숫대의 마른 잎새가 우수수 소리를 내기도 했다. 어디선가 컹컹 개 짖는 소리도 들려왔다.』 [중략]

▶ 다듬이질에 대한 어린 시절의 추억

다듬잇돌은 여름에도 차가웠다. 그래서 어린 시절의 어느 날, 나는 그 서늘한 다듬잇돌을 베고 누운 일이 있다. 그때 어머니가 이걸 보시고는 깜짝 놀라 나를 일으켜 앉히셨다. / "다듬잇돌을 베고 누우면 입이 돌아간다. 알았니?"

그 후 나는 한 번도 그걸 벤 일이 없다. 찬 것을 베고 누우면 안면 신경이 마비될 수도 있다는 말은 내가 다 커서 들은 것이다. 다듬잇돌을 보면, 그때 어머니가 놀라시던 그 모습도 문득 떠오를 때가 있다.

▶ 다듬잇돌에 얽힌 어머니와의 일화

다듬잇방망이를 보아도, 또 생각나는 것이 하나 있다. 중학교 3학년 때 우리는 산골로 피난을 갔었다. 그런데, 그 이듬해에 호열자가 돌아서 온 동네에 울음소리가 끊일 날이 없었다. 그때 세 살이던 내 아우도 그 무서운 병에 걸리고 말았다. 어머니는 이 아이를 안고 하루 스물네 시간씩 한 주일을 견디셨다. 온몸에 마마 같은 것이 마치 팥을 삶아 뿌린 듯이 돋아서 방바닥에 누일 수가 없었다. 얼굴도 눈코를 분간할 수가 없고, 입안도 다 터져서 쌀 한 톨 넣을 수가 없었다. 그때 나는 어머니가 시키시는 대로 국수를 만들었다. 우선 밀가루를 개고, 그것을 다듬잇방망이로 얇게 밀어서 가늘게 썰었다가 끓이는 것이다. 그러면 어머니는 한 가닥씩 아우의 입에 넣어 주셨다. 자다가 문득 깨서 일어나 보면, 어머니는 그 애를 안고 말없이 들여다보고 계셨다. 그것은 이 세상에서 가장 슬픈 눈, 가장 간절한 기원이 담긴 그런 눈이었다. 아, 우리 어머니의 그 애절한 기구(祈求)가 하늘에 사무쳤음인가, 내 아우는 마침내 살아났다. 그 애가 결혼식을 마치고 신혼여행을 떠날 때, 나는 그 뒷모습을 바라보면서 어머니의 그 눈을 생각했다. [중략]

▶ 다듬잇방망이에 얽힌 어머니의 사랑에 대한 일화

이제 다듬잇돌은 서서히 사라지고 있다. 바야흐로 지금은 물에 빨아서 다리지도 않고 입는 옷의 시대인 것이다. 그래서 내 아내는 그것으로 북어나 두드릴 뿐이다.

▶ 다듬잇돌이 사라지는 현실에 대한 아쉬움

키 포인트 체크

제재 [ ][ ][ ]에 얽힌 글쓴이의 어린 시절의 추억과 어머니의 사랑을 회상하고 있다.

관점 글쓴이는 다듬잇돌이 서서히 사라지고 있는 현실에 [ ][ ][ ]을 느끼고 있다.

표현 대체로 문장이 간결하며, 어려운 한자어 대신 쉬운 [ ][ ][ ]를 많이 사용하고 있다.

답 다듬이, 아쉬움, 고유어

핵심 정리

갈래 경수필

성격 회고적, 서정적, 낭만적

제재 다듬이

주제 다듬이에 대한 추억과 옛것이 사라지는 것에 대한 아쉬움

특징 ① 현재와 어린 시절의 경험을 비교함.
② 간결하고 담백한 문체로 진정성을 느끼게 함.

출전 《한국인의 향수》(1979)

작가 정진권(본책 54쪽 참고)

이해와 감상

이 글은 간결하고 소박한 문체로 다듬이에 얽힌 글쓴이의 추억과 사라져 가는 다듬이 문화에 대한 아쉬움을 표현하고 있는 수필이다. 글쓴이는 다듬잇돌과 다듬잇방망이에 얽힌 과거의 추억을 회상하면서 어머니의 깊은 사랑을 떠올리고 있으며, 다듬잇돌이 사라져 가고 있는 지금의 현실에 대한 아쉬움을 드러내고 있다. 이는 다듬잇돌뿐만 아니라 사라져 가는 전통문화에 대한 향수라고 할 수 있다. 추상어나 개념어보다는 구체어를 주로 사용하고, 어려운 한자어 대신 쉽고 아름다운 고유어를 활용하여 서정적인 느낌을 풍부하게 드러내고 있는 글이다.

작품 연구소

소재 '다듬이'의 의미와 이에 대한 글쓴이의 정서

다듬이	· 어린 시절의 추억을 회상하게 하는 매개체 · 어머니에 대한 그리움을 불러일으키는 대상 · 사라져 가는 전통문화

↓

글쓴이의 정서	· 어린 시절에 대한 그리움 · 사라져 가는 전통문화에 대한 아쉬움, 안타까움

〈다듬이〉에 나타난 문체상 특징

· 나는 어려서 다듬이질하는 것을 많이 보았다.
· 그 후 나는 한 번도 그걸 벤 일이 없다.
· 이제 다듬잇돌은 서서히 사라지고 있다.

↓

· 대체로 문장이 짧고 간결함.
· 비유나 수식이 거의 없어 소박한 느낌을 줌.
· 어려운 한자어 대신 쉬운 고유어를 많이 사용함.

▲ 다듬잇돌과 다듬잇방망이

061 거꾸로 보기 | 법정

화작 지학사

키워드 체크 #성찰적 #일상에서 발견한 깨달음 #거꾸로 보기를 통한 새로운 발견 #고정 관념 벗어나기

그날도 여름 옷가지를 빨아 다리고 나서 노곤해진 몸으로 마루에 누워 쉬려던 참이
<small>마룻대에서 도리 또는 보에 걸쳐 지른 나무</small>
었다. 팔베개를 하고 누워서 서까래 끝에 열린 하늘을 무심히 바라보고 있었다. 그러
<small>우연히 한 행동으로, 새로운 깨달음을 얻는 계기가 됨.</small>
다가 모로 돌아누워 산봉우리에 눈을 주었다. 갑자기 산이 달리 보였다. 하, 이것 봐라
하고 나는 벌떡 일어나, 이번에는 가랑이 사이로 산을 내다보았다. 우리들이 어린 시
<small>거꾸로 보기</small>
절 동무들과 어울려 놀이를 하던 그런 모습으로.

그건 새로운 발견이었다. 하늘은 호수가 되고, 산은 호수에 잠긴 그림자가 되었다.
▶ 우연히 산을 거꾸로 보고 새로운 발견을 함.

우리가 일상적으로 사람을 대하거나 사물을 보고 인식하는 것은 틀에 박힌 고정 관
념(固定觀念)에 지나지 않는다. 그렇기 때문에 이미 알아 버린 대상에서는 새로운 모
습을 찾아내기 어렵다. 아무개 하면, 자신의 인식 속에 들어와 이미 굳어 버린 그렇고
그런 존재로밖에 볼 수가 없는 것이다. 이건 얼마나 그릇된 오해인가. 사람이나 사물
은 끝없이 형성되고 변모하는 것인데. / 그러나 보는 각도를 달리함으로써 그 사람이
<small>모양이나 모습이 달라지거나 바뀜.</small>   <small>글쓴이의 새로운 깨달음</small>
나 사물이 지닌 새로운 면을, 아름다운 비밀을 찾아낼 수가 있다. 우리들이 시들하게
생각하는 그저 그렇고 그런 사이라 할지라도 선입견에서 벗어나 맑고 따뜻한 '열린 눈'
으로 바라본다면 시들한 관계의 뜰에 생기가 돌 것이다. ▶ 거꾸로 보기를 통해 고정 관념을 버려야 함.
<small>기존의 무심했던 관계에서 활기 넘치는 새로운 관계가 성립됨.(비유법)</small>

차를 즐기는 사람들은 흔히 이런 말을 한다. 어디서 나오는 무슨 차는 맛이 좋고, 어
<small>차에 대한 사람들의 이야기를 간접적으로 인용함.</small>
디 차는 맛이 시원치 않다고. 물론 기호에 따라 그렇게 말할 수도 있겠지만 차 맛에 어
떤 표준이 있는 것은 아니다. 「형편없는 찻감만 아니라면 한 잔의 차를 통해 삶에 대한
<small>「」: 유추의 전개 방식이 쓰임.</small>
잔잔한 기쁨과 감사를 누릴 수 있을 것이다. 요는 그 차가 지닌 특성을 알맞게 우릴 때
바로 '그 차 맛'을 알 수 있다. 사람의 일도 마찬가지다. 인격에 고정된 어떤 틀이 있는
것은 아니다. 그 사람이 지닌 좋은 덕성(德性)을 찾아낼 수 있다면 그는 내게 좋은 친
<small>어질고 너그러운 성질</small>
구가 될 것이다.」[중략]
▶ 대상의 좋은 면을 찾아내는 태도가 중요함.

중략 부분의 내용 글쓴이는 가톨릭 신자인 지인의 인도로 한 수도원을 방문한다. 그곳은 수도원의 일반적
인 모습과 달리 여느 민가와 다름없는 조그만 초가집이었다.

마침 점심시간이 되어 주인과 나그네가 함께 한 상에 둘러앉아 구수한 냉잇국과 김
치에 맛있는 공양을 했다. 처음 찾아간 나그네에게도 전혀 부담을 주지 않는 편안한
<small>절에서, 음식을 먹는 일</small>   <small>작은 건물, 적은 인원, 소박한 음식 때문에 편안함을 느낌.</small>
집이었다. 이곳 자매들은 마을에 일손이 바빠지면 밭에 나가 일을 거든다고 했다. 그
래서 마을 사람들에게는 고맙고 가까운 이웃이 되는 모양이다. 조그마한 초가에서 항
상 웃음이 넘치는 걸 보고, 수도회의 이름이 그대로 '작은 자매들의 우애회'로구나 싶
었다. / 일산의 밤가시골 초가집 수도원에서 교회와 사원을 바라보는 '눈'을 나는 그날
<small>새로운 인식</small>
의 선물로 받아 왔다. 「가난하고 소탈하고 그러면서도 평화와 기쁨이 넘치는 자매들의
「」: 비유적 표현을 통해 가치 있는 삶의 모습과 바람직한 종교인의 자세를 제시함.
있음이, 우리에게 빛과 소금이 되었으면 싶었다.」 ▶ 소탈한 수도원 사람들의 모습에서 새로운 깨달음을 얻음.
<small>꼭 필요한 존재</small>

키 포인트 체크

제재 ☐☐☐ 보기를 통해 깨달은 삶의 교훈을 이야기하고 있다.

관점 글쓴이는 고정 관념에서 벗어나 사물을 새롭게 바라보는 ☐☐을 가져야 한다고 보고 있다.

표현 이 글은 구체적 경험에서 얻은 깨달음을 ☐☐를 통해 사람과 사물로 확장하고 있다.

답 거꾸로, 시각, 유추

핵심 정리

갈래 경수필
성격 체험적, 성찰적, 교훈적
제재 거꾸로 보기
주제 사물을 보는 새로운 시각의 중요성
특징 ① 일상적인 경험을 통해 삶의 교훈을 전달함.
　　　　② 비유, 인용, 유추를 통해 주제 의식을 뒷받침함.
출전 《산방한담》(1983)
작가 법정(본책 52쪽 참고)

이해와 감상

이 글은 소소한 일상의 경험에서 발견한 깨달음을 담
담하게 그리고 있는 수필이다. 글쓴이는 가랑이 사이
로 산봉우리의 모습을 바라보는 소위 '거꾸로 보기'
체험으로 이야기를 시작하고 있다. 그리고 유추의 기
법을 통해 자신이 깨달은 바를 사물과 인간관계에 접
목하고 있다. 또한 '차(茶)'에 대한 비유를 통해 우리가
지닌 선입견과 고정 관념을 없애면 사물의 새로운 면
모와 새로운 인간관계를 발견할 수 있다고 말하고 있
다. 마지막으로 글쓴이는 조그만 초가집의 수도원을
방문했던 일화를 통해 자신의 깨달음을 심화·확대하
며 종교와 삶의 문제를 성찰하는 데에 이르고 있다.

작품 연구소

〈거꾸로 보기〉의 구조

자연에서 얻은 우연한 깨달음
거꾸로 바라본 자연의 모습이 새롭게 느껴짐.

↓ 유추

사람과 사물로 확장된 '거꾸로 보기'
사람과 사물을 고정 관념에서 벗어나 다른 시각으로 보면 새로운 모습을 발견할 수 있음.

↓ 심화

사람과 사물에 대한 또 다른 깨달음
한 수도원을 방문한 후 종교와 삶에 대한 새로운 깨달음을 얻게 됨.

두 일화에서 얻은 글쓴이의 깨달음

일화	재작년 여름날, 산을 거꾸로 바라봄.	지난 3월, 작은 수도원을 방문함.
새로운 발견	거꾸로 보니 하늘은 호수가 되고, 산은 호수에 잠긴 그림자가 되었음.	수도원은 민가와 구분이 가지 않는, 야산 아래 있는 조그만 초가집이었음.
글쓴이의 깨달음	사람이나 사물은 다양한 모습을 지니고 있어서 보는 각도를 달리하면 그 사람이나 사물의 새로운 면을 볼 수 있음.	가난하고 소탈한 모습으로 이웃에게 필요한 존재가 되는 수녀들을 보고 세상의 빛과 소금이 되고자 하는 사명을 깨달음.

062 두꺼운 삶과 얇은 삶 |김현

[화작] 지학사

키워드 체크 #비판적 #반성적 #아파트 대 땅 집 #자연적 대 인위적 #내면적 대 표면적

땅 집이 아름다운 것은 그것이 많은 것을 숨기고 있기 때문이다. 어린 왕자에 대한
_{아파트와 대비되는, 땅을 가진 집}
아름다운 산문을 남긴 생텍쥐페리는 사막이 아름다운 것은 어디엔가 우물이 있기 때
_{어딘가에 숨겨진 보물이 그곳을 가치 있게 만듦.}
문이라고 말한 적이 있다. 과연 그렇다. 땅 집이 아름다운 것은 곳곳에 우물과 같은 비
밀스러운 것들이 있기 때문이다. 아파트에는 그 비밀이 있을 수가 없다. 오 분 안에 찾
아낼 수 없는 것은 아파트에 없다. 거기에는 모든 것이 노출되어 있다. 스물두 평 또는
_{아파트의 공간적 특징}
서른두 평의 평면 위에 무엇을 숨길 수가 있을 것인가. 쓰임새 있는 것만이 아파트에
_{개인의 사적 공간(개인의 내면을 풍성히 꾸릴 수 있는 공간)의 부재}
서는 존중을 받는다. 아파트에 쓰임새 없는 것으로서 존재하는 것은 값비싼 골동품뿐
이다. 그 골동품들 또한 아파트에서는 얼마나 얇게 보이는지. 그것은 얼마짜리로서 존
_{금전적 가치로서만 의미를 지님.}
재하는 것이지 그것의 두께로 존재하지 않는다. 두께 없는 사물과 인간. 아파트에서
_{골동품에 담겨 있는 많은 의미와 사연}
우리는 모든 것을 그대로 드러내고 산다. 그러나 감출 것이 없을 때에 드러낸다는 것
이 무슨 의미를 가질 수 있을까? 드러낼 수 있다는 것은 감출 수도 있다는 말에 다름
아니다. 사람은 자기가 드러내는 것보다 훨씬 많은 것을 숨겨야 살 수 있다. 그 숨김이
_{개인만의 세계, 개인적인 감정 등}
불가능해질 때에 사람은 사회가 요구하는 것만을 살 수밖에 없게 된다. 무의식은 숨김
이라는 생생한 역동성을 잊고 표면과 동일시되어 메말라 버린다. 표면의 인공적인 삶
_{현대 사회가 요구하는, 보여 주기 위한 삶}
만이 가장 중요한 것으로 여겨지게 되는 것이다. 그 가장 첨예한 상징적인 사실이 아
파트에서는 채소를 손수 가꿔 먹을 수 없는 것이다. [중략]   ▶ 아파트에서의 인공적이고 얇은 삶

지금도 내 어린 시절을 회상할 때면, 옻나무나 발목까지 빠지던 펄의 감촉이 맨 처음
_{개펄}
되살아나오고, 가도가도 끝이 없던 여름날의 황톳길의 더위와 모깃불의 매캐한 냄새
가 나를 가득 채운다. 나는 내 아이들에게 그 자연을 살게 할 수가 없는 것이다. 그 대
_{아파트에서 살기 때문에}
신에 내가 소풍날에야 한두 개 얻어먹었던 삶은 달걀이나, 내가 고등학교 때에야 맛본
자장면 따위를 시켜 주며, 그들의 관심을 〈원더 우먼〉이나 〈육백만 불의 사나이〉로 돌
_{1970년대에 인기를 끌었던 미국 드라마}
려놓고 있다. 나의 바다와 산은 〈원더 우먼〉이나 〈육백만 불의 사나이〉의 달리기와 높
이 뛰어오르기 또는 높은 데서 뛰어내리기로 바뀌어져 있다. 좋은 자연을 보고 숨 쉬
는 대신에 이제는 하도 먹어 맛도 없는 달걀이나 자장면을 먹고 자라는 내 불쌍한 아
_{아파트에 살면서 자연과 교감하지 못하기 때문에}
이들! 계속 자라면서 그들이 배우는 것은 선생님께 잘 보이기, 과외 공부하기, 회색 시
멘트에 길들기, 오·엑스식의 문제 알아맞히기, 그리고 재치 있게 말하기 따위이다. 한
마디로 감춰지지 않는 것 배우기이다. 아니 이렇게 쓰는 것만으로 충분하지는 않다.
_{표면적으로 보여지는 인위적인 삶의 방식}
나도 내 아이들처럼 아파트의 삶에 완전히 길들여져 있다. 그래서 내 주위의 모든 것
_{글쓴이의 자기반성, 자기모순적 사고}
을 얇게 본다. 거기에서 벗어나기란 얼마나 힘이 드는가. 그것은 거기에서 벗어나야
된다는 당위만으로 벗어날 수 있는 게 아니다. 아파트에서 벗어나야, 아니 땅 집으로
_{마땅히 그렇게 하거나 되어야 하는 것}
가야 사물과 인간의 두께를 발견할 수 있다는 생각 자체가, 이미 내가 아파트에서의
_{얇은 삶}
삶에 깊이 물들어 있음을 보여 준다.   ▶ 얇은 삶을 비판하면서 그것에 물든 자신의 모습을 반성함.

🔑 포인트 체크

제재 현대인의 삶의 공간인 ☐☐☐에서의 삶에 대해 이야기하고 있다.

관점 글쓴이는 아파트가 대변하는 인위적·표면적 삶에 대해 ☐☐하며 반성하고 있다.

표현 아파트와 땅 집에서의 삶을 ☐☐하여 자연적·내면적 가치를 중시하는 삶을 강조하고 있다.

[답] 아파트, 비판, 대조

🎯 핵심 정리

갈래 경수필

성격 비판적, 사색적, 자기 고백적

제재 아파트에서의 삶과 땅 집에서의 삶

주제 정신적 가치가 살아 있는 삶의 중요성, 자연과 함께하는 삶의 필요성

특징 ① 땅 집에서의 삶과 아파트에서의 삶을 대조하여 주제를 전달함.
② 현재의 삶을 비판적으로 인식하고 반성함.

출전 《두꺼운 삶과 얇은 삶》(1986)

작가 김현(1942~1990) 문학 평론가. 1962년 평론 《나르시스의 시론》을 〈자유 문학〉에 발표하며 등단하였다. 주요 저서로 《존재와 언어》, 《한국 문학사》, 《분석과 해석》 등이 있다.

이해와 감상

이 글은 아파트에서의 삶과 땅 집에서의 삶을 대조하면서 인생에 대한 통찰을 담아내고 있는 수필이다. 글쓴이는 아파트와 땅 집이 단순한 주거 공간이 아니라 인간의 사고 양식을 대변한다는 관점에서 두 대상의 차이점을 기술하고 있다. 글쓴이는 아파트에서의 삶은 얇은 삶, 즉 인위적·표면적인 것만을 중시하는 삶의 양식을 보여 주는 반면, 땅 집에서의 삶은 두꺼운 삶, 즉 자연적·내면적인 가치가 존중되는 삶의 양식을 보여 준다고 말하고 있다. 그리고 이를 통해 깊이 없는 삶을 살아가는 현대인들에 대한 비판적인 시각을 드러내고 있다. 또한 얇은 삶을 비판하는 자신도 그러한 삶에 깊이 물들어 있음을 인식하며 자기반성적 사고를 드러내고 있다.

작품 연구소

글쓴이의 자기반성에 담긴 의미

글쓴이는 사는 곳에 따라 삶의 모습과 깊이가 달라질 수 있다는 자신의 생각에 비판적으로 접근하면서, 아파트의 삶에 길들여져 있는 자신을 반성하고 있다. 그리고 아파트에 살고 이에 길들여져 있으면서도 아파트에서의 삶을 비판하는 자기모순과, 삶의 깊이를 잃어버린 자신의 삶을 반성하고 있다.

'땅 집'과 '아파트'의 특성 비교

땅 집	아파트
• 아름다운 우물과 같이 비밀스러운 가치가 존재함. • 자연 재배가 가능함. → 자연과의 교감이 가능함.	• 모든 것이 노출되어 있는 구조로 비밀이 존재할 수 없음. • 채소를 직접 키울 수 없음. → 자연과의 교감이 불가능함.
↓	↓
자연적이고 내면적인 가치가 존중되는 삶의 양식	인위적이고 표면적인 것만을 중시하는 삶의 양식
↓	↓
두꺼운 삶	얇은 삶

063 지란지교를 꿈꾸며 | 유안진

문학 천재(김)

키워드 체크 #사색적 #내가 바라는 친구 #진정한 친구 관계 성찰

『』: 글쓴이가 소망하는 친구의 모습 나열

『저녁을 먹고 나면 허물없이 찾아가 차 한잔을 마시고 싶다고 말할 수 있는 친구가 있
_{서로 매우 친하여, 체면을 돌보거나 조심할 필요가 없이}
었으면 좋겠다. 입은 옷을 갈아입지 않고 김치 냄새가 좀 나더라도 흉보지 않을 친구
가 우리 집 가까이에 있었으면 좋겠다.

비 오는 오후나 눈 내리는 밤에 고무신을 끌고 찾아가도 좋을 친구, 밤늦도록 공허한
마음도 마음 놓고 보일 수 있고, 악의 없이 남의 얘기를 주고받고 나서도 말이 날까 걱
정되지 않는 친구가……』
▶ 허물없고 편안한 친구에 대한 소망

사람이 자기 아내나 남편, 제 형제나 제 자식하고만 사랑을 나눈다면 어찌 행복해질
수 있으랴. 영원이 없을수록 영원을 꿈꾸도록 서로 돕는 진실한 친구가 필요하리라.
_{설의법. 행복해질 수 없다는 의미}
그가 여성이어도 좋고 남성이어도 좋다. 나보다 나이가 많아도 좋고 동갑이거나 적
어도 좋다. 다만 그의 인품이 맑은 강물처럼 조용하고 은근하며 깊고 신선하며 예술과
_{글쓴이가 소망하는 친구의 모습}
인생을 알고 중후한 몸가짐을 할 수 있으면 된다. ▶ 인품이 깊고 예술과 인생을 아는 친구에 대한 소망

때로 약간의 변덕과 신경질을 부려도 그것이 애교로 통할 수 있을 정도면 괜찮고 나
의 변덕과 괜한 흥분에도 적절히 맞장구를 쳐 주고 나서, 얼마의 시간이 흘러 내가 평
온해지거든 부드럽고 세련된 표현으로 충고를 아끼지 않았으면 좋겠다.
_{글쓴이가 소망하는 친구의 모습} ▶ 자신에게 충고를 아끼지 않는 친구에 대한 소망

나는 많은 사람을 사랑하고 싶진 않다. 많은 사람과 사귀기도 원치 않는다. 나의 일
생에 한두 사람과 끊어지지 않는 아름답고 향기로운 인연으로 죽기까지 지속되길 바
란다. 『나는 여러 나라 여러 곳을 여행하면서, 끼니와 잠을 아껴 될수록 많은 것을 구경
_{『』: 여행에서의 경험을 근거로 제시하여 한두 사람과 깊고 오랜 인연을 이어 나가고 싶은 자신의 우정관을 뒷받침함.}
하였다. 그럼에도 지금은 그 많은 구경 중에 기막힌 감회로 남은 것은 거의 없다. 만약
_{지난 일을 돌이켜 볼 때 느껴지는 회포}
내가 한두 곳 한두 가지만 제대로 감상했더라면, 두고두고 되새겨질 자신이 되었을걸.』

[중략] ▶ 친구를 많이 사귀기보다 한두 사람과 아름답고 오랜 인연을 맺고 싶음.

『내가 길을 가다가 한 묶음의 꽃을 사서 그에게 들려 줘도 그는 날 주책이라고 나무라
_{『』: 서로의 허물을 무난히 받아주고 이해해 주는 관계가 되기를 바람.}
지 않으며, 건널목이 아닌 데로 찻길을 건너도 나의 교양을 비웃지 않을 게다. 나 또한
더러 그의 눈에 눈곱이 끼더라도 이 사이에 고춧가루가 끼었다 해도 그의 숙녀됨이나
신사다움을 의심하지 않으며, 오히려 인간적인 유유함을 느끼게 될 게다.』

『우리의 손이 비록 작고 여리나, 여로를 버티어 주는 기둥이 될 것이며, 우리의 눈에
_{여유가 있고 느림.}
핏발이 서더라도 총기가 사라진 것은 아니며, 눈빛이 흐리고 시력이 어두워질수록 서
_{여행하는 길 또는 나그네가 가는 길. 인생의 여로}
로를 살펴 주는 불빛이 되어 주리라.』
_{『』: 인생을 살아가며 서로가 서로에게 의지가 되고 힘이 되어 주는 관계가 되기를 바람.} _{염습할 때에 송장에 입히는 옷}
그러다가 어느 날이 홀연히 오더라도 축복처럼, 웨딩드레스처럼 수의(壽衣)를 입게
되리라. 같은 날 또는 다른 날이라도.
_{죽을 때까지 우정을 이어 가기를 바람.}
세월이 흐르거든 묻힌 자리에서 더 고운 품종의 지란(芝蘭)이 돋아 피어, 맑고 높은
_{지초(芝草)와 난초(蘭草)를 아울러 이르는 말}
향기로 다시 만나리라. ▶ 죽어서도 영원할 우정을 바람.

키 포인트 체크

제재 진정한 ☐☐ 관계에 대한 글쓴이의 성찰과 소망에 대해 이야기하고 있다.
관점 글쓴이는 여러 사람을 사귀기보다는 한두 사람과 아름답고 오랜 ☐☐을 이어 가기를 바라고 있다.
표현 '~면 좋겠다'는 표현을 ☐☐하여 자신이 바라는 친구의 모습을 열거하고 있다.

답 친구, 인연, 반복

핵심 정리

갈래 경수필
성격 일상적, 사색적
제재 친구
주제 진정한 친구 관계에 대한 성찰과 소망
특징 ① '~면 좋겠다'를 반복하여 글쓴이가 원하는
친구의 특징이나 모습을 열거함.
② 간결하고 자연스러운 문장을 사용하여 글쓴
이가 추구하는 인간관계에 대해 서술함.
출전 《지란지교를 꿈꾸며》(1989)
작가 유안진(1941~) 시인. 여성의 삶을 깊이 응시
하는 시, 자연의 이치를 통찰하는 작품을 많이
썼다. 주요 저서로 시집 《절망 시편》, 《다보탑을
줍다》, 수필집 《우리를 영원케 하는 것들》 등이
있다.

이해와 감상

이 글은 글쓴이가 소망하는 친구의 모습과 우정에 대
해 쓴 수필로 글쓴이의 인간관과 우정관을 엿볼 수 있
다. 글쓴이는 자신의 허물을 무난하게 받아 주며 아무
때나 찾아가도 편안한 친구, 맑고 깊은 인품을 지닌
친구, 예술과 인생을 알고 중후한 몸가짐을 지닌 친
구, 자신의 변덕과 흥분에 적절히 맞장구쳐 주지만,
부드럽고 세련되게 충고해 줄 줄도 아는 친구 등 자신
이 원하는 친구의 모습을 자세하고 구체적으로 나열
하여 나타내고 있다. 또 여러 사람과 사귀기보다 한두
사람과의 아름다운 인연을 오래 지속하고, 죽어서도
변하지 않을 우정을 바라는 마음을 표현하고 있다.

작품 연구소

여행 경험에서 이끌어 낸 우정관

• 여러 나라 여러 곳을 여행하며 많은 것을 구경함.
• 기막힌 감회로 남은 것이 거의 없음.

↓

한두 가지만 제대로 감상했으면 두고두고 기막힌 감회
로 남았을 것임.

↓

우정 또한 많은 사람과 사귀기보다 일생에 한두 사람과
끊어지지 않는 아름답고 향기로운 인연으로 지속되길
바람.

자료실

우정과 관련된 사자성어

• 지란지교(芝蘭之交): 지초(芝草)와 난초(蘭草)
의 교제라는 뜻으로, 벗 사이의 맑고도 고귀한
사귐을 이르는 말.
• 관포지교(管鮑之交): 옛날 중국의 관중(管仲)
과 포숙(鮑叔)처럼 친구 사이의 우정이 깊음을
이르는 말.
• 수어지교(水魚之交): 물이 없으면 살 수 없는
물고기와 물의 관계라는 뜻으로, 아주 친밀하
여 떨어지려야 떨어질 수 없는 사이를 비유적
으로 이르는 말.
• 단금지계(斷金之契): 쇠라도 자를 만큼의 굳은
약속이라는 뜻으로, 매우 두터운 우정을 이르
는 말.

064 나는 걷고 싶다 | 신영복

문학 창비

키워드 체크 #감옥에서 보낸 편지 #사색적 #자유를 향한 의지

계수님께
<u>편지를 받는 대상. '계수'는 남자 형제 사이에서 동생의 아내를 이르는 말</u>
작년 여름, 비로 다 내렸기 때문인지 눈이 인색한 겨울이었습니다.

눈이 내리면 눈 뒤끝의 매서운 추위는 죄다 우리가 입어야 하는데도 눈 한번 찐하게
안 오나, 젊은 친구들 기다려 쌓더니 얼마 전 사흘 내리 눈 내리는 날 기어이 운동장 구
<u>추위는 아랑곳하지 않고 눈을 기다리는 젊은이들. 눈사람의 가슴에 글귀를 박은 사람들</u>
석에 눈사람 하나 세웠습니다.

옥뜰에 서 있는 눈사람. 연탄 조각으로 가슴에 박은 글귀가 섬뜩합니다.
<u>감옥의 뜰</u>
"나는 걷고 싶다." ←
<u>자유를 향한 의지</u>
있으면서도 걷지 못하는 우리의 다리를 깨닫게 하는 그 글귀는 단단한 눈 뭉치가 되
<u>역설. 나와 젊은 친구들이 처한 상황(자유 의지를 억압당함.)</u>   <u>자유를 향한 의지를 다시 한번 다잡음.</u>
어 이마를 때립니다.

내일모레가 2월 초하루. 눈사람도 어디론가 가고 없고 먼 데서 봄이 오는 기척이 들
<u>자연의 이치 → 추운 날이 지나고 따뜻한 봄날이 올 것을 기대함.</u>
립니다.
<u>'그 날짜에 효력이 발생함'의 뜻을 더하는 접미사</u>
1월 25일부 편지와 돈 받았습니다. 계수님의 건강과 발전을 빕니다.
<u>편지와 돈을 받았다는 소식을 알림.</u>   <u>편지를 받는 사람에 대한 안부 인사</u>

1988. 1. 30.
▶ 눈사람을 만들며 깨달은 현실과 자유를 향한 의지

◎ 핵심 정리

갈래 경수필, 편지글
성격 고백적, 사색적
제재 옥뜰에 서 있는 눈사람
주제 자유를 향한, 굽히지 않은 의지
특징 ① 계수님께 전하는 편지글의 형식을 통해 글쓴
　　　 이의 의지를 드러냄.
　　　 ② 대화하듯이 자연스럽게 씀.
출전 《감옥으로부터의 사색》(1988)
작가 신영복(본책 56쪽 참고)

이해와 감상

이 글은 글쓴이가 20년 20일 동안 수감 생활을 하면
서 가족들에게 보낸 편지 중 하나이다. 이 글에서 글
쓴이는 감옥 뜰에 서 있는 눈사람에 대해 이야기하며,
육체적으로 자유를 억압당한 상황에서 자유를 향한
의지를 억누를 수 없다는 생각을 드러내고 있다. 또
눈사람이 사라지고 봄이 오는 기척이 들리듯이, 언젠
가 어둡고 고난스러운 찬 시절이 지나고 밝고 희망에
찬 날이 올 거라는 기대를 은연중에 드러내고 있다.

작품 연구소

편지의 목적과 편지에 담긴 의미

편지의 목적	① 자신의 근황을 알림. ② 돈을 받았음을 알림. ③ 계수님의 건강과 발전을 기원함.
편지에 담긴 의미	눈사람과 관련한 일화를 통해, 비록 육체는 감옥에 수감되어 있지만 자유를 향한 의지는 굽히지 않았음을 드러냄.

편지에 사용된 다양한 표현과 그 효과

역설	있으면서도 걷지 못하는 우리의 다리 → 화자가 처한 현실을 드러냄.
은유	그 글귀는 단단한 눈 뭉치가 되어 이마를 때립니다. → 자유를 향한 의지를 다시 한번 다짐하고 부각함.

포인트 체크

제재 글쓴이는 □□ 뜰에 서 있는 눈사람에 관해 이야기하며 자신의 근황을 전하고 있다.
관점 글쓴이는 눈사람의 가슴에 박힌 글귀를 통해 □□를 향한 의지를 나타내고 있다.
표현 □□적 표현을 사용하여 자신이 처한 억압적 상황을 드러내고 있다.

답 감옥, 자유, 역설

065 외래어 노이로제 |박완서

`국어` 천재(이)

`키워드 체크` #풍자적 #애니 커트 #써쎈느 커트 #외래어 강박증

전략 부분의 내용 글쓴이는 시내에 나왔다가 충동적으로 호텔 지하상가 미장원에 머리를 자르러 들어간다. 평소 단골로 다니던 미장원과 달리 넓고 사치스러워 보이는 미장원에 살짝 주눅이 든다.

   어떤 모양으로 커트를 치겠느냐는 건 내 차례가 되어 거울 앞 의자에 앉고 나서 묻는 게 보통 미장원에서의 순서인데 여기선 달랐다. 소녀의 말씨는 감기듯 나긋나긋하면서도 어딘가 이국적이었다.

   "애니 커트로 하시겠어요, 써쎈느 커트로 하시겠어요?"

   소녀가 그렇게 속삭였다고 내 귀는 알아들었다. 그러나 이런 난감할 때가 있나. 그 두 종류의 커트가 도대체 어떤 모양을 의미하는지 알 턱이 없었다. 그렇다고 미장원에서 통용되는 외래어를 못 알아들은 것까지 창피해할 거야 없지 싶어 나는 용기 내어 그 두 가지 이상한 이름의 커트가 어떻게 다른가 물어보았다. 나는 그때 애니 커트와 써쎈느 커트를, 해방이 되고도 오랫동안 미장원에 남아 있던 우찌마끼니 소도마끼니 하는 일본말처럼 일정한 머리 모양을 가리키는 새로운 외래어인 줄 알고 물어본 거였다. 그러나 소녀의 대답은 전혀 엉뚱했다.

   "애니 커트는 팔천 원이고 써쎈느 커트는 만 삼천 원예요."

   그 소리 역시 최초의 질문처럼 매우 낮게 속삭이듯 혀를 굴려 말했다. 우리 동네 미장원에서 삼천 원에 커트 치던 나로서는 그 비싼 값도 놀라웠지만 소녀의 입가에 어린 미소가 너 따위가 팔천 원짜리밖에 더 하겠느냐고 말하는 듯해서 나는 더 물어볼 용기를 잃고 항복하듯이 비참하게 말했다. ▶ 미용실의 낯선 환경과 처음 듣는 외래어에 주눅이 듦.

   "그럼 그 팔천 원짜리로 해 주세요." / "애니 커트로 해 주세요."라고 말하지 않은 건 소녀처럼 그렇게 부드럽게 혀 꼬부라진 소리를 낼 자신이 없어선지도 몰랐다. 미용실로 나가 순서를 기다리는 동안 나는 눈치껏 그 두 가지 커트가 어떻게 다른가를 알아내려고 남들이 커트 친 머리 모양을 열심히 살폈으나 도무지 어림짐작도 할 수 없었다. 만일 남들이 치는 커트는 다 만 삼천 원짜리고 팔천 원짜리는 괴상한 머리 모양을 뜻하는 거라면 어쩌나 근심이 되는 채로 나는 긴 의자에 누워 편안히 머리를 축이고 나서 마침내 거울 앞에 앉았다. 그때 단골인 듯싶은 여자가 원피스 위에 밍크 숄만 두르고 황급히 들어와 선생님을 찾았다. 나처럼 생머리였다.

   "선생님 방금 외출하셨어요. 두 시간 후에나 돌아오실 텐데……."

   "어머머, 두 시간씩이나…… 큰일 났네, 시간 없는데." / "그러시면 예약을 하실 걸 그랬어요." / "할 수 없지 뭐. 언니한테 부탁을 해야지. 김 언니 있지?"

   내가 애니 커트, 써쎈느 커트로 알아들은 건 실은 언니 커트, 선생님 커트였던 것이다. 내 귀에 문제가 있는 게 아니라 내 외래어 노이로제가 문제였던 것이다.

▶ 외래어라고 생각했던 단어의 정체를 알게 됨.

`키` **포인트 체크**

`제재` 미장원에서 [ ][ ][ ]에 대한 강박 때문에 상대방의 말을 제대로 알아듣지 못한 글쓴이의 경험을 이야기하고 있다.

`관점` 글쓴이는 동네 미장원과는 사뭇 다른 호텔 미장원의 낯선 환경에 [ ][ ]이 들어 있다.

`표현` 글쓴이가 잘못 알아들은 외래어의 정체를 마지막에 밝힘으로써 [ ][ ]의 효과를 거두고 있다.

`답` 외래어, 주눅, 반전

🎯 **핵심 정리**

갈래 경수필
성격 풍자적, 비판적
제재 미장원에서의 경험
주제 친숙한 단어도 잘못 알아듣게 한 외래어에 대한 강박증
특징 ① 글쓴이가 잘못 알아들은 단어를 마지막에 밝혀 풍자의 효과를 부각함.
② 인물의 감정을 섬세하고 재치 있게 표현함.
출전 《나의 아름다운 이웃》(1991)
작가 박완서(본책 82쪽 참고)

이해와 감상

이 글은 외래어 노이로제에 시달리는 주인공이 낯선 외래어로 알아들은 '애니', '써쎈느'라는 말이 사실 '언니'와 '선생님'이었다는 반전을 담고 있다. 호텔 미장원에서 주눅이 든 인물의 심리를 섬세하고 재치 있게 표현하였으며 외래어가 무분별하게 사용되는 현대 사회를 풍자적으로 그려 내고 있다.

작품 연구소

글쓴이의 심리 변화

동네와는 다른 호텔 미장원의 환경과 준비 과정에서 주눅이 듦.

↓

소녀가 말한 '애니 커트', '써쎈느 커트'를 이해하지 못하고 당황함.

↓

단골인 듯한 손님의 말에서 글쓴이가 궁금해하던 말이 외래어가 아님을 알고 궁금증이 해소됨.

글쓴이가 오해를 한 이유

호텔 미장원의 낯선 환경 [전략 부분]	• 소파가 있는 탈의실이 있음. • 분홍색 가운을 입혀 줌. • 커트를 치는 준비 과정이 동네 미장원과는 다름.
소녀의 말	• 나긋나긋하면서도 이국적인 말씨 • 자신의 질문에 엉뚱한 대답을 함.

↓

낯설고 비싸 보이는 환경에 주눅이 들어서

미장원에서의 경험에 대한 글쓴이의 생각

직원의 말을 제대로 알아듣기 전	직원이 한 말이 무슨 말인지 몰라 직원에게 물어봤으나 다른 엉뚱한 대답을 들음.

↓

단골인 듯한 손님의 말을 듣고, '애니 커트, 써쎈느 커트'가 '언니 커트, 선생님 커트'임을 알게 됨.

직원의 말을 이해한 뒤	무분별한 외래에 사용에 대한 강박 때문에 상대방의 말을 제대로 알아듣지 못했음을 알게 됨.

066 무량수전 배흘림기둥에 기대서서 | 최순우

소백산 기슭 부석사의 한낮, 스님도 마을 사람도 인기척이 끊어진 마당에는 오색 낙엽이 그림처럼 깔려 초겨울 안개비에 촉촉히 젖고 있다. 무량수전, 안양문, 조사당, 응향각들이 마치 그리움에 지친 듯 해쓱한 얼굴로 나를 반기고, 호젓하고도 스산스러운 희한한 아름다움은 말로 표현하기가 어렵다. 나는 무량수전 배흘림기둥에 기대서서 사무치는 고마움으로 이 아름다움의 뜻을 몇 번이고 자문자답했다.
▶ 무량수전 배흘림기둥에 기대서서 느끼는 아름다움

무량수전은 고려 중기의 건축이지만 우리 민족이 보존해 온 목조 건축 중에서는 가장 아름답고 가장 오래된 건물임이 틀림없다. 기둥 높이와 굵기, 사뿐히 고개를 든 지붕 추녀의 곡선과 그 기둥이 주는 조화, 간결하면서도 역학적이며 기능에 충실한 주심포의 아름다움, 이것은 꼭 갖출 것만을 갖춘 필요미이며 문창살 하나 문지방 하나에도 나타나 있는 비례의 상쾌함이 이를 데가 없다. 멀찍이서 바라봐도 가까이서 쓰다듬어 봐도 무량수전은 의젓하고도 너그러운 자태이며 근시안적인 신경질이나 거드름이 없다. 무량수전이 지니고 있는 이러한 자체야말로 석굴암 건축이나 불국사 돌계단의 구조와 함께 우리 건축이 지니는 참멋, 즉 조상들의 안목과 그 미덕이 어떠하다는 실증을 보여 주는 본보기라 할 수밖에 없다.
▶ 무량수전의 아름다움

무량수전 앞 안양문에 올라앉아 먼 산을 바라보면 산 뒤에 또 산, 그 뒤에 또 산마루, 눈길이 가는 데까지 그림보다 더 곱게 겹쳐진 능선들이 모두 이 무량수전을 향해 마련된 듯싶어진다. 이 대자연 속에 이렇게 아늑하고도 눈맛이 시원한 시야를 터 줄 줄 아는 한국인, 높지도 얕지도 않은 이 자리를 점지해서 자연의 아름다움을 한층 그윽하게 빛내 주고 부처님의 믿음을 더욱 숭엄한 아름다움으로 이끌어 줄 수 있었던 뛰어난 안목의 소유자, 그 한국인, 지금 우리의 머릿속에 빙빙 도는 그 큰 이름은 부석사의 창건주 의상 대사이다.
▶ 부석사의 창건주인 의상 대사에 대한 예찬

이 무량수전 앞에서부터 당간 지주가 서 있는 절 밖, 그 넓은 터전을 여러 층 단으로 닦으면서 그 마무리로 쌓아 놓은 긴 석축들이 각기 다른 각도에서 이뤄진 것은 아마도 먼 안산이 지니는 겹겹의 능선의 각도와 조화시키기 위해 풍수 사상에서 계산된 계획일 수도 있을 것 같다. 이 석축들의 짜임새를 바라보고 있으면 신라나 고려 사람들이 지녔던 자연과 건조물의 조화에 대한 생각을 알 수 있을 것 같고, 그것은 순리의 아름다움이라고 이름 짓고 싶다. 크고 작은 자연석을 섞어서 높고 긴 석축을 쌓아 올리는 일은 자칫 잔재주에 기울기 마련이지만, 이 부석사 석축들을 돌아보고 있으면 이끼 낀 크고 작은 돌들의 모습이 모두 그 석축 속에서 편안하게 자리 잡고 있어서 희한한 구성을 이루고 있다.
▶ 석축과 안산을 통해 느낀 순리의 아름다움

키 포인트 체크

제재 글쓴이는 ☐☐☐☐을 중심으로 부석사와 그 주변 경관을 감상하고 있다

관점 자연과 조화를 이룬 ☐☐☐의 아름다움과 그 아름다움을 만들어 낸 의상 대사의 안목을 ☐☐ 하고 있다.

표현 ☐☐☐을 사용하고 석굴암, 불국사 등과 비교하여 무량수전이 지닌 아름다움과 멋을 표현하고 있다.

답 무량수전, 부석사, 예찬, 비유법(의인법)

핵심 정리

갈래 경수필, 기행 수필
성격 감상적, 예찬적
제재 부석사 무량수전
주제 부석사의 순리적 아름다움 예찬
특징 ① 전통문화 속에 담긴 아름다움을 따뜻한 시각으로 그림.
② 한국 미술의 전 영역에 걸쳐 작품의 면면을 살핌.
출전 《무량수전 배흘림기둥에 기대서서》(1994)
작가 최순우(1916~1984) 미술 사학자, 미술 평론가. 국립 중앙 박물관 관장을 맡아 국립 중앙 박물관을 확장·발전시켰다. 주요 저서로 《한국 미술사》, 《나는 내 것이 아름답다》 등이 있다.

이해와 감상

이 글은 무량수전의 아름다움을 중심으로 부석사와 그 주변 경관을 묘사하고 한국적인 순리의 아름다움을 예찬하고 있는 수필이다. 글쓴이는 무량수전 배흘림기둥에 기대서서 날이 저무는 소백산맥을 바라보며, 훌륭한 문화유산을 남긴 조상께 감사하며 조상들이 문화에 대해 지녔던 태도에 경외심을 드러내고 있다. 특히 부석사의 창건주인 의상 대사를 떠올리며 그의 안목에 감탄하기도 한다. 그리고 자연과 조화된 부석사 석축들을 바라보면서 순리의 아름다움이라 예찬하고 있다. 문화재 전문가인 글쓴이의 식견과 우리 문화에 대한 애정이 돋보이는 글이다.

자료실

부석사
경북 영주시 부석면 봉황산(鳳凰山) 중턱에 위치한 절로, 676년(신라 문무왕 16) 의상(義湘)이 왕명을 받들어 창건한 이래 화엄종(華嚴宗)의 중심 사찰이 되었다. 경내에는 무량수전(국보 제18호)·조사당(국보 제19호)·소조 여래 좌상(塑造如來坐像,국보 제45호)·조사당 벽화(국보 제46호)·무량수전 앞 석등(국보 제17호) 등의 국보와 삼층 석탑·석조 여래 좌상·당간지주(幢竿支柱) 등의 보물, 원융 국사비·불사리 탑 등의 지방 문화재가 있다.

▲ 부석사

배흘림기둥
건물의 조화와 안정을 위하여 기둥 중간 부분의 배가 약간 부르도록 한 건축 양식으로, 그리스·로마 고전 건축의 외벽면 기둥에 사용하였다. 엔타시스(entasis)라고도 한다.

067 어리석은 자의 우직함이 세상을 조금씩 바꿔 갑니다 | 신영복 | 독서 동아

키워드 체크 #기행 수필 #서간체 형식 #평강 공주의 주체성과 우직함 #삶의 진정성 추구

나는 수많은 사람들이 함께 창작하고 그 후 더 많은 사람들이 오랜 세월에 걸쳐서 승
<u>설화의 특징 – 민중의 정서와 소망을 반영함.</u>
낙한 온달 장군과 평강 공주의 이야기를 믿습니다. 다른 어떠한 실증적 사실(史實)보
<u>실제 일어난 역사적 사실</u>
다도 당시의 정서를 더 정확히 담아내고 있다고 생각하기 때문입니다. 완고한 신분의
<u>민중의 소망, 욕망, 바람</u>   <u>온달과 평강 공주의 신분 차이</u>
벽을 뛰어넘어 미천한 출신의 바보 온달을 선택하고 드디어 용맹한 장수로 일어서게
한 평강 공주의 결단과 주체적 삶에는 민중의 소망과 언어가 담겨 있기 때문입니다.
이것이 바로 온달 설화가 당대 사회의 이데올로기에 매몰된 한 농촌 청년의 우직한 충
<u>보이지 아니하게 파묻히거나 파묻게 됨</u>
절의 이야기로 끝나지 않는 까닭이라고 생각됩니다. 인간의 가장 위대한 가능성은 이
처럼 과거를 뛰어넘고 사회의 벽을 뛰어넘어 드디어 자기를 뛰어넘는 비약에 있는 것
이라고 할 수 있기 때문입니다.
<u>주체적인 판단과 행동을 할 때 발전할 수 있다는 가치관이 드러남.</u>   ▶ 온달과 평강 공주 설화의 의미와 가치

나는 평강 공주와 함께 온달 산성을 걷는 동안 내내 '능력 있고 편하게 해 줄 사람'을
<u>평강 공주 설화의 내용을 떠올리며</u>
찾는 당신이 생각났습니다. '신데렐라의 꿈'을 버리지 못하고 있는 당신이 안타까웠습
<u>능력 있는 상대에게 기대는 편하고 안정된 삶</u>
니다. 『현대 사회에서 평가되는 능력이란 인간적 품성이 도외시된 '경쟁적 능력'입니다.
<u>『 』: 경쟁의 부정적인 면을 부각하여 '당신'이 가지고 있는 꿈의 위험성을 깨닫도록 유도하고 있음.</u>
그것은 다른 사람들의 낙오와 좌절 이후에 얻을 수 있는 것으로, 한마디로 숨겨진 칼
처럼 매우 비정한 것입니다. 그러한 능력의 품속에 안주하려는 우리의 소망이 과연 어
<u>'나'의 성공의 이면에는 타인의 좌절이 있어야 함.</u>
떤 실상을 갖는 것인지 고민해야 할 것입니다.   ▶ 세속적 소망을 가진 '당신'에 대한 안타까움
<u>개인적 이익만을 추구하는 현대인에 대한 비판</u>

당신은 기억할 것입니다. 세상 사람은 현명한 사람과 어리석은 사람으로 분류할 수
있다고 당신이 먼저 말했습니다. 현명한 사람은 자기를 세상에 잘 맞추는 사람인 반면
에 어리석은 사람은 그야말로 어리석게도 세상을 자기에게 맞추려고 하는 사람이라고
<u>주어진 환경을 극복하는 주체적인 사람</u>
했습니다. 그러나 역설적이게도 세상은 이런 어리석은 사람들의 우직함으로 인하여
<u>글의 주제 의식</u>
조금씩 나은 것으로 변화해 간다는 사실을 잊지 말아야 한다고 생각합니다. 우직한 어
리석음, 그것이 곧 지혜와 현명함의 바탕이고 내용입니다.
<u>역설적 표현</u>   ▶ 어리석은 사람의 우직함이 지닌 긍정적 가치

'편안함' 그것도 경계해야 할 대상이기는 마찬가지입니다. 편안함은 흐르지 않는 강
<u>편안함 속에 안주하려는 삶을 비유적으로 이름.</u>
물이기 때문입니다. '불편함'은 흐르는 강물입니다. 흐르는 강물은 수많은 소리와 풍경
<u>변화를 추구하는 삶</u>
을 그 속에 담고 있는 추억의 물이며 어딘가를 희망하는 잠들지 않는 물입니다.
<u>'불편함'에 담긴 긍정적 가치</u>

당신은 평강 공주의 삶이 남편의 입신(立身)이라는 가부장적 한계를 뛰어넘지 못한
<u>세상에서 떳떳한 자리를 차지하고 지위를 확고하게 세움.</u>
것이라고 하였습니다만 산다는 것은 살리는 것입니다. 살림[生]입니다. 그리고 당신
은 자신이 공주가 아니기 때문에 평강 공주가 될 수 없다고 하지만 살림이란 '뜻의 살
림'입니다. 세속적 성취와는 상관없는 것이기도 합니다. 그런 점에서 나는 평강 공주의
<u>부, 명예 등</u>
이야기는 한 여인의 사랑의 메시지가 아니라 그것을 뛰어넘는 '삶의 메시지'라고 생각
합니다. / 나는 당신이 언젠가 이 산성에 오기를 바랍니다. 남한강 푸른 물굽이가 천 년
<u>편안함만 추구하는 현대인('이 글의 독자)</u>
세월을 변함없이 감돌아 흐르는 이 산성에서 평강 공주와 만나기를 바랍니다.
          ▶ 평강 공주의 주체적 삶이 주는 교훈을 얻길 바람.

포인트 체크

[제재] ☐☐과 ☐☐ 공주의 설화를 재해석하여 현대인이 가져야 할 바람직한 삶의 태도에 대해 이야기
하고 있다.

[관점] 글쓴이는 평강 공주를 ☐☐☐이고 능동적인 삶을 산 인물로 평가하고 있다.

[표현] ☐☐ 형식과 경어체 사용을 통해 부드러운 느낌을 주고 있다.

[답] 온달, 평강, 주체적, 편지

갈래 경수필, 기행 수필
성격 교훈적, 사색적, 설득적, 비판적
제재 온달과 평강 공주의 이야기
주제 어리석은 자의 우직함은 세상을 바꾸는 가치이다.
특징 ① 편지를 쓰듯 친근한 표현을 사용함.
② 설화에서 새로운 가치를 이끌어 냄.
③ 자신의 가치관을 기존의 가치관과 비교함.
출전 《나무야 나무야》(1996)
작가 신영복(본책 56쪽 참고)

이해와 감상

이 글에서 글쓴이는 평강 공주의 설화를 재해석하여
편안한 삶에 안주하기보다는 주체적인 판단과 실천으
로 삶을 개척하는 것이 중요하다는 견해를 펼치고 있
다. 또한 글쓴이는 '당신'과 '평강 공주'의 삶을 대비하
여 어리석은 사람들의 우직함이 세상을 바꾸는 원동
력이라는 것과 삶의 진정성을 추구하는 것이 가치 있
는 삶이라는 것을 알려 주고 있다. 경어체로 '당신'이
라는 인물에게 편지를 쓰듯 서간체 형식으로 서술하
여 친근하고 부드러운 느낌이 들게 하고 있는 것이 특
징이다.

작품 연구소

글쓴이가 생각하는 긍정적인 삶과 부정적인 삶의
모습

긍정적인 삶	부정적인 삶
• 평강 공주 • 어리석은 사람 • 세상을 자신에게 맞추려는 사람 • 불편함, 흐르는 강물	• 편하게 해 줄 사람을 찾는 당신 • 현명한 사람 • 세상에 자신을 맞추는 사람 • 편안함, 흐르지 않는 강물

↓

주체적이고 능동적인 삶을 선택한 평강 공주
+
자신의 신분을 딛고 노력과 우직함으로 진실한 삶을 산
온달

→ 힘든 삶을 선택하여 어리석어 보이지만 사실은 그것
이 세상을 바꾸는 가치 있는 삶이라는 것을 역설적으로
보여 줌.

자료실

온달 산성(溫達山城)

사적 제264호로 지정된 충북 단양군 영춘면에 있
는 옛 석성(石城)이다. 원형이 잘 보존되어 있으며
삼국 시대의 유물이 출토되기도 하였다. 남한강
변 해발 427m의 성산(城山)에 반월형으로 축조
된 테뫼식 산성이다. 이 산성은 영토 전쟁에서 우
위를 점하기 위해 한강 이남을 차지하려는 각국
에게 전초 기지 역할을 할 수 있는 곳이어서 신라
와 고구려 사이의 치열한 전투가 있었을 것으로
예상되는 곳이다.

068 실수 | 나희덕

화작 창비

키워드 체크 #교훈적 #실수의 긍정적 의미 #실수에 관한 태도의 필요성

옛날 중국의 곽휘원이란 사람이 떨어져 살고 있는 아내에게 편지를 보냈는데, 그 편지를 받은 아내의 답시는 이러했다.

　　벽사창에 기대어 당신의 글월을 받으니 / 처음부터 끝까지 흰 종이뿐이옵니다.

　　아마도 당신께서 이 몸을 그리워하심이 / 차라리 말 아니하려는 뜻임을 전하고자 하신 듯하여이다.

이 답시를 받고 어리둥절해진 곽휘원이 그제야 주위를 둘러보니, 아내에게 쓴 의례적인 문안 편지는 책상 위에 그대로 있는 게 아닌가. 아마도 그 옆에 있던 흰 종이를 편지인 줄 알고 잘못 넣어 보낸 것인 듯했다. 『백지로 된 편지를 전해 받은 아내는 처음엔 무슨 영문인가 싶었지만, 꿈보다 해몽이 좋다고 자신에 대한 그리움이 말로 다할 수 없음에 대한 고백으로 그 여백을 읽어 내었다.』 남편의 실수가 오히려 아내에게 깊고 그윽한 기쁨을 안겨 준 것이다. 이렇게 실수는 때로 삶을 신선한 충격과 행복한 오해로 이끌곤 한다. [중략]
▶ 실수와 관련된 곽휘원의 일화

중략 부분의 내용 글쓴이는 암자에 묵었을 때 스님에게 빗을 빌려 달라고 말했던 자신의 실수를 언급한다.

그러면 실수의 '어처구니없음'은 어디서 오는 것일까. 『원래 어처구니란 엄청나게 큰 사람이나 큰 물건을 가리키는 뜻에서 비롯되었는데, 그것이 부정어와 함께 굳어지면서 어이없다는 뜻으로 쓰이게 되었다. 크다는 뜻 자체는 약화되고 그것이 크든 작든 우리가 가지고 있는 상상이나 상식을 벗어난 경우를 지칭하게 된 것이다.』 그러니 상상에 빠지기 좋아하고 상식으로부터 자유로워지려는 사람에게 어처구니없는 실수가 그림자처럼 따라다니는 것은 아주 자연스러운 일이다. / 결국 실수는 삶과 정신의 여백에 해당한다. 『그 여백마저 없다면 이 각박한 세상에서 어떻게 숨을 돌리며 살 수 있겠는가. 그리고 발 빠르게 돌아가는 세상에 어떻게 휩쓸려 가지 않고 남아 있을 수 있겠는가.』 어쩌면 사람을 키우는 것은 능력이 아니라 실수의 힘일지도 모른다.
▶ 실수의 긍정적 의미

그러나 날이 갈수록 실수가 용납되는 땅은 점점 좁아지고 있다. 사소한 실수조차 짜증과 비난의 대상이 되기가 십상이다. 남의 실수를 웃으면서 눈감아 주거나 그 실수가 나오는 내면의 풍경을 헤아려 주는 사람을 만나기도 어려워져 간다. [중략]
▶ 사소한 실수조차 용납하지 않는 세태

도대체 정신을 어디에 두고 사느냐는 말을 들을 때면 그 말에 무안해져 눈물이 핑 돌기도 하지만, 내 속의 어처구니는 머리를 디밀고 이렇게 소리치는 것이다. 정신과 마음은 내려놓고 살아야 한다고. 어디로 가는 줄도 모르고 뛰어가는 자신을 하루에도 몇 번씩 세워 두고 '우두커니' 있는 시간, 그 '우두커니' 속에 사는 '어처구니'를 많이 만들어 내면서 살아야 한다고, 바로 그 실수가 곽휘원의 아내로 하여금 백지의 편지를 꽉 찬 그리움으로 읽어 내도록 했으며, 산사의 노스님으로 하여금 기억의 어둠 속에서 빗 하나를 건져 내도록 해 주었다고 말이다.
▶ 실수를 통해 얻은 글쓴이의 깨달음

포인트 체크

제재 사람들이 부정적으로 인식하는 ☐☐를 새로운 시각에서 바라보며 새로운 의미를 부여하고 있다.

관점 **표현** 글쓴이는 예화와 '☐☐☐☐☐☐'의 뜻을 통해 실수의 ☐☐☐ 의미를 제시한 후 실수에 관대해야 한다고 말하고 있다.

답 실수, 어처구니없음, 긍정적

🎯 **핵심 정리**

갈래 경수필
성격 교훈적, 자기 고백적
제재 실수
주제 실수의 긍정적 의미, 실수를 너그럽게 용납해 주는 태도의 필요성
특징 ① 일화를 통해 독자의 관심과 흥미를 유발함.
　　　② 단어의 뜻을 통해 제재에 의미를 부여함.
출전 《반 통의 물》(1999)
작가 나희덕(본책 62쪽 참고)

이해와 감상

〈실수〉는 글쓴이의 경험담을 토대로 부정적으로 인식되는 실수를 새로운 시각으로 바라보고 실수의 긍정적 의미를 이끌어 내고 있는 수필이다. 글쓴이는 편지 대신 흰 종이를 아내에게 보낸 곽휘원의 실수와 스님에게 빗을 빌린 자신의 실수를 이야기하면서 이러한 실수가 오히려 삶에 신선한 충격과 여유를 가져다줄 수 있다는 깨달음을 전하고 있다. 글쓴이는 사소한 실수조차 짜증과 비난의 대상이 되기 쉬운 오늘날의 현실에서 상상을 즐기며 상식으로부터 자유로워지는 어처구니를 많이 만들어 내며 살 것을 당부하고 있다.

작품 연구소

〈실수〉의 구성 방식

이 글은 전반부에서 두 개의 예화를 다루고 있다. 하나는 곽휘원의 예화이고 다른 하나는 글쓴이의 체험(중략 부분)이다. 이 두 이야기는 모두 삶에 여유를 가져다주는 실수의 긍정적 의미라는 주제를 뒷받침하고 있다. 그러나 이 글에서는 이 두 이야기를 바로 주제와 연결하지 않고 그 가운데에 징검다리를 하나 두고 있다. 글쓴이가 일상에서 저지르는, 악의가 섞이지 않은 실수에 관한 이야기와 '어처구니'라는 단어의 의미를 밝힌 부분이 그것이다. 예화와 주제를 연결해 주는 이러한 징검다리로 인해 독자는 '실수'라는 말에도 긍정적인 의미를 부여할 수 있음을 깨닫게 되고, 자연스럽게 글의 주제에 다가갈 수 있는 것이다.

글쓴이가 깨달음을 얻은 과정

곽휘원의 실수	글쓴이의 실수
아내에게 문안 편지 대신 흰 종이를 보냄.	암자에 묵으면서 스님에게 빗을 빌려 달라고 함.

↓

실수에 대한 글쓴이의 생각
• 삶을 신선한 충격과 행복한 오해로 이끎. • 삶에 의외의 수확이나 즐거움을 가져다줌.

↓

글쓴이의 깨달음
• 실수는 삶과 정신의 여백에 해당함. • 실수를 용납하지 않는 삶보다 이를 여유롭고 너그럽게 받아들이는 삶의 자세가 필요함.

069 아름다운 흉터 | 이청준

화작 비상

나의 두 손등과 손가락들에는 세 종류의 흉터가 선명하게 남아 있다. / 초등학교 1학년 때 첫 소풍을 가기 전날 오후 마음이 들뜨다 못해 토방 아래에 엎드려 있는 누렁이 놈의 목을 졸라 대다 졸지에 숨이 막힌 녀석이 내 왼손을 덥석 물어뜯어 생긴 세 개의 개 이빨 자국 세트가 하나, 역시 『초등학교 5학년 때쯤 남의 산으로 나무를 하러 갔다가 조급한 도둑 톱질 끝에 내 쪽으로 쓰러져 오는 나무둥치를 피하려다 마른 가지 끝에 손등을 찍혀 생긴 기다란 상처 자국이 그 둘, 고등학교에 다닐 때까지 방학이 되면 고향 집으로 내려가 논밭걷이와 푸나무를 하러 다니며 낫질을 실수할 때마다 왼손 검지와 장지 손가락 겉쪽에 하나씩 더해진 낫 상처 자국이 나중엔 이리저리 이어지고 뒤얽히며 풀려 흐트러진 실타래의 형국을 이루고 있는 것이 그 세 번째 흉터의 꼴이다.』

그런데 나는 시골에서 광주로 중학교 진학을 나오면서부터 한동안 그 흉터들이 큰 부끄러움거리가 되고 있었다. 도회지 아이들의 희고 깨끗하고 부드러운 손에 비해 일로 거칠어지고 흉터까지 낭자한 그 남루하고 못생긴 내 손꼴새라니.

그러나 그 후 세월이 흘러 직장 일을 다니는 청년기가 되었을 때 『그 흉터들과 볼품없는 손꼴이 거꾸로 아름답고 떳떳한 사랑과 은근한 자랑거리로 변해 갔다.』

"아무개 씨도 무척 어려운 시절을 힘차게 살아 냈구만. 나는 그 흉터들이 어떻게 생긴 것인 줄을 알지."

직장의 한 나이 든 선배님이 어떤 자리에서 내 손등의 흉터를 보고 그의 소중스런 마음속 비밀을 건네주듯 자신의 손을 내게 가만히 내밀어 보였을 때, 그리고 그 손등에 나보다도 더 많은 상처 자국들이 수놓여 있는 것을 보았을 때부터였다.

그렇다. 그 흉터와, 흉터 많은 손꼴은 내 어려웠던 어린 시절의 모습이요, 그것을 힘들게 참고 이겨 낸 떳떳하고 자랑스런 내 삶의 한 기록일 수 있었다. 그 나이 든 선배님의 경우처럼, 우리 누구나가 눈에 보이게든 안 보이게든 삶의 쓰라린 상처들을 겪어 가며 그 흉터를 지니고 살아가게 마련이요, 어떤 뜻에선 그 상처의 흔적이야말로 우리 삶의 매우 단단한 마디요 숨은 값이라 할 수도 있을 것이기 때문이다.

그렇다면, 그것은 오직 나만의 자랑이나 내세움거리로 삼을 수는 없으리라. 그것은 오히려 우리 누구나가 자신의 삶을 늘 겸손하게 되돌아보고, 참삶의 뜻과 값이 무엇인가를 새롭게 비춰 보는 거울로 삼음이 더 뜻있는 일일 것이다.

이런 생각 속에서도 때로 아쉽게 여겨지는 일은 요즘 사람들 가운데엔 작은 상처나 흉터 하나 지니지 않으려 함은 물론, 남의 아픈 상처 또한 거기 숨은 뜻이나 값을 한 대목도 읽어 주지 못하는 이들이 흔해 빠진 현상이다.

아무쪼록 자기 흉터엔 겸손한 긍지를, 남의 흉터엔 위로와 경의를, 그리고 흉터 많은 우리 삶엔 사랑의 찬가를 함께할 수 있기를!

키 포인트 체크

제재 손에 난 ☐☐에 대한 글쓴이의 인식 변화와 이를 통한 깨달음이 나타나 있다.

관점 글쓴이는 자신의 흉터에 대해 ☐☐☐을 느끼면서, 타인의 흉터를 이해하지 못하는 사람들을 ☐☐☐으로 바라보고 있다.

표현 흉터를 삶의 한 기록, 삶을 비추는 ☐☐ 등으로 비유하며 흉터의 참된 가치를 밝히고 있다.

답 흉터, 자부심, 비판적, 거울

핵심 정리

갈래 경수필

성격 자전적, 체험적, 교훈적, 비판적

제재 손에 난 세 개의 흉터

주제 약점과 고난을 성실히 극복해 가는 삶의 가치

특징 ① 흉터에 대한 인식이 변화된 경험을 통해 얻은 삶에 대한 깨달음을 서술함.
② 흉터가 지닌 참된 의미와 가치를 밝힘.

출전 《아름다운 흉터》(2004)

작가 이청준(1939~2008) 소설가. 1965년에 《사상계》에 단편 〈퇴원〉이 당선되어 등단하였다. 현실을 있는 그대로 그리기보다는 관념적으로 형상화하였다. 주요 작품으로 〈눈길〉, 〈병신과 머저리〉, 〈줄〉 등이 있다.

이해와 감상

이 글은 흉터에 대한 인식 변화를 통해 인생의 참된 가치와 삶에 대한 올바른 태도를 깨달았음을 전하는 수필이다. 사춘기 시절 자신의 흉터에 부끄러움을 느꼈던 글쓴이는 청년기가 되었을 때 자신처럼 손에 흉터가 있는 직장 선배의 말을 통해 흉터에 대해 자부심을 느끼게 된다. 즉, 우리는 누구나 시련과 고난을 겪기 마련이며, 흉터는 시련과 고난을 극복하는 과정에서 더욱 단단해진 우리의 삶을 보여 주는 흔적임을 깨닫게 된 것이다. 글쓴이는 이러한 깨달음을 바탕으로 자신과 타인의 삶, 나아가 모든 인간의 삶에 대한 올바른 자세가 무엇인지를 전달하고 있다.

작품 연구소

'흉터'에 대한 글쓴이의 인식 변화

글쓴이는 자신의 흉터에 열등감을 지니고 있었다. 그러나 흉터가 고난을 성실히 극복한 기록임을 깨닫고 자신의 흉터에 자부심을 느끼고 있다.

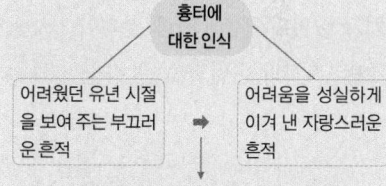

흉터에 대한 인식

| 어려웠던 유년 시절을 보여 주는 부끄러운 흔적 | ⇒ | 어려움을 성실하게 이겨 낸 자랑스러운 흔적 |

↓

고난을 극복해 가는 삶의 가치에 대한 깨달음

경구(警句)에 의한 마무리

'경구'는 진리나 삶에 대한 느낌이나 사상을 간결하고 날카롭게 표현한 말을 뜻한다. 경구는 인생에 대한 깊은 사색을 담는 수필의 어느 부분에나 유용하게 쓰일 수 있다. 이 글은 경구로 글을 마무리함으로써 주제를 압축하여 전달하고, 구체적·일면적 의미를 보편적·일반적 진리로 확대하고 있으며, 인상적인 여운을 남기고 있다.

070 밤의 순례 | 오정희

[독서] 동아

키워드 체크 #서정적 #감각적 #밤길 풍경 #밤길 속의 상념 #밤길 걷기의 효과

제법 큰 야산을 끼고 있는 동네여서 산을 굽이굽이 돌아가며 산책로가 길게 이어졌
다. 한적한 길을 걷다 보면 한 단계씩 낮아지는 음계처럼 어둠이 짙어졌다. 어두워지
기를 기다려 관 뚜껑을 열고 나오는 드라큘라처럼 집을 빠져나오는 사람은 나뿐만이
아니었다. [중략]   ▶ 동네 산책로의 저녁 풍경

밤의 풍경은 낮의 풍경과는 확연히 다르다. 역설적으로, 어두워져야 더 잘 보이는 것
들도 있기 마련이다. 달과 별이 그러하고 어두운 허공 속에 외로이 서 있는 나무들의
자태가 그러하고 혼자 걷는 사람의 마음이 그러하였다. / 인적이 없는 길에서는 간혹
큰 소리로 노래를 부르기도 하고, 우줄우줄 따라오는 내 그림자를 보면서 걷는 동안
마음은 끈 풀린 연처럼 허허해지고 걸음은 정처 없어지기 마련이었다. ▶ 밤과 낮의 풍경 차이

밤길을 걸으면 이상하게 불안감이 사라졌다. 혼자 걷는 자의 외로움은 고양감으로,
일종의 자부심으로 작용하기도 하였다. 때때로 찾아오는 이런 유의 쓸쓸함과 호젓함
을, 그로 인해 정화되고 고양되는 듯한 느낌을 생은 기실 얼마나 필요로 하는 것이랴.
『흐드러지게 핀 아카시아 꽃들이 어둠 속에서 희끄무레 잦아들며 달짝지근한 향기
를 뿜어내었다. 산에는 짙은 색으로 어둠이 엉기고 있었다. 어슬렁대던 들고양이가 인
기척에 놀라 후다닥 숲속으로 달아났다. 낮과 밤이 서로에게 소리 없이 스미고 뒤섞이
며 한 세상을 여는 이 시간은 신비감이랄지 비현실감이랄지 하는 색채를 입는다.』때문
에 길을 따라가다 보면 어딘가에서 엉뚱하게『어린 날 동네 길목의 우물이나 퇴락한 옛
집을 만나고 오래전에 죽은 사람들도 만날 것 같은, 일종의 시간 여행과도 같은 느낌
에 사로잡히게 된다.』어떤 낯선 곳에서도 기시감이 느껴지는가 하면 현실의 모든 것이
낯설어지는, 자기 자신조차도 낯설어지는 시간인 것이다. 그런가 하면 내가 살아오면
서 잊고 잃었던 것, 내 안에 깊숙이 가라앉아 좀체 떠오르지 않거나 짐짓 모른 체 외면
해 왔던 '추억과 비밀과 죽은 자들이 보존되어 있는 방'의 빗장이 느슨히 풀리기도 하
는 것이다.   ▶ 밤의 신비감과 비현실감

일정한 목적이나 용무가 없는 걸음과 생각은 방만하고 지향 없이 내닫는다. 고개를
젖혀 달도 보고 별도 보고 담장 안에서 비죽이 솟아 어둠 속에서 꽃 피우는 나무들을
하냥 바라보는 해찰을 부리기도 한다. 동화처럼 환하게 불을 밝히고 달려가는 밤 기차
를 보며 아련한 향수에 사로잡히기도 한다. 간혹 고개를 깊이 숙이고 가는 사람들을
보며 "불행한 사람들이 생각에 잠겨 있을 때는 방해하지 않는 게 좋다. 하던 생각이 중
단될 수도 있으니까."라는 릴케의 말을 떠올리기도 한다. [중략]
▶ 밤길을 걸으면 생각에 잠겨 동심과 향수가 생기고, 다른 사람의 말이 떠오름.
『밤길을 혼자 걸어 본 사람은 안다. 꽃피는 봄과 잎 무성한 여름, 스산한 가을과 얼어
붙은 겨울, 달과 별과 바람이, 서로에게서 '저만치' 떨어져 서 있는 나무들이 저마다의
시간을 살고 있음을.』   ▶ 밤길을 걸으면 사계절의 변화를 알 수 있음.

포인트 체크

[제재] 이 글은 ☐☐ 걷기에 대한 글쓴이의 상념을 담고 있다.
[관점] 글쓴이는 밤길을 걸을 때의 ☐☐과 효과를 차분하고 담담하게 전달하고 있다.
[표현] 다양한 ☐☐적 이미지와 수사법을 활용하여 글쓴이의 생각을 효과적으로 전달하고 있다.

[답] 밤길, 이점, 감각

핵심 정리

갈래 경수필
성격 서정적, 감각적, 사색적
제재 밤길 걷기
주제 밤길 걷기에 대한 상념
특징 ① 밤길 걷기에 대한 글쓴이의 생각을 드러냄.
　　② 밤길을 걸을 때의 풍경을 다양한 감각적 이미지를 사용하여 구체적으로 묘사함.
　　③ 다양한 수사법을 사용하여 글쓴이의 생각을 효과적으로 드러냄.
출전 《내 마음의 무늬》(2006)
작가 오정희(1947~) 소설가. 현대인의 삶과 의식을 비판적으로 성찰하는 작품을 많이 썼다. 주요 저서로 《바람의 넋》, 《옛 우물》 등이 있다.

이해와 감상

이 글은 일상생활에서 누구나 경험할 수 있는 밤길 걷기에 대한 글쓴이의 생각을 담은 수필이다. 글쓴이는 차분하고 담담한 어조로, 밤길을 걸을 때의 여러 가지 이점이나 효과를 드러내고 있다. 이 글은 세심한 관찰과 섬세한 필치를 드러내고 있는 점이 특징이다. 산문이면서도 밤 풍경을 다양한 감각적 이미지로 묘사하여 서정성을 부각하고 있고, 여러 가지 수사적 표현을 사용하여 대상을 구체적이고 자세하게 나타냈다. 또한 사색적이고 잔잔하게 글을 전개하여 글쓴이 특유의 내면 지향적 주제 의식과 문체 미학을 잘 드러냈다고 볼 수 있다.

작품 연구소

밤길 걷기의 이점과 효과
① 불안감이 사라짐.
② 밤의 신비감과 비현실감을 맛봄.
③ 동심과 향수가 생기고, 다른 사람의 말이 떠오름.
④ 사계절의 변화를 알 수 있음.

밤 풍경 묘사에 사용된 다양한 감각적 이미지

시각적 이미지	• 흐드러지게 핀 아카시아 꽃들 • 산에는 짙은 색으로 어둠이 엉기고 있었다.
후각적 이미지	달짝지근한 향기를 뿜어내었다.
촉각적 이미지	낮과 밤이 서로에게 소리 없이 스미고

다양한 수사적 표현

역설법	어두워져야 더 잘 보이는
열거법	달과 별이 그러하고 ~ 사람의 마음이 그러하였다.
직유법	• 한 단계씩 낮아지는 음계처럼 어둠이 짙어졌다. • 어두워지기를 ~ 드라큘라처럼 집을 빠져나오는 사람은 나뿐만이 아니었다. • 동화처럼 환하게 불을 밝히고 달려가는 밤 기차
도치법, 의인법	밤길을 혼자 걸어 본 사람은 안다. ~ 나무들이 저마다의 시간을 살고 있음을.

071 제비꽃은 제비꽃답게 피면 됩니다 | 정호승

키워드 체크 #유추적 #진정한봄 #개인과 전체의 조화 #나만의 아름다움 #나를 사랑하자

꽃들은 남들을 부러워하지 않습니다. 제비꽃은 결코 진달래를 부러워하지 않고, 진 달래는 결코 장미를 부러워하지 않습니다. 있는 그대로 자신을 한껏 꽃피우다가 떠날 시간이 되면 아무 말 없이 떠나갑니다. 만일 제비꽃이 진달래를 부러워하고 진달래가 장미를 부러워한다면 꽃들의 세계에서도 인간들과 똑같은 불행한 일들이 일어나고 말 것입니다. [중략] 만일 제비꽃이 제비꽃답게 피지 않으면 어떻게 되겠습니까. 아마 이 땅에 진정한 봄이 찾아오지 않을 것입니다. 제비꽃이 제비꽃답게 피어남으로써 세상 을 진정한 봄으로 가득 차게 합니다. 만일 제비꽃이 나팔꽃이나 목련처럼 피어난다면 그것은 봄의 비극입니다. 인간이 인간답게 살지 않고 짐승처럼 살 때 느낄 수 있는 인 간의 비극과 마찬가지입니다. [중략]

꽃밭이 아름답기 위해서도 조화가 가장 중요합니다. 제비꽃이 혼자 아름답다고 해 서 꽃밭 전체가 다 아름다운 것은 아닙니다. 전체와 어울리는 조화의 아름다움을 통해 비로소 제비꽃의 아름다움이 진정한 아름다움이 될 수 있습니다. 제비꽃이 진달래를 부러워하거나 닮고 싶어 하지 않는 까닭은 바로 그 때문입니다. 제비꽃은 제비꽃으로 피어나 오직 조화의 아름다움이 이루어지기를 바랄 뿐입니다.

▶ 조화로운 꽃밭을 통해 제비꽃의 아름다움이 진정한 아름다움이 됨.

인간도 마찬가지입니다. 나는 나만의 특별한 아름다움을 지니고 있지만, 다른 사람 들의 아름다움과 조화를 이룸으로써 진정 나의 아름다움이 빛나는 것입니다. 제비꽃 이 제비꽃이면 되듯이 나 또한 이대로 나 자신이면 됩니다. 아무리 남의 장점이 돋보 여도 남의 장점을 통해 나의 단점을 찾으려고 노력하면 어리석습니다. 오히려 그 단점 이 장점일 수 있습니다. 남의 장점을 통해 남편과 아내, 부모와 자녀의 단점을 찾아내 려고 노력한다면 그 또한 어리석은 일입니다. 장점이라고 생각한 그 장점이 경우에 따 라서는 단점일 수 있습니다. 남의 장점을 나의 장점으로 가져오기에는 나의 어떤 형편 이나 환경이 그에 적합하지 않을 수 있습니다.

제비꽃은 제비꽃답게 피면 되고, 진달래는 진달래답게 피면 됩니다. 세상에 아름답 지 않은 꽃은 없듯이 세상에 쓸모없는 인생은 없습니다. 어느 누구의 인생이든 인생의 무게와 가치는 똑같습니다. 다만 내가 나의 인생을 소중하게 여기지 않을 뿐입니다.

저는 누구보다도 먼저 제 자신을 사랑합니다. 제가 제 자신을 사랑해야 진정 다른 사 람을 사랑할 수 있습니다. 지금 있는 그대로의 저는 신이 주신 가장 위대한 선물입니 다. 언제나 그 선물을 감사하게 받아들이고 소중하게 여깁니다. 신이 저에게 주신 재 능은 더욱더 노력해서 살리지만, 주시지 않은 것에 대해서는 탐내거나 부러워하지 않 습니다.

오늘 밤, 저는 시를 쓰는 제비꽃입니다. 저도 그저 제비꽃답게 피어나면 됩니다.
시인으로서의 자신의 존재를 소박하게 표현함. ▶ 조화를 통해 더욱 빛나는, 모든 존재의 아름다움과 가치

키 포인트 체크

제재 제비꽃을 제재로 각각의 존재가 어우러져 만들어 내는 [ ][ ]로운 세상의 아름다움을 강조하고 있다.

관점 모든 존재의 가치를 있는 그대로 소중히 여기는 [ ][ ]적인 태도와 각각의 존재가 모여 이루어지는 [ ][ ][ ]를 소중히 생각하는 태도를 보이고 있다.

표현 독자에게 직접 [ ][ ][ ]하는 문체를 사용해 사색의 내용을 쉽고 간결하게 전달하고 있다.

답 조화, 긍정, 공동체, 이야기

🎯 **핵심 정리**

갈래 경수필

성격 사색적, 성찰적, 유추적

제재 제비꽃

주제 각자의 개성을 존중하고, 조화를 추구하며 사는 삶의 중요성

특징 꽃을 통하여 바람직한 삶의 자세를 이야기함.

출전 《내 인생에 힘이 되어 준 한마디》(2006)

작가 정호승(1950~) 시인. 정치적·경제적으로 소외 된 사람들에 대한 애정을 슬프고도 따뜻한 시어 들로 그려 냈다. 주요 시집으로 《슬픔이 기쁨에 게》, 《외로우니까 사람이다》, 《포옹》 등이 있다.

이해와 감상

이 글은 하나하나 개성적인 모든 존재가 고귀하고 소 중하며, 각각의 개성적인 존재가 서로 어울려 조화를 추구하는 모습이 진정으로 아름답다는 생각을 전하고 있다. 꽃밭이 아름답기 위해서는 각자의 개성과 아름 다움을 지니고 있는 꽃들이 서로 어울려 조화를 이루 어야 하듯이, 사람이 사는 세상도 다른 사람들의 아름 다움과 조화를 이룸으로써 나의 아름다움 또한 빛나 야 아름다운 사회가 됨을 이야기하고 있다. 또한 개인 의 가치와 공동체적 삶의 중요성을 균형 있게 이야기 하고 있으며 독자에게 직접 이야기하는 문체를 사용 하여 내용을 쉽고 편안하게 전달하고 있다.

작품 연구소

이 글의 내용 전개 방법

꽃밭	• 제비꽃, 진달래, 장미 등 다양한 모습의 꽃들 이 각각의 개성과 아름다움을 지니고 있음. • 각각의 꽃들의 아름다움이 어우러져 아름다 운 꽃밭이 됨.

⬇ 유추

세상	• 사람들은 저마다의 개성과 아름다움을 지니 고 있음. • 다른 사람의 아름다움과 조화를 이룸으로써 자신의 아름다움도 같이 빛나는 사회가 됨.

→ 이 글에서는 각기 아름다운 다양한 꽃들이 모여 조 화로운 꽃밭을 이루게 되는 것처럼, 개성적인 사람 들이 모여 조화로운 세상을 만들어 갈 때 모두의 삶이 더욱 아름다워진다는 내용을 유추하여 전개 하고 있다.

072 버려진 것들의 생명력 | 최성각

문학 신사고

키워드 체크 #생태적 #버려진 나무에서 자란 새싹 #무분별한 소비 습관 비판 #현대인의 오만함 비판

전략 부분의 내용 글쓴이는 땔감으로 쓰려고 창고에 보관해 두었던 버려진 버드나무 몸통에서 싹이 돋고 줄기가 뻗은 것을 보며 나무의 강인한 생명력을 느끼게 된다. 그리고 버리기 아까운 물건들이 너무 많이 버려지는 세태에 대해 지적하고 있다.

　물건들이 시골의 앞마당에 자꾸 쌓이자 내 작업도 톱과 망치, 드라이버만으로 부족
　　　　　아직 쓸 만한데도 버려진 물건들을 글쓴이가 가져옴.　　　버려진 물건을 재활용하는 일
해 제대로 된 공구들이 조금씩 갖춰지기 시작했다. 드릴과 전기톱, 그라인더 등이 그
　　　　　　　　　　　　　　　　　　연삭기, 숫돌바퀴를 빠르게 회전시켜 공작물의 면을 깎는 기계
것이다. 잘라 낸 송판과 대패질을 새로 한 각목들이 설계대로 조립되면 세상에 하나밖
　　　소나무를 커서 만든 널빤지　　　모서리를 모가 나게 깎은 나무
에 없는 누더기 탁자가 탄생한다. 잠깐 뚝딱거리면 의자도 생긴다. 널찍한 개집도 만
들었다. 균형을 맞추느라 자꾸 덧대다 보니 내 작품들은 좀 무거운 게 흠이다. 그렇지
만 내 조악한 목공 작품들을 친구들은 아주 좋아한다. 이 엉터리 무면허 목공에게 주
　　거칠고 나쁜　　　　　　　　　　　　　　　주워 온 나무로 물건을 만드는 자신에 대한 비유
문이 들어오기 시작했다. 독서대도, 앉은뱅이 탁자도 주문받았다. 주문에 고무된 나는
　　　　　　　　　　　　　　　　　　　　　　　힘을 내도록 격려하여 용기를 북돋움.
주워 온 나무들로 뭐든 만들 수 있을 것 같은 행복한 착각에 빠지기도 한다. 그뿐인가,
　　　　　　　버려진 것들로 새로운 물건을 만들어 내는 일에 기쁨을 느꼈기 때문
딸애 키에 맞춰 화장대도 만들어 주었다. 딸애는 결혼할 때 갖고 가겠다고 기뻐했다.
그러고 보니 어렸을 때, 아버지가 마당에서 썰매도 만들어 주셨고, 병정놀이 때 쓸 멋
진 나무칼도 깎아 주셨던 기억이 난다. 지금도 내 책상 위의 작은 책꽂이 하나는 돌아
가신 아버님이 만들어 주신 것이다.　　　　▶ 버려진 목재로 그럴듯한 물건을 만들어 내는 즐거움

　사람들이 어느 날 느닷없이 도시로 몰리고 손끝 하나 까딱 않고 뭐든 쉽게 사들이면
　　　　　　　　　　　　　　　　　　　　　대량 생산에 따른 소비 생활의 보편화
서 타고난 손의 기능은 퇴화하기 시작했다. 오래 쓰고, 고쳐 쓰고, 다시 쓰는 일보다는
　　스스로 무언가를 만드는 능력을 상실했다는 의미
새것을 사는 게 더 멋진 삶이라고 광고는 쉴새없이 부추겼고, 사람들은 그 거짓말에
　　　　　　　　　　　　　　　　소비 지향적 분위기 조성
쉽게 굴복했다. 유한한 자연 자원과 그것들이 사람한테 오기까지 걸린 시간에 모두들
광고에 현혹되어 낭비를 일삼게 됨.　　　　　　　자원의 가치와 소중함
무감각해져 버렸다. 이런 무신경과 난폭한 낭비는 정말 벌 받을 짓이 아닐 수 없다. 쓰
　　　　　　　　　　오늘날의 세태에 대한 비판적 인식을 직접적으로 드러냄.
레기가 어디로 가는지 아무도 신경 쓰지 않는다. 고작 태우거나 묻어 버리는데, 묻어
도 능사가 아니지만 태우면 더욱이나 안 되는 것들을 너무 많이 만든다. 이른바, '불필
　잘하는 일　　　　　　　　　　대기 오염을 유발하는 물질을 배출하는 제품
요한 생산'이다. 이렇게 과감한 소비 생활은 외양이 아무리 화려해도 문명이라는 이름
　　　　　　　　　　　　　　　현대인의 소비 습관에 대한 비판이 직접적으로 드러남.
의 야만과 어리석음의 극치가 아닐 수 없다. 어찌 생각하면, 모두들 허무주의자들 같
　　　　　　　　　　　　　　　　미래의 삶을 고려하지 않고 유한한 자원을 무분별하게 소비하고 있기 때문
기도 하다.

　"지구라는 우주선에는 승객은 없다. 모두 승무원일 뿐이다."라고 말한 이는 맥루한
　　　　　　인간에게는 한정된 자원을 함부로 쓸 권리가 없음을 의미　　　캐나다의 영문학자이자 문명 비평가
이었다. 이 행성에 대한 최소한의 책임은커녕, 시방 우리는 오만한 승객인 양 착각의
　　　　　　　　　　　　　　　　　　　　지금
삶을 살고 있다. 물에 담가 둔 버드나무 토막을 보고 사람들이 "어쩌면 살겠네!"라고
한마디씩 건넨다. 나무는 아마 자신을 두고 한 소리라 알아듣지 않겠나 싶다. 살든 못
살든, 물이 좀 올랐다 싶으면 대문 옆에 심을 생각이다.
　버려진 것이 가진 생명력을 믿고 그것을 되살리고 싶은 글쓴이의 바람이 드러남.　▶ 유한한 자원을 낭비하는 현대인의 오만함에 대한 비판

포인트 체크

제재 버려진 ☐☐☐☐ 몸통에서 ☐이 돋고 줄기가 뻗는 것을 본 경험을 통해 자원과 환경을 어떻게 꾸려 나가야 할지를 생각해 보게 하고 있다.

관점 글쓴이는 오늘날의 세태를 '☐☐☐과 난폭한 낭비'라고 지적하며 현대인의 무분별한 소비 생활에 대한 ☐☐을 드러내고 있다.

답 버드나무, 싹, 무신경, 비판

◉ **핵심 정리**

갈래 경수필

성격 교훈적, 생태적

제재 버려진 버드나무에서 자라난 싹과 줄기

주제 현대인의 무분별한 소비 습관에 대한 반성과 비판

특징 ① 생태학적인 관점에서 현대 문명의 문제점을 비판함.
② 권위 있는 학자의 말을 인용하여 자신의 생각을 뒷받침함.

출전 《달려라 냇물아》(2007)

작가 최성각(1955~) 소설가. 자연과 생명에 대한 관심을 바탕으로 한 생태 소설을 여러 편 발표하였다. 주요 저서로 《잠자는 불》, 《택시 드라이버》, 《사막의 우물 파는 인부》 등이 있다.

이해와 감상

이 글은 끊임없이 새로운 물건을 만들어 낼 뿐만 아니라 이미 만들어진 물건들 역시 과감하게 버리는 현대인의 소비 행태와 이에 따른 환경 파괴를 비판하고 있는 수필이다. 글쓴이는 버려진 버드나무에서 돋아난 새싹을 바라보며 버려진 것들이 지닌 강인한 생명력을 확인하고, 인간이 자연으로부터 받은 것을 소중히 여겨야 함을 강조하고 있다. 현대인들로 하여금 인류의 미래를 위해 자연 자원과 환경을 어떻게 꾸려 나가야 할지를 생각해 보게 하는 글이다.

작품 연구소

〈버려진 것들의 생명력〉의 전체 구성

글쓴이는 창고 뒤쪽의 목재를 정리하다가 버드나무 몸통에서 싹이 나고 줄기가 자란 것을 발견하고, 버려진 것에 담겨 있는 강인한 생명력을 깨닫게 된다. 그리고 무분별한 소비 습관으로 유한한 자원을 낭비하는 현대인들에 대한 비판적 인식을 드러내고 있다.

경험·깨달음	버려진 나무에서 자란 싹과 줄기에서 강인한 생명력을 느낌. [전략 부분]

↓

현대인의 삶	물건을 손쉽게 버림.

↓

글쓴이의 삶	버려진 것들에게 새 생명을 부여하는 일에서 기쁨을 얻음.

↓

현실 비판	유한한 자원을 낭비하는 현대 문명의 오만함에 대해 비판함.

제목 '버려진 것들의 생명력'에 담긴 의미

버려진 것		생명력
버려진 버드나무 몸통	+	싹과 줄기

↓

• 버려진 것들도 생명력을 지니고 있음.
• 버려진 것은 쓰레기가 아니라 되살려 쓸 수 있는 자원임.

073 회상 | 김훈

키워드 체크 #좋은 문장의 조건 #《난중일기》 문장의 영향 #사실만을 가지런히 챙기는 문장

내가 쓴 장편 소설 《칼의 노래》 첫 문장은 "버려진 섬마다 꽃이 피었다."입니다. 『이
이순신이 마주친 비참한 상황을 객관적으로 진술하는 문장
순신이 백의종군해서 남해안으로 내려왔더니 그 두 달 전에 원균의 함대가 칠천량에
벼슬 없이 군대를 따라 싸움터로 감.
서 대패해서 조선 수군은 전멸하고 남해에서 조선 수군의 깨진 배와 송장이 떠돌아다
니고 그 쓰레기로 덮인 바다에 봄이 오는 풍경을 묘사하기 시작한 것입니다. "버려진
『 』: 매우 비참하고 긴박한 상황
섬마다 꽃이 피었다."에서 버려진 섬이란 사람들이 다 도망가고 빈 섬이란 뜻으로, 거
기 꽃이 피었다는 거예요. 나는 처음에 이것을 "꽃은 피었다."라고 썼습니다. 그러고
'은'이라는 강조의 뜻을 나타내는 보조사를 사용하여 꽃과 달리 사람들의 상황은 좋지 않음을 주관적으로 강조하는 문장
며칠 있다가 고민 고민 끝에 "꽃이 피었다."라고 고쳐 놨어요. 그러면 "꽃은 피었다."와
주관적 정서를 배제하고, 일어난 일을 객관적으로 진술하는 문장
"꽃이 피었다."는 어떻게 다른가. 이것은 하늘과 땅의 차이가 있습니다. "꽃이 피었다."
는 꽃이 핀 물리적 사실을 객관적으로 진술한 언어입니다. "꽃은 피었다."는 꽃이 피었
다는 객관적 사실에 그것을 들여다보는 자의 주관적 정서를 섞어 넣은 것이죠. "꽃이
피었다."는 사실의 세계를 진술한 언어이고 "꽃은 피었다."는 의견과 정서의 세계를 진
술한 언어입니다. 이것을 구별하지 못하면 나의 문장과 소설은 몽매해집니다. 문장 하
사실의 세계를 진술하는 언어와 의견과 정서의 세계를 진술하는 언어   어리석고 사리에 어두워집니다
나하나마다 의미의 세계와 사실의 세계를 구별해서 끌고 나가는 그런 전략이 있어야
글쓴이가 중요하게 생각하는 글쓰기 전략
만 내가 원하고자 하는 문장에 도달할 수 있습니다.
　　　　　　　　　　　　　　　　　　▶ 좋은 문장을 쓰기 위해 글쓴이가 중요하게 생각하는 것

나는 사실만을 가지런하게 챙기는 문장이 마음에 듭니다. 나는 이런 문장을 이순신
글쓴이가 좋아하는 문장
장군의 《난중일기》에서 읽었습니다. 거기 보면 사실에 정확하게 입각한 군인의 언어
를 느낄 수 있습니다. [중략] 아무런 수사적 장치가 없는 문장. 그러나 나한테 그것은
말이나 글을 다듬고 꾸며서 좀 더 아름답고 정연하게 만드는. 또는 그런 것.
놀라운 문장이었습니다. 암담한 패전 소식이 육지로부터 전해 오는 날, 이순신은 "나
는 밤새 혼자 앉아 있었다."라고 씁니다. 아, 좋죠. "나는 밤새 혼자 앉아 있었다." 이것
비참한 상황에 대한 정서 표출을 배제한 채 물리적 사실만을 객관적으로 기록함.
은 죽이는 문장입니다. 슬프고 비통하고 곡을 하며 땅을 치고 울고불고하는 것이 아니
매우 훌륭하고 대단한 문장   주관적인 정서를 직접적으로 표출하는 것
고 나는 밤새 혼자 앉아 있었다, 혼자 앉아 있었다는 그 물리적 사실을 객관적으로 진
술한 것이죠. 거기에 무슨 형용사와 수사학을 동원해서 수다를 떨어 본들, "나는 밤새
　　　　　　　　　　　　　　　　미사여구로는 사실에 입각한 담백한 문장을 이길 수 없음.
혼자 앉아 있었다."를 당할 도리가 없습니다. 이것은 전혀 수사학의 세계가 아닙니다.
그것은 아주 강력한 주어와 동사의 세계죠. 내가 사랑하는 주어와 동사의 세계는 바로
이런 것입니다. 그분은 사실에 입각해 있습니다. [중략]　　▶ 이순신이 《난중일기》에서 구사한 문장의 특징
수사를 동원하지 않고 사실을 진술하는 문장
수사, 형용사, 부사가 하나도 안 나오고 밋밋하고 재미가 없지만, 부하를 죽였다는
　　　　　　　　　　　　화려한 미사여구를 쓰지 않음.
문장과 바람이 불었다는 문장 사이에서 그의 문장은 삼엄한 긴장에 도달합니다. 그것
은 아주 전압이 높은 문장입니다. 볼트가 높은 고압 전류가 흐르는 문장입니다. 만지
비유, 긴장감이 매우 높게 느껴지는 문장임.　　　비유, 긴장의 강도가 매우 큼.
면 전기가 올 것처럼 찌르찌르 하는 문장이죠. 문과 대학에서는 그런 문장을 안 가르
치더군요. 문과 대학에서는 셰익스피어, 턴, 워즈워스를 배웠습니다. 그것도 훌륭한
문장이었지만 내가 읽은 《난중일기》에는 그보다 더 좋은 문장이 있었습니다. 저는 장
　　　　　　　　　　　　글쓴이가 《난중일기》의 문장에 큰 영향을 받음.
군님께 많은 신세를 졌습니다.
　　　　　　　　　　　　　　　　▶ 《난중일기》의 문장을 높이 평가함.

키 포인트 체크

제재 《난중일기》에 쓰인 이순신의 □□에서 많은 영향을 받았음을 이야기하고 있다.

관점 글쓴이는 《난중일기》에 쓰인, □□만을 챙기는 이순신의 간결한 문장을 높이 평가하고 있다.

표현 □□를 통해 이순신의 문장이 긴장감 있는 문장임을 강조하고 있다.

답 문장, 사실, 비유

핵심 정리

갈래 경수필

성격 설명적, 예시적

제재 《난중일기》에 쓰인 이순신의 문장

주제 이순신의 문장은 간결하고 자신은 이에 큰 영향을 받았다.

특징 ① 《난중일기》에 쓰인 문장을 인용하여 이순신이 쓴 문장의 특징을 설명함.
② 이순신의 문장을 보고 글쓴이가 받은 인상을 비유를 통해 효과적으로 표현함.

출전 《바다의 기별》(2008)

작가 김훈(1948~) 소설가, 언론인. 대학교 재학 시절 도서관에서 《난중일기》를 읽고 깊은 감명을 받았다. 대학을 중퇴하고 여러 언론사에서 30여 년간 기자로 일하다가 불혹을 넘긴 나이에 《문학동네》에 〈빗살무늬토기의 추억〉을 발표하며 문단에 데뷔했다. 주요 저서로 《칼의 노래》, 《화장》, 《남한산성》 등이 있다.

이해와 감상

이 글은 《칼의 노래》의 작가인 글쓴이가 자신에게 큰 영향을 미친 《난중일기》의 문장에 대해 쓴 글이다. 글쓴이는 《칼의 노래》의 첫 문장인 "버려진 섬마다 꽃이 피었다."를 처음에는 "꽃은 피었다."라고 썼다가 다시 고민 끝에 "꽃이 피었다."라고 고쳤음을 이야기하며 문장 하나하나의 중요성을 강조하고 있다. 그리고 자신에게 영향을 미친 《난중일기》의 문장을 인용하며 사실만을 가지런하게 표현한 문장들이 얼마나 간결하고 놀라우며 긴장감이 넘치는가에 대해 이야기하고 있다.

작품 연구소

소설 《칼의 노래》 첫 문장의 차이점

꽃은 피었다.	꽃이 피었다.
객관적 사실에 그것을 들여다보는 자의 주관적 정서를 섞어 넣음.	물리적 사실을 객관적으로 진술함.
↓	↓
의견과 정서의 세계를 진술한 언어	사실의 세계를 진술한 언어

《난중일기》 문장을 통해 알 수 있는 글쓴이의 문장관

《난중일기》 문장의 특징	• 주어와 동사의 세계로, 수사적 장치가 없이 사실만을 정확하게 기록함. • 매우 긴장감이 높게 느껴짐.
↓	
글쓴이의 문장관	• 문장마다 의미의 세계와 사실의 세계를 구별해서 끌고 나가야 글쓴이가 원하는 문장에 도달할 수 있음. • 사실만을 가지런하게 챙기는 문장에서 큰 영향을 받음.

074 옹달샘에서 달을 긷다 │법정

독서 동아

키워드 체크 #자연 친화적 #옹달샘과 달 #산중의 풍류와 여유로움 #안분지족 #무소유적 삶

나는 요즘 옹달샘으로 물 길으러 가는 일에 재미를 누리고 있다. 개울물을 뜨러 가는
일보다 더 정감이 있다. 가는 길에는 솔가리가 수북이 쌓여 있어 푹신푹신한 그 감촉
이 마치 카펫 위를 걷는 것 같다. / 예전 시골에서는 이 솔가리를 갈퀴로 긁어 불쏘시개
`말라서 땅에 떨어져 쌓인 솔잎`
나 땔감으로 썼다. 장날이면 솔가리를 지게에 한 짐씩 지고 나와 팔기도 했었다. 나는
`불을 때거나 피울 적에 불이 쉽게 옮겨붙게 하기 위하여 먼저 태우는 물건`
땔감보다도 눈으로 보고 발로 밟는 그 맛이 더 좋아 그대로 둔다. 나무들이 떨군 그 잎
`자연을 즐기는 글쓴이의 모습`
은 그 나무 아래서 삭아 거름이 되어 다시 뿌리로 돌아간다. 이것이 자연의 순환 법칙
`자연의 순환 법칙`
이다. 생과 사의 소식도 바로 이런 데에 있을 것이다. ▶ 자연 속에서 누리는 즐거움과 자연의 순환 법칙
`자연의 순환 법칙. 불교의 윤회 사상과도 통함.`
이 샘에서 물을 길을 때마다 문득 고려 시대 이규보의 시(詩)가 연상된다.
《영정중월(詠井中月)》

산중에 사는 스님 달빛이 너무 좋아 `물질적 탐욕의 대상`	山僧貪月色 산 승 탐 월 색
물병 속에 함께 길어 담았네 `달빛을 소유하고자 함.`	幷汲一瓶中 병 급 일 병 중
방에 들어와 뒤미처 생각하고	到寺方應覺 도 사 방 응 각
병을 기울이니 달은 어디로 사라져 버렸네 `인간 욕심의 허망함`	瓶傾月亦空 병 경 월 역 공

물을 길으러 갔다가 때마침 우물에 달이 떠 있는 것을 보고 그 달을 함께 길어 담는
다. 아마 청명한 가을밤이었을 것이다.
`날씨가 맑고 밝은`
밤이 이슥하도록 글을 읽다가 출출한 김에 차라도 한잔 마실까 해서 우물로 물을 길
으러 간다. 길어 놓은 물보다 새로 길은 물이라야 차 맛이 새롭다. 차 맛은 곧 물맛에
`차를 마시기 위해 새 물을 길으러 감. → 여유로움`
이어지기 때문이다.
때마침 둥근달이 우물에 들어와 있는 것을 보고 바가지로 물과 함께 달을 길어 담는
다. 하던 일을 마저 하다가 뒤늦게 생각이 나서 길어 온 샘물을 끓이려고 다로의 차관
`찻물을 끓이는 그릇`
에 물병을 기울이니 함께 길어 온 달은 그새 어디로 새어 나가고 없다.
`차를 달이는 데 쓰는 화로`
샘물과 달과 차가 어울린 가을밤 산중의 그윽한 풍류이다. 내가 이 옹달샘의 이름을
급월정(汲月井)이라고 한 것도 이런 정취가 떠올랐기 때문이다.
`'달을 긷는 우물'이라는 뜻` `산중의 그윽한 풍류와 여유로움` ▶ 산중에서 즐기는 풍류와 여유로움
새로 지은 귀틀집의 방이 얼마나 크냐고 누가 묻기에 두 평짜리 단칸방이라고 했다.
`큰 통나무를 '井' 자 모양으로 귀를 맞추어 층층이 얹고 그 틈을 흙으로 메워 지은 집` `아주 작은 방. 안분지족(安分知足)`
그 방으로 드나드는 문지방 위에 폭 한 자 너비의 선반이 내가 서서 손을 뻗칠 수 있는
높이로 걸려 있다. 그 위에 몇 권의 책과 옷을 담은 광주리가 놓여 있다. 옛 그리스의
`무소유적 삶의 실천`
철인 디오게네스의 통에 견준다면 궁궐인 셈이다.
`과분하다.`
나는 이 새로운 거처에서 더욱 단순해지고, 더욱 진실해지고, 더욱 순수해지고, 더
욱 온화해지고, 더욱 친절해지고, 더욱 인정이 깊어지고자 노력할 것이다.
▶ 새 거처에서 다지는 앞으로의 포부

키 포인트 체크

제재 ▢▢▢과 달을 통해 산중의 한적한 생활을 그리고 있다.

관점 글쓴이는 자연에서 여유와 ▢▢를 즐기며 사는 삶을 추구하고 있다.

표현 ▢▢를 인용하여 산문의 단조로움을 탈피하면서 글의 분위기를 부각하고 있다.

답 옹달샘, 풍류, 한시

핵심 정리

갈래 경수필
성격 자연 친화적, 사색적
제재 산중의 한적한 생활
주제 산중 생활의 여유와 풍류
특징 ① 자연 친화적 삶의 태도로 자연에서 풍류와
여유를 즐기며 사는 삶을 살고자 함.
② 한시를 인용, 삽입하여 산문의 단조로움을
탈피하고 글의 분위기를 부각함.
출전 《아름다운 마무리》(2008)
작가 법정(본책 52쪽 참고)

이해와 감상

이 글은 인위적인 요소나 물질적 풍요에서 벗어나 자
연에서 풍류와 여유를 즐기며 사는 삶을 살고 싶은 글
쓴이의 바람이 드러난 수필이다. 글쓴이는 깊은 산사
(山寺)에서의 삶을 즐기며 소박한 삶을 살고자 하는
태도를 드러내고 있다. 또한 이규보의 한시를 인용,
삽입하여 자신의 생각을 매우 압축적으로 제시하고
있으며, 동시에 산문의 단조로움을 탈피하는 효과를
주고 있다. 그리고 자연의 순환 법칙과 불교의 윤회
사상을 바탕으로, 안분지족과 무소유적 삶의 태도를
추구하고 있으며, 새로운 거처인 두 평짜리 단칸방에
서 더욱 바람직한 삶을 살 것을 다짐하며 글을 마무리
하고 있다.

작품 연구소

〈옹달샘에서 달을 긷다〉에 나타난 글쓴이가 추구
하는 삶의 모습

- 나는 땔감보다도 눈으로 ~ 다시 뿌리로 돌아간다.
- 밤이 이슥하도록 글을 읽다가 ~ 물을 길으러 간다.
- 샘물과 달과 차가 어울린 ~ 정취가 떠올랐기 때문이다.
- 새로 지은 귀틀집의 ~ 옷을 담은 광주리가 놓여 있다.

↓

- 실용성보다는 자연의 순환성을 추구함.
- 자연에서 여유로움과 풍류를 즐기며 사는 삶을 추구함.
- 물질적 풍요에서 벗어나 안분지족(安分知足)의 삶을
추구함.

이규보의 시 〈영정중월(詠井中月)〉 해제

갈래 5언 절구의 한시
성격 불교적
제재 우물 속의 달
주제 인간 욕망의 허무함에 대한 달관적 태도로 세상
사에 대한 집착에서 벗어나고자 함.
특징 불교적 깨달음을 형상화하여 인간 욕망의 허무함
을 드러냄.

자료실

디오게네스(기원전 412?~기원전 323?)
고대 그리스의 키니코스학파의 대표적 철학자.
시노페의 디오게네스라고도 한다. 가난하지만 부
끄러움이 없는 자족 생활을 실천하였다. 일광욕
을 하고 있을 때 알렉산드로스 대왕이 찾아와 소
원을 물으니, 아무것도 필요 없으니 햇빛을 가리
지 말고 비켜 달라고 말한 일화가 유명하다.
– 《두산백과》

075 괜찮아 | 장영희

국어 신사고, 지학사

키워드 체크 #'괜찮아'에 담긴 긍정적 의미 #타인에 대한 배려 #세상은 살 만한 곳

어머니는 내가 집에서 책만 읽는 것을 싫어하셨다. 그래서 방과 후 골목길에 아이들이 모일 때쯤이면 대문 앞 계단에 작은 방석을 깔고 나를 거기에 앉히셨다. 아이들 노는 걸 구경이라도 하라는 뜻이었다.
<small>장애 때문에 글쓴이가 방 안에만 갇혀 지내는 일이 없게 하려고 함.</small>

딱히 놀이 기구가 없던 그때, 친구들은 대부분 술래잡기, 사방치기, 공기놀이, 고무줄놀이 등을 하고 놀았지만 나는 공기놀이 외에는 그 어떤 놀이에도 참여할 수 없었다. 하지만 『골목 안 친구들은 나를 위해 꼭 무언가 역할을 만들어 주었다. 고무줄놀이
<small>신체적 장애 때문에</small>
나 달리기를 하면 내게 심판을 시키거나 신발주머니와 책가방을 맡겼다. 그뿐인가. 술
<small>『 』: 글쓴이를 놀이에 참여시키려는 친구들의 배려</small>
래잡기를 할 때는 한곳에 앉아 있어야 하는 내가 답답해할까 봐 어디에 숨을지 미리 말해 주고 숨는 친구도 있었다.』 / 우리 집은 골목에서 중앙이 아니라 모퉁이 쪽이었는데 내가 앉아 있는 계단 앞이 늘 친구들의 놀이 무대였다. 놀이에 참여하지 못해도 난
<small>친구들의 배려 덕분에</small>
전혀 소외감이나 박탈감을 느끼지 않았다. 아니, 지금 생각해 보면 내가 소외감을 느낄까 봐 친구들이 배려해 준 것이었다. ▶ 몸이 불편한 글쓴이에 대한 친구들의 배려

그 골목길에서의 일이다. 초등학교 1학년 때였던 것 같다. 하루는 우리 반이 좀 일찍 끝나서 나 혼자 집 앞에 앉아 있었다. 그런데 그때 마침 골목을 지나던 깨엿 장수가 있었다. 그 아저씨는 가위를 철렁이며, 목발을 옆에 두고 대문 앞에 앉아 있는 나를 흘낏 보고는 그냥 지나쳐 갔다. 그러더니 리어카를 두고 다시 돌아와 내게 깨엿 두 개를 내밀었다. 순간 아저씨와 내 눈이 마주쳤다. 아저씨는 아무 말도 하지 않고 아주 잠깐 미소를 지어 보이며 말했다. / "괜찮아."
<small>글쓴이를 위로하려는 엿장수 아저씨의 마음을 느낄 수 있음.</small>

무엇이 괜찮다는 건지 몰랐다. 돈 없이 깨엿을 공짜로 받아도 괜찮다는 것인지, 아니면 목발을 짚고 살아도 괜찮다는 말인지…… 하지만 그건 중요하지 않다. 중요한 것은 내가 그날 마음을 정했다는 것이다. 『이 세상은 그런대로 살 만한 곳이라고, 좋은 친구들이 있고 선의와 사랑이 있고, "괜찮아"라는 말처럼 용서와 너그러움이 있는 곳이
<small>『 』: 어린 시절의 경험을 통해 세상에 대해 긍정적 인식을 지니게 됨.</small>
라고 믿기 시작했다는 것이다. [중략] ▶ 글쓴이에게 괜찮다고 말해 준 깨엿 장수 아저씨

'그만하면 참 잘했다'고 용기를 북돋아 주는 말, '너라면 뭐든지 다 눈감아 주겠다'는 용서의 말, '무슨 일이 있어도 나는 네 편이니 넌 절대 외롭지 않다'는 격려의 말, '지금은 아파도 슬퍼하지 말라'는 나눔의 말, 그리고 마음으로 일으켜 주는 부축의 말, 괜찮아. / 그래서 세상 사는 것이 만만치 않다고 느낄 때, 죽을 듯이 서로 노력해도 내 맘대로 일이 풀리지 않는다고 생각될 때, 나는 내 마음속에서 작은 속삭임을 듣는다. 오래전 내 따뜻한 추억 속 골목길 안에서 들은 말 — '괜찮아! 조금만 참아, 이제 다 괜찮아질거야.' / 아, 그래서 '괜찮아'는 이제 다시 시작할 수 있는 희망의 말이다.
▶ '괜찮아'에 담긴 여러 가지 긍정적 의미

키 포인트 체크

제재 신체적 ☐☐를 지닌 글쓴이가 ☐☐ 시절에 겪은 일화를 통해 세상에 대한 긍정적 시각을 갖게 되었음을 이야기하고 있다.

관점 글쓴이는 깨엿 장수의 '괜찮아'를 듣고 이 세상은 ☐☐와 사랑, 용서와 너그러움이 있는 살 만한 곳이라고 믿게 된다.

표현 '괜찮아'라는 말에 담긴 여러 의미를 ☐☐하며 주제를 강조하고 있다.

답 장애, 어린(유년), 선의, 나열

핵심 정리

갈래 경수필
성격 교훈적, 체험적
제재 어린 시절의 일화
주제 다른 사람에 대한 배려와 격려의 소중함
특징 ① 일상적 언어로 자신의 체험과 생각을 고백함.
② 일화를 통해 타인에 대한 배려와 이해의 소중함을 일깨움.
출전 《살아온 기적 살아갈 기적》(2009)
작가 장영희(본책 70쪽 참고)

이해와 감상

이 글은 타인에 대한 배려가 남아 있는 우리 사회에 대한 긍정적인 시각이 드러난 수필이다. 어린 시절 친구들이 다리가 불편한 자신을 놀이에 끼워 주었던 경험과 깨엿 장수가 엿을 주며 자신에게 괜찮다는 위로의 말을 해 주었던 경험을 통해 이 세상은 좋은 친구가 있고 선의와 사랑, 용서와 너그러움이 있는 그런대로 살 만한 곳이라는 깨달음을 제시하고 있다. 우리가 살고 있는 세상이 그렇게 각박하지만은 않다는 메시지를 통해 독자에게 희망과 긍정적 인식을 전해 주고 있다.

작품 연구소

〈괜찮아〉를 통해 얻을 수 있는 인식
국적이 다르다는 이유, 피부색이 다르다는 이유, 경제적 여건이 다르다는 이유 등 여러 가지 이유로 자신과 다른 사람에게 편견을 지니는 경우가 많다. 하지만 인간은 혼자 살 수 없는 존재로, 누군가와 더불어 살아갈 수밖에 없고, 그러기 위해서는 자신과 다른 사람에 대한 배려와 이해심이 필요하다. 글쓴이는 목발을 짚어야 하는 신체적 장애를 지니고 있었지만 친구들은 그러한 글쓴이의 처지를 이해하고 배려함으로써 따뜻한 나눔을 공유한다. 이 글은 물질적으로 급속히 발전하고 있는 현대 사회에서 우리가 놓치고 있는 인간적 유대감과 따뜻함에 대해 돌아보고 주변 사람들을 따뜻한 시선으로 감싸 안을 수 있는 열린 마음을 갖게 하는 기회를 준다고 할 수 있다.

'괜찮아'라는 말에 담긴 의미

용기	그만하면 참 잘했다.
용서	너라면 뭐든지 다 눈감아 주겠다.
격려	무슨 일이 있어도 나는 네 편이니 넌 절대 외롭지 않다.
나눔	지금은 아파도 슬퍼하지 마라.
부축	마음으로 일으켜 줌.
희망	이제 다시 시작할 수 있음.

076 속는 자와 속이는 자 | 장영희

[국어] 미래엔

키워드 체크 #희망적 #속이지 않는 자와 속이는 자 #서로 신뢰하는 사회

19세기 영국 작가 찰스 램은 인간을 크게 두 가지 유형, '빚을 지는 자와 빚을 지지
않는 자'로 나누었지만, 내가 생각하기엔 '속는 자와 속지 않는 자'로 나누는 것도 괜찮
을 듯싶다. 내 주변을 보면 좀 어수룩해서 무조건 남의 말을 믿고 잘 속아 넘어가는 사
<u>찰스 램과 글쓴이가 인간을 구분하는 방법을 비교하여 독자의 흥미를 유도함.</u>
람이 있는가 하면 명석하고 눈치가 빨라 여간해서 잘 속아 넘어가지 않는, 완전히 변
별되는 두 그룹이 있기 때문이다. [중략] ▶ 인간은 속는 자와 속지 않는 자로 나눌 수 있음.

중략 부분의 내용 글쓴이는 가짜 굴비 사건을 이야기하며 자신이 잘 속는 유형의 사람임을 밝힌다.

며칠 전에는 오전에 중요한 약속이 있어서 시내에 나가는데 초행길이라 택시를 타
<u>처음으로 가는 길</u>
고 가기로 했다. 집 앞에 서 있는데 빈 택시는 없고, 간혹 지나가는 택시들은 이미 꽉
차서 합승조차 할 수 없었다. 약속 시간은 자꾸 다가오고, 날씨는 어찌나 추운지 온몸
이 얼어붙는 듯했다. 그때 마침 택시 하나가 오더니 내 앞에 섰다. 젊은 기사가 내 목발
을 보면서 말했다. <u>글쓴이는 소아마비 때문에 몸이 불편함.</u>

"이 손님들 모셔다 드리고 금방 올 테니까 한 2, 3분만 기다리세요." [중략]
<u>몸이 불편한 글쓴이에 대한 택시 기사의 배려</u> ▶ 택시 기사가 곧 돌아온다며 글쓴이에게 기다리라고 함.

중략 부분의 내용 한참을 기다려도 택시 기사가 오지 않자 글쓴이는 속았다는 생각에 속상해한다.

왜 나는 그렇게 잘 속아 넘어갈까? 얼마나 호락호락해 보이면 허구한 날 속임의 대
상이 될까? 나는 지독한 자괴감(自愧感)에 빠졌다. 중요한 약속이고 뭐고, 만사가 귀
찮았다. 막 다시 집으로 들어가려는데 택시 한 대가 급하게 골목길을 빠져나왔고, 아
까 그 청년 기사가 황급히 차에서 내렸다.
<u>반전 상황 - 글쓴이와 약속을 지킨 택시 기사</u>

"아이쿠 죄송해요. 이걸 어쩌나, 도와드린다는 것이……." / 청년은 정말 어쩔 줄 몰
라 하며 어깨에 멘 내 가방을 들어 주었다. 차바퀴가 얼음 구덩이에 빠진 채 헛돌아 근
<u>글쓴이에 대한 미안함을 드러냄. 글쓴이의 오해와 달리 택시 기사가 진실한 인물임을 알 수 있음.</u>
처 가게에서 뜨거운 물을 얻어다 붓고 나서야 간신히 빠져나왔다는 것이었다.

차에 올라타자 청년 기사가 말했다. / "다른 손님들이 차를 잡는데, 시간이 많이 지
났어도 기다리실 것 같아서 빈 차로 왔지요."

"왜 내가 기다릴 거라고 생각했어요?" / 내가 물었다.

"얼굴을 보니 그렇게 생기셨어요. 의리 있게 생기셨다고요." / 청년이 웃으며 말했다.

'의리 있게 생겼다'는 말은 사실 '어수룩하고 융통성 없게 생겼다.'를 예의 바르게 말
한 것인지도 모르지만, 난 무조건 그가 고마웠다. 그리고 어떻든 무슨 상관이랴, 어
수룩하든 똑똑하든, 속고 속이고 빚지고 빚 갚으며 서로서로 사슬 되어 사는 세상인
<u>글쓴이가 다시 세상에 대한 믿음을 가질 수 있게 도와주었기 때문에</u>
데……. 얼었던 몸이 녹으면서 내 마음도 녹기 시작했다. 영어에 '한 개의 속임수는 천
<u>세상에 대한 믿음을 다시 가지게 됨.</u>
개의 진실을 망친다'라는 격언이 있지만 어쩌면 그 반대 '한 개의 진실은 천 개의 속임
수를 구한다'가 더욱 맞는 말인지도 모른다. '속이지 않는 자'가 한 명만 있어도 '속이는
자' 천 명을 이길 수 있기 때문이다. <u>글쓴이의 깨달음</u>
▶ 약속을 지킨 청년 기사를 통해 다시 희망을 가짐.

포인트 체크

제재 글쓴이는 인간을 속는 자와 □□□ 자로 나눌 수 있다고 한 뒤, 이와 관련한 경험을 제시하고 있다.
관점 글쓴이는 □□을 지킨 청년 기사를 통해 한 사람의 신의가 세상을 살 만하게 만든다고 생각한다.
표현 □□을 활용하여 글쓴이의 깨달음을 효과적으로 전달하고 있다.

답 속이는, 약속, 격언

핵심 정리

갈래 경수필
성격 사색적, 희망적
제재 속는 자와 속이는 자
주제 믿음이 있는 사회에 대한 소망
특징 ① 대조적인 경험을 제시하며 내용을 전개함.
② 격언을 활용하여 글쓴이의 깨달음을 효과적
으로 전달함.
출전 《살아온 기적 살아갈 기적》(2009)
작가 장영희(본책 70쪽 참고)

이해와 감상

이 글의 글쓴이는 자신의 경험을 상기하며 우리 사회
의 속는 자와 속이는 자에 대한 생각을 소박한 문체로
담담하게 서술하고 있다. 남의 말을 잘 믿는 글쓴이는
굴비를 속아서 산 사건을 통해 잘 속는 자신과 세상의
각박함에 크게 실망한다. 그리고 택시 기사의 호의가
자신을 속이려는 속임수인 줄 알고 다시 자괴감과 사
회에 대한 염증을 느낀다. 그렇지만 뒤늦게 나타난 택
시 기사의 배려를 통해 한 사람의 신의와 책임감이 세
상을 살 만하게 만든다는 점을 깨닫게 된다. 이 글은
특히 장애를 극복한 글쓴이의 개인적인 삶의 경력과
맞물려서 더 큰 감동과 울림을 주고 있다.

작품 연구소

〈속는 자와 속이는 자〉의 구조
이 글은 먼저 글쓴이가 생각하는 인간의 유형을 밝힌
뒤, 인간 유형과 관련 있는 상반된 경험을 제시한다.
그리고 이러한 경험을 통해 얻은 세상에 대한 깨달음
을 전하고 있다.

도입	인간의 두 가지 유형에 대한 생각 – 속는 자와 속지 않는 자
↓	
경험	• 생선을 파는 청년들에게 속아서 가짜 굴 비를 산 경험 [중략 부분] • 약속을 지킨 택시 기사에게 감동을 받은 경험
↓	
깨달음	상대방을 속이지 않는 한 사람의 존재로 인해 세상에 대한 희망을 가지게 됨.

자료실

찰스 램(Charles Lamb, 1775~1834)
영국의 수필가. 1796년 누이인 메리가 정신병 발
작으로 어머니를 살해하는 불행한 가족사를 겪었
다. 엘리아라는 필명을 사용하였으며 여동생을
돌보며 일생을 독신으로 살면서 문학에 심취하였
다. 1863년 발표한 《엘리아 수필집》은 영국 최고
의 수필 걸작으로 불린다.

077 맛있는 책, 일생의 보약 |성석제

국어 신사고

키워드 체크 #무협지 대 박지원 소설 #고전 읽기의 즐거움 #독서가 인생을 바꾸다 #독서의 가치

전략 부분의 내용 중학교 2학년 때 서울로 전학을 간 글쓴이는 자신의 뜻과 상관없이 산악반 활동을 하다가, 3학년이 되어 도서반에 가게 된다. 도서반 선생님은 마음에 드는 책을 골라 읽다 가면 된다고 안내한다.

가 나는 책을 고르러 가는 아이들의 뒤를 따라가서, 한자로 제목이 씌어 있어서 아이들이 거의 손을 대지 않는 책 중 하나를 꺼내 들었다. / 그 책은 '한국 고전 문학 전집' 같은 묵직한 제목 아래 편집된 수십 권의 총서(叢書) 가운데 한 권이었다. 반드시 읽어야 한다는 것을 강조하는 고전 대부분이 그렇듯 책 표지는 사람의 손을 거의 거치지 않아서 깨끗했다. 지은이는 박지원, 내가 처음으로 펴 든 대목은 〈허생전〉이었다.
일정한 형식과 체재로, 계속해서 출판되어 한 질을 이루는 책들
읽는 사람이 많지 않음.
나이가 두 자리 숫자가 되면서 무협지에 빠지기 시작해서 전학 오기 전 국내에 출간된 대부분의 무협지를 읽었다고 생각하고 있던 내게, 한문 문장을 번역한 예스러운 문체는 별 거부감이 없었다. 오히려 옆자리나 앞자리의 아이들이 읽고 있는 현대 소설이
무술이 뛰어난 협객 따위의 이야기를 주로 다룬 책
가볍게 느껴질 정도였다. 내용 역시 익숙했다. 허생이라는 인물은 깊고 고요한 곳에 숨어 있으면서 실력을 쌓은 뒤에 일단 세상에 나갈 일이 생기자 한바탕 멋지게 세상을 뒤흔들어 놓고서는 다시 제자리로 돌아온다. 무협지에서 흔히 볼 수 있는 방식이었다.
▶ 평소 무협지를 즐겨 읽어 〈허생전〉의 내용이 익숙하게 느껴짐.

나 그런데 그 책 속에 있는 주인공들은 내가 읽었던 수천 권의 무협지 속 주인공과는 달라도 많이 달랐다. 무협지를 읽고 나면 주인공의 이름 말고는 기억에 남는 게 없는데, 『박지원의 소설은 주인공이 다음에 어떻게 되었을지 궁금해지고 내가 주인공이 되었더라면 어떻게 했을지 자꾸만 생각을 하게 만들었다. 한두 번 씹으면 단맛이 다 빠
「 」: 무협지와는 다른, 박지원 소설의 특징
져 버리는 무협지와는 달리 그 책의 내용은 읽을수록 새로운 맛이 우러나왔다. 보석처럼 단단하고 품위 있는 문장은 아름답기까지 했다. 책을 읽으면서 내 정신세계가 무슨 보약을 먹은 듯이 한층 더 넓어지고 수준이 높아지는 듯한 느낌이 들었다.』[중략]
글의 제목과 관련되는 구절 → 독서의 가치
중학교 3학년 1학기 특별 활동 시간에 나는 몇 백 년 전 글을 쓴 사람의 숨결이 글을
글쓴이가 체험한 고전 읽기의 가치
다리로 하여 건너와 느껴지는 경험을 처음 해 보았다. 무엇보다 중요한 것은 그것이 무
글쓴이가 체험한 고전 읽기의 즐거움
척 재미있었다는 것이다. 읽으면 내 피와 살이 되는 고전, 맛있는 고전, 내가 재미를 들인 최초의 고전이 우리의 조상이 쓴 것이라는 데서 나오는 뿌듯함까지 맛볼 수 있었다.
▶ 고전을 읽고 재미와 가치를 느낌.

다 내가 1학기의 특별 활동 시간에 읽은 것은 박지원의 책이 전부였다. 하지만 내가 지금 소설을 쓰고 있는 것은 바로 그 책 때문이라고 생각한다. 특별하지 않은 특별 활
고전 읽기 경험이 글쓴이의 삶(진로)에 영향을 미치게 됨.
동 시간에 읽은 아주 특별한 그 책이 내 일생을 바꾸었다.
책(독서)의 가치
누구에게나 그런 일이 일어날 수 있다. 모르고 지나갈 수도 있다. 어떤 책을 계기로
책으로 인해 삶이 달라지는 일
인간의 지극한 정신문화, 그 높고 그윽한 세계에 닿고 그의 일원이 되는 것은 그것을
인간의 정신적 활동으로 이룬 문화, 학술, 사상, 종교, 예술, 도덕 따위를 이름. *단체에 소속된 구성원*
겪어 보지 못한 사람은 알 수 없는 행복을 안겨 준다. 책은 이 세상에 인간으로 나서 인간으로 살면서 인간다운 삶을 살고 드높은 가치를 추구하는 길을 보여 준다. 책은 지구상에서 인간이라는 종(種)만이 알고 있는, 진정한 인간으로 나아가는 통로이다.
▶ 사람의 삶을 바꾸어 놓는 독서의 가치

키 포인트 체크

제재 도서반에서의 □□ 경험이 글쓴이 자신의 삶에 미친 영향을 이야기하고 있다.

관점 글쓴이는 책을 통해 진정한 □□으로 성장할 수 있다고 생각한다.

표현 책을 읽으면서 성장하는 느낌을 □□을 먹은 것에 빗대어 표현하고 있다.

답 독서, 인간, 보약

핵심 정리

갈래 경수필
성격 회고적, 경험적
제재 도서반에서의 독서 경험
주제 독서의 가치와 중요성
특징 ① 중학교 때의 읽기 경험을 회상하며 독서의 가치와 중요성을 강조함.
② 박지원의 소설을 읽으며 매력을 느꼈던 경험을 통해 고전의 가치를 강조함.
③ 비유적인 표현을 사용하여 독서의 가치를 효과적으로 드러냄.
출전 〈국립 어린이 청소년 도서관〉(2010)
작가 성석제(본책 60쪽 참고)

이해와 감상

이 글은 글쓴이가 자신의 중학생 시절의 독서 경험을 토대로 쓴 수필이다. 중학교 3학년 때 특별 활동 시간에 박지원의 작품을 읽으면서 고전 읽기의 맛을 느끼게 되었고, 결국 이 경험 때문에 글 쓰는 사람이 되었다고 이야기하면서, 독서의 재미와 가치를 피력하고 있다. 제목인 '맛있는 책, 일생의 보약'은 이러한 독서의 가치를 드러내는 표현으로, 좋은 책을 읽는 것이 재미뿐만 아니라 몸에 건강을 주는 보약처럼 사람의 삶에 중요한 영향을 준다는 것을 뜻한다. 이러한 이야기를 통해 글쓴이는 우리 인생에서 독서가 얼마나 중요한지를 효과적으로 전달하고 있다.

작품 연구소

무협지와 박지원 소설의 공통점과 차이점

공통점	• 문체가 예스러움. • 내용(주인공이 실력을 쌓은 뒤에 한바탕 멋지게 세상을 뒤흔들어 놓고 다시 제자리로 돌아옴.)	
차이점	무협지	• 읽고 나면 주인공 이름 외에는 기억에 남는 것이 없음. • 한두 번 읽고 나면 재미가 없어짐.
	박지원 소설	• 주인공이 다음에 어떻게 되었을지 궁금해지고 자꾸만 생각을 하게 됨. • 읽을수록 새로운 맛이 우러나옴. • 단단하고 품위 있는 문장의 아름다움을 느낌. • 정신세계가 넓어지고 수준이 높아지는 느낌이 듦.

글쓴이가 말하는 독서의 가치
• 사람의 일생을 바꿀 수 있음.
• 인간의 높고 그윽한 정신문화의 세계를 경험하는 행복을 줌.
• 인간다운 삶을 살고 높은 가치를 추구하도록 함.
• 진정한 인간으로 나아가는 통로가 됨.

078 아날로그 변환 | 윤대녕

확작 비상

키워드 체크 #교훈적 #승용차보다는 버스 #걸을 때 비로소 보이는 것 #아날로그식 삶

12년 된 차를 최근에 바꿨다. 예상치 못한 헐값에 팔려 가는 애마를 보면서 나는 이런저런 감회와 상념에 젖어 있었다. [중략] 얼마 전 내가 처분한 차는 스포츠카에 해당하는 물건이었고 40대 후반으로 접어드는 나이에 더 이상 그런 차를 몰고 다닐 처지나 정황이 아니었다. / 얻은 게 있으면 그만큼 잃은 게 있다고 했던가. 그렇다면 잃은 만큼 얻는 것도 있는 것일까. 이왕 차에 대한 집착을 버렸으니 고유가 시대에 가능한 한 버스를 타기로 했다. 버스를 타려면 우선 정류장까지 걸어가야 하고 어느 정도 기다려야 한다. 흔들림도 견뎌야 하고, 때로 자리도 양보해야 하며, 혹시 늦지나 않을까 습관적으로 시계를 확인해야 한다. 옆자리에 낯선 사람이 앉는 것도 어쩐지 불편하다.

▶ 버스 이용의 불편함

그런데 서서히 버스 타는 일에 익숙해지면서 미묘한 변화가 찾아왔다. 일단 시야가 넓어지고 몸이 편하다. 시야가 넓어졌다는 것은 차창을 통해 거리의 풍경을 선택적으로 바라볼 수 있다는 것이고 몸이 편하다는 것은 그만큼 긴장감이 빠져나갔다는 뜻이다. 운전을 할 때는 도로와 신호등 외에는 모든 사물이 그저 스쳐 지나가는 풍경일 따름이다. 그리고 무엇보다 경제적이다. 가까운 거리의 경우 지하철로 환승을 해도 천원 안팎이다. 그래서 버스를 이용한 날이면 뿌듯한 느낌까지 들었다.

▶ 버스 이용의 장점

내친김에 어느 날부터 나는 걷기로 했다. 버스 안에서 차창을 통해 세상을 바라보는 것이 아니라 직접 몸을 움직여 겪고 싶은 충동이 일었다. 이를테면 디지털에서 아날로그로의 변환이라 할 만한 사건이었다. 이런 변화 또한 나이가 들어 가는 증상이라면 딱히 할 말이 없다. 하지만 그런들 어떤가. 제아무리 미식가라 할지라도 한국인이라면 결국 토속 된장과 묵은 김치로 입맛이 돌아오게 마련이다. 아무튼, 틈나는 대로 나는 걸었다. 그동안 무심히 보아 넘겼거나 미처 알지 못했던 것들이 너무도 많다는 것을 걸으면서 나는 느꼈다. 거리에서, 시장을 오가면서, 빌딩 계단을 오르면서, 이발소를 다녀오면서, 혼자 오래된 식당에 들어가 앉아 묵은 김치로 끓여 낸 찌개를 먹으면서, 노인들이 드나드는 허름한 동네 목욕탕에 다녀오면서…… 그러면서 나는 '본다'와 '겪다'의 차이를 깨달았고, 이 가속도의 시대에 오히려 거꾸로 움직이면서 그동안 잃어버렸거나 놓쳐 버렸던 많은 것들을 몸을 통해 실감 나게 받아들이게 되었다. 그 느낌은 이루 말할 수 없이 신선하고 가슴 벅찬 것이었다. 몸과 마음이 한결 가벼워졌음은 물론이고 이제야 조금은 편견 없이 세상을 볼 수 있게 되었다는 자각이 들었다.

▶ 아날로그로의 변환을 통해 얻게 된 깨달음과 기쁨

그래서 이참에 한 가지 더 해 보고 싶은 일이 생겼다. 다름이 아니라 아날로그식으로 사람을 만나 보고 싶다. 전화나 전자 우편이 아닌 편지나 엽서로 오랜 친구에게 소식을 전하고 약속을 청해 들뜬 기분으로 해후하는 것이다. 그렇다면 덤으로 답장을 기다리는 재미도 있지 않을까.

▶ 아날로그식 만남에 대한 기대

키 포인트 체크

제재 ▢를 판 뒤 나타난 변화와, 그 변화를 통해 새롭게 발견한 삶의 ▢▢를 전하고 있다.

관점 글쓴이는 ▢▢▢▢ 변환을 통해 얻게 된 깨달음과 기쁨을 전하면서, 아날로그식 만남에 대한 기대도 드러내고 있다.

표현 이 글은 아날로그 방식의 삶과 디지털식 방식의 삶을 ▢▢하여 주제를 드러내고 있다.

답 차, 가치, 아날로그, 대조

핵심 정리

갈래 경수필

성격 사색적, 교훈적, 반성적

제재 차를 판 후 겪은 경험

주제 아날로그식 삶의 미덕

특징 ① 일상적 경험에서 새로운 삶의 가치관을 발견함.
② 아날로그식과 디지털식 삶의 방식을 대조하여 주제를 드러냄.

출전 《이 모든 극적인 순간들》(2010)

작가 윤대녕(본책 90쪽 참고)

이해와 감상

이 글은 '아날로그' 방식의 삶과 '디지털' 방식의 삶을 대조하여 세상과 직접 소통하는 아날로그적 삶이 주는 깨달음과 기쁨을 담고 있는 수필이다. 글쓴이는 직접 차를 모는 대신 버스를 이용하게 되면서 주변을 둘러 볼 수 있게 되었고 나아가 걷기를 통해 직접 몸을 움직여 세상을 겪음으로써 디지털 방식인 '본다'와 아날로그 방식인 '겪다'의 차이를 실감한다. 그러면서 그동안 자신이 얼마나 많은 것을 잃어버리거나 놓쳤는지를 깨닫고 아날로그식 삶이 주는 기쁨을 드러내고 있다. 글쓴이는 여기서 더 나아가 세상의 일상적 체험뿐만 아니라 사람들과의 소통에 대해서도 '아날로그 변환'을 다짐하고 있다.

작품 연구소

〈아날로그의 변환〉에 나타난 글쓴이의 삶의 변화 양상

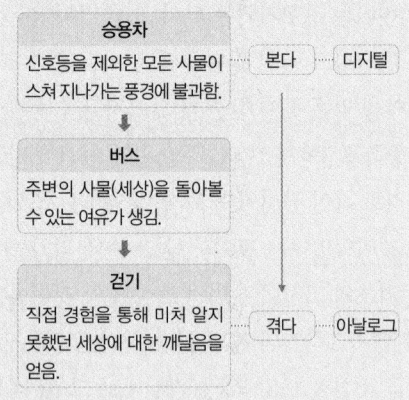

승용차
신호등을 제외한 모든 사물이 스쳐 지나가는 풍경에 불과함.	— 본다 — 디지털

↓

버스
주변의 사물(세상)을 돌아볼 수 있는 여유가 생김.

↓

걷기
직접 경험을 통해 미처 알지 못했던 세상에 대한 깨달음을 얻음.	— 겪다 — 아날로그

079 내 유년의 강, 명포를 추억하며 |박정애

文學 창비

키워드 체크 #회고적 #비판적 #강에 얽힌 추억 #아름다운 유년 #무분별한 개발 비판

어머니의 고향이 명포임을 알 수 있음.
우리 어머니 택호는 명포댁.
집주인의 벼슬 이름이나 처가나 본인의 고향 이름 따위를 붙여서 그 집을 부르는 말

당연히 명포엔 어머니의 친정이자 우리 사 남매의 외가가 있었다. 숲으로 둘러싸인
아버지의 동네 숲실과 달리, 지형이 양지바른 포구 같아서 명포(明浦)라 불렸던 외가
배가 드나드는 개의 어귀
동네에는, 배들이 들락날락하는 포구는 없어도 금모래가 빛나고 예쁜 조약돌이 널린
강변과 숱한 생명을 품고 밤이나 낮이나 흐르는 얕은 강이 있었다. [중략]
핵심 소재인 '강'에 대한 긍정적인 묘사   ▶ 어머니의 고향인 명포 소개

중략 부분의 내용 막내를 임신한 어머니는 동생과 글쓴이 중에서 한 명을 친정에 일 년 동안 맡기기로 하는
데, 결국 글쓴이가 일 년 동안 외가에 있게 된다. 일 년이 지난 뒤 어느 여름날, 글쓴이는 고디를 주우러 명포
글쓴이가 명포에 있는 외가에서 지내게 된 이유   다슬기
물가로 나간다.

나는 금세 한 바가지를 주워 놓고 얕은 물속에 당그랗게 떠올라 있는 당글 바위 위
저녁 국거리로 쓸 다슬기를 주워 놓음.   넓은 공간에 홀로 우뚝 드러나 있게
에 엎드렸다. 뜨겁게 달궈졌다 알맞추 식은 바위는 어머니 등판 같았다. 눈을 감으면,
넉넉하고 따뜻함
이 세상에는 오로지 내 나른한 몸뚱이와 강물 흐르는 소리밖에 존재하지 않았다. 실제
로는 강물이 흘러가는 것이었지만, 내가 바위를 타고 떠내려가는 느낌이 들었다. 나는
옛이야기에 나오는 연오랑과 세오녀처럼 바위를 타고 떠내려갔다. 한없이, 한없이, 떠
글쓴이의 상상의 시작
내려가다 보면, 지느러미를 가진 사람 물고기들이 나타나 퍼덕거렸다. 그들은 사람 사
는 땅이 너무 슬퍼서 물속으로 들어가 물고기가 된 종족이었다.

엄마가 올까. / 그럼, 오지. 오고말고. / 엄마가 올까. / 그럼, 오지. 오고말고.
☐: 글쓴이와 글쓴이가 상상한 사람 물고기의 대화 – 엄마를 간절하게 기다리는 마음이 나타남.
꿈속에서인 듯 찰방찰방, 찰박찰박, 물을 건너오는 발소리가 들렸다.
강을 건너오는 엄마의 발소리 – 상상이 아닌 현실
엄마가 올까. / 그럼, 오지. 오고말고.

"거, 누구?" / 목소리가 생생했다. 꿈이 아니었다. 나는 눈을 떴다. 저 멀리, 아이를
엄마가 옴. – 상상이 아닌 현실
업은 여자가 다리를 절룩거리며 강을 건너오고 있었다. / "옴마." "마침 잘 만났다. 우
리 큰딸이 일 년 새, 마이 컸데이." / 어머니가 모래밭에서 포대기를 끌렀다. 나는 아기
를 받아 안았다. 눈이 큰 아기가 나를 보고 방긋 웃었다. [중략]   ▶ 강에 얽힌 유년 시절의 추억

『장마철에는 작은 배를 불러 건너기도 했던 강, 피라미며 송사리며 모래무지며 고디
『 』: 강에 얽힌 유년 시절의 추억
를 한정 없이 품고 있던 강. 헤엄 못 치는 어린아이도 바가지 하나 꿰어 차고 고디를 주
울 수 있었던 친구 같던 강. 당글 바위 위에 엎드려 눈 감으면, 흘러, 흘러, 인간 물고기
강의 친근함을 비유적으로 표현함.
를(미야자키 하야오의 애니메이션 〈벼랑 위의 포뇨〉를 보고, 한 번도 만난 적 없는 미야자
키와 내가 물속 인간에 대해 그토록 유사한 상상을 했다는 사실에 놀랐었다.) 만날 수 있던
강. 내 마음속에서 영원히 흐르는 유년의 강.』
맑거나 산뜻하지 못하고 흐리고 침침한
그 강은, 이제, 없다. 충충한 물을 가둔 운문 댐이 있을 뿐이다. 깊이를 알 수 없는 운
쉼표를 사용하여 강의 부재를 강조함.
문 댐은, 나 같은 사람한테는 접근 불가의 대형 수족관 같은 곳이다.
개발로 인해 강이 사라짐.   댐과의 거리감을 비유적으로 표현함.
댐으로 바뀐 뒤, 나는 한 번도 명포에 가지 않았다.
친구 같았던 강이 대형 수족관과 같이 다가갈 수 없는 곳이 되었기 때문에   ▶ 지금은 사라진 명포에 대한 아쉬움과 강 개발에 대한 비판

포인트 체크

제재 이 글은 명포에 있는 ☐에 얽힌 아름다웠던 유년 시절의 추억을 담고 있다.

관점 지금은 사라져 갈 수 없는 강에 대한 ☐☐☐을 드러내면서 무분별한 개발에 대해 ☐☐적인 태
도를 보이고 있다.

표현 옛이야기와 애니메이션을 ☐☐하여 글쓴이의 생각을 구체적으로 표현하고 있다.

[답] 강, 아쉬움, 비판, 인용

핵심 정리

갈래 경수필

성격 회고적, 서사적, 비판적

제재 명포에 있는 강

주제 ① 강에 얽힌 유년의 추억
② 무분별한 강 개발에 대한 비판

특징 ① 어린 시절 글쓴이의 경험을 서사적으로 전개함.
② 특정 장소에 얽힌 추억을 회상하면서 현대 사회의 개발에 대해 비판적인 인식을 보여 줌.
③ 옛이야기와 애니메이션을 인용하며 글쓴이의 경험과 생각을 구체적으로 표현함.
④ 비유적인 표현을 활용하여 강과 댐에 대한 글쓴이의 느낌을 드러냄.

출전 《강은 오늘 불면이다》(2011)

작가 박정애(1970~) 소설가. 1998년 《문학 사상》을 통해 등단하였다. 주요 저서로 소설 《에덴의 서쪽》, 청소년 소설 《환절기》, 동화 《친구가 필요해》 등이 있다.

이해와 감상

이 글은 유년 시절의 아름다운 기억으로 남아 있던 강이 없어진 뒤, 그 강을 생각하며 쓴 작품이다. 글쓴이는 어린 시절에 일 년 동안 명포에 있는 외가에 가서 살게 된다. 글쓴이는 강에서 다슬기도 주우며 강을 친구같이 여기며 지냈다. 하지만 시간이 지나 강은 개발되어 접근 불가능한 댐으로 바뀌었고, 글쓴이는 명포에 가지 않게 되었다. 이처럼 글쓴이는 강과 얽힌 유년의 경험을 전개한 뒤 현재 댐으로 변해 버린 모습을 제시하여 과거와 대비되는 현재의 모습을 강조하고, 현대 사회의 개발에 대하여 비판적인 인식을 드러내고 있다.

작품 연구소

다른 이야기나 작품을 인용한 효과

	내용	효과
연오랑과 세오녀	연오와 세오가 일본으로 건너가게 되자 일월이 빛을 잃었는데, 세오의 비단으로 제사를 지내자 다시 빛을 회복하게 되었다는 설화	바위를 타고 떠내려가는 듯한 느낌을 실감 나게 표현함.
〈벼랑 위의 포뇨〉	호기심 많은 물고기 소녀 '포뇨'가 육지에 와 겪는 모험과 사랑 이야기를 담은 애니메이션	글쓴이가 상상한 인간 물고기를 이해하기 쉽게 표현함.

강과 댐에 대한 글쓴이의 생각

	강	댐
보조 관념	친구	대형 수족관
글쓴이의 생각과 태도	• 친구처럼 친근하고 가까이할 수 있는 존재임. • 긍정적이고 우호적인 시선으로 바라봄.	• 접근이 불가능함. • 부정적이고 비판적인 시선으로 바라봄.

080 눈 감아라 눈 감아라 | 김용택

문학 천재(정)

키워드 체크 #생태적 #땅속 벌레들의 눈 #작은 생명의 소중함 #생명 존중 태도

집에 석유 보일러가 고장이 난 모양이다. 펑 하고 돌다가 갑자기 피시시 꺼져 버리곤 했다. 답답하기만 했다. 보일러 시공자에게 전화를 걸었더니 '에야'가 찬 모양이란다.
 공사를 맡아서 행하는 사람 또는 회사   에어. 공기
어디 어디를 눌러 보고 다시 전원을 넣어 보란다. 시키는 대로 해 보면 펑 하고 터졌다가는 피시시 그쳐 버리곤 했다.

▶ 집 석유 보일러가 고장 남.

다시 전화를 했다. 시공자가 왔다. 다짜고짜 '에야'가 찼다며 '에야'를 빼내기 위해 물을 먼저 빼내야 된다며 호스를 가져오란다. 호스를 어디에 끼우니 뜨거운 물이 호스를 따라 나와 김을 모락모락 피우며 마당에 퍼지는 것이었다. 이때 어머니께서 재빨리 마당에 나오시더니 마당에 퍼지는 뜨거운 물 가까이에서 이렇게 조용조용 말씀을 하시는 것이었다.

"눈 감아라. 눈 감아라."
 보이지 않는 작은 생명까지 소중하게 여기는 태도가 드러나는 말. 글쓴이의 사색의 계기
그 모습이 너무도 엄숙하고 진지하여 나는 그저 가만히 숨을 죽이고 있다가 그 말씀이
                    작은 생명을 대하는 어머니의 태도
끝나자 어머니께 여쭈어보았다. 대충 짐작은 했지만 어머니의 말씀은 몹시 진지했다.

뜨거운 물이 땅에 스며들어 땅속의 벌레들 눈에 닿으면 눈이 먼다는 것이었다. 그러니 벌레들에게 눈을 감으라고 일러 준다는 것이다.

▶ 보일러를 고치는 동안 어머니가 땅속 벌레들에게 하는 말씀을 듣게 됨.

캄캄한 땅속 벌레들의 눈.
 보이지 않는 작은 생명들
어머니와 내 둘레 캄캄한 어둠 속의 눈들이 반짝이며 별빛처럼 빛나는 것을 나는 보았다. 별빛 하나 다치지 않으련다. 별빛 하나 다치게 해선 안 된다. 별빛처럼 빛나는 세
          보이지 않는 작은 생명들의 존재에 대한 깨달음
상의 모든 살아 있는 눈빛들에게 지금 우리는 "눈 감아라. 눈 감아라."라는 경고도 없
 하나하나의 모든 존재
이 뜨거운 물을 마구 붓진 않는지.
    자연 파괴와 개발 위주의 현대 사회에 대하여 경고심을 일깨움.   ▶ 보이지 않는 작은 생명의 소중함에 대해 상기하게 됨.

핵심 정리

갈래 경수필
성격 성찰적, 생태적
제재 어머니의 말씀
주제 생명 있는 모든 존재들의 소중함
특징 ① 자신의 경험을 바탕으로 하여 깨달음을 얻고 있음.
② 깨달음을 바탕으로 독자들에게 경각심을 주고 있음.
출전 《김용택의 어머니》(2012)
작가 김용택(1948~) 시인. 초기 시는 주로 섬진강 주변의 고향과 고향 사람들의 이야기를 세태에 비추어 서정적으로 노래했다. 1990년대 이후로는 직관에 의한 서정성을 강조하여 소박한 진실에 바탕을 두고 전통과 현대를 이어 주는 특이한 감응력의 시를 주로 썼다. 주요 저서로 《섬진강》, 《그 여자네 집》, 《시가 내게로 왔다》 등이 있다.

이해와 감상

이 글은 아무리 작은 생명체라도 소중히 여기는 글쓴이의 어머님의 마음이 담겨 있는 글이다. 글쓴이는 집 보일러를 고치는 과정에서 뜨거운 물을 빼서 마당에 버리는데, 어머니가 땅속 벌레들에게 "눈 감아라. 눈 감아라."라고 말씀하시는 모습을 보고, 작은 생명이라도 소중히 여기는 생명 존중의 태도를 경험하게 된다. 어머니의 말씀을 통해 지금 당장 눈에 보이지는 않지만 우리 주변에 무수히 존재하고 있는 수많은 생명들에 대하여 인식하게 되고, 이어서 모든 살아 있는 것들에 대한 존중과 배려 없이 행동하는 현대인들에게 경각심을 주면서 글을 마무리하고 있다. 또한 "눈 감아라. 눈 감아라."라는 경고도 없이 뜨거운 물을 마구 붓진 않는지.'라는 마지막 문장에서 독자들로 하여금 자신의 행동을 돌아보게 만들고 있다.

작품 연구소

어머니의 말에 담긴 의미

"눈 감아라. 눈 감아라."	• 땅속 벌레들에게 하는 말
	• 벌레들의 눈이 다치지 않게 하려는 배려의 말
	• 보이지 않는 작은 존재와 생명을 소중히 여기는 태도를 드러낸 말
	• 자연 친화적이며 생태적인 가치관을 드러낸 말

포인트 체크

제재 글쓴이의 어머님의 말씀을 통해 눈에 보이지 않는 모든 ☐☐이 다 소중하다는 인식을 드러내고 있다.
관점 자신의 ☐☐을 통해 자신의 태도를 성찰하며 독자들에게도 생명 존중의 태도를 전달하고 있다.
표현 일상적이고 쉬운 표현과 ☐☐적 표현을 함께 사용하여 짧고 간결하게 내용을 전달하고 있다.

답 생명, 경험, 비유

081 사랑하는 자의 모습으로 |정혜윤

[문학] 창비

키워드 체크 #사색적 #책을 읽는 이유 #책은 대화 상대 #책은 사랑의 도구

삶이란 뭘까요? 아주 간단히 말하면, 내가 이 세상에서 겪는 일이겠죠. 그러니 세상을 잘 알수록 좋겠죠. 그러나 세상을 알고 싶다고 생각해도 혼자서는 제대로 탐구할 수가 없습니다. 대화 상대가 필요합니다. <u>책은 '어떻게 살아갈까?' 고민하는 사람에게</u>
_{독서의 필요성}
중요한 대화 상대가 될 수 있습니다.「<u>책은 자꾸 일어나라고 합니다. 깨어나라고 합니</u>
_{책 → 세상을 탐구할 수 있는 도구}
다. 그만 자라고 합니다. 다시 생각해 보라고 합니다. 생각 못 한 게 있다고 알려 줍니
다. 내가 보는 세상이 아주 작다고 말합니다. 내가 겪고 있는 일들을 다른 사람은 어떻
게 헤쳐 나가는지 혹은 어째서 헤쳐 나가지 못하는지 보여 줍니다.」[중략]
_{「」: 책의 기능 → 인간에게 깨달음의 기회를 끊임없이 제공함.}
▶ 책은 삶에 대한 고민에 휩싸인 사람에게 대화 상대가 되어 줌.

중략 부분의 내용 글쓴이는 만화 〈뽀빠이〉를 보며 사람은 자신의 특성대로 대상을 사랑하게 되며, 사람이 무언가를 아주 좋아하면 세상만사를 그것으로 설명할 수도 있겠다는 생각을 한다.

그런데 사랑은 결국 디테일입니다. <u>사랑하는 순간 우리는 디테일로 기억하고 기억</u>
_{사랑은 구체적인 것들로 기억됨.}
되길 바랍니다. 사라 에밀리 미아노의《눈에 대한 백과사전》에 나오는 한 남자의 편지
에서처럼요. / "나를 당신과 사랑에 빠졌던 남자로 추억하지 마십시오. 그보다는 지평
선에 뜬 작은 <u>무지개를 보여 주려 당신을 앨버타주로 데려갔던 남자</u>로, 당신이 자신을
_{구체적인 사랑의 모습 ①}
<u>괴롭힐 때마다 영국에서부터 달려왔던 남자</u>로 기억해 주십시오. 나 역시 당신을 그런
_{구체적인 사랑의 모습 ②}
방식으로 기억할 것입니다." ▶ 구체적인 모습으로 기억하고 기억되는 사랑의 속성

그래서 "책을 왜 읽어요?"라는 질문에 저는 무수히 많은 디테일로 답하고 싶습니다.
<u>우리의 충동, 능력, 게으름, 타성, 우정, 불안, 고통, 회한, 슬픔, 욕망, 상상력, 기억, 위</u>
<u>로, 정체성, 공감, 재탄생, 창조, 이 모든 것에 대해서요.</u> 저는 책을 읽고 한 발짝씩 나
_{책에서 배울 수 있는 디테일}
가며 거기서 배운 디테일들로 사람과 세상을 사랑하고 싶었습니다. 사랑은 그만큼 중
_{책에서 배운 것으로 사람과 세상을 사랑하고 싶은 글쓴이의 바람이 드러남.}
요하기 때문입니다. 인간을 비인격적으로 취급하는 일이 만연하는 세상에서, 모든 것
이 거래되는 세상에서 <u>사랑만은 유일하게 거래할 수 없습니다. 사랑만은 돈으로 바꿀</u>
<u>수 없는 것이기에 인간의 존엄성과 관련됩니다.</u> 삶은 이 세계에서 내게 벌어지는 일이
_{글쓴이가 사랑이 중요하다고 생각하는 이유}
라고 앞에서 말했습니다. 하지만 사랑은 "이미 벌어진 일을 어떻게 하겠어?"라며 삶을
수수방관하게 하지 않습니다. ▶ 책에서 배운 것들로 사람과 세상을 사랑하고 싶은 바람

우리에겐 오늘 당장 어떻게 살아야 할지 모르는 순간들이 있습니다. '지금, 여기'에
서 어떻게 존재해야 할지 길을 잃을 때가 있습니다. 우리가 가치를 두는 것을 더 잘 사
랑하기 위해서 조금씩 조금씩 나를 바꾸어 나가는 것. 이것이야말로 우리가 지금 여기
서 힘 있게 존재할 수 있는 방식 아닐까요? 나의 삶은 유한하지만 애쓰고 있다는 것,
그것도 네 옆에서 너와 함께 너의 영향 아래서. 누구에게나 중요한 게 있다면 바로 이
런 것일 겁니다. ▶ 존재를 힘 있게 만드는 사랑의 힘

포인트 체크

제재 책을 읽어야 하는 [ ][ ]를 제시함으로써 우리 삶 속에서 책 읽기가 갖는 의미를 생각해 보게 하고 있다.

관점 글쓴이는 [ ][ ]은 돈으로 바꿀 수 없는 것으로, 인간의 [ ][ ][ ]과 관련되기 때문에 중요하다고 생각한다.

표현 스스로 [ ][ ]을 던지고, 거기에 답을 하며 글을 전개하고 있다.

[답] 이유, 사랑, 존엄성, 질문

핵심 정리

갈래 경수필
성격 사색적, 성찰적
제재 책 읽기가 갖는 의미
주제 책을 읽는 이유
특징 ① 자신의 독서 경험을 바탕으로 책을 읽는 이유에 대해 설명함.
② 경어체를 사용하여 친근하고 정감 어린 느낌을 줌.
출전 《삶을 바꾸는 책 읽기》(2012)
작가 정혜윤. 작가이자 라디오 프로듀서. 주로 책과 책 읽기에 관한 책을 많이 썼다. 주요 저서로 《그들은 한 권의 책에서 시작되었다》,《뜻밖의 좋은 일》등이 있다.

이해와 감상

이 글은 "책을 왜 읽어요?"라는 질문에 대한 답을 주고 있다. 글쓴이는, 책은 삶에 대한 고민에 휩싸여 있을 때 대화 상대가 되어 주고, 거기에서 배운 것들로 사람과 세상을 사랑할 수 있게 해 주기 때문에 반드시 읽어야만 하는 것이라고 답한다. 이를 통해 독자는 삶 속에서 책 읽기가 갖는 의미가 무엇인지 생각해 볼 수 있다. 짧은 글이지만 책 읽기가 갖는 의미와 가치, 책 읽기에서 기대할 수 있는 즐거움을 적절한 예시와 감각적인 문체로 잘 풀어내고 있다.

작품 연구소

〈사랑하는 자의 모습으로〉의 짜임

처음	대화 상대로서의 책
중간	《눈에 대한 백과사전》을 통해 알 수 있는 사랑의 속성
끝	책을 통해 배운 것으로 사람과 세상을 사랑하고 싶은 소망

'책을 왜 읽어요?'라는 질문에 대한 답변

책을 읽는 행위
↓
'충동, 능력, 게으름, 타성, 우정, 불안, 고통, 회한, 슬픔, 욕망, 상상력, 기억, 위로, 정체성, 공감, 재탄생, 창조'에 대한 이해
↓
사람과 사랑을 구체적으로 기억하고 기억되게 만드는 디테일로 작용함.

082 이탈리아 기행 | 괴테

독서 비상

🎯 핵심 정리

갈래 기행 수필
성격 감상적, 예찬적
제재 베네치아의 현재 모습
주제 자연을 극복하고 이룩한 도시 베네치아에 대한 예찬
특징 ① 자연을 적극적으로 활용하여 이룩한 도시에 대한 감상이 잘 드러남.
② 당시 사람들의 자연을 대하는 태도를 알 수 있음.
출전 《이탈리아 기행》(1829)

📍 이해와 감상

이 글은 10년 동안 고위 관직을 맡아 행정 능력을 발휘하던 괴테가 시인의 상상력을 옥죄는 일상으로부터 벗어나기 위해 떠난 이탈리아 여행 중의 견문과 감상을 적은 글이다. 괴테는 베네치아, 피렌체, 로마, 나폴리, 시칠리아 등 이탈리아 전역을 1년 9개월에 걸쳐 여행하면서 다양한 예술적 체험을 하고 새로운 상상과의 만남을 얻게 된다.

🏠 작품 연구소

글쓴이의 자연관

- "옛날 사람들이 지혜와 노력으로써 ~ 보존해야 할 것이다."
- "그들은 또 운하를 현명하게 관리함으로써 ~ 최선을 다할 것이다."

↓

- 인간이 이미 점유해서 특정한 목적에 맞게 형태와 방향을 부여한 것을 자연이 멋대로 공격하거나 바꾸지 못하게 해야 함.
- 인간은 자신들의 재산을 보호하기 위해 최선을 다해 자연을 관리해야 함.

자료실

베네치아(Venezia)

이탈리아 베네토주(州)의 주도(州都). 영어로는 베니스(Venice)라고 한다. 베네치아만(灣) 안쪽의 118개의 섬이 약 400개의 다리로 이어져 있다. 섬과 섬 사이의 수로가 중요한 교통로가 되어 독특한 시가지를 이루며, 흔히 '물의 도시'라고 부른다. 한때 지중해 전역에 세력을 떨쳤던 해상공화국의 요지였고, 오늘날에는 주로 운하·예술·건축과 독특하고 낭만적인 분위기로 많은 관광객의 발길이 끊이지 않고 있다.

👤 작가 소개

괴테(Johann Wolfgang von Goethe, 1749~1832)
독일의 시인, 소설가, 극작가. 독일이 낳은 세계적인 문호로 평가받고 있다. 자기 체험의 고백과 참회의 내용을 다룬 작품을 주로 썼다. 주요 작품으로 〈젊은 베르테르의 슬픔〉, 〈파우스트〉 등이 있다.

10월 9일

아침부터 밤까지 아주 근사한 날이었다! 키오자 맞은편에 있는 펠레스트리나를 방문했다. 베네치아 공화국은 그곳에 '무라치'라고 하는, 바다에 맞서는 거대한 방벽을 건설 중이다. 사람들은 돌 블록으로 이 방벽을 쌓고 있다. 이것은 연안을 바다로부터 격리하는, '리도'라고 하는 길다란 지협을 거친 파도로부터 보호하기 위한 것이다.
▶ 펠레스트리나를 방문한 괴테

연안은 오래된 자연의 산물이다. 먼저 밀물과 썰물의 조류와 대지의 상호작용에 이어서 태곳적 바다의 수면이 점차 낮아진 결과, 아드리아해의 위쪽 끝부분에 광활한 늪이 형성되었다. 그 늪은 밀물 때에는 바닷물에 잠기지만 썰물 때에는 부분적으로 드러난다. 『인간의 기술은 그 땅의 가장 높은 부분을 접수했으며, 그리하여 수백 개의 섬으로 이루어짐과 동시에 수백 개의 섬으로 에워싸인 베네치아가 탄생한 것이다. 이와 동시에 엄청난 노력과 막대한 비용을 들여서 사람들은 썰물 때에도 주요 지점에 전함을 댈 수 있도록 늪에다 깊은 운하를 준설하였다.』
▶ 베네치아 건설 과정

옛날 사람들이 지혜와 노력으로써 고안해 내고 실행한 것을, 이제는 현재의 우리가 그에 못지않은 지혜와 노력으로써 보존해야 할 것이다. 기다란 띠 모양의 뭍인 리도는 연안 호수를 바다와 갈라놓고 있는데, 바닷물이 안으로 들어오는 통로는 두 곳뿐이다. 하나는 카스텔로 근처에 있고 또 하나는 그 맞은편 끝인 키오자 근처에 있다. 밀물은 보통 하루에 두 번씩 들어오고, 마찬가지로 썰물도 하루에 두 번씩 나간다. 항상 똑같은 방향으로 똑같은 과정을 되풀이하는 것이다. 밀물 때에는 안쪽의 늪지대가 침수되는데, 가장 높은 곳은 물에 젖기는 하지만 그래도 외부에서 그 존재가 눈에 보인다. ▶ 리도의 역할

그러나 만일 바다가 새로운 길을 찾아 그 지협을 공격하며 제멋대로 드나든다면 상황은 달라질 것이다. 리도와 펠레스트리나, 산피에트로 등지의 작은 마을들이 침수됨은 두말할 필요도 없고, 바닷물이 모든 것을 아무렇게나 삼켜 버려 그곳의 소통로도 막혀 버릴 것이다. 리도는 섬으로 변할 것이고, 지금은 그 배후에 있는 섬들이 지협으로 변할 것이다. 그러한 사태가 닥치지 않도록 베네치아 사람들은 리도를 보호하기 위해 모든 노력을 기울여야 한다. 그래서 인간이 이미 점유해서 특정한 목적에 맞게 형태와 방향을 부여한 것을, 자연이 제멋대로 공격하거나 이렇게 저렇게 바꾸지 못하게 해야 할 것이다. [중략]
▶ 리도를 보호해야 하는 이유

어쨌든 베네치아 사람들은 그 문제에 대해 아무 걱정도 할 필요가 없다. 바닷물이 서서히 빠져나간다는 사실이 베네치아를 천 년 동안이나 안전하게 보호해 주었고, 그들은 또 운하를 현명하게 관리함으로써 자신들의 재산을 보호하기 위해 최선을 다할 것이다.
▶ 베네치아의 미래를 긍정적으로 바라보는 괴테

키 포인트 체크

제재 베네치아 사람들이 □□을 이용하여 만든 도시의 모습을 보고 느낀 감상을 담고 있다.
관점 글쓴이는 □□을 자연보다 우위에 두고, 자연을 지배와 이용의 대상으로 보고 있다.
표현 베네치아의 역사와 □□적 특성을 상세하게 묘사하며 설명하고 있다.

답 자연, 인간, 지리

083 〈감자 먹는 사람들〉에 대하여 | 빈센트 반 고흐

키워드 체크 #편지글 #설명적 #반 고흐 #감자 먹는 사람들 #농부의 삶 #노동의 신성함 #예술과 삶

독서 미래엔

🎯 핵심 정리

갈래 편지글
성격 설명적, 예시적
제재 그림 〈감자 먹는 사람들〉
주제 그림 〈감자 먹는 사람들〉을 그린 과정 및 삶과 예술을 대하는 고흐의 태도
특징 ① 고흐의 삶과 예술에 대한 태도를 엿볼 수 있음.
② 그림을 그린 과정을 자세히 제시하고 있어 고흐가 그림을 그린 의도를 이해하는 데 도움이 됨.
출전 《고흐의 편지》(2011)

😊 이해와 감상

이 글은 빈센트 반 고흐가 그의 동생 테오 반 고흐에게 보낸 편지 중 하나로, 이 편지에서 고흐는 〈감자 먹는 사람들〉을 그리며 느낀 고뇌, 그림에 담고자 했던 농부의 삶과 노동의 가치, 그림을 온전히 감상하는 방법을 이야기하고 있다. 특히 고흐는 예술가는 진솔한 삶을 그려야 하며, 물질적 어려움이나 세간의 비판에 흔들리지 말아야 한다는 생각을 분명히 밝히고 있다.

Q 반 고흐가 〈감자 먹는 사람들〉을 그린 의도는?

땅을 파며 농사를 짓던 투박한 손으로 등불 아래에서 감자를 먹는 사람들을 사실적으로 그림으로써 신성한 육체노동으로 정직하게 양식을 얻으며 살아가는 사람들의 진솔한 삶의 가치를 널리 알리기 위해서이다.

🏠 작품 연구소

반 고흐의 예술관과 인생관

예술관	• 인간의 삶을 진술하고 정직하게 드러내야 함. • 예술과 삶에 대한 진지한 반성을 불러일으켜야 함. • 주위의 평가에 흔들리지 않고 올바른 신념을 굳게 지켜야 함.
인생관	• 노동을 하며 정직하게 살아가는 농부의 삶은 그 자체로 정당하게 가치를 인정받아야 함. • 물질적 어려움에 굴하지 않고 자신만의 예술을 계속 이어 나가려 함.

👤 작가 소개

고흐(Vincent Willem van Gogh, 1853~1890) 네덜란드의 화가. 인상파의 영향을 받아 강렬한 색채와 격렬한 필치로 독특한 화풍을 확립하여 20세기 야수파에 큰 영향을 주었다. 주요 작품으로 〈감자 먹는 사람들〉, 〈해바라기〉, 〈자화상〉 등이 있다.

전략 부분의 내용 빈센트 반 고흐는 편지를 통해 동생 테오에게 안부를 전하며 그림 〈감자 먹는 사람들〉을 그리면서 느꼈던 감정과 그 그림을 금빛 틀이나 구릿빛 배경에 걸어야 하는 이유를 이야기한다.

가 『나는 등불 아래 감자를 먹는 사람들이 접시로 들이미는 바로 그 손으로 땅을 팠다는 사실을 캔버스에 옮겨 보려 애쓴 거야. 그렇게 육체 노동으로 정직하게 양식을 얻었음을 말하고 싶었어. 우리네 교양 있는 사람들과 전혀 다른 삶을 그림에 담고 싶었지. 이유는 모르더라도 사람들이 그런 삶에 감탄하고 인정하기를 바란다.』
『』: 고흐가 〈감자 먹는 사람들〉을 그린 의도 → 육체노동을 통해 얻은 정직한 양식을 먹는, 농부들의 가치 있는 삶을 드러내기 위해
흔히 육체노동을 하지 않고 교양 있다고 여겨지는 도시의 사람들
농부들의 노동을 통한 정직한 삶

개인적으로 나는 농민을 관례에 따라 부드럽게 그리기보다는 투박한 모습 그대로 그리는 편이 낫다는 결론을 굳히게 되었지. 날씨와 풍광에 색이 바래 미묘한 모습을 띠게
지금까지와는 다른, 고흐가 농부들을 그리는 방식
된 누더기에 꾀죄죄한 파란 치마와 조끼를 걸친 시골 처녀가 도시 숙녀보다 더 좋아 보이거든. 하지만 숙녀처럼 차려입는다면 그녀의 참모습은 사라져 버리겠지. 작업복을 입고 들에 나온 농부는 신사의 외투 같은 것을 걸치고 주일에 교회에 갈 때보다 훨씬 더 좋아 보여.
▢: 고흐가 긍정적으로 여기며 그림에 담고자 했던 농촌과 농부들의 사실적인 모습
▢: 농촌과 농부들의 모습과는 거리가 먼 도시와 도시 사람들의 모습

농촌 생활을 관례에 따라 곱게 다듬어 그린다면 잘못일 거야. 시골을 그린 그림에서 베이컨과 연기, 감자 삶는 김 등의 냄새가 나야 좋지. 불결한 게 아니거든. 외양간에서 거름 냄새가 진동한다고 해서 이상할 것도 없어. 밭에서는 밀이 익어 가거나 감자나 퇴비, 거름 냄새가 나는데, 이건 도시민들에게 유익할뿐더러 도움이 된다고 할 수 있지. 그렇지만 농촌 생활을 그린 그림이
사람들이 더럽고 불쾌하게 여기는 농촌의 모습이 오히려 유익한 것임.
향수 냄새가 풍기면 되겠어? [중략] 우리는 진솔하고 정직한 그림을 내놓아야 해.
▶ 〈감자 먹는 사람들〉을 통해 농민들의 노동과 삶의 가치를 그대로 보여 주고 싶었던 고흐
세간의 평가에 흔들리지 않고 농부들의 정직한 삶을 담은 진솔한 그림을 추구할 것임.

나 농촌 생활을 그린다는 것은 만만치 않아. 또 예술과 삶을 진지하게 생각하는 사람들에게 진지한 반성을 불러일으키는 그림을 그리려 애쓰지 않았다면, 한 인간으로서 자신을 비판해야겠지. 밀레, 드 그루 등 많은 이들이 "더럽고, 천하고, 쓰레기 같고, 악취가
반 고흐의 예술관: 그림을 통해 사람들에게 진지한 예술과 삶을 추구하게 함.
농민과 농촌의 모습을 사실적으로 그린 화가들
난다."라는 혹평에 흔들리지 않은 모범적인 모습을 보여 주었잖니. 흔들리는 사람이 된다면 수치스럽겠지. 안 돼, 농부를 그리려면 자신이 농부가 되어 그들처럼 느끼고 생각해야 해.
농부를 그리려면 그들의 삶을 온전히 이해해야 함.

지금의 화가들 모습은 도움이 안 돼. 나는 번번이 농부들이 또 다른 세상에 살고 있다고 생각해. 많은 점에서 교양 있는 세계보다 훨씬 더 나은 세상 말이야. 무엇 때문에 그들이 예술이나 여타 많은 것을 알아야 하겠니? [중략]

이 그림에 너무 몰두하다 보니 이사하는 것을 거의 잊었어. 이것도 신경을 써야 하는데 말이야. 걱정이 적지 않지만 이 분야의 화가들은 신경 쓸 일이 너무 많아서 그들보다 내가 조금이라도 안락한 생활을 할 수 있기를 바라지도 않아. 그런데도 그들이 그림을 그려 나가고 있으니, 나 또한 물질적 어려움에 주춤하기도 하겠지만, 그것에 무너져 파묻혀 있을 수는 없을 거야.
삶을 대하는 고흐의 태도가 드러남. 생활고에 시달리면서도 자신의 예술을 계속 이어 나가고자 함.
▶ 예술과 삶을 진지하게 생각하는 사람들이 진지한 반성을 할 수 있도록 이끄는 그림을 그려 나가려는 고흐

🔑 포인트 체크

제재 이 글은 고흐가 그림 〈 ▢ 먹는 사람들〉을 동생에게 보내면서, 자신의 예술관, 인생관에 대해 쓴 편지이다.

관점 고흐는 농부의 정직한 ▢ 과 성실한 삶을 담은 그림을 긍정적으로 평가하고 있다.

표현 거름 냄새, 감자 삶는 김, 베이컨 연기 등으로 ▢ 생활을 감각적으로 형상화하고 있다.

답 감자, 노동, 농촌

084 아버지의 뒷모습 | 주쯔칭

환작 지학사

핵심 정리
갈래 경수필
성격 회고적, 사실적, 서사적
제재 아버지의 뒷모습
주제 아버지의 사랑
특징 ① 글쓴이의 심리 변화가 잘 드러남.
　　② 사건 중심으로 몇 개의 짧은 장면을 연결하여 선명한 이미지로 제시함.
출전 《아버지의 뒷모습》(1925)

이해와 감상
이 글은 자식에 대한 아버지의 사랑을 일화를 통해 그려 낸 수필이다. 짐짓 무관심한 척하지만 행동을 통해 은연중에 드러나는 부정(父情)이 인상적인 작품이다. 아버지가 뚱뚱한 몸으로 철길을 가로질러 귤을 사 오는 하나의 사건을 중심으로 잘 짜인 구조 속에 몇 개의 장면이 긴밀하게 연결되어 선명한 이미지로 제시되고 있다. 부정(父情)이라는 우리의 보편적 체험에서 오는 정서적 공감으로 인해 감동을 느낄 수 있다.

작품 연구소
아버지의 대한 글쓴이의 심리 변화

아버지가 세상 물정에 어둡고, 자신을 못 미더워하는 것 같아 불만을 느낌.
↓
아버지가 힘겹게 귤을 사러 가심.
↓
아버지의 사랑을 깨달음.

> 귤
> 아들에 대한 아버지의 헌신적인 사랑을 상징

이 글의 성격
이 글은 서정적 수필이지만, 서사적 수필의 성격도 지니고 있다. 전체적으로는 개인의 생활 체험에서 비롯된 감상이 나타나 있지만, 아버지에 대해 회상하는 부분은 사건 위주이기 때문이다.

인물	아버지와 '나'
사건	'나'를 위해 힘겹게 귤을 사러 가신 아버지의 뒷모습을 보고 아버지의 사랑을 느낌.
배경	플랫폼

작가 소개
주쯔칭(朱自清, 1898~1948)
중국의 시인, 수필가. 장시 〈훼멸(毁滅)〉을 발표하여 초기 시단에 큰 영향을 끼쳤다. 고전 문학의 연구와 계몽에 힘썼고, 이 방면의 논술을 많이 남겼다. 주요 작품으로 〈종적(踪迹)〉, 〈배영(背影)〉, 주요 저서로 《표준과 척도》 등이 있다.

우리 부자는 강을 건너 기차역에 이르렀다. 나는 아버지께 짐을 지키고 계시라고 하고는 역사 안으로 들어가 차표를 샀다. 짐을 옮기려면 아무래도 짐이 많아서 짐꾼에게 웃돈을 얹어 줘야 할 것 같았다. 아버지는 그네들과 한바탕 흥정을 벌이고 계셨다. 내가 옆에서 보기에도 아버지는 역부족이었다. 내가 나서야 할 것 같았다. 그러나 아버지는 끝내 당신이 품삯을 흥정하고야 말았다.
　　　　　　　아들을 위한 아버지의 모습 ①
　　나는 기차에 올랐다. 찻간까지 따라오신 아버지는 창가 쪽에 자리를 잡아 주셨다. 나는 그 자리에 아버지가 주신 자주색 외투를 깔았다. 아버지는 작별 인사를 하듯 이야기하셨다.
　　　　　　　아들을 위한 아버지의 모습 ②

『"얘야, 조심해서 가거라. 밤에는 각별히 주의하고, 그리고 감기 들지 않도록 잘해라."』
『 』: 아들에 대한 아버지의 사랑이 드러남.
아버지는 여기서 그치지 않고 또 기차 안의 심부름꾼에게 나를 부탁하는 것이었다.
　　　　　　　　　　　　　　　　　　　　　　　아들을 위한 아버지의 모습 ③
나는 속으로 아버지의 어리숙함을 비웃었다.
　아버지에 대한 글쓴이의 감정을 숨김없이 드러냄.
'돈만 아는 사람들한테 부탁은 무슨 부탁! 더군다나 나같이 이렇게 다 큰 청년을 맡기다니. 내가 스스로 알아서 어련히 잘할라고.'　　　　　　　▶ 아버지의 당부와 글쓴이의 불만

아, 지금에 와서 생각해 보니 그 당시 난 지나치게 똑똑하게 굴었던 것 같다.

나는 아버지를 안심시키는 투로 말했다. / "아버지, 이제 그만 가 보세요."

아버지는 내 말에 아랑곳하지 않고 차창 밖을 바라보시더니 이내 말씀하셨다.

"내 나가서 귤 좀 사 올 테니 너는 여기 가만히 있거라."
아들에 대한 아버지의 사랑을 단적으로 보여 주는 소재
나는 고개를 돌려 창밖을 내다보았다. 저쪽 플랫폼 난간 밖으로 즐비하게 늘어선 상인들이 물건을 팔고 있는 것이 보였다. 하지만 그곳까지 가려면 철로를 건너야 했다. 그것도 이쪽 플랫폼에서 뛰어내린 다음 다시 저쪽 플랫폼으로 올라가야 했다. 몸이 뚱뚱하신 아버지로서는 여간 힘드는 일이 아니었다. 마땅히 내가 가야 할 것 같아 자리에서 일어났다. 그러나 아버지는 한사코 당신이 가시겠다는 것이다. 나는 하는 수 없이 도로 자리에 앉았다.　　　　　　　　　아버지(3인칭 대명사 '자기'를 아주 높여 이르는 말)

검은색 중절모를 쓰고 검은색 마고자에 남색 두루마기를 입으신 아버지의 모습이 눈에 들어왔다. 아버지는 철로 변을 약간 휘청거리면서도 천천히 살펴 가고 계셨다. 이때의 아버지는 그다지 힘들어 보이지 않았다. 이제 철로를 다 건너서 저쪽 플랫폼에 오르려고 할 때는 그리 쉽지 않을 것이다. 『아버지는 먼저 양손을 플랫폼 위 바닥에 댄 채 두
　　　　　　　　　　　　　　　　　　『 』: 힘겹게 귤을 사러 가는 아버지의 모습 – 아들에 대한 아버지의 사랑이 드러남.
다리를 모으고는 위로 오르려고 한껏 뛰셨다. 순간 뚱뚱한 몸이 중심을 잃으며 왼쪽으로 기우뚱하였다. 몹시 힘겨워하시는 모습이 역력했다.』　　　　▶ 힘겹게 귤을 사러 가시는 아버지

아버지의 뒷모습을 지켜보고 있던 나는 가슴이 뭉클해졌다. 나도 모르게 눈가에 눈물이 글썽거렸다. 얼른 고개를 떨구며 눈물을 훔쳤다. 남의 시선을 의식해서였지만 무엇
　　　　　　　　　자신을 향한 아버지의 지극한 사랑을 느끼며
보다 아버지한테 눈물 자국을 보이고 싶지 않았다.　　　　　　　▶ 아버지의 사랑을 느낌.

포인트 체크

제재 귤을 사러 가는 아버지의 □□□을 보며 자신을 향한 아버지의 사랑에 대해 느낀 점을 이야기하고 있다.

관점 글쓴이는 처음에는 아버지의 지나친 보살핌을 못마땅해 하지만, 자신을 위해 애쓰는 아버지의 뒷모습을 보고 아버지의 사랑에 □□하고 있다.

답 뒷모습, 감동

헛, 허허허허! | 루쉰

문학 금성

🎯 핵심 정리
갈래 경수필, 잡문(雜文)
성격 현실 비판적, 풍자적
제재 자신의 견해 세우기
주제 두려움 때문에 진실을 말하지 못하는 세태나 태도에 대한 비판
특징 ① 풍자를 통해 현실 세태와 태도에 대한 비판 의식을 드러냄.
② 이야기 속에 이야기가 삽입되어 있는 '액자식 구성'을 취함.
③ 질문과 대답 형식으로 간결하게 글을 전개함.
출전 《아침꽃을 저녁에 줍다》(1991)

👁 이해와 감상
이 글은 겉에서 볼 때 자신의 견해를 어떻게 세워야 할지에 대해 이야기하고 있지만, 내부적으로는 거짓을 말해야 인간관계를 유지할 수 있는 세태나 사회 현상을 풍자적으로 비판하고 있는 글이다. 내부 이야기를 통해 거짓말일 수도 있는 말을 한 사람은 좋은 대접을 받고, 진실을 말한 사람은 나쁜 대접을 받는 모습을 제시함으로써 두려움 때문에 진실을 말하지 못하는 세태, 태도를 비판하고 있는 것이다. 그리고 이 글은 '꿈에, 나는 소학교 교실에 있었다.'라고 하여 사실이 아닌 '꿈'을 통해 글쓴이의 생각을 드러낸 허구적 수필이라고 할 수 있다.

🔍 작품 연구소
선생님이 들려준 이야기의 함축적 의미

덕담	악담
• "아이가 부자가 된다." • "아이가 높은 벼슬을 한다."	아이가 죽는다.
↓	↓
거짓말	진실
↓	↓
좋은 대접을 받음	나쁜 대접을 받음

함축적 의미	거짓을 말하기는 쉬우나, 진실을 말하는 것은 목숨을 거는 일과도 같음.

선생님의 마지막 대답에 담긴 '웃음'의 의미와 의도

웃음의 의미	자신의 견해를 제대로 말하지 않고 감추는 수단
의도	진실을 말하는 것을 두려워하는 태도에 대한 풍자의 의미를 담고 있음.

🧑 작가 소개
루쉰(魯迅, 1881~1936)
중국의 문학가이자 사상가. 그의 문학과 사상에는 모든 허위를 거부하는 정신과 어디까지나 현실에 뿌리박은 강인한 사고가 뚜렷하게 부각되어 있다. 중국 현대 문학의 창시자이며 주요 작품으로 〈아큐정전〉, 〈광인일기〉 등이 있다.

꿈에, 나는 소학교 교실에 있었다.
　　　　　초등학교

글을 쓰려고, 선생님께 내 자신의 견해를 어떻게 세워야 하는지를 여쭈었다.

"어렵지."
글에서 자신의 견해를 세우는 것이 결코 간단하지 않음을 말함.

선생님은 안경 너머로 나를 힐끔 보시며 말씀하셨다.　　　▶ 외화: 꿈에서의 질문과 대답 ①

『"이런 이야기가 있단다. 옛날 어떤 집에서 아들을 얻어 집안이 온통 축제 판이었단다.
『　』: 내화

만 한 달이 되어, 잔칫날 손님들에게 아이를 보였겠지? 물론 덕담을 들으려고 말이야.
중국에서는 태어난 지 만 한 달이 되는 날을 '만월(滿月)'이라 하여 축하 잔치를 벌임.　　　남이 잘되기를 비는 말

그날 온 손님 가운데 한 사람이 애를 보더니 이렇게 말했지.

— 우와, 이 아이는 크면 부자가 되겠는데요.
첫 번째 덕담 = 거짓말일 수 있음.

부모는 이 말을 듣고 무척 고마워했지.

이번에는 다른 사람이 말했단다.

— 이 녀석, 크면 높은 벼슬하겠습니다.
두 번째 덕담 = 거짓말일 수 있음.

주인도 답례로 그에게 덕담을 해 주었지.

그런데 다른 한 사람은 이렇게 말했단다.

— 이 아이는 분명 죽을 겁니다.
악담처럼 들리는 말 = 진실

그러자 사람들이 그를 죽도록 때렸지.』
　　　　▶ 내화: 거짓말일 수도 있는 말을 한 사람은 좋은 대접을 받고, 진실을 말한 사람은 나쁜 대접을 받음.

사람이 죽는다는 것은 당연한 일이지만 부자가 되거나 벼슬을 할 거라는 건 거짓말
　　　　　　진실

일 수도 있지. 그런데 거짓말은 좋은 보답을 얻었고, 진실은 죽도록 얻어맞은 셈이지.
　　　　　　　　　　　　　　　상반된 결과

너는……?"

"선생님, 저는 거짓말도 하기 싫고, 얻어맞기도 싫어요. 그러면 어떻게 말해야 하지요?"

"그래, 그럼 이렇게 하려무나. 우와—! 이 아이는 정말! 이걸 보세요! 얼마나……. 어
　　　　　　　　　　　　　　　　진실도, 거짓도 아닌 의미 없는 말과 웃음

이구! 하하! 허허허 헛, 허허허허!"　　　　　　　　　　　　　▶ 외화: 꿈에서의 질문과 대답 ②

🗝 포인트 체크

제재 자신의 ☐☐ 세우기를 제재로, ☐☐을 말해야 인간관계를 유지할 수 있는 세태나 사회 현상에 대해 이야기하고 있다.

관점 글쓴이는 진실을 말하는 것을 두려워하는 태도에 대해 ☐☐적 입장을 취하고 있다.

표현 외화와 내화로 되어 있는 ☐☐식 구성, 질문과 대답 형식으로 글을 전개하고 있다.

답 견해, 거짓, 비판, 액자

086 안네의 일기 | 안네 프랑크

국어 천재(이), 신사고
화작 지학사

🎯 핵심 정리
갈래 경수필, 일기문
성격 대화적, 고백적
제재 일기장
주제 자신의 일상에 대한 성찰
특징 ① 일기장을 의인화하여 일기장인 '키티'와
　　　　대화하는 형식으로 서술함.
　　　　② 자신의 상황과 심리를 솔직하게 드러냄.
　　　　③ 2차 세계 대전 당시 박해받던 유대인의
　　　　생활이 생생하게 드러남.
출전 《안네의 일기》(1947)

👁 이해와 감상
이 일기는 1940년 독일군 점령하의 암스테르담에서 살고 있던 안네라는 소녀가 나치스의 박해를 피하여 부모님과 언니, 그리고 다른 유대인 가족과 은신처에서 함께 사는 동안 쓴 것이다. 안네는 자신의 일기장을 '키티'라고 부르며 일기장에 자신의 상황과 심리를 솔직하게 드러내고 있다. 안네는 독일의 어느 유대인 수용소에서 장티푸스에 걸려 짧은 일생을 마쳤으나 이 일기는 안네의 사망 후, 가족 중 유일한 생존자인 아버지의 손에 들어가게 되었다. 1947년에 네덜란드어로 출판된 이후 각국어로 번역되어 세계적인 반응을 불러일으켰다.

🏠 작품 연구소
중심 소재를 통해 알 수 있는 글쓴이의 태도와 성격

중심 소재	일기장 '키티'

↓

글쓴이의 태도	일기장에 이름을 붙이고 친구처럼 대하며 편지를 쓰듯 일기를 씀.
글쓴이의 성격	일기장을 대하는 태도나 일기장에 기록한 내용을 보아 일상에 충실하고, 사려 깊은 성격임.

〈안네의 일기〉를 통해 알 수 있는 당시 시대 상황
• 나치스로부터 소환장을 받은 유대인은 강제 수용소로 끌려갔음.
• 유대인들은 나치스의 박해를 피해 살았음.

'소환장'의 역할

소환장	→	• 긴박하고 긴장된 분위기를 조성함. • 인물들에게 공포심을 불러일으킴.

🧑 작가 소개
안네 프랑크(Anne Frank, 1929~1945)
독일 프랑크푸르트 출생. 나치스의 박해가 심한 독일에서 네덜란드로 피신해 숨어 살면서도 작가의 꿈을 키우며 일기를 썼다. 1944년 은신처가 발각되어 1945년 3월 열다섯의 나이로 사망했다.

가 1942년 6월 20일 토요일 / 나는 왜 외톨이라고 느끼는 걸까?

　드디어 문제의 핵심, 내가 왜 일기를 쓰기 시작했는가에 대해서 말할 차례인데, 그건 한마디로 말해서 마음을 털어놓을 만한 참다운 친구가 나에게는 없기 때문입니다.

　나에게는 사랑하는 부모님과 열여섯 살인 언니가 있습니다. 친구라고 부를 만한 사람은 서른 명쯤 알고 있습니다. 남자 친구도 많습니다. 모두들 어떻게 해서든 나의 관심을 끌려고 하죠. 그게 잘 안 되면 교실의 거울을 통해 몰래 나를 볼 정도니까요. 친척도 많고 상냥한 아주머니들도, 좋은 집도 있습니다.

　그래요. 무엇 하나 부족한 게 없는 것처럼 보입니다. 그 '진짜' 친구를 제외하면요. 내 친구들은 모두 그냥 장난을 치거나 농담을 하는 사이일 뿐입니다.

　『주변의 그저 그렇고 그런 일 말고는 아무에게도 얘기하고 싶지 않으니 아무래도 서로 더 이상 가까워지는 건 무리인 것 같습니다. 그것이 문제의 핵심입니다. 어쩌면 내게 남을 신뢰하는 마음이 부족한 탓인지도 모르겠습니다. 그렇다고 해도 그건 엄연한 사실이며, 달리 뾰족한 수도 없는 것 같습니다.』 그래서 일기를 쓰기로 한 겁니다.
〔 『 』: 일기를 쓰기 시작한 이유
자신의 모습을 성찰함.〕

　오랫동안 기다리고 바라던 이 친구의 모습이 내 마음의 눈에 한층 빛나 보이도록, 보통 사람들처럼 일기 속에 진솔한 사실을 쭉 늘어놓지는 않을 생각이지만, 그래도 이 일기장을 마음의 친구로 삼아 앞으로 내 친구 '키티'라고 부르겠어요.
▷ 일기장을 의인화함.　▶ 자신의 모습에 대한 성찰과 일기를 쓰게 된 이유

나 1942년 7월 8일 수요일 / 비상 탈출

　오후 3시, 누군가 현관의 벨을 눌렀습니다. 마침 나는 집 뒤의 베란다에 누워 한가롭게 볕을 쬐며 책을 읽고 있었으므로 그 소리를 듣지 못했습니다. 그런데 조금 뒤 언니 마르고가 숨을 헐떡이며 부엌문으로 나오더니 나직한 목소리로 말했습니다.

　"조금 전에 SS(나치스 친위대)에서 아빠에게 소환장을 보내 왔어. 엄마는 벌써 판 단 아저씨 댁으로 상의하러 가셨어(판 단 씨는 아빠의 직장 동료예요.)."
위기감이 고조됨.

　언니의 말은 큰 충격이었습니다. 소환장…… 그것이 무엇을 뜻하는지는 누구라도 알겠지요. 강제 수용소라든가 쓸쓸한 감옥, 그런 정경이 잇달아 머릿속을 맴돌았습니다.
소환장을 받은 사람은 강제 수용소로 끌려간다는 것이 공공연한 사실임을 말하고 있음.
어떻게 아빠를 그처럼 끔찍한 운명에 내맡길 수가 있겠어요?
▶ 소환장으로 인한 가족의 두려움

다 1943년 12월 24일 금요일 / 여긴 "지상 천국인가, 절망의 늪인가?"

　아마 당신도 1년 반이나 갇혀서 지낸다면 종종 견딜 수 없게 될 때가 있을 거예요. 아
나치스의 박해를 피해 1년 반 동안 갇혀 지내고 있는 안네의 상황이 드러남.
무리 올바른 판단력이 있고 감사하는 마음을 잊지 않아도 마음 깊은 곳의 솔직한 느낌까지 억누를 수는 없거든요. 자전거를 타고, 춤을 추고, 휘파람을 불고, 세상을 보고, 청춘을 맛보고, 자유를 만끽하고, ……나는 이런 걸 동경해요. 그러나 그런 마음을 밖으로 드러내서는 안 되죠. 하기는 우리 여덟 사람 모두가 자신을 불쌍하게 여기거나 불만스
힘든 상황에서도 다른 사람을 배려하는 태도를 잊지 않으려는 안네
러운 표정을 지으며 지낸다면, 도대체 어떻게 될까요?
▶ 절망적인 상황에서도 자신의 모습을 성찰하는 안네

🔑 포인트 체크

제재 이 글은 나치스의 박해를 피해 은신처에서 살던 동안 쓰여진 사춘기 소녀 안네 프랑크의 □□이다.
표현 일기장을 □□□하여 마치 친구와 대화하는 것처럼 자신의 이야기를 솔직하게 표현하고 있다.

답 일기, 의인화

모리와 함께한 화요일 |미치 앨봄

화작 지학사

🎯 핵심 정리

갈래 경수필
성격 교훈적, 회상적
제재 죽음을 앞둔 노교수와 제자가 나눈 대화
주제 인생의 진정한 의미와 가치
특징 ① 글쓴이의 실제 경험을 토대로 하여 설득력을 높임.
② 스승과 제자가 주고받은 대화를 중심으로 내용을 전개함.
출전 《모리와 함께한 화요일》(1998)

👁 이해와 감상

이 글은 칼럼니스트인 글쓴이가 자신의 대학 시절 은사와의 마지막 수업에서 배운 내용을 담은 책이다. 글쓴이는 일주일에 한 차례, 화요일마다 루게릭병을 앓고 있는 모리 교수를 만나 인생에 대해 이야기한다. 모리 교수는 루게릭병이 심해져 몸을 거의 움직일 수 없는 상황에서도 인생의 의미, 즉 사랑, 일, 가족, 나이 든다는 것, 용서, 후회, 죽음 등 여러 주제와 관련하여 자신의 경험에서 얻은 바를 열정적으로 들려준다. 이런 과정을 통해 글쓴이는 삶의 진정한 의미와 가치를 성찰하게 된다.

🏠 작품 연구소

모리 교수의 삶의 태도

• 더 이상 말을 못하게 되더라도 사람들과 마음을 나누는 것을 포기하지 않음.
• 병에 걸려 움직이기 힘들지만 삶의 진정한 의미와 죽음을 맞는 과정을 열정적으로 이야기함.

⬇

• 남은 시간을 최선을 다해 쓰려고 함.
• 자신의 죽음을 가치 있는 일로 승화하려고 함.

👤 작가 소개

미치 앨봄(Mitch Albom, 1958~)
소설가, 칼럼니스트. 평범한 사람들이 자기 연민과 고통을 넘어 삶의 숨겨진 의미를 깨달아 가는 과정을 감동적으로 형상화한 작품을 많이 썼다. 주요 저서로 《천국에서 만난 다섯 사람》, 《8년의 동행》 등이 있다.

전략 부분의 내용 루게릭병을 앓고 있는 교수 모리 슈워츠는 병에 걸린 뒤에 쓴 아포리즘을 계기로 〈나이트라인〉이라는 프로그램에 출연하게 되고, 20년 전 제자인 글쓴이와 재회하게 된다. 글쓴이는 매주 화요일마다 모리 교수를 만나 세상, 가족, 죽음, 사랑 등 인생에 대해 이야기한다.

〈나이트라인〉은 모리 선생님 인터뷰 방송 이후의 이야기를 준비했다. 프로그램에 대한 반응들이 워낙 뜨거웠기 때문이다. [중략]

"하지만 낙심하는 날도 있습니다. 속이고 싶지 않아요. 병이 진행되고 있음을 깨달으면 더럭 겁이 납니다. 손을 쓰지 못하면 어떻게 하나? 말을 할 수 없게 되면 어쩐다? 오히려 음식물을 삼키지 못하는 것은 그렇게 많이 걱정되진 않아요. 튜브를 통해 음식물을 섭취하면 또 어떻습니까? 하지만 내 목소리는? 내 손은? 그것들은 나의 중요한 일부거든요. 목소리로 말을 합니다. 또 손으로 제스처를 취하구요. 사람들과 손과 말로 마음을 나누는데…"

"더 이상 말을 못하게 되면 어떻게 타인과 마음을 나누시겠습니까?"/코펠이 물었다.

모리 선생님은 어깨를 으쓱했다. / "아마도 사람들에게 '예'나 '아니오'로 답할 수 있게 물어봐 달라고 부탁하겠지요." [중략]

프로그램이 끝나기 전, 선생님은 최근에 받은 편지 한 통을 코펠에게 읽어 주었다.

처음 〈나이트라인〉 프로그램이 방영된 후, 엄청난 편지가 밀려들었다. 펜실베이니아에서 어린이 9명으로 이루어진 특수 학급을 가르치는 선생님이 아주 특별한 내용의 편지를 보내 왔다. 그 학급 어린이들은 모두 한쪽 부모를 잃은 아이들이었다.

"그래서 내가 그 선생님에게 이런 답장을 해 주었습니다."

모리 선생님은 천천히 코와 귀에 안경을 걸치면서 말했다.

"친애하는 바바라… 귀하의 편지에 깊은 감동을 받았습니다. 선생님이 한쪽 부모를 잃은 아이들과 해 온 일들이 매우 소중하게 느껴집니다. 나 또한 어린 나이에 한쪽 부모를 잃었답니다…"

카메라가 계속 돌아가고 있는데, 갑자기 선생님은 안경을 고쳐 썼다.

그는 말을 멈추고 입술을 깨물었다. 목이 메이기 시작했다. 눈물이 흘러내렸다.

"어릴 때 어머니를 잃었는데… 내게는 타격이 컸습니다… 당시에 선생님 학급 같은 학급이 있어서 나도 슬픔을 털어놓을 수 있었으면 얼마나 좋았을까요. 나 역시 그 학급에 들어가고 싶었을 겁니다. 왜냐면…"

그의 목소리가 갈라졌다.

"… 왜냐면 난 너무도 외로웠으니까요…"

"모리, 어머니가 돌아가신 지 70년이나 지났잖습니까. 한데 아직도 그 고통이 계속되고 있습니까?" / 코펠이 물었다.

"그럼요." / 우리 선생님은 그렇게 속삭였다

▶ 특수 학급의 교사에게 편지를 받은 일화를 이야기하는 모리 교수

🔑 포인트 체크

제재 죽음을 앞둔 노교수와 그의 제자가 □□의 의미와 가치에 대해 나눈 대화를 담고 있다.
관점 모리 교수는 루게릭병에 걸려 몸을 자유롭게 쓰지 못하는 상황에서도 포기하지 않고 □□ 있는 삶을 살고자 노력한다.

답 인생, 보람

수레바퀴 자국에 고인 물속의 붕어 | 서경식

문학 금성

🎯 핵심 정리

갈래 중수필, 이산 문학
성격 체험적, 비판적, 비유적
제재 재일 조선인들이 겪는 삶의 고충
주제 재일 조선인들이 겪는 삶의 고충과 디아스포라에 대한 관심과 이해를 촉구함.
특징 ① 글쓴이와 지인들의 경험을 근거로 제시해 재일 조선인들의 삶의 모습을 사실적으로 보여 줌.
② 장자와 관련된 고사를 인용해 재외 조선인들이 느끼는 절박함과 답답함을 빗대어 강조함.
출전 《디아스포라 기행》(2006)

👁 이해와 감상

이 글은 《디아스포라 기행》이라는 책에 실린 서문으로, 글쓴이는 이 책을 통해 '국외 이주자' 또는 '이산민'을 가리키는 '디아스포라'들의 삶을 소개하면서 민족의 정체성에 대한 진지한 탐색을 보여 주고 있다. 글쓴이는 재외 조선인들이 겪는 불편과 부당, 불안과 긴장, 차별과 억압을 증언하며 궁극적으로 독자들이 재외 조선인들, 더 나아가 세계 각지의 '디아스포라'와 모든 사회적 소수자들의 존재를 인식하고, 이를 바탕으로 개인의 정체성과 민족의 문제를 바라보기를 촉구하고 있다.

🏠 작품 연구소

'K'와 글쓴이의 경험

K	• 독일 출장 때 '여권' 대신 까다로운 절차를 거쳐 '재입국 허가증'을 받음. • 해외에서도 영사관의 도움을 받지 못함. • 일본 국적을 지닌 동료들 중 그 누구도 이러한 차별과 불편을 이해하지 못함.
글쓴이	• 'K'와 같은 재일 조선인들이 겪는 일상의 차별과 억압을 수시로 목격함. • 재일 조선인과 같은 사회적 소수자들을 짓누르는 일본 사회의 분위기에 숨이 막힘. → 예술을 접한다는 핑계로 일본을 벗어나 해외로 여행을 떠남.

'디아스포라'에 대한 이해

범위	원래는 팔레스타인 지역을 떠나 세계에 흩어져 사는 이산 유대인들을 가리킴 → 현재는 세계의 다양한 이산 민족들을 통칭함. → 한국 사회에는 재일 조선인, 중국의 조선족, 중앙아시아의 고려인 등이 모두 디아스포라에 속함.
원인	비극적인 근대 역사: 노예 제도, 식민 지배, 세계 대전, 전지구적 자본주의 등

👤 작가 소개

서경식(1951~)
대학교수. 일본 교토에서 재일 조선인 2세로 태어났다. 주요 저서로 《소년의 눈물》, 《시대의 증언자 쁘리모 레비를 찾아서》 등이 있다.

가 지인의 경험을 사례로 제시함.
지인인 K는 '조선적'을 가진 한 중견 기업의 기술직 사원이다. 집이 넉넉지 못했기 때
　　일본이 재일 한국인에게 만들어 부여한 임시 국적으로 일본 법률상 무국적으로 간주됨.
문에 다섯 형제·남매 중 대학에 진학할 수 있었던 이는 K뿐이었다. 인품은 좀 답답할 정도로 온건하고 과묵해서, 감정을 겉으로 드러내는 일도 좀처럼 없었다. 회사에는 조
선인이라는 것을 감추지 않고 본명을 쓰고 있지만, 좋은지 싫은지 동료들은 그 사실을
　　비교적 재일 조선인에게 관대한 회사의 분위기
마음에 두고 있는 것 같지 않았다. K도 그런 담담한 직장 분위기에만 만족하고 있었다. 그러던 그가 수년 전 어느 날, 상사로부터 처음으로 독일 출장 발령을 받고서는 크게 당
　　　　　　　　　　　　　　　　해외에 나가는 일
황했다. '조선적' 소지자인 자신에게 그것은, 불가능하지는 않을지라도 극도로 번거로운
일이라는 걸 알고 있었기 때문이다. [중략] 결국 K는 번거로운 절차를 거쳐 '재입국 허가
　　　　　　　　　　　　　　'여권'이 아닌 '재입국 허가증'을 발급받고, 이를 위해 까다로운 절차를 거쳐야 하므로
증'을 손에 쥐었다. 정식 여권이 없었으므로 독일에 입국할 때 또 한고비 겪을지도 모른다. 사고라도 당하면 어느 나라 영사관에 상담해야 할까. 그것도 모르는 채로 어쨌든 출
국적이 없으므로 국가의 보호를 받을 수 없음. 국적을 지닌 이들에게는 당연한 권리를 K는 누리지 못함.
장을 떠날 수 있었다. 다수자들에게는 당연한 것, 사소하기까지 한 것을 위해 K는 얼마
나 번거로운 과정들을 겪어야 하는가. ▶ '조선적'을 가진 K는 해외에 가기 위해 번거로움과 위험을 감수해야 함.
　　　　　국적을 갖고 있는 보통의 일본인들

나 '조선적'을 지닌 이들이 처한 상황에 비판적 태도를 보임.
일차적인 책임은 일본에 있다. 그리고 이 복잡함을 풀어내고 이해하는 것은 당사자인
　　　　　　　　　　　　일본이 조선을 식민 지배했던 것이 근본적인 원인이므로
재일 조선인들에게 지극히 곤란한 일이다. 그래서 많은 재일 조선인들은 어떠한 연유에서 어떠한 구조에 의해 스스로의 아이덴티티가 분열되어 있는가를 이해하지 못하고, 항
　　　　　　　　　　　　정체성. 여기서는 자신이 속한 국적과 민족에 대한 정체성을 가리킴.
상 막연한 불안과 긴장을 강요당하고 있다. 이것은 재일 조선인뿐 아니라 현대의 디아
　　　　　　　　　　흩어진 사람들이라는 뜻으로, 재일 조선인 같은 이산(離散, 헤어져 흩어짐) 민족을 가리킴.
스포라 모두가 경험하고 있는 일일 것이다.
　　　　　　　　　　　▶ 복잡한 상황으로 인해 재일 조선인과 디아스포라가 겪는 불안과 긴장

중략 부분의 내용 재일 조선인인 글쓴이는 예술 기행을 목적으로 해외여행을 떠나지만 사실은 아무 목적 없이 여행을 떠나면 기분이 찝찝하니 목적을 갖다 붙이는 것이라고 고백한다.

다 그러면 대체 무엇 때문에 여행을 떠나는가? 구태여 말하자면 일본 바깥의 공기를 마
　　　　　　　　　　　　　　　　　　　　　　여행의 진짜 목적
시기 위해서다. 일본이라는 공간은 내게 있어서, 조금씩 공기가 희박해지는 지하실과
　　　　　　　　　　　　　　　　　　　　　　　　　몹시 더운 날씨
같다. 아니면 염천에 달구어져 지글지글 수분이 증발해 가는 작은 웅덩이와 같다.
　　　　　디아스포라에 불안과 긴장을 주는 일본의 억압적인 분위기를 지하실, 웅덩이에 빗댐.
루쉰은 이런 말을 했다. / 장자는 "말라 가는 수레바퀴 자국에 고인 물속의 붕어는 침
　　　　　　　　　　　　　　　학철부어(涸轍鮒魚). 일본의 침략과 탄압을 받았던 중국들의 절박한 처지를 가리킴.
으로 서로의 몸을 적신다."고 했다. 그리고 또 이렇게 덧붙였다. "흐르는 물과 넓은 호수
　　　　　　　　　　　　　　　　일본이 중국을 침략하고 불의한 행동을 하고 있어 중국과 일본은 서로에 대해 생각하지 않을 수 없음.
에서 서로 잊어버리는 게 낫다." 하지만 슬프게도 우리는 서로를 잊을 수가 없다.
　　　　　　　　　　　　　　　　　　　▶ 여행의 진짜 이유는 일본의 답답한 분위기를 벗어나기 위해서임.

라 루쉰의 글 속에 나오는 '우리들'은, 조선 사람과 일본 사람으로 바꿀 수도 있을 듯하
　　현재 일본 사회에서 살아가는 재일 조선인들의 처지가 루쉰이 말했던 중국들의 처지와 같이 절박하고 위태로움을 강조함.
다. 슬프게도 조선 사람과 일본 사람은 서로를 잊을 수가 없는 것이다. / 비유하자면, 옛
날 강과 호수에 있던 우리들의 조상은, 식민 지배라는 홍수의 시대에 일본이라고 하는
　　일본 식민 지배 이전의 조선
수레바퀴 흐름 속으로 끌려 들어간 것이다. 큰물이 빠진 후 강호로부터 떨어져 나온 수
　　　　　　　　　　　　　　　　　　　　일본 식민 지배가 끝난 후
레바퀴 자국 웅덩이 속에 우리들은 남았다. 지글지글 물은 말라 간다. 내가 여행을 떠나
해방 이후 조선에 돌아가지 못하고 일본에 남았고, 그 후손들이 삶에서 태어남.
는 것은 붕어가 산소 부족에 허덕여 수면 위로 얼굴을 내미는 것과 같다.
　　　　　　　　숨막히는 일본 사회를 피해 해외로 여행을 떠남. ▶ 일본 식민 지배가 재일 조선인들을 숨막히게 하는 근본 원인임.

🔑 포인트 체크

제재 재일 조선인들이 일본 사회에서 느끼는 삶의 고충과 민족의 [　　]에 대한 고민이 담겨 있다.
관점 글쓴이는 재일 조선인들이 겪는 문제의 근원은 [　　]이 조선을 식민지로 삼은 데에 있다고 생각한다.
표현 글쓴이와 지인들의 [　　]과 장자의 학철부어(涸轍鮒魚) 고사를 통해 재일 조선인의 처지를 제시하고 있다.

답 정체성, 일본, 경험

089

나는 말랄라
| 말랄라 유사프자이 · 크리스티나 램

[문학] 금성

🎯 핵심 정리
갈래 경수필
성격 회고적, 비판적, 의지적
제재 탈레반 치하의 삶
주제 여성과 아동의 인권과 교육받을 권리를 위한 노력
특징 ① 다양한 사회 문제와 이에 대응하는 인물의 태도가 나타남.
② 글쓴이가 경험한 일과 그때의 생각을 구체적으로 회상함.
③ 평화를 바라는 글쓴이의 단호한 의지가 나타남.
출전 《나는 말랄라》(2014)

📖 이해와 감상
이 글은 탈레반의 공포에서 벗어나 학교에 다니는 것이 꿈이었던 한 소녀의 자전적 수필이다. 이 글에는 여자아이들이 교육받을 권리를 위해 목숨을 걸고 투쟁한 가족의 이야기, 테러리즘의 실체를 폭로하는 현장의 목소리, 불의에 침묵하지 않고 맞서 싸우는 사람들의 용기에 대한 이야기가 담겨 있다.

🏛 작품 연구소
당시 시대 상황과 이에 대한 글쓴이의 대응 방식

시대 상황	글쓴이의 대응 방식
• 탈레반이 여성을 차별하고 학교를 폭파함. • 탈레반이 모든 여학교를 닫으려 함. • 사람들이 목숨을 위협받고 자유를 억압당함.	• 두려움에 빠지지 않고 용기를 냄. • 언론사에 자신들이 처한 상황을 인터뷰함. • 진실을 밝히는 것이 자신의 권리를 위한 일이자 의무라고 생각함.

↓

글쓴이의 성격	• 용기가 있고 담대함. • 옳다고 믿는 것을 지키기 위해 목숨을 걸고 노력함.

자료실
탈레반
1994년 아프가니스탄에서 결성된 무장 이슬람 정치 단체로 1996년부터 2001년까지 아프가니스탄을 지배한 세력이다. 이슬람교에 대한 엄격한 해석으로 많은 사회적 문제를 일으켜 국제사회의 비난을 샀다. 2001년 11월 탈레반 정권이 무너진 뒤, 파키스탄과의 접경 지역으로 도피하였다.

👤 작가 소개
말랄라 유사프자이(Malala Yousafzai, 1997∼)
파키스탄의 인권 운동가. 파키스탄에서 태어나 아프가니스탄 접경 지역인 스와트 벨리에서 자랐다. 열한 살부터 텔레반 치하의 삶에 대한 글을 썼으며, 여성 교육을 위한 목소리를 냈다. 어린 나이에도 위험한 상황 속에서 모든 어린이의 교육권을 위하여 투쟁한 공로로 2014년 17세의 나이에 노벨 평화상을 수상하였다.

전략 부분의 내용　탈레반의 계속되는 폭격에도 열한 살 소녀 말랄라(글쓴이)와 그의 가족은 두려움에 굴복하지 않는다. 말랄라는 무장 세력 때문에 여학생들이 학교를 그만두는 문제로 언론과 인터뷰를 한다.

[가]　한 기자는 나를 '타크라 제나이', 밝게 빛나는 어린 숙녀라 불렀고, 또 다른 기자는 내게 '파카 제나이', 나이보다 현명한 아이라고 말했다. 내 마음속에는 신께서 나를 보호해 줄 거라는 믿음이 있었다. 내가 나의 권리를 위해, 우리 소녀들의 권리를 위해 말하는 것은 잘못이 아니다. 그렇게 하는 것은 나의 의무이기도 하다. 신은 우리가 그런 상황에서 어떻게 행동하는지 보고 싶어 한다. 코란에 이런 말씀이 있다. "그릇됨은 사라져야 한다. 그러면 진실이 가득할 것이다." 만일 한 남자가, 즉 파즐울라가 모든 것을 파괴할 수 있다면, 한 소녀가 그것을 바꾸는 건 왜 못하겠는가? 나는 그렇게 생각하며 내게 힘을 달라고 매일 밤 신에게 기도했다.　▶ 말랄라가 위험을 무릅쓰고 인터뷰를 하는 이유

말랄라가 죽음의 공포를 이기고 자신들이 처한 상황을 외부에 알렸기 때문에
진실을 밝혀 불의를 극복하는 것
이슬람 근본주의 조직인 탈레반의 지도자
글쓴이 자신, 말랄라

[나]　학교는 계속 파괴되고 있었다. 2008년 10월 7일 밤, 멀리서 연쇄적으로 폭발음이 들려왔다. 다음 날 아침, 복면을 한 무장 세력들이 상고타 수녀원 부속 여학교와 남학교인 엑셀시어 칼리지에 침입해 사제 폭발 장치로 학교 건물을 폭파했음을 알게 되었다. 학생들은 사전에 협박을 받은 교사들이 이미 대피시킨 상태였다. 이 두 학교는, 특히 상고타는 마지막 왈리 시절까지 거슬러 올라가는 오랜 전통과 뛰어난 학업 성적으로 잘 알려진 곳이었다. 또 상당히 큰 학교로, 엑셀시어에는 이천 명, 상고타에는 천 명의 학생이 있었다. 폭발 사건 후 그곳을 찾은 아버지는 건물이 완전히 파괴되어 잔해만 남은 광경을 보았다. 아버지는 부서진 벽돌과 불에 탄 책들 가운데 서서 텔레비전 기자들과 인터뷰를 했고 충격에 빠진 표정으로 집에 돌아왔다. "남은 건 돌무더기뿐이었어."　▶ 학교를 파괴하는 일을 멈추지 않는 탈레반

탈레반은 여성이 교육받는 것은 이슬람 교리에 어긋난다고 여기기 때문에 학교를 계속 파괴함.
부서지거나 못 쓰게 되어 남아 있는 물체
학교가 처참하게 파괴됨.

[다]　그러다 2008년 말, 파즐울라의 부관 마울라나 샤 다우란이 라디오에서 모든 여학교는 문을 닫을 것이라고 선언했다. 1월 15일부터 여자들은 학교에 가서는 안 된다고 경고했다. 처음에 나는 그 말이 농담인 줄 알았다. "우리가 학교 가는 걸 어떻게 막을 건데?" 나는 친구들에게 말하곤 했다. "그 사람들은 그럴 힘이 없어. 자기네가 산도 파괴할 거라고 말하지만 길 하나 통제 못 하잖아." / 다른 여자아이들은 내 말에 동의하지 않았다. "누가 그 사람들을 막을 건데?" 친구들이 물었다. "그 사람들은 벌써 학교 수백 곳을 폭파했어. 하지만 아무도 어떻게 하지 못했어."

탈레반의 횡포가 더욱 심해짐.
탈레반의 횡포와 그에 따른 두려움 때문에

아버지는 스와트 사람들에게 말했다. 마지막 교실 하나가 있고, 마지막 선생님 한 사람과 마지막 학생 한 사람이 살아 있다면 교육은 멈추지 않고 계속된다고. 우리 부모님은 내가 학교를 그만두어야 한다고 말한 적이 없었다. 단 한 번도. 우리는 학교를 사랑하긴 했지만 탈레반이 학교에 가지 못하게 막을 때까지는 교육이 얼마나 소중한 것인지 깨닫지 못했다. 학교에 간다는 것은, 책을 읽고 숙제를 한다는 것은, 그저 시간을 보내는 하나의 방식이 아니라 우리의 미래였던 것이다.　▶ 교육의 힘을 깨닫는 말랄라

파키스탄 서북부에 있는 지방
아버지의 성격: 굳건하고 의지가 강함.
교육은 삶을 바꿀 수 있는 소중한 기회임.

🔑 포인트 체크
[제재] 글쓴이는 탈레반 치하에서 여성과 아동이 □□ 받을 권리를 누리기 위해 노력하고 있다.
[관점] 탈레반의 횡포 때문에 공포스러운 상황에서도 두려움에 좌절하지 않고 현실을 바꾸려는 강한 □□를 보이고 있다.

[답] 교육, 의지

II

극 문학

극 문학 핵심 노트

1. 희곡

❶ 희곡의 개념

배우들이 무대 위에서 관객을 상대로 말과 행동을 통해 직접 보여 주기 위해 꾸며 낸 이야기로, 무대 상연을 전제로 한다.

❷ 희곡의 특징

(1) **무대 상연을 전제로 한 문학**: 희곡은 무대 상연을 전제로 하기 때문에 많은 제약이 따르며, 극적 관습을 지켜야 한다.

(2) **행동과 대사의 문학**: 작가의 개입이 어려우므로 인물의 행동과 대사를 통해 인물의 성격이 드러나고 사건이 진행되며 주제가 형상화된다.

(3) **갈등의 문학**: 인물의 성격과 의지의 대립에 따른 갈등과 그 해소 과정을 주된 내용으로 한다.

(4) **현재 진행형의 문학**: 배우들의 행동을 통해 관객의 눈앞에서 벌어지고 있는 사건으로 현재화하여 표현한다.

❸ 희곡의 요소

(1) **해설**: 막이 오르기 전후에 시·공간적 배경, 등장인물, 무대 장치 등을 설명하는 글

> 예
> 때: 광복 직후 / 곳: 서울
> 등장인물
> 이중생: 53세. 사업가. 일제 강점기에 친일을 하여 돈을 벌었으며, 광복 후 목재 회사와 산림 산업을 맡아 거드름을 부리며 살지만 본디 천박한 인물
>
> [작품의 시간적·공간적 배경과 등장인물을 소개하고 있음.]
>
> – 오영진, 〈살아 있는 이중생 각하〉

(2) **지시문(지문)**: 등장인물의 행동이나 말투, 음향 효과나 무대 장치 등을 설명하는 글

행동 지시문	등장인물의 동작, 표정, 말투, 입장 및 퇴장, 심리 등을 지시함.
무대 지시문	배경, 무대 장치 및 소도구 배치, 음향 효과 등을 지시함.

> 예
> 이때 무대 전체가 어두워지고 스포트라이트가 교수만을 포착한다. 잠시 모든 것이 조용해지며 과거를 상기시키는 감상적인 음악이 고요히 흘러나온다.
>
> [조명과 음향 효과를 지시하고 있음.]
>
> – 이근삼, 〈원고지〉 ▶ Link 본책 200쪽

간단 개념 체크

1 빈칸에 들어갈 알맞은 말을 쓰시오.

(1) 희곡은 □□□□을 전제로 하는 문학이다.

(2) 희곡은 인물 간의 대립에 따른 □□과 그 해소 과정을 주된 내용으로 하는 문학이다.

2 희곡의 특징에 대한 설명으로 맞으면 ○, 틀리면 X를 하시오.

(1) 희곡은 무대 상연을 전제로 하기 때문에 시간이나 공간의 제약이 없다. (   )

(2) 희곡은 인물의 대사와 행동을 통해 인물의 성격이 드러나고 사건이 진행된다. (   )

3 다음 설명에 해당하는 희곡의 요소를 쓰시오.

> 이것은 희곡의 요소 중 막이 오르기 전후에 시·공간적 배경, 등장인물, 무대 장치 등을 설명하는 글을 말한다.

4 희곡의 요소 중 지시문의 종류와 특징을 바르게 연결하시오.

(1) 행동 ·   ·ㄱ. 배경, 무대 장치, 음향 효과 등을 지시함.
지시문

(2) 무대 ·   ·ㄴ. 등장인물의 동작, 표정, 말투 등을 지시함.
지시문

📋 **1** (1) 무대 상연 (2) 갈등   **2** (1) X (2) ○   **3** 해설
4 (1) ㄴ (2) ㄱ

(3) 대사: 등장인물이 하는 말로, 사건을 전개하고 인물의 성격을 드러내는 데 중요한 역할을 한다.

대화	인물과 인물이 서로 주고받는 대사 예 명서 처: 귀한 사람이 와유. / 명서: 미쳤우! 방정맞게 이렇게 허문 되려 집안의 우환을 사는 거여.(유치진, 〈토막〉) ▶ Link 본책 168쪽
독백	인물이 상대역 없이 혼자서 소리를 내어 하는 대사 예 회기: (혼잣소리로) 담배는 포장도 중요하지만 알맹이가 좋아야지!(차범석, 〈성난 기계〉) ▶ Link 본책 196쪽
방백	관객에게는 들리고 상대역에게는 들리지 않는 것으로 약속된 대사 예 로미오: (방백) 좀 더 들어 볼까, 말을 걸어 볼까?(셰익스피어, 〈로미오와 줄리엣〉) ▶ Link 본책 300쪽

❹ 희곡의 구성단위

막	무대의 휘장이 오르고 내리는 사이의 한 단위로, 공간의 변화나 긴 시간의 경과를 보여 줌.
장	막의 하위 단위로, 조명이나 등장인물의 등장 및 퇴장으로 구분하며, 새로운 사건의 시작이나 짧은 시간의 경과를 보여 줌.

❺ 희곡의 구성 단계

현대 희곡은 대체로 '발단 – 전개 – 절정 – 하강 – 대단원'의 5단 구성을 취한다.

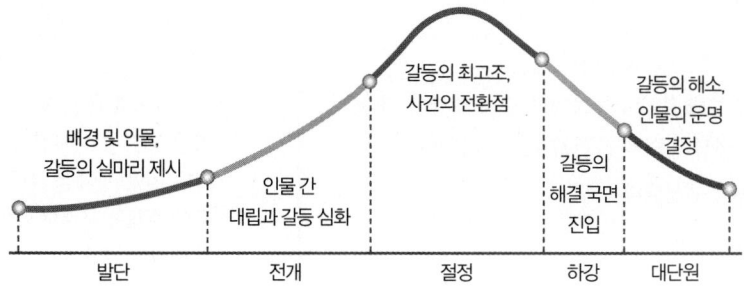

❻ 희곡과 소설의 비교

요소	희곡	소설
표현	대화(대사)로 표현함.	서술, 묘사 및 대화로 표현함.
등장 인물	인물의 수가 제한됨.	인물의 수에 제약이 없음.
배경	시간적·공간적 배경에 제약이 있음.	시간적·공간적 배경에 제약이 없음.
시제	현재 시제를 씀.	다양한 시제를 씀.

간단 개념 체크

5 빈칸에 들어갈 알맞은 말을 쓰시오.

(1) 대사의 종류 중 인물이 상대역 없이 혼자서 소리 내어 말하는 것을 ☐☐이라고 한다.

(2) 대사의 종류 중 관객에게는 들리지만 상대역에게는 들리지 않는 것으로 약속된 대사를 ☐☐이라고 한다.

6 희곡의 구성단위에 대한 설명으로 맞으면 ○, 틀리면 X를 하시오.

(1) 무대의 휘장이 오르고 내리는 사이의 한 단위로, 공간의 변화나 긴 시간의 경과를 보여 주는 것은 '장면'이다. ( )

(2) 조명이나 인물의 등퇴장으로 구분하며, 새로운 사건의 시작이나 짧은 시간의 경과를 보여 주는 것은 '장'이다. ( )

7 희곡의 구성 단계와 그 특징을 바르게 연결하시오.

(1) 발단 • • ㄱ. 갈등 해소, 인물의 운명 결정

(2) 전개 • • ㄴ. 배경 및 인물, 갈등의 실마리 제시

(3) 대단원 • • ㄷ. 인물 간 대립과 갈등 심화

8 다음 중 희곡에 대한 설명으로 맞는 것을 모두 고르시오.

> ㉠ 대사로 표현함.
> ㉡ 다양한 시제를 씀.
> ㉢ 인물의 수가 제한됨.
> ㉣ 시간적, 공간적 배경에 제약이 있음.
> ㉤ 서술, 묘사 등 다양한 서술 방식으로 표현함.

답 **5** (1) 독백 (2) 방백 **6** (1) X (2) ○ **7** (1) ㄴ (2) ㄷ (3) ㄱ **8** ㉠, ㉢, ㉣

예

가 주지: '외면사보살 내면여야차(外面似菩薩 內面如夜叉)'라 하셨느니라. 네 에미는 바루 이 경문과 같이, 얼굴은 보살님같이 아름답지만, 마음은 야차같이 무서운 독물이야.

도념: 스님, 그렇게 악마 같을 리가 없습니다.

> 희곡은 소설과 달리 서술자 없이 행동과 대사를 통해 사건이 전개됨.

– 함세덕, 〈동승〉 Link 본책 184쪽

나 도념이를 지켜보는 눈빛에는 변함없이 다사롭고 애잔한 정이 담겨 있었지만 겉으로는 매섭고 엄한 태도를 누그러뜨리지는 않았다. 그리고 그런 큰스님에게서 도념이의 마음은 점점 멀어져 갔다.

"외면사보살 내면여야차, 라."

"외면사보살 내면여야차, 라."

도념이는 시들한 목소리로 큰스님이 외우는 불경을 따라 읊었다.

– 박혜수, 〈동승〉

2. 시나리오

❶ 시나리오의 개념

영화를 만들기 위하여 쓴 각본으로, 상영을 전제로 하여 작가가 꾸며 낸 이야기이다.

❷ 시나리오의 특징

(1) 화면에 의해 표현되므로 촬영을 고려해야 하며, 특수한 시나리오 용어가 사용된다.

(2) 대사와 행동으로 인물의 특성과 사건의 진행을 표현한다.

(3) 장면의 변화가 자유롭고 시간적·공간적 배경이나 등장인물 수의 제약이 적다.

(4) 직접적인 심리 묘사가 어렵고 장면과 대상에 의해 간접적으로 묘사된다.

(5) 예정된 시간에 상영될 수 있도록 내용이 구성된다.

❸ 시나리오의 요소

시나리오의 각 장면은 대사와 지시문, 해설로 구성되어 인물의 성격을 드러내고 사건을 전개하게 된다.

장면 표시	사건의 배경이 되는 장면의 설정이나 장면 번호. 'S#(scene number)'으로 나타냄. 예 S# 67. 5−1반 교실(오전)
해설	시나리오의 첫머리에 등장인물, 때와 장소, 배경 등을 설명해 놓은 부분.
대사	인물의 성격을 드러내고 사건을 진행시키며, 갈등 관계를 나타내고 작품의 주제를 구현함.
지시문	인물의 표정이나 동작, 카메라 위치, 필름 편집 기술 등을 지시함. 예 카메라가 마루로 천천히 이동하면 정원이 바가지를 앞에 놓고 만년필을 만지고 있다.

(오승욱·신동환·허진호, 〈8월의 크리스마스〉) Link 본책 294쪽

간단 개념 체크

9 다음 중 시나리오의 특징에 대한 설명으로 맞는 것을 모두 고르시오.

> ㉠ 특수한 전문 용어를 사용한다.
> ㉡ 화면에 의해 표현되므로 촬영을 고려해야 한다.
> ㉢ 대사와 행동을 통해 사건이 진행되며 막과 장으로 구분된다.
> ㉣ 직접적인 심리 묘사가 어렵고 장면과 대상에 의해 간접적으로 묘사된다.
> ㉤ 장면의 변화가 자유롭고 시간적·공간적 배경이나 등장인물 수의 제약이 적다.

10 시나리오의 요소에 대한 설명으로 맞으면 ○, 틀리면 X를 하시오.

(1) 시나리오의 요소 중 첫머리에 등장인물, 때와 장소, 배경 등을 설명해 놓은 것을 '장면 표시'라고 한다. (　　)

(2) 시나리오의 요소 중 인물의 성격을 드러내고 사건을 진행시키며, 갈등 관계를 나타내고 작품의 주제를 구현하는 것을 '해설'이라고 한다. (　　)

11 다음 밑줄 친 부분에 해당하는 시나리오 요소를 쓰시오.

> 일한: 전 자격이 안 되거든요. 처음부터 이 방송에……. 학력을 위조했습니다.
> 당혹스런 얼굴의 사람들. 수군대기 시작한다.
>
> – 안호경 각본, 황조윤 각색, 〈마이 리틀 히어로〉

답 9 ㉠, ㉡, ㉣, ㉤ **10** (1) X (2) X **11** 지시문

❹ 시나리오의 구성단위

플롯(plot)을 기초로 장면(scene)을 구성하고, 장면들을 연결하여 시퀀스(sequence)를 설정하며 시퀀스들이 모여 한 편의 시나리오가 만들어진다.

숏(shot)	카메라가 한 번의 연속 촬영으로 찍은 장면으로, 컷(cut)이라고도 함.
장면(scene)	영화의 최소 단위. 같은 장소, 시간 내에서 동일한 인물에 의해 일어나는 일련의 상황이나 사건. 하나 또는 여러 개의 숏으로 구성됨.
시퀀스(sequence)	하나의 에피소드를 이루는 구성단위. 연극의 막에 해당함. 하나 또는 여러 개의 장면으로 구성됨.

❺ 희곡과 시나리오의 비교

구분	희곡	시나리오
목적	연극 상연	영화 상영
단위	막과 장	장면(scene)
제약	시간적·공간적 배경, 인물 수에 제약이 있음.	비교적 제약이 적음.
형태	상연으로 소멸됨.(순간 예술)	필름으로 보존됨.(영구 예술)
독자성	문학적 독자성이 있음.	문학적 독자성이 없음.

❻ 주요 시나리오 용어

C.U.	클로즈업(Close Up). 장면이나 인물의 특정 부분을 집중적으로 확대하여 찍는 것.	I.O.	Iris Out. 화면이 천천히 닫히는 것.
D.E.	Double Exposure. 이중 노출. 두 화면이 포개어지는 것.	Ins.	인서트(Insert). 화면과 화면 사이에 다른 화면을 끼워 넣는 것. 예 인서트 컷(ins. cut)–현실의 이도의 표정
E.	효과음(Effect). 예 이도: (이펙트(E.)) 모두의 진심을 얻어 내어, 모두를 오직 품고 ……	NAR.	내레이션. 해설 예 홍연: (내레이션) 학교에 가도 아무 재미가 없다. 공부도 하기 싫고 친구들 얼굴도 지겹다.
F.I.	페이드인(Fade In). 화면이 처음에 어둡다가 점차 밝아지는 것.	Montage	몽타주. 여러 장면을 한데 배합하여 일시적으로 보여 주는 것.
F.O.	페이드아웃(Fade Out). 화면이 처음에 밝았다가 점차 어두워지는 것. 예 나란히 앉아 있는 두 사람. 에프오(F.O.)	O.L.	오버랩(Over Lap). 화면을 자연스럽게 겹치게 하면서 장면을 바꾸는 것. 예 만호: 페이스메이커할게요. 그럼 30킬로미터라도 달릴 수 있잖아요. 달리고 싶어요. 오엘(O.L.)
I.I.	Iris In. 화면 속 임의의 한 점을 원형으로 확대시키면서 화면을 나타내는 것.	PAN.	Panning. 카메라를 상하좌우로 이동하는 것.

간단 **개념 체크**

12 빈칸에 들어갈 알맞은 말을 쓰시오.

(1) 영화의 최소 단위로, 하나 또는 여러 개의 숏으로 구성되는 것을 □□이라고 한다.

(2) 하나 또는 여러 개의 장면으로 구성된 것으로, □□□가 모여 한 편의 시나리오가 만들어진다.

13 희곡과 시나리오 각각의 특징을 바르게 연결하시오.

(1) 희곡 •　• ㄱ. 시간적, 공간적 제약이 적음.

　　　　• ㄴ. 막과 장으로 구분됨.

(2) 시나리오 •　• ㄷ. 문학적 독자성이 있음.

　　　　• ㄹ. 필름으로 보존됨.

14 다음 설명에 해당하는 시나리오 용어를 쓰시오.

(1) 장면이나 인물의 특정 부분을 집중적으로 확대하여 찍는 것. (　　　)

(2) 화면이 처음에 어둡다가 점차 밝아지는 것. (　　　)

(3) 화면을 자연스럽게 겹치게 하면서 장면을 바꾸는 것. (　　　)

15 시나리오에 관한 설명으로 맞으면 ○, 틀리면 X를 하시오.

(1) 시나리오는 순간 예술로, 무대 위에서 상연함으로써 소멸된다. (　　　)

(2) 시나리오 용어 'Ins.'는 화면과 화면 사이에 다른 화면을 끼워 넣는 것을 의미한다. (　　　)

답 12 (1) 장면 (2) 시퀀스 **13** (1) ㄴ, ㄷ (2) ㄱ, ㄹ **14** (1) C.U. (2) F.I. (3) O.L. **15** (1) X (2) ○

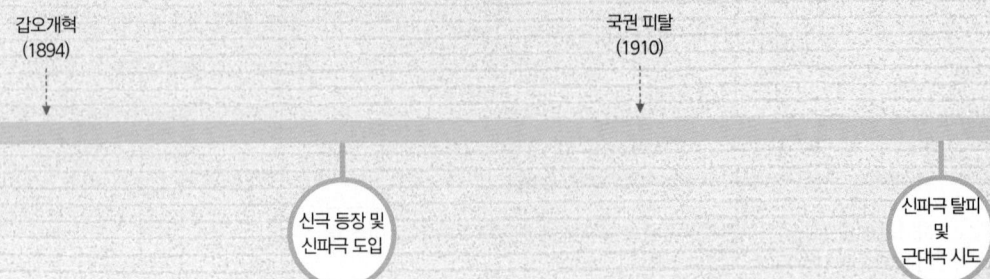

갑오개혁
(1894)

국권 피탈
(1910)

신극 등장 및
신파극 도입

신파극 탈피
및
근대극 시도

간단 개념 체크

1 1910년대에는 □□□이 주류를 이루었지만, 근대적 색채를 띤 조중환의 〈병자삼 인〉이라는 첫 창작 희곡이 만들어지기도 하였다.

2 다음과 같은 활동이 이루어졌던 시기는?

- 서구의 근대적 극 양식이 도입되면서 근대적 희곡 창작이 본격화되었다.
- 외국 작가들의 희곡이 번안·번역되어 자주 공연되었다.

( )

3 일제의 가혹한 억압과 수탈의 참상을 그린 사실주의 극은 유치진의 〈토막〉이다.

(○ / ×)

답 **1** 신파극 **2** 1920년대 **3** ○

개화기~1910년대

- 개화기에 이르러 민속극이 급격하게 쇠퇴하였다.
- 판소리가 서양의 연극과 결합된 형태의 창극(唱劇)이 '협률사'와 '원각사' 등에서 공연되어 인기를 끌었으나 1910년 일제의 창극 단체 강제 해산으로 중단되었다.
- 근대극에 더욱 가까워진 형태인 신극이 등장하였는데, 창극과는 달리 산문으로 된 대사를 사용하였다.
- 세상 풍속과 인정 비화(人情悲話) 등을 제재로 한 통속극인 일본의 신파극이 국내에 도입되었다.
- 1910년대 역시 개화기의 신파극이 주류를 이루었지만, 근대적 색채가 짙은 조중환의 〈병자삼 인〉(1912)이라는 첫 창작 희곡이 만들어지기도 하였다.
- 윤백남의 〈운명〉(1917)과 이광수의 〈규한(閨恨)〉(1917)이 창작되면서 현대적 희곡의 면모를 보여 주기 시작하였다.

1920년대

- '극예술 협회', '민중 극단', '토월회'의 결성을 계기로 서구의 근대적 극 양식이 도입되면서 근대적 희곡 창작이 본격화되었다.
- 사회의식이나 현실 인식이 뚜렷한 희곡들이 등장했으며 일상어에 의한 대사, 등장인물의 현실성, 무대의 현실화 등을 통해 사실주의적 경향을 보여 주었다.
- 입센, 몰리에르, 셰익스피어, 체호프 등 외국 작가들의 희곡이 번안·번역되어 자주 공연되었다.

예 조명희, 〈김영일의 사(死)〉(1923) / 김우진, 〈산돼지〉(1926) / 박승희, 〈아리랑 고개〉(1929)

1930년대~광복

- 본격적인 근대극이 이루어져 사실주의 극이 뿌리를 내렸다.
- 유치진이 중심이 된 '극예술 연구회'가 창작극, 전문 극을 적극 전개하여 연극 발전에 크게 기여하였으며 본격적인 사실주의 희곡이 발표되었다.
- 처음으로 유성 영화가 도입되어 저항적 주제의 시나리오 작품이 창작되었다.

예

주요 작품	작가	특징
토막	유치진	일제의 가혹한 억압과 수탈의 참상을 그린 사실주의 극의 효시임.
동승	함세덕	인간적 감정과 종교적 숙명 사이에서의 갈등을 그림.
맹 진사 댁 경사	오영진	한국적 골계미를 통해 인간의 탐욕과 우매성을 풍자·비판함.

◆ 극예술 연구회
김진섭·유치진·이헌구·서항석 등 해외 문학파를 주축으로 1931년에 조직된 연극 단체이다. 극예술에 대한 일반의 이해를 넓히고 진정한 의미의 신극을 수립하는 데 창립 취지를 두었다. 초창기의 번역극과 소인극에서 탈피하고 창작극과 전문극을 적극 전개하여 연극 발전에 크게 공헌하였다.

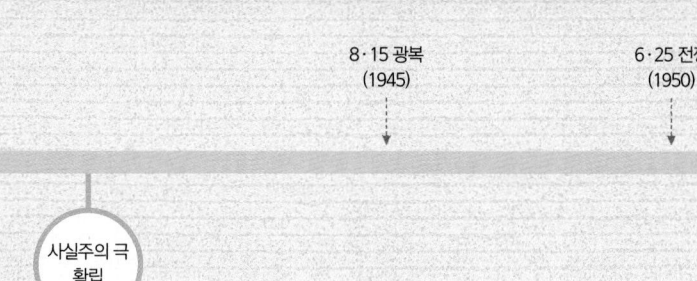

8·15 광복
(1945)

6·25 전쟁
(1950)

사실주의 극
확립

서구의
새로운 극
양식 도입

광복 직후

- 일제 강점기의 삶과 항일 투쟁을 재구성하고 애국 애족 정신을 고취하는 작품들이 발표되었다.
- 유치진이 대표했던 민족적 리얼리즘, 함세덕이 주도했던 사회주의 리얼리즘, 김춘광과 이서구 등이 이끌었던 상업 극 등이 있었다.

예 이광래, 〈독립군〉(1945) / 유치진, 〈조국〉(1946) / 함세덕, 〈고목〉(1947) / 오영진, 〈살아 있는 이중생 각하〉(1949)

1950~1960년대

- 사실주의 경향을 띠면서 서구의 표현 기법을 다양하게 활용하여 발전하였다.
- 사회적·정치적 변동을 수용하여 전후 현실 인식과 현실 참여 의식을 띠는 작품이 중심을 이루었다.

예

주요 작품	작가	특징
나도 인간이 되련다	유치진	인간성의 회복이라는 주제를 형상화함.
불모지	차범석	전후 사회의 모순을 세대 간의 갈등을 통해 드러냄.
오발탄	나소운·이종기	전후 사회의 빈곤과 부조리한 현실을 비판한 시나리오임.
만선	천승세	사실적 표현과 방언의 구사를 통해 인간의 집념과 좌절을 형상화함.
국물 있사옵니다	이근삼	서사 극적 기법을 도입하여 현대인의 속물근성을 비판함.

1970년대 이후

- 서사 극, 부조리극의 도입 등 기법 면에서 혁신을 꾀하였다.
- 주제 면에서는 현대 사회 및 정치 현실의 모순 비판, 분단 문제에 대한 관심, 우리 역사에 대한 재인식 등으로 다양화되며 발전을 이루었다.
- 대학가를 중심으로 마당극 운동이 전개되기도 하였다.

예

주요 작품	작가	특징
파수꾼	이강백	상징적이고 우화적인 수법으로 1970년대의 정치 현실을 풍자함.
둥둥 낙랑둥	최인훈	전통 설화를 창조적으로 변용하여 나라와 연인을 둘러싼 인간적 고뇌를 그림.

간단 개념 체크

1 광복 직후에는 함세덕이 주도한 사회주의 리얼리즘, 유치진이 대표했던 □□□ □□□□, 김춘광과 이서구 등이 주도한 상업 극 등이 있었다.

2 1950년대 전후 사회의 모순을 세대 간의 갈등을 통해 드러낸 차범석의 작품은?
( )

3 1970년대 이후의 우리 극 문학은 서사 극, 부조리극의 도입 등으로 기법 면에서 매우 새로운 모습이 나타났다. (○ / ×)

4 이강백은 〈파수꾼〉에서 전통 설화를 변용하여 나라와 연인 사이에서 고뇌하는 호동 왕자의 모습을 담아냈다. (○ / ×)

답 1 민족적 리얼리즘 2 불모지 3 ○ 4 ×

◆ 마당극
1970년대 이후 탈춤, 풍물, 판소리 따위의 전통 민속 연희를 창조적으로 계승·발전시킨 실험적인 야외 연극으로, 사회 비판과 현실 고발을 주로 담고 있다. 한국 전통 연희의 공동체적 성격을 계승하여 자생적으로 발생한 연극 양식이다. 무대 장치 등을 거의 두지 않은 텅 빈 공간과 사소한 소품들을 놀이적으로 운용하며, 관객의 자기표현 방식·사회 인식 등과 교섭함으로써 관객의 집단성과 인식을 강화시킨다.

001 산돼지 | 김우진

문학 비상

🎯 핵심 정리

갈래 장막극, 표현주의 극
성격 실험적, 상징적
배경 ① 시간 – 1920년대
　　　　② 공간 – 서울과 가까운 어느 마을
제재 일제 강점기 지식인의 삶
주제 식민지 지식인의 새로운 삶의 방향 모색과 좌절
특징 ① 우리나라 최초의 표현주의 극임.
　　　　② 상징적 수법을 사용하여 인물의 심리를 드러냄.
출전 《조선지광》(1926)

💡 어휘 풀이

진보(進步)하다 정도나 수준이 나아지거나 높아지다.
퇴화(退化)하다 생물체의 기관이나 조직의 형태가 단순하게 되고 크기가 줄어드는 등 진화나 발달 이전의 모습으로 변화하다.
위선자(僞善者) 겉으로만 착한 체하는 사람.
곡절(曲折) 순조롭지 아니하게 얽힌 이런저런 복잡한 사정이나 까닭.
선사(膳賜) 존경, 친근, 애정의 뜻을 나타내기 위하여 남에게 선물을 줌.
애걸복걸(哀乞伏乞)하다 소원 따위를 들어 달라고 애처롭게 사정하며 간절히 빌다.
산해진미(山海珍味) 산과 바다에서 나는 온갖 진귀한 물건으로 차린, 맛이 좋은 음식.

> **Q** 이 작품에서 최 주사댁의 말하기 방식은?
>
> 최 주사댁은 원봉이 하던 이야기의 화제를 일부러 다른 곳으로 돌린다거나 원봉의 말을 못 들은 듯이 이리저리 고개를 돌리며, 영순과 차혁의 교제에 대한 못마땅함을 표현하는 원봉의 의도를 모르는 척하고 있다.

📖 구절 풀이

❶ **잠들기 어렵니? 잠 오는 약 먹여 주랴?** 신경 쇠약을 앓는 원봉을 걱정하는 최 주사댁의 마음이 담겨 있다. 또한 원봉의 말을 병 때문에 정신이 날카로워져 내뱉는 한탄 정도로 받아들이는 태도를 드러낸다.

❷ **처음에는 그 집돼지를 ~ 가까이하시려고 애쓰시오?** 차혁을 대하는 최 주사댁의 태도가 달라진 것을 지적하고 있다. 이는 최 주사댁이 영순과 원봉이 결혼하게 될 것을 우려하여 그 대안으로 차혁을 선택했기 때문이다.

❸ **옛날 옛적에 ~ 선사로 주었더래요.** 원봉이 부모의 사정으로 최 주사 집에 맡겨진 과거의 일을 삽살개 이야기에 비유하고 있다. 원봉의 말을 못 알아듣는 척하고 있는 최 주사댁을 비꼬는 의도가 드러나 있다.

가 **최원봉:** 흥, 나 같은 산돼지가 그런 소리밖에 더 지를라고요. 아니, 한마디 물어봅시다. 나 죽으면 영순이를 어떤 데로 시집보내시려우?

> 주변 환경과 쉽게 타협하지 않는 원봉의 성격을 드러내는 별명이면서, 원봉이 지닌 사회 개혁에 대한 숙명을 의미함.
> 강압적인 원봉의 비관적인 사고방식

최 주사댁: ❶잠들기 어렵니? 잠 오는 약 먹여 주랴?

최원봉: 천만에, 걱정 마세요. 이것 봐요. 혁이는 산돼지도 못 되고 집돼지예요. 들돼지도 못 되고. 그러니까 더욱 탈이지요. (웃으며) 그런데 어머니 대답 좀 하세요. ❷처음에는 그

> 원봉의 친구 차혁 / 현실에 인주하는 인물 – 차혁 / 원봉을 맡아 기른 최 주사댁

집돼지를 미워해서 그리 떼어 버리려고 애쓰더니 요새 와서는 왜 또 그리 가까이하시려고 애쓰시오? 내 어머니 속은 참 모르겠소. 영순이가 내 병 봐 주느라고 항상 내 옆에 붙

> 최 주사댁은 영순을 차혁과 이어 주려고 함.

어 있으니까 집안일 봐 줄 사람이 없어서 그러시오? 아, 대답 좀 해 보세요. 혹은 집돼지가 진화를 해서 들돼지가 되는 모양이오? 진화란 말을 아시오? ❸진보한단 말이야. 그러

> '산돼지'와 '집돼지'의 과도기적 상태

면 더 이상하지. 산돼지가 들돼지로, 들돼지가 집돼지로 진화하는 법은 있지만, 집돼지

> 「 」: 자신이 차혁에 비해 낫다는 의미로 하는 말

가 들돼지로 *퇴화하는 수가 있소? ▶ 차혁에 대한 반감을 드러내는 원봉

나 **최 주사댁:** 너는 요새 와서 왜 그리 혁이를 미워하니? 그래도 처음에는 친하게 지내더니. 너부터 말 좀 해 봐라. [중략]

> 영순을 두고 차혁과 원봉이 갈등하고 있음.

최원봉: 환한 일 아니에요? 제가 가지고 있던 보석이 이제야 값이 비싼 귀중한 것인 줄을

> 피가 섞이지 않은 원봉의 여동생 영순

아니까 그런 것 아니에요. 돼지에게다가 진주를 내던져 준다는 말이 있지 않습니까? 아

> 값어치를 모르는 사람에게는 보물도 아무 소용없음.

까운 진주 같은 보석을 돼지 발밑에다 내던지는 것이 아깝지 않아요? 더구나 그 *위선자

> 영순 / 차혁

인 돼지가 내 진주를 *뺏어 가려고 하니 내 속이 어떻게 상하게요. 이왕 돼지 앞에 내던져 주시려 한들 그 더러운 집돼지에게다! 더구나 그 진주는 내가 모르기 전부터 내 것으로

> 영순을 원봉과 결혼시키라는 최 주사의 유언을 두고 하는 말

맡아 두었던 것을!

최 주사댁: (봉이의 말을 못 들은 듯이 이리저리 고개를 돌리다가) 그게 모두 무슨 말뜻인지

> 일부러 원봉의 의도를 모르는 척함.

한마디도 못 알아듣겠다. ▶ 비유적 표현을 통해 최 주사댁에게 따지는 원봉

다 **최원봉:** 못 알아들으세요? 어머니가 *곡절을 이야기 안 해 주시니까 내가 더 말씀해 드릴까요? 이런 이야기가 있더랍니다. ❸옛날 옛적에 ㉠상놈 하나가 있는데 죽을 때 친구 되는 ㉡양반에게 ㉢삽살개 한 마리를 *선사로 주었더래요. 이 양반님은 그걸 받아 가지고 어찌 귀여운지 ㉣보물과 음식을 넣어 둔 곳간 옆에다가 매 두고 ㉤도적놈을 지키라고 했더래요. 그런데 그놈의 삽살개는 도적 지킬 줄을 알아야지요. 도리어 도적놈한테 몽둥이만 얻어맞고 한마디 짖지도 못하고 있었더랍니다. 그러니 그 양반 놈의 속이 얼마나 상할 것이오? 호령을 해 말하기를 "삽살개에게도 양반, 상놈이 있구나. 너는 도적 지킬 줄도 모르니 잡아서 개장이나 해 먹겠다." 하고 나서는 불일내로 그 개 목숨이 떨어지게 되었더

> 며칠 걸리지 아니하는 동안

랍니다. 그 개는 그래도 목숨이 아까워서 다시는 아니 그러겠으니 살려만 달라고 *애걸복걸한 끝에 다시 보화 곳간 문지기 노릇을 하게 되었더랍니다. 그런데 그 개가 그때에야

> 영순을 의미함.

비로소 정신을 차리고 보니 제가 지키고 있는 곳간 안에는 별별 보화와 *산해진미가 들어 있는 줄 알게 되었소그려. 그래서 하룻밤은 문을 뜯어 열어젖히고 들어가서 한 번에 모두 내 것을 만들려고 했더니 이번에는 도적놈이 나서서 방해를 치지 않겠소. 그 양반 주인이 이걸 보고서는 어찌 분이 났던지 곳간 문을 죄 열어젖히고 그 안에 든 것을 도적놈에게 내어 주었답니다. ▶ 개 이야기에 빗대어 자신의 생각을 말하는 원봉

· **중심 내용** 영순의 결혼 문제로 인한 원봉과 최 주사댁의 갈등　　· **구성 단계** 전개

이해와 감상

이 작품은 자신의 위치와 역할을 알면서도 현실의 장벽에 부딪혀 아무 것도 할 수 없는 일제 강점기 지식인의 저항 의식과 좌절을 그리고 있는 희곡이다. '산돼지'라는 제목은 사회 개혁의 숙명을 지녔으나 집돼지처럼 아무런 행동도 하지 못한 채 그저 현실의 울타리에 머물 수밖에 없는 주 인공 원봉을 상징한다. 원봉은 이러한 상황 속에서 심각한 내면적 갈등을 겪는데, 이는 원봉이 앓는 병환과 몽환 장면을 통해 구체화된다.

특히 몽환 장면에서는 표현주의 기법을 통해 원봉의 내면적 갈등 및 의 식 세계를 그려 내었다. 그러나 이 작품은 현실 개혁의 구체적인 방향을 제시하지 않았다는 한계도 가지고 있다.

전체 줄거리

발단	최원봉이 차혁과 바둑을 둔다. 청년회 간부인 원봉은 자신의 주관으로 연 바자회의 수익금 50원을 써 버리고, 이러한 사실을 덮어 주려는 차 혁과 싸운다.
전개	사람들은 원봉을 '산돼지'라 부르고 원봉은 자신의 행동에 대해 정신적 갈등을 일으켜 몽환병에 시달린다. 최 주사의 유언에도 불구하고, 원봉 과 정숙, 영순과 차혁이 각각 교제한다.
절정 · 하강	원봉은 자기를 둘러싸고 있는 비밀(꿈속에서 토벌 병정에 쫓기는 동학 군이었던 아버지와 관군에게 쫓기다가 원봉을 낳고 죽은 어머니의 일) 을 꿈을 통해 알게 된다. 원봉은 자신에게 지워진 사회 개혁의 사명과 현실과의 괴리로 고민한다.
대단원	꿈에서 현실로 돌아오고, 원봉에게 실망해 일본 동경으로 떠났던 원봉 의 애인 정숙이 돌아온다. 둘은 서로의 나아갈 방향을 논의하며 갈등을 해소한다.

인물 관계도

차혁	최원봉	정숙
청년회 관계자이자 원 봉의 친구. 목적을 위해 서 수단은 상관없다고 여기며 공금을 유용한 원봉의 부정을 숨기려 함.	청년회 간부. 부친이 동 학군이란 이유로 부모 가 관군에게 죽임을 당 하고, 최 주사에게 양육 됨.	원봉의 약혼녀인 신식 여인. 원봉이 병에 걸리 자 동경에서 돌아와 원 봉과 지식인으로서의 미래를 이야기함.

연인   양어머니 ↑↓ 양아들

최영순	최 주사댁
최 주사의 딸. 원봉과 함께 자란 사이. 원봉의 건강을 걱정하며 극진 하게 돌보는 전통적인 여인	원봉과 영순의 어머니. 남편 최 주사의 유언에 따라 원봉과 영순을 결 혼시키려 했으나, 영순 에 대한 애정 때문에 태 도를 바꿈.

작품 연구소

'개 이야기'에 담긴 의미와 관련 인물

원봉은 최 주사댁 앞에서 자신이 짐작하고 있는 출생 의 비밀을 개 이야기에 빗대 어 이야기하고 있다.

대상	관련 인물
상놈	최원봉의 친부모
양반	최 주사·최 주사댁
삽살개	최원봉
보물, 음식	최영순

키 포인트 체크

인물 최원봉은 저돌적인 성격을 가진 인물로, 사회 개혁의 숙명을 지녔으나 무기력한 □□에 부딪혀 내면적 갈등을 겪는 인물이다.

배경 1920년대 □□ 강점기 서울의 어느 마을을 배경으로 하고 있다.

사건 차혁과 영순의 교제 문제로 □□□□과 갈등을 겪는 원봉은 □ □에서 본 환상을 통해 자신의 출생에 얽힌 비밀을 알게 되고, 자신에 게 지워진 □□□□의 사명과 현실의 괴리로 고민한다.

1 이 글의 인물 관계를 다음과 같이 정리하였을 때, ㉮~㉯의 관계를 바르 게 연결한 것은?

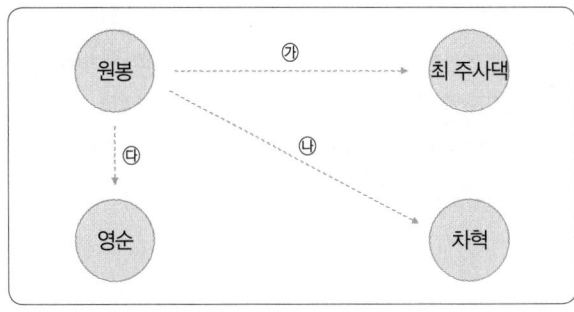

	㉮	㉯	㉰
①	우호적	우호적	적대적
②	우호적	적대적	대립적
③	적대적	우호적	우호적
④	대립적	적대적	우호적
⑤	대립적	우호적	적대적

2 (가)에 대한 감상으로 적절하지 않은 것은?
① '집돼지'는 현실에 순응하는 사람을 뜻하는군.
② '산돼지'는 주변의 환경과 쉽게 타협하지 못하는 사람을 말하는군.
③ 여기서 '진화'는 야생의 존재가 세속에 물들어 가는 것을 의미하는군.
④ 원봉은 '산돼지'에서 진화한 '집돼지'가 '산돼지'보다 낫다 고 생각하고 있군.
⑤ 최 주사댁은 '산돼지' 같은 원봉보다 '집돼지' 같은 혁이 낫 다고 여기고 있군.

내신 적중 多빈출
3 ㉠~㉤을 〈보기〉의 인물들과 연결할 때, 적절한 것은?

┤ 보기 ├

원봉은 동학군이었던 부모가 죽고 나서 아버지의 친구 인 최 주사에 의해 양육된다. 영순은 원봉을 친오빠로 알고 성장한다. 최 주사는 죽을 때 원봉과 영순을 결혼시키라는 유언을 남겼다. 하지만 영순은 원봉의 친구인 차혁과 연인 관계에 있다.

① ㉠ – 최 주사   ② ㉡ – 원봉의 부모
③ ㉢ – 원봉   ④ ㉣ – 차혁
⑤ ㉤ – 영순

4 이 글에서 '원봉'이 '최 주사댁'에게 궁극적으로 하려는 말을 15자 내외 로 쓰시오.

어휘 풀이

진저리 몹시 싫증이 나거나 귀찮아 떨쳐지는 몸짓.

바스 베이스(bass). 남성의 가장 낮은 음역. 또는 그 음역의 가수.

동한(冬寒) 겨울철의 추위.

중복(中腹) 산의 중턱.

석총(石塚) 돌을 쌓아 올려 만든 높은 무덤.

시시(時時)로 때때로.

팬터마임(pantomime) 무언극. 대사 없이 표정과 몸짓만으로 내용을 전달하는 연극.

기치(旗幟) 예전에, 군대에서 쓰던 깃발.

서계 서로 맺은 약속을 어기면 징벌을 함.

Q 이 작품에 나타난 몽환 장면의 기능은?

뜻대로 되지 않는 현실에 불만을 가지고 여러 인물과 갈등하던 원봉은 꿈속에서 본 환상을 통해 출생의 비밀을 확인하게 된다.

구절 풀이

❶ **그러니까 왜 ~ 두고 기르세요?** 원봉은 사회 개혁의 숙명을 이루기 위해서 최 주사의 집을 떠나야 한다. 그러나 최 주사댁은 원봉의 결혼 문제에 간섭하는 등 원봉이 현실에 안주하기를 요구한다. 원봉은 이에 따른 답답함을 집에 갇혀 사는 산돼지에 비유하고 있다.

❷ **노래가 이어 가는 ~ 있는 것 같다.** 원봉이 잠들고 몽환의 장면으로 넘어가는 부분이다. 몽환적인 배경 음악과 분위기를 통해 인물의 꿈속으로 들어가는 장면을 연출하고 있다.

❸ **이하의 인물이 ~ 보조로 지나간다.** 팬터마임을 통해 동학 혁명이 발발하고 실패하는 과정을 시각적으로 나타내고 있다. 또한 동학 혁명의 실패 후에 원봉의 부모가 겪을 수난을 암시하고 있다.

❹ **저는 동학 역적 놈을 ~ 불쌍하지 않아요?** 원봉의 출생의 비밀인 생부의 동학 운동 경력이 드러나는 부분으로 배 속의 자식을 살리기 위한 원봉이네의 절박함이 드러나 있다.

Q 병정의 강압적인 태도에 담긴 작가의 의도는?

병정(관군)은 원봉이네의 애원에 아랑곳하지 않는 매정한 태도를 보이고 있다. 작가는 이를 통해 동학 농민 운동의 실패에 따른 동학군과 그 가족들의 비참한 모습을 보여 주고 있다. 이러한 장면을 본 관객은 연민과 공포를 느끼고, 극 중 인물과 사건에 더욱 몰입하게 된다.

작가 소개

김우진(1897~1926)
극작가. 조명희 등과 함께 '극예술 협회'의 중심 인물로 활동하였다. 독일 표현주의의 영향을 받았으며, 이를 직접 작품을 창작하면서 실험하였다. 주요 작품으로 〈정오(正午)〉, 〈난파〉 등이 있다.

가 **최원봉:** 하하, 내 이야기가 그리 무서워요?

최 주사댁: (번쩍 고개를 들고) 누가 무섭다고 그러니? 너 그런데 또 한마디 대답해 봐라. 혁이가 너만 못하니? 영순이에게 장가올 만한 자격이 못 돼서 그러니?

최원봉: 왜 그리 시치미를 뚝 떼려고 드시오? (돌아누우며) 흥, 그렇지요. 그만둡시다. 산돼지와 집돼지가 비교나 됩니까?

최 주사댁: 너 왜 그리 돼지 말은 잘 내놓니? 무슨 돼지 무슨 돼지 이름까지 지어 가면서. 귓속에 못이 박이다시피 듣고 나니까 나도 이제는 *진저리가 난다.

최원봉: ❶그러니까 ㉠왜 이런 산돼지를 집 안에다가 두고 기르세요? 그게 벌써 틀린 일 아녀요?

최 주사댁: 네가 하도 그러니까 나도 요새 와서는 밤이면 돼지꿈에 가위만 눌려 못 견디겠다.

최원봉: 그게 더욱 내 말이, 내 꿈이 거짓말이 아닌 증거예요. 그만둡시다. 일이란 되어 가는 대로밖에 더 될라고요. ▶ 돼지 이야기에 진저리 치는 최 주사댁

나 ❷노래가 이어 가는 동안 원봉이는 잠들고 무대는 어두워진다. 그리고 몽롱한 달빛 같은 창백색이 나타난다. 그러나 다만 여름철 그믐달 밤의 하늘과 같이 아무것도 안 보인다. 노래는 다시 누구의 소린지 *바스와 합창이 되어 가지고 되풀이해 나가는 동안 무대에는 무한한 공간만 채워 있는 것 같다. / 몇 번 노래가 되풀이해 가다가 제1절이 끝나기 전부터 창백색이 좀 밝아 온다. 그리고 나타나는 것은 병실 대신에 *동한 중의 별판이 나타난다. 완경사의 야산이 나지막해져 온 곳 *중복에 무대가 놓인 셈이다. 왼편으로 숲, 잡목, 오른편으로 언덕. 여기저기 *석총. 회색 겨울 하늘이 낮게 걸려 있어서 전경을 금시라도 와 누를 것 같다. 지상과 언덕 위에는 약간 흰 눈이 덮여 있고 *시시로 회오리바람과 싸라기눈. / ❸이하의 인물이 등장하기 전에 갑자년 동학당 전군 행렬의 *팬터마임이 지나간다. '오만 년 수운대의(五萬年受運大義)' 글자를 쓴 오색의 *기치를 선두로 도중(道衆)의 어깨에는 '궁을(弓乙)', 등에는 '동심의맹(同心義盟)'이라 박은 삼삼오오의 일대. 환희와 *서계(誓戒)와 격려와 혹은 혼란을 표시하는 팬터마임. 천천히 그러나 무거운 수천 리 걸어온 피로된 보조로 지나간다. 무대 한참 동안 공허. ▶ 꿈속에서 동학 혁명 당시의 광경을 보는 원봉

병정: (산발한 원봉이네의 손목을 끌어 잡고 들어온다.) 썩썩 걸어라! 너하고 같이 가다가는 얼어 죽겠다.

원봉이네: (비틀비틀하며) 제발 살려 주시오. 죽으면 죽었지 다시는 더 못 나가겠습니다. (목멘 소리로) 제발 적선 좀 해 주시오. ❹저는 동학 역적 놈을 남편으로 둔 죄로 이 자리에서 참형을 당해도 원통할 것은 없습니다마는 이 배 속에 든 어린 아기를 위해서 살려 주시오. 이 배 속 아기가 불쌍하지 않아요?

병정: (따귀를 붙이며) 웬 잔소리야, 잔소리가! 그따위 소리는 관찰사님 앞에 가서 네 멋대로 지껄이라니까 못 들었니! 썩 걸어! 걷지 않겠니?

원봉이네: (두 손으로 합장하며) 이 아기를 위해, 이 배 속에 든 어린 아기를 위해 제발 살려 주세요. 이 아기가 무슨 죄가 있습니까?

병정: 에잇, 귀찮아! 그러니까 누가 네 애를 죽인다니? 관가로 가기만 가잔 말이야.

원봉이네: 더 걸어가다가는 정말 둘이 다 죽겠습니다. 한 발자국도 떼어 놓지 못하겠어요. 만삭된 이 무거운 몸을 해 가지고 삼십 리나 걸어왔으니 아무리 몸이 튼튼한 사람이기로 당할 수가 있습니까? ▶ 동학당의 가족이란 이유로 관청으로 끌려가는 원봉이네

• **중심 내용** 꿈속에서 본 환상을 통해 출생의 비밀을 알게 되는 원봉   • **구성 단계** 절정

작품 연구소

〈산돼지〉에 나타난 갈등 구조

[최원봉의 무기력함과 아버지의 뜻 사이의 갈등]

이 작품의 주된 갈등으로, 원봉은 동학당이었던 아버지의 뜻을 이어받아 사회와 민족을 위해 나서야 한다고 생각은 하지만, 현실적으로는 아무것도 하지 못한 채 좌절하고 만다.

최원봉		최원봉의 생부
현실적 무기력함을 느끼는 인물	⟷	동학당으로서 현실 개혁 의지를 지녔던 인물

[출생의 비밀과 영순을 둘러싼 최원봉과 최 주사댁 사이의 갈등]

최원봉은 영순과 자신이 친남매가 아니라는 사실을 숨긴 채 영순과 차혁의 교제를 인정하고 맺어 주려 하는 최 주사댁과 갈등을 일으키고 있다.

최원봉		최 주사댁
영순과 자신이 친남매가 아님을 확인하고자 함.	⟷	최원봉의 출생의 비밀을 숨기고 영순과 차혁을 맺어 주고자 함.

[최원봉이 차혁·영순의 교제 때문에 느끼는 갈등]

최원봉은 차혁과 영순의 교제 때문에 갈등을 겪고 있다. 최 주사가 영순과 원봉을 혼인시키라는 유언을 남겼으며, 원봉 역시 영순에게 마음을 두고 있기 때문이다.

제목 '산돼지'의 의미

'산돼지'는 저돌적이며 주변 환경과 쉽게 타협하지 않는 최원봉의 성격을 드러내는 별명이면서 원봉이 지닌 사회 개혁에 대한 숙명을 의미한다. 중략된 부분에서 원봉은 꿈속에서 죽은 아버지가 자신에게 산돼지 탈을 씌우려는 환상을 보는데, 이는 아무것도 이룰 수 없는 무력한 현실에서 아버지가 남긴 사명을 부담스러워하는 원봉의 내면 심리가 반영된 것으로 볼 수 있다. 즉 제목 '산돼지'는 <u>자신에게 주어진 숙명과 현실적인 무기력함 사이에서 극심한 정신적 갈등을 느끼는 최원봉의 모습이자 1920년대 식민지 지식인의 모습</u>을 의미하는 것이다.

> **자료실**
>
> **표현주의와 〈산돼지〉**
>
> 19세기 문예 사조의 주류였던 사실주의가 현실의 모방에 초점을 두었다면, 표현주의는 삭막한 현실 속에 사는 개인의 정신 상태를 표현하는 데 중점을 두었다. 그래서 표현주의 극에서는 외부 사실을 그대로 받아들이는 정상적인 인물을 버리고, 정서적으로 불안한 상태에 있는 인물의 내면적 체험을 무대 위에 표현하고자 하였다. 이를 위해 조명, 분장, 무대 장치 등도 인물의 내면세계를 더욱 효과적으로 암시할 수 있도록 꾸며졌다. 신파극에서 근대극으로 넘어가는 과도기였던 당시의 우리 연극계에서, 김우진은 이 표현주의를 빠르게 수용하여 실제 창작에 적용하였다. 특히 이 작품에서는 제2막에서 몽환 장면을 설정하고, 그 몽환 장면이 그대로 현실의 원봉에게 연결되도록 하는 표현주의 수법을 사용하고 있다.

 함께 읽으면 좋은 작품

〈제향날〉, 채만식 / 일제 강점기 지식인의 고뇌가 드러난 작품

구한말에서 일제 강점기까지 있었던 민족의 수난사를 김성배의 가족사를 통해 그려 낸 희곡으로, 식민지 지식인으로서의 의무와 책임이 무엇인지를 보여 준다. **⊞ Link** 본책 180쪽

---

5 (나)에 대한 이해로 적절하지 <u>않은</u> 것은?

① 비극적인 분위기가 느껴진다.
② 원봉이 출생하기 전의 상황에 해당한다.
③ 동학 혁명 때의 사건을 사실적으로 보여 준다.
④ 최 주사댁이 원봉의 생모가 아님을 알 수 있다.
⑤ 상징적인 수법으로 원봉의 내면세계를 드러낸다.

내신 적중

6 〈보기〉를 참고하여 ㉠을 감상한 내용으로 가장 적절한 것은?

> ┤ 보기 ├
>
> 희곡 〈산돼지〉는 자신의 위치와 자신이 해야 할 일을 알지만 현실의 벽에 부딪혀 아무것도 이룰 수 없었던 일제 강점기 지식인의 모습을 주인공 원봉의 저항과 좌절을 통해 보여 주고 있다.

① 원봉과 영순의 연애가 풀리지 않는 이유는 원봉의 성격에 있어.
② 원봉이 산돼지같이 변한 것은 그를 키운 최 주사댁의 영향이 커.
③ 최 주사댁은 원봉이 겪는 좌절의 직접적인 원인을 제공하는 인물이야.
④ 최 주사댁은 원봉이 스스로의 삶을 개척해 나갈 수 없다고 생각하고 있어.
⑤ 원봉은 집에서는 식민지 지식인으로서의 사명을 이룰 수 없다고 생각하고 있어.

7 〈보기〉와 (나)의 사건 제시 방법의 차이점을 50자 내외로 쓰시오.

> ┤ 보기 ├
>
> 문 여사: 뭐 안중근의 사촌 동생 안명근이가 주동자라지요?
> 세정: 아니 당신은 어떻게 그리 속속들이 잘 아오? 마치 수사기관원 같군. ……헛허……. [중략]
> 문 여사: 며칠 전부터 수상한 사람이 집 밖을 어슬렁대고 있다는군요. 행랑채 할아범이 그러더군요.
> 세정: 나를 찾더라구? ─ 차범석, 〈새야 새야 파랑새야〉

8 (나)를 공연하기 위해 연출자가 메모한 내용으로 적절하지 <u>않은</u> 것은?

① 무대는 극의 분위기에 맞추어 황량한 느낌이 들도록 표현할 것
② 원봉이네를 맡은 배우는 초췌한 모습으로 분장하여 고생한 모습을 부각할 것
③ 동학 혁명의 발발과 실패의 과정을 팬터마임으로 보여 줄 다수의 보조 출연자를 섭외할 것
④ 원봉이 꿈속에서 보는 상황임을 나타내야 하므로 조명은 암전 상태에서 점차 밝아지게 처리할 것
⑤ 동학당 전군이 지나갈 때 힘이 넘치고 생기가 가득하게 느껴지도록 즐거운 함성 소리를 효과음으로 제시할 것

[문학] 천재(김)

🎯 핵심 정리

갈래 장막극, 비극, 사실주의 극
성격 비판적, 현실 고발적, 사실적
배경 ① 시간 - 1920년대
　　　 ② 공간 - 어느 가난한 농촌
제재 일제 강점기 한국 농촌의 현실과 비참한 삶
주제 일제의 가혹한 억압과 수탈의 참상 고발
특징 ① 사실주의 희곡의 전형임.
　　　 ② 상징적인 배경을 설정함.
출전 《문예 월간》(1931~1932)

💡 어휘 풀이

토막(土幕) 움막집. 땅을 파고 위에 거적 따위를 얹고 흙을 덮어 추위나 비바람만 가릴 정도로 임시로 지은 집.
종신(終身) 목숨을 다하기까지의 동안.
신상(身上) 한 사람의 몸이나 처신, 또는 그의 주변에 관한 일이나 형편.
장골(壯骨) 기운이 세고 큼직하게 생긴 뼈대. 또는 그런 뼈대를 가진 사람.
싸리문 ① 싸릿가지를 엮어 만든 문. ② 사립짝을 달아서 만든 문.
서기(瑞氣) 상서로운 기운.
양 어떤 모양을 하고 있거나 어떤 행동을 짐짓 취함을 나타내는 말.
우환(憂患) 집안에 복잡한 일이나 환자가 생겨서 나는 걱정이나 근심.

🗨 구절 풀이

❶ **설사 오빠가 ~ 우릴 위해서 싸웠어유.** 해방 운동을 하는 명수를 자랑스럽게 여기는 금녀의 모습이 나타나 있다. 금녀는 명수의 행동에 역사적·민족적 의의를 부여하고 있다.
❷ **금녀야, 뭘 하니? 빨리 머리를 풀어라.** 사람이 죽으면, '발상(發喪)'이라고 하여 상제가 머리를 풀고 울어서 초상난 것을 알리는 풍속이 있다. 명수가 죽어 돌아오리라는 것을 암시하는 부분이다.
❸ **오빠 생각만 ~ 심허신걸유.** 금녀의 불안감이 드러나는 부분이다. '오빠 생각', '오늘은 유달리' 등을 통해서 앞으로 진행될 사건이 명수에 대한 불길한 소식으로 이어지리라는 것을 암시하고 있다.

Q 이 작품에서 효과음 '바람 소리'의 기능은?

비극적 상황을 강조하는 기능을 한다. 다 쓰러져 가는 토막을 스쳐 가는 바람 소리는 극의 분위기를 스산하면서도 침울하게 만들어, 금세라도 불행한 사건이 벌어질 것 같은 느낌을 준다.

가 **금녀:** 이웃 마을 오빠의 친구에게 알아봤더니 오빠 헌 일은 정말 훌륭한 일이래요. 우리두 이런 *토막살이에서 죽지 말구, ㉠좀 더 잘 살아 보자는······.

명서 처: 그럼 그렇지. 그래 *종신 징역을 산다는 건 정말이라지? / **이웃 여자:** 종신 징역?

명서 처: 거짓말야! 거짓말야! (미친 듯이 부르짖는다.) / **금녀:** 암, 거짓말이죠!

명서 처: 종신 징역이란 감옥에서 죽어 나온단 말 아냐? 젊어서 새파란 그가! 금지옥지 내 자식이! 내겐 아무래두, 아무래두 믿을 수 없는 일야! 그런 청천에 벼락 같은 일이 우리 명수의 *신상에 있어 어쩔랴구! 신문에만 난 걸 보구 그걸 우리 명수라지만 그런 멀쩡한 소리가 어딨어? 이 넓은 팔도강산에 얼굴 같은 사람이 없구, 최명수란 이름 석 자 가진 사람이, 어디 우리 자식 하나뿐일 거라구? ㉡이건 누가 뭐래두 난 안 믿어.

금녀: 어머니, 이러시다가 병이나 나시문 어떻게 해유? ❶설사 오빠가 죽어 나온대두 조금도 서러울 건 없어유. 외려 우리의 자랑이에유. 오빠는 우릴 위해서 싸웠어유. [중략] 여기를 떠날 때만 해두 오빠는 나무를 하거나 꿀밭을 매거나 남의 두 몫은 했었는데, 지금쯤은 어머니, 오빠 얼마나 대장부가 됐겠우?
　　오히려 　　　　　　　　　'': 어머니에 대한 위로

명서 처: ······ 옳아! ㉢그놈은 몸도 크구 기상도 좋았겠다! 그놈이 지금은 얼마나 훌륭한 *장골이 됐겠니? 제 어미도 몰라보게 됐을 거야. ······ 아아, 명수야! 이제 명수가 저 *싸리문에 나타나서 장부다운 우렁찬 목소리로 이 어미를 부르고 떠벅떠벅 내 앞으로 걸어와서 그 억센 손으로 이 여윈 팔목을 덜컥 붙잡을 것이다. ······ 그러면 이 토막에도 *서기가 날 거야.

금녀: 아무렴, 서기가 나구말구! 이 어두운 땅도 환해질 거예유.
　　　　　　　　　　　　　　조국의 광복을 상징　　　　▶ 명수를 생각하며 위안을 삼는 명서 처와 금녀

나 **명서 처:** ㉣아이구 금녀야! 우린 이런 형상으루 어떻게 우리 명수를 만나니? 이렇게 찌들어진 형상으루! 너의 오빠를 맞이하기엔 이 집은 너무 누추하구나. 금녀야, 우리는 집 안을 치우구 몸을 단속하자. 이런 꼬락서니로 우리 명수를 만나서는 안 된다. 얘야, 이리 와서 머리를 빗어라. 기름두 남았지? 싸리문에는 불을 켜구······ 귀한 사람이 들어올 때 집 안이 컴컴해선 못 쓰느니라.
　　　　　　　　　　　　　　　　　　　　　　　귀한 아들을 정성스럽게 맞고자 함.
　　　　　　　　　　　　　　　　　　　　희망　　　　　　명수

금녀: (어머니의 미친 듯이 서두는 *양을 바라보고 있는 금녀의 눈에는 일종의 공포의 빛이 감돈다.) / @바람 소리.
　　　　　　　　　　　　　　　　　　　　　　　　　　　앞으로 닥칠 불행한 사건을 예견하게 함.

명서 처: ❷금녀야, 뭘 하니? 빨리 ㉤머리를 풀어라. 에미는 불을 켤 테니까.

금녀: (불안한 듯이 어머니만 꼭 바라보고 섰다.)

이웃 여자: 좀 답답해서 저러겠니? 보고 있는 나까지 속이 졸이는구나.

금녀: ❸오빠 생각만 나문 저러신대유. 그러던 중에두 오늘은 유달리 심허신걸유.
　　　　　　명서 처의 실성 증세가 이전부터 있어 왔음을 알 수 있음.　　　▶ 아들 생각에 광기를 보이는 명서 처

다 **명서:** (골방에서 얼굴을 내밀고) 대체 이게 웬일이야? 왜 이리 야단들을 해?

명서 처: 귀한 사람이 와유.

명서: 미쳤어! 방정맞게 이렇게 허문 되려 집안의 *우환을 사는 거여.
　　　　　　　　　　　　　　　　　명수의 죽음을 암시함.

명서 처: 귀인이 온다는데 무슨 잔소릴······. / 바람 소리 인다.　　　▶ 부산을 떠는 아내를 핀잔하는 명서
　　　　　　　명수

• **중심 내용** 명수에 대한 가족의 걱정과 기다림　　　• **구성 단계** 절정

이해와 감상

이 작품은 사실주의 희곡의 대표작으로 한국 근대극의 본격적 출발이 자, 일제 강점기의 현실을 강렬하게 고발하는 작품이라는 문학사적 의의 를 지닌다. 1931년 12월부터 1932년에 걸쳐 《문예 월간》에 발표되었으며 1933년 2월 '극예술 연구회'에서 공연하였다. 이 작품은 1920년대의 궁핍 한 농촌을 배경으로 하여, 당시의 비참한 현실상과 사회적인 모순을 보여 주고 있다. 그 암울한 현실 상황은 병자(명서), 정신 이상자(명서 처), 고향 을 떠나는 유랑민(경선), 민족적 저항의 희생자(명수)와 같은 인물들을 통 해 여실히 드러나고 있다. 또한 한 가족의 희망이 좌절되는 사건의 귀결 은 이러한 현실의 비극성을 심화시키는 효과를 갖는다. 퇴락한 토막의 음 습하고 어두운 분위기와 가난하고 병든 명서 가족의 삶은, 일제 강점기였 던 1920~1930년대 조선의 모습을 생생하게 반영한 것이다.

전체 줄거리

발단	가난한 농부인 명서네 가족은 일본으로 돈을 벌러 간 아들 명수가 큰 돈을 보내 주리라는 희망을 갖고 있다.
전개	명수가 독립운동을 하다 투옥되었다는 소식에 희망은 사라지고, 명서 의 처는 정신 이상 증세를 일으킨다.
절정	명서네의 궁핍은 더욱 심해지고, 명서의 처는 아들 명수가 종신 징역을 살지도 모른다는 말에 거의 실성 상태에 이르게 된다.
하강·대단원	명서네 가족은 명수의 백골이 담긴 소포를 받게 되어 오열하고, 금녀가 부모를 위로하면서 막이 내린다.

인물 관계도

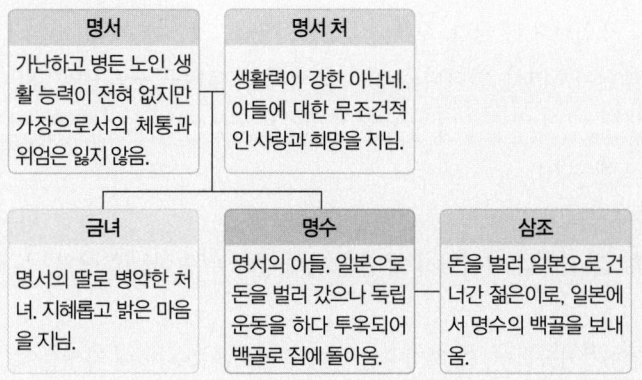

명서
가난하고 병든 노인. 생 활 능력이 전혀 없지만 가장으로서의 체통과 위엄은 잃지 않음.

명서 처
생활력이 강한 아낙네. 아들에 대한 무조건적 인 사랑과 희망을 지님.

금녀
명서의 딸로 병약한 처 녀. 지혜롭고 밝은 마음 을 지님.

명수
명서의 아들. 일본으로 돈을 벌러 갔으나 독립 운동을 하다 투옥되어 백골로 집에 돌아옴.

삼조
돈을 벌러 일본으로 건 너간 젊은이로, 일본에 서 명수의 백골을 보내 옴.

작품 연구소

〈토막〉에 나타난 시대적 현실과 이를 상징하는 내용

〈토막〉은 일제 강점기인 1920년대 궁핍한 농촌을 배경으로 하여 가 혹한 현실 속에서 파괴되어 가는 농민들의 삶과 이를 극복하려는 의지 를 그리고 있다.

내용	상징적 의미
다 기울어진 토막	일제의 수탈에 피폐해진 조선
명서 일가의 처지	민족 전체의 비극적 삶의 축소판
명수의 해방 운동	일제에 대한 조선 민중의 투쟁
명수의 죽음	독립에 대한 희망의 좌절
금녀의 마지막 대사	민족의 비극적 현실에 대한 극복 의지와 희망

포인트 체크

인물 가난하고 병든 노인 명서는 생활력은 없지만 ◻◻으로서의 체통을 지키려는 인물이며, 명서의 처는 아들에 대한 ◻◻◻적인 사랑과 희망을 지닌 인물이다.

배경 일제 강점기 가난한 ◻◻ 마을을 배경으로 하여, 일제의 억압과 수 탈 아래 농민들의 궁핍하고 비참한 현실을 그리고 있다.

사건 극심한 빈곤 속에서 ◻◻에 간 명수에게 유일한 희망을 품고 살아가 는 명서네 일가는 독립운동을 하다 투옥된 명수가 ◻◻로 돌아오자 절망에 빠진다.

1 이 글에 대한 설명으로 적절하지 **않은** 것은?
① 내용과 표현에서 사실주의 극의 특성을 보여 주고 있다.
② 상황에 대처하는 인물들의 다양한 태도를 드러내고 있다.
③ 인물의 불안한 심리를 통해 당시 민족의 심정을 대변하고 있다.
④ 역사적 비극 때문에 꿈을 잃어버린 청년을 중심인물로 하 고 있다.
⑤ 명서 일가를 통해 우리 민족 전체의 비극을 상징적으로 보 여 주고 있다.

2 이 글에서 알 수 있는 '명수'에 대한 설명으로 적절하지 **않은** 것은?
① 집을 떠나 객지에 나가 있다.
② 나무 베기와 농사일을 잘하는 청년이다.
③ 의미 있는 일을 하던 중에 곤란을 겪고 있다.
④ 가족을 위해 폭력을 써서 죗값을 치르고 있다.
⑤ 현재 신상에 대해 가족이 잘 알고 있지 못하다.

3 ㉠~㉤ 중, 사건의 복선 역할을 하는 대사로 가장 적절한 것은?
① ㉠   ② ㉡   ③ ㉢   ④ ㉣   ⑤ ㉤

4 ⓐ가 주는 극적 효과로 가장 적절한 것은?
① 계절적 배경이 겨울임을 알려 준다.
② 새로운 인물이 등장할 것을 암시한다.
③ 인물이 느끼고 있는 공포감을 완화한다.
④ 무거운 대화 후에 가라앉은 분위기를 전환한다.
⑤ 비극적인 사건이 벌어질 듯한 긴장감을 조성한다.

내신 적중 多빈출
5 이 글의 시대적 배경을 고려할 때 토막이 상징하는 바를 30자 내외로 쓰시오.

어휘 풀이

지장(指章) 도장을 대신하여 손가락 따위를 문혀 그 지문을 찍은 것.

육시(戮屍) 이미 죽은 사람의 시체에 다시 목을 베는 형벌을 가함.

처치(處置)하다 일을 감당하여 처리하다.

밭은기침 병이나 버릇으로 소리도 크지 아니하고 힘도 그다지 들이지 않으며 자주 하는 기침.

안치(安置)하다 상, 위패, 시신 따위를 잘 모셔 두다.

합장(合掌)하다 두 손바닥을 합하여 마음이 한결같음을 나타내다.

구절 풀이

❶ **왜 밖에 문패도 없소?** 배달부가 문패도 없는 누추한 토막에 사는 명서 일가의 형편을 무시하고 있다. 배달부는 이어서 소포를 받아 가라는 부분과 도장을 내놓으라는 부분에서도 고압적인 언행을 보이고 있다.

❷ **최명수의 백골.** 시나리오였다면 클로즈업이나 인서트로 처리되어야 할 부분을 대사로 표현한 것이다. 희곡이 지닌 표현상 제약의 한 단면을 볼 수 있다.

❸ **다 기울어진 이 집** 여기서 집은 토막의 상황뿐 아니라 가세가 기운 가정, 또는 가문을 나타낸다. 나아가 일제의 침탈로 파괴되어 가는 조국을 상징하는 것으로도 볼 수 있다.

❹ **이놈들아, ~ 마저 처치해라!** 일제에 대한 명서의 분노가 폭발하고 있다. 이것은 당시 우리 민족 전체의 분노로 확대 해석할 수 있다.

작가 소개

유치진(1905~1974)
극작가, 연출가, 연극 평론가. '극예술 연구회' 회원으로 활동하면서 근대극의 확립에 힘썼다. 1930년대에는 사실주의를 바탕으로 일제 강점의 현실을 고발했으며, 광복 후에는 민족의식을 고취하는 역사극을 많이 썼다. 주요 작품으로 〈버드나무 선동리의 풍경〉, 〈자명고〉, 〈원술랑〉 등이 있다.

가 남자의 소리: 이 집에 최명서란 사람 있소? / 명서 처: 일본서 왔우?

남자의 소리: 그렇소. / 명서 처: 일본서?

그때에 사립문을 박차는 듯이 한 남자 안으로 들어선다. 그는 우편배달부다. 소포를 들었다.

우편배달부: (들어서며) ❶왜 밖에 문패도 없소? / 모녀: (무언)

우편배달부: 빨리 도장을 내요. / 명서: 도장?

명서 처: (금녀에게 의아한 듯이) 너의 오빠가 아니지?

금녀: 배달부예유. / 명서: (실망한 듯이) 칫!

우편배달부: 얼른 소포 받아 가요! 원, 무식해도 분수가 있지. 빨리 도장을 내요.

명서: (반항적 어조로) 내겐 도장 같은 건 없소. / 우편배달부: 그럼 *지장이라도……

명서: (떨리는 손으로 지장을 찍는다. 우편배달부 퇴장) ▶ 일본에서 온 소포

나 명서 처: 음, 그 애에게서 물건이 온 게로구먼. / 명서: 뭘까?

명서 처: 세상에 귀신은 못 속이는 게지! 오늘 아침부터 이상한 생각이 들더니, 이것이 올려구 그랬던가 봐. 당신은 우환이니 뭐니 해도……

명서: (소포의 발송인의 이름을 보고) 하아 하! 이건 네 오래비가 아니라 삼조가……

명서 처: 아니, 삼조가 뭣을 보냈을까? 입때 한마디 소식두 없던 애가……(소포를 끌러서 궤짝을 떼어 보고)

금녀: (깜짝 놀라) 어머나!

명서 처: (자기의 눈을 의심하듯이) 대체 이게…… 이게? 에그머니, 맙소사! 이게 웬일이냐?

명서: (되려 멍청해지며, 궤짝에 쓰인 글자를 읽으며) ❷최명수의 백골. / 금녀: 오빠의?

명서 처: 그럼, 신문에 난 게 역시! 아아, 이 일이 웬일이냐? 명수야! 네가 왜 이 모양으로 돌아왔느냐? (백골 상자를 꽉 안는다.) / 금녀: 오빠! ▶ 백골로 돌아온 명수

다 명서: 「나는 여태 개돼지같이 살아오면서, 한마디 불평두 입 밖에 내지 않구 꾸벅꾸벅 일만 해 준 사람이여.」 무엇 때문에, 무엇 때문에 내 자식을 이 지경을 맨들어 보내느냐? 응, 이 *육실헐 놈들! (일어서려고 애쓴다.)

금녀: (눈물을 씻으며) 아버지! (하고 붙든다.)

명서: 놓아라! 명수는 어디루 갔니? ❸다 기울어진 이 집을 뉘게 맽겨 두구 이눔은 어딜?

금녀: 아버지! 아버지!

명서: (궤짝을 들고 비틀거리며) ❹이놈들아, 왜 빽다구만 내게 갖다 맽기느냐? 내 자식을 죽인 눔이 이걸 마저 *처치해라! (쇄진하여 쓰러진다. 궤짝에서 백골이 쏟아진다. *밭은기침! 한동안.)

명서 처: (흩어진 백골을 주우며) 명수야, 내 자식아! 이 토막에서 자란 너는 백골이나마 우리를 찾아왔다.『인제는 나는 너를 기다려서 애태울 것두 없구 동지섣달 기나긴 밤을 울어 새우지 않아두 좋다!』명수야, 이제 너는 내 품 안에 돌아왔다.

명서: …… 아아, 보기 싫다! 도루 가져가래라!

금녀: 아버지, 서러 마세유. 서러워 마시구 이대루 꾹 참구 살아가세유. 네, 아버지! 결코 오빠는 우릴 저버리진 않을 거예유. 죽은 혼이라두 살아 있어, 우릴 꼭 돌봐 줄 거예유. 그때까지 우린 꾹 참구 살아가세유. 예, 아버지!

명서: …… 아아, 보기 싫다! 도루 가지고 가래라!

금녀의 어머니는 백골을 *안치하여 놓고 열심히 무어라고 중얼거리며 *합장한다.

바람 소리 정막(靜幕)을 찢는다. ▶ 가족들의 비탄과 절규

• 중심 내용 백골이 되어 돌아온 명수와 비탄에 빠진 명서 일가 • 구성 단계 하강·대단원

작품 연구소

제목 '토막'의 상징적 의미

　토막은 '움집, 움막집'을 말하는 것으로, 이 작품의 제목이자 무대 배경이다. 토막은 음습하고 어두우며 환기가 되지 않는 곳으로, 인간적인 삶이 어려운 환경이다. 이 작품의 무대 배경으로 제시되는 토막의 빈궁한 모습은, 1920년대의 참담하고 궁핍한 농촌의 현실을 보여 주면서, 동시에 일제의 식민지로 전락한 당시 조선의 사회 현실을 상징적으로 드러내고 있다.

〈토막〉과 사실주의 정신

　문학에서의 사실주의는 그 시대의 현실을 작품 속에서 진실하고 정확하게 재현해 내는 것을 말한다. 〈토막〉에 제시된 상황과 등장인물들은 궁핍과 피폐함이 가속화되어 가는 1920년대 일제 강점기의 현실을 그대로 보여 주는 역할을 한다.

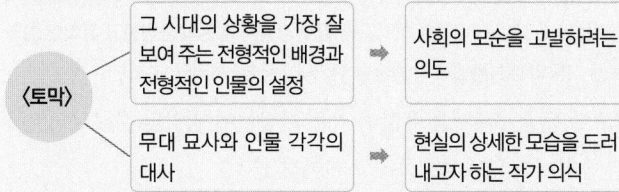

| 〈토막〉 | 그 시대의 상황을 가장 잘 보여 주는 전형적인 배경과 전형적인 인물의 설정 | ⇒ | 사회의 모순을 고발하려는 의도 |
| | 무대 묘사와 인물 각각의 대사 | ⇒ | 현실의 상세한 모습을 드러내고자 하는 작가 의식 |

자료실

〈토막〉의 문학사적 의의

　〈토막〉은 우리 현대 희곡사에서 본격적인 희곡으로서 첫 작품이자, 사실주의 희곡의 첫 작품이다. 유치진의 처녀작인 동시에 대표작인 이 작품은 일제 강점기의 현실을 강력하게 고발하여 당시 무대에 올랐을 때 대단한 반향을 불러일으켰다. 1930년대는 신파극의 전성기로, 예술적 감동을 주지 못하는 대중 극에 식상해 있던 연극인들이 새로운 연극 또는 정통적 연극을 갈망하게 되었는데, 유치진 등이 주도한 '극예술 연구회'는 이에 부응하여 서구의 사실주의 연극을 수용하기 시작하였다. 이러한 점에서 〈토막〉은 한국 근대극의 출발이라는 의의를 지닌다. 1930년대 유치진의 작품들은 모두 이러한 근대성과 본격 극을 지향하였다.

〈토막〉의 시대적 배경

　이 작품의 시대적 배경이 되고 있는 1920년대는 3·1 운동의 실패로 우리 민족이 정신적인 좌절과 실의에 빠져 있던 시기이다. 또한 농촌 경제의 측면에서도 농민들이 질곡 속으로 빠져들던 시기였다. 일제는 동양 척식 주식회사, 조선 식산 은행 등을 통해 일본의 농업 자본을 침투시키고 우리의 토지를 몰수하였다. 그 결과 조선인 지주는 소지주 또는 소작농으로 전락하여 가난한 삶을 살 수밖에 없었다. 그래서 상환 불능한 빚에 묶여 토지와 가옥을 몰수당하기도 하였으며, 혹은 살 길을 찾아 고향을 떠나 유랑민이 될 수밖에 없었다. 이 작품의 명서와 경선 일가의 삶은 바로 이러한 당시 상황의 축소판이라고 볼 수 있다.

함께 읽으면 좋은 작품

〈불모지〉, 차범석 / 한 일가의 불행을 사실적으로 그린 작품

　변화하는 시대에 적응해 나가지 못하는 최 노인 일가의 불행을 사실적으로 그린 희곡으로, 새로운 것과 전통적인 것의 대립을 통해 근대화 과정에서 겪는 가족의 해체와 가치관의 변화를 상징적으로 보여 주고 있다.

　Link 본책 192쪽

〈만무방〉, 김유정 / 일제 강점기 농촌의 현실을 고발한 작품

　일제 강점하에서 착취당하고 소외당하는 농민의 삶을 응칠과 응오 형제의 상반된 삶을 통해 사실적으로 형상화한 소설로, 현실 비판 의식을 강하게 드러내고 있다.

　Link 〈현대 소설〉 76쪽

6　이 글을 공연할 때, 연출가의 지시 내용으로 적절하지 않은 것은?

① 명서 일가가 입을 의상은 남루해 보이는 것으로 준비할 것
② 배달부는 대사를 할 때 고압적인 표정과 어조에 신경 쓸 것
③ 금녀는 비틀거리는 명서를 보면서 안타까운 표정을 지을 것
④ 명서 처는 명서가 마지막 대사를 할 때 혼절한 듯 쓰러질 것
⑤ 궤짝에서 백골이 쏟아져 흩어질 때 조명을 비추어 강조할 것

내신 적중

7　다음은 이 글이 초연된 1933년 당시의 가상 대화이다. 빈칸에 들어갈 말로 가장 적절한 것은?

> 기자: 연극 〈토막〉이 성공을 거둔 이유가 무엇이라고 생각하세요?
> 작가: [　　　　　　　　　　　　　　]이 관객에게 좋은 반응을 일으키지 않았나 생각합니다.

① 당시 사회의 어둡고 힘든 면을 사실적으로 다룬 점
② 역사적인 사건을 토대로 민족의 비극을 재조명한 점
③ 등장인물의 모습을 통해 개인의 삶을 돌아보게 한 점
④ 풍자적인 기법으로 사회의 모순을 신랄하게 비판한 점
⑤ 섬세한 심리 묘사를 통해 서정적인 분위기를 형성한 점

8　이 글과 〈보기〉를 비교하여 감상한 내용으로 적절하지 않은 것은?

> **보기**
> 　은퇴한 아버지, 며느리 정애, 막내딸 영희는 월남할 때 북에 두고 온 (아버지의) 맏딸을 기다리는 중이다. 맏딸이 이북에 있음에도 불구하고, 반 백치가 되어 가는 아버지의 고집 때문에 온 가족은 매일 밤 12시가 되면 그녀를 기다리는 의식을 치른다. 12시를 알리는 벽시계 소리가 울리고 때마침 변소에 갔다 온 식모가 문을 열고 들어온다. 순간 영희는 적의에 타오르는 눈길로 식모를 가리키고 아버지에게 언니가 왔다고 소리치며 의미 없는 기다림에 대한 반발심을 표출한다.　－ 소설 〈닳아지는 살들(이호철)〉의 줄거리

① 이 글에서는 갈등이 해소되고 있지만, 〈보기〉에서는 갈등이 계속되고 있어.
② 명수와 〈보기〉의 '맏딸'은 시대적인 상황 때문에 가족과 떨어져 지내게 되었어.
③ 백골과 〈보기〉의 '식모'는 인물의 기대를 꺾는 계기를 만들었다는 점에서 비슷해.
④ 명서 처와 〈보기〉의 '아버지'는 집에 돌아올 자식을 기다리는 일에 집중하고 있어.
⑤ 금녀는 의지적으로, 〈보기〉의 '영희'는 임기응변을 통해 상황을 극복하려 하고 있어.

9　〈보기〉를 고려하여 '우편배달부'의 역할을 20자 내외로 쓰시오.

> **보기**
> 　우편배달부는 명수의 유골이 담긴 소포를 명서네 가족에게 전달한다.

003 영웅 모집 | 채만식

문학 천재(김)

핵심 정리

갈래 사회극, 실험극
성격 풍자적, 사실적
배경 ① 시간 – 1930년대
　　　　② 공간 – 서울 파고다 공원
제재 일제 강점기의 여러 삶의 군상
주제 일제 강점하에서 비참하게 살아가는 민중을 구원할 영웅 출현에 대한 기대
특징 ① 관찰자적 시선을 가진 중심인물이 주변의 여러 대상을 관찰하는 형식을 취함.
　　　　② 당시로서는 낯선 피에로를 중심인물로 등장시킴.
출전 《중앙》(1934)

Q 작품의 주인공을 '피에로'로 선정한 이유는?

이 작품이 창작된 시기에 발간된 《모던 조선 외래어 사전》(1936)에서는 '피에로'의 의미를 '이면(裏面)의 비애를 감추고 표면만 웃는 사람'으로 규정하고 있다. 이는 일제 강점하에서 억지웃음을 강요당하고, 고통스러운 삶 때문에 비애에 빠진 우리 민족의 모습과 닮아 있다. 따라서 피에로는 일제 강점하 우리 민중의 모습을 상징하는 인물이라고 할 수 있다.

어휘 풀이

모닝 모닝코트(morning coat). 앞단이 비스듬하고 뒤가 긴 서양식 남성용 예복.
헌팅 헌팅캡(hunting cap). 차양이 아주 짧고 둥글넓적하며 끝이 뾰족하게 만든 모자. 사냥할 때 많이 쓴다.
룸펜(Lumpen) 부랑자 또는 실업자를 이르는 말.
제가끔 제각기. 저마다 따로따로.
간도 북간도. 두만강과 마주한 간도 지방의 동부. 일제 강점기에 우리나라 사람이 많이 살았다.
호지(胡地) 오랑캐가 사는 땅. 흔히 중국 동북 지방을 이른다.

구절 풀이

❶ **피에로가 관객석을 등지고 ~ 사리탑을 바라본다.** 무대 위 피에로의 모습을 설명하고 있다. 피에로가 관객을 등지고 서 있는 것은 관객과 피에로가 동일한 시선을 갖게 함으로써 관객이 무대 위에서 벌어지는 사건에 더욱 집중하게 하는 효과가 있다. 또한 피에로가 공원을 오가는 인물들을 비판적으로 바라보는 것처럼 관객들도 등장인물들을 비판적인 관점에서 생각해 볼 수 있게 한다.

❷ **조선서 태어나서 ~ 인제 원이 아니 되겠소!** 이주민 가족이 고향을 떠나면서 마지막으로 서울의 파고다 공원을 둘러보는 상황이다. 조선에서 태어났지만 아무리 노력해도 살 수가 없기 때문에 조선을 떠난다는 이주 이유가 제시되어 있다. 일제 강점하 우리 민중들이 느끼는 비애가 나타나 있다.

무대

⊙파고다 공원의 일부를 모사한 것. 풍경은 여름철. 사리탑(舍利塔)을 배경으로 하고 군데군데 정원수가 들어서 있다. 관객석에서 잘 보이도록 세 개의 벤치가 후면에 두 개 전면에 한 개 해서 삼각형으로 배치되어 있다. 밤. 막이 열리면 ㉮❶피에로가 관객석을 등지고 서서 사리탑을 바라본다. 입은 옷은 *모닝인데 저고리는 몹시 작고 바지는 굉장히 크다. 넥타이는 새빨갛고 모자는 *헌팅이다. 표정은 줄곧 무섭게 엄숙하다. [중략]
▶ 시간적, 공간적 배경 소개와 피에로의 등장

중략 부분의 내용 공원에 차례로 소년 A와 B, 전문학교 학생 A와 B, 거리의 여자와 어떤 남자, 신사 A와 B, 젊은 과부와 과부의 옛 친구, 병든 노동자와 순사, *룸펜과 행인 A와 B가 각각 등장하여 대화를 주고받고 사라진다. 피에로는 그들이 대화하는 모습을 지켜보는데, 대화의 내용이 하나같이 일제 강점기 조선의 궁핍하고 열악한 삶의 면면들을 보여 주는 내용이다. 피에로는 그들의 대화를 들으며 한숨을 쉬거나, 탄식을 하거나, 분노한다.

이주민 가족: (무대 왼편 전면으로 등장. *제가끔 유랑해 가는 사람들에게 알맞은 보꾸러미들을 이고 들고 지고 했다. 전면 중앙에서 관객석을 등지고 머물러 선다.)

딸: (사리탑을 가리키며) 아버지 저건 무엇이오?

피에로: (주의해서 바라본다.)

아버지: 오냐, 저건 사리탑이라는 탑이란다. 예전에는 여기가 절터였더란다. 그런데 불이 나서 절은 없어지고 탑만 남았다가 시방은 공원이 되었느니라. (사이) 모다 잘들 보아 두어라. 인제 마주막으로 *간도로 떠나면 언제 다시 와서 서울 구경들을 하겠니!

어머니: (불평스럽게) 영감두 원! 북간도로 떠둥구러 가는 팔자에 서울 구경을 해서 무얼 하겠다고 가든 길품을 메이고 예서 하루를 묵는단 말이요!

아버지: 마누라도 원 딱한 소리 마우. 우리는 늙었으니 그런 것 저런 것 상관없지만 저것들이야 어대 그렇소? ❷조선서 태어나서 조선서 저만큼씩이나 자라 가지고 아무리 살 수가 없어 만리타국으로 떠나기는 할망정 그래도 조선 종자들인데 서울 구경 한 번 못한대서야 저이도 인제 원이 아니 되겠소!

아들: 아버지 그런 걱정은 마세요. 인제 잘되면 돌아와서 보아란 듯이 살 텐데.

아버지: 아므렴 그래야지. 만리타국의 *호지에 가서 영영 뿌리가 백혀서야 쓰겠니. (사이) 다들 보았니? 다행히 다시 돌아오거든 시방 하든 말 일르고 잘들 살어라. (눈물이 눈에 고인다. 목멘 소리로) 가자 인젠.

일동: (무대 오른쪽 전면으로 퇴장)

피에로: ⓐ(방금 울듯이 그들의 뒤를 바라본다.) 조선을 죽도록 지키잖구!
▶ 파고다 공원을 구경하고 조선을 떠나는 이주민 가족과 이를 안타까워하는 피에로

주정꾼 A와 B: (비틀거리며 마주 잡고 무대 왼쪽 후면으로 등장.)

피에로: ⓑ(이마를 찌푸린다.)

A: 어, 튀튀. / **B:** 아 여보 박 상! / **피에로:** (흘겨본다.)

B: 게 우리가 오랜만에 만나서…… / **A:** 오랜만이구 말구 응 긴 상!

B: 아하하하하…… 누 — 따 주우쿠나. / **A:** 노들강변 비둘기 한 쌍.

B: 허허허허, 이런 제길.

두 사람: (여전히 비틀거리며 무대 오른쪽 전면으로 퇴장)
▶ 술에 취해 공원을 지나가는 주정꾼들과 이를 보며 분노하는 피에로

· **중심 내용** 피에로가 공원에서 이주민 가족과 주정꾼들을 관찰함. · **구성 단계** 8, 9

이해와 감상

　이 작품은 1930년대 서울 파고다 공원을 배경으로 하여 일제 강점기를 살아가던 다양한 사람들의 삶을 보여 주는 희곡이다. 당시로서는 낯선 '피에로'가 중심인물로 등장하고 피에로가 공원에서 각계각층을 대표하는 10개의 인물군을 일정한 거리를 두고 관찰하고 인물들을 비판하는 형식으로 이루어져 있다. 피에로는 줄곧 진지한 태도로 인물들의 대화를 지켜보고 일제 강점기의 우리 민족에게 영웅이 필요한 상황이라며 시대 상황을 날카롭게 비판한다.

　하지만 피에로가 현실의 문제를 해결하는 방법으로 제시한 영웅 모집의 과정에서 피에로는 사실과 어긋나는 정보를 제공하여 풍자의 대상으로 전락하고, 풍자의 주체이며 동시에 풍자의 대상이 되는 이중적 풍자가 이루어진다. 채만식의 소설에서 발견되는 풍자성이 이 작품에서도 날카롭게 묻어난다.

전체 줄거리

1	두 소년의 대화 – 카스텔라 한 조각을 두고 두 소년이 싸움.
2	전문학교 학생들의 대화 – 전문학교 학생들이 등장하여 전문학교를 졸업해도 취직하지 못하는 실태를 이야기함.
3	거리의 여자와 어떤 남자의 대화 – 거리의 여자가 병든 삶을 근근이 이어 나감.
4	신사들의 대화 – 역사의식이 없는 신사가 공원을 유흥지로 바꾸려고 함.
5	과부와 옛 친구의 대화 – 과부가 혼자 아이를 키울 수 없어 첩살이를 했으나 결국 다시 과부가 됨.
6	순사와 노동자의 대화 – 병든 노동자가 암담한 미래에 절망함.
7	룸펜의 꾀죄죄한 모습과 시대의 흐름을 따라가는 행인들의 대화 – 변절을 일삼아 온 기회주의자들은 죄의식도 없이 풍족하게 살고, 이러한 시대의 흐름을 타지 못한 룸펜들은 가난에 시달림.
8	이주민 가족의 대화 – 온전한 세계관을 가졌으나 조선에서 살 수 없어 간도로 떠남.
9	주정꾼들의 대화 – 현실에 대한 고민 없이 방탕한 생활을 함.
10	피에로와 소년들의 대화 – 피에로는 시대 상황을 제대로 인식하고 영웅이 필요함을 깨닫지만 영웅을 모집하는 과정에서 무지함을 드러내 소년들에게 조롱 당함.

인물 관계도

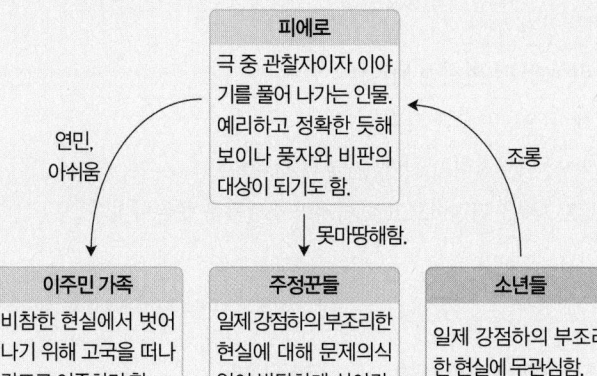

피에로
극 중 관찰자이자 이야기를 풀어 나가는 인물. 예리하고 정확한 듯해 보이나 풍자와 비판의 대상이 되기도 함.

연민, 아쉬움

못마땅해함.

조롱

이주민 가족
비참한 현실에서 벗어나기 위해 고국을 떠나 간도로 이주하려 함.

주정꾼들
일제 강점하의 부조리한 현실에 대해 문제의식 없이 방탕하게 살아감.

소년들
일제 강점하의 부조리한 현실에 무관심함.

 포인트 **체크**

인물 피에로는 비판적인 시각으로 현실을 바라보는 인물이지만, 후반부에는 그의 허구성이 폭로되어 □□의 대상으로 전락한다. 그 밖의 인물들은 일제 강점하에서 힘겹게 살아가는 우리 민중들이다.

배경 시간적 배경은 1930년대이고, 공간적 배경은 서울 파고다 □□이다.

사건 이주민 가족, 주정꾼들 등 일제 강점하 우리 민중들의 대화를 지켜보던 피에로가 □□이 필요함을 느끼고 □□을 모집하고 있다.

1 이 글의 '이주민 가족'에 대한 설명으로 적절하지 <u>않은</u> 것은?
① 아버지는 사리탑의 내력을 가족들에게 설명하고 있다.
② 이주민 가족은 현실의 어려움 때문에 조선을 떠나야 하는 처지이다.
③ 아들은 앞날을 긍정적으로 내다보며 현실 극복 의지를 드러내고 있다.
④ 어머니는 현재의 처지에 절망하며 아버지의 태도에 불만을 드러내고 있다.
⑤ 아버지는 자신과 다른 입장을 가진 아들을 고려하여 자신의 생각을 숨기고 있다.

내신 적중

2 〈보기〉를 참고할 때, ㉠을 공간적 배경으로 설정한 이유를 짐작한 내용으로 가장 적절한 것은?

| 보기 |
'공원'은 각계각층의 많은 사람이 수시로 오가는 장소이다.

① 공간에 따른 인물들의 심리 변화를 보여 주려고
② 사람이 많이 드나들기 때문에 중요한 공간임을 드러내려고
③ 여러 계층의 인물들을 등장시켜 그들 사이의 갈등 관계를 보여 주려고
④ 다양한 계층의 인물들을 통해 당대의 암울한 현실을 실감 나게 보여 주려고
⑤ 당대를 살아가는 다수의 인물을 통해 그들이 꿈꾸는 이상적인 삶의 모습을 보여 주려고

3 ⓐ와 ⓑ에 대한 설명으로 적절하지 <u>않은</u> 것은?
① ⓐ와 ⓑ에 나타난 관찰자는 동일한 인물이다.
② ⓐ와 ⓑ에는 당대의 현실에 대한 관찰자의 반응이 나타나 있다.
③ ⓐ에는 관찰자의 심리가 언어적 표현과 비언어적 표현을 통해 드러나 있다.
④ ⓑ에는 관찰자의 심리가 비언어적 표현을 통해 드러나 있다.
⑤ ⓐ에는 현실에 순응하는 태도가, ⓑ에는 이상 세계를 추구하는 태도가 드러난다.

4 작가가 ㉮와 같이 연출한 의도가 무엇일지 쓰시오.

Q **피에로가 열거하는 영웅의 국적이 다른 이유는?**

영웅이 필요한 시대라고 비판적 관점을 유지하던 피에로이지만 막상 자신이 영웅으로 칭한 인물들의 출신 국가를 사실과 다르게 말하고 있으며 그들 중에는 독재자도 있다. 이와 같은 점에서 영웅이 나타나길 바라는 피에로의 갈망은 진정성을 잃게 되고, 관객들은 피에로를 비판적으로 바라보게 되면서 피에로는 현실을 풍자하는 존재에서 풍자의 대상으로 바뀌며 이중 풍자가 이루어진다.

피에로: (흘겨보며) 망할 자식들! (고개를 숙이고 뒷짐을 지고 뚜벅뚜벅 무대 전면을 왔다 갔다 거닐면서 골똘히 생각한다. 가끔가다가 고개를 갸웃거린다.) 큰일 났어 큰일 났어. 아무래도 큰일 났어. (사이) 영웅이 영웅이! 위대한 영웅이 나야만 해. (고개를 끄덕거린다.) 그래 영웅이 나야 해, 영웅이 영웅이! (갑자기 무대 왼쪽 전면으로 뛰어들어 간다.)

　　주정꾼들에 대한 반감을 드러냄.
　　문제 해결을 위해 골똘하는 진지한 모습(이후에 나타나는 무지한 모습과 대비됨.)
　　▶ 피에로가 우리 민중의 현실을 보고 영웅의 필요성을 느낌.

— ⊙ 무대 잠시 빈다.
　　장면을 구분하고 관객의 주의를 집중시키는 효과

피에로: (영웅 대모집(英雄大募集)이라고 쓴 아직 먹이 마르지 아니한 선 간판을 손에 들고 또 한 손에는 조그마한 종을 들고 허둥지둥 뛰어나온다. 휘휘 둘러보다가 전면 벤치에 간판을 기대어 세워 놓고 관객석을 향하여 서서 종을 흔들며 부르짖는다.) 자, 영웅이 나와야 합니다. 영웅. ⓛ 이태리의 히틀러 같은 영웅, 독일의 뭇솔리니 같은 위대한 영웅,
　　인물의 국적을 다르게 말함. – 히틀러는 독일의 독재자, 뭇솔리니(무솔리니)는 이태리의 독재자
와싱톤 같은 거룩한 영웅! 나폴레옹 같은 위대한 영웅! 보시요 와싱톤은 불란서의 오늘날의 영화를 끼치었고 나폴레옹은 미국의 아버지가 되지 아니하였습니까? 우리에게도 영웅이 있어야 됩니다. 자, 영웅.
　　인물의 국적을 다르게 말함. – 와싱톤(워싱턴)은 미국의 초대 대통령, 나폴레옹은 프랑스의 황제

소년들: (여기저기서 모여들어 차츰차츰 피에로를 둘러싸고 구경을 한다.)

피에로: 자, 우리 조선에도 영웅이 있어야 합니다. 여러분 누구나 다 응모하십시오. 자 누구나 다 응모하십시오. 영웅은 참으로 좋은 것입니다. 민족을 구하여 그 일홈이 영원히 남으니 좋고 또 영웅에게는 여러 가지 특전이 있습니다. 좋은 집에서 살 수가 있고 맘대로 술을 먹을 수가 있고 *호색도 할 수가 있습니다. 약간의 허물은 모다 덮어 줍니다. 자, 누구든지 와서 영웅이 되십시오. 시기는 지금입니다. 기회를 놓치지 마십시오, 자.
　　영웅에 대한 왜곡된 인식이 드러남. – 영웅은 모집을 통해 탄생시킬 수 있는 존재가 아님.
　　이름
　　엉뚱한 특전을 제시함. – 영웅에 대한 왜곡된 인식이 나타남.

소년 갑: 여보세요? / **피에로:** 왜 그러니?

소년 갑: 그게 무슨 약이요? / **피에로:** (흥이 깨져서) 약? 예끼 놈!
　　피에로가 종을 흔들며 소리치는 모습을 보고, 약을 파는 것으로 오해함.

소년 을: 나는 빈대 약 파는 줄 알았지.

피에로: (기가 막혀) 이놈아 약이 아니야 조선의 큰 일꾼 영웅을 모집하는 게야.

소년 갑: 영웅이 무어유? / **피에로:** 우리 조선을 위해서 일할 사람이다.

소년 갑: (*까막까막 생각하다가) 그럼 저 우리 집 옆에 김 서방 오라구 해요? 일 시키면 품삯 주지요? 전에는 생선 장수 했지만 지금은……. / **피에로:** (기가 막혀) 예끼 녀석!
　　상황에 맞지 않는 엉뚱한 말 – 현실에 대한 인식이 부족함.

소년 병: 그럼 영웅은 어떤 사람이래야 해요?

피에로: 위대해야 한다. 큰사람이래야 된다.

소년 갑: 큰 사람요? / **피에로:** 아므렴 큰사람이래야지.

소년 갑: 그러면 저 우리 집 *행랑아범이 키가 퍽 큰데. / **피에로:** 예끼 녀석! (그리려 한다.)
　　상황에 맞지 않는 엉뚱한 말 – 현실에 대한 인식이 부족함을 드러냄.

소년 갑: (피하며) 괜히 그래요!

피에로: (다시 종을 흔들며) 자, 영웅이야 영웅! 어서 바삐 나오십시오. 이대로 가다가는 큰일 납니다, 어서 영웅이 나오시오.

소년 을: (저희끼리) 이애 그럼 영웅이 무어냐. / **소년 갑:** 몰라.
　　무심한 반응 – 일제 강점하 현실에 대해 고민하지 않고 무관심한 세태를 드러냄.

『**소년 병:** ❷ 아마 저 사람이 미친놈인가 부다.
　　풍자의 주체였던 피에로가 풍자의 대상으로 전락함.

소년 정: 오라 미친놈이야. (물러서며) 야 미친놈 봐라.

소년들: (사방으로 헤어지며 일제히) 야, 미친놈 봐라.

피에로: (눈이 둥그랬다가 성이 나서 이리저리 날뛰며) 이놈의 자식들!

소년들: 야, 미치괭이다. / **피에로:** (눈을 뒤집어쓰고 이리저리 소년들을 쫓는다.)

소년들: (더욱이 소리를 지른다.)』 『 』: 일제 강점하 우리 민족 간에 펼쳐지는 부조리한 상황 풍자

(급히 막이 내린다.)
　　　　　　　　　　　　　　　　　　　　　　▶ 영웅을 모집하는 피에로를 향한 소년들의 조롱

・ **중심 내용** 피에로가 영웅을 모집하고 소년들이 피에로를 농락함.　・ **구성 단계** 10

작품 연구소

극 형식의 전환점으로서의 〈영웅 모집〉

〈영웅 모집〉은 일제 강점기를 배경으로 하여 그동안 상연되어 온 전통의 극 형식과 다른 서구의 극 형식을 지향한 작품이다.

전통극	현대극
• 특정한 무대 장치가 없음. • 무대와 객석의 구분이 없음. • 특정한 대본 없이 진행되며 즉흥적 대사가 많음. • 관객의 능동적 참여가 가능함.	• 특정한 무대 장치를 설치함. • 무대와 객석이 구분됨. • 대본에 따라 계획적으로 진행됨. • 관객의 능동적 참여가 비교적 어려움.

〈영웅 모집〉에 사용된 실험적 기법

• 당시에는 낯선 소재였던 피에로를 주인공으로 설정함.
• 피에로가 다른 인물들과 거리를 둔 상태에서 그들을 관찰한 뒤 인물에 대해 평가하는 구성을 반복함.

↓

낯선 인물의 등장, 관찰과 평가의 반복 구조를 통해 일제 강점기의 부조리한 현실을 풍자함.

극 전개에 따른 피에로의 위상 변화

일제 강점하에서 힘겹게 살아가는 다양한 인물을 관찰하고 평가함.	→	민족을 구원할 영웅이 필요함을 깨달음.	→	영웅을 모집하면서 인물들의 국적을 잘못 말하고, 엉뚱한 특전을 제시함.
현실을 비판하는 인물				비판을 받는 대상

피에로는 공원을 지나는 다양한 인물을 관찰하면서 일제 강점하에서 비참하게 살아가는 우리 민중들의 모습에 안타까워하고, 민족의식 없이 살아가는 인물들을 비판한다. 그리고 이와 같은 암울한 현실에서 벗어나기 위해서는 영웅이 필요하다는 사실을 깨닫는다. 이처럼 피에로는 우리 민족이 처한 현실을 인식하고, 민족의 앞날을 진지하게 고민하고 문제를 해결하려는 의지를 가진 긍정적인 인물로 그려진다.

그러나 작품의 후반부에서 피에로는 흡사 약을 팔기 위해 광고하는 것처럼 영웅을 모집하고, 잘못된 정보와 엉뚱한 특전을 내세우는 모습을 보이며 영웅에 대한 왜곡된 인식과 무지함을 드러낸다. 피에로는 결국 소년들에게 조롱을 당하고, 작품 말미에는 풍자의 대상으로 전락하게 된다.

함께 읽으면 좋은 작품

〈제향날〉, 채만식 / 여러 대에 걸친 민족 수난사를 다룬 작품

구한말에서 일제 강점기까지 불의한 세력에 저항하는 삶을 산 김성배 일가의 가족사를 통해 지식인으로서의 의무와 책임이 무엇인지를 보여 주는 희곡이다. 작가는 이 작품에서 절망적 상황에 직면하더라도 지식인의 책임과 의무를 다하려는 실천 의지와 역사에 대한 올바른 인식을 가지는 것만이 민족의 역사를 이끌어 나가는 원동력이라는 의식을 드러내고 있다. 일제 강점기의 현실과 이에 대한 비판 의식을 어떻게 형상화하였는지 〈영웅 모집〉과 비교하며 읽을 수 있다. Link 본책 180쪽

5 ㉮, ㉯, ㉰에 대한 설명으로 적절한 것은?

① ㉮에서 시작된 인물의 고뇌는 ㉯를 거쳐 ㉰에서 해소되고 있다.
② ㉮와 ㉯에는 인물이 느끼는 불안감이, ㉰에는 자신감이 나타나 있다.
③ ㉮에는 인물의 긍정적 면모가, ㉯와 ㉰에는 부정적 면모가 나타나 있다.
④ ㉮에 나타난 인물의 현실에 대한 비판적 인식은 ㉯와 ㉰에서 더욱 강화되고 있다.
⑤ ㉮에는 인물의 과거 지향적 태도가, ㉯에는 현재 지향적 태도가, ㉰에는 미래 지향적 태도가 각각 나타나 있다.

6 ㉠의 기능으로 적절하지 <u>않은</u> 것은?

① 장면을 구분한다.
② 관객의 집중을 유도한다.
③ 중심인물이 교체됨을 알린다.
④ 이어질 장면에 대한 궁금증을 유발한다.
⑤ 다음 무대의 소품을 준비할 시간을 벌어 준다.

7 〈보기〉를 참고하여 이 글을 감상한 내용으로 적절하지 <u>않은</u> 것은?

┤ 보기 ├

극작가로서 채만식은 종종 실험적 창작 기법을 활용하였다. 소설적 서사성과 희곡적 연극성을 최대로 활용하면서 등장인물의 삶을 통해 역사의식을 형상화하는 데 목적이 있었다. 그래서 소재나 인물 등에 상상력을 더하거나 작품의 구성을 자유롭게 개방하는 방법을 사용했다.

① 당시에는 낯선 소재였던 피에로를 중심인물로 설정한 점은 실험적 기법의 하나로 볼 수 있겠군.
② 민중이 처한 현실의 문제를 영웅 모집을 통해 해결하려는 시도는 작가의 상상력이 반영된 것으로 볼 수 있겠군.
③ 소년들과 피에로가 주고받는 대화를 통해 갈등을 부각한 점은 현장감 넘치는 연극성을 활용한 장치로 볼 수 있겠군.
④ 소년들이 영웅 모집에 엉뚱하게 반응하는 모습은 역사의식이 부족했던 민중의 모습을 형상화한 것으로 볼 수 있겠군.
⑤ 인물 간의 갈등이 해결되는 과정을 역순행적 구성으로 제시한 점은 작품의 구성을 자유롭게 개방한 결과로 볼 수 있겠군.

8 〈보기〉는 '피에로'와 '소년들'의 대화 양상을 평가한 것이다. 〈보기〉의 ⓐ에 들어갈 한자 성어로 적절한 것은?

┤ 보기 ├

피에로의 말에 소년들은 상황에 맞지 않는 엉뚱한 대답을 하고 있다. 이렇게 (ⓐ)하는 상황이 반복되고 급기야 대화는 파국으로 치닫고 만다.

① 상부상조(相扶相助) ② 문동답서(問東答西)
③ 난형난제(難兄難弟) ④ 수수방관(袖手傍觀)
⑤ 난의문답(難疑問答)

내신 적중 **다빈출**

9 ㉡에 담긴 작가의 의도가 무엇일지 30자 내외로 쓰시오.

문학 지학사

핵심 정리

갈래 장막극, 비극, 사실주의 극
성격 사실적, 현실적, 고발적
배경 ① 시간 - 1930년대
　　　 ② 공간 - 어느 가난한 농촌
제재 소
주제 가난에 시달리는 일제 강점기 농촌의 현실
특징 사실주의 계열의 첫 장막극임.
출전 《동아일보》(1935)

Q 국서가 사용하는 말투의 특징과 효과는?

이 작품에서 국서는 비속어와 방언을 사용하고 있다. 비속어와 방언의 사용을 통해 등장인물의 성격을 효과적으로 나타낼 수 있을 뿐만 아니라 극에 현실감을 부여할 수 있다.

어휘 풀이

타작(打作)마당 타작(곡식의 이삭을 떨어서 낟알을 거두는 일)하는 마당.
품 삯을 받고 하는 일.
사대육신(四大六身) 두 팔, 두 다리, 머리, 몸뚱이라는 뜻으로, 온몸을 이르는 말.
점지하다 신불(신령과 부처)이 사람에게 자식을 갖게 하여 주다.
공진회 각종 산물이나 제품들을 한곳에 많이 모아 놓고 품평하고 전시하는 모임.
내력(來歷) 지금까지 지내온 경로나 경력.
마름 지주를 대리하여 소작권을 관리하는 사람. 늑사음(舍音).
실념 곡식알이 여물고 익음.
말세(稅) 곡식을 사고팔 때 가운데서 흥정을 붙여 주고 그 보수로 받는 돈.

구절 풀이

❶ **에이 죽일 ~ 삼신할머니가 글렀어!** 바쁜 농사일은 돕지 않고 빈둥거리고 놀고 있는 자식들에 대한 국서의 푸념이다. 자식들에 대한 국서의 불만이 극명하게 나타나고 있다.

❷ **우리 소는 ~ 함부로 팔어?** 소에 대한 국서의 애정이 드러난 부분이다. 국서는 소를 매우 소중한 존재로 여기고 있다는 점에서 소를 팔아 장사를 하려는 개똥이의 바람이 쉽게 이루어지지 않을 것임을 짐작하게 한다.

❸ **너 따위 ~ 돈을 벌어?** 올바르지 못한 정신 상태로는 돈을 벌 수 없다는 의미이다. 타지로 나가려는 아들과 이에 반대하는 아버지 사이의 갈등이 드러나고 있다.

❹ **도처에 춘풍이거든요!** '도처춘풍(到處春風)'은 풍년이 들어 모든 것이 무사태평하고 순조롭다는 뜻으로 쓰였다. 그러나 이는 작품의 비극적인 내용과 대비되는 표현이기도 하다.

가 막이 오르면, 집 뒤에 *타작마당이 있는 듯, ㉠거기에서 분주하게 타작하는 소리(일꾼들의 간간이 외치는 소리와 군호 맞춰 노래 부르는 소리) 들린다. 무대에는 절구통에 돼지 꼬리 같은 댕기를 드린 더벅머리 노총각 말똥이가 걸터앉아 있을 뿐이고 아무도 없다.

국서: (뒤곁에서) 말똥아! 말똥아! 이 빌어먹다 죽을 놈이 어딜 갔어? (말똥이 "빌어먹을!" 하면서 ㉡가마니를 쓰고 절구통 뒤에 숨는다. 국서, 헛간으로 나온다. 완고한 농사꾼. 뒤통수에 눈곱만 한 상투가 붙었다.) …… 일은 허지 않구 이 육실헐 놈이 어디로 새버리고 말았담? [중략] / 개똥이, 어슬렁어슬렁 울타리 밖 한길에 나타난다. 양복을 입고 모자를 썼다.

국서: 이놈 개똥아! 오늘같이 바쁜 날에 너는 어디를 쏘다니냐? 없는 돈에 *품 사서 일허는 것을 보구두 그래 *사대육신 성헌 놈들이 왜 그렇게 빈둥거리고 노느냐 말이야? 이눔, 성 녀석은 또 어딜 갔니? / 개똥이: (퉁명스럽게) 못 봤어요, 나는.

국서: ❶에이 죽일 놈들! 자식 있다는 보람이 어디 있어! 그저 삼신할머니의 잘못이야. 이 따위를 자식이라구 *점지해 주신 삼신할머니가 글렀어!　▶ 자식들에 대한 국서의 불만

나 개똥이: 아버지, 그렇게 부아만 내지 마시구 내게 한밑천 만들어 주. 나같이 바다에서 벌어 먹던 놈더러 농사를 지으라니 될 말이오. 여기서 이냥 놀기만 해두 갑갑해 죽겠는데……

국서: 이놈아, 네가 아무리 뱃눔이기로서니 애비를 좀 거들어 주었다구 뼉다귀가 뿌러질 게냐? / 개똥이: …… 저 이것 봐요, 아버지. 우리 집 소, 그만 팔아 주우. 나 한밑천 해 가지고 항구에 가서 돈 많이 벌어 가지구 올게. 일천오백 냥(30원)만 있으면 돼요.

국서: 원, 이 지각없는 자식 눔의 소리 좀 들어 보게. 이눔아. ❷우리 소는 저래 뵈도 이런데 있는 여느 소하고는 종자가 달러. 너두 알지? 우리 소의 아버지뻘 되는 소가 읍내 *공진회(共進會)에서 일등상을 받았어. 정신 차려라! 일등상이야. 그런 *내력 있는 소를 함부로 팔어? …… 저 소가 우리 집에서 밭이나 갈고 이웃에 불려 가서 품앗이나 들고 하니까 이눔이 업신여겨서.

개똥이: 아버지, 요즘 바닷가에 나가면 장사할 게 참 많아요, 이때를 넘겨서는 안 돼. 추워지면 이 벌이도 없어.

국서: 흥, ❸너 따위 농사꾼의 자식 눔이 그렇게 대가리에다가 기름을 처바르고 게다가 양복까지 잡숫고 그래 가지구두 돈을 벌어? 당최 그런 생각일랑 염두에두 두지 말고 외양간이나 치워라. 그리고 성 녀석 만나거든 어서 타작마당으로 오라구 그래.

개똥이: 아버지, 그렇지만……. / 국서: 얼른, 이눔아! 시키는 대로 왜 고분고분히 못해!

㉢개똥이 하는 수 없는 듯이 집 뒤로 나간다.　▶ 소를 둘러싼 국서와 개똥이의 갈등

다 처: (㉣헛간 입구에서 웃고 있는 사음을 발견하고) 아이구 *마름님. 어서 오슈.

사음: (술을 한 바가지 켜고) 국서는 어딨나? / 처: 저기 타작마당으로 갔나 봐유.

사음: 어때? 금년에는 볏섬이나 늘겠지? *실념(實稔)이 잘됐으니까.

문진: 암요, ❹도처에 춘풍이거든요! / 처: 아무려면 작년, 재작년의 흉년에다 비하겠어유?

사음, 헛간 입구를 통해 타작마당으로 퇴장. 다른 사람들도 다 따라 나간다.

말똥이: ㉤(혼자) …… 마름 녀석. *말세나 좀 낮게 받아먹자구 그저 알랑거리지!

▶ 밀린 빚 때문에 타작마당에 등장한 사음

・ 중심 내용 풍년을 맞은 국서네 마을　・ 구성 단계 발단

이해와 감상

이 작품은 1935년에 발표된 사실주의 희곡으로, 일제 강점기에 삶의 터전과 희망을 상실한 채 몰락해 가던 농민들의 삶을 형상화하고 있다. 이 작품에서 발생하는 갈등은 모두 '소'라는 소재를 중심으로 빚어진다. 일제의 수탈 정책 때문에 몰락해 가는 농촌의 현실 속에서 국서는 자신의 분신과도 같은 '소'를 소중히 지키려 하지만, 두 아들은 저마다의 개인적인 이유로 소를 팔려고 한다. 그리고 이와 같은 가족 구성원 간의 갈등은 사음에게 소를 빼앗기게 되면서 국서 가족으로 대표되는 소작농과 지주 간의 계층적 갈등으로 확대된다. 이러한 사건의 이면에는 일제 강점기의 모순적 사회 구조의 문제가 내재해 있다고 할 수 있다.

전체 줄거리

발단	국서는 좋은 품종의 소를 가진 것을 긍지로 삼고, 아들들보다 더 애지중지한다. 차남 개똥이는 만주에 가서 일확천금을 모을 궁리로 소를 팔아 노자를 마련해 달라고 조른다. 장남 말똥이는 빚 때문에 일본으로 팔려 가게 된 귀찬이와의 결혼을 위해 소를 팔 것을 조른다.
전개	국서네는 결국 소를 팔아 귀찬이네 빚을 갚아 주기로 하고, 개똥이는 소를 몰래 팔아 만주로 떠날 궁리를 한다.
절정	소장수가 그 소는 이미 팔리기로 되어 있지 않느냐고 말해 개똥이는 의심을 받게 되고, 집안에는 한바탕 난리가 벌어진다. 그 와중에 마름이 나타나 밀린 빚 대신에 소를 끌고 가 버린다.
하강	귀찬이는 결국 일본으로 팔려 가고, 국서는 소를 찾기 위해 마름과 주인을 상대로 소송을 하기로 하나, 소송을 해 봤자 소작인에게 이로울 것이 없다는 말에 절망한다.
대단원	말똥이는 지주네 곳간에 불을 질러 주재소에 붙잡혀 가고, 개똥이는 만주로 떠날 것을 결심한다.

인물 관계도

말똥이	개똥이
국서의 큰아들. 동네 처녀 귀찬이와 결혼하고 싶은 마음에 농사일을 거부함으로써 현실에 대해 소극적인 저항을 보임.	국서의 작은아들. 일확천금을 꿈꾸며 만주로 떠나려 하는 다소 허황된 생각에 사로잡혀 있음.

자신의 목적을 위해 소를 팔고자 함.

국서
농사꾼. 선량하지만 현실을 올바르게 보지 못하고 지금까지 해 온 농사일과 전통적 가치관만을 고수하는 완고하고 보수적인 인물 →(애정)→ **소**

사음(마름)	귀찬이 부
국서네 마을 소작농들의 도지를 관리하는 마름. 이기적인 성격을 지님. 빚의 상환 대가로 소를 빼앗으려 함.	국서의 이웃. 경제적 곤란 때문에 딸을 팔면서도 딸에게 닥칠 불행을 예측하지 못하는 현실 인식이 부족한 인물

포인트 체크

인물 가난한 □□□ 국서는 좋은 품종의 □를 가진 것을 긍지로 삼고 자신의 분신처럼 여기는 인물이다.

배경 1930년대 □□의 수탈 정책으로 몰락해 가는 □□의 비참한 현실이 사실적으로 드러나 있다.

사건 가난에 시달리는 국서는 밀린 □ 때문에 집안의 희망인 소를 □□에게 빼앗긴다.

1 이 글에 대한 설명으로 가장 적절한 것은?
① 과장된 의상과 소품을 통해 희극성을 드러내고 있다.
② 무대의 경계를 허물어 관객을 극에 참여시키고 있다.
③ 조명 효과를 통해 막과 막, 장과 장 사이를 구분하고 있다.
④ 일상적인 구어체 대사를 사용하여 사실성을 높이고 있다.
⑤ 과거와 현재의 상황을 한 무대에서 함께 보여 주어 입체감을 높이고 있다.

2 이 글의 '소'와 〈보기〉의 '소'를 비교한 내용으로 가장 적절한 것은?

┤ 보기 ├

영화 〈워낭 소리〉는 평생 땅을 지키며 살아온 농부 최 노인과, 그와 30년 넘게 동고동락한 소 한 마리에 대한 이야기이다. 소의 평균 수명은 20년 정도인데, 이 소는 무려 마흔 살이나 된다. 귀가 잘 안 들리는 최 노인이지만 소의 워낭 소리는 희미하게 들려도 귀신같이 알아듣고, 한쪽 다리가 불편해도 소에게 먹일 풀을 베기 위해 매일 산에 오른다.

① 모두 생명의 절대적인 가치를 되새기게 한다.
② 모두 농민의 소박하고 넉넉한 모습을 보여 준다.
③ 모두 인물 간의 갈등을 불러일으키는 역할을 한다.
④ 각각 국서와 '최 노인'에게 삶의 희망을 의미한다.
⑤ 각각 국서와 '최 노인'에게 분신과도 같은 존재이다.

3 ㉠~㉤에 대해 공연 방식을 논의한 내용으로 적절하지 않은 것은?
① ㉠: 일꾼의 함성 소리와 노랫소리를 배경음으로 넣어야지.
② ㉡: 말똥이가 있는 곳은 조명을 어둡게 비추어서 국서가 말똥이를 보지 못하는 상황을 자연스럽게 처리해야지.
③ ㉢: 집 뒤쪽의 공간은 구체적으로 보여 줄 필요는 없어.
④ ㉣: 사음은 다른 인물보다 말끔한 의상을 입혀야겠어.
⑤ ㉤: 확신에 찬 표정을 짓고 우렁찬 목소리로 말해야겠어.

<개통 적중>

4 '국서'와 '개똥이'의 대화 내용을 다음과 같이 정리하였을 때, ⓐ에 들어갈 알맞은 내용을 쓰시오.

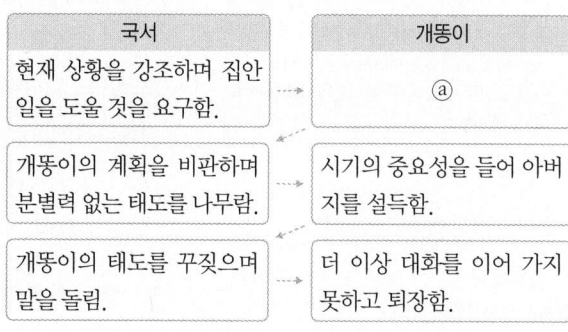

국서	개똥이
현재 상황을 강조하며 집안일을 도울 것을 요구함.	ⓐ
개똥이의 계획을 비판하며 분별력 없는 태도를 나무람.	시기의 중요성을 들어 아버지를 설득함.
개똥이의 태도를 꾸짖으며 말을 돌림.	더 이상 대화를 이어 가지 못하고 퇴장함.

어휘 풀이

도지(賭地) 도조. 남의 논밭을 빌려서 부치고 논밭을 빌린 대가로 해마다 내는 벼.

보퉁이 물건을 보에 싸서 꾸려 놓은 것.

팔자소관(八字所關) 타고난 운수로 인하여 어쩔 수 없이 당하는 일.

근실(勤實)히 부지런하고 진실하게.

무방(無妨)하다 거리낄 것이 없이 괜찮다.

Q 귀찬이 부의 대사에서 알 수 있는 당시의 상황은?

귀찬이 부는 궁핍한 살림과 밀린 빚 때문에 딸 귀찬이를 일본인에게 팔았다고 이야기하고 있으며, 이에 대해 별다른 죄책감을 드러내고 있지도 않다. 이러한 모습을 통해 일제 강점기 우리 민족의 피폐한 삶과 이로 인해 도덕성조차 잃어 가던 당시 사람들의 모습을 짐작해 볼 수 있다.

구절 풀이

❶ 자식 팔아먹구 잘되는 집안은 못 봤어. 귀찬이 부가 빚 때문에 귀찬이를 팔게 된 것에 대해 말똥이가 불만을 터뜨리며 한 말이다. 말똥이는 귀찬이와 결혼할 수 없게 되어 화가 나 있다.

❷ 계집애가 나서 ~ 덕을 뵈겠지요. 귀찮게 생각하던 아이가 팔려 가면서 40원을 벌게 해 주니 오히려 덕을 준 아이가 되었다는 뜻이다. 이러한 태도는 곤궁한 삶이 인간의 윤리 의식마저 마비시키고 있음을 보여 준다.

❸ 춘향 모의 문자가 ~ 바래야겠군요……. 〈춘향전〉에서 암행어사가 되어 출두한 이몽룡을 보고 춘향 모가 기뻐하면서 딸을 잘 길러 서울 사람 오거들랑 묻지 말고 사위 삼으라고 말하는 부분을 두고 춘향 모의 문자라고 한 것이다. 딸을 팔아 40원을 얻은 귀찬이네의 상황을 보고 이제는 아들이 아니라 딸을 낳기를 바래야겠다고 이야기하는 국서 처의 모습을 통해 탈출구를 찾을 수 없는 절망적인 상황으로 인해 도덕성조차 상실하게 된 당시의 사회상을 엿볼 수 있다.

❹ 자네가 묵은 도지를 ~ 무방한 일이라구. 소를 중심으로 국서와 두 아들의 갈등이 심화되던 중 사음이 끼어들면서 인물 간의 갈등이 더욱 복잡해지고 극에 긴장을 더하고 있다. 이전까지는 국서 가족 간의 개인적인 갈등이었던 것이, 사음의 개입으로 소작농과 지주 사이의 계층 간의 갈등으로 그 범위가 확대되고 있다.

❺ 남의 소를 가지구 ~ 남의 집 명줄을 가지구 ……. 국서네가 일제 강점하에서 불합리한 소작 제도 때문에 자신들의 희망이나 다름없는 소를 빼앗길 위기에 처하자 국서의 처는 그 허무한 감정과 상황의 부당함을 대사를 통해 드러내고 있다.

작가 소개

유치진(본책 170쪽 참고)

가

귀찬이 부: (소리를 낮추어서) 그런데 저, 댁에서도 이런 소문을 들었어요? 어찌되는 건지 내년부터서는 무슨 농지령이란 법령이 새로 내린다나요. 그래서 입때까지 밀린 °도지는 이번 추수까지 다 해 들여놔야 한대요. 그렇잖으면 논을 떼고 막 집행을 헌대요.
지금까지 / 농민의 재산을 강제로 빼앗겠다는 의미

처: 우리한테는 금년 봄부터 그런 말썽이군요. 어찌되는 놈의 세상인지.

귀찬이 부: 허는 수 없어서 우리는 우리 집 귀찬이란 년을 팔어먹게 했지요.

처: 귀찬이를? 그 얌전한 애를? / **귀찬이 부:** 도지를 갚지 않으면 논을 뗀다는 데야 해 볼 장수가 있나요. 자식이라도 팔어서 갖다 갚어야지. 그렇게라도 하지 않으면 꿩 잃고 매 잃는다는 셈으로 논은 논대로 떨어지구 자식은 자식대로 굶겨 죽일걸.
설상가상(雪上加霜), 전호후랑(前虎後狼)

말똥이: (혼잣말같이) …… 논이 떨어지면 어쩌란 말야! 빌어먹을! ❶자식 팔아먹구 잘되는 집안은 못 봤어. (퇴장)

처: (말똥이를 바라보고) 저런! 육실할! 저놈이 바로 환장을 했어! …… 그런데 귀찬이는 영 팔게 했수? / **귀찬이 부:** 2천 냥(40원)에 아주 작정을 지었답네. 그것두 원체 요즘은 이곳저곳서 계집애 팔려는 데가 많아서 좀체 사 갈 사람이 없었어요. 그러는 것을 읍내에 나까무라 상헌테다가 말해서 일본으로 팔게 했어요. 선금으로 우선 천 냥(20원) 받고, 도장 찍구 계약까지 했지요.
인신매매가 성행하는 비참한 현실

처: 에그, 댁에는 딸을 잘 가져서 °보퉁이 신세는 면하시겠구려. 우리 집에는 사내새끼가 둘이나 있으면서 무슨 °팔자소관으로 그런지 사람의 간장을 이처럼 썩이는구려. 한 자식은 배 타러 다닌다구 떠댕기다가 집에 들면 농사짓는 것을 업수이 여기구, 한 자식은 여태 °근실히 잘하든 놈이 부쩍 오늘부터 병든 황소같이 늘어 자빠지니…… 우리 집안에는 무슨 망쪼가 든 거야요. 그렇잖으면 이럴 리가 없어요.
개동이 / 말똥이 / 망조. 망하거나 패할 징조

귀찬이 부: (일어서며) …… ㉠❷계집애가 나서 귀찮스럽다구 해서 개 에미가 귀찬이란 이름을 붙였지요. 그랬는데 그게 되려 우리한테 덕을 뵈겠지요. 이힛힛…….

처: 참 세상일은 모를 일이야요. 뭐든지 그저 거꾸로만 돼 가거든요. ❸춘향 모의 문자가 아니라도 인젠 아들 낳기는 바라지 말구, 딸 낳기만 바래야겠군요……. 이왕이면 저 뒤에 가서 술 한잔 자시고 가슈.
▶ 빚을 갚기 위해 딸을 일본인에게 팔기로 한 귀찬이 부

나

사음: 개동이가 만주 간다더니, 왜 이 지경이야? ……그런데 국서, 내가 지금 온 것은 다른 게 아니라 아까 말해 두고 간 그 도지 때문에 왔는데, 이런 판에 말하기는 안됐지마는 잘 듣게. 나는 집에 가서 이렇게 생각하고 왔네. ❹자네가 묵은 도지를 아직 못 해다 갚는 바에야 내가 저 소를 몰고 가두 °무방한 일이라구. [중략]
국서네가 갚지 못한 도지

국진: 이게 무슨 짓이우? 남의 소를 두고 미리 소장수하구 흥정까지 하구 와서.
국서의 동생

사음: 일없네! 자네 작은아들이 이 소 흥정을 하려다가 못했단 말을 내가 듣고 얼씨구나 허구 쫓아온 걸세. / **국서:** 남의 소를 임자 몰래 팔어먹는 법이 어디 있담!

구경하는 사람 중에서 "암 그런 법은 없지."

사음: 돈을 내놓고 법을 찾게. 그것이 정당헌 일일세.

국진: (소장수 C가 소를 몰아내려는 것을 떼밀어 버리고) 비켜! 이런 악착스런 노릇이 어디 어! 솔랑은 마구간에 넣어 놓고 따져 봐! (소를 몰고 집 뒤로 간다.)
소일랑은

소장수 C: (따라 나가며) 이런 제기랄!

사음: (같이 따르며) 이래서는 뒷일이 좋지 못해! 이 사람 국진이!

처: ……원 천하에! ❺남의 소를 가지구 이게 무슨 짓이야. 남의 집 명줄을 가지구…….
'소'를 의미함.
▶ 사음에게 강제로 소를 빼앗기는 국서네

· 중심 내용 가난으로 말미암은 국서네와 귀찬이네의 파탄 · 구성 단계 전개·절정

🏠 작품 연구소

소재 '소'의 상징적 의미

국서에게 '소'는 정신적 기둥이며, 개똥이에게는 일확천금의 기회를 열어 줄 수 있는 수단이다. 또한 말똥이에게는 사랑을 이룰 수 있는 희망이기도 하다. 이처럼 이 작품에서 '소'는 평화로운 농촌 공동체의 소중한 자산이자 희망을 상징한다. 그러므로 일제의 불합리한 소작 제도에 의해 소를 빼앗기게 되는 현실은 국서네로 대표되는 우리 농촌 공동체의 희망이 송두리째 상실되는 것을 의미한다. 이를 더욱 확대해서 본다면, 일제에게서 지켜 내야 할 민족혼을 상징한다고도 할 수 있다.

〈소〉의 문학사적 특성

작가의 현실 인식 면에서 볼 때, 이 작품은 작가의 첫 작품인 〈토막〉과 같은 계열의 작품으로 가난한 소작농과 마름의 갈등에 초점을 두고 있다. 두 작품 모두 농촌을 배경으로 하고 있는데, 이는 당시 농촌이 일제 수탈 정책의 가장 큰 피해 지역이요, 농민은 가장 큰 희생을 강요당한 계층이었기 때문이다.

〈소〉	〈토막〉
1930년대 농촌을 배경으로 함.	1920년대 농촌을 배경으로 함.
지주의 수탈과 소극적 저항	일제의 수탈상과 이에 대한 삶의 몸부림
'소'의 상실로 대변되는 당대 농민들의 현실	'토막'을 통해 나타난 어둡고 침체된 분위기
국서의 두 아들이 겪는 좌절	아들 명수의 죽음
이웃집 귀찬이가 가난 때문에 일본인에게 팔려 감.	이웃인 경선이가 가난 때문에 고향을 떠남.

📋 자료실

〈소〉에 나타난 '풍년거지'의 역설

고난과 해학이 어우러진 이 작품은 풍년거지의 역설적 상황을 근간으로 하고 있다. 즉 풍년은 왔으나 먹고살기는 더욱 어려운 모순적 상황을 통해 일제 강점기 농촌의 실상을 포착하고자 하는 것이다. 역설이 존재하는 것은 농사 제도의 구조적 모순 때문이다. 국서 처의 대사("농사가 잘되면 어디 논임자 밭 임자가 가만둡니까?")에서처럼 소작인들은 아무리 풍년이 들었어도 지주에게 밀린 도지를 갚느라고 쌀 한 톨 구경할 수 없는 상황이다. 심지어 새로 실시될 농지령 때문에 그동안 밀린 도지를 다 갚지 않으면 논을 떼게 될 처지가 되어 버렸다. 밀린 도지 때문에 딸을 팔고는 딸 낳기를 잘 했다고 생각하게 된 귀찬이네의 상황, 자식보다 소중하게 여기던 소를 지주에게 억울하게 빼앗겼지만 소보다 비싼 소송 비용 때문에 소를 포기할 수밖에 없는 국서네의 상황 모두가 역설적인 상황에 해당한다.

– 김용수, 〈유치진의 사실주의 극에 대한 재검토〉

📖 함께 읽으면 좋은 작품

〈사하촌〉, 김정한 / 지주와 소작농 간의 갈등을 다룬 작품

사하촌에서 저수지 물길 문제를 두고 벌어지는 지주 계층(친일 세력과 보광사 중들)과 소작농(사하촌 주민) 사이의 갈등을 다룬 소설이다. 가뭄과 지주의 횡포로 고통에 시달리며 살아가는 농민 스스로의 자각이 드러나 있다. Link 〈현대 소설〉 125쪽

〈홍염〉, 최서해 / 일제 강점기 만주 이민자들의 삶을 그린 작품

서간도를 배경으로 조선 이민 농부들의 비참한 삶과 그에 대한 저항을 그린 소설이다. 주인공 문 서방이 빚 때문에 지주에게 딸을 빼앗기고 이 작품의 말똥이처럼 지주의 집에 불을 지름으로써 그 울분을 표현한다는 내용을 담고 있다.

내신 적중

5 〈보기〉를 참고하여 이 글을 감상한 내용으로 적절하지 <u>않은</u> 것은?

> ┤ 보기 ├
>
> 일제는 식민 지배 동안 동양 척식 주식회사와 조선 식산 은행 등을 통해 일본의 농업 자본을 침투시켰을 뿐만 아니라, 합법을 가장한 편법으로 우리의 토지를 몰수하였다. 그 결과 기존의 토착 지주는 줄어들고 소지주나 소작농으로 전락하여 가난하게 살 수밖에 없었다.

① 귀찬이 부가 딸을 팔 수밖에 없는 이유가 짐작이 가는군.
② 농지령은 우리의 토지를 몰수하기 위한 일본의 편법이겠군.
③ 국서의 불행은 당시 우리 민족이 겪은 고통을 대표하고 있군.
④ 국서는 소로 빚을 갚았으니 앞으로는 형편이 나아질 수 있겠군.
⑤ 국서 또한 일제 강점하에 어렵게 살아가던 소작농이라 할 수 있겠군.

6 (나)에 나타난 갈등의 원인과 갈등 양상을 바르게 짝지은 것은?

	갈등의 원인	갈등 양상
①	소	국서와 국진 사이의 갈등
②	도지	국서네와 사음 사이의 갈등
③	도지	말똥이와 개똥이 사이의 갈등
④	농지령	국서 처와 말똥이 사이의 갈등
⑤	농지령	국서 처와 귀찬이 부 사이의 갈등

7 (나)에 나타난 '사음'의 말하기 방식으로 가장 적절한 것은?

① 본심을 숨기고 딴전을 부리면서 논점을 흐리고 있다.
② 권위 있는 이의 말을 인용하여 상대를 조롱하고 있다.
③ 상대가 듣기 좋은 소리만 하면서 비위를 맞추고 있다.
④ 사례를 들어 현재 상황이 낙관적임을 보여 주고 있다.
⑤ 자신의 입장만을 내세우며 상대의 말을 묵살하고 있다.

8 ㉠에 대한 반응으로 적절하지 <u>않은</u> 것은?

① 딸이 팔리게 된 상황에 기뻐하고 있군.
② 부조리한 상황에 저항하지 못하고 있군.
③ 부자를 동경하는 모습을 보여 주고 있군.
④ 현실 문제를 제대로 판단하지 못하고 있군.
⑤ 생활고 때문에 윤리 의식마저 마비되고 있군.

9 이 글에서 '국서'와 '처'에게 있어 '소'가 의미하는 바를 단적으로 나타내는 표현을 찾아 쓰시오.

005 제향날 | 채만식

핵심 정리

갈래 장막극
성격 비판적, 저항적
배경 ① 시간 – 1937년 가을
② 공간 – 최 씨의 집
제재 구한말과 일제 강점기를 살았던 김성배 일가의 삶
주제 부정적 세력에 대한 투쟁, 이상향 추구의 영속성
특징 ① 작가의 역사의식이 뚜렷하게 드러남.
② 과거와 현재를 교차하는 방식으로 진행됨.
③ '프로메테우스 이야기'를 삽입하여 일제 강점기 지식인의 책무를 드러냄.
출전 《조광》(1937)

Q 원시인들에게 불을 가져다준 프로메테우스의 행위가 상징하는 바는?

프로메테우스는 제우스가 감춰 둔 불을 훔쳐 인류에게 가져다주었다. 이로써 그는 인류에게 문명의 근원을 가져다준 영웅으로 일컬어진다. 이러한 프로메테우스의 모습은 김성배 일가 삼대가 부정적인 권력자들에게 저항하며 당대 지식인으로서의 의무와 책임을 다하는 모습을 연상하게 한다.

어휘 풀이

제향(祭享) 제사(祭祀)의 높임말.
프로메테우스(Prometheus) 그리스 신화에 나오는 티탄족의 영웅. 인간에게 불을 훔쳐다 주어 인간에게는 문화를 준 은인이 되었으나, 그로 인하여 제우스의 노여움을 사 코카서스의 바위에 묶여 독수리에게 간을 쪼이는 고통을 받았다고 한다.
상수(上手) 객석에서 무대를 보았을 때 무대의 오른쪽.
암전(暗轉) 연극에서, 무대를 어둡게 한 상태에서 무대 장치나 장면을 바꾸는 일.
부싯돌 부시로 쳐서 불을 일으키는 데 쓰는 석영(石英)의 하나. 아주 단단하고 회색, 갈색, 검은색 등을 띤다.
근리(近理)하다 이치에 거의 맞다.
인(人)버러지 은혜를 모르는 사람을 비유적으로 이르는 말.

구절 풀이

❶ **그리해서 느이는 ~ 이룰 수가 있는 것이다.** 프로메테우스가 인류에게 불을 가져다준 궁극적인 이유가 드러나 있다.
❷ **어느 집에서는 ~ 십상이었지.** 프로메테우스가 인간에게 불을 가져다준 행동에 담긴 정신이 우리 민족의 삶 속에서도 끊임없이 이어져 내려온 것임을 엿볼 수 있는 대목이다.
❸ **어떤 놈이 ~ 주었단 말이냐고.** 프로메테우스가 인간에게 불을 가져다준 것이 독단적인 행동이었다는 것과 그 결과 그가 고통을 받게 될 것임을 짐작할 수 있다.

가 [무대] / 배경은 빙원(氷原)과 눈 쌓인 원산(遠山). 무대에는 눈 덮인 빙판. 무대가 밝아지면 중앙에 남녀의 성별이 나지 않게 김생의 털가죽으로 몸을 가린 원시인 5, 6인이 한 무더기가 되어 떨고 있고 손에 횃불을 든 **프로메테우스**, **상수**로 서서히 등장.

원시인들: (프로메테우스와 불을 보고 겁을 내어 뒤로 물썬물썬 몰려간다.)
프로메테우스: 무서워하지 마라. 나는 느이를 구하러 왔느니라. 이 불을 느이를 줄 테니 이것을 받아 가지라.
원시인 1: 그건 무엇이오?
프로메테우스: 이것은 불이라고 하는 것이다. 『이것이 있으면 치웁지 아니하고 음식을 이것에다가 익혀 먹으면 보드랍고도 맛이 있고, 이것을 켜 놓으면 밤에도 모든 것이 보이고, 또 이것으로 쇠를 녹여서는 여러 가지 연장을 만들어 사냥을 할 수 있고, 느이를 침노하는 사나운 짐승들을 대적해서 이길 수가 있는 것이다. ❶그리해서 느이는 겨레가 크게 번성할 것이요 좋은 세상을 이룰 수가 있는 것이다.』
원시인 2: 대체 그게 무엇이길래 그렇게 좋드람? 어데? (가까이 와서 불을 덥썩 만지다가 질겁하고 물러선다.) 아이구, 어얏? (성을 내어) 그런 독하고 무서운 것을 주면서 우리를 속이려고! (동류를 돌아보고) 손을 대니까 머 끊어지게 아픈걸, 그래.
프로메테우스: 아니다. 그렇게 너무 가까이 대니까 데어서 뜨거운 것이다. 자— 이것을 받어 가거라. 그러나 이것은 물을 끼얹으면 죽는 법이다. 마른 나뭇가지를 모아 놓고 거기다 옮겨라. 그리고 어찌해서 영영 꺼져 버리거든 산에 가서 쇳덩이와 돌멩이를 구해서 그것을 마주 부드치면 거기서 조그만한 불이 일어나느니라. 그놈을 마른 풀잎에다가 받어서 불을 장만해라. 자— 받어 가거라.
원시인 한 사람이 나서서 횃불을 받는다. 프로메테우스, 횃불을 주고 상수로 퇴장.

▶ 삽입 이야기: 원시인에게 불을 전해 주는 프로메테우스

나 무대 급히 **암전**. 다시 밝아지면 도로 전경.
상인: 그래서. / 영오: 뭘, 거짓뿌렁! 성냥이 있는데 왜 불이 없어.
상인: 아, 그 녀석이! 너 할머니한테 여쭈어 보아라. 옛날에 성냥이 있었는가.
최 씨: 없구 말구. 내가 젊었을 때만 해도 황(黃) 개피허구 **부싯돌**뿐이었드란다. 그러고 네 말이 **근리**한 말인가 부다. 옛날에는 밤에 화로에 불을 담어 두었다가 그 이튿날이면 그놈으로 불을 이루더니라. 그걸 불씨라고 하지. ㉠❷어느 집에서는 불씨가 삼대째 내려오느니 사대째 내려오느니 하고, 그러고 그 화로는 그 집 맏며느리가 꼬옥 맡어 두더니라. 그렇게 맡었다가 이튿날 새벽에 불을 이루는데, 혹시 불씨를 죽였으면 집안이 망할 징조라고 큰일이 나지. 도루 쫓겨 가기가 십상이었지.
상인: 거 봐, 이 녀석아. 내가 거짓말을 했니? / 영오: 그럼, 자—. (밤 벗긴 것을 준다.)
상인: 옳—지. (받어먹고) 그런데 말이다. 그 뒤에 하늘에서 하느님이 가만히 내려다보니까 아 **인버러지**들이 불을 가지고 있겠지! 아, 그래서 하느님이 그만 노—발대발 역정이 나서 ❸어떤 놈이 내 거룩한 불을 훔쳐다가 저놈들 인버러지를 주었단 말이냐고, 인제 저것들이 불을 가지고 왼갓 짓을 다 해설랑은 내 턱을 치받으려 들 테니 이럴 수가 있단 말이냐고.

▶ 프로메테우스 이야기를 들려주는 상인

• 중심 내용 프로메테우스 신화를 들려주는 상인   • 구성 단계 하강

이해와 감상

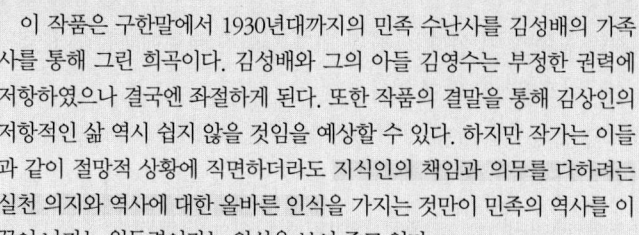

이 작품은 구한말에서 1930년대까지의 민족 수난사를 김성배의 가족사를 통해 그린 희곡이다. 김성배와 그의 아들 김영수는 부정한 권력에 저항하였으나 결국엔 좌절하게 된다. 또한 작품의 결말을 통해 김상인의 저항적인 삶 역시 쉽지 않을 것임을 예상할 수 있다. 하지만 작가는 이들과 같이 절망적 상황에 직면하더라도 지식인의 책임과 의무를 다하려는 실천 의지와 역사에 대한 올바른 인식을 가지는 것만이 민족의 역사를 이끌어 나가는 원동력이라는 의식을 보여 주고 있다.

또한 이 작품은 극 중에 프로메테우스 신화를 삽입하여 주제를 효과적으로 전달하고 있다. 봉건적인 왕권에 도전한 김성배, 일제의 권력에 대항한 김영수, 독립운동의 성격과 유사한 면이 있는 사회주의 운동을 하는 김상인 모두 민족을 위해 희생하며 부정적인 세력에 대항하는 삶을 살았다는 점에서 인류에게 불씨를 전해 주는 프로메테우스와 공통점이 있다.

전체 줄거리

발단	최 씨 남편 김성배의 제향날에 최 씨가 외손자 영오에게 남편 김성배에 대한 이야기를 해 준다.	전경
전개	최 씨의 남편 김성배가 동학 농민 운동에 가담했다가 혁명이 실패하면서 처형당한다.	제1막
절정	최 씨의 아들 김영수는 3·1 운동을 주도하다 실패한 후 쫓기는 몸이 되어 상해로 떠나 독립운동을 한다.	제2막
하강	최 씨의 손자인 상인이 프로메테우스의 신화를 이야기해 주며 집안 대대로 간직해 온 불씨의 소중함을 일깨워 준다.	제3막
대단원	일본에 유학 중인 상인이 사회주의 운동을 하고 있음이 암시된다.	

인물 관계도

최 씨
남편과 아들의 저항적 삶을 지켜본 관찰자. 영오와의 대화를 통해 극의 중심 내용을 서술하고 해설하는 역할을 함.

김성배
제1막의 주인공. 동학 혁명군의 접주로 활약하지만 동학군이 패퇴하고 부친이 자기 대신 잡혀 곤욕을 당하자 자수하여 공개 처형됨.

김영수
제2막의 주인공. 김성배의 아들로, 소지주였던 부친의 가업을 잇다가 3·1 운동을 도모한 후 일본 관헌에 쫓겨서 중국으로 망명함.

영오
최 씨의 외손자이자 상인의 외사촌. 최 씨에게 가족사에 대한 이야기를 들음.

김상인
김영수의 아들이자 김성배의 손자. 사회주의 운동을 하며 조부와 부친의 삶의 궤적을 이어 감.

작품 연구소

〈제향날〉의 이야기 구조

• 김성배와 김영수의 과거 이야기를 극적으로 재현하는 장면과 최 씨가 이야기를 서술하는 장면이 반복되는 구조를 보임. [전략 부분]
• 프로메테우스 신화를 삽입하여 김성배 일가의 삶을 상징적으로 표현함.

↓

• 비슷한 구조의 이야기를 반복적으로 제시하여 주제 의식을 강조함.
• 사건을 극적으로 제시하는 창과 사건을 요약·서술하는 아니리가 반복되는 판소리의 이야기 구조와 유사함.

키 포인트 체크

인물 최 씨는 남편 김성배와 아들 김영수의 ☐☐☐ 삶을 지켜본 인물로, 외손자 영오와의 대화를 통해 극의 중심 내용을 서술, 해설하는 역할을 한다.

배경 1937년 가을 최 씨의 집을 배경으로 하여 ☐☐☐에서 일제 강점기까지의 민족 수난사를 다루고 있다.

사건 김성배의 제향날, 최 씨는 손자들에게 동학 농민 운동에 가담했던 남편과 3·1 운동을 주도했던 아들에 대한 이야기를 들려준다. 상인이 영오에게 ☐☐☐☐☐☐ 신화를 들려주며 집안 대대로 간직해 온 불씨의 소중함을 일깨운다.

1 이 글에 대한 설명으로 적절하지 않은 것은?
① (가)는 인물의 꿈속에서 일어난 사건에 해당한다.
② (가)에서는 작가의 의도를 상징적으로 제시하고 있다.
③ (나)에서는 (가)의 내용과 관련된 이야기를 하고 있다.
④ (가)와 (나)는 다른 공간에서 벌어지는 사건이다.
⑤ (가)와 (나)의 장면은 조명 효과를 통해 구분되고 있다.

2 이 글에 나타난 장면으로 적절하지 않은 것은?
① 상인이 밤을 받아먹는 장면
② 원시인들이 추위에 떠는 장면
③ 최 씨가 화로에 불을 담는 장면
④ 영오가 상인의 이야기를 듣는 장면
⑤ 프로메테우스가 원시인들에게 불을 전하는 장면

3 이 글을 공연하기 위한 회의 내용으로 적절하지 않은 것은?
① 무대는 두 개의 공간이 빠르게 전환될 수 있도록 구성해야겠어.
② 소품으로는 횃불과 밤을, 의상으로는 짐승의 털가죽을 준비해야겠어.
③ 원시인들은 불을 처음 본 상황이므로 불을 경계하는 모습을 연기해야 해.
④ 영오는 다른 사람의 말을 쉽게 믿지 않는, 의심이 많은 성격의 인물로 설정해야겠어.
⑤ 프로메테우스 역을 맡은 배우는 원시인들과 달리 비범한 느낌이 들도록 분장과 말투에 신경 써야겠어.

4 '프로메테우스'가 인류에게 불을 전해 준 궁극적인 이유가 나타나는 문장을 찾아 첫 2어절과 끝 2어절을 쓰시오.

5 〈보기〉의 밑줄 친 부분을 고려하여 ㉠을 통해 작가가 말하고자 하는 바를 50자 내외로 쓰시오.

┤ 보기 ├
그리스 신화에서 프로메테우스는 제우스가 감추어 둔 불을 훔쳐 인간에게 전해 주는데, 여기서 프로메테우스의 불은 이중적인 의미를 가진다. 인류에게 내려진 이기(利器)이자 결코 꺼질 수 없는 영속성이라는 의미가 바로 그것이다.

어휘 풀이

연산 죽 잇대어 있는 산.

비끄러매다 ① 줄이나 끈 따위로 서로 떨어지지 못하게 붙잡아 매다. ② 제멋대로 하지 못하게 강제로 통제하다.

보과 어떤 일의 보답으로 돌아오는 결과나 보람.

영겁(永劫) 영원한 세월.

차면(遮面) 집의 내부가 바깥으로 드러나 보이지 않도록 앞을 가림. 또는 그런 물건이나 장치.

방백(傍白) 연극에서, 등장인물이 말을 하지만 무대 위의 다른 인물에게는 들리지 않고 관객만 들을 수 있는 것으로 약속되어 있는 대사.

사회주의(社會主義) 사유 재산 제도를 폐지하고 생산 수단을 사회화하여 자본주의 제도의 사회적·경제적 모순을 극복한 사회 제도를 실험하려는 사상. 또는 그 운동.

고학(苦學)하다 학비를 스스로 벌어서 고생하며 배우다.

[무대] / 배경은 멀리 *연산(連山)의 산봉우리들. 무대에는 그들 연산 중에 제일 높은 봉이 보이는 바위 하나. 무대가 밝아지면 한쪽 눈이 상하고, 한편 귀가 떨어진 프로메테우스가 굵은 쇠사슬로 팔과 다리를 바위에 *비끄러매고 앉아 있다.

프로메테우스: (눈을 치뜨고 하늘을 올려다보면서) ❶의를 행한 *보과(報果)품! 의를 이룬 보과품은 *영겁의 고초! 죽지 아니하고 영겁토록 받는 고초! 사나운 수리가 살을 쪼아 먹고 까막까치는 눈을 파먹고 귀를 떼어 먹고 그러고도 끊이지 아니하는 극형!

⑦천둥소리 우르릉거리고 번개를 친다. 폭우가 내린다. 폭우가 그치고 강풍이 분다. 강풍이 그치고 눈이 내린다.

프로메테우스: (눈이 내릴 때에) 응, ❷그래도 나는 의(義)를 이루었노라. 뉘우치지 아니하노라.

무대 급히 암전. 다시 밝아지면 도로 전경. ▶ 삽입 이야기: 의를 이루고 벌을 받는 프로메테우스

최 씨: 아이! (혀를 끌끌 찬다.) 불쌍하다.

상인: 하하하하, 불쌍해요?

최 씨: 그럼, 불쌍하잖니! ㉠언제까지고 그렇게 묶여 앉아 고생을 할 테니!

상인: 그런데 얼마 전에 누가 가서 풀러 놓아주었답니다. 할머니.

최 씨: 아이, 잘했다. 아무렴, 놓아주어야지.

상인: 하하하하. (일어나서 마당으로 내려선다.)

영오: 언니, 어데 가우? / **상인:** 나 누구 좀 만나고 오마.
_{같은 부모에게서 태어난 사이이거나 일가친척 가운데 항렬이 같은 동성의 손위 형제를 이르거나 부르는 말}

영오: 나도 같이 가? / **상인:** 너는 못 오는 데다.

최 씨: ㉡일찍 들어와서 저녁 먹어라. / **상인:** 네. (*차면께로 걸어간다.)
_{영락없이}

최 씨: (우두커니 바라보다가) 저것이 뒤태는 여승 제 애비야!
_{상인 역시 아버지 영수처럼 민족을 위한 일을 할 것임을 암시함.}

영오: 외삼촌?

최 씨: 그래. ㉢돌아서서 저렇게 걸어나가는 걸 보면 그저 하릴없이 제 애빈걸! 뒷데숙이가 볼록 나온 것이며 어깨통이 떡 벌어진 것이며 걸음걸이며. (한숨.)
_{뒤통수}

상인: (한 번 돌려다 보고 차면 밖으로 퇴장.) ▶ 이야기를 마치고 퇴장하는 상인

최 씨: (*방백) ㉣어여 하루바삐 공부를 다 하고 와서 장가나 들고 자식이나 낳고 그래서 편안히 살아가게 해라. 믿느니 믿느니 그것뿐이다. (한숨)
_{상인이 안락하고 평화로운 삶을 살기를 희망함.}

영오: 할머니, 할머니. / **최 씨:** 오ー냐.

영오: 그런데 말이유. 우리 선생님도 그러시고 또 우리 반 동무아이도 그러는데 언니가 *사회주의가 무엇인지 사회주의 한다고 그러겠지?

최 씨: 무엇? 사우주? 그건 무슨 말이라든?
_{세상 물정에 어두운 최 씨의 면모}

영오: 나도 모르겠어. 그냥, 이애 영오야! 느이 외갓집 ㉤상인이 형은 동경 가서 사회주의 한다지? 그래.

최 씨: ❸응. 그럼, 아마 돈 없이 *고학한다는 말인가 보구나. 그렇다면야 어떻니? ㉥그렇게 고학을 해서라도 공부만 착실히 잘해서 장하게 되어 가지고 잘살면 그만이지. (밤 담겨 있는 그릇을 들여다보고) 인제는 다 깠다. 그새 이야기를 하느라 까는 줄 모르게. (밤을 까서 물에 담근 그릇을 들여다보고) 많이도 깠다. (마지막 까던 밤을 물에다가 담방 담그면서) 내가 옛날 '노구할미' 뿐이다. 「노구할미가 상전이 벽해되는 것을 보고는 입에 물었던 대추씨 하나를 뱉어 놓고 벽해가 상전이 되는 것을 보고는 또 대추씨 하나를 뱉어 놓고 연해 그런 것이 대추씨가 모여서 큰 산이 되었다더니 나도 이애기를 하는 동안에 밤을 이렇게 많이 까 놓았구나! (바깥을 우두커니 내어다보면서) 구름도 허연 게 탐스럽기도 흩어진다!
_{상전벽해를 거듭한 역사적 사건들이 오늘에 이르렀음과 상인의 투쟁이 곧 시작될 것을 의미함.}
_{앞으로 겪게 될 불행을 암시함.}

▶ 상인의 희망적인 앞날만을 바라고 있는 최 씨

· **중심 내용** 최 씨의 바람과 달리 사회주의 운동을 하는 상인   · **구성 단계** 하강·대단원

🏠 작품 연구소

〈제향날〉에서 '프로메테우스 신화'의 상징적 의미

프로메테우스는 제우스 몰래 불을 훔쳐 내어 인간에게 전해 주고 유용하게 쓸 수 있도록 도와준다. 그 때문에 신의 분노를 사서 영원히 바위에 묶여 독수리에게 살을 쪼이는 형벌을 받게 되는데, 그는 자신의 행위를 뉘우치지 않고 의연한 태도를 보인다. 이러한 프로메테우스의 모습을 제시한 것은 프로메테우스처럼 일제 강점기의 지식인들에게도 민족적 수난을 극복하기 위한 자기희생과 의연한 자세가 필요함을 드러내기 위해서이다.

프로메테우스	극형을 받고 있음에도 '의(義)'를 이루었기에 의연함.	➡	지식인	자기희생과 의연한 자세가 필요함.

'프로메테우스 신화'에 등장하는 '불'의 상징성

불	인류의 삶에 새로운 원동력을 줌.	확대 적용	· 우리가 대대로 계승해야 할 민족혼 · 독립을 위한 저항 의지

〈제향날〉에서 사용된 회상 기법

〈제향날〉에서 '회상'은 극을 진행하는 주요 기법이다. 조선 후기부터 일제 강점기에 이르는 포괄적인 이야기를 한 편의 연극으로 만들기는 쉽지 않다. 이에 작가는 서술자와 같은 역할(극 중 서술자)로 최 씨를 설정하고, 최 씨가 손자들에게 해 주는 설명에 따라 동학 농민 운동, 3·1 운동 등의 사건을 무대에 재현하였다. 이 작품은 전체가 3막으로 되어 있는데 별도로 '전경(前景)'이라는 독립된 장면을 설정하고 있다. 바로 이 장면이 최 씨와 손자들이 대화를 나누고 있는 '극 중 현재'에 해당한다.

자료실

〈제향날〉의 희곡으로서의 한계와 가능성

동학금을 지원한 증조부, 동학 접주였던 조부, 3·1 운동 주동자였던 부친, 사회주의 운동을 하는 상인 등 4대에 걸친 가족사를 다룬 〈제향날〉은 식민지 현실을 역사 인식 연속선상에서 추구하면서 민족 장래를 상징적으로 모색하는 점에서 눈에 띈다. 〈제향날〉은 남편 제삿날에 상인의 할머니인 최 씨가 외손자인 영오에게 가족사를 들려주는 형식으로 전개된다. 이야기 가운데 친손자인 상인도 가담하여 영오에게 프로메테우스 신화를 들려준다. 이야기를 들려주는 현실 장면에서 과거사나 신화가 재현되는 회상 장면이 일곱 차례나 반복된다. 과거사나 신화를 같은 방식으로 재현시킨 것은 미숙한 수법으로 여겨진다. 아울러 독백이나 설명을 곁들인 최 씨 대사는 속도가 느리고, 회상 장면과 일부 중복되는 내용도 있어, 극적 행동으로는 부자연스럽고 갈등 구조를 취약하게 하는 요인도 없지 않다. 그러나 가족사적인 투쟁이 인간을 구원하려는 프로메테우스의 희생에 비유되고, 미래 독립 국가 건설을 위한 불씨로 상징되어 어린 손자에게 교훈으로 남겨지는 점은 극적 상상력이 극도로 발현된 사실주의 극의 커다란 성과이다. 서사 극에 관한 선구적 시도도 주목할 만하다.

– 서연호·이상우, 《우리 연극 100년》

📖 함께 읽으면 좋은 작품

〈태평천하〉, 채만식 / 그릇된 역사 인식을 지닌 인물을 풍자한 작품

구한말에서 일제 강점기로 이어지는 수난기를 바탕으로, 민족의 현실은 아랑곳하지 않고 자신의 이익만을 채우는 윤 씨 일가의 가족사를 통해 친일 지주층의 반민족적 세태를 강하게 비판한 장편 소설이다.

🔗 Link 〈현대 소설〉 112쪽

〈간〉, 윤동주 / 프로메테우스 신화를 모티프로 삼은 작품

정의롭지 못한 현실과 타협하고 싶은 유혹을 떨쳐 버리고 양심에 거스름 없는 삶을 살기 위해 끊임없이 반성하며 희생하겠다고 다짐하는 내용의 시이다.

---

6 이 글의 등장인물에 대한 설명으로 적절하지 <u>않은</u> 것은?

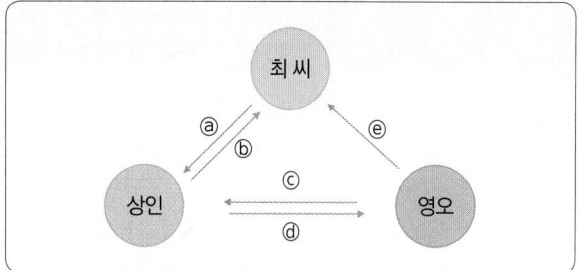

① ⓐ: 집안을 일으킬 것으로 기대하고 있다.
② ⓑ: 기대를 부담스러워하고 있다.
③ ⓒ: 친근하게 잘 따르고 있다.
④ ⓓ: 자신이 하는 일을 알리지 않으려 한다.
⑤ ⓔ: 상인에 대한 일을 알려 준다.

7 ㉮에 대한 설명으로 적절하지 않은 것은?

① 자연의 변화를 통해 시간의 경과를 보여 준다.
② 감각적인 연출을 통해 관객의 주의를 집중시킨다.
③ 인물이 처한 극한의 상황을 효과적으로 표현한다.
④ 신화를 표현한 장면과 극 중 현실 상황을 구분한다.
⑤ 이어지는 대사의 의미를 강조하는 분위기를 형성한다.

8 ㉠~㉤ 중, 〈보기〉의 밑줄 친 부분에 해당하는 대사로 가장 적절한 것은?

┤ 보기 ├

상인은 동학 농민 운동에 참여했던 김성배의 손자이고 3·1 운동에 참여했던 김영수의 아들이다. 그리고 관객은 최 씨의 대사를 통해 <u>상인을 할아버지 김성배와 아버지 김영수와 동일한 맥락에서 파악하게 된다.</u>

① ㉠　② ㉡　③ ㉢　④ ㉣　⑤ ㉤

9 이 글의 '상인'이 〈보기〉의 '윤 직원'에게 할 수 있는 말로 가장 적절한 것은?

┤ 보기 ├

윤 직원: 자네, 뭣 때문에 사회주의를 하나? 돈이나 밥이 나오는 것도 아닌데 말이야. 지금이 얼마나 좋은 세상인가! 그야말로 태평천하지. 순사들이 거리거리마다 다니면서 우리 조선을 보호해 주지, 게다가 난 그동안 힘들게 모은 재산을 일본이 다 지켜 주니 이보다 더 좋을 수가 없네.

① 사회주의 독립운동은 조국을 구하는 유일한 방법입니다.
② 저도 할머니 때문에 사회주의를 계속할지 고민이 됩니다.
③ 나 혼자 편하다고 민족의 고통을 등한시해서는 안 됩니다.
④ 일본 순사들의 보호만으로 태평천하가 되는 것은 아닙니다.
⑤ 대의를 이루기 위해서라면 어떠한 희생도 감수해야 합니다.

10 ㉯의 의미를 '최 씨'의 입장에서 20자 내외로 서술하시오.

006 동승 | 함세덕

국어 동아

핵심 정리

갈래 단막극, 비극, 낭만주의 극
성격 낭만적, 비극적
배경 ① 시간 – 초겨울
　　　　② 공간 – 깊은 산속의 어느 절
제재 어머니에 대한 그리움
주제 인간적 사랑과 불교의 가르침 사이의 갈등
특징 ① 등장인물의 심리 묘사에 치중함.
　　　　② 운명과 의지 사이의 갈등이 잘 드러남.
출전 《동아일보》(1939)

어휘 풀이

주지(住持) 절을 주관하는 승려.
파계(破戒) 불가에서 계율을 어기고 지키지아니함.
심줄 '힘줄'의 변한말.
관세음보살(觀世音菩薩) 아미타불의 왼편에서 교화를 돕는 보살. 세상의 소리를 들어 알 수 있는 보살이므로 중생이 고통 가운데 열심히 이 이름을 외면 도움을 받게 된다.
유식론 법상종의 주요 경전으로, 인식의 과정을 명확히 하고 실천 수행의 다섯 계위를 밝히고 있다.
경문(經文) 불교의 교리를 밝혀 놓은 경전의 문구.
야차(夜叉) 사천왕에 딸린 여덟 귀신의 하나로, 사람을 괴롭히거나 해친다는 사나운 귀신.
대악무도(大惡無道)하다 대단히 악독하고 사람의 도리에 어긋난 데가 있다.
법당(法堂) 불상을 안치하고 설법도 하는 절의 정당(正堂).
이무기 전설상의 동물로 뿔이 없는 용. 어떤 저주에 의하여 용이 되지 못하고 물속에 산다는, 여러 해 묵은 큰 구렁이를 이른다.
진애 ① 티끌과 먼지를 통틀어 이르는 말. ② 세상의 속된 것을 비유적으로 이르는 말.
오탁 불가에서 세상의 다섯 가지 더러움을 이르는 말.
사바 괴로움이 많은 인간 세계.
살(煞) 사람을 해치거나 물건을 깨뜨리는 모질고 독한 귀신의 기운.

구절 풀이

❶ **파계를 한 ～ 헤어야 한다.** 도념이 파계를 한 어머니의 죄를 물려받았기 때문에 죄를 없애기 위해서는 남들보다 더 열심히 불공을 드려야 한다는 주지의 생각이 드러나 있다.

❷ **겉으루 보면 ～ 오탁의 사바니라.** 주지는 도념이 속세에 나아가지 못하도록 속세를 온갖 추악하고 더러움이 판치는 곳으로 말하고 있다. 도념이 속세의 현실에 두려움을 갖게 함으로써 절을 떠나지 못하도록 하려는 주지의 의도가 반영되어 있다.

도념: (홀연히) 스님, 전 세상에 가서 살구 싶어요.

주지: 닥되려. 무얼 잘했다구 또 그런 소리를 하구 있니?
〔'닥쳐'의 사투리〕

도념: 절더러 거짓말한다구만 마시구, 저한테 어머니 계신 데를 가르쳐 주십쇼.
〔어머니에 대한 그리움〕

주지: 네 어미란 대죄를 지은 자야. 너에겐 에미라기보다 대천지원수라는 게 마땅하겠다.
〔여승의 신분으로 사냥꾼과 함께 도망간 일〕
❶파계를 한 네 에미 죄의 피가 그 피를 받은 네 심줄에 가득 차 있으니까, 너는 남이 한 번 헤일 염주면 두 번 헤어야 한다.
〔어머니의 행적을 문제 삼아 도념의 뜻을 꺾으려 함.〕
〔도념의 뜻을 무시하고 불교의 가르침을 강요함.〕

도념: 왜 밤낮 어머니 욕만 하십니까? 아름다운 관세음보살님은 그 얼굴처럼 마음두 인자 하시다구 하시지 않으셨어요? 절에 오는 사람마다 모두 우리 엄마는 이뻤을 것이라구허
〔지혜와 자비의 표상〕
는 걸 보면 스님 말씀 같은 그런 무서운 죄를 지으셨을 리가 없어요.
〔어머니를 그리워하는 마음 때문에 주지의 말을 믿지 않음.〕

주지: 그건 부처님에게만 여쭙는 소리야. 너 《유식론(唯識論)》에 쓰인 경문 알지?

도념: 네.

주지: '외면사보살 내면여야차(外面似菩薩 內面如夜叉)'라 하셨느니라. 네 에미는 바루 이 경문과 같이, 얼굴은 보살님같이 아름답지만, 마음은 야차같이 무서운 독물이야.
〔도념의 어머니에 대한 적개심〕

도념: 스님, 그렇게 악마 같을 리가 없습니다.

주지: 네 아비의 죄가 네 어미에게두 옮아서 그러느니라.

도념: 옳다니요?

주지: 네 아비는 사냥꾼이거든, 하루에두 산 짐승을 수십 마리씩 잡어, 부처님의 가슴을 서 늘하게 한 대악무도한 자야. 빨리 법당으루 들어가자. 냉수에 목욕하구, 내가 부처 님께 네가 저지른 죄를 모다 깨끗이 씻어 주시두록 기도해 주마.

도념: 싫어요, 싫어요. 하루 종일 향불 냄새를 쐬먼 골치가 어찔어찔해요.
〔이미 마음이 절에서 떠남.〕

[A]
주지: 이게 무슨 죄받을 소리니? (조용히 달래며) 도념아, 너, 저 연못을 봐라. 오월이 되 면 꽃이 피고, 잎사귀엔 구슬 같은 이슬이 구르구 있지 않니? 저렇게 잔잔한 연못두 겹 물만 퍼내구 보면 시꺼먼 개흙투성이야. 그것뿐인 줄 아니? 십 년 묵은 이무기가
〔어머니의 목도리를 만들기 위해 토끼를 살생한 죄〕
용이 돼서 하늘루 올라갈라구 혓바닥을 날름거리며 비 오기만 기다리구 있단다. 동네
〔더럽고 흔한 속세를 비유함.〕
두 꼭 저 연못과 마찬가지야. ❷겉으루 보면 모두 즐겁구 평화한 듯하지만 속에는 모든
죄악과 진애(塵埃)가 들끓는 그야말루 경문에 아로새겨 있는 글자 그대루 오탁(五
〔세상의 모든 추악한 요소〕
濁)의 사바(娑婆)니라.

도념: 아니에요. 모두들 그렇지 않대요. 연못 속에는 연근이라는 뿌럭지가 있지, 이무기는 없대요.
〔뿌리〕

주지: 누가 그러던? 누가 그래?

도념: 동네 사람들 올라올 적마다 물어봤어요.

주지: 그럼 동네 녀석들 하는 소리는 정말이구 내 말은 거짓말이란 말이지? 경전이, 부처님 말씀이 모두 거짓말이란 말이지? 오! 이런 불가사리 같은 녀석 봤나? (하고 펄펄 뛴다.)

도념: 스님, 바른 대루 말이지, 저는 이 절에 있기가 싫습니다.

주지: 듣자 듣자 하니까 나중에 못하는 소리가 없구나? 오, 그 눈으로 날 보지 마라. 살생을 하더니 전신에 살이 뻗친 모양이다.
〔토끼를 죽인 일〕

▶ 절을 떠나고 싶다고 말하는 도념과 이를 말리는 주지

・**중심 내용** 미망인을 따라 절을 떠나려 하는 도념과 이를 만류하는 주지의 갈등　　・**구성 단계** 절정

이해와 감상

이 작품은 승려이기에 앞서 한 어린아이로서 어머니를 그리워하는 마음과 불가(佛家)에서의 삶 사이에서 겪는 심리적 갈등이 잘 드러난 희곡이다. 작가의 작품 중에서도 낭만적인 경향이 강하며 사건의 전개가 긴밀하고, 각 인물들의 의지와 심리를 섬세하고도 진실하게 그려 냈다고 평가받고 있다. 어머니를 향한 도념의 간절한 기다림, 그에 따른 절망과 좌절이 간결하고 긴밀한 극적 구조 속에 녹아 있다. 또한 이 작품은 도념의 출생에 대한 비밀과 미망인이 도념을 속세로 데려가려는 상황에 대한 갈등이 극적 긴장의 축을 이루고 있는데, 결국 도념은 어머니가 존재하고 꿈과 자유와 희망이 있다고 믿는 속세를 향해 떠나게 된다. 이는 경직된 종교의 계율보다는 인간적 따뜻함을 추구하는 작가의 의식이 반영된 것으로, 참다운 사랑과 인간다운 삶이란 무엇인가를 생각하게 한다.

🔍 전체 줄거리

발단	깊은 산속에 있는 절의 동승인 도념은 어머니가 자신을 데리러 오리라는 확신을 갖고 늘 어머니를 기다린다.
전개	죽은 자식을 위해 불공을 드리러 오는 미망인이 도념에게 연민을 느끼고 양자로 삼고자 한다.
절정	도념이 절에서 죄를 씻으며 지내는 것이 바람직하다고 생각한 주지는 도념의 입양을 반대한다.
하강	도념이 어머니의 목도리를 만들기 위해 불상 뒤에 숨겨 둔 토끼 가죽이 발견되면서 미망인의 양자로 가려던 일이 좌절된다.
대단원	도념은 초부의 우려를 뒤로 하고 어머니를 찾기 위해 주지 몰래 절을 떠난다.

👥 인물 관계도

초부	주지
정이 많고 성실한 나무꾼. 도념의 그리움을 이해하여 도와주려는 인정 많고 따뜻한 인간애를 지닌 인물	도념이 갈등을 겪는 주요 원인이 되는 인물. 겉으로는 완고하지만 내심 도념을 아끼고 사랑함.

이해 ──┤ ├── ↕ 갈등

도념
열네 살의 동승. 어머니에 대한 그리움과 동승으로서의 삶 사이에서 갈등하는 인물. 순수하고 천진난만한 면을 지니고 있으나, 결국 어머니를 찾아 절을 떠나는 강한 의지를 보임.

어머니를 느낌. ↓↑ 죽은 자식을 느낌.

미망인
남편과 아들을 잃은 불행한 인물. 도념을 양자로 삼고자 하나 결국 주지의 반대를 받아들이는 운명론적·순응적 인물

🏠 작품 연구소

'절'이라는 공간에 대한 주지와 도념의 인식

'절'에 대한 주지와 도념의 인식은 상반된다. 주지에게 '절'은 사냥꾼인 도념의 아버지, 사냥꾼과 정을 통한 비구니인 도념의 어머니와 그들의 아들인 도념이 죄를 깨끗이 씻어 낼 수 있는 신성한 공간이지만, 도념에게는 어머니를 기다리는 공간인 동시에 어머니를 찾기 위해 떠나야만 하는 공간이다.

주지		도념
도념과 도념 부모의 죄를 씻어 낼 수 있는 공간	← 절 →	어머니를 기다리는 공간이자 어머니를 찾기 위해 떠나야만 하는 공간

🔑 **포인트 체크**

인물 동승 도념은 ☐☐☐에 대한 그리움 때문에 절을 떠나고 싶어 하고, ☐☐는 도념이 세속적 욕망을 다스리고 불도에 정진하길 바란다.
배경 초겨울 깊은 산속의 어느 ☐을 배경으로 하고 있다.
사건 도념이 ☐☐☐을 따라 절을 떠나려 하자 주지는 이를 만류하고, 도념은 어머니를 찾기 위해 주지 몰래 절을 떠나고 있다.

1 이 글에 대한 설명으로 적절하지 <u>않은</u> 것은?
① 세속적 공간에 대한 인물의 동경이 나타나고 있다.
② 실험적 기법으로 비현실적인 공간을 표현하고 있다.
③ 일상적 대화체로 내용을 현실감 있게 전개하고 있다.
④ 가치관의 차이로 인한 등장인물 간의 갈등을 그리고 있다.
⑤ 대사를 통해 인물과 관련된 과거의 정보를 전달하고 있다.

2 〈보기〉는 이 글을 소설로 각색한 것이다. 〈보기〉와 이 글을 비교한 내용으로 가장 적절한 것은?

┤ 보기 ├

도념이를 지켜보는 눈빛에는 변함없이 다사롭고 애잔한 정이 담겨 있었지만 겉으로는 매섭고 엄한 태도를 누그러뜨리지는 않았다. 그리고 그런 큰스님에게서 도념이의 마음은 점점 멀어져 갔다.
"외면사보살 내면여야차, 라."
"외면사보살 내면여야차, 라." / 도념이는 시들한 목소리로 큰스님이 외우는 불경을 따라 읊었다.
"겉보기는 보살처럼 아름다워도 그 속은 야차처럼 모질고 악착스러울 수 있다. 자고로 만물은 그 속을 보고 알아야지 겉모습만 가지고 판단해서는 안 된다는 말이다."
– 박혜수, 〈동승〉

① 이 글은 〈보기〉와 달리 시대적 상황을 실감 나게 전달하고 있다.
② 이 글은 〈보기〉와 달리 대화 내용을 리듬감 있게 전달하고 있다.
③ 이 글은 〈보기〉와 달리 작가가 경험한 내용을 직접적으로 전달하고 있다.
④ 이 글은 〈보기〉와 달리 인물의 내면 의식을 더욱 구체적으로 전달하고 있다.
⑤ 이 글은 〈보기〉와 달리 서술자 없이 행동과 대사를 통해 내용을 전개하고 있다.

3 [A]에 나타난 인물의 말하기 방식으로 가장 적절한 것은?
① 동정심을 유발하여 상대를 설득하고 있다.
② 권위자의 견해를 제시하여 상대의 잘못을 지적하고 있다.
③ 상대의 약점을 지적하여 반성과 깨달음을 유도하고 있다.
④ 대중들의 일반적 평가를 제시하여 자신의 주장을 합리화하고 있다.
⑤ 비유를 통해 대상의 부정적 속성을 언급하여 상대를 회유하고 있다.

내신 적중
4 '도념'과 '주지' 사이에 나타난 갈등의 주요 내용을 40자 내외로 쓰시오.

공덕(功德) 좋은 일을 행한 덕으로 훌륭한 결과를 가져오게 하는 능력.

열화(熱火) 뜨거운 불길이라는 뜻으로, 매우 격렬한 열정을 비유적으로 이르는 말.

범종(梵鍾) 절에 매달아 놓고, 대중을 모이게 하거나 시각을 알리기 위하여 치는 종.

고깔 승려나 무당 또는 농악대들이 머리 위에 쓰는, 위 끝이 뾰족하게 생긴 모자.

바랑 승려가 등에 지고 다니는 자루 모양의 큰 주머니.

깽매기 '꽹과리'의 전라도 방언.

동냥 승려가 시주를 얻으려고 돌아다니는 일. 또는 그렇게 얻은 곡식.

독경(讀經) 불교 경전을 소리 내어 읽거나 욈.

산문(山門) 절 또는 절의 바깥문.

등걸 줄기를 잘라 낸 나무 밑동.

Q 초부의 역할은?

초부는 도념을 잘 이해하고 동정하는 따뜻한 심정의 소유자이다. 이 부분에서는 도념이 친 산사의 종소리에 감응하는 마음을 표현하여, 산사를 내려가는 도념의 심리 상태가 관객에게 전달되도록 하는 역할을 하고 있다.

구절 풀이

❶ **자기 한 몸의 ~ 될 것입니다.** 도념의 어머니가 비구니로서 사냥꾼과 정을 통하여 낳은 도념을 버리고 떠난 사실을 두고 한 말이다. 타락한 속세에서는 도념의 죄를 씻을 수 없다는 주지의 생각이 드러나 있다.

❷ **내가 동냥 달라구 ~ 여러 번 꾸었어요.** 어머니를 향한 도념의 간절한 그리움이 그동안 꿈으로 여러 차례 표현되었음이 나타나는 부분이다. 이러한 꿈은 절을 떠나고자 하는 도념의 의지를 더욱 굳건하게 한다.

❸ **멀리 동리를 ~ 비탈길을 내려간다.** 세속적인 감정과 불교적인 삶 사이의 갈등이 서정적으로 제시된 부분으로, 배경 묘사와 음향 효과를 통해 인상적으로 장면을 정리하고 있다. 또한 점점 거세게 쏟아지는 눈을 통해서 도념의 앞길이 쉽지 않을 것임을 암시하고 있다.

Q 결말을 통해 알 수 있는 작가 의식은?

도념이 어머니를 찾기 위해 절을 떠나 속세로 향하는 장면을 통해, 도념에게 필요한 것은 종교의 계율이 아닌 인간적 온정이라는 작가의 생각을 엿볼 수 있다. 그러나 작가는 이와 같은 감상적 결말에 그치지 않고 작품 전반에 도념을 도와주는 초부, 엄격하면서도 도념을 사랑하는 주지, 죽은 아이 대신 도념을 양자로 삼으려는 미망인 등을 적절히 배치하고 있다. 이를 통해 참사랑의 모습과 그 의미를 생각해 볼 수 있다.

작가 소개

함세덕(1915~1950)
극작가. 사실적이면서도 서정성이 강한 희곡을 써서 호평을 받았으며, 광복 이후에는 사회주의 이데올로기 희곡을 썼다. 주요 작품으로 〈산허구리〉, 〈낙화암〉, 〈고목〉 등이 있다.

가 주지: 아씨께서 진정으로 애를 사랑하신다면, 눈앞에 두구 노리개를 삼으실랴구 하시지 말구 애 매디매디에 사무쳐 있는 전생의 죄 속에서 영혼을 구하게 이 절에 둬 주십시오. ❶자기 한 몸의 죄만 아니라 제 아비 제 어미 죄도 씻어야 할 테니까 얘는 여간한 **공덕**을 쌓기 전에는 저승에 가서 무서운 지옥을 면치 못하게 될 것입니다.

도념: 스님, 죽어서 지옥에 가더래두 난 내려가겠어요. 찾아오는 사람을 막지 않구 떠나는 사람을 붙들지 않는 것이 우리 절 주의라구 늘 말씀하시지 않으셨습니까?

주지: (**열화**같이 노하며) 수다스러. 한번 못 간다면 못 가는 줄 알어라. (㉠) 『아씨께서 서방님을 잃으시구 외아들마저 잃으신 것두 다 전생에 죄가 많으셨던 탓입니다.』 아씨 죄두 미처 벗지 못하시구 이 죗덩이를 데려다가 어떻게 하실려구 이러십니까? 두 번 다시 이 이야기를 꺼내시려거든 다신 이 절에 오시지 마십시오.

나 주위는 차츰차츰 어두워진다. 이윽고 **범종** 소리 들려온다. 멀리 산울림. 초부, 나무를 안고 나와 지게에 얹고, 담배를 한 대 피운다. 흩날리는 초설을 머리에 받은 채 슬픈 듯한 표정으로 종소리를 듣는다. / 사이. / 이윽고 종소리 그친다. 도념, **고깔**을 쓰고 **바랑**을 걸머지고, **깽매**기를 들고 나온다.

초부: (지게를 지고 일어서며) 지금 그 종 네가 쳤니?

도념: 그럼은요. 언제 내가 안 치구 다른 이가 쳤나요?

초부: 밤낮 나무해 가지구 비탈 내려가면서 듣는 소리지만 오늘은 왜 그런지 유난히 슬프구나. (일어섰다가 도념의 옷차림을 발견하고) 아니, 너 갑자기 바랑은 왜 걸머지구 나오니?

도념: 이번 가면 다시 안 올지 몰라요.

초부: 왜? 스님이 **동냥** 나가라구 하시든? / 도념: 아, 아니요. 몰래 나가려구 해요.

초부: 이렇게 눈이 오는데 잘 데두 없을 텐데, 어딜 간다구 이러니? 응, 갈 곳이나 있니?

도념: 조선 팔도 다 돌아다닐 걸요 뭐.

초부: 하 애, 그런 생각 말구, 어서 가서 스님 말씀 잘 듣구 있거라.

도념: 벌써 언제부터 나가려구 별렀는데요? 그렇지만 스님을 속이구 몰래 도망가기가 차마 발이 떨어지지 않아서 못 갔어요.

초부: 어머니 아버질 찾거나 했으면 좋겠지만 찾지두 못하면 다시 돌아올 수도 없구, 거지밖에 될 게 없을 텐데 잘 생각해서 해라.

도념: 꼭 찾을 거예요. ❷내가 동냥 달라구 하니까 방문 열구 웬 부인이 쌀을 퍼 주며 나를 한참 바라보구 있더니 별안간 "도념아, 내 아들아, 이게 웬일이냐." 하구 맨발바닥으로 뛰어 내려오던 ㉡꿈을 여러 번 꾸었어요.

초부: 가려거든 빨리 가자. 퍽퍽 쏟아지기 전에. 이 길루 갈 테니? / 도념: 비탈길루 가겠어요.

초부: 그럼 잘 — 가라. 난 이 길루 가겠다. / 도념: 네, 안녕히 가세요.

초부, 나무를 지고 내려간다. 도념, 두어 걸음 나갈 때 법당에서의 주지의 **독경** 소리. 발을 멈추고 생각난 듯이 바랑에서 표주박을 꺼내 잣을 한 움큼 담아서 **산문** 앞에 놓는다.

도념: (무릎을 꿇고) 스님, 이 잣은 다람쥐가 겨울에 먹으려고 **등걸** 구멍에다 모아 둔 것을 제가 아침이면 몰래 꺼내 뒀었어요. 어머니 오시면 드리려구요. 동지섣달 긴긴 밤 잠 안 오시어 심심하실 때 깨무십시오. (산문에 절을 한 후) 스님, 안녕히 계십시오.

❸멀리 동리를 내려다보고 길게 한숨을 쉰다. 정숙. 원내에서는 목탁과 주지의 염불 소리만 청청히 들릴 뿐, 눈은 점점 펑펑 내리기 시작한다. ⓐ도념, 산문을 돌아다보며 비탈길을 내려간다.

▶ 어머니를 찾아 절을 떠나는 도념

· 중심 내용 미망인을 따르려는 소망이 좌절된 후 어머니를 찾아 절을 떠나는 도념   · 구성 단계 대단원

⌂ 작품 연구소

도념에 대한 등장인물의 입장

```
        절을 떠나 속세로
        나가고자 하는 도념
```

주지	미망인
속세를 온갖 타락과 부패가 가득한 세계로 인식하여, 도념이 계속 절에 머무르며 죄를 씻어 내기를 바람.	어린 도념을 절에만 머물게 하는 것은 가혹하다고 생각하며, 도념과 속세에서 새로운 생활을 시작하고자 함.

제목 '동승'의 의미

'동승(童僧)'은 나이가 어린 승려를 이르는 말이다. 이 작품은 구도자로서 승려의 신분인 동시에 인간적으로는 어린아이인 동승 도념의 갈등과 선택을 다루고 있다.

동(童)	+	승(僧)
어머니를 그리워하는 어린아이		속세와의 인연을 끊고 불도에 정진해야 하는 신분

↓

어머니를 그리워하는 인간적 감정과 세속적 인연을 끊고 종교적 삶을 살아야 하는 숙명 사이에서 갈등하는 '도념'의 처지를 드러냄.

도념의 상황과 관련된 주제 의식

도념이 어머니를 그리워하는 어린아이라는 점을 고려할 때	⇒	어머니에 대한 그리움과 사랑
도념이 부처의 가르침을 수행해야 하는 수도승이라는 점을 고려할 때	⇒	인간적 욕망과 종교적 구도 사이의 갈등

자료실

〈동승〉의 새로운 관점의 해석 – 인물의 성숙

〈동승〉은 일반적으로 불성(佛性) 대 모성(母性)의 대립이라는 관점으로 해석되고 있다. 하지만 나아가 도념과 미망인의 성숙이라는 차원에서 해석해 볼 수 있다. 주지가 도념과 미망인이 함께 떠나는 것을 반대하면서 미망인이 처한 숙명을 언급하였을 때, 미망인은 그 말에 수긍하면서 자신의 죄가 도념에게 끼칠까 두렵다며 자신의 고집을 꺾는 대목이라든가, 미망인이 마지막에 도념을 한 달에 한 번씩 보러 오겠다고 하고 도념 또한 그 약속을 하지만 약속과 무관하게 조용히 절을 떠나는 것에서 그 점을 확인할 수 있다. 태생부터 상처를 지닌 도념은 미망인의 양자가 되기 위한 과정에서 또 다른 상처를 입게 되고, 미망인 또한 자신의 숙명이나 업보를 수긍할 수밖에 없는 과정에서 상처를 받게 된다. 게다가 도념이 절을 떠나면서 일부러 비탈길을 선택하는 것이나 조선 팔도 다 돌아다닐 것을 각오하는 것 등과 같이 미망인이나 다른 사람에게 의지하는 것이 아니라 주체적으로 문제를 해결하려는 의지를 보인다는 점에서 도념의 성숙을 엿볼 수 있다.
– 한귀은, 〈연극과 영화의 통합적 교육 3 – 함세덕 희곡 '동승'〉

📖 함께 읽으면 좋은 작품

〈별〉, 황순원 / 어머니에 대한 그리움이 나타난 작품

죽은 어머니의 이미지를 찾아 헤매는 한 소년의 모습을 그린 성장 소설이다. 기억에 남아 있지 않은 어머니를 아름다운 모습으로 간직하고 싶어 하는 소년의 모습과 이 글에 나타난 도념을 관련지어 볼 수 있다.

5 이 글의 등장인물에 대한 설명으로 가장 적절한 것은?

① 초부는 속세로 가는 도념의 뜻을 존중하고 보내 준다.
② 도념은 잣을 두고 가면서 어머니와의 만남을 포기한다.
③ 도념은 주지의 평소 약속대로 미망인을 따라가려고 한다.
④ 미망인은 도념이 지닌 죄의 무게를 알고 입양을 포기한다.
⑤ 주지는 미망인에 대한 적대감 때문에 도념의 입양을 반대한다.

중요 기출 | 고난도

6 〈보기〉를 바탕으로 이 글을 감상한다고 할 때, 적절하지 <u>않은</u> 것은?

┤ 보기 ├

대사에는 대화, 방백, 독백 등이 있다. 대화는 등장인물 간에 주고받는 대사로, 인물들의 관계를 알려 주고 사건을 진행시키는 기능을 한다. 방백이 관객을 청자로 상정한 대사라면, 독백은 배우가 심리적으로 자극을 받아 촉발된 혼잣말이다. 독백은 사건 진행을 일시적으로 중단하고 배우가 내면 심리를 직접 드러낼 수 있게 하여, 연극의 서사에 시적 분위기를 첨가하는 기능을 한다.

① 두 사람의 대화는 초부와 도념이 그동안 친밀한 관계를 형성하고 있었음을 보여 주는군.
② 두 사람의 말을 통해, 초부가 도념의 결심을 헤아리고 도념의 의사를 존중하게 되는 과정을 확인할 수 있군.
③ 도념이 초부와 헤어진 후 어머니에 대한 감정을 드러내야 한다는 심리적 자극을 받았기 때문에 독백을 하였군.
④ 도념의 독백은 절을 떠나는 사건을 지연하고 작품의 서정적 분위기를 강화하는 기능을 하는군.
⑤ 독백 후 도념은 말을 가급적 억제하고 한숨이나 시선 혹은 신체 연기를 활용하여 심리적 정황을 전달하는군.

7 ㉠에 어울리는 지시문으로 적절하지 <u>않은</u> 것은?

① 미망인을 보고 엄하게
② 미망인을 보고 선언하듯
③ 미망인을 보고 단호하게
④ 미망인을 보고 애원하면서
⑤ 미망인을 보고 언짢은 목소리로

8 ㉡에 내포된 '도념'의 정서로 가장 적절한 것은?

① 속세에서의 삶에 대한 걱정
② 헤어진 어머니에 대한 간절한 그리움
③ 미망인을 따라가지 못하게 된 아쉬움
④ 자신을 찾지 않는 어머니에 대한 원망
⑤ 어머니를 못 만날지도 모른다는 두려움

내신 적중

9 다음은 ⓐ가 암시하는 바를 정리한 것이다. 이 글의 내용을 고려하여 빈칸에 들어갈 알맞은 내용을 쓰시오.

도념이 눈 내리는 비탈길을 걸어가는 것은 _____ _____을 암시하고 있다.

1. 한국 희곡

007

살아 있는 이중생 각하 | 오영진

🎯 핵심 정리

갈래 장막극, 사회 풍자극, 희비극

성격 풍자적, 해학적

배경 ① 시간 – 광복 직후
　　　 ② 공간 – 서울

제재 친일 잔재 세력의 이중성

주제 ① 친일 세력 청산과 새로운 세계에 대한 희구
　　　 ② 이기적이고 탐욕스러운 인물에 대한 풍자와 비판

특징 ① 부정적 인물과 긍정적 인물 간의 대비를 통해 사건을 전개함.
　　　 ② 해학적 표현을 통해 풍자의 효과를 극대화함.

출전 《오영진 전집 1》(1989) / 초연 1949

> **Q** 이중생이 자신이 죽은 것처럼 꾸미는 이유는?
>
> 이중생은 재물을 모으기 위해서 반민족적 행위도 개의치 않는 부도덕한 인물이다. 자신의 비리가 밝혀지면서 조사 활동이 전개되자 자신이 죽은 것처럼 꾸미고 재산을 일시적으로 사위 송달지 앞으로 해 둔다. 이를 통해 자신의 죽음을 빌미로 끝까지 재산을 지키려는 이중생의 파렴치한 모습을 드러내고 있다.

💡 어휘 풀이

경동맥(頸動脈) 대동맥에서 갈려 나와 목을 지나 머리나 얼굴로 피를 보내는 동맥.

양도(讓渡)하다 재산이나 물건을 남에게 넘겨주다.

백씨(伯氏) 남의 맏형을 높여 이르는 말.

물(物)계 어떤 일의 처지나 속내.

문중(門中) 성과 본이 같은 가까운 집안.

유지(遺志) 죽은 사람이 살아서 이루지 못하고 남긴 뜻.

후수막 무대의 뒤편에 드리운 장막.

모리배(謀利輩) 온갖 수단과 방법으로 자신의 이익만을 꾀하는 사람. 또는 그런 무리.

범인(凡人) 평범한 사람.

✂️ 구절 풀이

❶ 양심의 가책대루 행동허신 게죠. 최 변호사가 이중생의 행적에 대해 멋대로 미화하여 말하자 김 의원이 양심의 가책대로 죽은 것이라고 단정하고 있다. 이를 통해 이중생의 행적에 대한 김 의원의 부정적 인식과 그의 합리적이고 비타협적인 성격의 일면을 확인할 수 있다.

❷ 조용히 선생을 ~ 아량이 있습니다. 김 의원이 이중생의 재산 상속자가 송달지라는 것을 알고 공익사업에 이중생의 유산을 써 줄 것을 제안하고 있다. 송달지에게 이중생의 재산을 보건 시설 건립에 쓰게 된다면 이중생의 비리에 대해 유리한 조사 결과를 제출하겠다는 뜻을 전하고 있다.

가 **이중건:** 그럼요, 내가 눈을 감겼죠. *경동맥으로 면도칼을 싹둑 잘러 버렸는걸.
　　 _{이중생의 형　　　　　　　　 해학적 요소. 이중생의 죽음을 거짓으로 설명하다가 말실수를 함. → 긴장감과 웃음을 유발함.}

김 의원: 경동맥으로 면도칼을 잘러요?

최 변호사: 헛, 헛…… 취하셨군. 면도칼로 경동맥을 끊었지.
　　　　　　 _{이중건의 말실수를 술에 취한 탓으로 돌려 무마함.}

이중건: 어, 참……
　　 _{말실수했음을 알고 당황함.}

최 변호사: 그래서 여기가 왼통 피바다가 됐더랍니다. 유설랑 고시란히 책탁 위에 놓여 있
　　　　　　　　　　　　　　　　　　　　　　　　　　　　　　_{책상과 탁자}
었죠. 송 선생……. 유서는 벌써 전에 꾸며 놓으셨죠, 네?

김 의원: 유언엔 전 재산을 송 선생께 *양도하기루 됐다죠?

최 변호사: 글쎄, ㉠이 점이 또 고인이 대범하시구 출중허신 점이죠. 보통 인간 같구 볼 지
　　　　　　　　　　　　　　　　　　　 _{이중생}
경이면 제아무리 열 사위 미운 데가 없다구 한들 아들딸을 한 구둘 두구 어떻다구 사위
　　　　　　　　　　　　　　　　　　　　　　　　　　　　　　　　　　　 _{송달지}
에게 전 재산을 양도헌답니까? 들어 보십쇼. 돌아가신 어른의 의견이…… 돈이란 건, 그
걸 잘 이용할 줄 알구 나라에 유익되게 쓸 줄 아는 사람이 가져야 하는 법이다. 저 혼자 잘
먹구 흥청거리구 놀라구 돈이 필요한 게 아니라 국가적인 사업을 하자구 귀하기두 하구
필요두 한 것이란 말이죠. 그러니깐 돈이란 벌기보담 쓰기가 힘든 물건이라……. 하식 군
　　　　　　　　　　　　　　　　　　　　　　　 _{이중생의 아들. 아버지의 권유로 일제 징용을 갔음.}
으로 볼 지경이면 살아 돌아온다 해도 아직 입에 젖비린내 나는 삼십 살 풋내기야 나라
를 위해 적당히 쓸 줄 알 리 없을 터이구, *백씨 영감이야 실례의 말씀이지만 시골 양반
　　　　　　　　　　　　　　　　　 _{이중건}
이니 세상 *물계를 아실 리 없으니 이루 두말할 필요조차 없구 보니, 예라 모르겠다, 그
래두 믿을 만한 위인은 *문중을 둘러봐두 여기 계신 송 선생밖엔 없으려니……. 그래서
　　　　　　　　　　　　　　　　　_{이중생이 재산을 송달지에게 물려준 이유를 설명함.}
유서두 그렇게 쓰셨죠. 그렇습죠? 고인의 *유지가…… 송 선생……?

송달지: 네…… 글쎄, 뭐 그렇겠죠. _{거짓 초상극에 대한 불편한 심리와 아무 말도 하지 않고 상주 노릇만 하려는 이중생의 협박에 따른 소극적 태도가 드러남.}
　　　　　　　　　　　　　　　　　　　　　　_{김 의원의 방문 의도와 자신의 재산 처리에 대한 지대한 관심}
이중생, 병풍 위로 머리를 내밀고 극이 진행하는 동안에 *후수막까지 나와 귀를 기울인다.
　　　　　　　　　　　　　　　　　　　　　　　　 ▶ 이중건의 말실수와 이중생을 칭찬하는 최 변호사

나 **최 변호사:** 암, 그렇구말구요. 고인의 생전에는 *모리배이니 인색가이니 많은 시비두 받았
　　　　　　　　　　　　　　　　　　　　　　　 _{인색한 사람}
지만 하나밖에 없는 동기간에는 각별했습죠. 이번 유서에두 당신의 백씨 일을 가장 걱정
　　　　　　　　　　　　　　　　　　　　　　　　　　　　　　_{이중건}
했습니다. 훌륭허시죠. 보통이 아니에요. 자기가 과오를 범했다구 자결하는 그 용기만
보아두 *범인이 아닙네다.

김 의원: ❶양심의 가책대루 행동허신 게죠. 그래 송 선생의 희망이라구 헐까, 의견이라구
　　　　　　 _{이중생이 양심의 가책을 느껴 죽었다고 생각함.　　　　　　　　　　　 유산 상속자인 송달지의 의사를 물어봄.}
헐까, 어떻습니까?

송달지: 의견이오?
　　　　　　 _{재산 처분에 관한 이야기가 나오므로}

최 변호사: 희망? (이중생 긴장한다.)

김 의원: (달지에게) ❷조용히 선생을 찾아 말씀드릴 일이지만, 고인의 유지두 그러시다니,
우리두 그 유지를 존중하는 의미루 송 선생의 의사를 충분히 참고하여 행정 당국과 사법
당국에도 댁에 유리하도록 의견서를 제출할 아량이 있습니다. 돈이라는 건 필요하게 쓰
구 유익하게 써야 하는 것이 아닙니까?
　　 _{이중생의 돈을 공익을 위해 쓰려는 의도를 드러냄.}

최 변호사: (예상치 못해 무슨 말을 해야 할지 모르겠다는 듯이) 아량?
　　　　　　　　 _{예상과는 다른 상황에 놀람.}

김 의원: (그냥 달지에게) 보건 시설 같은 것은 어떻습니까, 선생이 의사라구 허시니 말씀입
　　　　　　　　　　　　　　 _{보건 시설(무료 병원)을 건립하자고 제안함.}
니다만…….

최 변호사: 보건 시설? ▶ 이중생의 재산을 보건 시설 건립에 쓸 것을 제안하는 김 의원

• **중심 내용** 이중생의 상가에 와 송달지에게 유산을 보건 시설 건립에 쓰자고 제안하는 김 의원　　　 • **구성 단계** 하강

이해와 감상

이 작품은 광복 직후의 혼란기를 배경으로 친일과 경제 사범인 주인공 이중생의 치부(致富)와 몰락을 주된 내용으로 하는 희곡이다. 작가는 이 작품을 통해 광복 후에도 친일 잔존 세력이 여전히 활개 치던 병든 사회상을 고발하는 동시에 '하식'이라는 미래 지향적 인물을 내세워 부패한 기성 질서의 지배로부터 정의롭고 건강한 새 시대로의 전환에 대한 희망을 제시하고 있다. 또한 이 작품은 이중생이 비극적인 죽음을 맞이하기 전까지 극을 해학적으로 이끌어 나가고 있는데, 이렇게 희극과 비극의 요소가 함께 나타난다는 점에서 고전 문학의 미의식을 계승하고 있다고 볼 수 있다.

🔍 전체 줄거리

발단	이중생은 일제 강점기에 아들 하식을 징용을 보내면서까지 친일을 하여 큰돈을 모으고 광복 후의 사회적 혼란을 틈타 많은 재산을 모은다. 어느 날 손님 맞을 준비로 분주한 이중생의 집에 형사가 들이닥친다.
전개	그동안 저질러 온 사기, 배임, 횡령 혐의가 발각되어 체포 수감된 이중생은 최 변호사의 도움으로 가석방된 후, 자신의 재산을 지키기 위해 위장 자살극을 꾸민다.
절정	최 변호사, 이중건, 송달지 등이 거짓으로 초상을 치르고 손님을 접대한다.
하강	문상을 온 김 의원은 송달지에게 이중생의 재산을 보건 시설을 건립하는 데 쓰자고 제안하고 송달지는 이를 수락해 재산을 헌납하게 된다.
대단원	징용에서 돌아온 하식은 아버지의 행위를 비판하고 전 재산을 잃은 이중생은 결국 진짜 자살을 선택하여 생을 마친다.

👥 인물 관계도

이중건	최 변호사
이중생의 형. 이중생의 비도덕적인 면을 비판하는 듯하지만, 사실은 동생의 재산으로 편하게 지내고 싶어 하는 위선적 인물	이중생의 고문 변호사. 윤리 의식을 잃어버린 채 자신의 이익을 위해 문제적 인물인 이중생에게 지식을 파는 인물

이중생
극단적인 이기주의자이자 기회주의자. 일제 강점기에는 친일 행위를 하여, 광복 후에는 무허가 목재 회사를 차려 돈을 모음. 천박하고 무식함.

김 의원	송달지
국회의 조사 의원. 원칙에 충실하고 사회 정의를 구현하려는 인물. 사건을 전환하고 극의 절정을 형성하는 데 중요한 역할을 함.	이중생의 사위. 내성적이며 온순한 성격으로 생활력이 없어 처가에 얹혀 지내는 인물. 극의 마지막 부분에서 성격의 변화가 나타남.

그 외 주요 인물
- 우 씨: 이중생의 아내. 남편을 대단한 존재로 알고 부자인 것을 자랑스럽게 여기지만, 집안 하인들에게조차 존경을 받지 못함.
- 하식: 이중생의 아들. 아버지 이중생 때문에 일제의 징용에 끌려가 10년 만에 집에 돌아옴. 해방된 조국의 건강한 가치를 상징함.

🔑 포인트 체크

인물 이중생은 극단적인 이기주의자로, 아들 하식을 징용 보내면서까지 □□을 하여 돈을 모으는 천박한 인물이다.

배경 □□ 직후 서울을 배경으로 하여 친일 잔재 세력이 활개 치던 병든 사회상을 고발하고 있다.

사건 이중생은 자신의 재산을 지키려고 위장 □□□을 꾸미고, 의도치 않게 전 재산을 잃게 되면서 진짜 자살을 선택하여 생을 마감한다.

1 이 글에 대한 설명으로 가장 적절한 것은?
① 빈부 격차에 따른 현실의 모순을 비판하고 있다.
② 중심인물의 부조리한 면을 드러내 이를 풍자하고 있다.
③ 근대화에 따른 가족 해체 문제를 중점적으로 다루고 있다.
④ 소품을 활용하여 인물의 심리를 효과적으로 묘사하고 있다.
⑤ 진실을 왜곡하는 모습을 통해 권력의 폭력성을 고발하고 있다.

2 이 글의 내용으로 보아 〈보기〉에 나타난 인물 간의 갈등으로 가장 적절한 것은?

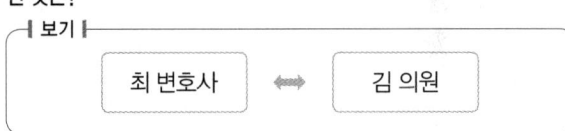

┤ 보기 ├
| 최 변호사 | ⟺ | 김 의원 |

① 이중생의 신념을 따르려는 인물과 이를 배격하려는 인물 간의 갈등
② 이중생의 재산을 지키려는 인물과 이를 유익하게 쓰려는 인물 간의 갈등
③ 이중생의 죽음을 덮으려는 인물과 이중생의 죽음의 원인을 밝히려는 인물 간의 갈등
④ 이중생의 집안을 부흥시키려는 인물과 이중생의 집안을 몰락시키려는 인물 간의 갈등
⑤ 이중생의 재산이 송달지에게 양도되는 것을 반대하는 인물과 이를 찬성하는 인물 간의 갈등

3 ㉠에 대한 반응으로 가장 적절한 것은?
① 우물 안 개구리라고 편견이나 선입견이 너무 심하군.
② 걱정도 팔자라고 쓸데없이 남의 집 일에 참견하고 있군.
③ 눈 가리고 아웅 한다고 얕은수로 상대방을 속이려 하는군.
④ 송충이는 솔잎을 먹어야 한다는데, 자기 분수도 모르고 날뛰는군.
⑤ 고양이 목에 방울 달기라더니, 실행하기도 어려운 일로 분주하군.

4 이 글에서 해학적 요소를 통해 웃음을 유발하는 부분을 찾아 쓰시오.

가부간(可否間) 옳거나 그르거나, 찬성하거나 반대하거나 어쨌든.

참작(參酌)하다 이리저리 비추어 보아서 알맞게 고려하다.

배임(背任) 주어진 임무를 저버림. 주로 공무원 또는 회사원이 자기의 이익을 위하여 임무를 수행하지 않고 국가나 회사에 재산상의 손해를 주는 경우를 이른다.

횡령(橫領) 공금이나 남의 재물을 불법으로 차지하여 가짐.

청산(淸算)하다 서로 간에 채무·채권 관계를 셈하여 깨끗이 해결하다.

자인(自認)하다 스스로 인정하다.

함구불언(緘口不言)하다 입을 다물고 말을 하지 아니하다.

일껏 '일껏'의 방언. 모처럼 애써서.

배라먹다 (속되게) 남에게 구걸하여 거저 얻어먹다.

Q 김 의원과 최 변호사의 대사에 나타난 극적 갈등의 양상은?

김 의원은 이중생의 자살 사건을 조사하기 위해 국회에서 온 인물이며, 최 변호사는 이중생의 고문 변호사로 이중생의 재산을 지켜 내야 하는 인물이다. 그런데 김 의원이 이중생의 재산으로 보건 시설을 짓는 것을 제안하게 되면서 두 인물 사이의 갈등이 점점 심화되고 있다.

🐚 **구절 풀이**

❶ **내가 의사 공부를 ~ 상업이 아닙니다.** 내성적인 성격으로, 이중생이 시키는 대로 행동하던 송달지가 처음으로 자신의 의견을 당당하게 밝히고 있는 부분이다. 이는 김 의원의 제안에 힘을 실어 주게 되면서 재산을 보전하려던 이중생의 계획을 틀어지게 만든다.

❷ **고, 고인의 재산을 ~ 결정허시지……. 헤헤!** 변호사라는 직업과는 어울리지 않는 말투로, 김 의원의 기분을 맞추려는 의도가 담겨 있다. 이중생의 재산이 갑자기 보건 시설 건립에 쓰이도록 결정되려고 하자 당황한 최 변호사의 심리가 반영되어 있다.

❸ **만일, 가족 가운데 ~ 고소라두 하시죠.** 이중생을 법대로 처벌하겠다는 김 의원의 단호함이 드러나는 부분이다. 이중생은 상황을 뒤집으려면 자신의 자살을 번복해야 하므로, 이러지도 저러지도 못하는 처지에 놓여 있다.

❹ **이중생, 옆방에서 ~ 어쩔 줄을 모른다.** 수많은 불법적인 행위를 저질러 온 이중생이 "그럴 법이!"라는 말을 내뱉는 아이러니한 상황이다. 죽은 척 숨어 있던 이중생이 예상치 못한 상황에서 말소리를 내는 희극적인 장면이기도 하다.

❺ **자넨 살아 있는, ~ 왜 몰라, 응?** 자신을 살아 있다고 해야 할지 죽어 있다고 해야 할지 혼란스러워하는 모습이 우스꽝스럽게 나타나 있다. 또한 작품 제목이 극 중 대사 속에서 실현되면서 그 의미를 구체화하고 있다.

👤 **작가 소개**

오영진(1916~1974)
극작가. 향토적 소재와 한국적 해학을 통해 희극미를 창조했다는 평가를 받고 있다. 주요 작품으로 〈살아 있는 이중생 각하〉, 〈해녀 뭍에 오르다〉 등이 있다.

가 **송달지:** (의외로 흥분해서) 그렇습니다. ❶내가 의사 공부를 시작한 것두 그런 의미에서 한 것이죠. 의사란 상업이 아닙니다.

김 의원: 잘 알겠습니다. 판결 결과가 이렇다 저렇다 경솔히 말할 수 없으나, 송 선생의 생각을 관계 당국에 보고해서 고인의 재산을랑 특별히 이 방면에 쓰시게 하시죠? (이중생 곤두박질한다.)
<small>신중한 성격</small>

<small>이중생의 좌절</small>
최 변호사: ❷고, 고인의 재산을 어데다 써요? 헤헤…… 아, 아니올시다. 고인의 생각은 그렇잖습니다. 좀 더 찬찬히 의논해 가지구설랑 결정허시지……. 헤헤!

김 의원: 그야 물론 당국에서 *가부간 집행할 일이지 여기서 결정지을 성질의 것이 아니죠.

최 변호사: 아, 아니올시다. 그런 의미가 아니구 고인의 가족, 「이를테면 고인의 마누라……, 그러니까 바루 여기 앉은 상속인인 송 선생의 장모두 계시구, 그의 딸, 다시 말할 것 같으면 송 선생의 부인두 있구, 아들두 있구, 안 그렇습니까? 그 가족들의 생각두 알아봐야죠. 그렇게 됐지 아마, 송 선생?」
<small>「」: 이중생의 유족을 상기시켜 김 의원의 동정을 얻고자 함.</small>

<small>송달지에게 의견을 철회하라는 의도</small>
송달지: 네, 제 의견만으룬…….

<small>최 변호사의 지적에 다시 소심한 태도를 보임 - 우유부단한 성격</small>
최 변호사: 암, 그렇구 말구. 가족의 의사두 *참작해야지.

김 의원: 잘 아실 분이 일부러 오해하시는 것 같구만요. 사기, *배임, 공금 *횡령, 탈세, 공문서 위조 등을 법적으로 *청산하면 고인에게는 아무런 재산두 남지 않는 것을 잘 아실 텐데…….
<small>최 변호사의 높은 법률 지식을 근거로 내린 판단</small>

최 변호사: 그렇겠지만 개인 재산이야 침해할 수 없잖아요? 더욱이 이 양반에게 양도된 이상…….
<small>송달지</small>

김 의원: 그렇기에 우리는 이중생 자신이 이미 자기의 죄를 자각하고 국민으로서의 모든 권리와 의무를 포기하였으므로 고인의 소유였던 재산을 법적으로 처리하기 전에 우선 상속자인 송 선생의 의견을 참고하겠다는 게 아닙니까? ❸만일, 가족 가운데 불만을 가진 분이 계시면 자기 죄과를 *자인하고 입증하는 고인의 유설랑 없애 버리구 이중생을 다시 살려 내 가지구 상속자인 송달지 씨를 걸어 고소라두 하시죠.

❹이중생, 옆방에서 "그럴 법이!" 하고는 제 손으로 입을 틀어막는다. 송과 최, 어쩔 줄을 모른다.
<small>죽은 이중생의 목소리가 들렸기 때문에</small>
▶ 보건 시설 건립에 쓰이게 된 이중생의 재산

나 **이중생:** (두 팔을 휘두르고 두 발을 궁그르며) 달지! 자네는 누구의 허락을 받았길래 독단적 행동을 헌단 말야, 응? 누가 자네더러 무료 병원 세워 달랬어, 응? 대답 좀 해 봐. 나는, 그래 무료 병원 세울 줄 몰라 이 지경인 줄 아나? 내가 뭐랬어? 유산이니 재산 문제는 일체 *함구불언하라구……. 자네, 그래 무슨 원한이 있어서 우리 집안을 망치는 게야, 응? 천치면 천치처럼 말 챙견이나 말 것이지, 뭐이 어쩌구 어째? "내 의견은 그렇습니다만……?"
<small>송달지에 대한 이중생의 인식 ①</small>
의견이 무슨 당찮은 의견이란 말야? 내 재산, 내 돈 가지구 왜 염치없이 제 의견을 말해…… 응? 의견이 또 도대체 자네 같은 위인에게 무슨 의견이야. *일껀 의견이랍시구 내세운 게 장인 재산 물에 타 버리는 종합 병원?
<small>송달지에 대한 이중생의 인식 ②</small>
에끼, 고약한 놈 같으니라구, 어디서 배운 의견이야? ❺자넨 살아 있는, 아니 죽어 있는! 아아, 아니 살아 있는 이중생……, 죽어 있는 이중생의 재산 관리인 이외의 아무것도 아닌 걸 왜 몰라, 응? 이 천치!
<small>송달지에 대한 이중생의 인식 ③</small>
어서 없어져! (달지 묵묵히 일어난다.) 어딜 가? 앉아 있지 못허구, 그래 어떡헐 셈인가, 응? 나는 그래 어떡허면 좋단 말야. 이 집은, 토지는, 현금은 어떡허란 말이야. 그래, 자네 의견대루 *배라먹을 무료 병원에 내놓으란 말인가? 어디 좀 말해 보겠나, 응? 이 재산이, 내 재산이 어떤 건 줄이나 알구 그래? 이 사람, 왜 말이 없어? 일 처리 그렇게 잘하니 끝을 맺어야지.
<small>비속어를 통해 이중생의 천박한 인물이 드러남</small>
<small>일을 그르친 송달지에 대한 비아냥거림</small>
▶ 보건 시설 건립에 찬성한 송달지를 원망하는 이중생

· 중심 내용 전 재산이 보건 시설 건립에 쓰이게 되자 송달지에게 화를 내는 이중생   · 구성 단계 하강

작품 연구소

제목 '살아 있는 이중생 각하'의 상징적 의미

살아 있는	• 살아 있으면서 죽은 척하는 인물의 이중적 행태에 대한 조롱을 나타냄. • 지키려 했던 재산도 잃고 자식에게 존재를 부정당하는 등 진정으로 살아 있다고 할 수 없다는 반어적 의미를 나타냄.
이중생	• 인물의 '이중성'을 드러내고자 한 이름 • 두 개의 생(生)이란 뜻으로, 두 번 죽는 사람 혹은 살아 있지만 죽은 사람 행세를 해야 하는 인물의 상황을 반영함.
각하	붙일 필요 없는 높임의 호칭을 사용함으로써 인물을 조롱하고 야유하는 의도를 표현함.

〈살아 있는 이중생 각하〉에 나타난 갈등

이중생		김 의원
자결한 것처럼 꾸며 탐욕스럽게 자신의 재산을 지키려 함.	⟷	진실을 밝혀 이중생의 재산을 공익 사업에 쓰려 함.

이중생		송달지
개인의 욕심을 위해 사위를 이용하려 함.	⟷	의사로서의 신념을 갖고 양심을 지키고자 함.

〈살아 있는 이중생 각하〉의 무대 장치

이 작품의 무대 장치는 일본식과 한국식이 절충된 가옥으로 광복 이후에 쉽게 볼 수 있던 형태이다. 이러한 무대 설정은 사건이 진행되는 시기가 광복 직후라는 것을 암시하는 한편, 작품의 시사성, 세태 풍자적 성격과도 밀접한 관련을 지닌다. 일본식이 가미된 가옥의 모습을 통해 광복이 되었음에도 친일 세력이 온갖 술수를 동원하여 득세하고 있던 시대 상황을 암시하며, 그러한 상황에 대한 작가의 비판적 태도를 드러내고 있다.

> #### 자료실
> **〈살아 있는 이중생 각하〉의 시사성**
> 〈살아 있는 이중생 각하〉는 광복 이후의 시대상을 선명하게 반영한 사회 풍자극이라는 평가를 받고 있다. 작품이 쓰인 당시 친일 잔재의 청산 문제는 가장 큰 사회적 쟁점 중 하나였다. 그럼에도 이 문제를 다룬 문학 작품은 많지 않았다. 오영진은 드물게 이중생이라는 친일파 경제 사범을 극의 소재로 삼아 통렬한 고발 의식을 표출하고 있다. 또한 징병에서 돌아온 하식이 보고 온 실상을 이중생에게 전하는 대사를 통해, 공산주의 세력이 강화되고 있으며 그것이 민족의 장래에 부정적인 영향을 미칠 것이라는 작가의 생각을 표현하고 있다는 점 또한 이 작품이 시사성이 강한 작품이라는 하나의 근거가 되고 있다.
> – 김재석, 〈살아 있는 이중생 각하의 자기 모순성〉

함께 읽으면 좋은 작품

〈꺼삐딴 리〉, 전광용 / 인물의 처세에 대한 풍자와 비판이 드러난 작품

일제 강점기에는 친일을, 6·25 전쟁 시기에는 친미를 일삼아 치부를 한 이인국 박사의 행적과 처세에 대한 비판과 풍자를 보여 주는 소설이다. 오직 자신의 출세와 치부를 위해 반민족적 행위를 일삼는 이인국 박사에 대한 비판과 풍자의 태도가 이중생에 대한 작가의 태도와 유사하다고 할 수 있다.
🔗 Link 〈현대 소설〉 168쪽

〈해방 전후〉, 이태준 / 해방 후 필요한 새로운 가치관과 의식을 역설한 작품

주인공 '현'이 해방 후에도 구시대적 가치를 지닌 '김 직원'과 이별함으로써, 구시대적 가치에서 벗어나 새로운 가치를 추구해야 한다는 주제 의식을 드러낸 소설이다. 이중생의 아들 하식이 국가와 민족의 앞날을 우려하는 신세대를 대표한다는 점과 관련지어 생각해 볼 수 있다.

---

5 이 글의 인물 관계를 다음과 같이 정리할 때, ⓐ~ⓔ에 대한 설명으로 적절하지 <u>않은</u> 것은?

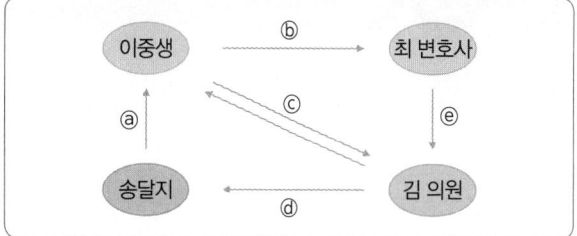

① ⓐ: 상대의 예상과 다른 행동을 하여 갈등을 유발한다.
② ⓑ: 자신의 의견을 김 의원에게 대신 전달하도록 한다.
③ ⓒ: 서로 마주치지 않으면서 특별한 갈등을 빚지 않는다.
④ ⓓ: 상대의 동의를 받아들이며 자신의 주장을 강화한다.
⑤ ⓔ: 상대의 눈치를 보면서 자신의 목적을 이루고자 한다.

6 (나)에서 알 수 있는 '이중생'에 대한 설명으로 적절하지 <u>않은</u> 것은?
① 언행에서 천박한 면모가 드러난다.
② 자기 재산에 대한 집착이 매우 강하다.
③ 주변 사람들을 돕는 것에는 관심이 없다.
④ 쉽게 흥분했다 쉽게 가라앉는 다혈질이다.
⑤ 사람에 대한 무시와 비난을 서슴지 않는다.

7 〈보기〉를 참고하여 이 글을 감상한 내용으로 적절하지 <u>않은</u> 것은?

> ┤보기├
> 〈살아 있는 이중생 각하〉가 성공을 거둘 수 있었던 것은, 이전에 행한 선악에 따라 현재의 행복이나 불행이 결정되는 인과응보(因果應報)의 구성을 적절히 사용한 점과 이상적인 것이 승리하게 되는 결과에 대한 구체적인 근거를 제시한 점 때문이다. 또한 광복 이후 시급한 문제 중 하나인 친일 청산 문제를 적극적으로 다룬 점도 성공 요인이라고 할 수 있다.

① 송달지는 이상적인 것이 승리하는 계기를 마련하는군.
② 이중생과 최 변호사는 이상적인 것과 꾸준히 대립하는군.
③ 이중생이 부정하게 모은 재산은 친일 문제와 연관되는군.
④ 송달지와 최 변호사는 인과응보의 구성을 잘 보여 주는군.
⑤ 김 의원은 이중생이 패배하게 되는 구체적 근거와 관련 있군.

8 다음은 독서 토론 동아리의 누리집 게시판에 올라온 질문이다. 빈칸에 들어갈 알맞은 내용을 쓰시오.

> **문학 게시판** 🔍
> 작가가 이중생의 대사 중에 "자넨 살아 있는, 아니 죽어 있는! 아아, 아니 살아 있는 이중생……"과 같은 구절을 포함한 이유는 무엇일까?
> ↳ 두 개의 생(生)이라는 뜻을 지닌 '이중생'이라는 이름과 관련이 있는 것 같아.
> ↳ 극 중에서 주인공이 처한 상황이나 주인공에 대한 작가의 태도와도 관련이 있어.
> ↳ 그렇다면 작가는 _____ 하고자 한 것이군.

008 ˙불모지(不毛地) |차범석

[문학] 동아, 신사고

핵심 정리
갈래 장막극, 비극
성격 사실적, 비극적, 세태 고발적
배경 ① 시간 – 1950년대 전후(戰後)
　　　② 공간 – 서울 종로 한복판
제재 최 노인 일가의 삶
주제 근대화 과정에서 겪는 가족의 해체와 가치 관의 변화
특징 ① 대조적인 배경 및 인물 설정으로 근대화 과정에서 발생하는 갈등을 드러냄.
　　　② 세대 차이의 비극과 도시 문명의 급격한 변화를 강조하기 위해 대사와 조명 등을 효과적으로 활용함.
출전 《문학 예술》(1957)

> **Q** 최 노인의 집과 주변의 모습을 묘사하는 방식은?
>
> 이 작품에서 최 노인의 집은 '낡은 기와집'과 어둡고 음산한 '폐가'의 모습으로, 근대화가 진행되는 주변의 풍경은 '매끈한 고층 건물'이나 '질주하는 전차며 자동차의 소음'으로 묘사되고 있다. 이와 같은 대조의 방식은 소란스럽게 진행되는 근대화의 반대편에 있는 최 노인 일가가 처한 초라하고 무기력한 상황을 더욱 심화하여 보여 준다.

어휘 풀이
불모지 식물이 자라지 못하는 거칠고 메마른 땅.
풍상(風霜) ① 바람과 서리를 아울러 이르는 말.
② 많이 겪은 세상의 어려움과 고생을 비유적으로 이르는 말.
면목(面目) 사람이나 사물의 겉모습.
일신(一新)하다 아주 새로워지다. 또는 아주 새롭게 하다.
대차(大差) 큰 차이.
노다지 ① 캐내려 하는 광물이 많이 묻혀 있는 광맥. ② 손쉽게 많은 이익을 얻을 수 있는 일감을 비유적으로 이르는 말.

구절 풀이
❶ **배경으로, 면목이 ~ 폐가처럼 멸시하고 있다.** 주변의 최신식 건물을 의인화하여 낡은 기와집과 대조하고 있다. 이는 근대화를 지향하는 세력과 옛것을 고수하는 세력 간의 갈등을 암시한 것으로 볼 수 있다.
❷ **이처럼 대차적인 ~ 찬바람처럼 풍겨 나온다.** '낡은 집'이 처한 부정적인 상황을, 감각적인 표현을 통해 실감 나게 나타내고 있다. 이러한 상황은 장차 최 노인 가족의 갈등의 요인으로 작용하며, 극의 비극적 결말을 암시하기도 한다.
❸ **도깨비가 나건 ~ 다행으로 알아 이놈아!** 경재의 의견을 물리치는 장면으로, 최 노인의 고집스럽고 완고한 성격을 보여 준다. 또한 근대화가 진행되던 1950년대 전후 사회의 서울 한편에는 집을 갖지 못한 사람들도 많았음을 짐작할 수 있다.

[무대]

번화한 상가에 자리 잡은 최 노인의 낡은 기와집, 정면에 유리문이 달리고, 마루를 사이에 두고 방이 둘 있고, 좌편으로 기역형으로 굽어서 부엌과 장독대 유리문 저쪽은 가게. 우편으로 대문을 끼고, 헛간과 방 하나의 딴채가 서너 평이 못 넘는 좁은 뜨락을 에워싸고 웅크리고 앉았다. 해묵은 지붕에는 푸른 이끼며 잡초까지 자라나서 오랜 ˙풍상을 겪어 내려온 이 집의 역사를 말해 주는 듯하다. ❶배경으로, ˙면목이 ˙일신해져 가는 매끈한 고층 건물의 행렬이 엿보이고 좌우편에도 역시 3, 4층이나 되어 보이는 최신식 건물이 들어서서 이 낡은 기와집을 거의 폐가처럼 멸시하고 있다. 좌편 건물은 아직도 건축 공사가 진척 중에 있는지 통나무로 얽어맨 작업 보조대에 거적때기가 걸려서 건물은 반쯤 가려진 채로다. ❷이처럼 ˙대차적인 주변의 장애로 말미암아 이 낡은 집 안팎에는 온종일 햇볕이 안 드는 탓인지 한층 어둡고 습하며 음산한 공기가 찬바람처럼 풍겨 나온다. 때는 초여름 어느 일요일 오전.

막이 오르면 질주하는 전차며 자동차의 소음이 잇달아 들려온다. 뜰가에서 경운이가 함석 통에 담긴 빨래를 빨고 있고 부엌에서 설거지를 하는 어머니의 초라한 모습이 보인다. 좌편 담 아래에 마련된 조그마한 화단 앞엔 아까부터 최 노인이 쭈그리고 앉아서 화초며 푸성귀들을 손보고 있다. 입에 물린 파이프에서 이따금 뱉어지는 담배 연기가 한가롭다. 잠시 후 경재가 물지게를 지고 좁은 대문을 간신히 빠져나와 경운 앞에다 부려 놓는다.

▶ 최신식의 집들과 대조를 이루는 최 노인의 집

경재: 어유 오늘은 웬 사람이 그리도 많아……. 공동 수도엔 난장판인걸! (하며 항아리에다 물을 붓는다.)

경운: (여전히 빨래를 하며) 비가 개니까 집집마다 빨래하느라고 그렇겠지…….

경재: 아버지 우리도 다음엔 제발 물 흔한 집으로 옮깁시다. 물만 길르다가 내년 봄엔 낙제하게 생겼는걸요! 하루 이틀도 아니구…….

최 노인: (돌아보지도 않고) 그래…….

경운: 애도 속없는 소리 잘하긴 경애 언니 닮았나 봐! 누가 이따위 골목 구석에서 살고 싶어 살고 있니?

경재: 살기 싫으면 딴 데로 옮기면 될걸 왜 이런 게딱지 굴속에서 산다는 거요?

최 노인: (눈을 크게 부릅뜨며) 무슨 소리냐? 이 집이 어때서?

경재: 아버지나 좋아하시지 우리 식구 중에서 이 집을 좋아하는 사람이 누가 있어요?

최 노인: 싫은 놈은 언제건 나가라지! 절간이 미우면 중이 나가는 법이야.

경재: (남은 물통을 비우며) 중도 없는 절을 뭣에 쓰게요? 도깨비나 날걸…….

최 노인: (약간 핏대를 올리며) ❸도깨비가 나건 ˙노다지가 나건 제집 지니고 산다는 걸 다행으로 알아 이놈아!

경재: (못마땅한 낯으로) 다행으로 알 건덕지가 있어야죠.

최 노인: (휙 돌아서며) 뭐, 뭐야?

경운: (재빨리 공기를 수습하려 들며) 경재야, 한 번만 더 길어 와! 물이 끊어지면 어떡헐라구…….

▶ 낡은 집을 둘러싸고 벌어지는 식구들 사이의 갈등

・ **중심 내용** 낡은 집을 둘러싸고 벌어지는 식구들 사이의 갈등　　・ **구성 단계** 발단

이해와 감상

한 가족의 생활 단면을 통해 1950년대 전후(戰後)의 어둡고 불안한 사회 상황을 집약적으로 드러낸 사실주의 희곡이다. 이 작품은 근대화를 상징하는 최신식 건물과 전근대적 가치관을 상징하는 낡은 한옥을 대조시키고 있는데, 이러한 배경은 새로운 것을 지향하는 자식들과 옛것을 고집하는 최 노인 사이의 대립과 갈등으로 구체화된다.

구시대의 전통을 유지하려는 최 노인의 모습과 그로 인한 가족 간의 갈등 및 비극은 높이 치솟은 고층 건물의 모습과 대조를 이루어, 전후 불모(不毛)의 현실적 모순을 상징적으로 제시해 준다. 구시대는 힘을 잃었고 새로운 시대는 아직 열리지 않았다는 점에서, 1950년대는 불모지였던 것이다. 최 노인과 자식들의 면모는 전후 시대의 세대 의식을 집약적으로 보여 주며, 전후의 시대상을 냉철하게 드러내고 있다.

🔍 전체 줄거리

발단	신식 결혼이 유행하여 전통 혼례용 혼구를 대여하는 최 노인의 사업이 날로 쇠퇴하게 되자, 가족들은 자신들이 살고 있는 낡은 한옥을 팔자고 권유하지만 최 노인은 집에 집착한다.
전개	실업 상태인 큰아들 경수, 배우를 꿈꾸는 큰딸 경애 등 가족은 모두 은근히 최 노인을 원망하며 집을 팔자고 종용한다.
절정	가족들의 성화와 큰아들의 방황을 보다 못한 최 노인은 심경의 변화를 일으켜 집을 세놓기로 한다.
하강	집을 파는 것으로 오해한 큰아들이 이를 막으려 하고, 최 노인은 큰아들이 집을 팔지 않고 세놓는 것에 대해 불만을 표시한 것으로 오해하여 심한 갈등을 일으킨다.
대단원	모든 불화의 원인이 돈에 있다고 생각한 큰아들은 권총으로 강도 행각을 벌이다가 체포되고, 사기를 당한 큰딸은 자살을 한다.

👪 인물 관계도

최 노인		어머니
시대의 변화와 상관없이 완고하게 옛것을 지키려는 구세대의 전형인 인물(60세)	구세대	최 노인의 아내(57세). 순종적 여인형으로, 가족을 위해 온갖 궂은일을 다함.

경수	경운
큰아들(26세). 전통적인 맏아들의 모습과는 다른 인물형으로 아버지를 원망하며 파멸로 치달음.	작은딸(20세). 자신이 번 돈으로 가족의 생계를 꾸려 가면서도 틈틈이 집안일을 하며 부모를 도움.

경애	경재
큰딸(23세). 영화배우가 되어 화려한 인생을 살고 싶어 하는 인물. 근대화 과정에서 나타난 새로운 세대의 전형	작은아들(18세). 고등학교 3학년으로 밝고 명랑하며 언변도 뛰어나 주변을 웃음으로 이끌어 줌.
파멸한 신세대	희망이 남은 신세대

🏠 작품 연구소

〈불모지〉의 무대 설정상 특징

최 노인의 기와집	변화한 상가
• 장독대, 헛간, 방 하나의 딴채 • 지붕 위의 이끼와 잡초 • 햇볕이 안 들고, 어둡고 습하며 음산한 분위기	• 매끈한 고층 건물 • 3, 4층의 최신식 건물 • 건축 공사 중인 건물

🔑 포인트 체크

인물 ☐☐☐은 옛것을 지키려 하는 구세대적 인물로, 새로운 것을 지향하는 신세대인 ☐☐들과 갈등을 빚는다.

배경 한국 전쟁 직후 서울 ☐☐ 한복판을 배경으로 하고 있다.

사건 낡은 집을 지키려는 최 노인과 신식 주택으로 ☐☐ 가고 싶어 하는 자식들이 대립하던 중에 큰아들 경수는 강도 짓을 해 경찰에 붙잡히고, 큰딸 경애는 ☐☐를 당해 스스로 목숨을 끊는다.

1 이 글을 통해 알 수 있는 당시의 사회상으로 적절하지 <u>않은</u> 것은?

① 도시 개발이 한창 진행 중이었다.
② 학교에서 낙제 제도를 실시하였다.
③ 여성의 사회 진출이 활발하게 이루어졌다.
④ 자기 집을 갖지 못한 사람이 많이 존재하였다.
⑤ 수도 시설이 제대로 갖추어지지 않은 집들이 있었다.

2 이 글을 영화화하기 위해 토의한 내용으로 가장 적절하지 <u>않은</u> 것은?

① 최 노인의 집은 어둡고 음산하게 꾸미는 게 좋겠어.
② 최 노인의 담배 연기를 통해 물질적 여유를 강조하자.
③ 최 노인의 집은 변화한 상가 옆에 배치하여 상대적으로 초라한 느낌을 살려야 할 것 같아.
④ 전차 소리나 자동차 소음 등의 음향 효과를 통해 근대화되고 있는 도시의 모습을 드러내야겠어.
⑤ 최 노인이 이사하자는 경재의 말을 반박하는 장면에서는 고집스럽고 완고한 표정이 드러나도록 연기해야 해.

3 〈보기 1〉을 참고할 때, 이 글의 인물들과 〈보기 2〉의 밑줄 친 인물들의 대화 내용으로 적절하지 <u>않은</u> 것은?

┌ 보기 1 ┐
이 작품은 1950년대 전후의 사회 상황을 보여 주고 있는데, 최 노인은 옛것을 고집하는 구세대를, 자식들은 시대의 변화를 따르고자 하는 새로운 세대를 상징하고 있다.

┌ 보기 2 ┐
"숭헌…… 뉘라 양력 슬두 슬이라 이른다더냐, 상것들이나 왜놈 세력을 아는 뱁여……." 세모가 되면 한두 군데서 들어오던 세찬을 놓고 으레껏 꾸중이시던 할아버지 말씀이 자주 되살아나 마음 한 켠이 걸리지 않은 바도 아니었지만, 시절이 이러매 신정 연휴를 빌미할 수밖에 없음을 달리 어쩌랴 하며 견딘 거였다. 그러나 할아버지한테 결례(불효)를 저지르고 있다는 느낌을 나 자신에게까지 속일 수는 없었다.
— 이문구, 〈관촌 수필〉

① 할아버지: 새로운 것만 좇는 요즘의 현실이 개탄스러워.
② 경운: 하지만 옛것만 고수하려는 사람이 몇이나 되겠어요.
③ 최 노인: 남이야 어떻게 살든 그게 무슨 상관이람. 나는 옛것을 고수하면서 살 생각이야.
④ 경재: 세상은 점점 편리하게 바뀌고 있는데, 불편한 옛것을 지키는 것이 무슨 의미가 있어요.
⑤ 나: 중요한 것은 변화를 수동적으로 따라가는 것이 아니라 그 변화를 주도해야 한다는 점이에요.

4 이 글에서 주요 갈등 관계를 이루는 인물과 그 원인을 쓰시오.

중략 부분의 내용 가족의 성화에 최 노인은 집을 세놓기로 하는데 경수는 최 노인이 집을 파는 것으로 오해하여 부자간에 심한 갈등을 겪는다. 모든 불화의 원인이 돈에 있다고 생각한 경수는 강도 행각을 벌여 경찰에 체포된다.

가

경수: 어머니 우시지 마세요. 저는 이미 눈물도 말라 버렸어요. 제가 없더라도 경재가 제 몫까지 효성을 바칠 거예요…….

어머니: 아…… 하나님도 변덕스럽지! 하루만 앞서 소식을 주셨어도 아들 하나 살릴 텐데……. 죽은 다음에 의사를 보내면 무슨 소용이람! 아이구……. / **경수:** 무슨 얘기예요?

경재: (마루 끝에 놓인 편지를 보이며) ❶취직 통지서가 왔었어요…… 영등포에서…….

경수: (고랑이 채인 손으로 편지를 받아 보며) 고마운 친구야…… 그래도 그 친구만은 *신의를 지켜 주었군……. (*발작적으로 웃으며) 나에게 주는 송별 꽃다발치고는 최고군! 핫하……. (하며 대문 쪽으로 걸어간다. 땅에 떨어진 편지를 경재가 줍는다.)

이때 대문이 열리며 경운이가 마치 유령처럼 들어온다. 빰에는 눈물 자국이 남았다. 경운과 마주친 경수는 화석처럼 서서 경운을 *응시한다.

경수: (속삭이듯 그러나 떨리는 목소리로) 경운아! 용서해라…….

경운: ❷왜 남의 이름을 불러요? 나는 아무 관계없는 사람이에요! (하며 외면을 한다.)

경수: (입술가에 심한 경련을 일으키며) 알겠다……. 그렇지! 관계있을 리가 없지……. (뒤를 돌아보며) 어머니…… 경재야…… 아버님을……. (하며 휙 돌아서 나간다.)

형사가 대문 밖으로 나가자 밖이 어수선해지면서 군중들의 웅성거리는 소리가 난다.

형사: (소리만) 비켜! 저리 가라니까! 뭘 보겠다는 거야! 저리 가!

이 말과 함께 군중들의 웅성대는 소리도 멀어지며 골목 안은 전처럼 조용해진다. ❸차도에서 들리는 기적 소리와 이웃 다방에서 울려 오는 애상적인 *경음악의 부조화 음이 유난히도 자극적이다. / **어머니:** (대문을 쓸어안을 듯이) 경수야! 경수야!

나

경운의 방에 불이 켜지며 발이 걸린 미닫이문 너머로 경운의 모습이 아련히 보인다.

경운: (무엇을 발견했는지 놀라 비명을 지르며) 앗!…… 경재야! 경재야!

경재: 누나! 왜 그래?

경운: 언니가 …… (누워 있는 경애를 흔들며) 언니! 언니! 정신 차려! / **최 노인:** 무슨 일이냐?

경재는 급히 방으로 뛰어간다. 그러나 경운의 통곡 소리가 터지자 어머니가 불길한 예감에 사로잡히며 방 가까이 온다. 경재가 한 장의 종이를 손에 들고 나온다.

경재: 큰누나가 자살을 했어요……. / **어머니:** 뭐라고?

최 노인: 경애가? / **어머니:** 아니 자살을 하다니…….

경운: 죽긴 왜 죽어! 못난이! (하며 방에서 뛰쳐나온다. 그의 손에는 빈 약갑이 들렸다.) 수면제를 먹었어요……. / 최 노인은 유서를 읽고 있다. 그의 손은 가늘게 떨린다.

경애의 목소리: '아버님! 그리고 어머니…… 저는 속았어요. 마음도 몸도 남에게 속았으니 더 이상 살 수 없어요……. 나일론 면사포를 사 드리겠다는 것도 *허사가 되었어요…….'

최 노인: (유서를 읽다 말고) 아니 이게 무슨 꼴이람! ㉠이렇게 한꺼번에 집안이……. 아니 이게……. / 최 노인은 벌떡 일어서며 안절부절못한다. 어느새 어머니는 방에 들어가서 경애의 시체를 안고 운다.

경운: 아버지 진정하세요……. 네. / **최 노인:** 이런 팔자도 있담! 허……. 풀포기만 시들게 하는 줄 알았더니 사람까지…… 아니 이게 정말이야? 경애야! (하며 *발광하는 사람처럼 방으로 뛰어들려고 하자 경운이와 경재가 아버지를 안아 말린다.)

▶ 사기를 당하고 스스로 목숨을 끊은 경애

· 중심 내용 체포되는 경수와 자살한 경애로 인해 비탄에 빠진 집안   · 구성 단계 대단원

작품 연구소

〈불모지〉에 나타난 인물 간의 갈등 구조

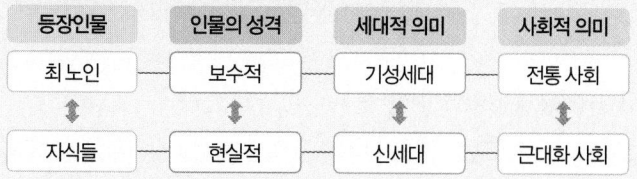

등장인물	인물의 성격	세대적 의미	사회적 의미
최 노인	보수적	기성세대	전통 사회
↕	↕	↕	↕
자식들	현실적	신세대	근대화 사회

〈불모지〉의 상징과 대조의 기법

〈불모지〉는 상징과 비유의 구조가 매우 튼튼하다. 과거 세대와 새로운 세대, 낡은 한옥과 현대식 고층 빌딩 간의 대립적 요소가 이 작품의 주요 축을 이루고 있다.

대립적 요소	
오랜 풍상을 겪은 낡은 기와집	주변의 매끈한 고층 빌딩
구세대	신세대
낡은 한옥의 적적	주변 길거리 자동차의 소음
구식 결혼식 물품 대여업	신식 나일론 면사포
어둡고 습함.	밝음.

또한 인물의 행위 역시 상징성을 띠게 되는데, 최 노인이 고층 건물 때문에 그늘져 잘 자라지도 않는 텃밭의 채소나 푸성귀 등만을 바라보며 갈등을 애써 삭이려 하다가 마침내 제정신이 아닌 듯 그것들을 짓밟아 버리는 행위는 장남 경수의 좌절과 파국, 큰딸 경애의 자살로 전이·확대된다.

제목 '불모지'의 상징적 의미

'불모지'란 '식물이 자라지 않는 거칠고 메마른 땅'으로 자연적인 조건이 좋지 못하여 식물이 잘 자라지 못하는 곳을 이른다. 작가가 이처럼 부정적인 의미를 지닌 '불모지'를 제목으로 설정한 것은 구세대는 그 힘을 상실하였고 새로운 세대는 아직 뿌리내리지 못한 1950년대를 불모지로 인식했기 때문이다.

자료실

〈불모지〉를 개작한 〈태양을 향하여〉의 줄거리

종로에서 근 50년 동안이나 재래식 혼구 대여업을 하는 최 노인 일가는 신식 혼인이 유행하게 되자 장사에 어려움을 겪는다. 그런데다 경애는 영화배우가 되겠다고 말썽이고, 군대에 간 경수는 부상을 당하여 의수(義手)를 하고 돌아온다. 경애의 일과 세금 문제로 집안이 더욱 곤란해지는 가운데 경수와 혼약했던 춘자는 경수를 멀리한다. 한편 5층 빌딩이 들어서자 최 노인네 집은 햇빛도 잘 들지 않고, 가게 문을 닫았는데도 세금은 계속 나오며, 경수는 가출하고, 경애는 마침내 스스로 목숨을 끊고 만다. 파멸 직전에 이른 집안 살림은 경운의 박봉으로 겨우 이어 가는데, 가출했던 경수가 돌아와 취직을 하고, 춘자도 마음을 돌리게 된다. 그리고 오랫동안 집을 팔지 않겠다고 고집하던 최 노인도 이사 갈 새 집을 보아 두었다고 말한다. 마침내 파멸의 위기에 처했던 최 노인 일가에 화합의 서광이 비친다.

함께 읽으면 좋은 작품

〈오발탄〉, 이범선 원작, 나소운·이종기 각색 / 한 가족의 삶을 통해 전후 한국 사회의 부조리를 고발한 작품

6·25 전쟁 뒤 고향을 떠난 월남 피란민 가족의 비참한 삶의 단면을 여실히 보여 주는 시나리오로, 뿌리가 뽑힌 자들의 가난과 고통, 그리고 인간다운 삶을 방해하는 비정한 현실을 심도 깊게 묘사하고 있다.

Link 본책 244쪽

---

5 이 글의 비극적 분위기를 고조시키는 요소와 가장 거리가 먼 것은?

① 경애의 유서에 나일론 면사포를 사 드리려 한 내용이 적힘.
② 취직 통지서가 경수의 강도 사건이 난 바로 다음 날 도착함.
③ 경수가 끌려 나간 후 다방에서 애상적인 경음악이 울려 옴.
④ 경수가 대문 밖으로 끌려 나가자 많은 사람들이 웅성거림.
⑤ 최 노인이 발광한 듯 방으로 뛰어들려 하자 자식들이 말림.

내신 적중
6 〈보기〉는 이 글을 개작한 희곡의 결말 부분이다. 개작하면서 작가가 고려했을 사항으로 적절하지 않은 것은?

보기
경재: 그럼, 춘자 누나도 우리와 함께 있겠단 말이군요, 네? 햇볕이 흔한 집에서 말이어요.
경수: (빙그레 웃으며) 그래. 해바라기처럼 태양을 향해 다시 한번 살아 보자, 경재야. / 어머니: (좋아서) 경수야!
최 노인: (기쁨과 괴로움이 뒤범벅이 되어) 이러고 있을 게 아니라, 춘자는 어서 집에 가 봐야지. 어른들이 기다리실 텐데……. 경재야, 정류장까지 바래다줘라……. [중략]
어머니: (조용히) 경애는 갔지만, 두 사람이 살아났으니, 얼마나 다행한 일이우. / 최 노인: (눈을 감고서) 이사를 하려면 짐이 많을 거야……. 오십 년간 살아온걸!

– 차범석, 〈태양을 향하여〉

① '춘자'라는 새로운 인물을 추가해야겠어.
② 긍정적인 이미지를 담은 제목으로 바꾸는 것이 좋겠어.
③ 원작과 달리 이사를 결심하는 최 노인의 모습을 제시해야겠어.
④ 극 중 경재의 역할을 부각하여 신세대의 가능성을 강조해야지.
⑤ 비극적 결말보다는 가족이 화합하는 모습을 통해 희망을 보여 주는 게 낫지 않을까?

7 ㉠에 담긴 심정과 가장 관련 깊은 것은?

① 일희일비(一喜一悲)   ② 반신반의(半信半疑)
③ 동병상련(同病相憐)   ④ 설상가상(雪上加霜)
⑤ 점입가경(漸入佳境)

8 다음은 '최 노인'이 쓴 일기의 일부이다. 〈보기〉를 참고하여 빈칸에 들어갈 적절한 내용을 쓰시오

2○○○년 ○○월 ○○일
내가 얼마나 더 살지 모르겠으나. 오늘은 내 인생에 있어 가장 슬픈 날로 기억될 것이다. 큰아들인 경수가 강도 짓을 하다가 체포되어 가자마자. 큰딸인 경애가 스스로 자신의 생을 마감하고 말았다. 불쌍한 내 자식들! 집안이 이렇게 한꺼번에 망조가 들다니…….
이 모든 것이 _____ 때문이다. 이것이 풀포기뿐만 아니라 내 자식의 목숨까지 앗아 간 것이다.

보기
이 작품은 근대화와 전근대적 가치관의 대립적 구조를 중심으로 사건이 전개되고 있다.

🎯 핵심 정리

갈래 단막극, 사실주의 극
성격 사실적, 세태 고발적
배경 ① 시간 – 현대의 어느 늦가을
　　　 ② 공간 – 종합 병원 외과 과장실
제재 비인간화되고 소외된 현대인의 삶
주제 현대인의 인간성 상실과 회복
특징 ① 전반부와 후반부가 대립 구조를 보임.
　　　 ② 물질문명을 비판하고 휴머니즘을 옹호함.
　　　 ③ 밀도 있는 심리 묘사로 갈등을 잘 보여 줌.
출전 《사상계》(1959)

Q 이 작품에서 상현 부부가 겪고 있는 갈등은?

상현의 아내인 인옥이 폐 수술과 같이 중요한 문제를 남편과 상의하지 않은 것으로 보아, 이들이 정상적인 부부 관계를 유지하지 못하고 있음을 짐작할 수 있다. 또한 이후 상현의 대사에서, 인옥이 생계를 해결하기 위해 부정을 저지르는 문제 때문에 서로 갈등을 겪고 있음을 알 수 있다.

💡 어휘 풀이

방치(放置)하다 내버려 두다.
내외(內外) 남편과 아내를 아울러 이르는 말.
판국(局) 일이 벌어진 사태의 형편이나 국면.
분개(憤慨/憤愾)하다 몹시 분하게 여기다.

😊 구절 풀이

❶ **글쎄, 그게 ~ 어디 있겠습니까…….** 상현이 아내의 폐 수술을 반대하는 근본적인 이유가 금전 때문임을 알 수 있다. 아내의 목숨보다 돈을 더 중요하게 생각하는 반인륜적인 면모를 느낄 수 있다.

❷ **부끄러운 얘기지만 ~ 담배를 팔아야만…….** 아내가 공장에서 몰래 빼오는 담배를 팔아 생계를 유지하는 처지이면서도 아내에게 미안함을 느끼기보다는 이런 처지라도 계속 유지되기를 바라는 비열한 일면을 엿볼 수 있다.

❸ **아니……. 별말 없었소.** 상현의 비열함을 알게 된 회기가, 인옥과의 대화 내용을 전달해 줄 필요성을 느끼지 못하여 그에 관한 말문을 닫아 버리는 장면이다.

❹ **수술을 해서 몸이 ~ 그리고 나도…….** 아내가 완쾌되면 돈 때문에 계속 부정을 저질러야 하므로 더 불행해질 것이고, 자신도 고통을 받아 역시 불행해질 것이라는 의미이다. 아내에 대한 불신이 담겨 있다.

상현: (바싹 다가앉으며) 선생님! 어떻게 되었습니까?

회기: (사무적으로) 어렵겠는데요……. 그렇게 악화되도록 •방치하시다니 가족들의 무책임도 어지간하시군요.

상현: (안도감에 풀리며) 거절하셨다구요? 감사합니다. ⓐ그런 걸 가지고 난 괜시레 속을 썩어서……. 감사합니다. / **회기:** (뜻밖의 말에 영문을 모르겠단 듯) 아니, 뭐라구요?
　　　　　　　　　　　　　　　　　　　　　　　상현이 의외의 답을 하고 있기 때문

상현: 실은 제 처가 나와는 한마디 의논도 없이 수술을 받겠다고 서두르고 있어서요…….

회기: 그래요……. / **상현:** ❶글쎄, 그게 될 말입니까? ⓑ다른 병이면 또 모르지만 폐를 함부로 떼어 내고 갈아 내어서야 되겠어요? 게다가 요즈음 세상은 돈 있고 병 치료도 하는 법이지……. 그런 돈이 어디 있겠습니까…….
　　　　　　　　　　　　　　　　　　　　인간성이 상실된 현대 사회

회기: 그렇지만 치료빈 걱정할 필요가 없다던데요?

상현: (완강히 부인하며) 그럴 리가 있습니까! 우리 •내외가 죽어라 벌어도 어린것들하고 겨우 풀칠하는 •판국인데……. 그런 돈 있으면…….
　　상현의 아내 김인옥의 말

회기: (잠시 생각 끝에) 그럼, 선생께서는 부인의 병을 고치지 않아도 좋단 말씀인가요?

상현: (약간 당황하며) ❷부끄러운 얘기지만……. 내 벌이라는 게 처가 공장에서 나올 때 속옷이나 치마폭에 감춰 가지고 나오는 담배를 팔아야만……. (회기와 시선이 마주치자 ㉠멋쩍게 웃으며) 하지만, 그게 어디 쉽습니까? 감시가 이만저만이라야죠.
　　　　　　　　　　　　　　　　　　　　　　　　　　▶ 금전적인 이유로 아내의 수술을 반대하는 상현

회기: ⓒ그것만으로 생활비가 나올까요?

상현: 그러니 자연히 감독관에게 곱게 보여야만…….
　　　　　　인옥과 감독관의 부정한 관계 암시

회기: 듣자니 부인께서는 오 년 이상 근무하고 계시던 모양이던데…….

상현: (한숨을 뱉으며) 사실인즉 그렇기 때문에 남자 종업원 사이에서도…….

회기: (이해가 안 된다는 듯) 예?

상현: (자기의 말을 스스로 지워 버리기라도 하듯이) 그렇지만 먹고살려니까 할 수 있습니까! (사이) 아내는 가끔 집에 안 들어오는 날이 있지요. 그럴 때는 으레 야근이라는 거예요. 나도 처음엔 그런 줄만 알았는데……. 알고 보니까 그게…….
　　　　　　　　　　　　　　　　　　　　　　　목구멍이 포도청

회기: (말없이 상현의 떨리는 손을 내려다본다.)
　　　　분노의 심정이 드러남.

상현: (•분개하여) 그렇지 않고는 물건을 가지고 나올 수가 없다는 거예요…….
　　　　　　　　　　　　생계를 위해 기본적인 윤리마저 저버려야 하는 상황임.

회기: (불쑥 일어서며) 아까 부인께서 하던 말이 이제야 납득이 되는군……. (하며 창밖을 내다본다.) / **상현:** 뭐라고 하던가요?

회기: ❸아니……. 별말 없었소. (상현을 보며) ⓓ그렇지만 부인께선 현재의 생활이 퍽 피곤한 눈치던데요……. [중략]

상현: ❹수술을 해서 몸이 회복된다면 내 아내는 더 불행해질 거예요! 그리고 나도…….

회기: 아니, 불행해지다니……. 건강해야 더 벌어서 아이들도 편하게…….

상현: ⓔ흥! 내 처가 가족을 위해서 수술을 원하는 줄 아십니까? / **회기:** 그럼…….

상현: (내뱉듯이) 내 아내는 건강을 회복하면 지금보다 더 자주 놀아날 생각에서예요!

회기: (어이없다는 듯) 원…… 그럴 리가…….

상현: (완강히) 아닙니다. 선생님, 그 여자는 그런 성격입니다. 옛날부터…….
　　　　　　　　　　　　　　　　　　　　　　▶ 아내의 부정을 이유로 아내의 수술을 반대하는 상현

> • **중심 내용** 아내 인옥의 수술을 반대하는 상현　　　• **구성 단계** 절정

이해와 감상

이 작품은 종합 병원의 외과 과장실을 배경으로 냉정하고 인간미 없던 한 의사가 인간성을 회복해 가는 과정을 그린 희곡이다. 이 작품은 크게 전반부와 후반부로 나눌 수 있는데, 전반부에서는 인옥의 인간적인 호소와 회기의 기계적 대응이 갈등을 이루고 있으며, 후반부에서는 상현의 비인간적인 태도와 회기의 인간적 면모가 갈등 관계를 형성하고 있다. 기계로 불리던 주인공 회기가 감정을 지닌 '성난 기계'로 변화하는 과정을 통해 비정하고 각박한 현대 사회를 비판하고 인간성 회복에 대한 가능성을 보여 주고 있다.

🔍 전체 줄거리

발단	담배 공장 포장공으로 일하는 인옥이 폐 전문 의사 양회기를 찾아와 수술해 달라고 애원한다.
전개	회기는 결과에 확신이 없다며 수술을 거부하고 인옥은 수술을 포기하고 돌아간다.
절정	상현이 회기를 찾아와 금전적인 문제와 아내의 부정을 이유로 인옥의 폐 수술을 반대한다.
하강	상현의 이기적이고 비정한 태도에 회기는 그의 행위를 살인이라고 생각하며 분노한다.
대단원	회기는 간호사 금숙을 시켜 인옥에게 수술을 받으러 오라는 속달 우편을 보내도록 지시한다.

👥 인물 관계도

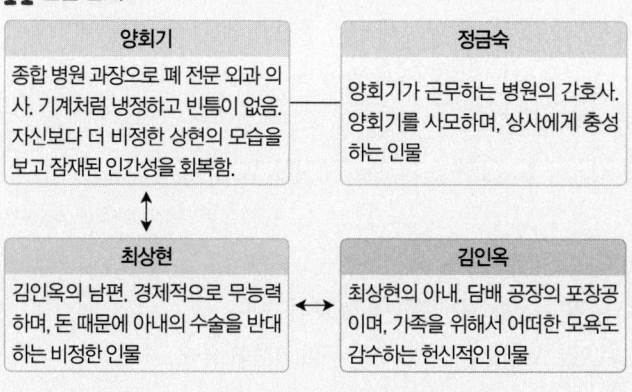

양회기
종합 병원 과장으로 폐 전문 외과 의사. 기계처럼 냉정하고 빈틈이 없음. 자신보다 더 비정한 상현의 모습을 보고 잠재된 인간성을 회복함.

정금숙
양회기가 근무하는 병원의 간호사. 양회기를 사모하며, 상사에게 충성하는 인물

최상현
김인옥의 남편. 경제적으로 무능력하며, 돈 때문에 아내의 수술을 반대하는 비정한 인물

김인옥
최상현의 아내. 담배 공장의 포장공이며, 가족을 위해서 어떠한 모욕도 감수하는 헌신적인 인물

🏠 작품 연구소

〈성난 기계〉의 극적 반전

이 작품은 주인공 회기가 부정적 인물 유형에서 긍정적 인물 유형으로 변화하는 극적 반전을 통해 작품의 전반부와 후반부가 대립하는 양상을 보인다. 이러한 극적 반전은 인간성 회복이라는 주제 의식을 효과적으로 드러내 준다.

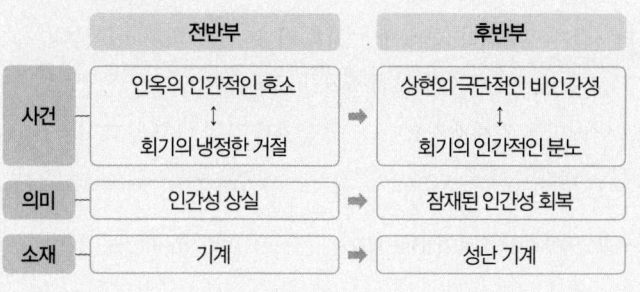

	전반부		후반부
사건	인옥의 인간적인 호소 ↕ 회기의 냉정한 거절	➡	상현의 극단적인 비인간성 ↕ 회기의 인간적인 분노
의미	인간성 상실	➡	잠재된 인간성 회복
소재	기계	➡	성난 기계

🔑 포인트 체크

인물 폐 전문 외과 의사 회기는 ☐☐처럼 냉정하고 빈틈 없는 인물이고, 상현은 ☐ 때문에 아내의 수술을 반대하는 비정하고 이기적인 인물이다.

배경 어느 ☐☐☐☐의 외과 과장실을 배경으로 하고 있다.

사건 회기는 돈 때문에 아내(인옥)의 수술을 반대하는 상현을 보고 ☐☐를 느껴 ☐☐☐과 양심을 회복하고 인옥을 살리기로 마음먹고 있다.

1 이 글을 감상하는 태도로 적절하지 <u>않은</u> 것은?
① 극 중 상황을 당대 사회의 세태와 연관해서 이해해야겠어.
② 대화가 진행되면서 갈등이 형성되는 양상을 파악해야겠어.
③ 말줄임표로 생략되는 대사의 내용을 추측하며 읽어야겠어.
④ 인물의 호소에 감정을 이입하여 글의 주제를 이해해야겠어.
⑤ 동작 지시문이 실행되는 공연 상황을 상상하며 읽어야겠어.

2 〈보기〉에서 이 글을 바르게 이해한 내용만을 골라 묶은 것은?

┤ 보기 ├
ㄱ. 상현은 수술비 때문에 아내의 수술을 반대하고 있다.
ㄴ. 상현은 아내의 부정한 행동을 알면서도 묵인하고 있다.
ㄷ. 상현의 아내는 가정보다 자신의 욕망을 중요시하고 있다.
ㄹ. 회기는 상현의 이야기를 듣고 그의 처지를 동정하고 있다.

① ㄱ, ㄴ ② ㄱ, ㄷ ③ ㄴ, ㄷ ④ ㄴ, ㄹ ⑤ ㄷ, ㄹ

3 ㉠에 담긴 의미로 가장 적절한 것은?
① 비밀 유지에 대한 안도
② 동정심 유발을 위한 술수
③ 상대방의 배려에 대한 감사
④ 아내에 대한 미안한 마음의 표출
⑤ 치부(恥部)가 드러난 상황에 대한 순간적 모면

4 ⓐ~ⓔ 중, 〈보기〉의 밑줄 친 내용과 가장 가까운 것은?

┤ 보기 ├
의사소통 중에 돌려 말하는 경우가 있는데, 이는 자신의 의도를 감추고 싶을 때나 직설적으로 말하면 상대방이 거북해할 때 주로 나타난다.

① ⓐ ② ⓑ ③ ⓒ ④ ⓓ ⑤ ⓔ

5 '상현'이 아내의 수술을 반대하는 두 가지 이유를 40자 내외로 쓰시오.

어휘 풀이

미심(未審)쩍다 분명하지 못하여 마음이 놓이지 않는 데가 있다.

인력(人力) 사람의 힘. 사람의 능력.

공(空)으로 힘을 들이거나 대가를 치르지 않고 거저.

주시(注視)하다 어떤 목표물에 주의를 집중하여 보다.

접수부(接受簿) 접수한 사실이나 건수를 기록하는 장부.

속달 우편(速達郵便) 특정 구역 안에서 보통 우편보다 빨리 보내 주는 우편.

수혈(輸血) 빈혈이나 그 밖의 치료를 위하여 건강한 사람의 혈액을 환자의 혈관 내에 주입하는 것.

구절 풀이

❶ **어차피 죽을 ~ 그대로 두는 게죠.** 상현은 인옥의 남편임에도 인옥의 수술을 반대하며 아내의 죽음을 방치하려 하고 있다. 상현의 비인간적이고 이기적인 성격이 드러나는 부분이다.

❷ **그건 너무 심하지 않소?** '기계'처럼 비정했던 회기가 상현의 태도를 보며 분노하는 장면으로, 그의 가치관이 변화하고 있음을 알 수 있다. 상현의 비인간적인 태도를 접하고 회기의 내부에 잠재해 있던 인간적인 면모가 드러나고 있다.

❸ **참을 수 없는 모욕을 당한 것 같아!** 상현과의 대화를 통해서 자신이 마치 인옥의 처지가 된 것처럼 모욕을 느꼈다는 뜻이다. 회기가 다른 사람의 처지를 이해하는 인간성을 회복하고 있음을 암시하고 있다.

❹ **기계가 노하셨네요…….** '기계'는 회기를 가리키는 말로, 그가 기계처럼 비정하고 인간성을 상실한 사람임을 의미한다. 반면 '노하다'는 인간적인 감정이다. 따라서 회기가 분노했다는 것은 그가 제대로 된 인간적인 감정을 느낄 수 있게 되었음을, 즉 인간성을 회복하게 되었음을 의미한다.

❺ **그 담배만은 진짜겠지요…….** 상현이 두고 간 담배를 '진짜'라고 표현하고 있다. 인간성을 상실한 상현은 '가짜'라는 의미를 드러냄으로써 현대인의 인간성 상실을 비판하는 작품의 주제 의식을 표현하고 있다.

Q 회기의 태도가 달라진 이유는?

회기는 원래 비정한 인물이었으나 자기보다 더 비인간적인 상현의 모습을 보면서 자신의 내면에 잠재되어 있던 인간성을 회복하고, 환자인 인옥을 수술하기로 결심한다.

Q '포장'과 '알맹이'의 상징적 의미는?

'포장'은 겉모습(육체)을, '알맹이'는 내면(인간성, 정신)을 상징하는 것으로 포장보다 알맹이가 중요하다는 회기의 대사는 그가 인간성을 회복하였음을 암시한다. 또한 인간성을 상실한 현대인을 비판하고 휴머니즘을 옹호하는 이 작품의 주제 의식을 드러내고 있다.

작가 소개

차범석(본책 194쪽 참고)

회기: 그렇지만 어찌 되었든 부인 때문에 온 식구가 살아가고 있는 게 아니오?

상현: (혼잣소리로) 그럴 바엔 차라리 죽는 게 낫지! / **회기:** 누가 말이오?

상현: (눈물을 글썽거리며) 아내는 항상 나를 무능하다고 빈정대지만…… 그렇지만 나는 그런 아내에게 대해서 한마디 대꾸도 못하는 바보였죠……. 왜 그랬는지 아십니까? 선생님……. / **회기:** 선생은 너무 의심이 많으시군.

상현: 내가요? 천만에! 난 지금까지 한 번도 의심하진 않았죠. 도리어 알고도 모르는 척했을 뿐입니다.
_{이미 알고 있었으므로 의심이 아님.} _{생계 때문에}

회기: (*미심쩍게) 내가 알기엔 부인께서는 가족을 위해서 수술을 받아야겠다고 한사코 고집하는 것을……. / **상현:** 아닙니다. 그건…….

회기: (㉠) 그렇지만, 내버려 두면 부인께서 어떻게 된다는 건 아시고 계시죠?

상현: (냉혹하게) 별 수 없죠! 죽고 사는 건 *인력으로 막을 수 없으니까.
_{죽게 됨.} _{인명재천(人命在天): 사람의 목숨은 하늘에 달려 있다는 뜻}

회기: (㉡) 아니, 그럼 부인이 죽어도 괜찮단 말이오?
_{부인에 대한 무책임이고 이기적인 태도에 대한 분개}

상현: ❶어차피 죽을 목숨이라면……. 그대로 두는 게죠. 그 돈이 있으면 나와 어린것들이 살아날 수 있으니까요! / **회기:** (㉢) ❷그건 너무 심하지 않소?

상현: (반항적으로) 심한 건 내 아내죠. 그 병이 어떤 병이라고 수술을 합니까? 그것도 *공으로 한다면 또 모르지만, 돈 쓰고 저 죽고 하면, 남은 우리들은 어떻게 살아가라고. 선생
_{나머지 가족이 살아야 하는 문제는 고려하지 않으므로}
님! 그러니 나는……. / **회기:** (외치며) 그건 살인이나 다름없소…….
_(결코 수술을 원하지 않는다)
이 말이 떨어지자 금숙은 의아한 표정으로 회기를 쳐다본다.
_{이전의 '기계' 같은 모습과 다르므로}

상현: 뭐라구요? / **회기:** (강하게) 아내가 죽어 가도 내버려 두는 법이 어디 있단 말이오?
_{회기의 인간적인 면모가 드러남.}

상현: (처음에 지녔던 겸손과 비굴은 찾아볼 수 없는 태도로) 참견 마세요! 내 처를 내가 죽이건 살리건 무슨 걱정이오! 나 살고 남도 있지! (불쑥 일어서서 손가방을 쥐며) 아무튼 실례
_{이기적이고 개인주의적인 모습}
했습니다! (하며 문을 탁 닫고 나가 버린다.)

회기는 감전된 사람처럼 멍하니 서 있고 금숙은 회기를 *주시하고만 있다. 무거운 침묵이 흐른다.
▶ 상현의 비인간적인 태도에 분노하는 회기

회기: (여전히 허공을 바라보며) 미스 정! / **금숙:** 예?

회기: 아까 그 환자의 주소 알지! / **금숙:** 예, *접수부를 보면…….
_{상현의 아내인 김인옥}

회기: 좋아! 그럼 *속달 우편으로 보내요. / **금숙:** 예? (하며 가까이 온다.)
_{회기의 강한 의지를 읽을 수 있음.}

회기: 수술을 받고 싶으면 편지 받는 즉시 찾아오라고!

금숙: (㉣) 아니, 그렇지만…….

회기: (속삭이듯) 자신은 있어! 그 대신 *수혈용 혈액을 충분히 준비할 것을 잊지 말아! 알겠어? / **금숙:** (빙그레 웃으며) 선생님, 웬일이세요?

[A]

회기: 응? (가볍게 웃으며) 이번 환자는 꼭 살려 보고 싶은 의욕이 생기는군!

금숙: 왜요? / **회기:** (㉤) 그 친구에게 살해당할 바엔 내가 맡아서 살리지! ❸참을 수 없는 모욕을 당한 것 같아!
_{죽어 가는 아내를 내버려 두는 것을 살인과 같은 것으로 봄.}

금숙: (흘끗 쳐다보며) ㉮기계가 노하셨네요……. / **회기:** 잔소리 말고, 편지나 어서 써!

금숙: 예! (하며 제자리에 앉아 편지를 쓰기 시작한다.)

회기는 상현이 두고 간 담뱃갑을 발견하자, 담배 한 가치를 빼더니 물끄러미 바라본다.
_{작품의 효과적인 마무리를 이끄는 소재}

회기: (혼잣소리로) 담배는 ⓐ포장도 중요하지만 ⓑ알맹이가 좋아야지!

금숙: (편지를 쓰다 말고) ❺그 담배만은 진짜겠지요……. 공장에서 직접 나왔을 테니까…….

회기: 그렇지! (하며 라이터 불을 켠다.)
▶ 환자(인옥)를 수술하기로 결심하는 회기

• **중심 내용** 상현의 비정함에 분노하고 인옥을 수술하기로 결심하는 회기   • **구성 단계** 하강·대단원

🏠 작품 연구소

제목 '성난 기계'의 상징적 의미

기계	인옥: 선생님은 냉정하시군요…… 기계처럼……[전략 부분]
	인간미를 상실한 채 다른 사람의 고통을 외면하는 양회기의 비인간성을 단적으로 표현함.

↓

성난 기계	금숙: 기계가 노하셨네요…….
	기계가 감정을 가지게 되었다는 뜻으로, '성난 기계'는 '상실된 인간성의 회복'을 상징함.

〈성난 기계〉에 나타난 갈등 관계

갈등 관계	갈등 내용
회기↔인옥	수술을 받으려는 인옥과 수술을 거부하는 회기의 갈등
회기↔상현	아내 인옥의 수술을 반대하는 상현과 그에게 분노를 느끼며 인옥을 살리기로 마음먹는 회기의 갈등
상현↔인옥	금전적인 문제와 생계를 위해 부정을 저지른 것에 대한 상현과 인옥의 갈등

〈성난 기계〉의 구성

이 작품은 구성이 매우 단순한 단막극이다. 어느 폐 외과 과장실(회기와 금숙이 근무하는 공간)이라는 단일한 공간에서 이루어진 사건을 다루고 있으며 등장인물도 양회기, 정금숙, 최상현, 김인옥 넷뿐이다. 또한 다양한 사건이 별도로 전개되는 것이 아니라 인물의 대사를 통해 극이 전개되는 대사 중심의 희곡으로 인물들의 행동도 많지 않다. 이 작품은 이와 같은 단일한 무대 장치, 소수의 등장인물, 단순한 사건 등을 통해서 주제 의식을 선명하게 형상화하고 있다.

📋 자료실

사실주의 극과 차범석의 작품 경향

사실주의 극은 19세기 말에서 20세기 전반에 이르기까지 유럽을 비롯한 여러 나라에서 유행한 연극 양식이다. 사실주의 희곡 작가는 실재하는 세계의 진실한 묘사를 위해 노력할 것, 가능한 한 직접적인 관찰과 경험을 토대로 작품을 쓸 것, 최대한 객관적으로 묘사할 것에 주목하였다. 한국에 사실주의 극이 수용된 것은 1922년에 창단된 극단 '토월회(土月會)'를 통해서였다. 이 새로운 사조는 '신극(新劇)'이라 불리었고 1931년에 조직된 '극예술 연구회'에 의해 본격적으로 뿌리내리게 되었다. 사실주의 극은 1970년대까지 한국 희곡의 주류를 이루었다.
차범석은 사회성이 짙은 작품을 주로 썼다. 그는 지속적으로 사실주의를 고집하며 변천하는 현실을 작품에 그대로 담았다. 그의 작품은 제재의 폭이 매우 넓지만 대체로 가난한 서민들과 전쟁으로 고통받는 사람들의 삶, 문명의 발달로 인한 인간성의 상실과 인간의 소외, 애욕(愛慾)의 갈등과 정치의 허위성, 구세대와 신세대의 갈등과 그에 따른 전통의 몰락 등을 주제로 다루고 있다. 그리고 〈성난 기계〉는 문명 비판적인 그의 초기 작품 세계를 대표하는 작품이다.

📖 함께 읽으면 좋은 작품

〈제3병동〉, 김정한 / 물질 만능주의 풍조를 다룬 작품

인간미를 상실한 채 메말라 가고 있는 현대 사회의 현실과 가난한 자의 소외 및 삶의 애환을 병원이라는 배경을 통해 사실적으로 그리고 있는 소설이다.

---

6 이 글에서 '금숙'의 역할로 가장 적절한 것은?

① 인물의 태도가 바뀌는 계기를 만들고 있다.
② 인물들 간에 발생한 갈등을 중재하고 있다.
③ 작가의 허구적인 대리인 역할을 하고 있다.
④ 새로운 갈등이 유발될 것을 암시하고 있다.
⑤ 인물의 성격이 변화한 것을 알려 주고 있다.

7 이 글의 내용으로 보아 ⊙~⊎에 들어갈 지시문으로 적절하지 <u>않은</u> 것은?

① ⊙: 조용하나 위엄 있게
② ⓒ: 뭉클 불쾌감이 솟으며
③ ⓒ: 덤덤한 표정으로
④ ⓔ: 놀라운 표정으로
⑤ ⓜ: 분노를 띠며

중요 기출

8 [A]의 '회기'와 〈보기〉의 '이인국'에 대한 설명으로 적절한 것은?

┤ 보기 ├

형무소에서 병보석으로 가출옥되었다는 중환자가 업혀서 왔다. 휑뎅그런 눈에 앙상하게 뼈만 남은 몸을 제대로 가누지도 못하는 환자, 그는 간호원의 부축으로 겨우 진찰을 받았다.
청진기의 상아 꼭지를 환자의 가슴에서 등으로 옮겨 두 줄기의 고무줄에서 감득되는 숨소리를 감별하면서도, **이인국** 박사의 머릿속은 최후 판정의 분기점을 방황하고 있었다.
입원시킬 것인가, 거절할 것인가…….
환자의 몰골이나 업고 온 사람의 옷매무새로 보아 경제 정도는 뻔한 일이라 생각되었다. 그러나 그것보다도 더 마음에 켕기는 것이 있었다. 일본인 간부급들이 자기 집처럼 들락날락하는 이 병원에 이런 사상범을 입원시킨다는 것은 관선 시의원이라는 체면에서도 떳떳지 못할뿐더러, 자타가 공인하는 모범적인 황국 신민(皇國臣民)의 공든 탑이 하루아침에 무너지는 결과를 가져오는 것이라는 생각이 들었다.
– 전광용, 〈꺼삐딴 리〉

① '회기'는 '이인국'과 달리 환자보다 사회적 체면을 중시한다.
② '이인국'은 '회기'와 달리 환자보다는 자기 일신(一身)을 먼저 생각한다.
③ 두 인물 모두 의료 행위의 결과보다는 과정을 중시한다.
④ 두 인물 모두 환자의 생사 여부 때문에 수술 문제를 놓고 갈등한다.
⑤ 두 인물 모두 환자의 경제 문제를 환자 치료의 중요한 요소로 삼는다.

내신 적중

9 이 글의 주제를 고려하여 ⓐ와 ⓑ의 의미를 각각 쓰시오.

내신 적중 多빈출

10 이 글의 내용으로 보아 ㉮의 의미가 무엇인지 50자 내외로 쓰시오.

010 원고지 | 이근삼

문학 금성, 미래엔, 지학사

🎯 핵심 정리
갈래 단막극, 희극, 부조리극
성격 반사실적, 서사적, 풍자적, 실험적
배경 ① 시간 – 현대
② 공간 – 어느 중년 교수의 가정
제재 어느 중년 교수의 일상
주제 현대인의 기계적인 삶에 대한 풍자
특징 ① 특별한 사건 전개나 뚜렷한 갈등 없이 극 중 상황만을 전개함.
② 무대 장치, 소품, 인물의 분장, 대사, 행동 등을 희극적으로 과장함.
출전 《사상계》(1960)

Q 이 작품에 나타난 장면 전환 방법은?
보통 희곡에서는 장면 전환을 위해서 조명을 모두 끄고 무대를 바꾸는 막이나 장의 기법을 사용한다. 그런데 이 작품은 무대 위에 응접실과 플랫폼이라는 두 개의 공간을 설정하고, 조명을 통해 장면을 전환하고 있다. 이는 기존의 사실주의 극을 혁신한 것으로, 부조리극의 특징으로 볼 수 있다.

💡 어휘 풀이
플랫폼(platform) 극 무대의 바닥을 부분적으로 높여 만든 단으로, 공간이 다름을 상징하기 위해 사용함.
축음기(蓄音機) 레코드에서 녹음한 음을 재생하는 장치.

🎵 구절 풀이
❶ **아래위 양복이 ~ 원고지 칸투성이다.** 교수의 삶이 원고를 쓰는 것과 관련됨을 알 수 있다. 원고지처럼 규격화된 틀에 얽매여 살아가는 교수의 모습을 나타내고 있다.
❷ **밖에서 돌아오시면 ~ 하품을 하신답니다.** 피곤에 지친 하품을 달콤한 하품으로 이해하는 아이러니한 상황으로, 가족 간의 무관심을 암시하고 있다.
❸ **처는 교수 허리에 ~ 감아 준다.** '철쇄'와 '굵은 줄'은 현대인의 삶을 구속하는 현실적인 압박을 상징한다. 교수가 집에서도 구속을 받고 있음을 알 수 있다.
❹ **김 씨면 어떻고 ~ 못 하겠어.** 과도한 업무로 정상적인 사고를 하지 못하는 교수의 모습이 나타나 있다. 또한 출판사 주인의 이름이 무엇이든 상관없다고 말하는 교수의 모습에서 현대인들의 단절된 인간관계를 엿볼 수 있다.

Q '시끄럽고 귀가 아픈 곡'이 되풀이되는 것의 효과는?
시끄러운 음악의 반복은 교수의 피로를 자극하게 된다. 이는 새로울 것이 없으며 지루하고 고통스럽기만 한 일상을 나타낸다. 또한 장남이 어머니의 부탁과 달리 시끄럽고 귀가 아픈 곡을 튼 것은 가족 간 의사소통의 부재를 의미한다.

가 졸음이 오는 지루한 음악과 더불어 철문 도어가 무겁게 열리며 교수 등장. ❶아래위 양복이 원고지를 덧붙여 만든 것처럼 이것도 원고지 칸투성이다. 손에는 큼직한 낡은 가방을 들고 있다. 허리에 쇠사슬을 두르고 있는데, 허리를 돌고 남은 줄이 마루에 줄줄 끌려 다닌다. 쇠사슬이 도어 밖까지 나가 있어 끝이 없다. 도어를 닫고 소파에 힘겹게 앉는다. 여전히 쇠사슬을 끌고 다니면서 가방은 자기 옆에 놓고 처음으로 전면을 바라본다. 중년에 퍽 마른 얼굴, 이마에는 주름살이 가고 찌푸린 얼굴은 돌 모양 변화가 없다. 잠시 후, 피곤하다는 듯이 두 손을 옆으로 뻗치면서 크게 기지개를 한다. '아아.' 하고 토하는 큰 하품은 무엇에 두드려 맞아 죽는 비명같이 비참하게 들려 오히려 관객들을 놀라게 한다. 장녀가 *플랫폼에 나타난다.

장녀: 저의 아버지랍니다. ❷밖에서 돌아오시면 늘 이렇게 달콤한 하품을 하신답니다. (교수는 머리를 기대고 잠을 자고 있다. 코를 고는데 흡사 고양이 우는 소리다.) 인제 어머님이 돌아오셔요. 어머님은 늘 아버지의 건강을 염려하세요.

적당한 곳에서 처가 나타난다. 과거에는 살도 쪘지만 현재는 몸이 거의 헝클어져 있다. 퇴색한 옷을 입고 있다. 소리를 안 내고 들어와 잠자는 교수의 주머니를 샅샅이 턴다. 돈을 한 주먹 쥐고 이어 교수의 가방을 턴다. 돈 부스러기를 몇 장 찾아내고 그 액수가 적음에 실망을 한다. 잠시 후 교수를 흔들어 깨운다.

장녀: 제 말이 맞았지요?

플랫폼 방 불이 서서히 꺼진다.
▶ 교수와 교수 처, 장녀의 등장

나 **처:** 여보, 여기서 그냥 주무시면 어떡해요. 옷도 안 갈아입으시고.

교수: 깜빡 잠이 들었군. / 교수 일어선다.

처: 어서 옷을 갈아입으세요. (❸처는 교수 허리에 칭칭 감긴 철쇄를 풀어 헤치고, 소파 뒤의 막대기에 감겨 있는 또 하나의 굵은 줄을 풀어 교수 허리에 다시 감아 준다.) 옷을 갈아입으시니 한결 시원하시지 않아요? / **교수:** 난 잘 모르겠어. [중략]

교수: 내일 만나, 내일 만나. / **처:** 내일 누구가 누구를 만난단 말이에요?

교수: 내가 그 이 씨를 만난다니까. / **처:** 이 씨는 또 누구요?

교수: 당신이 만나라는 출판사 주인 말이야. / **처:** 그 주인이 왜 이 씨예요? 김 씨지.

교수: 그래, 김 씨랬어. / **처:** 이름도 못 외고 어떻게 해요.

교수: (화를 내며) ❹김 씨면 어떻고 이 씨면 어때? 박 씨면 또 어때? 아닌 게 아니라 누가 누군지 분간을 못 하겠어. 누굴 만난다고 찾아가다가 보면 영 딴 사람에게 가게 된단 말이야. (잠시 사이) 거 애들보고 음악이나 한 곡 틀라고 하시오.

처: (순하고 부드러운 목소리로 옆방을 향하여) 얘들아, (잠시 후) 얘들아, (대답이 없다. 여전히 부드럽게) 얘들아. / **장남:** (처의 소리와는 정반대로 호령이나 하듯이) 왜 그래요?

처: 가벼운 음악이나 한 곡 틀어라. 아버지가 피곤하시단다. / **장남:** 알겠어요!

옆방에서 *축음기 소리가 난다. 시끄럽고 귀가 아픈 곡이면 어떤 음악이건 상관없다. 판에 고장이 난 듯 똑같은 곡이 되풀이된다. 처는 무표정한 얼굴, 교수는 시끄럽다는 듯이 손으로 귀를 막는다. 참다못해 교수는 손을 흔들며 중지하라는 시늉을 한다. ㉠음악이 멎으면 옆방이 밝아진다. 소파에 앉아 무엇을 처먹고 있는 장남과 아무렇게나 앉아 화장을 하고 있는 장녀가 보인다.
▶ 유대 관계가 단절된 가족들

• 중심 내용 집에서도 구속과 억압을 받는 교수의 피곤한 일상 • 구성 단계 발단·전개

이해와 감상

이 작품은 겉보기에는 평범한 대학교수와 그 가정의 이중성을 웃음을 자아내는 소극(笑劇)의 형식으로 처리하여, 삶의 의미를 상실한 채 무의미하게 살아가는 현대인의 일상과 현대 사회의 부조리한 현실을 보여 주고 있다. 부조리극의 대표적인 형식을 보여 주는 이 작품은 갈등의 발전 구조가 없고 각 장면의 상징적인 의미를 전달하는 데 초점을 맞추고 있으며 상황을 희극적으로 과장한다. 이 작품에서 유사한 행위나 무의미한 대사가 반복되는 것은 일상적 삶의 무의미함과 무가치함을 나타낸 것으로, 거대한 조직 사회 속에서 개인의 위치가 축소되고, 인간이 소외될 수밖에 없음을 드러낸다.

전체 줄거리

발단	장남, 장녀, 교수, 교수의 처가 등장한다.
전개	교수는 처의 추궁에 이성이 마비된 듯한 혼란스러운 모습을 보인다.
절정	장남과 장녀가 처에게 용돈을 요구하고 감독관이 나타나 교수에게 번역을 독촉한다.
하강	교수는 천사에게서 자신의 꿈을 찾으려 하나 실패하고 감독관이 다시 번역을 독촉한다.
대단원	교수는 기계적으로 번역을 하려 하고 감독관이 또다시 번역을 독촉한다.

인물 관계도

감독관 — 관념적인 인물로, 교수를 기계적으로 움직이게 만드는 강압적인 힘을 상징함.

천사 — 교수의 분열된 자의식으로, 잃어버린 꿈과 희망을 상징함.

교수 — 한때는 꿈과 정열을 품었지만 가장으로서의 의무감에 짓눌려 정상적인 사고 능력을 상실한 무기력한 인물

처 — 돈을 밝히는 세속적인 인물. 남편을 착취하고, 자식에게는 부모로서의 의무를 다할 것을 강요받음.

장남, 장녀 — 등장인물이자 극의 해설자 역할. 세속적이고 이기적이며 부모의 의무만을 강요함.

작품 연구소

〈원고지〉의 희극적 과장과 그 의미

대상	희극적 과장	의미
무대	교수가 사용하는 공간을 원고지 무늬로 꾸밈.	규격화된 틀 속에서의 무의미한 일상생활 풍자
의상 및 소품	장녀의 화려한 옷차림과 분장	물질주의적 가치관을 지닌 인물의 모습
	교수의 원고지 무늬 양복과 쇠사슬	규격화된 틀에 얽매여 살면서 압박감과 구속감을 느끼는 인물의 모습
대사	• 자녀들이 소개하는 내용과 실상의 불일치 • 부모와 대조되는 자녀들의 퉁명스러운 말투	• 대화 단절과 유대감 상실 풍자 • 전도된 가족 관계 풍자
기타	• 똑같은 음악의 반복 • 3년 전과 같은 신문 내용	지루한 일상의 반복

포인트 체크

인물 ☐☐는 꿈과 희망을 잃고 기계적으로 살아가는 무기력한 인물이다. 장남과 장녀는 이기적인 인물로 부모의 ☐☐만을 강요하고, 처는 ☐에만 관심을 보이고 있다.

배경 현대 사회 어느 중년 ☐☐의 가정을 배경으로 하여 무의미하게 살아가는 현대인의 일상을 보여 주고 있다.

사건 원고 번역에 시달리는 중년 교수는 가족들에게도 구속 당하며 기계적으로 살아간다. 교수는 ☐☐에게서 자신의 잃어버렸던 ☐을 찾으려 하지만 실패하고 무의미한 일상을 계속해 나간다.

1 이 글의 등장인물에 대한 설명으로 적절하지 <u>않은</u> 것은?
① 교수는 이성적인 판단 능력을 상실하고 있다.
② 장녀는 교수에게 연민의 마음을 느끼고 있다.
③ 교수는 여유 있게 휴식을 즐기지 못하고 있다.
④ 장남은 교수와 처의 말을 귀담아듣지 않고 있다.
⑤ 처는 교수가 돈을 많이 벌기만을 기대하고 있다.

2 〈보기〉의 밑줄 친 부분과 관련된 이 글의 특징으로 가장 적절한 것은?

| 보기 |
서구 전통극에서 관객석과 무대는 엄격히 구별되어 있다. 그러다 보니 관객의 참여는 제한되고 다만 관객은 감상을 통해 극 중 내용에 환상적으로 몰입할 수 있을 뿐이다. 그런데 〈원고지〉는 이러한 전통극의 특징을 벗어나 일종의 '낯설게 하기' 효과를 통해 관객의 극 중 몰입을 방해하고 있다.

① 장면이 바뀔 때마다 배경 음악을 달리하고 있다.
② 무대의 음향 효과를 객석에서 들리도록 하고 있다.
③ 배우의 희화적인 행동을 통해 웃음을 유발하고 있다.
④ 배우가 객석의 관객에게 직접적으로 말을 건네고 있다.
⑤ 플랫폼 형식의 무대를 꾸며 상징적인 의미를 담고 있다.

3 〈보기〉의 시에 '교수'가 관심을 보였다면, 그 이유로 가장 적절한 것은?

| 보기 |
사람들 사이에 섬이 있다. / 그 섬에 가고 싶다.
– 정현종, 〈섬〉

① 집에서도 하나의 섬과 같은 고립감을 느껴서
② 새로운 공간에서 복잡하지 않은 삶을 꾸리고 싶어서
③ 인간을 욕망의 노예로 만드는 공간을 피하고 싶어서
④ 가장으로서 느끼는 삶의 무게감에서 벗어나고 싶어서
⑤ 반복되는 일상에서 벗어나 이상적인 세계로 떠나고 싶어서

4 ㉠의 기능으로 가장 적절한 것은?
① 사건의 종결 ② 긴장감 조성 ③ 장면의 전환
④ 갈등의 해소 ⑤ 시간의 흐름 암시

내신 적중 多빈출
5 (가)의 원고지 무늬로 된 '양복'과 '쇠사슬'이 상징하는 의미가 무엇인지 쓰시오.

💡 어휘 풀이

스포트라이트(spotlight) 무대의 한 부분이나 특정한 인물만을 특별히 밝게 비추는 조명 방식. 또는 그런 조명.

투사(透射)되다 빛이 물체에 닿게 되다.

지프차 지프(jeep). 사륜구동의 소형 자동차.

😊 구절 풀이

❶ **그러나 이미 ～ 너무 늦었어요.** 교수가 정열과 희망을 다시 찾을 수 있도록 돕고 싶지만, 이제 돌이킬 수 없다는 말이다. 이는 교수가 반복적이고 무의미한 삶에서 벗어나기 힘듦을 의미한다.

❷ **내 꿈을 도로 ～ 할 수가 없습니다.** 지난날의 소중한 꿈을 잃어버린 채 돈 버는 기계처럼 살고 있는 자신의 모습을 표현한 말이다. 이를 통해 소중한 가치를 상실한 채 기계적으로 살아가는 현대인의 모습을 드러내고 있다.

❸ **어둠 속에서 ～ 얼굴을 나타낸다.** 감독관 역시 천사와 같은 환상 속의 인물이다. 젊은 날의 꿈을 떠올리며 내면적 갈등을 겪던 교수가 결국은 자신을 기계적으로 움직이도록 강압하는 존재인 감독관이 있는 현실로 돌아오게 되는 상황을 보여 주고 있다.

❹ **강원도 쪽에 ～ 또 매 맞았대요.** 중략된 부분에서 교수가 읽은 신문 기사와 같은 내용으로, 현대인의 반복적이고 지루한 일상을 드러낸다. 또한 기사의 내용을 통해 인물들이 살고 있는 사회가 매우 비정상적인 사회임을 상징적으로 보여 준다.

❺ **하룻밤 사이에 ～ 살 수 있겠니.** 교수는 삭막하고 비현실적인 사회를 보여 주는 신문 기사에 대해 짧고 무덤덤한 반응만을 보이고 있다. 현실에 대한 자각 없이 타성적으로 살아가는 교수의 모습을 통해 일상적 삶의 무의미함을 드러내고 있다.

Q 이 작품에서 장녀의 역할은?

장녀는 관객에게 인물과 극적 상황을 설명함으로써 극의 허구성을 노출하고, 관객의 극적 환상을 파괴한다. 이로써 관객은 비판적 거리를 유지하며 무대와 실제 현실을 비교할 수 있게 된다.

Q 교수가 장녀가 든 종이에 주목하는 이유는?

교수는 종이를 보면 번역을 떠올리고 종이에 적힌 모든 활자를 반드시 번역해야 한다는 강박 관념에 사로잡혀 있다. 이러한 교수의 비정상적인 행동은 희극적인 웃음을 유발하고 있으며, 일상에 매몰되어 다람쥐 쳇바퀴 돌듯 무의미한 삶을 살아가는 현대인의 서글픈 단면을 떠올리게 하고 있다.

👤 작가 소개

이근삼(1929~2003)
극작가, 영문학자. 기존의 사실주의 극작술에 반기를 들고 풍자와 해학을 통해 사회 현실을 날카롭게 비판하는 작품을 주로 썼다. 주요 작품으로 〈국물 있사옵니다〉, 〈아벨만의 재판〉 등이 있다.

중략 부분의 내용 기계적으로 반복되는 일상 속에서 교수는 이성이 마비된 듯 혼란스러운 모습을 보인다. 장남과 장녀는 처에게 용돈을 요구하고, 감독관이 나타나 교수에게 번역을 독촉한다.

가 이때 무대 전체가 어두워지고 ˚스포트라이트가 교수만을 포착한다. 잠시 모든 것이 조용해지며 과거를 상기시키는 감상적인 음악이 고요히 흘러나온다. 교수 전면에 또 하나의 스포트라이트가 ˚투사되며 천사가 역시 미소를 지으며 가벼운 발레를 추면서 들어온다. 교수는 천사를 물끄러미 바라본다.

교수: (한참 있다) 옳아, 생각이 나는 것 같아. 그래 바로 그거.

천사: 나를 완전히 잊은 줄 알았어요.

교수: (일어서며) 분명 그래. 아직 잊지를 않았어. 나의 희망, 나의 정열의 옛 모습이야.

천사: 쥐꼬리만 한 기억력이 아직 남아 있군요.

교수: 언제 어떻게 돼서 당신과 헤어졌는지 모르겠습니다. 나에게도 불타는 듯한 정열이 있었어요. 그래요. 생각이 납니다. 밤을 새워 가며 아름다움을 노래하고, 진리를 위해 온 생애를 바치겠노라고 떠들던 때…… 아, 꿈 같은 시절이었습니다. 당신은 왜 나를 버렸어요? / **천사:** 당신이 나를 떠났지요. 당신을 돕고 싶습니다. ❶그러나 이미 늦었어요. 나한테 되돌아오기는 너무 늦었어요.

교수: ❷내 꿈을 도로 찾아 주십시오. 생각할 힘을 주시오. 요즈음은 통 사고를 할 수가 없습니다. / **천사:** 사고할 필요가 없어요. 이미 사고가 난걸요.

교수: 이 ㉠함정에서 뛰어나가고 싶습니다. (천사가 서서히 사라진다.) 가지 마시오! 내 희망, 내 정열은 어떻게 되는 거요. 꿈을 주십시오! 내 꿈! 내 꿈!

꿈을 잃은 교수는 맥없이 전면을 바라보며 앉아 있다. ❸어둠 속에서 창을 여는 소리가 나며, 감독관이 얼굴을 나타낸다. / **감독관:** (회초리를 흔들며) ⓐ원고! 원고는 언제 쓰는 거야?

나 **장녀:** (관객들에게) ⓑ벌써 아침이 됐습니다. (자고 있는 교수를 가리키며) 아버지는 연구하시다가 가끔 그대로 책상에서 주무신답니다. 그야말로 학자지요. 여러분은 아침에 어머니가 먼저 안 나오시고 제가 이 방에 대신 왔다는 점을 이상하게 생각하실지 모르겠습니다. 어머니는 아침 일찍이 아버지 원고를 가지고 출판사로 달려갔으니 이렇게 제가 대신 왔습니다. 아시겠지요. ⓒ아버지가 밤늦도록 수고하시니 저도 아버지를 위해 한 가지 좋은 일을 해 드리고 있습니다. 아침마다 아버지께 신문을 읽어 드립니다. (교수를 깨운다.) 아버지. (교수 눈을 비비며 머리를 든다.) 아버지, 아침 신문 왔어요. 읽어 드리겠어요. / **교수:** (하품을 하며) 그래, 읽어 다오.

장녀: (신문을 읽는다.) 비가 많이 왔어요. ❹강원도 쪽에 눈이 굉장한 모양이에요. 또 살인입니다. 『이번엔 두 살 난 애가 자기 애비를 죽였대요. 참, ˚지프차가 동대문을 들이받아 동대문이 완전히 무너졌답니다. 지프차는 도망가 버리구.』 이것 봐요. 아버지 《개성을 잃은 노동자》라는 번역 책이 악마사에서 다시 나왔어요. 이 씨가 또 당선됐답니다. 신경통에 듣는 한약이 새로 나왔군요. 끔찍도 해라. 남편이 자기 아내한테 또 매 맞았대요.

교수: ❺하룻밤 사이에 참 신기한 사건도 많아라. 세상이 그렇게 변해서야 어디 살 수 있겠니. 너 왼쪽 손에 들고 있는 종이는 뭐냐? / **장녀:** 이거요?

영자 신문을 교수에게 준다. 교수는 받기가 무섭게 기계적으로 번역을 한다.

장녀: 뭘 번역을 하세요? / **교수:** 이 영어를 우리말로 고치는 거야. / 그대로 번역을 한다.

장녀: ⓓ아버지두 참! 그거 오늘 아침 영어 신문이에요.

교수: (신문을 보더니) ⓔ그렇군! 난 영어길래 곧 번역하려구 했지.

• **중심 내용** 젊은 날의 꿈을 상실한 채 계속 기계적이고 무의미한 삶을 사는 교수 ・ **구성 단계** 하강・대단원

작품 연구소

〈원고지〉에서 주인공의 직업을 '교수'로 설정한 이유

이 작품에서 주인공의 직업은 교수이다. 교수는 학문을 추구하는 대표적인 지식인 계급이다. 여기서 지식인이란 자신의 지식을 토대로 하여 자기가 속한 시대나 사회의 문제를 통찰하고, 그것을 기반으로 현실의 문제에 대해 비판할 수 있는 능력을 지닌 사람을 말한다. 그런데 이 작품에서 교수는 한때 학문 추구의 열정을 가지고 있었으나, 현재는 돈을 버는 기계처럼 살아가고 있다. 이 작품은 이와 같이 사회의 지식인으로 대변되는 교수까지도 물질의 노예가 되어 버린 상황을 보여 줌으로써 현대 사회의 문제점과 허구성을 강하게 풍자하고 있다.

교수	• 원고지 무늬의 양복 • 허리의 쇠사슬 • 원고 독촉에 시달림.	➡	• 강압적인 상황에서 계속 원고를 쓸 수밖에 없음. • 물질의 노예가 되어 버림.

〈원고지〉에 쓰인 호칭과 그 효과

이 작품에는 등장인물의 명칭이 고유 명사가 아니라 '교수', '처', '장남', '장녀' 등 보통 명사로 되어 있다. 이는 객관화된 호칭으로 가족 구성원 간의 유대감 상실을 효과적으로 보여 준다. 또한 인물들이 특수한 개인이 아니라 그 인물이 속한 집단을 대표하는 유형화된 인물임을 보여 줌으로써 현대 사회의 모습을 효과적으로 제시해 주고 있다.

인물의 호칭
교수, 처, 장남, 장녀

⬇

- 인물이 속한 집단을 대표하는 유형화된 인물임을 의미함.
- 풍자의 범위를 사회 전체로 확대할 수 있게 함.
- 가족 구성원 간의 유대 관계 상실과 거리감을 보여 줌.

〈원고지〉의 부조리극 형식

• 암시적인 무대 장치를 사용함. • 의외의 음향과 조명을 사용함. • 인물의 대사와 행위가 일치하지 않음. • 유사한 행위나 무의미한 대사를 반복함. • 특별한 갈등 없이 극 중 상황만을 보여 줌.	➡	현대인의 고독과 소통의 부재를 드러내는 부조리극의 형식을 보여 줌.

자료실

부조리극

현대 문명을 살아가는 현대 인간의 존재와 삶의 문제들이 무질서하고 부조리하다는 것을 소재로 삼은 연극 사조이다. 부조리극은 고대 그리스극의 전통을 파괴하는 사실주의 극 그 이상으로 사실주의 극을 철저히 파괴해 반연극적 특성을 보여 준다. 플롯이나 스토리 개념의 부재, 자동인형과 같은 등장인물, 시작과 끝의 부재, 꿈과 악몽의 반영, 논리적 맥락에서 벗어난 대사 등 연극 그 자체가 행위의 의미를 해체당하는 부조리를 만들어 부조리성을 강조하는 기법을 사용하는데, 이러한 특성은 상징주의, 표현주의, 초현실주의 등의 전통을 계승한 결과라고 할 수 있다.

함께 읽으면 좋은 작품

〈북어 대가리〉, 이강백 / 현대 사회의 부조리를 비판한 작품

'자앙'과 '기임'이라는 두 창고지기를 통해 현대 산업 사회에서 방향성을 상실한 채 기계적으로 살아가는 현대인의 삶과 인간 소외를 그리고 있는 희곡이다. ▶ Link 본책 224쪽

〈역사(力士)〉, 김승옥 / 현대의 기계적인 일상생활을 풍자한 작품

능률과 효율성으로 특징지어지는 현대 문명을 비판한 소설로, 그 반대 항으로 설정한 '역사'라는 인물을 통해 작가가 모색하고 있는 대안적인 인간형을 보여 주는 작품이다. ▶ Link 〈현대 소설〉 176쪽

6 이 글의 특징에 대한 설명으로 적절하지 <u>않은</u> 것은?

① 등장인물이 극 중 상황에 대해 해설을 한다.
② 반어적 표현을 통해 인물의 상황을 드러낸다.
③ 조명의 변화를 통해 다음 사건이 진행될 방향을 암시한다.
④ 등장인물의 이름을 보통 명사로 제시하여 익명성을 강조한다.
⑤ 환상적인 장면 설정을 통해 인물이 처한 현실의 문제를 드러낸다.

7 〈보기〉와 관련하여 이 글을 이해한 내용으로 적절하지 <u>않은</u> 것은?

> ┤ 보기 ├
>
> **말라붙고 짜부라진** 눈, / 북어들의 빳빳한 지느러미.
> **막대기 같은 생각** / 빛나지 않는 막대기 같은 사람들이
> 가슴에 **싱싱한 지느러미**를 달고
> **헤엄쳐 갈 데 없는** 사람들이 / 불쌍하다고 생각하는 순간,
> 느닷없이 / 북어들이 커다랗게 입을 벌리고
> 거봐, 너도 **북어지** 너도 북어지 너도 북어지
> 귀가 먹먹하도록 부르짖고 있었다.
>
> – 최승호, 〈북어〉

① 장녀는 '말라붙고 짜부라진' 내용의 신문을 읽고 있다.
② 교수는 천사와의 대화를 통해 '막대기 같은 생각'을 바꾸게 되었다.
③ 교수는 과거에 '싱싱한 지느러미' 같은 정열을 지녔다.
④ 교수는 현실 속에서 '헤엄쳐 갈 데 없는' 처지에 놓여 있다.
⑤ 감독관은 교수가 '북어'와 같은 삶에서 벗어날 수 없음을 일깨우고 있다.

8 ㉠의 문맥적 의미로 가장 적절한 것은?

① 부도덕한 삶의 누적에 따른 양심의 가책
② 성공만을 위한 굴욕적인 삶에 대한 환멸감
③ 시대 변화에 적응하지 못하는 자아의 불안감
④ 무능력 때문에 경제적 어려움이 심화되는 현실
⑤ 삶의 가치를 상실하고 기계적으로 반복하는 일상

중요 기출

9 ⓐ~ⓔ 중, 〈보기〉의 밑줄 친 부분에 해당하는 대사로 보기 <u>어려운</u> 것은?

> ┤ 보기 ├
>
> 희곡에서 대사는 작품의 주제를 제시하고, 등장인물의 성격을 드러내며, 무대 밖에서 일어나고 있는 사건에 대한 정보를 전달해 준다.

① ⓐ ② ⓑ ③ ⓒ ④ ⓓ ⑤ ⓔ

10 이 글에서 작가가 신문의 기사 내용을 통해 풍자하고자 하는 바를 20자 내외로 쓰시오.

·만선 | 천승세

🎯 핵심 정리

갈래 장막극, 비극, 사실주의 극
성격 향토적, 사실적, 비극적
배경 ① 시간 – 현대
　　　　② 공간 – 남해안의 어느 어촌
제재 어부의 삶
주제 ① 만선에 대한 한 어부의 집념
　　　　② 현실에 대한 인간의 도전과 좌절
특징 ① 사투리와 비속어를 사용하여 향토색과
　　　　　 현장감을 높임.
　　　　② 인물의 의지와 집념, 인물 간의 갈등을
　　　　　 섬세하게 표현함.
출전 국립 극장 공모 장막 희곡 모집(1964)

💡 어휘 풀이

만선(滿船) 물고기 따위를 많이 잡아 가득히 실음.
또는 그런 배.
산발(散髮)하다 머리를 풀어 헤치다.
아까참 '아까'의 전라남도 방언.
사태(沙汰/砂汰) ① 산비탈이나 언덕 또는 쌓인
눈 따위가 비바람이나 충격 따위로 무너져 내려앉
는 일. ②사람이나 물건이 한꺼번에 많이 쏟아져
나오는 일을 비유적으로 이르는 말.

📖 구절 풀이

❶ **그래, 뱃놈은 ~ 그것이 팔짜니라아 —.** 어부로
서의 삶을 숙명적으로 받아들이는 곰치의 운명
관과 만선에 대한 집념, 강한 의지가 함께 드러
난 표현이다.

❷ **생모시 저고리 바지를 입고는…….** 아들의 죽
음으로 제정신이 아닌 구포댁이 도삼의 환영을
보고 하는 말이다. 모시가 수의(壽衣)에 사용되
는 점으로 보아 이 대사는 도삼의 죽음을 의미
하는 것으로 볼 수 있다.

❸ **그람 남은 놈은 ~ 하나란 말이제?** 넷째 아들
도삼을 잃고 마지막 남은 아들인 아기까지 죽
을지 모른다는 구포댁의 위기의식이 반영되어
있다. 이 대사는 앞으로 아기와 관련된 새로운
사건이 진행될 것임을 암시한다.

❹ **열 살만 되면 그물을 치고말고!** '그물'은 어부
일을 의미하는 대유적 표현이다. 이 대사에는
마지막 남은 아들마저 어부로 만들 작정을 하
고 있는 곰치의 고집과 집념이 드러나 있다. 이
는 운명에 대한 끊임없는 도전과 자연에 대한
투쟁 의지로 볼 수 있다.

**Q 　범쇠에 관한 대화에 담긴 곰치와 구포댁
의 심리는?**

범쇠는 곰치를 괴롭히는 선주 임제순의 하수인
으로, 곰치 일가와 가까워질 수 없는 사이이다.
그래서 곰치는 슬슬이를 범쇠에게 시집보내자는
구포댁의 말에 놀라고 있는 것이다. 그러나 이러
한 구포댁의 말은 슬슬이를 안정된 환경에서 살
게 하고 싶은 강한 모성애를 바탕으로 한 것이
다. 이는 남은 아기까지 어부로 만들겠다는 곰치
에 대한 반발이기도 하다.

가 　곰치: (마루 위에 벌렁 드러누워 버리며) 이고, 도삼아아 —. / 구포댁: (무표정한 얼굴)

곰치: (드러누운 채) ㉠아무 말도 아니여! (처절하게) ❶그래, 뱃놈은 물속에서 죽어사 쓰는
법이여. 그것이 팔짜니라아 —. (열을 올려) 나는 안 죽어! 기어코 배를 부리고 말 것이여!
돛 달 때마다 [만선]으로 배가 터지는 때가 반다시 있고말고!
　　　　　　　　　　　　　　　　　　　　　　　　　만선에 대한 강한 집념과 의지가 엿보임.
　　　　　　　　　　　　　　　　　　　　　반드시

구포댁: (마당을 서성대며) 흥! 그 꼴로 에미를 보다니……. 눈은 희멀겋게 뜨고는 머리는 *산
발하고는, 옷은 뭇을 입었드라? 옳제! ❷생모시 저고리 바지를 입고는……. 그 옷은 해 주
지도 않았었는디 으디서 빌려 입었단 말잉가? 연철이 옷이등가?

곰치: 뭇이라고? 믄 소리여? / 구포댁: (내뱉듯) 우리 도삼이 말이요!

곰치: (벌떡 일어나 앉으며) 뭇이라고? 도삼이?

구포댁: 아암! 나는 도삼이를 봤어!

곰치: (눈을 휘둥그렇게 뜨고는) 도, 도삼이를 봐?

구포댁: 봤고말고! 이 에미 손목을 떨어져라 흔들어 댐시러는 뭇이라고 했쌌드만은 새끼가
　　　　　　　　　　　　　　　　　　　　　　흔들어 대면서　　　　　　　　　　비속어의 사용
말소리도 똑똑하게 안 하고 실실 웃기만 하고는……. 그러다가…… 그러다가…… 그냥
가 부렀어! (몇 걸음 부리나케 달려가다 우뚝 서며 찢어질 듯) 도삼아! 도삼아!

곰치: 저것이…….
　　　(정말로 미쳤나 보네)
구포댁: (사방을 휘둘러보고 나선) 아니, 아니……. 이 매정스런 놈의 새끼가 으디로 가 부렀
어? 아, 도삼어으— 도삼어으— (그 자리에 주저앉으며) 으흐흐흐! (운다.)

곰치: (침통하게) 도삼이는 죽었다!

구포댁: 죽었어? 연철이도 죽고?

곰치: ㉡아암! 벌써 죽었어! / 구포댁: 그짓말! 내가 *아까참에도 봤는디?
　　　　　　　　　　　　　　　　　　　　　　　　　조금 전에도
곰치: (구포댁의 어깨를 툭툭 치며) ㉢여봐! 정신 채려!
　　　　　　　　　　　　　　　　　　　　　　　▶ 도삼을 잃고 실성한 구포댁을 말리는 곰치

나 　구포댁: ❸그람 남은 놈은…… 남은…… (아기를 들어 보이며) 이놈 하나란 말이제?

곰치: 으음 — ㉣그놈이 열 살만 되면 그물을 손질할 놈이여!
　　　　　　　곰치의 집념이 나타나는 대목 – 대를 이어서 어부를 시킬 생각임.
구포댁: (　　ⓐ　　) 이놈도 그물을 칠 것잉고? 열 살이면?

곰치: 아암! ❹열 살만 되면 그물을 치고말고!

구포댁: (아기를 들어 눈앞에다 세우고는 뚫어지게 쳐다본다.)
　　　　　　　　　　　　　　　　　　그물을 치게 되면 도삼처럼 죽게 될 것이라고 생각함.
곰치: 나한테 남은 것은 그물하고 이놈하고 슬슬이뿐이여! (허탈하게) 다아 잃었어! 다…….

구포댁: (불현듯) 우 참! 우리 슬슬이! 아조 범쇠한테 시집보내!

곰치: (깜짝 놀라) 뭇이라고?

구포댁: 제 발로 얻어 묵는 놈한테 시집가서는 안 되제! 그래도 범쇠는 배를 부링께…….
　　　　남의 배를 빌려 타고 고기를 잡는 뱃사람
(사방을 두리번거리며) 슬슬어으—.

곰치: ㉤미친 소리! 나가고 없어!

구포댁: (아기를 들쳐 업으며) 그람 찾어사제! 범쇠는 배가 있어!

곰치: (막아서며) 안 된다! 이 곰치 두 눈이 멀뚱할 때까지는 절대 안 돼! 내일이라도 당장
배 탄다! 으뜬 배라도 타고 만다! 칠산 바다 부서는 아직도 *사태여!
　　　　　　　　　　　　　　　　　　　　　　바닷물고기의 하나
구포댁: (갑자기 간드러지게) 흐흐흐흐— 부서가 사태? 그람 내일도 만선이겠네?
　　　　　　　　　　　　　　　　　　　　　　　　▶ 남은 자식의 장래에 대한 곰치와 구포댁의 갈등

· 중심 내용 아들을 잃은 구포댁의 실성　　　· 구성 단계 하강

이해와 감상

이 작품은 남해안의 작은 어촌을 배경으로 어민들의 욕망과 좌절을 토속적이고 지방색 짙은 언어를 통해 그린 희곡으로, 한국 사실주의 극의 대표작으로 평가받고 있다. 험난한 바다와 대결하고자 하는 강한 집념을 지닌 남편 곰치와 본능적인 모성애로 바다를 벗어나고자 하는 그의 아내 구포댁과의 갈등을 중심으로 다양한 갈등 양상이 복합적으로 드러나 있다. '만선'이라는 인간 본연의 욕망에 집착하는 곰치와 자신의 비극적 운명을 자식 대에까지는 넘겨 줄 수 없다고 생각하는 구포댁의 모습을 통해 인간 삶의 양면성을 보여 주고 있다.

🔍 전체 줄거리

발단	칠산 바다에 부서 떼가 몰려들고 곰치는 선주 임제순에게 빚 독촉을 받는다.
전개	곰치는 선주와 불리한 조건의 계약을 맺고 아들 도삼과 딸 슬슬이의 애인 연철과 함께 물고기를 잡기 위해 배를 타고 나간다.
절정	풍랑에 배가 뒤집어지면서 곰치는 고기는 물론 도삼과 연철마저 잃고 돌아온다.
하강	구포댁은 도삼의 죽음에 실성해 버리고 곰치는 만선에 대한 미련을 못 버리고 어린 아들마저 어부로 만들기로 결심한다.
대단원	구포댁은 갓난 아들을 빈 배에 태워 육지로 보내고, 애인을 잃고 범쇠에게 시집갈 처지가 된 슬슬이는 스스로 목을 맨다.

🧑‍🤝‍🧑 인물 관계도

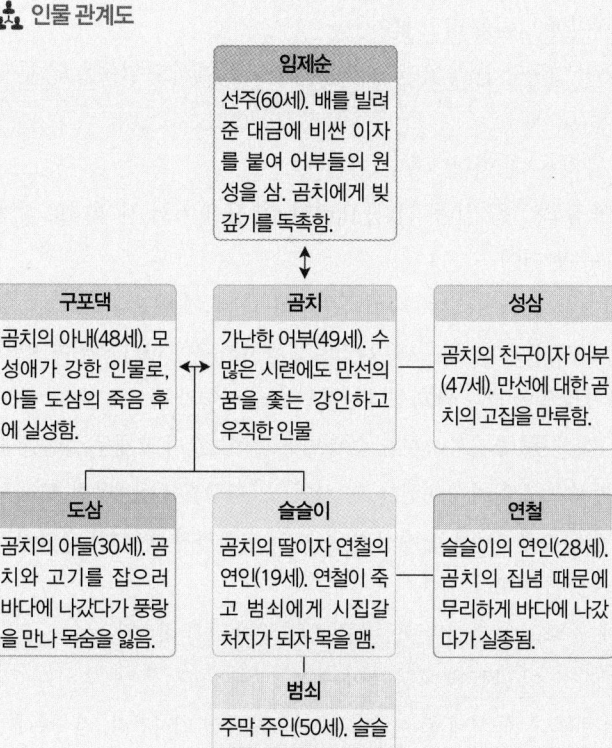

임제순
선주(60세). 배를 빌려 준 대금에 비싼 이자를 붙여 어부들의 원성을 삼. 곰치에게 빚 갚기를 독촉함.

구포댁
곰치의 아내(48세). 모성애가 강한 인물로, 아들 도삼의 죽음 후에 실성함.

곰치
가난한 어부(49세). 수많은 시련에도 만선의 꿈을 좇는 강인하고 우직한 인물

성상
곰치의 친구이자 어부(47세). 만선에 대한 곰치의 고집을 만류함.

도삼
곰치의 아들(30세). 곰치와 고기를 잡으러 바다에 나갔다가 풍랑을 만나 목숨을 잃음.

슬슬이
곰치의 딸이자 연철의 연인(19세). 연철이 죽고 범쇠에게 시집갈 처지가 되자 목을 맴.

연철
슬슬이의 연인(28세). 곰치의 집념 때문에 무리하게 바다에 나갔다가 실종됨.

범쇠
주막 주인(50세). 슬슬이를 탐하는 인물. 슬슬이가 자신의 처지를 비관하여 자살하게 하는 원인을 제공함.

🗝 포인트 체크

🔖 중요 기출

1 이 글에 대한 설명으로 적절하지 <u>않은</u> 것은?
① 대화를 간결하고 속도감 있게 진행시키고 있다.
② 현장감을 강조하기 위해 사투리를 사용하고 있다.
③ 언어유희를 통해 인물 간의 갈등을 부각시키고 있다.
④ 인물의 직업과 공간적 배경을 짐작하게 하는 단어를 사용하고 있다.
⑤ 지시문을 많이 사용하여 인물의 말과 행동에 대한 이해를 돕고 있다.

2 〈보기〉를 바탕으로 이 글을 감상한 내용으로 적절하지 <u>않은</u> 것은?

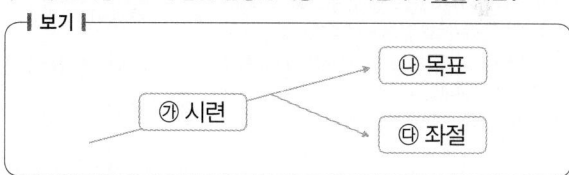

⎯ 보기 ⎯
㉮ 시련 → ㉯ 목표
㉮ 시련 → ㉰ 좌절

① 곰치와 구포댁은 현재 ㉮의 위치에 있는 상태로군.
② 곰치와 구포댁에게 도삼의 죽음은 ㉮에 해당하겠군.
③ 곰치에게는 만선을 이루는 것이 ㉯에 해당하겠군.
④ 구포댁은 ㉮를 겪고 ㉯에 더욱 집착하고 있군.
⑤ 구포댁은 ㉮를 경험하고 곰치의 ㉯를 염려하고 있군.

3 ㉠~㉤ 중, 〈보기〉의 밑줄 친 내용을 뒷받침하는 대사로 가장 적절한 것은?

⎯ 보기 ⎯
〈만선〉은 대자연과 맞서는 어민의 끈질긴 삶의 의지를 그려 인물의 전형(典型)을 창조하는 데 성공한 작품이다. 이 작품이 돋보이는 이유는 바로 '곰치'와 같은 독특한 유형의 인물을 창조한 데 있다.

① ㉠   ② ㉡   ③ ㉢   ④ ㉣   ⑤ ㉤

4 ⓐ에 들어갈 지시문으로 가장 적절한 것은?
① 체념하면서   ② 퉁명스럽게
③ 만족스러운 듯이   ④ 눈이 휘둥그레져서
⑤ 이판사판이라는 듯이

5 ⎡만선⎤이 '곰치'에게 주는 의미를 20자 내외로 서술하시오.

가 구포댁 뭐라 중얼대며 들어온다. 그네의 등엔 아기가 없다.

곰치: (와락 달려들어) 아니, 으쨌다고 남의 배를 띄웠나? 엉?

구포댁: (실실 웃으며) 나 배 안 띄웠어! 참말!

곰치: (목을 움켜쥐고) 말을 햇! 어서! (구포댁의 등을 보곤 기겁해서) 아니, 애기는? 애기는 으따 뒀어? 엉? / 구포댁: (손을 내저으며) 몰라! 나는 몰라! ❶숨줄이 끊어져도 참말로 몰라!

곰치: 뭣이? 말 안 해? (목을 바싹 졸라 대며) 이래도? 이래도?

성삼: (황급히 곰치의 손을 떼어 놓으며) 이라면 못써! 물어봐사제, 이라면 못써! (구포댁에게) 아짐씨, 나 성삼인디 나 알지라우?

구포댁: (연방 고개를 내저으며) 애기는 몰라! 나는 몰라!

곰치: (다시 구포댁의 목을 졸라 잡고) 이것을 나 죽이고 말 거여! 말 안 할래? 애기 으따가 뒀어? 응? 어서 말을 해! / 구포댁: 갔다! 가 부렀어! / 곰치: 뭣이? 가?

구포댁: 쩌그 뭍으로 갔다! 가 뿌렀어! / 곰치: 배에다 실어 보냈구나! 응?

구포댁: 아문! ❷뭍으로 가야 안 죽어! 지 명대로 살라면 뭍으로 가야 해! 좋은 사람 좋은 부모 만나서 호강하고 크라고! 그래사 지 명대로 살텡께! 쩌그 뭍으로 배 타고 갔다!

곰치: ㉠이런 육실헐! (살기등등한 눈으로 사정없이 목을 조른다.)

구포댁: (숨이 막혀) ㉡오냐아, 오냐, 주, 죽여라아 ─ 어서어 ─ 내 새, 새끼는 갔다! 무, 뭍으로 가 뿌렀어─. / 곰치: (목을 조르다 밀어붙이며) 뒈져! 어서 뒈져 뿌럿!

구포댁: (뚱 ─ 나가떨어지며) 히히히 ─ 만선인디, 내가 으째 죽어? (일어나 마당을 뱅뱅 돌며) 슬슬아아 ─ 너도 범쇠한테 가그라아 ─ . 범쇠는 배를 부리지야!

나 곰치: (살기 찬 눈으로 구포댁을 바라보고 서선) 저 육실헐 것을! 그냥…… (성삼에게 급하게) 성삼이! 얼른 가 보세! 붙잡어사제! 엉? 어서!

성삼: 이 바람 통에 으뜬 미친놈이 배를 내줘? 코딱지만 한 동네 나루로 배가 밀리는 판에?

곰치: (나가려) ❸헛간에 널쪽 있네! 그놈이라도 타고 쫓아가사제!

성삼: ㉢널쪽? 배가 부서지는 판에 널쪽을 타고 쫓아?

곰치: 배보다도 널쪽이 더 나어! 널쪽만 안 놓치면 집채 같은 파도 속에서도 널쪽은 안 부서져! / 성삼: 글씨 안 돼!

곰치: ㉣안 될 것이 뭣잉가? 곰치는 해! 어서! 어서! (나간다.)

구포댁: (곰치의 가랑이를 쥐어 잡고) ❹못 가! 못 간다! 내버려 둬! 뭍에 가서 지 명대로 살게 내버려 두어 ─. 못 간다아 ─. 못 가아 ─.

곰치: 이것 안 놔? 안 놀 것이여? (사정없이 발로 차 버리곤 부리나케 나가 버린다.)

구포댁: 못 가! 못 간다는디! 내버려 두어! / 구포댁 허겁지겁 곰치를 쫓아 나가 버린다. 무대엔 침통한 얼굴의 성삼이 혼자 한동안 넋을 빼고 있다간 불현듯 바삐 헛간 쪽으로 간다.

다 성삼: (처절하게) 기가 막혀! (꺼질 듯) 후유 ─ (헛간 속에 발을 들여놓으며 고개를 설레설레) 이럴 수가! 이럴 수가! (헛간 속으로 들어가 버린다. ─ 사이 ─ 기겁해서 뒷걸음질 쳐 나오며) 엉? 스, 슬슬이가! 스, 슬슬이가 모, 목을 매고 죽었구나! 슬슬이가 죽었어! 슬슬이가 죽어! (신음처럼) 허어 ─ 슬슬이가 죽다니 ─.

성삼, 감전당한 듯 그 자리에 넋 빼고 서 있다간 미친 듯이 달음질쳐 나가 버린다.

성삼: ㉤❺곰치야아 ─ 이놈아아 ─ 이 만선에 미친 놈아 ─.

단말마의 울부짖음 무대에 번져 온다. 기세 좋은 바람, 마당을 휩쓸고 지나간다. 긴 장대가 건들건들, 널린 보잘것없는 생선들이 따라 건들거린다.

・중심 내용 가족의 파멸을 불러온 곰치의 집념   ・구성 단계 대단원

🏠 작품 연구소

〈만선〉의 갈등 양상

이 작품은 다양한 갈등을 바탕으로 사건이 전개되면서 주제를 구현하고 있다. 먼저 곰치와 바다의 갈등을 들 수 있다. 바다는 곰치의 삶의 터전으로, 만선의 꿈을 실현시킬 수 있는 공간이자 자식의 목숨을 앗아 간 곳이기도 하다. 곰치는 이러한 바다에 도전을 하게 된다. 그리고 바다에 대한 곰치의 도전에서 곰치와 구포댁의 갈등이 파생된다. 곰치는 아들을 바다에서 잃었지만 바다를 버리지 못한 채 만선을 꿈꾸고, 구포댁은 곰치의 그러한 고집 때문에 하나 남은 어린 아들까지 잃게 될까 봐 뭍으로 떠나보낸다. 한편 곰치와 임제순의 갈등은 빈부 간의 갈등이라 할 수 있다. 고리대금업을 하는 악덕 선주 임제순은 실현 불가능한 조건으로 곰치와 계약을 하는데, 곰치는 그 부당함에 격분하면서도 만선을 통해 극복할 수 있다는 의지를 보인다. 결국 곰치가 자신의 운명을 적극적으로 개척하려는 의지를 보여 주면서 숙명과 의지의 갈등이 나타난다고 할 수 있다.

갈등의 양상	갈등의 의미
곰치 ↔ 바다	인간과 자연의 대결 구도
곰치 ↔ 구포댁	숙명에 대한 도전과 숙명에서의 탈출
곰치 ↔ 임제순	빈부 차이에 의한 갈등(어민의 비참한 삶)

곰치와 구포댁의 갈등

이 작품의 다양한 갈등 양상 중, 곰치와 구포댁은 운명을 대하는 서로 다른 태도를 보임으로써 사건 전개의 중심축을 이루고 있다.

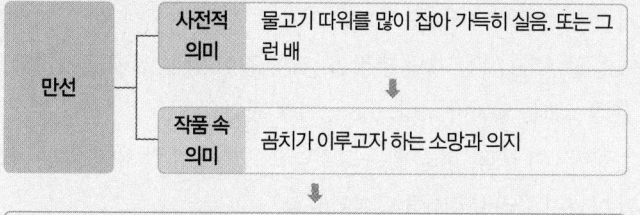

곰치	↔	구포댁
바다에 대한 집념		바다를 벗어나고자 하는 욕구
만선을 실현하고자 하는 집착		자식의 생명에 대한 집착
자연과 싸우며 만선을 이루고자 하는 부성(父性)의 우직함		자식을 죽음이라는 숙명에서 벗어나게 하기 위한 모성(母性)의 몸부림

제목 '만선'의 상징적 의미

만선	사전적 의미	물고기 따위를 많이 잡아 가득히 실음. 또는 그런 배
	↓	
	작품 속 의미	곰치가 이루고자 하는 소망과 의지

↓

인간이 이루고자 하는 삶의 목표이자 가치를 상징함.

〈만선〉의 비극성과 카타르시스

이 작품은 좌절할 줄 모르는 곰치의 집념과 의지가 오히려 그에게 파멸의 원인으로 작용하는 비극적 구성 방법을 취하고 있다. 이렇게 인물의 성격에 의해 비극이 결정되는 형식을 성격비극이라고 한다. 관객의 입장에서는 만선에 대한 곰치의 의지가 파멸되는 과정을 보면서 공포와 함께 연민의 정서를 느끼게 된다.

📖 함께 읽으면 좋은 작품

〈독 짓는 늙은이〉, 황순원 / 인물의 집념과 좌절을 보여 주는 작품

일생을 독 굽는 일에 바친 한 노인의 고뇌를 표현한 소설이다. 주인공이 목표의 성취를 위해 무서운 집착을 보인다는 면에서 곰치와 유사하다.

---

6 이 글의 내용에 대한 설명으로 적절하지 않은 것은?

① 구포댁은 곰치의 다그침에 동문서답(東問西答)하고 있다.

② 곰치는 성삼의 만류에도 막무가내(莫無可奈)로 나서고 있다.

③ 성삼은 슬슬이의 죽음을 알고 아연실색(啞然失色)하고 있다.

④ 곰치는 끝까지 견인불발(堅忍不拔)의 자세를 보여 주고 있다.

⑤ 구포댁은 곰치가 아기를 되찾아 올까 봐 노심초사(勞心焦思)하고 있다.

7 연출자가 ㉠~㉤에 대한 연기를 지시한다고 할 때, 그 내용으로 적절하지 않은 것은?

① ㉠: 구포댁을 향한 극심한 분노가 드러나도록 표정 연기를 해 주세요.

② ㉡: 곰치에 대한 강한 반발심이 느껴지도록 연기해 주세요.

③ ㉢: 널쪽을 타고 바다에 나가는 것이 가능할까 하는 의구심이 나타나는 어조로 연기해 주세요.

④ ㉣: 곰치의 무모하고 고집스러운 성격이 드러날 수 있도록 연기해 주세요.

⑤ ㉤: 곰치에 대한 연민과 분노가 동시에 나타나야 한다는 점에 신경 써 주세요.

8 〈보기〉의 ㉮~㉺ 중, 이 글에서 확인할 수 있는 내용만을 골라 바르게 묶은 것은?

┤ 보기 ├

희곡에서 갈등은 ㉮인물 간의 이해관계가 달라 서로 불화를 일으키는 경우와 ㉯집단 사이의 목표가 달라 적대적 관계로 대립하는 경우, ㉰인물의 의지와 타고난 운명 사이에서 일어나는 대결 등으로 나타난다. 또한 ㉱마음속에 여러 욕구가 동시에 일어나 갈피를 못 잡는 상태로 나타나기도 한다.

① ㉮, ㉯　② ㉮, ㉰　③ ㉮, ㉱　④ ㉯, ㉰　⑤ ㉰, ㉱

9 〈보기〉는 (가) 앞에 생략된 내용을 추측하여 구성한 장면이다. 이 글을 참고하여 빈칸에 들어갈 알맞은 내용을 〈조건〉에 맞게 쓰시오.

┤ 보기 ├

구포댁: (아이를 실은 배를 바다로 떠밀며) 저 아이에게 뭍은 _____ 공간이야. 그러니 지금 배에 실어 보낼 수밖에 없어.

┤ 조건 ├

반드시 '숙명'이라는 단어를 포함할 것.

012 파수꾼 | 이강백

키워드 체크 #풍자극 #상징적 #우화적 #촌장과 파수꾼 #이리 떼 #권력의 위선 비판 #이솝 우화 모티프

[문학] 천재(정), 동아, 비상
[국어] 미래엔, 지학사

🎯 핵심 정리

갈래 단막극, 풍자극
성격 풍자적, 교훈적, 상징적, 우화적
배경 ① 시간 - 근대
　　　　 ② 공간 - 어느 마을의 황야에 있는 망루
제재 촌장과 파수꾼의 위선
주제 진실을 향한 열망과 진실이 통하지 않는 사회의 비극
특징 ① 이솝 이야기를 바탕으로 현실을 우의적으로 그림.
　　　　 ② 상징성이 강한 인물과 소재를 사용함.
출전 《현대 문학》(1974)

> **Q** '해설자-촌장-운반인'이 1인 다역으로 설정된 이유는?
>
> 이 작품에서 '해설자-촌장-운반인'은 모두 한 배우가 연기하도록 되어 있다. 이는 세 인물의 유사한 역할 때문이다. 해설자는 무대와 관객을, 촌장과 운반인은 망루와 마을을 연결하는 매개자의 기능을 하고 있다.

💡 어휘 풀이

파수(把守)꾼 경계하여 지키는 일을 하는 사람.
망루(望樓) 적이나 주위의 동정을 살피기 위하여 높이 지은 다락집.
황야(荒野) 버려두어 거친 들판.

> **Q** 이 작품이 풍자하고 있는 시대적 현실은?
>
> 촌장은 이리 떼라는 공포의 대상을 만들어 마을을 통제하고 있다. 그리고 이리 떼가 존재하지 않음을 알게 된 파수꾼 다를 회유하고 있다. 이러한 내용은 안보 논리를 과도하게 포장하고 악용하여 정권을 유지하려고 했던 1970년대의 정치 상황을 풍자하고 있는 것으로 볼 수 있다.

🔖 구절 풀이

❶ **검은 옷차림. ~ 음성으로 말한다.** 촌장의 겉모습과 태도를 설명하는 지시문이다. 온화하고 신뢰감을 주는 촌장의 모습은 앞으로 보이게 될 위선을 더욱 강조하는 효과가 있다.

❷ **사람들은 이리 떼에 ~ 만든 거야.** 촌장은 존재하지 않는 이리 떼에 대한 경계심이 오히려 마을의 질서를 유지하는 힘이었다는 억지 주장을 펴고 있다. 이는 공포를 조장하여 권력을 유지하려는 의도가 반영된 것이다.

❸ **아하, 언제부터 ~ 있다는 걸 말이다.** 촌장이 마을 사람들을 속여 온 자신의 행위를 반성하는 척하는 장면이다. 우선 파수꾼 다를 안심시킨 뒤, 그를 자신의 뜻대로 회유하려는 촌장의 의도가 담겨 있다.

❹ **그래, 살인이지. ~ 흘러내릴 거다.** 촌장은 그동안 속아 온 마을 사람들의 분노에 자신이 희생당할 것이라는 끔찍한 상황을 가정하며 파수꾼 다를 압박하고 있다. 이는 진실이 밝혀지지 않도록 파수꾼 다를 꾀기 위한 것이다.

해설자, 촌장이 되어 등장. ❶검은 옷차림. 이해심이 많아 보이는 얼굴과 정중한 태도. 낮고 부드러운 음성으로 말한다. [중략]
<small>위선적인 모습과 다른 촌장의 외모 – 표리부동(表裏不同)</small>

다: 촌장님은 이리가 무섭지 않으세요? / 촌장: 없는 걸 왜 무서워하겠냐?
<small>이리 떼가 존재하지 않음을 인정함.</small>

다: 촌장님도 아시는군요? / 촌장: 난 알고 있지.

다: 아셨으면서 왜 숨기셨죠? 모든 사람들에게, 저 덫을 보러 간 파수꾼에게, 왜 말하지 않은 거예요? / 촌장: 말해 주지 않는 것이 더 좋기 때문이다. ▶ 이리 떼가 없음을 시인하는 촌장

다: 거짓말 마세요, 촌장님! 일생을 이 쓸쓸한 곳에서 보내는 것이 더 좋아요? 사람들도 그렇죠? '이리 떼가 몰려온다.' 이 헛된 두려움에 시달리고 사는 게 그게 더 좋아요?

촌장: 애야, 이리 떼는 처음부터 없었다. 없는 걸 좀 두려워한다는 것이 뭐가 그렇게 나쁘다는 거냐? 지금까지 단 한 사람도 이리에게 물리지 않았단다. 마을은 늘 안전했어. 그리고 <small>사람들에게 공포감을 주는 대상　　　　　　　　진실을 속인 자신의 행위를 정당화함.</small> ❷사람들은 이리 떼에 대항하기 위해서 단결했다. 난 질서를 만든 거야. 질서, 그게 뭔지 넌 알기나 하니? 모를 거야, 너는. 그건 마을을 지켜 주는 거란다. 물론 저 충직한 파수꾼에겐 미안해. 수천 개의 쓸모없는 덫들을 보살피고 양철 북을 요란하게 두들겼다. 하나 말이다, 그의 일생이 그저 헛되다고만 할 순 없어. ㉠그는 모든 사람들을 위해 고귀하게 희생한 거야. 난 네가 이러한 것들을 이해하여 주기 바란다. 만약 네가 새벽에 보았다는 <small>살신성인(殺身成仁)</small> 구름만을 고집한다면, 이런 것들은 모두 허사가 된다. 저 파수꾼은 늙도록 헛북이나 친 것이 되구, 마을의 질서는 무너져 버린다. 애야, 넌 이렇게 모든 걸 헛되게 하고 싶진 않겠지? / 다: 왜 제가 헛된 짓을 해요? 제가 본 흰 구름은 아름답고 평화로웠어요. 저는 그걸 보여 주려는 겁니다. 이제 곧 마을 사람들이 온다죠? 잘됐어요. ㉡저는 망루 위에 올라가서 외치겠어요. / 촌장: 뭐라구? (잠시 동안 굳은 표정으로 침묵) 사실 우습기도 해. 이리 떼? 그게 뭐냐? 있지도 않은 그걸 이 황야에 가득 길러 놓고, 마을엔 가시 울타리를 둘렀다. 망루도 세웠고, 양철 북도 두들기고, 마을 사람들은 무서워서 떨기도 한다. ❸아하, 언제부터 내가 이런 거짓 놀이에 익숙해졌는지 모른다만, ㉢나도 알고는 있지. 이 모든 것이 잘못되어 있다는 걸 말이다. / 다: 그럼 촌장님, 저와 같이 망루 위에 올라가요. 그리구 함께 외치세요. / 촌장: 그래, 외치마. / 다: ㉣아, 이젠 됐어요!
<small>이어지는 내용을 보아 거짓임.</small>

촌장: (혼잣말처럼) 그러나 잘될까? 흰 구름, 허공에 뜬 그것만으로 마을이 잘 유지될까? 오히려 이리 떼가 더 좋은 건 아닐지 몰라. / 다: 뭘 망설이시죠?

촌장: 아냐, 아무것두…… 난 아직 안심이 안 돼서 그래. 사람들은 망루를 부순 다음엔 속은 것에 더욱 화를 낼 거야! 아마 날 죽이려고 덤빌지도 몰라. 아니 꼭 그럴 거다. 그럼 뭐냐? 지금까지 이리에게 물려 죽은 사람은 단 한 명도 없었는데, 흰 구름의 첫날 살인이 벌어진다. / 다: 살인이라구요?
<small>너 때문에</small>

촌장: ❹그래, 살인이지. (난폭하게) ㉤생각해 보렴, 도끼에 찍히고 망치로 얻어맞은 내 모습을. 살은 찢기고 피가 샘솟듯 흘러내릴 거다. 끔찍해. 얘, 너는 내가 그런 꼴이 되길 바라고 있지? / 다: 아니에요, 그건! / 촌장: 아니라구? 그렇지만 내가 변명할 시간이 어디 있니? 난 마을 사람들에게 왜 이리 떼를 만들었던가, 그걸 충분히 설명해 줘야 해. 그럼 그들도 날 이해할 거야. / 다: 네, 그렇게 말씀하세요. ▶ 진실을 은폐하기 위해 파수꾼 다를 회유하는 촌장

• 중심 내용 파수꾼 다를 설득하는 촌장　　　• 구성 단계 전개·절정

208 Ⅱ. 극 문학

이해와 감상

이 작품은 우화적 기법을 적용하여 권력층의 위선을 간접적으로 폭로하고 있는 희곡이다. 국가의 당면 과제를 앞세워 개인의 자유를 침해하던 1970년대의 정치 상황을, 거짓으로 공포감을 조성하여 마을을 통제하는 촌장의 행동에 빗대어 나타내고 있다. 이 작품에서 파수꾼 가와 나는 망루에서 '이리 떼가 몰려온다!'라고 거짓을 외치며 양철 북을 두드리는 아이러니한 상황을 지속하고, 진실을 밝히고자 했던 파수꾼 다마저 촌장의 회유와 계략에 말려들어 조용히 양철 북을 두드리게 된다. 진실을 파헤치려고 노력했으나 결국 나약하게 무너지고 마는 파수꾼 다의 모습은 독자에게 연민과 함께 현실 상황에 대한 분노를 불러일으킨다.

전체 줄거리

발단	철책 너머에 이리가 존재하지 않는다는 소년 파수꾼 다의 편지를 받고 촌장이 망루로 찾아온다.(촌장과 파수꾼 다의 만남)
전개	파수꾼 다 말한 대로, 촌장은 이리 떼가 존재하지 않는다는 사실을 인정하게 된다.(파수꾼 다의 승리)
절정	파수꾼 다는 마을 사람들에게 진실을 알리려 하고, 촌장은 다양한 이유를 내세워 마을 사람들에게 진실을 알리는 일을 하루 연기하도록 파수꾼 다를 회유한다.(촌장의 설득)
하강	파수꾼 다가 촌장에게 회유를 당하고, 오늘 하루는 거짓말을 해야 하는 상황이 된다.(촌장과 파수꾼 다의 타협)
대단원	촌장의 의도에 따라 파수꾼 다가 거짓말을 하게 되고, 파수꾼 다는 결국 망루에서 벗어나지 못하는 존재가 된다.(촌장의 승리)

인물 관계도

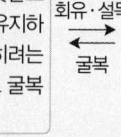

촌장: 이리 떼가 존재한다는 거짓말로 공포심을 조장하여 권력을 유지하는 위선적 인물. 진실을 밝히려는 파수꾼 다를 교묘한 논리로 굴복시키는 권력자

파수꾼 다: 이리 떼가 존재하지 않는다는 사실을 알고 진실을 밝히려 하지만, 결국 촌장의 계략에 속아 그의 뜻에 따르게 되는 인물

파수꾼 가, 나: 촌장의 거짓말을 믿고 충실히 파수꾼의 역할을 다하는 인물. 진실에 대한 의구심을 전혀 품지 않는 권력의 추종자들

마을 사람들: 현실을 직시하지 못한 채 독재 권력에 기만당하며 살아가는 대다수의 민중을 상징함.

작품 연구소

〈파수꾼〉과 이솝 이야기 '양치기 소년과 늑대'의 비교

이 작품은 이솝 이야기 '양치기 소년과 늑대'를 모티프로 하여 변용하였으나 내용 전개에 있어서는 다음과 같은 차이를 보인다. 작가는 널리 알려진 이솝 이야기를 활용하여 진실이 통하지 않는 부조리한 현실을 풍자하고, 작품의 주제 의식을 더욱 효과적으로 전달하고자 하였다.

	〈파수꾼〉	양치기 소년과 늑대
진실 왜곡의 내용	이리 떼가 마을을 노리고 있음.	늑대가 양들을 공격함.
진실 왜곡의 의도	촌장의 마을 통제	양치기 소년의 재미
진실 왜곡의 결과	마을 사람이 이리 떼의 공포에 떨게 됨.	소년의 양이 늑대에게 죽임을 당함.

 포인트 체크

인물 촌장은 진실을 왜곡하여 권력을 유지하는 ☐☐☐인 인물, 파수꾼 다는 ☐☐을 밝히려 하지만 결국 촌장의 회유에 넘어가는 나약한 인물이다.

배경 어느 마을의 황야에 있는 ☐☐를 배경으로 하고 있다.

사건 파수꾼 ☐는 철책 너머에 ☐☐☐가 존재하지 않는다는 사실을 알고서는 마을 사람들에게 진실을 밝히려 하지만 ☐☐의 계략에 넘어가 거짓말을 하고 결국 망루를 벗어나지 못하게 된다.

1 이 글의 표현상 특징으로 가장 적절한 것은?
① 역순행적 구성 방식으로 사건을 전개하고 있다.
② 상징적 소재를 통해 주제 의식을 드러내고 있다.
③ 장황한 해설을 통해 풍자적 효과를 극대화하고 있다.
④ 속도감 있는 대화를 통해 갈등의 심화를 보여 주고 있다.
⑤ 구체적인 시간적 배경을 설정하여 사실성을 높이고 있다.

2 ㉠~㉤에 담긴 인물의 심리 및 태도로 적절하지 않은 것은?
① ㉠: 타인의 희생을 들어 상대의 마음을 돌리려 하고 있다.
② ㉡: 진실을 밝히고자 하는 굳은 의지를 드러내고 있다.
③ ㉢: 그동안 자신이 저지른 잘못을 진심으로 뉘우치고 있다.
④ ㉣: 상대의 약속에 걱정을 떨치고 마음을 놓고 있다.
⑤ ㉤: 상황을 과장하여 상대를 심리적으로 압박하고 있다.

내신 적중

3 〈보기〉의 ㉮~㉺에 해당하는 내용을 이 글에서 찾아 연결할 때, 적절하지 않은 것은?

보기
㉮권력은 ㉯제도를 통해 ㉰담론(談論)을 생산해 내고, 이를 이용해 ㉱사회 구성원들에게 ㉲공동의 위기의식을 심어 놓는다. 구성원들이 구조 자체를 의심하지 못하게 제도를 통해 교묘히 통제하는 것이다.

① ㉮ - 촌장
② ㉯ - 파수꾼
③ ㉰ - 이리 떼의 습격
④ ㉱ - 마을 사람들
⑤ ㉲ - 흰 구름

4 〈보기〉는 이 글에 대한 작가 노트의 일부분이다. 〈보기〉에 가장 부합하는 것은?

보기
우화적인 희곡의 강점은, 우화적인 방법이 성공할 경우 보편성과 상징성을 얻을 수 있다는 점이다. 그것은 시간과 장소의 제약을 받지 아니하고 어느 시대나 어느 장소에서든 들어맞는 것이다.

① 이 글은 1970년대 한국의 정치적 상황을 연상하게 한다.
② 이 글의 인물 중 촌장은 권력의 위선적 속성을 보여 준다.
③ 이 글의 인물들은 '이리 떼'에 대한 시각 차이로 갈등한다.
④ 이 글은 역사에서 반복되는 권력의 부패를 떠올리게 한다.
⑤ 이 글은 진실을 왜곡하는 부조리한 사회 현실을 보여 준다.

5 이 글에서 '파수꾼 다'와 '촌장'이 각각 중요시하는 것을 50자 내외로 쓰시오.

어휘 풀이

은밀(隱密)하다 숨어 있어서 겉으로 드러나지 아니하다.

진상(眞相) 사물이나 현상의 거짓 없는 모습이나 내용.

영구(永久)히 시간상으로 무한히 이어진 상태로.

한갓지다 한가하고 조용하다.

Q 촌장이 마을 사람들을 향해 연설하는 장면에서 나타나는 희곡의 특성은?

희곡은 무대 상연을 전제로 하기 때문에 대규모의 군중 장면 등을 그대로 보여 주기가 어렵다. 이 작품 역시 무대 앞에 마을 사람들이 있다고 가정하고 촌장이 관객들을 향해 연설함으로써 희곡의 제약을 극복하고 있다.

구절 풀이

❶ **오늘은 나에게 ~ 외칠 테니.** 촌장이 진실을 밝히려는 파수꾼 다를 회유하기 위해 타협안을 내세우는 장면이다. 촌장은 다양한 설득을 통해 파수꾼 다를 서서히 굴복시켜 나가는 용의주도한 면모를 보여 주고 있다.

❷ **이리 떼다, 이리 떼! 이리 떼가 몰려온다!** 파수꾼 다가 촌장의 말에 완전히 회유되었음을 보여 주는 장면이다. 진실을 둘러싼 대결에서 결국 촌장이 승리하고 있음을 알 수 있다.

❸ **가시거든 마을 광장에 ~ 처벌을 논의합시다.** 망루와 마을이 떨어져 있음을 알 수 있다. 운반인은 이리 떼가 없다는 파수꾼 다의 편지 내용을 마을 사람들에게 알렸으나, 진실이 은폐되면서 희생당할 처지에 놓이게 되었다.

❹ **내 마음은 너와 ~ 그리워하던 것이 있다.** 여기서 '딸기'는 촌장이 어린 시절 황야에서 딴 딸기를 말한다. 파수꾼 다와 함께 딸기를 따고 싶다는 촌장의 말은 권력을 가진 자가 자신의 특권을 이용해 민중을 현혹하는 말로 이해할 수 있다.

❺ **파수꾼 다는 양철 북을 두드리기 시작한다.** 파수꾼 다는 촌장에게 회유당하고, 거짓말을 함으로써 스스로를 속박하게 된다. 이는 진실을 알고 있으면서도 결국 권력의 지배에 순응하는 민중의 무력한 면을 드러낸다. 파수꾼 다의 이러한 모습은 관객에게 연민과 분노를 동시에 불러일으킨다.

Q 이 부분에 나타난 촌장의 태도 변화는?

촌장은 지금까지 보였던 다정한 태도에서 돌변하여 권력자의 냉정한 태도를 취하고 있다. 또한 어조 역시 단호하고 고압적으로 바뀌고 있다. 파수꾼 다는 이미 진실을 은폐하고 거짓말을 한 약점이 있으므로, 촌장의 명령을 거역하기 어렵다. 따라서 촌장은 파수꾼 다의 입을 원천적으로 봉쇄하기 위해 마을에 오지 말 것을 명령하고 있다.

작가 소개

이강백(1947~)
극작가. 1971년 〈다섯〉이 《동아일보》 신춘문예에 당선되어 등단하였다. 주로 현대 사회의 모순을 비판하는 우화적인 희곡을 많이 썼다. 주요 작품으로 〈결혼〉, 〈느낌, 극락 같은〉 등이 있다.

촌장: 하나 지금은 내가 말할 틈이 없다. 사람들이 오면, 넌 흰 구름이라 외칠 거구, 사람들은 분노하여 도끼를 휘두를 테구, 그럼 나는, 나는…… (은밀한 목소리로) 얘, 네가 본 그 흰 구름 있잖니, 그건 내일이면 사라지고 없는 거냐?

다: 아뇨. 그렇지만 난 오늘 외치구 싶어요.

촌장: 그것 봐. 넌 내가 끔찍하게 죽는 것을 보고 싶은 거야. 더구나 더 나쁜 건, 넌 흰 구름을 믿지도 않아. 내일이면 변할 것 같으니까, 오늘 꼭 외치려고 그러는 거지. 아하, 넌 네가 본 그 아름다운 걸 믿지도 않는구나! _{상대방을 궁지에 몰아 자신의 목적을 달성하려는 논리}

다: (창백해지며) 그건, 그건 아니에요!

촌장: 그래? 그럼 너는 내일까지 기다려야 해. (괴로워하는 파수꾼 다를 껴안으며) ❶오늘은 나에게 맡겨라. 그러면 나도 내일은 너를 따라 흰 구름이라 외칠 테니.

다: 꼭 약속하시는 거죠? / **촌장:** 물론 약속하지. _{촌장의 계략에 넘어감.}

다: 정말이죠, 정말? / **촌장:** 그럼. 정말 약속한다니까. [중략] ▶ 촌장에게 서서히 설득당하는 파수꾼 다

파수꾼 다는 망루 위에 올라간다. 긴 침묵. 마침내 부르짖는다.

다: ❷이리 떼다, 이리 떼! 이리 떼가 몰려온다! _{권력의 속임수에 쉽게 넘어가는 우매한 모습 ─ 파수꾼 다는 결국 촌장의 하수인으로 전락함.}

파수꾼 가의 손이 번쩍 들려지며 그도 외친다. 파수꾼 나는 신이 나서 양철 북을 두드린다. 북소리, 한동안 계속된다. _{불안감이 증폭됨.}

가: 북소리 중지! 이리 떼는 물러갔다.

촌장: 주민 여러분! 이것으로 진상은 밝혀졌습니다. 흰 구름은 없으며 이리 떼뿐입니다. 이 망루는 영구히 유지되어야겠지요. 양철 북도 계속 쳐야 할 것입니다. 여러분, 다음 이리의 습격 때까진 잠시 시간적 여유가 있습니다. 그 틈을 이용하여 돌아가십시오. ❸가시거든 마을 광장에 다시 모이시기 바랍니다. 수다쟁이 운반인의 처벌을 논의합시다. 그 _{이리 떼가 존재하지 않는다는 파수꾼 다의 편지 내용을 마을에 알림.} 럼 어서 돌아가십시오. 이리 떼가 여러분을 물어뜯으러 옵니다. _{마을 사람들에게 재차 공포심을 조성함.} ▶ 파수꾼 다를 설득하여 그가 마을 사람들을 속이게 한 촌장

망루 위에서 파수꾼 다가 내려온다.

나: 난 네가 이렇게 용감해질 줄은 몰랐구나.

촌장: 고맙다. 정말 잘해 주었다.

나: 아냐, 난 몰랐던 건 아니었어. 넌 나에게 용감한 사람이 되마구 약속하질 않았니? 난 그때 이미 알아본 거야. 넌 꼭 훌륭한 파수꾼이 될 거라구.

촌장: 얘, 나 좀 보자. (한갓진 곳으로 데리고 가서) 너한테는 안됐다만, 넌 이곳에서 일생을 지내야 한다. / **다:** 네? / **촌장:** 마을엔 오지 말아라. _{모든 진실을 알고 있는 파수꾼 다의 입을 봉쇄함.}

바람 부는 소리가 거칠게 들려온다. _{촌장을 믿었다가 배신당한 파수꾼 다의 허무한 마음을 강조함.}

촌장: 난 저 사람들이 싫어. ❹내 마음은 너와 함께 ㉠딸기 따기에 가 있다. 넌 내 추억이야. 너에게는 내가 늘 그리워하던 것이 있다. / 사이.

촌장: 하지만…… 여긴 너무 쓸쓸해. / 사이.

촌장: 그럼, 잘 있거라.

나: 가시려구요, 촌장님?

촌장: 사람들이 기다리고 있어서.

나: 제가 저만큼 바래다 드리지요. 덫도 좀 살펴볼 겸 해서요. (함께 걸어가며) 그런데 말입니다, 양철 북을 치던 내 모습이 멋지지 않던가요? _{사건의 본질을 알지 못함.}

촌장과 파수꾼 나, 퇴장한다. 바람 소리만이 더욱 거칠어진다. 잠시 후, 망루 위의 파수꾼이 "이리 떼다!" 외친다. ❺파수꾼 다는 양철 북을 두드리기 시작한다. / ─ 막 ─ _{결국 권력의 논리에 순응하는 무기력한 모습}

 ▶ 촌장의 계략으로 영원히 파수꾼 일을 하게 된 파수꾼 다

· 중심 내용 영원히 파수꾼 일을 하게 된 파수꾼 다   · 구성 단계 하강·대단원

작품 연구소

〈파수꾼〉에 나타난 다양한 상징

대상	상징적 의미
촌장	지배 이념을 생산하여 민중을 통제하려 하는 권력자
파수꾼 가, 나	지배 이념에 대한 회의 없이 이를 확산·증폭하는 자
파수꾼 다	지배 이념에 대한 회의를 지니고 진실을 밝히려 하는 소수
마을 사람들	지배 이념에 의해 통제되는 다수의 민중
이리 떼	거짓, 지배 이념
흰 구름	진실
망루, 양철북	불안감을 조성하여 민중을 통제하기 위한 권력의 장치
딸기	권력자만이 누릴 수 있는 특권, 권력자가 민중을 현혹하기 위해 언급하는 회유책
도끼	권력자가 민중을 협박하기 위해 언급하는 대상

파수꾼 다의 심리 및 태도 변화

이리 떼가 없다는 사실을 알게 됨.	• 마을 사람들에게 진실을 알리고자 함. • 진실을 은폐하려고 하는 촌장에 대해 반발함.
↓	
촌장이 회유함.	• 촌장의 회유와 협박에 혼란스러워함. • 촌장에게 설득당함.
↓	
촌장에 의해 마을로 돌아올 수 없게 됨.	• 촌장에게 배신당한 후 허무함을 느낌. • 자신의 무력함에 절망하고, 결국 진실 왜곡에 동참함.

자료실

이강백의 작품과 우화적 기법

이 작품은 우화의 방식을 빌려 현실을 풍자하고 있다. 첫 번째 이유는, 당시에 독재 권력 때문에 권력에 대한 비판이 금기시되었기 때문이다. 이러한 상황에서 〈파수꾼〉은 우화라는 상징적 기법을 통해 1970년대의 문학적 과제 중 하나였던 권력의 위선적인 실체를 밝히려 했고, 관객은 작품의 이면에 감추어진 진실을 발견할 수 있었다. 두 번째 이유는 우화적 기법을 이용함으로써 마치 '이솝 우화'처럼 시간과 공간을 초월하여 누구든지 이해할 수 있는 보편성과 상징성을 획득할 수 있기 때문이다. 이 작품은 1970년대에 생산된 정치적 우화이지만, 그 의미는 좀 더 포괄적으로 해석될 수 있다. 시대가 흘러도 구성원들을 교묘하게 통제하려는 권력의 행태는 계속되고 있기 때문이다. 이와 같은 이유로 이강백은 상당수의 작품에 우화적 기법을 사용하고 있다.

1970년대 한국의 정치 상황

박정희 정권은 정부 시책 가운데 국가 안보 최우선화, 안보상 취약점이 될 일체의 사회 불안 불용, 안보 위주의 새 가치관 정비 등을 골자로 하는 '국가 비상 사태'를 선언하여 야당의 극한 투쟁을 물리치고 '국가 보위에 관한 특별 조치법'을 변칙 통과시켰다. 박정희 정권의 교육 정책은 주로 민족 주체성 교육 및 안보 교육 강화 중심으로 실시되면서 국사 교육·윤리 교육·반공 교육·군사 교육을 강화해 갔다.
– 강만길, 《고쳐 쓴 한국 현대사》

함께 읽으면 좋은 작품

〈동물 농장〉, 조지 오웰 / 우화적 기법으로 독재 정권을 풍자한 작품

1945년에 스탈린 치하의 독재 정치를 풍자하기 위하여 창작한 소설로, 동물들을 주인공으로 설정한 우화의 방식을 통해 공산주의 및 독재 정치의 모순을 비판하고 있다.   ➡ Link 〈현대 소설〉 419쪽

---

6 이 글의 내용을 다음 도식에 따라 정리하고자 한다. ⓐ~ⓔ에 대한 이해로 적절하지 <u>않은</u> 것은?

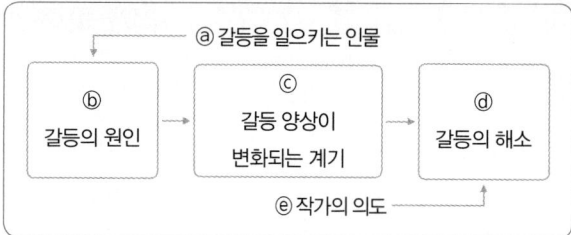

① ⓐ: 촌장과 파수꾼 다
② ⓑ: 이리 떼에 관한 진실의 공개 여부
③ ⓒ: 내일이면 사라지는 흰 구름의 존재
④ ⓓ: 파수꾼 다가 촌장의 요구를 받아들여 거짓말을 함.
⑤ ⓔ: 권력자의 위선과 이에 굴복하는 개인의 나약함을 드러냄.

내신 적중 多빈출

7 이 글의 등장인물에 대한 이해로 적절하지 <u>않은</u> 것은?
① 파수꾼 다는 결국 촌장에게 설득당하고 마는군.
② 파수꾼 나는 사건의 본질을 알고자 하는 의지가 없군.
③ 촌장은 파수꾼 다의 희생에 진심으로 미안해하고 있군.
④ 마을 사람들은 여전히 '이리 떼'의 실체를 알지 못했겠군.
⑤ 파수꾼 가는 의구심 없이 자신의 역할에만 충실할 뿐이군.

---

8 이 글을 연극으로 공연할 때, 고려할 점으로 가장 적절한 것은?
① 무대 전체에 연기를 깔아 흰 구름의 효과를 내면 좋겠어.
② 촌장은 가벼운 표정과 과장된 태도를 보이는 것이 좋겠군.
③ 무대 배경에 철책을 넘어서 몰려오는 이리 떼를 그려 넣어야겠어.
④ 파수꾼 다 역에 건장한 배우를 쓰면 그의 용기가 부각될 거야.
⑤ 촌장이 마을 사람들에게 말할 때에는 관객을 바라보도록 해야겠어.

---

9 〈보기〉는 '촌장'이 '파수꾼 다'를 회유하는 다른 장면이다. 〈보기〉의 밑줄 친 부분을 참고하여 ㉠의 의미를 30자 내외로 쓰시오.

│ 보기 │

촌장: 그 성난 사람들만 오지 않는다면 난 너하구 딸기라도 따러 가고 싶다. 난 어디에 딸기가 많은지 알고 있거든. <u>이리 떼를 주의하라는 팻말 밑엔 으레 잘 익은 딸기가 가득하단다.</u>

013 결혼 |이강백

문학 해냄
국어 비상(박안), 비상(박영)

⊚ 핵심 정리

갈래 단막극, 실험극
성격 풍자적, 희극적, 교훈적
배경 ① 시간 – 현대
　　　 ② 공간 – 어느 저택
제재 어떤 남자의 결혼담
주제 소유의 본질과 진정한 사랑의 의미
특징 ① 특별한 무대 장치가 없음.
　　　 ② 관객을 극 중으로 끌어들임.
　　　 ③ 이야기책의 내용을 극 중 현실로 바꿈.
출전 《이강백 희곡 전집 1》(1982) / 초연 1974

> **Q** 작가가 이 작품을 소극장 공연으로 설정한 의도는?
>
> 소극장 공연은 무대와 관객 사이의 물리적인 거리가 가깝기 때문에 배우와 관객 사이의 심리적인 거리도 좁힐 수 있다. 이와 같은 특징 때문에 관객은 극 중 인물에게 더욱 친밀감을 느낄 수 있다. 작가는 관객을 작품 속으로 끌어들여 주제를 더욱 실감 나게 전달하고자 이 작품을 소극장 공연으로 설정한 것이다.

☀ 어휘 풀이

실내악 한 악기가 한 성부씩 맡아 연주하는 기악 합주곡.
소도구(小道具) 연극이나 영화 따위에서, 무대 장치나 분장에 쓰는 작은 도구류를 통틀어 이르는 말.
구색(具色) 여러 가지 물건을 고루 갖춤. 또는 그런 모양새.
회중시계(懷中時計) 몸에 지닐 수 있게 만든 작은 시계.
답신(答信) 회답으로 통신이나 서신을 보냄. 또는 그 통신이나 서신.
의향(意向) 마음이 향하는 바. 또는 무엇을 하려는 생각.

⊛ 구절 풀이

❶ 이 연극의 ~ 빌려야 한다. 관객을 작품의 일부로 끌어들이는 실험적 기법을 사용하고 있다. 이는 소극장이라는 무대의 특성과 작품의 주제 의식과 연관이 있다.

❷ 그의 손엔 ~ 사용하기도 한다. 과장된 크기로 회중시계를 강조하고 있다. 회중시계는 이 작품에서 중요시하고 있는 '시간'을 상징하는 소도구이다. 또한 시간에 맞추어 기계적으로 살아가는 현대인을 상징하기도 한다.

❸ 옛날에, 옛날에, ~ 빈털터리였습니다. 책 속의 사기꾼은 극 중의 남자와 동일시되는 인물이다. 책을 읽음으로써 극 중 상황을 설명하고 있다.

❹ 여자로부터 즉각 답신이 왔습니다. 책 속의 내용이자 극 중 사건에 해당한다. 사건을 빠르게 전개하고, 즉각 답신을 보내는 여자를 통해 물질 만능주의에 빠진 현대인의 모습을 드러내고 있다.

작가 노트
무대 지시문 역할을 함.

이 작품은 응접실 또는 아담한 소극장(小劇場) 같은 곳, 그런 실내(室內)에서 공연하기 알맞
_{관객을 작품 속으로 끌어들이기에 쉬운 무대}
도록 썼다. 음악으로 비교한다면 °실내악(室內樂) 같은 것이다.

무대를 따로 만들 필요도 있지 않고 별다른 조명이나 효과의 도움을 받지 않아도 된다. 그러나 절대적으로 필요한 것은 그 장소에 모인 사람들이다. ❶이 연극의 등장인물, 하인은 그들로부
_{관객}　_{관객}
터 잠시 모자라든가 구두, 넥타이 등을 빌려야 한다. 이 빌린 물건들을 단순히 °소도구로 응용
_{되돌려 주는 것을 전제로 함.}
하기 위해서만이 아니다. 이 작품을 검토하면 알겠으나, 이 잠시 빌렸다가 되돌려 준다는 것엔 보다 더 깊은 의미가 있고 이 연극에 있어 중대한 역할을 차지하게 된다.
_{빌린다는 것의 의미에 대해 생각해 보게 함.}
하인, 그는 빌린 물건들로 한 남자를 치장한다. °구색에 맞지 않고 엉뚱한 다른 물건들로 남
_{여러 관객에게 빌려서 치장하였기 때문에}
자는 좀 우스꽝스럽기는 하지만 그럭저럭 부자처럼 보이게 된다.

남자, 그는 의자에 앉아 얼굴을 다 가리는 커다란 이야기책을 읽기 시작한다.

하인은 그 남자의 곁에 부동자세로 선다. ❷그의 손엔 거의 쟁반만큼이나 커다란 °회중시계가 들려져 있는데 실제로 하인은 가끔 그것을 쟁반으로 사용하기도 한다. 몹시 꼼꼼하게 시간을 재
_{사무적, 기계적}
는 그의 모습은 꼭 그럴 필요는 없겠으나 무뚝뚝하고 건장했으면 한다.
　　　　　　　　　　　　　　　　　　　　▶ 무대 설명과 등장인물 및 소품 소개
남자: (이야기책을 낭독한다.) ❸옛날에, 옛날에, 한 사기꾼이 살고 있었습니다. 그는 젊고 잘
_{남자와 동일한 성격을 띰.}
생겼으나 땡전 한 닢 없는 빈털터리였습니다. 어느 날 그는 외로워졌으므로 결혼하고 싶
_{사건의 발단}
어졌습니다. 누구나 젊음의 한 시기엔 외로워지기 마련입니다. 그래서 그런지 누구나 결혼한다고들 합니다. 하지만 그 사기꾼에겐 엄청난 고민이 있었습니다. 그 고민은 이렇습니다. 이 세상의 어떤 처녀가, 자기 같은 빈털터리 남자와 결혼해 줄 리 있겠습니까? 없
_{물질 만능주의 시대를 의미함.}
습니다. 아무도 없다고 생각했습니다. 그래서 그런지 그는 몹시 절망적인 기분이 들었습니다. 그런 기분은 좋지 않습니다. 저절로 한숨이 나오고, 정신에도, 몸에도, 해롭습니다. 빨리 심호흡을 해서 그런 기분을 몰아내야 합니다. 그래서 그런지 젊은 사기꾼도 심호흡을 했습니다. 그리고는 별떡 일어섰습니다. [중략] 정원이 딸린 집과 훌륭한 옷과 그리고
_{새로운 상황이 벌어질 것을 암시함.}
그 밖에 부자로 보일 수 있는 여러 가지 물건들을 빌리러 다닌 것입니다.
　　　　　　　　　　　　　　　　　▶ 결혼을 하기 위해 물건을 빌리러 다니는 남자
젊은이의 아름다움에 행운이 있어라! / 신께서 정하신 바에 행운이 있어라!
_{《아라비안나이트》에 나오는 시의 한 부분}
마침내 그 젊은 사기꾼의 소망이 이루어졌습니다. 정원이 있는 최고급 저택을 빌릴 수 있었으며, 모자와 넥타이, 호사스런 의복, 그리고 이 건장한 하인까지 빌렸던 겁니다. 단,
_{남자를 부자로 보이게 하는 것들 - 부(富)를 결혼의 조건으로 여김.}
조건이 있었습니다. 빌린 물건마다엔 사용할 수 있는 시간적 제약이 붙었습니다. 이 저택은 사십오 분 동안만 그가 주인이며 다음엔 되돌려 줘야 합니다. 넥타이는 이십팔 분, 모자는 십구 분 오십 초, 그 밖에 다른 물건에도 제각기 정해진 시간이 있었습니다. 그러
_{결혼의 조건을 갖추었기 때문에}　　　　　　　　　_{하인의 손에 들린 '회중시계'와 관련됨.}
나 젊은 사기꾼은 매우 만족했습니다. 그래서 즉시 여성 잡지를 뒤져 사교란에 주소를 낸 여자에게 전보를 쳤습니다. ❹여자로부터 즉각 °답신이 왔습니다. 맞선을 볼 °의향이 있다는 것입니다. 바로 그것은 이쪽이 바라는 바이기도 했습니다. (혼잣말처럼) 왜 아직
_{극 중 현실에 대한 반응(책 속 사건과 중첩)}
안 온담? (다시 책을 낭독한다.) 오겠다 약속한 시간이 벌써 지났습니다. (하인, 시계를 본채 손가락 다섯 개를 펼친다.) 딱 오 분 지났습니다. 그는 초조해졌습니다. 책을 읽어 마음
_{빌린 물건들마다 사용할 수 있는 시간이 정해져 있기 때문에}
을 달래 보려 하였으나 초조해지기만 했습니다.
　　　　　　　　　　　　　　　　　▶ 이야기책의 내용을 극 중 현실로 바꿈.

· **중심 내용** 결혼을 위해 여러 가지 물건들을 빌린 남자　　· **구성 단계** 발단

이해와 감상

이 작품은 전통적 기법을 벗어나 실험적 기법으로 창작된 희곡으로, 소유의 본질과 진정한 사랑의 의미를 생각해 보게 한다. 이야기책 속 사건을 극 중 현실로 바꾸어 상황을 관객에게 설명하는 독특한 구성 방식을 취하고 있으며, 다양한 장치를 이용해 한정된 시간 안에 결혼을 해야 하는 남자의 성공담을 풀어 나가고 있다. 이 작품은 별다른 무대 장치도 없고 관객과 무대의 절대적인 구분도 없다. 또한 필요한 소품을 등장인물에게 빌려주는 방식으로 관객의 참여를 유도하기도 한다. 작가는 결혼이라는 소재를 통해 세상 모든 것이 본래 누군가에게 빌린 것에 지나지 않는다는 주제 의식을 전하면서 더불어 진정한 사랑이란 물질적인 것이 아니라 진실한 태도와 마음에서 나오는 것임을 제시하고 있다.

전체 줄거리

발단	가난한 사기꾼인 남자는 결혼을 위해 여러 가지 물건을 빌린 후 맞선을 보기로 한 여자를 기다린다.
전개	초조한 기다림 끝에 맞선을 보기로 한 여자가 도착한다. 남자는 여자에게 사랑을 느끼게 되고 소유의 본질을 깨닫는다.
절정	약속된 시간이 되면서 하인이 남자가 빌린 물건을 하나씩 빼앗아 가기 시작한다. 남자의 처지를 알게 된 여자가 떠나려 하자, 남자는 소유의 본질과 헌신적 사랑의 중요성을 이야기하며 여자에게 결혼해 달라고 설득한다.
하강·대단원	여자는 남자의 청혼을 받아들인 후 그곳을 떠나자고 한다.

인물 관계도

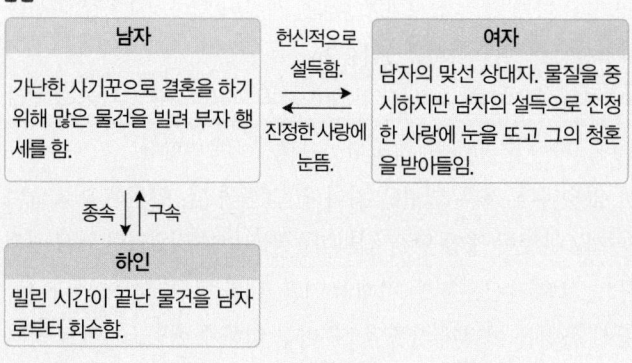

작품 연구소

'결혼'에 대한 인물들의 인식

이 작품은 결혼이라는 소재를 바탕으로 사건이 진행되고 있는데, 구성 단계에 따라 결혼의 조건에 대한 인물들의 인식이 달라지고 있다.

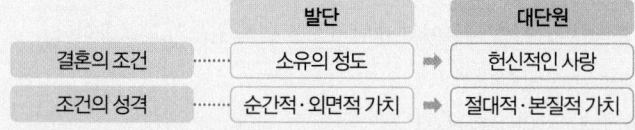

〈결혼〉에서 '시간'과 소품의 기능

〈결혼〉은 남자 주인공이 저택을 빌린 '45분간'의 시간 동안 진행되는데, 이는 실제 극이 상연되는 시간의 길이와 일치한다. 즉 45분이 지나고 남자 주인공이 쫓겨나는 순간 끝을 맺게 된다. 〈결혼〉에서 시간의 흐름에 따라 무대 위에서 사라지는 소품이 눈에 보이지 않는 시간의 흐름을 가시화하여 극의 주제 의식을 형성하는 데 기여하고 있다.

인물 ☐☐을 하고 싶어 하는 가난한 남자와 물질을 중시하는 여자가 등장하고 있다.
배경 현대의 어느 ☐☐을 배경으로 하고 있다.
사건 빈털터리인 남자가 집과 물건들을 빌려 여자와 맞선을 보는데 약속된 시간이 되면 ☐☐이 남자의 ☐☐을 하나씩 빼앗는다. 남자는 여자를 설득하고 결국 여자는 남자의 ☐☐을 받아들인다.

1 이 글에 대한 설명으로 적절하지 <u>않은</u> 것은?
① 무대 장치나 효과 등을 특별하게 설정하지 않고 있다.
② 이야기책 내용과 극 중 현실의 상황이 중첩되고 있다.
③ 전래 동화에서 극적 모티프를 차용하여 반영하고 있다.
④ 극의 진행에 필요한 소도구를 관객에게 빌려 쓰고 있다.
⑤ 특정 인물의 모습을 통해 사회의 단면을 드러내고 있다.

2 '남자'가 이야기책을 낭독하는 것의 효과로 적절하지 <u>않은</u> 것은?
① 남자가 지닌 결혼관을 전달한다.
② 책 속의 '사기꾼'과 남자를 동일시하게 한다.
③ 앞으로 극이 진행될 기본적인 방향을 제시한다.
④ 책 내용과 같은 환상적 사건의 발생을 암시한다.
⑤ 책 내용을 바탕으로 하여 극에 흥미를 갖게 한다.

3 이 글과 〈보기〉의 공통점으로 가장 적절한 것은?

> **보기**
> 말뚝이: 쉬이. (반주 그친다.) 여보, 구경하시는 양반들, 말씀 좀 들어 보시오. 짤따란 곰방대로 잡숫지 말고 저 연죽전으로 가서 돈이 없으면 내게 기별이래도 해서 양칠간죽, 자문죽을 한발가웃씩 되는 것을 사다가 육모깍지 희자죽, 오동수복 연변죽을 이리저리 맞추어 가지고 저 재령 나무리 거이 낚시 걸듯 죽 걸어 놓고 잡수시오.
> – 작자 미상, 〈봉산 탈춤〉

① 음악을 더하여 작품의 분위기를 경쾌하게 조성하고 있다.
② 가면을 쓰고 공연하여 각 인물의 특징을 극대화하고 있다.
③ 대상을 우스꽝스럽게 표현하여 주제 의식을 강화하고 있다.
④ 무대와 객석의 경계를 희미하게 하여 소통을 도모하고 있다.
⑤ 인물들의 신분 차이를 통해 계층 간의 갈등을 보여 주고 있다.

4 다음은 '남자'가 빌린 물건과 각 물건을 사용할 수 있는 시간을 정리한 것이다. ㉠과 ㉡에 들어갈 알맞은 내용을 쓰시오.

모자	넥타이	저택
19분 50초	28분	45분

시간의 흐름	빌린 물건을 돌려줄 시간이 다가온다는 설정은 극의 흐름상 (㉠) 기능을 한다.
빌린 물건	남자가 가진 것이 모두 빌린 물건이라는 것을 통해 작가는 (㉡)임을 말하고 있다.

Q 인간의 삶에 대한 남자의 관점은?

남자는 모든 사물뿐 아니라 인간의 삶조차도 누군가로부터 빌린 것으로 인식한다. 남자는 인간을 주어진 시간 속에서 살아가는 유한한 존재, 시간의 지배를 받는 존재로 여기기 때문이다. 즉 인간은 일정한 시간이 지나면 죽음을 맞고 자신이 가진 물건은 물론 자신의 삶까지 버리고 떠나야 하므로 삶을 빌린 것이라고 보는 것이다.

🌀 **구절 풀이**

❶ **모두 빌린 ~ 잠시 빌린 겁니다.** 남자의 대사를 통해 자연 현상뿐 아니라 자기 자신에 이르기까지 세상의 모든 것은 잠시 빌린 것이라는 작가의 의식을 드러내고 있다.

❷ **하인, 엄청나게 큰 ~ 분위기가 조성된다.** 긴장감이 조성되고 있는 부분이다. 하인은 제한된 시간이 경과함에 따라 남자에게 빌려 준 것들을 하나씩 회수하고, 마침내 남자를 저택에서 쫓아내려 하고 있다.

❸ **누구든 관객석의 ~ 물건을 가리키며** 관객을 극 중에 끌어들이고 있다. 이와 같은 기법은 여자로 하여금 소유의 본질을 깨닫게 하고, 관객에게 주제 의식을 구체적으로 전달하는 효과가 있다.

❹ **여기 증인이 ~ 소중한 덤입니다.** 여자가 청혼을 받아들이기로 결심하게 하는 결정적 대사이다. 모든 것을 주인에게 되돌려 주고 빈털터리가 된 남자는 관객을 증인으로 내세워 여자에게 영원한 사랑을 약속하고 있다. 이 역시 관객의 극 중 참여를 유도하고 있는 부분이다.

❺ **어머니도 말짱한 사기꾼과 결혼했었다던데…….** 여자의 아버지가 남자처럼 빌린 재산으로 어머니를 현혹하여 결혼했음이 드러나고 있다. 여자가 물질에 집착했던 이유가 나타나 있다.

Q 하인의 '구둣발'이 의미하는 바는?

남자가 집을 돌려주어야 할 시간이 되어도 나가지 않자, 하인은 남자를 내보내기 위해 다가온다. 하인은 남자가 여자에게 청혼하는 동안 구둣발로 남자를 걷어차기 위해 준비하고 남자에게 다가옴으로써 극의 긴장감을 고조시키고 있다.

중략 부분의 내용 맞선을 보기로 한 여자가 도착하고, 여자는 남자가 부자라는 사실에 기쁨을 감추지 못한다. 남자는 약속된 시간이 되면서 하인에게 물건을 하나씩 빼앗기고, 남자는 여자에게 사실을 고백한다.

가

남자: 내 것이라곤 없습니다. / 여자: (충격을 받는다.)

남자: ❶모두 빌린 것들뿐이었지요. 저기 두둥실 떠 있는 달님도, 저 은빛의 구름도, 이 *하늬바람도, 그리고 어쩌면 여기 있는 나마저도, 또 당신마저도…… (미소를 짓고) 잠시 빌린 겁니다. / 여자: 잠시 빌렸다구요? / 남자: 네. 그렇습니다.

❷하인, 엄청나게 큰 구두 한 짝을 가져오더니 주저앉아 자기 발에 신는다. 그 구둣발로 차 낼 듯한 험악한 분위기가 조성된다.

남자: 결혼해 주십시오. 당신을 빌린 동안에 오직 사랑만을 하겠습니다.

여자: ……아, 어쩌면 좋아?

하인, 구두를 거의 다 신는다. [중략] 여자, 작별 인사를 하고 문전까지 걸어 나간다.

남자: 잠깐만요, *덤……. / 여자: (㉠멈칫 선다. 그러나 얼굴은 남자를 외면한다.)

남자: 가시는 겁니까, 나를 두고서? / 여자: (침묵)

남자: 덤으로 내 말을 조금 더 들어 봐요.

여자: (악의적인 느낌이 없이) 당신은 사기꾼이에요.　▶ 남자가 빈털터리임을 알고 떠나려 하는 여자

나

남자: 그래요, 난 사기꾼입니다. 이 세상 것을 잠시 빌렸었죠. 그리고 시간이 되니까 하나둘씩 되돌려 줘야 했습니다. 이제 난 *본색이 드러나고 이렇게 빈털터리입니다. 그러나 덤, 여기 있는 사람들에게 물어봐요. 누구 하나 자신 있게 이건 내 것이다, 말할 수 있는가를. 아무도 없을 겁니다. 없다니까요. 모두들 덤으로 빌렸지요. 눈동자, 코, 입술, 그 어느 것 하나 자기 것이 아니고 잠시 빌려 가진 거예요. (❸누구든 관객석의 사람을 붙들고 그가 가지고 있는 물건을 가리키며) 이게 당신 겁니까? 정해진 시간이 얼마지요? 잘 아꼈다가 그 시간이 되면 꼭 돌려주십시오. 덤, 이젠 알겠어요?

여자, 얼굴을 외면한 채 걸어 나간다. / 하인, 서서히 그 무거운 구둣발을 이끌고 남자에게 다가온다. 남자는 뒷걸음질을 친다. 그는 마지막으로 *절규하듯이 여자에게 말한다.

[A]

남자: 덤, 난 가진 것 하나 없습니다. 모두 빌렸던 겁니다. 그런데 덤, 당신은 어떻습니까? 당신이 가진 건 뭡니까? 무엇이 정말 당신 겁니까? (넥타이를 빌렸었던 남성 관객에게) 내 말을 들어 보시오. 그럼 당신은 나를 이해할 거요. 내가 당신에게서 넥타이를 빌렸을 때, 그때 내가 당신 물건을 어떻게 다뤘소? 마구 험하게 했었소? 어딜 망가뜨렸소? 아니오, 그렇진 않았습니다. 오히려 빌렸던 것이니까 소중하게 아꼈다간 되돌려 드렸지요. 덤, 당신은 내 말을 들었소? ❹여기 *증인이 있습니다. 이 증인 앞에서 약속하지만, 내가 이 세상에서 덤 당신을 빌리는 동안에, 아끼고, 사랑하고, 그랬다가 언젠가 그 시간이 되면 공손하게 되돌려 줄 테요. 덤! 내 인생에서 당신은 나의 소중한 덤입니다. 덤! 덤! 덤!　▶ 여자에게 헌신적으로 구애하는 남자

다

㉡남자, 하인의 구둣발에 걷어챈다.

여자, 더 이상 참을 수 없다는 듯 다급하게 되돌아와서 남자를 부축해 일으키고 포옹한다.

여자: 그만해요! / 남자: 이제야 날 사랑합니까?

여자: 그래요! 당신 아니고 또 누굴 사랑하겠어요!

남자: 어서 결혼하러 갑시다, 구둣발에 차이기 전에!

여자: 이래서요, ❺어머니도 말짱한 사기꾼과 결혼했었다던데…….

남자: 자아, 빨리 갑시다! / 여자: 네, 어서 가요!　▶ 진정한 사랑의 의미를 깨닫고 남자의 청혼을 받아들이는 여자

· 중심 내용 남자와 여자가 결혼하기로 함.　· 구성 단계 절정·하강·대단원

🏠 작품 연구소

〈결혼〉의 주제 의식

〈결혼〉은 시간의 흐름 속에서 무엇인가를 빌렸다가 되돌려 준다는 데 가장 중요한 의미를 부여한 작품이다. 이 작품은 젊음, 생명, 자연 현상들을 시간의 흐름 속에서 빌리고 또 되돌려 주어야 할 것들로 형상화해 놓았다. 그 밖에 이 작품에서 '시간 속에서 빌림 – 되돌려 줌'의 모습을 띠고 나타난 것으로 애정, 특히 남녀 간의 사랑을 들 수 있다. 아마도 작가가 이 작품 속에서 가장 공들여 형상화하고자 했던 '시간 속에서 빌림 – 되돌려 줌'의 모습은 바로 이것이었을 것이다. 작품의 표제가 보여 주고 있듯이 이 작품은 남녀 간의 사랑과 결합 양식에 일차적인 관심을 두고 있기 때문이다. 따라서 이 작품은 참된 사랑이란 무엇인가를 숙고하게 만드는, 어찌 보면 미처 덜 다듬어진, 그러면서도 인간의 삶의 모습을 아름답게 형상화한 희극이라 평할 수 있다.

– 권오만, 〈이강백 단막 희극 '결혼'의 의미와 극술〉

〈결혼〉에 쓰인 실험적 기법과 그 효과

	내용	효과
무대 장치	특별한 무대 장치가 없음.	관객이 극 중 인물에게 친밀감을 느끼게 되며, 관객의 극 중 참여를 유도함.
상징적 소재와 인물의 행위	회중시계를 활용하여 시간의 경과에 따라 물건을 회수하는 등 상징적인 장치를 사용함.	모든 것은 일정한 시간이 지나면 돌려주어야 한다는 주제 의식을 전달함.
사건 전개	이야기책의 내용과 극 중 사건이 일치함.	관객에게 극 중 상황을 자연스럽게 알려 줌.
배우의 대사	등장인물이 관객에게 질문을 던짐.	관객의 참여를 유도함.
관객의 역할	관객의 물건을 소품으로 활용하고, 사건 전개 과정에서 관객을 증인으로 내세움.	관객에게 친밀감을 줄 뿐 아니라 작품의 주제를 실감 나게 전달함.

📋 자료실

보이지 않는 것에서 진실을 발견하는 이강백의 희곡들

이강백은 1970년대에 사회 현실에 대해 적극적으로 표현했던 작품들과 달리 인간의 내면의 외로움, 진실함과 책임 의식 등 보편적 인간성과 삶의 의미에 대해서 이야기하는 작품들도 여러 편 발표한다. 〈결혼〉, 〈보석과 여인〉, 〈올훼의 죽음〉, 〈우리들 세상〉, 〈내가 날씨에 따라 변할 사람 같소?〉가 이와 같은 작품이다. 이들 작품 중 〈우리들 세상〉을 제외한 네 편은 매우 공통적인 주제 의식을 지니고 있다는 점에서 주목할 만하다. 작가는 이 작품을 통해 현실의 표면에서 보이는 것, 현실적인 것보다 그 내면의 보이지 않는 것 속에 진실이 있음을 알레고리적 형상화를 통해 이야기하고 있다.

– 이영미, 〈이강백 희곡의 세계〉

📖 함께 읽으면 좋은 작품

〈무소유〉, 법정 / 무소유의 진리를 드러낸 작품

인간의 괴로움과 번뇌는 어떤 것에 집착하고 더 많이 가지려는 소유욕에서 비롯된다는 점을 전하고 있는 수필이다. 소유에 대한 집착을 버리면 진정한 행복을 얻을 수 있다는 교훈을 담고 있다.

〈원고지〉, 이근삼 / 다양한 실험적 기법을 활용한 작품

다양한 실험적 기법을 활용하여 현대인들의 무의미하고 반복적인 일상과 부조리한 현실의 모습을 풍자한 희곡이다. 🔗 Link 본책 200쪽

---

5 (가)와 (나)에서 '하인'의 역할로 가장 적절한 것은?
① 여자에게 협조한다.
② 극의 긴장감을 높인다.
③ 극의 결말을 암시한다.
④ 관객의 참여를 유도한다.
⑤ 남자의 실체를 드러낸다.

6 (나)에 나타난 '남자'의 말하기 방식으로 적절하지 <u>않은</u> 것은?
① 자신의 부정적 면모를 인정하고 직접적으로 고백하고 있다.
② 사회적 통념과 자신이 펼치는 논리의 차이점을 밝히고 있다.
③ 질문을 던져 상대가 자신의 처지를 헤아려 보도록 이끌고 있다.
④ 자신의 지난 행동을 바탕으로 결혼에 대한 생각을 드러내고 있다.
⑤ 관객에게 동의를 구하여 자신의 주장을 뒷받침하는 논거로 제시하고 있다.

7 [A]를 통해 작가가 궁극적으로 말하고자 하는 내용으로 가장 적절한 것은?
① 물건을 빌려 준 사람의 배려에 감사해야 한다.
② 사람은 모두 죽으므로 소유에 집착해서는 안 된다.
③ 사랑은 인생의 덤이므로 그것에 집착해서는 안 된다.
④ 남에게 빌린 물건은 소중히 지녔다가 돌려주어야 한다.
⑤ 모든 것은 잠시 빌린 것이므로 물질보다 진실한 마음이 더 중요하다.

8 ㉠에서 추론할 수 있는 '여자'의 심리로 가장 적절한 것은?

	남자에 대한 호감 여부	청혼 승낙 여부
①	호감을 느낌.	갈등함.
②	호감을 느낌.	승낙하려 함.
③	호감을 느끼지 않음.	갈등함.
④	호감을 느끼지 않음.	거절하려 함.
⑤	호감을 느끼지 않음.	승낙하려 함.

9 ㉡의 상황이 '여자'에게 미친 영향을 30자 내외로 쓰시오.

둥둥 낙랑둥 | 최인훈

◎ 핵심 정리

갈래 비극
성격 비극적, 제의적
배경 ① 시간 - 고구려 대무신왕 때
　　　② 공간 - 고구려 궁궐
제재 호동 왕자 설화
주제 개인적 욕망과 윤리적·정치적 현실 사이의 갈등
특징 ① 설화의 민족적 정서를 보편적 정서로 승화함.
　　　② 압축적인 내용 표현으로 긴장감을 지님.
출전 《옛날 옛적에 훠어이 훠이》(1979)

☀ 어휘 풀이

화평(和平) 나라 사이가 화목하고 평화스러움.
자명고(自鳴鼓) 낙랑에 있었다고 하는 전설적인 북. 외적이 침입하면 저절로 울렸다고 한다.
신묘(神妙)하다 신통하고 묘하다.
섶 잎나무, 풋나무, 물거리 따위의 땔나무를 통틀어 이르는 말.
열녀(烈女) 절개가 굳은 여자.

☷ 구절 풀이

❶ **왕자께서 두 나라의 ~ 낙랑 공주이시지요.** 낙랑 공주의 비극이 호동의 탓이 아니라 낙랑 공주가 원해서 선택한 길이었음을 강조함으로써, 호동의 죄책감을 덜어 주려 하고 있다.

❷ **열녀이십니다. ~ 영웅이십니다.** 부장은 호동을 위해 죽은 낙랑 공주를 열녀로, 낙랑국 정복의 위업을 달성한 호동을 영웅으로 떠받들고 있다. 호동의 업적을 강조하고 낙랑 공주의 죽음은 그 과정에서 필요한 숭고한 행위였다는 뜻을 전하면서 호동을 위로하고 있다.

❸ **여자 힘을 빌린 영웅이라.** 부장의 말을 비꼬아 자신에 대한 비웃음을 드러내고 있다. 연인의 희생을 바탕으로 이룬 업적을 자랑스러워하지 않는 호동의 강직한 성격이 나타나고 있다.

❹ **큰할아버지 주몽의 ~ 속임수를 쓴 것입니다.** 고구려의 선조 주몽이 호동처럼 속임수를 통해 원하는 바를 얻어 낸 일화를 언급하여, 호동이 낙랑 공주를 이용하여 승리를 거둔 일도 큰 문제가 없는 것임을 강조하고 있다.

Q 부장이 호동에게 궁극적으로 말하고자 하는 것은?

자명고를 찢은 것은 낙랑 공주의 의지에 의한 것이었으므로 공주의 죽음으로 더 이상 괴로워하지 않아도 되며, 호동은 낙랑 공주의 힘을 빌렸지만 전쟁에게 이겨 나라를 구한 영웅임을 말하고 있다.

부장: 그렇습니다. 어찌 알 수 있었겠습니까. 성이 문을 열고 항복하면, 낙랑 왕 식구 세 사람은 모두 목숨을 살려 이곳에 모셔다가 왕비 마마 곁에서 사시게 작정이 된 일이 아니었습니까? 왕자님 어찌할 수 없는 일이었습니다. / <u>낙랑 공주의 쌍둥이 언니이자 호동의 의붓어머니</u> **호동:** 어찌할 수 없는 일······.

부장: 그렇습니다. 어찌할 수 없는 일이었습니다. / **호동:** 누가 그것을 모르는가.

부장: 돌아가신 낙랑 공주에게 미안해서 그러십니까? / **호동:** ······. <u>죄책감에서 벗어나지 못함.</u>

[A]
부장: ⓐ공주께서도 어찌 원망할 수 있으시겠습니까? ❶왕자께서 두 나라의 평화를 위해서, 두 분의 행복을 위해서 부탁하신 일인 줄 누구보다도 잘 아시는 분이 낙랑 공주였으니 어찌 원망하실 수 있겠습니까. 왕자님과 이 몸이 대왕의 뜻을 받들어 평화 교섭을 위해서 낙랑을 찾아갔을 때, 제일 반가워한 분이 공주님이셨고, 낙랑 왕의 고집 때문에 ˚화평 교섭이 잘 되지 않자 누구보다 근심하신 분이 공주님이셨지요. 그래서 두 나라가 싸워서 숱한 사람이 죽느니보다는 ˚자명고를 찢어서 고구려가 이기게 하는 것이 좋다고 결심한 것도 낙랑 공주이시지요. 낙랑 나라가 그런 ˚신묘한 북을 가진 줄을 누가 알았습니까? 정말 큰일 날 뻔했지요. 대대로 낙랑 왕의 식구밖에는 모르는 비밀을. 그 <u>자명고</u> 래서 ⓑ왕비 마마께서도 이 나라에 시집오신 몸이면서도, 그리고 의붓아드님이 징벌군을 이끌고 낙랑으로 떠나게 되어도 입을 다물고 계신 그 비밀을 어찌 알아낼 수 있 <u>호동 왕자</u> 었겠습니까? 왕자님을 그렇게 따르시게 된 공주께서 그 이야기를 하시더라는 말씀을 <u>낙랑에 자명고가 있다는 사실</u> 왕자님께서 들었을 때처럼 무서웠던 적이 없습니다. 그것도 모르고 고구려군이 싸움 <u>자명고에 대한 이야기</u> 을 벌였더라면 ˚섶을 지고 불구덩이에 뛰어드는 것이었겠지요. 적은 먼저 알고 기다리 <u>앞뒤 가리지 못하고 미련하게 행동함을 이르는 말</u> 고 있었을 테니까요.

호동: 그 말을 자네한테 한 것이 정말 잘한 일인지 어떤지 모르겠군.

부장: 무슨 말씀을. 또 놀라게 하시는군요. 말씀하시기 다행이지요. 그랬길래 제가 왕자님께 간곡히 그 북을 공주님 손으로 찢게 하시라고 일러 드릴 수 있었지요. 그리고 저도 공주님께 그리하는 것이 왕자님을 위하는 길이라고 일러 드릴 수 있지 않았습니까.

호동: 뭐, 자네가? 그런 말은 안 하지 않았는가? <u>부장이 공주에게 자명고를 찢는 것이 왕자를 위하는 것이라고 말했다는 것</u>

부장: 네 안 했지요. 그러나 잘못한 일이옵니까? / **호동:** ······. <u>조국에 대한 충성을 가장 중요하게 여기는 태도가 드러남.</u>

부장: 왕자님 몰래 공주님께 말씀드리는 것이 좋다고 여겨져서 그리한 것입니다.

호동: 오, 그래서······ / **부장:** 무슨 일이 있었더랬습니까?

호동: 북을 찢겠다면서, 이 일은 왕자님 뜻을 묻기 전에 ⓒ자기가 알아서 하는 일이라고 자꾸 다짐하더군. / **부장:** ⓓ˚열녀이십니다.

호동: 큰 고구려의 왕자가 ⓔ한 여자의 손을 빌려 싸움에 이기는 것을 부끄러워할까 봐 그랬던 것이로군. / **부장:** ❷열녀이십니다. <u>낙랑 공주의 사려 깊은 면모를 알 수 있음.</u>

호동: 그 열녀의 덕을 본 나는 무어가 되는가?

부장: 영웅이십니다. / **호동:** ❸여자 힘을 빌린 영웅이라.

부장: 아닙니다. ❹큰할아버지 주몽의 옛일을 생각해 보십시오. 금와 왕의 마구간에서 말을 기를 때 좋은 말에게는 먹이를 줄여서 여위게 하지 않았습니까? 그도 속임수를 쓴 것입니다.

▶ 공주의 죽음에 죄책감을 느끼는 호동과 이를 위로하는 부장

・**중심 내용** 낙랑 공주의 죽음에 죄책감을 느끼며 괴로워하는 호동　　・**구성 단계** 발단

이해와 감상

이 작품은 《삼국사기》에 실려 있는 '호동 왕자 설화'를 기반으로 창작된 희곡이다. 낙랑 공주에게 쌍둥이 언니가 있고, 그 언니가 고구려에 시집 와서 고구려의 왕비이자 호동의 의붓어머니가 되었다는 가상의 상황을 전제로, 조국과 연인 사이에서 갈등하는 호동과 왕비의 고뇌를 섬세하게 묘사하고 있다. 이들은 개인적 욕망의 끝에 있는 것은 죽음뿐이라는 것을 알면서도 멈추지 않고 그 끝을 향해 달려간다. 그리고 자신의 결정에 따라 당당하게 죽음을 선택하는 결말은 비극적이면서도 숭고한 느낌마저 들게 한다.

🔍 전체 줄거리

발단	고구려 왕자 호동은 낙랑군을 정벌하고도 낙랑 공주의 죽음으로 슬퍼한다.
전개	낙랑 공주가 자신 때문에 죽었다는 죄책감에 괴로워하던 호동은 낙랑 공주의 쌍둥이 언니인 왕비를 보며 더욱 혼란스러워진다.
절정	왕비는 호동이 전쟁 이후 기운을 차리지 못하는 이유가 낙랑 공주와의 사랑 때문임을 알게 되고, 낙랑 공주 흉내를 내며 그를 위로해 준다.
하강	왕비는 낙랑국의 궁녀였던 달래를 만나 낙랑 공주가 호동을 위해 자명고를 찢은 사정을 알게 되고, 호동에게 복수하고자 더욱 접근한다.
대단원	그러나 왕비는 호동과 사랑에 빠지게 되고 왕은 호동에게 낙랑국과 고구려의 북 중 하나를 선택하게 한다. 호동은 낙랑국의 북을 선택하고 낙랑 공주에게 속죄하며 죽고 왕비도 호동을 따라 자결한다.

👥 인물 관계도

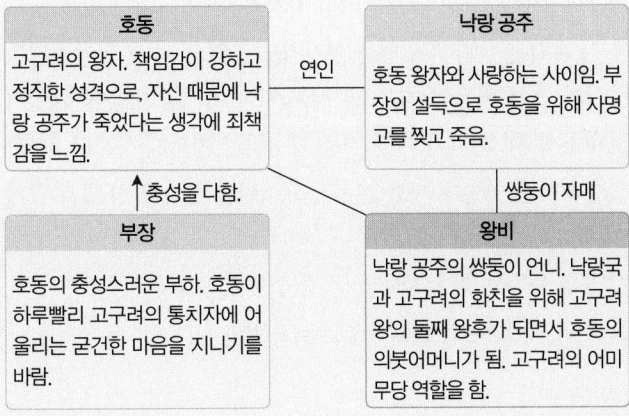

🏠 작품 연구소

등장인물의 내적 갈등

이 작품에서 호동과 왕비는 다양한 역할을 맡고 있는데, 각각의 역할이 서로 조화를 이루지 못한 채 대립함으로써 내적 갈등을 겪게 된다.

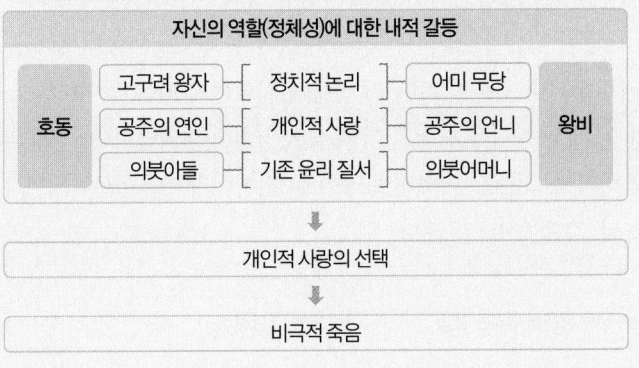

🔑 포인트 체크

인물 호동은 ☐☐☐ 왕자로 사랑하는 낙랑 공주가 자신 때문에 죽었다는 사실에 ☐☐☐을 느끼는 인물이다.

배경 고구려 ☐☐☐☐ 때 궁궐을 배경으로 하고 있다.

사건 낙랑 공주의 죽음에 죄책감을 느끼던 호동은 낙랑 공주에게 속죄하는 마음으로 낙랑의 ☐을 울리며 죽음을 택하고 있다.

1 다음 중 '부장'의 말하기 전략으로 적절한 것을 모두 고른 것은?

```
ㄱ. 논리적 근거를 들어 상대의 불만을 해결하려 함.
ㄴ. 자신의 처지를 호소하며 상대의 동정을 구하려 함.
ㄷ. 상황의 불가피함을 내세워 상대의 마음을 돌리려 함.
ㄹ. 유사한 선례와 비교하며 상대의 행동을 정당화하려 함.
```

① ㄱ, ㄴ ② ㄱ, ㄷ ③ ㄱ, ㄹ ④ ㄴ, ㄷ ⑤ ㄷ, ㄹ

중요 기출 **고난도**

2 [A]를 재구성하여 무대에 올리고자 한다. 〈보기〉에 제시된 선생님의 주문에서 벗어난 것은?

보기

선생님: 여러분도 보다시피 [A]는 연극의 대사치곤 조금 긴 편이지요? 과거의 사건을 정리하여 관객에게 설명하다 보니 다소 장황해진 것으로 이해할 수 있습니다. [A]를 '연극 속의 연극'으로 바꾸어 다시 꾸며 보면 어떨까요? 그러면 장면을 좀 더 생생하게 관객에게 보여 줄 수 있겠지요? 단, 본문의 내용에서 벗어나지 않도록 합시다. 자, 각자 자신의 생각을 말해 보도록 해요.

① 공주를 직접 등장시킬 수 있어요. 평화 교섭을 위해 낙랑을 찾아간 호동이 공주와 만나는 장면을 삽입하면 관객들이 공주의 모습을 직접 볼 수도 있고, 사건의 내막도 쉽게 알 수 있습니다.

② 첫 대목에서는 조명을 서서히 어둡게 하여 극 중 사건이 과거로 옮겨지고 있다는 사실을 암시하면 어떨까요?

③ 부장이 늘 호동 곁에 등장하는 것으로 처리하는 게 좋겠어요. 부장의 극 중 역할이 제일 중요하므로 부장의 심리를 잘 드러내야 합니다.

④ 극이 진행되는 배경이 고구려에서 낙랑으로 바뀌어야 하는데, 무대 장치를 송두리째 바꾸는 것은 무리니까, 대사를 통해 자연스럽게 드러날 수 있도록 작품을 고쳐야겠습니다.

⑤ 왕비가 자명고의 비밀을 말해 주지 않았다는 내용은 공주와 호동 사이의 대사로 처리할 수 있어요. 그렇게 하면 왕비를 무대에 등장시킬 필요가 없습니다.

3 ⓐ∼ⓔ 중, 문맥상 지시하는 대상이 다른 것은?

① ⓐ   ② ⓑ   ③ ⓒ   ④ ⓓ   ⑤ ⓔ

4 이 글에서 '호동'이 갈등하는 원인을 30자 내외로 쓰시오.

어휘 풀이

악대(樂隊) 기악의 합주대.

휘장(揮帳) 긴 천을 여러 폭으로 이어서 빙 둘러치는 장막.

Q 이 작품에 나타난 '역할 놀이'의 기능은?

낙랑 공주의 죽음으로 호동은 연인을, 왕비는 조국과 가족을 잃게 된다. 이에 동병상련의 정을 느낀 호동과 왕비는 역할 놀이를 하게 된다. 낙랑 공주와 호동이 함께했던 과거를 재현하면서 호동은 낙랑 공주의 죽음 때문에 입은 마음의 상처를, 왕비는 타국에서 홀로 지내며 느낀 외로운 마음을 위로받는다. 그런데 왕비는 이 때문에 점차 자신의 정체성에 혼란을 느끼고, 결국 호동을 사랑하게 되고 만다.

구절 풀이

❶ 왕비 탈을 쓴다. 왕비가 고구려에서 어미 무당 역할을 하고 있음이 드러나는 부분이다. 또한 왕비가 탈을 쓰고 있는 동안은 신내림을 받아 왕비가 아닌 주몽 조상신의 역할을 하게 될 것임을 알리는 신호이기도 하다.

❷ 호동아, 듣거라, ~ 않았습니다. 생략된 부분에서 대신들이 호동의 방에서 낙랑국의 불상을 발견하고, 그간 고구려에 긴 가뭄이 든 것이 호동이 낙랑국의 귀신을 모셨기 때문이라고 몰아세운 것과 연관이 있다.

❸ 둥둥 둥둥둥 ~ 둥둥 둥둥둥 호동이 고구려에서 울리는 낙랑국의 북소리이다. 작품의 제목과 같은 글자 수로 배열함으로써 제목과 낙랑국의 북소리 간의 연관성을 암시하고 있다.

❹ 이것이 웬일이오 ~ 모양에 눈멀었습니다. 자신과 동생 낙랑 공주를 구분하지 못하고 혼란에 빠져 호동에 대한 사랑을 고백하는 왕비의 모습이 나타난다. '낙랑성 잔치'는 낙랑 공주가 호동을 처음 만난 자리이고, '고구려 성문 밖'은 왕비가 호동을 처음 만난 자리이다.

Q '나팔 소리'와 '북소리'의 의미는?

나팔 소리는 고구려를 상징하며, 현재 공간이 고구려임을 알리는 효과가 있다. 반면 북소리는 낙랑국의 자명고 소리로, 낙랑을 상징한다. 극 중간에 호동은 나팔 소리 사이로 들리지 않는 북소리를 들으려는 행동을 하는데, 이는 낙랑 공주에 대한 호동의 죄책감을 상징한다. 그리고 결말에서 호동은 고구려에서는 울려서는 안 될 낙랑국의 북소리를 울림으로써 스스로를 벌하게 된다.

Q 난쟁이의 역할은?

난쟁이는 작가를 대신하여 등장인물에 공감하고 위기를 알리는 존재이다. 이후 난쟁이는 호동과 왕비가 죽고 비가 내리는 장면에서 다시 등장하는데, 이는 이 작품의 모든 갈등이 해소되었음을 나타내는 것이라 할 수 있다.

작가 소개

최인훈(1936~2018) 소설가, 극작가. 다채로운 기교를 사용하면서도 구성을 중시하는 작품을 많이 썼다. 주요 작품으로 소설 〈광장〉, 〈회색인〉, 희곡 〈어디서 무엇이 되어 만나랴〉, 〈옛날 옛적 훠어이 훠이〉 등이 있다.

중략 부분의 내용 왕비는 호동이 자신의 동생인 낙랑 공주의 죽음 때문에 기운을 차리지 못하자 이에 연민을 느껴 낙랑 공주의 흉내를 내는 역할 놀이를 통해 호동을 위로해 준다. 그러던 중, 낙랑 공주가 호동을 위해 자명고를 찢은 사정을 알게 된 왕비는 분노하여 호동에 대한 복수를 결심하지만, 계속되는 역할 놀이 때문에 환상과 현실을 구분하지 못하고 결국 호동과 사랑에 빠진다. 그때 고구려에 심한 가뭄이 들고, 대신들은 호동이 낙랑의 귀신에게 홀린 탓이라며 호동을 벌하기로 한다.

나팔 소리 울린다, 제1막과 같은 가락, 점점 커진다, 난쟁이 황급히 일어나 퇴장한다, •악대 음악을 연주하면서 돌아온다, 굿자리를 한 바퀴 돈다, 음악이 끝나고 그들은 굿자리 앞에 늘어선다, 사람들 무대 양쪽에 들어와 늘어선다. / 악대 물러간다. 왕비가 앞장서서 무당들 들어선다. 무당춤이 끝난다. 왕비 단을 올라간다. ❶왕비 탈을 쓴다. 왕비 외친다.

왕비: 주몽! 주몽! 주몽! / 왕비 일어난다. / 왕비: 북을 들여라.

군사들이 큰북 두 개를 들어다 양쪽으로 벌려 걸어 놓는다. / 흰 북과 검은 북이다.

왕비: 호동을 들여라. / 흰옷을 입은 호동 나와서 단을 마주 잡고 선다.

왕비: ❷호동아, 듣거라, 네가 낙랑의 귀신을 섬겨 나를 몰라본다 하니 그것이 참말이냐?

호동: 삼가 아뢰옵니다, 저는 낙랑의 귀신을 섬기지도 않고, 주몽 할아버지를 몰라보지도 않았습니다.

왕비: 그럴 테지, 그렇다면 네 앞에 지금 고구려의 북과 낙랑에서 가져온 북이 있다. 고구려의 흰 북을 내 앞에서 크게 치거라.

호동: 오호, 낙랑의 북. / 왕자 한 발 물러선다. / 왕비: 빨리 치거라. / 왕자 움직이지 않는다.

왕비: 호동아 어째서 나를 기다리게 하느냐. / 호동, 한 발 나선다.

[A]

호동: 아, 낙랑의 북, 내가 너에게 빚을 갚을 때가 왔다, 내가 사랑한 손을 위해 네가 소리를 내지 않았으니, 네가 갸륵하다, 그러나 고구려의 왕자가 어찌 너에게 빚을 지고 살랴 — 주몽 할아버지여 이 손자는 낙랑의 귀신을 섬기지도 않았고, 주몽 할아버지를 몰라보지도 않았습니다. 이것이 제 마음입니다. 할아버지시여 아버님 마음을 타일러 빨리 군사를 낙랑으로 보내소서. 이 손자가 거둔 것을 고구려가 지키게 하소서. (나가서 북채를 집어 들며) / 그러나 북은 이렇게 치겠습니다, 고구려의 왕자가 진 빚을 갚게 하소서, 자 울려라 낙랑의 북아.

검은 북 앞으로 가서 친다. / ❸둥둥 둥둥둥, 둥둥 둥둥둥 / 둥둥 둥둥둥

북 방망이를 놓고 물러나 엎드린다. / 사람들이 놀라 웅성인다. / 사이

왕비: 호동의 목을 쳐라.

사람들 물러간다. / 난쟁이, 칼을 휘두르며 춤추면서 나온다.

호동 비치는 •휘장 뒤로 간다. / 난쟁이 따라 들어간다.

난쟁이 왕자의 목을 자른다. / 난쟁이 칼을 놓고 울면서 기어 나간다.

왕비 탈을 벗고 계단을 천천히 내려온다. / 휘장 앞에 선다.

[B]

왕비: ❹이것이 웬일이오, 호동 왕자 내 그대를 위해 북을 찢었거늘 그대를 위해서라면 일만 개의 북이라도 다시 찢겠거늘 그대는 내게 빚을 갚는단 말이오, 이 몸은 비록 어버이 칼에 쓰러졌을망정 더없이 행복합니다, 거룩한 고구려의 왕자 호동 님, 나 당신을 본 첫날부터, 그것이 낙랑성 잔치였는지, 고구려 성문 밖이었는지 나는 잊어버렸소, 나 당신을 본 첫날부터 이 세상 소리에 귀먹고 이 세상 모양에 눈멀었습니다, (호동의 머리를 집어 들며) 그대 머리여, 그대는 이렇게 토막이 잘린 이내의 마음이로다, (머리에 입술을 맞춘다.) 호동 님, 그대를 따르오리다.

▶ 호동과 왕비의 비극적인 죽음

• 중심 내용 낙랑 공주에게 속죄하기 위해 죽음을 택하는 호동 • 구성 단계 대단원

작품 연구소

제목 '둥둥 낙랑둥'의 의미

이 작품의 제목은 북소리의 의성어와 연관이 있다. 그리고 북소리 중간에 '낙랑(樂浪)'이 들어가 있는 것으로 보아, 낙랑국의 북소리를 나타내고 있음을 알 수 있다. 이 작품에 나타나는 낙랑국의 북소리는 두 가지이다. 하나는 자명고의 소리, 또 하나는 결말 부분에서 울리는 검은 북의 소리이다. 자명고의 소리는 낙랑 공주 때문에 울리지 못한 것으로 이로 인해 극 중 인물들의 비극이 시작된다. 검은 북의 소리는 연인의 죽음에 대한 호동의 죄책감을 덜어 내는 것이자 자명고의 소리를 이어 가는 소리라고 할 수 있다. 하지만 이는 고구려에서는 결코 울려서는 안 될 금기의 소리이기도 하다. 따라서 이 금기를 어긴 호동은 결국 죽음에 처하고 만다. 즉, 이 작품의 제목인 '둥둥 낙랑둥'은 고구려에서 울려서는 안 되는 낙랑국의 북소리를 의미하는 것으로, 작품에서 보여 줄 비극을 암시하고 있다.

'호동 왕자 설화'와 〈둥둥 낙랑둥〉의 차이점

호동 왕자 설화	〈둥둥 낙랑둥〉
• 호동이 낙랑 공주를 꾀어 자명고를 찢게 하고 군사를 이끌어 정벌함. • 호동은 원비의 참소와 공주에 대한 사랑의 번민으로 자살함.	• 낙랑 공주가 죽은 뒤의 상황을 배경으로 함. • 부장의 설득으로 공주가 호동을 위하여 자명고를 찢음. • 낙랑 공주에게 쌍둥이 언니가 있으며 그 언니가 고구려에 시집와서 고구려의 왕비이자 호동의 의붓어머니가 됨.

자료실

〈둥둥 낙랑둥〉에 대한 작가 최인훈의 글

여기서 두 사람이 부딪친 문제는 아마도 사람으로서 풀기가 가장 어려운 것 중의 한 가지다. 그것을 곧이곧대로 풀자면 그럴수록 더 헝클어지는 그런 수렁이다. 개인이 집단에 대해 어디까지 충성해야 하며 사랑이라는 것은 어디까지 갈 수 있는가 하는 것은 영원한 인간 문제이기는 하다. 모든 영원한 문제가 그런 것처럼 보통 사람은 이런 문제를 끝까지 밀고 가지 못한다. [중략] 끝까지 갈 용기가 나지 않는 것은 파멸이 보이기 때문이다. 극 속의 인물들은 이 끝을 피하지 않고 거기까지 걸어간다. 낙랑 공주와 호동 왕자도 그런 사람들이다. 원래 이야기에 없는 호동의 의붓어머니와 낙랑 공주의 쌍둥이라는 설정은 호동과 공주가 직면한 문제를 더 어려운 것으로 만들어 보기 위해서 지어낸 생각이다.

— 최인훈, 〈연극이라는 의식〉

최인훈 희곡의 특징

최인훈 희곡의 가장 큰 특징은 원 텍스트의 변용에 있다. 〈옛날 옛적에 훠어이 훠이〉는 아기 장수 설화를 변용하여 스스로의 운명을 고쳐 나갈 힘이 없는 사람들의 어두운 이야기를 담고 있으며, 〈달아 달아 밝은 달아〉는 심청 모티프를 변용하여 성스럽고도 추한 여성상을 창조해 내었다. 〈어디서 무엇이 되어 만나랴〉는 바보 온달과 평강 공주, 〈둥둥 낙랑둥〉은 호동 왕자와 낙랑 공주의 이야기를 각각 변용하였다. 그의 희곡에 한국의 역사와 설화만 반영된 것은 아니다. 작가는 〈헨젤과 그레텔〉, 예수의 생애, 《출애굽기》의 과월절의 유래 등 폭넓은 텍스트를 변용할 텍스트로서 지향한다. 왜냐하면 작가는 자신의 작품이 한국인의 상황에만 국한되지 않고 인간의 보편적 비극으로 읽히길 기대하기 때문이다.

— 김만수, 〈설화적 형상을 통한 인간의 새로운 해석〉

함께 읽으면 좋은 작품

〈어디서 무엇이 되어 만나랴〉, 최인훈 / 설화를 모티프로 창작한 작품

온달 설화를 재해석하여 설화에서 알 수 없었던 의미들을 개연성 있게 재구성한 희곡으로, 진정한 사랑의 메시지를 전달하고 있다.

Link 본책 237쪽

---

5 〈보기〉와 이 글을 연결 지어 이해한 내용으로 적절하지 않은 것은?

> **보기**
>
> 고구려 대무신왕의 *차비 소생인 호동은 얼굴이 잘생기고 천성이 총명하여 아버지의 총애를 받았는데, 어느 날 옥저(沃沮)로 사냥을 나갔다가 낙랑 태수 최리(崔理)의 딸인 낙랑 공주와 사랑하게 되었다. 그때 낙랑에는 적병의 침입을 저절로 알리는 자명고가 있어서 정벌하기가 어려웠다. 이에 호동이 낙랑 공주를 꾀어 자명고를 찢게 하고 군사를 이끌어 정벌하였다. 태수는 이 사실을 알고 딸을 죽인 후 항복하였으나, 낙랑을 정벌한 호동은 *원비의 참소와 공주에 대한 사랑의 번민으로 자살한다. – '호동 왕자 설화' 줄거리
>
> • 차비(次妃) 둘째 왕후.　• 원비(元妃) 임금의 정실을 이르던 말.

① 〈보기〉와 달리 이 글에서 호동은 처형을 당한다.
② 〈보기〉와 달리 이 글에서 왕비는 호동을 사랑하게 된다.
③ 〈보기〉와 달리 이 글에서 낙랑 공주는 스스로 목숨을 끊는다.
④ 〈보기〉와 이 글 모두 왕비가 호동의 죽음에 영향을 끼친다.
⑤ 〈보기〉와 이 글 모두 호동이 공주에 대한 번민 때문에 죽는다.

6 이 글을 공연하기 위해 토의한 내용으로 적절하지 않은 것은?

① 무당춤은 제의 장면에 어울리도록 구성해야겠어.
② 왕비는 제의 중 발성을 달리해서 주몽 신을 연기해야 해.
③ 소품으로 탈, 칼, 흰 북, 검은 북, 북채 등을 준비해야겠어.
④ 휘장 뒤편에 제단을 만들어서 신비로운 분위기를 강조하자.
⑤ 호동이 검은 북을 치는 장면은 호동에게만 조명을 집중하자.

7 [A]의 '호동'과 [B]의 '왕비'를 비교한 내용으로 가장 적절한 것은?

① 호동은 지배 체제에 따르고 있으나, 왕비는 지배 체제에 끝까지 저항하고 있다.
② 호동은 과거에 대한 회한을 말하고 있으나, 왕비는 미래에 대한 희망을 말하고 있다.
③ 호동은 자신이 누구인지 인식하고 있으나, 왕비는 정체성을 잃고 혼란에 빠지고 있다.
④ 호동은 긍정적인 사고방식을 지니고 있으나, 왕비는 부정적인 사고방식을 지니고 있다.
⑤ 호동은 자신의 죽음을 받아들이고 있으나, 왕비는 자신의 죽음을 받아들이지 못하고 있다.

8 역할 놀이에 대한 설명으로 적절하지 않은 것은?

① 호동의 내적 갈등을 궁극적으로 해소하지는 못한다.
② 왕비가 동생인 낙랑 공주를 흉내 내는 것이 핵심이다.
③ 호동을 연민하여 위로하려는 왕비의 의도가 담겨 있다.
④ 호동과 왕비 사이의 관계가 변화하는 계기가 되고 있다.
⑤ 왕비는 기억을 떠올리는 부담 때문에 혼란을 겪게 된다

9 이 글에서 '호동'이 '검은 북'을 친 이유를 30자 내외로 쓰시오.

015 칠산리 | 이강백

키워드 체크 #표현주의극 #사실적 #비판적 #6·25 전쟁 전후 #이데올로기 대립 #빨치산 #어머니의 희생

[국어] 천재(이)

☞ 핵심 정리

갈래 장막극, 표현주의 극
성격 사실적, 현실 비판적
배경 ① 시간 – 6·25 전쟁 전후
② 공간 – 칠산리
제재 전쟁과 이데올로기 대립으로 인해 버려진 자식들과 그들을 위해 희생한 어머니의 삶
주제 전쟁과 이데올로기로 인한 대립의 극복
특징 ① '칠산리'라는 공간이 지닌 상징적 의미를 중심으로 사건이 전개됨.
② 소품을 이용해 과거와 현재를 한 무대 공간에서 교차하도록 구성함.
③ 시어체 대사를 사용해 작품의 주제와 분위기를 인상적으로 드러냄.
출전 《이강백 희곡 전집 4》(1996) / 초연 1989

Q 자식들이 부르는 합창의 의미는?

합창의 내용으로 보아 세상 사람들은 분단과 전쟁, 이데올로기 대립 속에서 빨치산의 자식들을 경계하고 증오했지만 어미만큼은 끝까지 자식들을 품에서 놓지 않았음을 알 수 있다. 이념이 달랐던 것은 물론 피 한 방울조차 섞이지 않은 자식들을 인류애와 모성애로 포용했던 것이다. 자식들은 이러한 어머니의 사랑을 온갖 색을 하얗게 만드는 눈에 빗대어 노래하고 있다.

☀ 어휘 풀이

빨치산(partizan) 드러나지 않는 곳에서 적을 기습적으로 공격하는 비정규 부대의 군인. 특히 우리나라에서는 6·25 전쟁 전후에 각지에서 활동했던 공산주의 비정규군을 일컫는다.
이장(移葬)하다 무덤을 옮겨 쓰다.
빨갱이 '공산주의자'를 속되게 이르는 말.

☸ 구절 풀이

❶ **(자식들을 달래며) 아니다, 아냐 ~ 모레도 살 수가 있어.** 어미는 도토리묵을 언제 먹으면 좋을지 수수께끼를 내고는 오늘이 아니라 모레 먹어야 한다고 말하고 있다. 당장의 배고픔을 참아 내며 도토리묵을 오래 갖고 있어야 더 오래 살아남을 수 있기 때문이다. 어미는 이처럼 굶주린 자식들을 달래는 한편 고난을 이겨 내는 삶의 지혜를 함께 가르쳐 주고 있다.

❷ **다른 사람들은 ~ 우리들의 심정을요.** 자식들은 세상으로부터 버림받았고 지금도 마을 사람들의 편견과 차별에 시달리고 있다. 어머니는 그런 자신들을 위해 희생하다가 비참하게 죽었는데, 어머니의 무덤마저 마을 사람들에 의해 없어질 위기에 처해 있다. 자식들이 느끼는 슬픔과 서러움이 매우 큼을 짐작할 수 있다.

전략 부분의 내용 칠산리는 6·25 전쟁을 전후로 좌우익이 대립하던 곳이다. 어미는 *빨치산의 핏줄이라는 이유로 산으로 쫓겨난 열두 명의 아이들을 거두어 이들을 먹여 기르지만 자신은 굶주림에 시달리다가 죽고 만다. 그 후 자식들은 성장해 뿔뿔이 흩어지고 칠산리에는 어미의 무덤만 남는다. 어느 날 면장은 칠산리를 개발하기 위해 도로를 만들어야 한다는 마을 사람들의 입장을 전하며 어미의 무덤을 *이장하라고 자식들을 재촉한다. 자식들은 다른 형제들이 모일 때까지 시간을 더 달라고 요구하는 한편, 자신들을 위해 희생했던 어머니의 삶을 떠올린다.

[가]
자식들: 어머니, 어머니, 우리 어머니 / 빨갱이의 자식 둔 우리 어머니
쫓아라, 쫓아내라, 쫓아내라 / 으흐흐, 호통치고 / 으흐흐, 벼락 쳐도
품 안에서 놓지 않던 우리 어머니

어머니와 함께 보낸 그해 겨울은 / 하얗게, 새하얗게, 눈이 내렸네.

빨간색을 지우고 / 파란색을 지우고 / 노란색을 지우고
이 세상의 온갖 색을 모두 지우고 / 하얗게, 새하얗게, 눈이 내렸네.

어미: 고개를 들고 산을 바라보렴! 칠산리 일곱 산이 새하얗게 되니깐 보기 좋구나! 하얀 눈이 내리는 하늘은 고요하구, 하얗게 눈이 덮이는 땅은 아늑하구나!

간난이: 하지만 엄마…… 눈을 먹으면 배가 부를까?

자식들: 배가 고파……, 배…… 고파…….

어미: 그래, 너희들은 배가 고파서…… 눈이라도 배부르게 먹고 싶겠지. (사이) 그러나 가만히 들어 봐. 이건 너희가 풀어야 할 수수께끼야. 지금 너희들 앞에 도토리묵이 한 그릇 있다. 그런데 그 묵을 오늘 먹으면 내일은 먹을 게 없구 내일 먹으면 모레는 먹을 게 없지. 그럼 너희들은 언제 그 묵을 먹는 게 좋을까?

간난이: 엄마, 오늘 먹을 테야! / **자식들:** 오늘 당장 먹어야지!

어미: ❶(자식들을 달래며) 아니다, 아냐. 그 묵은 모레 먹어야 해. 그래야만 너희는 오늘도 살고, 내일도 살고, 모레도 살 수가 있어. ▶ 아이들이 살아남을 수 있도록 가르치는 어미

중략 부분의 내용 어미는 이웃 아낙네들이 가져온 팥죽 한 그릇을 자식들에게 모두 먹이고 죽음을 맞는다.

[나]
무대 조명이 어두워진다. ㉠간난이, 죽은 어미를 등에 업고 무대 밖으로 퇴장한다. 자식들이 흐느끼며 따라간다. 면장이 책상을 밀며 무대 가운데로 나온다. 그는 책상 위에 놓여 있는 서류들을 챙겨서 서랍 속에 넣는다.

면장: 이젠 면사무소 문 닫을 시간이 됐습니다. 칠산리 어머니의 무덤을 어떻게 할 건지 결정하시죠!

자식들 침울한 표정으로 면장 주위에 모여든다.

면장: 당신들의 심정은 알겠습니다. 당신들을 위해서 굶어 죽은 어머니, 그 어머니에 대한 애착이 대단하겠지요.

장남: ❷다른 사람들은 모를 겁니다. 우리들의 심정을요.

면장: 어쨌든 그 어머니가 묻힌 무덤은 옮겨야 합니다. (하늘을 쳐다보며) 저런, 하늘을 보시죠! 예상했던 대로 눈이 내립니다! (자식들에게 재촉한다.) 어서들 결정하세요! 눈이 쌓이면 무덤 옮기는 작업만 힘들어집니다. ▶ 어머니의 죽음을 애도하는 자식들과 무덤에 대한 결정을 재촉하는 면장

· 중심 내용 자식들이 어머니의 무덤 이장을 강요받고, 자신들을 위해 희생만 하다가 굶어 죽은 어머니를 회상함.
· 구성 단계 절정·하강

이해와 감상

이 작품은 빨치산의 자식이라는 이유로 버려진 열두 명의 아이들을 위해 희생한 어머니의 삶을 소재로 하여 전쟁과 이데올로기 대립으로 인한 상처와 아픔을 그린 희곡이다. 작품의 제목이자 공간적 배경인 '칠산리'는 일곱 개의 산봉우리로 둘러싸인 마을로, 6·25 전쟁 때 좌우익이 치열하게 대립했던 곳이다. 어미는 이곳에 버려진 빨치산의 핏줄들을 데려다 기르고 자신은 굶어 죽는다. 시간이 흐른 뒤, 마을 사람들은 '빨갱이 소굴'의 이미지를 지우기 위해 어미의 무덤을 없애고 그 무덤을 찾아오는 자식들을 내쫓기로 결정한다. 작가는 이를 통해 전쟁과 이데올로기의 대립으로 인한 불신과 반목이 여전히 사람들의 의식을 지배하고 있으며 그 굴레에서 벗어나야 함을 역설하고 있다. 특히, 버려진 빨치산의 핏줄마저 자식으로 품었던 어미의 포용, 희생, 모성애를 갈등과 대립을 해소하는 실마리로 제시함으로써 민족적 비극을 치유할 방법에 대한 모색을 이끌어 내고 있다.

전체 줄거리

발단	현재	면장이 칠산리의 개발을 위해 자식들에게 어미의 무덤을 옮길 것을 요구하고 면사무소에 모인 자식들은 이를 거부하며 과거를 회상한다.
전개	과거	아이를 낳지 못하는 어미, 주워 온 아이 간난이, 할머니는 가난 속에서 힘겹게 살아간다. 어느 날 간난이는 산속에 버려진 아이들을 발견하여 어미에게 알리고, 어미는 이들을 자식으로 거둔다.
	현재	자식들은 안부를 나누며 아직 오지 않은 형제들을 기다린다.
절정	과거	마을 이장과 군인들이 빨치산의 자식들이 있다는 소문을 듣고 그들을 잡아가려 찾아오지만, 어미의 간곡한 부탁으로 그냥 돌아간다.
	현재	형사들이 면장을 찾아와 막내가 찾아오면 신고해 줄 것을 요청하고, 면장은 자식들이 말썽을 일으키는 존재라고 여긴다.
하강	과거	어미는 이웃 아낙네들이 자신을 위해 가져온 팥죽을 자식들에게 모두 먹이고 숨을 거둔다.
	현재	무덤 이장 문제에 대해 결정을 해야 하는 시간이 다가오고, 자식들 간의 의견 대립이 일어난다.
대단원	현재	자식들은 어머니가 있는 곳이라면 어디든 칠산리가 될 수 있다고 여기는 장남의 제안대로 어머니의 유골을 화장해 나눠 갖기로 한다.

인물 관계도

어미
산에 버려진 빨치산의 자식들을 데려다가 헌신적으로 키우고 자신은 굶어 죽음. 이념을 뛰어넘는 모성애, 인류애를 지님.

자식들
빨치산의 자식들로, 산속에 버려졌다가 어미의 손에 길러짐. 칠산리에 있는 어미의 무덤 이장 문제로 서로 갈등을 빚음.

간난이
어미의 남편이 고개를 넘다가 데려온 아이로, 철부지 같은 행동을 함.

면장
마을 사람들의 입장을 대변하는 인물. 자식들이 어미의 무덤을 옮기도록 재촉함.

마을 사람들
칠산리에 남아 있는 '빨갱이'의 흔적을 청산하기 위해 어미의 무덤을 없애려 함.

포인트 체크

- **인물** ☐☐☐의 자식인 열두 명의 아이들을 거두어 키우다가 숨을 거둔 어미는 ☐☐을 초월한 모성애를 지닌 희생적 인물이다.
- **배경** 6·25 전쟁 전후 좌우익이 치열하게 대립한 공간인 ☐☐☐를 배경으로 하고 있다.
- **사건** ☐☐은 칠산리의 개발을 위해 어미의 ☐☐을 이장할 것을 자식들에게 요구하여, 어머니의 ☐☐을 지키는 것이 자식 된 도리라고 생각하는 자식들과 갈등하고 있다.

1 이 글에 대한 설명으로 가장 적절하지 않은 것은?

① 인물 간 갈등의 원인이 제시되어 있다.
② 현재의 사건과 과거와 사건을 교차하여 전개하고 있다.
③ 시간이 경과하면서 인물 사이의 긴장감이 고조되고 있다.
④ 상징적 의미를 지닌 공간을 중심으로 사건을 전개하고 있다.
⑤ 서술자 역할을 하는 인물이 등장해 사건을 이끌어 가고 있다.

내신 적중 多빈출

2 (가)의 '자식들'이 부르는 합창의 기능으로 적절하지 않은 것은?

① 자식들이 어미를 그리워하며 결속하게 한다.
② 자식들을 위해 희생했던 어미의 삶을 드러낸다.
③ 어미에 대한 자식들의 존경심과 그리움을 드러낸다.
④ 자식들과 면장 사이의 갈등을 일시적으로 해소해 준다.
⑤ 세상을 새하얗게 덮는 눈처럼 포용적인 어미의 사랑을 노래한다.

3 〈보기〉를 바탕으로 하여 '자식들'과 '마을 사람들'이 갈등을 겪는 근본적인 원인을 추측한 내용으로 가장 적절한 것은?

보기
[과거] 전쟁 직후 좌우익의 대립이 극심했던 시기, 어미는 버려진 빨치산의 자식들을 헌신적으로 키우다가 굶어 죽음. ⇒ **[현재]** 마을 사람들은 마을에 남아 있는 '빨갱이'의 흔적을 지우려고 어미의 무덤을 없애려 하여 자식들과 갈등함.

① 전쟁과 이념 대립이 낳은 비극에서 여전히 벗어나지 못하고 있다.
② 가족, 이웃, 공동체 의식을 잃어버릴 만큼 개인주의가 만연해 있다.
③ 산업화와 도시화에 따라 고향에 대한 전통적인 인식이 변화하고 있다.
④ 전쟁이 끝나지 않아 좌익과 우익이 여전히 서로에게 총을 겨누고 있다.
⑤ 이념의 대립이 사라지면서 과거의 사건을 객관적으로 바라보게 되었다.

내신 적중 多빈출

4 ㉠은 과거에서 현재로 장면이 전환되는 부분이다. 장면 전환 과정에서 나타나는 이 작품의 특징이 무엇인지 〈조건〉에 맞게 쓰시오.

조건
장면 전환 시 등장인물의 행동을 포함하여 쓸 것.

색안경(色眼鏡) 주관이나 선입견에 얽매여 좋지 아니하게 보는 태도를 비유적으로 이르는 말.

회의적(懷疑的) 어떤 일에 의심을 품는 것.

동조(同調)하다 남의 주장에 자기의 의견을 일치시키거나 보조를 맞추다.

대항(對抗)하다 굽히거나 지지 않으려고 맞서서 버티거나 항거하다.

부정(否定)하다 그렇지 아니하다고 단정하거나 옳지 아니하다고 반대하다.

연고자(緣故者) 혈통, 정분, 법률 따위로 맺어진 관계나 인연이 있는 사람.

Q 어미의 무덤을 옮기는 문제에 대한 자식들의 입장은?

차녀와 삼남은 칠산리에서 받은 고통과 상처로 괴로워한다. 그래서 어머니의 무덤을 어서 옮기고 이제는 칠산리를 잊고 싶다고 말하고 있다. 그러나 장녀와 차남은 칠산리는 언젠가 돌아와야 할 고향이므로 어머니의 무덤도 이곳에 있어야 한다는 입장이다. 특히 장녀는 칠산리를 잊는다면 어머니의 자식이라고 보기 어렵다며 강경한 입장을 내세우고 있다.

❀ 구절 풀이

❶ 칠산리라면 지긋지긋해. ~ 잊고 사는 것이 더 좋을 수도 있어. 삼남은 칠산리와 마을 사람들에 대해 큰 반감을 드러내고 있다. 빨치산의 핏줄이라는 이유로 부당한 대우와 차별을 받아서 큰 상처를 입었기 때문이다. 이처럼 칠산리의 굴레로부터 벗어나고 싶어 하는 자식들도 있음을 알 수 있다.

❷ 우린 모두 어머니의 ~ 똑같은 자식이라구. 장녀가 삼남의 뺨을 때리면서 자식들 간의 갈등은 최고조에 이른다. 이에 대해 장남은 칠산리를 좋아하든 싫어하든, 지금 여기에 왔든 오지 않았든 모두 어머니의 자식임을 말하고 있다. 이러한 인식은 피 한 방울 섞이지 않은 빨치산의 핏줄들을 품었던 어머니의 사랑과 맞닿아 있는 것으로, 장남은 어머니의 사랑과 뜻을 강조함으로써 갈등을 중재하고 있다.

Q "어머니가 계시는 곳은 세상 어디든지 그곳이 칠산리야."라는 대사의 의미는?

장남은 어머니를 화장해 그 유골을 자식들이 각자 나눠 갖고 흩어지면 그곳이 칠산리가 되고, 결국 어머니는 어디에나 계시게 된다고 말하고 있다. 그에게 고향은 특정 장소에 국한된 물리적인 공간이 아니라 정신적인 공간인 것이다. 즉, 자식들이 어머니를 기억하고 마음에 품고 있다면 자식들이 사는 곳 어디나 또 다른 칠산리, 또 다른 고향이 될 수 있다는 인식을 드러내고 있다.

☺ 작가 소개

이강백(본책 210쪽 참고)

중략 부분의 내용 면장은 막내가 칠산리에 도착하면 그를 기다리던 형사들에게 잡혀갈 것이라는 말을 전한다. 자식들은 *색안경을 끼고 자신들을 바라보고 부당하게 대하는 세상에 분노와 서러움을 느낀다.

[형사들은 노동 파업에 관여한 막내를 '사상이 위험한 자'로 규정하고 그를 잡아가려 함.]

가 **차녀:** (*회의적인 태도로 고개를 흔든다.) 난 여기에 온 걸 후회해. 솔직히, 우리 손으로 어머닐 옮겨 드리고, 그만 빨리 돌아갔으면 좋겠어.
[어머니의 무덤을 지킬 마땅한 방법이 없다고 여김.]
[면장의 요구대로 무덤을 다른 곳으로 옮기고 칠산리를 떠나고 싶어 함.]

장녀: 어머니를 옮길 곳이 어디야? 그리고 자식들인 우리가 돌아갈 곳은 어디구?

차녀: 우린 각자 살고 있는 곳이 있잖아?
[자식들이 실제로 살고 있는 물리적인 공간]

장녀: 도대체 그게 무슨 소리냐! 결국 우리가 돌아갈 곳은 칠산리뿐이야!
[장녀는 어머니가 묻힌 칠산리를 고향으로 여기고 있음.]

차남: (장녀에게 *동조하며) 옳은 말이야. 지금 우리가 살고 있는 곳은 임시로 머물러 있는 곳에 지나지 않아. 사람은 마지막 돌아갈 곳이 있어야 해. ㉠우리에겐 그곳이 칠산리구, 어머니 무덤은 바로 그곳에 있어야지!
[고향]

삼남: ❶칠산리라면 지긋지긋해. 그곳은 우릴 반겨 주지도 않잖아? 우리가 칠산리를 아예
[칠산리에 반감을 갖고 있는 삼남 – 빨치산의 자식이라는 이유로 부당한 대우와 편견에 시달렸음을 알 수 있음.]
잊어버리는 것두 나쁜 건 아니라구. 오히려 냉정히 생각해 보면, 잊고 사는 것이 더 좋을 수도 있어. / **차녀:** 그래, 오늘 여기에 오지 않은 사람들은 칠산리를 잊은 거야. 그들은 오고 싶어도 못 오는 게 아냐. 칠산리를 잊어버리려구, 그들은 일부러 오지 않았어.
[자식들 중에 아직 오지 않은 이들]

장녀: (꾸짖는다.) 너희들, 많이 변했구나! 너희들은 이제 어머니의 자식들이 아냐!
[다른 자식들도 칠산리에 대해 마음의 상처를 지니고 있을 것이라 여김.]

삼남: (*대항하듯이) 왜? 나도 어머니의 자식이야. 칠산리를 인생의 전부인 양 붙잡고 있는
[칠산리를 부정하는 형제들을 어머니의 자식으로 인정하지 않음. – 이분법적인 사고]
것만이 자식들이 할 일이라구 생각하지 마.

장녀: (분노해서 삼남의 뺨을 친다.) 누구야? 또 누구지? 우리들 중에서 칠산리를 *부정하는
[자식들 간의 갈등이 최고조에 이름.]
사람이 있으면 나와 봐! 정말 그냥 안 둘 테야!

차녀: 난 이런 분위기 싫어! 솔직한 심정을 말하면 자식도 아니라니…… 그럼 누가 마음을 털어놓고 말할 수 있겠어?

삼녀: (두 손에 얼굴을 파묻으며 흐느낀다.) 싸우지 마…… 무서워…… 우리끼리 서로 싸우는 건 무섭다니깐……
[자식들 간의 다툼과 대립이 일어나기를 원치 않음.]

장남: (삼녀의 어깨를 감싸 안으며) 무서워할 것 없어. ❷우린 모두 어머니의 자식들이야. 오
[차분하고 진중하게 동생들을 대함.]
늘 여기에 온 사람, 무슨 이유에서든지 여기에 오지 않은 사람, 그 모두가 어머니에겐 똑같은 자식이라구. (자식들에게) 다들 마음을 진정하구 생각해 봐. 아까 우린 이런 말을 했었지? 이 세상 어딜 가든지 칠산리와 똑같구, 우리가 겪는 고통도 다를 게 없더라구…… 우리가 모두 어머니의 자식이듯이, ㉡어머니가 계시는 곳은 세상 어디든지 그곳이 칠산
[칠산리가 아닌 곳에도 편견과 차별이 존재함.]
리야. 우리가 어머니를 동쪽으로 옮겨 드리면 그곳이 칠산리, 서쪽으로 옮겨 모시면 그곳이 칠산리, 남쪽으로 옮겨도 그곳이 칠산리라구. 그래서 우리 어머니를 화장해서, 각
[: 어머니가 바로 자식들의 마음의 고향이며 어머니가 계신 곳이라면 어디든 칠산리임.]
자 나눠 갖고, 동서남북으로 흩어지면, 그곳이 모두 칠산리가 되는 것이지. (흐느끼는 삼
[유골을 나누어 갖고 흩어지면 어디든 칠산리와 같음. – 이념 대립으로 겪은 아픔을 치유하려는 휴머니즘이 나타남.]
녀를 데리고 무대 밖으로 퇴장하며) 우리는 칠산리로 가겠어. 어머니를 모셔 갈 사람들은 다 함께 칠산리로 가자구.
▶ 장남의 중재로 어머니의 유골을 화장하여 나누어 갖기로 함.

나 자식들, 하나둘씩 장남의 뒤를 따라 무대 밖으로 퇴장한다. 무대에는 면장만이 남는다. 그는 책상 위에 놓인 전화기의 수화기를 들고 번호판을 돌린다.

면장: 군청입니까? 여기는 월평면 면사무소입니다. 군수님, 이제 끝났습니다. *연고자들이 방금 칠산리를 향해서 떠났어요. 자기들 손으로 어머니의 무덤을 옮기겠답니다. 네…… 네…… 저도 뒤따라 칠산리에 갈 겁니다. 아무 말썽 없이, 그들의 어머니를 옮겨 갈 수 있도록 도와줄 생각입니다. (수화기를 내려놓고 잠시 하늘을 바라본다.) 눈이 점점 더 쏟아
[새하얀 눈이 이념 대립과 갈등으로 혼탁한 세상을 덮는 모습 – 화해와 치유의 가능성을 보여 줌.]
지는군. 어머니가 세상을 뒤덮듯이…… 세상이 온통 새하얗게 되는군.
▶ 자식들이 떠난 뒤 눈이 점점 더 쏟아짐.

· **중심 내용** 자식들은 어머니의 유골을 화장해 나눠 갖기로 결정함.　　· **구성 단계** 하강 · 대단원

작품 연구소

'칠산리'의 의미

자식들에게	• 빨치산의 핏줄이라는 이유로 버려졌던 공간 • 온갖 차별과 멸시로 고통을 받았던 상처와 아픔의 공간 • 어머니의 희생 속에 자란 고향이자 어머니의 무덤이 있는 그리움의 공간	전쟁과 분단, 이데올로기 대립 때문에 큰 상처를 입었고, 시간이 흘렀지만 여전히 편견과 차별, 억압이 가득하여 상처가 아물지 않은 우리 국토와 사회를 상징함.
마을 사람들에게	• 좌우익의 대립으로 수많은 사람들이 죽음을 맞이했던 비극적인 공간 • '빨갱이 소굴'이라는 딱지가 붙어 마을 개발을 방해하는 공간	

〈칠산리〉에 드러난 갈등 양상

표면적 갈등	
칠산리에 도로를 만들기 위해 어미 무덤의 이장을 요구하는 면장	↔	어미의 무덤과 자신들의 고향을 그대로 지키고 싶어 하는 자식들

이면적 갈등	
어미와 자식들의 흔적을 지워 '빨갱이 소굴' 딱지를 떼려는 마을 사람들	↔	차별과 냉대, 편견과 혐오로 인한 상처에서 벗어나려는 자식들

〈칠산리〉에 나타난 실험적 기법

이 작품은 다양한 기법을 활용해 주제를 인상적으로 전달하고, 시간적·공간적 제약, 즉 과거와 현재를 교차해 제시할 때의 어려움을 극복하고 빠른 장면 전환과 이야기 전개가 가능하게 하고 있다.

소품	• 자식들이 과거의 어린 시절을 연기할 때 반가면을 씀.
장면 전환	• 막은 처음부터 올라가 있고, 막을 올리거나 내리지 않음. • 조명을 변화시키면서 과거와 현재 장면의 전환이 일어남. • 면장이 등장할 때 자신이 앉을 책상을 직접 밀면서 나옴.
인물의 동선	• 인물은 무대 위의 정해진 위치에 항상 서 있음. 등장할 때 무대 가운데로 나오고 퇴장할 때 원래의 위치로 돌아감.
시어체 대사	• 함축적이고 운율이 느껴지는 시어체 대사를 활용하여 작품에 서정성을 더함. • 합창을 통해 어미의 희생과 고달픈 삶을 요약해 전달하고 어머니를 향한 자식들의 그리움을 드러냄.

함께 읽으면 좋은 작품

〈결혼〉, 이강백 / 소유의 본질과 진정한 사랑의 의미를 탐구한 작품

물질 만능주의 시대를 살아가는 현대인에게 소유의 본질과 진정한 사랑의 의미를 묻는 희곡이다. 다양한 실험적 기법이 사용되어 표현주의 극의 특징을 확인할 수 있다. Link 본책 212쪽

〈웰컴 투 동막골〉, 장진 / 이념 대립을 초월한 인간애를 다룬 작품

6·25 전쟁이 한창이던 때 강원도 산골 마을에 머물게 된 국군, 인민군, 연합군이 순박하고 인정 넘치는 마을 사람들에게 동화되어 화해를 이루는 과정을 형상화한 희곡이다. 남북한의 이념과 체제의 대립 속에서 휴머니즘의 가치를 보여 준다는 점에서 〈칠산리〉와 비교하며 감상할 수 있다.

5 (가)에 드러난 핵심 갈등과 그 갈등의 주체로 가장 적절한 것은?

① 어미의 삶을 어떻게 평가할지에 대한 자식들 간의 갈등
② 어미의 무덤을 이장하는 문제에 대한 자식들 간의 갈등
③ 어미의 무덤을 없앨 방법에 대한 마을 사람들 간의 갈등
④ 어미의 삶을 어떻게 세상에 알릴지에 대한 자식들 간의 갈등
⑤ 어미의 무덤을 이장하는 일정에 대한 자식들과 면장의 갈등

6 〈보기〉를 바탕으로 이 글을 이해한 내용으로 적절하지 않은 것은?

┤ 보기 ├

이 작품의 '어미'는 전쟁과 이념의 대립으로 인한 상처와 아픔을 감싸고 치유하는 인물이다. 작가는 '어미'가 보여 준 이념을 초월한 사랑과 포용이 전쟁과 이념 대립으로 인한 상처를 치유할 수 있는 방법임을 드러내며, 이분법적 사고를 버리지 않는다면 결코 화합을 이룰 수 없음을 강조하고 있다.

① 빨치산의 자식들을 데려다 키운 어미는 이분법적 사고에서 벗어난 인물이다.
② 차녀와 삼남이 칠산리에 대해 거부감을 갖게 된 것은 이분법적 사고가 낳은 상처와 관련 있다.
③ 모두가 어머니의 자식이라고 말하면서 갈등을 중재하는 장남은 이분법적 사고를 지양하는 인물이다.
④ 차녀와 삼남에게 더 이상 어머니의 자식이 아니라고 꾸짖는 장녀는 이분법적 사고에서 벗어나지 못한 인물이다.
⑤ 칠산리에 오지 않은 다른 자식들은 치유와 화합을 거부한다는 점에서 이분법적 사고에서 벗어나지 못하는 인물이다.

7 〈보기〉의 ⓐ~ⓔ 중에서 (나)의 눈과 그 기능이 가장 유사한 것은?

┤ 보기 ├

그러나 지금 우리는
ⓐ불로 만나려 한다.
벌써 ⓑ숯이 된 뼈 하나가
세상에 불타는 것들을 쓰다듬고 있나니.

만 리 밖에서 기다리는 ⓒ그대여
저 불 지난 뒤에
흐르는 ⓓ물로 만나자.

푸시시 푸시시 불 꺼지는 소리로 말하면서
올 때는 인적 그친
넓고 깨끗한 ⓔ하늘로 오라.

– 강은교, 〈우리가 물이 되어〉에서

① ⓐ ② ⓑ ③ ⓒ ④ ⓓ ⑤ ⓔ

8 ㉠과 ㉡을 참고하여 '칠산리'에 대한 '차남'과 '장남'의 생각이 어떻게 다른지 〈조건〉에 맞게 쓰시오.

┤ 조건 ├

'고향'이라는 단어를 포함하여 쓸 것.

1. 한국 희곡

북어 대가리 | 이강백

문학 천재(김), 신사고, 창비

🎯 핵심 정리

갈래 단막극, 부조리극
성격 상징적, 풍자적, 비판적
배경 ① 시간 – 현대
　　　② 공간 – 창고
제재 두 창고지기의 삶
주제 산업 사회에서 방향성을 상실한 채 기계적
　　　으로 살아가는 현대인의 삶과 인간 소외
특징 ① 소재에 상징적인 의미를 부여함.
　　　② 대립되는 가치관을 지닌 인물들을 통해
　　　　현실에 대한 비판 의식을 드러냄.
출전 《이강백 희곡 전집 5》(1995) / 초연 1993

Q 인물의 이름을 '딸기코', '외눈깔' 등의 별명으로 명명한 이유는?

딸기코, 외눈깔, 노름꾼 등의 명명법(命名法)은 인물의 특징을 잘 드러내는 장치로 볼 수도 있지만, 원래의 이름이 있음에도 이름을 부르지 않는다는 점에서 소통의 단절로도 해석할 수 있다. 즉 분업화된 산업 사회에서 타인의 이름을 알고 싶어 하지도, 알 필요도 없는 현실을 나타낸다. 이러한 익명성은 자신의 고유한 가치를 상실한 채 기계의 부품처럼 살아가는 현대인의 모습을 부각한 것으로 볼 수 있다.

💡 어휘 풀이

부속품(附屬品) 어떠한 기구나 기계 따위에 딸려 붙어 있는 물건.
호적(戶籍) 호주(戶主)를 중심으로 하여 그 집에 속하는 사람의 본적지, 성명, 생년월일 따위의 신분에 관한 사항을 기록한 공문서. 2008년 호적법 폐지에 따라 폐지되고, '가족 관계 등록부'가 이를 대체하게 되었다.

Q 상자 속 물건에 대한 다링의 외침의 의미는?

다링은 상자 속의 내용물이 세상에 유익함을 주는 물건을 만드는 부품인지 그 반대인지 알지 못한 채 뒤바뀐 상자에 대해 지나치게 두려워하는 자앙의 태도를 비아냥거리고 있다.

📑 구절 풀이

❶ 난 말이야, ~ 실어 가는 거라구. 상자 속에 무엇이 들었는지 주인이 누구인지도 알지 못한 채 상자를 기계적으로 운반하는 운전수를 통해 목적의식 없이 획일화되고 소외된 현대인의 모습을 엿볼 수 있다. 이러한 점에서 운전수 역시 자앙, 기임 등과 동일한 인물 유형임을 알 수 있다.

❷ 이 조그만 창고 ~ 큰 잘못이 된다고 봐. 창고 밖의 세상이 부정적인 것이라면 창고 안의 성실과 정직이 오히려 그릇된 현실이 유지되는 데 도움을 주는 부정적 행위가 될 수도 있다는 점을 강조하고 있다. 즉, 현실의 부조리함에 대한 안목이 필요함을 드러낸 구절이다.

전략 부분의 내용 자앙과 기임은 트럭에 상자를 싣고 내리며 창고를 관리하는 일을 한다. 꼼꼼하고 성실하게 일하는 자앙에게 일을 대충 해도 아무 문제가 없다는 걸 보여 주고 싶어진 기임은 한 상자를 다른 상자와 바꿔치기하여 트럭에 실어 보내고, 이 사실을 알게 된 자앙은 그 사실을 주인에게 편지로 알리려고 한다.

운전수: 그건 미친 짓이야! 일부러 잘못했다고 편지를 보낼 필요는 없어!
　　　　　상자가 잘못 전달되었음을 알리는 편지

자앙: (편지를 운전수에게 내밀며) 제발 보내야 해요!
　　　장이라는 성

운전수: 여봐, 내가 상자들을 운반하고 다니니깐 상자 주인과 통할 수 있다고 생각한 모양인데, 그건 큰 착각이야. ❶난 말이야, 뭐가 뭔지도 모르고 그냥 싣고 왔다가 그냥 실어 가는 거라구. 실제로 내가 아는 건, 정거장에서 여러 트럭들이 상자를 나눠 받을 때 만나는 분배 반장 딸기코하고, 창고에 보관했다가 다시 나눠 싣고 정거장에 가서 만나는 접수 반장 외눈깔, 그 둘뿐이라구. 딸기코와 외눈깔은 내가 붙인 별명인데, 물론 진짜 이름이야 있겠지. 하지만 그들이 내 이름을 부르지 않고 노름꾼이라 하듯이 나도 그들을 별명으로만 불러. 어쨌든 딸기코가 상자를 분배하는 곳은 정거장의 왼쪽이고, 외눈깔이 상자를 접수하는 곳은 정거장의 오른쪽이야. 그래서 그들은 같은 정거장에서 둘 다 상자를 취급하면서도 서로 얼굴 한 번 볼 수조차 없어. [중략]
　　　　　　　현대 사회의 익명성이 드러남.
　　　　　　　소통이 단절된 현대 사회의 모습

자앙: ●부속품 상자들은 결국 한 군데로 모아지는 것이 아닙니까?

운전수: 물론, 모아지는 곳도 있겠지. 상자들이 한 군데에서 나와 여러 군데로 흩어지느냐, 여러 군데에서 나와 한 군데로 모아지느냐…… 그건 그럴 수도 있구, 그렇지 않을 수도 있어. 어쨌든 중간에 있는 우리가 어떻다고 확실하게 알 수는 없지.
　　　　　　　생산 과정에서 주체가 되지 못하는 현대인의 모습 ①

자앙: 그래도 상자 주인에게는 반드시 알려 줘야죠. ㉠엉뚱하게 바뀐 상자 하나 때문에 뭔가 잘못 만들어지면 안 되잖아요. / **운전수:** 잘못 만들어진다니…… 그게 뭔데?

다링: (멀리서 듣고 있다가 큰 소리로 외친다.) 어떤 굉장한 기계래요! 이 세상 모든 사람들을 즐겁고 기쁘게 해 주는 신기한 기계죠! / **운전수:** (다링에게 외친다.) 무슨 기계라구?

다링: (큰 소리로) 기계가 아니라 폭탄이래요! 이 세상 모든 사람들을 한꺼번에 죽여요!

운전수: 도대체 무슨 소리인지 모르겠네! (자앙에게) 어쨌든 상자 속의 부속품으로 뭘 만드는지 알 수는 없어. 만약 폭탄을 만든다면 오히려 상자가 바뀐 것이 사람들의 목숨을 살릴 테니깐 잘된 일이잖아? (자앙의 편지를 허공에 들고 두 조각으로 찢으며) 여봐, 자넨 너무 배짱이 약해. ❷이 조그만 창고 속에서 모든 걸 성실하게 잘했다는 것이, 창고 밖에서는 매우 큰 잘못이 된다고 봐. 그럼 상자 하나쯤 틀렸다고 안절부절못하진 않을 거야. (두 조각으로 찢은 편지를 자앙의 바지 양쪽 호주머니에 쑤셔 넣는다.) 무슨 일이 생겨도 창고 밖으로 알릴 필요는 없어. 그게 잘한 일인지 못한 일인지 모를 바에야 그냥 덮어 두라구. 창고 속의 자네한테는, 그게 배짱 편한 거야.
　　　　　오히려 상자가 바뀐 것이 세상을 위해 더 잘된 일이므로
　　　　　옳고 그름에 대한 가치 판단은 쓸데없는 짓임.
　　　　　생산 과정에서 주체가 되지 못하는 현대인의 모습 ③

자앙: (손에 들고 있는 서류를 가리키며) 그렇다면 이런 서류들은 뭡니까? 누군가 이 서류들을 보면, 상자가 잘못된 것을 알 수 있을 텐데요? / **운전수:** 서류가 완전하다고 믿는 건 바보들뿐이지! 좋은 예가 있어. 내 아내는 옛날에 죽었는데 사망 신고를 안 했거든. 그래서 구청에서 ●호적을 떼어 보면 지금도 서류상으로는 버젓하게 살아 있는 것으로 나온다구. 자, 굼벵이 양반, 꾸물대지 말고 어서 상자들이나 옮겨!
　　　　　자앙이 정확하다고 믿는 대상
　　　　　서류 역시 형식적인 문서일 뿐 명확하지 않음. → 그만큼 세상이 합리적이지도 정확하지도 않음을 암시함.
　　　　　꼼꼼하게 일을 처리하느라 일의 진행이 느린 자앙의 별명

▶ 잘못 배달된 상자의 주인에게 편지를 전해 줄 것을 부탁하는 자앙과 이를 거절하는 운전수

• 중심 내용 편지를 전달해 달라고 부탁하는 자앙과 이를 거절하는 운전수　　　• 구성 단계 하강

이해와 감상

이 작품은 '자앙'과 '기임'이라는 두 창고지기를 통해 현대 산업 사회의 분업화되고 획일화된 삶의 문제점을 비판하고 있다. 산업 사회라는 커다란 구조 속에서 부속품처럼 존재하는 현대인들은 세상과 자신의 관계에 대한 자각 없이 '창고'와도 같은 삶의 공간에서 늘상 같은 일을 반복할 뿐이다. 이 작품은 창고 속에서 성실하게 일하면서도 불안을 느끼는 자앙을 통해, 만약 창고 밖의 세상이 부정적인 것이라면 창고 안에서의 성실과 정직함은 그러한 그릇된 세상을 위해 이바지하고 있을지도 모른다는 의문을 제기한다. 그리고 현실에서는 이미 그 가치를 상실했으나 도저히 포기할 수 없는 신념 때문에 혼란스러워하는 자앙의 모습을 말라비틀어져 머리만 남은 '북어 대가리'의 이미지로 형상화하고 있다.

전체 줄거리

발단	새벽마다 오는 트럭에 상자를 싣고 내리는 일을 하는 창고지기 자앙은 매사에 꼼꼼하고 성실하게 일을 처리한다. 동료인 기임은 그런 자앙을 못마땅하게 여기며 다른 창고지기들처럼 아무렇게나 상자들을 처리하고 재미있게 놀기만 바란다.
전개	트럭 운전수의 딸인 미스 다링을 만난 기임은 술에 잔뜩 취해 그녀의 부축을 받으며 돌아오고, 다링은 자앙을 유혹하지만 자앙은 그녀를 거부한다. 이후 자앙은 기임에게 잔소리를 퍼부으면서도 북어로 해장국을 끓여 준다.
절정	창고지기 생활에 염증이 난 기임은 다링의 제안으로 상자 하나를 고의로 바꿔 트럭에 실어 보낸 후 이를 자앙에게 이야기한다. 이에 불안해진 자앙은 상자 주인에게 편지를 써서 잘못을 바로잡으려고 하지만 오히려 기임은 자앙에게 창고를 떠날 것이라고 말한다.
하강	트럭 운전수는 자신의 딸이 아버지가 누구인지 모르는 아이를 임신한 사실을 알고 기임과 다링의 결혼을 서두르면서 기임에게 함께 떠날 것을 권한다. 또한 바뀐 상자 때문에 편지를 보내려는 자앙에게 쓸데없는 짓이라고 말하며 편지를 찢는다.
대단원	기임은 트럭 운전수, 다링과 함께 창고를 떠나며 북어 대가리 하나를 자앙에게 건네고, 창고에 혼자 남은 자앙은 북어 대가리를 바라보며 지금까지와 같은 삶을 지속할 것임을 다짐한다.

인물 관계도

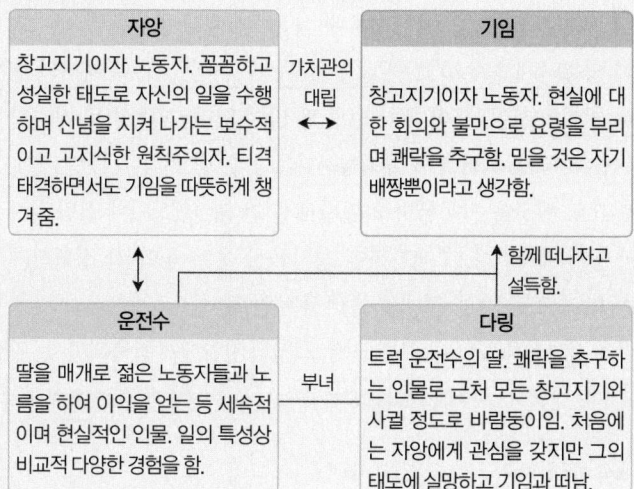

자앙
창고지기이자 노동자. 꼼꼼하고 성실한 태도로 자신의 일을 수행하며 신념을 지켜 나가는 보수적이고 고지식한 원칙주의자. 티격태격하면서도 기임을 따뜻하게 챙겨 줌.

← 가치관의 대립 →

기임
창고지기이자 노동자. 현실에 대한 회의와 불만으로 요령을 부리며 쾌락을 추구함. 믿을 것은 자기 배짱뿐이라고 생각함.

↑ 함께 떠나자고 설득함.

운전수
딸을 매개로 젊은 노동자들과 노름을 하여 이익을 얻는 등 세속적이며 현실적인 인물. 일의 특성상 비교적 다양한 경험을 함.

← 부녀 →

다링
트럭 운전수의 딸. 쾌락을 추구하는 인물로 근처 모든 창고지기와 사귈 정도로 바람둥이임. 처음에는 자앙에게 관심을 갖지만 그의 태도에 실망하고 기임과 떠남.

키 포인트 체크

인물 ☐☐은 성실하고 책임감이 강한 성격의 인물이고, 기임은 일을 대충 처리하고 남은 시간을 즐기기를 좋아하며 ☐☐ 밖의 세계를 지향하는 인물이다.

배경 현대 ☐☐ 사회, 상자들이 가득 쌓인 어두운 ☐☐ 안을 배경으로 하고 있다.

사건 자앙은 상자가 잘못 배달된 것을 알고 이를 알리는 ☐☐를 전달해 달라고 운전수에게 부탁하지만 거절당하고, ☐☐이 다링과 함께 떠나 자앙 혼자 창고에 남게 된다.

---

1 〈보기〉의 ㉮~㉰를 통해 이 글을 감상한 내용으로 적절하지 <u>않은</u> 것은?

┤보기├
㉮ 상자가 어디에서 어디로 가는지 아무도 알지 못함.
㉯ 이름 대신 '딸기코', '외눈깔', '노름꾼' 등의 별명을 씀.
㉰ 같은 정거장에서 일하면서도 서로의 얼굴을 볼 수 없음.

① ㉮의 관점에서 본다면 자앙과 운전수는 유사한 유형의 인물로 볼 수 있어.
② ㉮를 통해 자신의 영역 외에는 알지 못하는 파편화되고 분업화된 현대 사회의 모습을 드러내고 있어.
③ ㉯를 통해 철저히 익명화된 현대 사회의 모습을 발견할 수 있어.
④ ㉯로 보아 개인의 인간적 가치보다 능력이 더 중시되는 사회적 분위기를 느낄 수 있어.
⑤ ㉰를 통해 소통이 단절된 현대 사회의 모습을 엿볼 수 있어.

중요 기출
2 이 글의 '편지'와 '서류'에 관한 설명으로 적절하지 <u>않은</u> 것은?
① 자앙에게 '서류'는 판단과 행위의 기준이다.
② 운전수에게 '서류'는 신뢰할 수 없는 대상이다.
③ '편지'는 자앙과 운전수가 언쟁을 벌이는 요인이다.
④ '편지'는 운전수의 권위에 대한 자앙의 도전을 의미한다.
⑤ 자앙에게 '편지'는 잘못을 바로잡으려는 노력을 의미한다.

3 〈보기〉는 이 글의 앞부분이다. 〈보기〉를 참고하여 창고 의 공간적 의미를 20자 내외로 쓰시오.

┤보기├
이 연극의 무대는 창고이다. 직사각형의 단순한 모습에 출입구가 하나 있을 뿐 창문은 찾아볼 수 없다. 지붕 어딘가에 환기통이 있는지 하루 중에 극히 짧은 시간 동안 한 줄기의 햇빛이 비춰질 때가 있다. 그러나 창고 내부는 완전히 어둡다.

4 다음은 ㉠에 대한 두 인물의 태도를 정리한 것이다. 빈칸에 들어갈 알맞은 내용을 차례대로 쓰시오.

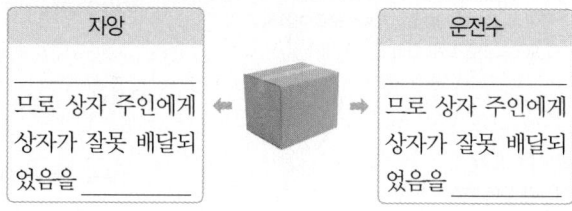

자앙		운전수
☐☐므로 상자 주인에게 상자가 잘못 배달되었음을 ____	← ☐ →	☐☐므로 상자 주인에게 상자가 잘못 배달되었음을 ____

어휘 풀이

경음기(警音機) 자동차 따위에서, 주의 신호로서 소리를 낼 수 있게 만든 장치.

트렁크(trunk) 여행할 때 쓰는 큰 가방.

지탱(支撑)하다 오래 버티거나 배겨 내다.

암전(暗轉)하다 연극에서, 무대를 어둡게 한 상태에서 무대 장치나 장면을 바꾸다.

▲ 북어

Q 창고를 떠나기로 한 기임의 선택이 지닌 의미는?

기임은 현실에 늘 만족하지 못한 채 적당주의로 살아온 인물로, 다링과 운전수를 따라 창고를 떠나기로 결심한다. 그러나 창고 안의 세계와 창고 밖의 세계에 대한 정확한 인식을 갖고 창고를 떠나는 것이 아니라, 스스로의 말처럼 자기 배짱만 믿고 무모하게 현실을 벗어나려는 것이다. 이러한 점에서 기임의 미래 역시 희망적이라고 단정할 수만은 없다.

구절 풀이

❶ 이게 왜 필요한지는 ~ 곁에 두고 보라구. 북어 대가리 하나를 건네는 기임의 행위에는 자신을 잊지 말라는 마음과 자앙이 창고 안에서의 삶을 돌아보기를 바라는 마음이 담겨 있다고 할 수 있다.

❷ 나도 너처럼 머리만 남았군. 몸통이 없다는 점에서 실천력과 방향성을 상실한 자앙의 상황이자 현대인의 단면을 상징적으로 나타낸 것으로 볼 수 있다.

❸ 그저 쓸쓸하고 ~ 남은 거야. 자앙은 기임이 떠나고 홀로 남은 상황에서 북어 대가리를 바라보며 지금까지 자신이 믿어 왔던 신념과 가치에 대해 의문을 드러내고 있다.

❹ 내가 맡고 있는 ~ 지탱해 왔었는데…… 자앙이 그동안 성실하게 살아온 이유가 드러난 구절이다. 자앙은 자신의 성실함과 정확함 때문에 세상이 평화롭게 굴러가고 자신도 행복해진다고 믿어 왔다.

❺ 제자리에 상자들을 ~ 틀려서는 안 된다! 자앙은 자신의 삶에 대한 의혹을 거두고 그동안 창고 안에서 해 온 반복적인 일을 되풀이하고 있다. 자신을 둘러싼 세계에 대한 정확한 인식을 포기하고 다시 일상을 기계적으로 반복하고 있는 모습으로 볼 수 있다.

작가 소개

이강백(본책 210쪽 참고)

226 Ⅱ. 극 문학

중략 부분의 내용 기임은 다링과 함께 살기로 결심하고 창고를 떠나기 위해 짐을 싼다. 기임이 떠날 것을 예상하지 못했던 자앙은 아쉬워한다.

다링: (㉠놋쇠 국자로 소리 나게 두드리며) 그만하고, 서로 자기 물건들이나 골라 봐요.

기임: (자앙의 포옹을 풀며) 난 내 물건을 잘 모르겠어. 굼벵아, 네가 골라 줘.

자앙: 아냐, 쓸 만한 게 있거든 모두 네가 가져.
서로의 가치관은 다르지만 항상 기임을 배려하는 자앙의 태도를 엿볼 수 있음.

기임: 너는 이 창고 속에서 혼자 살 텐데…….
자앙에 대한 염려가 나타남.

자앙: 내 걱정은 말고 어서 먼저 골라 봐. 그리고 내가 너한테 줄 게 있어. (침대 밑의 상자들 중에서 화려한 색깔의 스웨터를 찾아낸다.) 너의 생일날 주려고 두었던 건데, ㉡헤어지는 날 선물이 됐군. / **기임:** (자앙에게 스웨터를 받아 몸에 대본다.) 근사한데!

다링: (자앙의 침대 밑을 바라보며) 좋은 건 이 속에 다 있잖아요! 이걸 가져가도 돼요?
현실적 가치관을 지니고 있음을 알 수 있음.

기임: ㉢안 돼, 그건 손대지 마. / **자앙:** 가져가요.

다링: (자앙의 침대 밑에서 상자 하나를 꺼낸다.) ㉣이건 뭐죠?

자앙: 북어 대가리죠. 그건 가져가세요. 꼭 필요할 겁니다. / **다링:** 북어 대가리……?
기임이 술을 많이 마신 다음 날 자앙이 북어로 해장국을 끓여 준 것과 관련됨.

기임: ❶이게 왜 필요한지는 두고 보면 알게 될 거야. (상자를 열어서 북어 대가리를 하나 꺼내 자앙에게 준다.) 난 너한테 이것밖에 줄 게 없군. 내 생각이 날 거야, 항상 곁에 두고 보라구.

자앙: (북어 대가리를 받으며) 그래, 언제나 내 곁에 두고 볼게. / 창고 밖에서 트럭의 재촉하는 *경음기가 울린다. 미스 다링은 서둘러서 물건들을 담요에 담는다.

다링: 아버지가 재촉해요. (상자와 담요를 들며) 어서 들고 나가요.

기임: (*트렁크를 들고, 자앙에게) 그럼 잘 있어.

자앙: (마지못해 대답한다.) ㉤잘 가…… 가서 행복해.
기임을 떠나 보내고 싶지 않은 마음 – 아쉬움

기임과 미스 다링, 창고 밖으로 나간다. 자앙은 북어 대가리를 식탁 위에 놓고, 떠나는 기임을 바라본다. 창고 문 앞에서 기임의 외치는 소리가 들린다.

기임: (소리) 이 창고 앞의 상자들은 어쩔 거야? 내가 좀 창고 안에 옮겨 주고 갈까?

자앙: 괜찮아! 나 혼자서도 할 수 있어! / 창고 밖으로 떠나는 것이 즐겁다는 기임의 환호성이 들린다. 트럭 운전수와 다링의 웃음소리도 들린다. 잠시 후, 트럭이 경음기를 울리며 떠나는 소리가 들린다. 창고는 조용해진다. 자앙, 식탁 앞에 힘없이 주저앉는다. 늙고 허약해진 모습이다. 그는 식탁 위에 놓여 있는 북어 대가리를 물끄러미 바라본다.
기임이 떠남.　　즐거운 모습으로 떠난 기임의 상황과 대비됨.

자앙: 그래, ❷나도 너처럼 머리만 남았군. ❸그저 쓸쓸하고…… 허무한 생으로 가득 찬…… 머리만…… 덜렁…… 남은 거야. (두 손으로 북어 대가리를 집어서 얼굴 가까이 마주 바라보며) 말해 보렴, 네 눈엔 내가 어떻게 보이는지? 그토록 오랜 나날…… 나는 이 어둡고 조그만 창고 속에서…… 행복했다. 상자들을 옮겨 오고…… 내보내며…… ❹내가 맡고 있는 일을 성실하게 잘하고 있다는 뿌듯한…… 그게 내 삶을 *지탱해 왔었는데…… 그러나 만약에…… ⓐ세상이 엉뚱하게 잘못되고 있는 것이라면…… 이 창고 속에서의 성실함이…… 무슨 소용 있는 거지? (사이) 북어 대가리야, 왜 말이 없냐? 멀뚱멀뚱 바라만 볼 뿐 왜 대답이 없어? (북어 대가리를 식탁 위에 내려놓는다.) 아냐, 내 의심은 틀린 거야. 덜렁 남은 머릿속의 생각만으로 세상을 잘못됐다구 판단해선 안 돼. (핸드카에 실린 상자를 서류와 대조하며 혼자서 쌓기 시작한다.) ❺제자리에 상자들을 옮겨 놓아라! 정확하게 쌓아! 틀리면 안 돼! 단 하나의 착오도 없게, 절대로 틀려서는 안 된다!
기임이 떠난 후 허전함을 느낌.　자신의 일과 신념이 헛된 것이었을 수도 있다는 의혹　혼란스러운 자앙의 심리를 알 수 있음.　옳고 그름을 판단하기 어려운 답답함을 토로함.　인식의 전환 및 자기 자신을 다독이는 말

자앙, ⓑ느릿느릿 정성을 다해 상자들을 쌓는다. 무대 조명, 서서히 자앙에게 압축되면서 *암전한다. / – 막 –

▶ 다링과 함께 창고를 떠나는 기임과 창고에 홀로 남아 상자를 쌓는 자앙

・**중심 내용** 창고를 떠나는 기임과 홀로 남게 된 자앙　　・**구성 단계** 대단원

🏠 작품 연구소

'창고'의 상징적 의미

창고	• 창문이 없음. • 매일 같은 시각 트럭이 와서 보관할 상자들을 내려놓고 출고할 상자들을 실어 감. • 창고지기는 상자 속 물건들을 알 수 없음.	분업화되고 획일화된 현대 산업 사회

기임이 떠난 후 자앙이 느끼는 내적 갈등

오랫동안 함께했던 기임이 떠난 후 허전함과 쓸쓸함을 느끼던 자앙은 북어 대가리를 바라보며 세계에 대한 자신의 신념과 인식에 의혹을 품게 된다. 앞서 자앙은 기임의 고의로 잘못 나간 상자 때문에 벌어지게 될 일을 걱정하는데, 사실 자앙은 그 실수가 바깥 세계에 어떤 영향을 주는지는 전혀 알지 못한다. 이는 창고 안에서의 성실함이 바깥 세계를 지탱하고 유지하는 버팀목이 되어 준다는 자앙의 오랜 믿음을 흔들리게 하는 것으로, 자앙의 믿음과 신념에 대한 회의를 불러일으킨다. 하지만 이내 자앙은 이러한 의심을 뒤로 한 채 그동안과 같이 기계적으로 상자를 옮기고 쌓는 일을 되풀이한다. 이는 세계에 대한 정확한 인식의 부재이자 분업화된 현대 사회에서의 획일화된 삶을 의미하는 것으로 볼 수 있다.

'북어 대가리'의 상징성

술에 취한 기임에게 자앙이 끓여 주는 북어 대가리는 쓸모 있는 몸뚱이를 상실하고 그저 쓸쓸하고 허무한 생각으로 가득 찬 머리만 덜렁 남은 현대인의 모습을 의미한다. 생략된 부분에서 기임은 북어 대가리를 가리켜 '몸뚱이를 다 잃은 놈이, 머릿속엔 생각이 잔뜩 남아 있는 모양이야!'라고 이야기하는데, 이를 통해 '북어 대가리'는 생각이 너무 많은 자앙의 모습이자 방향성을 잃은 우리 사회, 그 속에서 가치관의 혼란과 부재를 겪는 현대인의 모습을 나타내고 있음을 알 수 있다.

> **자료실**
>
> **존재 의식의 위기감으로 읽어 보는 〈북어 대가리〉**
>
> 〈북어 대가리〉의 무대는 상황과 개인의 갈등이라는 어떤 현실적인 의미를 담아내는 공간이 아니라 한 개인의 내면 풍경을 그려 내는 우화적 공간으로 자리하고 있다. 이 창고 안에서 희미한 전등불에 의지하여 자앙과 기임이라는 두 창고지기가 살고 있다. 그리고 자앙이 '몸뚱이를 다 잃은…… 머릿속에 생각이 잔뜩 남아 있는' 의식적 존재라면 기임은 '머릿속에 생각이라고는 눈꼽만큼도 없이 그저 몸뚱이만 펄쩍펄쩍 뛰는' 육체적인 존재라고 할 수 있다. 즉, 이들은 각각 정신과 육체라는 관념의 육화된 표현이라고 할 수 있으며 안과 밖, 그리고 몸과 머리로 창고라는 한 존재의 집에서 오랫동안 동고동락해 온 관계인 것이다. 그러나 이러한 동거는 어디까지나 정신인 자앙의 주재하에 조화를 이루며 이루어져 왔다. 그러나 이와 같이 정돈되고 단정한 한 개인의 자아는 기임의 반항으로 인해 한순간에 무너지고 만다. 기임이 자앙의 통제에서 벗어나 세상 밖으로 떠난 뒤 자앙은 육체를 상실해 버린 의식이라는 불완전한 자아로서 창고에 남게 되는 것이다.
> – 신아영, 〈이강백의 '북어 대가리'와 '통 뛰어넘기' 연구〉

📖 함께 읽으면 좋은 작품

〈북어〉, 최승호 / 북어를 통해 현대인의 무기력한 모습을 비판한 작품

식료품 가게에 진열된 북어를 통해 현대인의 무기력한 모습을 비판하고 있는 시이다. 시의 마지막 부분에서 비판의 주체였던 화자가 비판의 대상으로 바뀌는 반전이 나타나 있다. 🔗 Link 〈현대 시〉 261쪽

5 이 글의 인물에 대한 설명으로 가장 적절한 것은?
① 자앙은 상자를 쌓으며 기임을 떠올리고 있다.
② 자앙은 창고를 떠나려는 기임을 원망하고 있다.
③ 기임은 창고에 혼자 남겨질 자앙을 배려하고 있다.
④ 운전수는 자앙과 기임의 헤어짐을 안타까워하고 있다.
⑤ 다링은 기임과 떠나면서도 자앙에게 미련을 보이고 있다.

내신 적중 多빈출

6 이 글에서 〈보기〉의 ㉮와 ㉯에 대응하는 대상을 바르게 짝지은 것은?

> ┤ 보기 ├
>
> 이 작품은 ㉮폐쇄적 산업 사회에서 노동의 대가로 일정 금액을 받기는 하지만, 삶의 행복도 생산의 주체로서의 성취감도 느끼지 못하고, ㉯자신의 고유한 가치를 상실한 채 산업 사회의 부속품처럼 살아가는 현대인의 모습을 드러내고 있다.

	㉮	㉯
①	상자	침대
②	침대	경음기
③	창고	북어 대가리
④	트럭	상자
⑤	북어 대가리	창고

7 ㉠~㉤에 대한 연기 지시로 적절하지 않은 것은?
① ㉠: 국자를 세게 두들기며 인물들의 행동을 중지시키는 동작을 취해야 합니다.
② ㉡: 부드러운 어조로 인물의 안도감을 드러내도록 합니다.
③ ㉢: 다링을 바라보며 단호한 목소리로 말해야 합니다.
④ ㉣: 궁금한 점에 대해 호기심을 드러내는 말투로 표현해야 합니다.
⑤ ㉤: 상대를 떠나보내는 아쉬움이 느껴지는 표정을 지어야 합니다.

8 ⓐ와 ⓑ에 담긴 '자앙'의 심리와 태도를 〈조건〉에 맞게 쓰시오.

> ┤ 조건 ├
>
> • '자앙은 ~ 한다.'의 형태로 쓸 것.
> • 적절한 연결 어미를 사용하여 한 문장으로 쓸 것.

017 비 오는 날이면 가리봉동에 가야 한다

| 양귀자 원작, 김윤주 각색

키워드 체크 #낭독극 #사실적 #비판적 #1980년대 도시 변두리 #소시민의 삶 #타인에 대한 이해 #소통의 중요성

문학 창비

🎯 핵심 정리

갈래 낭독극
성격 사실적, 세태 비판적
배경 ① 시간 – 1980년대
② 공간 – 부천 원미동
제재 소시민의 삶
주제 소시민들 사이에서 벌어지는 일상의 갈등과 화해
특징 ① 실제 공간을 배경으로 하여 소시민의 삶을 사실적으로 그려 냄.
② 동명의 원작 소설을 각색한 낭독극으로 일반적인 희곡과 달리 내레이터가 중요한 역할을 함.
③ 특정 인물(남편)의 시각에서 다른 인물(임 씨)을 관찰하며 그의 삶을 밝히는 방식으로 사건이 전개됨.

Q 임 씨가 "비 오는 날엔 아침부터 가리봉동에 가야 합니다."라고 말한 이유는?

내레이터가 "임 씨가 잠시 일손을 멈추고 알 수 없는 표정을 언뜻 지었다."라고 한 것으로 보아, 비가 와서 일을 하지 못하는 날에는 가리봉동에 가야만 하는 어떤 특별한 사연이 있음을 추측할 수 있다.

💡 어휘 풀이

내레이터 영화, 방송극, 연극 따위에서, 직접 등장하지 아니하고 줄거리나 장면의 내용 따위를 해설하는 사람.
진배없다 그보다 못하거나 다를 것이 없다.
공이 '옹이'의 방언. '굳은살'을 비유적으로 이르는 말.
견적(見積) 어떤 일을 하는 데 필요한 비용 따위를 미리 어림잡아 계산함. 또는 그런 계산.
우정 '일부러'의 방언.
공(空)돈 노력의 대가로 생긴 것이 아닌, 거저 얻거나 생긴 돈.
되려 '도리어'의 방언.
잡부 여러 가지 자질구레한 일에 종사하는 사람.
부러 실없이 거짓으로.

📖 구절 풀이

❶ **자신이 주무르고 있는 ~ 손가락 이상의 그 무엇이었다.** 임 씨가 단순한 노동자가 아니라 자신의 일에 전문성을 가진 사람임이 드러난다.

❷ **하지만 우정 지어낸 ~ 되려 그들이었다.** 임 씨의 진실함을 오해했던 부부에 대한 작가의 비판적 의식을 내레이터의 대사를 통해 드러내고 있다.

전략 부분의 내용 부부는 이사한 주택의 욕실 배수관에서 물이 새자 부업으로 집수리를 하는 연탄장수 임 씨에게 목욕탕 수리를 맡기는데, 임 씨가 내놓은 공사 견적이 비싸다고 생각하여 그를 불신하고 조건에 없던 옥상 수리까지 시킨다. 그럼에도 임 씨는 불평 없이 성실하게 작업을 하고, 남편은 임 씨의 일을 거들며 힘겨워한다.

•내레이터: 그는 흙 묻은 손을 털었다. 임 씨의 하는 일이 대충 마무리 단계인 듯싶어 담배나 한 대 피우며 쉬어 볼까 해서였다.

남편: 여름엔 비도 잦은데 그러면 일을 못 해서 어쩝니까?

임 씨: 비가 오면 비가 오는 대로 할 일이 있습지요.

남편: 비가 오면 또 다른 벌이가 있어요?

임 씨: ㉠비 오는 날엔 아침부터 가리봉동에 가야 합니다.

남편: 가리봉동에? (궁금한 표정을 짓는다.)

임 씨: 예. 사장님은 몰라도 됩니다요. 암튼 비가 오면 난 가리봉동으로 갑니다.
▶ 비 오는 날엔 가리봉동에 가야 한다고 말하는 임 씨

내레이터: 임 씨가 잠시 일손을 멈추고 알 수 없는 표정을 언뜻 지었다.
임 씨가 가리봉동에 가야 하는 특별한 이유가 있음을 암시함.

남편: 이렇게 힘든 일을 매일같이 계속했다면 비 오는 날 하루쯤은 쉬어야 할 거 아닙니까?
남편은 임 씨가 비 오는 날에도 돈을 벌기 위해 가리봉동에 가서 일한다고 생각함.

내레이터: 라고 말해 주려다가 그는 입을 다물었다. 누군들 쉬고 싶지 않을 거냐는, 하루에 두 끼는 라면으로 배를 채우는 식구들을 거느린 가장으로서 어찌 비 오는 날이라 하여
임 씨의 처지 – 궁핍한 가정의 가장
아랫목에서 뒹굴기만 하겠느냐는 데 생각이 미쳤던 까닭이었다. 간단하게 여겼던 옥상의 공사는 의외로 시간을 끌었다. 이미 밤은 시작된 것이나 •진배없어 이웃집들의 창문
목욕탕 수리 공사비가 비싸다고 생각하여 임 씨에게 추가로 시킨 일
에 하나둘 불이 밝혀졌다. 그런데도 임 씨는 만족하다 싶을 때까지는 일손을 놓고 싶지
성실하게 최선을 다하는 임 씨
않은 모양이었다. 몇 번씩이나 옥상에 얼굴을 디밀고 일의 진척 상황을 살피던 아내도
임 씨를 불신하고 의심함.
마침내 질렸다는 듯 입을 열었다.
예상보다 시간과 정성이 많이 들어갔기 때문

아내: (급하게) 대강 해 두세요. 날도 어두워졌는데 어서들 내려오시라구요.

임 씨: (아내를 쳐다보고 여유 있게 말한다.) 다 되어 갑니다, 사모님. 하던 일이니 깨끗이 손
임 씨가 책임감이 강한 사람임을 알 수 있음.
봐 드려얍지요.

내레이터: 임 씨가 일에 몰두해 있는 동안 그는 숨소리조차 내지 않고 일하는 양을 지켜보았다. / **남편:** 저 열 손가락에 박힌 •공이의 대가가 기껏 지하실 단칸방만큼의 생활뿐이
성실하고 정직하게 최선을 다하지만 가난한 생활에서 벗어날 수 없는 임 씨에 대한 남편의 연민
라면 좀 너무하지 않나?

내레이터: 안타까움이 솟아오르기도 했다. 목욕탕 일도 그러했지만 이 사람의 손은 특별한
임 씨에 대한 남편의 심리   처음에 임 씨에게 맡긴 일
데가 있다는 느낌이었다. ❶자신이 주무르고 있는 일감에 한 치의 틈도 없이 밀착되어 날
렵하게 움직이고 있는 ㉡임 씨의 열 손가락은 손가락 이상의 그 무엇이었다. 처음에는
이 사내가 •견적대로의 돈을 다 받기가 민망하여 •우정 지어내 보이는 열정이라고 여겼
임 씨의 진정성을 오해함.
었다. 옥상 일의 중간에 잠시 집에 내려갔을 때 아내도 그런 뜻을 표했다.

아내: 예상 외로 옥상 일이 힘드나 보죠? (웃음) 저 사람도 이제 세상에 •공돈은 없다는 사
임 씨가 처음 견적대로의 돈을 다 받아 내기 위해서 끝까지 일하는 것이라고 생각함.
실을 깨달았을 거예요. / **내레이터:** ❷하지만 우정 지어낸 열정으로 단정한다면 당한 쪽
은 •되려 그들이었다. 밤 여덟 시가 지나도록 •잡부 노릇에 시달린 그도 고생이었고, •부
러 만들어 시킨 일로 심적 부담을 느끼기 시작한 그의 아내 역시 안절부절못했으니까.
옥상 공사 – 목욕탕 수리 공사비가 비싸고 아까워 임 씨에게 추가로 시킨 일   늦게까지 성실하게 일하는 임 씨에게 미안한 마음이 들기 시작함.
아내는 기다리는 동안 술상을 봐 놓고 있었다. [중략]
▶ 임 씨의 진정성을 오해한 남편과 아내

• **중심 내용** 임 씨가 밤늦게까지 일을 하자 부부가 심적 부담을 느낌.   • **구성 단계** 절정·하강

이해와 감상

이 작품은 양귀자의 소설 〈비 오는 날이면 가리봉동에 가야 한다〉를 낭독극으로 각색한 희곡이다. 원작 소설은 도시의 변두리에 사는 서민들의 삶을 통해 1980년대의 사회상을 사실적으로 묘사하고 있다. 임 씨는 일용직 노동자로 비 오는 날이면 떼인 돈을 받기 위해 가리봉동에 가야 하는 도시 빈민층이다. 남편과 아내는 임 씨를 의심했다가 성실히 일하는 그의 모습을 보고 자신들의 잘못을 깨닫는 소시민이다. 자본주의 사회에 익숙해진 남편은 임 씨의 정직한 삶을 보며 자신의 삶을 성찰하게 되고, 이를 통해 작가는 타자에 대한 이해와 존중의 중요성을 전하고 있다.

이 작품은 내레이터가 등장하는 낭독극이라는 점에서 일반적인 희곡과 차이점이 있다. 희곡과 소설의 차이점은 서술자의 유무에 있다. 소설은 서술자가 있는 반면, 희곡은 서술자가 없어서 등장인물의 대사와 행동을 통해 내용을 압축적으로 전달해야 하는 한계를 지니는데 이 작품은 내레이터를 설정하여 그러한 희곡의 한계를 극복한 것이 특징이다.

🔍 전체 줄거리

발단	부부가 이사 온 집에 하자가 자주 생겨 수리를 하는 데 돈이 많이 들어간다.
전개	어느 날 욕실에서 물이 새자 부부는 임 씨에게 수리를 맡긴다.
절정	임 씨의 본래 직업이 연탄장수이고 부업으로 집수리를 한다는 것을 알게 된 부부는 임 씨를 믿지 못하고, 그가 공사 견적을 부풀린 것이라고 생각하며 옥상 수리까지 떠맡긴다.
하강	예상과 달리 임 씨가 성실하게 작업하여 공사를 깔끔하게 마치고 처음의 견적보다 적은 돈을 받자, 부부는 임 씨를 오해한 자신들의 모습을 부끄러워한다.
대단원	형제 슈퍼에서 남편과 함께 술자리를 가지게 된 임 씨는 비 오는 날이면 떼인 연탄값을 받기 위해 가리봉동에 간다는 이야기를 한다.

👥 인물 관계도

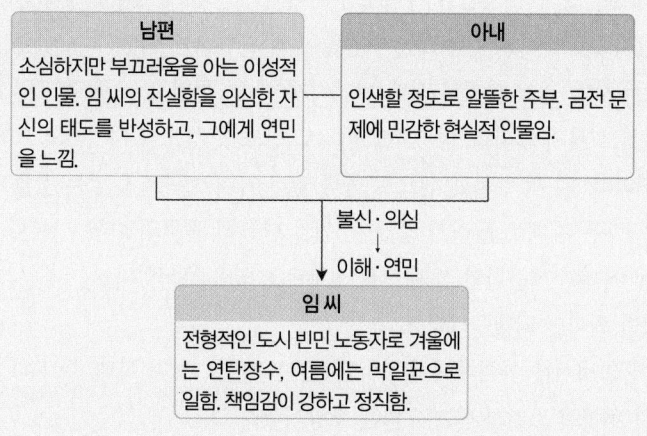

남편	아내
소심하지만 부끄러움을 아는 이성적인 인물. 임 씨의 진실함을 의심한 자신의 태도를 반성하고, 그에게 연민을 느낌.	인색할 정도로 알뜰한 주부. 금전 문제에 민감한 현실적 인물임.

불신·의심
↓
이해·연민

임 씨
전형적인 도시 빈민 노동자로 겨울에는 연탄장수, 여름에는 막일꾼으로 일함. 책임감이 강하고 정직함.

자료실

낭독극이란?

낭독극은 특별한 의상이나 분장, 무대 장치 없이 연기자가 목소리로만 연기하는 연극을 뜻한다. 따라서 기존의 연극보다 간소하게 진행할 수 있으며, 관객이 상상할 여지가 상대적으로 많다는 특징이 있다.

키 포인트 체크

인물 소심하지만 부끄러움을 아는 이성적 인물인 ☐☐, 금전 문제에 민감한 현실적 인물인 ☐☐, 일 처리가 꼼꼼하고 책임감이 강하며 정직한 인물인 ☐ ☐가 등장하고 있다.

배경 1980년대, 부천 ☐☐☐을 배경으로 하고 있다.

사건 임 씨에게 목욕탕 수리를 맡긴 부부는 공사 견적이 비싸다고 생각하며 추가로 ☐☐ 공사를 시키고 임 씨를 못 미더워한다. 예상과 달리 임 씨가 깔끔하게 공사를 마치고 견적보다 적은 돈을 받자 부부는 임 씨를 오해한 것을 부끄러워한다.

1 이 글에 대한 설명으로 가장 적절한 것은?

① 특별한 분장을 통해 인물의 성격을 제시하고 있다.
② 화려한 의상을 이용해 인물의 심리를 부각하고 있다.
③ 구체적인 지명을 사용하여 극에 사실감을 더하고 있다.
④ 사실적인 무대 장치를 설치하여 현실감을 부여하고 있다.
⑤ 과거와 현재를 교차하며 사건을 압축적으로 전개하고 있다.

2 〈보기〉는 이 글의 원작 소설의 일부이다. 〈보기〉를 바탕으로 하여 ㉠에 얽힌 사연을 이해한 내용으로 적절하지 않은 것은?

┤ 보기 ├

"가리봉동에 가면 곰국이 나와요?"

임 씨가 따라 주는 잔을 받으면서 그는 온몸을 휘감는 술기운에 문득 머리를 내둘렀다. 아까부터 비 오는 날에는 가리봉동에 간다는 임 씨의 말이 술기운과 더불어 떠올랐다.

"곰국만 나오나. 큰놈 자전거도 나오고 우리 농구 선수 운동화도 나오지요. 마누라 빠마값도 쑥 빠집니다요. 자 그마치 팔십만 원이오, 팔십만 원. 제기랄. 쉐타 공장 하던 놈한테 일 년내 연탄을 대 줬더니 이놈이 연탄값 떼어먹고 야반도주했어요. 공장이 망했다고 엄살을 까길래, 내 마음인들 좋았겠소. 근데 형씨. 아, 그놈이 가리봉동에 가서 더 크게 공장을 차렸지 뭡니까. 우리네 노가다들, 출신이 다양해서 그런 소식이야 제꺼덕 들어오지, 뭐."

– 양귀자, 〈비 오는 날이면 가리봉동에 가야 한다〉에서

① 떼인 연탄값 '팔십만 원'이 임 씨에게는 꽤 큰돈임을 짐작할 수 있어.
② '쉐타 공장 하던 놈'은 남의 돈을 갚지 않는 부도덕한 인물이라고 할 수 있겠어.
③ '팔십만 원'을 제때 받았다면 임 씨 가족의 생활을 지탱하는 비용으로 쓰였을 거야.
④ 비 오는 날에 임 씨가 가리봉동에 가는 것은 '노가다들'의 소식을 듣고 또 다른 일자리를 구하기 위함이야.
⑤ 임 씨가 '갑니다'가 아니라 '가야 합니다'라고 한 것에는 떼인 돈을 받아야만 한다는 절박한 심정이 담겨 있어.

3 ㉡에 나타난 '임 씨'에 대한 '남편'의 태도로 가장 적절한 것은?

① 존경심 ② 호기심 ③ 두려움
④ 동정심 ⑤ 안쓰러움

4 '내레이터'의 대사 중에서 '임 씨'의 진정성에 대해 '남편'과 '아내'가 오해했음이 드러나 있는 부분을 찾아 쓰시오.

1. 한국 희곡

✧ 어휘 풀이

천연덕스럽다 시치미를 뚝 떼어 겉으로는 아무렇지 않은 체하는 태도가 있다.

아랑곳하다 일에 나서서 참견하거나 관심을 두다.

팔자(八字) 사람의 한평생의 운수.

신수(身數) 한 사람의 운수.

용하다 매우 다행스럽다.

머쓱하다 무안을 당하거나 흥이 꺾여 어색하고 열없다.

말끄러미 눈을 똑바로 뜨고 오도카니 한곳만 바라보는 모양.

노임 '노동 임금'을 줄여 이르는 말.

공일 보수를 받지 않고 거저 하는 일.

> **Q** 남편이 자신의 나이를 속이고 임 씨에게 동갑이라고 말한 이유는?
>
> 임 씨가 자신보다 나이가 어린 사람에게 고용된 것을 알고 자괴감을 느낄까 봐 임 씨를 배려하여 동갑이라고 말한 것이다. 이를 계기로 남편과 임 씨의 거리가 가까워진다.

♨ 구절 풀이

❶ **그는 아내가 제발 ~ 내놓기를 대신 빌었다.** 임 씨가 성실하게 일해 준 것이 고마웠기 때문에 아내가 공사비를 깎지 않기를 바라고 있다. 임 씨가 꼼꼼하고 성실하게 일한 대가로 원래 견적대로의 금액을 다 받는 것이 마땅하다고 생각하고 있음을 짐작할 수 있다.

❷ **임 씨의 머릿속에서 ~ 스스로가 정말이지 역겨웠다.** 임 씨가 원래 견적보다 높은 비용을 청구할까 봐 걱정하고 있는 자신에 대한 실망감을 나타낸 것이다.

❸ **아까도 말씀드렸지만 일이 썩 간단하게 되었다 이 말씀입니다.** 공사 비용이 원래의 견적보다 훨씬 줄어들게 되었다는 뜻이다.

> **Q** 남편의 귀에 임 씨가 계산한 내용이 제대로 들리지 않은 이유는?
>
> 부부는 임 씨에게 목욕탕 수리 외에 추가로 옥상 수리를 시켰지만, 임 씨는 아무런 군소리 없이 밤늦게까지 최선을 다해 일을 하였다. 늦은 시간까지 일을 더 하게 되었지만 돈을 더 많이 청구하기는커녕 오히려 돈을 더 적게 청구하는 임 씨의 정직한 태도에 남편이 당혹감을 느끼고 있다.

🧍 작가 소개

양귀자(1955~)
소설가. 1978년 〈다시 시작하는 아침〉으로 등단하였다. 1986년부터 1987년까지 쓴 단편을 모아 낸 책 《원미동 사람들》은 경기도 부천의 한 동네에 사는 서민들의 애환을 다루었다. 주요 작품으로 〈나는 소망한다 내게 금지된 것을〉, 〈천년의 사랑〉, 〈모순〉 등이 있다.

김윤주(1979~)
배우 및 연출가. 낭독극 〈지구를 색칠하는 페인트공〉 등을 연출하였다.

임 씨: 사장님은 금년 몇이시지요? 저는 토끼띠, 서른여섯 아닙니까.

내레이터: 임 씨가 서른여섯에 토끼띠라면 그는 서른다섯의 용띠였다. 옆에 앉아서 지갑을 열었다 닫았다 하던 아내가 얼른⋯⋯. / **아내:** (고개를 들어 남편을 쳐다보며) 이 양반은⋯⋯. / **내레이터:** 하고 나서는 것을 그가 가로챘다.

남편: (*천연덕스러운 표정으로) ㉮그래요? 나도 토끼띠지요. 서로 동갑이군요.
└─ 나이를 속임.

내레이터: 아내가 기가 막히다는 표정으로 그를 쳐다보았지만 그는 *아랑곳하지 않고 동갑 기념이라고 또 한 잔의 술을 그의 잔에 넘치도록 부었다. 한 살 정도만 보태는 것으로 거짓말의 양을 줄일 수 있는 것이 몹시 다행스러웠다. / **임 씨:** 토끼띠 남자들이 원래 *팔자가 드센 편 아닙니까요? 여자 토끼띠는 잘사는데 요상하게 우리 나이 토끼띠 남자들은 *신수가 고단트라 이 말씀입니다. 한데 사장님은 *용케 따시게 사시니 복이 많으십니다.

내레이터: 저런. 그는 속으로 *머쓱했다. 토끼띠가 어쩌고 해 쌌는 게 아무래도 아슬아슬했든지, 아니면 준비한 술이 바닥나는 게 보였든지 아내가 단호하게 지갑을 열었다.

아내: 돈 드려야지요. ㉠그런데⋯⋯. / **내레이터:** 아내는 뒷말을 못 잇고 그의 얼굴을 *말끄러미 올려다봤다. 그는 술잔을 들어 올리며 짐짓 아내를 못 본 척했다. 옥상 일까지 시켜 놓고 돈을 다 내주기가 아깝다는 뜻이렷다. ❶그는 아내가 제발 딴소리 없이 이십만 원에서 이만 원이 모자라는 견적 금액을 다 내놓기를 대신 빌었다.

임 씨: (문득 생각이 떠오른 듯 손을 내밀며) ㉡사모님, 내 뽑아 드린 견적서 좀 줘 보세요. 돈이 좀 달라질 겁니다. / **내레이터:** 아내가 손에 쥐고 있던 견적서를 내밀었다. 그와 그의 아내는 임 씨의 입에서 나올 말에 주목하여 잠깐 긴장했다.

임 씨: (견적서를 한참 들여다보며) 술을 마셨더니 눈으로는 계산이 잘 안 되네요.

내레이터: 임 씨는 엎드려 아라비아 숫자를 더하고 빼고, 또는 줄을 긋고 했다. 그는 빈 술병을 흔들어 겨우 반 잔을 채우고는 서둘러 잔을 비웠다. ㉢❷임 씨의 머릿속에서 굴러다니고 있을 숫자들에 잔뜩 애를 태우고 있는 스스로가 정말이지 역겨웠다.

임 씨: 됐습니다, 사장님. 이게 말입니다. 처음엔 파이프가 어디서 새는지 모르니 전체를 뜯을 작정으로 견적을 뽑았지요. ❸아까도 말씀드렸지만 일이 썩 간단하게 되었다 이 말씀입니다. 그래서 *노임에서 사만 원이 빠지고 시멘트도 이게 다 안 들었고, 모래도 그렇고, 에, 쓰레기 치울 용달차도 빠지게 되죠. 방수액도 타일도 반도 못 썼으니 여기서도 요게 빠지고 또⋯⋯. / **내레이터:** 임 씨가 볼펜 심으로 쿡쿡 찔러 가며 조목조목 남는 것들을 설명해 갔지만 그의 귀에는 제대로 들리지 않았다. 뭔가 단단히 잘못되었다는 기분, 이게 아닌데, 하는 느낌이 어깨의 뻐근함과 함께 그를 짓누르고 있을 뿐이었다.

임 씨: 그렇게 해서 모두 칠만 원이면 되겠습니다요.

내레이터: 선언하듯 임 씨가 견적서를 아내에게 내밀었다. 놀란 것은 그보다 아내 쪽이 더 심했다. 그녀는 분명 칠만 원이란 소리가 믿기지 않는 모양이었다.

아내: 칠만 원요? 그럼 옥상은⋯⋯.

임 씨: 옥상에 들어간 재료비도 여기에 다 들어 있습니다. 그거야 뭐 몇 푼 되나요.

아내: 그럼 우리가 너무 미안해서⋯⋯. (호소하는 눈빛으로 남편을 본다.)

남편: ㉣계산을 다시 해 봐요. 처음에는 십팔만 원이라고 했지 않소?

임 씨: (이것 참, 하는 표정으로 웃는다.) 이거 돈을 더 내시겠다 이 말씀입니까? 에이, 사장님도, 제가 어디 *공일 해 줬나요. 조목조목 다 계산에 넣었습니다요. 옥상 일한 품값은 지가 서비스로다가⋯⋯.

> ▶ 정직하게 계산한 임 씨에게 미안함을 느끼는 남편과 아내

┌───┐
│ • **중심 내용** 임 씨의 정직함에 부부가 당황하고 미안을 느낌.   • **구성 단계** 하강 │
└───┘

🏠 작품 연구소

부부의 심리 변화

견적서 수정 이전
• 임 씨가 일을 더디게 하여 못 미더워함. • 임 씨가 애초의 견적보다 더 많은 금액을 요구할까 봐 긴장함.

↓

임 씨가 성실하게 일을 끝내고, 견적서를 수정하여 최초 견적보다 적은 금액을 청구함.

↓

견적서 수정 이후
• 임 씨가 열심히 일하고도 견적서의 금액보다 적은 금액을 청구하여 당황하고 미안해함. • 임 씨를 의심했던 자신의 모습에 부끄러움을 느낌.

남편이 임 씨를 이해하는 과정

편견과 오해	임 씨가 일을 제대로 하지 않고 공사비를 부풀릴 것으로 생각함.

↓

편견과 오해의 부분적 해소	임 씨가 일을 성실하고 솜씨 있게 잘한다는 것을 알게 됨.

↓

동정과 연민	임 씨가 고된 삶을 살고 있음을 알게 됨.

↓

편견과 오해의 완전한 해소	임 씨가 공사비를 정직하게 받자 임 씨를 오해한 것에 미안함을 느낌.

내레이터의 역할

낭독극에서는 일반적인 희곡에서와 달리 내레이터의 역할이 두드러진다. 일반적인 희곡에는 서술자가 없기 때문에 등장인물의 심리를 자세하게 알 수 없지만 낭독극에서는 내레이터가 마치 소설의 서술자처럼 등장인물의 내면 심리를 자세하게 제시한다.

📖 함께 읽으면 좋은 작품

〈비 오는 날이면 가리봉동에 가야 한다〉, 양귀자 / 소시민의 삶의 애환이 담긴 작품

희곡의 원작 소설로, 정직하고 성실하게 일하는 일용직 노동자와 그의 진실함을 의심한 소시민의 모습을 그린 작품이다. 타자에 대한 불신이 이해와 공감으로 바뀌는 과정을 그려 세속적인 삶을 반성을 촉구하고 타자에 대한 이해와 존중의 중요성을 전하고 있다.

🔗 Link 〈현대 소설〉 268쪽

〈길모퉁이에서 만난 사람〉, 양귀자 / 이웃에 대한 따뜻한 시선이 담긴 작품

일상에서 만난 다양한 이웃들의 삶을 묘사한 소설이다. 관찰자의 따뜻한 시선을 통해 평범한 이웃들과 함께하는 삶의 행복을 제시하고 있다. 사회에서 소외된 사람들의 삶을 따뜻한 시선으로 그려 내고 있다는 점에서 〈비 오는 날이면 가리봉동에 가야 한다〉와 함께 양귀자 소설의 특성을 잘 보여 준다.

---

5 이 글에 대한 설명으로 적절하지 <u>않은</u> 것은?

① 소시민의 일상이 나타나 있다.

② 등장인물의 심리 변화가 나타나 있다.

③ 대화를 통해 인물의 성격이 간접적으로 드러나 있다.

④ 타인의 진심을 알고 반성하는 등장인물의 태도가 드러나 있다.

⑤ 각박한 시대 현실에 대한 작가의 비관적인 시선이 드러나 있다.

6 ⊙의 말줄임표에 들어갈 말로 가장 적절한 것은?

① 일이 왜 이렇게 늦어요?

② 조금 깎아 주시면 안 돼요?

③ 술이 부족하지는 않으세요?

④ 그렇게 일하면 힘들지 않으세요?

⑤ 돈이 부족한데, 내일 드리면 안 돼요?

7 ⓒ에 대한 설명으로 적절하지 않은 것은?

① 남편과 아내에게 긴장감을 준다.

② 임 씨의 정직함이 드러나는 계기가 된다.

③ 남편과 아내가 부끄러움을 느끼는 계기가 된다.

④ 임 씨가 공사비를 다시 계산하여 청구하려 한다.

⑤ 임 씨가 부부에게 잘 보이고자 하는 태도가 드러난다.

8 ⓒ에 담긴 태도와 가장 유사한 태도가 나타난 것은?

① 파란 녹이 낀 구리거울 속에 / 내 얼굴이 남아 있는 것은 / 어느 왕조의 유물이기에 / 이다지도 욕될까.

② 벼는 서로 어우러져 / 기대고 산다. / 햇살 따가워질수록 / 깊이 익어 스스로를 아끼고 / 이웃들에게 저를 맡긴다.

③ 꽃 사이 타오르는 햇살을 향하여 / 고요히 돌아가는 해바라기처럼 / 높고 아름다운 하늘을 받들어 / 그 속에 맑은 넋을 살게 하자.

④ 들길은 마을에 들자 붉어지고 / 마을 골목은 들로 내려서자 푸르러졌다 / 바람은 넘실 천 이랑 만 이랑 / 이랑 이랑 햇빛이 갈라지고 / 보리도 허리통이 부끄럽게 드러났다

⑤ 상한 갈대라도 하늘 아래선 / 한 계절 넉넉히 흔들리거니 / 뿌리 깊으면야 / 밑둥 잘리어도 새순은 돋거니 / 충분히 흔들리자 상한 영혼이여 / 충분히 흔들리며 고통에게로 가자

9 ⓔ에 어울리는 지시문으로 가장 적절한 것은?

① 괴롭고 고통스러운 표정으로

② 짜증나고 화난 듯한 표정으로

③ 절망스럽고 실망하는 표정으로

④ 꾸짖고 나무라는 듯한 표정으로

⑤ 마음이 편치 않은 듯한 표정으로

10 '남편'이 ㉮처럼 말한 이유를 '배려'라는 단어를 넣어서 쓰시오.

더 읽을 작품

018 산허구리 |함세덕

키워드 체크 #비극적 #사실적 #일제 강점기 #인천 앞바다 #어민들의 비극적인 삶

　　이때 동리 사람들, 들것에 복조 송장을 태워 들어온다. 물이 뚝뚝 떨어진다. 복실과 분 어미, 의아하여 잠시 보고 있더니 달려들어 목놓고 운다. 동리 사람들, 소리를 낮춰 힐끗힐끗 운다. / 간(間)　　　　　　　　　　　　　　　비극적 분위기

처: 왜들 우니? / 분 어미와 복실: 어머니, 복조예요.

동리 사람 3: 쇠뿌리로 배 내다가 보니 범바위 틈에 꼈습디다.

처: 물에서 죽은 놈이 복조뿐인가? 어떻게 복조라고 장담해. (아무 관계없는 듯이 부엌
　　으로 들어간다.)　　　　　　　　　　아들의 죽음을 인정하지 않으려 함.

　　노어부를 석이와 윤 첨지가 양편에서 꽉 붙들고 들어온다.

노어부: 놔. 두고 볼 거 아니야.

윤 첨지: 참어. 참는 데 복이 있다네. 그제 참는 것이 제일이야. 참을 인(忍) 자가 셋이
　　면 사람 하나 살린다는 말이 있지 않나.

석이: (그제야 들것과 사람들을 보고) 누나, 이것이 작은형이요? (붙들고 운다.)

윤 첨지: 찾았으니 다행이군. (눈물을 씻는다.)

노어부: (한참 바라보고 있더니 눈물을 닦으며 서러운 소리로 똑똑히) 몇 해 전에는 배도
　　　　　　　　　　　　　　　　　　　　　일제 강점기 이전
　　서너 척 있었고, 그물도 동리에 뛰어나게 가졌드랬지. 배 팔고 그물 팔고 나머지는
　　뭐냐? 내 살덩이밖에 없었어. 그것도 다— 못해서 다리 한쪽 뺏겼지. 고기잡이 3년
　　에 자식 다— 잡아먹는다는 것은, 윤 첨지…….

윤 첨지: …….

노어부: 나를 두고 하는 말이야. 두고 보고 바랄 것이 인제는 하나도 없어. (별안간 부엌
　　　　　　　　　　　　　　　　　　　　　▶ 복조의 시체를 보고 절망에 빠진 사람들
　　뒤로 퇴장. 들어가더니 괭이를 들고 나온다. 뒤따라 처가 미친 듯이 달려들어 부지깽이
　　　　　　자식들과 미래에 대한 희망
　　로 노어부의 머리를 후려 때린다. 노어부 쓰러진다.)
　　　평소 복조가 사용하던 것 – 처와 노어부가 충돌하게 만드는 매개체

처: (괭이를 잡아 뺏으며) 이 괭이가 무슨 괭인 줄 알어?

노어부: (덤비려다가 처의 너무도 핼쑥한 얼굴을 보고 고개를 돌려 복조를 붙들고 운다.)

처: 내가 맑은 물 떠 놓고 수신께 빌었거든. 이것은 우리 복조 아니야. 내 정성을 봐서
　　　　　　　　　　　　　　물을 맡아 다스리는 신
　　라도 이렇게 전신을 파먹히게 안 했을 거야. 지금쯤은 너구리섬 동녁에 있는 시퍼런
　　깊은 물속에. 참 거기는 미역 냄새가 향기롭지. 그리고 백옥 같은 모래가 깔렸지. 거
　　기서 팔다리 쭉— 뻗고 눈감었을 거야. 나는 지금 눈에 완연히 보이는걸. 복조 배 위
　　로 무지갯빛 같은 고기가 쑥— 지나갔어. (눈앞에 보이는 환영을 물리치는 듯이 손으
　　로 앞을 가리며) 눈감은 얼굴이 너무도 쓸쓸하군. 이렇—게 (시늉을 하며) 원망스러운
　　얼굴이야. 불만스러운 얼굴이야. 다문 입이 너무도 쓸쓸해.
　　　　　현실에 대한 불만
　　간(間), 울음소리　　　　　　　　　　　　　　▶ 복조의 죽음으로 실성해 버린 처

키 포인트 체크

인물 　□□□는 한쪽 다리를 바다에서 잃고, 두 아들과 사위마저 □□에 빼앗긴 채 폐인이 되어 살아
　　　가고 있다.

배경 　□□□□□, 인천의 작은 포구 마을에서 일어난 일을 보여 주고 있다.

사건 　노어부와 그의 가족들은 바다에 나간 □□를 기다리다가 그가 시체로 돌아오자 절망에 빠진다.

답 노어부, 바다, 일제 강점기, 복조

핵심 정리

갈래 단막극, 비극
성격 비극적, 사실적
배경 ① 시간 – 일제 강점기의 늦은 가을
　　　② 공간 – 인천 앞바다의 작은 포구
제재 일제 강점기 어민들의 삶
주제 어촌 마을 사람들의 비극적인 삶
특징 ① 중심인물이 뚜렷이 드러나 있지 않음.
　　　② 비극적 상황이 시대적 배경 때문임을 암시함.
출전 《조선 문학》(1936)
작가 함세덕(본책 186쪽 참고)

이해와 감상

이 작품은 인천 앞바다의 작은 포구인 산허구리('산허구리'란 산등성이의 잘룩하게 들어간 곳이란 뜻을 지닌 말)를 배경으로 하여 일제 강점기 서민들의 궁핍한 상황을 사실적으로 묘사하고 있는 희곡이다. 유치진의 〈토막〉과 유사한 배경과 구조를 지니고 있으며, 바다와 인간의 대결에서 인간의 참담한 패배를 보여 주는 상황 비극이라고 할 수 있다. 함세덕이 처음 발표한 작품으로, 작가 특유의 서정적 필체가 돋보인다

전체 줄거리

고기를 잡다가 상어 이빨에 왼쪽 다리를 잃은 노어부는 술로 하루하루를 보낸다. 노어부는 바다에서 큰아들과 큰사위를 잃었으며, 그와 그의 가족들은 바다가 요동친 후 돌아오지 않는 둘째 아들 복조를 기다리고 있다. 그런데 풍랑에서 가까스로 살아온 두 어부가 복조가 죽었다는 소식을 전한다. 이후 바위틈에 낀 복조의 시체가 건져지자 노어부의 처는 실성한다. 막내아들 석이는 가난의 원인을 꼭 밝히겠다고 다짐하고, 아침이 밝아 온다.

작품 연구소

〈산허구리〉의 상황 비극적 성격
상황 비극은 인간의 의지가 사회적 상황에 부딪쳐 파멸하는 내용을 담은 희곡을 의미한다. 이 작품은 자식을 잃은 어머니의 비극을 소재로 가난에 허덕이며 살아가는 사람들의 이야기를 그리고 있다. 그러나 작가는 이들의 가난이 그 당시 사회 구조 안에서 이루어진 외부의 수탈(어물 거간들의 농간, 중상들의 착취 등)에 의한 것임을 작품의 곳곳에서 드러내고 있다.

노어부의 상황
서너 척 있던 배와 그물을 모두 잃고 가난에 허덕임.
↓
일제 강점기의 사회 구조적 모순에 기인함.

019 맹 진사 댁 경사 |오영진

가 김명정: 사돈님! 혼인의 의식이란 자고로 엄숙한 것이며 인륜의 대사입니다. 혹시
　　미언의 숙부　　맹 진사
신랑이 불만이시다면은 모든 것을 없었던 것으로 하고 물러가겠습니다.
　혼인의 의미를 강조하면서, 거짓 소문에 속아 신부를 바꿔치기한 맹 진사의 허영심을 간접적으로 비판함.

맹 진사: 어이구, 아니올시다. 그런 거 아니에요. (이때 실심해 돌아오는 참봉을 쫓아간
　　　　　　　　　　　　　　　　　　　　근심 걱정으로 맥이 빠지고 마음이 산란해

다.) 참봉! / 참봉: …… / 맹 진사: 참봉!
　　　　맹 진사가 신부를 바꿔치기한 것을 모르고, 미언과 입분이 혼례를 치르도록 재촉함.

맹 노인: 신부 데려 내오게. 내 마지막 경사인 이 초롈랑 내 손으로 올려야겠다. 오냐,
　　　　　　　　　　　　　　　　　　초례: 전통적으로 치르는 혼례식
너희들도 그걸 바랬든 모양이지? 에이, 그렇다구 진작 말을 해야잖으냐? 자, 참봉.

나 입분이: 아니 어떡허냐, 여지껏 아무것도 모르시나 봐. 서방님, 전…… 저는 천한
　　　　　　　　　　　　　　　　　　　　솔직하게 모든 사실을 고백함.
몸종이에유. 갑분 아가씨의 몸시중 드는 몸종이에유…… 아이 무서워, 하늘이 무서
　　　　　　　　　　　가까이에 있으면서 하는 시중
워요, 그렇지만 어쩌는 수가 없어서 나쁜 줄 알면서도 이 댁 나리 마님께서 하도 조
　　　　　　　　　　　　　　　　　　　　　　　　　　맹 진사
르시길래 죽는 심만 치고 제가 갑분 아가씨 노릇을 하였든 거예유.
　　셈

미언: (빙그레 웃는다.) 그래요?
　이미 모든 사실을 알고 있기 때문에

입분이: (드디어 울어 버리며) 서방님, 용서해 주세요. 실상은 갑분 아가씨가 서방님을
　　　　　가짜 신부와 혼례를 치룬 미언의 상황을 먼저 헤아리고 용서를 구함.
절름발이 신랑이라구— 죽어도 싫다고 그래서 어쩌는 수 없이 금방 신랑이 드신다
　　절름발이
하는데 신부는 없고 미천한 몸이 아가씨 대신 신부로 뽑혔든 거예유. 저는 가짜예유.

미언: 음……. / 입분이: 그리고 저는 서방님께서 절룩발인 줄만 알았어요. 그래서 여
태 장가도 못 드리고 아무도 시집와 주는 색씨가 없는 쓸쓸한 양반이시라…… 이렇
게만 알었어유, 그랬드니만 이제는 왜 서방님께서 절룩발이가 못 되었을까. 차라리
몹쓸 다리병신으로 세상에 모든 『색시들이 돌아보지도 않는 그런 외로운 서방님이
　　　　　　　　　　　　　　　　　『』: 종의 신분인 자신에게 미언이 너무 과분한 신랑이라고 생각함.
었으면 좋겠어유. 지금은 그게 도리어 이 몸에게 견딜 수 없이 원망스러워유, 서방
님……서방님께선 그 몹쓸 속 사람들 중에 하나인 저를 용서하세유. (운다.)
　　　　　　　　　　　　　　　　　　　　　▶ 혼례를 올린 첫날밤 미언에게 진실을 고백하는 입분

다 미언: 허 — 잘못을 사과하고 용서를 빌어야 할 사람은 오히려 나라오.

입분이: 네? / 미언: 나두 다 알고 있으니까 말이오. 내가 왜 아무것도 모르는 줄 아시오.

입분이: 아니 서방님……. / 미언: (입분의 손목을 지그시 잡으며) 놀라지 마시오. 이번
일을 이렇게 꾸민 사람도 실상은 나였소. 내가 그같이 꾸몄든 것이오. 내 명정 숙부
로 하여금 절룩발이라고 헛소문을 내게 한 것도 기실은 나였소.

입분이: 네? / 미언: 그 정도가 지나쳐서 그대를 이렇게까지 괴롭힐 줄은 몰랐소.
　　　　　　　　　　　　실제의 사정

입분이: 서방님…… 무슨 연유로 그런…….

미언: 그 연유는? 아가씨는 터득지 못하겠소? 내가 무엇을 구해서 그런 장난을 했으며
　　　　　까닭을
무엇을 찾아서 그런 일을 꾸몄는지 짐작하지 못하겠소. / 입분이: 잘 모르겠어요—.

미언: …… 사람의 마음, 더욱이 여자의 마음, 그 마음의 참된 무게와 깊이가 알고 싶었
던 것이오.
　거짓 소문을 퍼트렸던 의도 – 조건에 관계없이 자신을 사랑하는 참된 사람을 배우자로 맞이하려고 함.
　　　　　　　　　　　　　　　　　　　　　▶ 입분에게 진실을 고백하는 미언

포인트 체크

인물 맹 진사와 그의 딸 갑분은 이기적인 성격을 지닌 부정적 인물, 마음씨가 고운 입분과 진실한 마음씨
　　　를 중시하는 미언은 □□□ 인물로 그려지고 있다.

배경 조선 시대 말기, 맹 진사의 집을 배경으로 하고 있다.

사건 미언이 절름발이가 아닌 것으로 밝혀지고 □□과 미언이 혼례를 올림으로써 □□□의 욕망
　　　은 좌절되고 만다.

답 긍정적, 입분, 맹 진사

---

020 정직한 사기한(詐欺漢) | 오영진

키워드 체크 #풍자극 #비판적 #물질 만능주의 세태 #사기꾼이 된 정직한 청년 #도덕성 상실

형사: 이 남자가 선생 회사에 취직했다는데요.

사장: 천만에! 대체 누굽니까? 이 사내는. 난 생면부지올시다.
〔위조 지폐를 만든 사실을 숨기기 위해 청년을 모른 척함.〕

청년: 아닙니다. 사장 그런 말씀이 어디 있습니까. 제가 금방 눈물을 흘리며 고마워하지 않았어요? 전 여기 사원이에요. 사장님.

형사: (뺨을 갈기며) 인마! 아직도 거짓말이야!
〔청년의 말을 믿지 않음.〕

청년: 아니에요. 나으리는 몰라요, 나으린! 아씨! 회계 과장! 증인이 있습니다. 아씨! 아씨가 아닙니다. 회계 과장이 한 달 월급을 선불해 주시고 양복을 사 입으라고 달러 지폐를 주셨어요!

형사: 인마 떠들지 말어. 글쎄 이 미련한 친구가 누굴 속여 보겠다고 백 달러짜리 지폐를 위조해 가지고 백주에 서울 네거리를 횡행합니다그려, 헛헛…… . 그러고는 월급을 받았다? (머리를 갈기며) 인마, 뭐 양복을 짓겠다고? 가짜 돈을 찍으려면 남이 봐도 그럴듯하게 만들어. 진짜 백 달러짜린 구경두 못했을 자식이. 가자 인마, 실례 많
〔대낮〕 〔가족 사기단이 만든 위조지폐〕
았습니다. / 사장: 온, 천만예요,

청년: 사장! 나으리! 제겐 아무 죄도 없어요. 미련은 하지만 나쁜 짓을 한 적은 없어요! 하나님이 아십니다, 하나님이! 어이구 그 지긋지긋한 감옥살이를 어떻게 또 하라고 이러십니까? 이러시길. 사장! 구두도 사서 신고, 양복도 새로 맡기고, 추천서두 일
〔청년은 이전에도 누명을 써서 감옥에 간 적이 있음.〕
없고, 신원 보증도 일없다고 그러시지 않았어요. 사장, 아씨를 만나게 해 주세요, 아씨를! 아씨는 거짓말을 안 할 겁니다. 아씨! 아씨!
〔청년은 자신이 가족 사기단에 당한 사실을 여전히 파악하지 못하고 있음.〕

사복: 인마, 떠들지 말어. 가자! (억지로 끌고 밖으로 나간다.) [중략]
〔사복 형사〕   ▶ 억울함을 토로하는 청년과 위선적인 사장

사원 D: 그이에게 무슨 죄가 있길래! / 사장: 그럼 어떡하란 말이야.
                    〔양심의 가책을 느끼는 사원 D에 대한 거부감〕

사원 A: 자백하란 말이냐? 우리가 대신 감옥엘 가란 말야? / 사원 D: …….

사원 C: 너 가렴. / 사원 D: 대신요? / 사원 B: 얘가 오늘 왜 이래, 아까부터.

사장: 쓸데없는 생각 말어…… . (노크 소리) 이크! 누가 또 왔구나. 이번엔 우리 차례다. 달아날 채비를 해라, 얘들아. (갈팡질팡한다. 사원 D만은 우두커니 서 있다.) 얘들아!
                              〔희극적 행동〕
이리로, 이리 나와.

사원 A: 저, 도…… , 도구를 챙겨야죠. (사원 A, 사원 B, 사원 C 장부와 타이프를 가지고 허둥지둥 비상구 입구로 사라진다. 밖에서 사원 A가 "얘, 뭘 하고 있어 빨리 나와." 하고 지껄이는 소리.)

사원 D: 정직하고 착실하고 그런 사람이 왜 감옥살이를 가요. 아버지, 미련한 것도 죄예요?
          〔주제 의식이 단적으로 드러난 대사〕
                                                        ▶ 도망가는 사장과 사원들

키 포인트 체크

〔인물〕 청년은 이기적인 사장 가족에게 속아 □□□으로 몰리는 순진한 인물이다.

〔배경〕 해방 직후, □□□□가 만연한 사회의 어느 무역 회사 사무실을 배경으로 하고 있다.

〔사건〕 정직한 청년이 가족으로 구성된 □□□□ 사기단에 걸려 형사에게 붙잡히고 만다.

〔답〕 사기꾼, 배금주의(물질주의), 위조지폐

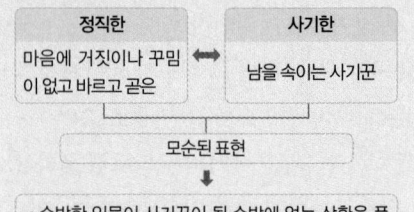

021 산불 | 차범석

가 하늘엔 불꽃이 모란보다 더 곱게 물들어 간다. 여기저기서 사람들이 모인다. 훨훨 타오
르는 불길 앞에서 그저 혀 차고 있는 허탈한 얼굴들.
_{인물들의 심리와 대조되는 불꽃의 형상 - 비극의 심화}

점례: (갑자기 일어서며) 선생님! 선생님! 안 돼요! / 하며 뛰어가려 하자 몇 사람이 붙
들고 말린다. / 쌀레네: 참어! 점례! 정신을 차리라니까!
_{대밭에 숨어 있는 규복이 위험하게 되자 절규함.}

점례: 나도 같이 타 죽을 테야! 대밭으로 보내줘!

양 씨: (이제 지칠 대로 지쳐서) 아이구! 이 자식아! 이럴 줄 알았으면 차라리 그때 네 말
대로 팔아나 버릴 것을!

　이때 "저놈 잡아라!", "누구야!" 하며 외치는 군인들의 목소리, 그와 함께 총소리가 연달
아 일어난다. 모두들 겁에 질려서 오른편으로 몰려간다. 점례는 그 자리에 서 있다.
_{규복이 쫓기는 장면을 음성으로 처리함. - 희곡의 제약성}

쌀레네: 무슨 소리야? / 이웃 아낙 을: 누가 있었나 부지?
　　　　　　　　　　　　　　　▶ 규복이 불에 타는 대밭에서 뛰쳐나오다 국군의 총에 맞음.
나 이때 사병 A와 B가 총에 맞아 의식을 잃은 규복을 질질 끌고 나온다. 군중들 사이에 새
로운 파동이 생긴다. 규복을 무대 한복판에 눕힌 다음 사병은 군중을 휘둘러본다.
_{예상하지 못했던 일이 발생했으므로}

사병 A: 이 사람이 누구요? (아무도 대답이 없다.) / 사병 B: 이 마을 사람이 아니오?

이웃 아낙 을: 우리 동네에서 사내 냄새가 없어진 지는 벌써 몇 해나 된 걸요.
_{전쟁 중에 마을의 젊은 사내들은 모두 죽거나 끌려갔기 때문에 죽은 사내가 마을 사람일 리 없다는 말임.}
　사병 두 사람은 이상하다는 듯이 고개를 갸우뚱거리며 뭐라고 소곤거린다.

이웃 아낙 을: 정말 귀신 곡할 일이지? 그 대밭 속에 사내가 숨어 있다니?

이웃 아낙 갑: 혹시 산에서 내려온 사람 아닐까? (사병 A가 급히 한길 쪽으로 퇴장한다.)
　　　　　　　　　_{공비}

사병 B: 대밭에다 움을 파고 오랫동안 살아온 흔적이 있던데 아무도 모른단 말이오?
_{마을 사람 중 누군가가 도와주었을 것이라는 추측의 근거}
　서로가 고개를 좌우로 젓는다. 점례는 멍하니 내려다보고만 있다.

양 씨: 우리 대밭에 사내가? (점례에게) 너도 못 봤지?

점례: (고개만 저을 뿐 아무 대답이 없다.)　　　　　　▶ 규복의 정체를 묻는 말에 아무 말도 못하는 점례
_{총에 맞아 끌려 나온 사람이 규복이라는 사실을 알지만 아무 말도 못함.}
다 쌀레네: 이상한 일이지…… (하다 말고 양 씨에게 눈짓을 하자 그것이 무슨 전염병처
_{대밭에서 끌려 나온 사내가 최 씨의 딸 사월이 임신한 아기의 아버지일 수 있다고 생각하여 양 씨에게 눈짓을 보냄.}
럼 최 씨에게로 집중된다. 아까부터 반신반의 상태에 있던 최 씨가 자기에게 시선이 집
중되고 있음을 의식하자 화를 낸다.)

최 씨: 왜 나만 보고 있어! (하며) 옳지, 내 딸이 이 사내하고 정을 통했단 말이지? 좋아!
그럼 내가 데리고 나와서 담판을 지을 테니! (하며 사월을 부르며 자기 집으로 간다.)
　이때 최 씨의 비명 소리가 들리며 밖을 내다본다.

최 씨: 사람 살려요! 우리 딸이! / 쌀레네: 사월이가?
_{사월이 양잿물을 마시고 죽음.}
　군중은 우하니 그 쪽으로 몰려간다. 최 씨의 통곡 소리가 높아 가고 애기 우는 소리도 간
간이 들린다.

이웃 아낙 갑: 양잿물을 먹었어? 저런…….　　　　　▶ 사월이 스스로 목숨을 끊음.

🗝️ 포인트 체크

인물　□□은 젊은 과부인 점례, 사월과 삼각관계에 빠지게 되며 이념 갈등으로 희생되는 인물이다.

배경　□·□□ 전쟁 중 소백산맥의 어느 산골 마을을 배경으로 하고 있다.

사건　국군이 □□를 토벌하기 위해 대밭에 불을 지르자 대밭에 숨어 있던 □□은 불을 피해 도망치다
가 총에 맞아 죽고, 사월도 스스로 목숨을 끊는다.

답 규복, 6, 25, 공비, 규복

🎯 핵심 정리

갈래 장막극, 비극, 사실주의 극
성격 사실적, 고발적, 비극적
배경 ① 시간 - 6·25 전쟁 중
　　　　② 공간 - 소백산맥 줄기의 촌락
제재 탈출 공비와 산골 여인들의 비극적인 사랑
주제 이데올로기에 희생당하는 인간의 삶과 사랑
특징 ① 사실주의 희곡의 전형을 보여 줌.
　　　　② 전쟁의 폭력성과 인간의 애욕이라는 이중적
　　　　　　구조를 취함.
출전 《현대 문학》(1963)
작가 차범석(본책 194쪽 참고)

이해와 감상

이 작품은 민족 분단과 이데올로기의 갈등을 조명한
희곡으로 6·25 전쟁 때문에 희망을 상실한 한 젊은이
와 그를 둘러싼 애욕을 사실적으로 그리고 있다. 전쟁
때문에 대부분의 남자들이 죽거나 끌려가고 없는 마
을에 한 남자(규복)가 나타나는데, 그의 존재는 전쟁
중에 억압된 여성들의 본원적 욕망이 드러나게 한다.
그리고 우연하게 빨치산이 된 규복이 비참하게 죽는
결말은 전쟁의 잔인함과 이데올로기의 허상을 고발하
는 작가 의식을 보여 준다.

전체 줄거리

소백산맥의 어느 산골 마을에 사는 이장 양 씨의 며느
리 점례는 젊은 과부이다. 그리고 양 씨와 항상 반목
하는 최 씨에게도 젊은 과부인 딸 사월이 있다. 어느
날 밤, 공비의 소굴에서 탈출한 전직 교사 규복이 점
례의 집 부엌으로 숨어들자 점례는 그를 대밭에 숨겨
주고, 두 사람 사이에 차츰 사랑이 싹튼다. 그러던 어
느 날, 사월이 규복과 점례의 밀회를 목격하고 점례를
협박하여 규복을 차지한다. 사월은 규복의 아이를 임
신하고 그에 대한 소문이 마을에 퍼진다. 얼마 후 공
비 토벌 작전이 시작되어 양 씨 소유인 대밭에 불을
질러야 하는 상황이 벌어지자 양 씨와 점례가 반대하
며 국군에게 통사정하지만 결국 대밭에는 불이 놓인
다. 규복은 대밭에서 뛰쳐나오다 국군의 총에 맞아 죽
고 사월은 양잿물을 마시고 죽는다.

작품 연구소

〈산불〉에서 대나무 밭의 이중적 의미

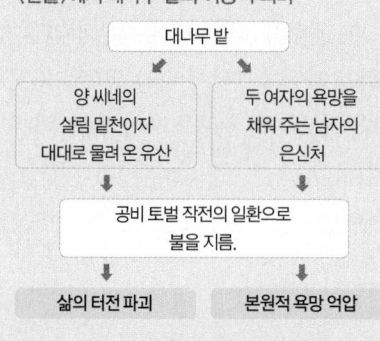

더 읽을 작품

022 국물 있사옵니다 | 이근삼

키워드 체크 #풍자극 #서사극 #반어적 #실험적 #1960년대 #출세주의 #속물적인 욕망 풍자

전략 부분의 내용 상범은 소심하고 어수룩해 늘 손해만 보는 회사원이다. 그러던 어느 날 형 상학과 아버지의 환갑잔치에 관해 상의하던 중, 형수가 될 사람이 자신의 결혼 상대자였던 용자라는 것을 알게 된다. 게다가 형은 결혼 준비를 이유로 환갑잔치 준비를 모두 상범에게 맡긴다.

상범: (체념하기에는 너무나 억울하다는 태도로) …… 이거…… 결혼 상대자를 빼앗긴 데다가 아버지 환갑잔치 비용도 내가 주선해야만 하는 팔자입니다. 이젠 할 말이 없습니다. 저의 나이는 서른한 살입니다. 앞으로 살아 봤자 한 20년…… 나머지 20년마저 밤낮 손해만 보는 세월일 것이라고 생각하니 앞이 캄캄해집니다. 저는 여태까지의 모든 생활을 제가 아는 상식의 테두리 안에서 해 왔습니다. 그러나 제가 배우고 믿어 왔던 상식적인 생활은 저에게 손해만 끼쳐 왔습니다. 저는 결국 상식적인 생활 태도란 늘 손해만 갖고 온다는 새 상식을 얻었습니다. 「인천서 근무할 때의 일입니다. 여름에 하도 무덥기에 해수욕장에 나갔죠. 갑자기 저쪽 바위 밑에 옷을 입은 채기어 들어가는 젊은 여자를 보았습니다. 틀림없는 자살입니다. 저는 밀짚모자를 내던지고 달려가 그 여자를 끌어냈습니다. 얼굴도 예쁜데 왜 자살을 하려고 했는지. 모래 위에 끌어내서 살렸더니 그 여자는 고맙다는 말 대신에 저의 뺨을 갈겼습니다. 그러니까 경찰은 저를 파출소로 연행하더군요.」이 사회에선 저의 상식이 통용 안 되는 것 같습니다. 이제부터 물에 빠진 놈에겐 돌을 안겨 줘야겠습니다. 자리를 양보하느니 발로 걷어차는 길을 터야겠습니다. [중략]

상범: 아직 장가를 못 갔습니다……. 근데 비서님은 결혼 안 하세요? / **아미:** 저요? …… 저의 남편이 돌아가신 지 8개월밖에 안 돼요. / **상범:** 사장님의 아드님 말이죠?

아미: 결혼 얘기를 꺼내 저의 마음을 괴롭히지 마셔요. 아직 그분을 못 잊고 있어요.

상범: 죄송합니다. 다시는 안 그러겠습니다. (전화벨이 울린다. 엽총을 쥔 채 상범이 받는다.) 네. 네? 성아미 씨요? 계십니다. (수화기 대신 엽총을 내밀며) 박 전무님입니다. 아, 실례했습니다. (수화기를 준다.)

아미: 네, 저예요. 그분이요? 경리 보는 김상범 씨예요. 괜찮아요. 네? 지금요? 아직 사장님도 계시는데……. 알겠어요. 그리로요? 혼자서 기다리게 하지 마셔요. 네. (수화기를 놓고 시계를 본다. 상범을 힐끔 본다. 이어 사장실로 들어간다.)

상범: (관객에게) 8개월 전에 죽은 남편을 잊을 수가 없다는 저 여자입니다. 박 전무가 전화를 하니까 대낮에 나갈 생각입니다. 내 상식으로는 도저히 이해를 할 수가 없습니다. 저도 저런 친구들의 상식, 즉 내가 '새 상식'이라고 부르는 상식으로 살아갈 생각입니다.

포인트 체크

인물 상범은 정직하게 살아 왔으나 비정한 현실을 깨닫고 □□□인 인간으로 변화한다.

배경 1960년대 서울을 배경으로 □□□□에 사로잡힌 속물적 세태를 보여 주고 있다.

사건 상범은 정직하게 살아서는 출세할 수 없다고 생각하여 '□□□'에 따라 살기로 결심하고 있다.

답 속물적, 출세주의, 새 상식

핵심 정리

갈래 희극, 풍자극, 서사극
성격 풍자적, 반어적, 실험적
배경 ① 시간 – 1960년대
② 공간 – 서울의 어느 회사 사무실
제재 출세주의에 사로잡힌 어느 청년의 삶
주제 현대인의 속물적인 욕망에 대한 풍자
특징 ① 인물의 심리를 밀도 있게 묘사함.
② 다양한 실험적 방식을 활용함.
출전 《신동아》(1966)
작가 이근삼(본책 202쪽 참고)

이해와 감상

이 작품은 1960년대에 산업 사회의 대두와 더불어 고조된 출세주의와 물질 만능주의 풍조를 반영하고 있다. 소심하지만 정직하고 성실하던 주인공이 비정한 사회 현실에 눈을 뜨게 되고 출세를 위해 비열하고 냉혹한 인간으로 변하는 모습을 그리고 있다. 이를 통해 수단과 방법을 가리지 않는 비정한 우리 사회의 모습을 날카롭게 풍자하고 있다. 작품의 제목인 '국물 있사옵니다'는 당시 유행어인 '국물도 없다'의 상대적인 표현으로 당대 사회의 부정적 가치관에 대한 비판을 반어적 어법을 통해 드러낸 것으로 볼 수 있다.

전체 줄거리

평범한 직장인으로 정직하게 살아오는 동안 늘 손해만 보던 상범은 정직한 방법만으로는 사회에 적응할 수 없다고 생각하고 '새 상식'에 따라 살아가기로 결심한다. 그러던 중 상범은 우연히 사장의 눈에 들어 정식 직원이 된다. 이후 상사인 경리 과장이 공금을 유용한다고 모함하여 그 자리를 차지하고, 사장의 며느리이자 비서인 성아미와 박 전무와의 스캔들을 이용하여, 임신 중인 그녀와 결혼한다. 또 암흑가의 건달을 포섭하여 회사 월급날 경리과를 털게 하고 사냥총으로 그를 살해한 뒤 자신이 큰 공을 세운 것처럼 조작한다. 결국 상범은 상무가 되고 사장까지 바라볼 수 있게 되지만, 초등학교 교사가 된 형과, 열심히 노력하여 입사 시험에 합격한 동생이 오히려 행복하고 만족스런 생활을 하고 있다고 여긴다.

작품 연구소

상범의 성격 변화 과정
이 작품은 평범하던 상범이 변해 가는 모습을 통해, 산업 사회의 부정적인 면을 예리하게 포착하여 비판하고 있다.

평범한 인간	산업 사회의 구조적 모순 →	야비하고 냉혹한 인간

상범의 해설자 역할
상범은 이 작품의 주인공이면서 해설자의 역할을 하고 있다. 해설자 역할을 할 때 상범은 관객들에게 사건을 요약하여 전달하고, 인물의 심리를 알려 주기도 하고 앞으로 전개될 사건을 안내하기도 한다.

023 어디서 무엇이 되어 만나랴 | 최인훈

키워드 체크   #비극 #고구려 #왕실의 권력 암투 #온달 설화 모티프 #온달의 꿈

공주: 장군 비록 어제까지 장군이 치닫던 벌판이라 하나, 이제 누구를 위해 여기 머물 겠다고 이렇게 떼를 쓰십니까? 장군의 마음을 내가 알고 있으니 집으로 돌아가십시 다. 고구려는 내 아버지의 나라. 당신의 원수를 용서치 않으리라. 평양성에 가서 반

역자들을 모조리 도륙을 합시다. 자, 돌아가십시다. (손짓을 한다.)
> 온달을 죽음에 이르게 한 반역자
> 사람이나 짐승을 함부로 참혹하게 마구 죽임.

의병장들, 관 뚜껑을 닫고 관을 올려놓은 받침의 채를 감는다.

공주: 들어 올려라. / 올라오는 관. 모두, 놀라는 소리.

공주: 가자, 평양성으로. 그곳에서 잔악한 반역자들을 샅샅이 가려내어 목을 베이리 라. (공주, 움직인다.)

공주, 시녀, 관, 군사들, 서서히 퇴장. 부장과 장수 몇 사람만 무대에 남는다.

장수 1: (부장에게) 공주의 노여워하심이 두렵습니다.
> 자신들의 음모가 들통날 것을 두려워함.

장수 2: 필시 무슨 기미를 알아보셨음이 틀림없습니다.

부장: 어떻게 알 수 있단 말인가?

장수 3: 투구를 벗으라고 하신 것이 증거가 아닙니까?
> 온달이 공주의 꿈에 나타나 자신을 죽인 장수의 머리에 상처가 있음을 말해 줌.

부장: 어떻게 알았을까? (둘러보고) 너희들 중에 배반하는 자가 있으면 행여 온전히 상 금을 누릴 목숨이 있거니는 생각 말아라. / **장수들:** 무슨 말씀입니까. 억울합니다.
> 친친 감아서 맸다.

부장: 그렇겠지. 이것을 문제 삼는다 치더라도 (투구를 벗는다. 머리를 처맸다. 피가 배 어 있다.) 이것이 어쨌단 말인가. 이토록 신라 놈들과 싸운 것이 군법에 어긋난단 말
> 온달의 죽음과 연관이 있음.

인가? (음험한 웃음) 두려워 말라. 공주보다 더 높은 분이 우리 편이야. [중략]
> 자신들의 행위를 합리화하는 말   자신들의 형제들   ▶ 온달의 죽음에 대한 공주의 의심

공주: 이놈, 네 이 무슨 짓이냐? 네가 어떻게 죽고 싶어서 이다지 방자하냐?

장교: 방자? (껄껄 웃는다.) 세상이 바뀐 줄도 모르시오? 온달 없는 공주가 누구를 어떻 게 한다는 말이오. [중략]

공주: 네가 정녕 내 말을 듣지 못하겠느냐? / **장교:** 내 말을? 왕명을 받들고 온 사람에게?
> 공주를 잡기 위해 거짓으로 둘러대는 말임.

공주: 이놈이 정녕 실성했구나. 내가 돌아가면 어찌 될 줄을 모르느냐? 나는 이곳에 머 물기로 하고 이미 아버님께도 여쭙고 오는 길, 누가 또 나를 지시한단 말이냐? 정 그 렇다면 근일 중에 내가 궁에 갈 것이니 오늘은 물러가라. / **장교:** 정 안 가시겠소?

공주: (분을 누르며) 내가? 말을 어느 귀로 듣느냐? (타이르듯) 네가 아마 잘못 알고 온 것이니, 그대로 돌아가면 오늘의 허물을 내가 과히 묻지 않으리라.

장교: (들은 체를 않고) 정 소원이라면 평안하게 모셔 오라는 명령이었다. 잡아라.
> 죽여도 좋다는 뜻

병사들, 공주의 팔을 좌우에서 잡는다.

공주: 어머니. / **장교:** 편하게 해 드려라. / 병사, 칼을 뽑아 공주를 앞에서 찌른다. 공주, 앞으로 쓰러진다. 붙잡았던 병사들, 서서히 땅에 눕힌다.
> ▶ 공주의 비극적인 죽음

포인트 체크

- **인물** 온달과 ☐☐는 궁중의 권력 암투에 휘말려 살해당하는 비극적 인물이다.
- **배경** 6세기 무렵 ☐☐☐ 왕실의 권력 투쟁을 배경으로 한다.
- **사건** 공주가 전사한 온달 장군의 혼을 위로하자 꼼짝하지 않던 온달의 ☐이 움직이고, 공주는 병사들에게 죽음을 당하고 만다.

[답] 공주, 고구려, 관

핵심 정리

갈래 비극
성격 비극적
배경 ① 시간 – 6세기
    ② 공간 – 고구려
제재 온달 설화
주제 온달과 평강 공주의 비극적인 사랑
특징 ① '온달 설화'를 재해석하여 새로운 의미를 부 여함.
    ② 꿈의 장치를 통해 극의 내용을 전개함.
출전 《현대 문학》(1970)
작가 최인훈(본책 218쪽 참고)

이해와 감상

이 작품은 '온달 설화'를 재해석하여 설화에서 알 수 없었던 의미들을 개연성 있게 그려 낸 희곡이다. 상상 력을 동원하여 설화를 더욱 견고한 이야기로 재구성 함으로써 새로운 가치를 부여하고 있다. 온달과 평강 공주의 만남, 온달의 죽음에 얽힌 음모, 배신자들에게 죽임을 당하는 평강 공주의 최후 등이 문학을 통한 역 사의 재현같이 느껴지게 한다. 이렇게 재해석된 설화 는 진정한 사랑의 메시지를 전달하고 있다.

전체 줄거리

온달은 사냥을 하다 길을 잃고 구렁이 여인과 정을 통 하는 꿈을 꾼다. 공주는 왕실의 암투로 인해 궁에서 쫓겨나고 비구니가 되기 위해 암자로 가던 중 온달을 만나 혼인한다. 온달은 꿈속의 여인이 공주임을 알고 놀란다. 10년 후, 공주는 피투성이가 된 온달이 작별 을 고하는 꿈을 꾼 후 온달이 전사했다는 소식을 듣는 다. 전장에서 움직이지 않던 온달의 관이 공주의 위로 를 받고 움직이고 공주는 온달의 살해범을 잡으려 하 나 실패한다. 온달의 어머니와 여생을 보내려던 공주 는 군사들에 의해 살해되고 온달의 어머니는 눈발 속 에 홀로 서서 온달을 기다린다.

작품 연구소

'온달 설화'와 〈어디서 무엇이 되어 만나랴〉
이 작품은 변형과 재해석을 통해 개연성이 떨어지는 설화의 의미를 강화하고 공주에 대한 온달의 사랑을 절대적인 것으로 부각해 감동을 주고 있다.

온달 설화	〈어디서 무엇이 되어 만나랴〉
평강왕이 울보 공주에게 온 달과 결혼하라고 농담함.	온달이 꿈에서 한 여인과 정을 통함.
공주가 왕의 말을 어기고 궁 밖으로 쫓겨남.	공주가 정치적 이유로 궁에 서 쫓겨남.
공주가 온달을 찾아가 결 혼함.	공주와 온달이 결혼함.
공주는 살림을 일구고 온 달을 가르침.	공주가 온달을 내조함.
온달이 전쟁에 나가 큰 공 을 세우고 벼슬을 받음.	온달이 사냥 나온 왕의 눈 에 띄어 장군이 됨.
온달이 전쟁에서 전사함.	온달이 전쟁에서 전사함.
공주가 움직이지 않는 시신 을 달래 저승으로 인도함.	공주의 위로로, 움직이지 않던 관이 움직임.
—	공주가 군사들에게 살해됨.

024 출세기 | 윤대성

키워드 체크 #비극 #풍자적 #비판적 #광부 매몰 사건 #언론의 상업주의 비판 #인간의 상품화

홍 기자: 국민 여러분! 여기는 강원도 정선군 동진 광업소 사고 현장입니다. 지하 1천 5백미터 갱 속에 갇혀 만 16일간이나 굶주림과 추위와 싸워 가며 초인적인 인내력으로 생명을 지탱해 왔던 김창호 씨, 그가 드디어 구출되기 직전입니다. 『그의 생환 _{김창호가 언론의 주목을 받게 된 이유} 은 김창호 씨 개인뿐만 아니라 온 국민의 기쁨이며 인간 생명의 승리입니다. 오늘이 있기까지는 각 방송 보도진은 물론이려니와 국민 여러분의 성원 없이는 불가능했을 『』: 시청률을 높이기 위한 거창한 중계 것입니다.』그럼 당 영업소 소장 권오창 선생님께 몇 말씀 묻겠습니다. 구출될 시간은 대략 몇 시쯤 됩니까?

소장: 예, 지금 김창호 씨와 구조대는 서로 대화를 나누는 거리에 있습니다. 그러니까 아마 30분 내로 구출될 전망입니다.

홍 기자: 김창호 씨의 건강 상태는 어떻습니까?

소장: 어젯밤부터 파이프를 통해서 미음 같은 음식을 공급했습니다만 큰 지장은 없다고 봅니다.

홍 기자: 감사합니다. 그동안 수고가 많으셨습니다.

소장: 전 오로지 그 사람의 생환만을 바래 왔습니다. 제가 광산에 있은 지 20년이 넘습 니다만 (감격) 이렇게 오늘처럼 보람 있고 감격해 본 적은 없습니다. (콧물을 닦는다.) _{자신을 드러내는 것에만 집중함.}

홍 기자: 우리 모두 경건한 마음으로 생명의 존엄 유지를 위한 횃불을 들어야겠습니 _{구호로만 외칠 뿐 실제로는 생명 존엄과 무관한 행태를 보임.} 다. 이 방송은 여성의 탄력 있는 미를 창조하는 몽쉘느그므 화장품과 스타킹 메이커 와키누가 나일론 제공입니다. _{방송을 통한 상품 홍보 → 대중 매체의 상업적 속성} ▶ 김창호를 상품화하는 대중 매체

박 여인, 남매를 데리고 등장한다. _{김창호의 부인}

아낙네 1: 저기 김창호 씨 부인이 와요. / 광부 1: 비켜 줘요, 비켜 줘.

구경꾼들, 길 비켜 주고 축하 인사하고, 홍 기자, 박 여인을 카메라 앞으로 끌고 온다. _{상품화된 김창호의 개인사를 보여 주기 위해 김창호의 부인을 대중 매체에 등장시킴.}

홍 기자: 여기 김창호 씨 부인께서 와 계십니다. 어떻습니까? 기쁘시죠?

박 여인: 네. 이루 말로 다할 수가 없어요.

아들: (마이크에 대고) 아버지! / 딸: 뭐야, 엄마?

박 여인: (쥐어박으며) 조용히 해, 이 녀석들아. (마이크에 대고) 너무들 고마웠어요. 그 이가 살아 나온다니까 뭐라고 할 말이 없네요.

홍 기자: (마이크) 벅찬 감격에 말을 잇지 못합니다. (터널 쪽을 보며) 오늘 김창호 씨가 구출된 후 스케줄을 말씀드리겠습니다. 먼저 대기한 1954 구급차에 올라 간단한 응 급조치와 진단이 있은 후 H19 공군 헬리콥터 편으로 서울로 급송됩니다. 공항으로 부터 두 대의 백차가 호송하는 가운데 메디컬 센터에 입원 가료하게 되며 연도에는 _{차체에 흰 칠을 한 경찰이나 헌병의 순찰차} _{치료} 수많은 시민들이 김창호 씨를 환영할 것입니다. _{큰 도로 좌우에 연이어 있는 곳} ▶ 김창호를 영웅으로 만드는 대중 매체

키 포인트 체크

인물 홍 기자는 □□에 갇힌 김창호를 이용하여 대중의 관심을 받으려 하는 이기적인 인물이다.

배경 탄광을 배경으로 하여 1960년대의 방송 언론의 모습을 보여 주고 있다.

사건 갱도가 무너져 광부들이 매몰된 현장에서 □□□의 □□이 임박하자 방송사 기자가 과장된 태도로 사건을 보도하고 있다.

답 탄광, 김창호, 구출

🎯 핵심 정리

갈래 장막극, 비극

성격 풍자적, 비판적

배경 ① 시간 – 현대
　　　② 공간 – 탄광과 서울

제재 1967년 광부 매몰 사건

주제 대중 언론의 상업주의 비판

특징 ① 자본주의 속 대중 매체의 생리를 고발함.
　　　② 자유롭게 공간을 옮길 수 있도록 장면을 분할함.

출전 《현대 문학》(1983) / 초연 1974

작가 윤대성(1939~) 극작가. 주요 작품으로 〈망나니〉, 〈너도 먹고 물러나라〉 등이 있다.

이해와 감상

이 작품은 1976년 매몰되었다가 16일 만에 구출된 광부의 실화를 극화한 희곡으로, 대중 언론의 상업주의와 허위성이 한 인간을 어떻게 파멸시키는가를 예리하게 고발하고 있다. 대중 언론에 의해 일약 영웅으로 부각됐던 평범한 인물이 상품으로서의 가치가 떨어지면서 다시 언론에 의해 외면당하고 비참한 처지로 전락하는 과정을 통해 언론의 인간 상품화와 물질 만능주의를 비판하고 있다.

전체 줄거리

갱도가 무너져 광부들이 매몰된 현장에서 광부 김창호가 많은 취재와 국민의 뜨거운 열기 속에 16일 만에 구출된다. 유명 인사가 된 김창호는 매니저 미스터 양을 만나 각종 방송 프로그램에 출연하면서 많은 돈을 벌게 된다. 가족을 등진 채 유흥에 빠져 돈을 탕진하던 김창호는 상품으로서의 가치가 떨어지면서 사람들로부터 외면을 당한다. 다시 탄광이 있는 곳으로 내려온 김창호는 아내가 사산했다는 소식을 듣고, 이때 광업소에서 사고가 난다. 김창호는 탄광 매몰 현장에서 잠시 주목을 받다가 또다시 외면당한다. 결국 김창호는 땅이 아닌 하늘로 가서 새로운 기록을 세우겠다며 떠난다.

작품 연구소

김창호의 삶을 통해 본 작품의 구조

이 작품은 주인공 김창호의 '매몰-구출-출세-몰락'이라는 큰 테두리 속에서 '상승-하강' 구조를 취하고 있다.

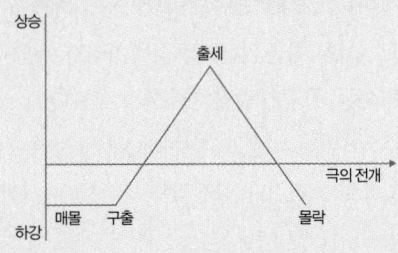

025 그 여자의 소설 | 엄인희

키워드 체크 #회상적 #비판적 #일제 강점기~1970년대 #가부장제 #여성들의 삶

큰댁: (귀분네에게) 그 애가 올 스물셋이라구 했지?
_{남의 본처를 높여 이르는 말}   _{작은댁}

귀분네: 예? 그런가…… 열여섯에 박 씨한테 와 가지고, 열여덟에 초춘이를 낳고……
_{작은댁의 전남편. 독립운동을 하러 만주로 간 후 소식이 없음.}   _{박 씨와 작은댁 사이의 딸}
예, 그러네요.

큰댁: 홀시아버지를 모신다는데 괜찮겠나?

귀분네: 잘은 모르지만요, 아들이 중국서 광복군 한대죠. 아마, 그래 갖고는 일본 순
사들이 자꾸 정신대니 뭐니 하면서 귀찮게 하니까 그보다는 남의 집 첩살이가 낫다
고……._{박 씨} _{정신대에 끌려가는 것보다는}

큰댁: (혀를 끌끌 차며) 누가 첩살이 시킨댔나. 아들 하나 낳아 주면 살 만큼 해 줘서 보
낸다 했지._{남아 선호 사상이 드러남.}

귀분네: 그러다 딸부터 낳으면 어째요. 사람 일이 그렇지 생각대로 씨만 받을 수 있수?

큰댁: (화를 내며) 어허, 이게 무슨 재수 없는 소리야! (사이) 내가 딸 하나 낳고 올해로
십 년이네. (귀분네 알고 있다고 고개를 끄덕인다.) 바깥어른이 아들 없는 집엔 들어오
기도 싫다고, 아예 기생집에만 계시니…… 아들만 생긴다면야……. (한숨. 떡을 집어
주며) 먹게. 오랜만에 떡 구경할 텐데……. (떡을 맛있게 먹는다.)_{작은댁을 들이는 이유}

귀분네: 아직도 뜨겁네. / **큰댁:** 어머니나 언니는 주로 뭘 많이 낳았대? 아들인가?

귀분네: 아마 혼자라지요. 그 애가 첫앤데 어미가 그 애 낳고 곧 죽었다니까…….
_{출생부터 순탄치 않았음.}

큰댁: 뭘 하구 있나. 아직 안 들어오고. (귀분네 나간다.)
_{작은댁에게 하는 말}

작은댁: (혼잣말) 벌써 쌀 한 가마 받았으니 무를 수도 없고……. 다섯 말이나 팔아서
_{첩 또는 첩의 집을 이르는 말}   _{작은댁이 가난한 형편 때문에 김 씨의 아들을 낳아 주기로 했으면서 계속해서 갈등하고 있음.}
빚을 갚았으니 무를 수도 없고……. (오락가락한다.) [중략]
  ▶ 김씨 종가 댁에 아들을 낳기 위해 온 작은댁

작은할머니: 난 말이다, 『너의 할아버지가 몽둥이를 들 때마다 시골집 대청마루 밑으로
_{세월이 지난 후의 '작은댁'}   _{남편인 김 씨}   _{한옥에서 몸채의 방과 방 사이에 있는 큰 마루}
들어갔어. 너도 알지? 그 마루 밑이 땅하고 이렇게 새가 떴던 거.』
_{『 』: 가부장적이고 폭력적인 남편에게 시달려 온 작은댁의 삶}   _{사이, 공간}

손녀: 예! 누렁이가 마루 밑에서 살았잖아요.

작은할머니: 그리루 들어가면 못 때렸어. 화가 나서 돌멩이를 던지시기도 했지만. 너는
그러지 마라! 남편이 성을 내면.

손녀: 아이, 할머니도. 요즘 누가 그래요. 그리고 밑으로 들어갈 대청마루도 없구요.

작은할머니: 마음이 말이다. 마음이 대청마루 밑으로 들어가지 말라구.
_{남성의 권위에 억눌리지 말고 당당하게 살 것을 당부함.}

손녀: 알았어요.

작은할머니: 성을 내거든 무조건 수그러들지 말고 차근차근 따져 봐. 그리고 너도 마찬
_{남성의 권위적 태도에 위축되지 않고 적극적으로 소통해야 함.}
가지야. / **손녀:** (영문을 몰라서) 예?

작은할머니: 유 서방을 대청마루 밑으로 몰아넣지 말아야 해. 알았냐?
_{손녀사위가 될 사람}   _{아내 역시 남편을 몰아세우지 말 것 → 부부간 상호 존중의 태도를 강조함.}

손녀: (할머니를 껴안으며) 아유, 우리 할머니! 우리 작은할머니!

둘이 웃는다. 조명이 나간다.   ▶ 결혼을 앞둔 손녀에게 올바른 부부 관계에 대해 조언하는 작은댁

키 포인트 체크

인물 가난 때문에 ☐이 된 작은할머니는 가부장적 제도 아래에서 고난을 겪어 왔다.

배경 ☐☐☐☐☐부터 1970년대에 이르는 한 여성의 굴곡진 삶을 보여 주고 있다.

사건 큰댁은 ☐☐을 낳게 하기 위해 작은댁을 들였고, 작은댁은 ☐☐의 권위에 눌려 살아왔다.

답 첩, 일제 강점기, 아들, 남편

갈래 희곡
성격 회상적, 비판적
배경 ① 시간 – 일제 강점기~현대
② 공간 – 어느 마을의 김씨 댁
제재 굴곡진 근현대사를 견뎌 온 한 여인의 일생
주제 현대사의 아픔과 한 여인의 기구한 삶, 남성 중심의 가부장적 사회 구조 비판
특징 현재의 대화(작은할머니와 손녀) 내용을 매개로 과거와 현재가 유기적으로 이어짐.
출전 극단 완자무늬 공연 대본 / 초연 1995
작가 엄인희(1955~2001) 극작가. 주요 작품으로 〈저수지〉, 〈부유도〉 등이 있다.

이해와 감상

이 작품은 작은할머니와 손녀의 대화를 중심으로 굴곡진 인생을 살아온 한 여인의 삶을 현재와 과거를 넘나들며 보여 주고 있는 희곡이다. 일제 강점기부터 6·25 전쟁을 거쳐 현재에 이르기까지 한 여인의 삶을 한국 현대사 속에 녹여 냄으로써 지난 역사는 물론 우리 세대의 삶까지 돌아보게 하는 작품이다. 아울러 가부장적 사회 구조 속에서 고난을 견디는 여인들의 삶의 모습을 통해 남성 중심의 가부장적 사회 구조의 모순을 비판하고 있다.

전체 줄거리

박 씨가 독립운동을 하러 떠난 뒤 그의 아내(작은댁)는 김씨 집안에 씨받이로 들어가, 3년 만에 아들을 낳는다. 그러나 남편 김 씨가 둘째 아들까지 원하면서 옛 시댁으로 돌아가지 못하고 큰댁과 함께 남편의 구박을 받으며 지낸다. 해방이 되자 전남편 박 씨가 다리를 절며 귀국하여 딸과 함께 조용히 사라진다. 큰댁은 6·25 전쟁 중에 비극적인 죽음을 맞고 남편은 나이가 들어 치매 환자가 된다. 작은댁을 작은어머니로 알고 자란 아들이 작은댁이 생모임을 알게 되고, 아들에 의해 호적에 정식으로 오른다. 한편 전남편 박 씨 사이에서 낳은 딸이 결혼을 며칠 앞두고 어머니인 작은댁을 찾아오고, 작은댁은 딸에게 땅문서를 결혼 선물로 건넨다. 세월이 흘러 두 아들은 결혼을 하고, 출가를 앞둔 손녀와의 대화 장면인 극의 도입부로 다시 돌아오면서 극이 마무리된다.

작품 연구소

〈그 여자의 소설〉의 구성 방식
이 작품은 현재와 과거를 넘나들며 인물의 대화를 통해 과거를 회상하는 구성 방식을 취하고 있다.

사건 전개 방식
·'현재–과거–현재–과거'가 반복되면서 과거의 상황이 회상 형식으로 삽입됨. ·현재 시점에서 마무리됨.

↓

효과
·과거 장면을 실감 나게 전달함. ·현대적 관점에서 내용이 마무리됨으로써 오늘날 우리의 삶을 돌아보게 함.

1. 한국 희곡 239

026 밥 | 김지하 원작, 임진택 각색

키워드 체크 #마당극 #풍자적 #해학적 #도시 문명 비판 #자연의 순환 중시 #밥→똥→흙→밥

가 농부: (힘을 주어 끙끙대며) 아휴, 급할 땐 언제고 왜 이렇게 안 나오냐?
　　　　　　　　　　　　　　　_{낯선 도시에 와서 똥이 잘 나오지 않는 농부}

남자 1: 먹고 살기 꽉꽉 막히니까 똥도 꽉꽉 막히는구나. (힘을 주어 끙끙댄다.)

농부: (놀라서) 아저씨 혈압 조심하세요.

남자 2: 아라차차차차. (강력하게 힘을 준다.) / 농부: (또 놀라서) 그쪽은 차력해요?

남자 1: (기어 바꾸는 시늉하며) 에라, 2단으로 넣어 보자. (더욱 요란하게 끙끙댄다.)
　　　　　　　　　　　　　　　　　　　　_{좀 더 세게 힘을 주어 보자.}

남자 2: 아랏차차차. 왜 이렇게 발동이 안 걸리냐? (마구 부르릉거린다.)

매표: (시끄러운 소리에 쳐다보다가) 아니 이 사람들이 화장실에서 전쟁을 하나? 들어
_{매표소 직원. 과거에 화장실에 들어가려면 돈을 내고 표를 끊어야 하는 곳들이 있었음.}
　　간 지가 언젠데 아직 안 나와? 이봐요, 빨리 정리들 하고 나와요. 나도 정리하고 퇴
　　근해야 하니까! (못 참겠던지 결심하고는) 셋 셀 동안 안 나오면 쳐들어가겠어요. 하
　　　　　　　　　　　　_{개인적 공간인 화장실에서조차 편안하게 있을 수 없음.}
　　나, 둘, 세엣! / 모두들: 나가요, 나가. (일동 모두 황급히 뛰어나온다.)
　　　　　　　　　　　　　　　　　　　　　▶ 화장실에서 쫓겨난 농부와 남자들

나 농부: (잠깐 정신을 가다듬은 다음) 한바탕 법석을 떨다 봉게 똥이 쏙 들어가 버렸네.
　　(하다가 염려가 되어) 그나저나 서울에 쌀 팔러 왔다가 쌀은 하나도 못 팔고, 큰일 났
　　고만. (잠시 생각해 보더니) 가만히 보니까 서울이란 데가 꽉 막힌 곳이구먼, 뒷간까
　　　　　　　　　　　　　　_{순환이 되지 않는 도시 공간}
　　지도 꽉 막혀서 이 지경이니 말이여. 뭔가 돌아가야 할 것이 안 돌아가고 중간에서
　　_{「」: 자연 순환의 질서가 깨졌음. – '밥 → 똥 → 흙 → 밥'의 순환이 잘 되는 것이 생명의 이치라는 작가의 생각을 드러냄.}
　　꽉 막힌 통에 문제가 생기는 것이여. 응? 똥이 거름이 돼야 밥이 제대로 생기는 것인
　　디 그것이 잘못되야 버렸어. 가만있자, 아까운 똥을 서울에다 버릴 게 아니라, 꽉 참
　　았다가 내 논에다 줘야 쓰겠구먼. / (연희자와 관객에게) 자, 그럼 나 시골로 도로 갈
　　　　_{똥을 거름을 쥐겠다고 생각함.}　　　　　　_{마당극의 특징 ① – 관객과 호흡을 같이 하며 극의 내용을 이끌어 나감.}
　　라네. / (불림 조) 가네 가네 가네 내 똥 누러 고향 가네.
　　　　　　　_{마당극의 특징 ② – 풍물 장단에 맞춰 노래를 부름.}
풍물 장단에 맞춰 뒤뚱뒤뚱 마당을 한 바퀴 거꾸로 돌아 다시 농촌으로 돌아온다.
　　　　　　　　　　_{마당극의 특징 ③ – 연기를 통해 극 중 장소를 표현함.}

농부: (땅에게) 야들아 나 왔다! 나가 오긴 왔지만, 쌀도 못 팔고 느그들 줄 밥도 못 가져
　　　　　　　　　　　　　　　　　　　　　　　　　_{거름으로 쓸 똥}
　　왔다. 그란디 내가 이번에 서울서 많이 배웠다. 느그들 밥 달라고 했지 근디 서울은
　　느그들 줄 밥이 다 어디로 흘러가 버리더라. 하지만 조금만 참아라잉. 내가 서울서부
　　_{자연 순환의 원리에 어긋나는 도시 생활}　　　　　　　　_{┌ 마당극의 해학적 특징이 두드러진 부분}
　　터 참고 온 내 똥이라도 퍼질러 싸서 줄 텡게, 조금만 참어. (자세를 잡고 똥을 싸려는
　　동작을 시도하다가, 관객들에게) 같이 한번 힘 좀 써 보더라고요. 에잇! (장단에 맞춰
　　똥을 내 싸지르는 춤을 한바탕 추고 나서) 위매 시원한 것!

해: (이 광경을 보고 대견한 듯) 어이 비! 저놈이 이제 정신을 차렸고만. 어디 한번 살려
　　　　　　　　　　　　　　　　　　_{농부의 행동을 대견하게 생각한 자연이 농사일을 도우려 함.}
　　보드라고. / 비: (그 광경을 보고 역시 대견한 듯) 그리여. 저놈이 그중 나은 놈이여.
　　(땅에게) 어이, 땅! 내가 살포시 내려앉을 텡게 잘 받아야 써, 알겠제?

땅: 그리여, 느그들이 오는 것은 언제든지 반갑당게. / 농부: (불림 조로) 살아나라 살아
　　나라 내 똥 먹고 살아나라. / 한바탕 풍물에 맞춰 모두들 활기 있게 땅을 도로 일으켜 살
　　려 낸다. 이는 자연과 인간이 일체가 되는 농업 살림, 생명 살림의 춤이다.
　　_{「」: 연희자와 관객 모두가 어울려 춤을 추며 자연 순환의 질서를 회복하자는 극의 주제 의식을 이끌어 냄.}
　　　　　　　　　　　　　　　　　　　　▶ 땅을 생기 있게 살려 낸 농부와 자연이 하나 되는 춤사위

키 포인트 체크 /

인물 ▢▢는 자연 농법을 고집하는 순박한 인물로 눈앞의 문제를 적극적으로 해결하려는 인물이다.

배경 현대의 농촌과 ▢▢를 배경으로 자연의 흐름을 거스르는 ▢▢ 사회의 모습을 보여 주고 있다.

사건 농부는 도시에서 고향으로 돌아와 ▢을 거름으로 삼아 농사 지을 ▢을 살려 내고 있다.

답 농부, 도시, 현대, 똥, 땅

🎯 핵심 정리

갈래 마당극

성격 비판적, 풍자적, 해학적

배경 ① 시간 – 현대　　② 공간 – 농촌과 도시

제재 농촌과 도시의 반생명적인 삶

주제 ① 자연의 유기적 순환에 순응하는 삶
　　　② 농촌 문제 진단과 도시 문명 비판

특징 ① '밥'에 대해 생명론적인 해석을 보여 줌.
　　　② 농악대의 잡색놀이 형태로 진행됨.

출전 《민족극 대본선 1》(1998)

작가 • 김지하(1941~) 시인, 생명운동가. 주요 작
　　　품으로 〈오적〉, 산문집 《남녘땅 뱃노래》 등이
　　　있다.
　　　• 임진택(1950~) 연극 연출가, 국악인. 판소
　　　리의 전통을 따르면서도 관객이 흥겹게 참여
　　　할 수 있는 창작 판소리를 만들었다.

이해와 감상

이 작품은 생산과 분배, 생활 방식과 질, 죄와 양심, 현실과 미래의 문제 등을 우리가 늘 먹는 '밥'의 원리를 바탕으로 엮어 내고 있다. 제시된 장면은 첫째 마당 '똥이 밥이다'의 일부분으로, 자연의 순환 구조를 파괴하고 개인의 욕심을 채우려는 인간을 순박한 농부의 눈으로 바라보고 있다. 이를 통해 환경 오염에 시달리는 자연의 아픔을 이해하고, 더불어 자연의 흐름을 파괴하는 도시의 삶에 대해 반성하게 하고 있다. 이 작품에서 '똥'은 일반적으로 생각하는 더럽고 냄새나는 것이 아니라, 인간에 내재된 자연성 또는 인간과 자연의 연결 고리를 상징하고 있다.

전체 줄거리

한 농부가 자기 논의 벼가 자꾸 시들고 땅도 병들어 가자, 비료와 농약을 쓰지 않고 자연 농법으로 농사를 짓는다. 그러나 농약 사용을 적극 권장해 온 농촌 지도소 관리와 땅 주인은 그러한 농부에게 불이익을 주려고 한다. 이에 농부는 자신이 농사지은 쌀을 직접 도시 소비자들에게 판매하고 거름으로 쓸 똥을 구하기 위해 서울로 올라가 이곳저곳을 돌아다니지만 계속 푸대접을 받는다. 그러다 뒤가 급해진 농부는 공중 변소에 들어가게 되는데, 그곳에서 땅으로 돌아가야 할 똥이 물에 씻겨 내려가는 모습에 충격을 받는다. 또한 농부는 변소에서 편히 일도 보지 못하는 사람들을 만나고 도시가 변비처럼 꽉 막힌 곳임을 깨닫게 된다. 결국 다시 농촌으로 돌아온 농부는 자신의 똥을 거름으로 사용하여 땅을 살린다.

작품 연구소

〈밥〉에 담긴 '밥'의 원리

'밥→똥→흙→밥'으로 이어지는 순환을 반복함.	➡	자연 순환의 질서를 따라야만 자연과 하나 될 수 있음.

자료실

마당극의 형식적 특징

• 무대와 객석의 구분이 없어 관객과 소통하며 진행한다.

• 일반적으로 원형의 야외무대에서 공연된다.

• 무대 장치보다는 연기를 통해 극 중 장소를 표현한다.

027 느낌, 극락 같은 |이강백

키워드 체크 #철학적 #불교적 #불상 제작 #예술관의 대립 #예술의 본질적 가치 #부처의 마음

동연과 서연, 등장한다. 그들은 당황한 모습으로 함묘진 앞에 선다.
이름을 통해 두 사람이 대립적인 인물임을 알 수 있음.   동연과 서연의 스승

동연, 서연: 부르셨습니까?

함묘진: 작업장에 너희가 없더구나!

동연: 죄송합니다. 잠깐 밖에 나가 있었습니다.

함묘진: 밖에는 왜?

동연: 말다툼 때문에…… 서로 의견이 달라서요.
불상 제작을 둘러싼 동연과 서연의 갈등

함묘진: 말다툼?

동연: 네.

함묘진: 서연아, 네가 다툰 이유를 말해 봐라.

서연: 송구스럽습니다…….

함묘진: 너흰 생각도 행동도 똑같았다. 그런 너희가 말다툼을 하다니, 도대체 다르다
면 뭐가 달랐더냐?

서연: 동연은 부처의 모습을 만들면, 그 모습 속에 부처의 마음이 있다고 했습니다.
내용보다 형식을 중시하는 동연의 예술관

함묘진: 그런데, 너는?

서연: 그런데 저는…… 부처의 모습을 만들어도, 부처의 마음이 그 안에 없다면 무슨
소용이 있겠는가 했습니다.
형식보다 내용을 중시하는 서연의 예술관

동연: 사부님, 서연을 꾸짖어 주십시오. 서연은 쓸데없는 주장으로 저를 괴롭힙니다.

함묘진: 너희 둘 다 만들던 불상을 가져와라! [중략] ▶ 불상 제작에 대한 견해 차이로 갈등하는 동연과 서연

서연: 외람된 말씀입니다만…… 저는 이제 사부님의 칭찬을 들을 만큼 형태는 잘 만들
게 되었습니다. 하지만…… 제가 만든 불상은 그저 부처의 모습일 뿐, 부처의 마음은
아닙니다.

함묘진: 그러니까 네 말은 뭐냐? 네가 만든 불상에는 부처의 마음이 없다, 그 뜻이냐?

서연: 네. 제 고민은 그것입니다.

동연: 서연을 야단쳐 주십시오. 사부님. 부처의 모습 속에 부처의 마음이 없다니, 그게
무슨 해괴망측한 소리입니까?

함묘진: (손을 들어 동연의 항의를 제지하며) 가만있거라, 너는. (서연에게) 네 말을 좀 들
어 보자. 여기 두 개의 불상이 있다. 하나는 네가 만든 것, 다른 하나는 동연이가 만
든 것이다. 그런데 너는 네가 만든 불상에 대해서 말하기를, 부처의 형태일 뿐 부처
의 마음은 없다고 했다. 그 까닭이 뭐냐?
서연의 고뇌에 대한 질문

서연: 저는 부처의 마음을 알지 못합니다. 그 마음을 알지 못한 채 형태만 만들었으니,
그건 무엇일까요…….
부처의 마음을 알지 못한 상태에서 불상을 제작하는 것에 대한 회의
▶ 불상 제작에 회의를 느끼는 서연

키 포인트 체크

인물 동연은 불상의 [ ]를 중시하고 [ ]은 불상의 내용을 중시한다.

배경 불상 제작자 [ ][ ]의 집을 배경으로 하고 있다.

사건 서연은 불상 제작에 회의를 느끼고 [ ]과 불상을 만드는 것에 대한 견해 차이로 갈등하고 있다.

답 형태, 서연, 함묘진, 동연

---

1. 한국 희곡

핵심 정리

갈래 장막극

성격 철학적, 불교적

배경 ① 시간 – 현대
② 공간 – 불상 제작자 함묘진의 집, 들판

제재 불상 제작을 둘러싼 인물 간의 갈등

주제 예술의 본질적 가치에 대한 깨달음, 진정한 구
원에 대한 근원적 고찰

특징 ① 두 인물을 통해 대립되는 예술관을 제시함.
② 과거와 현재의 시공간이 공존하는 형태로 극
이 전개됨.

출전 《이강백 희곡 전집 6》(1999) / 초연 1998

작가 이강백(본책 210쪽 참고)

이해와 감상

이 작품은 '형식'과 '내용'이라는 예술관의 대립을 바
탕으로 '보이는 것'과 '보이지 않는 것'에 대한 진지한
탐색을 보여 주는 희곡이다. 동연은 불상의 완벽한 외
적 형태에 몰두하여 부와 명예를 얻고, 서연은 불상이
담고 있어야 할 부처의 마음을 중시하여 방랑의 길을
떠난다. 이렇게 동연과 서연의 예술관과 삶의 태도는
철저하게 대비된다. 그러나 작가는 형식과 내용 중 어
느 한쪽만을 강조하지는 않으며, 어느 한쪽에 치우치
지 않고 형식과 내용이 조화를 이룰 때 비로소 극락
같은 느낌을 가질 수 있음을 말하고 있다.

전체 줄거리

서연의 장례식장에서 함이정이 그녀의 아들 조숭인과
대화를 나누면서 과거 회상이 시작된다. 불상 제작자
함묘진의 제자인 동연과 서연은 불상 제작에 대한 서
로 다른 생각으로 갈등을 겪고, 서연은 진정한 부처의
마음을 찾기 위해 길을 떠난다. 이후 동연은 불상 제작
자로 명성을 얻고 스승의 딸인 함이정과 결혼하여 아
들 조숭인을 낳는다. 그러던 중 사고로 함묘진이 세상
을 떠나자 함이정은 서연을 찾아 나선다. 한편 조숭인
은 불상 제작자가 되길 바라는 동연의 바람을 뒤로 하
고 정신적 아버지인 서연과 생부인 동연의 불협화음
을 조화시켜 보기로 결심한다. 함이정과 서연은 여러
곳을 돌아다니며 부처를 만들고 함이정은 서연의 임
종을 지키게 된다. 그리고 함이정은 서연의 장례식장
에 나타난 조숭인에게 지난날의 이야기를 들려준다.

작품 연구소

동연과 서연의 예술관 대립

동연과 서연은 불상 제작에 대해 서로 다른 관점을 지
니고 있는 인물이다. 동연은 불상의 완벽한 형태 속에
부처의 마음이 있다고 믿는 반면, 서연은 형태가 완벽
해도 마음이 깃들어 있지 않으면 진정한 불상이 아니
라고 생각한다. 이러한 두 사람의 갈등이 사건 전개의
중심축을 형성하고 있다.

동연		서연
불상의 형태를 완벽하게 만들면 그 속에 부처의 마음이 있음.	◀▶	부처의 마음이 담기지 않은 것은 진정한 의미의 불상이 아님.
불상의 형태 중시		불상의 내용 중시

028 집 | 김인경

키워드 체크 #마당극 #해학적 #풍자적 #새집 짓기 #아버지와 두 아들 #집의 근원적 의미

김덕보: 오늘이 무슨 날인 줄은 다 알지? / 최 씨: 그람유. 대들보 올리는 상량식 날 아뉴.

김덕보: (자식들을 보며) 네들은? / 대붕: 상량식 날이고……. / 김덕보: 그리구?
　　　　　　　　　　　　　　　　　　　집을 지을 때 기둥을 세우고 보를 얹은 다음 마룻대를 올리는 의식

대길: (머뭇거리다가) 그야…… 이 집의 주인이 <u>누군지 발표하기로 하신 날이죠.</u>
　작은아들　　　　　　　　　　　　　욕심 때문에 어머니의 기일조차 잊은 자식들의 모습

김덕보: 그게 다냐? (입을 다문다.) / 이 씨: 성님! 뭐 그리 뜸을 들이슈? 답답하게.

최 씨: 그류. 얼릉 끝내구 술 한 잔 혀야쥬.

김덕보: 그동안 동네 사람들이 모두 자기 집 일처럼 열심히 해 준 덕에 상량식 날짜를
맞출 수 있게 되어서 얼마나 고마운지 몰러. 사람들 다 모아 놓고 집안일을 거론해서
안 됐지만, 오늘이 저 애들 에미…… 기일일세. / 대붕과 대길, 며느리 순간 당황한다.
　　　　　　　　　　　　　　　　　　　　　　　　아내의 기일임을 밝히는 김덕보

대붕: 아버지, 죄송합니다. (아내에게 화를 내며) 당신 도대체 뭐하는 사람이야!

며느리: 왜 나한테만 그래요? / 김덕보는 아무 말 없이 보자기에 싸 온 것을 푼다. 문패를
꺼내 소중하게 한 번 쓰다듬고 집에 건다.
　주소, 이름 따위를 적어 대문 위나 옆에 붙이는 작은 패

며느리: 박점례? 박점례가 누구야? 이름도 참…….

대붕: 조용히 해. 어머니 성함이셔.
　시어머니의 이름조차 모르고 있음.

김덕보: (문패를 어루만지며) 이 사람 살아 있었으면 올해가 환갑이여. 서른에 세상을
등졌으니, 꼭 살았던 만큼 죽은 시절을 보냈구만. (회한에 잠겨) 참 모질게도 추운 날
　　　　　　　　　　　『 : 가난한 처지에 집이 없어 아내를 먼저 보낸 김덕보의 한(恨)
이었지. 당장 집세를 못 내면 집 안에 들여놓지 않는다기에 여기저기 발바닥이 부르　뉘우치고 한탄함.
트도록 돈을 구하러 다니다 집에 가 보니, 돌을 막 넘긴 대길이 놈을 꼭 끌어안고 대
문 앞에서 쭈그려 앉아 있더라구. 얼마 되지도 않은 살림은 옆에 쌓여 있구, 대붕이
　　　　　　　　　　　추위로부터 아이를 지키려는 모성애　　　　집세를 내지 못해 쫓겨남.
놈은 이불에 똘똘 말려 잠들어 있구. "이봐, 나 왔어! 어여 일어나!" 일으켜 세우려고
해두 꽁꽁 얼어붙은 몸뗑이가 펴지지가 않어. 그날 밤 그 사람 몸을 녹이느라 밤새
주무르고 문지르면서 내 약속을 했지. "집부터 사자. 못 입어서 그지 소리 듣구, 굶어
죽는 한이 있어두 집부터 사자." 그런데 그날부터 영 운신을 못하더니 그대로 저세
　'집'에 대한 김덕보의 한(恨)　　　　　　　　　　　　　　　　몸을 움직임.
상으로 가 버리더구만……. 이봐 대붕 엄마! 이제 환갑 되는 해, 당신 제사상에 집 한
채 올리네. 좋은가? 혼령이라두 편히 살어.
　새집을 지은 이유 – 죽은 아내에 대한 미안함

대붕: 아버지…… 죄송합니다. / 대길: 아버지…….　▶ 새집의 주인과 새집을 지은 이유를 밝히는 김덕보
　자신들의 이익만 탐했던 모습에 대한 부끄러움과 반성

김덕보: 이 집 지으면서 참 여러 가지 생각이 많이 들더구만. 집이 대관절 뭔가. 비바
람 피하고, 세상사에 시달린 육신 편히 쉬라는 곳 아닌가 말여. 언제부터 집이 돈으
　　　　　　　　　　　　　　　　　　　　'집'의 근원적 의미 – 안식처
로 둔갑을 해서 사람을 못살게 굴기 시작했는지 모르겠어. 이 집은 이 나무가 다 썩
　집이 물질적 가치로만 평가되는 현실에 대한 비판
어 무너져 내려서 흙으로 다시 없어질 때까지 네들 에미 집이다. 집 앞에서 얼어 죽
은 네 어미는 이 집에 오는 사람이면 누구든 내쫓지 않을 테니께……. 나 죽은 담에
도 이 문패를 달구 살 사람이면 누구든 이 집 주인이다.
　자신의 뜻을 이음　　　　　　　　　▶ '집'을 물질적 가치로 보는 인식을 비판하는 김덕보

키 포인트 체크

인물 김덕보는 집이 없어 □□를 잃은 아픔을 지녔고, 두 □□은 집을 통해 물질적 욕망을 채우려 한다.

배경 가족의 안식처인 □을 물질적 가치로만 여기는 사회상을 보여 주고 있다.

사건 김덕보는 죽은 아내를 위해 새집을 짓고 □□□로서의 집의 의미를 강조하고 있다.

답 아내, 아들, 집, 안식처

🎯 핵심 정리

갈래 마당극

성격 풍자적, 해학적

배경 ① 시간 – 현대

　　　② 공간 – 김덕보의 고향

제재 새집을 짓는 과정

주제 가족 공동체의 터전이자 안식처로서 '집'의 의미

특징 ① 집 짓는 과정에서 전통 연희의 요소를 찾아냄.

　　　② 현대 사회에 대한 비판 의식을 마당극 특유의 재치와 익살로 표현함.

출전 예술 공장 두레 / 초연 2004

작가 김인경(1969~) 마당극 배우, 극작가, 연출가. 주요 작품으로 〈염쟁이 유 씨〉, 〈착한 사람 김삼봉〉 등이 있다.

이해와 감상

이 작품은 한옥을 지으면서 진행하는 마당극으로, 터를 다지고, 주추를 놓고, 대들보를 올리고, 지붕을 덮는 과정을 통해 집의 진정한 가치를 깨닫게 한다. 적절한 노동요 사용으로 배우와 관객의 흥을 일으키고, 성주신, 삼신할매, 조왕마님, 업두꺼비가 등장해 극을 흥미롭게 이끈다. 집을 물질적인 가치로만 여기는 오늘날의 세태에 대해 풍자하고 집의 근원적인 의미를 되새기고 있다.

전체 줄거리

젊은 시절 힘들게 도시 생활을 하다 고향으로 돌아와 농사를 짓던 김덕보는 집을 짓겠다고 한다. 하지만 큰아들은 그 땅을 다른 건축업자에게 팔아서 전셋돈을 마련하려 하고, 작은아들은 그 집을 식당으로 만들려고 집을 더 크게 짓자고 조른다. 하지만 김덕보는 상량식 때 집주인을 알려 주겠다고 하며 집 짓기에만 열중한다. 집을 짓는 동안 김덕보와 동네 사람들은 땅과 하늘에 고사를 지내며 터를 다지고 개토제, 바심질을 하며 정성을 다한다. 한편 성주신, 조왕마님, 삼신할매, 업두꺼비(집과 터를 지키는 신)도 그 과정을 지켜보며 무사히 집이 완공되기를 기원한다. 이들은 공사장에 모여 집에 대한 세상 사람들의 그릇된 욕심과 잘못된 주택 정책 등을 비판하기도 하고, 김덕보의 서러웠던 과거사를 이야기하며 사람들에게 집이란 어떠한 존재인가를 깨닫게 해 준다. 한편 집을 차지하기 위해 다투던 두 아들은 집이 자신들의 손에 들어오면 반반씩 몫을 나누기로 밀약하는데, 상량식 날 김덕보는 새집의 집주인이 죽은 부인임을 알린다.

작품 연구소

'집'에 대한 인물 간의 인식 차이

이 작품은 전통적 가치관을 상징하는 아버지와 현대적 가치관을 상징하는 두 아들이 집을 둘러싸고 갈등하는 모습을 보여 주고 있다.

큰아들 대붕	작은아들 대길	
전셋돈에 보탤 자금	돈을 벌기 위한 사업장	재산
		↕
김덕보		
비바람을 피하고, 세상사에 시달린 육신이 편히 쉬는 곳		안식처

029 빨래 | 추민주

희정 엄마: 무슨 일인데 이렇게 서럽게 우는 거야? [중략]

주인 할매: 울고 싶으므는 울어야제. 여자 혼자 살기 힘든 세상이여. 울고 싶을 때 울
기라도 해야제. / 나영: 어제 사장이 멀쩡히 일하던 선배 언니를 잘라서 한마디 했더
울음을 통해서라도 속상한 마음을 풀어내라고 위로함.
니……, 서점에서 책 팔던 저더러 파주에 있는 창고 가서 책 먼지나 털래요. 오늘 회
부당 해고에 대해 항의함. → 정의감 있고 당찬 성격임을 알 수 있음.
사에 가서 싫다고 했더니 관두래요. (노래 # 16 '슬플 땐 빨래를 해')
나영의 업무와 관련 없는 부서로 발령을 냄.

희정 엄마: 그딴 것들이 다 있대. 울지 마, 나영아! 난 열다섯에 공장 생활 시작했다. 삼
교대도 아니고 맞교대로 돌리는 공장에서 매일 밤 코피 쏟으며 일했어. 윗사람 맘대로
휘두르는 건 예나 지금이나 마찬가지야. 그만 울고 힘을 내야 다시 따지러 가지, 응?
나영과 같이 어려운 처지에 있었음. → 동질감을 느끼게 함.

주인 할매: 난 말이여. 울고 싶을 땐 빨래를 혀. 풍 맞아 누운 영감 똥 기저귀 빨았을 때
▶ 해고될 상황에 처한 나영을 위로하는 희정 엄마와 주인 할매
도, 마흔이 다 된 딸년 똥 기저귀 빨 때도 한숨이 푹 하고 나오지만 빨래를 하다 보면
병든 남편과 장애인인 딸을 돌보느라 힘들게 살아옴.
힘이 생기제. 똥바가지를 갖다 쏟아부어도 시원찮을 것들! 하지만 말여, 많이 울지
'빨래'의 상징적 의미가 드러남.
나영 회사의 사장
는 말어!

(노래) 빨래가 바람에 제 몸을 맡기는 것처럼 / 인생도 바람에 맡기는 거여.
흘러가는 대로 순리에 따름.
시간이 흘러 흘러 빨래가 마르는 것처럼 / 슬픈 네 눈물도 마를 거야. / 자, 힘을 내.
시간이 지나면 힘든 일도 극복할 수 있게 됨.

나영: 억울하구요. 화가 막 나구요. 어떻게 해야 될지 모르겠어요. 이럴 땐 어떻게 하죠?

주인 할매, 희정 엄마: (노래) 슬픔도 억울함도 / 같이 녹여서 빠는 거야. / 손으로 문지
빨래를 통해 삶의 고단함과 상처를 보듬고 다시 살아갈 힘을 얻음.
르고 발로 밟다 보면 힘이 생기지. / 깨끗해지고 잘 말라서 기분 좋은 나를 걸치고 /
하고 싶은 말 다시 한번 하는 거야.

나영: (노래) 「월급은 쥐꼬리, 자판기 커피만 뽑았죠.
「 」: 자신의 꿈을 포기한 채 힘겨운 삶을 살다 세월만 흘려보냈음을 한탄하고 있음.
야간 대학 다니다 그만둔 지 오래. / 정신없이 흘러간 이십 대.
낮에 직장을 다니는 사람들을 위하여 밤에 공부할 수 있도록 개설한 대학
뭘 하고 살았는지, 뭘 위해 살았는지 난 모르겠어요.」

주인 할매, 희정 엄마: (노래) 뭘 해야 할지 모를 만큼 슬플 땐 난 빨래를 해.
둘이 기저귀 빨 때, 구 씨 양말 빨 때 / 내 인생이 요것밖에 안 되나 싶지만
주인 할매의 딸   희정 엄마의 애인
사랑이 남아 있는 나를 돌아보지. / 살아갈 힘이 남아 있는 우릴 돌아보지.
소중한 사람들에 대한 사랑을 간직하고 있기 때문에 다시 살아갈 힘을 얻을 수 있음을 의미함.

주인 할매, 희정 엄마, 나영: (노래) 빨래가 바람에 제 몸을 맡기는 것처럼 인생도 바람
에 맡기는 거야. / 깨끗해지고 잘 말라서 기분 좋은 나를 걸치고 하고 싶은 일 하는
거야.

「희정 엄마: 난 돈도 많이 벌고 사랑도 많이 할 거야.
「 」: 인물들이 꿈꾸는 희망적인 미래
주인 할매: 난 건강하게 살 거여. / 나영: 난 지치지 않을 거야.」

주인 할매: (노래) 자, 힘을 내. / 희정 엄마: (노래) 자, 힘을 내. / 나영: (노래) 자, 힘을 내.

주인 할매, 희정 엄마, 나영: (합창) 자, 힘을 내, 어서.   ▶ 위로와 격려를 받고 힘을 내는 나영
희망적이고 의지적인 인물들의 모습

키 포인트 체크

답 정의감, 달동네, 해고

이해와 감상

이 작품은 고단한 삶 속에서도 희망을 잃지 않고 살아가는 소시민들의 모습을 그린 뮤지컬 대본이다. 이 작품에 등장하는 인물들은 외국인 노동자, 장애인 딸을 키우는 주인 할머니, 남편을 잃고 생계를 위해 마을버스를 운전하는 기사, 손님 때문에 골치를 썩는 슈퍼 주인 등 우리의 평범한 이웃들이다. 이들은 각기 고민과 아픔을 지니고 있지만 작품의 분위기는 어둡거나 절망적이지 않다. 이들은 자신의 힘든 삶을 '빨래'를 통해 날려 버리고 힘을 냄으로써 희망적이고 의지적인 모습을 보인다.

전체 줄거리

서울살이 5년차인 나영은 어느 달동네의 다가구 주택으로 이사를 오고 옆집의 솔롱고와 가까워진다. 나영은 회사 일로 힘들어하고 솔롱고는 월급도 받지 못한 채 불법 체류자 신세로 전락한다. 나영을 위로하던 솔롱고는 취객의 시비에 휘말려 나영을 보호하다 얻어맞게 되고, 나영과 솔롱고는 부당한 현실에 억울함을 느낀다. 해고 위기에 처한 나영은 서러움과 외로움을 토로하고, 주인 할매와 희정 엄마는 빨래를 하며 나영을 위로하고 희망을 전해 준다. 서로를 격려하고 위로해 주던 나영과 솔롱고는 서로의 마음을 확인하게 되고, 다가구 주택 사람들은 서로의 문제를 해결하는 데 도움을 주고받는다. 주인 할매의 아들이 집으로 들어오면서 세입자들은 모두 방을 비우고, 나영은 솔롱고와 함께 지내기로 한다.

작품 연구소

'빨래'의 상징적 의미

등장인물들은 빨래를 하며 슬픔과 자신의 삶에 대해 느끼는 부정적인 감정을 날려 버리고, 깨끗해진 빨래처럼 마음을 정화시켜 삶을 살아갈 힘과 용기를 얻고 희망찬 미래를 꿈꾸게 된다.

슬픔, 억울함	⋯ 빨래 ⟶	살아갈 힘, 용기, 희망

오발탄 | 이범선 원작, 나소운 · 이종기 각색

문학 금성

✍ 핵심 정리

갈래 시나리오
성격 비판적, 고발적
배경 ① 시간 – 6·25 전쟁 직후
② 공간 – 서울 해방촌 일대
제재 철호 일가의 비참한 삶
주제 전후 사회의 빈곤과 부조리한 현실 비판
특징 ① 전후 사회의 빈곤과 부조리를 고발함.
② 인물들의 인간상과 허무 의식 표출에 중점을 둠.

Q S# 102에서 철호가 어머니에게 갈 수만 있다면 가라고 소리치는 이유는?

철호의 어머니가 "가재"라고 하는 것은 고향인 북으로 돌아가자는 의미이다. 어머니는 제정신이 아닌 상태에서도 고향에 대한 강한 그리움을 표현하고 있다. 철호는 이 말에 특별한 반응을 보이지 않다가 S# 102에서 신경질적으로 소리치는데, 이는 철호가 동생 영호의 일로 경찰서에 갔다가 돌아오는 길에 그의 또 다른 문제인 정신 나간 어머니의 모습을 접하면서 자신이 처한 암울한 상황에 대한 절망감을 드러낸 것으로 볼 수 있다.

🔅 어휘 풀이

고리짝 키버들의 가지나 대오리 따위로 엮어서 상자같이 만든 물건.
오버랩(O.L.) 하나의 화면이 끝나기 전에 다음 화면이 겹치면서 먼저 화면이 차차 사라지게 하는 장면 전환 기법.
벽력(霹靂) 벼락. 몹시 심하게 하는 꾸지람이나 나무람을 비유적으로 이르는 말.
정기 생기 있고 빛이 나는 기운.
정시하다 똑바로 보다.

🔖 구절 풀이

❶ 어서 병원에 ~ 방바닥만 내려다보고 섰다. 아내의 위독한 상황을 전해 들은 철호가 연달아 닥치는 불행으로 인해 무력감과 좌절감에 빠지는 모습이 드러나 있다.

❷ 영호야! 그렇게나 ~ 있었단 말이다. 아내를 잃고 거리를 방황하던 철호는 취직은 하지 않고 허황된 꿈만 좇는 동생 영호에게 자신이 했던 말을 떠올리고 있다. 철호가 이 말을 떠올린 것은 아내의 죽음이 성실하고 양심적으로 살고자 한 자신 때문이라는 자괴감에서 비롯된 것으로 볼 수 있다.

❸ 그는 길옆에 ~ 보이지 않는다. 아내의 죽음을 알고 극도의 절망에 빠진 철호의 내면을 보여 주는 행동이다. 가게 진열장을 기웃거리며 걷고 있지만 그것이 무엇인지조차 분간하지 못하는 철호의 모습에서 깊은 허탈감과 절망감을 느낄 수 있다.

가 S# 102. 철호의 집 앞

철호가 휘청거리고 골목을 접어드는데 어머니의 날카로운 ⊙"가자!" 소리.
<small>동생 영호가 강도 짓을 하다가 경찰에 붙잡혀 충격을 받음.</small>
그 소리 듣자 철호의 눈에 눈물이 왈칵 솟으며 꽥 소리 지른다.

철호: 가세요. 갈 수만 있다면……. ▶ 어머니에게 화를 내는 철호

나 S# 103. 철호의 방 안

철호가 아랫방에 들어서자 윗방 구석에서 *고리짝을 뒤지고 있던 명숙이가 원망스럽게
<small>철호의 아내가 위독한데 늦게 들어왔기 때문에</small>

명숙: 오빤 어딜 그렇게 돌아다니슈.
<small>명숙은 영호의 검거 사실을 모르고 있음.</small>
철호는 들은 척도 않고 아랫목에 털썩 주저앉아 버린다.

명숙: ❶어서 병원에 가 보세요. / **철호:** 병원에라니? / **명숙:** 언니가 위독해요. / **철호:** …….
<small>철호에게 힘든 일이 또 일어남. – 설상가상(雪上加霜)</small>

명숙: 점심때부터 진통이 시작되어 죽을 애를 다 쓰고 그만 어린애가 걸렸어요.

철호: ……. / **명숙:** 지금쯤은 아마 애길 낳았는지. [중략]
<small>정확한 상황을 모르고 있는 명숙</small>

명숙: 오빠! / **철호:** ……. (돌아선다.)

명숙: 그냥 가기만 함 무슨 소용 있어요? 돈을 가져가셔야죠. / **철호:** …… 돈?

명숙은 벽에 걸린 핸드백을 집어 든다. / 철호는 얻어맞은 사람처럼 방바닥만 내려다보고 섰다. 뒤꿈치가 계란만큼이나 뚫어진 명숙의 나일론 양말. / 명숙이가 만 환 뭉치를 내밀며

명숙: 엣소요. 나 기저귀감 챙겨서 곧 갈게요.

철호도 돈뭉치를 멍하니 바라보다가 받아 넣는다. / — *오버랩(O.L.) —
▶ 아내가 위독한 것을 알게 된 철호

다 S# 104. 동대문 산부인과 복도

철호가 419호실 앞으로 휘청거리고 와서 조용히 노크한다.

이윽고 문이 열리면 텅— 빈 실내를 간호원이 소독하고, 한 간호원이 철호의 위아래를 훑어보며
<small>아내의 죽음을 암시함.</small>

간호원: 혹시 이 방에 입원한 환자의 가족이신가요? / **철호:** ……네.

간호원: ……. / **철호:** ……. / **간호원:** 한 시간 좀 지났어요. / **철호:** ……? …….

간호원: 부인과 과장실에 가 보세요.

하고 문을 닫는다. 화석(化石) 같은 철호.
<small>아내의 죽음으로 큰 충격을 받음.</small>
▶ 아내의 죽음을 알게 된 철호

라 S# 107. 거리

허탈한 상태로 걸어가는 철호. / 여기서 자신의 소리가 겹친다. / 소리 (*벽력 같은 소리로) ❷영호야! 그렇게나 살자면 이 형도 벌써 잘살 수 있었단 말이다.
<small>매우 큰 소리로</small>

입은 찢어지고 눈에선 눈물이 사정없이 솟고 그러면서도 눈만은 *정기(精氣)가 차서 앞을 *정시(正視)하며…….
▶ 영호를 떠올리는 철호

마 S# 110. 다른 거리

문방구점, 라디오상, 사진관, 제과점. ❸그는 길옆에 늘어선 가게의 진열장을 하나하나 기웃거리며 걷고 있다. 하나 철호의 눈에는 무엇인지 하나도 보이지 않는다. / 그는 어느 문 앞에 걸린 간판 앞에 우뚝 선다. '치과' 그것을 쳐다보는 철호의 얼굴이 점점 찌푸려지며 손으로 볼을 움켜쥔다. 철호가 주머니에서 만 환을 꺼내 보더니 이윽고 결심한 듯 안으로 들어간다.
<small>무력감에 빠져 있던 철호가 치과 간판을 보고 그동안 잃아 왔던 치통을 자각함.</small>
<small>명숙이 철호 아내의 병원비로 쓰라고 준 돈</small>
▶ 병원을 나와 갈 곳을 잃은 철호

· **중심 내용** 영호의 검거와 아내의 죽음으로 충격을 받은 철호 · **구성 단계** 절정

이해와 감상

이 작품은 이범선의 소설 〈오발탄〉을 각색한 시나리오로, 전후 월남 가족의 불행한 삶을 통해 당시의 왜곡된 사회상을 상징적으로 형상화하고 있다. 성실하게 살아가지만 생계비에도 미치지 못하는 월급을 받는 철호, 물질적 가치관에 물들어 있는 영호, 가난에 찌들어 웃음을 잃어버린 철호의 아내, 고향으로 돌아가자는 말만 되풀이하는 정신 이상자 어머니, 양공주가 된 명숙의 이야기를 통해 1950년대의 고통스러운 현실을 고발하고, 전쟁의 폭력성과 그에 휘말려 몰락해 가는 사람들의 모습을 처절하게 보여 주고 있다. 특히 철호와 영호가 지닌 가치관의 극명한 차이는 전후 사회의 모순된 현실을 단적으로 보여 주며, 부조리한 현실 속에서도 양심을 지키며 살아가는 철호와 철호가 행복해지도록 내버려 두지 않는 거대한 사회 사이의 갈등을 잘 나타내고 있다. 이 시나리오는 원작 소설의 특징과 감동을 최대한 살리면서 다양한 영상 기술을 도입하여 비극적인 인물상들을 조명하고 있다.

🔍 전체 줄거리

발단	계리사 사무실 서기인 철호는 월남 가족의 가장으로 어머니, 만삭의 아내, 남동생 영호, 여동생 명숙과 해방촌의 판잣집에서 살아간다.
전개	어머니는 전쟁으로 인한 충격으로 "가자"라는 말만 되풀이하고, 명숙은 양공주가 된다. 영호는 제대하고 2년이 넘도록 방황하면서 양심적 삶을 거부하고 속물적 삶을 추구한다. 그러나 철호는 묵묵히 주어진 현실에 순응하면서 양심과 성실성을 지키며 살아가고자 한다.
절정	영호가 은행 강도로 수감되고 아내가 출산 과정에서 세상을 떠나자 철호는 극심한 절망감과 자괴감에 시달린다.
하강	갈 곳을 모르고 방황하던 철호는 치과에 들러 평소 앓던 이를 모두 빼 버리고는 과도한 출혈로 점차 의식을 잃어 간다.
대단원	택시에 올라탄 철호는 방향을 정하지 못하고 우왕좌왕하다가 몽롱한 의식 상태에서 "가자……."라고 외친다.

👥 인물 관계도

어머니
전쟁의 상처를 상징하는 인물. 전쟁의 충격 때문에 정신 이상자가 되어 "가자"라는 말만 되풀이함.

아내
명문 여대 음악과 출신. 과거의 꿈을 잊고 극심한 생활고에 시달리다가 출산 중에 죽게 됨. 비극적인 현실을 상징하는 인물

철호
계리사 사무실 서기. 열악한 환경 속에서도 성실히 살아가려고 노력하지만, 자신의 힘으로 어쩔 수 없는 현실 앞에서 깊은 무력감을 느낌.

영호
철호의 남동생. 사회적 모순에 반발하여 한탕주의로 살아가는 인물. 현실에 적응하지 못하고 은행 강도가 되어 감옥에 들어감.

명숙
철호의 여동생. 가족의 생계를 위해 양공주가 됨.

🔑 포인트 체크

인물 철호는 열악한 환경에서도 성실하게 살아가지만 절망적인 현실 앞에 □□□을 느끼는 인물이다.

배경 □·□□□ 전쟁 직후, 서울 해방촌 일대를 배경으로 하고 있다.

사건 동생 영호가 경찰에 붙잡히고 □□가 아이를 낳다가 죽자 철호는 큰 충격을 받는다. 거리를 방황하던 철호는 그동안 앓던 □를 뽑으려고 □□로 들어간다.

1 이 글에 나타난 '철호'의 심리 상태로 가장 적절한 것은?
① 명숙이 준 돈을 못마땅해하고 있다.
② 어머니의 핀잔에 불만을 느끼고 있다.
③ 무력한 자신의 모습에 자괴감을 보이고 있다.
④ 가정에 소홀한 자신의 행동을 반성하고 있다.
⑤ 아내의 헌신적 희생에 고마움을 느끼고 있다.

2 〈보기〉는 S# 110에 해당하는 원작 소설의 일부분이다. 〈보기〉를 시나리오로 각색할 때 고려했을 점으로 가장 적절한 것은?

⊣ 보기 ⊢

문방구점, 라디오방, 사진관, 제과점. 그는 길가에 늘어선 이런 가게의 진열장을 하나하나 기웃거리며 걷고 있었다. 그러면서도 무엇이 있는지 하나도 보이지는 않았다. 그러던 철호는 또 우뚝 섰다. 그는 거기 눈앞에 걸린 간판을 쳐다보고 있었다. 장기판만 한 흰 판에 빨간 페인트로 치과라고 써 있었다. 철호는 갑자기 이가 쑤시는 것을 느꼈다. 아침부터, 아니 벌써 전부터 홀떡홀떡 쑤시는 충치가 갑자기 아팠다. 양쪽 어금니가 아래위 다 쑤셨다. 사실은 어느 것이 정말 쑤시는 것인지조차도 분간할 수가 없었다. 철호는 호주머니에 손을 넣어 보았다. 만 환 다발이 만져졌다. 철호는 치과 간판이 걸린 층계 이층으로 올라갔다.

① 소설 속 인물의 심리가 시나리오 속 인물의 표정과 행동으로 드러나도록 한다.
② 사건을 추가하여 인물 간의 갈등이 분명하게 드러날 수 있도록 구체화한다.
③ 장면 해설을 활용하여 사건의 의미를 쉽게 풀어 전달할 수 있도록 한다.
④ 등장인물의 수를 늘려 사건의 의미를 다각도로 조명할 수 있도록 한다.
⑤ 공간적 배경을 다르게 설정하여 시대상을 정확히 보여 주도록 한다.

3 〈보기〉를 참고하여 ㉠에 담긴 '어머니'의 심리를 두 가지 이상 쓰시오.

⊣ 보기 ⊢

철호의 어머니는 전쟁을 피해 월남하여 해방촌에 자리 잡고 살면서도 떠나온 고향을 잊지 못하는 인물이다. 전쟁으로 인한 몰락을 경험한 그녀는 급기야 정신 이상에까지 이르게 된다.

☀ 어휘 풀이

시궁창 더러운 물이 잘 빠지지 않고 썩어서 질척질척하게 된 도랑의 바닥. 또는 그 속.

산실(産室) 아이를 낳는 방.

오발탄(誤發彈) 잘못 쏜 탄환.

E. 이펙트(effect)의 줄임말로, 효과음을 의미함.

유성 지구의 대기권 안으로 들어와 빛을 내며 떨어지는 작은 물체.

☯ 구절 풀이

❶ 지금 나는 어딘지 가긴 가야 하는데……. 철호는 어지러움을 느껴 갈팡질팡하면서도 자신이 어디론가 가야 한다는 사실만큼은 잊지 않고 있다. 이는 극도의 절망에 따른 혼란 속에서도 자신의 책임감을 완전히 놓지 못하고 있는 철호의 모습을 나타낸다.

❷ 가자……. 철호 어머니의 "가자"는 전쟁 때문에 가지 못하게 된 고향에 대한 그리움과 관련이 있다. 반면에 철호의 "가자……."는 전후 사회의 혼란 속에서 어디로 가야 할지 몰라 망설이는 현대인의 방향 상실감을 의미한다.

❸ 유성이 하나 길게 꼬리를 문다. 별이 생명을 다해서 떨어지는 유성은 극단적인 절망에 처한 철호의 처지를 상징적으로 보여 준다. 올바르게 살려고 노력해도 비극만이 계속되는 철호의 상황을 유성에 투사하여 표현하고 있다.

Q 철호가 계속해서 목적지를 정하지 못하는 이유는?

철호는 책임져야 할 가족과 처리해야 할 일이 많음에도 그 어느 것 하나 완벽하게 수행하기 힘든 상황이다. 갈피를 잡지 못하고 이리저리 가자고만 하는 철호의 행동은 삶의 목적과 방향을 상실한 데에 기인한다. 즉 가긴 가야 하지만 어디로 가야 할지 알지 못하는 철호의 내면을 보여 주는 것이다.

☗ 작가 소개

이범선(1920~1982)

소설가. 1955년 《현대 문학》을 통해 본격적인 문학 활동을 시작하였다. 초기에는 그의 체험이 반영된 사회의 어두운 단면을, 중기에는 고발 의식이 짙은 사실주의 문학을, 후기에는 잔잔한 휴머니티가 깔린 작품을 창작하였다. 주요 작품으로 〈학마을 사람들〉, 〈피해자〉, 〈분수령〉 등이 있다.

나소운(1923~)

시나리오 작가. 1958년 〈잃어버린 청춘〉으로 등단하였다. 주요 작품으로 〈그 밤이 다시 오면〉, 〈임꺽정〉 등이 있다.

가 S# 113. 거리

철호가 볼을 만지며 걸어온다. 그는 또 우뚝 선다. 다른 치과 앞이다. 그가 한참 생각다 들어가면 / ─ 오버랩(O.L.) ─ / 철호가 이번에는 양쪽 볼을 손으로 누르며 나온다.
나머지 아픈 이를 뽑기로 결정함.

그는 주머니에서 휴지를 꺼내 입안의 피를 뱉는다. ▶ 아픈 이를 모두 뽑아 버린 철호

나 S# 116. 그 집 앞

그 집 옆 골목으로 비틀거리고 나온 철호가 *시궁창에 가서 쭈그리고 앉는다. / "왈칵" 쏟아져 나오는 피. / 그는 저고리 소매로 입술을 닦으며 일어선다. / 눈앞이 빙글빙글 돌기 시작한다.
철호의 상태가 점점 악화되고 있음.

그는 휘청거리고 나가서는 지나가는 자동차를 세우고 던져지듯 털썩 차 안에 쓰러지자 택시는 구르기 시작한다. ▶ 어지러움을 느끼며 택시에 탄 철호

다 S# 117. 자동차 안

조수: 어디로 가시죠? / 철호: 해방촌! / 자동차가 원을 그리며 돌자
북에서 남으로 내려온 동포들이 많이 모여 살던 마을로 철호의 집이 있는 곳

철호: 아냐. 동대문 부인 병원으로. / 이번엔 반대로 커브를 돌리자
죽은 아내가 있는 곳

철호: 아냐. 종로서로 가아! / 운전수와 조수가 못마땅해서 힐끗 돌아본다.
동생 영호가 잡혀 있는 곳

S# 118. 동대문 부인과 *산실

아이는 몇 번 앙! 앙! 거리더니 이내 그친다. / 그 옆에 허탈한 상태에 빠진 명숙이가 아이를 멍하니 바라보며 앉아 있다. / 여기에 겹치는 명숙의 소리.

명숙: 오빠 돌아오세요, 빨리. 오빠는 늘 아이들의 웃는 얼굴이 세상에서 젤 좋으시다고 하셨죠? 이 애도 곧 웃을 거예요. 방긋방긋 웃어야죠. 웃어야 하구 말구요. 또 웃도록 우리가 만들어 줘야죠.
물질적 가치보다 정신적·인간적 가치를 중시한 철호
희망찬 미래에 대한 의지를 드러냄.
▶ 미래에 대한 의지를 드러내는 명숙

라 S# 120. 자동차 안

조수가 뒤를 보며 / 조수: 경찰섭니다.

혼수상태의 철호가 눈을 뜨고 경찰서를 물끄러미 내다보다가 뒤로 쓰러지며

철호: 아니야. 가! / 조수: 손님 종로 경찰선데요. / 철호: 아니야. 가!
자신이 가고자 하는 곳을 모르면서 현재 장소를 부정함.

조수: 어디로 갑니까? / 철호: 글쎄 가재두…….

조수: 참 딱한 아저씨네. / 철호: …….

운전수가 자동차를 몰며 조수에게

운전수: 취했나? / 조수: 그런가 봐요.

운전수: 어쩌다 *오발탄 같은 손님이 걸렸어. 자기 갈 곳도 모르게.
갈팡질팡하고 있는 철호를 비유적으로 표현함.

철호가 그 소리에 눈을 떴다가 스르르 감는다. / 밤거리의 풍경이 쉴 새 없이 뒤로 흘러간다.
택시의 창밖으로 보이는 도시의 풍경
여기에 들리는 철호의 소리.

철호: ─ 효과음(*E.) ─ 아들 구실, 남편 구실, 애비 구실, 형 구실, 오빠 구실, 또 사무실 서기 구실, 해야 할 구실이 너무 많구나. 그래 난 네 말대로 아마도 조물주의 오발탄인지도
철호가 현실 속에서 감당해야 했던 짐들
모른다. 정말 갈 곳을 알 수가 없다. 그런데 ❶지금 나는 어딘지 가긴 가야 하는데…….
현실에 적응하지 못하는 무기력한 자신

이때 네거리에 자동차가 벨 소리와 함께 선다.

조수: (돌아보며) 어딜 가시죠? / 철호가 의식이 몽롱해진 소리로 / 철호: ❷가자…….

마 ┌ S# 121. 하늘

도시의 소음이 번져 가는 초저녁 하늘. ❸*유성(流星)이 하나 길게 꼬리를 문다.

[A] S# 122. 교차로

따르릉 벨이 울리자 신호가 켜진다. / 철호가 탄 차도 목적지를 모르는 채 꼬리에 꼬리를 물
삶의 가치와 방향을 상실한 채 살아가는 소시민의 삶을 표현함.
└ 고 행렬에 끼여서 멀리멀리 사라져 간다. ▶ 목적지도 모른 채 떠도는 철호

• **중심 내용** 이를 모두 뽑아 버리고 방황하는 철호   • **구성 단계** 하강·대단원

🏠 작품 연구소

제목 '오발탄'의 의미

오발탄	사전적 의미	잘못 쏜 탄환
	상징적 의미	시대에 적응하지 못하고 삶의 방향을 상실한 양심적인 인간(철호)

철호는 가난하지만 양심을 지키며 성실하게 살아가는 인물이다. 하지만 그의 이러한 가치관은 아내가 죽는 현실과 동생들이 겪는 비극 앞에서 전혀 도움이 되지 못한다. 양심이 작용하지 못하는 전후 사회의 모순과 부조리는 결국 철호를 방향 감각을 잃은 '오발탄'과 같은 존재로 만들고 만다.

철호가 이를 모두 뽑아 버리는 이유

치통		앓던 이를 모두 뽑음.
• 가난한 삶 • 가족 부양에 대한 압박감 • 양심(혼란한 사회를 살아가는 데 걸림돌이 되는 존재)	➡	자신의 삶을 고통스럽게 하는 것을 없애 버리려는 시도
철호를 괴롭히는 것		현실의 고통으로부터의 해방

소설 〈오발탄〉과 시나리오 〈오발탄〉 비교

	소설 〈오발탄〉	시나리오 〈오발탄〉
등장 인물	철호, 영호, 명숙, 어머니, 철호의 아내, 철호의 딸 등을 통해 당시의 비극적인 삶을 표현함.	소설의 인물에 민호, 경식, 설희, 미리 등을 추가하여 전후 소시민들의 방황을 효과적으로 표현함.
구성	철호의 심리를 중심으로 하는 전지적 작가 시점으로 구성함.	철호 외에 영호를 비중 있게 등장시켜 전후 사회의 모습을 효과적으로 표현함.
공간	계리사 사무실, 해방촌, 경찰서, 병원, 치과, 택시 안	소설의 공간을 비롯해 스탠드바, 영화사, 설희네 집, 은행, 거리 등을 추가하여 내용을 풍부하게 하고 주제를 효과적으로 표현함.

📋 자료실

영화 〈오발탄〉의 흥행과 수난

영화 〈오발탄〉이 개봉되자 '우리 영화가 처음으로 자아의 현실을 진지하게 파고든 양심작'이라는 극찬을 받게 된다. 당시에는 꽃이 피면 시민들이 대부분 꽃구경을 가서 극장이 텅텅 비는 것이 일반적이었으나, 이 시기에는 〈오발탄〉을 보기 위해 많은 사람들이 영화관을 찾는 이변을 낳기도 하였다. 그런데 5·16 군사 정권이 들어서면서 이 영화는 상영 중지를 당한다. '이제 밝은 세상이 왔는데 어두운 얘기는 그만해야 한다.', '영화 중 노파가 "가자 가자"라고 하는 대사가 북으로 가자는 의미가 아니냐?'라는 것이 그 이유였다. 또한 원작자 이범선은 "가자"라는 문구 때문에 정보기관에 끌려가 고생하기도 하였다. 이렇게 27개월 동안 상영 중지되었던 〈오발탄〉은 1963년에 다시 빛을 보게 된다. 당시 서던캘리포니아 대학교 교수이자 영화 평론가인 멕케인이 한국에서 제7회 샌프란시스코 영화제에 출품할 작품을 고르다가 〈오발탄〉을 공보부에 추천하여 어쩔 수 없이 해금된 것이다.

📖 함께 읽으면 좋은 작품

〈잉여 인간〉, 손창섭 / 전후 사회의 인간 소외를 표현하고 있는 작품

6·25 전쟁 후의 상황에서 존재할 수 있는 세 가지 인간형을 제시하고, 무기력하고 절망적인 현실을 휴머니즘을 통해 극복할 수 있다는 가능성을 보여 주는 소설이다.

---

4 〈보기〉는 하근찬의 소설 〈수난이대〉의 줄거리이다. 〈보기〉의 '만도'가 이 글의 '철호'에게 해 줄 수 있는 말로 가장 적절한 것은?

┤ 보기 ├

만도는 일제에 끌려가 강제 노역을 하던 중에 한쪽 팔을 잃고, 만도의 아들 진수는 6·25 전쟁으로 한쪽 다리를 잃는다. 만도는 돌아온 진수의 모습을 보고 안타까워하고, 진수 역시 부자의 처지를 한탄한다. 집에 돌아가던 부자는 외나무다리를 만나는데, 이때 만도가 진수를 등에 업고 다리를 건넌다.

① 개인의 고통만 이야기하지 말고 주변의 현실을 돌아보세요.
② 갈 길이 멀더라도 꼭 가야 하는 곳이라면 계속 가야겠지요.
③ 참고 견디면 당신 같은 약자에게도 좋은 날이 올 것입니다.
④ 기분 내키는 대로 방황하기보다 현실을 직시했으면 합니다.
⑤ 어려운 상황이라도 가족이 서로 의지하고 힘을 합치면 이겨 낼 수 있어요.

5 〈보기〉는 [A]에 해당하는 원작 소설 부분이다. 이 장면을 시나리오로 각색하는 과정에서 고려했을 사항으로 가장 적절한 것은?

┤ 보기 ├

따르르릉 벨이 울렸다. 긴 자동차의 행렬이 움직이기 시작했다. 철호가 탄 차도 목적지를 모르는 대로 행렬에 끼어서 움직이는 수밖에 없었다. 철호의 입에서 흘러내린 선지피가 흥건히 그의 와이셔츠 가슴을 적시고 있는 것은 아무도 모르는 채 교통 신호등의 파란불 밑으로 차는 네거리를 지나갔다.

① 작품의 주제를 표면적으로 내세우지 않는다.
② 영상으로 처리하기 위해 내용을 압축적으로 보여 준다.
③ 효과적인 내용 전달을 위해 내레이션 기법을 활용한다.
④ 배경 묘사를 통해 인물의 처지를 상징적으로 보여 준다.
⑤ 인물의 심리를 보여 줄 수 있는 인상적인 독백을 추가한다.

6 S# 113에서 '철호'가 앓던 이를 뽑는 이유를 30자 내외로 쓰시오.

7 '오발탄'의 의미를 사전에서 찾아보았다. 이와 〈보기〉의 내용을 참고할 때, 이 글의 제목의 의미를 30자 내외로 쓰시오.

오발탄(誤發彈) 「명사」 잘못 쏜 탄환.

┤ 보기 ├

시나리오 〈오발탄〉은 한국 전쟁 후 월남한 철호 가족의 불행한 삶을 통해 전후의 불안하고 절망적인 사회 현실을 상징적으로 형상화하고 있다. 주인공 철호는 부조리한 현실 속에서도 정직하고 성실하게 살아가고자 하지만 절망적으로 변해 가는 주변의 상황 속에서 스스로를 '조물주의 오발탄'이라고 말한다.

031 ˙난장이가 쏘아 올린 작은 공

| 조세희 원작, 박진숙 극본

문학 미래엔

🎯 핵심 정리

갈래 시나리오
성격 비판적, 상징적, 고발적
배경 ① 시간 – 1970년대
　　　　② 공간 – 도시 재개발 지역(낙원구 행복동)
제재 난장이 일가의 빈곤한 삶
주제 도시 빈민이 겪는 삶의 고통과 좌절
특징 ① 사회적 약자의 삶을 통해 현대 사회의 문제점을 고발함.
　　　　② 반어적 표현으로 비극적 상황을 극대화함.

Q S# 12에서 '클로즈업'의 기능은?

클로즈업(close-up)은 등장하는 배경이나 인물의 일부를 화면에 크게 나타내는 일을 가리키는 용어이다. S# 12에서는 철거 계고장을 받은 어머니와 난장이의 불안한 표정을 클로즈업으로 보여 주고 있다. 이는 철거 계고장 때문에 갈등이 생길 것임을 짐작하게 하여 위기감을 조성하는 기능을 한다.

💡 어휘 풀이

난장이 기형적으로 키가 작은 사람을 낮잡아 이르는 말. 표준어는 '난쟁이'이나 작품 발표 당시의 제목을 따라 '난장이'로 표기함.
평상(平牀/平床) 나무로 만든 침상의 하나. 밖에다 내어 앉거나 드러누워 쉴 수 있도록 만든 것.
통장(統長) 행정 구역의 단위인 통(統)을 대표하여 일을 맡아보는 사람.
철거 계고장(撤去 戒告狀) 무허가 건물이나 불법 시설을 철거하라고 행정 기관에서 발행한 통지서.
클로즈업(close-up) 등장하는 배경이나 인물의 일부를 화면에 크게 나타내는 일.
입주권(入住權) 새집이나 새로 개간한 땅 따위에 들어가 살 수 있는 권리.
대들보 ① 작은 들보의 하중을 받기 위하여 기둥과 기둥 사이에 건너지른 큰 들보. ② 한 나라나 집안의 운명을 지고 나갈 만큼 중요한 사람을 비유적으로 이르는 말.

🐙 구절 풀이

❶ 아이고, 이거 먹고 ~ 고기 좀 먹고 삽시다, 네? 집에 들어온 영호가 밥상을 보고 빈약한 상차림에 대해 불평하고 있다. 이를 통해 난장이 가족의 가난한 형편을 알 수 있다.

❷ 고기반찬 먹고 ~ 저만 뭐가 그리 잘나. 영수, 영희와 달리 특별한 직업도 없으면서 상차림에 대해 불만을 표현하는 영호에 대해 어머니가 못마땅한 심정을 드러내고 있다.

❸ 아이고, 이거 ~ 영 사람 꼴이 아니네. 20일 안에 철거하라는 계고장을 전하러 온 통장이 난장이 가족이 선택할 수 있는 경우를 제시하고 있으나 마땅한 대안이 없음을 알기 때문에 민망해하고 있다.

S# 12. 난장이네 집 마당(밤)

난장이와 어머니는 마당에 있는 ˙평상에서 저녁을 먹고 있다. 집으로 들어오는 영호, 밥상 앞에 털썩 앉는다.
　　　　　　　　불만을 드러내는 행동
영호: (밥상을 보며) ❶아이고. 이거 먹고 힘쓰겠나, 어디. 아이, 고기 좀 먹고 삽시다, 네?
　　　　　　　　　　　　　　　　　　　불품없는 상차림에 대한 불만. 가난한 집안 형편을 짐작할 수 있음.
어머니: 들개마냥 쏘다니다 들와선.

영호: 뭐 좋은 일 볼 거라고 맨날 집구석에 기어들어 와.

어머니: (영호에게 눈을 흘기며) 나쁜 놈, 아버지 앞에서 할 말이야?
　　　　　　　　　　　　　　가장인 남편을 존중하는 태도를 보여 줌.
영호: 돈 벌어다 준다니까 그러네.

어머니: 그래 말 잘했다, 이놈아. ❷고기반찬 먹고 싶으면 사지 육신 멀쩡한 네놈이 돈 벌어
　　　　　　　　　　　　　　　　　　　　　　　　영호가 돈벌이를 못하고 있음.
와. 고기반찬 아니라 소라도 잡는다. 지 형 지 동생은 착실하게 일하는데 저만 뭐가 그리
　　　　　　　　　　　　　　　　　영수　　영희
잘나.

영호: (인상을 찌푸리고 자리에서 일어나면서) 아이 씨, 또 그 소리! 아, 나 김영호요. 시시한
　　　　　　　　　　　　　　　　　　　　　　　　　　　허세가 있음.
거 안 합니다. 다들 아실 만한 양반들이 자꾸들 그러시네.

어머니: (영호를 위아래로 흘겨보며) 한심한 놈 같으니라고. (난장이에게 수저를 건네며) 어서
드셔.
　　　　　　　　　　　　　　　　　　　　▶ 집에 들어와서 반찬을 핑계로 불만을 표출하는 영호

˙통장이 난장이네 안으로 들어온다.

어머니: (놀란 목소리로) 통, 통장님!
　　　　　　불길한 일을 예감함.
통장: 아, 마침 있었네. 자네 얼굴 본 지 오래됐네. (평상에 앉으며) 이거 아무래도 내가 직접
전해 줘야 될 것 같아서. (서류 봉투에서 종이를 찾으며) 어디 보자. 김불이가, 김불이……
　　　중요한 내용을 담고 있는 행정 서류임을 암시함.　　　　　　　갈등 상황을 유발하고, 난장이 가족에게 시련과 고통을 가져다주는 소재
어, 여기 있다. (종이를 난장이에게 건네주며) 이거, 저, ㉠˙철거 계고장일세.

불안한 눈으로 계고장을 바라보는 어머니와 난장이. 이내 난장이는 떨리는 손으로 철거 계고
장을 받아 든다. (˙클로즈업)　　　　　　　당황스러운 마음을 드러냄.

통장: 그쪽에서는 20일 안에 결정을 보라고 하는데…… ❸아이고, 이거 참 내가 할 소리는
아니지만 뭐, 돈을 좀 구해 가지고 아파트 입주를 하든지, 아님, 뭐 ˙입주권을 어디다가
　　　　재개발 지역의 원주민이 할 수 있는 선택 – 가난한 난장이 가족에게는 불가능한 일임.
비싸게 팔든지……. ㉡이런 거 전하는 나도 영 사람 꼴이 아니네.

영호, 난장이에게서 계고장을 획 빼앗아 버린다.

영호: 잘됐네, 잘됐어. 지긋지긋한 이놈의 동네…… 확 떠 버리라, 이거네. 어?
　　　　　　　　　　　　　거칠고 다혈질적인 성격임을 알 수 있음.
통장: (평상에서 일어나 난장이에게 손짓을 하며) 나 가네.

통장이 대문을 나서다 집에 들어오던 영수와 마주친다.

통장: (영수를 보며) 응, 이제 오나?

영수는 통장에게 인사를 한다.
　　　예의 바른 성격임을 알 수 있음.
영호: (빈정대는 말투로) 어이, 장남 오셨네. (한 손으로는 철거 계고장을 흔들고 한 손은 주머
니에 넣은 채로) 이 집 ˙대들보, 장남!
　　　　　　　　　　　　　　　영수
　　　영수에 대해 비아냥거리는 태도
통장, 영수 어깨를 두어 번 두드려 주고 집을 나간다. 영수는 가족들을 걱정스러운 눈으로 바
라본다.
　　　　　　　　　　　　　　　　　　　　　▶ 철거 계고장을 받고 걱정하는 난장이 가족

・중심 내용 무허가 판자촌에 살고 있는 난장이 가족이 철거 계고장을 받음.　　・구성 단계 전개

이해와 감상

이 작품은 소외 계층을 대표하는 난장이 일가의 삶을 통해 도시 재개발 뒤에 숨은 소시민들의 아픔을 그린 조세희의 소설 〈난장이가 쏘아 올린 작은 공〉을 각색한 드라마 대본이다. 이 작품에서는 1970년대 급격한 산업화의 물결 속에서 삶의 기반을 빼앗기고 몰락해 가는 도시 빈민의 삶을 다루고 있다. 작가는 작품의 중심인물인 난장이 가족이 현실에서 상처를 입고 패배에 이르는 과정을 통해 불합리하고 부조리한 사회 현실을 비판·폭로하고 있다.

전체 줄거리

발단	가난한 난장이 가족은 아파트 개발 계획으로 철거가 진행되고 있는 무허가 판자촌에 살고 있다.
전개	불안감에 휩싸여 지내던 어느 날 통장으로부터 철거 계고장을 받게 되고, 이사할 돈이 없는 난장이 가족은 혼란스러워한다.
절정	난장이 가족은 결국 아파트 입주권을 투기업자에게 팔고, 집은 강제로 철거되어 거리에 나앉을 처지가 된다.
하강	입주권을 돌려주겠다는 투기업자의 말에 속은 영호는 투기업자가 영희에게까지 몹쓸 짓을 하자 영수와 함께 복수할 것을 결심한다.
대단원	도망치던 투기업자는 스스로의 실수로 죽게 되고 영수는 동생을 위해 자신이 모든 책임을 지기로 한다. 난장이는 하늘을 향해 공을 쏘아 올린다.

인물 관계도

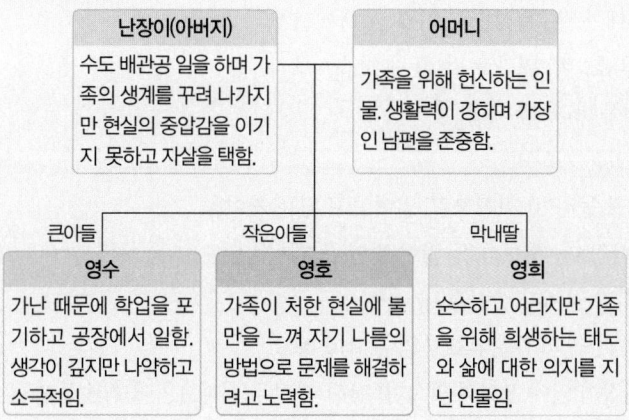

난장이(아버지)
수도 배관공 일을 하며 가족의 생계를 꾸려 나가지만 현실의 중압감을 이기지 못하고 자살을 택함.

어머니
가족을 위해 헌신하는 인물. 생활력이 강하며 가장인 남편을 존중함.

큰아들 영수
가난 때문에 학업을 포기하고 공장에서 일함. 생각이 깊지만 나약하고 소극적임.

작은아들 영호
가족이 처한 현실에 불만을 느껴 자기 나름의 방법으로 문제를 해결하려고 노력함.

막내딸 영희
순수하고 어리지만 가족을 위해 희생하는 태도와 삶에 대한 의지를 지닌 인물임.

작품 연구소

제목 '난장이가 쏘아 올린 작은 공'의 상징적 의미

'난장이'는 육체적 결함을 가진 인물로, 산업화 과정에서 소외되고 경제적으로 궁핍하며 무력감에 빠진 도시 빈민 계층을 상징한다. 그가 쏘아 올린 '공'은 비상하고자 하는 꿈을 상징하는 것으로 불평등한 사회 구조 속에서 고통받고 살아가는 소외 계층(노동자, 도시 빈민)의 낭만적 열망을 표현하고 있다.

작품에 반영된 시대적 상황

이 작품의 배경이 되는 1970년대는 한국 사회가 급격하게 산업화되어 가던 시기이다. 공장 노동자들이 인간적인 대우를 받지 못하고 착취당했으며, 급격한 도시화 과정에서 가난한 소외 계층이 삶의 터전을 빼앗기고 쫓겨나는 일을 겪기도 하였다. 이 작품은 난장이 일가의 삶을 통해 빈부의 갈등과 급속한 산업화가 불러온 인간의 도구화와 같은 가치 전도 현상 등을 보여 주고 있다.

키 포인트 체크

인물 소외 계층을 대표하는 ☐☐☐ 일가의 삶을 통해 도시 재개발 뒤에 숨은 도시 빈민들의 아픔을 그리고 있다.

배경 1970년대 서울의 ☐☐☐ 지역을 배경으로 하고 있다.

사건 무허가 ☐☐☐에 살고 있는 난장이 가족은 ☐☐☐☐☐을 받고 마땅한 대책이 없어 불안해하고 있다.

1 이 글을 통해 알 수 있는 내용이 <u>아닌</u> 것은?
① 영수는 예의가 바르며 가족들을 걱정하고 있다.
② 어머니는 통장의 등장에 불길한 일을 예감하고 있다.
③ 난장이 가족은 살던 집에서 내쫓길 위기에 처해 있다.
④ 영호는 가난한 삶의 현실을 못마땅하게 생각하고 있다.
⑤ 통장은 난장이 가족을 걱정하여 실현 가능한 대안들을 제시하고 있다.

2 ㉠의 기능에 대한 설명으로 적절한 것은?
① 갈등이 해소될 것임을 암시한다.
② 극의 긴장감을 높이는 역할을 한다.
③ 사건의 흐름이 반전되는 계기가 된다.
④ 서술의 시점이 바뀌는 계기로 작용한다.
⑤ 과거의 사건과 현재의 사건을 연결해 준다.

내신 적중 多빈출

3 〈보기〉는 이 글의 원작 소설의 일부이다. 〈보기〉와 이 글을 비교한 내용으로 적절하지 <u>않은</u> 것은?

┤ 보기 ├
"통장이 이걸 가져왔어요."
내가 말했다. 어머니는 조각마루 끝에 앉아 아침식사를 하고 있었다.
"그게 뭐냐?" / "철거 계고장예요."
"기어코 왔구나." / 어머니가 말했다.
"그러니까 집을 헐라는 거지? 우리가 꼭 받아야 할 것 중의 하나가 이제 나온 셈이구나!"
어머니는 식사를 중단했다. 나는 어머니의 밥상을 내려다보았다.

① 이 글과 달리 〈보기〉는 과거 시제로 이야기를 서술하고 있다.
② 이 글과 달리 〈보기〉는 특정 인물의 시점으로 사건이 전개되고 있다.
③ 이 글과 달리 〈보기〉는 서술자가 도시 빈민의 처지를 직접 설명하고 있다.
④ 〈보기〉와 달리 이 글은 새로운 인물을 등장시켜 긴장감을 조성하고 있다.
⑤ 이 글과 〈보기〉 모두 인물의 행동과 대사를 통해 심리가 드러나고 있다.

4 '통장'이 ㉡과 같이 말한 이유를 50자 내외로 쓰시오.

어휘 풀이

쌈짓돈 쌈지에 있는 돈이라는 뜻으로, 적은 돈을 이르는 말.

망연자실(茫然自失)하다 멍하니 정신을 잃다.

짐짓 마음으로는 그렇지 않으나 일부러 그렇게.

샌드백(sandbag) 권투에서, 치는 힘을 기르고 치는 방법을 연습하기 위하여 천장에 매단 모래주머니.

딴청 딴전. 어떤 일을 하는 데 그 일과는 전혀 관계없는 일이나 행동.

공구(工具) 물건을 만들거나 고치는 데에 쓰는 기구나 도구를 통틀어 이르는 말.

흙무더기 모여서 쌓인 흙.

구절 풀이

❶ **콩나물을 다듬고 있던 ~ 한숨을 쉰다.** 철거 계고장을 받은 어머니는 앞으로 어떻게 살아야 할지를 걱정하고 있다.

❷ **행복동? 이름부터가 웃겼다고.** 난장이 가족이 살고 있는 동네의 이름으로, 반어법을 통해 낙원이나 행복과 대조되는 빈민촌의 비참한 삶을 강조하고 있다.

❸ **난장이, 아무 말 없이 ~ 집 밖으로 나선다.** 불안해하는 가족들에게 마땅한 대책을 제시할 수 없는 아버지는 묵묵히 일을 하러 나간다. 가족들에게 미안해하는 마음이 담겨 있다.

Q S# 17에서 영희의 눈에 띈 '쓰러진 꽃'이 상징하는 바는?

건물이 헐린 황량한 빈터에 쓰러져 있는 꽃은 난장이 가족이 겪는 억압과 고통을 형상화한 것이며, 영희가 이 꽃을 다시 세워 땅에 묻어 주는 행위는 현재의 시련을 딛고 행복해지고 싶은 영희의 소망과 희망을 상징적으로 보여 주는 것이다.

작가 소개

조세희(1942~)
소설가. 사회의 소외 계층을 애정 어린 시각으로 바라보는 작품들을 주로 썼다. 주요 저서로 소설집 《난장이가 쏘아 올린 작은 공》, 《시간 여행》 등이 있다.

박진숙(1947~)
드라마 작가. 1981년에 소설 〈지다위〉로 등단하였다. 주요 작품으로 〈마당 깊은 집〉, 〈아들과 딸〉, 〈여울목〉 등이 있다.

S# 13. 안방(밤)

어머니는 *쌈짓돈을 세다가 철거 계고장을 보고는 이내 크게 한숨을 쉰다. 옆에 누워 있던 난장이 역시 걱정스러운 마음에 잠을 이루지 못한다. ▶ 철거 계고장 때문에 잠을 이루지 못하는 어머니와 난장이

중략 부분의 내용 영수는 집안의 형편을 걱정하느라 잠을 이루지 못하고, 영희가 일하는 공장의 기계들은 새벽 3시에도 멈추지 않고 돌아간다. 밤을 새우며 일하던 영희가 깜빡깜빡 졸자 공장의 조장이 영희의 팔을 옷핀으로 찔러 잠을 깨운다. 영희는 잠 깨는 약을 먹으며 일하다가 아침이 되어서야 공장에서 퇴근한다.

S# 17. 난장이네 집(아침)

❶콩나물을 다듬고 있던 어머니. 집 걱정에 콩나물 다듬기를 멈추고 한숨을 쉰다. 영희, 지친 얼굴로 집에 들어오다가 *망연자실해 있는 어머니를 본다. 철거 계고장을 받은 후 더 이상 버틸 수 없다는 것을 알고 막막해함.

영희: (*짐짓 밝은 목소리로) 엄마! / **어머니:** (기운 없이) 어, 이제 오냐?

영희: (어머니 표정을 보며) ……? 어제 저녁에 철거 계고장이 나온 사실을 모르고 있음.

㉠난장이는 바닥에 쪼그려 앉아 있고, 어머니와 영수는 마루에 앉아 있다. 영희는 그 옆에 걱정스러운 얼굴로 서 있고, 영호는 *샌드백을 툭툭 건드리고 있다.

영호: 에휴, 미련 없이 뜨는 거야, 미련 없이. ❷㉡행복동? 이름부터가 웃겼다고. 이 작품의 공간적 배경 – 행복과는 거리가 먼 난장이 가족의 비참한 삶을 강조하는 반어적 표현

영희: (영호를 보며) 여기가 우리 집인데 가긴 어딜 가. 그리고 갈 데도 없잖아.

어머니: 「선거철만 되면 시켜먼 양복들 쫙 빼입고 와서는, 허가 내준다고, 정식 허가 내준다고. 어쩜 그렇게 지키지도 못할 일들을 쉽게 그러는지……. 아이구, 참…….」 「」: 이중적이고 무책임한 기득권층에 대한 불만과 비판

어머니의 뒤편으로 걱정스러운 얼굴을 한 ㉢난장이의 모습이 보인다. 영수의 얼굴 역시 근심으로 가득 차 있다.

영호: (영수에게 다가와 빈정대는 말투로) 아유, 이럴 땐 책에선 뭐라 그러나? 평소 책을 많이 읽는 영수를 비아냥거림.

영수: (영호를 보며)……. / **영호:** 형, 뭐라고 말 좀 해 보슈. 아무 말도 못함. – 소극적인 성격이 드러남.

답답한 마음에 영호와 영수를 바라보는 영희.

영호: ㉣책 속에 해답이 다 있는 거라며?

영수: (영호를 바라보다 고개를 돌리며) 취직자리, 알아보고 있는 거야? 동생의 비아냥거림에도 대꾸를 하지 못하고 화제를 돌리는 것으로 보아 소극적인 성격임을 알 수 있음.

영호: (버럭 소리를 지르며) 걱정 마. 형보다 돈 많이 벌어 올 테니까!

어머니: 목소리들 낮춰. 아버지 앞이다. / **난장이:** ……. 가장인 남편을 배려함.

어머니의 다그침을 듣고 *딴청을 피우는 영호. / **영수:** 죄송해요.

어머니: (평상에서 내려와 난장이 앞에 쪼그려 앉으며) 당신 생각은 어때요? 어떻게 하면 좋겠어요?

❸㉤난장이, 아무 말 없이 *공구를 집어 들고 집 밖으로 나선다. 가족들, 안쓰러운 표정으로 난장이를 바라본다.

영호: (신경질적으로 샌드백을 치며) 아유, 대책 없어, 대책 없어. 돈만 있으면 다 해결되는 거 아니야. 거칠고 반항적이며 냉소적인 성격이 드러남.

하늘을 바라보며 씁쓸한 표정을 짓는 영희.

영호: 가족회의는 무슨 얼어 죽을.

영희가 집 앞으로 걸어 나온다. 「집 앞의 건물은 이미 헐려서 빈터만 남았다. 동네 전체가 공사판이고 *흙무더기이다.」ⓐ걸어가던 영희 눈에 쓰러진 꽃이 보인다. 꽃을 다시 세워 땅에 묻으며 주변 풍경을 둘러본다. 「」: 산업화와 자본주의에 희생되는 도시 빈민의 비극적 현실 시련을 딛고 행복해지고 싶은 소망과 희망 ▶ 집이 철거될 위기에 놓이지만 별다른 대책을 세우지 못하는 난장이 가족

• **중심 내용** 집이 철거될 위기에 놓이지만 별다른 대책이 없어 막막해하는 난장이 가족 • **구성 단계** 전개

작품 연구소

클로즈업의 효과

클로즈업(close-up)은 영화나 텔레비전에서 중요한 부분을 포착하여 가까이 접근해서 찍는 것을 말하는데, 보통 피사체를 화면 가득 포착하므로 피사체에 집중하게 하는 효과가 있다.

장면	내용	효과
S# 12	철거 계고장을 받아 든 어머니와 난장이의 불안한 표정을 클로즈업	철거 계고장 때문에 갈등이 유발될 것임을 짐작하게 하여 긴장감을 조성함.
S# 15	조장으로부터 옷핀에 찔린 영희의 작업복에 묻어난 한 점의 빨간 피를 클로즈업	공장 노동자인 영희가 인간적인 대우를 받지 못하고 있음을 강조하여 상황의 비극성을 드러냄.

시나리오 〈난장이가 쏘아 올린 작은 공〉과 원작 소설 비교

시나리오 〈난장이가 쏘아 올린 작은 공〉	소설 〈난장이가 쏘아 올린 작은 공〉
• 인물의 심리가 대사, 지시문(표정이나 행동)을 통해 드러남. • 인물의 대사와 행동을 통해 사건이 전개됨.	• 인물의 내면 심리가 서술자의 서술을 통해 드러나기도 함. • 작중 인물인 서술자의 시각으로 사건이 전개됨.

자료실

조세희 작가가 밝힌 소설 〈난장이가 쏘아 올린 작은 공〉 창작 계기

30년 전, 나는 취재를 하기 위해 서울의 한 철거촌에 갔습니다. 어느 세입자 가정의 마지막 식사 자리, 목이 멘 가장은 밥을 잘 넘기지 못했습니다. 마지막 식사 자리를 지켜 주기에 벽은 너무 얇았습니다. 뚫려 버린 담벼락 밑에서 나는 철거반원들에 맞선 주민들 속에 섞였습니다. 취재를 마치고 돌아오는 길에 내가 다니던 잡지사 부근의 문방구에 들러 볼펜 한 자루와 작은 공책 한 권을 샀습니다. 그것이 〈난장이가 쏘아 올린 작은 공〉의 시작이었습니다.

– 이비에스(EBS), 〈지식채널e – 부끄러운 기록〉

함께 읽으면 좋은 작품

〈아홉 켤레의 구두로 남은 사내〉, 윤흥길 / 도시 빈민의 고달픈 현실을 그린 작품

지식인이라는 자부심을 갖고 살아가지만 도시 빈민의 권리를 주장하는 시위를 주도했다는 이유로 옥살이를 하고 현실에 철저히 패배하는 주인공을 통해 산업화·도시화의 과정에서 소외된 도시 빈민의 현실을 그린 소설이다. ﹁Link 〈현대 소설〉 216쪽

〈징소리〉, 문순태 / 산업화 과정에서 소외된 농촌 빈민의 삶을 그린 작품

장성댐의 축조로 인해 수몰된 마을을 배경으로 고향을 찾으려는 실향민들의 몸부림을 그린 소설이다. 산업화가 지닌 강제성과 폭력성, 산업화의 이면에서 희생당하는 농촌 빈민들의 삶과 한을 사실적으로 그려 내고 있다.

〈객지〉, 황석영 / 1970년대 노동자들의 열악한 현실을 드러낸 작품

서해안 간척지 공사 현장에서 일하는 노동자들의 열악한 생활을 절실하게 파헤치며, 인물들의 내면 심리를 세밀하게 표현한 소설이다. 개인의 행위가 집단적 행동으로 이어지는 과정을 보여 주고 있다.

---

5 S# 17을 촬영할 때 감독이 연기자에게 지시할 내용으로 가장 적절한 것은?

① 난장이는 기운이 없고 무표정한 얼굴을 하여 무기력한 인물로 보이도록 하세요.

② 영희는 가족이 처한 현실을 인식하지 못하는 순진한 인물임이 드러나도록 연기하세요.

③ 어머니는 끝까지 희망을 버리지 않는 인물이므로 실의에 빠진 가족들을 격려하도록 하세요.

④ 영호는 거칠고 반항적이지만 예의 바른 인물이므로 형을 존중하는 태도가 드러나도록 연기하세요.

⑤ 영수는 자신을 조롱하는 영호의 말에 불쾌해하는 감정이 드러나도록 얼굴을 크게 찡그리도록 하세요.

6 이 글의 각 장면에 대한 설명으로 적절하지 않은 것은?

① S# 13은 갈등의 원인이 경제적인 문제에 있음을 보여 준다.

② S# 13에서 S# 17로의 장면 이동은 시간이 흘렀음을 보여 준다.

③ S# 17에서는 영수와 영호의 대비되는 성격이 대화를 통해 드러난다.

④ S# 17에는 가장에게 책임을 물으며 비난하고 싶어 하는 가족들의 심리가 드러난다.

⑤ S# 17에서 영희가 쓰러진 꽃을 일으켜 세우는 모습은 고난을 극복하고자 하는 소망을 상징한다.

7 ㉠~㉤에 대한 설명으로 적절하지 않은 것은?

① ㉠: 인물의 행동을 통해 우울한 분위기가 드러난다.

② ㉡: 반어법으로 현실의 비극성을 강조한다.

③ ㉢: 사회적으로 소외되고 가난한 사람들을 상징한다.

④ ㉣: 지식이 현실의 문제를 해결하는 데에는 아무 소용이 없다고 여기는 냉소적인 태도를 보여 준다.

⑤ ㉤: 가장으로서 책임감을 느끼고 현실에 맞서 싸우기 시작했음을 보여 준다.

8 S# 17을 통해 알 수 있는 시대상으로 적절한 것을 〈보기〉에서 모두 고르면?

┤ 보기 ├

ㄱ. 도시 빈민들은 성실하게 일해도 가난에서 벗어나기가 쉽지 않았다.

ㄴ. 물질 만능주의의 폐해를 인식하고 이를 극복하기 위한 움직임이 있었다.

ㄷ. 급격한 도시화의 진행 속에서 도시 빈민들은 삶의 터전을 빼앗기게 되었다.

ㄹ. 선거철에만 도시 빈민을 찾아가 지키지 않을 약속을 하는 사람들이 있었다.

① ㄱ, ㄴ　　　② ㄴ, ㄷ　　　③ ㄷ, ㄹ
④ ㄱ, ㄷ, ㄹ　　⑤ ㄴ, ㄷ, ㄹ

내신 적중

9 ⓐ는 원작 소설에는 없는 장면이다. 작가가 각색하면서 ⓐ의 장면을 추가한 이유를 50자 내외로 쓰시오.

2. 한국 시나리오

032

메밀꽃 필 무렵 |이효석 원작, 동희선·홍윤정 각본

키워드 체크 #낭만적 #서정적 #1920년대 여름 #강원도 산길 #달밤 #떠돌이 삶의 애환 #혈육의 정

[문학] 비상

🎯 핵심 정리

갈래 시나리오
성격 낭만적, 서정적
배경 ① 시간 – 1920년대 여름
　　　② 공간 – 강원도 봉평에서 대화 장터로 가
　　　　는 길
제재 장돌림 허 생원의 삶
주제 장돌림의 삶의 애환과 혈육의 정
특징 ① 인물 간의 관계에 초점을 맞추어 주인공
　　　　의 삶에 주목하게 함.
　　　② 결말에서 암시와 여운을 남김.

Q 허 생원과 조 선달이 뒤따라오는 동이를
　　신경 쓰는 이유는?

허 생원은 봉평 장에서 충주댁과 농담을 주고받
는 동이를 보고 심하게 꾸짖었다. 그래서 허 생원
과 조 선달은 동이가 그 일에 앙심을 품고 보복
하려고 따라오는 것이라고 짐작하여, 자신들에
게 해코지할까 봐 신경을 쓰고 있는 것이다.

💡 어휘 풀이

장돌림 장을 돌아다니면서 여러 가지 물건을 파는
상인.
객줏집 예전에, 길 가는 나그네들에게 술이나 음
식을 팔고 손님을 재우는 영업을 하던 집.
틸트업(tiltup) 카메라를 수직으로 위를 향하여 움
직이면서 촬영하는 기법.
물리다 다시 대하기 싫을 만큼 몹시 싫증이 나다.

🔖 구절 풀이

**❶ 허 생원은 객줏집에서 ~ 동이를 심하게 꾸짖는
다.** 허 생원은 평소 충주댁에게 관심이 있었다.
그런데 자신이 좋아하는 충주댁과 동이가 농담
을 하며 장난치는 것을 보게 된다. 이 모습을 보
고 화가 난 허 생원은 동이를 심하게 야단친다.
표면적으로는 젊은 녀석이 그런 짓을 하면 안
된다는 훈계이지만, 자신이 좋아하는 충주댁과
함께 있는 동이를 못마땅하게 여기는 마음이
표출된 것이다.

**❷ 이렇게 달 밝은 밤이면 ~ 한 자락 뽑아 보지그
려?** 조 선달은 허 생원과 장돌림 생활을 하면
서 허 생원의 옛 사랑 이야기를 자주 들어 왔고,
달 밝은 밤이 되자 허 생원에게 그때의 이야기
를 들려줄 것을 요청하고 있다. 원작에서는 이
와 다르게 허 생원이 스스로 이야기를 꺼내는
것으로 되어 있다.

전략 부분의 내용 허 생원과 조 선달은 *장돌림으로 오랜 시간 함께 지낸 사이다. 어느 날 봉평 장에 도착했는데,
떠도는 생활을 함. – 사건 전개의 필연성을 부여함.
❶ 허 생원은 *객줏집에서 어린 장돌림 동이가 충주댁과 농담을 주고받는 것을 보고 동이를 심하게 꾸짖는다. 허 생
허 생원이 충주댁에 관심을 두고 있음을 알 수 있음.
원에게 혼이 나고 밖으로 나간 동이는 백근이가 동네 아이들에게 괴롭힘을 당하고 있는 것을 허 생원에게 알려 도
허 생원의 나귀
움을 준다. 그날 밤, 허 생원과 조 선달은 짐을 싸서 대화 장으로 떠나고, 동이가 그 뒤를 따라온다.
장돌림의 삶을 보여 줌.

가 S# 42. 메밀밭 사잇길(밤)

　넓은 메밀밭을 가로지르는 끝없는 길. 그 위를 허 생원과 백근이, 조 선달이 지나고 있고 그들
로부터 멀리 떨어져 나귀를 데리고 따라오는 동이가 보인다. *틸트업(tiltup).

조 선달: (무심코 뒤를 돌아보고 놀란다.) 저, 저, 저, 동이 놈 아니야?

허 생원: (조 선달의 시선을 따라 본다.) 어?

　동이가 메밀밭을 둘러보며 자신의 나귀를 끌고 걸어오고 있다.
　　　　　　　　　　　　　　▶ 대화 장으로 떠나던 중 뒤따라오는 동이를 발견한 허 생원과 조 선달

나 S# 43. 메밀밭 다른 길(밤)

　다른 구도의 메밀밭 오버랩(O.L.). 서두르며 길을 걷고 있는 허 생원과 조 선달.
　　　　　　　　　　　　　　뒤따라오는 동이를 따돌리려 걸음을 재촉함.

허 생원: (숨차 하며) 아, 아직도 따라오는가?

조 선달: 동이 녀석 속을 모르겠네. 도대체 왜 따라오는 거여?

허 생원: 아, 저 녀석도 대화 장에 가려나?

조 선달: 걸음도 빠르고 힘도 센 녀석이 충주댁에서 자고 내일 동이 틀 무렵에 발을 놔도 될
것을…….

허 생원: (놀란 목소리로) 아니 그럼 아까 충주집에서 나한테 따귀 맞은 그 일 때문에?
　　　　　　　　　　　　　　동이가 봉평 장에서 허 생원에게 혼난 일을 보복하려고 쫓아온다고 생각함.
조 선달: (힐끗 뒤를 돌아보며) 그러게나 말이야. 저 녀석이 뒤따라오면서 돌부리를 들고서
해코지를 하면 당해 낼 재간이 없잖여.
　　　　　　　　　동이가 쫓아오는 것을 두려워하는 이유

허 생원: (탄식하며) 아유.

　허 생원과 조 선달, 더욱 빠르게 걷는다. 동이가 멈춰 서 허리를 숙인다.
　　　　　　　　　　　신발의 돌을 털기 위한 행동이지만 허 생원과 조 선달에게 오해를 받게 됨.
조 선달: (뒤돌아서 동이를 가리키며) 어, 저, 저, 저, 저놈이.
　　　　　　　　　　　동이가 자신들을 공격할 것이라고 생각함.
　허 생원과 조 선달이 놀란 표정으로 동이를 바라본다. 동이가 신발을 벗어 돌을 털어 내고 있다.

조 선달: (허 생원을 바라보며) 우리가 걱정이 너무 심했나?

허 생원: (머쓱한 표정으로 숨을 고른다.) [중략]

　허 생원과 조 선달은 다시 길을 걷는다.

[A] ┌ **조 선달:** 저, 동이 녀석 신경 쓰지 말고 (하늘을 가리키며) ❷이렇게 달 밝은 밤이면 하는
　　　　　　　　　　　　　　　　　　　　　　낭만적 분위기 – 과거의 사건을 이끌어 내는 배경
　　　이야기 있잖아. 그 이야기나 한 자락 뽑아 보지그려?
　　　허 생원과 성 서방네 처녀 사이에 있었던 이야기(허 생원이 우연히 성 서방네 가족을 만나고 그 딸과 하룻밤을 보낸 일)
　　　허 생원: (웃으며) 아, *물리지도 않았어? 허허.
　　　조 선달: (웃으며) 물렸지, 물렸어. 허허. 그래도 이 달 밝은 밤에 그 이야기를 안 들으면
　　　　　　　　　　여러 번 들었던 이야기임을 알 수 있음.
　　　서운해서 아침에 동트기가 참 섭섭하네.
　　└ **허 생원:** (허공을 보며) 어떻게 해서 그렇게 됐는지 지금 생각해도 도무지 알 수가 없어.
　　　　　　　　▶ 동이에 대한 오해가 풀리고 달밤이 되자 조 선달의 권유로 과거의 일을 이야기하는 허 생원

・ **중심 내용** 허 생원과 조 선달, 동이가 대화 장으로 떠나고, 옛 추억을 이야기하는 허 생원　　　・ **구성 단계** 전개

252 Ⅱ. 극 문학

이해와 감상

이 작품은 동명 소설 〈메밀꽃 필 무렵〉을 각색한 시나리오로, 기본적인 사건의 흐름은 원작의 내용과 같지만 허 생원이 장돌림이 된 과정을 소개하거나 허 생원으로 추정되는 '초 서방'과 관련한 내용은 원작과 다르다. 이 작품은 장돌림 허 생원을 주인공으로 내세워 한곳에 정착하지 못하고 떠돌이 삶을 사는 장사꾼의 비애와 안타까운 사랑 이야기를 다루고 있는데, 허 생원의 사랑이 안타깝게 느껴지는 이유는 장돌림이라는 허 생원의 처지에서 비롯된다. 허 생원은 과거에 봉평 장에서 우연히 만난 성 서방네 처녀와 하룻밤을 보내게 되는데, 다음 날 성 서방네 처녀는 가족과 함께 어디론가 떠나 버리고 허 생원 역시 한곳에 정착할 수 없는 운명이기 때문에 성 서방네 처녀를 더 이상 찾지 못하고 영영 이별하게 된다. 그러나 성 서방네 처녀와 허 생원 사이에서 태어난 인물로 암시되는 동이가 허 생원과 인연을 맺는 모습을 통해 운명적 이별과 동시에 운명적 만남이 공존하는 모습을 담아낸다. 운명적 이별을 혈육의 정으로 다시 봉합하는 시도를 했다는 점이 이 작품의 궁극적인 묘미라고 할 수 있다.

전체 줄거리

발단	장돌림인 허 생원은 봉평 장에서 어린 장돌림인 동이가 충주댁과 농담을 주고받는 것을 보고 동이를 꾸짖는다.
전개	허 생원과 조 선달은 대화 장으로 가기 위해 길을 나서고, 동이는 먼발치에서 따라온다. 달 밝은 밤에 허 생원은 조 선달의 권유로 과거에 성 서방네 처녀와 있었던 일을 이야기한다.
절정	허 생원은 대화 장으로 향하는 길에 동이와 대화를 나누게 되고, 그 과정에서 동이 어머니의 고향이 허 생원이 과거에 성 서방네 처녀를 만났던 봉평이라는 사실을 알게 된다. 허 생원은 동이의 이야기를 듣던 중 놀라서 개울에 빠진다.
하강	동이가 개울에 빠진 허 생원을 일으켜 업고 개울을 건넌다.
대단원	허 생원은 동이가 자신의 혈육일 수 있다는 생각을 하고, 함께 동이의 어머니가 있는 제천으로 가기로 한다.

인물 관계도

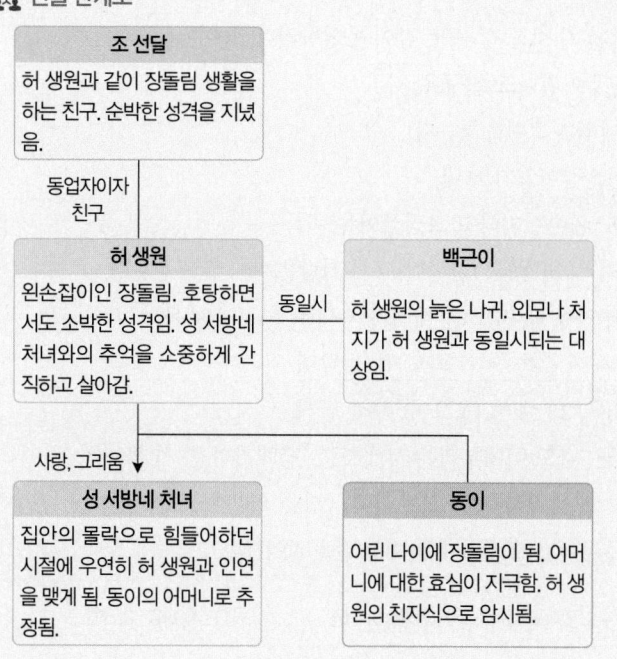

조 선달
허 생원과 같이 장돌림 생활을 하는 친구. 순박한 성격을 지녔음.

↕ 동업자이자 친구

허 생원
왼손잡이인 장돌림. 호탕하면서도 소박한 성격임. 성 서방네 처녀와의 추억을 소중하게 간직하고 살아감.

백근이
허 생원의 늙은 나귀. 외모나 처지가 허 생원과 동일시되는 대상임.

— 동일시 —

↓ 사랑, 그리움

성 서방네 처녀
집안의 몰락으로 힘들어하던 시절에 우연히 허 생원과 인연을 맺게 됨. 동이의 어머니로 추정됨.

동이
어린 나이에 장돌림이 됨. 어머니에 대한 효심이 지극함. 허 생원의 친자식으로 암시됨.

키 포인트 체크

인물 ⬚⬚⬚인 허 생원, 그의 오랜 ⬚⬚인 조 선달, 그리고 허 생원의 혈육으로 추정되는 ⬚⬚가 등장한다.

배경 시간적 배경은 1920년대 ⬚⬚, 공간적 배경은 대화 장으로 가는 길이다.

사건 허 생원은 조 선달과 함께 대화 장으로 떠나는 길 위에서 옛 사랑의 ⬚⬚을 이야기하고 있다.

1 이 글을 영화로 제작하기 위해 촬영할 때, 감독의 지시 사항으로 적절하지 <u>않은</u> 것은?

① 동이 역은 젊고 힘이 센 배우로 선발해 주세요.
② 이 장면의 촬영 시간은 달이 뜬 저녁으로 잡아 주세요.
③ 허 생원은 자신의 속마음을 숨기고 조 선달을 속이려 하는 인물이므로 교활한 표정을 지어 주세요.
④ 인물의 직업이 장돌림이므로 장사꾼이 입는 옷과 장사 물품으로 사용할 방물 등을 소품으로 준비해 주세요.
⑤ 카메라의 상하 이동이 필요한 장면이 있으므로 카메라의 높이를 조절할 수 있는 장치의 작동 여부를 점검해 주세요.

2 [A]에서 '조 선달'의 역할로 가장 적절한 것은?

① 극적 긴장감을 고조시킨다.
② 인물 간의 갈등을 해소시킨다.
③ 주인공의 삶의 내력을 소개한다.
④ 주인공의 숨겨진 심리를 파헤친다.
⑤ 주인공의 과거 이야기를 이끌어 낸다.

내신 적중 多빈출

3 [A]와 비교하여 〈보기〉의 특징으로 가장 적절한 것은?

┤ 보기 ├

"달밤이었으나 어떻게 해서 그렇게 됐는지 지금 생각해두 도무지 알 수 없어."
허 생원은 오늘 밤도 또 그 이야기를 끄집어내려는 것이다. 조 선달은 친구가 된 이래 귀에 못이 박히도록 들어 왔다. 그렇다고 싫증을 낼 수도 없었으나 허 생원은 시침을 떼고 되풀이할 대로는 되풀이하고야 말았다.
"달밤에는 그런 이야기가 격에 맞거든."
조 선달 편을 바라는 보았으나 물론 미안해서가 아니라 달빛에 감동하여서였다. 이지러는졌으나 보름을 가제 지난 달은 부드러운 빛을 흣뭇이 흘리고 있다.
— 이효석, 〈메밀꽃 필 무렵〉에서

① 작중 인물이 서술자로 등장한다.
② 배경 묘사를 통해 분위기를 조성하고 있다.
③ 조 선달이 허 생원의 이야기를 처음 듣게 된다.
④ 허 생원의 과거 이야기가 요약적으로 제시되어 있다.
⑤ 허 생원의 이야기에 대한 조 선달의 태도 변화가 나타난다.

4 (나)에서 '허 생원'과 '조 선달'이 '동이'가 쫓아오는 것을 두려워하는 원인이 된 사건을 쓰시오.

2. 한국 시나리오 (세로)

💡 **어휘 풀이**

계부(繼父) 의붓아버지. 어머니가 재혼함으로써 생긴 아버지.

생부(生父) 친아버지. 자기를 낳은 아버지.

고꾸라지다 앞으로 고부라져 쓰러지다.

해깝다 '가볍다'의 방언.

피마(馬) 성숙하게 다 자란 암말.

땅뙈기 얼마 안 되는 자그마한 논이나 밭.

Q 허 생원이 동이에게 부모에 관한 질문을 계속하는 이유는?

허 생원은 젊은 나이에 장돌림을 하는 동이의 처지에 연민을 느끼고 그의 처지에 관해 여러 가지 질문을 던지기 시작한다. 그러다가 동이의 어머니에 관한 이야기를 듣고 동이의 어머니가 성 서방네 처녀일 수 있다는 생각을 하게 된 허 생원은 사실을 확인하기 위해 동이에게 생부의 성씨까지 묻는다. 즉 허 생원이 동이에게 부모에 관해 묻는 이유는 동이의 어머니가 자신이 과거에 하룻밤을 함께 보냈던 성 서방네 처녀이며 동이가 자신의 아들일 수 있겠다고 생각하여 이를 확인하려는 것이다.

✿ **구절 풀이**

❶ **계부 밑에서 자랐다니 생부는 어쩌다가 돌아가셨나?** 허 생원이 동이에 대해 연민을 느끼며 우호적 태도를 드러내고 있는 부분이다. 이전 상황에서 허 생원은 동이가 충주댁과 수작하는 것을 보고 혼을 낸 동이와 갈등 관계에 있었다. 하지만 달밤에 같이 길을 걸으면서 동이의 처지에 연민을 느끼게 되었고, 동이가 이러한 처지가 된 사연에 궁금증을 갖게 된 것이다.

❷ **지푸라기로 뭘 잘 만들었다고 해서 초 서방이라고 했던가?** 동이와 대화를 나누던 허 생원은 동이가 자신의 혈육일지도 모른다고 생각하여 동이에게 아버지의 성씨를 묻는데, 이에 동이는 성씨는 모르지만 초 서방이라고 불렸다고 대답한다. 이에 동이의 대답을 들은 허 생원은 동이가 자신의 아들일 것이라고 확신하게 된다.

👤 **작가 소개**

이효석(1907~1942) 소설가. 1928년 《조선지광》에 단편 〈도시와 유령〉을 발표하면서 등단하였다. 초기에는 현실 문제를 다루기도 했으나, 이후 순수한 자연을 배경으로 한 향토색이 짙은 작품을 발표하였다. 주요 작품으로 〈돈(豚)〉, 〈수탉〉, 〈화분〉 등이 있다.

동희선·홍윤정 시나리오 작가. 주요 작품으로 〈수상한 그녀〉 각본이 있다.

가 S# 75. 길(밤)

허 생원: ❶계부 밑에서 자랐다니 생부는 어쩌다가 돌아가셨나?
_{동이에게 가족의 내력을 물음. – 동이에 대한 우호적 태도가 드러남.}

동이: 생부요? 애당초 없었구먼유. / 조 선달: 생부가 없다니. 그런 법이 어딨어?

동이: 부끄러워서 말하지 않으려고 했는데 정말이라니께유. 제천에서 달도 차지 않은 저를 낳고 어머니는 친정에서 쫓겨났대유. 친아버지 얼굴은 본 적도 없구유. 그러니 애당초 없는 게 아니겠슈? / 조 선달: (안타까운 듯) 오, 그랬구만.
_{동이의 처지를 안타깝게 여김. – 동이에 대한 우호적 태도가 나타남.} ▶ 동이로부터 집안 내력을 듣는 허 생원과 조 선달

나 S# 77. 개울(밤)
_{장애물이면서 동시에 앞으로의 사건 전개의 필연성을 부여하는 공간적 배경}

허 생원이 동이를 따라 강을 건넌다. 허 생원은 자신의 허벅지까지 오는 강물에 몸을 가누기 힘들어한다.
_{허 생원이 강물에서 넘어질 것임을 암시함.}

허 생원: 모친은 원래 제천 분이신가? / 동이: 웬걸요. 원래부터 제천에 살지는 않으셨대유.

허 생원: (울렁거린다.) 아, 그럼 모친 고향이 어디야?

동이: 시원스럽게 말은 안 해 주는데 봉평이라는 것만 들었슈.
_{동이가 자신의 아들일 수 있다는 생각에 이를 확인하려 구체적인 질문을 함.}

허 생원: (놀라며) 봉평? 그럼 아버지 성씨는 뭔가?
_{허 생원이 과거에 성 서방네 처녀를 만나 하룻밤을 보낸 곳이 봉평이기 때문에}

동이: 보지도 못했는데 알 수 있나요? ❷지푸라기로 뭘 잘 만들었다고 해서 초 서방이라고 했던가? / 허 생원: (당황하며) 초, 초 서방?
_{허 생원이 성 서방네 처녀에게 지푸라기로 복조리를 만들어 주었음. → 초 서방이 허 생원임을 암시함.}

순간, 허 생원이 발을 헛디뎌 풍덩 앞으로 ❤고꾸라진다. 놀라는 동이. 허 생원이 물에 빠져 허우적거린다. 동이가 허 생원을 잡아 일으켜 준다.
_{동이가 자신의 아들이 맞다는 생각이 들어 당황함.}

동이: 안 되겠구먼유. 자, 업혀유. / 허 생원: 아, 괜찮아. / 동이: 아, 괜찮아유. 어서유.

동이, 쉽게 허 생원을 들쳐 업는다.

동이: 생각보다 ❤해깝네유. / 허 생원, 동이의 등이 편하다. 슬쩍 못 이기는 척 기댄다.
_{동이에게서 혈육의 정을 느낌.}
▶ 동이의 이야기를 듣고 당황하여 물에 빠진 허 생원을 업고 나오는 동이

다 S# 78. 모닥불 근처(밤)

타닥타닥 타고 있는 모닥불에 둘러앉아 젖은 옷을 벗어 말리고 있는 세 사람.

조 선달: (웃으며) 오늘 참 이상하네. 어찌 물에까지 빠지고 말이야. 무엇 때문에 그랬디야?
_{평소와 다른 허 생원의 행동에 의문을 제기함.}

허 생원: 실은 아까 나귀 생각을 했었어. / 조 선달: (백근이를 쳐다보며) 나귀?
_{본심을 숨기고 나귀 얘기를 통해 둘러댐.}

허 생원: 그려. 저 못난 꼴을 해 가지고 새끼를 얻었잖아. 그것도 마을에서 제일가는 ❤피마에게서 말이야. [중략]
_{허 생원의 처지와 대응됨. – 허 생원도 나귀와 같이 아들을 얻음.}

허 생원: 자, 가다가 보면 대충 마를 테니 부지런히들 가세나. 내일 대화 장 보고는 제천으로 가세. / 동이: 생원도 제천으로유?

동이: (울렁거린다.) 아, 그럼 모친 고향이 어디야?
_{동이의 어머니가 바로 성 서방네 처녀일 것이라는 생각 때문에 제천으로 가려고 함.}

허 생원: 어, 그래. 모처럼 한번 가 보고 싶구만. 같이 동행하려나, 동이?

동이: 아, 그러지유. 가는 김에 어머니도 뵙구유.

동이, 먼저 돌아 왼손으로 나귀의 고삐를 잡는다.

조 선달: 동이도 자네처럼 왼손잡이인가 보네.
_{허 생원이 동이가 자신의 아들임을 확신하는 결정적 증거}

동이: 예, 어머니가 제 생부도 왼손잡이라고 그러셨어유.

조 선달: (놀란 표정으로) 그려? / 허 생원: (놀란다.) / 세 사람은 다시 길을 걷는다.

동이: 다음에 나귀 새끼 보러 가실 때 저도 좀 데려가 주세유. 보고 싶네유.

허 생원: 어, ㉠이제는 나귀 새끼 같은 건 안 봐도 될 것 같네.
_{동이가 자신의 아들이라는 확신 때문에 나귀 새끼를 볼 필요가 없다고 생각함.}

조 선달: (웃으며) 왜? 팔렸나? / 허 생원: (웃으며) 허허, 글쎄.

조 선달: 원, 사람도. / 허 생원: 나도 이제부터는 자네처럼 ❤땅뙈기나 좀 사 볼까?
_{가족을 만나서 정착하고 싶은 마음이 드러남.}

조 선달: 자네가 땅을 사? 허허, 참 알다가도 모르겠네. / 방울 소리가 밤 벌판에 한층 청청하게 울린다. 세 사람이 가벼운 걸음으로 달빛 기울어진 길을 걸어간다.
▶ 동이가 자신의 혈육일 것이라고 기대하는 허 생원

• **중심 내용** 동이가 자신의 혈육일 수도 있다고 생각하고 기대하는 허 생원   • **구성 단계** 하강·대단원

🏠 작품 연구소

허 생원과 동이의 관계 변화

갈등		화해
동이가 충주댁과 농담을 주고받자 허 생원이 동이를 꾸짖음.	→	대화 장으로 가는 길에 이야기를 나누면서 서로를 잘 알게 됨.

'달 밝은 밤'의 기능

'달 밝은 밤'이라는 시간적 배경은 허 생원의 현재와 과거를 연결하는 매개 역할을 하고 있다.

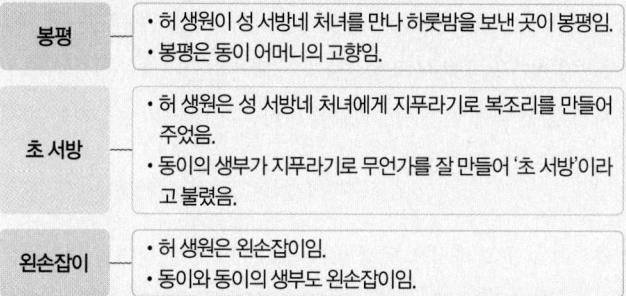

현재		과거
• 시간적 배경: 달 밝은 밤 • 공간적 배경: 대화 장 가는 길 • 인물: 허 생원, 조 선달 • 사건: 허 생원이 조 선달에게 성 서방네 처녀와의 추억을 풀어놓음.	달 ─ 밝은 밤 →	• 시간적 배경: 달 밝은 밤 • 공간적 배경: 봉평 • 인물: 허 생원, 성 서방네 처녀 • 사건: 허 생원과 성 서방네 처녀가 우연히 만나 하룻밤을 보냄.

허 생원과 동이가 부자(父子) 관계임을 암시하는 내용

봉평	• 허 생원이 성 서방네 처녀를 만나 하룻밤을 보낸 곳이 봉평임. • 봉평은 동이 어머니의 고향임.
초 서방	• 허 생원은 성 서방네 처녀에게 지푸라기로 복조리를 만들어 주었음. • 동이의 생부가 지푸라기로 무언가를 잘 만들어 '초 서방'이라고 불렸음.
왼손잡이	• 허 생원은 왼손잡이임. • 동이와 동이의 생부도 왼손잡이임.

허 생원의 방랑과 정착

허 생원은 장돌림으로 떠도는 삶을 살아간다. 그런 허 생원이 운명처럼 성 서방네 처녀와 만나 하룻밤을 보내게 된다. 하지만 다음 날, 성 서방네 처녀는 가족들과 함께 빚쟁이에 쫓겨 갑작스럽게 봉평을 떠나고, 허 생원의 방랑도 다시 시작된다. 그러나 떠돌이 생활 중에 운명처럼 동이를 만나게 되고, 동이가 자신의 혈육이라고 생각한 허 생원은 동이, 성 서방네 처녀와 가족을 이루어 정착하고 싶은 욕구를 느낀다.

📖 함께 읽으면 좋은 작품

〈메밀꽃 필 무렵〉, 이효석 / 장돌림의 삶과 애환을 통해 인간의 근원적인 애정을 다룬 작품

시나리오 〈메밀꽃 필 무렵〉의 원작 소설로, 토속적인 어휘와 서정적이고도 낭만적인 묘사로 한국 근대 단편 소설의 백미(白眉)로 평가되는 작품이다. 메밀꽃이 흐드러지게 핀 달밤의 산길을 배경으로 하여 부자 상봉의 장면을 한 폭의 수채화처럼 구현해 내고 있어 시나리오와 소설의 특징을 비교하며 감상하기에 적절하다. **Link** 〈현대 소설〉 96쪽

〈역마〉, 김동리 / 운명적인 방랑의 삶을 그린 작품

〈역마〉는 방랑의 삶을 살 수밖에 없는 한 인간의 운명적 상황을 그리고 있는 소설이다. 따라서 떠돌이 삶을 살아가는 인물이 자신의 운명을 대하는 태도를 〈메밀꽃 필 무렵〉과 비교하며 읽을 수 있다. 또한 주인공이 경험한 사랑이 성공과 실패로 각기 달리 귀결되는 결말의 과정을 비교하며 읽을 수 있다. **Link** 〈현대 소설〉 140쪽

5 이 글에 대한 감상으로 적절하지 <u>않은</u> 것은?

① 인물 간의 대화가 길을 따라 이동하는 과정에서 진행되고 있군.

② 허 생원은 동이의 출생 과정, 집안 내력 등에 대해 물어보며 동이와 긍정적 관계를 맺어 나가고 있군.

③ 허 생원, 조 선달, 동이가 봉평 장에서 대화 장으로 이동하는 것은 장돌림의 떠돌이 운명을 보여 주는 것이군.

④ 조 선달은 허 생원과 동이의 관계를 이미 알면서도 모르는 척하며 물에 빠진 허 생원을 이상하게 여기고 있군.

⑤ 허 생원이 동이 어머니의 고향이 봉평이라는 말에 놀란 것은 동이가 자신의 혈육일 수 있다고 생각했기 때문이군.

6 (가)의 '조 선달'과 〈보기〉의 '조 선달'을 비교하여 이해한 내용으로 적절한 것은?

┤ 보기 ├

S# 43. 메밀밭 다른 길(밤)

서두르며 길을 걷고 있는 허 생원과 조 선달.

허 생원: (숨차 하며) 아, 아직도 따라오는가? [중략]

조 선달: (힐끗 뒤를 돌아보며) 그러게나 말이야. 저 녀석이 뒤따라오면서 돌부리를 들고서 해코지를 하면 당해 낼 재간이 없잖여.

① (가)와 〈보기〉에서 조 선달은 동이의 행동을 의심하고 있군.

② (가)와 〈보기〉에서 조 선달은 허 생원의 태도에 불만을 드러내고 있군.

③ (가)에서는 동이에게 연민을, 〈보기〉에서는 동이에게 두려움을 느끼고 있군.

④ (가)에서는 동이에게 관심이 없지만, 〈보기〉에서는 동이에게 관심을 보이고 있군.

⑤ (가)에서는 허 생원과 동이의 화해를 이끌어 내고 있고, 〈보기〉에서는 허 생원과 동이의 갈등을 조장하고 있군.

7 ㉠의 발화 의도를 추리한 내용으로 가장 적절한 것은?

① 이미 나귀 새끼를 팔 생각을 하고 있어서

② 동이가 자신의 혈육이라는 확신이 들어서

③ 동이가 자신과 고향이 같을지도 모른다는 생각이 들어서

④ 조 선달이 나귀 새끼를 자신에게 팔라고 요구할 것 같아서

⑤ 동이가 나귀를 키우는 것이 체력이 저하된 자신보다 낫다고 생각해서

8 이 글에서 방랑의 삶을 살던 '허 생원'의 정착하고자 하는 욕구가 드러난 대사를 찾아 쓰시오.

2. 한국 시나리오

033

김 씨 표류기 | 이해준

문학 미래엔

🎯 핵심 정리

갈래 시나리오
성격 상징적, 시사적
배경 ① 시간 – 현대
　　　② 공간 – 서울(밤섬, 여자의 방 등)
제재 남자 김 씨와 여자 김 씨의 삶
주제 현대인의 소외와 소통에 대한 욕구
특징 ① 남자가 머무는 공간(밤섬)과 여자가 머무는 공간(방 안)을 중심으로 사건이 전개됨.
② 두 인물이 세상과 단절된 모습을 통해 소통이 제대로 이뤄지지 않는 현대 사회의 모습을 우회적으로 고발함.
③ 상징적 소재들을 활용해 단절과 소통이라는 주제 의식을 효과적으로 전달함.

Q 배달원의 역할은?

배달원은 공간적으로 단절된 두 김 씨를 연결해 주는 역할을 한다. 남자에게는 여자의 관심과 애정이 담긴 짜장면을 배달해 줌으로써 남자를 지켜보고 있는 여자의 존재를 확실하게 인식하도록 만들어 준다. 여자에게는 짜장면을 삶의 희망으로 여기는 남자의 신념을 전달해 준다. 이를 통해 소통에 있어서 한계가 있을 수밖에 없는 두 남녀가 서로를 더 잘 알고 이해하는 계기를 마련해 주고 있다.

💡 어휘 풀이

행색(行色) 겉으로 드러나는 차림이나 태도.
망원 렌즈(望遠lens) 멀리 있는 물체 따위를 크고 정확하게 볼 수 있도록, 초점 거리를 비교적 길게 만든 렌즈.
흑발(黑髮) 검은 빛깔의 머리털.

Q 남자가 여자가 보낸 짜장면을 거절한 이유는?

빚 독촉에 시달리던 남자는 자살을 선택하여 자신의 삶을 포기하려 했을 정도로 삶에 의욕이 없던 인물이다. 그런 그에게 무인도에서 농사를 지어 짜장면을 만들어 먹는 일은 이루고 싶은 목표이자 삶의 보람을 느낄 수 있는 행위였을 것이다. 그런데 여자가 보낸 짜장면을 먹으면 삶의 목표와 희망을 잃을까 봐 짜장면을 돌려보냈을 것이다.

📖 구절 풀이

❶ 철컥. 걸쇠에 걸린 ~ 주춤대는 배달원. 좁은 문틈으로 보이는 여자의 모습에 배달원이 놀라 멈칫하는 장면이다. 여자는 가족과도 얼굴을 마주하지 않을 만큼 자신의 방 안에서 철저히 고립된 삶을 사는 외톨이다. 여자는 배달원과 마주해야 하는 예상치 못한 상황에 당황하였음에도 불구하고, 남자가 짜장면을 돌려보낸 까닭이 궁금하여 힘겹게 현관문을 열어 배달원에게 말을 걸고 있다. 그만큼 남자 김 씨에 대한 여자의 관심과 호기심이 크다는 것을 알 수 있다.

가 S# 82. 섬(오후)

경계하듯 섬을 두리번거리며 모래 해변 위를 걷는 배달원. 저 앞에 남자의 오리 배를 발견하고는 조심스럽게 다가간다.
　사람이 살지 않을 것처럼 보이는 밤섬에 짜장면을 배달하러 왔기 때문에 당황하여 긴장함.

배달원: 저기요? 계세요?

카메라가 배달원의 시선으로 오리 배를 향해 조심스럽게 다가간다. 이윽고 오리 배 뒤에 잔뜩 몸을 숨긴 웅크린 남자의 앙상한 뒷모습이 드러난다. 긴장하는 배달원.
　남자는 밤섬에 고립되어 물고기와 새 등으로 어렵사리 허기를 달래며 살아가고 있음.

배달원: 짜장면…… 시키신 분?

남자, 조심스럽게 돌아본다. 남자의 *행색에 흠칫 놀라는 배달원. 남자도 난데없는 배달원의
　마치 원시인과 같은 모습의 남자를 보고 당황함.　무인도인 밤섬에 사람이 나타났기 때문에
등장에 놀라긴 마찬가지이다. 잠시 서로에게 당황하는 두 사람. 배달원, 머뭇머뭇 조심스럽게 입을 떼는데, 말도 잘 안 나온다.

배달원: 아니…… 어떤 여자가…… 여기로 짜장면……
　　　　남자를 카메라 렌즈로 지켜보던 여자는 남자가 짜장면이
　　　　먹고 싶어서 농사를 짓는 것임을 눈치채고, 남자를 위해
　　　　밤섬으로 짜장면을 배달시켜 줌.

배달원, 주뼛대다가 철가방을 내려놓는다. 그 바람에 흠칫하는 남자. 여전히 경계를 풀지 않는다. 배달원, 남자의 눈치를 살피며 철가방 속에서 조심스럽게 짜장면을 꺼내 놓는다. [중략]

배달원, 돌아서 간다. 남자, 자기 앞에 놓여 있는 짜장면들을 바라본다. 남자의 눈동자는 미세하게 흔들린다. 점점 복잡해지는 감정인가 싶은데 갑자기. / **남자:** 저기요!
　누가 짜장면을 보냈을지, 배달된 짜장면을 먹어도 될지 등의 생각으로 혼란스러움.
　　　　　　▶ 여자가 밤섬에 살고 있는 남자에게 짜장면을 배달시켜 줌.

나 S# 83. 방(오후)

여자의 *망원 렌즈 시점. / 짜장면을 들고 배달원 앞까지 걸어오는 남자. 짜장면을 내려놓는다. 배달원에게 '뭐라 뭐라' 하는 남자. 그러고는 돌아서 가 버린다. 황당한 배달원, 어쩔 수 없이
　카메라 렌즈로 포착한 남자와 배달원의 모습을 보여 줌.
짜장면을 도로 철가방에 담는다. 카메라에서 눈을 떼는 여자. 놀라는 표정.
　남자가 짜장면을 받지 않기 때문에 ──　　▶ 남자가 짜장면을 받지 않음.

다 S# 85. 현관(오후)

딩동! 딩동! 딩동! 짜증 날 대로 난 배달원. 대답이 없자 현관 앞에 급기야 무작정 짜장면을 내려놓는다.
　두 사람 때문에 밤섬을 거쳐 여자의 집까지 짜장면을 배달하느라 지치고 힘듦.

배달원: 아, 몰라, 몰라, 몰라! 직접 전해 주든지, 먹든지, 버리든지…… (울먹이며) 다리에 알 배겼거든요!
　오리 배의 페달을 돌려 밤섬에 다녀왔기 때문에

배달원이 씩씩대며 돌아서 가는데, ❶철컥. 걸쇠에 걸린 현관문이 살짝 열린다. [중략] 배달원, 극도의 짜증을 억지로 삼키며 천천히 돌아서는데, 여자가 안 보인다. 배달원, 천천히 현관을 향해 걸어가면 문 안쪽, 좁은 문틈으로 마치 공포 영화의 한 장면처럼 드러나는, 애써 얼굴을 돌리고 서 있는 긴 *흑발의 여자. 놀라서 멈칫하며 주춤대는 배달원.

배달원: 왜들, 그러세요……. 들…….

여자: 그 남자……. 다른 말 없었어요? 뭐라고 하는 거 같던데…… 그죠? 뭐라고 그랬어요?
　　　　　남자가 짜장면을 거절한 이유를 무척 궁금해함.

여자는 잠깐잠깐 배달원과 눈을 마주치지만 애써 시선을 피한다.
　세상과 단절되어 지내 왔기 때문에 타인과의 소통이나 교감에 큰 어려움을 느끼고 있음.

배달원: (잠시 본다) 참, 두 분…… 서로 참, 관심 있으신가 봐요……. 막 애틋할라 그러네!

여자: ……. / **배달원:** 전해 달래요. / **여자:** (동그랗게 떠지는 두 눈)

배달원: (정색하며) 자기한테 ㉠짜장면은…… 희망이래요. / **여자:** (듣는 표정) …….
　남자가 짜장면을 돌려보낸 이유 – 남자에게 짜장면을 직접 만들어 먹는 일은 삶의 목표이자 희망임.
배달원: (정색한 표정 그대로) 그 남자, 가까이 하지 마세요. 그릇은…… 가지시고.

배달원은 돌아서 간다. 이미 불어 터진, 남겨진 짜장면들을 바라보는 여자의 표정.
　　　　　　▶ 여자가 배달원으로부터 짜장면에 대한 남자의 신념을 전해 들음.

• **중심 내용** 여자가 남자에게 짜장면을 배달시켜 주지만 남자는 짜장면을 먹지 않고 돌려보냄.　• **구성 단계** 절정

이해와 감상

이 작품은 우연히 한강의 밤섬에 표류하게 된 남자 김 씨와 그의 표류 생활을 지켜보는 여자 김 씨의 이야기를 담은 시나리오이다. 남자 김 씨는 사회에서 낙오되어 자살하려다가 우연히 한강의 밤섬에 표류하게 된다. 여자 김 씨는 가족과의 대면을 피할 정도로 스스로를 사회와 철저히 격리한 채 방 안에 은둔하여 살아간다. 처지와 이유는 서로 다르지만 두 사람은 사회로부터 단절되고 고립되어 살아간다는 점에서 서로 닮아 있다. 이들은 모래사장에 글자를 쓰고, 짧은 편지를 넣은 와인병을 보내는 등 그들만의 독특한 방식으로 소통을 시도하며 서로에게 조금씩 마음을 연다. 작가는 이를 통해 저마다의 공간에 갇히거나 스스로를 가둬 세상과 단절된 현대인들의 모습을 보여 주는 한편, 진정한 소통이란 무엇이며 그것이 현대인들에게 어떤 의미가 있는지를 생각하게 하고 있다.

전체 줄거리

발단	회사에서 정리 해고를 당하고 빚 독촉에 시달리던 남자 김 씨는 한강에서 자살하려 무인도인 밤섬에서 깨어난다. 여자 김 씨는 집 밖으로 나가지 않고 자신의 방 안에만 틀어박혀 사이버 세계에서 실제와는 다른 모습으로 살아간다.
전개	여자는 사진을 찍다가 밤섬에 표류한 남자를 발견하고 그를 관찰하기 시작한다. 여자는 와인병에 편지를 넣어 섬으로 던지고 남자는 모래사장에 글자를 써 메시지를 주고받는다. 차츰 밤섬에서의 생활에 적응하던 남자는 어느 날 짜장 라면 가루를 발견하고 짜장면을 만들어 먹기로 결심한다.
절정	남자에게 묘한 동질감을 느낀 여자는 짜장면을 배달시켜 남자에게 보낸다. 그러나 남자는 이를 돌려보내고 직접 농사를 지어 결국 짜장면을 만들어 먹는다. 남자는 여자에 대해 궁금해하고 여자는 자신이 누구인지 남자에게 보여 주는 것에 어려움을 느낀다.
하강	남자는 폭풍우에 지금껏 가꾸어 온 터전을 모두 잃고, 환경 관리원에게 붙잡혀 밤섬 밖으로 끌려 나온다. 여자는 남자를 찾기 위해 용기를 내어 집 밖으로 나와 거리를 헤맨다. 멀리서 버스에 오르는 남자를 발견하지만 달리는 버스를 따라잡지 못한다.
대단원	때마침 민방위 사이렌이 울려 남자가 탄 버스가 거리에 멈춰 서고, 여자가 버스를 향해 달려가서 두 사람이 만나게 된다.

인물 관계도

여자	소통	남자
가족과 대면하는 것도 꺼리고 자신의 방 안에서만 지내는 인물. 카메라 렌즈로 남자 김 씨를 관찰하고 그에게 동질감을 느낌.		경제적으로 실패하여 스스로 목숨을 끊으려다 우연히 도착한 무인도 밤섬에서 홀로 살아감. 여자 김 씨의 존재를 궁금해함.

자료실

〈김 씨 표류기〉의 시사성

〈김 씨 표류기〉가 던지는 사회적 메시지는 꽤 묵직하다. 남자가 회사 면접을 보는 장면, 대출 광고 전화를 받는 장면, 빚더미에 올라 자살을 시도하는 장면 등은 경제적으로 낙오한 이들을 벼랑 끝으로 내모는 우리 사회의 비정한 현실을 떠올리게 만든다. 또한 방 안에 철저히 고립된 여자가 사이버 세계에서는 실제 모습과 달리 화려하고 사교적인 캐릭터로 살아가는 장면, 자신의 정체성에 대한 고민을 회피하는 장면, 사이버 세계에서조차 비난의 대상으로 전락하는 장면은 우리 사회의 은둔형 외톨이, 인터넷 중독에 의한 현실 부적응, 사이버 폭력 문제 등을 떠올리게 한다.

키 포인트 체크

인물 무인도에서 자신만의 터전을 만들어 생활하면서 짜장면을 먹겠다는 집념으로 열심히 농사짓는 □□ 김 씨, 방 안에만 틀어박혀 철저히 혼자만의 삶을 살아가는 □□ 김 씨가 등장하고 있다.
배경 서울 한강에 있는 무인도 □□, 여자의 방 안을 배경으로 하고 있다.
사건 여자는 짜장면을 먹고 싶어 하는 남자에게 짜장면을 배달시켜 보내는데, 남자는 짜장면이 자신의 □□이라며 짜장면을 돌려보낸다.

1 이 글의 내용과 일치하지 <u>않는</u> 것은?
① 남자는 여자의 배려에 고마움을 느꼈다.
② 남자는 여자가 보낸 짜장면을 돌려보냈다.
③ 여자는 배달원과 남자가 대화하는 것을 보았다.
④ 배달원은 여자와 남자의 행동 때문에 지친 상태이다.
⑤ 여자는 남자가 짜장면을 거절하리라고 예상하지 못했다.

2 '여자'와 '남자'가 소통하는 과정을 고려할 때, 이 글에서 '배달원'의 역할로 가장 적절한 것은?
① 남자에게 여자에 대한 정보를 제공하고 있다.
② 여자가 남자의 신념을 잘 알고 있음을 그에게 전해 준다.
③ 여자가 남자를 가까이에서 관찰하는 계기를 마련해 준다.
④ 여자가 남자의 존재를 처음으로 인식하도록 만들어 준다.
⑤ 여자가 남자의 행동에 담긴 의도를 이해하도록 만들어 준다.

〔내신 적중〕 多빈출
3 〈보기〉를 바탕으로 하여 이 글을 이해한 내용으로 적절하지 않은 것은?
〔 보기 〕
이 작품은 소통이 단절되고 익명성을 띠는 현대 사회에서 각자의 공간에 고립된 채 살아가는 현대인의 모습을 보여 주고 있다. 남자와 여자는 서로의 존재를 알아채고 다양한 방법으로 소통하지만, 타인 앞에 자신을 드러내는 것에 부담을 느껴 소통에 어려움을 겪기도 한다.

① 방 안에만 있는 여자와 밤섬에 갇힌 남자는 각자의 공간에 고립되어 소외감을 느끼는 현대인을 대변한다.
② 여자가 남자에게 보내는 메시지는 현대인에게 남아 있는 타인에 대한 관심과 소통에 대한 욕구를 상징한다.
③ 배달원과 시선을 마주치지 못하는 여자의 모습은 타인과의 소통에 어려움을 느끼는 현대인의 모습을 나타낸다.
④ 짜장면을 돌려보내는 남자의 모습은 타인과 소통하려는 노력조차 하지 않는 현대인의 고립된 상황을 드러낸다.
⑤ 남자와 여자의 이름을 제시하지 않고 보편적인 성(姓)인 김씨로만 표현한 것은 현대 사회의 익명성을 드러낸다.

4 〈보기〉는 이 글의 앞부분의 줄거리이다. '남자'가 밤섬에 들어오게 된 까닭을 고려하여 '남자'가 ㉠과 같이 말한 이유를 쓰시오.
〔 보기 〕
회사에서 해고를 당하고 빚 독촉에 시달리던 남자 김 씨는 한강에서 자살하려다 우연히 밤섬에서 깨어난다. 밤섬에서의 생활에 적응해 가던 남자는 어느 날 쓰레기 더미에서 짜장 라면 가루를 발견하고, 짜장면을 만들어 먹기로 결심하여 농사를 짓기 시작한다.

Q S# 97과 S# 98에서 남자가 짜장면을 만들어 먹는 과정을 자세히 보여 주는 이유는?

S# 97과 S# 98에서는 어떠한 대사나 다른 장면의 개입이 없이 카메라를 남자에게 밀착한 채로, 옥수수 알을 떼어 내 빻는 모습부터 면을 우걱우걱 씹는 모습까지 짜장면을 만들어 먹는 남자의 모습을 연속적으로 제시하고 있다. 엄숙하고 경건한 의식을 치르듯 정성을 다해 짜장면을 만드는 남자의 모습을 밀착하여 보여 줌으로써 남자가 이 순간을 얼마나 간절히 원했는지를 드러내고 있다. 또한 이를 통해 독자가 남자의 감동과 희열에 몰입하도록 유도하고 있다.

👤 작가 소개

이해준(1973~) 시나리오 작가, 영화감독. 사회에서 외면당하는 인물상에 주목해 그들을 따뜻한 시선으로 바라보는 작품을 주로 창작했다. 디지털 단편 영화 〈커밍아웃〉을 시작으로 〈품행제로〉, 〈남극일기〉 등 다양한 영화의 각본 작업을 했다. 감독으로서는 2006년에 영화 〈천하장사 마돈나〉로 첫발을 내디뎠다. 주요 작품으로 〈천하장사 마돈나〉, 〈나의 독재자〉 등이 있다.

가 S# 97. 짜장면을 만들다(오후)
남자가 짜장면을 만드는 과정 하나하나를 클로즈업해 보여 줌.

오리 배 앞. 말린 옥수수의 알을 하나하나 떼어 내는 남자. 냄비에 담긴 노란 옥수수 알. 여자가 보내온 와인병으로 힘차게 옥수수 알을 빻는 남자. 이제는 가루가 된 옥수수에 적당량의 물을 붓는다. 다시 한번 와인병을 가지고 정성을 다해 반죽한다. 반죽한 덩어리는 깡통 뚜껑으로 얇게 잘라 낸다. 모닥불 위에 끓고 있는 물. 잘라 낸 면을 넣고 나뭇가지로 천천히 젓는 남자. 모래 깊숙이 파묻은 뭔가를 꺼낸다. 보면, 포장도 뜯지 않은 단무지다. 오리 배 안. 오랫동안 곱게 보관한 짜장 라면 가루를 꺼내는 남자.
여자가 남자에게 쓴 편지를 와인병에 넣어 섬으로 던졌음.
▶ 남자가 농사지은 옥수수로 직접 짜장면을 만듦.

나 S# 98. 짜장면 완성(오후)
남자가 짜장면을 완성하고 먹는 과정을 클로즈업해 보여 줌.
「 」: 양념 가루를 타는 장면, 면을 비비는 장면, 남자가 호흡을 가다듬는 장면 등을 세세하게 보여 줌으로써 짜장면을 완성하여 먹는 순간을 더욱 극적이고 감동적으로 표현함.

모래사장. 『김이 모락모락 나는 면을 그릇에 담는 남자. 양념 가루를 들어 조심스럽게 찢는다. 찢는 손길이 가볍게 떨린다. 툭 툭 툭 양념 가루의 마지막까지 남김없이 털어 낸다. 잘 익은 노란 면 위에 뿌려지는 검은 양념 가루. 나무젓가락을 꺼내 쓱 쓱 면과 양념 가루를 비비는 남자. 금세 시커멓게 변하는 면발. 마침내 어느 정도 비벼진 면을 바라보는 남자. 남자의 표정은 설명할 수 없는 감격으로 가득하다. 작게 벌린 입에서 흘러나오는 남자의 호흡이 가늘게 떨린다. 드디어 완성된 남자만의 짜장면을 한 젓가락 들어 입으로 가져간다. 후루룩 입 속으로 빨려 들어가는 면발.』우걱우걱 씹는 남자의 감정이 어느 순간 *북받친다. 감정을 누르고 다시 한 젓가락을 입 속에 넣는다. 우걱우걱 씹을수록 점점 더 뜨거워지는 *눈시울. 다시 북받치는 감정. 어느새 뚝뚝 떨어지는 굵은 눈물. 남자, 입가가 시커멓게 되도록 짜장면을 *욱여넣어 보지만, 북받치는 감정을 참을 길 없다. 애써 웃어 보려 하는데 자꾸만 눈물이 흐른다. 이제껏 흘려 본 적 없는 눈물. 말하자면 그것은 살아 있다는 증거 같은 눈물이다. 그렇게 입 안 가득 짜장면을 물고 뜨거운 ㉠눈물을 흘리는 남자.
▶ 남자가 짜장면을 먹으며 눈물을 흘림.

다 S# 99. 방(오후)
여자는 무언가를 바라보며 *나지막이 말한다. 지금까지 두 사람은 'Hello.', 'How are you?', 'Fine, thank you and you?'와 같은 기초적인 수준의 짧은 영어로 메시지를 주고받아 왔음.

여자: (미소를 지으며) 콩그래출레이션스……
Congratulations.(축하합니다) – 남자에게 마음으로 보내는 축하의 메시지
남자의 사진으로 도배된 벽면. 방금 인쇄한 남자의 사진을 붙이는 여자. 보면, 짜장면을 한가득 입에 물고 눈물을 흘리고 있는 남자의 얼굴. ❶바라보는 여자의 눈가도 투명하게 촉촉하다. 천천히 손을 뻗어 사진 속 남자의 눈물을 쓱 닦아 주는 여자. 여자의 눈에서 한 줄 ㉡눈물이 흐른다.
남자의 모습을 지속적으로 관찰해 왔음.
이해와 공감, 연민, 위로, 응원하는 마음이 담긴 행위
▶ 남자의 모습에 여자가 기쁨과 감동의 눈물을 흘림.

라 S# 100. *붙박이장(밤)
여자가 잠을 자거나 쉬던 곳 – 극단적인 고립과 단절의 공간
❷이리저리 몸을 뒤척이는 여자. 몸이 갑자기 커졌을 리도 없는데, 오늘따라 ⓐ관같이 비좁게 느껴지는 붙박이장.
여자의 심경에 변화가 있음을 보여 줌.
▶ 여자가 자신의 고립된 삶에 불편함을 느끼기 시작함.

마 S# 101. 방 안(밤)
달빛이 드리운 한밤의 방 안. 드르륵 조용히 미닫이문을 열고 나오는 여자. 방 한복판 맨발로 선 여자. 쓰레기들을 한쪽으로 대충 밀치고 자리를 잡고는 천천히 몸을 눕힌다. 부드럽게 하늘거리는 커튼. 창가를 바라보던 여자. 시선이 어느새 평온히 감긴다.
붙박이장을 나와서도 평온함을 느끼는 여자의 심리를 보여 주는 배경
▶ 여자는 전에 없던 마음의 평온을 느낌.

바 S# 102. 오리 배 안(오후)
그동안 받은 와인병들이 줄지어 서 있는 오리 배 안. 여자의 편지, 'CONGRATULATIONS'를 보고 있는 남자. 바라보는 남자의 평온한 시선. 비록 짧은 단어지만 많은 감정을 읽을 수 있다. 한동안 보던 남자, 무슨 생각에선지 오리 배 안 구석, 잡동사니가 쌓여 있는 곳에서 뭔가를 찾는다. 남자가 집어 드는 건 다름 아닌 휴대 전화. 목소리를 가다듬어 보는 남자. 폴더를 열고 잠시 후. [중략] / 남자: 아이…… 아이…… 홉 투 씨 유 ……. 후 아 유?
여자가 짜장면을 만들어 먹는 데 성공한 남자를 축하하며 보낸 편지의 내용
I hope to see you, Who are you?(나는 당신을 만나고 싶습니다. 당신은 누구입니까?)
▶ 남자가 여자의 정체를 궁금해함.

• **중심 내용** 마침내 짜장면을 만들어 먹는 남자와 그 모습에 감동의 눈물을 흘리는 여자   • **구성 단계** 절정

🏠 작품 연구소

여자와 남자의 공통점

여자 김 씨	공통점	남자 김 씨
방 안	세상과 단절된 공간에서 지냄.	밤섬
가족과 교류하는 것조차 거부하며 방 안에만 머무름.	• 고립되어 홀로 살아감. • 타인의 접근을 경계함.	무인도에서 혼자만의 자유로운 생활에 만족하며 지냄.
카메라로 집 밖을 관찰하고, 사이버 공간에서 예쁜 캐릭터로 자신을 과시함.	• 타인과 소통하고 싶어 함. • 자신의 존재를 알리고 싶어 함.	누군가 봐 주기를 바라며 강변 모래사장에 'HELLO' 등의 글자를 써 둠.

고립되어 있는 여자와 남자의 소통

여자 김 씨	남자 김 씨
짧은 편지를 넣은 와인병을 밤섬으로 던져 남자에게 메시지를 보냄.	모래사장에 글자를 크게 써서 여자의 메시지에 응답함.
남자에게 짜장면을 배달시켜 주고, 남자를 찾으려고 집 밖으로 나감.	혼자만의 생활에 익숙해하면서도 자신에게 메시지를 보내고 짜장면을 보내는 여자의 정체를 궁금해함.

↓

누구에게나 소통하고자 하는 욕구가 있다는 점과 진정한 소통의 필요성을 보여 줌.

'짜장면'의 의미와 기능

남자에게	여자에게
• 삶의 목표이자 희망으로, 밤섬에서 살아가는 데 원동력이 되는 소재 • 여자의 존재를 알게 하고 궁금해하게 하는 소재	• 남자에게 호기심을 넘어선 적극적인 관심이 있음을 보여 주는 소재 • 남자를 이해하고 응원하게 하는 소재

↓

남자와 여자가 서로의 존재를 확실하게 인식하고 서로를 이해하게 함으로써 두 사람 간의 소통을 한 단계 나아가게 하는 계기가 됨.

제목 '김 씨 표류기'의 상징적 의미

김 씨	• 이름이 없이 성(姓)만을 호칭으로 제시하여 서로를 잘 알지 못하고 파편화되어 살아가는 현대 사회의 익명성을 드러냄. • 주인공의 성을 가장 보편적인 김 씨로 설정해 인물들이 처한 상황이 현대인 대부분이 겪는 것임을 보여 줌.
표류	• 사전적 의미: (물 위에 떠서) 정처 없이 흘러가거나 돌아다님. 목적이나 방향, 원칙이나 주관을 잃고 헤맴. • 남자가 한강에서 표류하다가 밤섬에 고립되어 살아가고 있음을 의미하며 더 나아가서는 남자와 여자처럼 삶을 어떻게 헤쳐 나가야 할지 몰라 막막해하는 현대인의 모습을 나타냄.

📖 함께 읽으면 좋은 작품

〈서울, 1964년 겨울〉, 김승옥 / 고독한 현대인의 모습을 그린 작품

서울을 배경으로 하여 인간의 고독과 소외, 의사소통의 단절, 피상적인 인간관계만을 강요하는 도시의 모습을 형상화한 소설이다. 현대 사회의 익명성, 소통의 부재 등을 소재로 했다는 점에서 〈김 씨 표류기〉와 비교하여 읽어 볼 수 있다. ▶ Link 〈현대 소설〉 180쪽

5 (가)와 (나) 장면에 어울리는 연출 방법으로 적절하지 않은 것은?

① 대사를 넣지 말고 짜장면을 만들어서 먹는 남자의 행동에 주로 초점을 맞춰서 관객의 몰입을 유도해야겠어.
② 빠르고 경쾌한 행진곡을 배경 음악으로 삽입해서 짜장면을 완성한 남자의 성취감이 잘 드러나도록 해야겠어.
③ 옥수수 알, 양념 가루, 비벼진 짜장면 등을 클로즈업해서 남자에게 중요한 의미를 가진 소재들을 강조해야겠어.
④ 남자가 내뱉는 숨소리, 짜장면 면발을 입에 넣는 소리 등 음향 효과를 극대화해서 짜장면을 먹는 순간을 극적으로 연출해야겠어.
⑤ 배우에게 입에 짜장면을 욱여넣을 때 북받치는 감정을 잘 표현하도록 지시해서 남자의 감격과 회한 등의 복합적인 심정을 잘 드러내야겠어.

6 ㉠과 ㉡을 이해한 내용으로 적절하지 않은 것은?

① ㉠은 남자가 삶의 보람을 느끼며 흘린 눈물이다.
② ㉠은 남자가 끝까지 노력한 끝에 흘린 기쁨의 눈물이다.
③ ㉡은 여자가 남자의 고통을 슬퍼하며 흘리는 눈물이다.
④ ㉡은 여자가 남자와 정서적인 교감을 느끼고 있음을 보여 준다.
⑤ ㉠과 ㉡은 모두 남자와 여자가 지금껏 느껴 보지 못한 특별한 감정에서 비롯한 눈물이다.

▶ 내신 적중 多빈출

7 여자에게 ⓐ가 갖는 의미로 가장 적절한 것은?

① 일상에서 느끼는 삶의 무료함
② 자신의 삶에 대한 회의와 자조
③ 아픔을 치유할 수 있다는 확신
④ 현실에서 도망치고 싶은 절박감
⑤ 고립에서 벗어날 수 있는 가능성

8 〈보기〉는 이 글에 이어지는 다음 장면이다. 〈보기〉를 바탕으로 하여 앞으로의 전개를 추측한 내용으로 적절하지 않은 것은?

> ┤ 보기 ├
> S# 103. 방(저녁, 밤, 다음 날 오후)
> 지익…… 지익…… 지익……. 프린트에서 뽑혀 나오는 사진. 모래사장에 쓰여 있는 글씨. 'WHO ARE YOU?'.
> 다 뽑혀져 나온 사진을 손도 안 댄 채 무릎을 감싸고 앉아 한참 동안 바라보기만 하는 여자. [중략]
> 여자: 후 아 유……. 후 아 유……. 후 아 유…….
> 점점 복잡해지는 감정. 갑자기 휙 이불을 얼굴까지 덮는다.

① 남자와 여자의 관계가 새로운 양상으로 전개되겠군.
② 남자와 여자가 소통에 어려움을 겪는 상황이 전개되겠군.
③ 극단적인 고립 속에 빠졌던 여자의 삶에 균열이 생기겠군.
④ 여자가 남자에게 더욱 적극적으로 메시지를 보내게 되겠군.
⑤ 여자가 자신의 정체를 드러낼지 고민하는 내용이 이어지겠군.

9 (다)에서 '여자'가 '남자'를 꾸준히 관찰해 왔다는 것을 알 수 있는 구절을 찾아 4어절로 쓰시오.

국어 천재(이)

🎯 핵심 정리

갈래 시나리오

성격 현실적, 서정적

배경 ① 시간 – 현대
② 공간 – 어느 섬마을(푸른도)

제재 미혼모와 에이즈(AIDS)에 걸린 어린 딸의 삶

주제 수혈을 받고 에이즈 환자가 된 아이를 둘러싼 사랑의 기적

특징 ① 사실적인 어휘와 표현을 사용함.
② 등장인물 사이의 갈등이 말과 태도를 통해 드러남.
③ 전문어를 사용하여 전문성과 현장감을 드러냄.

Q 기서가 준호에게 다시는 의사를 안 한다고 말한 이유는?

기서의 아버지 준호, 기서의 여자 친구 지민도 의사였다. 사람을 살리는 의술을 중요시하는 마음 따뜻한 의사 준호는 안락사 환자에 얽힌 법정 공방 이후 모든 걸 잃었다. 그리고 지민의 실수로 영신의 딸 봄이 에이즈에 걸렸는데, 지민은 이를 알고도 병원 사람들의 만류 때문에 차마 나서지 못하다가 자신이 췌장암에 걸린 것을 알고 죽기 전 영신과 봄에게 사죄하러 푸른도로 가던 중 죽음을 맞는다. 기서는 두 사람이 환자를 위한 의술을 하고도 난처한 상황에 몰리는 모습을 보면서 현실을 비관하여 의사를 하지 않겠다고 말한 것이다.

💡 어휘 풀이

메스(mes) 외과 수술 시 사용하는 칼.

클램프(clamp) 어떤 것을 사이에 넣고 죌 수 있게 만든 기구. 여기에서는 수술용 집게를 말한다.

동맥(動脈) 심장에서 피를 신체 각 부분에 보내는 혈관. 일반적으로 혈관의 벽이 두꺼우며 탄력성과 수축성이 많다.

경외감(敬畏感) 공경하면서 두려워하는 감정.

페머럴 아르터리(femoral artery) 넙다리 동맥. 다리로 피를 보내는 동맥.

패드(pad) 상처에 대는 흡습성 천.

🔖 구절 풀이

❶ 메스로 상처를 더 크게 ~ 손을 집어넣고 혈관 찾는 상처를 더 크게 벌리면 출혈이 심해진다는 것은 상식이다. 그러나 기서가 일반적인 상식에 어긋난 행동을 한 이유는 3년 전에 아버지 준호에게서 배운 것을 그대로 적용하여 환자의 출혈을 막기 위해서이다.

❷ 성공했다는 안도감과 ~ 갈등이 복잡하게 스치는 위험에 처한 보람 부를 본 기서는 아버지인 준호가 가르쳐 준 수술 방법으로 치료에 성공하여 안도감을 느끼지만 한편으로는 아버지에게 다시는 의사를 하지 않겠다고 선언한 것과 정면으로 배치되는 행동이기 때문에 내적으로 갈등하고 있다.

전략 부분의 내용 능력이 뛰어난 의사 기서는 같은 의사였던 아버지와 여자 친구가 난처한 상황에 내몰리는 모습을 보고 의사라는 직업에 회의를 느낀다. 기서는 의사를 그만두고 어머니의 사업을 돕기로 하고, 어머니가 사업을 벌이고 있는 섬 푸른도로 간다.
작품의 공간적 배경

가 S# 4. 준호 택시 안
기서의 아버지. 외과 의사였으나 현재는 택시 운전사로 일하고 있음.

기서: ⓘ다신 의사 안 합니다! / **준호:** (눈빛이 흔들리는)
아들의 선언적인 말에 매우 놀람.

기서: (얼음장처럼 차가운 눈빛) 안 합니다, 다신! 그쪽으론 고개 돌리는 일도 없을 거예요.
냉정함.   의료계   ▶ 기서가 의사를 그만두겠다고 선언함.

나 S# 8. 사람들이 모여 있는 곳(보람 부 있는 곳)
다리를 크게 다친 상태임.

기서: (❶메스로 상처를 더 크게 연다. 얼굴에 피가 계속 튀지만 굳은 표정으로 아랑곳 않고, 상
의학계에서 사용하는 전문어 ①   자신감 있고 냉정하게 행동함.
처 속으로 손을 집어넣고 혈관 찾는)

박 씨: (하얗게 질려) 저, 저 사람이 지금 어쩔려구…… 그렇게 더 찢으면 피가 더 나오잖아,
기서에 대한 반감이 드러남.   일반적인 생각
이 사람아!

보람 모: (경악하며 애가 타서) 이 사람 좀 비키라 그래! 누가 이 사람 좀 치워! 수철이 아부
기서를 믿지 못해 밀려고 함.
지! 이 사람 좀 치워 주세요! (그러나 사람들, 심각한 상황에 얼어붙은 듯 어찌할 바 모르고)
이러지도 못하고 저러지도 못하는 상황 – 진퇴양난(進退兩難)

종수: (불안하게 기서를 보는데)
보건소 의사   기서를 완전히 신뢰하지 못함.
기서: (전혀 표정에 동요 없이 계속 찾다가…… 뭔가 손으로 잡은 듯) ●클램프!
자신감 있음.   의학계에서 사용하는 전문어 ②

종수: (떨리는 손으로 클램프를 기서에게 주고) / **영신:** …….

기서: (손으로 잡고 있던 혈관을 클램프로 잡는다. 따라락, 클램프 물리는 소리 들리고)
청각적 이미지   ▶ 기서가 크게 다친 보람 부를 응급 치료를 함.

다 S# 9. 수술방(3년 전. ⓛ)

준호: (대답 않고 담담한 표정으로 상처를 더 벌린 후 손을 안으로 쑤욱 넣는다.) 우웃차. (손으
S# 8에서 기서가 보람 부에게 한 처치는 3년 전 기서가 아버지 준호에게 배운 의술임.
로 혈관을 잡았다.) 잡았다. 클램프!

간호사: (준호에게 클램프 주고)

준호: (그제야 친절하게 설명하는) ●동맥이 절단되면 이렇게 근육 속으로 들어가 버려서 그
상처를 더 벌린 이유 → 준호가 뛰어난 의술을 가진 의사였음을 알 수 있음.
냥은 잡기가 어렵지……. (씨익 웃으며 얼굴에 묻은 피를 기서의 어깨(수술복)에 비벼 닦는
기서에게 친밀감을 드러내는 행동
다.)

기서: (눈빛이 흔들리는 …… 준호에 대해 새삼 다시 느끼는 ●경외감)
▶ 3년 전, 기서는 준호에게 의술을 배움.

라 S# 10. 사람들이 모여 있는 곳(보람 부 있는 곳)

종수: (떨리는 목소리) 자, 잡았어요? ●페머럴 아르터리?
의학계에서 사용하는 전문어 ③
기서: (❷성공했다는 안도감과 다시는 의사 짓을 않겠다던 결심을 어긴 것에 대한 갈등이 복잡
하게 스치는) / **종수:** 자, 잡았냐구요?

기서: (고개를 끄덕이고 예전에 준호가 그랬듯 얼굴에 묻은 피를 종수의 어깨에 닦는)

종수: (잠깐 당황하다가 그제야 자신감을 찾고 소란에게) 패, ●패드! 압박 붕대도!
의학계에서 사용하는 전문어 ④
소란: (멍해 있다가 패드와 압박 붕대를 종수에게 내민다.)
보건소 간호사
종수: (이젠 자신감 있게 상처에 패드를 대고 압박 붕대를 감는다.)

박 씨: 멋었다! 이제 피가 멋은 거 같애!

기서: (천천히 뒤로 물러나며 일어서려는데, 긴장이 풀리자 다시 느껴지는 현기증 …… 다시 휘
기서가 정상적인 상태가 아님을 암시함.
청 주저앉는다. 얼굴에 식은땀이 가득하다. 눈앞이 뿌옇게 흐려지자 떨치려 고개를 젓는다.)
▶ 준호에게 배운 의술로 기서가 보람 부를 치료함.

> •중심 내용 의사를 하지 않겠다던 기서가 아버지에게 배운 의술로 보람 부를 치료함.   •구성 단계 전개

이해와 감상

이 작품은 우리 주변에서 함께 살아가는 사회적 약자들의 이야기를 그린 드라마 대본이다. 세상을 향해 마음을 닫아 버린 유능한 의사 기서와 딸이 사고로 수혈을 받다가 에이즈에 걸렸지만 희망을 잃지 않고 씩씩하게 살아가는 미혼모 영신이 서로에게 기적이 되어 주는 이야기를 그리고 있다. 이 작품에 등장하는 인물들은 저마다의 상처를 가진 사람들로, 작가는 이들의 삶을 비극적으로 그려 내는 것이 아니라 따뜻한 시선으로 조명하고 있다. 자신들을 향한 편견과 차별 속에서 불평하고 서로를 원망하는 것이 아니라 작은 것에도 '고맙습니다.'라고 말하고 서로의 상처를 보듬으며 살아가는 영신네 가족, 그리고 그런 영신네 가족에게 감화되는 기서를 통해 사람은 아름다울 수밖에 없는 존재임을 깨닫게 하는 감동적인 작품이다.

전체 줄거리

발단	기서의 애인인 의사 지민이 사고로 응급실에 실려 온 영신의 딸 봄에게 실수로 에이즈 감염자의 피를 수혈하여 봄이 에이즈에 걸리게 된다. 췌장암에 걸린 지민은 죽기 전에 봄에게 용서를 구하려고 기서와 함께 푸른도로 가던 중 배 안에서 눈을 감는다.
전개	기서는 의사였던 아버지와 지민이 난처한 상황에 내몰리는 모습을 보고 이를 비관하여 의사를 그만두고, 어머니의 사업을 돕기로 하고 푸른도로 간다. 기서는 푸른도에서 크게 다친 마을 사람을 외면하지 못하고 응급조치를 하여 그의 목숨을 구한다.
절정	마을 사람들이 봄이 에이즈 환자라는 사실을 알게 된다. 영신네 가족을 따뜻하게 대해 주던 사람들은 봄의 병이 전염병이라는 사실을 알게 되고 영신네를 피한다.
하강	영신은 자신을 믿고 도와주는 몇몇 사람들의 도움을 받아 에이즈는 같이 놀거나 대화한다고 해서 감염되는 병이 아니라는 것을 마을 사람들에게 알리지만, 마을 사람들은 여전히 영신네 가족을 배척한다.
대단원	영신의 할아버지가 마을 사람들에게 초콜릿파이를 돌리고 세상을 떠난다. 할아버지의 따뜻한 마음에 감동하여 마침내 마을 사람들은 변하게 된다.

인물 관계도

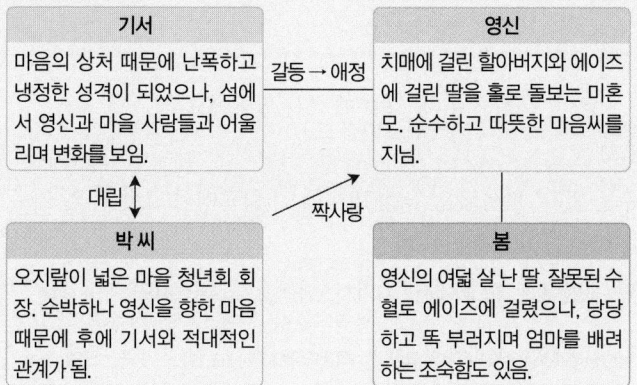

기서
마음의 상처 때문에 난폭하고 냉정한 성격이 되었으나, 섬에서 영신과 마을 사람들과 어울리며 변화를 보임.

영신
치매에 걸린 할아버지와 에이즈에 걸린 딸을 홀로 돌보는 미혼모. 순수하고 따뜻한 마음씨를 지님.

갈등→애정

박 씨
오지랖이 넓은 마을 청년회 회장. 순박하나 영신을 향한 마음 때문에 후에 기서와 적대적인 관계가 됨.

대립

짝사랑

봄
영신의 여덟 살 난 딸. 잘못된 수혈로 에이즈에 걸렸으나, 당당하고 똑 부러지며 엄마를 배려하는 조숙함도 있음.

키 포인트 체크

인물 세상을 향해 마음을 닫아 버린 의사 □□와 어린 딸이 에이즈에 걸렸지만 희망을 잃지 않고 씩씩하게 살아가는 □□이 중심인물이다.

배경 시간적 배경은 현대이고, 공간적 배경은 □□□라는 섬이다.

사건 □□직을 그만두고 □□으로 내려온 기서가 크게 다친 주민을 치료해 주자, 소문을 듣고 병을 고치기 위해 영신의 집에 몰려든 마을 사람들과 □□을 빚고 있다.

1 이 글의 표현상 특징으로 가장 적절한 것은?
① 배경 묘사를 통해 시간의 경과를 제시하고 있다.
② 시간의 순차적 흐름에 따라 사건을 전개하고 있다.
③ 상징적 소재를 사용하여 주제 의식을 드러내고 있다.
④ 전문어를 사용하여 등장인물의 직업을 드러내고 있다.
⑤ 장황한 해설을 제시하여 풍자적 효과를 극대화하고 있다.

[내신 적중] [多빈출]

2 이 글의 내용과 일치하지 않는 것은?
① 기서는 보람 부를 치료한 뒤 내적 갈등을 겪는다.
② 기서는 준호에게 배운 의술로 보람 부를 치료하였다.
③ 종수는 처음부터 기서의 치료에 대한 믿음이 있었다.
④ 박 씨와 보람 모는 기서가 치료하는 모습을 보고 불안해하였다.
⑤ 종수와 소란은 기서의 도움을 받아 보람 부를 무사히 치료할 수 있었다.

3 ㉠에 담긴 태도로 가장 적절한 것은?
① 우쭐함   ② 초조함   ③ 단호함
④ 겸손함   ⑤ 비굴함

4 ㉡에 들어갈 시나리오 용어와 이에 대한 설명이 가장 적절한 것은?

	용어	기능
①	F.O.	페이드아웃(Fade Out). 화면이 처음에 밝았다가 점차 어두워지는 것을 말한다.
②	F.	필터(Filter). 필터를 거쳐 들려오는 소리를 의미하며, 마음속으로 하는 말이나 전화기 너머의 목소리 등을 표현할 때 사용한다.
③	C.U.	클로즈업(Close Up). 극적인 효과를 높이기 위해 장면이나 인물의 특정 부분을 집중적으로 확대하여 찍는 것을 말한다.
④	PAN.	카메라를 상하좌우로 이동하는 것을 말한다. 이동하는 피사체나 광장과 같은 넓은 풍경을 촬영할 때 주로 사용한다.
⑤	Flashback	플래시백. 여러 장면을 한데 배합하여 보여 주는 몽타주 기법의 하나로, 주로 회상하거나 환상적인 분위기를 만들 때 사용한다.

5 (나)~(라)에 반복하여 나타난 행동 두 가지를 쓰시오.

가 **S# 52. 영신 집 마당**

남자: 아니야. 괜찮아. (박 씨 보고) 저 방에 계시는 분이 그렇게 대단한 분이야, 정말?

박 씨: 보건소 선생 말이 천재래. 서울서도 저 선생한테 진료 한번 받을라구 환자가 끝도 없이 줄을 서고. 내가 눈으로 직접 봤잖아! 우리 보건소 선생하군 *차원이 다르다니까! 영신아! 너두 봤지? / 영신: (동의한다는 듯 고개 끄덕이는데)

이때, 아래채 방문 벌컥 열리며 기서의 모습 드러난다.

기서, 잠에서 덜 깬 표정으로 마당에 모여 선 사람들을 어리둥절하게 보는데. ❶사람들, 누구랄 것도 없이 "선생님!" 부르며 반갑게 꾸벅 인사한다.

기서: (뭐야? *어안이 *벙벙한데)

봄: 아저씨한테 치료받을라구 아까 아까부터 기다리셨어요.

기서: ? / 영신: 저희 동네 분들이신데요. 어제 보람이 아빠 치료해 주신 거 소문이 나 가지구…… 여기 영식이 할머닌 보름 전부터 입맛이 떨어지시구 *명치끝이 자꾸 아프시다 그러구요…… 박 씨 아저씨는……

㉠박 씨: 그건 직접 선생님께 일대일루 말씀드리겠습니다. / 기서: (어이가 없고)

영신: 여기 순영이 어머닌 *오십견이 와 가지구 잠도 제대로 못 주무시구…… (소를 몰고 온 노인 가리키며) 현덕이 할아버지는……

노인: 내가 고장이 난 게 아니구! 우리 집 소가 어제부터 여물만 먹으면 자꾸 뱉어 내구, 사흘 전부터 콧구멍에서 피고름이 나오구…… (하는데)

기서: (싸늘하게) 가축병원으로 가셔야죠, 그럼! (사람들을 향해) 몸이 아프면 병원으로 가세요! 병원, 몰라요! (휙 돌아서며 방문 닫으려는데)

영신: 병원 가는 걸 몰라서 오신 게 아니구요, 유명한 의사 선생님이라니까 진료라도 좀 받아 볼려구…… (하는데) / 기서: 누가 의산데요?

영신: (천진하게 손가락으로 기서를 가리키며) 의사 선생님이시잖아요.

기서: 나, 의사 아녜요! / 영신: 에에이, 우리 보건소 선생님두 그러셨는데…… (하는데)

기서: ❷(버럭) 의사 아니라잖아! 누가 의사야! 내가 의산 거 당신이 봤어?

영신: (당황하며 놀라고) / 봄: (역시 눈이 동그래지며 놀라고)

사람들: (놀라고. 일곱 살 아이는 우와앙 울음을 터뜨리며 울고)

기서: 나 의사 아니니까, 여기 이 사람들 당장 내 눈앞에서 치워! 치워, 당장!

영신: (당황해서 무슨 말을 어떻게 해야 할지 몰라 하는데)

당황하고 놀란 사람들, "가자, 가자." 슬금슬금 피해서 마당을 떠난다.

영신: (사람들 보며) 아니, 저기 잠깐만. (당황해 잡지도 못하는데)

봄: 지은아, 울지 마. (하며 우는 아이를 따라가고)

기서: (문을 거칠게 쾅 닫고 방 안으로 들어가 버린다.)

나 **S# 53. 영신 집 아래채 방**

기서: (영신을 서늘하게 보는데)

영신: 치운다는 말은 물건을 치운다, 눈을 치운다, 그럴 때 쓰는 말이에요.

기서: (뭐야? 표정 *일그러지고)

영신: 사람한테는 절대 쓸 수도 없고, 써서도 안 되는 말이에요! 학교에서 그런 거 안 가르쳐 줬어요? / 기서: (벌떡 일어나 앉는다. 기가 막힌)

영신: 우리 봄이두 아는데. 안 배웠어요, 학교에서? / 기서: 이봐요, ㉡아줌마!

▶ 영신이 기서의 무례한 태도를 비난하며 기서와 갈등함.

• 중심 내용 진료를 요청하는 마을 사람들에게 화를 내는 기서와 그런 기서의 태도에 화를 내는 영신 • 구성 단계 전개

작품 연구소

영신과 기서의 갈등

영신		기서
• 기서의 사정을 알지 못한 채 마을 어른들을 진료해 주기를 바람. • 기서가 마을 어른들의 부탁을 거절하며 보인 불손한 행동에 화가 남.	◄►	• 의사를 그만두고 섬으로 내려와 심경이 복잡한데, 다짜고짜 몰려든 마을 사람들에게 화가 남. • 마을 사람들의 부탁을 매몰차게 거절하면서 무례한 언행을 보이고, 영신이 이를 지적하자 영신과 갈등함.

등장인물의 대사에 나타난 언어 예절의 문제점

마을 사람들	부탁하는 말을 할 때에는 상대방의 상황을 살피고, 상대가 자신의 부탁 때문에 부담을 느끼지 않도록 해야 함에도 불구하고 기서의 상황에 대한 고려 없이 일방적으로 부탁하는 말을 하고 있음.
기서	어른들과의 대화에서는 공손하고 예의 바른 표현을 사용해야 하며, 거절의 의사를 나타낼 때에도 상대방의 기분을 상하지 않게 배려해야 함에도 불구하고 거칠고 무례한 표현으로 마을 사람들에게 상처를 주고 있음.

자료실

〈고맙습니다〉에 나타난 기서의 변화

이 작품에서 기서는 존경하고 사랑했던 아버지의 안락사 사건으로 가족이 해체되고 여자 친구 지민이 췌장암으로 죽으면서, 아무런 삶의 희망도 없이 되는대로 산다. 하지만 기서는 봄이네 가족을 만난 후 변하기 시작한다. 지선의 아버지(마을 사람)가 사고로 피를 흘리며 죽어 가는 것을 보고도 외면했던 기서는, '봄동이'(곰 인형)를 달라며 끝까지 자신을 따라왔던 봄이가 넘어진 지선을 일으켜 세워 옷을 털어 주고 같이 울면서 자신에게 봄동이를 가지라고 하며 지선이를 따라가는 것을 보자, 자기도 모르게 다시 사고 현장으로 돌아와 지선의 아버지를 치료해 준다. 이후 봄이네 집의 사랑방에 머물게 된 기서는 영신과 봄이 세상을 향해 늘 고마워하고 다른 사람들은 순수하게 사랑하는 것을 보면서 서서히 변하기 시작한다.

– 김윤정, 〈이경희 미니시리즈의 극작술 연구〉

함께 읽으면 좋은 작품

〈성난 기계〉, 차범석 / 현대인의 인간성 상실과 회복을 담은 작품

현대의 물질문명 속에서 인간미 없는 모습으로 살아가던 의사가 자신보다 더 비정한 인간에게 분노를 느끼면서 인간성을 회복한다는 내용을 담은 희곡이다. 주인공이 외과 의사이고 태도가 변화한다는 점에서 이 글과 비교하여 읽을 수 있다. **Link** 본책 196쪽

〈삼포 가는 길〉, 황석영 / 소외된 사람들의 애환과 연대 의식을 담은 작품

1970년대 산업화와 근대화의 흐름 속에서 소외된 사람들을 등장시켜 하층민의 애환과 인간적 유대감을 그린 소설이다. 소외된 사람들 사이의 따뜻함을 그린 점에서 이 글과 비교하여 감상할 수 있다. **Link** 〈현대 소설〉 196쪽

〈가을에〉, 정한모 / 순수한 인간성 회복을 담은 작품

이 작품은 비인간적인 세계에서 생명의 소중함, 인간적인 순수함에 대한 신뢰를 잃지 않으려는 자세를 나타낸 시이다. 삭막한 현실 상황을 따뜻한 인간애로 극복할 수 있다는 태도가 드러난다는 점에서 이 글과 비교하여 감상할 수 있다.

---

6 (가)와 (나)에 나타난 갈등 양상에 대해 바르게 설명한 것은?

① (가)와 (나) 모두 개인과 집단 간의 갈등이 나타나 있다.
② (가)에 나타난 인물 간의 갈등이 (나)에서 해소되고 있다.
③ (가)에서 벌어진 사건이 (나)에 나타난 갈등의 원인이 되었다.
④ (가)와 달리 (나)에는 인물 간의 갈등이 대화를 통해 드러나 있다.
⑤ (가)에는 인물의 내적 갈등이, (나)에는 인물 간의 갈등이 나타나 있다.

내신 적중

7 〈보기〉를 읽고 이 글을 이해한 내용으로 적절하지 <u>않은</u> 것은?

보기

뛰어난 외과 의사인 기서는 췌장암 말기인 연인 지민의 수술을 직접 시도해 보지만 결국 그녀를 살려 내지 못한다. 기서는 죄책감과 의사로서의 자괴감, 회의감에 시달리며 매일 밤 잠에 들지 못하고 고통스러워한다. 마음의 상처가 깊어질수록 스스로에 대한 자괴감과 냉소도 더욱 커진 기서는 타인에게 공격적인 태도를 보이며 누군가 걸려들기만 기다리는 사람처럼 시비를 걸고 싸움을 벌인다.

① 기서가 마을 사람들에게 소리를 버럭 지르는 것은 일종의 공격성이 드러난 행동이군.
② 기서가 마을 사람들에게 공격적인 태도를 보이는 것은 자괴감 때문이라고 볼 수 있겠군.
③ 기서는 수술을 실패했던 경험을 반복할까 봐 두려워서 마을 사람들의 진료 요청을 거절하고 있군.
④ 기서가 마을 사람들에게 자신이 의사가 아니라고 한 것은 스스로에 대한 냉소적 태도를 드러낸 것이겠군.
⑤ 기서가 영신에게 "내가 의산 거 당신이 봤어?"라고 말한 것은 시비를 걸고 싸움을 벌이는 행동으로 볼 수 있군.

8 ㉠의 상황에 어울리는 속담으로 가장 적절한 것은?

① 윗물이 맑아야 아랫물이 맑다.
② 세 살 적 버릇이 여든까지 간다.
③ 재수 없는 놈은 뒤로 자빠져도 코가 깨진다.
④ 떡 줄 사람은 꿈도 안 꾸는데 김칫국부터 마신다.
⑤ 미운 놈 떡 하나 더 주고 우는 놈 한 번 더 때린다.

9 (나)에서 영신과 기서가 갈등하도록 만든 기서의 말을 (가)에서 찾아 쓰시오.

10 기서의 심리를 바탕으로 하여 기서가 영신을 ㉢처럼 부른 이유를 쓰시오.

035 세상에서 가장 아름다운 이별 | 노희경 원작, 민규동 각색

키워드 체크 #서정적 #애상적 #가정주부의삶 #엄마와의이별 #죽음 #가족의의미 #가족간의사랑

[국어] 지학사

🎯 핵심 정리
갈래 시나리오
성격 서정적, 애상적, 극적
배경 현대의 우리 사회
제재 말기 암에 걸려 죽음을 앞둔 가정주부의 삶
주제 가족의 진정한 의미, 이별을 맞이하는 가족의 슬픔과 사랑
특징 ① 죽음을 맞이하는 인물과 그를 바라보는 가족들의 심리를 섬세하게 제시함.
② 파편화된 가족 구성원들이 가족의 사랑과 가치를 확인해 가는 과정이 잘 드러남.

Q 인희가 할머니(시어머니)를 대하는 태도를 통해 짐작할 수 있는 두 사람의 관계는?

인희는 할머니에게 반말을 쓰고 있다. 그리고 어른이 아이를 달래는 듯한 말투를 쓰고 있다. 할머니가 치매에 걸리면서 철없는 아이가 되어 버렸기 때문이다. 또한 두 사람이 함께 그동안의 세월을 겪어 오면서 인희에게 할머니는 오랜 친구와 같은 존재가 되었기 때문이다.

💡 어휘 풀이
넋두리 불만을 길게 늘어놓으며 하소연하는 말.
정인(情人) 연인, 애인.
객지(客地) 자기 고장을 임시로 떠나 있는 곳.

🐚 구절 풀이
❶ 아빠, 한 번만 기회 주세요. ~ 죄송해서 안 돼요. 엄마가 죽게 된다는 사실을 가장 나중에 알게 된 정수는 의사인 아빠에게 엄마를 살려 달라고 애원하며 오열한다. 정수가 이토록 절박함과 안타까움을 느끼는 이유는 지금껏 아들로서 엄마에게 잘해 준 것이 하나도 없다는 생각 때문이다. 소중한 사람의 죽음을 앞두고 남은 이들이 느끼는 미안함, 자책감, 후회가 잘 드러나 있다.
❷ 그 유명한 남대문 여장부 ~ 아꼈다가 주곤 하셨는데……. 인희와 할머니가 쌓아 온 그간의 세월을 알 수 있는 부분이다. 할머니는 억척스럽고 생활력이 강한 여자였지만, 남편(인희의 시아버지) 때문에 순탄치 않은 삶을 살았다. 또한 인희를 시집살이시키고, 말년에는 치매에 걸려 인희를 더욱 힘들게 하고 있다. 그러나 인희가 힘들고 외로울 때 곁에서 유일하게 의지가 되어 준 존재이기도 하다. 고단한 삶을 함께해 주었던 할머니를 더 이상 보살피지 못하고 떠나야만 하는 인희의 슬픔과 안타까움이 잘 나타나 있다.

전략 부분의 내용 가족들을 뒷바라지하며 분주하게 살아온 50대 가정주부 인희는 남편 정철이 퇴직하면 가족들과 교외에서 살기 위해 전원주택을 짓고 있다. _{가족의 행복을 바라는 인희의 꿈이 담김.} 어느 날 인희는 통증 때문에 진료를 받으러 갔다가 자궁암 말기임을 알게 되고, 정철은 아내에게 소홀했던 자신을 자책하고 괴로워한다. 딸 연수, 아들 정수도 엄마에 대한 미안함과 엄마를 위해 해 줄 것이 없음에 안타까워하지만, 정작 인희는 점차 다가오는 죽음을 예감하면서 자신이 죽고 난 뒤 가족들이 어떻게 지낼지 걱정한다.

가 S# 144. 인희의 집, 화장실 / 아침

할머니, 변기 위에 물을 뒤집어쓴 채 앉아 있고, 인희, 할머니 발에 비누칠을 해 씻기고 있다. _{인희의 시어머니, 중증 치매를 앓고 있음.} _{할머니가 똥을 누어서 인희가 씻겨 주고 있음.}

인희: ㉠(약간 퉁명스레) 오늘뿐이야. 나 없으면 이제 똥 아무 데나 누고 그러면 안 돼. (샤워 _{자신이 죽으면 할머니를 돌봐 줄 사람이 없다는 걱정과 속상한 마음이 담겨 있음.} 기로 발을 헹궈 주며 달래듯) 안 그러실 거지? 오늘은 내가 놀라게 해서 그런 거지? 이제 _{이내 아이를 달래듯 평소처럼 다정하게 말을 건넴.} _{자신이 죽으면 할머니를 돌볼 사람이 없다는 생각에 인희가 할머니의 목을 졸랐음.} 그러면 안 돼?

할머니: (가만있고) / 인희: (계속 헹궈 주고) ▶ 치매에 걸린 할머니를 씻겨 주는 인희

나 S# 145. 인희의 집, 거실 / 아침

연수: ㉡(불안한 표정) ……엄마?

『화장실의 인희, 여전히 대답 없고, 연수, 심란하게 정철을 보고 _{『 』 등장인물들의 행동을 통해 가족들의 슬픔과 안타까움을 드러냄.} 소파에 앉은 정철, 창밖 보며 담배 피우고, 정수, 그 앞에서 무릎 꿇고 웅얼웅얼 °넋두리를 쏟는다.』

정수: 아빠, 대학 발표 때까지만이라도, 엄마 살게 해 줄 수 없어요?

정철: ㉢(보고) ……. _{아들로서 엄마에게 잘해 준 것이 없다는 미안함과 안타까운 마음이 드러남.}

정수: (고개 떨구고, 울먹이며) 저 대학 가면 알바 할 거예요. 술도 안 마시고, 공부 열심히 해서 장학금 받고 다닐 자신 있어요.

정철: (정수의 머리를 가슴에 안고) _{정수를 가만히 보고 안아 주는 정철의 반응을 통해 인희가 살 가망이 없다는 사실을 알 수 있음.}

정수: ❶아빠, 한 번만 기회 주세요. 이렇겐 못 보내요. 너무 미안해서, 미안해서…… 안 돼요. 이렇겐 안 돼요. 미안해서, 죄송해서 안 돼요.

정철: ㉣(눈물 참고 정수의 손을 꼭 잡아 주고) ……. ▶ 인희에게 미안한 마음이 큰 정수

다 S# 146. 인희의 집, 화장실 / 아침

인희, 할머니에게 새 속옷, 내복을 갈아입혀 주고 있다.

인희: (맘 아픈 걸 참고) 좋아? / 할머니: …….

인희: (쪼그려 앉으며) 개운하지?

할머니: (인희 눈을 보고 있다. 정신이 들어왔는지 인희 맘을 알 것 같다.) _{잠시 정신이 돌아온 듯한 모습을 보임. → 인희가 할머니와 인사를 나누게 됨.}

인희: (눈물 참고, 대견해하며) 이렇게 입으니까 꼭 새색시 같네. ❷그 유명한 남대문 여장부…… 시아버님, 다 늙어, 겨우 북에 둔 °정인 잊고, 어머니한테 정붙이나 했더니, 중풍으로 누워 고생만 시키다 훌쩍 떠나시고, 평생 외로움에, 우리 서로 잘 통했는데……. _{할머니의 지난 삶이 순탄치 않았음을 알 수 있음. – 인희의 동병상련의 처지였음.} ㉤(손을 잡고, 차마 못 보고) 어머니, 나 먼저 가 있을게, 빨리 와. (다시 눈을 보며) [ⓐ] _{자신이 곧 죽는다는 사실을 힘겹게 전함.} 나 어머니랑 정 많이 들었네. 친정 엄마, 먼저 가시고 애들 애비 공부한다고 °객지 생활할 때, 애들두 없구, 외롭구 그럴 때도…… 어머닌 내 옆에 있었는데……. 나 밉다고 해도, 가끔 당신 좋아하시는 거 아꼈다가 주곤 하셨는데……. 어머니, 이제 기억 하나두 안 나지? _{시집살이를 시키면서도 며느리인 인희와 정을 나누던 할머니} ▶ 할머니와 이별할 것을 가슴 아파하는 인희

• **중심 내용** 죽음을 앞둔 인희가 가족들과의 이별을 준비함. • **구성 단계** 하강

이해와 감상

이 작품은 죽음을 앞둔 엄마의 삶을 소재로 하여 가족의 의미, 가족 간의 사랑을 그린 영화의 시나리오이다. 자신의 삶을 제대로 영위하지 못한 채 가족을 위해 헌신만 하다가 시한부 인생을 선고 받은 인물이 느끼는 절망과 허무, 가족들에 대한 걱정 그리고 엄마와의 영원한 이별을 준비하는 가족들의 슬픔과 안타까움을 섬세하게 그리고 있다. 작가는 주인공 인희를 통해 엄마, 며느리, 아내의 이름으로 살아가는 우리 사회의 여성들의 숭고한 삶의 무게를 잘 드러내고 있다.

Q 전체 줄거리

발단	50대의 가정주부 인희는 남편, 자식, 치매에 걸린 시어머니를 뒷바라지하며 헌신적으로 살아왔다. 인희는 오줌소태가 잘 낫지 않고 통증이 계속되자 약이라도 지으려 병원을 찾는다.
전개	검사 결과 인희는 자궁암 말기 판정을 받는다. 이를 알게 된 남편 정철은 아프다는 아내의 말을 귓등으로 흘려듣고 아내에게 소홀했던 지난날의 자신을 자책하며 괴로워한다.
절정	인희는 암 수술을 받지만 이미 암이 전이되어 수술은 실패로 끝난다. 인희의 시한부 선고로 식구들은 충격과 슬픔에 잠기고, 인희의 빈자리가 크게 느껴지는 집안은 예전의 온기를 잃고 만다.
하강	인희는 자신의 죽음을 받아들이고, 시어머니, 자식들, 남편과의 이별을 준비한다. 식구들은 인희의 죽음을 앞두고 엄마의 존재와 가족의 관계를 되돌아본다.
대단원	인희가 가족들과 함께 지내려고 애써 지은 전원주택이 완성된다. 인희는 정철과 단 둘이 그곳에서 행복한 한때를 보내고, 결국 그곳에서 정철의 품에 안겨 생을 마감한다.

👥 인물 관계도

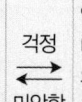

인희		정철
항상 가족들을 뒷바라지하며 살아옴. 말기 암 판정을 받고 죽음을 앞두고 절망과 허무에 빠지기도 하지만, 곧 자신의 운명을 받아들이고 마지막까지 가족들의 앞날을 걱정하며 죽음을 준비함.	걱정 ⇄ 미안함	인희의 남편. 의사로 늘 일에 쫓기며 살아옴. 인희의 죽음을 앞두고 의사로서 남편으로서 자책하고 괴로워함. 인희에게 그동안 나누지 못한 일상의 행복을 선사하며 이별을 준비함.

걱정, 속상함 ↓   걱정 ↗ ↙ 미안함

할머니		연수, 정수
인희의 시어머니. 인희를 구박하기도 하고 서로 의지하기도 하며 정을 붙이고 살아옴. 현재는 중증 치매에 걸려 인희 없이는 아무것도 하지 못함.		인희와 정철의 자녀. 연수는 직장인, 정수는 삼수생임. 둘 다 그동안 가족에게 소홀했기 때문에 죽음을 앞둔 엄마에게 미안함을 느낌.

자료실

노희경 작가에게 '가족'이 지닌 의미

인희가 가족들에게 헌신만 하다가 자신을 돌보지 못한 것처럼, 가족은 누군가의 삶을 옥죄기도 하고 삶을 포기하게 만들기도 한다. 그럼에도 불구하고 작가는 "가족과 소통하지 않으면 주변과도 소통할 수 없다."라고 말한다. 가족은 우리가 태어나 자라면서 가장 먼저 만나는 관계이자 사회의 근간이 되는 집단이기 때문에 가족의 문제들을 제대로 겪고 이해해야만 비로소 사회로 나아갈 수 있다고 본 것이다. "인생이 소풍이라면, 그 소풍의 길벗이자 도반(道伴)인 가족이야말로 모든 문제의 해답"이라는 작가의 말에서 작가가 생각하는 가족의 가치와 중요성을 느낄 수 있다.

🔑 포인트 체크

[인물] ☐☐을 뒷바라지하는 데 헌신하며 살아온 인희, ☐☐에 걸려 인희의 돌봄을 받는 할머니, 저마다의 바쁜 삶에 치여 가족에게 소홀했던 남편 정철, 딸 연수, 아들 정수가 등장하고 있다.

[배경] 현대 사회의 한 가정을 배경으로 하고 있다.

[사건] 말기 ☐ 선고를 받고 죽음을 앞두고 있는 인희는 끝까지 가족들을 걱정하고, 가족들과 아름다운 ☐☐을 준비한다.

1 이 글의 내용과 일치하지 <u>않는</u> 것은?
① 정수는 인희에게 미안함과 안타까움을 느끼고 있다.
② 인희는 할머니와 오랜 시간 힘든 세월을 함께해 왔다.
③ 정철은 인희의 병을 낫게 해 줄 수 없어 괴로워하고 있다.
④ 할머니는 인희가 힘들 때 그녀에게 힘이 되어 준 적이 있다.
⑤ 할머니는 인희를 배려해서 그녀의 죽음을 모른 척하고 있다.

2 (나)와 (다)에 대한 설명으로 가장 적절한 것은?
① 주인공에 대해 여러 인물이 떠올린 기억들을 연속적인 장면으로 제시하고 있다.
② 공간을 이동할 때마다 달라지는 주인공의 내면 심리를 구체적으로 나타내고 있다.
③ 주인공의 심경 변화를 보여 줌으로써 사건이 새로운 국면으로 전환될 것임을 암시하고 있다.
④ 주인공의 행동과 심리, 주인공을 지켜보는 주변 인물들의 행동과 심리를 함께 제시하고 있다.
⑤ 주인공이 겪고 있는 사건을 압축적으로 제시함으로써 극의 내용을 빠른 속도로 전개하고 있다.

<u>내신 적중</u>
3 이 글을 영화로 만든다고 할 때, ㉠~㉤과 관련하여 배우에게 지시할 내용으로 적절하지 <u>않은</u> 것은?
① ㉠: 자신이 죽으면 시어머니를 돌봐 줄 이가 없다는 걱정과 속상함이 복합적으로 드러나게 해 주세요.
② ㉡: 엄마와 할머니에게 무슨 일이 있는 것은 아닌지 걱정하고 불안해하는 마음이 드러나게 해 주세요.
③ ㉢: 절망에 빠지지 않고 더 열심히 살려는 정수를 보며 느끼는 대견함과 뿌듯함이 드러나게 해 주세요.
④ ㉣: 자식들을 위로하고 다독이기 위해 감정을 억누르는 모습이 드러나게 해 주세요.
⑤ ㉤: 정든 시어머니에게 자신이 곧 죽는다는 사실을 말할 수밖에 없는 인희의 슬픔이 드러나게 해 주세요.

4 ⓐ에 들어갈 대사로 가장 적절한 것은?
① 싸우다 정 든다고
② 모난 돌이 정 맞는다고
③ 먼 사촌보다 가까운 이웃이 낫다고
④ 열 길 물속은 알아도 한 길 사람 속은 모른다고
⑤ 물이 아니면 건너지 말고 인정이 아니면 사귀지 말라고

5 '인희'가 '할머니'와 깊은 정을 붙이며 살 수 있었던 이유를, '인희'와 '할머니'의 삶의 공통점을 근거로 들어 쓰시오.

2. 한국 시나리오

☀️ 어휘 풀이

오한(惡寒) 몸이 으슬으슬 떨리는 증세.
지짐이 기름에 지진 음식물을 통틀어 이르는 말.

🪷 구절 풀이

❶ **술 먹을 때, 술 깰 때, ~ 아플 때, 외로울 때.** 정철이 인희가 보고 싶은 순간들을 하나하나 나열하고 있다. 결과적으로 정철은 언제 어느 때이고 일상의 모든 순간에 그녀가 보고 싶어질 것이라고 말하고 있다. 곧 영원한 이별을 앞둔 정철이 느끼는 절실한 슬픔과 안타까움이 나타나는 장면이다.

👤 작가 소개

노희경(1966~)
드라마 작가. MBC 베스트극장 공모에 〈세리와 수지〉로 당선되며 본격적으로 작품 활동을 시작하였다. 주요 저서로 드라마 대본집 《그들이 사는 세상》, 《괜찮아 사랑이야》, 에세이집 《지금 사랑하지 않는 자, 모두 유죄》, 소설집 《세상에서 가장 아름다운 이별》 등이 있다.

민규동(1970~)
영화감독. 1999년 〈여고괴담 두 번째 이야기〉로 데뷔하였다. 주요 작품으로 〈내 생애 가장 아름다운 일주일〉, 〈허스토리〉 등이 있다.

중략 부분의 내용 전원주택이 완성된 후 정철은 그곳에서 인희와 둘만의 오붓한 시간을 보내기로 한다.

몽타주(montage): 따로따로 촬영한 화면을 떼어 붙여서 편집하는 기법

가 S# 163. 전원주택, 몽타주 / 저녁 – 아침 – 낮 – 밤
　　이틀 동안 전원주택에서 시간을 보내는 두 사람의 모습을 몽타주로 보여 줌.

　1. 인희, 평상복 차림으로 더욱 아픈 모습으로 식탁에 앉아, 정철이 상 차리는 모습을 보고 있
　　다. 밥하다 말고, 우스꽝스러운 엉덩이춤을 추며 인희를 배꼽 잡게 하는 정철.
　　「정철과 일상의 행복을 즐기면서도 악화된 병세로 고통스러워하는 인희의 모습

　2. 잠시 후, 정철, 인희에게 죽을 떠먹여 주고, 인희, 힘겹게 받아먹고.

　3. 무릎 베고 누운 인희에게 앨범을 보여 주며 수다 떠는 정철. 인희는 재밌는지 환하게 웃고.

　4. 정원에서 버섯을 주워 들고 신기하다는 듯 행복한 얼굴을 한 인희와 정철.

　5. 인희를 자전거 뒤에 태우고 위태위태 집 둘레를 도는 정철.

　6. 강가를 거닐다 춥다고 어지러워하는 인희. 서둘러 인희를 챙기는 정철.

　7. •오한에 떨며 잠든 인희 너머로, 울타리와 나무들에 전구를 장식하는 정철.
　　　　　　　　　　　　　　　　　▶ 전원주택에서 함께 시간을 보내는 정철과 인희

나 S# 167. 전원주택, 침실 / 밤

인희: 당신, 나 없이도 괜찮지? / 정철: (보면)

인희: 잔소리도 안 하고 좋지, 뭐. / 정철: (고개 저으며) 싫어.

인희: 나…… 보고 싶을 거는 같애? / 정철: (끄덕인다.)

인희: 언제? 어느 때? / 정철: ……다.

인희: 다 언제? / 정철: 아침에 출근하려고 넥타이 맬 때.

인희: (안타까운 맘, 보며) ……또?
함께했던 일상에 혼자 남겨질 남편에 대한 안타까움과 애틋함.

정철: (고개 돌려, 눈물 참으며) 맛없는 된장국 먹을 때.

인희: 또? / 정철: 맛있는 된장국 먹을 때.

인희: 또? / 정철: ❶술 먹을 때, 술 깰 때, 잠자리 볼 때, 잘 때, 잠 깰 때, 잔소리 듣고 싶을
　　때, 어머니 망령 부릴 때, 연수 시집갈 때, 정수 대학 갈 때, 그놈 졸업할 때, 설날 •지짐이
　　할 때, 추석날 송편 빚을 때, 아플 때, 외로울 때.

인희: 당신, 빨리 와. 나 심심하지 않게. (눈물이 주룩 흐르고)

정철: (인희를 안고, 눈물 흘리고)
　　　　　　　　　　　　　　▶ 이별을 준비하며 서로에게 애틋함을 느끼는 정철과 인희

다 S# 168. 인희의 집 + 전원주택 / 새벽
연수, 정수, 할머니가 있는 인희의 집과 정철과 인희가 있는 전원주택을 이어서 보여 줌.
　　연수, 정수, 선애는 잠들어 있고. 할머니는 여전히 숨바꼭질 중.

할머니: (흥얼거리며) 미워하는 미워하는 미워하는 마음 없이……
　　　　가족들을 뒷바라지하느라 고단했지만 가족들을 원망하지 않고 끝까지 사랑하는 인희의 마음을 대변하는 노랫말
　　인희가 어디 있나 여기저기 찾다가, 문득 인희 방을 열면, 그곳은 전원주택의 온실이다. 놀란
　　　　　　　　　　　　　　　　　　　　　　　　　　　환상 속 공간
할머니 앞으로 집에서 가져온 꽃 무더기를 바라보며 혼자 앉아 있는 인희의 뒷모습이 보인다.
울고 있는 것 같기도 하고, 웃고 있는 것 같기도 하다. 할머니, 서서히 다가서더니, 문득 ㉠상처
난 데에 입김을 불어 주는 듯, 호오오오 해 준다. 순간, 백만 송이 꽃가루가 흩날리는 눈송이처
럼 온실 너머 새벽안개 속으로 피어오른다.
꽃가루와 눈송이가 피어오르는 형상으로 인희가 삶의 무게에서 벗어났음을 보여 줌.

정철: (OFF) 여보……
　　　화면에 나타나지 않는 인물의 목소리나 소리

라 S# 169. 전원주택, 침실 / 아침

　　침실 가득 밝은 햇살이 들어오고. 인희, 정철의 팔에 안겨 편안히 잠들어 있다.
　　　　밝은 햇살 속에서 정철의 품에 안겨 평화롭게 잠들 듯 죽음을 맞음. → 제목처럼 아름다운 이별을 맞는 인희
인희: …… / 정철: (아내의 죽음을 느낀다. 보지 않고) 여보……

인희: …… / 정철: 인희야……

　　그러나 인희는 대답 없고……. 참지 못하고 부서져라 껴안는 정철. 정철, 이를 앙다물고 우는
데, 눈물 뚝 떨어져 인희의 뺨 위로 흐른다. 너무나도 깊이 잠든 인희의 눈에도 차디찬 물기가
서려 있다. 페이드아웃.
　　　　　　　　　　　　　　　　　　　　　▶ 인희의 죽음에 슬퍼하는 정철
　　화면이 점차 어두워짐.

> • **중심 내용** 인희는 정철과 마지막으로 오붓한 시간을 보내고 결국 생을 마감함.　　• **구성 단계** 대단원

작품 연구소

가족만을 위해 헌신했던 인희의 삶

가족을 위해 희생함.	• 모진 시집살이를 시킨 시어머니가 치매에 걸리자 지극정성으로 그녀를 보살핌. • 자신의 몸이 아픈 것은 대수롭지 않게 여기며 가족들 뒷바라지만 하다가 병을 키움.
가족 관계의 회복을 가장 중시함.	• 자신의 무기력함과 미숙함을 아버지에 대한 반발로 표출하는 정수를 품에 안으려고 함. • 자수성가에 대한 강박 관념으로 일에만 매달려 사는 정철의 곁을 묵묵히 지킴. • 전원주택을 지으며 가족들이 행복한 삶을 살기를 소망함.
자신의 죽음보다 가족의 안부를 걱정함.	• 된장찌개 하나 끓이지 못하는 딸, 남편의 노후, 건강이 좋지 않은 막내, 돌봐 줄 사람이 없는 치매에 걸린 시어머니를 걱정함. • 연수에게 자신이 죽은 후 자신의 역할을 맡아 줄 것을 부탁함.

↓

> 인희라는 인물은 엄마, 며느리, 아내라는 다양한 이름과 역할로 살아가는 우리 사회의 여성들의 고단한 삶을 보여 줌.

'전원주택'의 의미

인희는 각자 바쁘게 살아가는 가족들이 훗날 전원주택에 모여서 함께 행복한 시간을 나누기를 소망하며 전원주택을 지으려 함.	⋯	행복한 가족에 대한 소망을 담은 공간
인희는 자신이 소망한 대로 정철과 행복한 시간을 보내다 그의 품에 안겨 죽음을 맞이함.	⋯	아름다운 이별을 맞이하는 공간

제목 '세상에서 가장 아름다운 이별'의 의미

인희의 입장에서	• 인희의 죽음은 할머니의 환상 속에서 흩날리는 아름다운 꽃가루로 형상화되고 있음. • 지금껏 가족들로부터 받지 못한 따뜻한 사랑과 배려를 느끼며 아름답게 죽음(이별)을 맞이함.
가족의 입장에서	서로에게 소원했던 가족들이 인희의 죽음(이별)을 계기로 가족의 소중함과 가치를 깨닫게 됨.

함께 읽으면 좋은 작품

〈우리 동네 구자명 씨〉, 고정희 / 여성에게 강요하는 삶의 무게를 다룬 작품

출근길 버스에서 졸고 있는 구자명 씨를 주인공으로 하여 한 여성의 고단한 일상을 그린 시로, 가족을 위한 여성의 희생을 일방적으로 강요하는 현실을 비판하고 있다. 여성의 고단한 삶을 다루고 있다는 점에서 이 글과 비교하여 읽을 수 있다.   Link 〈현대 시〉 240쪽

---

6 〈보기〉는 아내와 사별한 마음을 노래한 시이다. 이 글의 (나)와 〈보기〉를 함께 감상한 내용으로 가장 적절한 것은?

┤ 보기 ├

조금 전까지는 거기 있었는데 / 어디로 갔나,
밥상은 차려 놓고 어디로 갔나,
넙치 지지미 맵싸한 냄새가 / 코를 맵싸하게 하는데
어디로 갔나, / 이 사람이 갑자기 왜 말이 없나,
내 목소리는 메아리가 되어 / 되돌아온다.

– 김춘수, 〈강우(降雨)〉에서

① (나)와 〈보기〉 모두 대상의 부재가 그 대상과 함께했던 인물의 삶을 되돌아보게 하고 있다.
② (나)와 〈보기〉 모두 대상의 부재를 느끼게 하는 것은 그 대상과 함께했던 소소한 일상이라는 점을 드러내고 있다.
③ (나)는 〈보기〉와 달리 대상의 부재를 인정하는 것이야말로 외로움과 두려움을 이겨 내는 방법이라고 말하고 있다.
④ 〈보기〉는 (나)와 달리 대상의 부재를 절대자의 뜻으로 받아들여야 한다고 말하고 있다.
⑤ 〈보기〉는 (나)와 달리 대상의 부재를 느끼는 일은 죽음이나 이별을 우리의 삶의 일부로 받아들이는 것임을 말하고 있다.

7 〈보기〉를 각색하여 이 글의 (라)를 쓴 것이라고 할 때, 그 과정에서 고려했을 내용으로 가장 적절한 것은?

┤ 보기 ├

정철은 잠에서 깨자마자 조용히 아내를 불러 보았다.
"여보."
아내를 안고 있는 오른쪽 팔에서는 이미 온기가 느껴지지 않는다. 그는 벌떡 몸을 일으켰다.
"인희야!"
정철은 오열하며 아내의 이름을 불렀다. 주체할 수 없는 눈물이 계속 그의 볼을 타고 흘러내렸다. 그는 서서히 몸을 굽혀 식어 버린 아내의 몸을 부서져라 껴안아 주었다. 그녀의 입술에 입 맞추며 그렇게 언제까지, 언제까지 끌어안고 있었다. 어느 결에 고인 슬픔인지, 깊이 잠든 인희의 눈에도 차디찬 물기가 서려 있었다.

– 노희경, 소설 〈세상에서 가장 아름다운 이별〉에서

① 정철과 인희가 서로 화해하는 장면을 삽입한다.
② 공간적 배경을 정철의 심리와 어울리도록 바꿔 쓴다.
③ 삶에 미련을 갖는 인희의 모습을 구체적으로 드러낸다.
④ 죽음을 맞는 인희의 고통을 장면 묘사를 통해 보여 준다.
⑤ 인희를 보내는 정철의 슬픔을 좀 더 절제하여 보여 준다.

8 ㉠을 통해 작가가 드러내고자 하는 바가 무엇인지 〈조건〉에 맞게 쓰시오.

┤ 조건 ├

할머니가 인희의 상처를 어루만지듯 입김을 부는 행동에서 알 수 있는 인희에 대한 작가의 태도를 쓸 것.

문학 신사고

🎯 핵심 정리

갈래 시나리오
성격 사실적, 낭만적
배경 ① 시간 – 2010년
② 공간 – 서울의 어느 산동네
제재 두 노인의 사랑
주제 상처를 안고 살아가는 노인들의 애틋한 사
랑과 소외된 세대에 대한 관심
특징 ① 사회적 약자인 노인들을 주인공으로 하
여 노년층의 삶을 섬세하게 그려 냄.
② 고령화 사회의 소외 계층이 겪는 어려움
을 사실적으로 보여 줌.

💡 어휘 풀이

엄두 감히 무엇을 하려는 마음을 먹음. 또는 그 마
음. 흔히 '엄두가 안 난다'의 꼴로 사용함.
파지(破紙) 찢어진 종이. 또는 일정한 규격에 어긋
나 못 쓰게 된 종이.
심드렁 '심드렁하다'의 어근. 마음에 들지 않아서
관심이 없음.
안간힘 어떤 일을 이루기 위해서 몹시 애쓰는 힘.
덤덤 '덤덤하다'의 어근. 특별한 감정의 동요 없이
그저 예사로움.
징용(徵用) ① 전시·사변 또는 이에 준하는 비상
사태에, 국가의 권력으로 국민을 강제적으로 일정
한 업무에 종사시키는 일. ② 일제 강점기에, 일본
제국주의자들이 조선 사람을 강제로 동원하여 부
리던 일.

Q S# 4에서 송 씨를 대하는 만석의 말과
행동이 서로 어떻게 다른가?

만석은 겉으로는 어딘가 못마땅한 듯 퉁명스러
운 태도로 송 씨를 타박하듯이 말하지만, 송 씨가
손수레 끄는 일을 돕고 송 씨의 건강을 염려하며
우유를 건네고 있다. 이러한 모습에서 만석이 따
뜻한 마음을 지닌 인물임을 알 수 있다.

🔖 구절 풀이

❶ **나, 보면 알겠지만 ~ 만석의 오토바이.** 겉으로
는 고집불통이며 상대에게 언성을 높이는 만석
이지만 사실은 송 씨를 좋아하고 배려하고 있
음을 알 수 있다. 좋아하는 마음을 다정하게 표
현하는 것에 익숙하지 않은 만석의 서툰 의사
소통 방식을 엿볼 수 있는 부분이다.

❷ **이름은 아버지가 ~ 불렀다고요!** 송 씨가 제대
로 된 이름을 갖지 못하고 '송 씨'로 불리게 된
사연을 설명하고 있다. 이를 통해 송 씨의 불행
한 가족사를 짐작할 수 있다. 만석은 송 씨의 사
연을 듣고 송 씨의 딱한 처지를 이해하게 되고,
이는 추후 만석이 송 씨를 주민 센터에 데려가
는 계기가 된다.

가 S# 4. 언덕길(밤) – 눈

<u>시간적 배경 계절적 배경: 겨울</u>
눈이 흩날리는 언덕길. 미끄러운 언덕길을 내려갈 *엄두가 안 나는지 손수레와 함께 쭈그리
<u>공간적 배경 – 폐지를 줍는 송 씨에게 고난으로 작용함.</u>
고 앉아 있는 송 씨. 이때 투타타타 소리를 내며 달려오는 만석의 오토바이. <u>저만치 가다 말고
커다란 원을 그리며 되돌아온다.</u>
<u>송 씨를 도우려고 다시 돌아옴.</u>

만석: 이런 날은 쉬지…… 뭣 하러 나왔어? 이깟 *파지 주워서 몇 푼이나 번다고……!
<u>겉으로는 거칠게 대하지만 타인을 돕고 배려하는 따뜻한 마음을 가졌음.</u>

송 씨: ㉠(*심드렁 본다.) / 만석: 아무도 없는 게야? 밥 멕여 줄 식구나 자식이 없어?
<u>추운 겨울밤에 노인이 홀로 폐지를 줍고 있기 때문에 한 질문임.</u>

송 씨: ㉡……! (서글퍼지는…… 못 들은 척 외면하며 무릎을 짚고 일어난다.) 그럴 처지나 되
<u>식구나 자식이 없음.</u>
나요. / 만석, 괜한 걸 물었다고 생각한다.
<u>송 씨에게 상처가 될 수 있는 질문을 했다고 생각함.</u>

만석: (투덜투덜) 이놈들, ㉢연탄재라도 좀 뿌려 놓지.

오토바이에서 내려 손수레 손잡이를 잡는다.
<u>송 씨를 도우려는 만석</u>

송 씨: 뭐 하시는 거예요? / 만석: 여기서 스케이트 탈 일 있어? 더 있다간 빙판 져서 못 내
려가. / 손수레를 잡는데…… 켁…… 생각보다 무겁다. 끄응!

송 씨: 허리 다쳐요!

만석: 그 짝보다 내 허리 힘이 약할까 봐 그래? (손바닥에 침을 뱉으며) 사람을 뭐로 보
고…… / 송 씨: …….

만석: (*안간힘…… 부르르…… 안 움직인다.) 아 좀 밀어 봐!

송 씨 밀고…… 움직이는 손수레 언덕을 힘겹게 내려간다.
┌─ (시간이 경과함.)
송 씨 옆에 멈추는 만석의 오토바이, ㉣불쑥 우유 하나를 내민다.
<u>만석이 송 씨에게 호감이 있음을 드러냄.</u>

만석: (*덤덤) 들어! 우유가 뼈에 좋대! / 송 씨: 안 그러셔도 돼요.

만석: (협박) ❶나, 보면 알겠지만, 누가 하란다고 하고, 하지 말란다고 안 하는 그런 사람 아
<u>만석의 고집 센 성격을 알 수 있음.</u>
니야. 여러 소리 말고 받어. / 송 씨: …….

탁 우유를 내려놓고 투타타타 달려가는 만석의 오토바이.

송 씨: ㉤주인 닮아 소리 한번 요란하네.

송 씨, 싫지 않은 표정이다. 저 멀리 달려가던 오토바이, 펑 소리와 함께 모락모락 흰 연기가
<u>송 씨 역시 만석의 관심이 싫지 않음.</u>
피어오른다.
▶ 폐지를 줍는 송 씨를 돕는 만석

나 S# 44. 거리(낮)

달리는 오토바이. 송 씨, 조금은 어색하지만 만석의 허리를 잡고 있다.
<u>만석과 송 씨의 사이가 조금씩 가까워지고 있음.</u>

만석: 난 김이야. 일만 만 자에 밝을 석…… 김만석이야. 이름이 뭐야?
<u>자신을 소개하면서 친근감을 드러냄.</u>

송 씨: 송 씨예요. / 만석: 크게 말해!

송 씨: 송 씨요. / 만석: 그건 성이고…… 이름은?

송 씨: ……없어요. / 만석: 이름이 없어? / 송 씨: …….   ▶ 통성명을 하며 송 씨에게 이름이 없음을 알게 된 만석
<u>제대로 된 이름도 없이 고달픈 인생을 살아왔음.</u>

다 S# 45. 송 씨 집 계단(낮)

송 씨 집 계단에 앉아 있는 만석과 송 씨.

송 씨: ❷이름은 아버지가 짓는 거라며…… *징용 가신 아버지가 돌아오길 기다리다 결국
<u>송 씨가 이름 없이 살아온 이유를 말함. – 만석에게 마음을 열고 있음.</u>
이름도 없이 살았어요. 그러다 사람들이, 송씨니까…… / 만석: 크게 말해! 안 들려.

송 씨: 송씨니까 '송 씨야 송 씨야' 하고 불렀다고요! / 만석: (끄덕끄덕)
▶ 자신이 이름 없이 살게 된 사연을 만석에게 이야기하는 송 씨

• **중심 내용** 송 씨를 돕고 통성명을 하게 된 만석은 송 씨에게 이름이 없는 사연을 알게 됨.   • **구성 단계** 발단·전개

이해와 감상

이 작품은 웹툰을 각색하여 2011년 개봉한 영화의 시나리오이다. 우리 사회의 한 구성원인 노인들의 사랑과 이별을 제재로 삼아, 무관심 속에 사회적 보호를 받지 못한 채 살아가는 소외된 이웃들의 삶을 그리고 있는 작품이다. 주인공 만석과 송 씨 사이에서 싹트는 가슴 따뜻한 사랑을 통해 낭만의 정서를 공유하면서, 다른 세대를 이해하고 다양한 삶의 방식을 알아 가는 기회를 제공한다. 한편 이 작품의 다른 인물인 노인 장군봉이 치매에 걸린 아내를 지극 정성으로 돌보다 더 이상 희망이 없음에 좌절하고 그의 아내와 함께 생을 마감하는 내용을 통해 사회적 약자와 소외된 이웃에 대한 우리 사회의 진정한 관심과 소통이 필요함을 시사하고 있다.

🔍 전체 줄거리

발단	우유 배달을 하는 만석은 폐지를 주워 생계를 유지하는 송 씨를 돕고, 주차장 관리 일을 하며 치매에 걸린 아내를 보살피는 군봉은 날이 갈수록 증세가 심해지는 아내 때문에 고민한다.
전개	만석과 송 씨는 서로 마음을 조금씩 열게 되고 만석은 송 씨에게 이름이 없다는 것을 알게 된다. 군봉은 길을 잃어버린 아내를 찾는 데 도움을 준 만석과 친해진다.
절정	만석은 송 씨에게 이름을 지어 주고 사랑하는 마음을 고백한다. 군봉은 아내의 병세가 더 심해져 이제 희망이 없다는 것을 깨닫게 된다.
하강	만석은 송 씨와 즐거운 날들을 보내고, 군봉은 아내와 함께 생을 마감하기로 결심한다.
대단원	군봉 부부의 마지막 부탁을 지킨 만석은 송 씨를 그리워하던 고향에 데려다준다. 그러나 만석은 송 씨를 잊지 못하고, 마침내 송 씨를 찾아가 함께 오토바이를 타고 하늘을 난다.

👥 인물 관계도

김만석		송 씨(송이뿐)
우유 배달부. 무뚝뚝하고 퉁명스럽지만 따뜻한 마음을 지님. 송 씨에게 연정을 갖게 됨.	이름을 지어 줌. ↔ 애정·고마움	폐지를 주우며 생계를 유지하는 독거노인. 이름도 없이 고달프게 살아오다가 만석의 관심에 행복을 느낌.

↑ 조력

연아
만석의 손녀. 동 주민 센터에 근무함. 송 씨가 주민 등록을 하고 이름을 가질 수 있도록 도와줌.

자료실

웹툰(webtoon)

인터넷을 뜻하는 '웹(web)'과 만화를 뜻하는 '카툰(cartoon)'의 합성어로서 각종 멀티미디어 효과를 동원해 제작된 인터넷 만화를 말한다. 웹툰은 이전의 출판 만화와 다르게 댓글을 통해서 독자가 능동적으로 참여할 수 있는 '쌍방향성'의 특성을 가지고 있다. 참신한 소재와 이야기를 담은 다양한 웹툰이 창작되고 있고, 독자들에게 인기를 끌고 있다.

🔑 포인트 체크

인물 무뚝뚝하고 퉁명스럽지만 마음만은 따뜻한 □□과 사회적 보호를 받지 못한 채 이름도 없이 힘겹게 살아가는 □□가 등장한다.

배경 타인에게 점점 더 □□□해지는 현대 사회를 배경으로 하고 있다.

사건 만석이 □□를 도와주면서 서로에게 호감을 갖게 된다. 두 인물이 통성명을 하는 과정에서 송 씨가 □□ 없이 평생을 살아왔음이 드러나고 있다.

1 이 글의 '만석'과 관련된 설명으로 알맞지 않은 것은?

① 무뚝뚝하고 퉁명스럽게 남을 대하고 있다.
② 고집이 센 자신의 성격을 스스로 알고 있다.
③ 화를 잘 내지만 남을 도울 줄 아는 마음을 지녔다.
④ 송 씨와 가까워지면서 그녀의 딱한 처지를 알게 된다.
⑤ 송 씨가 손수레를 끌며 파지 줍는 일을 그만두게 하려고 한다.

2 ㉠~㉤에 대한 설명으로 적절하지 않은 것은?

① ㉠은 상대방의 발화에 대해 탐탁지 않게 여기는 행동이다.
② ㉡은 자신의 처지에 대한 서글픔을 담고 있는 표현이다.
③ ㉢은 대화 상대에 대한 질책을 담고 있는 표현이다.
④ ㉣은 상대방에 대한 호감을 나타내는 행동이다.
⑤ ㉤은 표면적으로는 부정적인 의미를 담고 있지만, 궁극적으로는 긍정적인 의미를 담고 있다.

3 〈보기〉는 이 글에 이어지는 장면이다. 〈보기〉에서 '내레이션(NAR.)'의 역할로 가장 적절한 것은?

┤ 보기 ├

S# 46. 송 씨 과거

송 씨: (NAR.) 그 사람은 점점 변해 갔죠. 술을 먹는 날이 안 먹는 날보다 많아지더니 급기야 노름판까지 드나들게 되었죠. 그리고 한번 시작된 매질은 이틀이 멀다 하고 반복되었죠. 하지만 난 참았어요. 나는 참는 덴 선수거든요.

깨진 창틈으로 커튼이 펄럭이고, 겨울 찬바람의 스산한 소리 들려온다. 갓난아이를 업고 삯바느질을 하는 송 씨와 옆에서 화투 패를 맞추는 상태.

송 씨: (NAR.) 그 사이에 딸아이가 하나 생겼고 그 사람은 돈을 벌어 오겠다며 집을 나갔어요.

가방을 들고 대문을 나서는 상태. 아이를 업은 송 씨 혼자 남겨진다.

송 씨: (NAR.) 그게 그 사람과 마지막이었어요.

① 촬영에 필요한 장소를 묘사해 주는 역할을 한다.
② 작품의 주제를 직접적으로 나타내는 역할을 한다.
③ 인물의 과거를 요약적으로 제시하는 역할을 한다.
④ 대사를 하는 인물의 심리적 갈등을 드러내는 역할을 한다.
⑤ 두 개의 사건을 하나로 긴밀하게 연결해 주는 역할을 한다.

내신 적중 多빈출

4 (가)에서 '송 씨'를 향한 '만석'의 호의가 드러나는 행동을 찾아 쓰시오.

동 주민 센터 행정 구역 단위인 동의 행정 업무를 맡아보는 기관.

독거노인(獨居老人) 가족 없이 혼자 살아가는 노인.

급여(給與) 돈이나 물품 따위를 줌. 또는 그 돈이나 물품.

영문 일이 돌아가는 형편이나 그 까닭.

걸다 말이 거리낌이 없이 험하다.

Q **S# 58, S# 61에 나타난 만석, 송 씨, 연아의 성품은 어떠할까?**

만석은 송 씨를 위해 독거노인 보상 급여를 신청해 주고 이름도 지어 준다. 송 씨는 고마운 마음을 진심으로 표현하고, 주민 등록증을 전해 주려 집에 찾아온 연아를 위해 초라하지만 정성을 다한 식사를 대접한다. 연아는 할아버지 만석과 연인 송 씨를 따뜻한 시선으로 바라보며 도움을 준다. 만석, 송 씨, 연아 모두 마음이 착하고 타인을 배려할 줄 아는 인물임을 알 수 있다.

📖 구절 풀이

❶ **할머니, 일단 주민 등록증 주세요. ~ 아예 없으세요?** 송 씨가 그동안 주민 등록도 되지 않은 채 살아왔음을 알 수 있다. 이는 송 씨가 사회로부터 완벽히 소외된 채 살아온 사회적 약자임을 상징적으로 보여 주는 것이다.

❷ **이쁜이야. ~ 그래…… 빨리 써……!** 만석이 송 씨에게 이름을 지어 주는 장면이다. '이쁜'이라는 이름은 '이쁘다'라는 단어를 연상하게 하고 성을 붙여 읽을 때에는 '송이쁜', 즉 '송이, 당신뿐이다.'라는 의미도 나타낼 수 있다. 송 씨를 특별하게 여기는 만석의 마음이 드러나 있다.

❸ **아이구 아이구 ~ 송……. 이……뿐!** 태어나서 처음으로 자신의 이름이 적힌 주민 등록증을 받고 감격스러워하는 송 씨의 모습이 나타나 있다. 그동안 사회에서 소외된 채 살아가던 송 씨가 만석과 연아 등 다른 사람들의 도움을 받아 사회의 일원으로 인정받고 느끼는 감동을 이해할 수 있다.

👤 작가 소개

강풀(1974~)
만화가. 감성적 소재와 서사적 구성의 웹툰을 창작하였다. 주요 작품으로 〈순정 만화〉, 〈아파트〉 등이 있다.

이만희(1954~)
극작가. 문학적인 대사와 탄탄한 이야기 전개를 보여 주었다. 주요 작품으로 〈불 좀 꺼 주세요〉, 〈약속〉 등이 있다.

가 **S# 58. 동 주민 센터(낮)**

송 씨를 끌고 *동 주민 센터 안으로 들어가는 만석.

송 씨: 괜찮다니까요. / 만석: 참 말 많네. 따라만 오라니까.

송 씨의 손목을 잡고 연아 앞으로 다가가는 만석.
_{만석의 손녀. 동 주민 센터에서 일하고 있음.}

연아: (벌떡 일어서며) 할아버지! 여긴 어쩐 일이세요?
_{평소 만석이 찾아온 적이 없어 놀람.}

만석: 접때 혼자 사는 노인들한테 돈 나온다 그랬지? / 연아: *독거노인 보상 *급여요?
_{만석이 주민 센터를 방문한 목적 – 송 씨의 독거노인 보상 급여를 신청해 주려 함.}

만석: 얼마나 나와? [중략] / 연아: 10만에서…… 15만…….

만석: 그걸 누구 코에 붙여! 보일러 기름값도 안 되는…….
_{송 씨를 더 챙겨 주고 싶은 마음이 드러나는 표현}

송 씨: (멍하게) 그 많은 돈을 준다구요? / 연아: 네……!
_{폐지를 팔아 살아가는 송 씨에게는 큰돈임.}

송 씨: 한 달 꼬박 모아도 힘든 돈인데…… 가…… 감사합니다. 정말 감사합니다…….
_{진심으로 고마움을 표현함. – 송 씨의 착한 성품이 드러남.}

연아: (따라 인사하며) 제가 드리는 게 아니고요…….

진심으로 감사한 듯, 공손히 또 아주 깊이 절을 한다. 동 주민 센터 직원들 모두에게 하듯.

송 씨: 감사합니다. 감사합니다. / 연아: …….

깊이 허리를 숙이는 송 씨를 따라 연아도 얼떨결에 절을 한다. *영문 모르고 덩달아 인사를
_{관객의 흐뭇한 웃음을 자아내는 상황}
하는 직원들. (경과) 연아의 주위에 옹기종기 모인 동 주민 센터 직원들. 한마디씩 거든다. 직원들, "최대한 빨리 신청해 봐." "독거노인 자금 혜택 자료 다 뽑아 놨지?"
_{착한 심성을 지닌 송 씨를 최대한 도와주려는 직원들}

연아: ❶할머니, 일단 주민 등록증 주세요. / 송 씨: ……. (머뭇머뭇) / 연아: 주민 등록증요?
_{일정한 지역의 주민임을 증명하는 문서}

송 씨: 그게 없는데……. / 연아: (놀라서 송 씨를 보며) 네? 아예 없으세요?
_{주민 등록증도 없을 정도로 사회로부터 소외된 삶을 살아 왔음을 상징적으로 보여 줌.}

송 씨: (고개 떨구는) / 송 씨, 대답을 못하고 발끝만 바라본다. [중략]

[A] ┌ 연아: 그럼 일단 등록 신청부터 할게요. 성함이 어떻게 되시죠?
│ 송 씨: 송 씨요. / 연아: 그다음은요? / 송 씨: 그냥……. 송……. 그게……. (머뭇)
│ _{이름이 없으므로 당황하여 머뭇거림.}
└ 이때 만석 소리. / 만석: ❷이쁜이야. / 연아: 예? / 만석: 이쁜이라니까…… 송이쁜!
_{만석이 지은 이름}

연아: (송 씨에게) 진짜요? / 만석: (버럭!) 왜 말귀를 못 알아들어? 송이쁜이라구. 송이쁜!

연아: (이름을 적는데…….) / 만석: 아니 이쁘다 할 때 이쁜 말고…… 송이, 뿐이다 할 때, '이뿐', 그래……. 빨리 써……!
_{송 씨를 향한 만석의 애정이 드러남.}

연아, 얼떨결에 빈칸을 채우고……. 만석, 송 씨를 보며 눈을 찡긋찡긋…….

▶ 송 씨의 주민 등록을 돕고 송 씨에게 이름을 지어 주는 만석

나 **S# 61. 송 씨 방(낮)**

쾅쾅쾅 송 씨 방문을 두들기는 연아.

연아: 계세요. 할머니 계세요? 송이쁜 할머니!

방바닥에 엎드려 한글 연습을 하는 송 씨, "누구요?" 하며 나간다.
_{송 씨는 한글을 모른 채 살아왔음. – 송 씨의 고달픈 삶을 짐작할 수 있음.}

송 씨: (연아를 보고) 아니 이게 누구요……. 어서 들어오우.

송 씨의 손에 이끌려 방으로 들어온 연아.

연아: 짜잔! 송이쁜 할머니 주민 등록증 나왔어요.
_{사회적으로 존재를 인정받음.}

송 씨: ❸아이구 아이구……. (받아 본다.) 이게 내 이름이라구? 송……. 이……뿐! [중략]
_{기쁨의 표현}   _{처음으로 이름을 갖게 되어 감격스러움.}

연아: 할머니! / 송 씨: 말해요. / 연아: 할아버지 안 무서우세요?

송 씨: 입이 *걸어 그렇지, 속은 순한 데가 많은 분이잖수.
_{만석이 마음이 따뜻한 사람임을 알고 있음.}
    고마운 마음에 연아에게 줄 밥상을 준비하던 중 젓가락을 떨어뜨림. – 연아의 말을 듣고 당황함.

연아: 네……. 혹시 할아버지랑 사귀세요? / 순간 젓가락이 손에서 바닥으로 쨍그랑…….
_{연아의 솔직담백한 성격이 드러남.}

연아: 괜찮으세요? / 송 씨: 손이 미끄러워서……. / 연아: '송이뿐'운 이름을 말씀하실 때
_{만석의 마음을 넌지시 알려 줌.}
꼭 '송이뿐이다' 하는 소리처럼 들리더라고요. / 이번에는 그릇이 또 쨍그랑.

연아: 괜찮으세요? / 송 씨: 손이 왜 이렇게 미끄럽지…….

▶ 주민 등록증을 전달하러 송 씨의 집에 방문한 연아

・**중심 내용** 송 씨를 위해 이름을 지어 주는 만석과 송 씨의 마음을 알게 된 연아   ・**구성 단계** 절정

🏠 작품 연구소

제목 '그대를 사랑합니다'의 의미

'그대를 사랑합니다'는 송 씨를 연모하게 된 만석이 손녀인 연아의 조언을 받아 송 씨의 생일날 송 씨에게 고백하는 대사로, 송 씨를 사랑하는 만석의 마음을 담고 있는 표현이다. 연아는 송 씨를 향한 만석의 마음을 눈치채고, 사랑하는 마음을 전하려면 직접 말해야 한다며 '당신을 사랑합니다.'라는 말로 고백하라고 한다. 하지만 만석은 '당신'이란 말은 사별한 자신의 아내에게만 사용할 수 있는 단어라며 이를 거부한다. 이후 만석은 아내의 묘에서 다른 여인에게 마음이 있음을 고백하고 용서를 구한 후 '당신'이라는 단어 대신 '그대'라는 단어를 사용하여 자신의 마음을 송 씨에게 표현한다.

'송이뿐'이라는 이름의 의미

송 씨에게	만석에게
사회의 한 구성원으로 인정받아 사회적인 삶을 영위할 수 있게 됨.	송 씨를 유일하고 특별한 존재로 여기고 있음을 표현함.

'송이뿐'이라는 이름은 주민 등록도 되지 않은 채 사회로부터 소외된 삶을 살던 송 씨가 사회의 한 주체로서 살아갈 수 있게 되었음을 의미한다. 또한 얼핏 '송이쁜'으로 들리기도 하는 '송이뿐'은 자신에게는 송이뿐이라는 만석의 마음이 담긴 이름이다. 젊은이와 다를 바 없이 사랑을 느끼고 표현하는 노인 세대의 삶과 감정이 드러난다.

등장인물을 통해 본 노인 문제

송 씨	장군봉
• 폐지를 주우며 생계를 이어 나감. • 주민 등록증이 없어 제도적 지원을 받지 못함.	• 자녀 셋이 모두 부모를 책임지려 하지 않음. • 치매를 앓는 아내를 돌보며 어려움을 겪다가 죽음을 선택함.

⬇

• 가족, 사회로부터 소외된 채 살아감.
• 경제적 생활 능력이 부족해 힘겹게 살아감.

📖 함께 읽으면 좋은 작품

〈타인의 방〉, 최인호 / 사물화된 고독한 현대인을 묘사한 작품

현대인이 도시의 일상생활에서 겪는 인간 소외를 묘사한 소설이다. 서울의 아파트를 배경으로 하여 현대 사회에서 정체성을 상실한 채 사물화된 인간의 모습을 상징적으로 보여 주며 현대인의 고독과 소외감을 드러내는 작품이다.

〈빨래〉, 추민주 / 이웃에 대한 애정과 관심을 노래한 작품

서울의 어느 달동네를 배경으로 하여 고단한 삶 속에서도 희망을 잃지 않고 살아가는 소시민들의 모습을 담은 희곡이다. 소시민들의 삶의 모습을 통해 고민과 아픔을 지니고 살아가는 동시대 사람들에게 위로와 희망의 메시지를 전하는 작품이다.

🔗 Link 본책 243쪽

---

5 이 글의 내용과 일치하지 <u>않는</u> 것은?

① 송이뿐이라는 이름은 송 씨가 작명한 것이 아니다.
② 송 씨는 독거노인 보상 급여를 받을 수 있는 처지이다.
③ 송 씨는 지금까지 한글을 잘 쓸 줄 모르는 상태로 살아왔다.
④ 송 씨는 한 달을 꼬박 모아도 15만 원을 벌기 힘든 상황이다.
⑤ 송 씨는 주민 등록증을 잃어버려서 지금은 가지고 있지 않다.

6 [A]를 〈보기〉와 같이 바꾸었다고 할 때, 그 효과로 적절한 것은?

┤ 보기 ├

그러자 연아는 "할머니 그럼 일단 등록 신청부터 할게요. 성함이 어떻게 되시죠?" 하고 물었다. 나는 "송 씨요."라고 작게 대답했다. "그다음은요?"라고 연아가 물었지만 나는 작은 목소리로 "그냥…… 송…… 그게……."라며 머뭇거렸다. 왜냐하면 나는 지금껏 이름도 없이 살아왔기 때문이다. 이런 상황이 너무 창피하기도 하고 서글프기도 했다.
이때 만석 씨가 나서며 "이뿐이야."라고 말했다. 연아가 "예?"라고 묻자 만석 씨는 "이뿐이라니까…… 송이뿐!" 하며 힘주어 말했다. 나는 만석 씨의 말에 그만 울컥하였다. 미리 내 이름까지 생각해 두고 있었다는 것이 너무도 고마웠기 때문이다.

① 만석의 성격을 부각하여 극적인 사건 전개가 가능해진다.
② 만석과 연아의 갈등을 더욱 심화하여 독자의 몰입감을 높인다.
③ 송 씨의 심리를 자세히 드러내 인물에 대한 독자의 이해를 돕는다.
④ 만석이 개인적으로 숨겨 온 이야기가 드러나 그 비극성이 강조된다.
⑤ 연아의 역할 비중이 커져서 인물 간 대결 구도에 흥미를 더해 준다.

7 이 글을 읽고 난 후의 반응으로 가장 적절한 것은?

① 원치 않는 도움은 오히려 상처를 줄 수 있겠구나.
② 주변에 송 씨처럼 소외된 노인은 없는지 살펴봐야겠어.
③ 적은 액수의 돈을 하찮게 여기는 세태는 비판 받아 마땅해.
④ 지나친 원칙주의는 주민이 행정 기관을 불신하게 되는 이유이군.
⑤ 다른 세대의 사랑을 편견으로 보는 것은 잘못된 것임을 깨달았어.

내신 적중 多빈출

8 이 글에서 '송이뿐'이라는 이름이 갖는 의미를 '송 씨'와 '만석'의 입장에서 각각 50자 내외로 쓰시오.

037 뿌리 깊은 나무 | 이정명 원작, 김영현·박상연 각색

키워드 체크 #역사적 #상징적 #조선 시대 #세종 #이도 #훈민정음 창제 #사대부와의 갈등

문학 천재(정), 창비
언매 비상

◎ 핵심 정리

갈래 시나리오
성격 역사적, 상징적
배경 ① 시간 - 조선 초기 세종 때
② 공간 - 조선
제재 훈민정음 창제와 반포를 둘러싼 갈등과 암투
주제 훈민정음 창제와 반포에 담긴 이도의 이상적인 정치 이념
특징 ① 이도의 고뇌, 열정을 개성적으로 형상화하여 임금인 세종의 인간적 면모를 부각함.
② 역사적 사실에 허구를 가미하여 사실성과 흥미를 동시에 확보함.

◎ 어휘 풀이

괘도(掛圖) 벽에 걸어 놓고 보는 학습용 그림이나 지도.
이적(夷狄) 오랑캐. 예전에, 두만강 일대의 만주 지방에 살던 여진족을 멸시하여 이르던 말.
컷(cut) 장면을 중지한다는 의미를 나타냄. 한 번의 연속 촬영으로 찍은 장면을 이르는 말로도 쓰임.
언로(言路) ① 신하들이 임금에게 말을 올릴 수 있는 길. ② 말의 길. 여기서는 백성의 소리가 전달되는 통로를 뜻한다.
경제문감(經濟文鑑) 조선 건국 초기에 정도전이 조선의 정치 조직에 대한 구상을 밝혀 놓은 책.
요순(堯舜) 고대 중국의 요임금과 순임금을 아울러 이르는 말. 둘 다 이상적인 군주로 꼽힌다.
간관(諫官) 임금의 잘못을 고치도록 말하고 모든 벼슬아치의 비행을 규탄하던 관리.
관료(官僚) 직업적인 관리. 또는 그들의 집단. 특히, 정치에 영향력이 있는 고급 관리를 이른다.

Q '작개언로 달사총'을 인용한 이도의 의도는 무엇인가?

이도는 훈민정음 창제가 성리학을 버리는 것이라는 혜강의 주장을, 유학에서 임금에게 가장 강조하는 덕목이 백성의 의견을 들으라는 뜻을 지닌 구절을 인용하여 반박하고 있다. 훈민정음 창제는 백성의 소리를 듣기 위한 일임을 강조하면서 이것이 성리학을 버리는 것이 아님을 주장하고 있는 것이다.

◎ 구절 풀이

❶ **헌데 어찌 유학을 버리는 것이 아니라 하시옵니까?** 혜강은 이도가 만들려는 글자에는 유학의 도가 들어 있지 않기 때문에 새로운 글자를 만드는 일이 성리학을 버리는 것이라고 주장하며 이를 반대하는 뜻을 드러내고 있다.

❷ **한자가 어렵기에, ~ 편집하여 올린 것이오!** 관료들이 한자를 모르는 백성들의 뜻을 왜곡하는 폐단이 있었다는 뜻으로, 이도가 막힌 언로를 뚫어 백성의 소리를 더욱 잘 듣기 위해서 백성도 쉽게 사용할 수 있는 글자를 만들고자 함을 알 수 있다.

S# 13. 광화문 앞(낮)

『혜강 맨 앞에 앉아 있고, 유생들 뒤에 앉아 "전하!" 하며 시위하고 있는데,』
『』: 훈민정음 창제에 대한 유생들의 반대 시위
유학자 - 역사 속 실제 인물이 아닌 가상의 인물. 유생의 입장을 대표하는 역할을 함.
순간, 광화문이 활짝 열리면서, 내시와 궁녀들이 의자와 *괘도 등을 들고 와, 시위하는 유생들의 앞에 놓는다. 이게 뭔가 싶은데 이때 이도가 걸어 나와 혜강의 앞에 앉는다. 경비를 서고 있던 채윤도 그런 이도를 의아하게 본다.

혜강: (그런 이도를 보며) 전하! 어찌 성리학을 버리고 스스로 *이적이 되려 하시옵니까?
중국 송대 주희가 체계화한 유학 이념으로, 조선의 통치 이념이 됨.

이도: 좋소! 허면 글자를 만드는 일이 어찌 성리학을 버리는 일인지부터 논하도록 합시다.
(하고는 유생들 모두에게) 누구든 나와 자유로이 얘기하라!
반대 세력을 권력으로 억압하지 않고 민주적으로 설득하려 함.
*cut. 이도의 괘도에 크게 쓰여 있는 '武(무)' 자 앞엔 혜강이 있다.

혜강: 중국의 한자는 그냥 글자가 아니옵고…… 그 자체로 유학의 도이며, 개념이옵니다. (화면은 '무' 자 보이며) 보시옵소서.『싸울 무 자에는 '창'과 '그치다'라는 두 개의 글자가 들어 있사옵니다.』/ **이도:** (보고)
『』: 한자의 형성(形聲) 원리를 들어 한자의 우수성을 강조함.

혜강: 즉 싸울 무 자 자체에 싸움을 그치게 하라는 의미와, 싸움을 하지 않기 위한 싸움이라는 '유학의 도'가 들어 있는 것이옵니다. 헌데…… 다른 이적의 글자에 이런 도가 있을 수 있사옵니까? / **이도:** ㉠……

혜강: 전하의 글자는 이것을 표현할 수가 있사옵니까? / **채윤:** (보는데)
이도가 만들려는 글자 – 훈민정음

이도: 아니오, 없소.

혜강: (그럼 그렇지.) ❶헌데 어찌 유학을 버리는 것이 아니라 하시옵니까?
한자와 유학을 동일시함. ▶ 혜강이 훈민정음 창제를 반대함.

이도: 허면 말이오. (하며 괘도로 간다.)
cut. 괘도에 "作開言路 達四聰"이라 써 있고, 앞엔 이도가 서 있다.

이도: 작개언로 달사총, 즉 *언로를 틔워 사방 만민의 소리를 들으라. 이것은 유학에서 임금에게 가장 강조하는 덕목이오.

혜강: 예, 전하. 백성의 소리를 들으시면 되옵니다.

이도: (무시하고) 삼봉 정도전의 *《경제문감》에 이르기를. / **혜강:** (멈칫) / **모두:** (멈칫)
고려 말기·조선 전기의 문인·학자(1342~1398)

이도: *요순 3대에는 *간관이라는 관리가 없었음에도 언로는 넓었으나 진나라 때 모든 비방을 금지한 뒤, 한나라에 이르러 언로를 터 주기 위해 간관을 만들었으나 간관이라는 관리가 생기면서 언로는 더욱 막히었다. 이런 말이 있지요? / **채윤:** (보는데)
간관 제도의 모순

혜강: ㉡……

이도: 이는 말이오. 한자를 아는 자가 *관료가 된 시기와 정확히 맞아떨어지오. (점점 강한 목소리로)
한자를 아는 자가 관료가 되면서부터 언로가 더욱 막히게 됨.
❷한자가 어렵기에, 백성이 그들의 말을 임금께 올리려면 관료를 거칠 수밖에 없었고! / **채윤:** (보는데) / **이도:** 그 관료들은 백성의 소리를 왜곡, 편집하여 올린 것이오!
한자의 문제점
하여 언로가 막혔다 쓴 것이오! 삼봉은!
백성의 사정을 파악하여 백성을 위한 정치를 펼치고자 함.

혜강: ……

이도: 난 유학에서 가장 중시하는 덕목, 언로를 틔워 주고 싶고, 하여 백성의 글자가 필요하다 판단하였소. 내가 어찌 유학을 버린 것이오? / **채윤:** (보는 데서 cut.)
백성의 사정을 파악하여 백성을 위한 정치를 펼치고자 함.
▶ 이도가 훈민정음 창제가 성리학을 버린 것이 아님을 주장함.

• 중심 내용 훈민정음 창제를 반대하는 혜강과 이를 반박하는 이도   • 구성 단계 전개

이해와 감상

이 작품은 훈민정음 창제 당시의 궁궐 내 살인 사건을 다룬 이정명의 동명 소설을 원작으로 하여 세종(이도)이 훈민정음을 창제하고 반포하는 과정을 다룬 드라마 대본이다. 기본적인 서사의 흐름은 원작 소설을 따르고 있으나, 등장인물의 성격과 역할, 사건의 전개 양상 등에서는 소설과 차이를 보인다. 이 작품은 역사에 기록되지 않은 훈민정음 창제 과정과 그 배경을 상상하여 세종이 만들고자 했던 조선의 모습과 이를 이룩하는 과정에서의 세종의 고뇌 등을 그리고 있다. 개성 있는 인물을 설정하고, 짜임새 있는 극의 전개와 예상을 뒤집는 반전을 활용하였다. 또한 긴장감과 박진감 넘치는 장면을 구성하여 국내외에서 호평을 받은 작품이다.

전체 줄거리

발단	이도는 무자비한 피의 정치를 펼친 아버지 태종(이방원)과 갈등하며 자신은 아버지와 다른 문치(文治)를 하는 왕이 되리라 결심한다.
전개	세월이 흘러 왕이 된 이도는 백성과 직접 소통하는 나라를 만들기 위해 비밀리에 우리 글자를 창제하고 반포하려고 하는데, 비밀 결사 조직 '밀본'이 나타나 집현전 학자들을 암살하기 시작한다.
절정	밀본은 이도가 새 글자를 만들고 있다는 사실을 폭로하고, 신하들의 반대에 부딪히지만 이도는 새 글자 창제 작업을 계속해 나간다.
하강	이도는 자신의 편이라고 여겼던 가리온이 밀본의 수장인 정기준임을 알게 되고, 훈민정음을 반포할 것을 천명한다.
대단원	이도는 궁녀 소이와 호위 무관 무휼, 관원 강채윤 등 여러 조력자들의 도움으로 훈민정음을 반포하는 데 성공한다.

인물 관계도

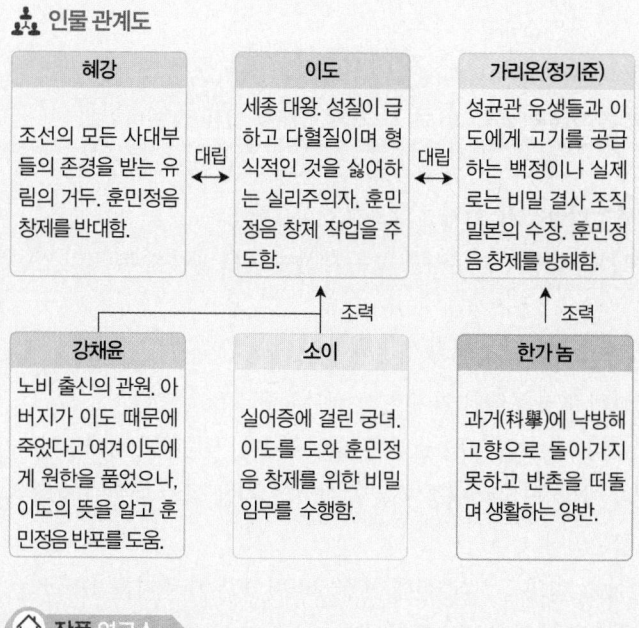

작품 연구소

훈민정음 창제를 둘러싼 갈등의 진실

이 작품에서는 훈민정음을 창제하려는 측과 이를 반대하고 방해하려는 측의 갈등을 중심으로 사건이 전개된다. 훈민정음은 백성들이 세상에 대해 눈뜰 수 있는 결정적 도구가 될 수 있었다. 이 점에서 훈민정음 창제 반대에는 그동안 자신들이 누려 왔던 특권을 지켜 내고자 하는 권력층의 이기심이 깔려 있음을 알 수 있다. 또한 유학의 이념은 한자를 통해서만 구현할 수 있다는 사대부들의 주장을 통해 뿌리 깊은 사대주의를 엿볼 수 있다. 이처럼 훈민정음 창제에 대한 인물들의 대립 양상을 통해 당시 기득권을 유지하고자 했던 권력층의 모습과 조선 시대의 시대상 및 가치관을 간접적으로 확인할 수 있다.

키 포인트 체크

인물 이도는 □□을 위한 정치를 펼치고자 □□들이 쉽게 쓰고 읽을 수 있는 글자를 만들려고 하는 인물이다.

배경 조선 시대 초기 □□ 때를 배경으로 하고 있다.

사건 유생들이 이도가 새 글자를 만드는 일에 □□하자 이도는 자신이 글자를 만드는 이유는 □□을 위함이며 □□을 버린 것이 아니라고 말하고 있다.

1 이 글을 통해 알 수 있는 시대상으로 적절하지 않은 것은?
① 백성을 근본으로 하는 정치가 임금의 덕목이었다.
② 중국의 한자에는 유학의 도가 들어 있다고 여겼다.
③ 당시 지배층은 성리학에 사상적 기반을 두고 있었다.
④ 백성들은 임금에게 자신의 생각을 전할 기회가 부족하였다.
⑤ 관료들이 백성들의 생각을 전달하는 과정에서 돈이 오고 가기도 하였다.

2 드라마 감독이 ㉠과 ㉡에 대해 연기 지도를 한다고 할 때, 가장 적절한 것은?
① ㉠에서는 예의를 갖추지 않은 태도에 불쾌해하는 표정을 지으세요.
② ㉠에서는 속내를 들키지 않으려고 애써 담담해하는 표정을 지으세요.
③ ㉡에서는 예상하지 못한 발언에 당황해하는 표정을 지으세요.
④ ㉡에서는 임금의 완강한 태도에 자포자기하는 표정을 지으세요.
⑤ ㉠과 ㉡에서는 모두 상대방의 주장에 동의할 수 없다는 표정을 지으세요.

3 '이도'의 말하기 방식을 〈보기〉에서 골라 바르게 묶은 것은?

┤ 보기 ├
ㄱ. 인용을 통해 자신의 주장을 뒷받침하고 있다.
ㄴ. 구체적 수치를 제시하여 실태를 부각하고 있다.
ㄷ. 비유적 표현을 통해 상대의 주장을 반박하고 있다.
ㄹ. 물음의 방식을 통해 자신의 생각을 강조하고 있다.

① ㄱ, ㄴ ② ㄱ, ㄷ ③ ㄱ, ㄹ ④ ㄴ, ㄷ ⑤ ㄷ, ㄹ

내신 적중

4 이 글의 내용을 〈보기〉와 같이 정리했다고 할 때, ⓐ에 들어갈 내용을 의문문의 형식을 활용하여 한 문장으로 쓰시오.

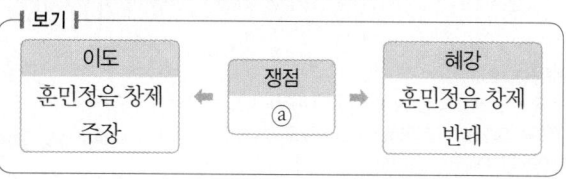

어휘 풀이

사대부(士大夫) ① 사(士)와 대부(大夫)를 아울러 이르는 말. 문무 양반(文武兩班)을 일반 평민층에 상대하여 이르는 말이다. ② 벼슬이나 문벌이 높은 집안의 사람.
반촌(泮村) 예전에, 성균관을 중심으로 한 근처의 동네를 이르던 말.
망연자실(茫然自失)하다 멍하니 정신을 잃다.
유황(硫黃) 비금속 원소의 하나로, 공기 중에 가열하면 연한 청색 불꽃을 내며 탄다. 의약품, 화약, 성냥 따위를 만드는 데에 쓴다.
결연(決然)하다 마음가짐이나 행동에 있어 태도가 움직일 수 없을 만큼 확고하다.

Q 한가 놈과 가리온이 경악하는 이유는?

한가 놈과 가리온은 이도가 만든 새 글자(훈민정음)의 실체를 모르고 있었다. 그런데 이도가 만든 글자가 어린아이도 금세 배워 쓸 수 있을 정도로 배우고 쓰기 쉬운 글자라는 사실을 알게 되어 놀라고 있다.

구절 풀이

❶ **글자는 무기다. ~ 무서운 무기다.** 가리온이 글자에 대해 가지고 있는 생각을 드러내는 대사이다. 글자가 칼이나 창, 유황처럼 물리적인 힘을 직접 발휘하지는 않지만 이들만큼이나 큰 파급력을 가지고 있다고 여기는 가리온의 생각을 알 수 있다.

❷ **허나……! 이미 오늘! ~ 하기로 하지 않았습니까!** 이도가 만든 새 글자의 정체를 몰랐던 밀본 조직원들은 자신들의 입지를 높이기 위해서, 이도의 새 글자 반포를 허용하는 대신 이도에게 집현전 폐지를 요구하기로 계획하고 있었다. 이러한 거래는 조정 내에 있는 밀본 조직원인 이신적을 통해 성사시키려 했는데, 가리온과 한가 놈은 새 글자의 정체를 알게 된 뒤 집현전 폐지보다 새 글자 반포를 막는 것이 더 시급한 일이라고 판단하였다. 그런데 거래가 당장 오늘로 예정되어 있기 때문에 거래를 막기 어려울 수도 있다고 생각하고 있다.

작가 소개

이정명(1965~)
소설가. 잡지사와 신문사 기자로 여러 해 동안 일하다가 소설을 쓰기 시작하였다. 그의 소설 〈뿌리 깊은 나무〉, 〈바람의 화원〉이 드라마로 제작되어 많은 인기를 끌었다. 주요 작품으로 소설 〈천년 후에〉, 〈별을 스치는 바람〉 등이 있다.

김영현(1966~)
드라마 작가. 오락 프로그램 구성 작가로 시작하여 드라마 작가가 되었다. 주요 작품으로 〈대장금〉, 〈서동요〉, 〈히트〉, 〈선덕 여왕〉 등이 있다.

박상연(1972~)
소설가, 드라마 작가. 1996년 《세계 문학》에 소설 〈DMZ〉를 발표하면서 등단하였다. 주요 작품으로 〈뿌리 깊은 나무〉, 〈고지전〉 등이 있다.

중략 부분의 내용 **사대부가 국가의 근본이 되어야 한다고 생각하는 비밀 결사 조직 밀본은 자신들의 입지를 높이려면 이도의 사람들이 모여 있는 집현전을 없애야 한다고 판단하고, 밀본의 중심인물인 가리온은 이도의 새 글자 반포를 허용하는 대신 이도에게 집현전 폐지를 요구하는 거래를 계획한다.**

S# 55. 반촌 한구석 (낮)

한가 놈이 어느 쪽을 보면 옆의 가리온도 한가 놈이 보는 곳을 보는데 땅바닥에 쪼그리고 앉아 마주 보고 있는 개파이와 연두. 나뭇가지로 땅에 뭔가를 쓰며 놀고 있다.

개파이가 손바닥으로 흙을 지우더니, 새로 쓴다. / "카르페이". 그 앞에 연두가 쓴 글자도 보인다. / "난 밥을 먹었다." / 가리온, 놀라서 본다.

한가 놈: (자기도 믿지 않아) 개파이는 자기 이름을 쓰고, 연두는 이 글자 로 문장을 쓰고 있습니다.

가리온: ㉠(쿵!) ……! / **한가 놈:** 이틀 만입니다!

가리온: (쿵! 천천히 개파이에게 다가가 이름 쓴 걸 가리키며) 이게 뭐냐.

개파이: 내…… 이름이다. / **가리온:** 어떻게…… 읽는 것이냐?

개파이: (한 글자씩 짚으며) 카…… 르…… 페…… 이…….

가리온: 진정…… 이틀 사이에……?

하는데 연두, 옆에서 뭔가를 쓰고 있다. 가리온 고개 돌려, 연두가 쓴 것을 보는데, 바닥에 있는 글자는 다음과 같다. / "진정 이틀 사이에". 한가 놈도 보고 놀란다.

한가 놈: (경악하여) 아니, 이럴 수가…….

가리온: 어찌 그러는가?

한가 놈: 지금 본원이 하신 말을 그대로 쓴 것입니다. '진정…… 이틀…… 사이에'.

가리온: (충격과 경악) ……! (쾅! 하는 효과음이나 음악)

한가 놈: (놀라움으로 글자와 본원 번갈아 보면)

가리온: (놀라움으로) 말한 것을 그대로 쓸 수 있고, 쓴 것을 그대로 읽을 수 있다?

S# 56. 반촌 내 도축소 (낮)

가리온, 탁자에 망연자실하게 앉아 있다. 한가 놈의 표정도 심각하다.

가리온: (멍하게 놀라움에) 모든 사람이…… 글자를 쓰는 세상에 대해 생각해 본 적이 있는가? / **한가 놈:** 예?

가리온: (멍하게 놀라움에) 그것은 어떤 세상일까?

한가 놈: 글쎄요, 한 번도 상상해 보지 못했던 일이라.

가리온: 글자는 무기다. 칼보다, 창보다, 유황보다 무서운 무기다. 사대부가 사대부인 이유는! 양반집에 태어나서가 아니라, 그런 혈통 때문이 아니라, 글을 알기 때문에 사대부인 것이야. / **한가 놈:** 예, 물론입니다.

가리온: 그게 사대부의 권력이요, 힘의 근거다. 헌데 이 글자라면, 모두가 글자를 읽고 쓰는 세상이 온다면…… 조선의 모든 질서가 무너질 것이다. 세상은 혼돈에 가득 차고…… 이 조선의 뿌리인 사대부가 무너질 것이야! / **한가 놈:** 어찌해야 합니까?

가리온: (결연하게) 막아야지. 이 글자를 막는 것이, 무엇보다 우선해야 한다!

한가 놈: (떠오른 듯) 허나……! 이미 오늘! 이신적이 거래를 하기로 하지 않았습니까!

가리온: ㉡(쿵!) ……!

· 중심 내용 밀본 조직원들이 새 글자의 실체와 파급력을 알게 되어 반포를 막으려 함. · 구성 단계 절정

작품 연구소

훈민정음을 둘러싼 인물 간의 대립 구도

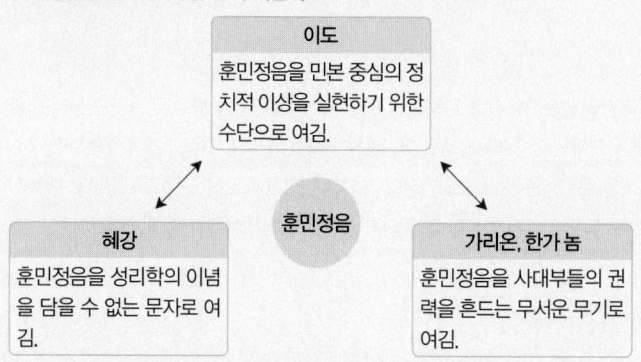

이도
훈민정음을 민본 중심의 정치적 이상을 실현하기 위한 수단으로 여김.

훈민정음

혜강
훈민정음을 성리학의 이념을 담을 수 없는 문자로 여김.

가리온, 한가 놈
훈민정음을 사대부들의 권력을 흔드는 무서운 무기로 여김.

〈뿌리 깊은 나무〉에 나타난 민주적 군주 '세종'

　〈뿌리 깊은 나무〉에서 세종은 이전의 사극에서는 볼 수 없었던 <u>민주적 성격을 지닌 군주</u>로 등장하는데, 이는 군주인 세종의 자유분방한 언동으로 표현되어 극적인 재미를 더한다. 직접 똥장군을 지고 농사를 짓는 모습, 궁녀들이나 호위 무사 무휼에게 격의 없이 걸쭉한 농담을 던지는 모습 등은 드라마의 재미를 살리는 요소 중의 하나이다.

　세종은 조정의 신하들에게 도발적 질문을 하여 당황하게 하고, 불의 앞에서는 체면을 생각하지 않고 불같이 화를 내는 다혈질의 왕이다. 자신과 함께 훈민정음 창제 작업을 하다 밀본에 의해 살해된 학사들에 대한 죄책감으로 일개 무수리인 소이 앞에서 체통을 지키지 않고 눈물을 흘리는 파격적인 모습을 보이기도 한다. 아버지 이방원이 경고했던 대로 밀본이라는 조직의 체계적인 반대 음모가 드러나고 조정의 신하들이 자신의 정책을 일일이 가로막는 상황에서 자신의 정치 신념인 설득과 논쟁에 의한 통치가 과연 옳은 것인가, 아버지가 고집했던 힘에 의한 정치가 옳은 것은 아니었을까 고뇌하는 인간적인 모습은 대중에게 친근감을 느끼게 한다. 이처럼 그는 우리가 보통 '성군(聖君)'이라고 할 때 떠올리는 판에 박힌 이미지가 아니라 역동적이고 흥미로운 인물로 부각되어 드라마에 생명력을 불어넣어 준다.

자료실

팩션 사극 〈뿌리 깊은 나무〉

　〈뿌리 깊은 나무〉는 역사적 사실인 세종과 한글만을 남긴 채 구조를 재편하고 다양한 장르를 융합하여, 열린 역사를 가능하게 만들어 주었던 허구적 인물들을 최종적으로 모두 죽게 만듦으로써 드라마상의 '허구(fiction)'를 '사실(fact)'로 돌려놓는다. 팩션 사극에서 '허구'가 열린 역사 텍스트를 통해 대중성을 획득하기 위한 하나의 전략이라면, '사실'은 여전히 사극이라는 이름을 갖고 있는 팩션 사극의 지향점이기 때문이다.

　　　　　　　　　　　　– 신원선, 〈팩션 사극 '뿌리 깊은 나무'의 대중화 전략〉

함께 읽으면 좋은 작품

〈광해, 왕이 된 남자〉, 황조윤 / 광해군을 재해석한 작품

　광해군 8년, 《조선왕조실록》에 기록되지 않은 15일간의 행적을 그린 영화 시나리오이다. 왕과 정치의 진정한 의미를 생각해 보게 한다는 점에서 〈뿌리 깊은 나무〉와 비교하며 감상하기 적절하다.

---

5 이 글을 바탕으로 <u>이 글자</u>에 대해 이해한 내용으로 적절하지 <u>않은</u> 것은?

① 곧 세상에 반포될 예정이다.
② 일반 백성들도 쉽게 배워 쓸 수 있다.
③ 한자를 쓰던 사대부들은 배우기 어렵다.
④ 반포되는 것을 막으려 하는 세력이 있다.
⑤ 말소리를 그대로 글자로 옮기는 데 탁월하다.

6 ㉠과 ㉡에 담긴 인물의 심리를 추측한 내용으로 적절한 것은?

① ㉠에는 단기간에 글을 터득한 상대의 능력에 대한 감탄이, ㉡에는 예상치 못한 일에 대한 충격감이 담겨 있다.
② ㉠에는 새로운 글자가 드디어 완성된 것에 대한 기쁨이, ㉡에는 글자가 갖는 무한한 힘에 대한 경외감이 담겨 있다.
③ ㉠에는 새로운 글자가 일으킬 변화에 대한 불안감이, ㉡에는 자신의 계획이 들통난 것에 대한 두려움이 담겨 있다.
④ ㉠에는 놀라울 정도로 익히기 쉬운 새로운 글자의 실체에 대한 충격감이, ㉡에는 자신의 계획에 차질이 생긴 것에 대한 당혹감이 담겨 있다.
⑤ ㉠에는 새로운 글자가 이미 백성들 사이에 널리 쓰이고 있음을 알게 된 놀라움이, ㉡에는 새로운 글자로 인해 앞으로 벌어질 세상의 혼란에 대한 불안감이 담겨 있다.

내신 적중 다빈출

7 〈보기〉는 '이도'가 새로운 글자를 만든 취지가 드러난 장면이다. '이도'와 이 글의 '가리온'의 생각을 비교한 내용으로 적절하지 <u>않은</u> 것은?

┤보기├
　이도: 한자가 어렵기에, 백성이 그들의 말을 임금께 올리려면 관료를 거칠 수밖에 없었소! 그 관료들은 백성의 소리를 왜곡, 편집하여 올린 것이오! [중략] 난 유학에서 가장 중시하는 덕목, 언론을 틔워 주고 싶고, 하여 백성의 글자가 필요하다 판단하였소.

① 이도와 가리온은 모두 한자가 일반 백성들에게 어려운 글자라는 것을 알고 있군.
② 가리온은 이도와 달리 언로가 확장되면 사회 질서에 부정적인 영향이 생길 것이라고 생각하고 있군.
③ 가리온은 이도와 달리 새로운 글자가 백성들의 언로 확장에 실질적인 도움을 주지 못한다고 여기고 있군.
④ 이도는 가리온과 달리 기존의 글자를 사용해 생기는 문제점을 개선할 필요가 있다고 여기고 있군.
⑤ 이도는 가리온과 달리 새로운 글자를 통해 원활한 의사소통이 가능하므로 통치에 이롭다고 생각하는군.

8 〈보기〉는 S# 56에 나타난 '가리온'의 생각을 정리한 것이다. [전제]의 내용을 고려하여 ⓐ, ⓑ에 들어갈 내용을 쓰시오.

┤보기├

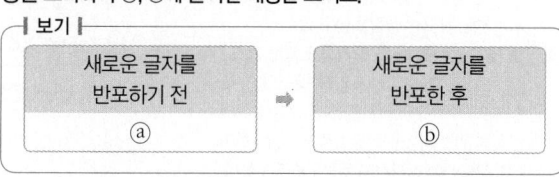

새로운 글자를 반포하기 전
ⓐ
　⇒
새로운 글자를 반포한 후
ⓑ

[전제] 글자를 안다는 것은 그것을 모르는 사람에 대해 힘과 권력의 우위를 지닌다는 것을 의미한다.

038 마이 리틀 히어로 |안호경 각본, 황조윤 각색

[문학] 천재(김)
[국어] 미래엔

🎯 핵심 정리

갈래 시나리오
성격 사실적, 현실 비판적
배경 ① 시간 – 현대
　　　　② 공간 – 방송국 스튜디오 등
제재 다문화 가정 소년의 뮤지컬 오디션 도전기
주제 다문화 가정 자녀에 대한 부정적 시선 비판
특징 ① 경연 공연을 통해 한 편의 뮤지컬과 같은 느낌을 주고 극적 긴장감을 유발함.
　　　② 다문화 가정 자녀에 대한 사회적 인식의 극명한 대립을 통해 현실의 문제를 드러냄.
출전 굿초이스컷픽쳐스(2012)

Q 일한이 영광이 무대에 못 올라갈 이유가 없다고 말한 이유는?

구 상무는 사회적 편견 때문에 영광이 무대에 서는 것을 반대하고 있다. 하지만 일한은 영광의 실력을 신뢰하고 있다. 영광이 누구보다 노력했고, 재능도 많고, 시청자들도 원하고 있다는 점 등을 근거로 들어 영광이 무대에 설 수 있다고 주장하고 있다.

💡 어휘 풀이

촉망(囑望) 잘되기를 바라고 기대함.
뮤지컬 미국에서 발달한 현대 음악극의 한 형식. 음악·노래·무용을 결합한 것으로 큰 무대에서 상연하는 종합 무대 예술이다.
재기(再起) 역량이나 능력 따위를 모아서 다시 일어섬.
매수(買收)하다 금품이나 그 밖의 수단으로 남의 마음을 사서 자기편으로 만들다.
어안 어이없어 말을 못 하고 있는 혀 안.

🐚 구절 풀이

❶ **저는 가짭니다. 하지만 영광이는 아니에요.** 일한은 자신의 학력은 가짜이지만, 영광의 실력과 마음가짐, 노력은 가짜가 아니라고 주장하고 있다. 이는 자신의 거짓된 행동이 영광에게 폐가 되지 않기를 바라는 마음이 담겨 있는 것이다. 또한 성공을 위해서 학력을 속였던 자신의 과거 행동에 대한 성찰을 담고 있다.

❷ **그럼, 제가 기자들 ~ 다 얘기해도 되는 거죠?** 구 상무는 영광이 오디션에 불참하는 조건으로 영광의 어머니에게 돈을 건넸다. 또한 일한에게는 학력 위조 사실을 폭로하겠다고 협박하여 영광이 오디션에 참가하지 못하도록 유도했다. 하지만 일한은 이러한 구 상무의 협박을 정면으로 돌파하며 영광을 무대에 세우려 하고 있다.

전략 부분의 내용　일한은 한때 *촉망을 받는 *뮤지컬 감독이었다. 하지만 특별한 성과를 내지 못하고 실패한 음악 감독이라는 꼬리표를 달고 지낸다. 그러던 중 *재기를 꿈꾸며 도전한 뮤지컬 오디션 프로그램에서 순수한 목소리를 가진 영광을 만난다. 일한은 처음에는 영광이 다문화 가정의 아이라는 편견 때문에 구박하고 함부로 대했지만, 영광에게 반드시 우승해야 하는 또 다른 이유가 있음을 알게 되고 영광을 무대에 세우기 위해 노력한다.

S# 112. 대기실, 밤

일한: 저……. 결승전 포기하겠습니다.

둘러선 사람들은 안도의 한숨, 혹은 의아한 표정들.
　영광의 출연을 반대하는 사람들은 안도의 한숨을, 영광의 출연을 바라는 사람들은 의아한 표정을 지음.

일한: 전 자격이 안 되거든요. 처음부터 이 방송에……. 학력을 위조했습니다.
　일한이 영광의 출연을 위해서 자신의 비밀을 드러냄.

당혹스런 얼굴의 사람들. 수군대기 시작한다.

일한: 맨해튼이라는 학교는 가 본 적도 없고 또 라스 폰 트라얀 선생은 제 스승도 아니고
　맨해튼 음악 학교. 세계적인 음악 대학으로 입학 및 졸업이 매우 까다로움.
그냥 제가 존경하는 작곡가입니다. 처음부터 그러려고 했던 건 아니지만…… 아닙니다.
　맨해튼 음악 학교의 청소부로 일하던 중 우연히 라스 폰 트라얀 교수의 시계를 얻게 되어 그의 제자 행세를 하였음.
(고개를 젓고) 다 변명입니다. (고개를 들며 말이 빨라지는) 예, 맞습니다. ❶저는 가짭니다.
　일한은 출세를 위해 맨해튼 음악 학교를 졸업한 척 행동함.
하지만 영광이는 아니에요. 그 아이가 무대에 못 올라갈 이유가 없지 않습니까?
　영광이 순수한 열정과 진짜 실력을 가지고 있음을 강조함.

구 상무: 야, 유일한!

일한: 누구보다 노력했고, 누구보다 재능도 많고, 지금 시청자들도 저 아이를 원합니다.
　영광이 오디션에 나갈 수 있는 자격을 지니고 있음을 뒷받침하는 근거들을 나열함.
그런데 왜요? 쟤도 크면 나라 지키러 군대 갈 거고요! 세금도 꼬박꼬박 낼 거고요! 대한민국 국민으로서 의무를 다할 거니까요! 그러니까 조선의 왕도 하게 해야죠.
　이번 뮤지컬 오디션의 선발 대상이 하게 될 역할

[A] 구 상무: (이를 갈며) 너 그렇게 머리가 안 돌아가? / **일한:** 네. 근데, 저 아이는요?

구 상무: 영광이? 절대 못 올라가지.

일한: ❷그럼, 제가 기자들 있는 데 가서 김영광 결승전 못 올라가게 하려고 돈 주고 협박하고 *매수한 거 다 얘기해도 되는 거죠? [중략]
　영광의 출연을 막기 위해 구 상무가 영광의 어머니를 돈으로 매수하고, 일한에게는 학력 위조를 폭로하겠다며 협박함.

일한: 민준상 감독님, 부탁드리겠습니다. / **준상:** ……?

일한: 우리 영광이 데리고 무대에 나가 주십시오. / **준상:** ……!

일한: ㉠(마주 선다.) 나가서 최고로 만들어 주십시오. (꾸벅 고개 숙이고) 진짜 진심으로 제가 부탁드리겠습니다.

*어안이 벙벙해서 쳐다보는 사람들. 무시하고 지나치려는 준상을 일한이 잡는다.
　손아랫사람이나 친구에게 쓰는 인칭 대명사 – 일한과 준상의 사적인 관계가 존재함을 나타냄.

일한: ㉡준상아! 너도 우리 영광이 찍었잖아. 너도 나랑 같이 영광이 뽑았잖아. 그때 쟤가 널 찍었어야 되는데 바보같이 날 골랐어. 나 때문에 쟤 잘못되면 안 된다, 준상아. 너라면 할 수 있잖아. 나가서 최고로 만들어 주라. 진짜 부탁한다. 준상아, 준상아!

준상이 묵묵히 답이 없자 일한이 급기야 그 앞에 무릎을 꿇는다.
　영광의 출연을 위해서 굴욕을 감수함.
그 모습에 울컥하는 성희, 차마 보지 못하겠다는 듯 얼굴을 돌려 버린다.

일한: 부탁합니다! 제가 잘못했습니다. 준상아, 내가 잘못했다. 잘못했습니다, 감독님. 내가 어떻게 할까? 응? 내가 뭐 하면 돼? 준상아, 내가 잘못했다 진짜. 정말, 제발 부탁한다. 제발……. [중략]
　공적 관계와 사적 관계를 넘나들며 격정적 감정을 드러냄. – 일한의 절박한 심정이 드러남.

ⓐ영광에게 다가온 준상. 영광의 손을 잡는다.

준상: (구 상무를 바라보며) 내가 데리고 나갑니다. 무슨 문제 있습니까?

▶ 자신의 결승전 출전을 포기하고 준상에게 무릎 꿇으며 영광의 결승전 출전을 부탁하는 일한

・**중심 내용** 출세를 위해 거짓까지 일삼던 일한의 노력으로 영광이 결승 무대에 오르게 됨.　　　・**구성 단계** 절정

이해와 감상

　이 작품은 한 음악 감독과 다문화 가정의 아이가 뮤지컬 배우를 선발하는 오디션에서 우승하기까지의 과정을 그린 시나리오이다. 한때 잘나가는 음악 감독이었던 일한은 출세를 위해 거짓 학위를 이용하는 탐욕적인 인물이다. 일한은 특별한 성과를 내지 못하던 중, 재기를 꿈꾸며 뮤지컬 오디션 프로그램에 참여하여 다문화 가정 자녀인 영광을 만난다. 일한은 영광이 다문화 가정의 자녀임을 알고 영광을 구박하고 영광에게 차갑게 군다. 이러한 일한의 모습은 오늘날의 사회에서 다문화 가정 자녀에 대해 갖고 있는 사회적 편견을 보여 준다. 이 작품은 영광에게도 반드시 우승해야 하는 이유가 있음을 알게 된 일한이 영광의 순수한 열정과 노력에 감동하고 자신의 지난 삶을 반성하며 진정한 삶의 가치에 대해 눈을 뜨게 되는 이야기를 통해 사필귀정(事必歸正)의 교훈을 전달하고 있다.

🔍 전체 줄거리

발단	맨해튼 음악 학교에 합격하고도 집안 사정 때문에 진학하지 못했던 일한은 뮤지컬 음악 감독으로 한때는 잘 나갔지만, 시간이 흐르고 별 볼 일 없는 음악 감독으로 전락한다.
전개	일한은 맨해튼 음악 학교의 청소부로 일하던 중 우연히 얻은 라스 폰 트라안 교수의 시계를 이용해 마치 자신이 그 학교를 졸업한 것처럼 학력을 위조한다. 그러다 뮤지컬 오디션 프로그램에 참가하여 필리핀인 어머니와 한국인 아버지 사이에서 태어난 영광과 파트너가 된다.
절정	일한은 처음에는 영광을 싫어했지만 오디션 프로그램을 준비하면서 순수함을 지닌 영광을 점차 좋아하게 된다. 영광이 다문화 가정의 자녀라는 이유로 결승 출전이 어렵게 되자 일한은 자신을 희생하며 영광이 무대에 설 수 있도록 한다.
하강	무대에 선 영광은 그동안 자신이 받아 온 편견에 찬 시선들이 떠올라 노래를 시작하기 어려워한다. 하지만 일한의 격려와 도움으로 경연 무대를 성공적으로 마친다.
대단원	영광이 뮤지컬 오디션 프로그램에서 최종 우승한다.

🔗 인물 관계도

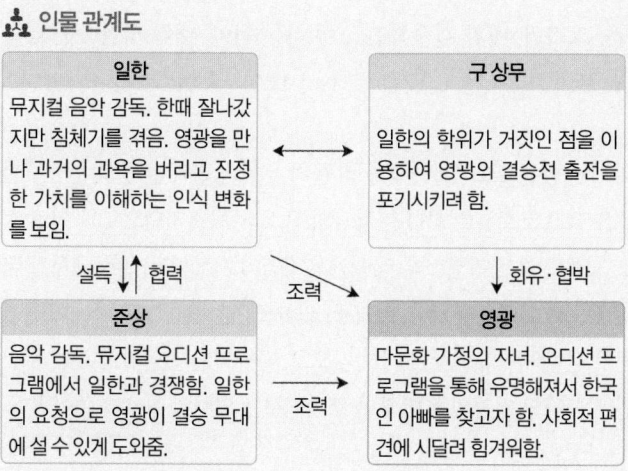

일한
뮤지컬 음악 감독. 한때 잘나갔지만 침체기를 겪음. 영광을 만나 과거의 과욕을 버리고 진정한 가치를 이해하는 인식 변화를 보임.

구 상무
일한의 학위가 거짓인 점을 이용하여 영광의 결승전 출전을 포기시키려 함.

설득 ↕ 협력　　조력　　↓ 회유·협박

준상
음악 감독. 뮤지컬 오디션 프로그램에서 일한과 경쟁함. 일한의 요청으로 영광이 결승 무대에 설 수 있게 도와줌.

조력 →

영광
다문화 가정의 자녀. 오디션 프로그램을 통해 유명해져서 한국인 아빠를 찾고자 함. 사회적 편견에 시달려 힘겨워함.

🏠 작품 연구소

일한과 준상의 관계 변화

대립·갈등	→		→	협력
일한과 준상은 음악 감독으로 뮤지컬 오디션 프로그램에서 경쟁함.		일한이 영광을 무대에 세울 수 있게 도와달라고 준상에게 간곡하게 부탁함.		준상은 일한의 부탁을 받아들이고 영광을 무대에 세움.

인물	출세를 위해 학력을 위조하기도 했던 □□이 순수함을 지닌 □□을 만난 뒤 올바른 가치가 무엇인지를 깨닫는다.
배경	오디션이 펼쳐지는 □□□□를 주요 배경으로 하고 있다.
사건	일한의 노력으로 영광은 □□□ 오디션 프로그램의 결승전에 출전하게 되고, 영광은 멋진 공연을 펼쳐 경연에서 □□을 차지한다.

내신 적중 多빈출

1 [A]에 나타난 인물의 말하기 방식에 대한 이해로 적절하지 <u>않은</u> 것은?

① 일한은 미래의 상황을 가정하여 말하고 있군.

② 일한은 불특정한 비교 대상을 설정하여 말하고 있군.

③ 일한은 상대의 과거 행위를 언급하며 상황을 자신에게 유리한 쪽으로 이끌고 있군.

④ 구 상무는 단정적 어투로 상대의 주장에 대한 거부 의사를 분명히 밝히고 있군.

⑤ 구 상무는 비유적 표현을 활용하여 상대가 현 상황을 잘못 인식하고 있음을 지적하고 있군.

2 〈보기〉를 참고하여 이 글을 감상한 내용으로 적절하지 <u>않은</u> 것은?

┤ 보기 ├

　주인공은 자신의 욕망을 위해 참된 가치를 버리고 거짓된 가치를 선택한다. 참된 가치와 거짓된 가치의 대립 속에서 처음에는 거짓된 가치가 이기는 듯하지만 결국에는 거짓 가치의 모순이 폭로되면서 참된 가치가 승리하게 된다.

① 영광을 무대에 세운 준상은 참된 가치를 따르는 긍정적 인물로 볼 수 있겠군.

② 영광이 결국 무대에 서게 된 것은 참된 가치를 위해 홀로 외롭게 싸운 영광의 승리로 볼 수 있겠군.

③ 일한이 출세를 위하여 학력을 위조한 것은 자신의 욕망을 위해 참된 가치를 버린 행위로 볼 수 있겠군.

④ 일한이 스스로를 가짜라고 자책한 것은 그동안 추구해 온 거짓 가치의 모순을 폭로하는 행위로 볼 수 있겠군.

⑤ 성희가 일한의 행위를 보고 울컥한 것은 참된 가치를 지키려는 일한의 절박한 모습에 감동했기 때문이라고 볼 수 있겠군.

3 ㉠과 ㉡에 대한 설명으로 적절하지 <u>않은</u> 것은?

① ㉠과 ㉡은 당면한 문제 상황을 해결하기 위한 발화이다.

② ㉠과 ㉡에서 일한은 감정을 억누르며 자신의 생각을 전달하고 있다.

③ ㉠에서 일한은 ㉡과 달리 공손한 어투로 자신의 생각을 전달하고 있다.

④ ㉠에서 일한은 ㉡과 달리 비언어적 표현을 통해 절박한 심정을 드러내고 있다.

⑤ ㉡에서 일한은 ㉠과 달리 상대와 비교하며 스스로에 대한 자책을 드러내고 있다.

4 '준상'이 ⓐ와 같이 행동한 이유를 〈조건〉에 맞게 쓰시오.

┤ 조건 ├

　일한의 행동에 대한 준상의 심리를 추리하여 쓸 것.

Q 영광이 무대에서 노래를 바로 시작하지 못하는 이유는?

영광은 자신을 대하는 사람들의 부정적 인식이 떠올라 노래를 시작하지 못하고 있다. 얼굴색이 검은 것, 아빠가 없는 것 등 자신이 처한 상황에 대한 자책이 노래를 시작하는 것을 어렵게 만든 것이다. 하지만 영광은 일한의 도움을 받고 극적으로 노래를 시작할 수 있게 된다.

🔖 **구절 풀이**

❶ **전 얼굴도 까맣고 ~ 난 한국 사람도 아니고……**
영광이 노래를 쉽사리 시작하지 못하는 심리적 이유가 나타나 있다. 이 대사를 통해 한국 사회에서 다문화 가정의 자녀가 겪는 차별이 드러나고 있다. 이러한 차별적 인식은 영광과 같은 다문화 가정의 자녀가 한국 사회의 일원으로 정상적으로 성장하는 것을 방해하는 주요한 요인이라고 할 수 있으며, 작가는 이 장면을 통해 편견과 차별이 가득한 사회 행태를 비판하고 있다.

❷ **너, 지난번에 무대에서 날았던 날 기억하지?**
일한은 대회 준비를 하면서 영광에게 하늘을 나는 연기를 준비시켰다. 본래의 목적은 무언가 특별한 장면을 연출하려는 것이었지만 이는 영광을 향한 편견과 차별을 뛰어넘는 상징적 행위로도 이해할 수 있다. 무대에서 나는 행위를 통해 현실이 만들어 놓은 차별이라는 벽을 훌쩍 넘고자 하는 상징적 시도로 볼 수 있다.

👤 **작가 소개**

황조윤
시나리오 작가. 2012년 제49회 대종상 영화제 시나리오상을 수상했다. 주요 작품으로 〈살인자의 기억법〉 각본, 〈공조〉 각색, 〈광해, 왕이 된 남자〉 각본, 〈올드 보이〉 각본 등이 있다.

가 S# 116. 스튜디오, 저녁
〔사건이 벌어지고 있는 시공간적 배경〕

사회자: 자, 다음 무대는요……. 민준상 감독님과 화제의 주인공이죠? 까만 콩 김영광 군입
〔영광을 친근하게 부르는 별명. 피부색 때문에 편견에 시달리고 있는 영광의 입장을 고려할 때 적절하지 않은 표현임.〕
니다!

조명이 들어오고 *세손 의상의 영광이 혼자 무대에 덩그러니 서 있다.
〔오디션을 통해 선발하려는 역할〕
천천히 *객석을 둘러보는 영광, 얼굴에 두려움이 가득하다.

공연이 시작되지 않자 객석이 살짝 술렁인다.
〔예상과 달리 공연이 시작되지 않자 관객들이 수군거림.〕
⊙사회자가 얼른 시작하라는 신호를 주지만, 여전히 미동 없는 영광.

무대 뒤편에서 조바심 내고 있던 일한이 큰 소리로 영광을 부른다.

일한: 영광아! 영광!

휙 고개를 돌려 일한을 쳐다보는 영광.

일한은 어서 시작하라는 손짓하며 소리 지른다.

일한: 괜찮아, 영광아! 시작해! 영광아!   ▶ 영광이 무대에 섰지만 공연을 시작하지 못함.
〔노래를 시작할 수 있도록 영광에게 힘을 북돋워 줌.〕

나 S# 118. 스튜디오, 저녁

일한을 돌아보다 고개 돌리는 영광. 여전히 홀로 서 있다.

일한이 무대로 걸어 나가서 영광 앞에 한쪽 무릎을 굽혀 앉는다.
〔영광과 시선을 맞추기 위한 적극적 행동〕
일한: 왜? 전부 네 노래 들으려고 기다리고 있잖아.

영광: ❶전 얼굴도 까맣고…… 그런데 정조 대왕님은 얼굴도 하얗고…… 난 아빠도 없
〔영광이 노래를 시작하지 못하는 이유 – 그동안 받은 차별 때문〕
고…… 아빠는 날 창피해하는데…… (설움이 복받쳐 더듬거리며) 난 한국 사람도 아니
고…….

일한: 영광아, 아니야. 그 사람들…… 너한테 화내는 사람들, 욕하는 사람들…… 그 사람들
이 아니야. 네가 맞아. / 영광: (계속 울먹이고)

일한: 이거 영광의 노래야. 너 아니면 안 돼. 너만 할 수 있는 거야. / 영광: …….
〔영광에게 자신감을 심어 줌.〕
일한: ❷너, 지난번에 무대에서 날았던 날 기억하지? / 영광: (고개 끄덕이고)
〔2단계 심사에서 로프를 타고 공중에서 연기를 펼친 날을 말함.〕
일한: 응? 내가 보면 그때처럼 나는 거야. 알았지? / 영광: (일어나는 일한을 붙잡는 영광)

일한: (다시 앉으며) 같이 하자, 그러면. 내가 시작하면 같이 하는 거야. 내가 시작하면 영광
이 나는 거다, 알았지? 응?   ▶ 무대에서 머뭇거리는 영광에게 일한이 믿음과 용기를 줌.

다 S# 120. 스튜디오, 저녁

무대 한편의 피아노 앞으로 가서 앉는 일한. 건반에 손을 올려 두며 영광과 눈을 맞춘다. *전
〔일한과 영광이 연주의 시작을 위해 서로 눈을 맞춤.〕
주가 시작되면 ⓐ피아노 선율을 타고 흐르는 아름다운 영광의 목소리. 목소리만으로도 어린 정
〔영광이 배역에 녹아듦.〕
조의 고통과 슬픔이 느껴진다. 노래를 따라 자연스레 영광의 움직임이 시작되고, 손끝에서 발끝
까지 슬픔과 환희와 고통을 온몸으로 노래하고 춤추는 영광. 일한도 *혼신을 다해 피아노를 연
주한다. 절정에 이르자 폭발하듯 관현악단의 연주가 터져 나오고, 관현악단을 일일이 짚어 주며
손동작이 커지는 준상. 작지만 압도적인 영광의 무대에 ⓑ객석에서는 일제히 환호가 쏟아진다.
▶ 일한의 반주에 맞춰 영광이 최선을 다해 공연을 함.

라 S# 121. 스튜디오, 저녁

공연장을 빠져나오는 일한. / (CUT TO)
〔하나의 장면에서 다른 장면으로 넘어가는 것을 뜻하는 시나리오 용어〕
사회자가 우승자 이름이 적힌 카드를 손에 들고 있다. 객석은 ⌷ ⓛ ⌷ 고요하다.

사회자: 뮤지컬 조선의 왕 정조의 주인공과 음악 감독을 뽑는 오디션 '뮤지컬 드림'. 그 최
종 우승자는……. (종이를 펼쳐 들곤 마이크에) 영광의 노래! 김영광, 민준상 팀입니다. 축
하합니다!   ▶ 영광이 오디션에서 최종 우승을 차지함.

• 중심 내용 영광이 공연을 성공적으로 해내고 오디션에서 최종 우승을 차지함.   • 구성 단계 하강·대단원

작품 연구소

등장인물이 갈등을 겪는 이유와 해결 방식

	일한	영광
갈등 요소	• 실력보다 학벌이 중요한 사회 • 학력 위조에 따른 불안감과 열등 감	• 다문화 가정 자녀에 대한 사회적 편견 • 외모로만 평가되어 위축됨.
해결 방식	• 영광의 순수한 열정을 보고 더 큰 가치에 대해 깨달음. • 자신의 삶을 성찰하고 양심 고백 을 함.	• 일한의 도움으로 신뢰를 회복하 고 자신감을 갖게 됨. • 경연에서 최종 우승함.

영광의 정체성을 인정받기 위한 노력

주변의 편견	• 학급 친구들이 피부색으로 차별함. • 아버지가 자신을 부정하고 창피해함.

↓

정체성의 혼란	영광은 자신이 한국 사람이 아니라고 생각함.

↓

정체성을 인정받기 위한 노력	아버지를 찾기 위해 뮤지컬 오디션 프로그램에 참가해서 최선을 다해 공연함.

영광을 차별하는 주변 친구들의 태도와 한국인 아버지의 부재는 영광이 자신의 정체성에 대해 자신감을 잃게 하는 원인이 된다. 이러한 영광에게 뮤지컬 오디션 프로그램 참가는 일종의 뿌리를 찾는 행위이자 한국인으로서 자신의 정체성을 인정받기 위한 노력으로 볼 수 있다.

함께 읽으면 좋은 작품

〈황구〉, 임용재·박용집 / 다문화 가정 소년의 성공기를 다룬 작품

국가 대표 태권도 선수를 꿈꾸는 다문화 가정 소년의 이야기를 다룬 시나리오이다. 필리핀인 아버지와 한국인 어머니 사이에서 태어난 '한구'가 다문화 가정의 자녀라는 이유로 편파 판정을 받아 태권도 국가 대표 선발전에서 매번 고배를 마시지만, 차별과 편견을 극복하고 당당히 국가 대표 선수로 선발되는 이야기이다.

〈완득이〉, 김려령 / 차별적 시선을 극복해 나가는 과정을 그린 작품

베트남 출신 어머니와 난쟁이 춤꾼 아버지를 둔 고등학생 완득이가 성장해 가는 이야기를 그린 소설이다. 완득이는 다문화 가정의 자녀로 차별적 시선 때문에 고통을 겪는다. 완득이가 이러한 차별적 시선을 스스로의 노력을 통해 문제를 해결하고 꿈을 키워 간다는 점에서 이 글과 비교하며 읽을 수 있다.

---

5 (가)~(다)에 대한 이해로 적절하지 <u>않은</u> 것은?

① (가)에는 영광에게 닥친 위기 상황이 나타나 있군.

② (나)에는 먼 미래의 상황을 가정하여 문제를 해결하는 과정이 나타나 있군.

③ (다)에는 영광이 위기를 극복하고 목표를 이루는 과정이 나타나 있군.

④ (가)~(다)에는 영광에게 도움을 주는 조력자가 등장하고 있군.

⑤ (가)~(다)에서는 사건이 시간의 흐름에 따라 전개되고 있군.

내신 적중 다빈출

6 ⊙의 이유를 추리한 내용으로 가장 적절한 것은?

① 밤낮을 가리지 않고 연습했던 힘든 시절이 떠올랐기 때문이다.

② 한 번도 서 보지 못한 큰 무대에 섰다는 생각에 긴장했기 때문이다.

③ 그동안 자신이 받았던 차별이 떠올라 노래를 부르기 두려웠기 때문이다.

④ 공연을 성공적으로 해내면 아빠를 찾을 수 있다는 생각에 감격스러웠기 때문이다.

⑤ 공연을 제대로 해내지 못하면 일한의 처지가 곤란해질까 봐 걱정되었기 때문이다.

7 〈보기〉를 참고할 때, ⓒ에 들어갈 말로 적절한 것은?

┤ 보기 ├

우리말에는 ⓒ과 같이 동물을 활용한 관용 표현이 있다. ⓒ은 매우 조용한 상태를 비유적으로 이르는 말이다.

① 쥐 죽은 듯

② 쇠귀에 경 읽듯

③ 구렁이 담 넘어가듯

④ 원숭이도 나무에서 떨어지듯

⑤ 서당 개 삼 년에 풍월을 읊는 듯

8 ⓐ와 ⓑ에 대한 설명으로 적절하지 <u>않은</u> 것은?

① ⓐ가 원인이 되어 ⓑ의 결과가 나타났다.

② ⓐ와 ⓑ 모두 청각적 이미지를 활용하고 있다.

③ ⓐ가 실현된 곳은 무대이고, ⓑ가 실현된 곳은 객석이다.

④ ⓐ는 ⓑ와 달리 인물 간의 갈등을 심화하는 기능을 하고 있다.

⑤ ⓐ의 목소리는 한 명이 내는 소리고, ⓑ의 목소리는 여러 명이 내는 소리다.

9 〈보기〉의 밑줄 친 내용과 관련된 '영광'의 대사를 이 글에서 찾아 쓰시오.

┤ 보기 ├

사실주의 극은 현실 문제에 대한 비판적 의식을 담아낸다. 그래서 현실 속에 존재하는 <u>고통의 실체를 파헤쳐 드러냄으로써 당대의 고통을 치유하려 한다.</u>

039 두근두근 내 인생 | 김애란 원작, 최민석 외 각본

◎ 핵심 정리

갈래 시나리오
성격 서정적, 감성적
배경 ① 시간 – 2010년대
② 공간 – 서울
제재 선천성 조로증(早老症)에 걸린 소년의 삶
주제 조로증에 걸린 소년의 삶과 가족 간의 사랑
특징 ① 난치병에 걸린 소년의 삶을 다루면서도 무겁지 않은 경쾌하고 따뜻한 분위기로 독자들에게 감동을 전함.
② 주인공이 삶의 순간순간 느끼는 섬세한 감정들이 잘 드러남.

Q 아름이 나열하는 '살고 싶어지는 때'의 의미는?

아름이 살고 싶다고 느끼는 때는 평범한 일상의 사소한 순간들이다. 건강한 사람들은 큰 가치를 느끼지 못하는 평범한 순간이지만 조로증에 걸려 빠르게 늙어 가는 아름은 간절히 바라는 소중한 순간인 것이다. 이를 통해 아름이 살고 싶다는 욕망을 일상적으로 느끼고 있으며, 그만큼 살고 싶은 마음이 간절하다는 것을 짐작할 수 있다.

☀ 어휘 풀이

조로증 나이에 비하여 빨리 늙는 질환.
교신(交信) 우편, 전신, 전화 따위로 정보나 의견을 주고받음.
트램펄린(trampolin) 스프링이 달린 사각형 또는 육각형 모양의 매트 위에서 뛰어오르거나 공중회전 따위를 하는 체조 경기. 또는 그 경기에 쓰는 기구.
효과음 영화나 공연 등에서 장면의 실감을 더하기 위하여 넣는 소리.
페이드인(fade-in) 화면이 처음에 어둡다가 점차 밝아지는 촬영 기법.
유혈(流血) 피를 흘림. 또는 흘러나오는 피.
낭자(狼藉)하다 여기저기 흩어져 어지럽다.
봇(洑)물 농사에 쓰기 위해 흘러가지 못하게 막아 놓은 물. 또는 거기에서 흘러내리는 물.

✿ 구절 풀이

❶ **"아름이 넌 어떨 때 ~ 편지를 쓰기 시작한다.** 난치병을 앓는 아름에게 매우 의미 있는 질문이다. 아름은 서하의 질문에 진지하게 고민하고 답장을 하고 있다.
❷ **내가 지금까지 ~ 내가 살면 얼마나 산다고!** 게임에 지나치게 몰입하고 부모님께 함부로 말하는 등 평소와 다른 아름의 모습에서 아름이 서하 때문에 마음에 큰 상처를 받았고 이로 인해 내면의 분노가 터져 나왔음을 알 수 있다.

전략 부분의 내용 선천성 *조로증을 앓는 아름의 부모 대수와 미라는 아름의 치료비를 마련하려고 아름의 사연을 소개하는 텔레비전 방송에 출연한다. 얼마 후 서하라는 또래 소녀가 아름에게 전자 우편을 보내오자 아름은 이성에 대한 설렘과 삶의 의욕을 느끼게 된다.

가 S# 51. 병원 옥상 정원(밤)

　벤치에 앉은 아름이. 태블릿 피시(PC)를 보고 있는데, 편지 끝에 ❶"아름이 넌 어떨 때 가장 살고 싶어지니?"라는 문장이 보인다. / 미동도 않고, 문장의 의미를 생각하던 아름이. / '답장' 버튼을 누르고 편지를 쓰기 시작한다.
　_{약간 움직임}　　　　　　　　　　　　　　　　　　　　▶ 아름이 서하에게 전자 우편을 받음.

아름(소리): 살고 싶어지는 때?

나 S# 52. ㉠몽타주(서하와의 *교신)
　└ 편지의 내용을 아름의 목소리와 함께 이미지(영상)로 제시함.
　인서트(insert). 푸른 하늘에 뭉게뭉게 떠 있는 하얀 구름.
　_{아름의 목소리와 겹쳐지는 삽입 화면 → 이후 인서트 장면들은 소소한 일상의 모습임.}
아름(소리): 푸른 하늘의 하얀 뭉게구름을 볼 때,

　인서트(insert). *트램펄린 위에서 뛰어노는 아이들의 모습. 아이들의 즐거운 웃음소리.

아름(소리): 아이들의 해맑은 웃음소리를 들을 때, 나는 살고 싶어져.

　인서트(insert). 햇살 아래, 빨랫줄에 걸려 있는 베갯잇. 나란히 누워 그 향기를 맡는 미라와 아름이.

아름(소리): 맑은 날 오후, 엄마와 함께 햇빛을 머금은 포근한 빨래 냄새를 맡을 때도.
　　　　　　　　　　　　　　　　　　　▶ 아름이 서하의 편지에 답장함.

중략 부분의 내용 ⓐ서하의 편지가 뜸해지자, 아름은 서하 걱정에 잠을 못 이룬다. 그러던 어느 날 방송 연출자와 미라의 대화를 우연히 듣게 된 아름은 서하가 사실은 영화감독 지망생이고 시나리오를 쓰기 위해 열여섯 살 소녀로 가장하여 자신에게 전자 우편을 보냈음을 알고 큰 충격을 받는다.

다 S# 59. 아름이의 병실(오후)

　어둠 속에서 요란한 *효과음 들려오며 *페이드인(fade-in). / *유혈이 *낭자한 게임 속 세상. 아름이가 게임을 하고 있다. / 그런 아름이를 걱정스레 바라보는 대수와 미라. / 거친 말을 연발하는 아름이의 표정에 감정이라곤 없어 보인다. / 식판을 든 미라. 조심스레 아름이에게 다가간다.
　_{아름의 심경에 변화가 있음을 짐작할 수 있음.}

미라: 밥 먹고 하지? / **아름:** 이따 먹을게요.

미라: 약 먹을 시간 지났잖아. / **아름:** 금방 끝나요.

미라: 벌써 두 시간째야. 그만하고 얼른! (게임기를 뺏으려 한다.) / **아름:** 내버려 둬요, 좀!
　게임기를 뺏기지 않으려다가 식판을 치고 만 아름이. / 식판이 요란한 소리를 내며 바닥에
　_{이전과 달리 반항적이고 거친 태도를 보임.}
뒹군다. / 그 소리에 복도를 지나던 사람이 아름이의 병실을 힐끔 쳐다본다. / 미라, 주섬주섬 떨어진 음식을 정리하기 시작한다. / **대수:** 너, 이게 뭐하는 짓이야!

아름: (미안한 마음에 도리어 화를 내며) 그러니까 이따 먹는댔잖아요.

대수: 너 그거 안 내려놔? / **아름:** (㉡게임에만 몰두한다.) …… / **대수:** 아빠 말 안 들려!

아름: (대수가 게임기를 뺏으려 하자) 왜 그래요, 진짜! 좀 내버려 두세요! (뿌리치며) 낫지도
　_{삶에 대한 희망을 포기한 속마음이 표출됨.}
않는 걸 왜 자꾸 먹으래! 어차피 죽을 거! / **대수, 미라:** (놀라 아무 말도 못 한 채) ……

아름: (*봇물 터지듯이 말하며) ❷내가 지금까지 엄마, 아빠 말 안 들은 적 있어요? 그냥 죽기 전에 내가 하고 싶은 거 좀 하겠다는데, (게임기 흔들며) 내가 지금 하고 싶은 게 이거라고요. 왜 이까짓 것도 못 하게 해요? 네? 내가 살면 얼마나 산다고!
　　　　　　　　　　　　　　　　　▶ 서하의 실체를 알게 된 뒤, 마음에 상처를 입은 아름이 부모와 갈등함.

・ **중심 내용** 아름이 전자 우편을 주고받던 서하의 존재가 거짓임을 알고 충격받음. 　・ **구성 단계** 전개·절정

이해와 감상

이 작품은 동명의 원작 소설을 각색한 시나리오로, 선천성 조로증(早老症)에 걸린 열여섯 살 소년 아름과 열일곱 살 어린 나이에 아름을 얻어 부모가 된 대수와 미라의 이야기를 그리고 있다. 이제 막 서른셋의 나이를 맞은 어린 부모와 나이에 비해 빨리 늙는 병 때문에 여든 살이 넘는 노인의 몸으로 살아가고 있는 늙은 자식의 이야기를 통해 독자로 하여금 평범한 삶의 행복에 대해 진지하게 생각해 보게 하는 작품이다. 삶의 가장 찬란한 순간인 청춘은 경험해 보지 못했지만 어린 시절부터 투병 생활을 하며 조숙해진 아름과 부모보다 빨리 늙어 가는 아들을 씩씩하게 돌보며 희망을 잃지 않는 미라, 대수의 모습을 통해 삶의 소중함과 가족 간의 사랑을 일깨워 주고 있다. 작가는 난치병과 죽음이라는 무거운 소재를 의도적으로 밝고 따뜻한 분위기로 풀어 나가며 삶의 소중함과 아름다움을 되새겨 보게 한다.

🔍 전체 줄거리

발단	조로증에 걸린 열여섯 살 소년 아름은 세탁 공장에서 일을 하는 엄마 미라와 택시 운전을 하는 아빠 대수와 함께하는 하루하루를 소중히 여기며, 힘든 투병 생활 속에서도 씩씩하고 밝게 살아간다.
전개	미라와 대수는 아름의 치료비를 마련하기 위해 아름과 함께 텔레비전 방송에 출연한다. 아름은 방송에 출연한 뒤 서하라는 소녀가 보낸 전자 우편을 받고, 이후 서하와 전자 우편을 주고받으며 가까워진다.
절정	서하가 사실은 영화감독 지망생이 꾸며 낸 가상의 인물이라는 것을 알게 된 아름은 큰 충격을 받아 건강이 빠른 속도로 나빠지고, 마음에 깊은 상처를 입은 아름은 감정이 폭발하여 부모와 갈등한다.
하강	서먹했던 아름과 대수는 하늘 공원에서 화해하고, 함께 별똥별을 보면서 즐거운 시간을 보내던 중 아름이 시력을 잃는다.
대단원	아름의 병세는 계속해서 나빠진다. 아름은 소원대로 미라, 대수와 함께 보신각 제야의 종 타종 행사를 보러 가던 중에 숨을 거둔다.

👥 인물 관계도

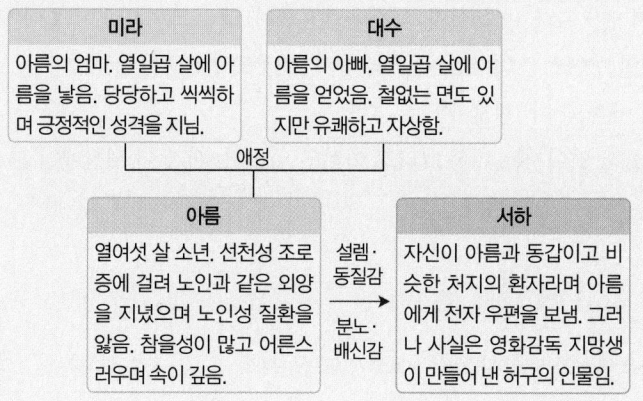

미라	대수
아름의 엄마. 열일곱 살에 아름을 낳음. 당당하고 씩씩하며 긍정적인 성격을 지님.	아름의 아빠. 열일곱 살에 아름을 얻었음. 철없는 면도 있지만 유쾌하고 자상함.

애정

아름		서하
열여섯 살 소년. 선천성 조로증에 걸려 노인과 같은 외양을 지녔으며 노인성 질환을 앓음. 참을성이 많고 어른스러우며 속이 깊음.	설렘·동질감 → ← 분노·배신감	자신이 아름과 동갑이고 비슷한 처지의 환자라며 아름에게 전자 우편을 보냄. 그러나 사실은 영화감독 지망생이 만들어 낸 허구의 인물임.

🔑 포인트 체크

인물 선천성 ☐☐☐을 앓고 있는 아름은 여리지만 어른스러운 소년이다. 아름의 부모인 미라와 대수는 아들을 깊이 사랑한다.

배경 2010년대 서울을 배경으로 하고 있다.

사건 투병 생활을 하던 아름은 자기 또래의 소녀 ☐☐로부터 ☐☐☐☐을 받고 삶에 의욕을 느낀다. 하지만 소녀의 실체를 알게 된 아름은 큰 충격을 받아 건강이 급속도로 악화되고, 대수와 하늘 공원에서 함께 ☐☐☐을 보던 중 시력을 잃고 만다.

1 이 글의 중심인물에 대한 설명으로 가장 적절한 것은?

① 일반적이지 않은 특수한 환경에 처해 있다.
② 문제 상황을 해결하려는 의지를 지니고 있다.
③ 성실하게 자신의 목표를 이루어 나가고 있다.
④ 비정상적인 행동을 하여 사회와 격리되어 있다.
⑤ 비범한 능력을 바탕으로 한 리더십을 지니고 있다.

2 ㉠에 대한 설명으로 적절하지 않은 것은?

① 따로따로 촬영한 화면을 적절하게 떼어 붙여 제시하고 있다.
② 아름이 서하에게 쓰는 답장의 내용을 이미지로 형상화하고 있다.
③ 서하와의 교신 내용을 더욱 구체적이고 생생하게 전달하는 효과가 있다.
④ '몽타주'는 한 장면에서 다음 장면으로 전환할 때 컷으로 바꾸는 촬영 기법이다.
⑤ '몽타주'에 의해 만들어진 장면들은 서로 긴밀하게 연결되어 전달되는 효과가 있다.

3 이 글의 주제를 고려할 때, (나)에 추가로 들어갈 장면으로 가장 적절하지 않은 것은?

① 구멍가게 아저씨가 연속극을 보며 우는 모습
② 비행기가 반짝반짝 빛을 내며 야간 비행을 하는 모습
③ 여름날 엄마가 아빠 등목을 해 주며 찬물을 끼얹는 모습
④ 총알이 빗발치는 전쟁터에서 구사일생으로 살아남는 모습
⑤ 저녁 무렵 골목길에서 밥 먹으라고 손주를 부르는 할머니의 모습

내신 적중

4 ㉡에 대한 설명으로 적절하지 않은 것은?

① 부모와 갈등을 겪는 표면적 원인이 된다.
② 이전과 달리 반항적인 태도를 보이고 있다.
③ 자신의 처지에 대한 분노를 표출하는 행동이다.
④ 서하 때문에 받은 충격에서 벗어나기 위한 행동이다.
⑤ 삶에 낙이 없는 아름에게 유일한 즐거움을 주는 일이다.

5 ⓐ가 '아름'에게 미친 긍정적 기능과 부정적 기능을 쓰시오.

Q 아름이 오솔길을 내달리고 눈물을 흘린 이유는?

서하로부터 받은 상처와 충격, 병원에 입원하여 있는 자신의 처지에 대해 느끼는 갑갑함 등 아름이 그동안 마음속에 억눌러 왔던 여러 가지 감정이 복받쳤기 때문이라고 할 수 있다.

S# 63. 하늘 공원(밤)

하늘 공원에 도착한 대수의 택시. "겨울철 출입 금지"라고 써진 차단기가 보인다. / 망설임 없이 문을 열고 먼저 내리는 아름이. 대수도 주차를 하고 서둘러 따라 내려 보면, 어느새 저만치 아름이가 어두운 오솔길을 뛰어가고 있다. / 당황하는 대수. 아름이를 부르며 쫓아가고 두 사람의 추격 아닌 추격이 계속된다. / 전망대 부근에 다가가서야 겨우 아름이를 붙잡아 세우는 대수. / 숨을 내쉬고는 돌이켜 세워 보면 아름이가 숨을 가쁘게 헐떡이며 울고 있다.

대수: 아름이 너! (혼내려다 *눈물범벅인 아름이를 보고) 왜 그래? 무슨 일이야?

아름: 흑흑……. 너무 좋아서요. / **대수:** 대체 무슨 소리야. 괜찮아?

아름: ❶(거친 숨을 내쉬고 눈물 흘리며) ㉠네, 그냥 너무 좋아서요. 아빠랑 다시 차를 탈 수 있어서 좋았고, 이렇게 여기 다시 와서 좋고. 다…… 다…… 전부 다 좋아요. / **대수:** 뭐?

아름: (대수 품에 와락 안기며) 너무 좋아요. (울음이 완전히 터진 채로) 엉엉…….

*컷 투(cut to). 언덕에 누워 *하염없이 하늘을 올려다보고 있는 부자.

대수: 언제까지 이렇게 누워 있어야 하지?

아름: 조금만 더 있어 봐요. 어! (하늘 가리키며) 아빠, 저기!

대수: (아름이가 가리키는 곳을 보며) 뭐야? 떨어졌어? 아이, 못 봤네.

아름: 또 떨어질 거예요. 이제부터가 시작이니까.

하늘을 보면, 획 지나가는 *유성.

대수: 어, 어어! 저기 떨어졌다, 떨어졌어. / **아름:** 봤어?

대수: 어! 우아, 아빠 *별똥별 진짜 오랜만에 본다. ㉡그리고 보니까 별은 똥도 별이네. (웃음)

아름: (웃음) 아빠 소원 빌었어요? / **대수:** 아, 깜빡했다.

아름: 또 떨어질 거예요. 그럼 그때 소원 빌어요. / **대수:** 그래, 너는? 빌었어?

아름: ⓐ전 벌써 빌었죠. / **대수:** 뭔데?

아름: 으음, 비밀이에요. / **대수:** 치.

아름: ㉢아빠랑 둘이서 이렇게 별을 보고 있으니까 갑자기 행복해졌어요. 그리고 아빠가 우리 아빠라는 게 너무너무 좋아요.

대수: ❷나도 아름이 네가 내 아들이라는 게 너무 좋다. (한숨) 아름이 너같이 괜찮은 애는 진짜 아프면 안 되는데…….

㉣그때 통증이 오는지 순간 눈을 감는 아름이. / 잠시 후 눈을 떠 보면, 아름이의 시점으로 주변 사물들이 흐려지기 시작한다. / 밤하늘, 나무들을 둘러보고 옆에 누운 대수를 돌아보는데 점점 어두워져 간다. / 아름이의 얼굴도 어두워진다. / 아름이의 시점. 하늘의 별들이 순간 불꽃놀이처럼 폭발하더니 이내 암흑의 세계. / 눈치채지 못하고 하늘만 뚫어져라 보는 대수.

대수: (갑자기) 어! 또 떨어졌다! ⓑ소원 빌어야지.

소원을 비는 대수. ⓒ애써 어렵게 미소를 지어 보이는 아름이.

대수: 갈까 이제? 아빠 무지 배고프다. (아름이의 *안색을 살피더니) 왜 그래? 몸이 안 좋아?

아름: ㉤아빠…… 나 눈이 안 보여요. / **대수:** 무슨 소리야. 아무것도 안 보여?

아름: 안 보여요. / **대수:** ㉤아빠 봐 봐! 괜찮아?

*내레이션: 반짝이는 밤하늘과 떨어지는 유성 그리고 아빠의 얼굴이, 내가 이 세상에서 본 마지막 것이 되었다.

▶ 아름이 대수와 함께 별똥별을 보던 중에 시력을 잃음.

• 중심 내용 아름이 대수와 하늘 공원에서 별똥별을 보며 행복한 시간을 보내던 중 실명함. • 구성 단계 하강

🏠 작품 연구소

제목 '두근두근 내 인생'의 의미

힘든 투병 생활 속에서도 씩씩하게 살아가는 아름의 인생	부모보다 더 어른스러운 열여섯 살 아들을 둔 미라와 대수의 인생

↓

아름, 미라, 대수가
함께하는 소중한 시간

〈두근두근 내 인생〉의 주제

전자 우편을 주고받으며 친구가 되었던 아름과 서하의 이야기	·····	• 선천성 조로증에 걸린 소년이 갖는 삶에 대한 소망 • 삶의 의미
투병 중인 아름과 아름을 돌보는 대수, 미라의 이야기	·····	• 부모와 자식 간의 사랑 • 가족의 소중함

아름의 심리 변화와 갈등 양상

서하에게 전자 우편을 받음.	또래 소녀에게 편지를 받아 설레어하고 소녀에 대해 궁금해함.

↓

서하와 편지를 통해 가까워짐.	이성에 대한 설렘과 삶에 대한 의욕을 느낌.

↓

서하의 정체를 알게 됨.	마음에 상처를 받음. 자신의 처지에 대한 분노, 슬픔을 느낌.

↓

대수와 갈등함.	• 표면적 원인: 과도한 게임 몰두 • 이면적 원인: 서하의 실체

'서하의 편지'의 의미와 기능

• 투병 중인 아름의 일상에 변화를 가져다줌.
• 아름이 이성에 대한 설렘과 삶에 대한 의욕을 느끼게 함.
• 서하의 정체를 알게 된 후에는 도리어 아름에게 상처가 됨.

📖 함께 읽으면 좋은 작품

〈8월의 크리스마스〉, 오승욱·신동환·허진호 / 죽음을 앞둔 한 남자의 애틋한 사랑을 그린 작품

시한부 인생을 사는 사진사와 주차 단속 요원의 순수한 사랑을 그린 시나리오로, 절제된 대사와 정적인 영상으로 인물 간의 사랑을 아름답고 애틋하게 표현하고 있다. 삶과 죽음의 의미를 생각해 보게 한다는 점에서 두 작품을 비교 감상하기에 적절하다. Link 본책 294쪽

〈내 마음의 풍금〉, 하근찬 원작, 이영재 각색 / 첫사랑의 순수한 설렘을 다룬 작품

시골 학교에 부임한 선생님을 짝사랑하는 늦깎이 초등학생 소녀의 설레는 마음을 담담하고 순수하게 그린 시나리오이다. 사춘기 학생의 이성에 대한 설레는 마음을 나타내고 있어 두 작품을 비교 감상하기에 적절하다.

6 이 글에 대한 설명으로 가장 적절한 것은?

① 인물들이 자신의 약점을 밝히기를 꺼리고 있다.
② 인물 간의 갈등이 시간이 흐를수록 깊어지고 있다.
③ 인물들이 상대방에게 비판적인 태도를 보이고 있다.
④ 인물들이 그동안 숨겨 온 비밀을 솔직하게 밝히고 있다.
⑤ 인물 간의 갈등이 대화를 통해 자연스럽게 해소되고 있다.

7 〈보기〉는 이 글의 원작 소설에 대한 설명이다. 〈보기〉를 읽고 ㉠~㉤을 이해한 내용으로 가장 적절하지 <u>않은</u> 것은?

┤ 보기 ├

담백하고 신선한 문장들로 담아낸 **벅찬 생의 한순간과 사랑에 대한 반짝이는 통찰**이 읽는 내내 미소를 머금게 하고 폭소를 터뜨리게 하다가 어느 순간에는 울컥, **눈물을 감출 수 없게** 만든다. 작가 김애란은 아프지만 아름다운 청춘, 그리고 인생을 특유의 생기발랄한 문장으로 그려 낸다. **자못 권위 있는 충고** 따위가 아니라 동세대 작가가 극대화된 소설 미학을 통해 풀어 나가는 이러한 이야기는 이 시대를 살아가는 이들에게 따뜻한 위로가 된다.

– 권영민, 〈한국현대문학대사전〉

① ㉠은 아름의 '벅찬 생의 한순간'을 나타낸 말이군.
② ㉡은 유머러스한 말로, '폭소를 터뜨리게' 하는군.
③ ㉢에서는 '사랑에 대한 반짝이는 통찰'을 읽을 수 있군.
④ ㉣은 아름이 실명한 상황으로, '눈물을 감출 수 없게' 만드는군.
⑤ ㉤은 아빠가 아들에게 하는 '자못 권위 있는 충고'가 되겠군.

8 ⓐ와 ⓑ를 추측한 내용으로 가장 적절하지 <u>않은</u> 것은?

① ⓐ: 부모님이 행복하게 해 주세요.
② ⓐ: 내가 떠나더라도 부모님이 슬퍼하지 않게 해 주세요.
③ ⓑ: 아름이가 더 이상 나를 힘들게 하지 않게 해 주세요.
④ ⓑ: 아름이가 나와 미라 곁에 좀 더 오래 있게 해 주세요.
⑤ ⓑ: 아름이가 더 이상 아프지 않고 빨리 낫도록 해 주세요.

9 ㉢를 통해 알 수 있는 '아름'의 성격으로 가장 적절한 것은?

① 냉정하고 엄격하다.
② 침착하고 어른스럽다.
③ 감정 표현에 서투르다.
④ 내성적이고 소극적이다.
⑤ 여리고 감수성이 예민하다.

10 ㉮는 무엇을 형상화한 것인지 쓰시오.

040 넘아, 그 강을 건너지 마오 | 진모영

문학 금성

✍️ 핵심 정리
갈래 다큐멘터리 대본
성격 서정적, 애상적
배경 ① 시간 – 현대
② 공간 – 강원도 횡성군
제재 노부부의 일상과 할아버지의 죽음
주제 노부부의 사랑과 이별
특징 ① 인물의 정서를 서정적 풍경을 통해 그려냄.
② 대조적인 분위기의 장면을 연달아 제시하여 주제를 효과적으로 전달함.

Q 할아버지와 할머니의 반복적인 대화를 제시한 의도는?

할머니가 할아버지에게 반복적으로 어디 가지 말고 노래를 불러 달라고 하고, 할아버지가 계속해서 대답하는 모습을 통해 할아버지와 할머니가 서로 아끼는 마음이 각별함을 보여 주기 위해서이다.

💡 어휘 풀이
당최 '도무지', '영'의 뜻을 나타내는 말.
장대비 장대처럼 굵고 거세게 좍좍 내리는 비.
하염없이 시름에 싸여 멍하니 이렇다 할 만한 아무 생각이 없이.

Q (라)에서 할머니의 심정을 대사로 나타내지 않고 정경만을 통해 표현한 이유는?

할머니의 정서를 풍경으로 형상화하여, 언어로 설명하는 것보다 더욱 진한 여운을 남길 수 있기 때문이다. 할머니의 모습을 오래 비춤으로써 관객들이 할머니의 슬픔에 공감할 수 있다.

⚙️ 구절 풀이
❶ **한꺼번에 태워 드리면 무거워서 어떡하오.** 할아버지가 이승을 떠나는 길이 편안하도록 배려하는 할머니의 사랑이 나타나 있다.
❷ **할아버지 말을 못 하고 손짓만 한다.** 할아버지가 말을 하지 못할 정도로 병색이 짙어졌음을 암시하고 있다.
❸ **할머니는 우산을 쓰고 하염없이 냇가의 다리에 서 있다.** 할머니의 심정을 정경으로 보여 주고 있다. 고대 가요 〈공무도하가〉에서 남편이 강을 건너 죽음으로 향하는 모습을 바라보면서 안타까워하던 화자의 모습이 떠오르는 장면이다.

가 ⓐ 화장실.

밤, 불빛. / 할아버지 할머니, 손을 잡고 나온다. 화장실 앞.
▸ 할아버지와 할머니의 행복한 일상

할머니: 할아버지 여기서 내 동무 좀 해 줘요. 어디로 가시지 말고. / 할아버지: 예.

할머니: 여기 가만히 서서요. / 할아버지: 예.

할머니: 할아버지 노래도 좀 부르고. / 할아버지: 예.

할머니: 어디로 *당최 가시지 마요. / 할아버지: 예.

할머니: 내가 무서워 그래요. / 할아버지: 예.

할머니: 그리고 노래도 좀 불러 줘요. / 할아버지: 예.

할머니: 당최 어디로 가시지 마요. / 할아버지: 예.

할머니, 화장실로 들어간다. 할아버지 기침 짧게, 그리고 노래한다.

할머니: 아유, 노래도 잘하시네요. 노래도 잘하시고 내 동무도 잘해 주고. 춥지 않아요?
▸ 할머니가 할아버지에게 고마워하고 있으며 동시에 할아버지를 염려하는 따뜻한 마음이 드러남.

할아버지: 할머니 동무하는 게 뭐 추워?
▸ 할아버지의 따뜻한 마음

할머니: 난 추워서 할아버지 근심했잖우. 추워서.

할아버지: 춥지 않아요. / 할머니: 고마워요.

할아버지, 다시 노래 부른다. / 페이드아웃. ▸ 할아버지와 할머니의 행복한 일상
▸ 화면이 점차 어두워지는 영상 기법

중략 부분의 내용 할아버지와 할머니는 눈이 내리면 정답게 눈싸움도 하고 함께 눈사람을 만들며 사이좋게 지낸다. 그러던 어느 날, 할아버지와 할머니가 아끼던 강아지 '꼬마'가 죽어 뒷산에 묻는다. 강아지를 묻고 내려온 날 할아버지의 기침이 심해져서 병원에 가게 되고, 병원에서는 할아버지가 연로하여 더 이상 약이 듣지 않을 것이라고 말한다. 할아버지의 가족들은 눈물을 흘리며 할아버지의 임종을 준비한다.

나 ⓑ 할아버지의 옷을 태우다.

*장대비. 할머니, 이불과 할아버지 옷을 곱게 싸서 아궁이로 가지고 간다. 할머니의 맨발. 할머니는 할아버지의 옷을 곱게 태운다.
▸ 할아버지와 사별할 것을 받아들이고 준비함.

할머니: 불에 태워 줘야 입는대요, 죽은 사람이. 돌아가시면 깨끗한 것들 태워 드리고 이번에는 평소에 입는 것들을 정리하느라 그래요. ❶한꺼번에 태워 드리면 무거워서 어떡하오. 할아버지는 몰라, (울음 섞임.) 겨울옷인지 여름옷인지. 할아버지는 몰라요. 할아버지는 내가 다 챙겨 줘야 돼요. ㉠내가 곧 갈게요. 할아버지 먼저 가서 정리하고 있어요. 내가 금방 못 가거든 할아버지가 데리러 와요. 데리러 오면 내가 할아버지 손목 잡고, 커플 옷으로 새파란 치마를 입고, 노란 저고리를 입고 손목 잡고 그래 갑시다.
▸ 생전 입던 옷을 태워야 죽어서 저승에서 그 옷을 입을 수 있다고 생각함.
▸ 할머니의 애틋한 사랑
▸ 할아버지와 저승에서 재회할 것을 믿고 있음.
▸ 저승에서의 사랑을 이어 가기를 소망함.
▸ 할아버지의 옷을 태우며 이별을 준비하는 할머니

다 ⓒ 방 안.

할머니: 어디가 아파? 많이 아파? 많이 아프냐고?
▸ 병이 들어 아파하는 할아버지를 보고 안쓰러워함.

❷할아버지 말을 못 하고 손짓만 한다. 할머니, ㉮울면서 할아버지의 여윈 몸을 쓰다듬는다.
▸ 이별을 앞둔 할머니의 절박함과 슬픔이 담겨 있는 행동

할아버지, 할머니를 올려다본다.
▸ 할아버지가 아파하는 모습을 보고 안쓰러워하는 할머니

라 ⓓ 냇가.

비가 오는 바깥. ❸할머니는 우산을 쓰고 *하염없이 냇가의 다리에 서 있다.
▸ 죽음을 향해 가고 있는 할아버지에 대한 할머니의 절절한 심정의 정경

마 ⓔ 병원.

병원. 할아버지, 침대에 실려 가면서 기침을 하고 할머니는 조용히 눈물을 삼키며 바라본다.
▸ 할아버지의 죽음이 임박함.

· 중심 내용 다정한 노부부의 행복한 일상과 할아버지와의 이별을 준비하는 할머니의 모습 · 구성 단계 발단·전개

이해와 감상

이 작품은 실존 인물인 고(故) 조병만 할아버지와 강계열 할머니 부부의 사랑 이야기와 사별, 그리고 사별을 대하는 안타까움과 슬픔의 정서를 담아낸 다큐멘터리 대본이다. 이 작품은 할아버지의 묘 앞에서 슬피 우는 할머니를 비추면서 시작되는 역순행적 구성을 취하고 있다. 그리고 이어지는 장면은 과거로 돌아가서 할머니와 할아버지가 행복하게 살아가는 모습을 보여 준다. 이처럼 현재와 과거의 장면을 연달아 보여 줌으로써 사랑과 이별이라는 대조적인 소재에 관해 관객이 깊이 생각해 볼 수 있게 한다. 일반적인 시나리오는 주로 등장인물들의 대사로 진행되는데, 이 작품은 등장인물의 대사는 간략하게 제시하고 인물의 정서를 이미지로 형상화한 정경(情景)을 많이 담아낸 것이 특징이다. 작품의 제목은 고대 가요 〈공무도하가〉의 첫 구절에서 따온 것으로, 강을 건넌다는 것은 이승과 단절됨을 의미하여 할아버지와의 이별, 할머니가 느끼는 애달픔과 아쉬움 등이 상징적으로 표현되어 있다.

전체 줄거리

발단	76년차 부부인 조병만 할아버지와 강계열 할머니는 신혼부부처럼 항상 고운 빛깔의 한복을 맞춰 입는다. 그리고 밤에 손잡고 함께 화장실도 가고, 눈싸움도 하고 눈사람을 만드는 등 아기자기하게 사랑을 나누며 지낸다.
전개	산에 가서 나무하고 내려온 어느 날, 할아버지가 아끼던 강아지 '꼬마'가 갑자기 죽어서 묻고 온 뒤 할아버지의 기침이 점점 심해진다. 병원에서는 할아버지가 연로하여 더 이상 약이 듣지 않는다고 말하고, 할머니는 할아버지가 아파하는 모습을 보며 안타까워한다.
절정	할머니는 수의를 준비하며 할아버지와의 이별을 준비한다. 할머니는 할아버지가 석 달만 더 살았으면 좋겠다고 생각하지만 바람은 이루어지지 않고, 할아버지는 결국 죽음을 맞는다.
하강·대단원	할아버지의 무덤가에서 할머니는 어릴 때 죽은 자식들을 위해 전에 시장에서 사 두었던 내복을 태우고, 할아버지가 저승에서 봄옷을 입을 수 있도록 할아버지의 옷을 태운다. 할아버지의 무덤 앞에서 마지막 인사를 건네던 할머니는 세상을 떠난 할아버지를 안타까워하며 주저앉아 흐느낀다.

인물 관계도

할머니		할아버지
할아버지를 극진히 사랑함. 할아버지가 저승에서 입을 옷과 할아버지가 만날 어린 자식들에게 입힐 옷도 준비하는 세심함과 따뜻함을 지녔음.	←사랑·연민→	밤마다 할머니와 함께 화장실에 가서 노래를 불러 주는 다정한 성격임. 할머니와 함께 눈사람을 만들며 즐거워하는 동심과 낭만을 지녔음.

자료실

진모영 감독 인터뷰

• 이 작품이 보여 주는 사랑이란?

시인 박노해가 "우리는 위대한 일을 하는 것이 아니라 위대한 사랑으로 작은 일을 하는 것, 작지만 끝까지 꾸준히 밀어 가는 것, 그것이야말로 내가 아는 가장 위대한 삶의 길이다."라는 말을 했다. 이 부부에게 딱 어울리는 글귀다. 이분들은 사랑하는 사람에게 해 줄 수 있는 최선의 일로써 이별을 준비하고 죽음을 정리하고 마지막을 완성해 줬다. 세상을 떠날 때까지 누군가를 위해 그처럼 작은 일들을 하나하나 해 나가는 것. 그게 진짜 위대한 사랑 같다.
– 김효정, 〈사랑의 힘으로 해내는 작지만 큰 일들〉《씨네21》

키 포인트 체크

인물 서로를 아끼고 사랑하는 76년차 부부인 □□□□와 □□□가 등장한다.

배경 현대의 강원도 □□군을 배경으로 하고 있다.

사건 할아버지와 행복한 일상을 함께하던 할머니는 할아버지의 □□이 임박했음을 알고 안타까워한다. 할머니는 할아버지의 □을 태우며 이별을 준비하고, 끝내 할아버지가 세상을 떠나자 슬퍼한다.

1 〈보기〉에서 이 글의 특징을 골라 바르게 묶은 것은?

| 보기 |

ㄱ. 인물의 정서를 서정적 풍경을 통해 담아내고 있다.
ㄴ. 상징적인 소재를 사용하여 인물 간의 갈등을 잘 드러내고 있다.
ㄷ. 특정 인물의 모습을 통해 우리 사회의 단면을 잘 드러내고 있다.
ㄹ. 대조적인 분위기의 장면을 보여 주어 주제를 효과적으로 드러내고 있다.

① ㄱ, ㄴ ② ㄱ, ㄷ ③ ㄱ, ㄹ ④ ㄴ, ㄷ ⑤ ㄴ, ㄹ

2 발상 및 태도가 ㉠과 가장 비슷한 것은?

① 장님처럼 나 이제 더듬거리며 문을 잠그네 / 가엾은 내 사랑 빈집에 갇혔네 – 기형도, 〈빈집〉
② 가야 할 때가 언제인가를 / 분명히 알고 가는 이의 / 뒷모습은 얼마나 아름다운가. – 이형기, 〈낙화〉
③ 우리는 만날 때에 떠날 것을 염려하는 것과 같이, 떠날 때에 다시 만날 것을 믿습니다. – 한용운, 〈님의 침묵〉
④ 울 엄매의 장사 끝에 남은 고기 몇 마리의 / 빛 발하는 눈깔들이 속절없이 / 은전만큼 손 안 닿는 한이던가. / 울 엄매야 울 엄매. – 박재삼, 〈추억에서〉
⑤ 당신의 손끝만 스쳐도 소리 없이 열릴 돌문이 있습니다. 뭇사람이 조바심치나 굳이 닫힌 이 돌문 안에는, 석벽 난간 열두 층계 위에 이제 검푸른 이끼가 앉았습니다. – 조지훈, 〈석문(石門)〉

3 ⓐ~ⓔ 중 〈보기〉의 특징이 두드러지게 나타나는 장면은?

| 보기 |

다큐멘터리는 실제로 있었던 어떤 사건을 사실적으로 담은 영상물이나 기록물로, 사건을 사실적으로 드러내기 위해 등장인물과 인터뷰를 하기도 한다.

① ⓐ ② ⓑ ③ ⓒ ④ ⓓ ⑤ ⓔ

4 이 글에서 '할머니'가 '할아버지'의 옷을 태우는 이유를 쓰시오.

5 '할머니'가 ㉮처럼 행동한 이유를 쓰시오.

Q 과거의 나들이 장면을 보여 줌으로써 얻는 효과는?

과거의 나들이 장면은 할아버지와 할머니의 행복한 일상을 보여 주고 있다. 행복한 모습이 강조될수록 할아버지의 죽음으로 인한 슬픔은 더 크게 다가온다.

✦ 구절 풀이

❶ 꽃이고 나뭇잎이고 사람과 다 똑같아요. 삶과 죽음에 대한 자연의 섭리를 이야기하는 할아버지의 모습을 보여 주고 있다. 인간이라면 누구나 맞게 되는 숙명적인 이별에 대해 이야기함과 동시에 그에 대한 안타까움을 표현하고 있다.

❷ 할머니는 전에 시장에서 ~ 내복을 태운다. 할아버지와 할머니에게는 어릴 때 죽은 자식들이 있었다. 할머니는 할아버지의 죽음이 가까워 오자, 할아버지가 저승으로 갔을 때 아이들이 마중 나오면 입혀 달라고 시장에 가서 어린아이의 내복을 사 왔다. 어린 자식들을 평생 가슴에 묻고 살아온 할머니의 슬픔과 다정한 성격을 엿볼 수 있다.

Q 눈사람을 반복적으로 보여 주는 이유는?

눈사람은 눈이 오면 할아버지와 할머니가 함께 만들었던 것으로 부부의 행복한 추억이 깃든 소재이다. 이것을 반복적으로 보여 줌으로써 할아버지와 함께했던 행복한 시간들을 그리워하는 할머니의 마음을 상징적으로 드러내고 있다.

가 *수의를 준비하다.

겨울 하늘. 할머니, 집으로 돌아온다. 할아버지의 한복들을 곱게 개서 보자기에 싸고, 할아버지의 신발을 그 위에 올려 둔다. 그리고 수의를 빨아서 빨랫줄에 넌다. 그 사이로 할머니의 모습. 물을 하염없이 바라보는 할머니.
▶ 할아버지의 죽음을 준비하는 할머니의 모습

나 병원.

다시 병원. 할머니는 할아버지의 옆에 나란히 누워 팔로 할아버지를 안고 눈을 감는다.
할머니와 할머니의 애틋하고 다정한 모습

할머니: 석 달만 더 살아요. 이렇게 석 달만 더 살면 내가 얼마나 반갑겠소. 「나하고 같이 갑시다. 그러면 같이 가재, 내가. 할아버지 나하고 같이 가요, 같이 가요, 그러면 응, 같이
할머니의 절박하고 안타까운 심정이 드러남
가자고. 그렇게 같이 가면 얼마나 좋겠소. 할아버지와 손을 마주 잡고. 다리 너머 ㉮*재
「」: 죽음도 할아버지와 함께하기를 소망하는 할머니
를 같이 넘어가면 얼마나 좋겠소. 이웃 사람들도 다 손 흔들어 줄 거고. 나도 잘 있으라고
노부부가 가는 길을 비유함.
손 흔들어 줄 거고. 이렇게 갔으면 얼마나 좋겠소.」
▶ 할아버지와 함께하기를 바라는 할머니

다 ㉠과거, 나들이.

어느 가을, 빨간 한복을 입고 나들이 나온 할머니와 할아버지.

할아버지: ❶꽃이고 나뭇잎이고 사람과 다 똑같아요. 저 나뭇잎도 봄이 되면 피어서 여름 내내 비 맞고 잘 살다가, 가을에 서리가 내리면 그만 떨어진단 말이야. 사람도 그것과 한가지래요. 처음에 어렸을 때는 꽃송이가 생겨서 핀단 말이에요. 이래 피면 피어서 그대로 있으면 좋은데, 그만 나이가 많으니 오그라져 떨어져요. 떨어지면 헛일이야. 떨어지면 그만이야.
▶ 자연의 섭리와 인간의 삶이 한가지임을 이야기하는 할아버지

라 마당의 의자.

마당의 빈 의자. 많이 노쇠한 할아버지, 의자에 와서 앉아 신발을 다시 챙겨 신는다. ㉡할아버지의 모습과 빈 의자(*디졸브), 다시 빈 의자(페이드아웃).
할아버지가 이승을 떠날 것임을 암시함.
▶ 할아버지의 죽음을 암시함.

마 할아버지의 죽음.

할아버지의 *입관. 할머니와 자식들. 할머니, 할아버지를 쓰다듬으면서 운다. / 눈길, *선산으로 향하는 큰아들. 무덤가에서 불을 피운 할머니의 뒷모습. ❷할머니는 전에 시장에서 사 두었던, 어릴 때 죽은 자식들의 내복을 태운다. / 눈물 닦는 할머니. 무덤 위의 ⓐ눈사람.

할머니: 아이들을 할아버지가 가서 만나거든, 아이들이 올 거예요. 오거든 옷 한 벌씩 입혀요. 그전에 나하고 약속했잖우.
시장에서 사 두었던 내복을 태운 이유

할머니는 다시 할아버지의 옷을 태운다.

할머니: 「할아버지, 가져가서 내년 봄 되면 입으셔요. 내년 봄날 따뜻해지면 입으셔요. 이건 할아버지 러닝셔츠야. 날 따시거든 입어. 내가 없더래도 잘해요. 깨끗이 낯도 닦고. 깨끗하게 하고 다녀요. 할아버지, 내가 없더래도 할아버지 보고 싶더래도 참아야 돼. 나도 할아버지 보고 싶더래도 참는 거야.
「」: 이승을 떠난 할아버지를 섬세하게 챙기는 할머니 – 할아버지를 향한 할머니의 사랑이 드러남.

눈물 닦는 할머니. 무덤 위의 눈사람.

할머니: 할아버지요, 나는 집으로 가요. 나는 집으로 가니, 할아버지는 잘 계세요. 춥더라도 참고.
할아버지에게 마지막 인사를 함.

할머니는 걷다가 무덤을 다시 뒤돌아보고 흐느낀다. 흐느끼면서 겨우 발걸음을 옮기던 할머니, 무덤을 바라보면서 주저앉아 흐느낀다.

할머니: 아이고, 너무 불쌍하다. 할아버지가, 아이고 세상 불쌍해. 할아버지 불쌍해 죽겠네. 할아버지 생각나니까, 할아버지 생각을 누가 하나, 나밖에는 하는 사람이 없는데……. 아이고(페이드아웃).
▶ 할아버지와의 이별을 슬퍼하는 할머니

- 중심 내용 할아버지가 세상을 떠나고, 할아버지와의 이별에 할머니가 슬퍼함. • 구성 단계 절정·하강·대단원

🏠 작품 연구소

정경(情景)을 통한 서정적 형상화

정경(情景)이란 정서를 자아내는 경치를 말한다. 이 작품은 노부부의 아름다운 사랑과 이별 그리고 이별을 대하는 인물의 정서를 정경에 담아 서정적으로 형상화하고 있다. 이러한 표현 방식은 직접적인 언어로 설명하는 것보다 더 진한 여운을 남기는 효과가 있다.

옷을 태우는 장면의 의미

- 할아버지의 임종이 임박했다는 것을 관객들이 알게 함.
- 슬픔을 억누르고 담담하게 할아버지의 임종을 준비하는 할머니의 모습에서 깊은 사랑을 느끼게 함.
- 이승을 떠난 할아버지, 어릴 때 세상을 떠난 자식들을 위해 옷을 태우는 할머니의 모습을 보여 주어 할머니의 애틋한 마음과 섬세함을 드러냄.

↓

할머니의 할아버지를 향한 애틋한 사랑, 이별의 슬픔을 간접적으로 나타냄.

각 소재에 담긴 상징적 의미

소재	상징적 의미
재	이승과 저승의 경계를 상징함.
마당의 빈 의자	할아버지의 죽음을 상징함.
꽃, 나뭇잎	인간의 삶과 죽음
무덤 위의 눈사람	노부부의 추억이 담긴 소재로, 할머니의 그리움을 상징함.

〈공무도하가〉와 〈님아, 그 강을 건너지 마오〉

〈공무도하가〉		〈님아, 그 강을 건너지 마오〉
백수 광부의 아내	화자	강계열 할머니
임이 물에 빠져 죽음.	이별의 이유	임이 늙고 병들어 죽음.
임이 물을 건너지 않기를 바람.	화자의 바람	임과 죽음까지 함께하기를 바람.
임을 여읜 슬픔에 빠짐.	화자의 정서	임을 여읜 슬픔에 빠짐.

📖 함께 읽으면 좋은 작품

〈공무도하가〉, 백수 광부의 아내 / 임을 여읜 슬픔을 그린 작품

백수 광부의 아내가 남편이 물에 빠져 죽자 그 슬픔을 노래한 고대 가요이다. 사랑하는 임을 여읜 시적 화자의 애절한 정서가 사랑하는 배우자를 잃은 할머니의 정서와 유사하다. 🔗 Link 〈고전 시가〉 28쪽

〈옥수수 밭 옆에 당신을 묻고〉, 도종환 / 아내와 사별한 슬픔을 그린 작품

사랑하는 아내를 떠나보낸 화자가 아내가 살아 있을 때 잘해 주지 못한 것에 대한 안타까운 마음을 형상화한 시로, 아내와 사별한 슬픔을 재회에 대한 믿음으로 이겨 내는 모습이 나타나 있다.

〈이별가〉, 박목월 / 혈육과 사별한 슬픔을 그린 작품

혈육과 사별한 슬픔을 노래한 시로, 이승과 저승의 단절로 인한 안타까움을 나타낸 작품이다. 죽은 이를 떠나보내야 하는 상황이 이 글과 유사하므로 비교하여 감상할 수 있다.

6 ㉠을 삽입한 이유로 가장 적절한 것은?

① 사건을 순행적으로 배치하여 내용을 파악하기 쉽게 하기 위해서이다.

② 할머니와 할아버지가 서로 아끼고 사랑하는 마음이 과거와 달라졌기 때문이다.

③ 할아버지는 과거의 삶을, 할머니는 현재의 삶을 지향한다는 것을 보여 주기 위해서이다.

④ 행복했던 과거의 장면을 보여 줌으로써 죽음으로 인한 슬픔이 더욱 극대화되기 때문이다.

⑤ 과거에 밝고 행복했던 이미지가 현재에도 변함없이 지속되고 있음을 나타내기 위해서이다.

7 이 글과 〈보기〉를 비교하여 감상한 내용으로 적절하지 않은 것은?

┤ 보기 ├

임이여, 물을 건너지 마오. / 임은 그예 물을 건너시네.
물에 빠져 돌아가시니, / 가신 임을 어이할꼬.
　　　　　　　　　　　 – 백수 광부의 아내, 〈공무도하가〉

① 이 글의 할아버지와 〈보기〉의 임은 모두 상대방의 요청을 거절하고 있다.

② 〈보기〉에는 이 글과 달리 죽은 사람의 장례 절차가 구체적으로 드러나 있지 않다.

③ 이 글의 할머니와 〈보기〉의 화자는 모두 사랑하는 사람의 죽음을 인지하고 있다.

④ 이 글의 할머니와 〈보기〉의 화자는 모두 사랑하는 사람의 죽음을 안타까워하고 있다.

⑤ 이 글의 할머니와 〈보기〉의 화자는 모두 죽음으로 인한 이별 때문에 큰 슬픔에 빠져 있다.

8 〈보기〉를 참고하였을 때, ㉡에 사용된 효과로 가장 적절한 것은?

┤ 보기 ├

디졸브(Dissolve)란 한 화면이 사라짐과 동시에 다른 화면이 점차로 나타나는 장면 전환 기법으로, 화면의 밀도가 점점 감소하는 것과 동시에 다른 화면의 밀도가 높아져서 이윽고 장면이 전환되는 것을 말하며, 오버랩(Overlap)과 비슷한 뜻으로 쓰인다.

① 두 장면이 서로 관련 없음을 나타낸다.

② 두 장면을 연결하여 각 장면의 장단점을 드러낸다.

③ 장면을 자르듯 분리하여 두 장면을 대조하여 나타낸다.

④ 두 장면을 자연스럽게 연결하여 대상의 부재를 강조한다.

⑤ 두 장면을 겹쳐 보이게 하여 몽환적인 분위기를 연출한다.

9 ㉮의 상징적 의미를 쓰시오.

10 〈보기〉는 이 글에 생략된 장면이다. 〈보기〉를 참고하여 ⓐ에 담긴 의미를 쓰시오.

┤ 보기 ├

할아버지와 할머니, 눈사람을 만든다.
할머니: 이거는 할아버지 입이야, 입. 똑 할아버지 같다야. 좀 이쁘게 해 주면 좋은데. 내가 더 이쁘게 만들었네.

041 오늘부터 하모니 | 승형수·오혜성

국어 동아

⊙ 핵심 정리

갈래 시나리오
성격 사실적, 세태 비판적
배경 ① 시간 – 현대
　　　　② 공간 – 고등학교
제재 고등학교 보컬 동아리 회원들의 일상
주제 사회적 편견으로 인한 갈등과 서로에 대한 이해와 우정
특징 ① 고등학교 학생들의 일상을 사실적으로 묘사함.
　　　② 다문화 사회의 사회적 편견을 지적하는 세태 비판적 시각이 나타남.
　　　③ 웹 드라마의 대본으로 간결한 구성과 빠른 이야기 전개가 돋보임.

☀ 어휘 풀이

이목(耳目) 주의나 관심.
무슬림(Muslim) 이슬람교를 믿는 사람.
스토커(stalker) 상대방의 의도와는 상관없이 고의적으로 쫓아다니면서 상대방에게 위협을 가하는 사람.
조항(條項) 법률이나 규정 따위의 조목이나 항목.

Q S# 3에서 아린이 친구들 간의 오해를 풀어 주는 상황을 통해 인물의 특성을 추측하면?

아린이 학급 친구들 사이에 생긴 오해와 갈등 상황을 해결하는 것으로 보아, 적극적이며 활달한 성격을 지녔고 이해심이 많은 따뜻한 성품의 인물이라는 것을 추측할 수 있다. 또한 자신의 중재로 오해가 풀린 것을 대수롭지 않게 여기고 무심하게 행동하는 것으로 보아 겸손하면서도 쾌활한 성격의 인물이라고 볼 수 있다.

✍ 구절 풀이

❶ 그, 그런 뜻이 아니십니다! ~ 죄지으십니다. 하리가 말을 더듬고 친구들에게 높임말을 잘못 사용하고 있다. 이를 통해 하리가 한국어에 서투르다는 것을 알 수 있다.

❷ 오늘도 놓여 있네. ~ 도대체 누구야? 아린의 책상에 초콜릿이 놓여 있는 일이 처음이 아님을 알 수 있다. 이는 누군가가 아린을 좋아하고 있다고 짐작하게 하고, 그 사람이 누구인지 독자가 궁금해하게 하는 역할을 한다. 작품의 마지막에 초콜릿의 주인이 밝혀지며 색다른 반전의 재미를 준다.

❸ 네 명 이상의 동아리만 참가 가능? 아린의 보컬 동아리는 현재 아린, 창렬, 정우 3명으로 구성되어 있다. 그런데 대회에 참가하기 위해서는 4명이 필요하다는 조항이 있어 창렬과 아린 사이에 갈등이 일어난다. 이는 하리가 아린의 보컬 동아리에 들어가는 계기가 된다.

가 **S# 1. 교실(낮)**

시끌벅적한 교실. 아이들이 각자 자리에 앉아 떠들며 피자를 먹고 있다. 자리에 앉아서 물끄러미 책상을 내려다보는 하리. 책상 위에는 피자 한 조각이 놓여 있다. 피자를 그저 무표정하게 바라만 보고 있는 하리.
　　　　　　　　　　피자를 먹지 않는 하리 – 독자의 궁금증 유발

형수: 안 먹어? / 고개를 드는 하리. 그의 옆에 다가와 선 형수. / 형수: 안 먹으면 내가 먹는다?

하며 하리의 피자를 집어 들려는 형수. 그런 형수의 손을 누군가가 탁 때린다. 반장이다.

반장: 야, 담임 선생님이 한 명당 한 조각씩만 먹으라고 했다.
　　　　학급 전체 학생들이 공평하게 먹어야 함. – 학급 전체의 노력의 결과임을 추측할 수 있음.
형수: 아니, 얘가 안 먹으니까. / 반장: 송하리, 왜 안 먹어?

하리: (형수와 반장을 번갈아 바라보며) 나…… 이딴 음식 안 먹습니다.
　　　　　　　　　　　　　서툰 언어 표현으로 갈등을 유발함.
표정이 굳어지는 형수와 반장. 주변에 있던 학생들도 하리를 쳐다본다.
기분이 상했음을 드러내는 비언어적 표현　　　　　　　　　　▶ 피자를 먹지 않겠다며 거부하는 하리

나 **S# 3. 교실(낮)**

아린, 교실로 들어온다. 아이들의 *이목이 한데 집중해 있는 것을 발견하고 그곳을 바라본다.
　　　　　　　　　　　　　　하리와 형수, 반장에게 시선이 몰려 있음.
형수: 야, 말이 심하잖아. 이딴 음식이라니. / 반장: 야 됐어, 그만해. [중략]

아린: (무리로 다가오며) 뭐야? 무슨 일이야?

지나: 피자 먹으랬더니 송하리가 이딴 음식 안 먹는다고 그랬어.

아린: (하리에게) 송하리, 왜 그랬어? 이 피자 우리 반 모두가 노력해서 따낸 건데, 이딴 거라고 표현하는 건 좀 무례하지 않아?
　　　　　　　　　　　　　　　　　　　체육 대회에서 학급이 1등을 하여 받은 것임.
싸우려 하기보다는 언행의 의미를 물어 화해를 시키고자 하는 의도임.
하리: (㉠) ❶그, 그런 뜻이 아니십니다! 무례하신 게 아니라…… 이 음식을 먹지 않는다는 것입니다! 나, *무슬림, 그래서 돼지고기 안 됩니다, 죄지으십니다.
　　　　높임법을 잘못 사용함. – 하리가 한국어에 서툶이 드러남.　높임법을 잘못 사용함. – 하리가 한국어에 서툶.
　　　　하리가 피자를 먹지 않는 이유

아린: 아 뭐야, 진작 그렇게 말하지. (아이들에게) 무슬림은 돼지고기 못 먹는 거 너희들도 알지? / 아린, 자기 자리로 간다. 아린의 책상 위에도 피자 한 조각이 놓여 있는데, 그 옆에 초콜릿이 놓여 있다.

아린: ❷오늘도 놓여 있네. (초콜릿을 들어 앞뒤를 살펴보며) 도대체 누구야?
　　　누군가 그동안 초콜릿을 계속 가져다 놓았음을 알 수 있음.　　　독자의 궁금증 유발
지나: *스토커 아냐? / 그때 아린의 휴대 전화가 울린다. ㉡창렬에게서 '홍아린 벤치로 당장 뛰어 올 것'이라는 메시지가 왔다.
　　　　　　　　　　　　　　　　　　　사태가 심각함을 짐작하게 함.
　　　　　　　　　　　　　　　　　　　▶ 하리와 친구들 사이에서 생긴 오해를 풀어 주는 아린

다 **S# 4. 교정(낮)**

아린: 네? 대회에 못 나간다고요? / 창렬: (아린에게 지원서를 던지며) 너 때문이야, 너!
　　　　　　　　　　　　　　상대방에게 예의를 지키지 않음.
정우: (달래는 표정으로) 창렬아!

아린: (지원서를 주워 읽다가 눈이 동그래지며) ❸네 명 이상의 동아리만 참가 가능?

창렬: 너, 내가 지원서 똑바로 꼼꼼히 읽으라고 했어, 안 했어? ㉢너 때문에 우리가 반년 넘게 준비한 대회 못 나가게 생겼잖아! / 아린: 이런 *조항이 언제 생겼지?
　　　　　　　　　　　　대회 지원 자격을 꼼꼼히 파악하지 않아 문제가 생김.
정우: 그러니까. 작년까지만 해도 없던 조항인데 말이야.

창렬: 너 어떡할 거야? 어? 난 이게 마지막 대회인데!

아린: 음, 내일이 신청 마감이니까 일단 하루 정도는 시간이 있네요. 제가 내일까지 새로운 회원을 데려올게요. [중략] (뛰어가다 멈춰서 창렬에게) 선배, 너무 걱정하지 말아요.
　　　　　　　　　　　　　　　　　상황을 긍정적으로 바라보는 성격이 드러남.
어이없다는 표정의 창렬.
　　　　　　　　　　　　　　▶ 아린의 실수로 노래 경연 대회 참가에 위기를 맞은 보컬 동아리
　　　　　① 아린이 사과를 제대로 하지 않았기 때문에 ② 아린이 현재의 위기 상황을 지나치게 낙관적으로 바라보고 있다고 느껴서

• 중심 내용 하리로 인해 생긴 오해의 해결과 아린의 실수로 생긴 대회 참가의 위기　　　• 구성 단계 발단

이해와 감상

이 작품은 2015년에 제작된 웹 드라마의 시나리오이다. 총 5부작으로 구성된 작품으로, 한 고등학교를 배경으로 하여 보컬 동아리 경연 대회 참가를 둘러싸고 벌어지는 이야기를 다루고 있다. 이 작품은 우즈베키스탄에서 온 외국인 전학생 하리를 중심으로 하여 서로에 대한 오해와 갈등, 화해와 우정에 관한 이야기를 사실적이고도 유쾌하게 풀어 나간다. 특히 기성세대가 지닌 사회적 편견을 신세대의 시각에서 날카롭게 지적하면서 이러한 부정적 가치관을 바꿔야 함을 시사한 점이 인상 깊은 작품이다. 우리 사회에 여전히 존재하는 사회적 편견을 떨쳐 내고 글로벌 시민 의식을 함양하기를 바라는 작가의 생각을 엿볼 수 있다.

🔍 전체 줄거리

발단	외국인 전학생인 하리는 문화적 차이 때문에 학급 친구들의 오해를 받지만 아린의 중재로 갈등이 해결된다. 아린은 선배인 정우, 창렬과 함께 노래 경연 대회에 참가하기 위해 하리를 동아리 회원으로 영입한다.
전개	하리 때문에 동아리 회원 사이에 갈등이 생기지만, 서로를 이해하고 힘을 모아 대회 연습을 한다. 이때 시사 교양물을 제작하는 한 피디(PD)가 방송 아이템을 위해 학교를 방문한다.
절정	피디는 편견이 가득한 시각으로 하리를 취재하려 하고 보컬 동아리 회원들은 이를 반대한다. 이에 피디는 의도적으로 학급 전체 학생들에게 아린이 다문화 가정 자녀라는 사실을 공개한다.
하강	피디의 언행으로 충격을 받은 아린은 계속 결석을 하고, 피디는 아린을 부정적인 인물로 몰아가려는 악의적인 인터뷰를 진행한다. 보컬 동아리 회원들은 아린을 돕기 위해 여러 가지로 노력한다.
대단원	동아리 담당 선생님은 피디의 악의적인 취재를 항의하고 방송 제작을 중단하게 한다. 아린은 하리의 조언을 듣고 용기를 내어 학교에 다시 나온다. 보컬 동아리는 친구들 앞에서 리허설을 겸한 작은 공연을 한다.

🔗 인물 관계도

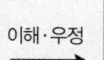

아린
쾌활하고 사교적인 성격을 지님. 하리를 편견 없이 대하고, 하리를 자신의 보컬 동아리에 영입하는 데 적극적으로 나섬.

이해·우정 ↔

하리
우즈베키스탄에서 온 외국인 전학생. 서툰 한국어 실력과 소심한 성격 탓에 학급에서 겉돌았지만 동아리 활동을 하며 차츰 변화됨.

갈등→이해 ↓

창렬
까칠하게 굴지만 속내는 따뜻한 보컬 동아리 선배. 보컬 동아리에 대한 열정이 큼.

포용 ↑

정우
보컬 동아리 부장. 따뜻한 성품을 갖고 있으며 인자한 언행을 보임. 새로운 회원인 하리를 보듬어 줌.

자료실

웹 드라마(web drama)
웹이나 모바일에서 볼 수 있는 회당 10~15분가량의 짧은 드라마를 말한다. 모바일 드라마, 혹은 에스엔에스(SNS) 드라마라고도 한다. 인터넷과 스마트폰 사용이 급격히 증가하면서, 원하는 콘텐츠를 원하는 시간에 찾아서 볼 수 있다는 장점 때문에 웹 드라마가 큰 인기를 모으고 있다. 또한 지상파 드라마에 비해 제작비가 저렴하며, 소재를 자유롭게 선택하여 다양한 장르와 스토리로 구성할 수 있다는 장점이 있다.

🔑 포인트 체크

인물 서툰 한국어와 소심한 성격 때문에 친구들과 쉽사리 친해지지 못하는 □□와 그런 □□를 편견 없이 대하는 쾌활한 □□이 등장한다.

배경 현대의 한 □□□□를 배경으로 하고 있다.

사건 하리가 □□적 차이 때문에 학급 친구들과 갈등하고 아린의 중재로 갈등이 해결된다. 아린은 보컬 동아리의 대회 지원 자격을 충족하기 위해 □□를 동아리에 영입하려 설득한다.

1 이 글의 내용과 일치하지 않는 것은?
① 하리는 돼지고기 때문에 피자를 먹지 못하고 있다.
② 형수는 하리가 무례하다고 생각하여 화를 내고 있다.
③ 창렬은 마지막 대회를 위해서 반년 넘게 준비를 해 왔다.
④ 반장은 피자를 공평하게 나누도록 형수를 제지하고 있다.
⑤ 아린의 실수로 보컬 동아리는 노래 대회에 참가할 수 없게 되었다.

2 '하리'와 '형수'가 갈등을 일으키는 이유로 가장 적절한 것은?
① 형수의 지나친 관심에 하리가 부담감을 느꼈다.
② 형수가 하리의 약점을 학급 학생들에게 공개하였다.
③ 하리의 사소한 말실수에 형수가 과민하게 반응하였다.
④ 하리가 자신의 이익만을 위하는 형수의 잘못을 지적하였다.
⑤ 하리가 자신의 생각을 형수에게 제대로 전달하지 못하였다.

3 ㉠에 들어갈 지시문으로 가장 적절한 것은?
① 놀라며　　　　　　　② 당돌하게
③ 슬픈 표정으로　　　④ 상대를 노려보며
⑤ 의아해하는 표정으로

4 ㉡에 대한 독자의 반응으로 가장 적절한 것은?
① 지나가 말한 스토커는 창렬일 가능성이 높군.
② 아린의 책상에 초콜릿을 가져다 놓은 건 창렬이구나.
③ 창렬과 아린이 서로 사귀고 있는 사이임을 알 수 있어.
④ 창렬과 아린 둘 다에게 연관된 일에 문제가 생겼나 보다.
⑤ 문자의 표현으로 보아 창렬은 대인 관계가 원만하지 않은 인물이군.

5 ㉢에 담긴 '창렬'의 심리를 나타낸 속담으로 적절하지 않은 것은?
① 대회에 나갈 수 없다니, '마른하늘에 날벼락'이 따로 없군.
② 결국 아린 때문에 '다 된 죽에 코 빠진' 상황이 되어 버렸군.
③ 아린의 일 처리를 신뢰하였건만, '믿는 도끼에 발등 찍힌' 격이로군.
④ 꼼꼼히 읽으라는 조언 때문에 일을 망쳤으니 '긁어 부스럼'이 되었군.
⑤ '아는 길도 물어 가랬다'고 지원서를 꼼꼼히 보라고 했는데 실수를 했군.

 내신 적중 多빈출
6 (다)에서 발생한 문제 상황은 무엇이고, 이에 대해 '창렬'과 '아린'이 상대방에게 각각 잘못한 점을 쓰시오.

2. 한국 시나리오

교정(校庭) 학교의 마당이나 운동장.
연민(憐憫) 불쌍하고 가련하게 여김.
단도직입(單刀直入) 혼자서 칼 한 자루를 들고 적진으로 곧장 쳐들어간다는 뜻으로, 여러 말을 늘어놓지 아니하고 바로 요점이나 본문제를 중심적으로 말함을 이르는 말.
천만(千萬)에 전혀 그렇지 아니하다, 절대 그럴 수 없다는 뜻으로, 상대편의 말을 부정하거나 남이 한 말에 대하여 겸양의 뜻을 나타낼 때 하는 말.
겉돌다 다른 사람과 잘 어울리지 못하고 따로 지내다.

> **Q** 아린이 제안한 동아리 가입에 대해 하리가 망설이는 이유는?
>
> 하리는 "다들 나 외국인이라고 싫어하십니다."라고 하며 동아리 가입을 거절한다. 이를 통해 하리가 그동안 외국인 전학생으로서 차별과 편견의 시선을 받으며 살아왔음을 알 수 있다. 따라서 하리는 동아리에 가입하여 대회에 나가면 또다시 자신을 향해 쏟아질 편견 가득한 시선과 오해가 두려워 가입을 거절하는 것임을 알 수 있다.

🔆 구절 풀이

①(심각한 표정으로 ~ 아린아! 좀! 아린이 자신의 실수로 동아리가 노래 경연 대회에 참가하지 못할 수도 있는 상황을 자책하고 있다. 아린이 남들 앞에서는 유쾌하고 발랄하게 행동하지만 스스로에 대해서는 엄격하게 대처하는 성품임을 알 수 있다.

②그럼, 졸업할 때까지 ~ 외롭게 살 거야? 하리가 동아리에 들어오기를 바라고 하는 말이지만, 한편으로 하리를 진심으로 대하며 충고하는 말이기도 하다. 결국 하리는 이 말에 용기를 내어 동아리에 들어가게 되고, 나중에는 오히려 상처받은 아린을 위로하는 모습을 보여 준다.

③하리, 아린의 뒷모습을 ~ 심란한 얼굴. 하리는 다른 친구들이 자신을 싫어한다고 생각하여 혼자 있기를 원하고 동아리 가입도 거부하고 있다. 하지만 아린의 권유에 용기를 내는 것이 좋을지 고민하고 있다.

👤 작가 소개

승형수(1991 ~)
시나리오 작가, 웹 개발자. 주요 작품으로 웹 드라마 〈오늘부터 하모니〉, 〈회춘 100km〉 등이 있다.

오혜성(1988 ~)
웹 드라마 작가, 광고 작가. 주요 작품으로 웹 드라마 〈오늘부터 하모니〉, 〈필요한 남자〉 등이 있다.

가 S# 5. 교정(낮)

*교정 외진 곳. 아린이 천천히 걸어가다가 제자리에 선다.

아린: **①**(심각한 표정으로 있다가 갑자기 자신의 뺨을 때리며) 아, 그런 실수를 하면 어떡하냐, *실수에 대한 자책감이 드러남.* 아린아! 좀! *자신을 자책하는 혼잣말*

아린의 앞쪽 멀리 앞이 보이지 않을 정도로 높게 쌓은 피자 상자를 든 하리가 걸어간다. 피자 상자 때문에 여기저기 부딪히고 휘청거리며 걸어가는 하리.

아린: 에? 하. *연민이 폭발한다. (하리에게) 야!
하리를 도우려는 아린 - 아린의 따뜻한 마음을 보여 줌.

하리, 못 들었는지 계속 아슬아슬하게 걸어간다. / 아린: 야! 송하리!

하리, 멈추지 않고 걸어간다. 하리에게 다가가는 아린. 귀에 이어폰을 꽂고 음악을 들으며 걸어가는 하리. 분리수거 하는 곳에 다다르자 상자를 펴서 분리수거함에 넣기 시작한다.
하리가 아린의 말을 듣지 못하는 이유
▶ 자신의 실수를 자책하던 아린이 하리를 발견함.

나 S# 6. 교정(낮~저녁)

아린과 하리가 계단에 앉아 있다. / 하리: 나 왜 불렀습니까?

아린: 너 아까 부르던 노래 '백만 송이 장미' 맞지? / 하리: 어? 어떻게 압니까?
라트비아의 가요 〈마라가 준 인생(Davaja Marina)〉이란 곡을 러시아어로 번안한 곡

아린: 어, 엄마가 러시아 쪽 무역 일을 오래 하셨거든. 그래서 러시아에 대해서 좀 알아.
아린의 가족사에 대한 단서가 되는 대사 - 후에 아린의 엄마가 우즈베키스탄 출신임이 밝혀짐.

하리: 그렇습니까? / 아린: 말 놔라 인마. 친구 사이에 존댓말은 무슨.
친근함의 표현. 아린의 사교적인 성격이 드러남.

하리: 용건이 끝나셨으면 전 이만. (자리에서 일어난다.)

아린: (일어나는 하리의 손을 잡아 앉히며) 야, 내가 너랑 실랑이할 시간은 없고, *단도직입적으로 말할게. 우리 노래 동아리 알지? ㉠내가 특별히 널 넣어 주겠다.
친근함을 드러내려는 표현이지만 하리 입장에서는 무례하게 느껴질 수 있음.

하리: 내가? 내가 왜 하십니까? / 아린: 아까 슬쩍 들으니까 노래 좀 하는 것 같던데?

하리: (도도하게) *천만에 만만에.

아린: 그런 말은 또 언제 배웠냐? 아무튼 너 목소리도 좋고, 우리 동아리랑 어울릴 것 같아. 할 거지? / 하리: 못 합니다. / 아린: 왜? / 하리: 모르겠습니다.

아린: 뭘 몰라. 그냥 하면 되지 인마. 솔직히 말야. 너 전학 온 지 꽤 됐는데도 아직 애들이랑 못 어울리고 *겉돌잖아. 우리 동아리 들어와서 사람들하고 친해지는 법도 배우고, 같이 노래도 하고 인마.
하리가 다른 사람들과 잘 어울리기를 바라는 아린의 심정

하리: (아린의 말을 자르며) 노래는 좋지만 동아리는 싫습니다. 다들 나 외국인이라고 싫어하십니다. 너도 나 싫어하실 겁니다. 나는 혼자가 좋습니다.
거절의 의사가 강함. *하리가 그동안 사회적 편견에 시달려 왔음을 보여 줌.*
편견을 피해 차라리 혼자 지내는 것을 택한 하리

아린: **②**그럼, 졸업할 때까지 지금처럼 혼자 지낼 거야? 졸업하면 달라질까? 한국인하고 지낼 일 없을까? 한국에 살기 시작했으면 적응해야지. 사람들하고도 어울리고. 죽을 때까지 혼자 외롭게 살 거야?』
「 」: 하리가 용기를 내기를 바라는 아린의 마음이 드러남.

아무 말을 못 하는 하리. 그런 하리에게 지원서를 건네는 아린. 지원서에는 '우정우, 백창렬, 홍아린'의 이름이 적혀 있다.
아린의 말이 틀리지 않았다고 생각함. *보컬 동아리 회원들*

아린: 내일까지 거기에 이름 써서 가져와. 너만 우리 동아리에 들어와 주면 같이 연습도 하고 대회도 나가고 그럴 수 있어. (일어나서 떠난다.)
대회 참가 신청 마감일

③하리, 아린의 뒷모습을 지켜보다가 서류로 시선을 옮긴다. '노래 동아리 경연 대회 참가 신청서'라고 써 있는 지원서를 바라보는 심란한 얼굴.
동아리 가입을 고민함. → 다른 사람들과 어울릴 것인가에 대한 고민이기도 함.
▶ 하리에게 동아리 가입을 권유하는 아린

다 S# 7. 복도(아침)

정우: 야, 아린이가 진짜 데려왔더라. / 창렬: 어? 새 회원?
하리가 동아리에 가입했음을 짐작할 수 있음.

정우: 응, 지금 만나고 오는 길이야. / 창렬: 1학년이야? 누군데? ▶ 보컬 동아리에 새 회원을 데려온 아린

> · **중심 내용** 대회 참가를 위해 하리에게 동아리 가입을 권유하는 아린 · **구성 단계** 발단

작품 연구소

제목 '오늘부터 하모니'의 의미

단서	하리가 보컬 동아리 회원들로부터 정식으로 회원 인정을 받은 후 동아리 지침으로 따라야 할 사항들의 제목으로 쓰여 있던 문구임.
의미	하모니(harmony)는 음악 용어로 '일정한 법칙에 따른 화음의 연결'이란 사전적 의미를 갖고 있음. ① 보컬 동아리 회원들 간의 갈등이 해소되고 화합하여 아름다운 화음을 이룸. ② 하리와 아린이 서로의 충고를 통해 편견과 소외로부터 벗어나 다 함께 어울림. ③ 사회적 편견을 극복하고 사회 구성원이 서로 배려하고 소통하길 바라는 소망을 내포함.

등장인물 사이의 갈등 양상

	인물	내용	원인
S#1, S#3	하리 ↔ 형수	피자를 먹지 않는 하리와 형수의 오해로 인한 갈등	
S#4	아린 ↔ 창렬	대회 신청이 무산될 위기로 인한 아린과 창렬의 갈등	상대방의 처지나 상황을 배려하지 않은 말하기
S#6	아린 ↔ 하리	동아리 가입을 권유하는 아린과 거절하는 하리의 갈등	
후략 부분	아린, 하리 ↕ 창렬	창렬은 아린이 데려온 하리가 사람들에게 실력이 아닌 동정심으로 비춰질 수 있다며 하리의 회원 가입을 반대하며 갈등함.	잘못된 인식과 오해
	하리, 아린 ↕ 피디	하리가 외톨이인 것처럼 유도하는 인터뷰를 하고 아린의 가정사를 의도적으로 공개한 피디와의 갈등	사회적 편견과 악의적인 방송 제작

〈오늘부터 하모니〉에 나타난 특징

이 작품은 길이가 짧은 웹 드라마의 특성상 짧은 시간 안에 주제를 전달하면서도 반전과 흥미를 주어 관객이 극에 몰입할 수 있도록 다음과 같은 특징을 보인다.

특징	내용
극적 반전을 주는 내용 구성	외국인 전학생인 하리를 위로하며 챙기던 아린이 다문화 가정 자녀임이 드러남.
인물의 성격과 이야기 전개를 암시하는 인물 이름	• 현명한 선생님: 위기를 맞이한 보컬 동아리를 '현명'하게 보호하는 역할을 하는 인물 • 방영중 피디: 자신이 제작한 프로그램이 텔레비전으로 '방영'되는 것만을 목표로, 타인에게 상처를 주면서 취재를 하는 이기적인 인물

함께 읽으면 좋은 작품

〈완득이〉, 김려령 / 다문화 가정 자녀의 갈등과 극복을 그린 작품

서울 변두리의 옥탑방에 사는 고등학생 완득이의 이야기를 그린 소설이다. 베트남 출신 어머니와 난쟁이 춤꾼 아버지를 둔 주인공이 괴짜 담임 선생님을 만나 성장해 가는 이야기로 주인공이 마음의 문을 열고 가족, 이웃과 어울려 성장해 나가는 모습이 감동적으로 다가오는 작품이다.

---

7 이 글에 대한 설명으로 적절한 것은?

① 별도의 해설자를 설정하여 사건을 자세히 설명해 주고 있다.
② 흥미진진한 사건 전개를 위해 역순행적 구성을 취하고 있다.
③ 인물의 외양 묘사를 통해 사건을 예측할 수 있도록 하고 있다.
④ 행동과 표정을 알려 주는 지시문을 통해 상황의 이해를 돕고 있다.
⑤ 이야기를 효과적으로 전달하기 위해 내레이션 기법을 활용하고 있다.

내신 적중 多빈출

8 (나)에서 아린이 하리를 설득하는 말하기 방식으로 가장 적절한 것은?

① 객관적 통계 자료를 제시하여 설득하고 있다.
② 유사한 사례를 제시하여 제안을 수긍할 수 있게 한다.
③ 상대방의 장점을 언급하여 스스로 그 장점을 인정하게 한다.
④ 권위 있고 신뢰할 만한 사람의 말을 인용하여 설득하고 있다.
⑤ 상대의 주장에서 예측되는 부정적 상황을 제시하여 생각을 바꾸도록 유도한다.

9 이 글을 통해 알 수 있는 내용으로 가장 적절한 것은?

① 하리는 가치관이 다른 아린과 계속 갈등하겠군.
② 하리는 결국 동아리에 가입하기로 마음을 굳히겠군.
③ 아린의 동아리는 대회에 참가하여 우승을 하게 되겠군.
④ 하리는 친구들의 관심을 끌기 위해 분리수거를 하고 있군.
⑤ 하리는 동아리에 가입하는 가장 중요한 이유를 모른 채 가입하겠군.

10 이 글을 영상화할 때 각 인물을 맡은 배우들이 알아야 할 사항으로 적절한 것은?

① 아린: S# 5에서 상대방의 실수에 짜증을 내는 연기를 한다.
② 아린: S# 5에서 분리수거하는 하리를 꺼림칙스럽게 바라본다.
③ 하리: S# 5에서 아린이 부르는 소리를 일부러 무시하는 행동을 한다.
④ 하리: S# 5에서 노래 '백만 송이 장미'를 소리 내 부를 수 있도록 미리 준비한다.
⑤ 정우: S# 7에서 새 회원이 누구인지 모르는 것처럼 연기하도록 한다.

11 ㉠처럼 말한 것이 실현된다면 '아린'과 '하리'에게 각각 어떤 기회가 주어질지 90자 내외로 쓰시오.

2. 한국 시나리오

더 읽을 작품

042 독 짓는 늙은이 | 황순원 원작, 신봉승·여수중 각색

키워드 체크 #비극적 #근대 #독 짓기 #장인 정신 #노인의 집념과 좌절 #어린 아들에 대한 애정

S# 86. 뜸막 안(저녁)

뜸막: 띠, 부들 따위로 거적처럼 엮어 만든 물건)으로 지붕을 이은 막집

죽은 듯 눈을 감고 누운 송 영감. 그의 앞에 방물장수가 서 있다. 송 영감 눈이 뜨인다.

아내가 달아나고 독 짓기조차 좌절됨.

송 영감: (한참 동안 천장을 보다가) 아주머니! 우리 돌일 부탁하겠수…….

아들을 다른 집에 양자로 보내기로 함.

방물장수: (반가워) 잘 생각하셨죠. 아, 그 댁이야!

집이야

송 영감: 어서 애나 불러다 주시오…….

방물장수: (끄덕이며) 네, 그러지요……. (뒤돌아서려다가) 애들이라 영감님이 죽었다고

해야 할 거요……. / 송 영감: ……. (묵묵부답)

방물장수: 그러니까 죽은 척하고 눈을 꼭 감구 계슈. (안됐다는 듯) 아이구! 쯧쯧!

혀를 차며 나간다. ▶ 자신의 운명을 직감하고 방물장수에게 아들을 부탁하는 송 영감

S# 87. 뜸막 밖 마당

멍청히 한길만 바라보고 앉은 돌이. 방물장수 나와서 돌이 손을 잡고 데리고 들어간다.

S# 88. 뜸막 안

송 영감, 애타게 밖을 보다 돌이가 나타나자 얼른 눈을 감는다.

돌이, 방물장수 따라 가까이 온다. 그냥 굳게 눈을 감은 채 누운 송 영감.

돌이를 떠나보내기 위해 죽은 체함.

돌이 다가와 앉아 송 영감을 흔들어 깨우려 한다.

방물장수: 돌아! 자, 네 아버지 얼굴을 잘 봐 둬야 한다! 네 아버진 죽었다!

움찔하고 보는 돌이. 이때였다. 송 영감의 꼭 감겨진 눈엔 눈물. 그 가득히 고인 눈물이

삶에 대한 회한의 눈물

한 줄기 강물처럼 흘러내린다.

가늘게 아주 가늘게 경련을 일으키는 영감의 눈시울. 돌이 그래도 확인해 보려는 듯 조

아버지가 정말로 죽은 것인지 확인하기 위해

심스럽게 송 영감의 얼굴을 쓸어 본다.

방물장수: (겁주듯) 저것 봐라! 벌써 눈에서 저렇게 썩은 물을 줄줄 나오지 않니!

돌이, 움찔하니 뒷걸음질치기 시작한다.

죽음에 대한 두려움을 느끼는 어린아이다운 행동

방물장수: 자! 아줌마하고 가자!

돌이 손을 끌고 나간다. 송 영감의 눈이 가늘게 열린다. 그리고 나가는 돌이의 뒷모습을

사무치게 본다.

미쳐 나갈 것만 같은 송 영감의 심정—. 돌이 나가다 뒤돌아본다. 언뜻 다시 눈을 감는 송

영감. 문이 삐꺽하며 닫힌다.

송 영감, 이젠 한사코 눈을 뜨지 않으려고 애쓴다. 그 눈에선 다시 썩은 물 같은 뜨거운

새 눈물이 자꾸만 흘러내린다. 아무도 없는 방 안.

백자기에 석양빛이 탄다. 아니, 석양빛은 방 안을 태우고 눈 감은 채 꿈쩍 않고 누운 영감

저녁때의 햇빛

얼굴에도, 그의 줄줄이 흘러내리는 눈물 줄기에도 타고 있다. ▶ 어린 아들과 이별하는 송 영감

키 포인트 체크

인물 송 영감은 ☐을 굽는 장인으로, 어린 아들과 생계를 위해 안간힘을 다해 ☐을 짓지만 이에 실패하고 죽음을 맞는다.

배경 독 짓는 노인의 좌절을 통해 ☐☐☐인 가치가 붕괴되는 근대 사회의 일면을 보여 주고 있다.

사건 송 영감은 자신이 앞으로 살날이 얼마 남지 않았음을 직감하고 어린 아들을 ☐☐로 보내기 위해 죽은 척하여 아들과 이별하고 있다.

답 독, 독, 전통적, 양자

핵심 정리

갈래 시나리오

성격 비극적

배경 ① 시간 – 근대
② 공간 – 어느 시골

제재 독 짓는 노인의 삶

주제 예술에 대한 집념과 인간 본연의 애정

특징 ① 인물의 극적인 감정 변화를 잘 표현함.
② 비극적 결말이 비장미를 느끼게 함.

작가 • 황순원(1915~2000) 소설가. 주로 함축성이 강한 간결체 문장과 치밀한 구성의 단편 소설을 썼다. 주요 작품으로 〈학〉, 〈목넘이 마을의 개〉, 〈카인의 후예〉 등이 있다.
• 신봉승(1933~2016) 극작가, 시인. 주요 작품으로 〈갯마을〉, 〈저 하늘에도 슬픔이〉 등이 있다.
• 여수중(1929~1990) 극작가, 영화 평론가. 주요 작품으로 〈나도 인간이 되련다〉 등이 있다.

이해와 감상

황순원의 〈독 짓는 늙은이〉를 원작으로 1969년에 제작된 영화의 시나리오이다. 원작 소설과 달리 왱손이 영감과 나그네의 대화를 중심축으로 이야기가 전개되고 있다. 원작이 전통적인 가치 체계가 붕괴되는 세대에 대항하려고 하는 노인의 집념과 좌절을 보여 주는 데에 초점이 맞추어져 있다면, 이 시나리오는 그러한 송 영감의 태도뿐만 아니라 혈육 관계를 바탕으로 한 인간 본연의 애정에도 초점을 맞추고 있다.

전체 줄거리

독을 짓는 송 영감은 깊은 병에 걸리고 경제적 어려움에 처하게 된다. 송 영감의 아내는 어린 아들을 두고 젊은 조수와 함께 도망친다. 방물장수는 송 영감에게 아들을 양자로 보낼 것을 권하는데, 송 영감은 이를 거절한다. 마지막 힘을 다해 지은 독이 가마 속에서 깨지는 걸 본 송 영감은 자신의 힘이 다한 것을 깨닫는다. 어린 아들을 다른 집에 양자로 보낸 송 영감은 자신의 가마 속으로 들어가 혼자 최후를 맞이한다.

작품 연구소

〈독 짓는 늙은이〉의 갈등 양상

이 작품의 표면적 갈등은 도망간 아내에 대한 송 영감의 배신감으로 나타난다. 그러나 이는 송 영감이 독 짓기에 실패하면서 예술에 대한 집념과 현실적 번민의 대립으로 심화되고, 전통적인 가치가 붕괴되는 세태와 이에 대응하는 삶의 대립으로 확대된다.

조수와 함께 달아난 아내를 원망하면서도 어린 아들을 위해 독 짓는 일에 전념함.	⇒	붕괴되어 가는 전통적 사회 질서 속에서 갈등하고 고뇌함.	⇒	가마 속으로 들어가 깨진 독을 대신하듯 죽음을 맞음.

독 짓는 행위의 의미	• 전통적인 가치가 무너지는 현실에 대항하려는 노인의 집념과 좌절 • 송 영감의 삶의 의미를 실현시켜 주는 유일한 방법

043 장마 |윤흥길 원작, 윤삼육 각색

키워드 체크 #토속적 #상징적 #6·25 전쟁 #장맛비 #전쟁의 비극 #가족의 불행

S# 28. 동만네 집 전경(밤)

동만 모의 진한 핏빛 울음소리 들리는데 빗속에 누워 있는 동만네 집 전경. 끝없이 쏟아
_{동만의 외삼촌(길준)의 전사 통보를 받았기 때문에}
지는 장맛비. 장맛비. (F.O.)
비극적인 분위기를 조성하는 데 기여함. └─ 페이드아웃. 화면이 처음에 밝았다가 점차 어두워짐. ▶ 비극적 분위기를 조성하는 배경

S# 31. 안채 건넌방

머리를 질끈 동이고 자리에 누운 동만 모. 밥상 들고 들어오는 이모. 길자.

길자: 언니 식사해요.
_{동만의 이모}

엉거주춤 일어나 앉는 동만 모. 금세 눈물이 또 쏟아지며

동만 모: 에유! 우리 길준이 뜨뜻한 밥 한 그릇 떳떳하게 끓여 주도 못하고.
_{동만의 외삼촌}

밥상머리에 앉아 눈물을 찔끔찔끔 짠다.

길자: 인제 고만 좀 해 둬요. 몸도 생각해야지.

동만 모: 에유! 느이 오라비 불쌍한 길준이…… 전쟁터에서 죽다니…….
_{슬픔의 원인}

방문 벌컥 열리며 뛰어드는 동만.

동만: 밥 줘, 배고파. / 길자: 어서 먹어라. 언니두 한술 떠요.
_{집안 분위기와 상황을 인지하지 못하는 천진한 어린아이의 모습}

마지못해 밥숟갈을 드는 동만 모. 동만이는 벌써 아구아구 입에 퍼 넣고 있다.

동만 모: 넌 좀 안 드냐? / 길자: 생각 없어요.

동만 모: 엄니는? / 길자: 통 안 잡수셔요.
_{동만의 외할머니의 상태: 아들(길준)의 죽음으로 상심한 상태임.}

동만 모: 에휴! 큰일인지라. 집안 꼴이 말이 아니구나. / 길자: …….

동만 모: 나야 괜찮지마는 엄니가 얼마나 상심하실 것이냐? 삼대독자 외아들을 잃었
_{동만의 외할머니}
으니……. / 다시 눈물을 찔끔거리다가

동만 모: 어서 누구를 양자로 데려다가 끊어진 대를 이어야지. 저리 큰일 아니냐.
_{당시의 사회 풍속을 알 수 있음.}

길자: …….

꽁보리밥 한 그릇을 우걱우걱 비우며 / 동만 모: 동만 아버지 점심 안 하셨제?

길자: 형부는 밭에 나가 계세요. 점심 내다 드려야죠.

동만 모: 내 대신 니가 고생이다. 에휴 에휴……. (밥숟갈 놓으며 다시 눈물 찔끔거리면
서 드러눕는다.)
▶ 길준의 죽음으로 슬픔에 잠긴 가족들

S# 32. 마당

툇마루에 고정된 물체처럼 먼 산 바라보고 앉은 외할머니. 동만이가 눈치를 힐끔힐끔 보
며 조심스럽게 가까이 다가간다. 건지산을 향한 채 미동도 없는 외할머니의 눈길. 동만 손
_{아들(길준)의 죽음으로 반쯤 정신을 놓은 외할머니의 모습}
바닥을 펴서 외할머니 눈앞에 대고 뱅글뱅글 원을 그려 본다. 그제야 눈길 스르르 움직여
동만의 얼굴을 물끄러미 보더니 버릇처럼 완두콩을 다시 까기 시작한다. 부엌에서 이모가
_{동만의 천진난만한 모습}
대소쿠리에 점심을 담아 이고 사립문을 나간다. 냅다 따라 나가는 동만.
▶ 아들(길준)의 죽음으로 깊은 상심에 빠진 외할머니

키 포인트 체크

인물 천진난만한 어린아이인 ☐☐의 시각을 통해 전쟁의 비극성을 드러내고 있다.

배경 ☐·☐☐ 전쟁 전후 어느 산골 마을을 배경으로 하여 전쟁이 불러온 동족상잔의 비극을 보여 주
고 있다.

사건 국군으로 전쟁터에 나간 ☐☐의 전사 소식을 듣고 가족들이 슬퍼하고 있다.

답 동만, 6, 25, 길준

🎯 핵심 정리

갈래 시나리오

성격 비극적, 토속적, 상징적

배경 ① 시간 – 6·25 전쟁 전후
② 공간 – 어느 시골 산골 마을

제재 한국 전쟁의 비극

주제 전쟁의 와중에서 빚어진 한 가족의 비극과 그
극복

특징 ① 토속적인 언어를 사용해 사실성을 획득함.
② 토속적 샤머니즘을 바탕으로 상징적 소재를
활용함.

작가 • 윤흥길(1942~) 소설가. 인간의 근원적인
갈등과 민족적 의식의 저변에 위치한 삶의 풍
속도를 예리하게 파헤치는 작품을 주로 썼다.
주요 작품으로 〈황혼의 집〉, 〈장마〉, 〈완장〉 등
이 있다.
• 윤삼육(1937~) 시나리오 작가. 다양한 장
르를 오가며 200편이 넘는 각본을 썼다. 주
요 작품으로 〈장마〉, 〈만다라〉, 〈길소뜸〉 등이
있다.

이해와 감상

이 작품은 6·25 전쟁을 배경으로 한 집안에서 발생한
이념의 대립과 화해의 과정을 그린 윤흥길의 소설 〈장
마〉를 각색한 시나리오이다. 작품의 시간적 배경이 되
는 6·25 전쟁 동안의 장마철은 우리 민족에게 닥친
비극적 상황을 상징한다. 또한 빨치산인 아들을 둔 친
할머니와 국군인 아들을 둔 외할머니의 갈등은 좌우
이념의 대립을 보여 주는데, 두 인물의 화해는 6·25
전쟁이 불러일으킨 이념의 대립을 민족적 동질성을
통해 극복할 수 있다는 가능성을 보여 주는 것이다.

전체 줄거리

6·25 전쟁이 한창이던 무렵, 동만의 집에는 외할머
니와 친할머니가 함께 살고 있다. 장맛비가 내리는 밤
에 국군으로 전사한 아들 생각에 잠겨 있던 외할머니
는 빨갱이들을 쓸어 가라고 고함치고, 이는 친할머니
의 신경을 건드린다. 친할머니의 둘째 아들이 빨치산
으로 활동하고 있기 때문이다. 이후 두 노인 사이에는
냉전이 벌어진다. 친할머니는 점쟁이가 일러 준 날에
삼촌이 돌아오기를 기다리나 삼촌은 나타나지 않고
대신 구렁이 한마리가 집으로 들어온다. 외할머니가
마치 삼촌을 대하듯 구렁이를 달래자 구렁이는 대문
밖으로 사라진다. 이 일로 두 노인의 반목과 동만의
우울한 마음이 해소된다.

작품 연구소

'장마'의 상징성

계속되는 장마는 한 가족에게 일어난 불행과 더 나아
가 우리 민족에게 닥친 전쟁의 비극을 상징한다. 장마
가 그치고 두 인물이 화해하게 된다는 설정은 이러한
비극의 극복을 보여 준다.

장마가 시작됨.	┈┈	가족의 불행

⬇

장마가 계속됨.	┈┈	두 할머니의 대립 (이념의 대립)

⬇

장마가 그침.	┈┈	두 할머니의 화해 (이념 대립의 극복)

044 8월의 크리스마스 | 오승욱·신동환·허진호 [문학]·[화작] 지학사

키워드 체크 #서정적 #서울 변두리 사진관 #시한부 인생 #사진사와 주차 단속 요원 #순수한 사랑

S# 112. 슈퍼마켓 앞(해 질 녘)

파라솔 의자에 나란히 앉아 있는 철구와 정원. 지나가는 사람들을 본다.

철구: 그 주차 단속원 아가씨 너 입원하고 안 보이더라. 그만뒀대?
<small>다림 / 다른 곳으로 전출 갔음.</small>

정원: …… 야, 벌써 가을이 다 갔네. / 정원은 길가의 앙상한 가지들을 바라본다.
<small>딴청을 부리며 다림에 대한 마음을 숨기는 정원   ▶ 더 이상 사진관에 오지 않는 다림과 다림을 향한 마음을 숨기는 정원</small>

S# 113. 사진관(밤)

정원은 선반 위에 있는 박스와 앨범을 꺼낸다. 자신이 학생 때 찍은 사진들 몇 장이 나온다. 몇 장을 보다가 박스를 밀어 넣고 앨범을 펼친다. 한 장 한 장 앨범을 넘기면서 미소를 짓는다. / 앨범을 넘기면서 정원의 미소는 점점 사라지고 눈시울이 뜨거워진다. 눈물을 글썽 <small>과거의 추억을 떠올리는 정원</small> 거리는 정원. 한 장의 사진이 앨범에 붙어 있다. 자신이 찍어 준 다림의 증명사진이다. / 정 <small>죽음을 앞둔 정원이 다림을 향한 사랑을 이룰 수 없음에 슬퍼함.</small> 원, 앨범을 덮고 다림이 보낸 편지와 함께 다시 박스 속에 집어넣는다. 굳게 밀봉되는 박스.
<small>▶ 소중한 추억들을 정리하며 죽음을 준비하는 정원</small>

S# 114. 촬영실(밤)

정원, 벽에 걸린 손님용 양복을 입는다. 거울 앞에서 넥타이를 매는 정원.
<small>손님이 사진 촬영을 위해 입던 옷</small>

카메라 앞에 놓인 의자 위에 앉는다. 정원, 다시 일어나 카메라를 보고 자신의 위치를 확인하고는 자리에 앉는다. 플래시가 터진다. 한 번, 두 번, 세 번, 활짝 웃는 정원의 얼굴이 <small>정원이 자신의 영정 사진을 찍음.</small> 화면에 가득 찬다. /「그 사진은 그대로 정원의 영정 사진으로 디졸브된다. 활짝 웃고 있는 <small>「 」: 정원이 죽었음을 의미함.</small> 정원의 영정 앞에는 향불이 연기를 피워 올리고 있다. 암전.」
<small>연극에서, 무대를 어둡게 한 상태에서 ─┘   ▶ 정원의 죽음</small>
<small>무대 장치나 장면을 바꾸는 일</small>

S# 115. 사진관 앞(낮 - 눈)

눈이 내리는 사진관 앞 거리. 어딘가에서 크리스마스 캐럴이 흐른다. [중략]
<small>연인들의 사랑이 이루어지는 시기</small>

겨울 코트를 입고 털모자와 목도리를 한 다림이 사진관 앞으로 걸어간다. 그러다 문득 <small>한동안 다림은 사진관을 찾아오지 않았음.</small> 다시 발걸음을 멈추고 서서히 사진관 쪽으로 걸음을 옮기는 다림. 유리창 안에서 밖을 보 <small>카메라의 시선</small> 면 다림이 다가와 사진관 앞에 선다. 사진관 안을 가만히 들여다보다가 시선이 한곳에 머무는 다림. / 놀라움이 조금씩 얼굴에 드러나기 시작한다. / 돌아서 양손에 입김을 불어 넣는 다림, 활짝 웃는다. 양손을 입에 댄 채 입김을 불어 넣으며 서서히 멀어져 가는 다림의 <small>자신의 사진을 봤기 때문에</small> 뒷모습. / 사진관 진열대에는 활짝 웃는 다림의 얼굴이 액자에 넣어져 걸려 있다. <small>사진관에 다림의 사진을 걸어 둠. – 다림을 향한 정원의 사랑을 상징함.   ▶ 정원의 사진관에 걸린 자신의 사진을 본 다림</small> 멀어져 가는 다림의 모습.

S# 116. 초등학교 운동장(해 질 녘 - 눈)

운동장 전체가 한눈에 내려다보인다. 아무도 없는 운동장 위로 서서히 눈이 내리기 시작 <small>카메라의 시선</small> 한다. 아이들이 남긴 무수한 발자국들 위로 흰 눈이 쌓여 간다.

내레이션: 내 기억 속의 무수한 사진들처럼, 사랑도 언젠간 추억으로 그친다는 것을 난 <small>정원의 목소리를 통해 작품의 주제 의식을 드러냄.</small> 알고 있었습니다. 하지만 당신만은 추억이 되질 않았습니다. 사랑을 간직한 채 떠날 수 있게 해 준 당신께 고맙단 말을 남깁니다.
<small>다림과의 사랑이 끝나지 않고 계속 이어짐.</small>
<small>▶ 다림과의 사랑이 과거의 추억이 아닌 현재의 사랑임을 전하는 정원</small>

키 포인트 체크

- [인물] ☐☐☐ 인생을 살고 있는 정원은 감정 표현에 ☐☐☐이고, 다림은 감정 표현에 적극적이다.
- [배경] 서울 변두리의 사진관을 배경으로 하고 있다.
- [사건] 정원은 담담히 죽음을 맞이하고, ☐☐은 크리스마스 무렵 ☐☐☐에 걸린 자신의 사진을 보고 기뻐한다.

<small>[답] 시한부, 소극적, 다림, 사진관</small>

◎ 핵심 정리

갈래 시나리오
성격 애상적, 서정적
배경 ① 시간 – 현대
  ② 공간 – 서울 변두리
제재 순수하고 안타까운 사랑
주제 죽음을 앞둔 한 남자의 애틋한 사랑과 아름다운 추억
특징 ① 대사보다 장면 중심의 구성을 취함.
  ② 사진을 통해 인물의 마음을 표현함.
  ③ 여름에서 크리스마스까지의 시간적 흐름 속에서 사랑의 의미를 표현함.
작가 ·오승욱(1963~) 영화감독, 시나리오 작가. 〈초록 물고기〉의 각본을 썼으며 〈킬리만자로〉를 연출하였다.
  ·신동환(1969~) 영화배우, 영화 제작자. 〈애심〉, 〈달빛 길어 올리기〉 등의 제작에 참여하였다.
  ·허진호(1963~) 영화감독. 〈8월의 크리스마스〉로 데뷔하였으며, 〈봄날은 간다〉, 〈외출〉, 〈행복〉 등을 연출하였다.

이해와 감상

이 작품은 시한부 인생을 사는 사진사와 주차 단속 요원의 순수한 사랑을 그린 영화의 시나리오이다. 죽음을 앞둔 사람의 사랑을 소재로 했지만, 슬픔과 안타까움을 강조하기보다 기억과 시간의 흐름을 중심으로 이야기를 전개하고 있다. 즉, 주인공의 죽음과 이루어지지 못하는 사랑은 단지 슬프고 안타까운 것이 아니라 시간이 지나면 담담하게 받아들일 수 있는 것으로 표현하고 있다. 절제된 대사와 정적인 영상으로 인물 간의 애틋한 사랑을 아름답게 보여 주고 있으며, 삶과 죽음, 사랑의 의미를 생각해 보도록 하는 작품이다.

전체 줄거리

시한부 인생을 살고 있는 사진사인 정원은 도로 주차 단속을 하는 다림을 알게 되고 그녀에게 끌리게 된다. 정원은 다림과 놀이공원에 놀러 가 즐거운 시간을 보내기도 하나 사랑하기엔 남은 시간이 짧다는 것을 잘 알기에 자신의 마음을 다림에게 털어놓지 못한다. 정원은 갑자기 상태가 악화되어 병원으로 실려 가고, 정원의 상태를 모르는 다림은 문 닫힌 사진관 앞을 서성인다. 다림은 다른 곳으로 전출을 가게 되어 더 이상 사진관에 오지 않고, 정원은 몰래 다림을 지켜보며 죽음을 준비한다. 정원의 죽음과 함께 크리스마스이브가 되고, 다림은 사진관을 찾아와 진열장에서 밝게 웃고 있는 자신의 사진을 보고 행복한 미소를 지으며 돌아간다.

작품 연구소

제목 '8월의 크리스마스'의 의미

8월		크리스마스
정원과 다림이 만나 사랑의 감정을 키워 가는 때	+	추운 겨울이지만 따뜻한 사랑을 나누는 날

8월의 크리스마스
따뜻하고 아름다웠던 다림과 정원의 사랑

045 공동 경비 구역 제이에스에이(JSA) |박상연 원작, 박찬욱 외 각색

키워드 체크 #시나리오 #휴머니즘적 #남북 분단 현실 #판문점 #총격 사건 #분단을 뛰어넘는 우정

전략 부분의 내용 판문점의 **공동 경비 구역** 내에서 격렬한 총성이 나고 북측 병사 두 사람이 죽는 사건이
〔남북한의 대립의 긴장과 비애를 담고 있는 상징적인 공간〕
벌어진다. 중립국 감독 위원회는 한국계 중립국 수사관 소피를 파견하여 사건을 조사하게 하는데, 사건 현장
에 있던 남한의 이수혁 병장과 북한의 오경필 중사는 서로 상반된 진술을 한다. 그러던 중 소피의 아버지가
〔한국계 스위스인〕
과거 인민군 장교였음이 밝혀지면서 소피의 수사관 자격이 문제가 된다.

S# 80. 수사본부(낮)

사진을 바라보고 앉은 소피에게 쏟아져 들어오는 햇빛. 문이 열리고 헌병들과 함께 들어
〔북측 초소에서 성식이 찍은 수혁과 경필, 우진의 사진〕
오는 수혁, 목발을 짚었다.
〔북측 초소에서의 뜻하지 않은 총격전으로 부상을 입음.〕

소피: (돌아보지도 않고, 영어로 헌병에게) Turn it off.(불을 꺼 주세요.) (헌병 나가자 수

혁을 돌아보며) 오라고 해서 미안해요. 몸도 불편한데. / 영문을 모르고 불려 온 수혁

이 가만히 지켜보는 가운데, 탁자에 놓인 서류 봉투를 집어 들고 출입구 앞으로 가는 소

피, 과녁의 다트를 뽑아 든 다음 서류 한 장을 꽂아 고정시킨다.

소피: 내일 자정을 기해 나를 제이에스에이 근무에서 해제한다는 명령서예요.
〔아버지가 과거 인민군 장교였다는 이유 때문에〕

수혁: (목소리) 들었습니다, 아버지 얘기. / 소피를 보는 수혁. [중략]

소피: 난 아직 흔적이 남아 있는데 이 병장은 깨끗하네요. (당황하는 수혁) 이 병장이 오
〔이수혁과 오경필의 대질 신문에서 이수혁이 진실을 말하려 하자 오경필이 이수혁을 넘어뜨려 진실을 말하지 못하게 함.〕
중사보다 힘이 센가 보지요? (분위기를 바꿔) 자, 진짜 재미난 쇼는 이제부터예요. 잘

봐요. (놀라는 수혁의 얼굴) 수정 씨를 만나자마자 전에 본 적 있는 얼굴이라고 생각

했어요. 그런데 그 사람이 누군지 알아내는 건 그렇게 어려운 일이 아니었죠. (우진
〔성식이 우진에게 자신의 여동생 사진을 주었음을 알 수 있음.〕
이 그려 놓은 수정의 초상화) 정우진이 그린 초상화예요. 그리고 이건 (당황하는 수혁)

정우진의 시신에서 나온 사진이에요. / 충격받은 표정의 수혁.
〔북측 초소에서 성식이 찍은 수혁과 경필, 우진의 사진〕

소피: '사라진 탄환'이 남 일병의 알리바이를 깨는 증거였다면…… (수혁의 얼굴) '사라
〔남성식〕 〔범죄가 일어날 때에, 피고인 또는 피의자가 범죄 현장 이외의 장소에 있었다는 사실을〕 〔주장함으로써 무죄를〕
진 얼굴'은 네 병사가 오랫동안 친하게 지냈다는 걸 뜻하는 증거죠. 〔입증하는 방법〕
〔이수혁, 남성식, 오경필, 정우진〕
외면하고 걸어가는 수혁.

수혁: (목소리) 그래서요? / 노란색과 빨간색 디스켓 두 개를 꺼내 보이는 소피.
〔두 개의 다른 보고서 파일〕

소피: 완전히 다른 두 개의 수사 보고서예요. 내가 뭘 제출하느냐는 이 병장한테 달렸
〔소피는 사건의 진실을 밝힌 보고서와 수혁과 경필의 의사를 존중하여 사건을 미제로 처리한 보고서를 작성함.〕
어요. 진실을 말해 준다면 난 후임자한테 어떤 증거나 추리도 제공하지 않겠어요.

수혁: 협박입니까? / **소피:** 거래죠. / **수혁:** 영창을 가든 훈장을 받든 전 관심 없습니다.

그렇다면 진실의 대가로 소령님이 저한테 해 줄 수 있는 게 뭡니까?

소피: 이 병장이 끝까지 보호하려고 하는 사람……, 오경필의 안전이에요.
〔자신을 희생하면서까지 그동안 우정을 나눈 오경필을 보호하려는 수혁의 인간적인 면모가 드러남.〕
고개를 휙 돌려 소피를 쏘아보는 수혁. 지지 않고 마주 노려보는 소피. 잠시 침묵. 눈싸움
〔소피가 자신의 마음을 알아채서 놀람.〕
끝에 고개 숙이는 수혁. 다시 천천히 고개를 든다.
〔수혁이 소피에게 사건의 전말을 털어놓게 될 것임을 암시함.〕 ▶ 오경필의 안전을 내세워 수혁에게 진실을 말해 줄 것을 요구하는 소피

🔑 포인트 체크

인물 수혁은 그동안 우정을 쌓아 온 북측 병사 ☐☐☐을 보호하려고 하는 인간적인 인물이다.

배경 1990년대 ☐☐☐의 공동 경비 구역을 배경으로 하여 남북 분단 현실을 보여 주고 있다.

사건 소피는 남북한의 네 병사가 우정을 쌓아 왔단 사실을 추리해 내며 ☐☐에게 사건의 진실을 알려
달라고 말하고 있다.

〔답〕 오경필, 판문점, 수혁

🎯 핵심 정리

갈래 시나리오

성격 민족적, 휴머니즘적

배경 ① 시간 - 1990년대
② 공간 - 판문점 공동 경비 구역

제재 공동 경비 구역 내에서 벌어진 총격 사건

주제 분단을 뛰어넘는 남북 병사의 우정

특징 ① 분단 문제에 대한 휴머니즘적 접근을 보여 줌.
② 희극적 대사와 장면을 통해 긴장감을 해소함.
③ 사건과 사건을 추리적인 요소로 연결함.

작가 · 박상연(본책 274쪽 참고)
· 박찬욱(1963~) 영화감독, 각본가, 주요 작
품으로 〈올드 보이〉, 〈친절한 금자 씨〉, 〈사이
보그지만 괜찮아〉 등이 있다.

이해와 감상

이 작품은 박상연의 소설 〈DMZ〉를 각색하여 공동 경
비 구역이라는 특수한 공간에서 벌어진 총격 사건의
진실을 밝히는 추리극 형식의 시나리오이다. 남한군
과 북한군이 대치 상태에 있는 공동 경비 구역을 배경
으로 남북 병사의 우정을 그리는 동시에 비극적인 결
말을 통해 분단 체제의 모순을 지적하고 있다. 남북
분단이라는 현실적이고 무거운 소재를 새롭게 해석하
여 역사성과 오락성을 동시에 보여 준 작품으로 평가
받고 있다.

전체 줄거리

판문점의 공동 경비 구역 내 북측 초소에서 북측 병사
두 사람이 죽는 사건이 벌어지자, 사건 해결을 위해
중립국 수사관 소피가 파견된다. 사건 발생 전, 수혁
은 수색 중에 낙오되었다가 경필과 우진의 도움을 받
아 서로 친해지고 후임 성식에게도 경필과 우진을 소
개하여 네 병사는 우정을 쌓아 갔다. 소피는 수사본부
에 수혁을 불러 진실을 말하면 경필의 안전을 책임지
겠다고 말한다. 사건의 진실을 알게 된 소피는 상부에
사실대로 보고하지 않지만, 총격전 당시 정우진을 쏜
사람이 바로 자신이었음을 알게 된 수혁은 스스로 목
숨을 끊는다.

작품 연구소

〈공동 경비 구역 제이에스에이〉 인물 소개

이수혁	남측 병사. 수색 중 낙오되었다가 경필과 우진의 도움을 받음.
남성식	남측 병사. 북한군과 우정을 나누면서도 반신반의하는 태도를 보이곤 함.
오경필	북측 병사. 대범하고 냉철하며 인간미를 지님.
정우진	북측 병사. 소박하고 따뜻한 심성을 가짐.

〈공동 경비 구역 제이에스에이〉에 나타난 갈등 양상

소피	수혁, 경필 등
총격 사건과 관련된 진실을 밝히고자 함.	서로를 보호하기 위해 사건을 은폐하고자 함.

남북 당국

남한은 북한의 납치라는, 북한은 남한의 기습
테러라는 주장을 내세우며 각자 자신들에게 유리한
방향으로 사실을 왜곡하려 함.

046 건축학 개론 | 이용주

[화작] 미래엔

키워드 체크 #회상적 #서정적 #1990년대 #첫사랑의 추억 #대학 시절 #15년 후 현재

옥상 위, <u>서연이와 승민이가 서로 멀찍이 떨어져 서서 각자 카메라로 시내 풍경을 찍는다.</u>
_{같은 동네에 사는 서연과 승민은 건축학 개론 수업 과제로 자신들이 사는 동네를 함께 돌아보는 중임.}

서연: 서울은 진짜 넓구나. 건물들도 엄청 크고.

승민: 너 고향이 어디야?

서연: 제주도.

승민: 우와! 제주도.

서연: 제주도 사람 처음 봐?

승민: 어, 처음 봐. 제주도가 살기 그렇게 좋다며?

서연, 승민이에게로 다가와 옆에 서서 시내를 바라본다.

서연: 살아 봐. 살기 좋긴. <u>내가 서울 오려고 얼마나 난리 쳤는데.</u>
_{제주도에서 벗어나 서울에서 학교를 다니기 위해 노력했다는 의미}

승민: 에이, 서울이라고 뭐 다 좋나.

서연: 난 좋던데. 서울은 다 좋던데. 압구정동도 진짜 멋있더라.

서연, 돌아서서 시디플레이어를 꺼낸다.
_{시대적 배경(1990년대)을 알 수 있는 소재}

승민: 응……. 그러면 부모님은 계속 제주도에 계시고?

서연: 아빠는 거기 계셔. 엄마는 돌아가셨고. 여긴 아빠 친구분 집에 잠깐 있는 거야.

승민: 아, 미안.

서연: (계속해서 시디플레이어를 작동하며) 네가 뭐가 미안해? 우리 엄마가 너 때문에
_{솔직하고 털털한 성격을 알 수 있음.}
돌아가신 것도 아닌데.

승민: 난 옛날에 아버지가 돌아가셨어. 그 얘기하면 친구들도 그래. 지들이 왜 미안해?
_{서연의 고백에 자신의 이야기를 꺼내는 승민}

『서연: 그치? 괜히 할 말 없으니까 그러는 거야.
_{『 」: 서로의 공통점을 발견하며 더욱 친해지는 두 사람}

승민: 그러니까.』

서연: (이어폰을 건네며) 들을래?

서연, 승민이의 귀에 이어폰을 꽂아 주고, 남은 한쪽을 낀다. 노래가 흘러나온다. 구름 사
_{서연과 승민의 사이가 가까워짐. → 점점 서로에게 친밀감을 느끼게 됨을 알 수 있음.}
이로 해가 비친다.

승민: (듣다가)……. 그런데 이거 누구 노래야?

서연: 너 전람회 몰라? (시디를 보여 주며) <u>기억의 습작. 노래 좋지?</u>
_{1990년대에 유행한 가요 → 관객들로 하여금 그 시절의 추억을 떠올리게 함.}

승민: 응.

서연: 빌려줄까?

승민: (반색하며) 그럴래?
_{자신이 좋아하는 서연과 더 친해질 수 있어서}

서연: 너 하는 거 봐서.

승민: (실망한 표정. 다시 시내를 바라보며 노래를 듣는다.)

▶ 건축학 개론 과제를 함께하며 점점 친해지는 서연과 승민

포인트 체크

인물 서연은 솔직한 성격의 인물이고, 승민은 소심한 성격을 가진 인물로 □□을 좋아하고 있다.

배경 과거인 1990년대 서울과 현재인 2010년대 서울 및 제주도를 교차하여 보여 주고 있다.

사건 □□□□□ 강의를 듣는 서연과 승민은 강의 과제로 자신들이 사는 □□를 함께 돌아보며
점점 친해지고 있다.

답 서연, 건축학 개론, 동네

핵심 정리

갈래 시나리오

성격 회상적, 서정적

배경 ① 시간 – 1990년대, 2010년대
② 공간 – 서울, 제주도

제재 첫사랑의 추억

주제 이루지 못한 첫사랑에 대한 아련한 그리움

특징 ① 과거와 현재가 교차되면서 이야기가 진행됨.
② 당시의 시대 상황을 보여 주는 소재들을 효과적으로 활용함.

작가 이용주(1970~) 영화감독. 주요 작품으로 〈살인의 추억〉, 〈불신지옥〉 등이 있다.

이해와 감상

서로에게 첫사랑이었지만 오해로 사랑을 이루지 못한 두 사람의 재회와 이별을 통해 첫사랑의 아련한 추억과 향수를 떠올리게 하는 시나리오이다. 첫사랑과 재회한 현재와 순수하고 서툴렀던 과거의 모습을 교차하면서 인물들의 감정 변화를 절제하여 담아내고 있다. 1990년대의 정서를 진하게 느낄 수 있는 음악과 시디(CD)라는 소재를 통해 당시를 기억하는 관객들이 자신의 추억을 돌아보며 공감할 수 있도록 하였다.

전체 줄거리

건축가가 된 승민은, 아버지와 함께 살 집을 지어 달라고 찾아온 첫사랑 서연과 15년 만에 재회한다. 대학 시절 건축학 개론 수업에서 서연을 처음 만난 승민은 서연에게 한눈에 반한다. 같은 동네에 살던 둘은 건축학 개론 수업 과제로 함께 동네를 돌아보면서 서로에 대해 알게 되고 가까워진다. 승민은 친구의 조언에 따라 서연에게 고백하기로 결심하지만 술에 취한 서연이 재욱의 부축을 받으며 가는 것을 보고 오해하게 된다. 승민은 서연이 준 시디를 돌려주며 심한 말을 하고 서연은 시디와 시디 플레이어를 승민에게 남긴다. 승민과 서연은 집을 지으면서 다시 가까워지고 서로가 첫사랑이었음을 확인한다. 하지만 승민과 서연은 둘의 관계를 첫사랑의 추억으로 남기고 각자 자신의 자리로 돌아간다.

작품 연구소

과거와 현재의 교차 진행

이 작품은 승민과 서연이 처음 만났던 대학 시절의 과거와 15년 만에 재회한 현재가 교차되며 진행되고 있다. 이를 통해 첫사랑의 풋풋한 감정과 재회 후의 어색했던 감정이 점차 오묘하게 변해 가는 과정을 함께 느낄 수 있도록 하고 있다. 또한 이러한 교차 진행은 비교적 단순하다고 할 수 있는 이야기에 생동감을 불어넣어 독자들이 흥미를 잃지 않고 이야기에 집중하도록 하는 효과를 주고 있다. 과거에서는 설레던 사랑의 시작과 오해로 인한 엇갈림을, 현재에서는 기억 속에 남아 있는 첫사랑에 대한 아련한 그리움을 그려 내어 독자들이 공감할 수 있도록 하고 있다.

047 동주 | 신연식

키워드 체크 #회상적 #서정적 #일제 강점기 #윤동주의삶 #시인의사명 #부끄러움

가 S# 27. 옥인동 하숙집(밤)
연희전문학교에 재학 중인 윤동주가 하숙집에서 동료들과 문예지를 만드는 장면

몽규: 자기 생각을 펼치기에는 산문이 좋지. 시는 가급적 빼라. 인민을 나약한 감상주
송몽규가 공산주의자임을 알 수 있음.

의자로 만드는 거이 문학 아이라. [중략]
감정을 지나치게 드러내는 태도나 경향을 가진 사람

몽규: 이광수, 최남선 같은 변절자들 따라하는 글들 다 내다 버리라.
친일 행위를 한 문인과 이들의 문체를 따르는 글을 경멸함. 민족주의적 관점에서 문학 작품을 평가함.

동주: 너 이광수 선생 작품만 봤었잖아? / 몽규: 아새끼래 그거이 어렸을 때 얘기지.

동주: 지금도 마찬가지지. 관습과 이념에 사로잡혀서 함부로 단정 짓는 거.
송몽규가 그의 사상과 목적(공산주의, 민족주의)에 사로잡혀 문학 작품을 평가하고 있는 것에 반감을 드러냄.

이상한 분위기에 긴장하는 친구들.

몽규: 관습과 이념을 타파하자고 하는 일이야. 와, 시를 빼자고 그래서리? 내래 이 문
피지배 계급을 억압하는 사상과 체제를 깨트리고자 함.

예지를 하는 이유가 있고 목적이 있어. 시를 무시해서리 하는 이야기가 아이야.
문학, 문예지를 자신이 추구하는 사상, 목적을 이루는 수단으로 삼고 있음.

동주: 시도 자기 생각 펼치기에 부족하지 않아. 「사람들 마음속에 있는 살아있는 진실
「」: 윤동주의 가치관 ① – 시(문학)도 사람들의 마음을 드러내고 모아서 세상을 바꾸는 힘이 될 수 있음.

을 드러낼 때 문학은 온전하게 힘을 얻는 거고, 그 힘이 하나하나 모여서 세상을 바

꾸는 거라고」 / 몽규: 그런 힘이 어드러케 모이는데? 그저, 세상을 바꿀 용기가 없어

서리 문학 속으로 숨는 거 밖에 더 돼니?
자신이 추구하는 사상과 체제에 맞는 문학과 문예지를 만들고자 하는 송몽규와 같은 이들을 가리킴.

동주: 「문학을 도구로밖에 이용하지 않는 사람들 눈에 그렇게 보이는 거겠지! 문학을
「」: 윤동주의 기치관 ② 문학은 특정 이념과 목적을 위한 도구가 될 수 없음.

이용해서 예술을 팔아서 뭐 어떻게 세상을 변화시켰는데? 누가 그렇게 세상을 변화

시켰는데? 애국주의니 민족주의니 공산주의니 그딴 이념을 위해 모든 가치를 팔아

버리는 거, 그거이, 그거이 관습을 타파하는 일이야? 그것이야말로 시대의 조류에

몸을 숨기려고 하는 썩어 빠진 관습 아니겠니?」 ▶ 문학의 시대적 역할에 대해 논쟁하는 동주와 몽규

나 S# 30. 정지용의 집 – 방

정지용에게 큰 절로 인사를 하는 동주, 인사를 받는 정지용.

정지용: 편히 앉게. 자네. 자네…… 시인이더구만. / 동주: 예?

정지용: 읽어 봤어, 좋아. 시인이야. [중략]

정지용: 차라리 일본으로 가게. 일본에도 좋은 선생이 많아. 나도 교토에 있을 때가 좋
시인이자 지식인으로서 더욱 크게 성장할 수 있도록 동주에게 일본 유학을 권함.   '일본식 성명 강요'의 전 용어

았어. / 동주: (일본 유학을 권하는 정지용에게) 그런데…… 창씨개명을 하면서까지
일제가 강제로 우리나라 사람의 성과 이름을 일본식으로 고치게 한 일. 우리 고유의 문화와 전통을 말살하려는 목적으로 실시함.

유학을 가야 할지 모르겠습니다. 그렇게까지 해서 유학을 간다는 게 왠지 부끄러운
창씨개명에 대해 양심의 가책을 느낌.

생각이 들어서요.

정지용: 「부끄럽지. 부끄럽고말고, 아무 말도 못 하고 있는 내가 부끄럽고, 늘 술만 마시
「」: 암울한 현실 속에서 시인으로서 사명을 다하지 못하고 있는 것에 대한 자책.

는 내가 부끄럽네. 자네한테 일본에 유학 가라고 권하는 나도 부끄럽고」그렇지만 부

끄럽지 않게 사는 게 얼마나 힘든 일이겠나? 윤 시인, 부끄러움을 아는 건 부끄러운

게 아니야. 부끄러운 걸 모르는 놈들이 더 부끄러운 거지.
부끄러워할 수밖에 없는 일제 강점기의 현실에서 부끄러워할 줄 모르는 이들에 대한 비판   ▶ 윤동주에게 일본 유학을 권하는 정지용

키 포인트 체크

인물 윤동주와 송몽규는 □□을 통해 암울한 식민지 현실을 극복하려 한다.

배경 □□□□□라는 시대 현실을 살아가는 시인의 고뇌와 극복 의지를 보여 주고 있다.

사건 윤동주와 송몽규는 문학에 대한 견해 차이로 □□하고, 정지용은 윤동주가 시인으로 더 성장하기
를 바라며 □□□□을 권하고 있다.

답 문학, 일제 강점기, 대립, 일본 유학

✿ 핵심 정리

갈래 시나리오

성격 회상적, 비극적, 서정적

배경 ① 시간 – 일제 강점기
② 공간 – 윤동주의 하숙집, 정지용의 집

제재 시인 윤동주와 독립운동가 송몽규의 삶

주제 일제 강점하의 암울한 시대 현실에 맞섰던 윤동
주와 송몽규의 순수하고 치열한 삶

특징 ① 윤동주가 옥중 심문을 받는 현재와, 윤동주
와 송몽규의 과거를 교차하여 보여 줌.
② 장면 중간에 윤동주의 시를 삽입해 그의 삶
과 시의 연관성을 드러내고 서정적인 분위기
를 더함.

작가 신연식(1976~) 시나리오 작가, 영화감독. 주요
작품으로 〈좋은 배우〉, 〈피아노 레슨〉 등이 있다.

이해와 감상

이 작품은 일제 강점기의 암울한 현실에 치열하게 맞
선 시인 윤동주와 독립운동가 송몽규, 두 청년의 삶을
그린 시나리오이다. 영화는 성찰과 부끄러움을 바탕
으로 시대의 아픔을 노래한 윤동주와 항일 독립운동
에 뜻을 두었던 송몽규의 삶을 흑백의 영상으로 보여
준다. 수록된 장면은 암울한 현실에서 문학, 특히 시
(詩)의 가치와 효용이 무엇인지를 두고 윤동주와 송몽
규가 논쟁을 하는 장면, 일본 유학을 앞둔 윤동주가
시인 정지용을 만나 삶의 방향에 대한 가르침을 듣는
장면으로 시대적 양심과 사명에 대한 윤동주의 인간
적인 고뇌가 잘 드러나 있다.

전체 줄거리

윤동주와 송몽규는 한 마을에서 같이 나고 자란 친구
이자 사촌지간이다. 윤동주는 문학을 사랑하며 시인
의 꿈을 키워 가지만, 송몽규는 조국의 독립을 위해
위험을 무릅쓰고 중국의 임시정부로 향한다. 죽음의
고비를 넘고 온 송몽규에게 윤동주는 앞으로 어디를
가든지 함께하자고 이야기를 하고, 송몽규는 윤동주
와 함께 일본 유학길에 오른다. 송몽규는 유학을 가서
도 일본 내 한국인 유학생들을 모아 독립운동을 벌일
계획을 세우고 영문학을 공부하던 윤동주도 송몽규와
뜻을 함께하기로 한다. 죽음까지 함께하려던 두 친구
는 계획을 실행에 옮기지 못하고 일본 경찰에 체포당
하고 만다. 윤동주와 송몽규는 조국이 해방되기 직전
형무소에서 생을 마감하고, 윤동주는 한 권의 시집을
남긴다.

작품 연구소

문학에 대한 윤동주와 송몽규의 생각의 차이

윤동주	송몽규
• 문학은 사람들 마음의 진실을 드러내고 그 힘을 모아 세상을 변화시킴. • 문학은 특정 관습이나 이념의 도구로 쓰일 수 없음.	• 문학은 현실 도피의 수단이며, 인간을 나약하게 만듦. • 문학은 관습과 이념을 타파하는 도구로 적절히 활용되어야 함.

세상을 변화시키는 방법과 문학에 대한 가치관은
서로 다르지만 두 사람 모두 암울한 현실을
극복하려는 열망과 의지를 갖고 있음.

오이디푸스왕 | 소포클레스

🎯 핵심 정리

갈래 비극
성격 비극적, 분석적
배경 ① 시간 - 고대
　　　　② 공간 - 그리스
제재 비극적인 운명
주제 신이 부여한 운명과 인간의 의지 사이에서 빚어지는 갈등과 인간의 한계
특징 ① 그리스 신화에서 소재를 가져옴.
　　　　② 과거의 사건으로 거슬러 올라가는 구조를 취함.
　　　　③ 인간의 한계를 보여 주는 운명적 비극임.

👁 이해와 감상

이 작품은 비극의 모든 요소를 갖추고 있어, 전형적인 비극의 모델로 평가되고 있는 고대 그리스 희곡이다. 피할 수 없는 운명과 그로 인한 갈등, 그리고 이를 풀어내는 인물의 결정이 작품의 극적 구조를 형성하고 있다. 관객은 자신보다 탁월한 인물이 몰락하는 과정을 지켜보면서 공포와 연민을 경험하고 이 과정에서 카타르시스를 느낄 수 있다.

Q 오이디푸스가 불안해하는 이유는?

오이디푸스는 테베에 전염병이 돌자 선왕 라이오스를 살해한 범인을 처벌하면 된다는 신탁의 내용에 따라 라이오스의 살해범을 추척한다. 그러나 이 과정에서 라이오스를 죽인 범인이 자신일지도 모른다는, 자신이 아버지를 죽이고 어머니를 부인으로 맞았을지도 모른다는 불안감에 떨고 있다.

🔍 전체 줄거리

테베의 라이오스왕은 이오카스테와의 사이에서 오이디푸스를 낳는데 아들이 자신을 죽이고 그 어미와 결혼한다는 아폴론의 신탁을 받는다. 두 사람은 오이디푸스를 죽이고자 하나, 그 일을 맡은 신하가 그를 몰래 살려 준다. 코린토스왕에 의해 친자식처럼 길러진 오이디푸스는 아폴론 신탁의 저주를 피하기 위해 집을 떠나고, 우연히 라이오스왕을 만나 말다툼 끝에 그를 살해한다. 그리고 도탄에 빠진 테베를 구하는 과정에서 이오카스테와 결혼한다. 그 후 자신이 죽인 라이오스왕이 친부였음을 알게 된 오이디푸스는 절망에 빠져 자신의 눈을 찌르고 이오카스테는 자결한다. 그리고 오이디푸스는 방랑의 길을 떠난다.

👤 작가 소개

소포클레스(Sophocles, B.C. 496~B.C. 406)
고대 그리스의 비극 시인. 그리스 비극을 기교적·형식적으로 완성하였다. 주요 작품으로 〈오이디푸스왕〉, 〈안티고네〉, 〈엘렉트라〉 등이 있다.

오이디푸스: 방금 그것을 들었을 때, 내 영혼이 얼마나 방황하고 마음이 얼마나 요동하는지 모르겠소, 부인. / **이오카스테:** 어떤 근심이 들기에 그리 놀라시는 건가요?

오이디푸스: 나는 당신에게서 이렇게 들은 것 같소. 라이오스가 마차가 다니는 삼거리 근처에서 피살되었다고.

이오카스테: 그런 말이 나돌았고, 그 소문이 그치지 않으니까요.

오이디푸스: 그러면 그 폭력이 일어난 그 장소는 어디요?

이오카스테: 그 땅은 포키스라는 곳인데, 갈라진 길이 델포이와 다울리아로부터 와서 같은 곳에 이르지요. / **오이디푸스:** 그러면 그 일이 있은 후 시간이 얼마나 흘렀소?

이오카스테: 당신이 이 땅의 통치권을 차지하기 조금 전에 그 일이 도시에 전해졌습니다.

오이디푸스: 오, 제우스여, 저에게 무슨 일을 계획하신 겁니까! ┊ 테베

이오카스테: 당신 속을 짓누르는 그 일은 무엇인가요, 오이디푸스여?

오이디푸스: 아직 내게 묻지 마시오. 그보다 라이오스에 대해 말해 보시오. 그가 어떤 체격이었는지, 젊은 힘이 얼마나 절정에 다다라 있었는지를.

이오카스테: 피부가 거무스름하고, 머리에 막 흰 터럭이 섞여 나기 시작했으며, 생김새는 당신과 많이 다르지 않았지요. / **오이디푸스:** 아아, 불행하도다. 나는 방금 나 자신을 무서운 저주 속에 던져 넣고도 그걸 몰랐던 모양이오.
　오이디푸스가 라이오스왕의 아들임을 암시함.

이오카스테: 무슨 말씀인가요? 당신을 보고 있자니 마음이 불안해지는군요, 왕이시여.

오이디푸스: 난 아주 두렵소. 혹시 그 예언자가 앞을 보는 게 아닐까 하고. 하지만 그대가 하나만 더 설명해 준다면, 사실을 더 잘 보여 주게 될 것이오.
　테레이시아스 - 테베의 눈먼 예언자로 진실을 보는 통찰력이 있는 인물

이오카스테: 그러면, 마음이 불안하지만, 당신이 물으시는 것을 듣고 대답하겠어요.

오이디푸스: 그는 소수와 함께 갔소, 아니면 통치자답게 수행원 여럿을 데리고 갔소?

이오카스테: 모두 해서 다섯이었지요. 그들 가운데는 전령이 있었고요. 그리고 한 대의 사륜마차가 라이오스를 이끌었습니다.
　명령을 전하는 사람

오이디푸스: 아아, 이제 분명하구나! 그 이야기를 당신들에게 해 준 사람은 대체 누구였소, 부인? / **이오카스테:** 집안 하인이었습니다. 그 사람 혼자만 살아 돌아왔지요.
　결정적인 정보 제공자

오이디푸스: 그러면 그가 지금 집 안에 있소?

이오카스테: 아니, 없습니다. 그는 거기서 돌아와서, 당신이 권력을 잡은 것과 라이오스의 죽음을 확인한 이후부터 내 손을 잡고서 간청했지요. 자신을 시골로, 가축 떼가 있는 목장으로 보내 달라고요. 가능한 한 멀리 이 도시로부터 벗어나 있도록. 그래서 저는 그를 떠나보냈지요. 그는 노예였지만 그보다 더 큰 호의라도 누릴 자격이 있었으니까요. / **오이디푸스:** 어떻게든 그가 빨리 우리에게 돌아오게 할 수 있소?
　오이디푸스가 라이오스왕을 죽인 사건의 목격자로서 해를 당할까 두려워서

▶ 라이오스왕을 죽인 범인이 자신일지 모른다는 두려움에 휩싸인 오이디푸스

🔑 포인트 체크

인물 오이디푸스는 아버지를 죽이고 어머니와 결혼한다는 신탁의 □□에서 벗어나지 못한 □□□ 운명을 지녔다.

배경 고대 그리스의 도시 국가 □□를 배경으로 고귀한 인물이 몰락하는 비극을 보여 주고 있다.

사건 라이오스왕을 살해한 자를 추적하던 오이디푸스는 이오카스테에게 사건의 전말을 듣고 □□이 라이오스왕을 죽인 범인일 수도 있다는 불안감을 느끼고 있다.

답 저주, 비극적, 테베, 자신

049 베니스의 상인 | 셰익스피어

핵심 정리
갈래 장막극
성격 낭만적, 희극적
배경 ① 시간 – 16세기
② 공간 – 이탈리아의 베니스와 벨몬트
제재 안토니오와 바사니오의 우정, 법정 소송
주제 개인의 가치관 대조를 통한 인간성 성찰
특징 ① 인육 재판에서 모티프를 얻음.
② 반전에 의한 극적 구성이 돋보임.
③ 악당을 비극적인 인물로 묘사함.

이해와 감상
총 5막으로 이루어진 희곡으로, 인육 재판, 상자 고르기, 유대인 처녀와 기독교도 청년의 사랑과 도피, 반지 분실 등 4개의 에피소드를 엮어 구성하였다. 재판의 형식을 도입하여 인물들의 대립적인 생각과 삶의 태도를 뚜렷하게 드러내고 있으며, 인간성에 대한 통찰이 깊고 정확하다는 점에서 높은 평가를 받고 있다. 샤일록이라는 악인을 통해 몰인정하지만 기독교인들의 박해를 받으며 살아가는 비극적인 인물의 모습을 보여 주고 있다.

전체 줄거리
베니스의 선량한 상인 안토니오는 절친한 친구 바사니오가 포샤에게 구혼하러 가기 위한 여비를 마련해 주기 위해 유대인 고리대금업자 샤일록에게 돈을 빌린다. 안토니오는 돈을 갚을 수 없을 때에는 자기의 살 1파운드를 떼어 준다는 증서를 쓰는데, 배가 돌아오지 않아 돈을 갚지 못한 안토니오는 샤일록의 독촉으로 궁지에 몰리게 된다. 그러나 재판관으로 변장한 포샤의 영리한 판결로 샤일록은 오히려 전 재산을 몰수당하고 기독교로 개종할 것을 명령받게 된다. 그리고 샤일록의 딸 제시카는 기독교인 로렌조와 맺어지고, 안토니오의 상선도 무사히 돌아온다.

Q '증서'에 대한 포샤의 해석이 작품 전개에 미치는 영향은?

샤일록은 평소 유대인인 자신을 차별하는 안토니오를 눈엣가시처럼 생각해 왔다. 샤일록이 빚에 대한 대가로 '살 1파운드'를 요구하는 것은 사실 안토니오의 죽음을 원하는 것이다. 그러나 증서에 피에 대한 언급이 없음을 간파한 포샤는 피를 한 방울도 흘리지 않고 1파운드의 살만을 자르라고 판결한다. 이는 실제로는 불가능한 일로, 자신만만하던 샤일록을 오히려 궁지로 몰아넣는 극적 반전을 가져온다.

작가 소개
셰익스피어(William Shakespeare, 1564~1616)
영국의 시인, 극작가. 영국 문학을 대표하는 문호로, 인간 심리에 대한 깊은 통찰을 보여 주었다. 주요 작품으로 4대 비극인 〈햄릿〉, 〈오셀로〉, 〈리어 왕〉, 〈맥베스〉를 비롯하여 〈로미오와 줄리엣〉, 〈한여름 밤의 꿈〉 등이 있다.

안토니오: 별로 없습니다. 이미 각오는 되어 있습니다. 바사니오, 악수나 하세. 잘 있게. 내가 자네 때문에 이렇게 되었다고 해서 슬퍼하지 말게. 운명의 여신이 내게 대해서는 그래도 친절한 편이지. 불행한 사람을 재물에서 떼어 놓은 채 마음대로 죽지도 못하게 하고 얼굴엔 주름살 천지가 되어 움푹 들어간 눈을 하고 자신의 가난을 목격하면서 살게 하는 것이 상례인데, 그 비참한 꼴만은 면하게 해 주거든. 부디 부인께 안부 전해 주게. 안토니오는 왜 죽었는지, 얼마나 자네를 사랑했는지, 사실대로 잘 말하고, 부인의 판단을 청해 보게. 한때 바사니오에게 친구 한 사람이 있었다는 말을 할 수 있을지. 자네가 친구 하나를 잃었다고 부인이 슬퍼하신다면 나는 군을 위해서 부채를 지불하는 것을 슬퍼하지 않네. 만일 유대인이 아주 깊숙이 자른다면 그야말로 기쁘게 지불하는 것이 될 테니까.

바사니오: 안토니오, 내 아내는 생명과도 같이 소중한 여잘세. 하지만 생명 그 자체도 아내도 전 세계도 내게는 자네의 생명보다 귀중한 것이 못 되네. 난 모든 것을 버려도 좋아. 모든 것을 희생해도 좋으니까 어떻게 해서든지 이 악마로부터 자네를 구하고 싶네. / **포샤:** 부인이 옆에 있다가 그 소리를 들으면 별로 고마워하지 않을 걸요.

그라시아노: 나도 사랑하는 아내가 있지만 차라리 죽어서 승천한다면 하느님께 호소해서 이 못된 유대 놈의 마음을 바꿔 놓을 수 있을 텐데.

네리사: 그런 소리 부인이 듣지 못하는 데서나 해야지 집안에 풍파가 날 거요.

샤일록: (방백) 크리스천 남자들이란 다 저렇다니까! 나에게도 딸이 하나 있지. 크리스천을 사위로 맞을 바엔 강도 바라바의 혈통에게 주어 버리는 게 낫지. 이건 시간 낭빈데, 빨리 언도를 내려 주십쇼.

포샤: 저 상인의 살 1파운드는 원고의 것이오. 법정은 이를 원고에게 주는 것이오.

샤일록: 공명정대하신 재판관님!

포샤: 원고가 직접 피고의 심장 옆에서 살을 베어 내야 하오. 법률이 이를 허가하고 법정이 이를 시인하는 바이오. / **샤일록:** 박학하신 재판관님! 언도요! 자! 어서!

포샤: 잠깐. 할 얘기가 또 있소. 이 증서에서는 피는 한 방울도 원고에게 준다고 하지 않았소. 분명히 '살 1파운드'라고만 쓰여 있소. 그러므로 증서의 문면대로 '살 1파운드'를 가질 것. 그러나 살을 베어 내면서 크리스천의 피 한 방울이라도 흘릴 때에는 원고의 토지나 재산은 베니스 국법에 따라 몰수되어 모두 베니스 국고로 귀속될 것이오.

그라시아노: 아, 공명정대한 재판관님! 어때? 유대인아. 박학하신 재판관님!

샤일록: 그게 법률입니까? / **포샤:** 눈으로 직접 조문을 보시오. 결국 원고가 시종 엄중한 증서 문면대로 재판해야 한다고 고집했기 때문에 원고는 원하는 것 이상의 엄중한 재판을 받지 않으면 안 되는 것이오. 알았는가? ▶ 피를 흘리지 않고 살 1파운드를 베어 낼 것을 언도하는 포샤

포인트 체크

인물 베니스의 상인 □□□□는 바사니오와 끈끈한 우정을 나누는 사이이다.
배경 16세기 □□□□ 베니스의 상인들의 이야기를 통해 인간성에 대한 통찰을 보여 주고 있다.
사건 샤일록이 빚에 대한 대가로 안토니오에게 □ 1파운드를 떼어 달라 하자 재판관 포샤는 몰인정한 샤일록을 벌하는 판결을 내리고 있다.

답 안토니오, 이탈리아, 살

050

로미오와 줄리엣 | 셰익스피어

키워드 체크 #비극적 #16세기 이탈리아 #청춘 남녀 #낭만적인 사랑 #비극적 결말

🎯 핵심 정리

갈래 장막극
성격 비극적, 보편적
배경 ① 시간 – 16~17세기
② 공간 – 이탈리아 베로나
제재 청춘 남녀의 사랑
주제 청춘 남녀의 아름다운 사랑과 비극적 결말
특징 ① 다양한 시적 형식과 표현을 보여 줌.
② 그리스와 이탈리아 설화를 모티프로 함.
③ 복선을 통해 극적 긴장감을 고조함.

😊 이해와 감상

이 작품은 서로 갈등하는 몬터규 집안의 로미오와 캐퓰렛 집안의 줄리엣의 비극적 사랑을 그리고 있는 희곡으로, 아름다운 대사와 치밀한 극적 구성으로 명작으로 평가받고 있다. 이 작품은 대사가 운문으로 되어 있는 극시(劇詩)로, 그 속에 다양한 시적 형식과 함축적이고 비유적인 표현을 담고 있다.

> **Q 줄리엣이 로미오에게 이름을 버리라고 말하는 이유는?**
>
> 몬터규 가문과 캐퓰렛 가문은 서로 적대적인 관계에 있다. 따라서 몬터규 가문의 로미오와 캐퓰렛 가문의 줄리엣은 가문을 유지한 채로는 사랑을 이룰 수 없다. 따라서 줄리엣은 로미오에게 오직 서로의 사랑만을 생각하기 위해 이름을 버리라고 말하고 있는 것이다.

🔍 전체 줄거리

몬터규 집안의 로미오는 원수지간인 캐퓰렛 집안의 줄리엣을 보고 첫눈에 반하고 이 둘은 서로의 사랑을 확인하고 결혼을 약속한다. 그런데 두 집안의 싸움에서 줄리엣의 사촌 티벌트가 로미오의 친구 머큐시오를 죽이는 사건이 발생하자, 로미오는 티벌트를 죽이고 도시에서 추방되고 만다. 홀로 남은 줄리엣이 로렌스 신부를 찾아가자, 신부는 마시면 죽은 것처럼 보이는 약을 줄리엣에게 준다. 그러나 이런 사정을 알지 못한 로미오는 줄리엣이 죽은 줄 알고 상심하여 독약을 먹고 자살한다. 나중에 깨어난 줄리엣은 죽어 있는 로미오를 안고 오열하다가 그의 뒤를 따라 자결한다.

🏠 작품 연구소

이 작품의 갈등 관계

```
로미오 ──── 사랑 ──── 줄리엣

몬터규 집안 ← 반목 → 캐퓰렛 집안
            ↓
두 집안의 갈등이 로미오와 줄리엣의
사랑을 비극으로 끝나게 만듦.
```

👤 작가 소개

셰익스피어 (본책 299쪽 참고)

줄리엣: 아, 로미오, 로미오! 왜 당신은 로미오예요? 아버지를 잊어요. <u>그 이름을 버려요.</u> 그것이 싫다면 날 사랑한다고 맹세해요. 그럼 내가 캐퓰렛 성을 버릴 거야.

로미오: (방백) 좀 더 들어 볼까, 말을 걸어 볼까?
<small>연극에서, 등장인물이 말을 하지만 무대 위의 다른 인물에게는 들리지 않고 관객만 들을 수 있는 것으로 약속되어 있는 대사</small>

줄리엣: 당신 이름만이 나의 원수일 뿐. 비록 몬터규가 아니더라도 당신은 당신이야. 몬
<small>로미오와 자신의 가문이 원수지간이므로</small>
터규가 뭔데? 손도 발도 팔도, 얼굴도 아니고, 사람 몸의 어떤 부분도 아니잖아. 아,
<small>사랑을 위해 필요한 것은 로미오뿐이며 가문은 허상에 불과함.</small>
딴 이름이 돼 주어요! 이름이 뭔데? 장미꽃을 딴 이름으로 불러도 향기는 역시 마찬가지잖아. 로미오도 같아. 로미오란 이름으로 부르지 않아도, 당신이 갖고 있는 소중한 완벽함은 그대로 남을 것이오. 로미오, 그 이름을 버려요. 당신과 상관없는 그 이름 대신에 나의 모든 것을 가져가요. ▶ 로미오에 대한 사랑을 홀로 이야기하는 줄리엣과 이를 바라보는 로미오

로미오: (줄리엣에게) 그 말대로 받아들이지. 날 애인이라 불러 줘. 그게 나의 새로운 세
<small>줄리엣의 연인으로 새롭게 살아갈 것임.</small>
례명이야. 이제부터 난 절대로 로미오가 아니지.

줄리엣: 당신은 누구요? 밤의 어둠 속에 몸을 숨기고 남의 비밀을 엿들었으니.

로미오: 내가 누구라고 내 이름으로는 말해 줄 수가 없어. 거룩한 성자여, 이젠 <u>내 이름이 미워</u>. 그건 너의 원수니까. 종이에 쓰여 있다면 찢고 싶어.
<small>줄리엣을 향한 사랑을 방해하는 자신의 이름(가문)에 대한 거부</small>

줄리엣: 내 귀는 백 마디도 네 말을 듣지 못했지만, 네 목소리를 알아. 넌 로미오잖아, 몬터규 댁의? / **로미오:** 아름다운 아가씨, 네가 싫다면 둘 다 아냐.

줄리엣: 어떻게 여기까지 왔어? 왜 온 거야? 정원 담이 높아서 오르기 어려운데. 네 신분을 생각할 때 우리 집 사람들한테 들키는 날이면 죽음의 장소가 될 것이야.
<small>원수지간인 가문에 침입한 것이므로</small>

로미오: 사랑의 가벼운 날개로 담을 넘어왔지만, 돌담이 어찌 사랑을 막을 수 있겠어. 사랑은 할 수 있는 일이라면 뭐든지 해내. 그러니 너의 가족인들 날 막지는 못해.

줄리엣: 들키는 날엔 너를 죽일 거야.

로미오: 아아, <u>그들의 칼 스무 자루보다도 너의 눈동자가 더 두려워! 정다운 눈길로 반겨 줘. 그러면 그들의 적의쯤 끄떡도 안 할 거야.</u>
<small>사랑을 위해 목숨까지 거는 로미오의 열정적이고 낭만적인 모습</small>

줄리엣: 어떤 일이 있어도 여기서 들켜선 안 돼.

로미오: 들키지 않기 위해 밤의 외투를 걸치고 있어. 네가 날 사랑하지 않겠다면 날 들키게 해 줘. 너의 사랑 없이 죽음을 미루며 사느니, 차라리 그들의 증오를 받고 목숨을 끊는 것이 한결 나아.

줄리엣: 너는 누구의 안내로 여기까지 왔지?

로미오: 사랑, 사랑이 찾으라고 떠밀었어. 사랑은 내게 충고를, 난 사랑에게 눈을 빌려주었어. 난 키잡이는 아니지만, 네가 바닷물이 넘실대는 천 리 길의 먼 바닷가에 있다 해
<small>배의 키를 조종하는 사람</small>
도 그 보배를 찾아 모험에 나설 거야. ▶ 사랑을 위해서 무엇이든 할 수 있다고 다짐하는 로미오
<small>줄리엣</small>

🔑 포인트 체크

인물 로미오와 줄리엣은 자신의 가문과 □□ 사이인 상대와 사랑에 빠져 있다.

배경 16~17세기 □□□를 배경으로 원수지간인 가문의 아들과 딸의 비극적 사랑을 보여 주고 있다.

사건 로미오와 줄리엣이 자신의 □□을 버리고서라도 사랑을 이루겠다고 다짐하고 있다.

답 원수, 베로나, 이름(가문)

문학 해냄

핵심 정리
갈래 장막극, 비극
성격 비극적
배경 ① 시간 – 12세기경
② 공간 – 덴마크
제재 아버지의 복수
주제 인간의 탐욕으로 인한 갈등과 비극
특징 ① 복잡한 내면 심리를 화려한 언어로 표현함.
② 대사를 통해 인생에 대한 이해와 성찰을 담아냄.

이해와 감상
이 작품은 셰익스피어의 4대 비극 중 하나로, 인간의 음모와 모순성을 토로하는 한편, 순결한 영혼을 지닌 인물이 자신이 감당할 수 없는 절박한 상황에 부딪쳐 정신적 고통을 겪으며 무너져 가는 모습을 잘 보여 주고 있다. 제시된 장면에서 왕은, 햄릿이 자기 아버지를 죽인 자를 아는지 시험해 보기 위해 오필리아와 만나도록 계략을 꾸미고, 햄릿은 자신이 처한 상황에 대해 고민하고 있다. 복수를 실행에 옮기지 못하고 고통을 겪는 햄릿은 우유부단한 인물의 전형으로 제시되는 인물이다.

> **Q** 대사를 통해 알 수 있는 햄릿의 심리는?
> 햄릿은 숙부가 자신의 아버지를 독살하고, 어머니가 원수인 숙부와 결혼한 것을 증오하고 있다. 햄릿은 이러한 상황을 해결하기 위해 죽음을 선택할 수도 있으나 사후 세계를 알 수 없어 이 세상의 고통을 참고 살 수밖에 없다며 망설이고 있다. 즉 사는 것도 모욕이며, 죽는 것 또한 고귀한 일이 아니기에 그 사이에서 갈등하고 있는 것이다.

전체 줄거리
햄릿은 아버지가 죽고 아버지의 뒤를 이어 왕이 된 숙부가 어머니와 결혼하자 크게 상심한다. 그런데 어느 날 아버지의 영혼이 나타나 자신이 숙부에게 독살되었음을 알리고 복수를 명한다. 햄릿은 왕의 의심을 피하기 위해 미친 것처럼 행세하다가 연극을 통해 암살의 진상을 알아낸다. 그후 햄릿은 오필리아의 아버지 폴로니어스를 왕으로 오인하여 죽이게 된다. 오필리아는 충격을 받아 자살하고 아버지의 죽음을 복수하기 위해 프랑스에서 돌아온 레어티즈는 누이동생 오필리아마저 죽자 햄릿을 증오하게 된다. 햄릿은 레어티즈와 검술 시합 도중 독이 묻은 레어티즈의 칼에 상처를 입는다. 또한 왕비는 왕이 햄릿을 위해 준비한 독배를 마시고 즉사한다. 햄릿은 독이 묻은 칼로 왕을 찔러 아버지의 복수를 마친 후 죽는다.

작가 소개
셰익스피어(본책 299쪽 참고)

왕: 여보, 거트루드, 이제는 좀 들어가 있으시오. 실은 좀 은밀히 햄릿을 이리 불러 놓았소. 여기서 우연히 만나는 것처럼 오필리아와 만나게 하자는 것이오. 그 애 부친과 나는 떳떳이 탐색할 수 있는 입장이니까 여기 숨어서 두 사람이 만나는 장면을 충분히 살펴보고, 그 행동으로 미루어 과연 병의 원인이 사랑 때문인지 아닌지를 판단해 보아야겠소. / **왕비:** 분부대로 하지요. [중략]
  （햄릿의 고민을 알기 위해 일을 꾸밈. 왕의 교활한 성격이 드러남. / 폴로니어스）
  ▶ 햄릿의 고민을 확인하려 하는 왕

폴로니어스: 얘, 오필리아, 여기서 서성거리고 있거라. (왕에게) 황공하옵니다만 같이 숨으시지요. (다시 오필리아에게) 얘, 이 책을 읽고 있거라. (기도용 책상에서 책을 집어 오필리아에게 준다.) 그렇게 책에 몰두한 것처럼 가장하고 있으면 이상스럽게 보이지는 않을 게다. 이건 마귀의 본성에다 제법 경건한 듯한 가면과 가장을 가지고 사탕발림을 하는 수작이랄까, 죄스러운 일이기는 하나 세상에 흔해 빠진 사실이거든.
  （우연한 만남을 가장함.）

왕: (방백) 과연 그렇다. 그 말이 내 양심을 아프게 채찍질하는구나. 화장으로 곱게 단장한 창녀의 볼이 연지에 비하여 추악하다 한들, 그럴듯하게 꾸민 말 뒤에서 행동하는 내 행실에 비하여 그 이상으로 추악하지는 않으렷다. 아, 참으로 무겁구나, 죄과의 짐이!
  （자신의 추악한 양심을 비유함.）

폴로니어스: 지금 발소리가…… 전하, 숨으시지요. (두 사람, 휘장 뒤에 숨는다. 오필리아, 기도용 책상 앞에 무릎을 꿇는다.)
  ▶ 양심의 가책을 느끼는 왕

햄릿, 침통한 표정으로 등장.

햄릿: 죽느냐 사느냐, 이것이 문제로다. 가혹한 운명의 화살을 참는 것이 장한 것이냐, 아니면 밀려드는 환난을 두 손으로 막아 이를 근절시키는 것이 장한 것이냐? 죽는다, 잠잔다. — 다만 그것뿐이다. 잠들면 모든 것이 끝난다, 번뇌며 육체가 받는 온갖 고통이며. 그렇다면 죽음, 잠, 이것이야말로 열렬히 희구할 생의 극치가 아니겠는가! 잔다, 그럼 꿈도 꾸겠지. 아, 이것이 문제이다. 대체 생의 굴레를 벗어나 영원한 잠을 잘 때 어떤 꿈을 꾸게 될 것인지, 이를 생각하니 망설여질 수밖에. — 그러나 이러한 주저가 있기에 인생은 일평생 불행하게 마련이지. 그렇지 않으면 세상의 비난과 조소를 누가 참을쏘냐? 폭군의 횡포와 세도가의 모욕을, 불성실한 사랑의 고통과 무성의한 재판을, 관리들의 오만을, 유덕한 사람이 받아야 할 소인배의 불손을 대관절 누가 참을쏘냐? 한 자루의 단도면 깨끗이 청산할 수 있는 것을, 그 누가 이런 무거운 짐을 지고 지루한 인생에 신음하며 진땀을 흘릴쏘냐?
  （숙부(왕)가 자신의 아버지를 죽이고 자신의 어머니와 결혼한 일 / 숙부(왕)에게 복수하는 일 / 스스로 목숨을 끊어 더러운 세상에서 벗어날 수 있음.）

사후의 불안과, 나그네 한번 가면 영영 못 돌아오는 미지의 세계가 결심을 망설이게 하고, 이래서 미지의 저세상으로 날아가느니 차라리 이대로 현재의 환난을 참게 마련이지. 결국 이러한 분별심 때문에 우리는 모두 겁쟁이가 되고, 생생한 혈색을 가진 우리의 결심 위엔 창백한 병색이 드리워져, 의기충천하던 큰 뜻도 마침내 발길이 어긋나 실행의 힘을 잃고 말거든. 가만있자, 아름다운 오필리아…… 오, 숲의 여신님, 기도 중이시오? 제발 내 죄도 빠뜨리지 마시고 같이 좀 기도해 주시오.
  （사후 세계에 대한 두려움으로 죽음을 선택하는 것을 고민함.）
  ▶ 삶에 대해 근본적으로 회의하는 햄릿

키 포인트 체크

인물 햄릿은 아버지의 죽음에 대한 □□를 두고 고민하며 정신적 고통을 받는 우유부단한 인물이다.
배경 12세기경 □□□ 왕궁을 배경으로 권력을 향한 탐욕과 그로 인한 인간적 고뇌를 다루고 있다.
사건 아버지의 죽음에 숨겨진 진실을 알게 된 햄릿이 삶과 □□ 사이에서 갈등하고 있다.

답 복수, 덴마크, 죽음

3. 외국 극

인형의 집 | 입센

문학 천재(김)

핵심 정리

갈래 장막극, 사회극
성격 현실적, 비판적, 고발적
배경 ① 시간 – 19세기
② 공간 – 남성 중심의 서구 사회
제재 가부장적 남편과 근대적 아내
주제 여성의 자아 발견과 해방 의지
특징 ① 치밀한 구성과 사실적인 대화를 사용함.
② 인물의 자각 과정을 객관적으로 묘사함.
③ 기존의 통념에 대한 비판적 인식이 나타남.

이해와 감상

이 작품은 '노라'라는 여성이 아내와 어머니라는 역할에서 벗어나 주체적 자아를 찾아 나가는 모습을 그린 희곡이다. 입센의 대표작으로 평가되는 이 희곡은 1879년 코펜하겐 왕립 극장에서 처음 공연되면서부터 사회적으로 큰 반향을 불러일으켰으며, '노라'는 근대적인 자의식을 가진 새로운 여성의 대명사가 되었다.

전체 줄거리

노라는 남편 헬메르의 치료를 위해 남편 몰래 죽은 아버지의 서명을 위조하여 고리대금업자인 크로그스타에게 돈을 빌린다. 건강을 되찾은 헬메르가 은행장이 되고 은행의 감사로 있던 크로그스타를 해고하려 하자, 크로그스타는 차용 증서에 서명을 위조한 사실을 폭로하겠다며 노라를 위협한다. 이 사실을 알게 된 헬메르는 자신의 명예가 실추될까 봐 노라를 비난한다. 노라는 친구의 도움으로 문제를 해결하고, 헬메르는 예전과 같이 노라를 대한다. 그러나 헬메르의 이중성과 위선에 염증을 느낀 노라는 아내이며 어머니이기 이전에 한 인간으로 살겠다고 선언하며 집을 나간다.

작품 연구소

노라의 태도 변화

자각 이전	→	자각 이후
의존적, 수동적		독립적, 주체적
수동적인 삶을 살아가는 당대 여성의 전형		근대적 자의식을 지닌 새로운 여성의 모습

작가 소개

입센(Henrik Johan Ibsen, 1828∼1906)
노르웨이의 극작가. 산문극을 창시하고, 여성 문제나 사회 문제를 다루었다. 주요 작품으로 〈유령〉, 〈민중의 적〉, 〈사랑의 희극〉 등이 있다.

헬메르: 어째서 나는 당신의 사랑을 잃게 된 거지? 그것을 설명해 줄 수 있겠소?

노라: 네. 그 설명이라면 해 드릴 수 있지요. 오늘 저녁에 기적이 일어나지 않았기 때문이죠— [중략]
<small>자신이 남편 헬메르를 위해 한 잘못에 대해 헬메르가 책임지는 모습을 보이는 것
노라는 결혼 초기, 병에 걸린 남편 헬메르의 치료비를 마련하려고 아버지의 서명을 위조하여 차용증을 쓰고 크로그스타에게 돈을 빌렸는데, 그 일로 크로그스타가 노라를 협박함. 뒤늦게 사실을 알게 된 헬메르는 자신</small>

헬메르: 무슨 소린지 알 수가 없구려. 설명을 해 주구려. <small>의 명예가 실추될까 봐 노라를 질책하고 비난함.</small>

노라: 저는 지난 8년 동안 끈기 있게 기다렸어요. 기적이 매일 일어나지 않는다는 것은 저도 잘 알고 있었지요. 하지만 이번 재난이 닥치자, 저는 이제야말로 기적이 일어나리라고 굳게 믿었어요. 크로그스타의 편지가 그곳에 내던져졌을 때— 당신이 그 사나이의 요구대로 움직이리라고는 꿈에도 생각해 보지 않았어요. 당신이 그 사나이를 보고 외칠 줄 알았어요. '가서 세상에다 공표를 하게!' 그리고 일이 벌어지게 되면—.
<small>노라가 작성한 위조 차용증을 빌미로 노라와 헬메르를 협박하는 인물</small>

헬메르: 그래서? 그다음에 어떻게 된다는 거요? 내가 자기 아내를 수치와 추문 속에 떨어지게 한 뒤에 말이오?

노라: 그 일이 공표되고 나면, 저는 생각했었죠— 저는 완전히 확신을 하고 있었던 거예요— 당신이 나타나서 모든 책임을 한 몸에 지게, 되리라고— 책임은 모두 나에게 있소, 하고 말하리라고 굳게 믿었던 거예요. / **헬메르:** 노라!
<small>노라가 말한 기적 – 자신의 위신이나 명예보다 아내를 더 중요하게 여겼을 때 할 수 있는 행동</small>

노라: 당신을 희생시키는 일은 제가 절대로 받아들이지 않을 것이라고 당신은 생각하시겠죠? 그래요, 물론이죠. 저는 가만히 있지는 않을 거예요. 하지만 당신과 반대되는 이야기를 제가 한다고 한들 누가 믿겠어요? 그것이 바로 제가 바라던 기적이었던 거예요…… 그러면서도 마음속으로는 두려워 떨었던 거죠. 그런 일을 막기 위해서 저는 제 목숨도 버릴 생각이었어요.
<small>여성의 말보다 남성의 말을 더 믿어 주는 당시의 시대상이 드러남.
남편을 위해 한 행동을 헬메르가 이해하고 감쌌다면 노라도 목숨을 버릴 각오로 남편의 명예를 살리려고 노력했을 것임.</small>
▶ 위기 상황에서 헬메르가 자신을 감싸 주기를 원했던 노라

헬메르: 노라, 나는 당신을 위해서라면 기꺼이 밤과 낮을 가리지 않고 일을 할 수가 있소. 당신을 위해서라면 슬픔과 가난도 견딜 수가 있소. 하지만 비록 사랑하는 사람을 위해서라도 자기의 명예를 희생할 수 있는 남자는 없을 것이오. / **노라:** 수많은 여인들은 희생을 해 왔어요. / **헬메르:** 오, 당신은 철부지 아이와 같이 생각하고 말하는구려.
<small>헬메르가 가장 중요하게 생각하는 것
여성의 입장에서 남자들의 자기중심적인 태도를 비판함.
노라를 분별력이 없는 존재라고 생각함.</small>

노라: 아마 그럴지도 모르죠. 하지만 당신은 제 자신이 일생을 맡길 수 있다고 생각한 사나이답게 생각하지도 않았고 말하지도 않았어요. 제 자신을 위험하게 되었대서가 아니라 당신 자신이 위험에 빠지게 될까 봐 벌벌 떨었으면서도 위험이 이제 지나갔다는 사실을 알게 되자, 당신은 아무런 일도 일어나지 않았던 것처럼 태연해지신 거란 말이에요. 단지 저는 그전과 마찬가지로 작은 종달새고 당신의 인형에 지나지 않는 거예요. 부서지기 쉽다는 것을 알았기 때문에 앞으로는 좀 더 소중하게 취급하게 되리라는 것뿐. (일어선다.) 톨발— 그때 저는 깨달은 거예요. 지난 8년 동안 저는 낯선 사나이와 생활해 왔다는 것, 그리고 그의 자식을 셋이나 낳았다는 것— 아, 참을 수 없어요. 이 몸을 갈기갈기 찢어 버리고 싶군요—.
<small>새장에 갇힌 '종달새'와 스스로 움직일 수 없는 '인형' – 주체적이고 능동적인 삶과 거리가 멂.
「 」: 남편 헬메르에 종속되어 수동적으로 살아왔으며 남편과 대등한 인격체로서 존중받지 못했음을 알 수 있음.
남편의 이중적이고 위선적인 모습을 본 뒤 남편을 '낯선 사나이'로 표현함.</small>
▶ 관계 회복을 원하는 헬메르와 남편의 이중적인 모습에 염증을 느끼는 노라

포인트 체크

인물 노라는 [ ][ ]처럼 남편에게 의존하여 살아가는 수동적인 존재였으나 독립적·주체적인 존재로 변화하고 있다.

배경 19세기 서구 사회를 배경으로 [ ][ ]을 남성과 대등한 존재로 인식하지 않는 시대상을 보여 주고 있다.

사건 노라는 [ ][ ][ ]의 위선적인 모습에 염증을 느끼고 그를 비판하고 있다.

답 인형, 여성, 헬메르

053

벗꽃 동산 | 체호프

핵심 정리

갈래 장막극, 생활극
성격 상징적
배경 ① 시간 – 19세기 말
　　　② 공간 – 러시아
제재 벗꽃 동산의 경매
주제 지주 계급의 몰락과 자본가 계급의 발흥
특징 ① 상징적 소재를 통해 시대적 상황을 드러냄.
　　　② 새로운 시대의 도래에 대한 전망을 드러냄.

이해와 감상

이 작품은 러시아의 격변기를 배경으로 봉건 귀족의 몰락과 신흥 자본가의 발흥을 상징적으로 보여 주고 있다. 전체적으로 몰락해 가는 귀족 계급에 대한 따스한 시선과 밝은 미래에 대한 기대가 드러나 있다. 과거에 매여 자신이 처한 현실을 똑바로 바라보지 못하는 주인공인 라네프스카야는 몰락해 가는 러시아 귀족 계급을 상징하는 인물로 볼 수 있다.

> **Q** 벗꽃 동산에 도끼 맛을 보여 준다는 말의 의미는?
>
> 로파힌은 신흥 자본가 계급의 대표적 인물로 벗꽃 동산의 개발을 주장해 왔다. 또한 그는 농노 출신으로서 벗꽃 동산의 나무들은 그에게 암울했던 농노 시절을 상기시킨다. 따라서 로파힌은 개발과 자신의 불행한 과거를 지우기 위해 벗꽃 동산의 나무를 베려는 것이다.

전체 줄거리

라네프스카야 부인이 소유한 벗꽃 동산은 채무의 담보로 잡혀 경매에 부쳐질 상황에 놓이게 된다. 농노 출신의 부자 상인 로파힌은 빚을 갚기 위해 벗꽃 동산을 별장 용지로 바꾸어 임대하라고 설득한다. 그러나 라네프스카야와 그녀의 오빠 가예프는 가문의 명예와 추억을 이유로 로파힌의 제안을 거절한다. 결국 경매에서 벗꽃 동산을 산 로파힌은 벗꽃 동산의 나무를 베고 별장을 짓는다.

작품 연구소

'벗꽃 동산'의 이중적 의미

라네프스카야	→	벗꽃 동산	←	로파힌
추억이 담겨 있는 공간		아름다운 자연		돈을 벌 수 있는 대상

작가 소개

체호프(Anton Pavlovich Chekhov, 1860~1904)
제정 러시아의 소설가, 극작가. 암시적이면서도 서정적인 문체로 인생을 냉정하게 분석하여 드러내는 소설과 희곡을 썼다. 주요 작품으로 소설 〈육호실〉, 〈초원〉, 희곡 〈갈매기〉, 〈세 자매〉 등이 있다.

상인 라네프스카야 집안의 옛 농노의 아들

로파힌: 벗꽃 동산은 이제 제 것입니다! (껄껄대고 웃는다.) 제 것이란 말입니다! 아아, 이게 웬일일까요, 여러분! 벗꽃 동산이 제 것이라니! <u>경매에서 벗꽃 동산을 구매함.</u> 저 보고 주정뱅이라고 하든, 정신 병자라고 하든, 또는 몽유병자라고 하든 마음대로 지껄이라고 하세요……. (발을 구른다.) <u>기쁨의 과장된 표현</u> 저를 비웃지 마세요! 우리 아버지나 할아버지가 무덤 속에서 오늘의 이 결과를 보셨다면 어땠을까요? 저 예르몰라이가, <u>귀족에게 착취당하던 농노 계급</u> 얻어맞고만 있던 예르몰라이가…… 겨울에도 맨발로 뛰어다니던 거지가, 틀림없는 그 예르몰라이가 이 세상에 둘도 없이 아름다운 영지를 산 거예요. 거기서는 아버지도 할아버지도 노예였고, 부엌에도 들어갈 수 없었던 바로 그 영지를 제가 산 겁니다. 제가 잠꼬대를 하고 있거나, 꿈을 꾸고 있는 건 아닌지……. 천만에 이거야말로 당신네들이 터무니없는 상상 속의 무지한 암흑에 싸인 환상인 거요. (황홀하게 웃으면서 열쇠 뭉치를 주워 든다.) 열쇠를 던지고 갔군. 이제 이 집의 주부가 아니라는 것을 보여 주겠다는 말이겠지……. (열쇠 뭉치를 짤랑거린다.) 흥, 어쨌든 상관없어. (악단이 음조를 맞추는 소리가 들린다.) 어이, 악대, 연주를 시작해. 계속하라구! 모두 와서 구경하시오. 이 예르몰라이 로파힌이 벗꽃 동산에 도끼 맛을 보여 줄 거야. 나무가 차례차례 땅 위에 넘어지는 거라구! 이곳에 별장을 많이 세워 우리 손자와 증손자 놈들에게 새로운 생활을 하게 해 줄 테다……. 악대, 시작해!
음악이 시작된다. 라네프스카야 부인은 의자에 깊숙이 앉아서 격렬하게 울고 있다.

<u>지주. 경제적으로 몰락한 상황에서도 옛날의 꿈에서 깨어나지 못하는 인물</u>
로파힌: (나무라듯이) 도대체 왜 당신은 제 말을 듣지 않았습니까? 내 소중한 부인, 안됐지만 이젠 어찌할 도리가 없습니다. [중략] <u>벗꽃 동산에 별장을 조성하여 경매를 피하자는 말</u>　　　　　　　▶ 벗꽃 동산의 새 주인이 된 로파힌

홀에도 객실에도 라네프스카야 부인 외에는 아무도 없다. 그녀는 의자에 앉은 채 몸을 움츠리고 서럽게 울고 있다. 나지막이 흐르는 음악 소리. 빠른 걸음으로 아냐와 트로피모프 등장. 아냐는 어머니 곁으로 다가가서 그 앞에 꿇어앉는다. 트로피모프는 홀 입구에 선다.

아냐: 엄마! 울고 계시군요……. 친절하고 상냥한 엄마! 내 소중한 엄마, 전 엄마를 사랑하고 있어요……. 벗꽃 동산은 팔렸어요. 이제 없어졌어요. 사실이에요. 하지만 울지 마세요, 엄마. 엄마에게는 아직도 앞날의 생활이 있어요. 상냥하고 깨끗한 마음씨도 있구요. 자, 함께 가요, 엄마. 여기서 나가요. 우린 또 새 동산을 만드는 거예요. 이보다 훨씬 훌륭한 것으로 말이에요. 그걸 보시면 기쁨이…… <u>미래에 대한 희망을 잃지 않음.</u> 조용하고 깊은 기쁨이 마치 저녁 햇살처럼 엄마의 가슴속을 비출 거예요. 그럼 엄만 상냥하게 웃으실 수 있을 거예요. 엄마! 가세요, 네, 소중한 엄마! 우리 함께 가도록 해요!
　　　　　　　　　　　　　　　　　　▶ 실의에 빠진 어머니를 위로하는 아냐

📝 포인트 체크

인물 라네프스카야 부인은 봉건 ☐☐ 계급을, 농노의 아들이자 상인인 ☐☐☐ 은 신흥 자본가 계급을 상징한다.

배경 19세기 말, 귀족이 몰락하고 자본가가 발흥하는 ☐☐☐ 의 격변기를 보여 주고 있다.

사건 로파힌이 옛 주인의 영지인 ☐☐ ☐☐ 을 사들이고, 아냐는 실의에 빠진 엄마를 위로하며 새 생활에 대한 ☐☐ 을 드러내고 있다.

답 귀족, 로파힌, 러시아, 벗꽃 동산, 희망

3. 외국 극

🎯 핵심 정리

갈래 장막극
성격 사실적, 교훈적
배경 ① 시간 – 14세기 백 년 전쟁 중
　　　　② 공간 – 프랑스의 칼레 시
제재 도시를 살릴 희생자를 정해야 하는 상황
주제 새로운 인간상 추구와 숭고한 희생정신
특징 ① 표현주의 극의 특징이 드러남.
　　　② '칼레의 시민들'이라는 로댕의 조각에서
　　　　 영감을 받아 창작됨.

😊 이해와 감상

이 작품은 백 년 전쟁 당시 프랑스의 도시 칼레에서 일어난 사건을 바탕으로 쓴 희곡으로, 상류층의 사회적 책무에 대해 생각하게 한다. 여섯 명의 희생 지원자가 있었던 실제 역사와 달리, 한 명의 희생 지원자를 더 설정하고 의견이 대립되는 인물을 추가함으로써 극적 긴장감을 더하고 주제를 효과적으로 형상화하고 있다.

> **Q** 외스타슈 드 생피에르와 다른 지원자들의 태도 차이는?
>
> 첫 번째로 희생을 자원한 외스타슈 드 생피에르는 확고하고 당당한 모습을 보인다. 이에 비해 다른 자원자들은 고개를 아래로 떨구거나, 내몰리듯 헐떡이거나, 강요에 못 이겨 따르는 듯한 모습을 보인다. 이를 통해 이들이 희생에 대한 확고한 신념과 의지가 부족함을 알 수 있다.

🔍 전체 줄거리

프랑스와의 전쟁에서 승리한 영국 왕은 칼레 시를 공격하는 대신 대표자 여섯 명만을 죽이겠다고 통보한다. 희생자를 결정하기 위해 모인 선발 시민 중, 먼저 외스타슈 드 생피에르가 자원하고, 이어 여섯 명의 시민이 더 자원하여 일곱 명이 된다. 이들은 살아남을 한 명을 결정하기 위해 제비뽑기를 하는데, 살아남기를 바라며 조바심을 내던 사람들은 모두 같은 색의 공이 나오자 당황한다. 생피에르는 자신이 계획한 일임을 밝히고 숭고한 희생정신을 잊고 살아남고자 하는 시민들에게 진정한 희생의 의미를 깨닫게 한다. 결국 다음 날 아침 먼저 광장에 도착하는 여섯 명을 희생자로 삼기로 결정하는데, 생피에르 대신 그의 아버지가 나타나 그의 죽음을 알린다. 사람들의 희생정신을 손상시키지 않기 위해 자결한 것이다. 여섯 명의 시민이 생피에르의 주검과 함께 영국 왕에게 출발하려 하는 순간, 사신이 영국 왕이 간밤에 왕자를 얻은 것을 축하하기 위해 여섯 명의 시민을 풀어 주기로 했음을 알린다.

🧑 작가 소개

게오르크 카이저(Georg Kaiser, 1878~1945)
독일의 극작가. 시대 상황에 대한 비판과 인간 개혁에 대한 의지를 드러낸 표현주의 극을 주로 썼다. 주요 작품으로 〈아침부터 밤까지〉, 〈평행〉, 〈산호〉 등이 있다.

장 드 비엔: (제자리를 뜨지 않은 채 — 좀 더 육중한 목소리로) 영국 국왕에게는 칼레 시를 제압할 무력이 있소. 그 왕은 칼레 시를 자기 의지대로 할 것이오. 그런데 이제 그 국왕이 이렇게 요구하는 것이오. <u>여섯 명의 선발된 시민</u>이 열쇠를 가지고 도시 밖으로 _{시민들을 모두 죽일 수도 있음.} 나오되 — 이 선발된 시민 여섯 명은 성문 밖으로 걸어 나오라는 것이오. — 맨머리와 맨발로, 그리고 불쌍한 죄수복을 입고서, 목에는 <u>오랏줄</u>을 감고 말이오. (그는 고개를 _{도둑이나 죄인을 묶을 때 쓰던, 붉고 굵은 줄} 쳐든다.) 여섯 명이 첫새벽에 도시를 출발해야 한다고 하오. 여섯 명은 칼레 시의 성 밖의 백사장에서 넘겨져서 — 목의 동아줄이 여섯 번이나 감기는 <u>죽임을 당하는 것이</u> _{고통스러운 죽음} 오. 그것이 칼레 시와 칼레의 항구를 온전하게 보전하기 위한 속죄가 될 것이오! (잠시 기다린 후에) 여섯 번 여기서 소리 높여 질문하겠소. — 여섯 번 대답이 나오지 않으면 안 되는 것이오! (매우 힘주어서 소리친다.) 어디에 <u>그 여섯 명</u>이 앉아 있소? — 일어서 _{여섯 명의 지원자} 서, 제자리에서 나와 — 여기 앞으로 나설 여섯 명은 어디 있소?

질문이 지닌 부담이 처음에 여전히 좌중을 짓누르는 듯하다. 그다음 순간 몸을 움직이고 고개를 돌리면서 소란해지면서, 이윽고 조롱하는 목소리가 커지기 시작한다.
▶ 여섯 명의 희생 지원자를 모집하는 장 드 비엔

외스타슈 드 생피에르: (일어서더니 제자리로부터 중앙의 한가운데로 걸어 나온다. 마치 옷을 벗으려는 듯 그의 두 손은 옷을 어깨 위로 잡아당긴다.) 내가 가겠소!

좌중이 곧 조용해진다. 장 드 비엔은 놀라며 외스타슈 드 생피에르를 뚫어지게 쳐다본다. 연단에서는 "외스타슈 드 생피에르!"라고 웅성거리는 소리가 들려온다.

다섯 번째 선발 시민: (오른쪽에서, 생피에르의 거의 뒤에 자리하며 — 대략 세 번째 시민과 네 번째 시민과 같은 나이 또래인 듯한데 — 일어서더니 고개를 아래로 떨구고 두 손을 펴서 가슴에 얹으며, 아무 말 없이 외스타슈 드 생피에르의 곁에 선다.)

선발된 시민들은 숨을 죽인 채 놀라서 쳐다본다. 연단에서는 "두 번째 사람이다!"라는 웅 _{시를 대표하여 선발된 시 의회 의원으로, 당시 귀족층에 해당함.} 성거리는 소리가 들린다. 선발된 시민들의 눈길이 좌중을 스쳐 지나간다. 그들은 그들과 가장 가까운 옆과 위를 찬찬히 훑어본다.

세 번째 선발 시민: (왼쪽 어깨를 추켜올리고 목을 손가락으로 만지며 크게 외친다.) 내가 — 내가 가겠소! (내몰리듯 헐떡이며 급히 한가운데 서 있는 두 사람 있는 곳에 다다른다.)

위의 좌중에서는 "세 번째다!"라고 세는 소리가 들린다. 좌석에 앉아 있는 시민들의 고개 가 더욱 급하게 주위를 살피며 돌아간다. _{사람들이 하나둘 나서자 기대감을 가지게 됨.}

네 번째 선발 시민: (왼쪽에서 일어선다. 마치 강요에 못 이겨 따르듯이 걸어 나온다. 서두름 없이 고개를 곧추 세우고) 내가 가겠소!

연단에서는 한층 큰 목소리로 —"네 번째다!"라고 소리친다. 선발된 시민들 가운데 여러 명이 자리에서 반쯤 일어나 좌중을 빙 둘러본다. 위에서는 웅성거리는 소리가 더욱 커진다.
▶ 외스타슈 드 생피에르를 선두로 하나둘 지원하는 시민들

🔑 포인트 체크

인물 외스타슈 드 생피에르는 칼레 시를 위해 자신의 목숨을 내놓을 정도로 □□□□이 강하다.

배경 14세기 백 년 전쟁 중, 프랑스의 □□ 시를 배경으로 하고 있다.

사건 희생 지원자를 선발하는 중에 외스타슈 드 생피에르가 가장 먼저 □□하자 시민들이 잇따라 자원하고 있다.

답 희생정신, 칼레, 자원

055 유리 동물원 | 테네시 윌리엄스

키워드 체크 #비극 #심리주의극 #비극적 #상징적 #1920년대 미국 #한 가족의 꿈과 좌절

✏️ 핵심 정리

갈래 장막극, 비극, 심리주의 극
성격 비극적, 상징적
배경 ① 시간 – 1920년대
② 공간 – 미국 세인트루이스
제재 현실에 적응하지 못하는 어느 가족
주제 환상 속에서 살아가는 인간의 꿈과 좌절
특징 ① 상징적인 대사로 인물의 심리를 드러냄.
② 내레이터를 겸한 배우가 회상하는 형식으로 진행됨.

👁️ 이해와 감상

이 작품은 작가의 자전적 요소가 담긴 심리주의 극으로 등장인물의 내면 심리 묘사가 중심을 이루고 있다. 희곡의 대화가 지니는 상징성을 최대한 활용하고 있으므로 대사의 압축된 표현에 주목하여 감상해야 한다. 전체적으로 어둡고 칙칙한 분위기의 무대와 환상적인 스크린의 조화도 극적인 요소를 더해 주고 있다.

🔍 전체 줄거리

아만다와 그녀의 딸 로라, 아들 톰은 모두 자신만의 환상 속에서 살고 있다. 어느 날 아만다는 로라가 실업 학교에 다니지 않은 것을 알고 낙심한다. 아만다와 톰은 로라가 결혼하길 바라는 마음에 로라에게 톰의 친구 짐을 소개해 준다. 로라는 짐에게 마음을 열지만 짐은 로라를 부담스럽게 생각하고 집으로 돌아간다. 로라에게는 다시 절망과 고독만이 남게 된다. 아만다는 톰에게 화를 내고 톰은 집을 나와 방랑의 길로 들어선다. 톰은 로라에게 변화하는 세상에 적극적으로 대응해 가고 애절하게 충고한다.

> **Q** 아만다가 모든 계획과 꿈과 희망이 물거품처럼 사라졌다고 말하는 이유는?
>
> 아만다는 로라가 실업 학교에서 타자 기술을 배운 뒤 사회에 나가기를 원했다. 실업 학교를 나오면 안정적인 직장을 얻을 수 있기 때문이다. 로라가 실업 학교를 다니지 않았다는 것은 안정적인 직장을 얻을 기회가 없다는 것을 의미하므로 아만다의 계획과 꿈과 희망이 물거품이 된 것이다.

👤 작가 소개

테네시 윌리엄스(Tennessee Williams, 1911~1983)
미국의 극작가. 전후 미국 연극계를 대표하는 인물 중 하나이다. 대부분의 작품이 영화화되었고 몇몇 희곡은 한국에서도 상연되어 호평을 받았다. 주요 작품으로 〈욕망이라는 이름의 전차〉, 〈뜨거운 양철 지붕 위의 고양이〉 등이 있다.

아만다: 좀 있으면 괜찮아질 거다. 난 그저 당황했을 뿐이야……. (주저한다.) 하도 기가 차서 그런다……. / **로라:** 엄마, 무슨 일이 있었는지 말해 줘요!

아만다: 너도 알겠지만, 난 오늘 오후에 애국 부인회에서 임원에 취임하게 되어 있었다. 스크린 영상, 무더기로 나타나는 타이프라이터.
_{타자기}

아만다: 그런데 시간이 있길래 루비캄 실업 학교에 들렀지. 네 선생한테 네가 감기 걸렸다는 얘기도 하고, 네 성적도 알아볼 겸 해서. / **로라:** 어머…….
_{자신이 학교에 가지 않은 것을 아만다가 알게 되었을 것이라고 예상함.}

아만다: 타이프라이터를 가르치는 선생님을 찾아가 네 어미라고 말했어. 그런데 널 모르더구나. 강사 선생 말이 '윙필드라는 학생은 등록이 안 돼 있습니다.'라고 하더구나. 난 그럴 리가 없다고 우겼지. 정월 초부터 분명히 학교에 다니고 있다고 말이다. 선생이 묻더구나. '며칠 다니다가 그만둔 수줍어하던 여학생 말입니까?' 하고. 난 '내 딸 로라는 지난 여섯 주일 동안 매일 학교에 다녔는데요!'라고 대답했다. 선생은 '잠깐만요.' 하더니 출석부를 가져오셨어. 틀림없이 네 이름이 적혀 있긴 하더라. 네가 장기 결석이라 학교를 그만둔 것으로 판단했다는 거야. '아닙니다. 착오일 거예요! 기록이 잘못 정리됐을 겁니다!' 하고 계속 난 우겼다. 그러자, '아니에요……. 이제 확실히 생각나는군요. 그 학생은 손이 떨려서 건반을 제대로 치지 못했죠. 처음 속력 테스트를
_{딸에 대한 강한 믿음}
했더니 어쩔 줄 몰라 하더군요. 갑자기 배가 아프대서 화장실로 떠메고 갈 정도였죠.
_{로라가 느낀 강한 중압감}
그날 이후 그 학생은 다시는 나타나지 않았습니다. 그 학생 집에 전화를 걸어 봤지만 전화를 안 받더군요.' 하는 거야……. 아마 내가 이걸 선전하면서 페이머스 바르 백화점에서 일할 때 걸었던 모양인가 보다. / 그녀는 두 손으로 브래지어를 가리킨다.

아만다: 아이고! 난 다리에 힘이 빠져서 주저앉고 말았다. 그랬더니 냉수를 갖다 주더구나. 수업료 50달러도, 우리들의 미래의 계획도…… 너에게 건 나의 꿈도 희망도……
_{딸에 대한 믿음과 미래의 희망이 깨짐.}
깡그리 물거품처럼 사라졌어……. ▶ 로라에게 실망하는 아만다

로라는 숨을 깊이 들이쉬고는 거북한 자세로 일어선다. 그러고는 축음기 옆으로 가서 태엽을 감는다. / **로라:** 아! (로라는 손잡이를 놓고 자기 자리로 돌아간다.)

아만다: 학교를 가는 척하고 그래, 어딜 쏘다녔지?

로라: 그냥 아무 데나 걸어 다녔어요. / **아만다:** 거짓말 마.

로라: 정말이야. 아무 데나 그냥 걸어 다닌 거라고요.

아만다: 걸어 다녀? 그냥 걸어 다녔단 말이지? 이 추운 겨울에? 일부러 폐렴에 걸리려고 미리 처방을 썼구나. 얇은 외투를 입고서 말이다. 도대체 어딜 갔었냐고?

로라: 이곳저곳…… 대개 공원이었어요. / **아만다:** 감기에 걸린 뒤에도?

로라: 둘 다 싫은 일이었지만, 학교에 나가는 것보다는 그게 나았어요.
_{학교에 가는 것, 감기에 걸리는 것}
▶ 학교에 가기 싫어 방황한 로라

🔑 포인트 체크

인물 아만다는 딸 ▢▢에게 미래에 대한 꿈과 ▢▢을 걸었다가 좌절하고 만다.

배경 ▢▢▢▢년대 미국 세인트루이스를 배경으로 하고 있다.

사건 아만다는 로라가 ▢▢ ▢▢에 가지 않았다는 사실을 알게 되고 로라는 아만다에게 학교에 가기 싫어 방황했다고 털어 놓고 있다.

답 로라, 희망, 1920, 실업 학교

정답과 해설

정답과 해설

1 | 한국 수필

001 이제야 참 조선인이 되었다 _ 이봉창

022~023쪽

키포인트 체크 독립운동, 조선인, 시간

1 ② **2** ④ **3** ⑤ **4** ② **5** 일왕을 암살하려 한 행동에 정당성을 부여함으로써 조선의 독립운동도 정당한 것임을 밝히고자 한다.

1 글쓴이가 1930년 이후 중국 상하이로 건너간 것은 맞으나, 독립운동을 하기 위해 건너간 것이 아니라 친구로부터 상하이에 있는 영국 전자 회사가 조선 사람을 우대해서 채용한다는 말을 들어서이다. 글쓴이가 독립운동을 한 것은 상하이에서 백정선을 만난 뒤 독립정신에 빠져들게 되었기 때문이다.

2 〈보기〉는 이봉창이 조선 패망과 일본 합방의 현실에서 자신의 삶을 성찰하고 고통을 느낀다는 내용을 제시하고 있다. 일본인 행세를 하는 것에 자괴감을 갖고 일본인 행세를 하며 살아가는 일을 후회하는 ⓓ가 〈보기〉의 내용과 가장 관련이 있다.

3 이봉창은 일본인 행세를 하며 살다가 그것이 거짓된 삶임을 자각하고 조선인으로서 진실한 삶을 살고자 한다. 취직을 위해 상하이의 임시 정부를 찾아 갔다가 백정선을 만난 이봉창은 자신의 이력과 일본의 실정을 알린 후 독립 정신을 갖고 수류탄을 투척하는 거사를 일으키게 된다.

4 (가)에서는 한문과 한글이 섞인 편지를 갖고 있었다는 이유만으로 유치장에 갔혔던 경험을 통해 일제 강점기 당시 민족적 차별을 당하던 모습이 나타나 있다. (나)에서는 일본인으로 행세하며 점원 생활을 했던 경험을 통해 조선인으로 살지 않은 것은 거짓이며 일본인으로 속이고 산다는 것은 잘못임을 자각하는 모습이 나타나 있다.

5 이 글은 이봉창이 거사를 실패한 뒤 구속된 상태에서 일본 예심 판사에게 제출한 수기이다. 일반적으로 재판을 받는 피고는 자신이 한 행위의 정당성을 밝히기 위해 자료를 제출한다. 즉, 이 글은 일왕을 암살하려 했던 결심과 관련한 여러 사건을 밝혀 자신의 행위의 정당성을 밝히고, 더 나아가 조선의 독립운동도 정당한 것임을 밝히고자 하는 의도로 쓰였음을 짐작할 수 있다.

002 산촌 여정 _ 이상

024~025쪽

키포인트 체크 도회(도시), 산촌, 비유

1 ① **2** ⑤ **3** ④ **4** 글쓴이는 도회에 남기고 온 가족을 걱정하고 있기 때문이다.

1 이 글은 경어체의 친근한 어조를 통해 산촌의 풍경에 대한 소개와 도회 생활 및 산촌 생활에 대한 상념을 드러내고 있다. 또한 도회에 두고 온 가족에 대해 걱정하는 심리를 직접적으로 드러내고 있다.

오답 뜯어보기 ② '정 형!'이라는 표현을 통해 이 글이 편지글의 형식을 취하고 있음을 알 수 있다.

③ 베짱이 소리를 '도회의 여차장이 차표 찍는 소리', '이발소 가위 소리' 등의 비유를 통해 표현하고 있다.

④ '엠비제이의 미각', '파라마운트 회사 상표' 등 이국적인 느낌을 주는 소재가 나타나 있다.

⑤ 이 글은 시각적·청각적·후각적 표현 등을 통해 도시에서 산촌으로 내려와 느끼는 정서를 드러내고 있다.

2 이 글에 나타난 '팔봉산'은 글쓴이의 호기심을 자극하는 산촌의 자연을 의미한다. 반면 〈보기〉의 '팔봉산'은 글쓴이에게 벽촌 생활을 단조롭고 지루하게 느끼게 하는 존재이다.

3 '귀에 보이는' 것은 '지난날의 기사'로 이는 과거 도시에서의 삶과 관련 있다. 벌레 소리를 듣는 것과는 관계가 없다.

4 산촌(성천)에 내려와서 지내고 있는 글쓴이는 도회(서울)에 남기고 온 가족들에 대해 걱정하고 있다. 이러한 자신의 상황과 처지에서 마을 사람들을 바라보았기 때문에, 마을 사람들의 수심이 '멀리 떨어져 사는 일가 때문'이라고 추측하고 있는 것이다.

003 권태 _ 이상

026~027쪽

키포인트 체크 풍경, 권태, 심리

1 ③ **2** ③ **3** ⑤ **4** ② **5** 사회가 할 일이 없는 무기력한 삶을 강요했기 때문이다.

1 이 글은 일상적 생활과 변화 없는 주변 환경에 대한 글쓴이의 심리를 드러낸 수필로, 중심 사건의 인과적 과정을 분석하고 있지 않다.

오답 뜯어보기 ① 글쓴이는 자신의 권태를 마을 사람들의 삶에 투영하고 있다.

② 글쓴이는 멍석 위에 누운 사람들을 '먹고 잘 줄 아는 시체'라며 냉소적으로 보고 있다.

④ '지구 표면적의 ~ 않을 수 없었다.'에서 끝없이 펼쳐진 초록색 벌판을 공포스럽고 단조롭게 느끼는 글쓴이의 심리를 투영하여 자연의 조물주에 대한 인식을 드러내고 있다.

⑤ 이 글은 주로 '-ㄴ다'의 현재 시제 종결 어미를 사용하여 현재의 생활에 대한 글쓴이의 심리를 생생하게 전달하고 있다.

2 ⓒ은 글쓴이가 시골에 처음 왔을 때 느낀 초록의 신선한 이미지를 의미하고, 나머지는 모두 현재 글쓴이에게 권태를 떠올리게 하는 자연이 지닌 초록의 이미지를 의미한다.

3 〈보기〉에서 글쓴이는 불을 향해 날아들어 죽고 마는 '불나비'를 보면서 '사는 방법을 아는 놈'이라고 생각한다. 즉, 글쓴이는 '불나비'와 같은 삶을 살아야 한다고 생각한 것이다. 글쓴이의 말에 따르면 '불나비'는 불이라는 목표를 향해 정열을 불태우는 생물이다. 따라서 글쓴이는 '불나비'와 같은 삶, 즉 '어떤 목표를 달성하기 위해 정열을 불태우는 삶'을 지향한다고 볼 수 있다.

4 ⓑ '모깃불의 연기'는 멍석 위에 누운 사람들의 모습과 동질적인 것이다. 따라서 글쓴이가 그들에게서 느끼는 삶의 권태와 유사한 의미이다.

5 〈보기〉에서는 식민지 지식인들이 무기력한 상황 속에 있을 수밖에 없는 시대적 현실을 서술하고 있다. 이를 참고하면 이 글의 글쓴이도 식민지 지식인으로서 삶의 목표를 잃고 적극적인 가치 의식 없이 무기력하게 살아가고 있음을 알 수 있다.

---

004 여백을 위한 잡담 _ 박태원   028~029쪽

키포인트 체크 머리 모양, 유지, 솔직

1 ③　　**2** ④　　**3** 머리터럭을 이마 위에다 가지런히 추려 한일자로 자르는 방식　　**4** ②

1 이 글에서 글쓴이는 자신의 머리 모양 때문에 성격과 인간됨, 문학 활동까지 비난하는 사람들에 대해 비판하면서, 자신의 머리 모양이 왜 남다를 수밖에 없는지 구체적으로 설명하고 그동안 자신이 기울인 노력과 현재의 입장을 밝히고 있다.

2 글쓴이가 자신의 머리 다스리는 방식이 악취미임을 수긍하고 있지만 문맥을 고려할 때 이는 타인과 조화를 이루는 삶의 중요성을 깨닫고 있음을 보여 주는 것이 아니라 자신에 대한 다른 사람의 지적을 일부 인정하면서 그럴 수밖에 없는 자신의 입장을 피력하기 위한 것임을 짐작할 수 있다.
　🖉 **오답 뜯어보기** ① 글쓴이는 자신의 머리를 다른 이들과는 좀 다른 방식으로 다스리고 있다고 하고 이어지는 내용에서 이를 구체화하고 있다.
② 사람들이 글쓴이의 '머리를 비난하고', '사람됨에까지 논란을 캔' 일은 글을 쓰게 된 계기로서 〈보기〉의 새로운 의미를 찾기 위한 경험에 해당한다고 할 수 있다.
③ 글쓴이가 자신의 '악취미를 슬프게 생각하는 이들'에 대한 석명에서 자신의 머리터럭이 억세고 천성이 게으르다고 밝히고 있는 것에서 알 수 있다.
⑤ '그만 머리를 고치라고 말하는 이'들에 대해 '얼마 동안 이대로 지내'겠다는 것은 〈보기〉에서 글쓴이의 생활 태도의 한 단면을 보여 주는 것이라 할 수 있다.

3 '이마 위에다 가지런히 추려 가지고 한일자로 자른 머리', '이것들을 이마 위에다 가지런히 추려 가지고 한일자로 자르는 방법이었다.' 등을 통해 글쓴이가 자신의 머리를 다스리는 독특한 방식을 알 수 있다.

4 '나의 머리가 그처럼 고집 센 것은 슬픈 일이다. 그러나 또한 어찌할 도리가 없다.'를 통해, 글쓴이는 자신의 고집 센 억센 머리터럭을 어찌할 도리가 없어 현재 머리를 다스리는 방식을 유지할 수밖에 없음을 짐작할 수 있다.

---

005 바다 _ 이태준   030~031쪽

키포인트 체크 바다, 상상, 활유법

1 ⑤　　**2** ④　　**3** ③　　**4** 구름이 피어올라 있음, 바닷가(모래사장)를 달림.

1 이 글은 글쓴이만의 독특한 인식을 바탕으로 바다와 관련된 상상을 제시하고 바다의 웅장함과 역동성이 주는 감동을 진술하고 드러내고 있다.

2 '갈매기 소리'와 '쨍쨍한 모새밭'은 모두 8월의 바다를 묘사하는 데 쓰인 소재일 뿐 계절의 변화와는 관련이 없다.
　🖉 **오답 뜯어보기** ③ '지구가 아니라 수구'에 대해 언급한 부분은, 인간이 땅에서 사는 포유류가 아닌 '어족'이라는 가정이 전제된 것으로, 이러한 가정은 글쓴이의 독특한 시각과 상상력이 발휘된 것으로 볼 수 있다.

3 '화전 지대'에 사는 '소년'은 바다를 한 번도 보지 못했고, 〈보기〉의 '나비'는 바다의 두려움을 알지 못한 채 바다를 '청 무우밭'으로 착각하고 있다. 따라서 '소년'과 '나비'에게 '바다'는 미지의 대상이라고 할 수 있다.
　🖉 **오답 뜯어보기** ① 이 글에서 '바다'는 그리움의 정서와는 관련이 없다. 〈보기〉의 '바다'는 나비에게 동경과 좌절감을 느끼게 하는 대상일 뿐 극복의 대상이 아니다.
② 이 글에서 '바다'는 시각적·청각적 심상을 통해, 〈보기〉의 '바다'는 시각적 심상을 통해 형상화되고 있다.
④ 〈보기〉의 '나비'는 '바다'로부터 상처를 받는 존재이나, 이 글에서 '바다'는 '사람들'에게 도움을 주는 존재로 보기 어렵다.
⑤ 동적인 이미지를 내포하고 있는 것은 이 글의 '바다'이다.

4 '구름은 뭉게뭉게 이상향의 성곽처럼 피어오르고'로 보아 배경으로는 멀리 수평선 근처에서 구름이 피어올라 있는 모습이 적절하다. 또 '뛰어들어 비어가 ~ 뛰고 또 뛰고…….'로 보아 배우는 물결을 따르듯 바닷가를 달리는 모습을 연출하는 것이 적절하다.

---

006 파초 _ 이태준   032~033쪽

키포인트 체크 파초, 비판, 대화

1 ②　　**2** ④　　**3** ②　　**4** ④　　**5** 챙에 비 맞는 소리가 커서 파초에 비 맞는 소리가 들리지 않기 때문이다.

1 이 글에는 파초에 대한 글쓴이의 애정과, 파초에 대한 글쓴이의 생각이 진술하게 나타나고 있다. 해학적 표현은 찾아볼 수 없다.
　🖉 **오답 뜯어보기** ① 글쓴이와 앞집 사람의 실제 대화 내용이 제시되고 있다.
③ 크게 성장한 파초가 비를 맞는 모습을 미적으로 형상화하고 있다.
④ 파초를 돌보는 과정을 구체적으로 제시하여 파초에 대한 애정을 짐작하게 하고 있다.
⑤ 앞집 사람과의 의견 대립을 통해 글쓴이의 가치관을 드러내고 있다.

2 주렴 안에 누웠지만 파초가 빗방울을 퉁기는 소리는 듣는 이의 마음에까지 비를 뿌린다고 하였다. 즉, 가슴에 비가 뿌린다는 말은 파초에 비 맞는 소리를 듣고 마음이 시원해짐을 느낀다는 의미이다.

3 파초는 이미 다 자라 내년에 죽게 될 것이므로 주변의 부러움을 계속 사고 싶으면 파초를 팔고 새로운 화초를 심어야 할 것이다.

4 글쓴이는 자신의 파초가 너무 작고 더디 자라서 이웃집의 큰 파초를 사 와서 키웠다. 또한 파초를 키우는 과정에서 쏟아부은 애정도 파초를 빨리 키워 즐기기 위한 것으로 볼 수 있다. 이는 과정보다 절정이라는 결과에 집착하는 태도로 볼 수 있다.

5 처마에 챙을 달면 비가 올 때 챙에 떨어지는 빗방울 소리가 뜰에 있는 파초 잎에 떨어지는 빗방울 소리를 듣지 못하게 방해할 것임을 추측할 수 있다.

007 게_김용준
034~035쪽

[키포인트 체크] 게, 풍자, 한시

1④ **2**⑤ **3**② **4** 작은 이익을 다투다가 모두가 위험에 처하는 인간의 모습

1 글쓴이가 게를 그리기 수월하다고 한 것은 그만큼 게가 단순한 겉모습을 가지고 있다는 것을 나타내는 표현으로 보는 것이 적절하다.
[오답 뜯어보기] ① 글쓴이는 정소남의 일화를 통해 예술은 작가의 정신이 투영된 것이라는 자신의 예술관을 밝히고 있다.
②, ③ 글쓴이가 윤우당의 시를 인용한 것은 창자가 없어 단장의 비애를 느끼지 못하는 게의 속성을 부각하기 위한 것이다. 글쓴이는 게는 '무장공자'로 단장의 비애를 모르는데, '이 비애의 주인공은 실로 나 자신이 아닌가.'라며 삶에 대한 성찰을 보여 주고 있다.
⑤ 마지막 부분에서 게를, 즐겨 보내고 싶은 친구에게도 염치없는 친구에게도 그려 보낼 수 있는 좋은 화제라고 한 점으로 보아 자신이 깨달은 바를 다른 사람과 공유하고자 하고 있음을 알 수 있다.

2 ㉠은 예술 작품은 작가의 정신이 반영된 것이라는 글쓴이의 예술관을 보여 준다. 반면 〈보기〉는 글씨와 그림의 솜씨 자체를 중시하고 있다.

3 글쓴이는 게가 단장의 비애를 모른다는 내용을 담은 윤우당의 시구가 자신에게 큰 울림을 주었음을 밝히고 있다. 또한 이러한 비애의 주인공을 글쓴이 자신뿐 아니라 더 나아가 우리 민족으로까지 확장하여 생각하고 있다. 여기에는 세상사에 무관심하고 다른 사람의 아픔에 무감각한 세태에 대한 성찰이 담겨 있다고 볼 수 있다. 따라서 글쓴이의 입장에서는 ②와 같이 시대적 상황에 대한 깊은 통찰 없이 이에 순응하여 무감각하게 살아가는 인물을 비판적으로 바라볼 수 있을 것이다.

4 [B]에서 글쓴이는 게 낚시를 할 때 수십 마리의 게가 미끼에 엉겨 붙어 한 덩어리가 되어 동족상쟁을 하다가 모두 어부에게 잡히는 모습을 묘사하며 작은 이익을 서로 다투다가 모두 위험해지는 인간의 모습을 풍자하고 있다.

008 무궁화_이양하
036~037쪽

[키포인트 체크] 무궁화, 긍정, 인용

1④ **2**② **3**④ **4** 글쓴이의 평가: 무궁화는 겸손하면서도 자신감을 지닌 꽃이다. / 이유: 피기 시작하면 오랫동안 끊임없이 새 꽃송이를 피워 내기 때문이다.

1 글쓴이는 무궁화와 관련된 경험과 여러 해 동안 무궁화를 관찰하여 얻은 사실을 소개하고, 이를 바탕으로 자신의 판단을 제시하고 있다. 따라서 감성보다는 이성에 근거하여 논리적으로 서술했다고 볼 수 있다.

2 글쓴이는 무궁화를 처음 보았을 때에는 '환멸'을 느꼈고, 오랫동안의 관찰을 통해 무궁화를 '이해'할 수 있었으며, 결국 무궁화의 미덕을 '인정'하게 되었다.

3 글쓴이의 친구는 우리나라의 국화가 특별한 아름다움을 지니고 있을 것으로 기대했다가, 자신이 고향에서 흔히 보던 무강나무가 국화인 무궁화라는 것을 알고는 실망하고 있다.

4 [A]에서 글쓴이는 무궁화를 겸손하지만 자신이 없지는 않은 꽃이라고 평가하였는데, 이러한 표현에는 무궁화에 대한 긍정적 인식이 담겨 있다. 무궁화는 피기 시작하면 꽃 한 송이 한 송이는 그날 밤사이에 시들지만, 다음 날 새 송이가 잇대어 피고 하는 것이 시월에까지 끊임없이 이어지기 때문에 자신감을 가지고 있다고 판단한 것이다.

009 측상락_윤오영
038~039쪽

[키포인트 체크] 화장실, 초조, 과장, 비유

1③ **2**① **3**② **4**⑤ **5** 화장실에서 누리는 평온함과 자유로움을 강조하기 위해 불가능한 상황을 가정하고 있다.

1 이 글은 화장실에서 용변을 보는 행위를 독창적인 시선으로 포착하여 새로운 의미를 부여하고 있다. 글쓴이는 용변 보는 행위를 사람과 삶의 근원으로 돌아가는 과정으로 이해하면서, 용변 보는 행위를 '수륙 병진으로 배출을 하건', '내가 이 작업을 하고 있는' 등의 재치 있는 표현을 통해 묘사하고 있다.

2 '내가 이 작업을 하고 있는 한, 이런 무관심과 태만에 대해서도 아무도 문책하는 사람은 없다.'에서 글쓴이는 용변을 볼 때 세상일을 잊고 자유를 만끽하는 것에 대해 태만이라고 했을 뿐 평소 자신의 태도를 태만했다고 여기지 않는다.

3 ㉡에서 '한 복지'는 글쓴이가 불안하고 초조한 현대인의 생태에서 유일하게 벗어날 수 있는 화장실을 가리킨다.
[오답 뜯어보기] ① ⓐ는 '숨 가쁜 세상'과 대비되는 의미로서 고요하고 여유로운 삶을 함축한다고 볼 수 있다.
③ 화장실에서 용변하는 시간을 자유가 확보되고 주권이 부여되는 우주에서의 시간으로 설명한 것에서 알 수 있다.
④ 용변을 볼 때의 마음 상태를 '들뜬 기운이 가라앉으며 평온한 희황 시대로 돌아온다'고 서술하고 있는 것에서 알 수 있다.
⑤ 요임금 때 세상을 등지고 은거 생활을 했던 '소부'와 '허유'에 대한 고사(故事)를 통해 세상과 절연된 화장실의 공간적 특성을 드러내고 있다.

4 '무슨 불안이 문밖에 기다리고 서 있는 것만 같고'와 뒤에 이어지는 '이 초조한 심경' 등을 고려할 때, 마음이 불안하거나 걱정스러워 자리에 가만히 앉아 있지 못하고 안절부절못하는 모양을 이르는 말인 '좌불안석'이 가장 적절하다고 볼 수 있다.
[오답 뜯어보기] ① 세력이 있을 때는 아첨하여 따르고 세력이 없어지면 푸대접하는 세상인심을 비유적으로 이르는 말.
② 사방으로 이리저리 몹시 바쁘게 돌아다님을 이르는 말.
③ 은밀한 가운데 일의 실마리나 해결책을 찾아내려 함을 이르는 말.
④ 몹시 아슬아슬한 위기를 비유적으로 이르는 말.

5 외계에서 수소탄이 터지고 태양이 물구나무를 서는 일은 현실적으로 일어날 수 없는 일이다. 글쓴이가 이런 불가능한 상황을 설정하여 제시한 것은 그 어떤 상황에도 개의하지 않음으로써 누리게 되는 평온함과 자유로움을 강조하기 위한 것으로 볼 수 있다.

010 은전 한 닢_ 피천득   040~041쪽

> 키포인트 체크   은전, 객관적, 여운
>
> 1 ①   2 ③   3 ④   4 삶의 간절한 소망   5 ⓐ: 소망을 이루려는 노력과 성취의 기쁨, ⓑ: 인간의 소유욕과 집착에 대한 연민

1 이 글의 글쓴이는 처음부터 끝까지 객관적 입장을 유지하면서 늙은 거지의 행위를 관찰한 그대로 서술하고 있을 뿐, 인물의 심리를 요약적으로 제시하지는 않았다.

2 늙은 거지는 한 푼 한 푼 얻은 동전을 모아 각전 한 닢으로 바꾸고, 다시 각전을 모아 은전 한 닢을 갖게 되었다. '티끌 모아 태산'은 아무리 작은 것이라도 모이고 모이면 나중에 큰 덩어리가 됨을 비유적으로 이르는 말이다.

3 늙은 거지가 은전을 들여다보는 것은 간절하게 원하던 것을 가지게 되어 기쁘면서도 그것이 쉽사리 믿기지 않아 자꾸 확인하고 싶은 심리 때문으로 볼 수 있다.

4 이 돈 한 개가 갖고 싶었다는 거지의 말을 통해 그에게 있어 '은전 한 닢'은 삶의 간절한 소망이었음을 알 수 있다.

5 이 글은 글쓴이의 설명이나 소감 없이 '이 돈 한 개가 갖고 싶었습니다.'라는 거지의 대답만을 제시하여 다양한 해석을 낳게 한다. '은전 한 닢'을 얻기 위한 거지의 갖은 노력에 주목하면 소망을 이루려는 노력과 그 성취의 기쁨이라는 주제를 이끌어 낼 수 있다. 반면 '은전 한 닢'을 맹목적으로 소유하기 위해 애쓰는 거지의 모습에 주목하면 맹목적인 소유욕과 집착에 대한 연민이라는 주제를 이끌어 낼 수 있다.

011 뒤지가 진적_ 이희승   042~043쪽

> 키포인트 체크   감옥살이, 해학, 사실
>
> 1 ⑤   2 ②   3 ①   4 읽을거리에 목말라 있던 글쓴이와 감옥 동료들에게는 뒤지라 할지라도 글이 적혀 있으면 진귀한 책과 같이 가치가 있기 때문이다.

1 경찰들은 감방 안에 있는 사람들이 바깥세상의 일들을 아는 것을 막기 위해 신문이나 잡지를 뒤지로 주지 않았고, 신문지를 뒤지로 쓰더라도 읽을거리가 없어지도록 잘게 썰어서 넣어 주었다. 이런 상황에서 글쓴이와 감방 동료들은 《경무회보》라도 많이 입수하도록 갖은 노력을 기울였다. 따라서 글쓴이가 《경무회보》를 일본 경찰계의 기관지라 읽지 않았다는 ⑤의 언급은 적절하지 않다.

2 ㉠은 뒤지를 얻기 위한 방법 중 하나로, 글쓴이와 동료들은 뒤지를 많이 얻어 거기에 써 있는 글을 읽으려고 했다.

3 ⓐ는 간수 몰래 뒤지를 얻으려다가 당하는 봉변을 가리킨다. ⓑ는 뒤지를 읽다가 간수들에게 봉변을 당해도 글을 읽는 본능을 숨길 수 없다는 것으로, 뒤지에 있는 글 읽기를 단념하지 못함을 나타낸다.

4 뒤지는 글쓴이와 동료들에게 읽을거리를 제공해 주고, 지루한 수감 생활을 견디게 해 주며, 글쓴이와 동료들이 글을 읽고 싶어 하는 욕망을 충족해 준다. 그러므로 뒤지는 '단순히 똥을 누고 밑을 씻어 내는 종이'가 아니라 진귀한 책(진적)과 같이 귀하고 가치 있는 존재인 것이다.

012 산정무한_ 정비석   044~045쪽

> 키포인트 체크   금강산, 감정, 대구법
>
> 1 ③   2 ⑤   3 ①   4 ④   5 자연물에 감정을 이입하여 자연물도 마치 저와 같은 감정을 느끼는 것처럼 표현

1 마의 태자와 관련된 내용이 제시되어 있긴 하지만, 이를 고사를 인용한 것으로 볼 수 없으며, 마의 태자와 관련된 내용이 글쓴이의 의견을 뒷받침하고 있는 것은 아니다.

  📝 오답 뜯어보기   ① '이름도 정다운 백마봉은 ~ 건너뛸 정도로 가깝다'에서 망군대에서 바라본 봉우리의 모습을 과장적으로 표현하고 있다.
② 장안봉에서 마의 태자 무덤에 이르는 여정을 시간적 순서와 공간의 이동에 따라 전개하고 있다.
④ '내·외·해 삼금강을 ~ 더 바랄 것은 무엇이랴.'에서 '-랴'라는 의문형 종결 어미를 사용하여 비로봉 최고점에 오른 자부심을 드러내고 있다.
⑤ 한 문장을 길고 장황하게 표현한 만연체를 활용하여 여정과 감상을 구체적으로 전달하고 있다.

2 (다)에서 글쓴이는 비로봉 최고점에 올랐으나 보이는 것은 그저 운해뿐, 삼금강의 모습을 보지 못했다고 하였다. 이로 보아 삼금강을 언제나 볼 수 있는 것은 아님을 알 수 있다.

  📝 오답 뜯어보기   ① (나)에 비와 우박이 몰아치던 날씨가 삽시간에 잠든 양같이 온순해졌다는 내용이 제시되어 있다.
② (가)를 통해 망군대를 오르기 위해서는 삼백 단의 가파른 사닥다리를 올라야 함을 알 수 있다.
③ (라)에서 마의 태자의 무덤은 철책도 상석도 없고 오랜 세월 동안의 바람과 비로 인해 비문조차 읽을 수 없다는 내용을 통해 알 수 있다.
④ (라)의 '비로봉 동쪽은 ~ 자작나무의 수해였다.'를 통해 알 수 있다.

3 글쓴이는 비로봉 최고점에 올라 내·외·해 삼금강을 한눈에 바라볼 수 있다는 '기대감'을 가지고 사방을 조망했으나, 운해 때문에 이것이 불가능하자 '아쉬움'을 느끼게 된다. 하지만 곧 이러한 아쉬움을 달래고 비로봉 최고점에 오른 데 대한 '자부심'을 드러내고 있다.

4 ㉠은 직유법을 사용하여 '우러러보는 단풍이 새색시 머리의 칠보단장 같다', '굽어보는 단풍'은 '규수의 붉은 치마폭 같다'라고 표현하고, 앞뒤 구절을 대구법을 사용하여 연결하고 있다. ㉡은 잠잠해진 날씨를 '잠든 양같이'라고 직유법을 사용하여 나타낸 표현이다. ㉢은 '자작나무'를 '수중 공주'에 빗대어 표현한 은유법을 사용하였다. 따라서 ㉠~㉢ 모두

표현하고자 하는 대상을 다른 대상에 빗대어 비유적으로 표현하고 있음을 알 수 있다.

오답 뜯어보기 ① 대구법에 대한 설명으로 ㉠에만 해당한다.
②는 영탄법, ③은 의인법, ⑤는 설의법에 대한 설명이다.

5 무심한 '구름'도 여기(마의 태자의 무덤가)에서는 잠시 머무는 것 같고, 소복을 입은 '백화'가 슬프게 서 있으며, '초저녁달'이 눈물을 머금고 있다고 표현한 것은, 마의 태자의 무덤가에서 글쓴이가 느낀 애상감과 추모의 마음을 자연물에 투영한 것이다.

---

013 특급품_김소운 046~047쪽

키포인트 체크 바둑, 유연, 유추

1 ② **2** ③ **3** ⑤ **4** 균열을 제힘으로 도로 유착·결합하는 유연성

1 이 글은 일반적으로 적용할 수 있는 인생의 진리를 말하고자 한 것이지, 현실의 세태를 비판하고 있지는 않다.

2 이 글은 일급품 비자반이 균열을 스스로의 힘으로 메우고 특급품으로 거듭나듯이, 인생에 있어서도 시련을 잘 극복하면 좀 더 성숙한 삶을 살 수 있음을 이끌어 내고 있다. 이와 관련된 속담은 비에 젖어 질척거리던 흙도 마르면서 단단하게 굳어진다는 뜻으로, 어떤 시련을 겪은 뒤에 더 강해짐을 비유적으로 이르는 말인 ③이다.

오답 뜯어보기 ① 두각을 나타내는 사람이 남에게 미움을 받게 된다는 말.
② 잘되리라고 믿고 있던 일이 어긋나거나 믿고 있던 사람이 배반하여 오히려 해를 입음을 비유적으로 이르는 말.
④ 가뜩이나 미운 사람이 더 미운 짓만 함을 비유적으로 이르는 말.
⑤ 잘될 사람은 어려서부터 남달리 장래성이 엿보인다는 말.

3 이 글에서 특급품 비자반은 갈라진 상처를 제힘으로 이겨 낸 존재이다. 이를 인간의 삶에 결부한다면 과실이나 시련을 스스로의 노력으로 극복하고 더 나은 삶을 살게 되는 것으로 볼 수 있다. ⑤의 '장 발장' 역시 과실과 시련을 극복하고 더 나은 인생을 살게 된 인물이다.

오답 뜯어보기 ① '형'은 한순간의 오해 때문에 인생을 괴로움 속에 보내는 인물이다.
② '만도'는 절망적인 상황 속에서도 희망을 다짐하는 인물이다.
③ '산티아고'는 시련에 좌절하지 않는 인물이다.
④ '철호'는 거듭된 고통 때문에 삶의 방향을 잃고 헤매는 인물이다.

4 특급품 비자반의 '머리카락 같은 희미한 흔적'은 갈라진 반면이 다시 유착된 것을 말하는데, 이는 비자반의 유연성을 증명해 보인 것이라고 하였다.

---

014 수필_피천득 048~049쪽

키포인트 체크 수필, 비유

1 ⑤ **2** ⑤ **3** ④ **4** ④ **5** 수필은 글쓴이 자신을 솔직히 나타내는 문학이다.

1 이 글은 수필의 성격, 재료, 형식 등 수필의 특성을 다양한 비유적 표현을 통해 나타내고 있는 수필이다.

2 글쓴이는 수필은 정열이나 심오한 지성을 내포한 문학이 아니라고 하였고, 누에의 입에서 나오는 액이 고치를 만들 듯이 자연스럽게 써지는 글이라고 밝히고 있다. 수필을 쓰는 데 따르는 글쓴이의 고뇌와 관련된 내용은 이 글에 나타나 있지 않으므로 ⑤는 적절하지 않다.

3 이 글은 단순히 수필의 개념을 정의하거나 설명하기보다는 정서적이고 함축적인 언어로 수필에 대한 글쓴이의 생각을 표현하고 있다.

오답 뜯어보기 ① 이 글은 수필로 쓴 수필론으로, 특별히 정해진 형식 없이 수필 문학에 대한 이론을 문학적으로 표현하고 있다.
②, ③ 글쓴이는 수필을 청자연적 등에 비유하여 개성적인 언어로 표현하고 있다.
⑤ 글쓴이는 마음의 여유가 부족하여 수필을 쓰지 못하는 것을 고백하고 있다.

4 ㉠, ㉡, ㉢, ㉤은 수필 자체의 특성을 비유적으로 표현하고 있는 대상들이다. 그런데 글쓴이는 수필은 '청춘의 글'이 아니라 '서른여섯 살 중년 고개를 넘어선 사람의 글', 즉 삶의 연륜이 느껴지는 글이라고 하였으므로, ㉣은 수필의 특성과 거리가 멀다.

5 이 글에서 글쓴이는 '수필은 그 쓰는 사람을 가장 솔직히 나타내는 문학 형식'이라고 하였다. 〈보기〉의 글쓴이도 수필은 자신의 삶을 통한 의미와 가치를 최상으로 높이는 도구이며 수필을 쓰려면 무엇보다 겸허하고 진실해야 한다고 하였다. 따라서 이 글과 〈보기〉의 글쓴이가 모두 수필을 자신을 솔직히 나타내는 문학으로 보고 있음을 알 수 있다.

---

015 참새_윤오영 050~051쪽

키포인트 체크 참새, 비판, 회고(회상)

1 ④ **2** ④ **3** ⑤ **4** ④ **5** 참새가 없어질 정도로 메마르고 삭막하고 윤기 없다며 비판적인 태도를 보이고 있다.

1 제시된 부분에는 유사한 대상 간의 공통점을 분석한 내용은 나타나 있지 않다. 또한 중략 부분에서 참새가 진달래꽃과 같이 우리와 친근한 존재임을 언급하고는 있으나, 이를 대상 간의 공통점을 분석하여 그 내용을 일반화한 것으로 보기는 어렵다.

2 이 글에서 글쓴이는 과학의 진보를 바라기보다는 그러한 시대의 흐름에 밀려 사라져 가는 옛것(참새)에 대한 아쉬움을 나타내고 있다.

오답 뜯어보기 ① '여기에 만일 꽃꽂이를 한다고 꽃가지를 꺾어 방 안에서 시들리고 ~ 새를 잡아 가두어 놓고 그 비명을 향락하는 자가 있다면, 그는 분명 악취미요, 그것은 살풍경이었을 것이다.'라는 구절이나 참새를 한집의 한 식구처럼 여기는 글쓴이의 모습에서 자연의 다른 생명체들과 공존하며 조화를 이루고자 하는 가치관을 엿볼 수 있다.
② 〈구운몽〉의 내용을 인용하여 고전에 대한 교양을 드러내고 있다.

③ 글쓴이가 작고 귀엽고 조촐한 참새에 대한 애정을 드러내는 것을 통해 알 수 있다.
⑤ 마지막 부분에서 참새 소리 때문에 상념에 빠지게 되었음을 밝히고 있다.

3 이 글에서 글쓴이는 과거와 현재를 비교하며 참새에 대한 회고적 정서를 드러내고 있다. ⑤ 또한 고향에 대한 그리움과 회고적 정서를 잘 드러내고 있다.
  《오답 뜯어보기》 ① 지난 삶에 대한 참회의 정서를 드러내고 있다.
② 절대자에 대한 순종을 드러내고 있다.
③ 결연한 삶의 의지를 드러내고 있다.
④ 피폐한 농촌 현실에 대한 울분을 드러내고 있다.

4 글쓴이는 예전부터 참새의 가치를 알고 있었으므로 참새의 가치를 몰랐던 것에 아쉬움을 느꼈다고 볼 수 없다.

5 글쓴이는 참새를 한 식구처럼 여겼던 과거와 달리 참새가 없어질 정도로 메마르고 삭막하고 윤기 없는 현대 사회에 대해 비판적인 태도를 드러내고 있다.

016 설해목 _ 법정 052~053쪽

키포인트 체크 눈, 부드러움, 대립

1 ④ **2** ⑤ **3** ① **4** ③ **5** 설해(雪害)를 입은 나무, 눈에 의해 꺾인 나무

1 이 글에는 학교에서도 집에서도 더 이상 어찌할 수 없는 망나니 학생의 일화, 사뿐히 내려앉은 눈에 의해 꺾인 나무의 일화, 부처님의 자비로 귀의한 살인귀 앙굴리말라의 일화 등을 제시하여 부드러운 것이 강한 것을 꺾는다는 주제를 형상화하고 있다(ㄴ). 또한 '산은 한겨울이 지나면 앓고 난 얼굴처럼 수척하다.'에서 설해를 입어 꺾인 나무들이 많은 산의 쓸쓸한 풍경을 비유적으로 제시하고 있다(ㄹ).

2 ㉠은 거센 시련에도 굴하지 않는 모습을 말하므로, 백 번 꺾여도 굴하지 않는다는 뜻으로 어떠한 난관에도 굽히지 않음을 의미하는 ⑤의 '백절불굴(百折不屈)'과 뜻이 통한다.
  《오답 뜯어보기》 ① '실속은 없으면서 큰소리를 치거나 허세를 부림.'을 의미함.
② '용기가 있으며 씩씩하고 기운차기 짝이 없음.'을 의미함.
③ '겉으로는 부드럽고 순하게 보이나 속은 곧고 굳셈.'을 의미함.
④ '옥이나 돌 따위를 갈고 닦아서 빛을 낸다는 뜻으로, 부지런히 학문과 덕행을 닦음.'을 이르는 말.

3 '정'은 강함을, '물결'은 부드러움을 의미한다. 이와 유사한 관계에 있는 단어는 ①의 '훈계'와 '자비'이다.

4 이 글은 훈계보다는 다사로움(시중 들기)이, 강한 비바람보다는 부드러운 눈이, 위엄이나 권위보다는 자비가 강함을 말하고 있다.

5 쌓인 눈의 무게를 이기지 못해 부러지는 아름드리나무들을 가리킨다는 것을 알 수 있다.

017 비닐우산 _ 정진권 054~055쪽

키포인트 체크 비닐우산, 효용성, 역설

1 ② **2** ④ **3** ② **4** ① **5** 값싼 인생을 살면서 부실한 몸으로 아이들을 보호하고 키우려고 애쓰는 '나'의 모습이 비닐우산과 비슷하다고 생각해서

1 이 글은 비닐우산에 대한 개성적인 인식을 바탕으로 비닐우산의 효용성에 대해 서술하고 있으므로, 대상에 대한 태도가 바뀐다고 할 수 없다.
  《오답 뜯어보기》 ① 비닐우산의 장점이 여러 가지로 서술되어 있다. 싼값에 비를 피할 수 있고 어디 놓고 와도 섭섭하지 않다는 점, 빗방울과 빗소리가 만들어 내는 예술을 즐길 수 있다는 점, 우산이 뒤집혔을 때에는 즐거운 짜증과 일상의 변화를 맛볼 수 있다는 점, 비닐우산을 통해 소중한 추억을 쌓을 수 있다는 점 등이 그것이다.
③ 비닐우산을 싸고 볼품없는 것으로 보는 것이 아니라 덕을 갖춘 것, 아름다운 효용성을 지닌 것으로 보고 있으므로 일반적인 시각과는 다른 개성적인 시각이 드러난다.
④ 글의 마지막 단락에서 볼품없고 한 군데도 탄탄한 데가 없지만 아름다운 효용성이 있는 비닐우산과 글쓴이 자신이 비슷한 데가 적지 않은 것 같다고 이야기하고 있다.
⑤ '좀 오래된 이야기 하나가 생각난다. ~ 살 수 없는 체험일 것이다'에서 비닐우산과 관련된 글쓴이의 경험이 제시되고 있다.

2 '좀 오래된 이야기 하나'는 불쑥 비닐우산 속으로 뛰어들어 온 어린 소녀와 만난 글쓴이의 경험담이다. 이를 '백 원으로선 살 수 없는 체험'이라고 표현하고 있는 것을 보아 글쓴이는 이 경험을 소중한 추억으로 여기고 있음을 알 수 있다. 즉, 글쓴이는 이러한 경험을 삽입하여 비닐우산의 가치를 더욱 부각하고 있는 것이다.

3 글쓴이는 비닐우산 속으로 뛰어들어 온 소녀가 떠나자 허전함을 느낀다. 비닐우산이 그 허전함을 달래 주거나 채워 준 것은 아니다.

4 글쓴이가 비닐우산과 자신의 삶과의 유사성을 찾아내고 있기는 하지만, 이를 통해 자신의 삶의 문제점을 인식하고 현실을 직시하는 것이 중요하다는 이야기를 하는 것은 아니다.
  《오답 뜯어보기》 ② 볼품없는 비닐우산을 개성적으로 인식하여 새로운 가치를 찾아내고 있으므로, 사물을 보는 시각에 따라 대상에 대한 가치가 달라질 수 있다는 것을 알 수 있다.
③ 값싸고 보잘것없는 비닐우산에서 여러 효용성을 찾고 있으므로 하찮은 물건도 긍정적인 면을 가지고 있다는 것을 알 수 있다.
④ 비닐우산과 글쓴이 자신의 삶과의 유사성을 찾아내는 부분에서 대상을 통해 자신의 모습을 비추어 보는 모습을 찾아볼 수 있다.
⑤ 글쓴이는 비닐우산과 관련된 생활의 일면을 자세히 관찰하여 이를 비닐우산의 장점과 관련짓고 있다. 경제적 편이성, 예술성, 뜻밖의 즐거움, 소중한 추억 등 다양한 측면에서 비닐우산의 장점을 발견하는 데에서 알 수 있다.

5 글쓴이는, 볼품없고 한 군데도 탄탄한 데가 없지만 아름다운 효용성을 지닌 비닐우산과, 값싼 인생을 살며, 조금만 바람이 불어도 넘어질 듯 부실하지만 그런 몸으로나마 아이들의 머리 위에 내리는 찬비를 가려 주려고 버둥대는 삶을 살고 있는 자신이 비슷하다고 생각하고 있다.

정답과 해설

018 당신이 나무를 더 사랑하는 까닭_신영복   056~057쪽

키포인트 체크 소나무, 소비, 경쟁, 대조

1 ⑤   **2** ⑤   **3** ⑤   **4** 인간이 문명의 폭력을 휘두르는 도구로 전락되지 않는다면 문명의 폭력이 인간을 해칠 수 없다.

1 이 글은 무차별적으로 개발하고 소비하는 문명의 폭력성에 대해 비판하고 있지만, 이를 극복하기 위해 자연과의 합일을 주장하고 있지는 않다.

오답 뜯어보기 ① 이 글은 글쓴이가 '당신'에게 '~ㅂ니다'라는 경어체를 사용하여 쓰는 편지글 형식으로 서술한 것이 특징이다.

② 제한된 공간에서도 충만한 삶을 누리는 소나무를 통해 무차별적으로 소비하는 현대인의 이기심, 비정함, 폭력성을 고찰하는 방식으로 문제를 확대하고 있다.

③ '오직 '신발 한 켤레의 토지'에 서서 이처럼 우람'한 소나무와 '훨씬 더 많은 것을 소비하면서도 무엇 하나 변변히 이루어 내지 못하고 있는' 글쓴이, 즉 인간의 모습을 대조하며 교훈과 깨달음을 주고 있다.

④ '소광리의 솔숲은 마치 회초리를 들고 기다리는 엄한 스승 같았습니다.', '그러나 어느 생각 깊은 나무가 말했다.' 등에 비유법이 쓰였다. 또한 생존이 위협받는 상황에서 소생할 수 있다는 희망과 저력을 상징하는 '솔방울', 문명의 폭력성을 상징하는 '쇠' 등을 통해 주제를 효과적으로 드러내고 있다.

2 '소나무'가 몇백 년 동안 묵묵히 풍상을 겪어 내는 존재라면, '소나무와 같은 사람'은 소나무처럼 척박한 환경 속에서도 문명의 폭력성을 묵묵히 견디어 내며 가치 있는 삶을 살고 있는 사람을 의미한다고 볼 수 있다.

3 '솔방울'은 소생할 수 있는 저력과 희망을 상징한다. ⑤의 '푸른 별' 역시 '미래에 대한 희망'을 상징하므로 '솔방울'의 의미와 가장 유사하다.

오답 뜯어보기 ③ '젊은 산맥'은 화자의 다리를 비유한 표현으로 젊은 패기가 느껴지는 이미지를 지닌다.

④ '저문 들길'은 '암울한 현실'을 상징한다.

4 자루 없는 쇠도끼가 폭력을 가할 수 없는 것처럼 인간이 스스로 문명의 폭력을 휘두르는 도구가 되지 않는다면 문명의 폭력은 결코 인간을 해칠 수 없다는 뜻이다.

019 새 출발점에 선 당신에게_신영복   058~059쪽

키포인트 체크 출발, 본질, 경험

1 ①   **2** ④   **3** ④   **4** ④   **5** 본질적인 것을 추구하는 것의 중요성을 깨닫고 있다.

1 글쓴이는 노인 목수에 관한 자신의 경험을 제시하여 삶에서 본질을 추구하는 것이 중요하다는 자신의 견해를 뒷받침하고 있다.

2 글쓴이는 본질적인 것을 추구하고 있다면 어디에 있든 상관없다는 것을 말하기 위해 '대학의 강의실'과 '공장의 작업대'를 제시하고 있다. 반면 ①, ②, ③, ⑤에서 '화폐, 이론, 탁(度), 글쓴이의 집 그리는 순서'는 본

질이 아닌 것을, '물건, 실천, 족(足), 목수의 집 그리는 순서'는 본질인 것과 관련되어 모두 대조 관계를 이룬다.

3 (다)에서 글쓴이는 '위로'는 위로를 받는 사람으로 하여금 스스로가 위로의 대상이라는 사실을 확인하게 함으로써 좌절하게 만들기 때문에 진정한 애정이 아니라고 하였다. 따라서 글쓴이가 힘든 삶을 사는 젊은이에게 위로의 말이 큰 힘이 된다고 했다는 것은 적절하지 않다.

4 ㉠은 자신의 발보다 그것을 본뜬 탁이 더 정확하다고 말하고 있는 부분이다. 이는 본질이 아닌 '탁'을 본질인 '족'보다 중시하는 것이므로 사물의 경중·선후·완급 따위가 서로 뒤바뀜을 이르는 말인 '주객전도(主客顚倒)'로 비판할 수 있다.

오답 뜯어보기 ① 학문의 길이 여러 갈래여서 한 갈래의 진리도 얻기 어려움을 이르는 말.

② 도저히 불가능한 일을 굳이 하려 함을 비유적으로 이르는 말.

③ 옛것을 익히고 그것을 미루어서 새것을 안다는 말.

⑤ 즐거운 일이 다하면 슬픈 일이 닥쳐온다는 뜻으로, 세상일은 순환되는 것임을 이르는 말.

5 (가)에서 글쓴이는 실제 집을 짓는 순서대로 집을 그리는 노인 목수를 보고 충격을 받고 있다. 그리고 본질적인 것을 추구하지 않은 자신의 삶의 태도를 반성하고 있다.

020 젊은 아버지의 추억_성석제   060~061쪽

키포인트 체크 아버지, 반성, 한자

1 ⑤   **2** ③   **3** ④   **4** ②   **5** ⓐ: 자식이 스스로 잘못을 깨닫도록 이끌어 줌. ⓑ: 자식에게 자신의 생각을 강요함.

1 글쓴이가 아버지와 대화를 나눠 보리라 생각한 것은 자신이 아버지의 아들인 이상, 아버지도 자신과 같은 나이에 같은 문제로 고민했을 것이라고 생각했기 때문이다. 따라서 아버지가 천재인 자신을 이해하지 못할 것이라는 ⑤는 일치하지 않는다.

오답 뜯어보기 ① 글쓴이는 사춘기적 증상을 겪으면서 '자존망대형(自尊妄大型) 조발성(早發性) 천재 증후군'이라는 자만심에 빠진다.

② 글쓴이는 학교에서 배울 것도 없고 친구들도 유치하다며 아버지께 학교에 가지 않겠다고 말한다.

③ 아버지는 글쓴이를 홀로 남겨 둔 채 냇가로 내려간 후 한참 동안 오시지 않는데 이는 글쓴이에게 세상살이의 무서움을 가르쳐 주기 위해서였다.

④ 아버지는 학교에 가지 않겠다는 글쓴이의 말을 듣고 일단 시간을 갖고 생각하라고 말한다.

2 이 글은 사춘기 시절 자만심에 빠졌던 글쓴이가 아버지의 가르침으로 잘못을 스스로 깨달았던 일화를 통해 삶에 대한 깨달음과 교훈을 주는 수필이다. 그러나 비슷한 내용의 다른 일화가 이어지고 있지는 않으므로 ③은 적절하지 않다.

3 ㉠은 글쓴이가 식구들에게 자신이 천재임을 알리기 위해 숙제를 열심

히 하고, 집에도 일찍 들어오며, 경어를 사용한 것을 가리킨다. 이는 글쓴이가 다른 아이와는 달리 자신은 성숙하고 뛰어난 천재임을 식구들에게 드러내려는 의도로 한 행동이다.

4 아버지는 자신의 정신 수준이 서른 살에 도달하여 학교는 물론이고, 대학도 갈 필요가 없다고 말하는 아들을 깨우치기 위해 일부러 아들을 홀로 남겨 둔다. 글쓴이가 무서워 떨 때 나타난 아버지가 세상이 다 아래로 보이냐는 물음을 하는 데서 ②와 같은 의도를 확인할 수 있다.

5 ⓐ '나', 글쓴이는 자식이 스스로 잘못을 깨달을 수 있도록 이끌어 주었던 ⓑ '아버지'를 떠올리며 아버지와 같이 자식을 마음으로 감복시키지 못하고 자신의 생각을 강요하려 한 스스로를 반성하고 있다.

---

021 내 유년의 울타리는 탱자나무였다_ 나희덕 062~063쪽

| 키포인트 체크 | 가시, 고통, 비유 |

1 ⑤ **2** ⑤ **3** ⑤ **4** 고통은 인생의 소중함을 알게 하고, 사람을 겸허하고 성숙하게 만들어 준다.

1 다리가 불편하다는 가시로 인해 그림을 그려 화가로서의 명성을 얻은 로트레크의 이야기를 통해 글쓴이는 가시가 존재를 높이 들어 올리는 힘이 되기도 하므로, 가시를 어떻게 받아들이고 다스려 나가느냐가 중요하다고 말하고 있다.

2 글쓴이는 가시를 더 깊이 끌어안고 살아야 하며 가시를 의식하지 않는 것이 아니라 잘 다스려야 한다고 생각하고 있다. 따라서 자신의 가시를 뽑아 버리고자 하는 〈보기〉의 '그'에게 내성적인 성격을 잘 다스려 나가라고 조언할 수 있을 것이다.

　　[오답 뜯어보기] ①, ② 〈보기〉의 '그'는 내성적인 성격 때문에 다른 사람 앞에서 발표를 잘 하지 못해서 괴로워하고 있다. 따라서 내성적인 성격을 그의 가시로 볼 수 있다.

　　③, ④ '그'는 내성적인 성격을 바꾸려고 하고 있으므로 가시를 끌어안고 사는 게 아니라 뽑아 버리고 싶어 한다고 볼 수 있다.

3 ⑩은 힘든 삶 속에서 결코 포기해서는 안 되는 인생의 가치를 의미하고, ㉠~㉣은 인간의 삶 속에서 자라는 가시의 예에 해당한다.

4 글쓴이는 삶의 고통(가시)이 존재를 들어 올리는 힘이 되곤 하며, 고통이 없었더라면 인생을 너무 쉽게 살았을 것이라고 하였다. 또한 너무 아름답거나 부유하거나 강하거나 재능이 많은 것이 오히려 삶을 불행하게 할 수 있다는 점에서 가시는 사람을 겸허하게 만들어 주는 선물이라고 하였다.

---

022 반 통의 물_ 나희덕 064~065쪽

| 키포인트 체크 | 밭, 생명, 아름다운, 병렬 |

1 ① **2** ③ **3** ④ **4** ① **5** 불편한 몸으로 텃밭의 살아 있는 것들에 물을 주는 할아버지의 모습이 감동적이어서

---

1 이 글에서는 당근을 솎아 주었던 경험을 통해 '적절한 거리'의 중요성을 깨달은 것과, 몸이 불편한 할아버지가 채소에 물을 주는 것을 보고 생명을 소중히 여기는 마음을 깨달은 것을 서술하고 있다.

2 글쓴이는 밭에 뿌린 씨를 새들이 먹고 간 작년의 농사 경험을 통해 농부들이 넉넉하게 씨를 뿌리는 이유를 알게 되었고, 이를 통해 자연과 공생하는 삶의 교훈을 얻게 된다.

3 '워낙 자라는 속도가 빨라 자리를 잡지 못하고 밀려 나오는 뿌리가 하나둘이 아니었다.'는 적절한 거리가 유지되지 않았을 때 나타난 현상이지만, 이를 통해 '적절한 거리'가 식물의 성장 속도를 조절하는 역할을 하는지는 알 수 없다.

4 '남은 반 통의 물을 살아 있는 것들에게 쏟아붓고 싶은 마음'에서 짐작할 수 있듯, 글쓴이는 할아버지가 절뚝거리면서 힘겹게 채소에 물을 주는 것이 '살아 있는 것들', 곧 생명을 소중히 여기는 마음에서 우러나오는 행동일 것이라 생각하고 있다.

5 '절뚝거리면서, 그러면서도 남은 반 통의 물을 살아 있는 것들에게 쏟아붓고 싶은 마음, 그런 게 아니었을까.'를 통해 알 수 있다. 글쓴이는 불편한 몸이지만 텃밭의 생명을 위해 혼신의 힘을 다하는 할아버지의 모습에서 감동을 느꼈기 때문에 할아버지가 물을 흘린 '그 길'을 이 세상에서 가장 '아름답고 빛나는 길'로 생각하는 것이다.

---

023 존재의 테이블_ 나희덕 066~067쪽

| 키포인트 체크 | 테이블, 행복함, 거울 |

1 ③ **2** ④ **3** ④ **4** ② **5** (1) 자신이 지금 어디에 어떻게 앉아 있는가를 잘 비추어 주는 거울 (2) 힘든 일이 닥칠수록 더 작아지고 고요해지는 것이 필요하다고 일러 주는 거울

---

1 '존재의 테이블'이라는 사물을 통해 삶을 성찰하고 자신의 존재 의미를 찾으려 노력한 글쓴이의 경험을 진솔하게 서술하고 있다.

2 제시문에는 세상이 바슐라르를 무시하는 모습도 나타나지 않으며, 세상을 용서해 주는 바슐라르의 모습도 나타나지 않는다.

3 라디오는 글쓴이의 외로움을 달래 주는 대상이라고 할 수 있지만, ㉡은 글쓴이의 외로움을 달래 주는 대상이라고 할 수 없다. 제시문에서 외로움을 달래 준 것은 ㉡이 아니라, 바슐라르의 '존재의 테이블'이다.

4 ⓑ는 글쓴이가 인도 토산품점에서 본 테이블을 자신의 '존재의 테이블'로 선택한 이유 중 하나로, 존재의 자리를 갖지 못한 사람보다는 덜 우매해지려는 욕심을 뜻한다.

　　[오답 뜯어보기] ① ⓐ는 좀 더 알고자 하는 지적 목마름과 갈망을 뜻한다.

　　③ ⓒ는 존재의 테이블에 자주 앉지 못한 글쓴이의 씁쓸함과 후회로 인해 존재의 테이블이 심리적으로 멀게 느껴지는 것을 의미한다.

　　④ ⓓ는 존재의 테이블이 그 본연의 기능을 하지 못하고 평범하고 하찮은 물건처럼 취급되어 가는 상황을 나타내는 말이다.

⑤ⓔ는 '자신의 삶을 돌아보는 시간은 고통스러울 수도 있지만, 그렇게 자신을 돌아보며 존재의 자리를 마련할 수 있다는 것에 대해 행복을 느낄 수 있음을 의미한다.

5 글쓴이는 존재의 테이블을 '거울'에 빗대어 표현하고 있다. '거울'에 빗대어 표현한 존재의 테이블은 첫째, 글쓴이 자신이 지금 어디에 어떻게 앉아 있는가를 잘 비추어 주는 역할을 하며, 둘째, 힘든 일이 닥칠수록 그 테이블만큼 더 작아지고 고요해지는 것이 필요하다고 넌지시 일러 주는 역할을 한다고 보고 있다.

---

024 순후와 질박함에 대하여_ 공선옥 068~069쪽

키포인트 체크) 시골, 비판적, 대화

1③　**2**③　**3**⑤　**4**③　**5**순후와 질박함을 지닌 사람으로 늙어 가고 싶다.

1 이 글은 '대답한다', '묻는다', '말한다' 등과 같은 현재형 어미를 사용하여 현재 일어난 사건처럼 서술함으로써 현장감을 살리고 있다.

2 글쓴이는 시골 마을에서 만난 할머니에게서 따뜻한 인정을 느끼며 자신이 힘들고 지친 이유를 깨닫게 된다. 그리고 다시 집으로 돌아온 글쓴이는 정성 들여서 집안일을 하며 스스로 자식들에게 정신적 유토피아가 되겠다는 다짐을 실천하기 위해 노력한다. 따라서 ③이 적절하다.

3 이 글에서 글쓴이는 '돈이 많은 사람, 권력을 가진 사람, 육체가 너무 건강한 사람, 아는 것이 너무 많은 사람들 앞에서는 무형의 저항감'을 느낀다고 하였다. 따라서 ①~④는 모두 글쓴이가 부정적으로 인식하는 사회의 모습으로 볼 수 있다. 그러나 '낯선 손님도 스스럼없이 받아 주는 사회'는 글쓴이가 시골 할머니에게서 느낀 순후와 질박함의 모습으로, 긍정적으로 인식하는 사회의 모습에 해당한다.

4 사립문은 글쓴이가 방문한 할머니의 집 문으로, 낯선 사람을 따뜻하게 대접하는 할머니의 인정과는 관련이 없다.

　오답 뜯어보기) ① 낯선 사람에게도 미소를 띠며 반기는 모습에서 할머니의 인정을 느낄 수 있다.
② 낯선 사람에게 스스럼없이 집 구경을 허락하고 있다는 점에서 할머니의 인정을 느낄 수 있다.
④ 집에 오자마자 시원한 냉수를 건네는 것은 글쓴이가 목이 마를 것을 예상한 할머니의 배려라고 할 수 있다.
⑤ 글쓴이가 인사치레로 꺼낸 막걸리란 말에 집에 있는 술을 대접하려는 할머니의 모습에서 훈훈한 인심을 느낄 수 있다.

5 글쓴이는 자신이 지치고 힘든 이유가 고향을 잃어버렸기 때문임을 깨닫고 자신의 아이들에게 고향 같은 어머니가 되어야겠다고 결심한다. 그리고 집으로 돌아와 정성껏 집안일을 하며 어떻게 늙어 갈 것인가를 생각한다. 따라서 글쓴이는 자신이 시골 마을에서 겪은 할머니의 모습처럼 '순후'와 '질박함'을 잃지 않은 노년을 떠올리고 있음을 알 수 있다.

---

025 미안합니다_ 장영희 070~071쪽

키포인트 체크) 미안합니다, 인정, 배려, 대비

1①　**2**⑤　**3**②　**4** '미안합니다'라는 말 때문에 두 사람 사이의 문제가 원만히 해결되었다.　**5**자신의 잘못을 인정하고 서로에게 사과를 한다

1 이 글은 미안하다고 해야 할 상황에 미안하다는 말을 하지 못했던 글쓴이의 일화와 상대의 상황을 이해하고 미안하다고 사과함으로써 문제를 원만하게 해결한 아버지의 일화를 제시하고 있다. 이처럼 글쓴이는 대비되는 두 가지 일화를 통해 '미안하다'는 말의 가치에 대한 깨달음을 전하고 있다.

2 이 글에서 글쓴이가 아버지를 나무라는 경비원에게 불쾌한 감정을 느꼈는지는 나타나 있지 않다. 또 글쓴이는 차가 떠날 때 경비원이 손까지 흔들며 배웅해 주는 모습을 '아름다운 결말'이라고 긍정적으로 평가하고 있다.

　오답 뜯어보기) ① 경비원은 아버지가 기다리는 사람이 누구인지 모르고 아버지를 힐책하였다.
② 글쓴이는 마지막 부분에서 영수에게 사과할 것을 결심하였다.
③, ④ 글쓴이는 아버지와 경비원 사이에 벌어진 일을 보고 '미안합니다'라는 말이 갈등 해소에 큰 효력을 가지고 있음을 깨닫게 되었다.

3 (가)는 글쓴이가 사과를 해야 할 상황인데도 하지 않고 '미안하다'는 말을 피할 구실을 떠올리고 있는 부분이다. 영수의 문제를 몰랐다는 것 (ⓒ), 선생 체면에 학생한테 사과하는 일은 곤란하다는 것(ⓐ), 영수가 그때 상황을 잊었을 수도 있으니 긁어 부스럼 낼 필요가 없다는 것(ⓔ)이 그것이다.

4 ㉠은 글쓴이의 아버지와 경비원 사이의 갈등과 문제가 '미안합니다'라는 말을 통해 원만히 해결되었다는 의미이다.

5 이 글에서 아버지는 차를 현관 근처에 주차한 것의 잘못을 인정하고 경비원에게 '미안합니다'를 반복하였고, 경비원은 아버지가 기다리고 있던 사람이 몸이 불편한 글쓴이인 것을 알고 "아이구, 정말 죄송합니다. 왜 이분을 기다리고 있다고 말씀해 주시지 그랬어요."라고 말하며 "미안합니다, 죄송합니다."라는 말을 되풀이하였다. 이것으로 보아 두 사람의 공통점은 자신의 잘못을 인정하고 서로에게 사과한 것임을 알 수 있다.

---

026 하필이면_ 장영희 072~073쪽

키포인트 체크) 하필이면, 긍정, 대조

1⑤　**2**⑤　**3**②　**4**글쓴이는 자신의 삶을 긍정적으로 생각하고(인식하고) 있다.

1 이 글은 '하필이면'의 이중적 의미에 대해 이야기하고 있지만, 이를 절충하고 있지는 않다.

오답 뜯어보기 ① 이 글은 글쓴이가 어린 조카가 '하필이면'을 긍정적 의미로 사용하는 것을 들은 경험을 바탕으로 삶을 인식하는 방법에 대해 깨달은 바를 쓴 글이다.

② 이 글에서는 '하필이면'이라는 말에 대해 일반적으로 사용하는 부정적 의미와 글쓴이가 새롭게 인식한 긍정적 의미를 함께 부여하여 사용하고 있다.

③, ④ '하필이면'이라는 말을 부정적으로 인식했을 경우의 상황과 긍정적으로 인식했을 경우의 상황을 다양하게 제시하여 독자의 이해를 돕고, 이 두 사례의 대조를 통해 주제를 선명하게 드러내고 있다.

2 이 글의 글쓴이와 〈보기〉의 화자 모두 슬픔을 겪어야 행복이 배가 된다는 발상은 이끌어 내기 어렵다.

오답 뜯어보기 ① 〈보기〉의 화자는 임과 이별한 상황이므로 안 좋은 상황이 일어났다는 진술은 적절하다.

② 〈보기〉의 화자는 '슬픔의 힘을 옮겨서 새 희망의 정수박이에 들어부었습니다.'라고 했으므로 생각을 바꾸니 희망이 보인다는 진술은 적절하다.

③ 이 글의 글쓴이는 조카의 말을 듣고 생각을 바꾸어 '하필이면'이라는 말을 긍정적으로 생각하게 되었다.

④ 〈보기〉의 화자는 '우리는 만날 때에 떠날 것을 염려하는 것과 같이, 떠날 때에 다시 만날 것을 믿습니다.'라고 하여 재회에 대한 확신을 가지고 있으므로 적절한 진술이다.

3 ⓐ는 삶 속에서 우연히 일어난 상황으로, 글쓴이가 '하필이면'을 부정적 상황에서 쓴 경우이고, ⓑ는 긍정적 상황에서 쓴 경우이다.

오답 뜯어보기 ①, ③ 이 글에서 글쓴이는 삶 속에서 우연히 일어나는 '하필이면'에 해당하는 상황을 먼저 제시한 뒤, 태생적·운명적으로 피할 수 없는 '하필이면'에 해당하는 상황을 제시한다. 그러나 이 두 상황은 모두 '하필이면'을 한심하고 슬픈 말로 생각하고 부정적 상황에서 쓴 경우이다. 따라서 ⓑ를 더 중요하고 근본적인 '하필이면', 태생적·운명적으로 피할 수 없는 '하필이면'이라고 서술한 ①, ③은 적절하지 않다.

4 ㉠은 글쓴이가 조카의 말을 듣고 자신의 삶에 대해 긍정적으로 성찰하게 되었으며, 자신의 삶과 운명에 대해 긍정적 의미를 발견하고 행복을 깨닫게 되었음을 밝히는 부분이다.

027 관용은 자기와 다른 것, 자기에게 없는 것에 대한 애정입니다_ 신영복 074~075쪽

키포인트 체크 관용, 장벽, 비유

1 ③ **2** ① **3** ① **4** ② **5** 동양과 서양이 만나는 지점에 있어서 양쪽의 문화가 서로 비슷하게 수용되고 공존하기 쉬웠다.

1 이 글에서는 관용을 바탕으로 한 사회의 통합을 주장하고 있다. 따라서 ③은 적절하지 않다.

오답 뜯어보기 ① 이 글은 여정보다 이스탄불의 소피아 성당 등에 대한 견문과 감상이 많은 비중을 차지하고 있다.

② 이 글은 경어체인 '하십시오체'를 사용함으로써 단정적이고 일방적

인 느낌 대신 부드러운 느낌을 주고 있다.

④ 글쓴이는 여행지에서 느낀 점들에 철학적인 의미를 부여하고 사색적인 태도로 서술하고 있다.

⑤ 네 번째 문단의 '이 엽서를 띄웁니다'에서 이 글이 엽서의 형식을 빌리고 있음이 나타나고 있다.

2 ① '파괴와 약탈'은 과거 메메트 2세가 금지했던 것이므로 '이스탄불'을 설명하는 말로 적절하지 않다.

3 글쓴이는 소피아 성당에 얽힌 이야기를 통해 이스탄불의 관용 정신을 설명하고 있다. ①에서처럼 여러 유적을 놓고 대립하는 내용은 찾아볼 수 없다.

4 글쓴이가 언급하고 있는 두 개의 장벽은 우리의 사고를 가로막는 정신적 장벽을 의미한다. 따라서 ②와 같이 견문에 포함하는 것은 적절하지 않다.

5 제시된 지도는 유럽과 아시아 사이에 위치한 이스탄불의 지리적 특성을 보여 준다. 이러한 특성은 이스탄불이 동서양의 문화를 모두 접하면서 동서양의 서로 다른 문화를 수용하고 공존할 수 있게 하였다.

028 피혁삼우_ 오병훈 076~077쪽

키포인트 체크 가죽, 허리띠, 의인화, 3

1 ③ **2** ② **3** ④ **4** 부재하는 대상에 대한 그리움을 심화하는 기능을 한다.

1 이 글은 허리띠, 지갑 등 생활 주변의 사물을 의인화하여 주인을 위해 일하는 이들의 일상을 흥미 있게 형상화하고 있다.

2 (나)에서 주인이 사진을 분실했을 때 무척 아쉬워하고 또 이를 찾았을 때 눈물겨워하는 것에서 주인이 사진을 무척 아낀다는 것을 확인할 수 있지만, 지갑(ⓒ)이 사진을 부러워하는지는 드러나 있지 않다.

오답 뜯어보기 ① '나이를 먹는 것도 서러운데 그들에게 밀려날 것을 생각하면 앞날이 서글퍼진다'를 통해 알 수 있다.

③ '주인의 총애를 받으며 의기양양하게 지낸다'고 한 것에서 지갑이 주인의 사랑을 받으며 의기양양하게 지냄을 알 수 있다.

④ '매일 이런 상태로 지내야 하니 긴장의 연속', '힘이 부치는 느낌이다.' 등에서 허리띠의 고단함을 알 수 있지만, 지갑이 자신의 일이 힘겹다고 불평하는 부분은 드러나 있지 않다.

⑤ 허리띠는 주인의 허리를 껴안고 있는 일을, 지갑은 주인이 소중히 여기는 물건들을 보듬고 다니는 일을 한다.

3 ⓓ는 주인이 소매치기를 당해 지갑을 잃어버렸던 상황을 일컫는다. 주인이 자신을 버릴지도 모른다는 지갑의 두려움을 드러낸다고 보기 어렵다.

4 주인이 돌아가신 어머니를 그리워하여 어머니 사진을 지갑 속에 고이 간직하고 있는 것과 , 〈보기〉에서 화자가 밥상 위의 '은수저'를 보고 죽은 '애기'를 애통하게 그리워하는 것을 통해, '빛바랜 사진' 한 장과 '은수저' 모두 부재하는 대상에 대한 그리움을 심화하는 소재임을 알 수 있다.

정답과 해설

029 소년 시절의 맛 _ 성석제

키포인트 체크 라면, 소년 시절(어린 시절), 시간

1 ④ **2** ② **3** ③ **4** ⑤ **5** 주변 환경에 따라 맛이 다르게 느껴질 수 있다. **6** 꿈과 희망을 지닌 순수한 시절을 지나 어른이 되어 버렸기 때문이다.

1 이 글에서 글쓴이는 라면에 대한 다양한 경험을 회상하며 꿈을 잃고 현실에 안주하여 살아가고 있는 자신의 현재 모습을 성찰하고 있다. 순수했던 과거와 꿈과 희망을 잃어버린 현재의 상황이 대비된다고 볼 수는 있지만 자신의 삶을 되돌아보고 있을 뿐, 현실에 대한 비판적 인식은 드러나 있지 않다.

2 (가)~(라)에 나타난 '라면'의 공통점은 글쓴이의 추억과 관련된 소재라는 점이다.

3 글쓴이가 훈련소에서 라면을 얻어먹을 목적으로 식당 주방장의 연애편지를 대신 써 주었다고 판단할 만한 근거는 이 글에 나타나 있지 않다.

4 도서관에 남아 있는 원래 목적은 공부를 하는 것이지만 글쓴이는 분식집에서 먹는 라면이 너무 맛있어서 도서관에 남아 공부를 하기 위해 라면을 먹는지, 라면을 먹기 위해 도서관에 남아 있는지 잘 모를 지경이라고 밝히고 있다. 이에 어울리는 한자 성어는 주인과 손님이 서로 바뀌었다는 의미의 '주객전도(主客顚倒)'이다.

　오답 뜯어보기 ① 외물(外物)과 자아, 객관과 주관, 또는 물질계와 정신계가 어울려 하나가 된다는 말.
　② 세상의 온갖 고생과 어려움을 다 겪었음을 이르는 말.
　③ 말할 길이 끊어졌다는 뜻으로, 어이가 없어서 말하려 해도 말할 수 없음을 이르는 말.
　④ 처지를 바꾸어서 생각하여 본다는 말.

5 이 글의 글쓴이는 잃어버린 라면의 맛을 찾기 위해 그 시절의 환경을 재현하고 있다. 〈보기〉에서도 자장면의 맛이 나기 위한 장소의 구체적인 환경에 대해 말하고 있다. 즉, 이 글의 글쓴이와 〈보기〉의 글쓴이 모두 주변 환경에 따라 맛이 다르게 느껴질 수 있다는 인식을 지니고 있음을 알 수 있다.

6 (마)에서 글쓴이는 자신이 라면이 아닌 '그때 그 시절'을 먹고 싶어 한다는 것을 깨닫는다. 따라서 라면 맛을 잃어버린 이유는 순수한 꿈과 희망을 지닌 시절이 지나고 어른이 되어 버렸기 때문이라는 것을 알 수 있다.

030 성난 풀잎 _ 이문구

키포인트 체크 풀독, 인간, 인용

1 ⑤ **2** ③ **3** ① **4** 인간 중심적인 사고로 자연의 순리를 거스르는 삶의 태도를 경고하고 질책하는 존재를 의미함.

1 이 글에는 인간 중심적 사고에 대한 비판적 태도는 드러나 있지만, 역설적 표현이 사용되지는 않았다.

　오답 뜯어보기 ① '~ 느낌이 없을 수 있겠는가.', '~ 무관한 것이 아니

었던가.' 등 설의적 표현을 사용하여 잡풀도 인간과 동등한 존재라는 글쓴이의 생각을 강조하고 있다.
　② 글쓴이는 풀독이 오르기 전 잡풀은 필요 없으므로 뽑고 베어 내야 한다는 인간 중심적인 사고를 보여 주고 있지만, 풀독이 오른 후 잡풀도 인간과 동등한 존재임을 깨닫고 이타주의적 사고를 보여 주고 있다.
　③ '큰 잉어가 어린 붕어를 먹고 ~ 큰 송사리가 어린 생이를 먹고'에서 열거법과 연쇄법이 쓰였음을 알 수 있다.
　④ '하늘과 땅은 어질지가 않다'는 노자의 말, '자연은 인간의 운명에 대해 관심을 두지 않는다'는 서양의 한 자연주의 작가의 말을 인용하여 자연의 본성에 대해 이야기하고 있다.

2 ㉠은 잡풀의 입장에서 생각한 말로, 모든 존재는 근원적으로 평등하기 때문에, 잡풀도 인간과 동등하게 자신을 인위적으로 해하려는 대상에게 반발할 수 있다는 의미이다.

3 〈보기〉 시에서 '새'는 사람의 손에 의해 파괴된 자연을 상징한다. 이 글의 글쓴이는 인간 중심적인 가치관을 반성하고, 이타주의적 사고, 생명 존중 사상을 이야기하고 있으므로, '인간의 이기심 때문에 자연을 파괴해서는 안 된다.'는 ①이 충고의 내용으로 적절하다.

4 글쓴이는 잡풀은 쓸모없는 존재라고 생각해서 잡풀을 뽑고 베어 내다가 다리에 풀독이 올랐다. 즉, 인간 중심적인 사고로 자연을 대했기 때문에 생긴 일이라고 볼 수 있다. 따라서 '성난 풀잎'은 인간 중심적인 사고로 자연을 대하는 삶의 태도를 경고하고 질책하는 존재로 볼 수 있다.

031 꽃 출석부 1 _ 박완서

키포인트 체크 꽃, 이름, 출석부, 설렘

1 ③ **2** ④ **3** ② **4** ① **5** 백 가지가 넘는 꽃을 보는 즐거움을 뜻한다.

1 글쓴이는 복수초를 비롯해 자신의 집 마당에 피는 여러 꽃들의 이름과 피는 시기, 특성 등을 잘 알고 있다. 이를 통해 글쓴이가 꽃들을 섬세하게 관찰해 왔음을 알 수 있다.

2 글쓴이는 '작년 가을'에는 복수초의 볼품없는 겉모습 때문에 눈 속에서 피어나는 복수초라는 것이 믿기지 않았다며 복수초에 대해 '미덥지 못하다'고 여긴다. '올해 3월'에는 복수초가 황량한 마당과 어울리지 않게 샛노란 꽃을 피운 것을 생뚱맞다고 느끼며 그 모습을 어색해한다. '큰 눈이 온 뒤'에는 두터운 눈을 녹이고 더욱 샛노랗게 싱싱하게 피어 있는 복수초를 보고 '감탄'하고 있다.

3 꽃 출석부의 출석 번호는 꽃이 피는 순서에 따라 매겨진다. '올해는 복수초가 1번이 되었지만 작년까지만 해도 산수유가 1번이었다.'라고 말한 부분을 통해 출석부에 있는 꽃들의 출석 번호는 달라질 수 있음을 알 수 있다.

4 ㉡은 글쓴이가 꽃들을 매우 아끼고 사랑하는 마음이 담긴 행동이라고 할 수 있다. 따라서 '매우 사랑하고 소중히 여기는 모양'이라는 뜻의 '애지중지(愛之重之)'가 가장 적절하다.

③ '학의 목처럼 목을 길게 빼고 간절히 기다림.'을 의미함.

④ '절망에 빠져 자신을 스스로 포기하고 돌아보지 아니함.'을 의미함.

⑤ 자기의 줄로 자기 몸을 옭아 묶는다는 뜻으로, 자기가 한 말과 행동에 자기 자신이 얽혀 곤란하게 됨을 비유적으로 이르는 말.

5 '사치'란 분수에 넘는 생활을 하는 것을 뜻한다. 문맥적 의미로 볼 때 여기서 '사치'는 글쓴이가 백 가지가 넘는 꽃을 보는 즐거움을 뜻한다.

---

032 앎과 힘의 뿌리, 문화유산 _ 윤구병   084~085쪽

키포인트 체크 문화유산, 단절, 대조

1 ④   **2** ④   **3** ②   **4** 마을 어른이나 이웃들은 앎과 힘의 원천으로, 살아 숨 쉬는 생명체의 모습으로 전승되고 있기 때문이다.

1 우리 조상들이 농가의 뜰에 다른 나무보다 감나무를 많이 심은 것은 감이 오래 두고 먹을 수 있는 훌륭한 요깃거리이기 때문이다. 감나무가 다른 나무보다 우리나라의 토양에 더 적합하다고 볼 근거는 없다.

2 〈보기〉에서 글쓴이는 자신의 관심사가 의식주와 관련된 문화유산임을 말하고 있다. 또한 문화유산을 이어받는 것은 자신의 심미안을 높이고 삶의 질을 추구하는 일이 아니라 살아남을 길을 찾는 생존의 문제임을 이야기하고 있다. 따라서 전통 문화유산을 통해 심미안을 기르려고 한다는 것은 글쓴이의 모습과 거리가 멀다.

오답 풀어보기 ① '어렵게 살던 이들이 남긴 생활 문화의 흔적이 내 삶에 더 큰 힘을 준다.'를 통해 소박한 삶을 추구함을 짐작할 수 있다.

②, ③ 이 글 전체에서 글쓴이는 우리나라 전통 문화유산의 소중함과 가치를 알고 그것을 잘 이어받아 지켜 나가야 함을 이야기하고 있다.

⑤ 대학교수직을 버리고 농사를 짓겠다고 결심한 부분에서 글쓴이는 사회적 성공이나 명예보다 자신이 더 소중하게 생각하는 가치를 추구하기 위해 결단력 있는 행동을 하는 인물임을 알 수 있다.

3 우리나라의 첨단 과학 기술이 집약되어 만들어진 '스마트폰'은 '기르는 문화'가 아니라, '만드는 문화'에 해당한다. '한옥, 김치, 온돌, 한복' 등은 모두 '기르는 문화'에 해당한다.

4 글쓴이는 문화유산을 앎과 힘의 원천으로 보고 있고, 마을 어른들이나 이웃들은 우리 문화를 전승하고 있으므로, 마을 어른들이나 이웃들은 살아 숨 쉬는 생명체의 모습으로 전승되어 오는 문화유산이라고 할 수 있다.

---

033 네가 누리는 축복을 세어 보라 _ 장영희   086~087쪽

키포인트 체크 제목, 편견, 낙관, 인용

1 ②   **2** ④   **3** ③   **4** ④   **5** 인간으로 태어난 것, 주변에 좋은 사람이 많은 것, 사랑하는 일을 하고 있는 것, 기본적인 지력과 양심을 타고난 것

1 글쓴이는 직접 체험한 사건들이 아니라 자신이 삶에서 누리는 축복들을 열거하여 제시하고 있다.

① 자신의 삶을 축복으로 여기는 까닭을 네 가지 열거하고 있다.

③ 어느 잡지와 인터뷰를 한 경험을 바탕으로 장애인에 대한 사회적 편견을 비판하고 자신의 삶에 대한 태도를 이야기하고 있다.

④ '네가 누리는 축복을 세어 보라.'라는 영어 속담을 인용하여 누구의 삶에든 셀 수 없이 많은 축복이 있음을 효과적으로 표현하고 있다.

⑤ 갇힌 말들이 무한한 자유를 의미하는 이름표를 달고 있는 역설적 상황을 통해 좁은 공간에서 자유 없이 지내는 말들의 모습을 효과적으로 표현하였다.

2 글쓴이는 1급 신체 장애인이고 암 투병을 하고 있다. 그러나 이런 힘든 상황에 굴복하지 않고 자신이 누리는 축복들을 헤아리며 삶을 낙관적으로 바라보고 있다.

3 글쓴이는 인간으로서, 문학 선생으로서의 자신의 모습에 초점을 맞추어 줄 것을 조건으로 인터에 응하였으나 기자는 글쓴이가 지닌 장애에 초점을 맞추어 제목을 정하였다.

4 ㉡은 요긴한 것이 없으면 안 될 것 같지만 없으면 없는 대로 그럭저럭 살아 나갈 수 있음을 이르는 속담으로, 글쓴이가 1급 신체 장애인이고 암 투병을 하지만 자신이 가진 다른 능력으로 불편함 없이 살아가고 있음을 드러내기 위해 사용한 말이다.

5 글쓴이는 '네가 누리는 축복을 세어 보라.'라는 영어 속담을 인용한 뒤 자신의 삶에도 축복이 있다며, 자신이 삶에서 누리는 축복을 네 가지로 언급하고 있다.

---

034 너라는 꽃이 피는 계절 _ 김난도   088~089쪽

키포인트 체크 꽃, 성공, 조언, 자문자답

1 ②   **2** ③   **3** ⓐ: 늦게 성공한 사람 ⓑ: 빨리 성공한 사람   **4** ④   **5** 남과 비교하지 말고 자신에게 맞는 길을 찾아야 한다.

1 이 글은 독자에게 직접 말하듯이 쓰였지만, 경어체를 사용하고 있지는 않다.

① 꽃의 속성에서 인간의 삶을 유추하며 자신의 생각을 전개하고 있다.

③ '매화가 세상 꽃 중에서 가장 아름다운가? 가장 훌륭한가? 그렇지 않다.', '장미가 마음이 급해 3월에 피고자 한다면 어떻게 될까? 춘삼월 찬이슬에 살아남기 어려울 것이다.' 등에서 스스로 묻고 대답하는 자문자답의 형식으로 글을 전개하고 있다.

④ '그러므로 고개를 들라. 그대의 계절을 준비하라.', '그러지 말라.' 등의 명령형 어미를 사용하여 자신의 주장을 전달하고 있다.

⑤ '늦게 성공한 사람'을 '국화'에, '빨리 성공한 사람'을 '매화'에 빗대어 표현하고 있다.

2 이 글에서 '선생으로서 내가 제자들에게 바라는 것은 '일찍' 출세하는 것이 아니라, '크게' 성공하는 것이다.'라고 하였으므로 '크게 성공하려는 사람'은 글쓴이가 추구하는 사람이므로 조언의 대상이 되지 않는다.

① '그대의 전성기는 아직 멀리 있다.'라고 했으므로 참을성이 없는 사람에게 조언해 주기에 적절하다.

정답과 해설

② '잠깐의 뒤처짐에 열등감을 느낀다.'라고 했으므로 열등감이 있는 사람에게 조언해 줄 수 있다. 열등감은 남과 비교를 통해서 일어나는 것이므로 '남과 비교를 잘하는 사람'에게 조언해 주기에 적절하다.
④ '잠정적인 실패에 좌절하여'라고 했으므로 '실패하여 낙심을 잘하는 사람'에게 조언해 주기에 적절하다.
⑤ '청춘들은 대부분 가장 일찍 꽃을 피우는 '매화'가 되려고만 한다.'라고 했으므로 '성급하게 목표를 이루려는 사람'에게 조언해 주기에 적절하다.

3 '국화'는 가을에 피는 꽃이므로 '늦게 성공한 사람'을 비유한 것이고, '매화'는 이른 봄에 피는 꽃이므로 '빨리 성공한 사람'을 비유한 것이다.

4 글쓴이는 선인들의 생각, 즉 '소년등과를 인간의 세 가지 불행 중 첫 번째로 꼽은 것'을 자신의 생각을 뒷받침할 내용으로 제시하고 있다. 따라서 시대가 다르므로 선인들의 생각을 따를 필요가 없다고 한 ④는 적절하지 않다.

5 이 글에서는 다른 사람이 일찍 성공하는 것을 부러워하지 말고 자신만의 전성기를 준비하라고 조언하고 있으며, 〈보기〉에서는 장미의 화려함을 부러워하여 좇지 말고 자신의 장점을 살릴 것을 조언하고 있다.

035 한 그루 나무처럼 _ 윤대녕 090~091쪽

키포인트 체크 참나무, 마음, 성찰(반성)

1 ③ **2** ③ **3** ⑤ **4** 참나무를 올려다보며 어머니의 건강을 빌었던 글쓴이의 염원이 이루어졌기 때문이다.

1 이 글에서 글쓴이는 약수터 옆 참나무에 박힌 대못을 빼 준 것을 계기로 친구를 만나러 가듯 나무와 교감을 나누게 되었으며 겨울이 되어 무성했던 나뭇잎이 다 떨어졌으나 변함없이 그 자리에서 눈을 맞고 기다려 주는 참나무의 모습을 보면서 자신의 삶을 성찰하게 되었음을 밝히고 있다. 이처럼 이 글은 일상적 경험인 산행에서 만난 나무를 통해 쉽게 흔들리지 않고 다른 사람을 포용할 수 있는 삶을 살아야겠다는 깨달음을 얻게 되었음을 밝히고 있으나, 눈을 맞고 서 있는 참나무에 대한 연민은 나타나지 않는다.

2 글쓴이는 여름에 무성했던 나뭇잎이 겨울이 되어 다 떨어졌으나 변함없이 그 자리에서 눈을 맞고 기다려 주는 참나무의 모습을 보면서 사소한 일에도 마음이 흔들리고 원망의 시간을 보냈던 그간의 삶을 반성하고 겉모습은 변하더라도 속마음은 변치 않는 사람이 되겠다고 다짐하고 있다. 다른 사람을 위해 희생하며 살아가겠다는 내용은 나오지 않는다.

3 [E]에서 글쓴이는 '겉모습은 어쩔 수 없이 변하더라도 속마음은 변하지 않는 사람이 되고 싶다'고 했으므로, 나무를 본받아 겉과 속이 일치하는 사람이 되겠다고 다짐하고 있다는 말은 적절하지 않다.
오답 뜯어보기 ① [A]에서 '나무에 박혀 있는 녹슨 대못'과 '두고두고 그 대못이 가슴에 남았다'를 통해 글쓴이가 연민을 느꼈다는 것을 알 수 있으므로 적절하다.
② [B]에서 글쓴이는 '장도리를 챙겨 넣고 약수터로 올라' 가 나무의 못을 빼내고 난 후 '그렇게 후련할 수가 없었다'고 했으므로 적절하다.
③ [C]에서 글쓴이는 '나무는 언제나 그 자리에 서 있었고 내게 시원한

그늘을 내주며 때로는 미소를 짓거나 무어라 말을 건네 오는 것 같았다'고 했으므로 적절하다.
④ [D]에서 글쓴이는 '헐벗은 나무'를 보며 과거 자신의 모습을 되돌아보고 있으므로 적절하다.

4 '우주 나무'는 우리의 옛 신화에서 지상과 천상을 이어 주며, 사람의 염원을 하늘에 전달해 주는 나무를 가리킨다. 글쓴이는 어머니가 편찮으시다는 연락을 받고 난 저녁 산에 올라 참나무를 올려다보며 어머니의 건강을 빌었다. 그리고 얼마 후에 어머님은 건강을 되찾았다. 즉, 글쓴이는 자신의 염원을 참나무가 하늘에 전달해 주었다고 생각해서 참나무를 우주 나무로 삼게 된 것이다.

036 나와 남 _ 장영희 092~093쪽

키포인트 체크 나, 남, 관계, 신화

1 ⑤ **2** ④ **3** '남'의 마음을 '나'의 마음으로 헤아리게 되었을 때 자신에게 상처를 준 사람들을 이해하고 용서하게 됨. **4** ②

1 이 글은 자신과 타인의 관계에 대한 성찰과 문제의식을 바탕으로 타인을 대하는 바람직한 태도에 대한 글쓴이의 생각을 제시하고 있다.

2 사람마다 얼굴 모습이 제각각 다르듯이 사람마다 생각이 다를 수 있으므로 나의 관점과 기준에 따라 다른 사람을 판단하지 말고 너그러운 마음으로 남을 바라보는 자세가 필요함을 말하고 있다.

3 이 글에서 글쓴이는 자신에게 상처를 준 사람을 도저히 용서할 수 없을 것 같지만 입장을 바꿔서 생각하다 보면 그 사람을 너그럽게 용서하게 되는 기적 같은 일이 벌어질 수 있다고 말하고 있다.

4 〈보기〉와 이 글의 글쓴이는 사람들의 관점에 따라 대상에 대한 평가가 달라질 수 있다는 점에서 공통된 인식을 하고 있으나 이 글이 '나'와 '남'을 지나치게 구분하는 태도를 경계하고 있는 데 반해, 〈보기〉에서는 다른 사람의 장점을 부러워하지 말고 자신의 가치를 소중하게 여기며 살아갈 것을 강조하고 있다는 점에서 차이가 있다.

037 우리는 어디로부터 왔는가 _ 최인호 094~095쪽

키포인트 체크 개구리, 경탄, 시

1 ⑤ **2** ③ **3** ② **4** 독자들에게 사색의 기회를 부여한다.

1 글쓴이가 자신의 집 정원에서 발견한 개구리를 보고 생명이 어떻게 잉태되고 태어났는지에 대하여 사색을 시작한다. 이어 자신의 집 마당에서 볼 수 있는 다양한 살아 숨 쉬는 것들에 대한 사색과 관찰을 통해 자연의 생명력과 신비로운 섭리에 대한 자신의 생각을 펼쳐 보이고 있다.

2 ⓐ, ⓑ, ⓓ, ⓔ가 각각의 생명이라면, ⓒ는 이 모든 생명의 근원이다.

3 〈보기〉에서 글쓴이는 모과나무에 꽃이 피고 벌과 나비가 날아들어 열매를 맺게 하는 과정들을 세심하게 지켜보며, 생명의 근원을 궁금해하고 있다. 이를 보아 관찰력이 있고 사색적인 인물임을 알 수 있다.

4 글의 앞부분에서도 나왔던 질문과 유사한 질문으로 글을 마무리함으로써 여운을 주는 동시에 독자들에게 주제에 대해 사색할 기회를 부여하고 있다.

---

038 풀 비린내에 대하여_ 나희덕 096~097쪽

키포인트 체크 자동차, 의존도, 인용

1 ①   **2** ②   **3** ③   **4** 자동차 사용을 최소화하고 자동차에 대한 의존도를 낮추기로

---

1 글쓴이는 자동차의 편안함에 익숙해져 가던 어느 날 풀 비린내 사건을 경험한 뒤 자신의 편리함과 안락함이 다른 생명을 해칠 수 있다는 깨달음을 얻고, 문명의 이기와 생태 문제에 관해 성찰하기 시작한다.

2 글쓴이가 차를 유지하되 사용을 최소화하고 의존도를 낮추는 것으로 자신의 생각을 정리한 것을 볼 때, 문명의 이기가 주는 편안함을 완전히 거부하고 있다고 볼 수는 없다.

오답 뜯어보기 ① '손을 씻고 또 씻'는 글쓴이의 행위는 무수한 풀벌레를 죽인 행동에 대한 글쓴이의 죄책감에서 비롯된 것이다.

③ 풀벌레가 죽은 일을 '살상의 경험'으로 표현한 것은 그 사건이 글쓴이에게 엄청난 범죄라도 저지른 것처럼 매우 당황스럽고 충격적인 일이었기 때문이다.

④ '아슬아슬한 줄타기'는 차를 소유하되 그에 종속되지 않는다는 생각을 빗댄 표현이다. 이를 통해 자동차가 없는 것이 가장 좋겠지만 자신의 상황에서는 어쩔 수 없이 필요하다고 말하는 부분에서 글쓴이가 자동차를 필요악으로 인식하고 있음을 짐작할 수 있다.

⑤ 글쓴이의 '원죄 의식'은 생명을 중시하는 태도에서 비롯된 것으로 볼 수 있다.

3 '생태적 사유'란 인간의 욕망을 위해 자연을 훼손하는 태도를 반성하고 자연과 인간이 공존하는 길을 모색하는 것을 의미한다. 따라서 〈보기〉를 바탕으로 글쓴이의 주된 생각을 추측해 보면, 인간이 자신의 욕망을 채우기 위해 자연의 다른 생명체를 해치는 것은 부당한 일이라는 내용이 적절하다.

4 자동차가 주던 편안함에 점점 익숙해져 가던 글쓴이는 고속 도로를 달린 다음 날 아침 차체에 엉겨 붙은 풀벌레의 잔해를 목격한 후 거대한 범죄를 저지른 듯한 죄책감에 시달린다. 이를 계기로 글쓴이는 자동차에 대한 생각과 태도를 정리하여, 당장 자동차를 없앨 수는 없는 형편이므로 자동차를 유지하되 사용을 최소화하고 자동차에 대한 의존도를 낮추기로 결심하게 된다.

---

039 오해_ 박완서 098~099쪽

키포인트 체크 고양이, 오해, 반성

1 ③   **2** ⑤   **3** ②   **4** ③   **5** 고양이는 인간에게 길들여지기보다는 자유와 자존심을 지키고자 하는 존재이다.

---

1 고양이 가족을 보고 감동하고 기뻐한 글쓴이에게 어미 고양이가 짧고도 강렬한 적의를 보인 것이 극적인 반전에 해당된다고 볼 수 있다.

2 글쓴이는 그동안 먹이를 주었던 고양이가 자신을 배신하고 강렬한 적의를 보인 것에 배신감을 느껴 허탈해한 것이 아니라, 자신이 고양이에 대해서 가졌던 오해가 어처구니없어서 웃음이 난 것이다.

오답 뜯어보기 ① 글쓴이는 어미 고양이의 짧고 강렬한 적의에 기절을 할 뻔하게 놀랐다.

② 글쓴이는 고양이 가족의 아름다운 모습을 보고 전율에 가까운 기쁨을 느끼고 있다.

③ 글쓴이는 뒷문 밖 툇마루에 고양이가 새끼들과 나란히 앉아 있는 것을 보고 감사와 친애의 표시로 자신을 찾아왔다고 생각하여 감동하였다.

④ 글쓴이는 쓰레기라도 깔끔하게 보이고 싶어 쓰레기봉투를 꼭꼭 잘 여미면서 집 앞에 내놓지만, 고양이 때문에 쓰레기봉투가 파헤쳐지는 일이 빈번하게 일어나자 속상해한다.

3 고양이가 직접 쓰레기봉투를 뒤져 먹이를 찾아내는 것이 스릴도 있고 보람도 있었을 것인지도 모른다는 것은 글쓴이가 고양이의 입장에서 생각해 본 내용이다. 글쓴이가 했던 오해는 고양이를 위하여 먹이를 따로 접시에 담아 내놓는 것을 고양이가 좋아했으리라 생각했던 것이다.

4 〈보기〉는 사물을 보고 판단하는 '나'의 생각의 방향이 중요하다는 것을 나타내는 구절로, 이 글에 적용해 보았을 때 글쓴이가 고양이에 대하여 오해하게 된 것도 자기중심적인 또는 인간 중심적인 사고 때문이었다는 것을 알 수 있다.

5 글쓴이는 고양이 입장에서 인간에게 길들여진다는 것은 자유와 자존심을 담보로 해야 하는, 죽느니만도 못한 짓일 수도 있다고 생각한다.

---

040 내리막길의 어려움_ 박완서 100~101쪽

키포인트 체크 내리막길, 인생, 품위, 역설

1 ①   **2** ①   **3** ③   **4** 권력을 쥐고 내려오지 않으려고 발버둥 쳐서는 안 된다. 품위 있게 내려올 수 있어야 한다.

---

1 이 글은 등산과 하산이라는 경험을 통해 오르막길보다 내리막길이 더 어렵다는 깨달음을 전하고 있다. 그리고 이런 경험을 인생에 확대 적용하여, 인생의 내리막길에서 품위 있게 내려오기 어려우므로 올라갈 때 힘을 다 써 버리지 말고 남겨 놓아야 한다는 교훈도 전달하고 있다.

2 '사람 사는 세상'은 숙부와 숙모의 경험으로 미루어 보아, 어려움에 처했을 때 사람들이 서로 돕는 세상을 의미하는 것으로 이해할 수 있다. 숙부가 내리막길에서 다리가 풀려 곤란한 상황이 되었을 때 산행을 하던 사람들이 모여 숙부를 산 아래까지 데려다주었기 때문이다. 따라서 이렇게 도움을 준 사람들에게 숙모는 고마운 감정을 느꼈을 것이다.

3 오르막길보다 내리막길이 더 어렵다는 글쓴이의 깨달음은 전반부가 아니라 후반부에 제시되어 있다.

오답 뜯어보기 ① 숙부 내외의 등산 이야기는 숙부 내외가 직접 겪은 경험으로 사실에 해당한다.

② 이 글은 숙부와 글쓴이의 경험을 통해 오르막길보다 내리막길이 더 어렵다는 깨달음, 인생의 내리막길에서 품위 있게 내려오기가 어렵다는 메시지를 전하고 있다.

④ 이 글의 후반부에서는 제힘으로 당당하게 내려오려면 올라갈 때 힘을 다 써 버리지 말고 남겨 놓아야 한다며 내리막길을 대비하는 삶의 자세를 이야기하고 있다.

⑤ 글쓴이도 나이가 들어 숙부와 비슷한 경험을 하게 되면서 숙부를 이해하게 되었다고 말하고 있다.

4 ㉡을 통해 이 당시 전직 권력자들이 제대로 권력을 내려놓는 경우가 별로 없었음을 짐작할 수 있다. 글쓴이는 이런 사람들에게 권력의 내리막길을 걸을 때 필요한 자세가 무엇인지 말하고 싶었을 것이다.

---

041 우주와 사랑을 품은 요리, 볶음밥_ 노명우　102~103쪽

키포인트 체크　자립, 어른, 볶음밥, 대조

1 ①　2 ④　3 ④　4 ④　5 실패를 통해 완성해 간다는 점이 공통점이다.

1 이 글은 '볶음밥'이라는 일상적인 소재와 관련된 자신의 경험과 생각을 전달하고 있다.

2 아이에서 어른이 되어 가는 십 대가 자립 요리를 시작하기 딱 적당한 나이라고 하고 있으므로, 요리를 십 대라면 누구나 능숙하게 할 줄 알아야 한다고 서술한 ④는 적절하지 않다.

3 실패를 통해 어떤 재료와 재료가 어울리는지를 배울 수 있다고 서술하고 있으나, 반어적인 표현을 사용하고 있지는 않다.

오답 뜯어보기　① 갓난아이는 스스로 할 수 있는 일이 없으나, 어른이 된다는 것은 자신이 스스로 해야 할 일이 늘어난다는 것이라고 대조적으로 이야기하면서, 어른이 스스로 해야 할 일 중에 스스로 요리하는 일을 자연스럽게 연결하고 있다.

② 불고기볶음밥에 셀러리를 썰어 넣으면 평범한 불고기볶음밥이 '마법에서 풀려난 왕자님처럼' 고급스러운 맛으로 변신한다고 하여 비유적인 표현을 활용하고 있다.

③, ⑤ 자립 요리의 조건 다섯 가지를 나열한 뒤, 볶음밥이 재료를 구하기도 쉽고 요리할 때 창의성을 발휘할 수 있기 때문에 자립 요리의 조건을 충족하는 요리라고 말하고 있다.

4 글쓴이는 볶음밥의 조리법과 조리 도구가 간단하며, 짧은 시간에 완성할 수 있다는 점을 이야기하고 있으므로, 볶음밥을 조리하는 데에 특별한 기술이 필요하지 않다는 점을 이야기하고 있다.

5 볶음밥을 만들다 보면 재료의 조합이 어울리지 않아 실패하는 경우가 있지만 그 실패를 통해 어떤 자료들이 서로 어울릴지 배우게 되고, 이를 통해 자신만의 궁극의 요리법을 완성할 수 있다. 인간 역시 어른이 되어 가면서 여러 실패를 겪고, 그 실패를 통해 성장하고 자신만의 세계관을 갖추게 된다. 즉, 볶음밥을 만드는 과정과 어른이 되는 과정은 실패를 통해 완성해 간다는 공통점이 있다고 볼 수 있다.

---

042 책 속에 길이 있다_ 이권우　104~105쪽

키포인트 체크　책 읽기, 길, 벗, 비유

1 ②　2 ㄱ, ㄹ, ㅁ　3 ②　4 ④　5 책을 읽어야 바람직한 삶을 살 수 있다.

1 글쓴이는 책과 관련된 자신의 어린 시절 경험을 바탕으로 글을 시작하여 책 읽기의 가치와 필요성을 대해 말하고 있다.

2 오늘날에는 정보가 엄청나게 쏟아져 나오는 데다가 특정인이 그것을 독점할 수도 없기 때문에 정보 그 자체로는 가치를 지니지 못한다. 따라서 많은 정보 가운데 의미 있는 것을 골라내고(ㄱ), 무관한 정보를 엮어 유관한 정보를 만들고(ㅁ), 이를 바탕으로 가치 있는 지식을 창조해야(ㄹ) 정보를 가치 있게 만들 수 있다.

3 책 읽기로 청소년기의 모자라고 부족한 부분을 채울 수 있을 것이라는 내용이 나오지만, 이것은 정서적인 결핍에 대한 충족을 의미하지, 책 읽기가 경제적인 결핍을 충족해 주었다고는 볼 수 없다.

4 책 읽기의 가치와 중요성을 강조하고 책과 벗하며 살아야 함을 강조하였지만, 일상생활에서 책을 가까이하는 구체적인 방법에 대한 설명은 나타나 있지 않다.

오답 뜯어보기　① 다른 이들의 고통을 어루만질 줄 아는 성숙한 시민으로 성장하기 위해서이다.

② 책을 읽지 않아도 인터넷이면 다 해결된다고 생각한다.

③ 책을 읽으면 편견에서 벗어나 새로운 지혜를 얻을 수 있기 때문이다.

⑤ 정보가 엄청나게 쏟아져 나오는 데다가 특정인이 그것을 독점할 수도 없기 때문이다.

5 '길'은 '바람직한 삶의 방향'을 의미한다. 길이 책 속에 있으므로 책을 읽어야 가치 있고 보람 있는 삶을 살 수 있다고 볼 수 있다.

---

043 과학자의 서재_ 최재천　106~107쪽

키포인트 체크　이기적 유전자, 욕심, 최선, 솔직

1 ②　2 ②　3 ④　4 좌절감, 인간의 의지를 부정하는 '이기적 유전자'로 세상을 보니 학문과 삶에 대한 의지가 사라졌기 때문이다.

1 글쓴이는 《이기적 유전자》라는 책을 읽고 인생관, 가치관 등이 바뀌는 경험을 했다고 밝히면서, 책을 읽은 이후 자신의 유전자의 범주 안에서 최선을 다해 살아야겠다는 가치관을 갖게 되었음을 서술하고 있다.

2 '일장춘몽(一場春夢)'은 '한바탕의 봄꿈'이라는 뜻으로, 헛된 영화나 덧없는 일을 비유적으로 이르는 말이다. 이와 바꾸어 쓸 수 있는 한자 성어는 '남가일몽(南柯一夢)'이다.

오답 뜯어보기　① '오래지 않은 동안에 몰라보게 변하여 아주 다른 세상이 된 것 같은 느낌.'을 의미함.

③ 중국의 황허강(黃河江)이 늘 흐려 맑을 때가 없다는 뜻으로, 아무리 오랜 시일이 지나도 어떤 일이 이루어지기 어려움을 이르는 말.

④ 인생의 길흉화복은 변화가 많아서 예측하기가 어렵다는 말.

⑤ 여우가 죽을 때에 머리를 자기가 살던 굴 쪽으로 둔다는 뜻으로, 고향을 그리워하는 마음을 이르는 말.

3 〈보기〉의 학생은 글쓴이처럼 《이기적 유전자》를 읽고 좌절감을 느끼고 있다. 글쓴이는 이 좌절감에서 벗어나기 위해 《이기적 유전자》와 같은 주제를 다루는 책을 닥치는 대로 읽고 그 주제를 다루는 토론회에 모두 참석하는 등 여러 노력을 기울였고, 그 결과 욕심내지 않고 할 수 있는 일에 최선을 다하면 행복과 만족을 얻을 수 있다는 깨달음을 얻게 된다. 이러한 글쓴이의 경험과 깨달음을 바탕으로 할 수 있는 조언으로는 ④가 가장 적절하다.

4 글쓴이는 《이기적 유전자》를 읽고 난 직후에는 여러 가지 삶의 의문이 유전자의 관점에서 명쾌하게 설명되는 경험을 하고 황홀감을 느끼게 된다. 그러나 인간은 유전자가 계획한 대로 움직이는 수동적인 존재일 뿐이라는 생각에 만사가 시시해지고, 인간이 애쓰며 노력하는 것은 모두 허사라는 생각이 들어 좌절감까지 느끼게 된다.

---

044 신생 _ 현기영 108~109쪽

키포인트 체크 병아리, 생명력, 인용, 비유

1 ④ **2** ② **3** 자식을 넉넉하고 따뜻한 사랑으로 보호한다. **4** ④

1 봄이 오면 병아리가 태어나는 모습은 향토적인 소재라고 볼 수 있다. 하지만 '애환'은 '슬픔과 기쁨을 아울러 이르는 말'인데, 병아리를 통해 슬픔을 표현하고 있지는 않다.

오답 뜯어보기 ① 병아리들을 거느린 어미 닭의 모습, 장닭이 벌레를 잡고 암탉과 병아리들을 부르는 모습이나 풋닭의 꺼벙한 모습, 솔개가 감도는 모습 등을 구체적으로 묘사하고 있다.

② '무릇 신생의 첫 빛깔이 가녀린 노란색인 것도 흥미롭다.'와 같이 글쓴이의 정서를 직접 표현하고 있다.

③ '봄이 진군한다', '지금 한창 리허설을 하고 있는 것이다.'에서 봄을 의인화하여 계절이 겨울에서 봄으로 바뀌고 있음을 표현하고 있다.

⑤ 헤르만 헤세가 쓴 〈데미안〉의 일부를 인용하여 새로운 세계에 가기 위해서는 자신이 안주해 왔던 세계를 깨야 함을 강조하고 있다.

2 글쓴이는 신생의 이미지로 봄 병아리를 떠올리고, 봄 병아리를 살피는 어미 닭의 모습에서 자신의 어머니를 떠올린다. 하지만 이를 통해 자신이 부모로서 자신의 자식들에게 보인 태도를 성찰하는 내용은 나타나 있지 않다.

오답 뜯어보기 ① '그리고 병아리뿐만 아니라, 무릇 신생의 첫 빛깔이 가녀린 노란색인 것도 흥미롭다.'라고 하였다.

③, ⑤ 글쓴이는 봄 병아리, 여린 새싹, 골목 안에서 뛰노는 어린이들의 시끌짝한 소리 등에서 신생의 이미지를 떠올리고 있다.

④ 글쓴이는 신생의 이미지로 생명력을 떠올리고 있다. 병아리가 알에서 나오는 과정이나, 새싹이 땅을 뚫고 나오는 것은 모두 생명력을 보여 주는 모습으로, 글쓴이는 이에 〈데미안〉의 구절을 인용하면서 외경심을 드러내고 있다.

3 위기 상황에서 얼른 날개를 펴 제 새끼들을 거두어 안는 어미 닭은 따뜻하고 넉넉한 모성애를 지니고 있다. 〈결빙의 아버지〉에서 아버지 역시 추운 겨울밤 시적 화자를 품에 안고 추위를 막아 주며, 자식을 보호하며 사랑하는 모습을 보이고 있다.

4 '딱딱한 알껍데기를 연약한 부리로 깨뜨리는 그 힘이 놀랍다.', '무력해 보이는 것 속에 상상하기 어려운 강인한 생명력이 있는 것이다.'라는 문장을 통해 병아리뿐 아니라 모든 태어나는 것들의 생명력이 보기와는 다르게 매우 강인함을 파악할 수 있다.

---

045 총, 꽃, 시 _ 정재찬 110~111쪽

키포인트 체크 꽃, 폭력, 시, 동요

1 ⑤ **2** ③ **3** ③ **4** 총은 꽃을 이길 수 없으며, 꽃을 닮은 시는 폭력적이고 강한 것을 이겨 내는 힘을 가지고 있다.

1 이 글은 꽃과 시가 총을 이길 수 있다는 점을 설명하기 위해 영상, 시, 동요, 사진, 그림 등의 자료를 차례로 열거하고 글을 전개하고 있다.

2 ③ '그걸 어쩌란 말씀'은 할머니의 전쟁에 대한 노여움과 분노에 화자가 어떻게 대처할 수 없음을 나타낸 말로, 전쟁 앞에서 무기력한 화자의 태도가 드러난다. 전쟁을 환상이나 낭만으로 여겨 회피하고자 하는 마음을 나타내는 것은 아니다.

오답 뜯어보기 ① '방공호'는 '적의 공중 공격으로부터 피하기 위하여 땅속이나 산속에 파 놓은 굴이나 구덩이 따위의 시설'을 가리키는 말이므로, 전쟁 상황을 배경으로 하고 있음을 나타낸다고 할 수 있다.

② '채송화 꽃씨'는 전쟁이라는 현재의 부정적 상황을 언제든 이겨 내고 새롭게 희망의 세계를 이루어 낼 수 있다는 의지를 나타낸다.

④ '할머니의 노여움'은 계속되는 전쟁 상황에 대한 분노를 나타내는 것이라 할 수 있다.

⑤ '지구(地球)가 깨어져 없어'진다는 것은 전쟁으로 인해 지구가 없어질 수 있다는 것으로, 전쟁의 비정한 현실을 나타낸다고 할 수 있다.

3 제시된 그림은 카투니스트인 지현곤 작가의 그림으로, 전쟁 속에서 부각되는 꽃의 순수함을 보여 주고 있다. 꽃 한 송이를 들고 있는 아이는 총을 든 군인 앞에서도 두려움 없이 서 있다. 이를 통해 작고 부드러운 것을 의미하는 '꽃'이 크고 강한 것, 폭력적인 것을 의미하는 '총'을 이길 수 있다는 것을 전달하고 있다. 장애를 극복하려는 글쓴이의 삶의 태도와는 거리가 멀다.

4 '총'은 폭력적이고 강한 힘을 의미한다. 그 '총'에 맞서는 것이 '꽃'이다. '꽃'은 약하고 부드러워 보이지만 그 부드러움 속에 담긴 평화와 희망의 힘으로 인해 '총'은 결코 '꽃'을 이길 수 없다. 또한 그러한 '꽃'을 닮고자 하는 것이 '시'라는 점에서 '시'는 '꽃'이 상징하고자 하는 바를 언어로 형상화한 것이다. 따라서 '꽃'과 '시'는 모두 '총'과 대립되는 것이라고 할 수 있다.

II. 극 문학

1 | 한국 희곡

001 산돼지_김우진
164~167쪽

키포인트 체크 현실, 일제, 최 주사댁, 꿈속, 사회 개혁

1 ④　**2** ④　**3** ③　**4** 차혁과 영순의 혼인을 반대한다.　**5** ③　**6** ⑤
7 〈보기〉는 인물의 대사를 통해 사건을 직접적으로 드러내고 있고, (나)는 인물의 꿈을 통해 사건을 드러내고 있다.　**8** ⑤

1 원봉은 영순을 차혁과 혼인시키려는 최 주사댁과 갈등을 빚고 있으므로, 원봉과 최 주사댁은 대립적 관계에 있다고 볼 수 있다. 또한 영순에 대해서는 '보석', '보물' 등으로 비유하며 우호적인 태도를 보이고 있는 반면, 차혁에 대해서는 자신과 결혼하기로 되어 있는 영순을 빼앗아간다고 여겨 미워하고 있다.

2 '산돼지'는 현실의 모순에 저항하는 자를, '집돼지'는 현실에 순응하는 자를 의미한다. 원봉은 "혁이는 산돼지도 못 되고 집돼지예요."라고 이야기하며 최 주사댁이 영순을 차혁과 결혼시키려는 것을 못마땅해하는 심기를 드러내고 있으므로, 원봉이 산돼지보다 집돼지가 더 낫다고 생각한다는 감상은 적절하지 않다.

3 ㉠은 원봉의 친부모, ㉡은 최 주사, ㉢은 원봉, ㉣은 영순, ㉤은 차혁을 의미한다.

4 원봉은 차혁에 대한 반감을 지속적으로 드러내고 있다. 이는 최 주사댁이 차혁을 영순과 혼인시키려고 하기 때문으로, 원봉이 최 주사댁에게 궁극적으로 말하려는 것은 차혁과 영순을 혼인시키려는 것에 대한 반대이다.

5 (나)는 동학 혁명 당시의 상황을 보여 주고 있는 부분으로, 사실적이라기보다는 표현주의 기법을 통해 환상적으로 표현하고 있다.

6 ㉠의 '이런 산돼지'는 원봉 자신을 의미하는 말로, ㉠에는 '집 안'과 같은 안정된 환경에서는 식민지 지식인으로서의 사명을 이룰 수 없다는 원봉의 생각이 담겨 있다.

오답 뜯어보기 ① 〈보기〉의 내용을 고려할 때, ㉠을 영순과의 연애 문제와 연관 짓는 것은 적절하지 않다.
② 최 주사댁은 산돼지 같은 원봉이 현실에 순응하기를 바라고 있다.
③ 원봉은 식민지 지식인으로서의 의무와 현실의 벽 사이에서 극심한 갈등을 겪는 인물이다. 최 주사댁이 영순을 차혁과 맺어 주고자 한다는 점에서 원봉과 갈등을 일으키고 있기는 하지만, 이를 원봉이 겪는 좌절의 직접적 원인으로 볼 수는 없다.
④ 최 주사댁이 원봉이 스스로의 삶을 개척해 나갈 수 없다고 보고 있는지는 알 수 없다.

7 〈보기〉는 문 여사와 세정이라는 두 인물의 대사를 통해 사건을 제시하고 있고, (나)는 원봉의 꿈을 통해 사건을 제시하고 있다.

8 동학당 전군 행렬이 등장하는 팬터마임 부분은 동학 혁명이 발발하고 실패하기까지의 과정을 축약하여 보여 주고 있다. 팬터마임의 끄트머리에 "천천히 그러나 무거운 수천 리 걸어온 피로된 보조로 지나간다."

라는 지시문으로 보아 힘이 넘치고 생기가 넘치는 분위기라고 보기 어렵다. 따라서 즐거운 함성 소리를 효과음으로 제시하는 것은 적절하지 않다.

오답 뜯어보기 ④ (나)의 "노래가 이어지는 동안 원봉이는 잠들고 무대는 어두워진다."로 보아 (나)의 장면이 원봉이 꿈속에서 보는 내용임을 알 수 있다. (가)에서 (나)로 넘어갈 때 조명에 변화를 주면 (나)가 원봉이 꿈속에서 보는 장면임을 효과적으로 드러낼 수 있다.

002 토막_유치진
168~171쪽

키포인트 체크 가장, 무조건, 농촌, 일본, 백골

1 ④　**2** ④　**3** ⑤　**4** ⑤　**5** 일제 강점하 우리 민족의 비참한 삶을 상징한다.　**6** ④　**7** ①　**8** ⑤　**9** 사건을 비극적인 결말로 이끌고 있다.

1 이 작품은 일제 강점기라는 역사적 상황 때문에 비참한 삶을 이어 가고 있는 한 가족을 중심으로 내용을 전개하고 있다.

오답 뜯어보기 ① 이 작품에 나타나는 명서 일가의 비참한 모습을 통해 당대의 현실을 사실적으로 보여 주고 있다.
② 명수의 신변에 대한 명서 일가의 다양한 태도가 나타나고 있다.
③ 명수를 걱정하는 명서 일가의 모습은 당시 우리 민족의 심정과 연관이 있다.
⑤ 명서 일가의 비참한 모습은 당시 우리 민족 전체의 비극을 상징하고 있다.

2 명수는 가족을 위해 폭력을 쓴 것이 아니고, 명수가 '정말 훌륭한 일'을 한 것 때문에 가족들이 그의 신변을 걱정하고 있는 것이다. 일제 강점기라는 상황으로 보아 명수가 독립운동을 하다 감옥에 들어갔음을 짐작할 수 있다.

3 '머리를 푼다'는 것은 관용적으로 '상을 당하여 틀었던 머리를 푸는 것'을 의미한다. 이는 명서 일가의 기대와 달리 명수가 살아서 돌아오지 못할 것임을 암시하고 있다.

4 ⓐ의 '바람 소리' 효과음은 명서 처가 금녀에게 머리를 풀라고 하는 것과 마찬가지로 비극적인 사건이 벌어질 것을 암시하는 효과가 있다. 또한 명서의 마지막 대사도 이와 관련이 있다.

5 이 작품에서 명서 일가는 우리 민족 전체를 상징하며, 명서 일가가 살아가는 토막은 우리 민족의 비참한 삶을 상징적으로 보여 주는 소재이다.

6 명서 처는 명서가 마지막 대사를 할 때 쓰러지는 것이 아니라 백골을 안치해 놓고 합장하고 있어야 한다.

7 이 작품이 초연된 시기는 일제 강점기인 1933년이다. 따라서 당시의 사회상과 민중의 모습을 사실적으로 드러낸 점에서 관객에게 좋은 평가를 받은 것으로 볼 수 있다.

오답 뜯어보기 ② 일제 강점기를 시대적 배경으로 하고 있지만, 사건은 역사적인 사건이 아닌 허구적인 사건이다.
③ 개인의 삶이 아닌 민족 전체의 삶을 돌아보게 하고 있다.
④ 풍자적인 기법은 쓰고 있지 않다.

⑤ 서정적인 분위기와는 거리가 먼 내용이다.

8 이 작품의 금녀는 오빠 명수가 죽은 상황에서도 꾹 참고 살아가자며 의지적인 태도를 드러내고 있다. 그러나 〈보기〉의 영희는 가족들의 의미 없는 기다림에 분통을 터트리고 있을 뿐, 상황을 극복하려는 모습은 드러나지 않는다.

9 배달부는 명수의 죽음을 전혀 예상하지 못한 명서의 가족들에게 명수의 유골이 담긴 소포를 배달한다. 이것을 고려할 때 배달부는 극의 전개를 파국으로 이끄는 역할을 하고 있다고 볼 수 있다.

---

003 영웅 모집_채만식   172~175쪽

키포인트 체크) 풍자, 공원, 영웅, 영웅

1 ⑤ **2** ④ **3** ⑤ **4** 피에로가 관객들과 같은 시선으로 등장인물들을 관찰하는 느낌을 받게 하여 관객들은 극 중 상황에 더욱 몰입할 수 있고 피에로의 비판적 시선으로 무대 위의 사건을 바라볼 수 있다. **5** ③ **6** ③ **7** ⑤ **8** ② **9** 피에로의 무지함을 드러내 피에로를 풍자하려는 의도가 담겨 있다.

1 아버지와 아들의 입장은 다르지 않다. 잘되면 조선에 다시 돌아올 수 있을 것이라며 긍정적으로 전망하는 아들의 입장에 아버지도 동의하고 있다.

오답 뜯어보기) ① 아버지는 예전에 절이었던 곳이 불에 타고 탑만 남았고 그것이 바로 지금 자신들이 보고 있는 사리탑이라고 말하며 사리탑과 관련한 내력을 가족들에게 설명하고 있다.

② "조선서 태어나서 조선서 저만큼씩이나 자라 가지고 아무리 살 수가 없어 만리타국으로 떠나가는 할망정"이라는 아버지의 대사를 참고할 때, 이주민 가족은 조선에서 도저히 살 수가 없게 되어 조선을 떠나는 상황임을 알 수 있다.

③ 아들은 "인제 잘되면 돌아와서 보아란 듯이 살 텐데."라고 말하며 아버지의 근심을 위로하고 있다. 이러한 모습을 통해 아들이 앞날을 긍정적으로 내다보며 현재의 어려운 상황을 이겨 내려 하고 있음을 알 수 있다.

④ 언제 다시 와서 서울 구경을 하겠냐며 공원을 잘 봐 두라는 아버지의 말에 어머니는 멀리 떠나는 마당에 서울 구경이 무슨 소용이냐고 불평하고 있다. 이러한 불평은 어쩔 수 없이 고향을 떠나야 하는 자신들의 처지에 대한 절망감에서 비롯되었다고 볼 수 있다.

2 '공원'은 계층, 직업 등에 상관없이 다양한 사람들이 오가는 곳이다. 이러한 특성을 지니고 있는 공원을 공간적 배경으로 설정한 이유는 공원을 오가는 다양한 인물의 대화, 행동을 제시하여 당대의 암담한 현실을 생동감 있게 보여 주기 위해서이다.

3 ⓐ에는 피에로가 조선을 지키지 않고 떠나는 이주민 가족에 대해 느끼는 연민과 아쉬움이 드러나 있다. 현실에 순응하는 태도는 드러나 있지 않다. ⓑ에는 일제 강점하의 부조리한 현실에 대해 문제의식 없이 방탕하게 살아가는 주정꾼들에 대한 피에로의 부정적 인식이 드러나 있다. 피에로가 이상 세계를 추구하는 태도는 드러나 있지 않다.

오답 뜯어보기) ① ⓐ에서 공원을 떠나는 이주민 가족을 관찰하는 인물은 피에로이고, ⓑ에서 주정꾼들을 관찰하는 인물도 피에로이다.

② ⓐ와 ⓑ는 피에로가 일제 강점기를 살아가는 우리 민족들을 바라보며

떠올린 생각과 행동이므로 시대적 현실과 관련된 반응으로 볼 수 있다.

③ ⓐ에서는 피에로가 "조선을 죽도록 지키잖구!"라는 대사(언어적 표현)와 울듯이 바라보는 표정(비언어적 표현)을 통해 이주민 가족에 대한 연민과 안타까움 등을 드러내고 있다.

④ 비언어적 표현이란 언어가 아닌 몸짓, 손짓, 표정 등으로 생각이나 느낌을 나타내는 것을 말한다. ⓑ에서는 피에로가 얼굴을 찌푸리는 비언어적 표현을 통해 주정꾼들을 못마땅해하는 감정을 표현하고 있다.

4 객석을 등지고 선 피에로는 관객과 똑같은 시선에서 무대 위를 바라보게 된다. 이러한 구도는 관객이 피에로와 같은 관점에서 무대를 바라보게 함으로써 관객이 무대 위에서 벌어지는 사건에 더욱 집중하게 하고 피에로의 심정에 공감하며 극을 감상하도록 하는 효과가 있다.

5 ㉮에는 우리 민족이 처한 암울한 현실에서 벗어나기 위해서는 영웅이 필요하다고 깨닫는 피에로의 모습을 통해 현실을 비판적으로 인식하고 문제 해결의 필요성을 느끼는 피에로의 긍정적인 면모가 나타나 있다. 그러나 ㉯에서 피에로는 약을 팔듯이 광고하여 영웅을 모집하려 하고 역사 속 인물들의 국적을 잘못 말하여 ㉮에서와 달리 영웅에 대한 왜곡된 인식과 무지함을 드러내고 있다. ㉰에서는 영웅이 되면 얻을 수 있는 혜택이라며 엉뚱한 이야기를 하고 있다. 따라서 ㉮에는 인물의 긍정적 면모가, ㉯와 ㉰에는 인물의 부정적 면모가 나타나 있다고 할 수 있다.

오답 뜯어보기) ② ㉮에는 피에로가 불안을 느끼는 모습이 나타나 있지만 ㉯에는 나타나 있지 않다. ㉰에서 피에로가 자신감을 드러내고 있다는 내용은 적절하지 않다.

④ ㉮에서 피에로는 영웅을 모집하여 문제를 해결하려 하고 있다. 이는 현재의 상황을 문제 상황으로 인식하고 있는 비판적 인식이 전제된 것이다. 하지만 ㉯와 ㉰에서 피에로의 비판적인 사고가 더욱 강화되는 것은 아니다. 오히려 잘못된 정보와 엉뚱한 특전을 내세우는 모습을 통해 ㉮에서의 비판적인 사고가 진정성을 잃고 있다.

6 이 작품에서 무대를 잠시 비운 것은 현재의 상황을 마무리 짓고 새로운 장면을 시작하기 위해서이다. 장면 전환 후에도 피에로가 중심인물로 등장하고 있으므로 ③은 적절하지 않다.

7 이 작품에서 사건은 시간의 흐름에 따라 순차적으로 진행되고 있다. 따라서 인물 간의 갈등이 해결되는 과정을 역순행적 구성으로 제시하였다는 내용은 적절하지 않다.

8 소년들은 피에로의 말에 엉뚱한 대답을 하고 있다. 이러한 상황을 설명하는 한자 성어로는, 물음과는 전혀 상관없는 엉뚱한 대답을 뜻하는 '문동답서(問東答西)'가 적절하다.

오답 뜯어보기) ① 서로서로 도움을 이르는 말.

③ 누구를 형이라 하고 누구를 아우라 하기 어렵다는 뜻으로, 두 사물이 비슷하여 낫고 못함을 정하기 어려움을 이르는 말.

④ 팔짱을 끼고 보고만 있다는 뜻으로, 간섭하거나 거들지 아니하고 그대로 버려둠을 이르는 말.

⑤ 어렵고 의심스러운 것을 서로 묻고 대답함을 이르는 말.

9 피에로는 조선이 암담한 현실에서 벗어나기 위해서는 영웅이 필요하다고 생각하고 영웅을 모집하고 있다. 하지만 ㉡에서 인물의 국적을 잘못 말하고 있다. 게다가 그중에는 영웅이라고 볼 수 없는 독재자도 있

정답과 해설

다. 피에로가 영웅에 대해 왜곡된 인식을 가지고 있으며 무지하다는 점을 보여 주는 대목이다.

---

004 소_유치진   176~179쪽

키포인트 체크 소작농, 소, 일제, 농촌, 빚, 사음(마름)

1④	2⑤	3⑤	4 소를 팔아 자신의 밑천을 마련해 줄 것을 부탁함.
5④	6②	7⑤	8③ 9 명줄

1 이 작품은 인물들이 일상적인 구어체와 비속어, 방언 등을 사용하여 극의 사실성을 높이고 있다.

오답 뜯어보기 ① 이 작품은 사실주의 극으로, 과장된 표현과는 거리가 멀다.

② 관객을 참여시키는 부분은 나타나 있지 않다.

③ 조명을 사용하여 막과 막, 장과 장을 구분한 부분은 나타나 있지 않다.

⑤ 과거와 현재의 상황이 함께 나타나고 있지 않다.

2 이 글에서 '소'는 국서에게 함부로 팔 수 없는 대상이며, 〈보기〉의 '소'는 최 노인과 30년 넘게 동고동락한 사이이다. 따라서 '소'는 각각 인물들의 분신과 같은 존재라고 보는 것이 적절하다.

오답 뜯어보기 ① 이 글과 〈보기〉 모두에 해당하지 않는 내용이다.

② 농민의 소박하고 넉넉한 모습을 보여 주는 것은 〈보기〉의 '소'에만 해당되는 내용이다.

③ 이 글에만 해당되는 내용으로, 국서와 개똥이가 소를 파는 문제로 갈등을 빚고 있다.

3 ⓒ은 구석에 숨어 있는 말똥이가 사음의 태도가 마음에 들지 않아 투덜거리고 있는 부분이다. 따라서 확신에 찬 표정을 짓고 크고 우렁찬 목소리로 말하는 것은 적절하지 않다.

4 개똥이는 농사일을 도우라는 국서의 말에 소를 팔아 한밑천을 마련해 줄 것을 요구하며, 그 돈으로 항구에 나가 돈을 벌어 오겠다고 말하고 있다.

5 〈보기〉는 소지주나 소작농으로 전락한 농민들이 가난하게 살 수밖에 없었음을 설명하고 있다. 소로 빚을 갚았다고 해도 빚은 또다시 쌓이게 될 것이며, 소가 없으면 농사를 짓는 데도 영향을 받게 되므로 ④는 적절하지 않다.

6 (나)에는 '도지' 때문에 일어나는 국서네 가족과 사음 사이의 갈등이 드러나 있다. 표면적으로는 '소'를 둘러싼 갈등으로 보이지만 근본적인 원인은 국서네가 내지 못한 '도지' 때문임을 알 수 있다.

7 사음은 국서와 국진의 의견은 고려하지 않고, 밀린 도지를 대신해서 소를 데려가겠다는 주장만을 반복하고 있다.

오답 뜯어보기 ① 소를 몰고 가겠다며 본심을 직접적으로 밝히고 있다.

② 현재 상황에 대한 자신의 생각만을 밝히고 있다.

③ 주로 강압적인 태도를 취하면서 국서와 국진을 대하고 있다.

④ '이래서는 뒷일이 좋지 못'하다며 부정적인 상황을 강조하며 위협하고 있다.

---

8 ㉠은 자식을 팔면서도 돈이 생긴 것에만 기뻐하고 있는 상황을 보여 주고 있다. 부자를 동경하는 태도와는 관련이 없다.

9 국서의 처는 밀린 도지 대신 소를 데려가겠다는 사음의 횡포에 '남의 집 명줄'을 가지고 무슨 짓이냐고 불만을 터뜨리고 있다. 국서와 국서 처에게 있어 '소'는 집안의 생계를 이어 나갈 수 있는 소중한 자산이자 삶의 희망을 의미한다.

---

005 제향날_채만식   180~183쪽

키포인트 체크 저항적, 구한말, 프로메테우스

1① **2**③ **3**④ **4** 그리해서 느끼는, 있는 것이다.   **5** 프로메테우스가 인류에게 전한 불에 담긴 정신이 우리 민족의 삶에도 계속해서 이어져 내려오고 있다.   **6**② **7**④ **8**③ **9**③ **10** 최 씨가 바라는 가정의 안녕이 좌절될 것임을 의미한다.

1 (가)는 꿈속에서 일어난 사건이 아니라 상인이 최 씨와 영오에게 해 주는 이야기의 내용에 해당한다.

2 화로에 관한 내용은 최 씨의 대사에서 나타나고 있을 뿐, 이 글에서 최 씨가 화로에 불을 담는 모습은 나타나지 않는다.

3 "뭘, 거짓뿌링! 성냥이 있는데 왜 불이 없어!"라는 영오의 대사는 의심이 많은 성격을 보여 주는 것이 아니라, 원시인들이 등장하는 신화 속의 세계에도 성냥이 있었을 것이라고 생각하는 단순하고 순진한 성격을 드러낸 것으로 보는 것이 적절하다.

오답 뜯어보기 ① 이 작품에서는 신화와 현실의 상황이 번갈아 나타나고 있으므로, 빠른 장면 전환이 필요하다.

② 작품의 내용으로 보아, 소품으로는 프로메테우스가 원시인들에게 건네는 횃불, 최 씨가 껍질을 벗기고 있는 밤 등이 필요하다. 또한 '김생의 털가죽으로 몸을 가린 원시인'이라는 (가)의 내용으로 보아, 의상으로는 짐승의 털가죽 등을 준비해야 한다.

③ (가)의 내용으로 보아 원시인들은 프로메테우스와 불을 보고 겁을 내며 뒤로 물러나고 있으므로, 불을 경계하는 모습을 연기하는 것이 적절하다.

⑤ 프로메테우스는 신화 속 인물이므로 인간인 원시인들과 달리 비범한 느낌이 들도록 분장과 말투를 신경 쓰는 것은 적절하다.

4 프로메테우스의 두 번째 대사에서, 먼저 불의 세부적인 기능을 설명하고, 그러한 기능을 통해 궁극적으로 얻게 되는 결과를 밝히고 있다.

5 ㉠은 불의 영속성이 우리 민족의 삶에도 이어져 내려오고 있음을 밝히고 있는 부분이다.

6 상인이 프로메테우스 신화 이야기를 하는 것은 할아버지, 아버지의 뒤를 이어 자신도 프로메테우스와 같은 삶을 살면서 의를 실천하고자 하는 바람을 드러낸 것이다. 상인이 최 씨의 기대를 한 몸에 받고 있지만 그것에 대해서 부담스러워하고 있는지는 이 글에서 알 수 없다.

오답 뜯어보기 ① 최 씨는 상인이 공부만 착실히 잘해서 장하게 되어 잘 살기를 바라고 있다.

③ 누구를 만나기 위해 나가는 상인을 따라가려 하는 모습에서 영오가 상인을 친근하게 잘 따르고 있음을 알 수 있다.

---

④ 상인이 누구를 만나는지 어디로 가는지 밝히지 않는 것으로 보아 영오에게 자신이 하는 일을 알리지 않으려 함을 알 수 있다.

⑤ 영오는 최 씨에게 상인이 사회주의를 한다는 소식을 전하고 있다.

7 ㉮의 이전과 이후는 모두 신화 속의 세계에 해당한다. 이 작품에서 신화의 장면과 극 중 현실 상황을 구분하고 있는 것은 조명이다.

8 ㉡은 상인과 상인 아버지의 유사성을 강조하고 있는 대사로, 상인 역시 할아버지, 아버지와 마찬가지로 저항적 삶을 살아갈 것임을 짐작하게 한다.

9 〈보기〉의 윤 직원은 자신의 처지가 편하다는 이유로 일제 강점기를 태평천하로 여기고 있다. 의로운 성격의 상인은 이러한 태도를 비판할 수 있다.

《오답 뜯어보기》 ① 상인이 사회주의를 조국을 구하는 유일한 방법으로 생각하고 있는지는 알 수 없다.

② 이 글에 나타난 상인의 의연한 모습과 크게 연관이 없는 내용이다.

④ 일본 순사들의 보호를 긍정하고 있는 내용이므로 적절하지 않다.

⑤ '대의'를 제대로 인식하지 못하고 있는 태도를 먼저 지적해야 한다.

10 상인이 사회주의를 한다는 것은 동학 농민 운동, 3·1 운동 등과 같이 역사적 사명을 완수하기 위한 수단 중 하나에 해당한다. 그러나 최 씨에게는 상인의 선대에서 그랬던 것처럼 가정에 고난을 가져오게 될 행동에 해당한다.

---

006 동승_ 함세덕 184~187쪽

키포인트 체크 어머니, 주지, 절, 미망인

1 ②　　**2** ⑤　　**3** ⑤　　**4** 어머니를 찾아 절을 떠나려는 도념과 불도를 내세워 도념을 막으려는 주지 간의 갈등이 나타나 있다.　　**5** ①　　**6** ③　　**7** ④
8 ②　　**9** 앞으로 도념의 삶이 험난할 것임

1 이 작품의 배경은 현실적인 공간인 깊은 산속의 절로, 내용을 사실적으로 그리고 있을 뿐 특별한 실험적 기법은 쓰이지 않았다.

《오답 뜯어보기》 ① 도념은 절을 벗어나 세속적 공간으로 가고 싶어 한다.

③ 인물들이 일상에서 사용하는 말투를 사용하여 사실성을 높이고 있다.

④ 주지는 속세와의 인연을 끊어야 함을 강조하고, 도념은 속세에 대한 갈망을 드러내어 서로 갈등하고 있다.

⑤ 주지의 대사를 통해 도념의 부모의 과거사가 드러난다.

2 〈보기〉는 이 작품의 일부분을 소설화한 장면이다. 소설은 희곡과는 달리 서술자가 등장해 극 중 상황이나 인물, 사건을 서술하게 된다. 그에 비해 희곡은 서술자가 등장하지 않고 무대 위에서 인물들이 대사와 행동을 전개함으로써 사건을 이끌어 나간다.

3 주지는 도념을 속세에 내보내지 않기 위해 속세를 연못에 비유하여 겉으로는 잔잔해 보여도 속으로는 '개흙투성이'라고 주장하고 있다. 즉, 속세가 겉으로는 평온해 보여도 속으로는 혼란스럽고 더럽고 부정한 공간임을 언급하며 도념의 마음을 돌리고자 하고 있다.

《오답 뜯어보기》 ① 동정심이란 남의 어려운 처지를 안타깝게 여기는 마

음으로, 주지가 도념의 동정심을 유발한 것은 아니다.

②, ④ 권위자의 견해나 일반적인 평가가 아니라 주지 본인의 생각을 드러내고 있다.

③ 도념의 약점이 아니라 속세의 더러움을 지적하고 있다.

4 도념은 어머니를 그리워하는 마음에 절을 나가 세상으로 가겠다는 의지를 드러내고 있으며, 주지는 세상의 더러움과 혼란을 내세워 불도를 닦으며 절에 머무르기를 강요하는 데서 갈등이 일어나고 있다.

5 초부는 도념의 결정에 대해 처음에는 만류하지만 이내 잘 생각해서 하라며 그의 뜻을 존중하고 도념을 보내 주고 있다.

《오답 뜯어보기》 ② 잣을 두고 가는 행동은 주지와 이별하고 어머니를 만나겠다는 의지를 보여 주는 것이다.

③ 도념은 주지 몰래 절을 떠나고 있다.

④ 미망인은 주지의 반대 때문에 도념을 포기한 것으로 볼 수 있다.

⑤ 주지는 미망인에 대한 적대감이 아니라 도념이 절에서 업보를 씻어야 한다는 생각 때문에 도념의 입양을 반대하고 있다.

6 〈보기〉에 따르면 독백이란 배우가 심리적으로 자극을 받아 촉발된 혼잣말이다. 그런데 도념이 초부와 헤어진 후에 한 혼잣말은 어머니가 아니라 주지 스님에 대한 감정을 드러낸 것이다.

7 주지는 미망인을 엄하게 꾸짖고 있으므로 '애원하면서'라는 지시문은 적절하지 않다.

8 어머니를 만나는 꿈을 여러 차례 꾸었다는 것은 그만큼 어머니에 대한 그리움이 크다는 것을 의미한다.

9 '눈 내리는 비탈길'은 넘어지기 쉬워 내려가기 힘든 길이다. 도념이 이와 같은 길을 내려가는 결말은 앞으로 도념의 삶이 험난할 것을 암시하고 있다.

---

007 살아 있는 이중생 각하_ 오영진 188~191쪽

키포인트 체크 친일, 해방, 자살극

1 ②　　**2** ②　　**3** ③　　**4** 경동맥으로 면도칼을 싹둑 잘러 버렸는걸.　　**5** ③
6 ④　　**7** ④　　**8** 욕심 때문에 살아 있다고도 죽어 있다고도 할 수 없는 상황에 처한 이중생을 풍자

1 이 작품은 부정하게 모은 재산을 지키기 위해 거짓 초상을 무사히 마치려는 이중생 일가의 부조리한 모습을 풍자적으로 보여 주고 있다.

2 최 변호사는 이중생의 거짓 자살을 계획하고 꾸민 인물로, 재산을 지키기 위한 이중생의 거짓 자살극을 주도하는 인물이다. 김 의원은 이중생의 비리를 조사하고 그의 재산을 보건 시설 건립에 쓰자고 송달지에게 제안하는 인물이다. 즉, 최 변호사는 이중생의 재산을 지키려 하고 김 의원은 그의 재산으로 공익사업을 하려는 점에서 갈등하고 있다.

3 ㉠은 최 변호사가 김 의원의 조사를 이중생에게 유리한 방향으로 이끌기 위해 이중생을 칭찬한 말이다. 이중생이 부도덕한 행위를 저질러 온 사람이라는 점에서 이중생에 대한 최 변호사의 언급은 얕은수로 상대를 속이려는 행위로 볼 수 있다. '눈 가리고 아웅'은 얕은수로 남을 속이

정답과 해설

려 한다는 말이다. 또는 실제로 보람도 없을 일을 공연히 형식적으로 하는 체하며 부질없는 짓을 함을 비유적으로 이르는 말로 쓰이기도 한다.

✔오답 뜯어보기 ① '우물 안 개구리'는 넓은 세상의 형편을 알지 못하는 사람을 비유적으로 이르는 말이다. 또는 견식이 좁아 저만 잘난 줄로 아는 사람을 비꼬는 말로 쓰이기도 한다.

② '걱정도 팔자'는 하지 않아도 될 걱정을 하거나 관계도 없는 남의 일에 참견하는 사람에게 놀림조로 이르는 말이다.

④ '송충이는 솔잎을 먹어야 한다'는 자기 분수에 맞게 처신하여야 함을 비유적으로 이르는 말이다.

⑤ '고양이 목에 방울 달기'는 실행하기 어려운 것을 공연히 의논함을 이르는 말이다.

4 "경동맥으로 면도칼을 싹둑 잘러 버렸는걸."은 이중생의 죽음을 거짓으로 설명하다가 나온 말실수로 웃음을 유발한다. 극 중에서 이중건은 실수로 비밀을 폭로하거나 누설하여 긴장감을 높이고 웃음을 주는 역할을 하고 있다.

5 이중생과 김 의원은 서로 마주치지는 않았지만, 최 변호사를 통해 갈등을 빚고 있다고 할 수 있다.

✔오답 뜯어보기 ① 송달지는 이중생의 당부와 달리 자신의 의견을 밝혀 김 의원의 결정에 힘을 실어 준 것 때문에 이중생과 갈등을 빚는다.

② 최 변호사는 죽은 척하고 있는 이중생의 의견을 김 의원에게 전달하고 있다.

④ 송달지의 의견에 "잘 알겠습니다."라고 하며 의견을 받아들여 이중생의 재산을 보건 시설 건립에 쓰자는 자신의 주장을 강화하고 있다.

⑤ 최 변호사는 김 의원의 눈치를 보며 이중생의 재산을 지키려 하고 있다.

6 (나)는 이중생이 자신의 계획과 달리 전 재산이 보건 시설을 세우는 데 쓰이게 되자 이에 찬성한 송달지에게 화를 내는 부분이다. 이중생은 '두 팔을 휘두르고 두 발을 궁그르며' 분노를 표출하고 있으며 사위인 송달지에게 계속해서 화를 내고 있다. 이중생이 쉽게 흥분했다 쉽게 화가 가라앉고 있지 않으므로 ④는 적절하지 않다.

7 이 작품에서 인과응보의 구성을 잘 보여 주고 있는 인물은 전 재산을 잃고 스스로 죽음을 선택하여 생을 마치는 주인공 이중생이다.

8 "자넨 살아 있는, 아니 죽어 있는! 아아, 아니 살아 있는 이중생······"은 이중생이 자신을 살아 있다고 해야 할지 죽어 있다고 해야 할지 혼란스러워하는 모습을 우스꽝스럽게 표현한 부분이다. 이는 재산을 지키려는 욕심 때문에 자신을 죽였다고도 살았다고도 할 수 없는 상황에 빠진 이중생을 풍자하려는 작가의 의도가 담긴 것이라고 할 수 있다.

---

008 불모지_차범석 192~195쪽

키포인트 체크 최 노인, 자식, 종로, 이사, 사기

1 ③ **2** ② **3** ⑤ **4** 최 노인과 경재는 낡은 집에서 이사하는 문제 때문에 서로 갈등하고 있다. **5** ④ **6** ④ **7** ④ **8** 고층 건물로 상징되는 근대화

1 이 작품을 통해 여성의 사회 진출에 대한 사회 인식과 현실이 어떠한지

는 구체적으로 알 수 없다.

2 최 노인은 조그마한 화단 앞에 쭈그리고 앉아서 화초며 푸성귀들을 손보고 있다. 입에 물린 파이프에서 뱉어지는 담배 연기가 한가롭게 보인다고 표현되어 있으나, 무대 지시문에서 최 노인의 집을 폐가와 같이 묘사한 것으로 보아 이는 최 노인이 물질적으로 여유 있음을 드러낸 것으로 보기는 힘들다.

✔오답 뜯어보기 ① 최 노인의 집은 하루 종일 햇볕이 들지 않아 어둡고 습하며 음산한 공기가 풍겨 나오는 곳이다.

③, ④ 최 노인의 집은 번화한 상가 중간에 끼이어 쇠락해 가는 공간이므로 근대화의 모습을 대비시켜 보여 주는 것이 적절하다.

⑤ 최 노인은 낡고 좁은 집에서 이사를 나가자는 경재의 말에 제집을 가진 것을 고마워해야 한다면서 화를 내고 있다.

3 이 작품의 최 노인과 〈보기 2〉의 '할아버지'는 모두 옛것을 소중하게 여기는 옛 세대라는 점에서 공통된다. 그러나 경운과 경재가 옛것보다 새로운 변화를 지향하는 데 비해, 〈보기 2〉의 '나'는 어쩔 수 없이 최근의 흐름을 따라가고 있지만 내면적으로는 그것이 할아버지에 대한 불효라는 생각을 하고 있다. 따라서 ⑤는 적절하지 않다.

4 경재는 공동 수도에서 물을 길어 오며 아버지 최 노인에게 '물 흔한 집'으로 이사를 가자고 말한다. 그리고 경재가 지금의 집이 '게딱지 굴속'처럼 낡고 허술하다는 점을 지적하자, 최 노인은 화를 내며 이에 반발하고 있다.

5 군중의 웅성거림은 경수가 잡혀가는 사건의 충격을 강조하는 역할을 하지만, 작품의 비극성을 심화시키지는 않는다.

6 이 작품과 〈보기〉의 가장 큰 차이는 결말 처리 방식으로, 〈보기〉에서는 경애의 자살에도 불구하고 가족들의 화합을 통한 희망적 분위기를 연출하며 막을 내린다. 그러나 〈보기〉에서 경재의 역할을 부각하여 신세대의 가능성을 보여 주고 있다고 보기는 어렵다.

✔오답 뜯어보기 ① 〈보기〉에서는 이 작품과 달리 경수의 애인인 춘자라는 새로운 인물이 등장하고 있다.

② '불모지'라는 부정적 이미지를 지닌 제목에서 긍정적인 이미지가 담긴 '태양'을 활용해 제목을 바꾸었다.

③, ⑤ 이 작품에서는 경수가 체포되고 경애가 자살하는 것으로 끝이 났지만 〈보기〉에서는 경수가 "해바라기처럼 태양을 향해 다시 한번 살아 보자, 경재야."라고 하며 희망적인 태도를 보이고 있고, 최 노인도 이사를 결심하면서 희망적인 내용으로 끝을 맺고 있다.

7 최 노인은 경수가 강도 사건으로 잡혀간 직후 큰딸 경애의 자살이라는 충격적인 일을 맞닥뜨린다. 이는 눈 위에 서리가 덮인다는 뜻으로, 난처한 일이나 불행한 일이 잇따라 일어남을 이르는 '설상가상'의 상황이라고 할 수 있다.

✔오답 뜯어보기 ① 한편으로는 기뻐하고 한편으로는 슬퍼함 또는 기쁨과 슬픔이 번갈아 일어남을 의미함.

② 얼마쯤 믿으면서도 한편으로는 의심함을 의미함.

③ 같은 병을 앓는 사람끼리 서로 가엾게 여긴다는 뜻으로, 어려운 처지에 있는 사람끼리 서로 가엾게 여김을 이르는 말.

⑤ 들어갈수록 점점 재미가 있음. 또는 시간이 지날수록 하는 짓이나 몰골이 더욱 꼴불견임을 비유적으로 이르는 말.

8 최 노인은 "풀포기만 시들게 하는 줄 알았더니 사람까지…… 아니 이게 정말이야?"라고 하였다. 최 노인은 '풀포기를 시들게 하는' 것 때문에 딸 경애가 자살한 것이라고 생각하고 있는데, 풀포기를 시들게 한 것은 '최 노인'의 집 주변에 지은 '고층 건물'이다. 〈보기〉를 참고할 때 '고층 건물'은 근대화를 상징하는 것으로 볼 수 있다. 따라서 빈칸에 들어갈 말은 '고층 건물로 상징되는 근대화'가 적절하다.

---

009 성난 기계_차범석 196~199쪽

키포인트 체크 기계, 돈, 종합 병원, 분노, 인간성

1 ④ **2** ① **3** ⑤ **4** ② **5** 수술비가 아깝고, 아내가 계속 부정을 저지르는 것을 원하지 않기 때문이다. **6** ⑤ **7** ③ **8** ② **9** ⓐ: 겉모습(육체) ⓑ: 내면(인간성, 정신) **10** '기계'와 같던 회기가 감정을 갖게 되었다는 의미로, 상실한 인간성의 회복을 상징한다.

1 이 작품은 물질적 가치만을 중요시하여 아내의 수술을 반대하는 상현의 호소에 대한 회기의 인간적 반응을 통해 주제를 드러내고 있다. 상현의 호소는 주제와 상반되는 부정적 상황을 드러내기 위한 것이므로 이에 감정을 이입하는 것은 적절하지 않다.

2 상현이 "우리 내외가 죽어라 벌어도 어린것들하고 겨우 풀칠하는 판국인데…… 그런 돈 있으면……."이라고 말하는 것으로 보아, 상현이 아내의 수술을 반대하는 이유 중 하나는 수술비 때문임을 알 수 있다(ㄱ). 상현은 아내가 감독관과 부적절한 관계를 가지고 있는 것을 알고 있지만 자신이 팔 담배를 들고 나오기 위해 하는 행동이므로 모른 척하고 있다(ㄴ).

오답 뜯어보기 ㄷ. 상현의 아내는 남편이 팔 담배를 들고 나오기 위해 부정을 저지른 것이다.
ㄹ. 회기는 상현의 이야기에 의아해하고 납득이 되지 않는 투로 대응하고 있다.

3 ㉠은 상현이 아내가 몰래 가져온 담배를 팔아서 벌이로 삼고 있음을 말하다가 웃고 있는 부분이다. 이는 돈 때문에 아내의 부정을 모른 척하고 있는 자신의 치부(恥部)가 드러난 것에서 오는 부끄러움과 멋쩍음에서 순간적으로 벗어나고자 하는 심리가 담긴 행동으로 볼 수 있다.

4 ⓑ는 상현이 인옥의 폐 수술을 반대하는 진짜 이유를 숨기고 수술의 위험성을 강조하며 수술을 반대하고 있는 부분이다. 이는 화자의 의도를 감추고 말하는 돌려 말하기라고 할 수 있다. 그러나 ⓐ, ⓒ, ⓓ, ⓔ에는 특별한 의도가 감추어져 있지 않다.

5 상현이 아내의 수술을 반대하는 이유는 크게 두 가지이다. 먼저 수술비가 아깝고, 건강해진 아내가 다시 부정을 저지르는 것을 원하지 않기 때문이다.

6 "선생님, 웬일이세요?"나 "기계가 노하셨네요……."와 같은 대사를 볼 때, 금숙은 회기의 변화된 성격을 지적하여 관객에게 알리는 역할을 하고 있다.

7 ㉢ 다음에 이어지는 "그건 너무 심하지 않소?"라는 회기의 대사는 상현

의 비인간적인 태도를 보고 분노를 표출한 것이다. 따라서 ㉢에는 '분노를 터뜨리며'와 같은 지시문이 들어가는 것이 적절하다.

8 〈보기〉에 제시된 전광용의 〈꺼삐딴 리〉는 변절을 일삼는 기회주의적인 인물 '이인국'을 통해, 한국 근대사의 과정에서 사회 지도층이 보여 왔던 반민족적 행태를 비판하고 풍자하는 소설이다. 외과 의사인 이인국은 돈과 권력을 지향하며, 시대 변화를 재빨리 읽어서 시류에 편승하는 인물이다. 한편, 기계같이 냉정하던 회기는 [A]에 와서 감정을 지닌 '성난 기계'로 바뀌며 잠재되어 있던 인간성을 회복하게 된다. 따라서 회기는 자기 일신(一身)을 먼저 생각하는 이인국과는 다르므로 ②의 설명이 적절하다.

9 회기의 대사는 인간을 담배에 비유하여 포장보다 알맹이가 중요함을 제시하고 있다. 인간성을 상실한 현대인을 비판하고 휴머니즘을 옹호하는 이 작품의 주제를 고려할 때, 여기서 ⓐ '포장'은 겉모습(육체)을, ⓑ '알맹이'는 내면(인간성, 정신)을 상징한다.

10 '기계'는 회기를 가리키는 표현으로, 그가 기계처럼 냉정하고 인간성을 상실한 사람임을 의미한다. 반면 '노하다'는 인간적인 감정이다. 따라서 회기가 분노했다는 것은 그가 인간적인 감정을 느낄 수 있게 되었음을, 즉 인간성을 회복하게 되었음을 의미한다.

---

010 원고지_이근삼 200~203쪽

키포인트 체크 교수, 의무, 돈, 교수, 천사, 꿈

1 ② **2** ④ **3** ① **4** ③ **5** 원고지 무늬로 된 양복은 원고지처럼 규격화된 틀에 얽매여 살아가는 교수의 모습을 상징한다. 쇠사슬은 교수가 가정과 사회로부터 느끼는 책임감과 구속감, 노동의 중압감 등을 상징한다. **6** ③ **7** ② **8** ⑤ **9** ② **10** 부조리하고 비정한 현대 사회의 모습을 풍자한다.

1 장녀는 비참하게 들리는 교수의 하품을 달콤하다고 표현하고 있다. 이는 교수에게 무관심한 태도를 드러내고 있는 것으로 볼 수 있다.

2 이 작품에서 장녀는 관객에게 말을 건네는 방식으로 해설을 하고 있다. 이는 객석과 무대를 엄격히 구별하는 서구 전통극의 형식을 벗어난 구성으로, 관객의 극 중 몰입을 방해하는 '낯설게 하기' 효과에 해당한다.

3 〈보기〉의 '섬'은 사람들 사이의 소통이 부재한 상황에서 나타나는 고립된 공간을 의미한다. 교수가 이 시에 주목했다면 이는 집에서도 서로 소통하지 못한 채 고립되어 있는 자신의 처지 때문일 것이다.

4 희곡에서 장면의 전환은 대개 막을 열고 닫으면서 이루어지는데, 이 작품에서는 조명에 변화를 주어 특정 부분에 초점을 맞추는 형식으로 이루어지고 있다.

5 원고지 무늬로 된 교수의 양복은 규격화된 틀에 갇혀 노예처럼 살아가는 교수의 모습을 상징한다. 교수를 옭아맨 쇠사슬은 가장으로서의 책임감, 노동의 중압감, 현실에서 받는 구속감 등을 나타낸다.

6 이 작품에서 조명의 변화는 장면의 전환이나 인물의 등장을 표현할 때

나타나고 있다. 이 작품은 사건들이 유기적으로 연결되어 있지 않기 때문에 조명의 변화로 다음 사건이 진행될 방향을 암시하거나 예측하기는 어렵다.

오답 뜯어보기 ① 등장인물인 장녀는 관객들에게 인물과 극적 상황을 설명하는 해설자의 역할을 하고 있다.
② 돈이 되는 번역 일에만 매달리는 교수를 장녀가 "그야말로 학자지요."라고 반어적으로 표현하고 있다.
④ 이 작품은 등장인물의 이름을 '교수', '처', '장남', '장녀' 등의 보통 명사로 제시하여 익명성을 강조하고 현대 사회를 살아가는 삭막한 인간형을 드러내고 있다.
⑤ 교수의 잃어버린 희망과 정열을 상징하는 존재인 '천사'와 교수와의 대화를 통해 희망과 정열을 잃고 무의미한 일상을 살아가는 교수의 삶의 모습을 드러내고 있다.

7 교수는 과거의 정열을 잠시 떠올리다가 원고를 독촉하는 감독관의 말을 듣자마자 다시 무미건조한 일상으로 돌아오고 있으므로, ②는 적절하지 않다.

───────────────────────── **지식 ✚**

● 최승호, 〈북어〉
● 감상: 이 작품은 식료품 가게에 진열된 '북어'를 통해 현대인의 무기력한 모습을 비판하고 있는 시이다. 시의 마지막 부분에서 비판의 주체였던 화자가 비판의 대상으로 바뀌는 참신한 반전이 나타나고 있다.
● 주제: 비판 정신과 삶의 지향성을 잃은 현대인에 대한 비판
─────────────────────────

8 '함정'은 현재 교수의 삶을 의미한다. 이 작품에서 교수는 꿈과 정열을 포기한 채 기계적으로 노동해야만 하는 삶을 살고 있다.

9 ⓑ는 시간의 변화를 알려 주는 대사일 뿐이다.

10 '두 살 난 애가 자기 애비를 죽여'이고 '지프차가 동대문을 들이받아 동대문이 완전히 무너'지고 '지프차'가 '도망가 버리'는 기사의 내용을 통해 비정하고 부조리한 사건들이 일상적으로 벌어지는 현대 사회의 모습을 풍자하고 있다.

---

011 만선 _ 천승세   204~207쪽

┌──┐
│ **키포인트 체크** 만선, 모성애, 어촌, 빚, 배 │
│ │
│ **1** ③   **2** ⑤   **3** ④   **4** ④   **5** 삶의 궁극적 목표이자 가치를 의미한다. │
│ **6** ①   **7** ③   **8** ②   **9** 뱃사람으로서의 숙명에서 벗어나 죽음을 피할 수 │
│ 있는 │
└──┘

1 언어유희란 말이나 글자를 소재로 하는 놀이를 의미한다. 곰치와 구포댁은 바다의 거센 풍랑에 아들을 잃은 비극적 상황에 처해 있으며, 언어유희는 나타나 있지 않다.

오답 뜯어보기 ① 대부분의 대화가 짧고 간결하게 처리되고 있어, 사건이 속도감 있게 전개되고 있다.
② '옳제!', '믓이라고' 등과 같이 사투리를 사용하여 현장감과 향토성을 드러내고 있다.
④ '그물', '뱃놈' 등의 단어를 통해 곰치의 직업이 어부라는 점과 공간적 배경이 어촌임을 짐작할 수 있다.

⑤ '(드러누운 채)', '(침통하게)' 등과 같이 지시문을 많이 사용하여 인물의 말과 행동을 구체적으로 이해할 수 있도록 돕고 있다.

2 구포댁은 곰치가 좌절할 것을 염려하는 것이 아니라, 곰치가 만선에 대한 꿈을 버리지 않고 남은 자식까지 어부로 만들려고 하는 것을 염려하고 있다.

오답 뜯어보기 ①, ② 곰치와 구포댁은 현재 아들 도삼을 잃고 시련을 겪고 있다.
③ 곰치의 유일한 삶의 목표는 '만선'이다.
④ 구포댁은 도삼을 잃고 남은 자식들의 삶의 문제에 집착하고 있다.

3 ㉣은 아기를 대를 이어 어부를 시키겠다는 말로 곰치의 집념을 엿볼 수 있다. 이는 어떤 고난에도 좌절하지 않는 곰치라는 인물의 개성을 잘 보여 주고 있다.

4 ⓐ의 다음에 아기를 어부로 키우겠다는 곰치의 말에 놀라서 되묻고 있는 구포댁의 대사가 이어지고 있다. 따라서 ⓐ에 들어갈 지시문으로는 ④가 가장 적절하다.

5 곰치는 바다에서 아들을 잃은 비극적 상황에서도 만선에 대한 집념을 보이며 하나 남은 아들조차 어부로 키우려고 하고 있다. '만선'은 곰치에게 삶의 궁극적인 목표이자 최고의 가치라고 할 수 있다.

6 구포댁은 곰치의 물음에 모른다고 잡아떼고 있을 뿐, '물음과는 전혀 상관없는 엉뚱한 대답'을 하고 있는 것이 아니므로 구포댁이 동문서답(東問西答)하고 있다는 설명은 적절하지 않다.

오답 뜯어보기 ② 곰치는 널쪽을 타고 바다로 나가면 안 된다는 성삼의 만류를 뿌리치고 있으므로, '달리 어찌할 수 없음.'을 의미하는 '막무가내(莫無可奈)'를 활용하여 표현할 수 있다.
③ 성삼은 헛간에서 목숨을 끊은 슬슬이를 보고 기겁하고 있으므로, '뜻밖의 일에 얼굴빛이 변할 정도로 놀람.'을 의미하는 '아연실색(啞然失色)'을 활용하여 표현할 수 있다.
④ 곰치는 하나 남은 아들마저 어부로 키우겠다는 집념을 버리지 않고 있으므로, '굳게 참고 견디어 마음이 흔들리지 않음.'을 의미하는 '견인불발(堅忍不拔)'을 활용하여 표현할 수 있다.
⑤ 구포댁은 아기를 되찾아 오기 위해 나가려고 하는 곰치의 가랑이를 쥐어 잡고 못 가게 하고 있으므로, '몹시 마음을 쓰며 애를 태움.'을 의미하는 '노심초사(勞心焦思)'를 활용하여 표현할 수 있다.

7 널쪽을 타고 바다로 나가겠다는 것은 매우 위험하고 불가능한 상황이므로, 성삼은 무모한 행동을 하려는 곰치를 바라보며 말도 안 된다는 어이없는 표정과 말투로 이야기하는 것이 적절하다.

8 이 작품에는 곰치와 구포댁 사이에 겪는 인물 간의 갈등(㉮)과 어부로서 만선의 꿈을 이루고자 투쟁하는 곰치의 의지와 운명 간의 갈등(㉯)이 나타나 있다.

9 구포댁은 아이를 빈 배에 태워 떠나보낸 후, (가)에서 거칠게 아이의 행방을 묻는 곰치에게 "뭍으로 가야 안 죽어! 지 명대로 살라면 뭍으로 가야 해!"라고 말하고 있다. 이는 남은 아들마저 어부로 키우려는 곰치와 아들의 목숨을 앗아 갈지도 모르는 바다로부터 아들을 지키려는 모성애에서 비롯된 것이다. 이를 통해 구포댁이 뭍을 뱃사람으로서의 운명에서 벗어날 수 있는 공간으로 여기고 있음을 알 수 있다.

012 파수꾼_이강백 208~211쪽

키포인트 체크 위선적, 진실, 망루, 다, 이리 떼, 촌장

1 ② **2** ③ **3** ⑤ **4** ④ **5** 파수꾼 다는 진실을 밝혀서 얻는 평화를, 촌장은 거짓된 공포를 통해 얻는 질서를 중요시하고 있다. **6** ③ **7** ③ **8** ⑤ **9** 진실을 감추면서 촌장만이 누리고 있는 특권을 의미한다.

1 이 작품은 '이리 떼', '흰 구름' 등을 통해 권력자의 위선과 그 뒤에 숨겨진 진실을 상징적으로 제시하고 있다.

2 ⓒ은 파수꾼 다를 회유하기 위한 촌장의 대사로, 뒷부분에 이어지는 "그러나 잘될까? 흰 구름, 허공에 뜬 그것만으로 마을이 잘 유지될까? 오히려 이리 떼가 더 좋은 건 아닐지 몰라."라는 촌장의 대사나 파수꾼 다를 협박하는 촌장의 모습으로 보아 촌장이 자신의 잘못을 진심으로 뉘우치고 있다고 보는 것은 적절하지 않다.

3 '흰 구름'은 공동의 위기의식이 아니라 이리 떼의 습격이라는 담론 뒤에 숨겨진 진실을 의미한다.

4 〈보기〉는 우화의 보편성과 상징성에 대해 설명하고 있다. 두 가지 성질을 모두 지적하고 있는 것은 ④로, 역사에서 반복된다는 것은 보편성을, '권력의 부패'는 상징성을 보여 준다.

5 파수꾼 다는 사람들이 있지도 않은 이리 떼 때문에 두려움에 시달리는 것을 부당하다고 보고 있으며, 촌장은 이리 떼에 대한 공포를 유지함으로써 마을의 질서가 계속되기를 바라고 있다.

6 촌장은 진실을 밝히려는 파수꾼 다를 회유, 동정심 유발, 거짓 약속 등 다양한 설득을 통해 서서히 굴복시켜 나가고 있다. 파수꾼 다가 '흰 구름'이 내일 사라지는 것이냐는 촌장의 물음에 아니라고 답하고 있으므로 내일이면 사라지는 '흰 구름' 때문에 촌장의 요구를 수용했다고 보기는 어렵다.

✔오답 뜯어보기 ①, ② 이 작품은 이리 떼는 존재하지 않는다는 진실을 밝히려는 파수꾼 다와 이를 은폐하려는 촌장 간의 갈등을 보여 주고 있다.
④, ⑤ 파수꾼 다는 촌장에 맞서 마을 사람들에게 진실을 밝히려고 하지만 촌장에게 서서히 설득당해 "이리 떼가 몰려온다!"라고 외치고 있다. 작가는 이러한 파수꾼 다의 모습을 통해 권력에 굴복하고 마는 개인의 나약함을 드러내고 있다.

7 촌장은 자신의 이익을 위해 현실을 왜곡하고 모든 사람들을 속이는 인물로, 진실을 은폐하기 위해 파수꾼 다를 마을에 오지 못하게 하는 것으로 보아 파수꾼 다에 대해 미안해하고 있다고 보기 어렵다.

✔오답 뜯어보기 ① 파수꾼 다는 촌장에게 설득당해 결국 "이리 떼다, 이리 떼! 이리 떼가 몰려온다!"라고 외치고 있다.
②, ⑤ 파수꾼 가와 파수꾼 나는 '이리 떼'의 진실을 알리려는 시도조차 하지 않고 기존 체제와 권력에 순응하는 인물이다.
④ '이리 떼'의 실체가 적힌 파수꾼 다의 편지가 마을에 알려졌음에도 불구하고, 촌장과 촌장에게 설득당한 파수꾼 다로 인해 마을 사람들은 '이리 떼'의 실체를 파악하지 못하게 되었다.

8 촌장이 마을 사람들에게 말을 할 때, 실제로 마을 사람들이 등장하고 있지 않다. 이는 무대에서 이루어지는 연극의 특성상 등장인물 수의 제약이 따르기 때문으로 볼 수 있다. 따라서 촌장이 마을 사람들에게 말을

할 때 관객들을 바라보며 말하는 것은 적절한 방안이다. 실제로 이 작품은 관객들을 마을 사람들로 설정하여 관객들이 극에 더욱 몰입할 수 있도록 하고 있다.

✔오답 뜯어보기 ① 흰 구름은 이리 떼의 실체로, 마을 사람들은 이리 떼의 실체에 대해 알지 못하므로 이를 무대 전체에 까는 것은 적절하지 않다.
② 촌장은 거짓 진실을 강변하는 인물이므로 위선적이지만 진지한 표정을 지어야 한다.
③ 이리 떼는 실재하지 않는 대상이므로 무대 배경에 이리 떼를 그리는 것은 적절하지 않다.
④ 파수꾼 다는 촌장에게 저항하다가 회유되고 마는 나약한 소년이므로 건장한 체격의 배우는 적절하지 않다.

9 이리 떼에 대한 공포 때문에 촌장을 제외한 마을 사람들은 딸기가 있는 장소에 접근하기 힘들다. 이런 점으로 볼 때 '딸기'는 촌장이 마을 사람들을 속이며 독차지하고 있는 특권을 상징한다. 촌장은 딸기를 언급하며 파수꾼 다를 회유하고 있다.

013 결혼_이강백 212~215쪽

키포인트 체크 결혼, 저택, 하인, 물건, 청혼

1 ③ **2** ④ **3** ④ **4** ① 긴장감을 고조하는 ⓒ 우리가 소유한 모든 것은 빌린 것 **5** ② **6** ② **7** ⑤ **8** ① **9** 여자가 남자에 대한 자신의 사랑을 깨닫고 결혼을 결심하게 된다.

1 이 작품은 한정된 시간 안에 결혼을 해야 하는 남자의 결혼 과정을 그린 것으로 전래 동화의 내용과는 관계가 없다.

✔오답 뜯어보기 ①, ④ '작가 노트'의 내용을 통해서 알 수 있다.
② 남자가 낭독하는 이야기책의 내용은 모두 극 중 현실로 나타나고 있다.
⑤ 남자와 여자를 통해 물질적 가치를 중시하는 사회의 단면을 드러내고 있다.

2 남자가 읽어 주는 이야기책의 내용은 남자 자신의 이야기로 볼 수 있다. 그러나 이야기책과 이 작품의 내용이 환상적인 성격을 지닌 것은 아니다.

3 〈봉산 탈춤〉의 '말뚝이'는 '구경하시는 양반들'에게 말을 걸고 있고, 이 글의 하인은 관객에게 극의 진행에 필요한 소품을 빌리고 있다. 이를 통해 이 작품과 〈보기〉 모두 무대와 객석 간의 구분이 엄격하지 않고 배우와 관객 간의 소통을 도모하고 있음을 알 수 있다.

4 남자가 빌린 물건들은 각각 돌려주어야 할 시간이 다른데, 각 물건을 돌려줄 시간이 다가온다는 설정은 극의 긴장감을 고조시키고 있다. 그리고 물건을 빌렸다가 돌려주어야 하는 설정은 이 세상의 모든 것이 본래 남의 것을 빌린 것이라는 주제를 전달하고 있다.

5 하인은 남자를 저택에서 쫓아내기 위해 엄청나게 큰 구두를 가져와 신고 남자에게 다가감으로써 극의 긴장감을 높이고 있다.

6 (나)에서 남자는 자신이 펼치는 논리만을 강조할 뿐 사회적 통념에 대해 언급하지는 않고 있다.

✔오답 뜯어보기 ① 남자는 "난 사기꾼입니다.", "이렇게 빈털터리입니

정답과 해설

다."라고 자신의 부정적 면모를 여자에게 직접적으로 고백하고 있다. ③ 관객에게 "이게 당신 겁니까? 정해진 시간이 얼마지요?", 여자에게 "넴, 당신은 어떻습니까?" 등의 질문을 던지며 상대방이 자신의 처지를 생각해 볼 수 있도록 이끌고 있다. ④ 무언가를 빌려 소중히 다루다가 돌려주었던 자신의 경험을 바탕으로, 여자에게 당신을 아끼고 사랑하겠다며 결혼에 대한 자신의 생각을 제시하고 있다. ⑤ 넥타이를 빌렸던 남성 관객에게 말을 걸어 동의를 구하며 자신의 주장을 강화하고 있다.

7 넥타이를 빌렸던 남성 관객과 여자를 향한 남자의 대사에는 우리가 가진 모든 것은 잠시 빌린 것이므로 그것을 빌리는 동안 아끼고 사랑하는 태도와 마음으로 대해야 한다는 주제 의식이 담겨 있다.

8 여자가 멈칫 선 이유는 남자에게 미련이 있기 때문이다. 이는 남자에게 호감이 있음을 보여 준다. 그럼에도 얼굴은 남자를 외면하는 이유는 빈털터리라는 남자의 조건 때문에 청혼을 승낙하기가 망설여지기 때문이다. 여자는 남자에게 호감은 있으나 청혼을 승낙하는 것은 갈등하고 있음을 알 수 있다.

9 남자가 하인의 구둣발에 걸어차이는 모습을 보고 여자는 드디어 남자에 대한 자신의 사랑을 깨닫고 결혼을 결심하게 된다.

---

014 둥둥 낙랑둥 _ 최인훈 216~219쪽

키포인트 체크 고구려, 죄책감, 대무신왕, 북

1 ⑤ **2** ③ **3** ② **4** 자신의 공적을 이루는 과정에서 낙랑 공주가 희생하였기 때문이다. **5** ③ **6** ④ **7** ③ **8** ⑤ **9** 자신 때문에 죽은 낙랑 공주에게 속죄하기 위해서이다.

1 부장은 '어찌할 수 없는 일이었습니다.'를 반복하며 호동의 죄책감을 덜어 주려 하고 있다(ㄷ). 또한 호동의 큰할아버지인 주몽의 선례를 들어 호동이 낙랑 공주의 힘을 빌려 전쟁에서 이긴 것을 정당화하고 있다(ㄹ).

2 [A]에서 부장이 호동에게 "공주께서 그 이야기를 하시더라는 말씀을 왕자님께서 들었을 때처럼 무서웠던 적이 없습니다."라고 말하는 것을 보면 부장이 호동과 낙랑 공주 사이에 있었던 일을 호동으로부터 전해 들었음을 알 수 있다. 따라서 부장이 늘 호동과 함께 있었던 것은 아님을 알 수 있다. 또한 이 작품의 중심인물은 호동과 낙랑 공주이므로 부장이 극에서 제일 중요한 역할을 하고 있다고 보기도 어렵다.

　오답 뜯어보기 ① [A]에서 공주의 비중이 큰 편이므로 연극 속의 연극으로 재구성할 때 공주를 직접 등장시키면 관객의 흥미 유발과 사건의 자연스러운 진행에 도움이 된다.

② 조명을 통한 배경의 변화는 시간의 변화를 표현하는 데 적절한 방법이다.

④ 희곡은 공간적 제약이 있다는 점에서 배경이나 대사를 재구성하는 것은 바람직한 방법이다.

⑤ [A]에서 왕비는 비중이 적으므로 굳이 무대에 등장할 필요 없이 왕비가 자명고의 비밀을 말해 주지 않았다는 사실을 호동과 낙랑 공주의 대사로 처리하는 것은 적절하다.

---

3 ⓑ는 낙랑 공주의 쌍둥이 언니이자 호동의 의붓어머니인 '왕비'를 의미한다. 반면 ⓐ, ⓒ, ⓓ, ⓔ는 모두 '낙랑 공주'를 의미한다.

4 이 글에서 호동은 자신을 영웅이라고 추켜세우는 부장의 말에도 죄책감에서 벗어나지 못하고 있다. 이는 자신을 영웅으로 만든 전쟁에서의 승리가 사실은 연인인 낙랑 공주의 희생을 바탕으로 한 것이기 때문이다.

5 〈보기〉에서 낙랑 공주는 자명고를 찢은 후 아버지인 낙랑 태수에게 목숨을 잃게 된다. 이 작품에서 낙랑 공주와 자신 사이에서 정체성의 혼란을 느끼는 왕비가 "이 몸은 비록 어버이 칼에 쓰러졌을망정"이라고 이야기하는 것으로 보아 이 작품에서 역시 낙랑 공주가 자명고를 찢은 후 부모의 칼에 목숨을 잃었음을 알 수 있다.

　오답 뜯어보기 ④ 호동은 〈보기〉에서는 원비의 참소 때문에, 이 작품에서는 주몽의 신내림을 받은 왕비의 판결 때문에 죽게 된다.

⑤ 〈보기〉에서는 호동이 공주에 대한 사랑으로 번뇌하다 자살하게 된다. 이 작품에서는 공주에 대한 번민 때문에, 울려서는 안 될 검은 북을 울려 난쟁이의 칼에 죽게 된다.

6 호동은 제단 위에 있는 왕비와 대화하다가 휘장 뒤로 이동하여 난쟁이에게 목이 잘리게 된다. 따라서 휘장 뒤에 제단을 만드는 것은 적절하지 않다.

7 호동은 자신이 고구려의 왕자임을 잊지 않고 있으나 낙랑 공주에 대한 죄책감을 떨치지 못하고 빚을 갚기 위해 검은 북을 울리고 있다. 반면 왕비는 죽은 호동을 보고 자신과 낙랑 공주 사이에서 정체성의 혼란을 겪으며 죽은 호동을 따르려 하고 있다.

8 왕비는 낙랑 공주 역할을 하면서 역할 놀이와 현실을 구분하지 못하게 되었다. 왕비가 기억을 떠올리는 데 어려움을 겪었다는 근거는 찾아볼 수 없다.

9 호동은 낙랑국을 상징하는 검은 북을 치고 있다. 이는 자신 때문에 죽은 낙랑 공주에 대한 속죄이자, 자신의 죄책감을 해소하기 위한 행동으로 볼 수 있다.

---

015 칠산리 _ 이강백 220~223쪽

키포인트 체크 빨치산, 이념, 칠산리, 면장, 무덤, 무덤

1 ⑤ **2** ④ **3** ① **4** 등장인물이 무대 가운데로 나왔다가 역할이 끝나면 퇴장하고 장면을 드러내는 소품을 사용하여 한 무대 공간에서 과거와 현재가 교차하도록 구성하였다. **5** ② **6** ⑤ **7** ④ **8** 차남은 칠산리만이 고향이라고 생각하고, 장남은 어머니가 계신 모든 곳이 칠산리이기 때문에 그 어디든 어머니를 모신 곳이면 고향이 될 수 있다고 생각한다.

1 이 작품에는 서술자 역할을 하는 등장인물이 따로 존재하지 않는다. 일부 희곡의 경우 서술자 역할을 하는 인물이나 해설자가 등장하기도 하지만, 이 작품에는 해당되지 않는다.

　오답 뜯어보기 ① 어미 무덤의 이장 문제를 둘러싸고 자식들과 면장이 갈등을 겪고 있다.

③ 면장은 면사무소가 문을 닫을 시간이라면서 자식들에게 결정을 재촉하여, 시간이 흐를수록 긴장감이 점차 고조되고 있다.

2 자식들은 합창을 통해 세상의 온갖 색을 지우고 새하얗게 세상을 덮는 눈과 같은 어머니의 사랑과 희생을 노래하고 있다. 합창에는 온갖 위협에도 불구하고 자신을 희생하여 자식들을 품어 낸 어미에 대해 자식들이 느끼는 그리움과 존경심이 드러난다. 그러나 이 합창을 통해 면장과 자식들 간의 갈등이 해소되지는 않는다.

〔오답 뜯어보기〕 ① 자식들은 합창을 하며 어미의 희생을 기리고 어미를 그리워하며 결속된 모습을 보인다.

3 〈보기〉를 통해 과거의 전쟁과 이념 대립이 시간이 흐른 지금까지도 사람들의 의식에 영향을 미치고 있음을 알 수 있다. 전쟁은 끝났지만 그로 인한 상처와 비극은 여전히 현재 진행형으로 사람들을 지배하고 있는 것이다.

4 무대 조명이 어두워지면서 ㉠에서는 과거에서 현재로 장면이 전환된다. 간난이는 죽은 어미를 등에 업고 퇴장하고 면장은 직접 책상을 밀며 무대 가운데로 나온다. 이처럼 이 작품은 빠른 장면 전환과 이야기 전개를 위해 등장인물들이 무대로 나왔다가 역할이 끝나면 제자리로 돌아가거나 퇴장하도록 하고, 장면을 드러내는 소품을 사용하여 한 무대 공간에서 과거와 현재가 교차하도록 구성한 것이 특징이다.

5 (가)에서는 어미의 무덤 이장 문제를 두고, 자식들 간에 생각이 달라 갈등을 겪고 있다.

〔오답 뜯어보기〕 ① 칠산리에 대한 감정은 자식들마다 서로 다르지만, 어미의 삶에 대해서는 자식들 모두 같은 생각을 하고 있다.

6 다른 자식들이 칠산리에 오지 않은 이유는 이 글에 정확하게 드러나 있지 않아 알 수 없다. 따라서 칠산리에 오지 않은 자식들을 치유와 화합을 거부하거나 이분법적 사고에서 벗어나지 못하는 인물로 해석하는 것은 적절하지 않다.

〔오답 뜯어보기〕 ③, ④ 장녀는 칠산리를 인정하면 어머니의 자식이고 그렇지 않으면 어머니의 자식이 아니라고 말하면서 이분법적인 사고를 드러내고 있다. 장녀의 이러한 사고방식은 자식들 간의 갈등을 최고조에 이르게 한다. 반면 장남은 칠산리에 오든 오지 않든 모두가 어머니의 자식이라고 말하며 이분법적 사고에서 벗어난 모습을 보여 주고 있다.

7 (나)에서는 어머니가 세상을 뒤덮듯이 온 세상이 새하얗게 된다고 하며, '눈'이 내리는 모습을 어머니의 사랑에 빗대어 표현하고 있다. 어미가 버려진 자식들을 감싸 주었던 것처럼 새하얀 눈이 이념 갈등으로 혼탁한 세상을 뒤덮는 모습을 통해 화해와 치유의 가능성을 보여 주고 있다. 한편 〈보기〉는 '물'과 '불'의 대조적 이미지를 통해 삭막하고 황폐한 현대 사회에서 벗어나 '너'와 '나'가 '우리'가 되는, 생명력과 조화가 넘치는 공동체적 삶에 대한 소망을 나타낸 시의 일부분이다. 〈보기〉의 '물'은 포용력, 생명력, 정화력을 지닌 존재를 상징하며, 모든 것을 태우는 '불'을 잠재우고 '그대'를 '인적' 그친 넓고 깨끗한 '하늘'로 인도하는 역할을 하고 있다. '물'은 갈등, 대립, 고통을 해소함으로써 평화와 화합, 생명력이 넘치는 세계로 이끈다는 점에서 (나)의 '눈'과 그 기능이 유사하다.

〔오답 뜯어보기〕 ① 불: '물'과 대립되는 시어로, 모든 것을 태워 버린다는 점에서 죽음, 파괴, 소멸을 상징하고 있다. 갈등을 잠재우고 포용하는 '눈'의 이미지와는 거리가 멀다.

② 숯이 된 뼈: '불'에 의해 생명력을 잃어버린 존재를 의미한다.

③ 그대: 시적 화자가 말을 건네는 대상으로, 포용과 화합의 모습으로

만나고자 하는 존재이다.

⑤ 하늘: 대립과 갈등이 사라지고 완전한 합일을 이루고 생명력이 충만한 세계이자 화자가 지향하는 궁극적인 만남의 공간을 상징한다.

〔지식 ➕〕

● 강은교, 〈우리가 물이 되어〉

이 시는 '우리가 물이 되어 만난다면'이라는 가정법 형식을 통해 완전한 합일과 생명력이 넘치는 세계에 대한 소망을 형상화하고 있다. 물길을 따라 흐르며 메마른 것들을 적시고 바다에 가 닿는 물의 모습을 묘사하고, 모든 것을 태워 버리는 삭막하고 뜨거운 불과 뜨거운 세상을 잠재우고 치유하는 물의 이미지를 대비함으로써, 생명력의 회복과 그대와의 만남에 대한 열망을 효과적으로 드러내고 있다.

8 차남은 칠산리가 '마지막 돌아갈 곳'이므로 어머니 무덤은 칠산리에 있어야 한다고 말하며, 칠산리를 고향으로 여기고 있음을 드러내고 있다. 그러나 장남은 어머니가 계시는 곳이라면 세상 어디든지 칠산리라고 말하며 어머니를 정신적 고향으로 여기고 있음을 드러내고 있다. 장남에게는 고향이 특정한 물리적 공간으로 한정되는 것이 아니라 정신적인 공간임을 알 수 있다.

---

016 북어 대가리 _이강백   224~227쪽

〔키포인트 체크〕 자양, 창고, 산업, 창고, 편지, 기임

1 ④   **2** ④   **3** 외부와의 소통이 단절된 폐쇄적인 공간이다.   **4** 물건이 잘못 만들어질 수 있으, 알려야 한다. 상자를 잘못 배달한 일의 결과도 모르, 알릴 필요가 없다.   **5** ③   **6** ③   **7** ②   **8** 자양은 세계에 대한 자신의 인식과 신념에 의혹을 품지만 이내 자신의 일상을 되풀이한다.

1 '딸기코', '외눈깔', '노름꾼' 등의 명칭은 원래의 이름이 아닌 별명이라는 점에서 현대 사회의 익명성과 관련 있다. 이러한 별명이 개인의 가치보다 능력을 더 중시하는 사회적 분위기를 드러낸다고 보기는 어렵다.

2 '편지'는 자양이 잘못 배달된 상자에 대한 내용을 담아 상자 주인에게 전달하려는 것으로 잘못된 일을 바로잡고자 하는 인물의 의도가 담겨 있을 뿐, 운전수의 권위에 도전하는 것으로 보는 것은 적절하지 않다.

3 '창고'는 외부 세계와 단절된 공간으로, 자양은 운전수를 통해 편지를 전달하고자 하고 있다. 〈보기〉에서 '창고'가 창문도 없이 출입구만 있는 어둡고 해가 들지 않는 공간으로 설명되어 있으므로, 외부와의 소통이 단절된 폐쇄적 공간임을 짐작할 수 있다.

4 자양은 엉뚱하게 바뀐 상자 때문에 물건이 잘못 만들어지면 안 되기 때문에 상자 주인에게 물건이 잘못 배달되었음을 알려야 한다고 이야기하고 있다. 그와 달리 운전수는 상자 속의 부품으로 무엇을 만드는지도 모르는 상황에서 상자를 잘못 배송한 것이 잘한 일인지 못한 일인지도 모르므로 덮어 두는 것이 좋다고 이야기하고 있다.

5 기임은 창고에 혼자 남게 될 자양을 걱정한다. 아무 물건이나 가져가려는 다링의 행동을 저지하고 북어 대가리를 건네며, 창고 앞 상자들을 창고 안으로 옮겨 주고 갈지 묻기도 한다. 기임의 이러한 행동에는 떠나는 사람으로서의 미안함과 홀로 남겨질 자양에 대한 배려가 담겨 있음을 알 수 있다.

정답과 해설

6 '폐쇄적 산업 사회'는 다른 곳에서의 일은 알지 못한 채 맡겨진 일에만 충실해야 하는 '창고'와 대응한다. 또한 자앙의 마지막 대사를 통해 '북어 대가리'는 정체성을 잃고 기계화되어 가는 현대인을 비유하고 있음을 알 수 있다.

7 ⓒ에서 기임에게 줄 스웨터를 건네는 자앙의 대사를 부드러운 어조로 처리하는 것은 적절하지만, 자앙이 헤어지는 날을 예상하며 스웨터를 준비한 것이 아니므로 안도감보다는 아쉬움이 드러나도록 표현하는 것이 더 적절하다.

　오답 뜯어보기 ① 다링은 기임이 얼른 물건을 챙겨서 함께 창고를 떠나기를 바라고 있으므로 적절한 진술이다.

⑤ 자앙은 오랫동안 함께했던 기임을 떠나보내며 아쉬움을 느끼고 있으므로 적절한 진술이다.

8 ⓐ에서 자앙은 세계에 대한 자신의 인식과 신념에 처음으로 의혹을 제기하며, 창고 밖의 세상이 부정적인 것이라면 창고 안에서의 자신의 성실함과 노력이 무의미해지는 것이 아닌지 혼란을 느끼고 있다. 하지만 자앙은 이내 자신의 의심이 틀린 것이라고 이야기하며 ⓑ와 같이 늘 하던 대로 상자들을 쌓고 있다.

---

017 비 오는 날이면 가리봉동에 가야 한다 _양귀자 원작, 김윤주 각색 228~231쪽

키포인트 체크 남편, 아내, 임 씨, 원미동, 옥상

1 ③　**2** ④　**3** ①　**4** 이 사내가 견적대로의 돈을 다 받기가 민망하여 우정 지어내 보이는 열정이라고 여겼었다.　**5** ⑤　**6** ②　**7** ⑤　**8** ①
9 ⑤　**10** 임 씨가 자신보다 나이가 어린 사람에게 고용된 것을 알면 자괴감을 느낄까 봐 임 씨를 배려하여 말한 것이다.

1 이 글에서는 '가리봉동'이라는 구체적인 지명을 드러내 극의 내용에 사실감을 더하고 있다.

　오답 뜯어보기 ①, ②, ④ 이 글은 낭독극이기 때문에 각 역할을 맡은 연기자의 목소리 연기를 중심으로 하여 극이 진행되며 특별한 의상이나 분장, 무대 장치가 없다.

⑤ 과거와 현재가 교차하는 구성은 나타나 있지 않다.

2 임 씨가 '비 오는 날'에 가리봉동에 가는 이유는 '쉐타 공장 하던 놈'에게 떼인 연탄값을 받으러 가기 위해서이다. '노가다들'의 소식을 듣고 또 다른 일자리를 구하려고 가리봉동에 가는 것은 아니다.

　오답 뜯어보기 ① 임 씨가 떼인 연탄값은 '자그마치 팔십만 원'이다. 이는 임 씨가 '쉐타 공장 하던 놈'에게 일 년 동안 대 준 연탄에 대한 대가이므로, 임 씨가 떼인 연탄값이 임 씨에게 매우 큰돈임을 짐작할 수 있다.

③ 〈보기〉에서 "큰놈 자전거도 나오고 우리 농구 선수 운동화도 나오지요. 마누라 빠마값도 쏙 빠집니다그려."라고 말하는 것으로 보아 임 씨가 떼인 연탄값은 임 씨 가족의 생활비로 쓸 돈임을 짐작할 수 있다.

3 ⓒ은 임 씨가 기술적으로 뛰어나다는 것뿐만 아니라 임 씨가 정성을 들여 성실하게 일하는 모습을 표현한 것으로, 최선을 다해 일하는 임 씨에 대한 남편의 존경심이 드러나 있다고 할 수 있다.

4 내레이터의 대사 중 "이 사내가 견적대로의 돈을 다 받기가 민망하여 우정 지어내 보이는 열정이라고 여겼었다."를 통해 남편과 아내가 임 씨

가 성실하게 일하는 모습을 보고도 그가 첫 견적대로의 금액을 다 받아 내기 위해서 열심히 일하는 것으로 오해했음을 짐작할 수 있다.

5 이 글에서 남편은 임 씨의 성실하고 정직한 모습 앞에서 자신의 삶을 성찰하게 되고 부끄러움을 느낀다. 이러한 남편과 임 씨의 관계 변화를 통해 작가는 타인에 대한 이해와 소통의 중요성을 강조하고 있다. 임 씨를 불신하는 남편과 아내의 모습을 보여 주기도 하지만 궁극적으로는 공동체 구성원 간의 소통과 상생을 추구해야 한다는 주제 의식을 드러내고 있다. 따라서 이 글에 각박한 시대 현실에 대한 비관적인 시선이 드러나 있다는 진술은 적절하지 않다.

　오답 뜯어보기 ① 남편과 아내는 평범한 소시민이며 이 글에는 이들의 일상이 나타나 있다.

②, ④ 남편과 아내는 임 씨가 견적서를 받아 다시 계산을 하는 모습을 보고 공사비를 더 많이 요구할까 봐 경계하였다. 그러나 임 씨가 비용을 정직하게 계산하여 처음의 견적보다 적은 금액을 청구하자 당황하며 임 씨에게 미안함을 느끼는 모습이 드러나 있다.

③ 등장인물들이 나누는 대화를 통해서 인물의 성격이 간접적으로 드러나 있다.

6 ⊙처럼 말하고 남편을 쳐다보는 아내에 대해 남편이 '옥상 일까지 시켜 놓고 돈을 다 내주기가 아깝다는 뜻이렷다.'라고 생각한 것으로 보아, 아내가 '조금 깎아 주시면 안 돼요?' 하는 말을 생략한 것으로 보는 것이 적절하다.

7 임 씨가 ⓒ처럼 말한 이유는 공사에 들어간 비용을 다시 계산하여 부부에게 정직하게 공사비를 청구하기 위해서이다. 부부에게 잘 보이기 위한 것과는 거리가 멀다.

8 ⓒ에는 남편이 임 씨가 견적보다 많은 비용을 청구할까 봐 걱정하고 있는 스스로에게 느끼는 부끄러움과 실망감이 드러나 있다. ①은 윤동주의 〈참회록〉의 일부분으로 국권 상실의 역사를 경험한 화자가 암울한 시대에 무기력하게 살아온 자신의 삶을 성찰하며 느끼는 부끄러움과 고뇌가 드러나 있다.

　오답 뜯어보기 ② 이성부의 〈벼〉의 일부분이다. 이 시는 '벼'라는 소재를 통해 민족, 민중의 공동체 의식을 나타낸 작품으로, 비유와 상징의 기법으로 주제를 형상화하고 있다.

③ 조지훈의 〈마음의 태양〉의 일부분이다. 이상 세계에 대한 동경과 맑은 넋을 지닌 삶을 살고 싶다는 소망을 드러내고 있다.

④ 김영랑의 〈오월〉의 일부분이다. 오월에 느낄 수 있는 봄의 생명력을 향토적인 소재들을 통해 형상화하고 있다.

⑤ 고정희의 〈상한 영혼을 위하여〉의 일부분이다. 어려운 상황에도 굴하지 않고 강한 의지로 견디어 나가는 삶의 태도를 형상화한 시로, 고통을 직시하고 그에 맞서려는 각오를 드러내고 있다.

9 남편은 임 씨가 처음의 견적보다 적은 비용을 청구하자 당혹스럽기도 하고 임 씨가 수고의 대가를 너무 적게 받는 것이 아닐까 하는 생각에 미안한 마음이 들었을 것이다. 따라서 ⓔ에 어울리는 지시문으로는 '마음이 편치 않은 듯한 표정으로'가 적절하다.

10 남편이 임 씨보다 나이가 한 살 어리지만 임 씨에게 동갑이라고 말한다. 이는 임 씨가 자신보다 나이가 어린 사람에게 고용된 것을 알면 자괴감을 느낄까 봐 임 씨를 배려하고자 한 것이다.

2 | 한국 시나리오

키포인트 체크 무력감, 6, 25, 아내, 이, 치과

1 ③   2 ①   3 현실에 대한 거부감, 고향으로 돌아가고자 하는 소망, 고향에 대한 그리움   4 ⑤   5 ④   6 현실의 고통과 압박감에서 해방되고 싶었기 때문이다.   7 전후 사회에서 삶의 방향 감각을 잃은 철호의 모습을 의미한다.

1 집으로 돌아온 철호는 명숙에게 아내가 위독하다는 사실을 듣고 병원으로 가지만 이미 아내는 목숨을 잃은 상황이다. 거리로 나온 철호는 자신이 동생 영호에게 했던 말을 떠올리고 있는데, 이는 성실하고 양심적으로 살았지만 아내를 잃을 수밖에 없는 자신의 무기력함에 대해 자괴감을 느꼈기 때문으로 볼 수 있다.

   오답 뜯어보기 ① 철호는 아내가 위독하다는 사실에 충격을 받고 병원비를 가져가야 한다는 사실조차 깨닫지 못하고 있다가 명숙이 준 돈을 받고 있다. 따라서 명숙이 준 돈에 대해 못마땅해하고 있다고 보기는 어렵다.
   ② "가자!"는 어머니의 핀잔이 아니라 고향으로 돌아가고자 하는 소망의 표현이다. 또한 어머니의 이러한 외침에 대한 철호의 감정은 비극적 상황에 대한 분노이지, 이를 단순히 불만으로만 보는 것은 적절하지 않다.
   ④ 철호가 아내가 위독한 사실을 늦게 알게 된 것을 가정에 소홀했기 때문으로 보기는 어렵다.
   ⑤ 아내가 아이를 낳다가 잘못된 것은 희생보다 사고에 가까운 일이다. 철호 또한 아내의 갑작스러운 죽음에 절망을 느끼고 있다.

2 〈보기〉의 "철호는 갑자기 이가 쑤시는 것을 느꼈다. 아침부터, 아니 벌써 전부터 훌떡훌떡 쑤시는 충치가 갑자기 아팠다. 양쪽 어금니가 아래 위 다 쑤셨다. 사실은 어느 것이 정말 쑤시는 것인지조차도 분간할 수가 없었다."에는 치통을 앓는 철호의 괴로운 심리가 구체적으로 드러나 있다. 이는 S# 110에서 '철호의 얼굴이 점점 찌푸려지며 손으로 볼을 움켜쥔다'는 표정과 행동으로 드러나고 있다.

3 월남민인 철호의 어머니는 전쟁의 상처로 정신 이상자가 된 인물이다. 철호의 어머니가 가고 싶어 하는 곳은 전쟁이 일어나기 전의 고향으로, "가자!"라는 말에는 현재의 삶을 부정하고 그것으로부터 벗어나고자 하는 심리와 고향에 대한 그리움, 고향으로 돌아가고 싶은 바람이 담겨 있다고 볼 수 있다.

4 〈보기〉에서 만도는 일제 강점기에 강제 노역을 하다가 한쪽 팔을 잃었고 아들인 진수는 6·25 전쟁으로 인해 한쪽 다리를 잃었다. 만도가 진수를 등에 업고 외나무다리를 건너는 것은 서로에게 의지함으로써 현재의 비극적인 상황을 극복하려는 태도로 볼 수 있다. 따라서 만도는 철호에게 현재의 상황에 절망하지 말고 가족 간에 서로 힘을 합해 이겨 나가라고 말할 수 있을 것이다.

5 〈보기〉는 피를 흘리고 있는 철호의 모습을 직접적으로 보여 줌으로써 인물에게 닥친 비극을 부각하고 있다. 이에 비해 [A]에서는 떨어지는 유성과 목적지 없이 달려가는 자동차 등 원경에서 잡은 배경 묘사를 통해 인물의 처지를 상징적으로 보여 주고 있다.

6 이 작품에서 철호가 겪는 치통은 세상을 정직하게 살아가려는 철호의 정신적 고통을 의미한다. 따라서 앓던 이를 모두 뽑아 버리는 철호의 행위는 자신의 삶을 고통스럽게 하는 모든 것을 없애 버리려는 것으로 볼 수 있다.

7 정직하고 성실하게 살아가고자 하는 철호의 양심이 소용없게 되는 전후 사회의 부조리는 결국 철호를 '잘못 쏜 탄환'과 같이 방향 감각을 잃은 '오발탄'과 같은 존재로 만들고 있다. 따라서 '오발탄'은 전후 사회에서 방향 감각을 상실하고 방황하는 철호의 모습을 의미한다고 볼 수 있다.

키포인트 체크 난장이, 재개발, 판자촌, 철거 계고장

1 ⑤   2 ②   3 ③   4 철거 계고장을 받은 난장이 가족에게 마땅한 대책이 없음을 알기 때문에 민망해서   5 ①   6 ④   7 ⑤   8 ④   9 현재의 시련을 딛고 행복해지기를 바라는 영희의 소망을 상징적으로 전하기 위해서

1 S# 12에서 통장이 무허가 판자촌에 살고 있는 난장이 가족에게 철거 명령을 알리는 계고장을 전달하고 있다. 통장은 난장이 가족에게 돈을 구해 아파트 입주를 하라는 대안을 제시하면서도 가난한 난장이 가족에게는 그 대안이 실현 불가능한 대안임을 알기 때문에 민망해하고 있다.

2 '철거 계고장'은 무허가 판자촌에 있는 난장이 가족의 집을 철거하라는 명령이 담긴 문서이다. 난장이 가족은 삶의 터전을 잃을 위기에 처했지만 가난한 형편 때문에 다른 곳으로 이사를 할 수도 없는 처지이다. 따라서 철거 계고장은 앞으로 난장이 가족이 시련을 겪게 될 것임을 짐작하게 하여 극의 긴장감을 높이는 역할을 한다.

3 이 글과 달리 소설인 〈보기〉에는 서술자가 존재한다. 그러나 〈보기〉에서 서술자인 '나'가 도시 빈민의 비참한 처지를 직접 설명하는 부분은 나타나지 않는다.

   오답 뜯어보기 ① 이 글에서는 현재 시제로 이야기를 서술하고 있고, 〈보기〉에서는 '말했다', '중단했다', '내려다보았다'와 같이 과거 시제로 서술하고 있다.
   ② 〈보기〉는 작중 인물인 '나'(난장이의 큰아들인 영수)의 시점으로 이야기를 전개하고 있다.
   ④ 이 글에는 〈보기〉에는 등장하지 않는 통장이 등장하여 난장이 가족에게 철거 계고장을 전달함으로써 극의 긴장감을 높이고 있다.

4 철거 계고장을 전달하러 온 통장은 난장이 가족에게 20일 안에 집을 비워야 하는 상황을 전하며 대안을 제시하지만 가난한 난장이 가족에게는 현실성이 없는 제안임을 알기 때문에 민망해하고 있다.

5 S# 17은 가난한 난장이 가족이 철거 계고장을 받고 특별한 대책을 마련하지 못해 막막해하는 장면으로 인물들의 심리적 갈등이 잘 드러나 있다. 여기서 난장이인 아버지는 문제를 해결할 방법을 찾지 못하는 무기력한 모습을 드러내고 있다.

   오답 뜯어보기 ② 영희는 가족이 집을 빼앗길 처지에 놓였다는 것을 알지만 이를 극복하고 행복해지고 싶은 소망을 드러내고 있다.
   ③ 어머니는 철거 계고장을 받고는 더 이상 버틸 수 없다는 것을 알고

정답과 해설

절망하고 있다.

④ 영호는 다혈질적인 성격으로 시종일관 반항적인 태도를 보이고 거칠게 행동하고 있다.

⑤ 영수는 소극적인 성격을 지닌 인물로, 동생인 영호의 조롱과 비아냥거림에도 대꾸하지 않으며 화제를 돌리고 있다.

6 S# 17에서 어머니는 가장인 남편을 존중하고 배려하고 있음을 알 수 있다. 또한 집 밖으로 나서는 난장이를 가족들이 안쓰러워하는 표정으로 바라보고 있으므로, 가족들이 가장을 비난하고 싶어 한다고 보기 어렵다.

7 ㉤에서 난장이는 철거 계고장을 받고 삶의 터전에서 쫓겨나야 하는 처지에서 가장으로 책임감을 느끼지만, 별다른 대책이 없으므로 가족들에게 미안한 마음에 일을 하러 나간다.

8 난장이 가족은 도시 재개발 때문에 집에서 내쫓길 위기에 놓여 있다. 이를 통해 급격한 산업화와 도시화 과정에서 가난한 소외 계층이 삶의 터전을 빼앗기던 당시의 시대상을 엿볼 수 있다(ㄷ). 또한 아버지인 난장이와 영수, 영희가 성실하게 일해도 집이 철거될 위기를 극복할 돈이 없어 막막한 처지로 내몰리는 데에서 도시 빈민들이 성실하게 일해도 가난에서 벗어나기가 쉽지 않은 상황임을 알 수 있다(ㄱ). "선거철만 되면 시커먼 양복들 쫙 빼입고 와서는, 허가 내준다고" 말하고는 이를 지키지 않았다는 어머니의 말을 통해 선거철에만 도시 빈민을 찾아가서 지키지 않을 약속을 하는 사람들이 있었음을 알 수 있다(ㄹ).

9 영희가 쓰러진 꽃을 일으켜 세우는 장면을 삽입한 이유는 현재의 시련을 딛고 다시 행복해지기를 바라는 영희의 소망을 상징적으로 전달하기 위해서라고 볼 수 있다.

---

032 메밀꽃 필 무렵 _ 이효석 원작, 동희선·홍윤정 각본   252~255쪽

키포인트 체크 장돌림, 친구, 동이, 여름, 추억

1 ③   **2** ⑤   **3** ②   **4** 허 생원이 충주집에서 동이의 따귀를 때렸다.   **5** ④

6 ③   **7** ②   **8** 나도 이제부터는 자네처럼 땅뙈기나 좀 사 볼까?

1 이 글에서 허 생원은 조 선달의 요청에 따라 자신의 과거 이야기를 꺼내려 하고 있다. 따라서 허 생원이 자신의 속마음을 숨기고 조 선달을 속이려 한다는 진술은 적절하지 않다. 또한 회상에 잠겨 이야기를 시작하고 있으므로 교활한 표정을 지어 달라는 지시 사항도 적절하지 않다.

오답 뜯어보기 ① S# 43에서 조 선달이 동이를 보고 '걸음도 빠르고 힘이 센 녀석'이라고 말하고 있다. 따라서 동이가 힘이 세다는 특징과 극중 나이를 고려하여 동이 역은 젊고 힘이 세 보이는 배우가 맡는 것이 적절하다.

② 이 글의 시간적 배경은 달이 뜬 밤이므로 달이 뜬 저녁에 촬영하는 것이 적절하다.

④ 등장인물인 허 생원, 조 선달, 동이는 모두 장돌림이므로 직업에 맞는 의복, 방물 등을 준비하는 것이 적절하다.

⑤ S# 42에서 카메라를 수직으로 위를 향하여 움직이면서 촬영하는 기법인 '틸트업'을 적용해야 하므로 적절한 지시 사항이다.

2 [A]에서 조 선달이 '달 밝은 밤'이면 하는 이야기를 해 보라며 허 생원을 부추기자 허 생원은 "어떻게 해서 그렇게 됐는지 지금 생각해도 도무지 알 수가 없어."라며 과거 이야기를 시작하고 있다. 따라서 조 선달은 주인공인 허 생원의 과거 이야기를 이끌어 내는 역할을 하고 있다.

오답 뜯어보기 ①, ② 인물 간의 갈등이나 긴장감을 고조시키는 상황은 나타나 있지 않다.

③ 조 선달이 허 생원의 삶의 내력을 직접 소개하는 내용은 나타나 있지 않다.

④ 조 선달이 허 생원의 숨겨진 심리를 파헤치는 내용은 나타나 있지 않다.

3 [A]에서는 조 선달의 "이렇게 달 밝은 밤이면"이라는 대사를 통해 배경을 간단히 제시한 것과 달리 〈보기〉에서는 "이지러는졌으나 보름을 가제 지난 달은 부드러운 빛을 흐붓이 흘리고 있다."라는 묘사를 통해 달밤의 낭만적 분위기를 조성하고 있다.

오답 뜯어보기 ① 시나리오인 [A]와 달리 소설인 〈보기〉에는 서술자가 존재한다. 그러나 〈보기〉는 전지적 작가 시점으로 쓰였으므로 작중 인물이 서술자로 등장한다는 진술은 적절하지 않다.

③ 허 생원의 과거 이야기를 [A]의 조 선달은 물리도록 듣고, 〈보기〉의 조 선달은 귀에 못이 박히도록 들었다. [A]와 〈보기〉 모두 조 선달이 허 생원의 이야기를 여러 번 들었음을 알 수 있다.

④ [A]와 〈보기〉 모두 허 생원의 과거 이야기의 내용이 본격적으로 제시되어 있지 않다.

⑤ [A]와 〈보기〉 모두 허 생원의 이야기에 대한 조 선달의 태도 변화는 나타나 있지 않다.

4 허 생원과 조 선달은 뒤따라오는 동이가 자신들에게 해코지를 할까 봐 두려워하는데, 그 원인은 S# 43의 허 생원의 대사("아까 충주집에서 나한테 따귀 맞은 그 일 때문에?")를 통해 알 수 있다. 평소 충주댁에 관심이 있던 허 생원은 동이가 충주댁과 농담을 주고받는 것을 보고, 동이를 꾸짖으며 따귀를 때렸다.

5 조 선달이 물에 빠진 허 생원을 이상하게 여긴 것은 허 생원이 평소와 다르게 물에 빠지는 실수를 했기 때문이다. 조 선달이 허 생원과 동이의 관계를 이미 알고 있다고 판단할 수 있는 근거는 나타나 있지 않다.

오답 뜯어보기 ① 이 글의 인물들은 길을 따라 이동하며 대화를 나누고 있다.

② 허 생원은 동이와의 오해가 풀리고, 이런저런 질문을 던지며 대화를 나누고 있다. 이는 허 생원이 젊은 나이에 장돌림을 하는 동이의 처지에 연민을 느끼고 긍정적 관계를 맺어 나가는 과정으로 볼 수 있다.

③ 이 글의 등장인물들은 모두 장돌림이다. 따라서 그들은 장에서 장으로 이동하며 떠도는 삶을 살아가고 있다.

⑤ 허 생원은 봉평이라는 말에 놀라고 있다. 그것은 성 서방네 처녀와 단 한 번의 인연을 맺었던 곳이 봉평이기 때문이다. 이러한 사실은 동이가 성 서방네 처녀의 아들, 즉 자신의 아들일 수 있다는 생각으로 이어진다.

6 (가)에서 조 선달은 동이에 대한 오해가 풀리자 동이의 안타까운 처지에 연민을 느끼고 있다. 반면에 〈보기〉에서 조 선달은 허 생원이 동이를 꾸짖었던 일 때문에 동이가 자신과 허 생원에게 해코지를 할지도 모른다는 두려움을 느끼고 있다.

7 허 생원은 동이가 자신의 아들이라고 확신하여, 이제 진짜 아들과 가족이 생겼으므로 이전까지 가족처럼 여기던 나귀 새끼에게 애정을 둘 필요가 없다고 생각하고 있다.

8 허 생원은 장돌림으로 평생 이리저리 떠돌아다니며 살아왔다. 평생을 방랑하며 살아온 그가 추억할 만한 일은 오로지 성 서방네 처녀와의 만남뿐이었다. 그런 그가 자신의 친아들로 짐작되는 동이를 만나 성 서방네 처녀, 동이와 함께 살고 싶은 욕구와 설렘을 느끼게 된다. 이러한 생각은 "나도 이제부터는 자네처럼 땅뙈기를 사 볼까?" 하는 대사에서 확인할 수 있다. 이는 한곳에 정착하여 가족과 함께 살고 싶은 허 생원의 욕구가 드러난 것으로 볼 수 있다.

033 김 씨 표류기_이해준 256~259쪽

키포인트 체크 남자, 여자, 밤섬, 희망

1 ① **2** ⑤ **3** ④ **4** 삶의 희망이 없어 자살을 선택했던 남자에게 짜장면을 만들어 먹는 일은 삶의 희망을 갖게 하는 일이었기 때문이다. **5** ②
6 ③ **7** ⑤ **8** ④ **9** 남자의 사진으로 도배된 벽면

1 이 글에는 여자가 망원 렌즈를 통해 남자가 배달원에게 '뭐라 뭐라' 말하는 모습을 관찰하는 장면과 짜장면은 자신의 희망이라고 여자에게 전해 달라고 했다는 사실만 드러나 있을 뿐 여자가 짜장면을 보낸 것에 남자가 고마움을 느꼈는지는 알 수 없다.
오답 뜯어보기 ④ 배달원은 짜장면을 배달하러 밤섬에 갔는데 남자가 짜장면을 받지 않겠다고 하여, 짜장면을 여자의 집으로 다시 배달하느라 매우 지친 상태이다.
⑤ S# 83에서 배달원이 짜장면을 도로 철가방에 담는 모습을 보고 여자가 놀란 표정을 짓고 있다. 이를 통해 남자가 짜장면을 거절하여 배달원이 도로 가져올 것임을 전혀 예상하지 못했다고 볼 수 있다.

2 배달원은 여자에게 짜장면을 갖다 주면서 남자가 짜장면을 만들어 먹는 일을 삶의 희망으로 여기고 있음을 전해 주고 있다. 이를 통해 남자가 농사를 짓고 짜장면을 만들어 먹으려는 의도와 의미를 여자가 이해하게 되었다.
오답 뜯어보기 ① 배달원은 남자에게 어떤 여자가 짜장면을 보냈다는 것만 알려 줄 뿐 여자에 대한 정보를 제공하지는 않는다.
④ 남자는 자신을 지켜보고 있는 여자의 존재를 이미 알고 있었다.

3 남자가 짜장면을 돌려보낸 것은 짜장면을 삶의 희망이자 목표라고 생각했기 때문이지, 여자와 소통하지 않으려고 돌려보낸 것은 아니다. 오히려 여자에게 자신의 생각을 전해 달라고 하였으므로 여자와 소통하려 노력한 것으로 볼 수 있다.
오답 뜯어보기 ③ 타인이나 외부 세계와 철저하게 단절된 삶을 살아온 여자는 배달원과 대면하는 것을 꺼리고 그와 시선을 마주치지 못할 만큼 소통에 부담과 어려움을 느끼고 있다.
⑤ 등장인물의 이름 없이 성(姓)만 제시하여 진정한 소통 없이 파편화되어 살아가는 현대 사회의 익명성을 드러내고 있다. 특히 가장 보편적인 성인 김씨로 설정하여, 등장인물이 겪는 단절과 고립이 현대인 대부분이 겪는 것임을 상징하고 있다.

4 남자는 밤섬에 오기 전에 빚 독촉에 시달리다가 자살을 선택했었다. 경

제적으로 실패를 겪으면서 삶의 희망과 의미를 완전히 상실했던 것이다. 그런 그에게 손수 농사를 지어 짜장면을 만들어서 먹는 일은 삶의 보람을 느끼고 희망을 갖게 하는 일이었을 것이다. 그래서 남자가 짜장면이 자신에게 희망이라고 말하고 있는 것이다.

5 남자는 짜장면을 먹는 순간 감정이 북받쳐 눈물을 흘리느라 짜장면을 제대로 먹지 못하고 있다. 성취감과 뿌듯함뿐만 아니라 자신의 삶에 대한 여러 가지 생각과 회한이 밀려들고 있는 것이다. 따라서 이러한 남자의 감정을 고려할 때, 이 장면에서 빠르고 경쾌한 행진곡을 배경 음악으로 넣는 것은 적절하지 않다.

6 ⓒ은 남자가 목표를 이룬 것에 대한 여자의 감격, 기쁨, 격려의 의미가 담긴 눈물이지 남자의 고통을 슬퍼하며 흘리는 눈물은 아니다. 여자는 남자가 입은 마음의 상처나 고통을 자세하게 알지는 못한다.

7 붙박이장은 여자가 주로 잠을 잘 때 이용하던 공간으로, 극단적인 고립과 폐쇄성을 상징하는 소재이다. 매일 붙박이장 안에서 잠을 자던 그녀가 남자와 정서적인 교감을 나눈 뒤 붙박이장을 관처럼 비좁고 불편하게 느끼고 있다. 이러한 모습은 그녀가 자신의 고립된 생활에 답답함을 느끼기 시작한 것으로 볼 수 있으며, 남자와의 소통과 정서적인 교감을 통해 그녀만의 고립된 세계에서 벗어날 수 있다는 가능성을 보여 준다.
오답 뜯어보기 ④ 붙박이장을 비좁은 관에 빗댈 정도로 불편하게 느끼는 것은 고립된 삶을 살던 여자가 긍정적인 방향으로 변화하고 있음을 나타낸 것으로 이해할 수 있다. 현실로부터의 도피와 같은 부정적인 심리를 표현한 것은 아니다.

8 〈보기〉에서 남자는 여자의 정체를 궁금해하고, 여자는 남자의 질문에 고민한다. 남자는 그동안 자신을 관찰하던 여자에게 그녀의 정체를 물으며 이전보다 적극적인 태도로 소통하려 한다. 그러나 남자의 질문을 되뇌다가 마음이 복잡해져서 이불로 얼굴을 덮는 여자의 반응으로 볼 때, 여자는 남자에게 자신의 정체를 드러내는 데 부담을 느끼고 있음을 짐작할 수 있다. 따라서 여자가 더 적극적으로 메시지를 보내게 될 것이라는 ④의 진술은 적절하지 않다.
오답 뜯어보기 ①, ③ 남자가 여자의 정체를 궁금해하고 적극적으로 알아내려는 모습과 여자가 남자의 질문에 부담스러워하는 모습을 통해 그동안 단편적으로만 이루어졌던 두 사람의 소통 양상이 변화하고, 그 결과 극단적인 고립과 단절 속에 머물러 있던 여자의 삶에 어떤 식으로든 균열이 생길 것임을 추측할 수 있다.

9 (다)에서 여자가 짜장면을 먹고 있는 남자의 얼굴을 찍어서 방 안의 한 벽면에 붙이는데, 그 벽면은 남자의 사진으로 도배되어 있다. 이를 통해 여자가 그동안 남자를 꾸준히 관찰하면서 카메라로 찍은 사진들을 벽에 붙여 왔음을 알 수 있다.

034 고맙습니다_이경희 260~263쪽

키포인트 체크 기서, 영신, 푸른도, 의사, 섬, 갈등

1 ④ **2** ③ **3** ③ **4** ⑤ **5** 환자의 상처를 더 크게 연다(벌린다), 얼굴에 묻은 피를 다른 사람의 어깨에 닦는다. **6** ③ **7** ③ **8** ④ **9** 여기 이 사람들 당장 내 눈앞에서 치워 치워, 당장! **10** 영신에게 화가 나고, 심리적으로 거리를 두고 싶기 때문이다.

정답과 해설

1 '메스, 클램프, 페머럴 아르터리, 패드' 등 의학 분야의 전문어를 사용하여 기서, 종수, 소란 등의 직업이 의료직임을 드러내고 있다.

오답 뜯어보기 ① 배경 묘사나 시간의 경과가 뚜렷하게 나타나지 않는다.
② 과거를 회상하는 장면이 삽입되어 있으므로 시간의 순차적 흐름에 따라 사건이 전개된다는 설명은 적절하지 않다.
③ 상징적 소재가 나타나 있지 않다.
⑤ 장황한 해설이나 풍자적 효과가 나타나 있지 않다.

2 종수는 (나)에서 기서가 응급 처치하는 것을 보고 처음에는 불안해하다가 (라)에서 기서가 '페머럴 아르터리'를 잡은 뒤에야 자신감을 찾고 있다. 따라서 처음부터 기서에 대해 믿음이 있었다는 ③은 이 글의 내용과 일치하지 않는다.

오답 뜯어보기 ① (라)에 제시된 '다시는 의사 짓을 않겠다던 결심을 어긴 것에 대한 갈등이 복잡하게 스치는'이라는 지시문을 통해 알 수 있다.
② (나)와 (다)를 보면 기서가 아버지인 준호에게 배운 의술을 써서 보람부를 치료하고 있음을 알 수 있다.
④ (나)에서 메스로 상처를 더 크게 여는 기서의 행동에 경악하는 박 씨와 보람 모의 반응을 통해 알 수 있다.
⑤ (라)에서 당황하고 있는 종수와 소란이 기서가 출혈 부위를 잡고서야 정신을 차리고 응급 처치를 마무리하는 모습에서 알 수 있다.

3 기서가 준호에게 "다신 의사 안 합니다!"라고 말하고 연이어 얼음장처럼 차가운 눈빛으로 "안 합니다, 다신!"이라고 말하고 있으므로 ⓐ에는 단호한 의지가 담겨 있음을 알 수 있다.

오답 뜯어보기 ① '우쭐하다'는 '의기양양하여 뽐내다'라는 뜻이므로 적절하지 않다.
② '초조하다'는 '애가 타서 마음이 조마조마하다'라는 뜻이므로 적절하지 않다.
④ '겸손하다'는 '남을 존중하고 자기를 내세우지 않는 태도가 있다'라는 뜻이므로 적절하지 않다.
⑤ '비굴하다'는 '용기나 줏대가 없이 남에게 굽히기 쉽다'라는 뜻이므로 적절하지 않다.

4 S# 9는 3년 전의 사건을 회상하여 보여 주는 장면이므로 ⓑ에는 '플래시백(Flashback)'이 들어가는 것이 적절하다.

5 (다)에서 과거에 준호가 환자의 상처를 더 벌려 혈관을 잡은 뒤, 자신의 얼굴에 묻은 피를 기서의 어깨에 닦았던 것처럼 (나)에서 기서는 환자의 상처를 더 크게 열어 혈관을 잡은 뒤 (라)에서 자신의 얼굴에 묻은 피를 종수의 어깨에 닦고 있다.

6 (가)에서 기서가 마을 사람들에게 "여기 이 사람들 당장 내 눈앞에서 치워! 치워, 당장!"이라고 말한 것에 대해 영신이 (나)에서 비판하고 있다. 따라서 (가)에서 일어난 사건이 (나)에 나타난 기서와 영신 간 갈등의 원인이 되고 있다.

오답 뜯어보기 ① (나)에 나타난 갈등은 기서와 영신 간의 갈등으로, 개인과 집단 간의 갈등이라는 진술은 적절하지 않다.
② (가)에 나타난 기서와 마을 사람들 사이의 갈등이 해소되는 장면은 나타나 있지 않으며, (가)에 나타난 사건은 (나)에서 기서와 영신의 갈등으로 이어지고 있다.
④ (가)와 (나) 모두 인물 간의 대화를 통해 인물 간의 갈등이 드러나 있다.

⑤ (가)와 (나) 모두 인물 간의 외적 갈등이 나타나 있다.

7 기서가 마을 사람들의 진료 요청을 거절하는 이유는 의사라는 직업에 회의를 느껴 의사를 그만두기로 결심하였기 때문이다. 기서가 지민의 수술을 실패했던 것처럼 다른 환자들을 제대로 치료하지 못할까 봐 두려워하기 때문이 아니다.

8 기서는 마을 사람들을 진료할 생각이 전혀 없는데 박 씨는 마치 기서가 박 씨를 진료하기로 이미 결정한 것처럼 말했기 때문에 기서가 어이없어한 것이다. 따라서 해 줄 사람은 생각지도 않는데 미리부터 다 된 일로 알고 행동한다는 뜻의 속담인 '떡 줄 사람은 꿈도 안 꾸는데 김칫국부터 마신다'가 ⓒ의 상황과 잘 어울린다.

오답 뜯어보기 ① '윗물이 맑아야 아랫물이 맑다'는 윗사람이 잘하면 아랫사람도 따라서 잘하게 된다는 말이다.
② '세 살 적 버릇이 여든까지 간다'는 어릴 때 몸에 밴 버릇은 늙어 죽을 때까지 고치기 힘들다는 뜻으로, 어릴 때부터 나쁜 버릇이 들지 않도록 잘 가르쳐야 함을 비유적으로 이르는 말이다.
③ '재수 없는 놈은 뒤로 자빠져도 코가 깨진다'는 일이 안되려면 하는 모든 일이 잘 안 풀리고 뜻밖의 큰 불행도 생긴다는 말이다.
⑤ '미운 놈 떡 하나 더 주고 우는 놈 한 번 더 때린다'는 미운 놈은 미워한다는 것이 알려지면 뒤에 화를 입을 수 있어서 마지못해 떡 하나를 더 주지만 우는 놈은 당장 듣기 싫어서 울음을 멈추라고 한 대 더 때리게 된다는 뜻으로, 미운 놈보다 우는 놈이 더 귀찮음을 이르는 말이다.

9 (나)에서 영신은 '치우다'는 물건을 치운다고 할 때나 쓰는 말이라고 기서에게 말하면서 기서가 마을 사람들을 두고 "이 사람들 당장 내 눈앞에서 치워! 치워, 당장!"이라고 말한 것에 대해 비난하고 있다.

10 기서는 자신의 속사정도 모른 채 자신에게 화를 내는 영신에게 화가 나고, 자신의 사정을 털어놓기도 싫어 '아줌마'라고 부르며 영신과 거리를 두고 있다.

---

035 세상에서 가장 아름다운 이별 _ 노희경 원작, 민규동 각색 | 264~267쪽

키포인트 체크 가족, 치매, 암, 이별

1 ⑤ **2** ④ **3** ③ **4** ① **5** 인희는 친정 엄마를 잃고 남편과 자식들과 떨어져 외롭게 살았고, 할머니도 남편을 잃고 외롭게 살았기 때문에 두 사람은 서로를 의지하며 정을 붙이고 살 수 있었다. **6** ② **7** ⑤ **8** 평생 가족을 위해 희생하고 외롭게 살아왔으며, 암에 걸려 고통스럽게 죽음을 기다리는 인희의 고된 삶을 위로하고 있다.

1 할머니는 잠깐 동안 정신이 돌아온 듯한 모습을 보이지만 치매를 앓고 있기 때문에 인희에게 닥친 상황을 온전히 알지는 못하고 있다. 따라서 인희가 곧 죽을 것을 알면서도 그녀를 배려해서 모른 척한다고 보는 것은 적절하지 않다.

2 (나)와 (다)에는 죽음을 앞둔 인희의 심리와 행동, 그리고 그녀를 지켜보는 가족들의 심리와 행동이 드러나 있다.

오답 뜯어보기 ② (나)와 (다)에서 주인공인 인희가 등장하는 장면의 공

338 정답과 해설

간은 인희의 집 화장실로, 공간 이동은 나타나지 않는다.

⑤ 정수가 정철에게 인희를 살려 달라며 애원하는 모습과 인희가 할머니에게 자신이 곧 죽게 된다는 사실을 알리고 애틋한 마음을 전하며 이별을 준비하는 과정이 비교적 상세하게 나타나 있으므로, 사건을 압축적으로 제시하거나 극을 빠르게 전개하고 있다고 보기 어렵다.

3 정수는 아빠 정철에게 자신이 앞으로 더 잘하겠다고 말하며 엄마 인희가 더 오래 살 수 있게 해 달라고 간청하고, 이러한 아들의 모습을 보고 정철은 눈물을 참고 있다. 따라서 정철은 아들을 대견해하는 것이 아니라 엄마의 죽음 앞에서 어쩔 줄 몰라 하는 아들과 함께 큰 슬픔을 느끼고 있는 것이다.

〔오답 뜯어보기〕 ④ 정철은 정수와 같은 심정이겠지만 애원하고 오열하는 정수를 안아 주면서 그를 위로하고 다독이는 모습을 보여 주고 있다.

⑤ 인희는 슬픔과 안타까움에 차마 할머니의 눈을 쳐다보지 못한 채 힘겹게 말을 이어 가고 있다.

4 인희의 대사로 보아 인희는 젊었을 때 할머니에게 구박을 당하기도 했지만 오랜 시간 서로를 의지하여 지내면서 할머니와 미운 정 고운 정이 다 들어 버렸음을 알 수 있다. 이러한 맥락에 어울리는 말은 '싸우다 정든다'이다.

〔오답 뜯어보기〕 ② '모난 돌이 정 맞는다'는 두각을 나타내는 사람이 남에게 미움을 받게 된다는 말 또는 강직한 사람은 남의 공박을 받는다는 말이다.

③ '먼 사촌보다 가까운 이웃이 낫다'는 이웃끼리 서로 친하게 지내다 보면 먼 곳에 있는 일가보다 더 친하게 되어 서로 도우며 살게 된다는 것을 이르는 말이다.

④ '열 길 물속은 알아도 한 길 사람의 속은 모른다'는 사람의 속마음을 알기란 매우 힘듦을 비유적으로 이르는 말이다.

⑤ '물이 아니면 건너지 말고 인정이 아니면 사귀지 말라'는 인정에 의한 사귐이 있어야만 참된 사귐이라는 말이다.

5 S# 146의 인희의 대사를 통해 인희와 할머니의 삶을 알 수 있다. 인희는 일찍이 친정 엄마를 잃었고, 남편 정철과 자식들 뒷바라지를 하며 외롭게 살았다. 할머니 역시 남편(인희의 시아버지) 때문에 평생을 외롭게 살았다. 남편이 젊었을 때에는 북에 두고 온 정인을 잊지 못해서, 늙어서는 중풍에 걸려서 할머니를 고생시키다가 세상을 먼저 떠났기 때문이다. 인희와 할머니의 삶에 이런 공통점이 있기 때문에, 티격태격하면서도 서로를 의지하고 정을 붙이면서 살았던 것이다.

6 〈보기〉는 아내와의 사별을 받아들이지 못하는 화자의 심정을 애절하게 노래한 시의 일부분이다. 〈보기〉에서 화자는 '넙치 지지미' 반찬을 올려 밥상을 차렸었던, 일상을 함께 나눈 아내가 지금은 부재하고 있음을 실감하며 공허해하고 있다. (나)에서 정철은 모든 일상의 순간마다 인희를 그리워할 것이라고 말하고 있다. 따라서 〈보기〉와 (나) 모두 소소한 일상에서 아내의 부재를 느끼고 그리워함을 알 수 있다.

〔오답 뜯어보기〕 ① 자신의 삶을 되돌아보거나 반성하는 장면은 나타나 있지 않다.

③ 두 작품 모두 대상의 부재로 인한 고통이나 외로움을 어떻게 이겨 내는지에 대해서는 말하고 있지 않다.

7 〈보기〉의 "정철은 오열하며 아내의 이름을 불렀다. 주체할 수 없는 눈물이 계속 그의 볼을 타고 흘러내렸다.", "그녀의 입술에 입 맞추며 그렇

게 언제까지, 언제까지 끌어안고 있었다."에서 아내를 떠나보낸 정철의 슬픈 감정이 잘 드러나 있다. 이를 (라)의 "(아내의 죽음을 느낀다. 보지 않고)", "눈물이 뚝 떨어져 인희의 빰 위로 흐른다."라는 지시문과 비교했을 때 (라)가 〈보기〉보다 정철의 슬픔을 절제하여 제시했음을 알 수 있다.

8 인희는 평생 가족들을 뒷바라지하고 자신을 희생하면서 외로운 삶을 살아왔다. 그리고 말기 암 진단을 받고 극심한 고통을 느끼며 죽음을 기다리고 있다. 그런 인희에게 할머니가 '호오오오' 입김을 불어 주는 장면을 통해, 인희의 고단한 삶을 위로하고 보듬어 주는 작가의 태도를 알 수 있다.

---

036 그대를 사랑합니다 _ 강풀 원작, 이만희 각색 〔268~271쪽〕

〔키포인트 체크〕 만석, 송 씨, 무관심, 송 씨, 이름

1 ⑤ **2** ③ **3** ④ **4** 만석이 송 씨가 손수레 끄는 일을 돕고 송 씨에게 우유를 건넸다. **5** ⑤ **6** ③ **7** ② **8** 송 씨에게는 사회의 한 구성원으로 인정받아 사회적인 삶을 영위할 수 있게 되었음을 의미하는 것이고, 만석에게는 송 씨를 유일하고 특별한 존재로 여기는 마음을 표현한 것이다.

1 만석이 송 씨에게 "(눈이 오는) 이런 날은 쉬지……"라고 말하지만 이는 송 씨를 걱정하여 한 말이지 송 씨가 일을 그만두게 하려는 의도가 담긴 표현은 아니다.

〔오답 뜯어보기〕 ①, ③ S# 4에서 만석이 송 씨를 대하는 모습을 보면 만석이 퉁명스러운 성격을 지녔음을 알 수 있다. 하지만 송 씨를 도와주고 우유를 건네는 행동을 보면 남을 도울 줄 아는 따뜻한 마음을 지닌 인물이라는 것을 알 수 있다.

② S# 4에서 만석은 자신이 건네는 우유를 거절하는 송 씨에게 "나, 보면 알겠지만, 누가 하란다고 하고, 하지 말란다고 안 하는 그런 사람 아니야."라고 말한다. 이를 통해 만석이 자신의 고집 센 성격을 알고 있음을 알 수 있다.

④ 만석은 S# 4에서 송 씨에게 식구나 자식이 없음을 알게 되고, S# 45에서 통성명을 하면서 그동안 이름도 없이 살아온 송 씨의 딱한 처지를 알게 된다.

2 ⓒ에서 만석이 질책하는 대상은 송 씨가 아니다. 불특정한 인물에게 "연탄재라도 좀 뿌려 놓지."라고 말한 것이다. 또한 이는 송 씨에게 상처가 될 수 있는 질문을 했다는 생각에 화제를 전환하고자 하는 의도가 담겨 있다.

〔오답 뜯어보기〕 ① ㉠은 "이런 날은 쉬지……. 뭣 하러 나왔어? 이깟 과지 주워서 몇 푼이나 번다고……!"라는 만석의 핀잔 섞인 대사를 탐탁지 않아 하는 송 씨의 심리가 나타나 있다.

② ㉡은 "아무도 없는 게야? 밥 멕여 줄 식구나 자식이 없어?"라는 만석의 대사에 아무 대답을 하지 않고 있다. 이어지는 '서글퍼지는…….'이라는 지시문을 통해 송 씨의 침묵에는 서글픈 감정이 담겨 있음을 알 수 있다.

④ ㉣은 만석이 송 씨에게 우유를 건네고 있는 장면으로, 만석이 송 씨에게 호감이 있음을 알 수 있다.

⑤ ㉤에서는 "주인 닭이 소리 한번 요란하네."라고 말하면서도 '싫지 않은 표정'을 지었다는 지시문을 통해 송 씨가 만석에게 경계심을 풀고 궁

정답과 해설

정적인 감정을 느끼고 있음을 짐작할 수 있다.

3 '내레이션(NAR.)'은 장면의 진행에 따라 그 내용이나 줄거리를 장외(場 外)에서 해설하는 것을 말한다. 〈보기〉에서는 송 씨의 내레이션을 통해 송 씨가 과거에 겪은 일을 요약적으로 제시하고 있다.

  오답 뜯어보기 ④ 남편의 매질을 견디며 살아온 비극적인 삶이 나타나 있지만 인물의 심리적 갈등이 직접적으로 드러나 있지는 않다.

4 S# 4에서 만석은 눈이 내리는 밤, 언덕길에서 손수레를 끌고 내려갈 엄 두를 내지 못하고 있는 송 씨를 보게 된다. 이에 만석은 손수레를 끌어 주고, 뼈 건강에 좋다며 송 씨에게 우유를 내민다. 이러한 만석의 행동 에는 송 씨를 향한 관심과 호의가 담겨 있다.

5 S# 58을 보면 송 씨는 주민 등록을 한 적이 없고, 주민 등록증 역시 발급 받지 못한 채 평생을 살아왔음을 알 수 있다. 송 씨는 현재 주민 등록증 을 잃어버린 것이 아니라 처음부터 갖고 있지 않았던 것이다.

  오답 뜯어보기 ① '송이뿐'이라는 이름은 만석이 지어 준 것이다.

② 송 씨는 식구나 자식 없이 혼자 사는 독거노인이다.

③ S# 61에서 연아가 송 씨의 집을 방문했을 때 송 씨는 한글 연습을 하 고 있다. 송 씨가 한글을 잘 쓸 줄 모르는 상태로 살아왔음을 짐작할 수 있다.

④ 독거노인 보상 급여가 10만 원에서 15만 원 정도라는 연아의 말을 듣고 송 씨는 한 달을 꼬박 모아도 힘든 돈이라고 말하며 고마워한다. 따라서 송 씨가 한 달을 꼬박 모아도 15만 원을 벌기 힘든 상황임을 짐 작할 수 있다.

6 [A]를 보면 송 씨의 대사와 행동은 파악할 수 있지만 송 씨의 심리는 직 접적으로 드러나 있지 않아, 대사와 행동을 바탕으로 하여 심리를 짐작 할 수밖에 없다. 하지만 〈보기〉에는 이름이 없다는 사실에 대해 송 씨가 느끼는 창피함과 서글픔, 이름을 지어 준 만석에 대한 고마움 등이 드러 나 있다. 이처럼 송 씨의 심리가 직접적으로 드러나 있기 때문에 독자가 송 씨라는 인물을 깊이 이해할 수 있다.

  오답 뜯어보기 ② [A]를 〈보기〉처럼 바꾸었을 때 만석과 연아의 갈등 양상에는 변화가 없다.

⑤ [A]와 〈보기〉에서 연아의 역할 비중은 변화가 없으며, [A]와 〈보기〉 모두 인물 간 대결 구도가 드러나지 않는다.

7 이 작품은 노인들의 사랑과 이별을 제재로 삼아, 무관심 속에 적절한 보 호를 받지 못한 채 살아가는 소외된 노인 세대의 삶을 그리고 있다. (가) 와 (나)는 송 씨가 사회의 일원으로서 기본적인 혜택이나 보호도 받지 못하고 사회에서 소외된 채 이름도 없이 살아왔음을 알 수 있는 장면이 다. 따라서 이를 읽고 보일 수 있는 반응으로는 주변에 소외된 사회적 약자들은 없는지 관심을 가져야겠다는 반응이 적절하다.

  오답 뜯어보기 ③ 만석이 송 씨에게 지급될 돈이 적다고 말한 것은 적 은 액수의 돈을 하찮게 여기는 태도가 아니라 송 씨에게 좀 더 많은 도 움을 주고 싶어 하는 심정이 담긴 표현이다. 또한 송 씨는 그 금액에 대 하여 감사함을 표현하고 있기 때문에 적은 액수의 돈을 하찮게 여기는 세태는 나타나 있지 않다.

④ 연아는 송 씨에게 주민 등록증을 요구하는데 이는 법적 절차에 따른 증명서를 요구하는 것으로, 지나친 원칙주의라고 보기 어렵다. 또한 연 아와 주민 센터 직원들이 적극적으로 송 씨를 도우려는 모습을 고려하 면 행정 기관에 대한 불신을 키운다는 반응은 적절하지 않다.

⑤ 만석과 송 씨는 서로에게 호감을 갖고 있는 사이이다. 이 글에는 만 석과 송 씨의 관계를 편견에 사로잡힌 시각으로 바라보는 장면은 나타 나 있지 않다. 이 글은 노년의 사랑에 대한 편견을 지적하는 것이 아니 라 사회에서 소외된 노인 계층에 대한 관심을 바라고 있다.

8 평생을 이름도 없이 힘겹게 살아온 송 씨는 만석의 도움으로 '송이뿐'이 라는 이름을 갖게 된다. 송 씨는 이름을 갖게 됨으로써 사회의 한 구성 원으로 인정받아 사회적인 삶을 영위할 수 있게 되었다. 또한 만석은 '송이뿐이다'라는 의미를 담아 송 씨에게 이름을 지어 주어, 송 씨를 유 일하고 특별한 존재로 여기고 있음을 표현하고 있다.

---

037 뿌리 깊은 나무 _이정명 원작, 김영현·박상연 각색   272~275쪽

  키포인트 체크 백성, 백성, 세종, 반대, 백성, 유학

1 ⑤   **2** ③   **3** ③   **4** 훈민정음 창제는 성리학(유학)을 버리는 것인가?   **5** ③   **6** ④   **7** ③   **8** ⓐ: 글을 아는 사대부만이 권력을 가짐. ⓑ: 모두 가 글자를 읽고 쓰게 되어 사대부의 권력이 무너짐.

1 이도의 대사에 한자를 아는 관료들이 중간에서 백성들의 뜻을 왜곡하 고 편집했다는 내용이 있으나, 이 과정에서 돈이 오고 갔는지는 알 수 없다.

  오답 뜯어보기 ① 언로를 틔워 사방 만민의 소리를 듣는 것이 유학에서 임금에게 가장 강조하는 덕목이라는 이도의 대사에서 확인할 수 있다.

② 중국의 한자는 그냥 글자가 아니라 유학의 도라는 혜강의 대사에서 확인할 수 있다.

③ 훈민정음 창제를 반대하는 유생들의 시위와 이적의 글자(이도가 만 드는 글자)에는 유학의 도를 담을 수 없다는 혜강의 대사를 통해 알 수 있다.

④ 한자가 어려워 백성들은 그들의 말을 임금에게 올리려고 할 때 관료 를 거칠 수밖에 없었다는 이도의 대사를 통해 백성들은 임금에게 자신 의 생각을 전할 기회가 부족했음을 알 수 있다.

2 혜강은 '무(武)' 자를 예로 들어 훈민정음 창제가 성리학을 버리는 것이 라는 주장을 논리적으로 뒷받침하고 있다. 그러나 이도가 '작개언로 달 사총'을 언급하며 혜강의 논리를 반박하자 답변을 하지 못하고 있다. 이 는 허를 찌르는 이도의 발언에 당황하는 모습으로 볼 수 있다.

3 이도는 유학에서 강조하는 덕목인 '작개언로 달사총'을 인용하고, 정도 전이 쓴 《경제문감》의 일부 구절을 인용하여 훈민정음을 만드는 것이 유학을 버리는 일이 아니라는 자신의 주장을 뒷받침하고 있다(ㄱ). 또 한 '내가 어찌 유학을 버린 것이오?'와 같이 물음의 형식을 사용하여 자 신이 유학을 버린 것이 아님을 강조하고 있다(ㄹ).

4 '쟁점'이란 자신의 견해가 옳다고 서로 다투는 중심이 되는 점을 의미한 다. 훈민정음 창제를 반대하는 유생들의 시위에 이도는 누구든지 자유 로이 얘기하라고 하며, 혜강과 논쟁을 벌인다. 이도는 훈민정음 창제가 성리학을 버리는 것이라는 혜강의 주장에 대해 '작개언로 달사총'이라 는 구절을 인용하여 훈민정음 창제는 오히려 성리학을 따르는 것임을 주장하고 있다. 따라서 이 논쟁의 쟁점은 '훈민정음 창제는 성리학(유 학)을 버리는 것인가?'로 볼 수 있다.

5 사대부들이 한자를 사용해 왔던 것은 맞지만 사대부들이 한자를 써 왔기 때문에 '이 글자'를 배우는 데 어려움이 따른다는 내용은 나타나 있지 않다.

✎오답 뜯어보기 ② 어린아이인 연두는 '이 글자'를 배운 지 이틀 만에 문장을 쓰고 가리온이 한 말을 그대로 받아 적는다. 이를 통해 '이 글자'가 어린아이가 금세 쓸 수 있을 정도로 배우고 쓰기 쉬운 글자이고, 일반 백성들도 쉽게 배워 쓸 수 있는 글자임을 알 수 있다.

6 ㉠의 '쿵!'은 개파이와 연두가 새로운 글자를 빠르게 익힌 것을 본 후 가리온이 보인 반응으로, 새로운 글자의 실체를 직접 확인한 후 느낀 놀라움과 충격이 나타나 있다. 새로운 글자가 누구든 배우고 쓰기 쉬워, 자신이 생각했던 것보다 더 큰 영향력이 있음을 직감했기 때문이다. ㉡의 '쿵!'은 가리온이 한가 놈의 말을 들은 후 보인 반응이다. 새로운 글자의 정체를 확인한 가리온은 새 글자의 반포를 막는 것이 급선무라고 생각하지만 이신적의 거래일, 즉 집현전을 없애는 조건으로 새 글자의 반포를 수용하기로 한 날이 오늘이라는 것을 깨닫는다. ㉡에는 자신의 계획이 잘못되었음을 깨닫고 느끼는 당혹감이 나타나 있다.

✎오답 뜯어보기 ① 문맥을 고려할 때, 단기간에 글을 터득한 연두와 개파이의 능력에 감탄하는 것이 아니라 그들이 이틀 만에 글자를 쓸 수 있을 만큼 새로운 글자가 배우고 쓰기 쉽다는 사실에 놀랐다고 보는 것이 적절하다.

7 '가리온'은 배우고 쓰기 쉬운 새로운 글자가 반포되면 일반 백성들이 글자를 읽고 쓸 줄 알게 되면서, 조선의 질서가 흔들리고 사대부만이 누리던 권력을 잃게 될 것이라고 생각하고 있다. 따라서 그가 새로운 글자가 백성들의 언로 확장에 도움을 주지 못할 것이라고 여긴다는 설명은 적절하지 않다.

✎오답 뜯어보기 ① "사대부가 사대부인 이유"는 "글을 알기 때문"이라는 가리온의 대사를 통해서, 가리온은 사대부는 일반 백성들이 잘 알지 못하는 한자를 읽고 쓸 줄 알기 때문에 사대부의 권력을 유지할 수 있다고 생각하고 있음을 알 수 있다. 이를 통해 가리온도 한자가 백성들에게 어려운 글자라는 것을 알고 있음을 알 수 있다.

8 가리온은 [전제]의 내용처럼 글자가 힘, 권력의 근원이라고 생각하고 있다. 따라서 새로운 글자를 쓰기 전에는 한자를 아는 사대부만이 힘과 권력을 가질 수 있지만, 새로운 글자를 쓰게 되면 모든 백성이 글자를 읽고 쓸 수 있게 되면서 사대부만이 누려 온 힘과 권력을 잃게 될 것이라고 경계하고 있다.

---

038 마이 리틀 히어로_ 안호경 각본, 황조윤 각색 276~279쪽

키포인트 체크 일한, 영광, 스튜디오, 뮤지컬, 우승

1 ⑤ **2** ② **3** ② **4** 준상이 일한의 진심어린 부탁을 받고 자신이 영광을 무대에 세우기로 결심했기 때문이다. **5** ② **6** ③ **7** ① **8** ④
9 전 얼굴도 까맣고…… 그런데 정조 대왕님은 얼굴도 하얗고…… 난 아빠도 없고…… 아빠는 날 창피해하는데…… (설움이 복받쳐 더듬거리며) 난 한국 사람도 아니고…….

1 구 상무는 일한이 현 상황에 잘못 대응하고 있다고 생각하고 있다. 하지만 구 상무가 비유적 표현을 활용하고 있는 것은 아니다.

✎오답 뜯어보기 ① 일한은 영광이 자라서 대한민국 국민으로서의 의무를 지키는 상황을 가정하고 있다.
② 일한은 '누구'라는 불특정한 비교 대상을 설정하여 영광의 성실함, 뛰어난 재능 등을 강조하고 있다.
③ 일한은 구 상무가 과거에 '돈 주고 협박하고 매수한' 행위를 언급하며 영광을 무대에 세우는 일에 구 상무가 반대하지 못하도록 하고 있다.
④ 구 상무는 "절대 못 올라가지."라고 단정적으로 말하며 영광을 무대에 세워 달라는 일한의 요청에 거부 의사를 분명히 밝히고 있다.

2 영광은 자신의 재능과 노력을 바탕으로, 일한의 헌신적 도움과 준상의 협조에 힘입어 뮤지컬 오디션 결승 무대에 설 수 있게 되었다. 따라서 영광이 참된 가치를 위해 홀로 외롭게 싸웠다는 감상은 적절하지 않다.

✎오답 뜯어보기 ① 준상은 일한의 진솔하고 간곡한 부탁에 마음이 움직여 영광을 무대에 세운다. 따라서 준상은 참된 가치를 세우는 데 도움을 주는 긍정적 인물로 볼 수 있다.
③ 일한이 학력을 위조한 것은 자신의 욕망을 위해 참된 가치를 버린 행위로 볼 수 있다.
④ 일한은 사회에서 성공하기 위해 학력을 위조하였지만 이 사실을 들킬까 봐 불안감을 느끼며 살아왔고, 자랑처럼 여기던 자신의 가짜 학력은 구 상무에게 협박당하는 약점이 되어 버렸다. 일한이 스스로 자신의 학력 위조 사실을 폭로한 것은 거짓 가치의 모순을 깨닫고 참된 가치를 선택하려는 행동으로 볼 수 있다.
⑤ 성희는 일한이 영광을 무대에 세우기 위해 준상에게 굴욕적인 행위를 감수하는 것을 보고 울컥한다. 이는 일한의 절박함에 마음이 움직였기 때문으로 볼 수 있다.

3 일한은 ㉠에서 감정을 절제하면서 준상에게 정중하게 부탁하고 있고, ㉡에서는 절박한 심정을 격정적으로 드러내며 준상에게 매달리고 있다.

✎오답 뜯어보기 ① ㉠과 ㉡ 모두 영광이 무대에 올라가지 못할 위기에 처한 현재의 문제 상황을 해결하기 위한 발화이다.
③ ㉠에서 일한은 ㉡에서와 달리 준상에게 존칭을 써 가며 공손한 어투로 영광을 무대에 세워 달라고 부탁하고 있다.
④ ㉠에서 일한은 고개를 숙이는 비언어적 표현을 통해 절박한 심정을 드러내고 있다.
⑤ ㉡에서 일한은 준상이 자신보다 더 잘할 수 있을 것이라며 추켜세우고 있다. 또한 자신을 능력이 부족한 사람이라고 하며 자책하고 있다.

4 준상이 영광의 손을 잡는 이유는 일한의 진솔하고 간곡한 모습에 감동하여 일한의 요청을 받아들이고 영광을 무대에 세우기로 결심했기 때문이다.

5 (나)에서 일한은 영광이 무대에서 머뭇거리자 과거에 무대에서 날았던 기억을 떠올리게 하며 영광에게 용기를 주었다. 이에 힘입어 영광이 공연을 시작하고 있기 때문에 먼 미래의 상황을 가정하여 문제를 해결한다는 설명은 적절하지 않다.

✎오답 뜯어보기 ① (가)에는 영광이 당황하여 무대에서 꼼짝도 하지 못하는 위기 상황이 나타나 있다.
③ (다)에는 영광이 어려움을 극복하고 공연을 성공적으로 해내 관객들로부터 환호를 받는 모습이 나타나 있다.
④ (가)~(다)에서 일한은 영광에게 도움을 주는 조력자 역할을 하고 있다.

정답과 해설

6 영광은 어렵사리 무대에 섰지만 그동안 자신이 받아 온 차별과 편견에 사로잡힌 사람들의 시선이 떠올라 노래를 시작하지 못하고 있다. S# 118에서 영광의 대사를 보면 얼굴이 까맣다고 놀림받았던 것, 자신을 창피해하는 아빠, 한국 사람이 아니라고 차별받았던 일 등 그동안 받은 상처에 대한 자책이 노래를 시작하기 어렵게 만들었음을 짐작할 수 있다.

7 '쥐 죽은 듯'은 매우 조용한 상태를 비유적으로 이르는 말이다.
《오답 뜯어보기》 ② '쇠귀에 경 읽기'는 소의 귀에 대고 경을 읽어 봐야 단 한 마디도 알아듣지 못한다는 뜻으로, 아무리 가르치고 일러 주어도 알아듣지 못하거나 효과가 없는 경우를 이르는 말이다.
③ '구렁이 담 넘어가듯'은 일을 분명하고 깔끔하게 처리하지 않고 슬그머니 얼버무려 버림을 비유적으로 이르는 말이다.
④ '원숭이도 나무에서 떨어진다'는 아무리 익숙하고 잘하는 사람이라도 간혹 실수할 때가 있음을 비유적으로 이르는 말이다.
⑤ '서당 개 삼 년에 풍월을 읊는다'는 서당에서 삼 년 동안 살면서 매일 글 읽는 소리를 듣다 보면 개조차도 글 읽는 소리를 내게 된다는 뜻으로, 어떤 분야에 대하여 지식과 경험이 전혀 없는 사람이라도 그 부문에 오래 있으면 얼마간의 지식과 경험을 갖게 된다는 것을 비유적으로 이르는 말이다.

8 ⓐ는 영광이 어려움을 극복하고 멋진 무대를 만들어 내고 있는 모습으로, 그동안의 갈등이 해소되는 순간이다. 따라서 ⓐ가 갈등을 심화한다는 내용은 적절하지 않다.
《오답 뜯어보기》 ① ⓐ의 아름다운 영광의 목소리 때문에 ⓑ에서 관객들이 환호하고 있다.
⑤ ⓐ의 목소리는 영광이 내는 소리이고, ⓑ의 목소리는 관객들이 환호하는 소리이다.

9 이 글은 영광이 겪은 어려움을 영광의 대사와 행동을 통해 나타냄으로써 우리 사회에 만연한 다문화 가정 자녀에 대한 사회적 편견과 차별을 비판하고 있다. 영광은 무대에 섰지만 그동안 자신이 받은 상처들이 떠올라 노래를 시작하지 못하고 있다. 영광이 S# 118에서 자책하듯 말하는 대사에 그동안 겪어 온 고통이 잘 드러나 있다.

---

039 두근두근 내 인생 _ 김애란 원작, 최민석 외 각본   280~283쪽

[키포인트 체크] 조로증, 서하, 전자 우편, 별똥별

1 ① **2** ④ **3** ④ **4** ⑤ **5** 긍정적 기능: 아름이 이성에 대한 설렘과 삶에 대한 의욕을 느끼게 한다. 부정적 기능: 서하의 정체를 알게 된 아름에게 큰 상처를 준다. **6** ⑤ **7** ⑤ **8** ③ **9** ② **10** 아름이 실명하는 순간을 아름의 시각에서 형상화한 것이다.

1 이 글의 중심인물은 아름과 그의 부모 대수, 미라이다. 열여섯 살 소년 아름은 선천성 조로증이라는 희귀병에 걸려 신체 나이는 여든 살이 넘는다. 그리고 열일곱 살이라는 어린 나이에 부모가 된 대수와 미라는 투병 생활 중인 아들 아름을 위해 애쓰는 인물로, 이들은 특수한 환경에 처해 있는 인물이라고 할 수 있다.

2 한 장면에서 다음 장면으로 전환할 때 컷으로 바꾸는 촬영 기법은 '몽타주'가 아니라 '컷 투(cut to)'이다.

《오답 뜯어보기》 ① '몽타주'는 따로 촬영한 화면을 적절하게 떼어 붙여 편집하는 기법이다.
②, ③ 아름이 답장하는 내용에 해당하는 이미지(영상)를 몽타주로 제시하여 서하와의 교신 내용을 더욱 구체적이고 생생하게 전달하는 효과가 있다.
⑤ '몽타주'는 따로따로 촬영한 화면을 적절하게 떼어 붙여서 하나의 긴밀하고도 새로운 장면이나 내용으로 만드는 것이므로 '몽타주'에 의해 만들어진 장면들은 서로 긴밀하게 연결되는 효과가 있다.

3 (나)에 나타난 내용은 소박하고 일상적인 순간들로, (나)는 건강하고 평범한 삶에 대한 아름의 소망이 드러난 장면이라고 할 수 있다. 그러나 ④는 아름이 소망하는 건강하고 평범한 삶과 거리가 멀기 때문에 (나)에 들어갈 장면으로 적절하지 않다.

4 아름은 힘든 투병 생활 중에도 대수, 미라와 함께하는 하루하루를 소중히 여기고 그 속에서 즐거움을 느끼며 살아왔다. 그런 아름이 평소와 다르게 부모의 말을 듣지 않고 게임에만 몰두하는 것은 서하의 실체를 안 뒤 느낀 배신감, 분노 등을 표출하는 행동이다. 따라서 ⑤의 설명은 적절하지 않다.
《오답 뜯어보기》 ① ⓛ 때문에 아름이 부모와 갈등을 일으키고 있다.
② "내가 지금까지 엄마, 아빠 말 안 들은 적 있어요?"라는 아름의 대사에서 알 수 있듯이, 아름은 평소 부모의 말을 잘 따르는 아이였다. 그런 아름이 ⓛ처럼 행동한 것은 이전과 달리 반항적인 태도를 보인 것이라고 할 수 있다.
③, ④ 아름이 미라와 대수의 말을 듣지 않고 게임에만 몰두하는 것은 서하의 실체를 알고 나서 받은 충격, 세상에 대한 배신감, 자신의 처지에 대한 분노 등 복잡한 심경에서 비롯된 행동임을 짐작할 수 있다.

5 '서하의 편지'는 투병 중인 아름의 일상에 변화를 가져다주고, 아름이 이성에 대한 설렘과 삶에 대한 의욕을 느끼게 했다. 하지만 한편으로는 서하가 가상의 인물이라는 것을 알게 된 아름에게 큰 상처와 충격을 주기도 한다.

6 이 글에서는 아름과 대수가 하늘 공원에서 대화를 나누고 함께 별똥별을 바라보면서 인물 간의 갈등이 해소되고 있다.

7 ⓜ은 대수가 아들의 눈이 보이지 않는 상황에서 한 말로, 놀람과 염려와 안타까움이 담긴 말이므로 권위 있는 충고와는 거리가 멀다.

8 아름과 대수의 갈등이 해소되고 함께 유성을 바라보며 소원을 빌고 있는 상황이다. 대수가 "아름이 네가 내 아들이라는 게 너무 좋다. (한숨) 아름이 너같이 괜찮은 애는 진짜 아프면 안 되는데……."라고 말한 것으로 보아 대수가 아름을 깊이 사랑하고 아름이 아픈 것을 안타깝게 여기고 있음을 알 수 있다. 따라서 대수가 ⓑ에서 "아름이가 더 이상 나를 힘들게 하지 않게 해 주세요."라고 소원을 빌 것이라고 추측하는 것은 적절하지 않다.

9 ⓒ는 아름이 갑자기 시력을 잃었음에도 불구하고 당황한 기색을 내비치지 않고 애써 미소를 짓고 있는 상황이므로, 이를 통해 아름이 침착하고 어른스러운 성격을 지녔음을 알 수 있다.

10 ㉠는 아름이 시력을 잃는 순간을 아름의 시각에서 형상화하고 있다.

040 님아, 그 강을 건너지 마오 _진모영_
284~287쪽

> **키포인트 체크** 할아버지, 할머니, 횡성, 임종(죽음), 옷

1 ③ **2** ③ **3** ② **4** 할아버지의 옷을 태워 줘야 할아버지가 저승에서 그 옷을 입을 수 있다고 생각하기 때문이다. **5** 할아버지와의 이별을 앞두고 절박함과 슬픔을 느끼기 때문이다. **6** ④ **7** ① **8** ④ **9** 이승과 저승의 경계 **10** 할머니와 할아버지의 행복한 추억이 담긴 소재

1 이 글은 이별로 인한 슬픔을 주로 정경(情景)을 통해 서정적으로 드러내고 있다(ㄱ). 이 글의 (가)에서는 할아버지와 할머니의 정겹고 행복한 일상을 보여 주는 반면, (나)~(라)에서는 할아버지와의 이별을 앞둔 할머니의 슬픔이 드러나 있어 (가)와 대조적인 분위기를 이루고 있다(ㄹ).
  📝 **오답 뜯어보기** ㄴ. 이 글에는 인물 간의 갈등이 드러나지 않는다.
  ㄷ. 이 글은 할아버지와 할머니의 지극히 개인적인 이야기를 다루고 있다.

2 ㉠에서 할머니는 죽음 이후에 할아버지와 다시 만날 것이라고 믿고 있다. ③은 절망적인 이별의 슬픔을 극복하고 그것을 새로운 만남에 대한 희망으로 승화하는 시의 일부분으로, '님'과 다시 만날 것이라는 믿음이 드러나 있다.
  📝 **오답 뜯어보기** ① 사랑을 잃고 세상과의 소통을 단절한 화자의 공허한 내면을 나타내고 있다.
  ② 이별을 대하는 성숙한 태도와 긍정적인 인식이 드러나 있다.
  ④ 고달프게 살아온 어머니의 한과 슬픔이 드러나 있다.
  ⑤ 오랜 세월 동안 '당신'을 기다리는 화자의 마음이 드러나 있다.

3 이 글의 ⓑ에는 연출자가 할머니를 인터뷰한 내용이 제시되어 있다. "불에 태워 줘야 입는데요 ~ 할아버지는 내가 다 챙겨 줘야 돼요."는 할머니가 연출자에게 한 말이다.

4 할머니가 할아버지의 옷을 태우는 이유는 할아버지가 세상을 떠났을 때 저승에서 그 옷을 입을 수 있다고 생각하기 때문이다.

5 할머니가 울면서 할아버지의 여윈 몸을 쓰다듬는 것은 할아버지와의 이별을 앞두고 할머니가 느끼는 슬픔과 안타까움, 절박함이 담겨 있는 행동이다.

6 ㉠과 같이 할머니와 할아버지가 과거에 예쁜 한복을 차려입고 함께 나들이 했던 장면을 삽입한 이유는 행복했던 과거의 상황과 할아버지와의 이별을 앞둔 현재의 안타까운 상황이 대비되어 이별로 인한 슬픔이 극대화되기 때문이다.
  📝 **오답 뜯어보기** ① 이 글은 현재와 과거가 교차하는 역순행적 구성을 취하고 있다.

7 〈보기〉의 임이 물을 건너지 말라는 화자의 만류에도 불구하고 물에 들어갔지만, 이 글의 할아버지가 할머니의 요청을 거절하는 장면은 뚜렷하게 나타나지 않는다.
  📝 **오답 뜯어보기** ② 이 글에 나타난 입관, 선산으로 향하는 것, 무덤가에서 불을 피운 것 등은 장례 절차 중 하나이다. 그러나 〈보기〉에는 이런 장례 절차가 전혀 나타나지 않는다.

8 ㉡에서는 할아버지가 의자에 앉아 있는 장면에서 할아버지가 사라지고 빈 의자만 남아 있는 장면으로 전환되고 있다. 이를 통해 할아버지의 부재를 드러내고, 할아버지의 죽음을 암시하고 있다.
  📝 **오답 뜯어보기** ① 할아버지가 의자에 앉아 있는 장면과 빈 의자만 있는

장면은 서로 밀접한 관련을 맺으며 할아버지의 죽음을 암시하고 있다.
  ③ 디졸브는 장면을 자르듯 분리하지 않고 앞 화면이 사라짐과 동시에 다른 화면이 점차로 나타나게 하는 기법이다.
  ⑤ 이 장면에서 디졸브가 몽환적인 분위기를 연출하는 효과가 있다고 보기는 어렵다.

9 ㉮의 '재'는 '길이 나 있어서 넘어 다닐 수 있는, 높은 산의 고개'를 뜻하는 말로, 이 글에서는 이승과 저승의 경계를 상징하고 있다.

10 할아버지가 건강하던 시절에 할머니와 할아버지는 눈이 내리면 눈싸움도 하고 함께 눈사람도 만들며 정다운 시간을 보냈다. ⓐ는 노부부의 추억이 깃든 소재이다.

041 오늘부터 하모니 _승형수·오혜성_
288~291쪽

> **키포인트 체크** 하리, 하리, 아린, 고등학교, 문화, 하리

1 ⑤ **2** ⑤ **3** ① **4** ④ **5** ④ **6** 문제 상황: 아린이 지원서의 조항을 꼼꼼하게 확인하지 못해서 보컬 동아리가 노래 동아리 경연 대회에 나가지 못할 위기에 놓였다. 잘못된 점: 창렬은 지원서를 던지면서 아린을 비난했고, 아린은 걱정하는 창렬에게 제대로 사과하지 않고 자리를 벗어났다. **7** ④ **8** ⑤ **9** ② **10** ④ **11** 아린에게는 노래 동아리 경연 대회에 참가할 수 있는 기회가 생기고, 하리에게는 동아리 회원들과 어울리면서 사람들과 친해지고 노래도 맘껏 부를 수 있는 기회가 생긴다.

1 노래 동아리 경연 대회의 참가 자격 조건을 몰랐던 아린의 실수로 보컬 동아리의 대회 참가가 무산될 위기에 놓인 것은 맞지만 신청 마감일까지 하루가 남아 있기 때문에 대회에 참가할 수 없게 되었다는 내용은 적절하지 않다.
  📝 **오답 뜯어보기** ② S# 3에서 형수는 모두가 노력해서 얻은 피자를 '이딴 음식'이라고 표현한 하리에게 말이 심하다며 화를 내고 있다.
  ③ S# 4에서 창렬은 "너 때문에 우리가 반년 넘게 준비한 대회 못 나가게 생겼잖아!", "난 이게 마지막 대회인데!"라며 아린에게 화를 내고 있다.
  ④ S# 1에서 하리의 피자를 먹으려는 형수를 반장이 제지한다. 그리고 "담임 선생님이 한 명당 한 조각씩만 먹으라고 했다."라고 말하고 있다.

2 S# 3을 보면 하리가 돼지고기를 먹지 않는 무슬림이기 때문에 피자를 먹지 않는 것을 알 수 있다. 하지만 이러한 사실을 모르는 형수와 반장에게 "나…… 이딴 음식 안 먹습니다."라고 말하여 갈등이 일어난 상황이다. 하리가 한국어에 서툴러 형수에게 자신의 생각을 제대로 전달하지 못했기 때문이다.
  📝 **오답 뜯어보기** ③ 형수에게는 하리의 "나…… 이딴 음식 안 먹습니다." 라는 말이 자신을 포함한 반 친구들의 노력을 깎아내리는 것으로 느껴졌을 수 있다. 형수가 과민하게 반응한 것이라고 보기는 어렵다.

3 S# 3에서 하리는 서툰 한국어 때문에 '이런 음식은 먹을 수 없습니다.'라고 말해야 할 것을 "나…… 이딴 음식 안 먹습니다."로 표현하여 친구들에게 무례하게 굴었다는 오해를 사고 있다. 이러한 상황에 대해 하리도 놀라고 당황한 상황이므로 ㉠에 들어갈 지시문으로는 '놀라며'가 가장 적절하다.
  📝 **오답 뜯어보기** ② '당돌하다'는 '꺼리거나 어려워하는 마음이 조금도 없

이 올차고 다부지다'라는 뜻이므로 상황과 어울리지 않는다.

④ '노려보다'는 '미운 감정으로 어떠한 대상을 매섭게 계속 바라보다. 또는 탐이 나서 눈독 들여 겨누어 보다.'라는 뜻이므로 상황과 어울리지 않는다.

⑤ '의아하다'는 '의심스럽고 이상하다'라는 의미이므로 상황과 어울리지 않는다.

4 ⓒ에서 창렬이 아린에게 '홍아린 벤치로 당장 튀어 올 것'이라는 문자 메시지를 보낸 것으로 보아 아린이 빨리 뛰어와야 할 만큼 매우 급한 일이 생겼음을 알 수 있다. 또한 급한 일이 창렬과도 연관되어 있음을 짐작할 수 있다. 급한 일이 무엇인지는 S# 4에 나타나 있다.

〈오답 뜯어보기〉 ② 현재의 상황에서 아린의 책상에 초콜릿을 가져다 놓은 사람은 누구인지 전혀 알 수 없다.

③ 문자 메시지 한 건만을 보고 사귀는 사이라고 짐작하는 것은 확대 해석이며 S# 4의 내용을 보아도 무리한 해석임을 알 수 있다.

⑤ 문자의 내용을 보고 창렬의 대인 관계가 원만하지 않은 인물이라고 단정하는 것은 적절하지 않다.

5 ⓒ은 창렬이 아린에게 대회 지원서를 꼼꼼히 읽어 보라고 당부를 했음에도 아린이 지원 자격을 확인하지 않아 대회 참가가 무산될 위기에 놓이자 창렬이 화를 내고 있는 상황이다. '긁어 부스럼'은 아무렇지도 않은 일을 공연히 건드려서 걱정을 일으킨 경우를 비유적으로 이르는 말로, 이는 미리 당부를 했음에도 일을 제대로 처리하지 못한 아린에게 화를 내는 상황과는 어울리지 않는 속담이다.

〈오답 뜯어보기〉 ① '마른하늘에 날벼락'은 뜻하지 아니한 상황에서 뜻밖에 입는 재난을 이르는 말이다. 반년 넘게 준비한 대회에 참가하지 못할 수도 있는 상황에 당황스러운 창렬의 심리를 나타내기에 적절하다.

② '다 된 죽에 코 빠졌다'는 거의 다 된 일을 망쳐 버리는 주책없는 행동을 비유적으로 이르는 말이다. 창렬이 느끼는 허무함과 실수한 아린에 대한 야속함을 나타내기에 적절하다.

③ '믿는 도끼에 발등 찍힌다'는 잘되리라고 믿고 있던 일이 어긋나거나 믿고 있던 사람이 배반하여 오히려 해를 입음을 비유적으로 이르는 말이다. 아린이 실수한 상황에서 창렬의 심리를 나타내기에 적절하다.

⑤ '아는 길도 물어 가랬다'는 잘 아는 일이라도 세심하게 주의를 하라는 말이다. 창렬이 아린에게 지원서를 꼼꼼하게 읽어 보라고 조언까지 한 상황에서 아린이 주의를 기울이지 않아 실수를 한 것에 대한 창렬의 심리를 나타내기에 적절하다.

6 (다)에서는 아린이 4명 이상의 동아리만 참가 가능하다는 조건을 확인하지 않아 아린의 보컬 동아리가 노래 경연 대회에 참가하지 못할 위기에 놓여 있다. 그런데 이에 대처하는 창렬과 아린의 모습을 보면 둘 다 상대방에게 잘못하고 있음을 알 수 있다. 창렬은 화가 나서 지원서를 던지면서 아린을 비난하고 있으며, 아린 또한 대회에 참가하지 못할까 봐 걱정하는 창렬에게 제대로 사과하지 않은 채 새로운 동아리 회원을 구해 오겠다며 떠났다. 대화의 상황에서 상대방에게 지켜야 할 예의를 어긴 것이다.

7 S# 5의 '심각한 표정으로 있다가 갑자기 자신의 뺨을 때리며'와 같은 지시문을 통해 인물의 표정이나 동작을 설명하여 인물이 어떠한 상황에 놓여 있는지에 대한 독자의 이해를 돕고 있다.

〈오답 뜯어보기〉 ② 이 글은 시간의 순서대로 사건이 진행되는 순행적 구성을 취하고 있다.

⑤ 내레이션은 장면에 등장하지 않는 해설자나 인물의 목소리만 나오는 기법으로 이 글에는 나타나지 않는다. S# 5에서 아린의 대사는 화면에 등장하는 인물의 독백으로, 내레이션과는 구별된다.

8 (나)에서 아린은 하리에게 동아리 가입을 권유하고 있다. 혼자 있는 것이 좋다며 거절하는 하리에게 아린은 "죽을 때까지 혼자 외롭게 살 거야?"라고 하며 계속 혼자 지낼 경우 겪을 수도 있는 부정적인 상황을 가정하여 하리가 마음을 바꾸도록 하고 있다.

〈오답 뜯어보기〉 ③ 아린이 하리에게 노래를 잘하고 목소리도 좋다며 장점을 이야기하는 장면은 있지만, 하리가 이를 인정하는 장면은 나타나 있지 않다.

9 S# 6에서 하리는 아린의 동아리 가입 제안을 받고 고민하고 있다. 그런 뒤 S# 7에서 아린이 새 회원을 데려왔다는 정우와 창렬의 대사로 볼 때 하리가 동아리에 가입하기로 결정하였음을 짐작할 수 있다.

〈오답 뜯어보기〉 ③ 하리가 동아리에 가입함으로써 아린의 동아리가 대회에 참가할 수 있게 될 것이란 예측은 가능하나 대회에서 우승할지는 알 수 없다.

⑤ 아린이 하리에게 건넨 것은 '동아리 가입 신청서'가 아닌 '노래 동아리 경연 대회 참가 신청서'이다. 따라서 하리는 동아리에 가입하여 친구를 사귀고 노래도 부를 수 있다는 이유 외에도 대회에 참가해야 한다는 사실을 알고 있다고 짐작할 수 있다.

10 S# 5에서 하리는 '백만 송이 장미'라는 노래를 흥얼거려야 한다. 따라서 그 노래를 부를 수 있도록 미리 준비하는 것이 적절하다.

〈오답 뜯어보기〉 ① 아린은 자신의 실수로 대회 참가가 무산될 상황에 놓이자 S# 5에서 자책하는 모습을 보이고 있다.

② S# 5에서 아린은 혼자 분리수거하는 하리를 보며 '연민이 폭발한다.'라고 말하고 있다. '연민'은 상대를 불쌍하고 가련하게 여긴다는 의미이므로 혼자 분리수거하는 하리가 안쓰러워 도와주려는 것으로 짐작할 수 있다.

③ S# 5에서 하리는 이어폰으로 음악을 듣고 있어 아린이 부르는 소리를 듣지 못하고 있다. 따라서 아린이 자신을 부르는 소리를 일부러 무시하는 행동은 적절하지 않다.

⑤ S# 7에서 정우는 새 회원이 누구인지 보고 와서 창렬에게 이야기하는 상황이다. 따라서 새 회원이 누구인지 모르는 것처럼 연기하는 것은 적절하지 않다.

11 ㉠처럼 말한 것이 실현된다는 것은 하리가 아린이 속한 보컬 동아리에 가입하는 것을 뜻한다. 따라서 아린에게는 동아리 회원 수를 채워 노래 동아리 경연 대회에 참가할 수 있는 기회가 주어지고, 하리에게는 아린이 말했던 것처럼 동아리 회원들과 어울리면서 사람들과 친해질 수 있고 노래도 맘껏 부를 수 있는 기회가 생긴다고 볼 수 있다.

고전 시가

고전 산문

현대 시

현대 소설

수필·극

이익보다 중요한 것, 좋은 책을 만드는 것

- 천재교육의 교재 개발 철학

'이익을 기대하기 어려운 책이라도
교육에 꼭 필요하다면 망설임 없이 만든다.'
1981년 창립 이후 꾸준히 이어지고 있는
천재교육만의 교재 개발 철학입니다.
업계 최초 초·중·고 독도교과서,
창의와 인성을 길러주는 다양한 인정교과서 개발도
뜻과 원칙이 있기에 가능했던 일입니다.
아이들의 교육을 위한 책 개발에는
이익보다 가치가 먼저라는 것이
우리의 변함없는 생각이니까요.

'사업' 아닌 '사명'으로 교육을 바라보는
한결같은 진심, 변하지 않겠습니다.

다양한 인정교과서로 학교 수업이 더 즐거워집니다

초·중·고 각종 정규 수업 및 재량활동 수업에 사용되는 인정교과서로 학교 수업이 더 알차고 풍성해집니다. 천재교육의 모든 인정교과서는
'수요가 비록 적더라도, 교육현장의 요청이 있다면 교육적 사명감을 우선으로 최선을 다해 개발한다'는 원칙에 따라 꾸준히 발행되고 있습니다.

- 초등 <독도야, 사랑해!>, <논술은 내 친구>, <즐거운 예절>, <어린이 성>, <환경은 내 친구> 외 다수
- 중등 <아름다운 독도>, <진로와 직업>, <아는 만큼 힘이 되는 소비자 교육>, <에너지 프로젝트 1331> 외 다수
- 고등 <아름다운 독도>, <환경>, <미술 창작>, <음악 감상과 비평>, <진로와 직업>, <성공적인 직업 생활> 외 다수